本书出版得到

国家重点文物保护专项补助经费资助

老河口九里山秦汉墓

襄樊市文物考古研究所
武安铁路复线九里山考古队　编著

文物出版社
北京 · 2009

封面设计：周小玮
责任印制：张道奇
责任编辑：李媛媛　杨新改

图书在版编目（CIP）数据

老河口九里山秦汉墓 / 襄樊市文物考古研究所，武安铁路复线九里山考古队　编著.
—北京：文物出版社，2009.11
　ISBN 978-7-5010-2689-0

　Ⅰ.老…　Ⅱ.①襄…②武…　Ⅲ.①墓葬（考古）– 发掘报告 –
老河口市 – 秦代②汉墓 – 发掘报告 – 老河口市　Ⅳ.K878.85

　中国版本图书馆 CIP 数据核字（2009）第 013874 号

老河口九里山秦汉墓

编　　著	襄樊市文物考古研究所　武安铁路复线九里山考古队	
出版发行	文物出版社	
地　　址	北京东直门内北小街2号楼	
邮　　编	100007	
网　　址	www.wenwu.com	
邮　　箱	web@wenwu.com	
经　　销	新华书店	
印　　刷	北京达利天成印刷有限责任公司	
版　　次	2009年11月第1版	
印　　次	2009年11月第1次印刷	
开　　本	889×1194　1/16	
印　　张	42.75　插页　2	
书　　号	ISBN 978-7-5010-2689-0	
定　　价	380.00元	

TOMBS OF QIN AND HAN PERIODS
AT JIULISHAN, LAOHEKOU

Compiled by

Xiangfan Municipal Institute of Cultural Relics and Archaeology

&

Wuhan-Ankang Double-line Railway Jiulishan Excavation Team

Cultural Relics Press

Beijing · 2009

内　容　简　介

　　2005年6月至2006年7月，湖北省文物考古研究所、襄樊市文物考古研究所、老河口市博物馆为配合武（汉）安（康）铁路复线建设，在老河口市九里山墓地调查发现墓葬千余座，勘探墓葬257座，发掘墓葬194座，发掘者除1座宋墓外，均为秦汉墓葬。

　　本报告全面、系统地报道了本次发掘的秦汉墓葬资料，并推断出九里山墓地是一处统筹规划、集中管理、长期使用的大型低等贵族、中小地主和平民的公共墓地，时代上起公元前279年秦占本区的战国晚期后段，下到公元40年的东汉初年，且很可能与其南侧的大型中心聚落——柴店岗遗址相配套。其文化因素较为复杂，并随时代发展而变化。

　　本墓地的发掘为我们研究本区秦汉时期的墓葬制度、楚秦汉文化的流变，进而探讨秦、楚间政治对决进程和地方区域中心的演变、文化的区域性特点等提供了重要而翔实的资料。

　　本报告可供从事文物考古、历史学及相关学科的研究者和相关专业的师生阅读、参考。

目 录

插图目录

彩版目录

图版目录

第一章 绪 言

一、自然环境

（一）地理位置

1. 老河口市

老河口市位于湖北省西北部边缘，地理坐标东经110°30′~120°00′，北纬32°10′~32°38′。东北、北分别与河南省邓州市、淅川县接壤，东、东南毗邻襄樊市襄阳、樊城区，西北与丹江口市相连，西、西南以汉水为界与谷城县相望。

老河口因地处汉江故道口而得名，扼鄂、豫、陕、渝四省（直辖市）要冲，素有"襄陨要道、秦楚通衢"之称，"挟蜀汉，扼新邓，枕太和，通秦洛"，"陆出襄邓，以临中原"。

版图面积市境南北最长51、东西最宽47公里，总面积1032平方公里。耕地面积828351.2万亩，宜林面积32.29万亩，水域面积16.06万亩，其他面积48.1万亩。

2. 九里山墓地

九里山墓地位于老河口市仙人渡镇柴店岗村一组和九组以北的九里山上，九里山因习惯称其长9华里而得名。其南距316国道约1公里，并距汉水约2.5公里，武（汉）安（康）铁路紧依九里山南坡东西向穿过（图一）。

（二）地理环境

1. 老河口市

（1）地形地貌

老河口市地处秦岭支脉伏牛山南支尾端，位于汉水中游东北岸、南阳盆地南部边缘。其地貌形态多样，整个地势北高南低，由西北向东南倾斜，形成丘陵、岗地、平原三种地形。

全市最高点海拔462米，最低点海拔75米。平岗地高程在100~150米之间，占总面积的42.94%；丘陵地高程在150~450米之间，占总面积的39.17%；平原高程在100米上下，占总面

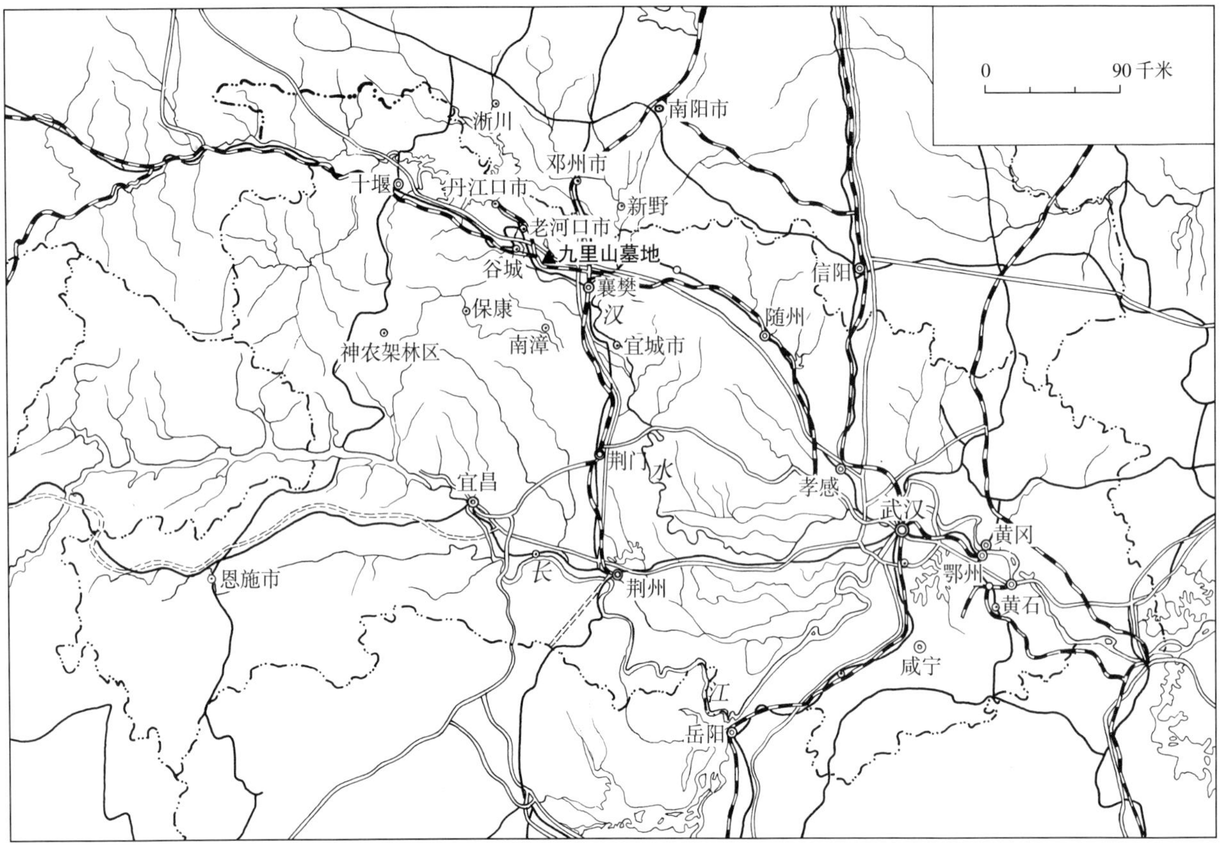

图一　九里山墓地地埋位置示意图

积的17.89%。

境内地表径流多沿地势由西北向东南流入汉水。以三尖山为主峰的横断群山呈东西走向，为秦岭东延余脉的第二阶梯。横断山南伸的山丘高度一般在海拔300～400米之间，和孟桥川、杜槽河、苏家河、六股泉等河流构成西北部梳齿状的丘陵地形；东部和北部地区为沉积平原，经流水切割，形成平岗地和冲沟；东南为汉水冲积形成的沿河带状平原。

（2）地质构造

地质上在华北陆台与杨子陆台之间，秦岭地槽东端，武当山脉之东北部。市区西北部因受北面挤压力的作用，使其形成断裂少、褶皱多的构造形态。其褶皱均为向东倒转之复式褶被，其地层多为远古代震旦纪及古生代寒武纪地层，其次为新生代地层。汉水中游地区在老岩层上部沉积了较厚的第三纪白垩系砂岩，由于风化侵蚀作用，形成低丘地带，此后又沉积了第四纪沉积岩。西北丘陵区成土母质主要有泥灰岩、硅质灰岩及少量红色砂岩等。

（3）现代交通

水路：主要水路为汉水，其自西北向东南顺市境西南边缘流过，上至陕西，下达武汉并直抵长江，辖区内流长约37公里，常年通航。境内其他10条小河均发源于朱连山，流入汉水，其源短、面窄、量少，枯水期总流量不到0.5米/秒。

陆路：陆路交通四通八达，（武）汉十（堰）高速公路横穿中南部，316国道、武（汉）安（康）

铁路、（武）汉丹（江口）铁路自东南入境，分别向西、西北穿境而过，老（河口）孟（楼）、老（河口）白（陕西白河）两条干线公路分向东北、西北通连河南、陕西，支线公路更是如网状分布。

　　航空：老河口机场民航原开辟有北京、武汉、上海、温州、广州等五条航线，现虽已停运，但可根据条件恢复。

　　其整个交通构成了水、陆、空立体网络。

　　（4）气候条件

　　属副热带大陆性气候，气候温和，雨量丰富，日照充足，四季分明。无霜期长，严寒酷暑时间较短，适宜水稻、小麦、棉花、花生、芝麻、烟叶等农作物和经济作物生长。年平均气温15℃，无霜期238天，降雨量838.1毫米，降水日数115.6天，日照时数1902小时。1977年，极端最低温度达零下17.2℃；1961年，最高温度达41℃。

　　（5）自然资源

　　本市土壤类型主要是各种岩性土，如石灰土、紫色土及相应的水稻土，向东南过渡到平岗地带，其母质为第四纪黏土、红砂岩，形成的土壤以黄土为主，红砂泥土少量；西南部为近代河流冲积物母质，所形成的土壤为呈石岩系反应的潮土、灰潮土。

　　老河口自然资源丰富，主要矿藏有煤、铁、沙金、石灰石、型砂、碳石、石油、黏土、白云石等，还有众多的小型野生动物、飞禽和中药材等。

2. 九里山墓地

　　九里山位于市境南端边缘，为向南伸出、相对独立的低岗，基本呈东西走向，北部有一条顺向的冲沟将其与地势较高的连绵岗地分割开来，南接低矮略呈三角形南伸的缓坡岗地——柴店岗，柴店岗地东缘有一条季节性小河西南流入柴店河后东南汇入汉江，再向南及东、西面为平坦的汉水冲积平原。

　　九里山海拔高度在93至107.2米之间，最高处位于中部，海拔107.2米，南坡稍缓，北坡较陡。现地表为农田，种植有小麦、玉米等农作物或芝麻、黄豆、花生等经济作物。

　　新修建的武（汉）安（康）铁路复线紧靠旧线以北，由东南向西北穿过九里山西南部缓坡，墓地处规划铁路正线K368+100～K369+300区段（图二；彩版一）。

二、人文环境

（一）历史沿革

　　市境古为阴国，因位于荆山之北而得名。明正德、清乾隆《光化县志》载：老河口"古为阴国"。

　　《路史》称："阴，唐虞时国。"夏禹分天下为九州，阴属豫州。唐《文献通考》记："襄阳府所属惟南漳属荆州，余属豫州。"《路史·商世》："阴君，长生之祖，故长生之诗云'惟予之先，佐命唐虞'。"周仍为阴国，后入于楚，可能成为楚县。《路史》："周管叔后采于阴，春秋时，阴与道、柏、巢、吕、申、息、房、应、胡、桐与楚比者，后入于楚。"《左传·昭公十九年》："春，楚工尹赤迁阴于下阴。"

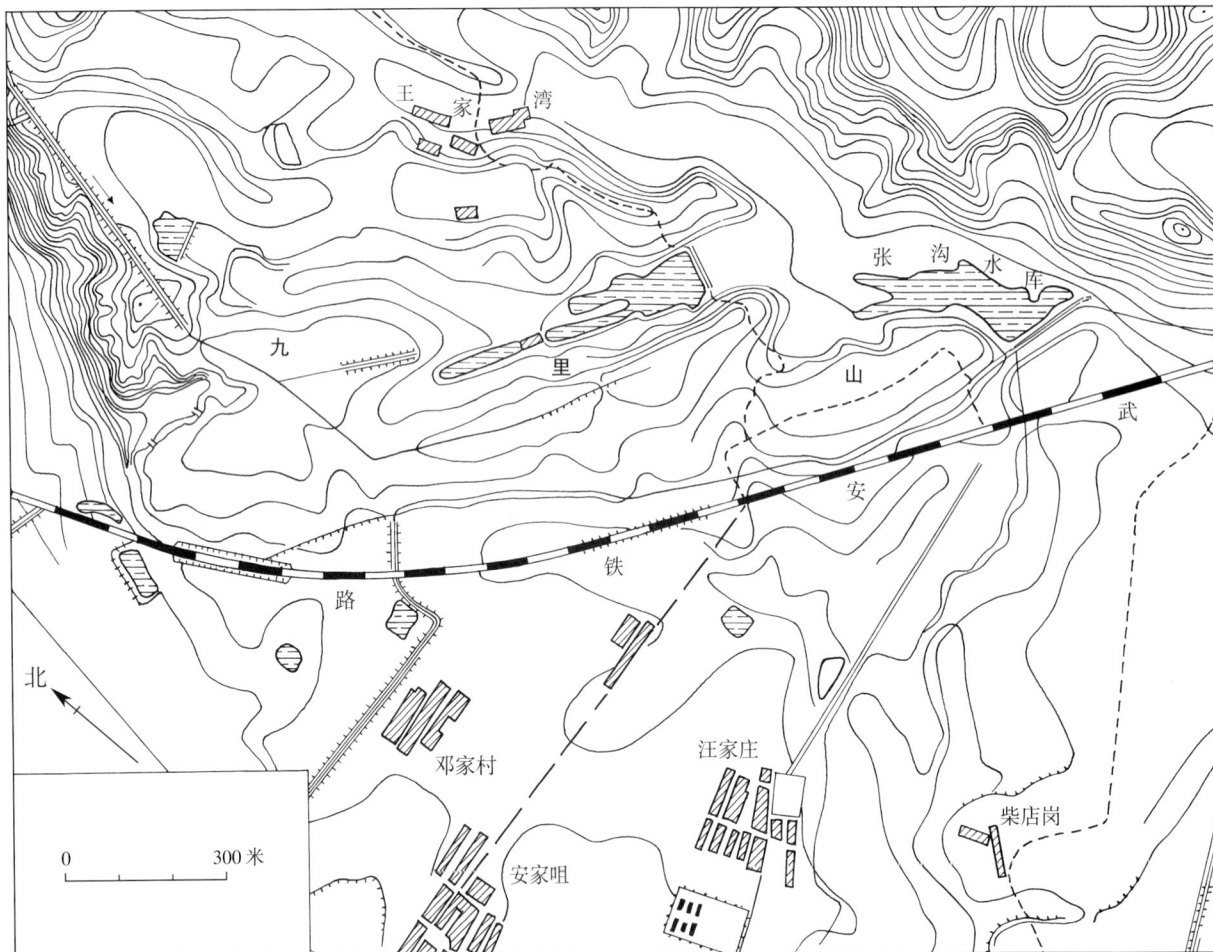

图二　九里山墓地地形图

秦统一后，割阴地置酂县。明《一统志》云："光化，秦为酂、阴二县也。"西汉酂、阴并立。汉高祖五年（前202年）封萧何为酂侯，"食邑八千户于此"。新莽改为南庚。东汉复旧制，光武帝封邓禹为酂侯，"食邑万户于此"。东汉建安十三年（208年），曹魏得荆州，以南阳西为南乡郡，辖八县，酂、阴在内。西晋太康十年（289年）十一月，改南乡郡为顺阳郡，辖酂、阴、筑阳三县，郡治设于酂城。南北朝战争频仍，郡、县设置多有变迁。隋为阴城县，唐初置赞州，旋废，改县为阴城镇，并入谷城。北宋乾德二年（964年）改阴城镇为光化军，从谷城县分出，北宋熙宁五年（1072年）废光化军及所属的乾德县，改为光化县，后又几经变更，至明洪武十三年（1380年）五月又恢复光化县，清雍正三年（1725年）定名老河口镇，但县名未变，直至1948年。

1948年，以老河口镇置老河口市，为光化县治。1949年，光化县全境解放后，撤销老河口市，全县设5区、33乡，老河口为其中一区。次年1月，老河口区改为镇。1957年7月，老河口镇升格为专署辖市。1952年8月，撤销市建置，变为县辖镇。1979年11月，国务院批准老河口镇升格为市，除镇辖范围外，另划入5个生产大队为其所属，市设3个街道办事处。1983年11月，撤销光化县建制，辖境并入老河口市。

（二）考古学文化背景

老河口悠久的历史孕育了灿烂的文化。据第二次全国文物普查数据及近年配合基本建设调查发掘统计，全市经调查发现的各类文物点共212处。已发现的文物点以古遗址为主，达139处，不仅数量多，而且分布密集，主要分布在东北部的平岗地和西南部的汉水冲积平原上；另外有墓地53处，其中汉代墓地16处[1]。

所发现的遗址、墓地在时代上集中于新石器时代和周至汉代，这说明以上两大时间段是本区文化发展的两个高峰。特别是西汉时期更为本地文化较为发达的时期，多个在东周遗存基础上发展起来的大规模汉代遗址及墓地就是很好的证明，这些可能与汉相萧何及其子孙、东汉邓禹先后封酂侯和汉武帝时赵王子苍封阴城侯于市境有关。这些大型汉代遗址有的相对集中，有的相对分散，应分别作为一地的中心存在，周围还分布有多个小型遗址及墓地。

南部冲积平原上的汉代遗址、墓地可大致分为两区（图三），北区以亢家营遗址为中心，吴家营遗址可能为副中心，周围另有8处遗址、5处墓地，墓地以五座坟规模最大，规格最高。该墓地于1973年发掘，清理了7座西汉中期前后的长方形竖穴土坑木椁墓，发掘者推测，该墓地是一处规格相对较高的贵族家族墓地，或许与封于老河口的酂侯有关[2]。1989年对陈家埠口、亢家营遗址进行调查试掘，发现遗址以西汉遗存为主，并存在秦代遗存，还有少量战国晚期遗物[3]；2005年11月在狮子岗清理了两座陶窑[4]。南区以柴店岗遗址为中心，南岗遗址可能为副中心，周围分布有6处遗址、3处墓地（含邻近的樊城太平店西北部），九里山墓地与其南部的柴店岗墓地基本相连。柴店岗遗址是一处面积约50万平方米、迄今已知市境最大的汉代遗址，1999年清理出汉代窑址、灰坑等遗迹[5]，1983、1997年先后在岗地东南部的柴店岗墓地清理出多座西汉晚期至东汉早期的墓葬[6]。

三、工作经过

（一）工作组织

1. 工作背景

2004年初，国务院审议通过了《中长期铁路网规划》，规划明确了全国到2020年完成的铁路建设目标，其中包括"结合客运专线的建设，对既有京哈、京沪、京九、京广、陆桥、沪汉蓉和沪昆等七条主要干线进行复线建设和电气化改造"。作为沪汉蓉大通道的重要组成部分，铁道部将武汉—安康—重庆铁路复线纳入建设规划。同年10月，国家发改委批复了武汉至安康、安康至重庆铁路两个项目复线工程的科研报告，武（汉）安（康）铁路复线建设工程正式启动。

武（汉）安（康）铁路复线建设自武汉枢纽出发，沿原（武）汉丹（江口）线到达襄樊枢纽，接襄（樊）渝（重庆）铁路西进陕西，引入安康枢纽，全长673公里。

2.组织实施

整个武（汉）安（康）铁路复线湖北段的文物保护工作由湖北省文物局领导，湖北省文物考古研究所具体组织实施。

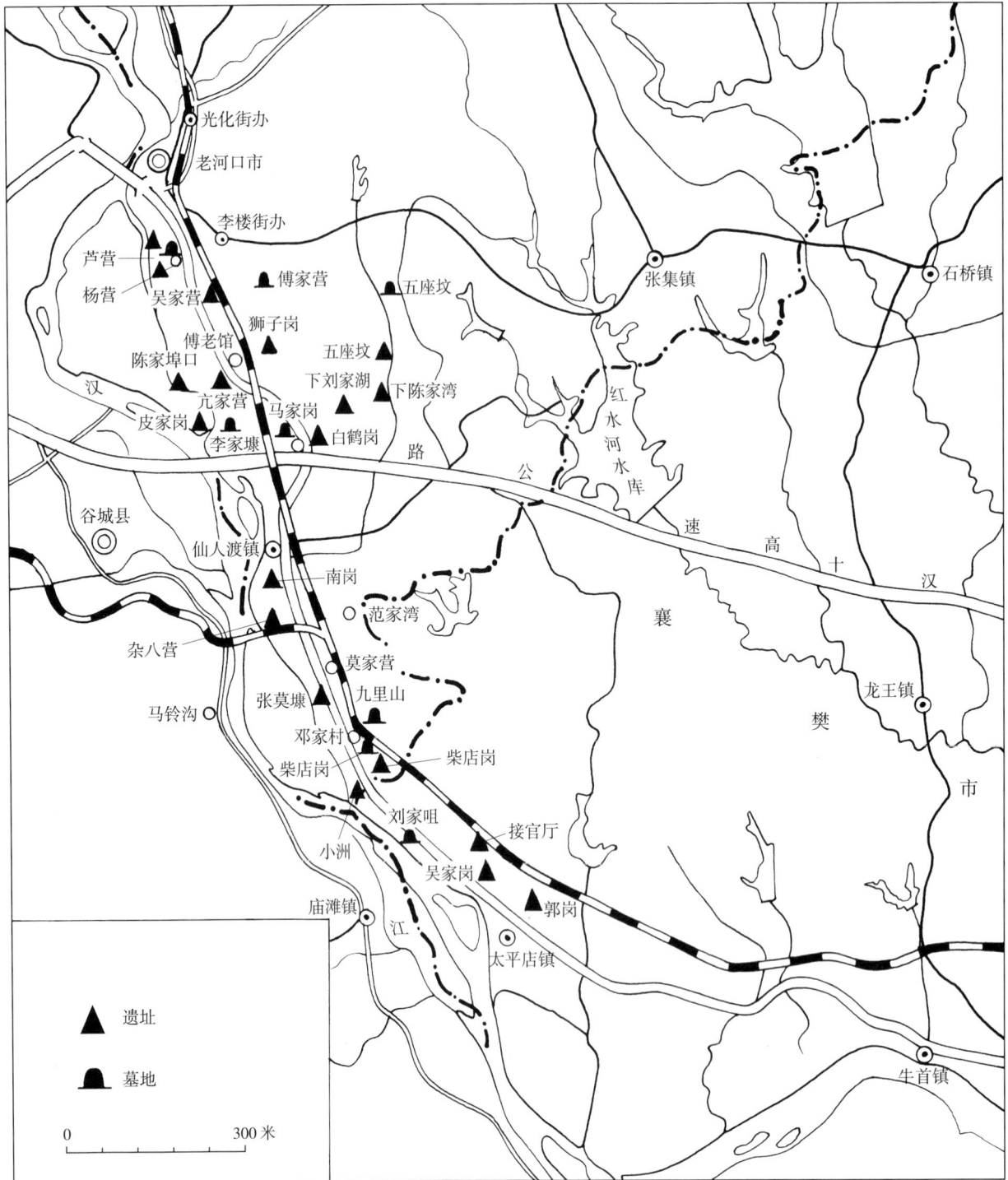

图三　九里山墓地及相关遗址、墓地分布图

前期田野调查、工作规划和后期田野考古工作分别由湖北省文物考古研究所协调部、历史时期考古部负责，沿线各市、县、区文物业务单位配合，并抽调本省非沿线所在地的市、县级博物馆人员参与，部分区段委托当地市级博物馆或考古队（所）实施，湖北省文物考古研究所监督检查。

全段文物考古工作总负责人、项目负责人、业务负责人分别为湖北省文物考古研究所副所长孟华平研究馆员、协调部主任李文森副研究馆员、历史时期考古部主任冯少龙研究馆员。

（二）调查发掘

1. 襄樊段全线

（1）田野调查

田野调查工作分两个阶段进行。

第一阶段：

2004年6月，武（汉）安（康）铁路复线襄樊市东区段的襄阳区、枣阳市田野调查工作先后进行，参加调查的人员有湖北省文物考古研究所康豫虎，襄樊市考古队（襄樊市文物考古研究所前身，2006年6月改现名，下同）陈千万、刘江生、王志刚、梁超，南漳县博物馆孙义宏。襄阳区发现别家庄、官田遗址和窑包墓地等3个文物点。枣阳市发现段家湾、李家湾遗址和栗树湾墓地等3个文物点。

本阶段调查工作完成后，基本资料由康豫虎汇总。

第二阶段：

2004年11月，武（汉）安（康）铁路复线襄樊市西区段樊城区、老河口市及谷城县的调查工作分两组同时展开。樊城区、老河口市由襄樊市考古队杨力、杨一及老河口市博物馆符德明联合组队进行调查，襄樊市博物馆卢亚妮参加了后期调查，发现樊城区赵坡、张岗、张园遗址和江湖村、陈家湾、徐营、曾岗、合心墓地，老河口市九里山、杜家岗、杜家河墓地等11个文物点，其中九里山墓地调查时在墓地东部发现了多块五花土面，初步确定为土坑墓。谷城县调查由湖北省文物考古研究所康豫虎带队，谷城县博物馆郭必成、李广安参加，发现下新店、肖家营、水星台遗址和皮家洼、韩家卡墓地等5个文物点。

本阶段调查工作完成后，基本资料由康豫虎汇总。

在汇总资料和专家论证的基础上，湖北省文物考古研究所根据调查情况确定了A、B、C级考古发掘对象，并编制了下一步的工作规划，九里山墓地被确定为A级对象重点发掘。

（2）考古发掘

自2005年3月开始，根据湖北省文物考古研究所的部署，武（汉）安（康）铁路复线湖北段田野考古发掘工作按照"统一指挥、分段负责"的原则陆续展开，总领队由湖北省文物考古研究所历史时期考古部主任冯少龙研究馆员担任。全部田野考古工作于2006年7月基本结束。其中襄樊辖境之枣阳、谷城区段考古发掘工作分别由湖北省文物考古研究所历史时期考古部梁柱研究馆员、付守平副研究馆员负责，襄阳区、樊城区、老河口市区段14个文物点的复查、发掘工作由襄樊市考古队承担。

2005年5月下旬，湖北省文物考古研究所梁柱研究馆员首先率队进驻枣阳段开展考古发掘工作，先后对段家湾遗址、栗树湾墓地进行了发掘[7]，2005年8月下旬，该区段田野工作结束。参加发掘的人员有枣阳市文物考古队李加强、姜波，武汉市江夏区博物馆刘志云、涂家才、胡艺、江卫华，十堰市博物馆李菲，随州市曾都区考古队王新柱。

襄樊市考古队的田野考古发掘工作于2005年6月初开始，按要求需对经调查确定发掘的5个点进行发掘，对其余9个点进行复查确认，该区段考古发掘领队为襄樊市考古队王先福。田野工作分三个小组同步展开：第一组由王先福带队，襄樊市考古队梁超、杨一和襄阳区文物管理处付强及技工张春明、董宏全参加，负责襄阳、樊城二区段沿线文物点，自东向西分别发掘襄阳区别家庄遗址[8]、樊城区陈家湾墓地、张园遗址，复查襄阳区官田遗址、窑包墓地，樊城区赵坡、张岗遗址和江湖村、徐营、曾岗、合心墓地；第二组由襄樊市考古队刘江生带队，老河口市博物馆艾志忠、南漳县博物馆孙义宏及技工张荣良、石明忠参加，负责老河口市九里山墓地的勘探发掘；第三小组由老河口市博物馆符德明带队，老河口市博物馆徐昌寅、廖延群参加，负责老河口市杜家河墓地发掘[9]和杜家岗墓地复查。第一、三小组的田野工作分别在2005年7月上、中旬结束。

2005年6月初，湖北省文物考古研究所付守平副研究馆员带队进驻谷城段进行考古发掘，先后发掘了下新店遗址、皮家洼墓地、肖家营遗址、韩家卡墓地[10]和水星台遗址，全部田野工作于2005年11月结束。参加发掘的人员有谷城县博物馆李广安、郭必成、刘远明、黄宗伟、李勇，孝感市孝南区博物馆胡家驹，阳新县文物局程军等。

在襄樊区段的考古发掘工作过程中，湖北省文物局、湖北省文物考古研究所领导多次亲临现场检查指导工作。

2. 九里山墓地

（1）勘探发掘经过

九里山墓地的田野考古工作自2005年6月8日开始，首先准备在墓地东区原调查发现墓葬迹象的地域进行勘探，但因青苗费未到位改在墓地西区规划线路范围内勘探。勘探采用1.5×1.5米布孔、重点部位加梅花点的方法进行。勘探区域根据设计线路经过九里山南部缓坡区段的现状，选择在正线35米及两侧各约20米的范围（北侧即护坡区）内。截止同年7月18日，在东西长约400、南北宽约80米的路段西部除少量林地、玉米地因故暂不能勘探外的范围内，共发现墓葬182座，另在九里山顶与路段相邻的墓区西部东西长约140、南北宽约25米可能用作取土场的区域内发现墓葬55座。而设计路段中、东部约800米长的区域因用地事宜未与地主达成协议暂未勘探，仅对其北部暴露在外的两个土冢进行勘探，确定为墓葬，其中西冢（编列为一号冢）被严重盗扰，冢下情况难以准确判定，东冢（编列为二号冢）为多墓共存。

路段涉及区域经勘探发现的墓葬随后找出墓口，因墓葬数量较多，为避免考古发掘对建设工程造成影响，在对找出墓口墓葬进行分区、组合拍照后于2005年7月20日开始与勘探工作同步发掘，发掘自西向东依次进行。到2005年12月23日，该墓地的勘探发掘工作暂告一段落。

2006年2月20日，本墓地西区墓葬发掘继续进行。

虽然已经发掘的墓葬数量较多，但规模都不大，为全面了解整个墓地墓葬的基本状况，经请示湖北省文物考古研究所后，决定对墓地中部正线以北约100米原勘探的一、二号土冢进行发掘。结果发现，一号冢下双墓并列，二号冢下多墓共存，并存在叠压打破关系。

2006年4月23日、6月1日，中、东部正线范围内的勘探工作先后开始，各发现5、2座墓葬，后者二墓并列，其上共用封土堆（编列为三号冢），随后发掘。

整个田野工作于2006年7月4日全部结束，共发掘墓葬194座（包括193座秦汉墓和1座宋墓）。

（2）工作分工

2005年6月8日～7月14日，墓地的勘探工作全部由第二小组担当，7月12日，老河口市博物馆廖延群替代艾志忠参加勘探发掘。同年7月14日至8月底，第一小组结束工作后，除付强外全部参加了本墓地的工作，技工冯志平也参加了部分发掘。

2005年9月，原第一小组的人员因崔家营航电枢纽工程文物保护工作开始而全部退出，直到本墓地田野考古工作结束一直由原第二小组人员承担，在2006年的后期工作中抽调宜城市博物馆杨明宝、谷城县博物馆李勇参加。襄樊市考古队副队长杨力、老河口市博物馆馆长符德明一直分阶段参加了发掘工作。

刘江生作为整个墓地的项目责任人负责全面工作，王先福作为领队指导发掘工作，孙义宏、艾志忠、廖延群及技工在前期勘探时指导民工辨认土质土色并确认墓葬和找墓口，梁超负责对中部正线外的两个土冢进行勘探了解。发掘过程中，孙义宏、廖延群、杨明宝、李勇及梁超、杨一、符德明等指导清理、绘图、记录，杨力根据需要对墓地全景、墓葬布局及部分保存较好、有重要迹象的墓葬进行照相，王先福在工地期间对所发掘的普通墓葬进行照相，孙义宏对其余的大部分墓葬进行照相，各技工负责清理墓葬。

（3）支持配合

本墓地的发掘经费全部从湖北省文物考古研究所向建设单位争取的文物保护经费中列支。

在本墓地的发掘过程中，湖北省文物考古研究所副所长李桃元、孟华平及历史时期考古部主任、总领队冯少龙和副主任韩楚文先后亲临工地检查指导工作，时任襄樊市文化体育局（文物局）局长的文治金和副局长樊梅两次到工地看望工作人员，了解工作进展状况，老河口市文化体育局（文物局）局长冯雨、副局长纪耀林等也多次到工地慰问工作人员，武（汉）安（康）铁路复线老河口标段工程指挥部副指挥长刘建华多次带领施工方负责人到现场解决问题、提供帮助，老河口市仙人渡镇政府、派出所及柴店岗村委会也给墓地的田野考古工作给予了支持。襄樊市、老河口市的新闻媒体也积极关注，对发掘情况及时进行了宣传报道。

（三）室内整理

1. 基础资料整理

2005年12月，在田野勘探发掘工作告一段落后，刘江生、孙义宏二人随即投入基础资料整理中，主要对已发掘的墓葬资料进行审核、修改、完善，初步制作墓葬形制的电子文本及表格。2006年7月，全部田野工作结束后，继续对当年发掘的墓葬资料进行整理。

2007年3月，在大部分器物修复完毕后，由刘江生主持、孙义宏协助，按照墓葬序号对单墓的所有资料逐一核对、勘误，并制作电子文档。到2007年8月，基本完成了该项工作。

2. 器物修复

（1）陶器修复

为及时整理该批墓葬，经商定，本墓地的陶器修复工作与墓地发掘同步进行，整理地点设在老河口市博物馆，该馆成立了以修复专家刘九红为首的修复小组，参加人员有郑秀英、李晶、邹旭红、杨凤云、龚运枝、王光琴等。

2005年10月，修复小组首先对已发掘完成的前40座墓葬出土陶器进行清洗、修复，到2006

年元月，基本完成了该批墓葬陶器的修复工作。

自2006年2月开始，陆续对后期发掘的墓葬陶器进行修复，至2006年底，全部193座墓葬出土的千余件陶器基本修复完毕。

由于少量陶器质地差，老河口市博物馆修复小组未能完全修复，为尽量全面掌握陶器信息，自2007年4月开始，襄樊市文物考古研究所技工黄宏涛陆续对这些陶器进行了修复，原老河口市博物馆修复小组的郑秀英、李晶、邹旭红、杨凤云、王光琴等给予了协助。到2007年6月，全部陶器修复完毕。

（2）铜器修复

2007年3、4月，九里山墓地出土的少量铜器由襄樊市博物馆青铜器修复中心领衔专家易泽林利用业余时间修复完成。

3. 报告线图

从陶器修复开始后不久，老河口市博物馆符德明即绘制线图，与陶器绘图进行的同时，符德明利用可能的时间描图，到2007年8月底，全部器物线图绘描完毕。随后，符德明开始描制墓葬形制线图，至2008年4月结束。墓地位置、地形和墓葬分布、分组等线图由符德明在2008年11月描制完成。

4. 器物照相

2007年3、4月，襄樊市文物考古研究所杨力集中时间对已修复的陶、铜器进行拍照。同年5月，为完成湖北省文物局分配的三峡工程秭归何家坪遗址、墓地发掘任务，杨力带队上工地而暂停照相。2007年11月，杨力将余下的器物拍照完毕。

5. 器物拓片

陶、铜器等出土器物的修复工作完成后，根据器物的现状，由刘九红分别对陶、铜器纹饰和铜镜、铜钱等制作拓片，2007年9月全部完成。

6. 器物制卡

2007年4月，刘江生开始对器物进行制卡，孙义宏、刘九红、李晶协助，制卡工作于2008年1月底完成。

全部室内整理工作由刘江生负责。

（四）报告编写

1. 报告体例

九里山墓地地处秦岭东连江汉平原的重要通道，结合周围分布着多处面积较大的东周秦汉遗址、墓地看，该区域可能是东周秦汉时期的一个区域中心。本次发掘的193座秦汉墓只是墓地的一部分，其虽然规模较小，器物不多，但分布密集，布局有序，时间连贯，序列清楚，特点鲜明，集中报道这批资料很有必要，它不仅对研究整个墓地的埋葬制度，而且为研究墓地与周围遗址的关系都将提供十分重要的实物资料。因此，我们本着实事求是的原则，将全面、客观、详细地报道本次发掘资料作为编列体例的出发点，同时结合发掘及整理过程中的认识，将整理者的初步研究成果一并呈现。

本报告体例由王先福和刘江生共同提出、编列，2007年11月中旬经湖北省文物考古研究所副所长孟华平研究馆员和历史时期考古部主任、武安铁路复线考古发掘总领队冯少龙研究馆员及历史时期考古部黄凤春研究馆员组成的专家组审核后修订，之后，在文稿撰写过程中结合实际又有局部调整。

报告在绪言后根据已有的研究成果，将所有墓葬分成秦、汉两个时期，各时期墓葬分别详细介绍基本资料，并进行类型学特征分析，划分期别，推定相对年代，最后通过结语初步探讨了整个墓地的性质、等级和墓葬形制的演变轨迹及墓葬文化因素的发展历程。

2. 编写过程

2007年3月下旬，墓地考古发掘领队王先福到整理地——老河口市博物馆，与项目责任人刘江生共同商定，将根据墓葬现状全面报道所有资料，并初步确定了报告体例，之后由刘江生据此整理相关资料。

2007年4～12月，各墓墓葬形制及随葬器物的单体描述完成。

2007年12月底，报告体例确定后，分工进行写作，王先福负责第一、三、五章的撰写，刘江生负责第二、四章的撰写。2008年5月下旬至8月上旬因配合襄樊内环线工程建设进行较大规模的考古发掘，写作工作暂停。

2008年8月中旬，在集中的田野发掘工作完成后继续报告的写作，其间有些分散的小型勘探、发掘任务根据工作安排间歇进行，9月底完成初稿。

2008年10月，对已完成的初稿进行审核、修改，并同步进行线图的编排、修改工作，12月上、中旬完成彩版、图版的编排工作，12月底，整个报告全部定稿。

2008年10月，湖北省文物考古研究所周蜜对墓地出土的牙齿样本进行了观察和鉴定，并形成了鉴定报告。

注　释

[1] 国家文物局：《中国文物地图集·湖北分册》，西安地图出版社，2002年；襄樊市文物普查办公室等：《襄樊市文物史迹普查实录》，今日中国出版社，1995年；湖北省文物考古研究所：《新集水利水电枢纽工程文物保护实施规划》，2008年。

[2] 湖北省博物馆：《光化五座坟西汉墓》，《考古学报》1976年第2期。

[3] 老河口市博物馆：《老河口市付老馆遗址调查发掘简报》，《江汉考古》2001年第1期。

[4] 襄樊市文物考古研究所：《老河口狮子岗遗址汉代窑址清理简报》，《襄樊考古文集》（第一辑），科学出版社，2007年。

[5] 老河口市博物馆：《老河口市柴店岗砖厂汉代窑址清理简报》，《江汉考古》2004年第4期。

[6] 老河口市博物馆：《湖北老河口市柴店岗两汉墓葬》，《考古》2001年第7期。

[7] 湖北省文物考古研究所等：《湖北枣阳段家湾遗址与栗树湾墓地发掘简报》，《湖北考古报告集》，《江汉考古》2007年增刊。

[8] 襄樊市文物考古研究所等：《襄阳别家庄遗址发掘简报》，《襄樊考古文集》（第一辑），科学出版社，2007年。

[9] 襄樊市文物考古研究所等：《老河口市杜家河西晋墓发掘简报》，《湖北考古报告集》，《江汉考古》2007年增刊。

[10] 湖北省文物考古研究所等：《湖北谷城韩家卡春秋两汉墓葬》，《湖北考古报告集》，《江汉考古》2007年增刊。

第二章 墓地布局

一、整个墓地

九里山墓地范围较大，墓葬分布较为密集。据调查和初步勘探，在东西长约1200、南北宽约500米的范围内至少有墓葬1000座以上。现地表随处可见暴露的五花土面，几乎遍布于岗地顶部和除北面外的缓坡上，其中东、南坡向外伸出的支岗岗脊上更为密集，支岗间凹进部分及坡底较少。山体中部近岗顶及东部南坡下部分别残存2、1座封土堆，略呈南北向间隔分布。

二、发掘区域

由于所配合工程武（汉）安（康）铁路复线正线穿过墓地西南部，本次发掘区域也集中在该区，中部仅发掘了暴露在外的2座土冢，东部发掘了正线范围内1座土冢下的2座墓葬，共发掘墓葬194座，其中除M10为宋墓（本书暂不介绍）外，其余193座均为秦汉墓。

因整理、编写工作需要，我们根据地形和发掘区域墓葬分布的基本情况，以原铁路线向南最突出部位对应的一条南北向水渠为界，将已发掘墓葬分为东、西两个大区，其中西区墓葬十分密集，大区内又可按照墓葬的分布、疏密状况和可能存在的间隔关系分为五组，即西一、西二、西三、西四、西五组（图四）；东区3座土冢原本就相对独立，可以分为三组，即东一、东二、东三组（图五）。

整体而言，秦墓仅发现于西区，分布疏散；西汉以后，时代较早的墓葬多位于海拔较高的位置或海拔略低的支岗岗脊上，时代越晚其所处位置海拔越低或海拔稍高但地势相对低洼。整个墓地大致按时间的早晚安排墓葬由坡顶到坡腰再到坡底，多个家族相对聚集而葬，形成一个较大的公共墓地。193座墓葬中，除M184～M194为同冢异穴家族合葬而存在打破关系外，其余还有6组墓葬存在打破关系。

从小范围看，大部分墓葬为单独下葬，但有相当部分墓葬左右并列，间距较小，包括东区一、三号冢下的各两座墓葬；还有少量三、四、六墓并列或四、五墓呈"田"字形排列可大致看出有一定关联的情况。各相关联的墓葬中，除极少量可能因时代前后变化在结构、随葬器物主体性质方面有别外，一般规模、方向、随葬器物类别大体相同，有的随葬器物形制有一定的发展，则他们存在时代上的区别，这既有秦代与西汉初年的区别，也有汉代各段间的延续，其中并列二墓间的时代差别相对较小，三至六墓间随着墓葬数量的增多，其时间差距也相对拉大。从多方面分析，并列二墓基本上应为夫妻异穴合葬墓，三至六墓之各组则为家族聚葬的可能性较大。

（一）西区

本区墓葬共178座，各组数量、密集程度及排列方式均有别。

1. 第一组

位于西区西端，有墓葬47座，分别为M1～M9、M11～M29、M147～M160、M163～M167，分布于九里山最西端向西延伸的一条小支岗上，分布范围南北长约130、东西宽约90米。其中秦墓（战国晚期后段至秦代墓）15座，汉墓32座。

存在打破关系的墓葬有三组，M19打破M20、M159打破M160、M164打破M165，均为汉墓打破秦墓，这种状况应该并非有意造成的。

M1和M2、M4和M5、M7和M8、M20和M23、M22和M24、M27和M28、M155和M156、M163和M164、M165和M166等墓葬两两并列，可能是夫妻异穴合葬墓；M152～M154呈东西并列，M14～M17呈"田"字形排列（彩版二，1），随葬器物均以日用陶器为主，器类大体相同，各自墓葬时代略有出入，可能为家族聚葬。

2. 第二组

位于西区第一组墓葬以东，有墓葬48座，分别为M30～M75、M145、M146，分布于九里山南坡自西向东第二条向西南延伸的小支岗上（彩版三，1），分布范围南北长约125、东西宽约110米。其中秦墓（战国晚期至秦代墓）19座，汉墓29座。

存在打破关系的墓葬仅一组，即M69打破M70，属汉墓打破秦墓。

M31和M32、M33和M34、M64和M65、M66和M67、M145和M146等墓葬两两并列，可能是夫妻异穴合葬墓；M49～M51、M56～M58和M52～M55（彩版二，2）分别为三、四墓并列，所有墓葬随葬器物均以鼎、（盒）、壶组合的陶仿铜礼器为主，各小组墓葬间就时代而言多存在前后的延续性，这更增加了家族聚葬的可能性。而M43、M44均为夫妻同穴二次合葬墓，其相距较近，方向基本一致，墓上均有封土，结构及埋葬方式相同，可确定为家族聚葬。

3. 第三组

位于西区第二组南侧，有墓葬6座，分别为M76～M81，分布于九里山南坡自西向东第二、三条支岗间近山脚的缓坡处，分布范围南北长约30、东西宽约25米。其中秦墓（战国晚期至秦代墓）3座，汉墓3座。

存在打破关系的墓葬仅一组，即M77打破M78，属汉墓打破秦墓。

M80和M81并列，可能为夫妻异穴合葬墓。

4. 第四组

位于西区第二、三组东侧，墓葬分布最为密集，数量最多，有墓葬72座，分别为M82～M128、M131～M144、M170～M180，分布于九里山南坡自西向东第三条向南延伸的支岗上，分布范围南北长约200米，东西宽约120米。其中秦墓（战国晚期至秦代墓）11座，汉墓61座。

存在打破关系的墓葬仅一组，即M112打破M113，属汉墓打破秦墓。

M82和M83、M124和M125、M127和M128、M143和M144两两并列，可能是夫妻异穴合葬墓；M171、M172虽二墓并列，方向、结构、随葬器物类别基本相同，但M171为夫妻同穴二次合葬墓，考虑到二墓正好在时代上前后有别，推测他们为家族聚葬；M89～M93五墓成组（彩版三，2），墓圹开口规模相当，均设墓道，方向在202°～212°之间，随葬器物类别基本相同，时代一致，可能为同代人的家族聚葬，最多也是两代人的差别；M109～M111、M132～M134六墓成组，东西并列，其中M109～M111、M132、M134规模差不多，西汉初年至西汉晚期各时段正好衔接，而M133虽设墓道，结构稍有别，但时代已为西汉晚期，主要的是该墓有明显挤进该小组墓葬的迹象，推测这六墓为前后多代人的家族聚葬区。

5. 第五组

位于西区第四组南侧，仅有墓葬5座，分别为M129、M130、M168、M169、M181，分布于九里山南坡自西向东第三、四条支岗间近山脚处的平缓坡地上，分布范围南北长约20米，东西宽约13米。均为汉墓。分散分布。

（二）东区

本区共有墓葬15座，分别集中于三座土冢内。

1. 第一组

即一号冢，有墓葬2座，分别为M161、M162，位于九里山中部岗顶，二墓分布在直径约18米的封土堆下。时代为汉代。应是夫妻同冢异穴合葬墓。

2. 第二组

即二号冢，有墓葬11座，分别为M184～M194，位于九里山东部岗顶向南的一条支岗上端，分布在直径约18米的封土范围内（彩版四），时代为汉代，并有多座墓葬存在打破关系，时代上前后有别，应是一处典型的同冢异穴家族合葬区。

3. 第三组

即三号冢，有墓葬2座，分别为M182、M183，位于九里山东部南坡向南延伸的小支岗岗脊上，分布在直径约11米的封土范围内，时代为汉代，应是夫妻同冢异穴合葬墓。

九里山墓地范围大，墓葬密集，本次只发掘了其中的一小部分，其墓葬布局虽不能以偏概全，但应可大致反映其面貌，整体布局规律有待于将来工作的开展。

第三章　秦　墓

第一节　墓葬概述

本时期墓葬共48座，仅在西区发现，除第五组外，其他各组均有分布。

一、墓葬形制

（一）方向

墓坑方向相对比较一致，基本呈南北向或东北至西南向，以摆动幅度不超过22.5°计算，墓葬中南北向者20座，东北—西南向者27座，东南—西北向者1座。其中23座墓葬可根据残存的人骨、牙齿判断头向，有20座人骨、牙齿无存墓葬可依据随葬器物在一端或一侧靠一端的位置与已确定头向墓葬随葬器物位置的相同性及与可能存在异穴合葬墓的关系大致推测其头向，这43座墓葬头向北者17座，方向在0°～22°之间；头向东北者21座，方向在23°～45°之间；头向南者1座，方向为199°；头向西南者3座，方向或205°，或210°；头向东南者1座，方向为115°。另有5座墓葬因随葬器物的位置占据中部、两端或一侧且并无其他参照而无法明确头向。

（二）封土

因本次发掘的所有墓葬墓口以上均经后期土地平整破坏，封土情况不明。

（三）墓圹

48座墓葬均为长方形竖穴土坑墓，其中1座墓葬（M114）相对短宽而近方形，其余均相对窄长。绝大多数墓葬口大底小，少量墓葬口底同大，仅3座墓葬（M36、M79、M135）口略小于底。坑壁粗糙不平者较多，规整光滑者相对较少，个别墓葬坑壁上残留有工具修整墓壁的痕迹，墓底均较平。

　　墓葬规模差别不大，墓口在（2.1～3.4）×（1.05～2.28）米之间，最大者为（3.3～3.7）×（2.22～2.28）米，最小者2.36×1.05米。墓口长、短边大多基本等长，少量稍有出入。现存墓坑深浅差别不大，一般在0.5～1.5米之间，最浅者不到0.1米，最深者也仅3.9米，浅者基本为后来改田破坏所致。

　　仅1座墓葬（M102）东、西壁设有生土台，其他都是单纯的竖穴土坑墓。

　　无一墓葬设墓道。

　　填土一般为灰褐（白）夹灰白（褐）色花土，少量为灰白夹黄褐色花土。大多土质较软，少量较硬。除极少量填土分二层外，绝大多数墓坑内填土一致。

（四）葬具

　　除完全看不出是否存在葬具的2座墓葬（M21、M23）外，其余46座墓葬均有葬具，但仅残存腐痕。从腐痕看，葬具有单椁单棺、单椁并棺、单椁、单棺四种情况，其中单椁单棺墓39座，单椁并棺墓1座，单椁墓3座，单棺墓3座，单椁墓或许本身有棺，但因完全朽尽无法分辨。从个别墓葬在椁内棺外一端残存隔板及少量墓葬随葬器物分葬一端、一侧的情况分析，一些单椁单棺墓可能有头箱、边箱之分。少量墓葬椁下两端有垫木沟槽。

（五）葬式

　　这批墓葬的人骨保存极差，虽有23座墓葬残存有人骨或牙齿，但可看出轮廓者仅3座，另有3座保存部分肢骨者可大致分辨葬式，其中1座墓葬为仰身屈肢葬，其余5座墓葬均为仰身直肢葬。

二、随葬器物

　　全部48座墓葬除M20因被M19打破随葬器物可能被破坏外，其余47座墓葬共出土随葬器物296件。

（一）随葬器物的摆放位置

　　单棺墓的随葬器物除小件置于棺内外，其他器物一般置于棺外一端或一侧靠一端；单椁墓的随葬器物置于椁内靠一侧的一端部位；1座单椁并棺墓的随葬器物除小件在椁内棺外一端外，余置于两棺间；单椁单棺墓之绝大部分器物则有置于一端、一侧、一端一侧等几种情形，仅极少量器物如铜带钩、铜钱、漆器等置于棺内。

（二）随葬器物类别

　　随葬器物的类别不多，按质地可分为陶、铜、铁、石、漆器等五类。陶器有仿铜礼器鼎、盒、壶、豆、杯、勺，日用器釜、盂、盆、壶、罐、瓮，饰品球等；铜器有日用器鉴，服饰器带钩、泡钉，"半两"钱等；铁器有礼器鼎，日用器釜、鉴，工具锸等；石器有文具砚等；漆器有耳杯、盒等。

第二节 墓 葬 分 述

一、西区第一组

共15座，分别为M4、M5、M8、M13、M20、M21、M23、M25、M148～M151、M158、M160、M165。

M4

方向10°。墓口距地表约0.5米，长2.36、宽1.4米，底长2.2、宽1.25米，深1.6米。坑壁规整光滑。填硬质灰白夹灰褐色花土。单椁单棺，仅余腐痕。椁室平面呈长方形，椁痕长2.04、宽0.88、高0.2、板痕厚0.04米。棺位于椁内西部，棺痕长1.96、宽0.48、高0.15、板痕厚0.04米。人骨朽尽，葬式不明。4件随葬器物置于椁内棺外东北角。据随葬器物位置推测头向北（图六）。

陶盂 2件。泥质灰陶。圆唇，上壁微弧，中壁微折，下腹略曲收，浅凹底。M4：3，直口。素面。口径14.4、底径4.8、高6厘米（图七，1；图版三，1前右）。M4：4，口微敛。上壁饰瓦棱纹。口径14.6、底径7.2、高5.2厘米（图七，2；图版三，1前左）。

陶罐 2件。泥质灰陶。侈口，翻沿，圆唇，束颈，溜肩，肩有对称双鼻耳，鼓腹，浅凹底。颈饰瓦棱纹，肩至中腹饰竖绳纹间二或三道抹痕，下腹及底饰块状斜绳纹。M4：1，口径12、腹径18.8、底径6.4、高21.6厘米（图七，3；图版三，1后右）。M4：2，泥质灰陶。口径12、腹径18.8、底径5、高20.4厘米（图七，4；图版三，1后左）。

M5

方向8°。墓口距地表约0.5米，长3、宽1.6～1.65米，底长2.6、宽1.5米，深2.4米。坑壁规整光滑。填软质灰白夹黄褐色花土，含少量铁锈色斑点。单椁单棺，仅余腐痕。椁室平面呈"Ⅱ"形，椁痕长2.45、宽1.2、高0.48、板痕厚0.06米。棺位于椁内西部，仅余底板痕，长2.04、宽0.52、厚0.03米。椁底南、北

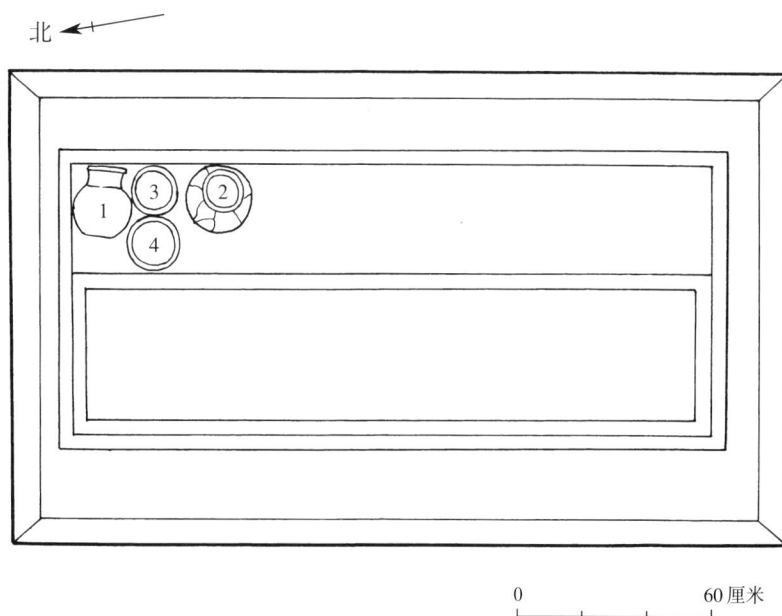

图六 秦墓M4平面图

1、2.陶罐 3、4.陶盂

0   60厘米

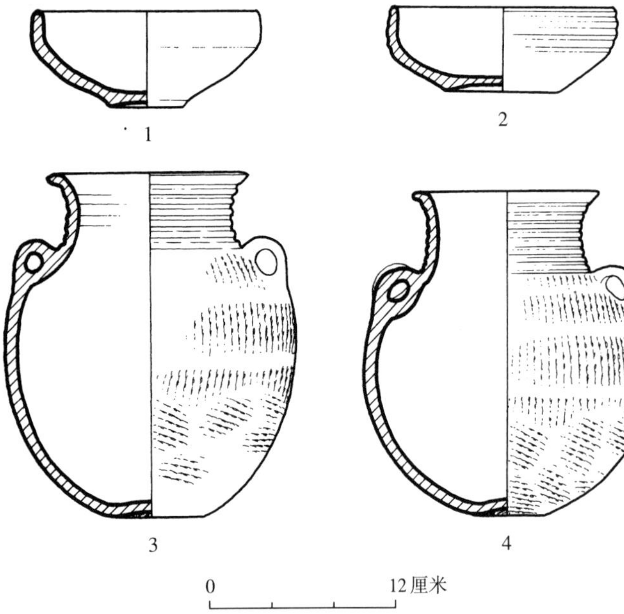

图七　秦墓 M4 出土陶器
1、2. 盂（M4 : 3、4）　3、4. 罐（M4 : 1、2）

部各有一垫木槽，横断面呈倒梯形，长1.47、宽 0.1 ~ 0.12、深 0.05 米。人骨朽尽，葬式不明。14 件随葬器物置于椁内棺外东侧。据随葬器物位置及可能为异穴合葬之 M4 推测头向北（图八；图版一）。

陶鼎　2 件。泥质黑衣褐陶。子母口，圆唇，折肩，弧腹内收，长方形附耳微外撇，耳孔对穿，三蹄足，内壁平，外壁有两直棱，下端微外撇。上承弧折盘状盖，盖顶有一圆形捉手。中腹偏下饰一道凹弦纹，足外壁沿棱模印卷云纹。原有红彩脱落。M5 : 10，近平底。口径 16.8、腹径 20、体高 13.4、通高18.8 厘米（图九，1；图版二，1 中前左1）。M5 : 11，浅凹底。口径 16.8、腹径19.6、体高 14、通高 20 厘米（图九，2；图版二，1 中后左 1）。

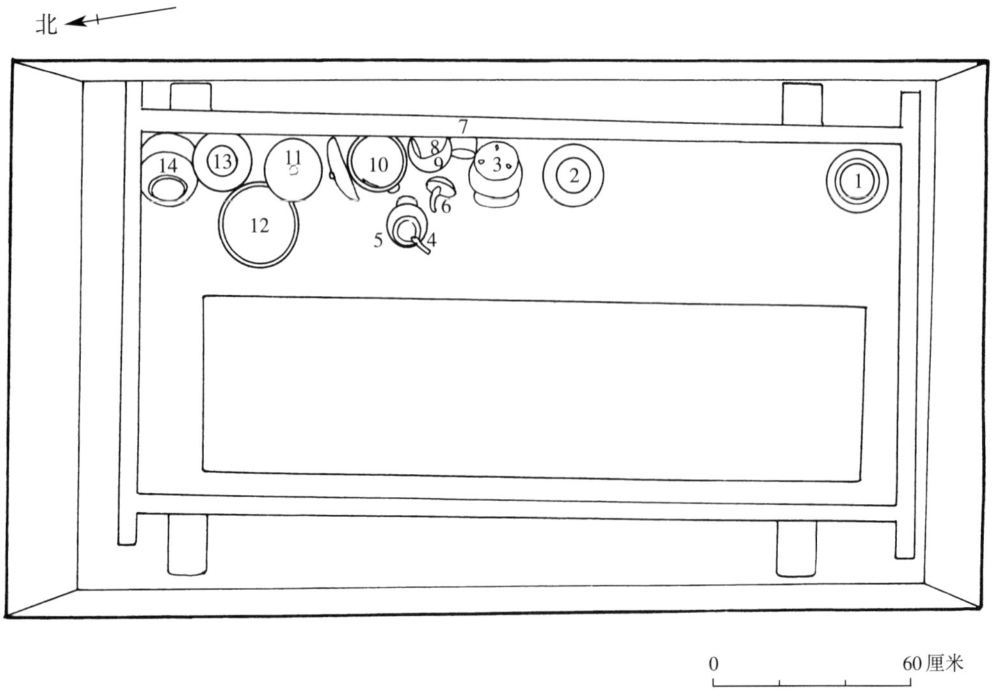

图八　秦墓 M5 平面图
1. 陶釜　2、3. 陶壶　4、6. 陶勺　5、9. 陶豆　7、8. 陶杯　10、11. 陶鼎　12. 陶盂　13、14. 陶盒

陶盒 2件。泥质黑衣褐陶。子母口，圆唇，折肩，腹壁自肩部弧收，平底，浅宽圈足。上承覆碗状盖，折壁，弧腹内收，浅圈足状捉手。体、盖腹部各饰二道凹弦纹。原有红彩脱落。M5：13，口径15.6、肩径18.8、圈足径8.4、体高8.4、通高14.4厘米（图九，3；图版二，1中前右1）。M5：14，口径16.8、肩径19、圈足径8、体高8.6、通高14.8厘米（图九，4；图版二，1中后右1）。

陶壶 2件。泥质黑衣褐陶。盘口，折沿，尖唇，长束颈，溜肩微折，肩有对称兽面铺首，弧腹内收，平底，浅盘口状高圈足。上承子口弧壁盖，盖面三扁饼状纽。盖中腹饰一道凹弦纹。器表原有红彩脱落。M5：2，盖纽略残。口径12.8、腹径21、圈足径14、体高38.6、残高41.6厘米（图九，5；图版二，1后右）。M5：3，中腹饰二道凹弦纹。口径12.8、腹径21.2、圈足径13.6、体高36.6、通高40.4厘米（图九，6；图版二，1后左）。

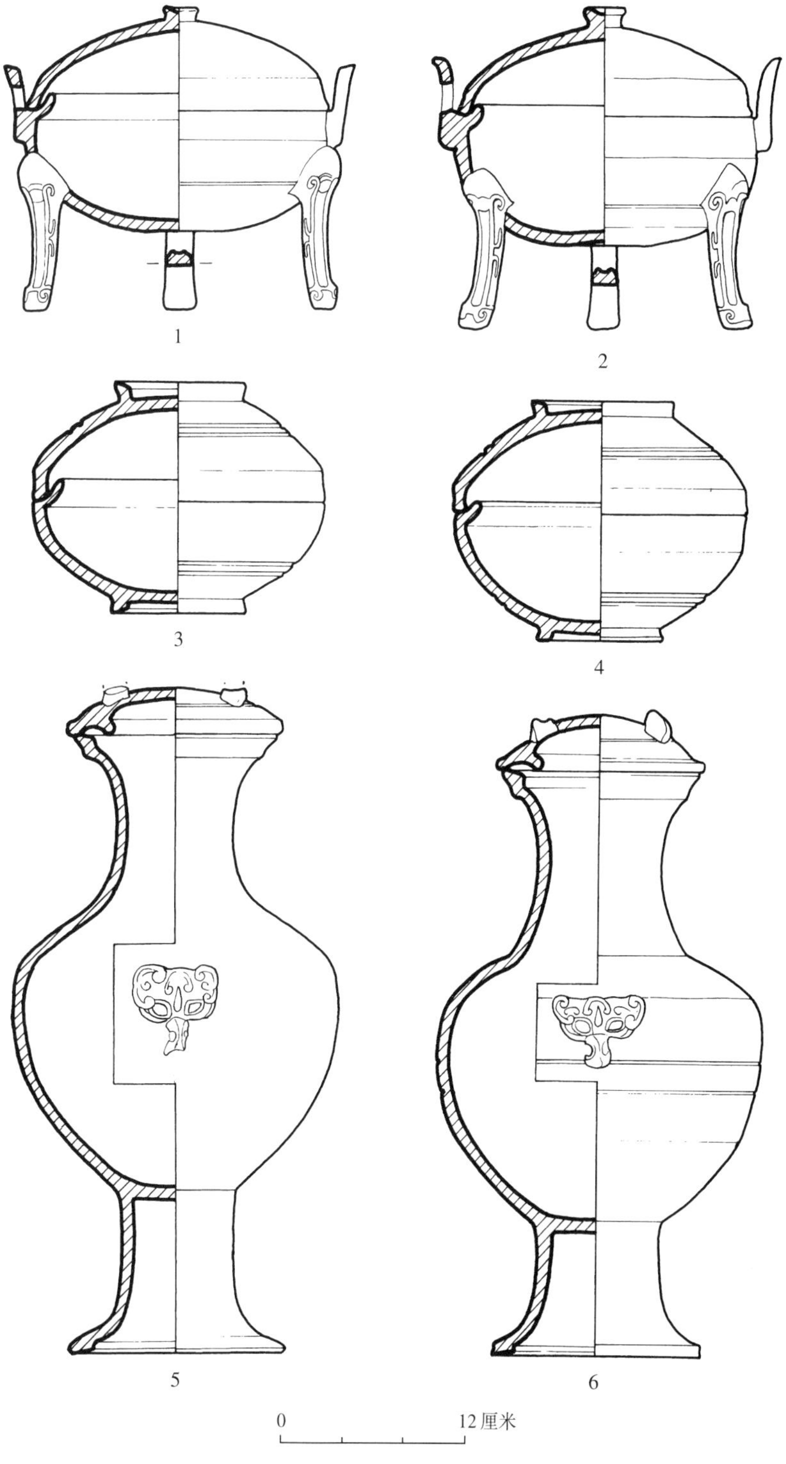

陶豆 2件。泥质黑衣褐陶。敞口，圆唇，浅折盘，柄稍细矮，中空至盘底，覆盘状圈足。内外壁满施红彩。M5：5，柄下部饰一周凹弦纹。外壁红彩大部保存，盘口及圈足外壁各一周窄、宽带纹，盘外壁

图九 秦墓M5出土陶器
1、2.鼎（M5：10、11）3、4.盒（M5：13、14）5、6.壶（M5：2、3）

一周波折纹，柄一周斜线纹。盘内红彩基本脱落。口径13.2、盘深3.4、圈足径8.2、高12厘米（图一○，1）。M5：9，红彩脱落。口径13.2、盘深3、圈足径8、高11.6厘米（图一○，2；图版

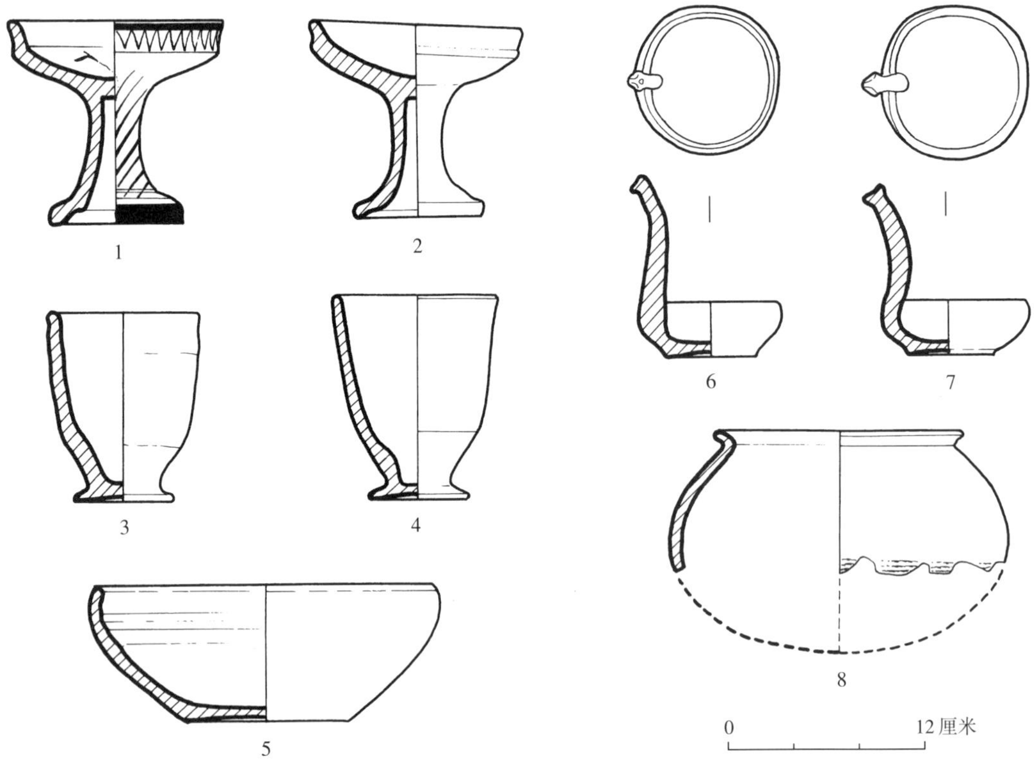

图一〇　秦墓 M5 出土陶器

1、2.豆（M5：5、9）　3、4.杯（M5：7、8）　5.盂（M5：12）　6、7.勺（M5：4、6）　8.釜（M5：1）

二，1 中后左 2）。

陶杯　2 件。泥质黑衣褐陶。敞口，圆唇，上腹斜直，近底部曲收，饼状底，外底微凹。外壁原有红彩脱落。M5：7，口径 9.2、底径 6、高 11.2 厘米（图一〇，3；图版二，1 中后左 2）。M5：8，口径 10、底径 6、高 12 厘米（图一〇，4；图版二，1 中前右 2）。

陶勺　2 件。泥质黑衣褐陶。勺体圆形，微敛口，圆唇，弧腹，平底微凹。口部上伸一短曲柄，头端兽首形。外壁原有红彩脱落。M5：4，口径 8～8.8、底径 5.2、体高 3.2、通高 10.8 厘米（图一〇，6；图版二，1 前左）。M5：6，口径 8、底径 5.6、体高 3.2、通高 10.6 厘米（图一〇，7；图版二，1 前中）。

陶釜　1 件。M5：1，上部泥质灰陶，下部夹砂灰陶。侈口，翻沿，束颈极短，溜肩，扁鼓腹，底残。中腹以下饰横绳纹。口径 15.2、腹径 20.4、残高 8.4 厘米（图一〇，8；图版二，1 前右）。

陶盂　1 件。M5：12，泥质灰陶。敛口，圆唇，上腹微鼓，以下斜收，平底微凹。素面。口径 20.8、底径 9.6、高 8 厘米（图一〇，5；图版二，1 中后右 2）。

M8

方向 210°。墓口距地表约 0.5 米，长 2.52、宽 1.26 米，底长 2.3、宽 1.2 米，深 1.9 米。坑壁粗糙。填软质灰白夹灰褐色花土。单椁单棺，仅余腐痕。椁室平面呈"Ⅱ"形，椁痕长 2.15、宽 1.12、高 0.2、板痕厚 0.05 米。棺位于椁内东部，棺痕长 1.9、宽 0.48、高 0.11、板痕厚 0.05 米。人骨朽尽，葬式不明。3 件随葬器物置于椁内棺外西侧南半部。据随葬器物位置推测头向西南（图一一）。

图一一　秦墓 M8 平面图
1. 陶罐　2. 陶壶　3. 石砚

陶壶　1件。M8：2，泥质灰陶。侈口，翻折沿，平唇，束长颈，溜肩，上腹鼓，向下呈斜直状缓收，微凹底。颈中部饰瓦棱纹，肩饰一道凸接凹弦纹，中腹饰一道凹弦纹。口径10.8、腹径16、底径8、高19厘米（图一二，1；图版三，2右）。

陶罐　1件。M8：1，泥质灰陶。侈口，翻折沿，上沿略内突，方唇，束颈，圆肩，肩有对称双鼻耳，鼓腹，浅凹底。颈饰瓦棱纹，肩至中腹饰竖绳纹间三道抹痕，下腹及底饰交错绳纹。口径14、腹径21.2、底径6.4、高21厘米（图一二，2；图版三，2左）。

石砚　1件。M8：3，青石质。存砚体，近长方体，一端略窄，圆角，两宽面磨制光滑。最长17.5、最宽11.2、最厚3.5厘米（图一二，3）。

M13

方向0°。墓口距地表约0.3米，长2.8、宽1.6米，底长2.5、宽1.5米，深1.4～1.6米。坑壁

图一二　秦墓 M8 出土器物
1. 陶壶（M8：2）　2. 陶罐（M8：1）　3. 石砚（M8：3）

规整光滑。填松软灰白杂灰褐色花土。单椁单棺，仅余腐痕。椁室平面呈"Ⅱ"形，椁痕长2.06、宽0.98、高0.4、板痕厚0.07米。棺位于椁内西部，棺痕长1.82、宽0.48、高0.08、板痕厚0.04米。人骨朽尽，棺内北部残存数枚牙齿，可判定头向北，葬式不明。7件随葬器物置于椁内棺外东侧北半部（图一三）。

陶盂　3件。敞口，圆唇，弧壁，平底微凹。M13：4，泥质灰陶。腹近口部弧收。口外饰一道凹弦纹。口径14.8、底径5.6、高6.6厘米（图一四，1；图版二，2前左）。M13：6，泥质灰陶。中腹微折，下腹微曲收。素面。口径14.8、底径5.2、高5.4厘米（图一四，2；图版二，2中中）。M13：7，泥质褐陶。口沿略外翻，上腹微弧，下腹略曲收。上壁饰一道凹弦纹。口径14.8、底径5.6、高5.2厘米（图一四，3；图版二，2前右）。

陶盆　2件。泥质灰陶。侈口，翻沿，圆唇，束短颈，折肩，弧腹内收，平底微凹。素面。M13：3，口径26、底径8、高9.4厘米（图一四，5；图版二，2中左）。M13：5，口径26、底径8、高10.8厘米（图一四，4；图版二，2中右）。

陶罐　2件。泥质褐陶。侈口，翻沿，圆唇，束颈，溜肩，肩有对称双鼻耳，鼓腹，浅凹底。肩至中腹饰竖绳纹间二道抹痕，下腹及底饰斜行绳纹。M13：1，口径14.4、腹径22.4、底径5.6、高21厘米（图一四，6；图版二，2后右）。M13：2，口径11.2、腹径19.8、底径4.8、高21.4厘米（图一四，7；图版二，2后左）。

M20

方向45°。长方形竖穴土坑木椁墓。东北部被M19打破到底。墓口距地表约0.35～0.4米，长2.7、宽1.76米，底长2.56、宽1.58米，深0.63米。坑壁粗糙。填松软灰褐杂灰白色花土。单椁

北 ←

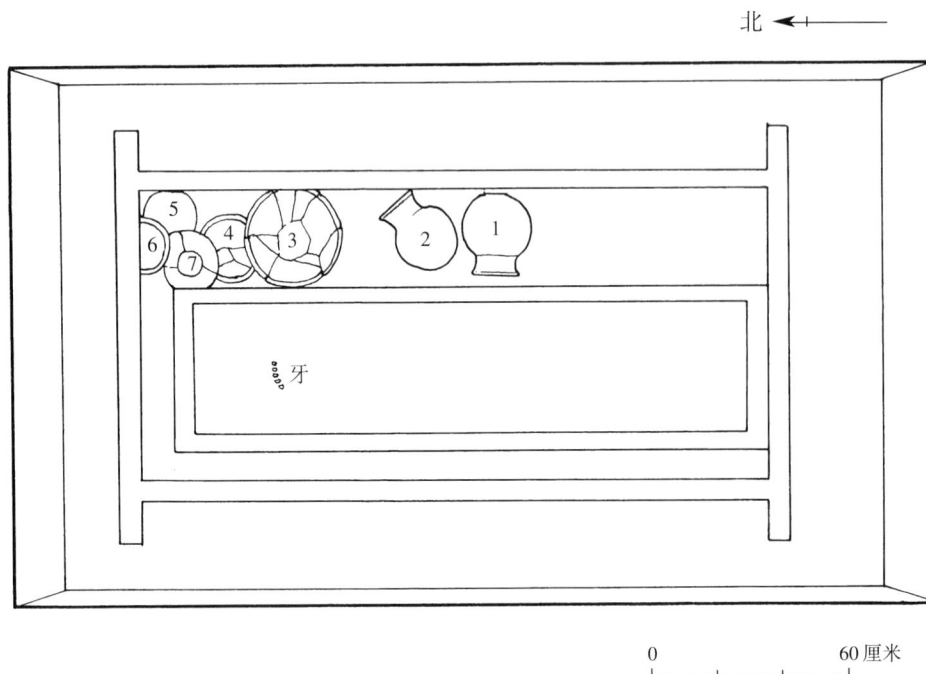

图一三　秦墓 M13 平面图

1、2.陶罐　3、5.陶盆　4、6、7.陶盂

图一四　秦墓 M13 出土陶器

1、2、3.盂（M13：4、6、7）　4、5.盆（M13：5、3）　6、7.罐（M13：1、2）

单棺，仅余腐痕。椁室平面呈"Ⅱ"形，椁痕残长 2.18、最宽 1.3、高 0.13、板痕厚 0.04 米。棺位于椁内中部，棺痕残长 1.5、宽 0.46、高 0.04、板痕厚 0.04 米。人骨朽尽，葬式不明。未见随葬器物，可能已被 M19 破坏，依据随葬器物可能放置的位置及与 M23 的关系推测头向东北（图一五）。

M21

方向 38°。墓口距

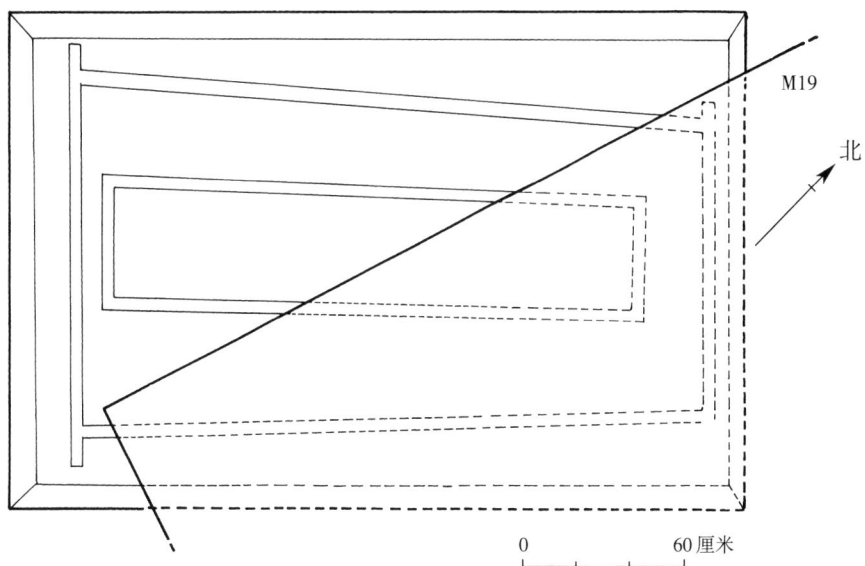

图一五　秦墓 M20 平面图

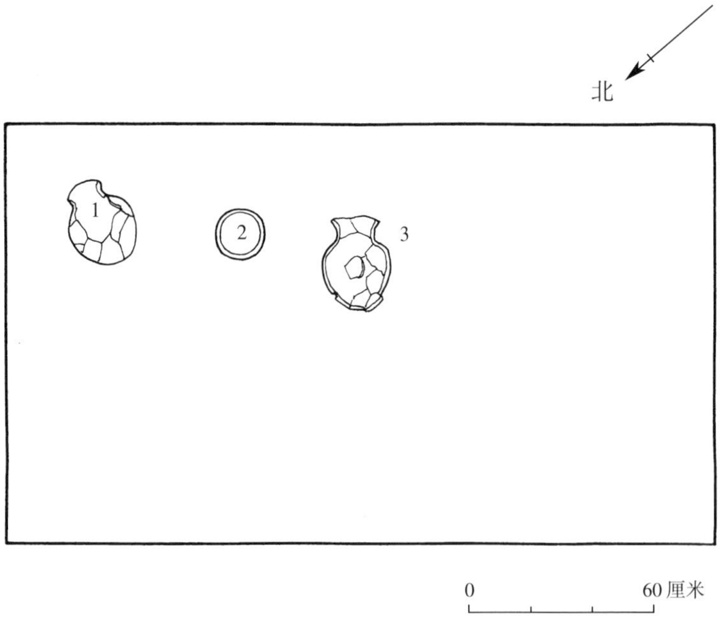

图一六　秦墓 M21 平面图
1、3.陶罐　2.陶盂

地表约0.35米，长2.3、宽1.3米，底同口大，深0.09～0.13米。坑壁光滑。填软质灰白夹黄褐色花土。未发现葬具痕迹。人骨朽尽，葬式不明。3件随葬器物置于墓室内东部北段，据随葬器物位置推测头向东北（图一六）。

陶盂　1件。M21：2，泥质褐陶。直口微敛，上腹微鼓，下腹微曲收，浅凹底。素面。口径15.2、底径6.4、高5厘米（图一七，2；图版三，3前）。

陶罐　2件。泥质褐陶。侈口，翻折沿，方唇，束颈，圆肩，肩有对称双鼻耳，鼓腹，浅凹底。颈饰多道弦纹，肩至中腹饰间断竖绳纹，下腹至底饰斜绳纹。M21：1，口径11.6、腹径21.2、底径5.6、高22.6厘米（图一七，1；图版三，3后左）。M21：3，底残。下腹饰一道凹弦纹。口径11.6、腹径20、残高18.4厘米（图一七，3；图版三，3后右）。

M23

方向35°。墓口距地表约0.2米，长2.5、宽1.55米，底同口大，深0.12～0.24米。坑壁粗糙。填软质灰白夹灰褐色花土。未发现葬具痕迹。人骨朽尽，葬式不明。3件随葬器物置于墓室内东部北段。据随葬器物位置推测头向东北（图一八）。

陶盂　1件。M23：1，泥质灰陶。直口微敛，圆唇，上腹壁近直，向下弧收，浅凹底。外壁

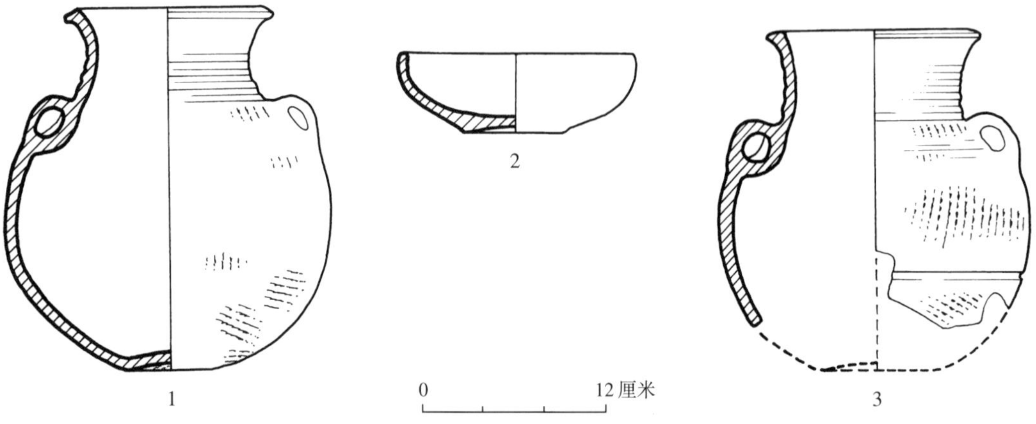

图一七　秦墓 M21 出土陶器
1、3.罐（M21：1、3）　2.盂（M21：2）

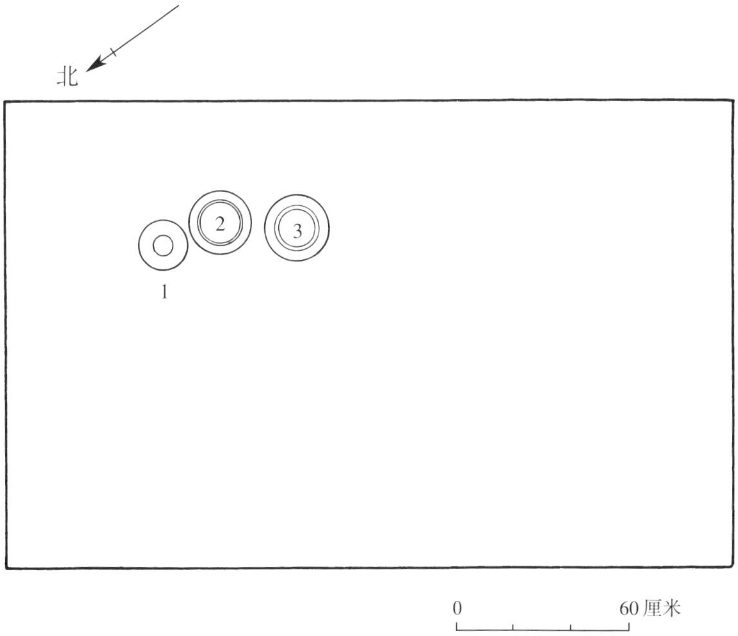

略呈瓦棱状。口径 15、底径 6.4、高 5 厘米（图一九，2；图版四，1 前）。

　　陶罐　2 件。泥质褐陶。侈口，翻折沿，方唇，束颈，圆肩，肩有对称双鼻耳，圆鼓腹，浅凹底。肩至中腹饰竖绳纹间三道抹痕，以下满饰交错绳纹。M23：2，颈饰瓦棱纹。口径 12.6、腹径 19.8、底径 6、高 23 厘米（图一九，1；图版四，1 后左）。M23：3，口上沿略内敛。颈饰多道凹弦纹。口径 12.6、腹径 22、底径 8.8、高 20.6 厘米（图一九，3；图版四，1 后右）。

M25

　　方向 20°。墓口距地表约 0.3

图一八　秦墓 M23 平面图
1. 陶盂　2、3. 陶罐

米，长 2.5、宽 1.4 米，底同口大，深 0.68 米。坑壁粗糙。填软质灰褐夹灰白色花土。单椁单棺，仅余腐痕。椁室平面呈"Ⅱ"形，椁痕长 2.1、宽 1.02、高 0.48、板痕厚 0.06 米。棺位于椁内西部，棺痕长 1.34、宽 0.5、高 0.06、板痕厚 0.04 米。人骨已朽，可见头骨及部分肢骨腐痕，头向北，面朝上，仰身屈肢葬式。3 件随葬器物置于椁内棺外东北部（图二〇）。

　　陶盂　2 件。泥质褐陶。圆唇，中腹微鼓，下腹微曲收，平底微凹。素面。M25：2，形体稍大。口内敛稍甚。口径 20、底径 9.2、高 9.2 厘米（图二一，2；图版四，2 后右）。M25：3，形体稍小。直口。口径 13.6、底径 5.6、高 5.2 厘米（图二一，1；图版四，2 前）。

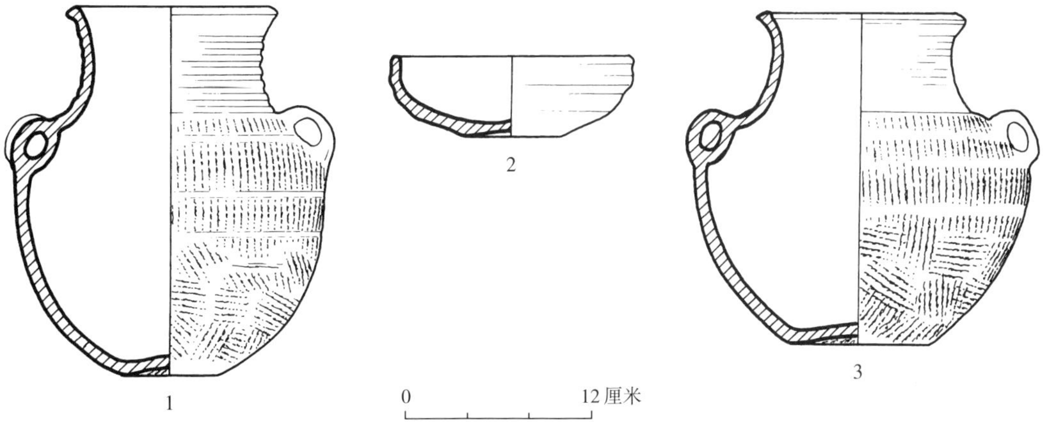

图一九　秦墓 M23 出土陶器
1、3. 罐（M23：2、3）　2. 盂（M23：1）

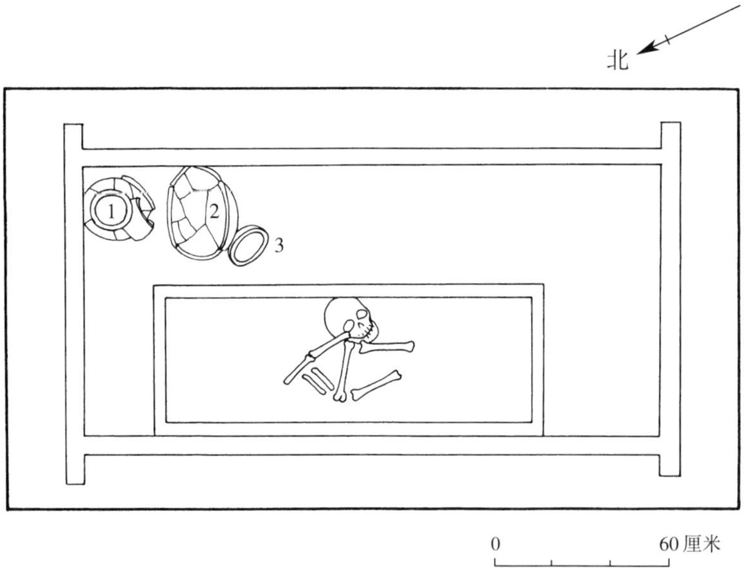

图二〇 秦墓 M25 平面图
1.陶罐　2、3.陶盂

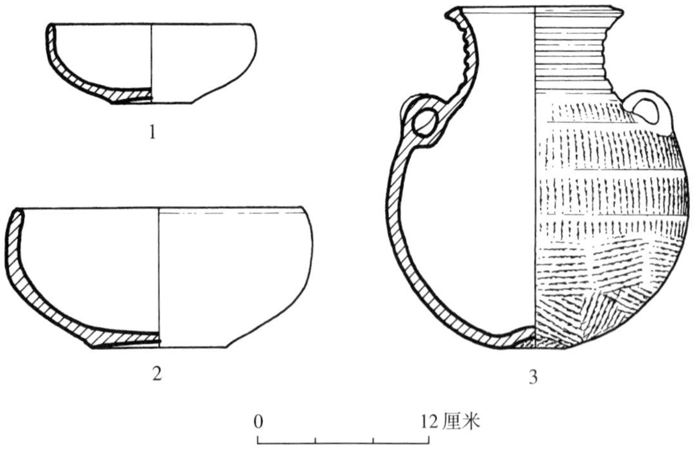

图二一 秦墓 M25 出土陶器
1、2.盂（M25：3、2）3.罐（M25：1）

漆盒 1件。M148：3，仅存漆皮。

M149

方向11°。墓口距地表约0.3米，长2.28～2.36、宽1.12～1.35米，底长2.26～2.34、宽1.08～1.28米，深0.67米。坑壁粗糙。填软质灰褐夹灰白色花土。单椁单棺，仅余腐痕。椁室平面呈"Ⅱ"形，椁痕长2.24、宽1.02、高0.17、板痕厚0.05米。棺位于椁内西部，棺痕长2.02、宽0.59、高0.06、板痕厚0.04米。人骨朽尽，葬式不明。5件随葬器物置于椁内棺外东北部。据随葬器物位置推测头向北（图二四）。

陶罐 1件。M25：1，泥质黑衣褐陶。侈口，翻折沿，口上沿内敛，方唇，束颈，溜肩，肩有对称双鼻耳，鼓腹，凹底。颈饰瓦棱纹，肩至中腹饰竖绳纹间三道抹痕，下腹及底饰交错绳纹。口径10.4、腹径21、底径4.8、高22.6厘米（图二一，3；图版四，2后左）。

M148

方向11°。墓口距地表约0.22米，长2.6、宽1.6米，底长2.5、宽1.5米，深0.1～0.86米。坑壁粗糙。填软质灰白夹灰褐色花土。单椁单棺，仅余腐痕。椁室平面呈"Ⅱ"形，椁痕长1.9、宽1.06、高0.24、板痕厚0.05米。棺位于椁内西部，棺痕长1.8、宽0.45、高0.06、板痕厚0.04米。残存牙齿和部分上、下肢骨，可判断头向北，仰身直肢葬式。3件随葬器物置于椁内棺外东部（图二二）。

陶罐 1件。M148：1，泥质灰陶。侈口，翻折沿，方唇，束颈，溜肩，肩有对称双鼻耳，鼓腹，浅凹底。颈饰多道凹弦纹，肩至中腹饰竖绳纹间三道抹痕，下腹及底饰竖、斜绳纹。口径10.8、腹径20、底径6、高21.6厘米（图二三）。

铁釜 1件。M148：2，锈蚀严重，未修复，形制不清。

图二二　秦墓 M148 平面图
1. 陶罐　2. 铁釜　3. 漆盒

图二三　秦墓 M148 出土陶罐
（M148∶1）

陶盂　2件。泥质灰陶。微敛口，圆唇，上腹微弧，下腹微曲收，平底微凹。素面。M149∶4，口径15.6、底径6、高5.6厘米（图二五，1；图版四，3前右）。M149∶5，口径14、底径6.2、高5.8厘米（图二五，2；图版四，3前左）。

陶罐　2件。侈口，翻沿，圆唇，束颈，溜肩，肩有对称双鼻耳，鼓腹，浅凹底。颈饰瓦棱纹，肩至中腹饰竖绳纹间三道凹弦纹，下腹及底饰交错绳纹。M149∶1，泥质褐陶。口径12.4、腹径21.2、底径5.6、高20.8厘米（图二五，4；图版四，3后右）。M149∶2，泥质灰陶。器内有粟痕。口径10.6、腹径19.6、底径6.4、高22.2厘米（图二五，3；图版四，3后左）。

漆耳杯　1件。M149∶3，仅存漆皮。

M150

方向40°。墓口距地表约0.2米，长2.68、宽1.58米，底长2.64、宽1.42米，深0.8米。坑壁

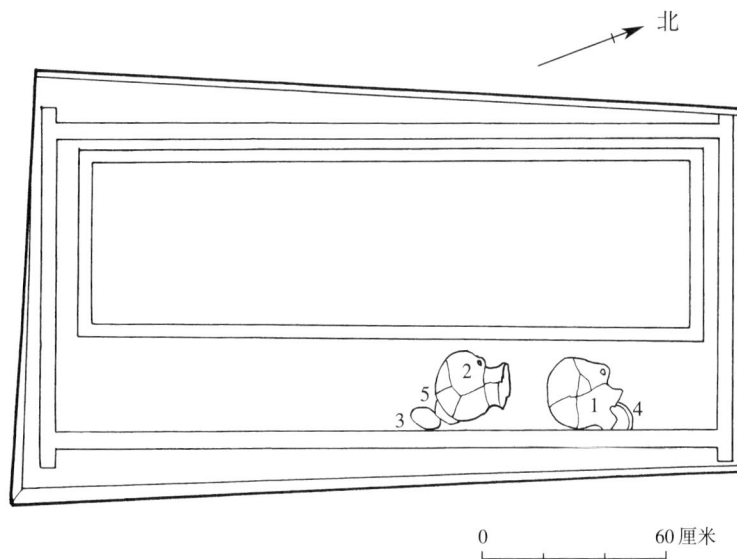

图二四　秦墓 M149 平面图
1、2. 陶罐　3. 漆耳杯　4、5. 陶盂

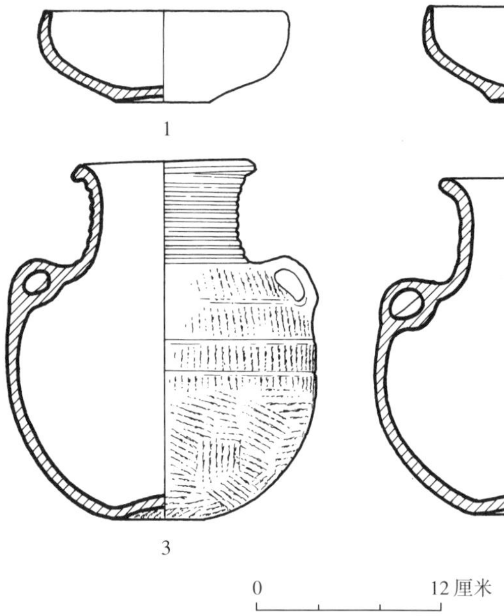

图二五　秦墓 M149 出土陶器
1、2. 盂（M149：4、5）　3、4. 罐（M149：2、1）

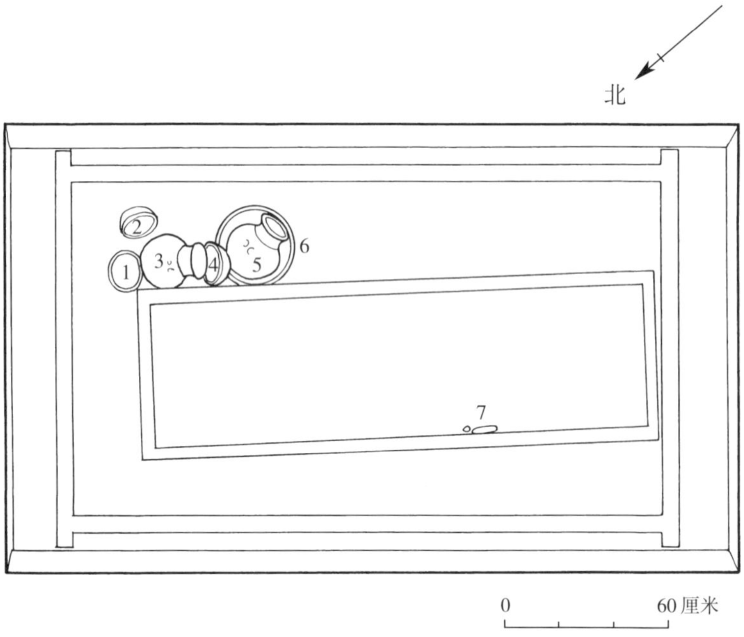

图二六　秦墓 M150 平面图
1、2、4. 陶盂　3、5. 陶罐　6. 陶盆　7. 石砚

粗糙。填软质灰白夹灰褐色花土，近椁盖板痕上发现 1 件铁锸。单椁单棺，仅余腐痕。椁室平面呈"Ⅱ"形，椁痕长 2.28、宽 1.3、高 0.25、板痕厚 0.06 米。棺位于椁内中部偏南，棺痕长 1.9、宽 0.6、高 0.1、板痕厚 0.04 米。人骨朽尽，葬式不明。7 件随葬器物除 1 件石砚置于棺内中部偏南外，余置于椁内棺外东北角。据随葬器物位置推测头向东北（图二六）。

随葬器物：

陶盂　3 件。圆唇，上腹微弧，下腹微曲收，平底微凹。素面。M150：1，泥质褐陶。敛口。口径 14、底径 7.2、高 4.6 厘米（图二七，1；图版五，1 中左）。M150：2，泥质褐陶。微敛口。口径 14.4、底径 7.2、高 5.2 厘米（图二七，2；图版五，1 中中）。M150：4，泥质灰陶。直口微敛。口径 14.8、底径 7.6、高 5.4 厘米（图二七，3；图版五，1 前）。

陶盆　1 件。M150：6，泥质灰陶。侈口，翻沿，圆唇，束短颈，折肩，上腹弧，下腹斜收，浅凹底。素面。口径 28.8、底径 11.4、高 10 厘米（图二七，7；图版五，1 中右）。

陶罐　2 件。侈口，翻折沿，方唇，束颈，溜肩，肩有对称双鼻耳，鼓腹，浅凹底。肩至中腹饰竖绳纹间二或三道抹痕，下腹饰横、斜绳纹。M150：3，泥质褐陶。颈饰瓦棱纹。口径 12、腹径 19.2、底径 6.4、高 20.8 厘米（图二七，4；图版五，1 后右）。M150：5，泥质灰陶。口径 12.4、腹径 20.4、底径 5.2、高 22.5 厘米（图二七，5；图版五，1 后左）。

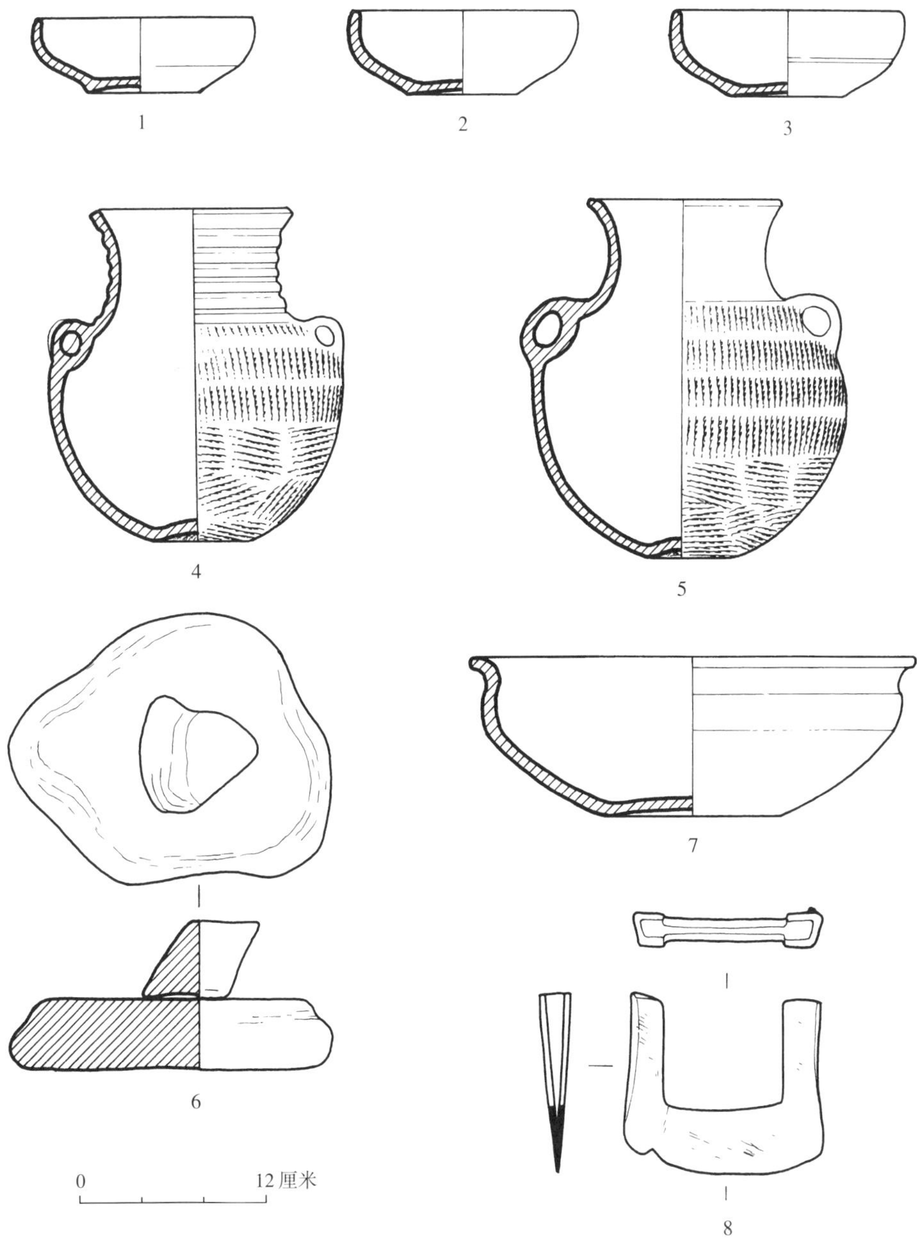

图二七 秦墓 M150 出土器物

1、2、3.陶盂（M150：1、2、4） 4、5.陶罐（M150：3、5）
6.石砚（M150：7） 7.陶盆（M150：6） 8.铁锸（M150：01）

石砚 1套。M150：7，青灰石质。砚体呈不规则圆形，双面平，一面磨光；研墨石呈不规则三棱台形，底面光滑。砚体最长20.6、最宽8.8、厚4.4厘米，研墨石高4.6厘米（图二七，6）。

填土器物：

铁锸 1件。M150：01，平面呈"凹"字形，两侧有銎口，中段上部中空，下部实心，弧刃，刃纵断面呈"V"形，刃略残。通高11.2、刃宽12.8、上端厚2.2厘米（图二七，8；彩版五，1）。

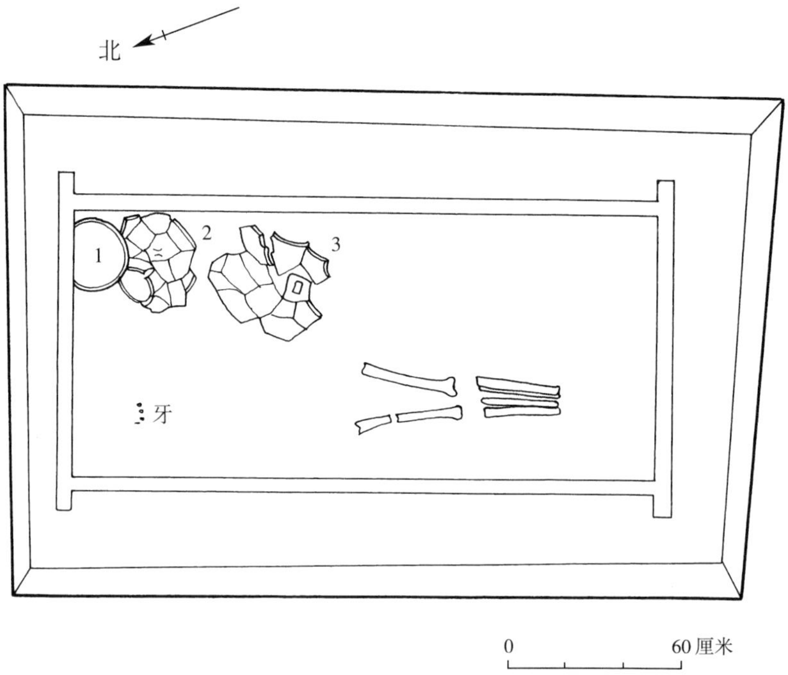

北

0　　　　　　　60厘米

图二八　秦墓 M151 平面图
1.陶盂　2、3.陶罐

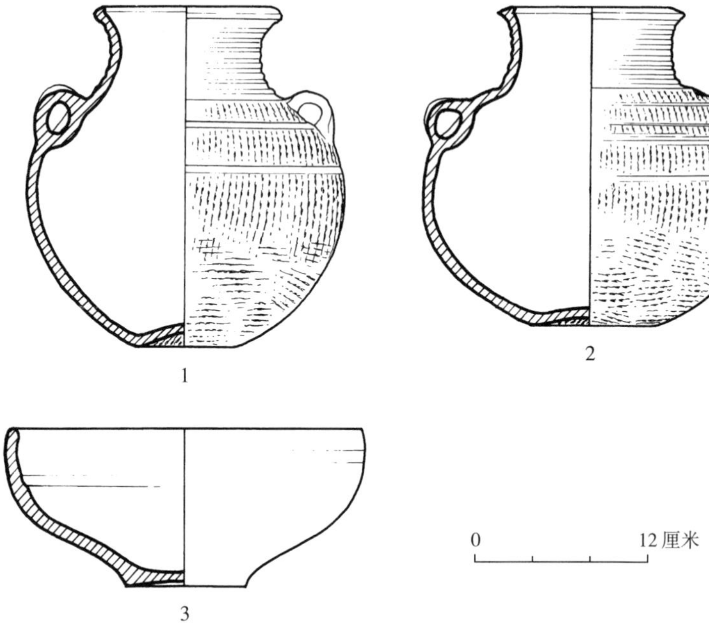

0　　　　　12厘米

图二九　秦墓 M151 出土陶器
1、2.罐（M151：2、3）　3.盂（M151：1）

M151

方向 18°。墓口距地表约 0.28 米，长 2.5～2.66、宽 1.66 米，底长 2.38～2.5、宽 1.42～1.5 米，深 0.94 米。坑壁粗糙。填软质灰白夹灰褐色花土。单椁，仅余腐痕。椁室平面呈"Ⅱ"形，椁痕长 2.12、宽 0.98、高 0.14、板痕厚 0.05 米。未见棺痕。人骨已朽，存牙齿和腿骨，可判定头向北，仰身直肢葬式。3 件随葬器物置于椁内东北半部（图二八）。

陶盂　1件。M151：1，泥质灰陶。微敛口，圆唇，上腹微鼓，下腹曲收，平底微凹。内壁有旋痕。口径 24、底径 8.4、高 10.4 厘米（图二九，3；图版五，2 前）。

陶罐　2件。侈口，翻折沿，内上沿一周内凸，束颈，溜肩，肩有对称双鼻耳，鼓腹，浅凹底。颈饰瓦棱纹，肩至中腹饰竖绳纹间二或四道凹弦纹，下腹及底饰横、斜绳纹。M151：2，泥质褐陶。口径 12、腹径 22、底径 7.2、高 22.6 厘米（图二九，1；图版五，2 后左）。M151：3，泥质灰陶。口径 11.2、腹径 23.2、底径 8、高 21.2 厘米（图二九，2；图版五，2 后右）。

M158

方向 22°。墓口距地表 0.28～0.61 米，其中墓口上有厚 0.03～0.36 米的扰土层。墓口长 2.56、宽 1.44～1.56 米，底长 2.48、宽 1.38～1.46 米，深 1.74～2.14

米。坑壁较粗糙。填软质灰白夹黄褐色花土。单椁单棺，仅余腐痕。椁室平面呈"Ⅱ"形，椁痕长2.4、宽1.18～1.22、高0.56、板痕厚0.06米。棺位于椁内西部，棺痕长2.14、宽0.46、高0.06、板痕厚0.04米。人骨已朽，棺内北部可见头骨痕，可判定头向北，葬式不明。2件随葬器物置于椁内棺外东北角（图三〇）。

陶罐 2件。侈口，翻折沿，方唇，束颈，溜肩，肩有对称双鼻耳，鼓腹，浅凹底。肩至中腹饰竖绳纹间四或二道抹痕，下腹及底饰交错绳纹。M158：1，泥质褐陶。颈中部饰瓦棱纹。口径13.2、腹径21.2、底径6.4、高21.4厘米（图三一，1；图版五，3左）。M158：2，泥质灰陶。颈中部饰间断竖绳纹。口径11.8、腹径20.8、底径7.2、高22厘米（图三一，2；图版五，3右）。

M160

方向22°。墓口距地表约0.22米，西端被M159打破。墓口长2.14、宽1.2米，底长2.08、宽1.12米，深0.66～0.9米。坑壁粗糙。填软质灰白夹灰褐色花土。单棺，仅余腐痕，位于坑底东部，棺痕长1.88～1.9、宽0.47、高0.02、板痕厚0.04米。人骨朽尽，葬式

图三〇 秦墓M158平面图
1、2. 陶罐

图三一 秦墓M158出土陶罐
1. M158：1 2. M158：2

不明。10件随葬器物除1件漆器在棺内中部偏北外，余均置于棺外西北角。据随葬器物位置推测头向东北（图三二）。

陶釜 1件。M160：3，上部泥质、下部夹砂灰陶。侈口，翻折沿，方唇，束颈极短，溜肩，扁鼓腹，中腹及底残。肩及上腹饰竖绳纹，下腹饰交错绳纹。口径12.8厘米（图三三，3）。

陶盆 1件。M160：1，泥质灰陶。敛口，双圆唇，上沿面微凹，弧腹内收，平底微凹。素面。口径19.2、底径9.6、高7.4厘米（图三三，1）。

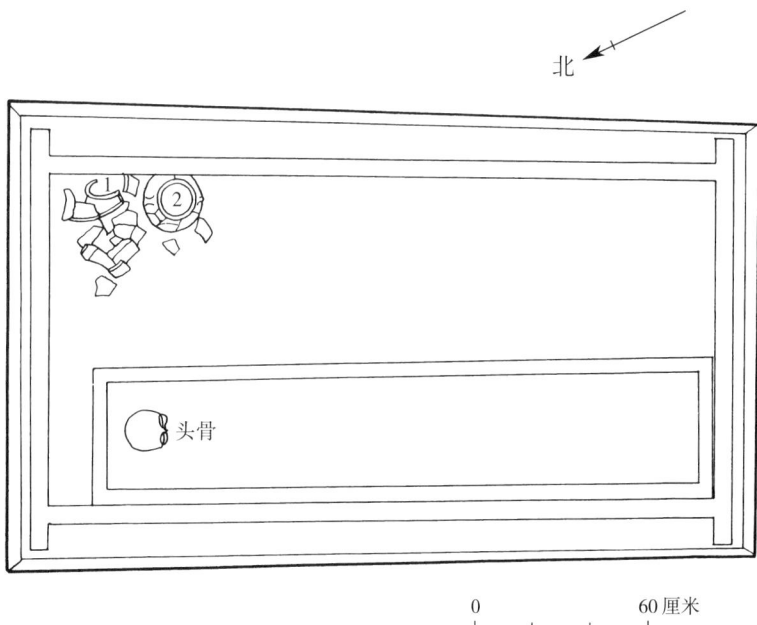

图三二　秦墓 M160 平面图
1. 陶盆　2. 陶瓮　3. 陶釜　4~7. 漆器　8~10. 铜泡钉

陶瓮　1件。M160：2，泥质灰陶。直口微敛，折沿，上沿面有一道浅凹槽，方唇，矮领，溜肩下折，扁折腹，平底微凹。肩、腹间饰四道凹弦纹。口径18.6、腹径32、底径12、高20厘米（图三三，2）。

铜泡钉　3件，圆形帽，内部正中有一方体尖钉。M160：8~10，均高0.85、帽径1厘米（图三三，4）。

漆器　4件（M160：4~7），均仅存漆皮，器形不明。

M165

方向19°或199°。西部被 M164 打破。墓口距地表约0.2米，长3.02~3.1、宽1.94~2.04米，底长3.04、宽1.83米，深3.4~3.9米。坑壁较光滑，有人工修整留下的连弧状工具遗痕，宽0.1~0.14米。填软质灰黄夹灰褐色花土，含少量陶片和炭屑。单椁单棺，仅余腐痕。椁室平面呈"Ⅱ"

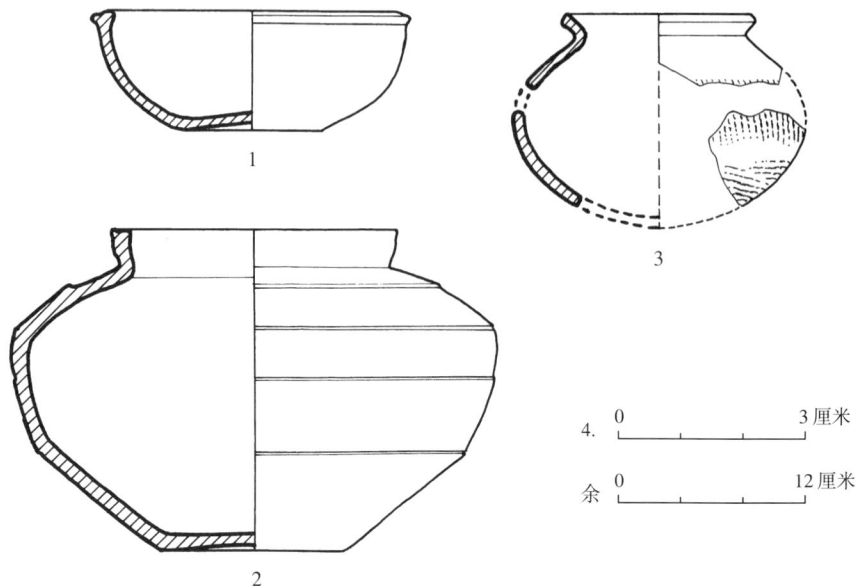

图三三　秦墓 M160 出土器物
1. 陶盆（M160：1）　2. 陶瓮（M160：2）　3. 陶釜（M160：3）　4. 铜泡钉（M160：8）

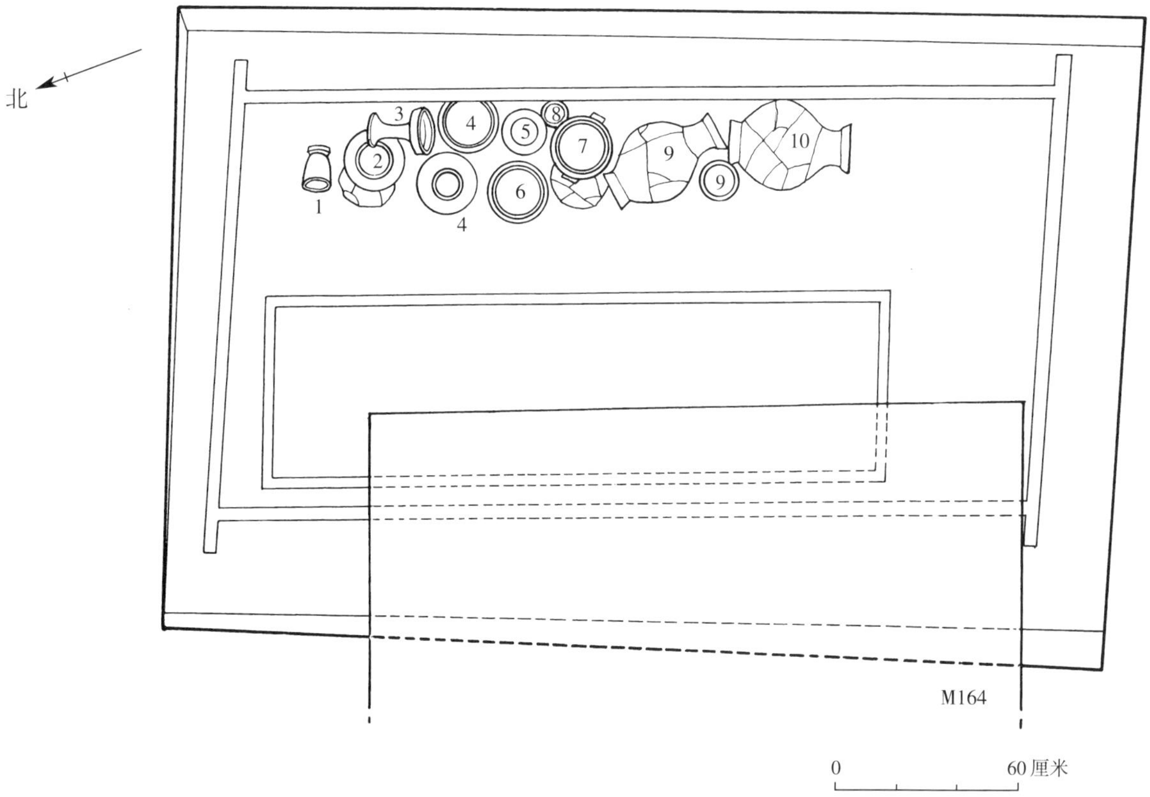

图三四　秦墓 M165 平面图
1、8.陶杯　2、4.陶盒　3、5.陶豆　6、7.陶鼎　9、10.陶壶

形，椁痕长 2.68、宽 1.34、高 0.7、板痕厚 0.04 米。棺位于椁内西部偏北，棺痕长 2、宽 0.6、高 0.1、板痕厚 0.03 米。人骨朽尽，葬式不明。10 件随葬器物置于椁内棺外东部（图三四）。

陶鼎　2 件。泥质灰陶。子母口，圆唇，折肩，弧腹内收，圜底近平，方形附耳，耳孔对穿，三蹄足直立，下端微外撇，足内壁有一竖凹槽，外壁弧。上承微折盘状盖，盖顶有一乳状纽。器表原有红彩脱落。M165：6，口径 17.2、腹径 19.6、体高 12、通高 18 厘米（图三五，1；图版六，1 后左）。M165：7，未能修复。

陶盒　2 件。泥质灰陶。子母口，圆唇，折肩，弧腹内收，凸圜底，浅圈足稍宽。上承覆碗状盖，弧腹，圈足状捉手。器表原有红彩脱落。M165：2，口沿残。腹径 19、圈足径 8、通高 12.2 厘米（图三五，2）。M165：4，圈足下端外撇。口径 17.6、腹径 19.6、圈足径 8、体高 8.8、通高 14.8 厘米（图三五，3；图版六，1 后右）。

陶壶　2 件。泥质灰陶。浅盘口，平折沿，平唇，束长颈，溜肩下折，上腹微鼓，以下弧收，圜底，喇叭口状高圈足。上承微折盘状盖，盖顶有一乳状纽。素面。M165：9，口径 14.8、腹径 22、圈足径 14、体高 35.2、通高 38.8 厘米（图三五，7；图版六，1 后中）。M165：10，未能修复。

陶豆　2 件。泥质灰陶。敞口，圆唇，浅折盘，细柄较矮，中部微束，中空至盘底，喇叭状圈足。素面。M165：3，口径 14.4、盘深 2.8、圈足径 8.4、高 11.6 厘米（图三五，8；图版六，1 中右）。M165：5，口径 15.2、盘深 2.6、圈足径 8.4、高 10.8 厘米（图三五，6；图版六，1 中左）。

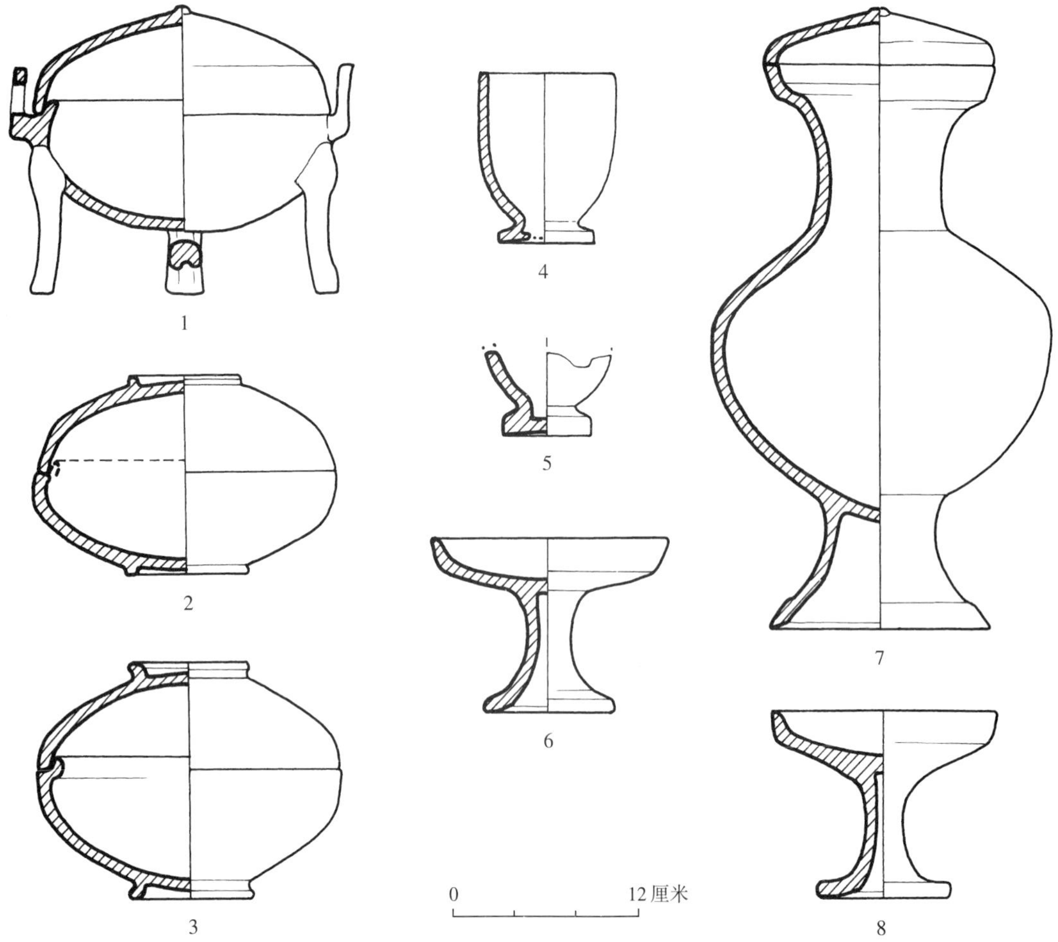

图三五　秦墓 M165 出土陶器

1. 鼎（M165∶6）　2、3. 盒（M165∶2、4）　4、5. 杯（M165∶8、1）　6、8. 豆（M165∶5、3）　7. 壶（M165∶9）

　　陶杯　2件。泥质灰陶。直口，圆唇，上腹壁近直，近底部曲收内束，饼状底，外底微凹。素面。M165∶1，残存底部。底径5.6、残高5.2厘米（图三五，5）。M165∶8，底心残。口径8.8、底径6.4、高10.6厘米（图三五，4；图版六，1前）。

二、西区第二组

　　共19座，分别为 M30、M33～M36、M38、M40～M42、M48、M49、M55、M65、M67、M70、M72、M75、M145、M146。

M30

　　方向24°。墓口距地表约0.4～0.55米，长2.48、宽1.36～1.48米，底长2.3～2.36、宽1.32～1.45米，深0.8～1.1米。坑壁规整光滑。填软质灰褐夹灰白色花土。单棺，仅余腐痕，位于墓底偏西部，棺痕长2、宽0.52、高0.1、板痕厚0.06米。人骨保存较好，头向东北，面朝东，仰身直肢葬式。7件（枚）随葬器物除铜"半两"置于棺内南部外，余置于棺外东北部（图三六）。

陶盂 2件。敞口近直，圆唇，上腹壁近直，下腹微曲收，平底微凹。M30∶1，泥质黑衣褐陶。腹饰一道不规则凹弦纹。口径14、底径6、高6厘米（图三七，1；图版七，1前）。M30∶3，泥质灰陶。素面。口径14、底径6、高6.4厘米（图三七，2；图版七，1中右）。

陶罐 2件。侈口，翻折沿，束颈，溜肩，肩有对称双鼻耳，鼓腹，浅凹底。M30∶2，泥质褐陶。颈中部饰凹弦纹，中腹以上饰竖绳纹间二道抹痕，下腹及底饰交错绳纹。口径12.4、腹径21.2、底径6.4、高22厘米（图三七，5；图版七，1后）。M30∶4，上部泥质、下部夹砂褐陶。下腹残。中腹以下及底饰横、斜绳纹。口径11.2、腹径16.8、底径6、残高10.4厘米（图三七，4；图版七，1中左）。

铜"半两" 3枚。圆形，方穿，无郭。穿左右书"半两"二字，笔画较粗，字体宽胖，"半"字两横等长，"两"之"人"字出头较长。M30∶5-1，直径2.4、穿边长0.9厘米（图三七，3）。

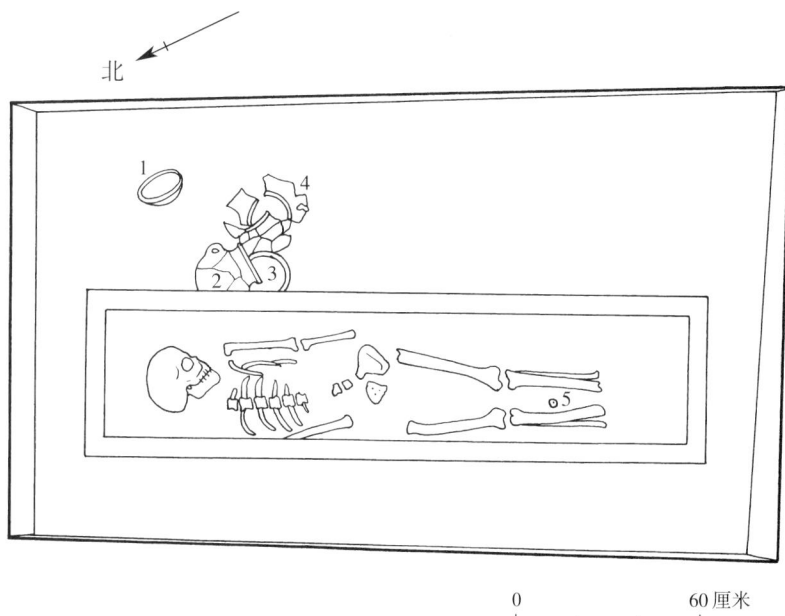

图三六 秦墓 M30 平面图
1、3.陶盂 2、4.陶罐 5.铜"半两"

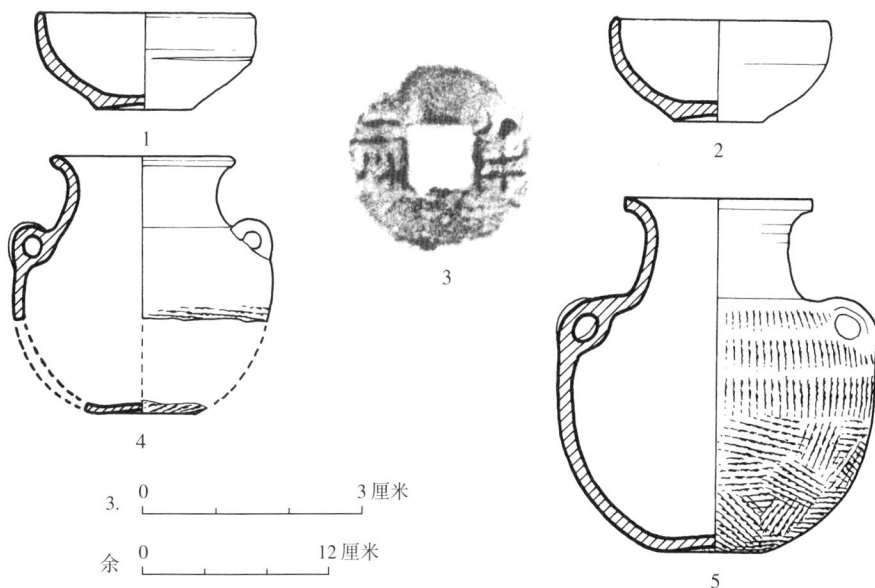

图三七 秦墓 M30 出土器物
1、2.陶盂（M30∶1、3） 3.铜"半两"拓本（M30∶5-1） 4、5.陶罐（M30∶4、2）

M33

方向15°。墓口距地表约0.6～0.7米，长3.1、宽1.8～1.88米，底长2.95、宽1.78～1.84米，深2.7米。坑壁规整光滑。填软质灰褐夹灰白色花土。单椁单棺，仅余腐痕。椁室平面呈"Ⅱ"形，椁痕长2.29、宽1.18、高0.22、板痕厚0.07米。棺位于椁内西北部，棺痕长1.86、宽0.53、高0.08、板痕厚0.04米。椁底南、北部各有一垫木槽，横断面呈倒梯形，长1.38、宽0.11～0.12、深0.04米。人骨朽尽，棺内北部残存数枚牙齿，可判断头向北，葬式不明。17件随葬器物除1件陶球置于棺内北端外，余均置于椁内棺外东部北半段（图三八）。

陶鼎　2件。泥质灰陶。子母口，圆唇，折肩，弧腹内收，凸圜底，长方形附耳微外撇，耳孔对穿，三蹄足直立，内壁近平，外壁有两直棱，下端微外撇。上承弧折盘状盖，盖顶立一星形纽。中腹偏下饰一道凹弦纹，足外壁沿棱模印卷云纹。M33：6，口径16、腹径19、体高12.2、通高19.8厘米（图三九，1；图版六，2中后左1）。M33：7，口径16、腹径19.4、体高12.4、通高19.2厘米（图三九，2；图版六，2中前左1）。

陶盒　2件。泥质灰陶。子母口，圆唇，折肩，上腹近直，下腹斜收，平底微凸，浅宽圈足。上承覆碗状盖，微折壁，弧腹内收，浅圈足状捉手。体、盖腹各饰一或二道凹弦纹。M33：10，口径16.4、腹径18.4、圈足径8.8、体高8、通高13.6厘米（图三九，3；图版六，2中前右1）。M33：11，口径16、腹径18.8、圈足径8、体高7.8、通高13.4厘米（图三九，4；图版六，2中后右1）。

陶壶　2件。泥质灰陶。浅盘口，折沿，平唇，束长颈，溜肩，扁鼓腹，平底，浅盘口状高圈足。上承微折壁盖，盖顶立一星形纽。肩饰一道凹弦纹，腹部有多道旋痕。M33：1，口径14、

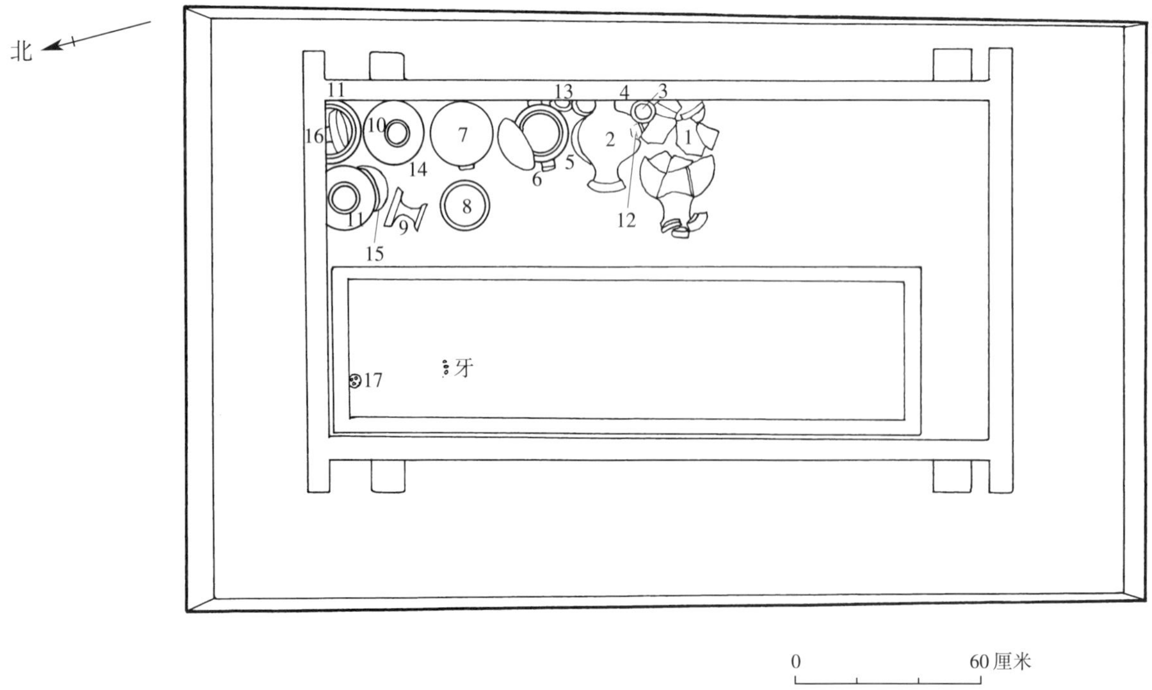

图三八　秦墓M33平面图

1、2.陶壶　3、4.陶杯　5、8、14、15.陶盂　6、7.陶鼎　9、16.陶豆　10、11.陶盒　12、13.陶勺　17.陶球

腹径21.6、圈足径13.6、体高33、通高39.8厘米（图三九，5；图版六，2后左）。M33：2，口径13.6、腹径20.6、圈足径13.6、体高33.2、通高39.2厘米（图三九，6；图版六，2后右）。

陶豆　2件。泥质灰陶。敞口，圆唇，浅折盘，微细柄较矮，中空至盘底，浅覆盘状圈足。M33：9，红彩多脱落，盘内饰双线"十"字纹。口径12.8、盘深2.8、圈足径8.8、高10.2厘米（图四〇，1；图版六，2中后右2）。M33：16，柄中部有一道凸棱。素面。口径12.8、盘深2.4、圈足径9.2、高9.6厘米（图四〇，4；图版六，2中后左2）。

陶杯　2件。泥质灰陶。敞口，圆唇，上腹斜直，近底部曲折收，饼状底，外底微内凹。素面。M33：3，口径8.8、底径5.8、高9.4厘米（图四〇，7；图版六，2中前左2）。M33：4，口径8.8、底径5.6、高10.2厘米（图四〇，9；图版六，2中前左3）。

陶勺　2件。泥质灰陶。勺体圆形，微敛口，圆唇，微折腹，平底微凹。口部上伸一短曲柄，头端兽首形。M33：12，直柄。外壁红彩脱落。口径9.2、底径4、体高3.2、通高10.2厘米（图四〇，8；图版六，2中前右2）。

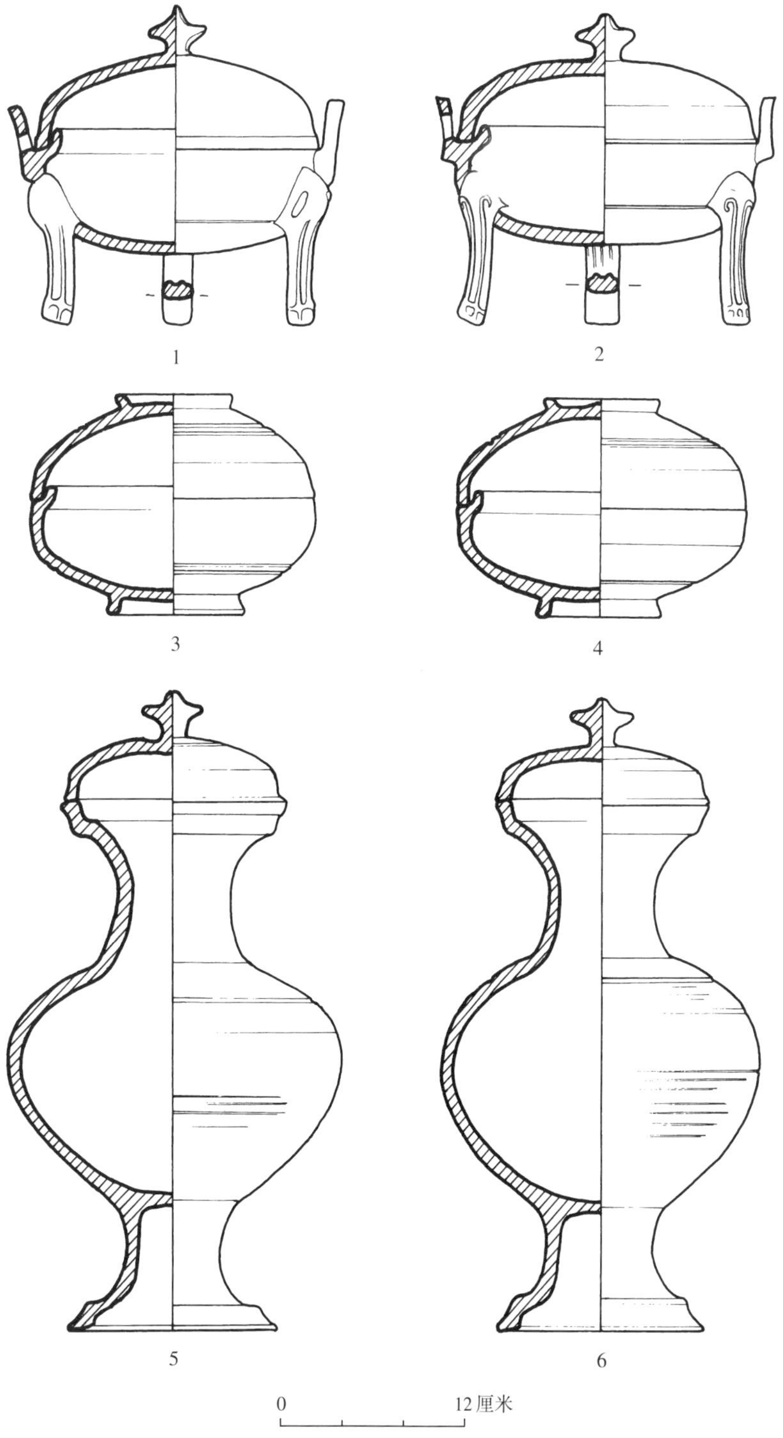

图三九　秦墓M33出土陶器
1、2.鼎（M33：6、7）3、4.盒（M33：10、11）5、6.壶（M33：1、2）

M33：13，柄内曲。口径9.2、底径4.8、体高3、通高10.2厘米（图四〇，10；图版六，2中前右3）。

陶盂　4件。泥质灰陶。圆唇，上腹壁近直，以下弧收，平底微凹。素面。M33：5，直口微

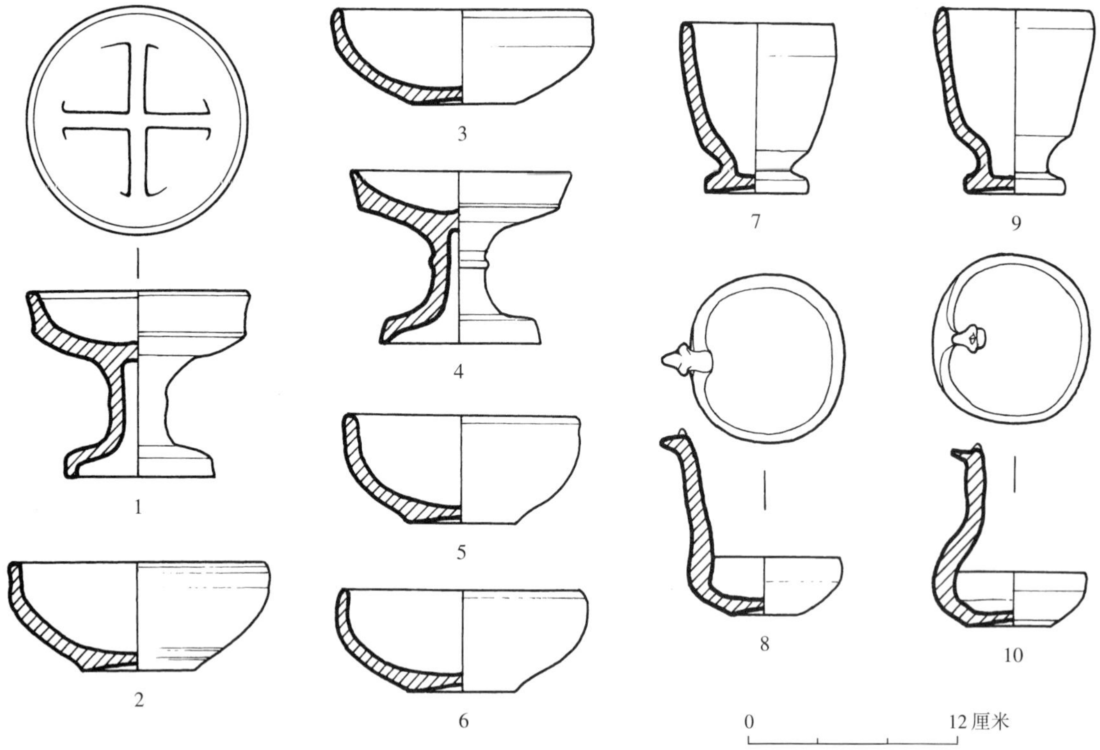

图四〇　秦墓 M33 出土陶器

1、4.豆（M33：9、16）　2、3、5、6.盂（M33：5、8、15、14）　7、9.杯（M33：3、4）　8、10.勺（M33：12、13）

敞。口径 14.8、底径 6.4、高 6 厘米（图四〇，2；图版六，2 前左 1）。M33：8，直口微敞。口径 14.4、底径 6、高 5.2 厘米（图四〇，3；图版六，2 前左 2）。M33：14，微敛口。口径 14、底径 6.4、高 5.6 厘米（图四〇，6；图版六，2 前右 1）。M33：15，敞口。口径 13.6、底径 6、高 6 厘米（图四〇，5；图版六，2 前右 2）。

陶球　1 件。M33：17，因残碎严重无法辨别形制。

M34

方向 26°。墓口距地表约 0.6 米，长 3.3～3.37、宽 2.22～2.28 米，底长 3.08、宽 2.05 米，深 3.1 米。坑壁粗糙。填软质灰白夹灰黄色五花土。单椁单棺，仅余腐痕。椁室平面呈"Π"形，椁痕长 2.75、宽 1.36、高 0.8、板痕厚 0.07 米。椁内北部立有一隔板，把椁室分为头厢、棺厢。隔板宽 1.23、存高 0.1、板痕厚 0.04 米。棺位于椁内南部中间，棺痕长 1.9、宽 0.53、高 0.06 米、板痕厚 0.04 米。椁底南、北部各有一垫木槽，横断面呈长方形，长 1.92、宽 0.19、深 0.07 米。人骨朽尽，葬式不明。13 件随葬器物位于头厢内。据随葬器物位置及与 M33 的关系推测头向东北（图四一）。

陶鼎　2 件。泥质灰陶。子母口，圆唇，折肩，弧腹内收，凸圜底，长方形附耳微外撇，耳孔对穿，三蹄足直立，内壁近平，外壁有两直棱，下端微外撇。上承弧折盘状盖，盖周有三穿孔角状纽。M34：5，足外壁直棱不明显。素面。口径 16.4、腹径 17.6、体高 12.4、通高 18 厘米（图四二，1）。M34：9，中腹偏下饰一道凹弦纹。口径 16、腹径 17.6、体高 12、通高 18.6 厘米（图

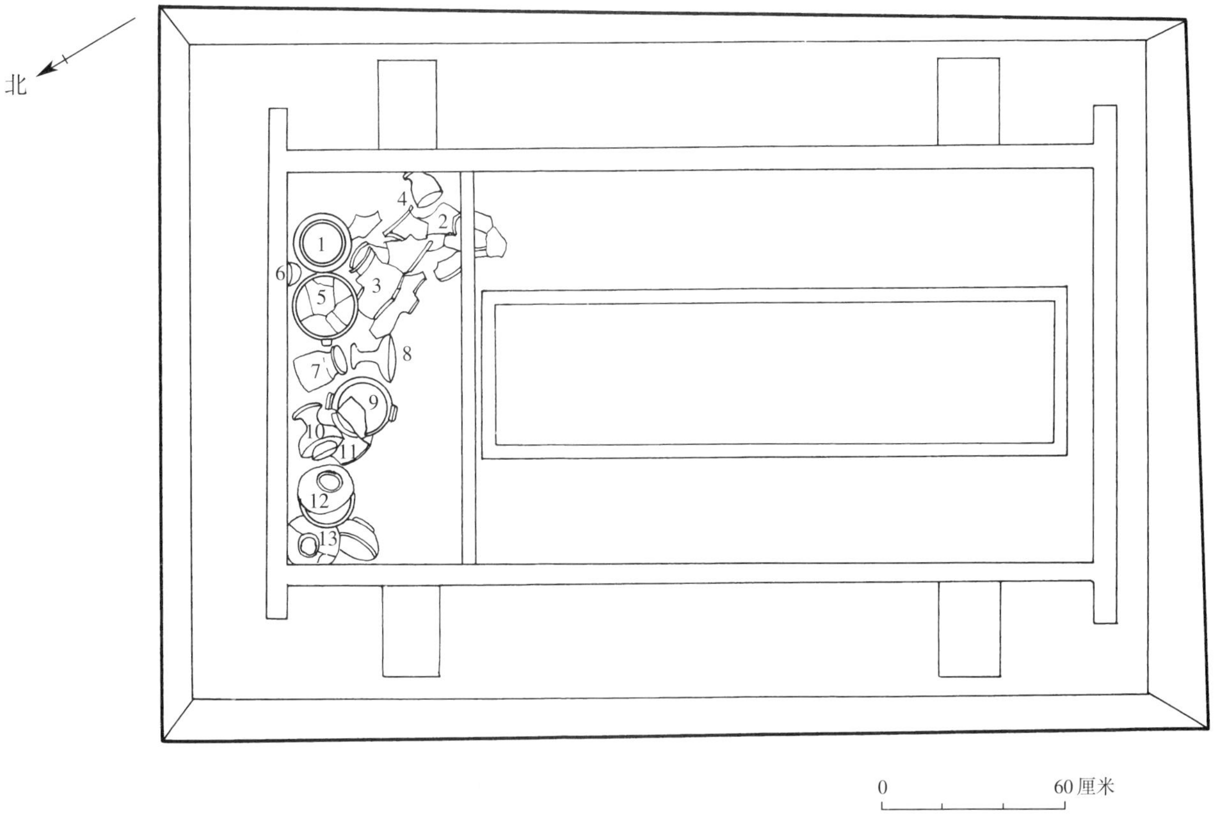

图四一　秦墓 M34 平面图
1.铜鍪　2、3.陶壶　4、7.陶杯　5、9.陶鼎　6、11.陶勺　8、10.陶豆　12、13.陶盒

四二，2）。

　　陶盒　2件。泥质灰陶。子母口，圆唇，折肩，平底，浅圈足外撇。上承覆碗状盖，弧腹内收，浅圈足状捉手。体圈足外壁中部有一道微凸棱。原有红彩脱落。M34：12，腹壁自肩部向下弧收，体肩下及下腹部分饰一、二道凹弦纹。口径 16、肩径 18.8、圈足径 7.6、体高 8.6、通高 14.6厘米（图四二，4）。M34：13，上壁近直，下腹弧收。口径 16、肩径 18.8、圈足径 7.6、体高 8.6、通高 14.6厘米（图四二，3）。

　　陶壶　2件。泥质灰陶。盘口，折沿，平唇，束长颈，溜肩微下折，扁鼓腹，盘口状高圈足。上承微折壁盖，盖周三扁形纽均残。颈、肩结合部饰一道凹弦纹。M34：2，原有红彩均脱落。口径 12.8、腹径 20.6、圈足径 12.8、体高 32、残高 35.6厘米（图四二，6）。M34：3，原有红彩大部分脱落，颈部可见连续三角形纹样。口径 13.2、腹径 19.2、圈足径 12.4、体高 30、残高 33.2厘米（图四二，5）。

　　陶豆　2件。泥质灰陶。敞口，尖圆唇，浅折盘，微细柄较矮，中部微凸，中空至盘底，小喇叭状圈足。圈足外壁饰一道凹弦纹。原有红彩脱落。M34：8，口径 12.8、盘深 2.6、圈足径 8、高 11.6厘米（图四三，1）。M34：10，口径 13.2、盘深 3、圈足径 7.6、高 11.8厘米（图四三，2）。

　　陶杯　2件。泥质灰陶。敞口，圆唇，上腹壁近直，近底部曲折收，饼状底，外底微凹。原有红彩脱落。M34：4，口径 8.4、底径 6、高 11.4厘米（图四三，3）。M34：7，底侧壁有一周浅

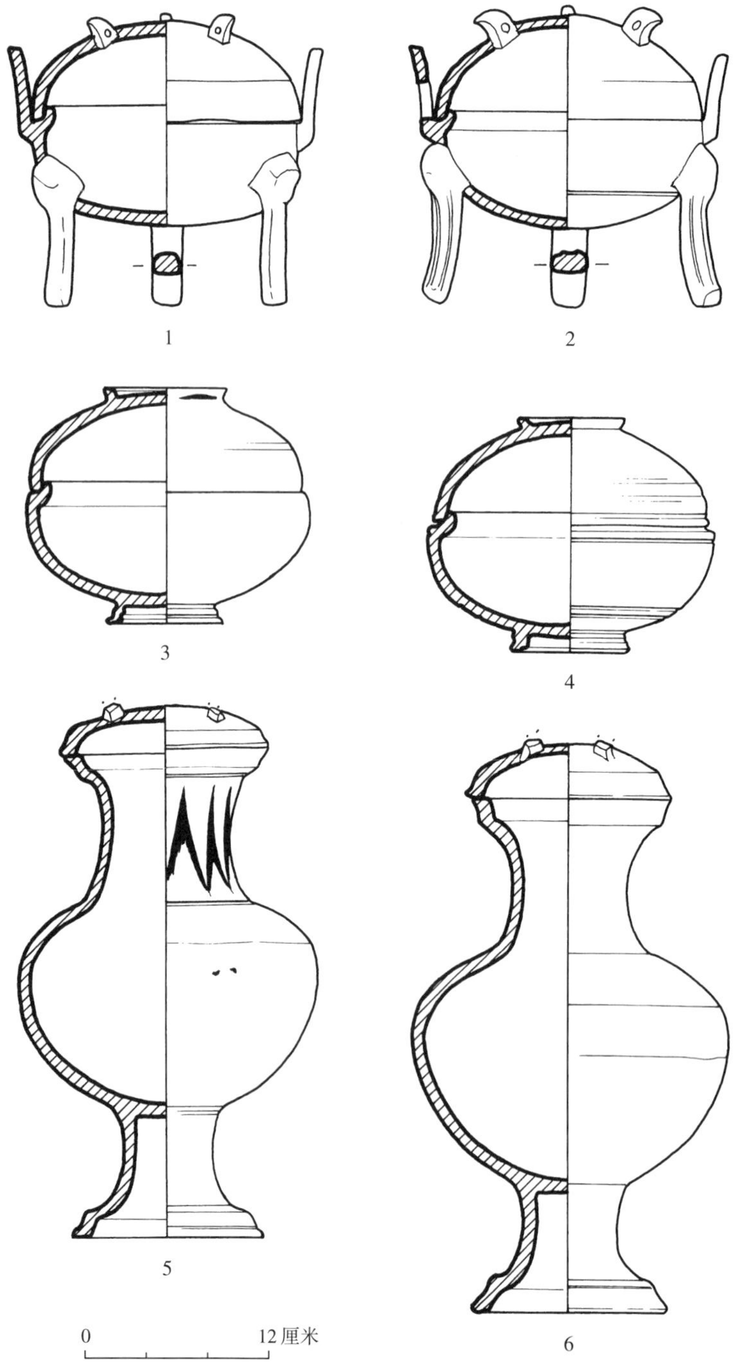

图四二　秦墓 M34 出土陶器

1、2. 鼎（M34：5、9）　3、4. 盒（M34：13、12）　5、6. 壶（M34：3、2）

凹槽。口径 8.4、底径 5.6、高 12 厘米（图四三，4）。

陶勺　2件。泥质灰陶。勺体圆形，微敛口，圆唇，弧腹，平底微凹。口部上伸一短曲柄，头端兽首形。M34：6，外壁红彩脱落。口径 9、底径 4.8、体高 3.6、通高 9.8 厘米（图四三，5）。M34：11，红彩部分脱落，内底可见零星红彩，外壁口部分饰带纹和波折纹各一周。口径 8.8、底径 6、体高 3.4、通高 8.8 厘米（图四三，6）。

铜鍪　1件。M34：1，侈口，翻沿，圆唇，束颈，溜肩，肩部附一大一小两环耳，扁鼓腹，凸圜底。肩部饰一道凸弦纹。底、腹部留有烟炱痕。口径 12.8、腹径 18.4、高 15.4 厘米（图四三，7；彩版五，2）。

M35

方向 10°。墓口距地表约 0.36 ~ 0.6 米，长 2.18 ~ 2.24、宽 1.18 ~ 1.24 米，底长 2.15 ~ 2.18、宽 1.12 ~ 1.18 米，深 1.1 ~ 1.2 米。坑壁粗糙。填软质灰褐夹灰白色花土。单椁单棺，仅余腐痕。椁室平面呈"Ⅱ"形，椁痕长 2、宽 0.88 ~ 1、高 0.2、板痕厚 0.06 米。棺位于椁内西部，棺痕长 1.8、宽 0.45 ~ 0.49、高 0.04、板痕厚 0.03 米。人骨朽尽，棺内北部仅存少量牙齿，可判定头向北，葬式不明。3 件随葬器物置于椁内棺外东北角（图四四）。

陶盂　1件。M35：3，泥质黑衣褐陶。直口，圆唇，上腹直，下腹曲收，平底微凹。素面。口径 14.8、底径 7.2、高 5.2 厘米（图四五，2；图版七，2前）。

陶罐　2件。泥质灰陶。侈口，翻折沿下压，方唇，束颈，溜肩，肩有对称双鼻耳，鼓腹，凹

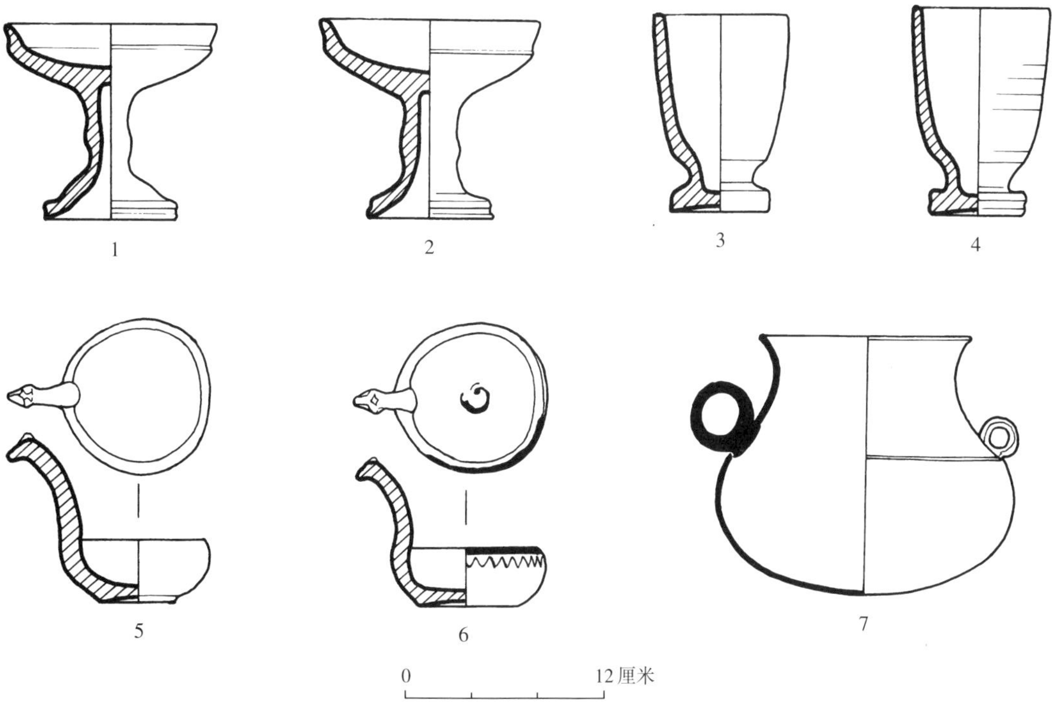

图四三　秦墓 M34 出土器物

1、2.陶豆（M34：8、10）　3、4.陶杯（M34：4、7）　5、6.陶勺（M34：6、11）　7.铜鍪（M34：1）

底稍深。颈饰瓦棱纹，肩至中腹饰竖绳纹间三道抹痕，下腹及底饰交错绳纹。M35：1，口径12、腹径20.4、底径6.4、高21.6厘米（图四五，1；图版七，2后右）。M35：2，口径10.8、腹径20.8、底径5.6、高21厘米（图四五，3；图版七，2后左）。

M36

方向45°。墓口距地表约0.3~0.4米，长2.6、宽1.3米，底长2.7、宽1.38米，深0.76~0.86米。坑壁光滑。填软质灰白夹灰褐色花土。单椁单棺，仅余腐痕。椁室平面呈长方形，椁痕长2.08、宽0.82、高0.16、板痕厚0.05米。棺位于椁内西部，棺痕长1.8、宽0.45、高0.06、板痕厚0.05米。人骨朽尽，

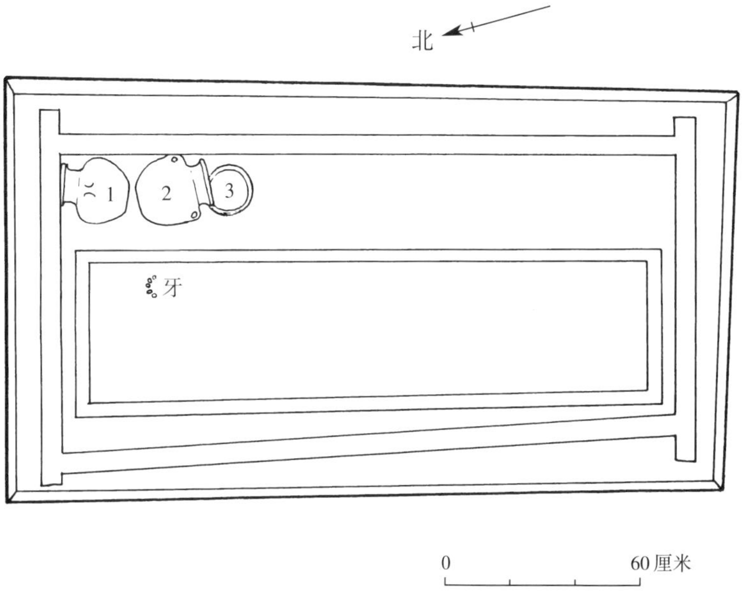

图四四　秦墓 M35 平面图

1、2.陶罐　3.陶盂

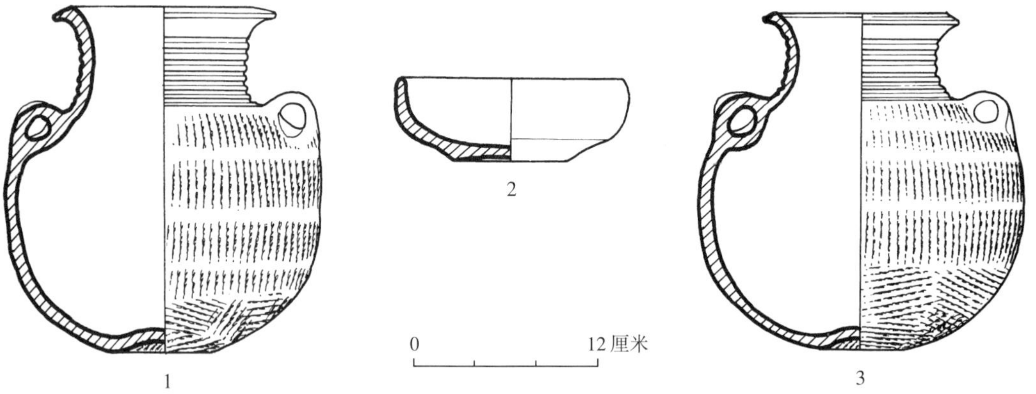

图四五　秦墓 M35 出土陶器

1、3. 罐（M35：1、2）2. 盂（M35：3）

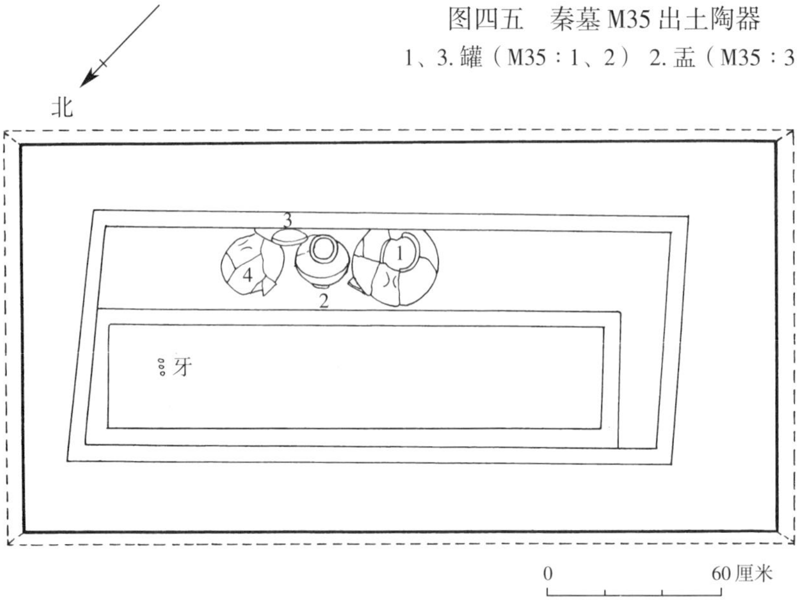

北

图四六　秦墓 M36 平面图

1、4. 陶罐　2. 陶壶　3. 陶盂

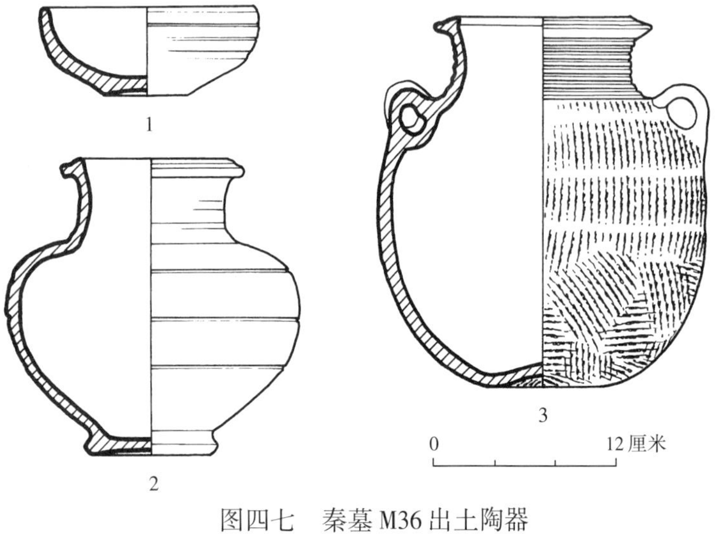

图四七　秦墓 M36 出土陶器

1. 盂（M36：3）2. 壶（M36：2）3. 罐（M36：4）

棺内东北部残存少量牙齿，可判定头向东北，葬式不明。4 件随葬器物置于椁内棺外东北部中段（图四六）。

陶盂　1 件。M36：3，泥质黑衣褐陶。敞口，圆唇，上腹弧，下腹微曲收，平底微凹。外壁间饰三道凹弦纹。口径 14、底径 5.6、高 5.4 厘米（图四七，1；图版七，3 前）。

陶壶　1 件。M36：2，泥质灰陶。侈口，宽折沿外压，沿面凹，束颈，圆肩微折，扁鼓腹弧收，平底微凹。肩、腹间饰三道凹弦纹。口径 9.6、腹径 19.2、底径 8、高 18.4 厘米（图四七，2；图版版七，3 后左）。

陶罐　2 件。泥质褐陶。侈口，翻折沿下压，口上沿内敛，圆唇，束颈，圆肩，肩有对称双鼻耳，鼓腹，浅凹底。颈饰瓦棱纹，肩至中腹饰竖绳纹间三道抹痕，下腹

及底饰交错绳纹。M36：4，
口径12、腹径21.6、底径8、
高23厘米（图四七，3；图
版七，3后右）。M36：1，无
法修复。

M38

方向33°。墓口距地表
约1米，长2.64、宽1.6米，
底长2.58、宽1.53米，深
0.49～0.62米。坑壁粗糙。
填松软黄褐夹灰白色花土。
单椁单棺，仅余腐痕。椁室
平面呈"Ⅱ"形，椁痕长
2.34、宽0.98、高0.39、板
痕厚0.06米。棺位于椁内
西部，棺痕长1.96、宽0.48、
高0.04、板痕厚0.04米。人
骨朽，棺内南部东侧残存
一节股骨痕，可判定头向

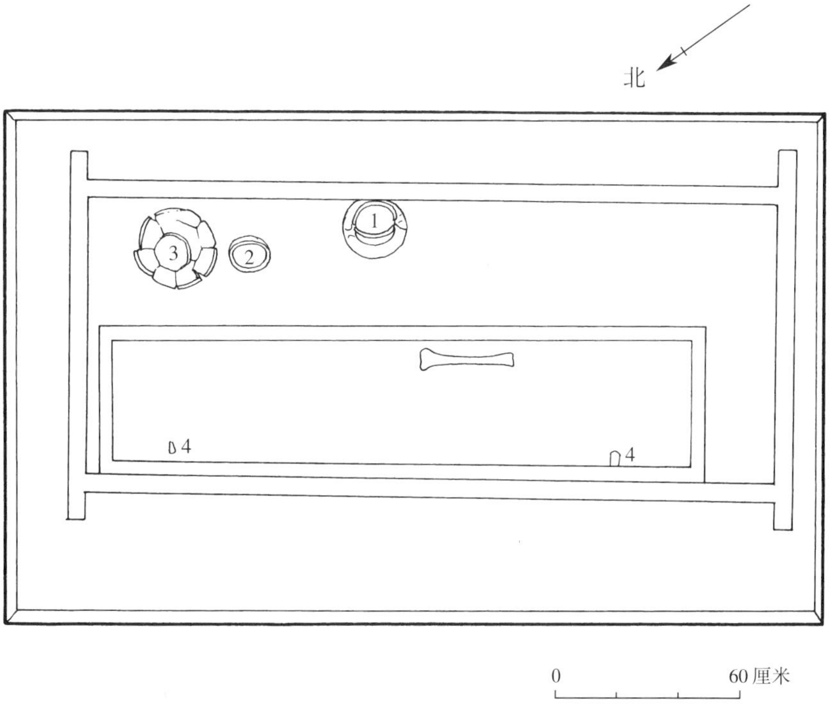

图四八　秦墓 M38 平面图
1、3.陶罐　2.陶盂　4.铜带钩

东北，葬式不明。4件随葬器物中，1件残铜带钩分置于棺内西侧的南、北两端，3件陶器置于椁
内棺外东北部（图四八）。

陶盂　1件。M38：2，泥质灰陶。直口，圆唇，上腹近直，下腹微曲收，平底微凹。上壁饰
一道凹弦纹。口径14、底径6.4、高5.8厘米（图四九，2；图版八，1前）。

陶罐　2件。泥质灰陶。侈口，平折沿，平唇，束颈，圆肩，肩有对称双鼻耳，鼓腹，浅凹
底。肩至中腹饰竖绳纹间四或三道抹痕，下腹及底饰交错绳纹。M38：1，口径12、腹径21.2、底
径5.6、高22厘米（图四九，1；图版八，1后左）。M38：3，外施黑衣。颈部竖绳纹模糊。口径
12、腹径21.6、底径5.6、高21.8厘米（图四九，3；图版八，1后右）。

铜带钩　1件。M38：4，残断。灰绿色。钩首残断后与体连接不上，扁体琵琶形，鸭嘴状钩
首，圆纽。隆面中部有一道竖向浅槽。体最宽2.7、纽径1.1厘米（图四九，4）。

M40

方向38°。墓口距地表约0.56米，长2.36、宽1.05米，底长2.16、宽0.93米，深1.12～1.24
米。坑壁粗糙。填松软灰褐夹灰白色花土。单椁单棺，仅余腐痕。椁室平面呈长方形，椁痕长
2.1、宽0.91、高0.12、板痕厚0.05米。棺位于椁内西部，棺痕长1.88、宽0.51、高0.06、板痕厚
0.03米。人骨朽尽，葬式不明。4件随葬器物置于椁内棺外东北部，据随葬器物位置推测头向东
北（图五○）。

陶盂　2件。泥质灰陶。圆唇，上腹近直，中腹微折，下腹微曲收，平底微凹。素面。M40：
1，微敛口。口径14、底径5.6、高5.6厘米（图五一，1；图版八，2前右）。M40：3，敞口。口

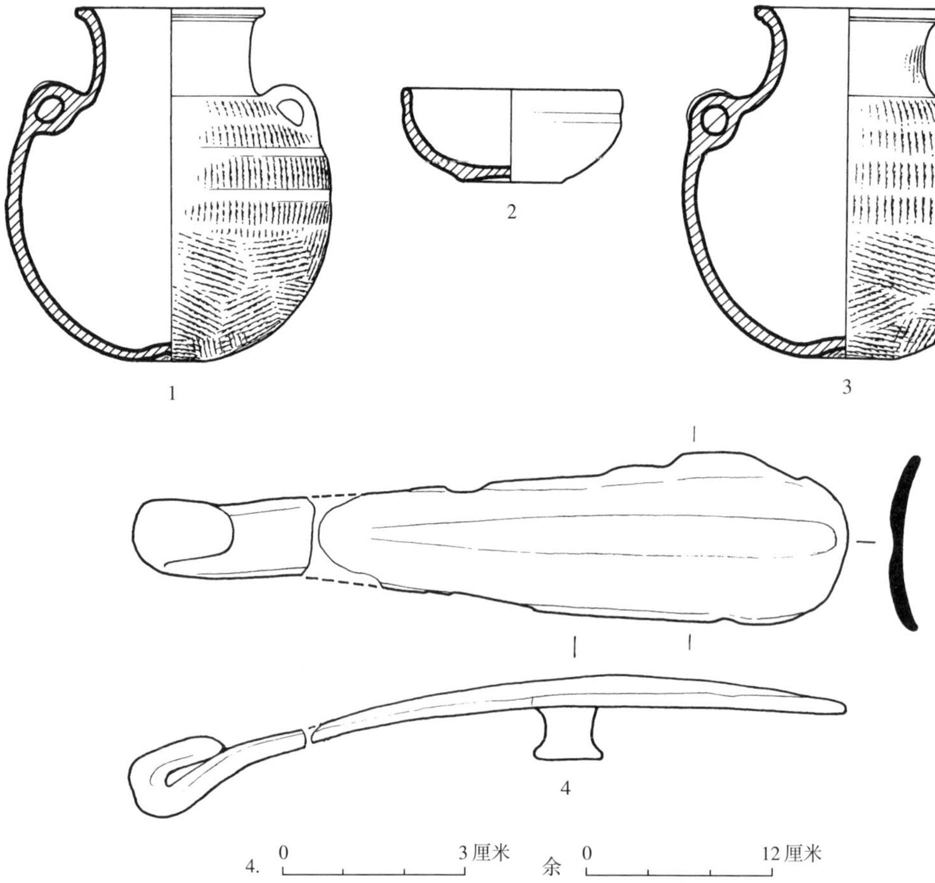

图四九　秦墓 M38 出土器物
1、3.陶罐（M38：1、3）　2.陶盂（M38：2）　4.铜带钩（M38：4）

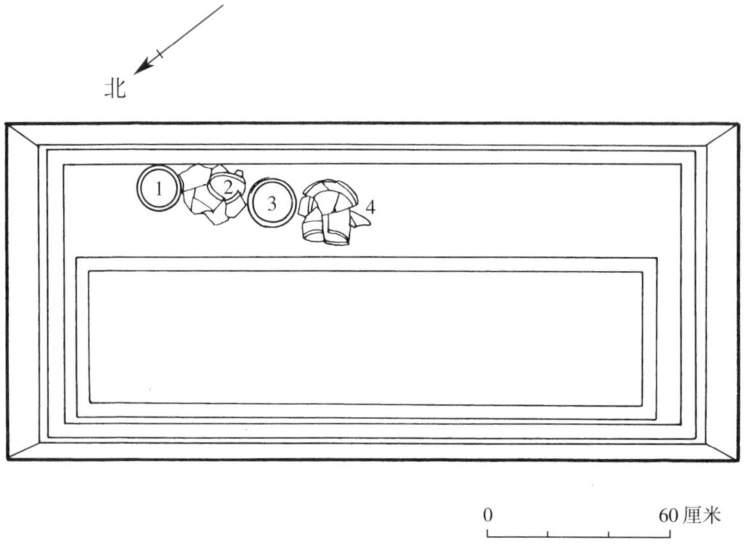

图五○　秦墓 M40 平面图
1、3.陶盂　2、4.陶罐

径13.6、底径5.6、高5.2厘米（图五一，2；图版八，2前左）。

　　陶罐　2件。侈口，翻折沿，方唇，束颈，溜肩，肩有对称双鼻耳，鼓腹，凹底。肩至上腹饰竖绳纹间三道抹痕，下腹及底饰交错绳纹。M40：2，泥质黑衣褐陶。器内壁上部布满摁窝，颈饰数道凹弦纹。口径11.6、腹径18.8、底径4.8、高18.6厘米（图五一，3；图版八，2后右）。M40：4，泥质灰陶。颈部竖绳纹模糊。口径10.8、腹径18.8、底径4.8、高19厘米（图五一，4；图版八，2后左）。

M41

方向20°。墓口距地表约0.4米，长2.35、宽1.2米，底长2.25、宽1.1米，深1.2米。坑壁粗糙。填软质灰褐夹灰白色花土。单椁单棺，仅余腐痕。椁室平面呈长方形，椁痕长2.1、宽0.62、高0.54、板痕厚0.05米。棺位于椁内西南部，棺痕长1.7、宽0.44、高0.16、板痕厚0.04米。人骨朽尽，葬式不明。2件随葬器物置于椁内棺外北端。据随葬器物位置推测头向北（图五二）。

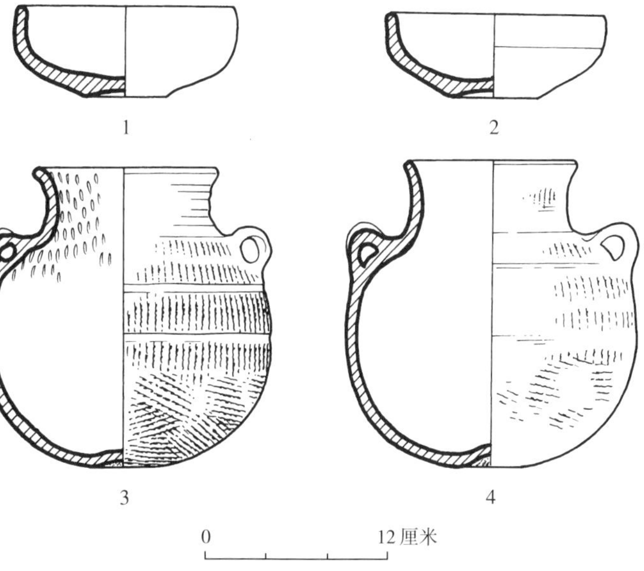

陶盂　1件。M41:1，泥质黑衣灰陶。直口，圆唇，上腹较直，向下弧收，近底部一周斜削，平底微凹。素面。口径14.8、底径4.8、高6.8厘米（图五三，1；图版八，3右）。

陶罐　1件。M41:2，泥质黑衣灰陶。侈口，翻折沿，上沿面一周宽浅凹，方唇，束颈，圆肩，肩有对称双鼻耳，鼓腹，浅凹底。颈部饰瓦棱纹，肩至中腹饰竖绳纹间三道抹痕，下腹及底饰交错绳纹。口径13.2、腹径19.2、底径5.2、高21厘米（图五三，2；图版八，3左）。

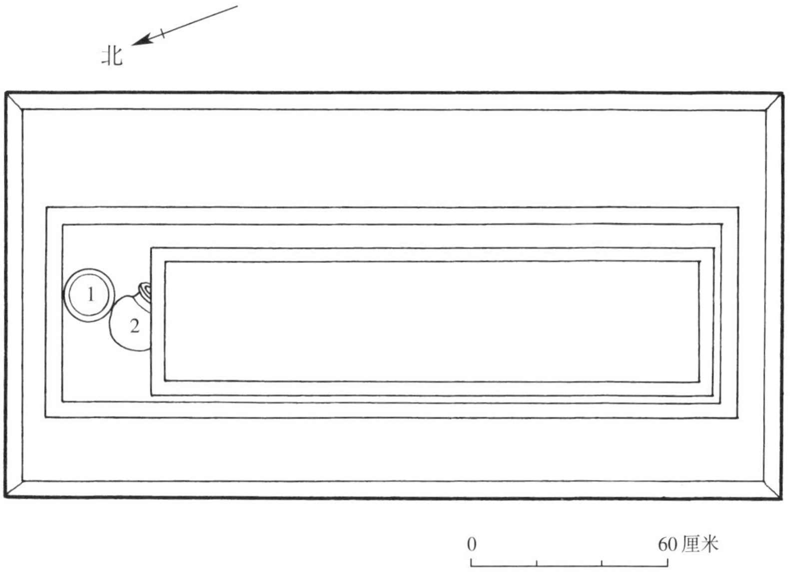

图五一　秦墓M40出土陶器
1、2.盂（M40:1、3）　3、4.罐（M40:2、4）

图五二　秦墓M41平面图
1.陶盂　2.陶罐

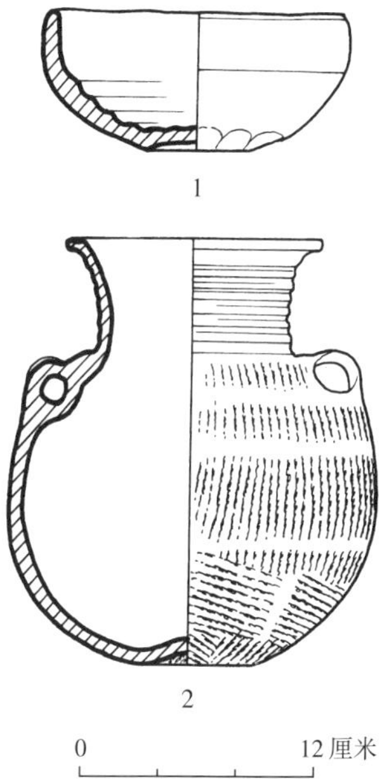

图五三　秦墓M41出土陶器
1.盂（M41:1）　2.罐（M41:2）

M42

方向40°。墓口距地表约0.46米，长2.1、宽1.2米，底长1.9、宽1.05米，深1.3～1.4米。坑壁粗糙。填硬质灰褐夹灰白色五花土。单椁单棺，仅余腐痕。椁室平面呈长方形，椁痕长1.74、宽0.58、高0.3、板痕厚0.05米。棺位于椁内南部，仅存底板痕，长1.4、宽0.42、板痕厚0.02米。人骨朽尽，棺内东北端残存数枚牙齿，可判定头向东北，葬式不明。2件随葬器物置于椁内棺外东北端（图五四）。

陶盂　1件。M42：1，泥质青灰陶。敞口，圆唇，弧腹下收，平底微凹。口径13.2、底径5.6、高5.4厘米（图五五，1；图版八，4上）

陶罐　1件。M42：2，泥质灰陶。侈口，翻沿外压，圆唇，束颈，圆肩，肩有对称双鼻耳，鼓腹，凹底。颈饰多道凹弦纹，肩至中腹饰竖绳纹间三道抹痕，下腹及底饰交错绳纹。口径12.6、腹径21.6、底径6、高23厘米（图五五，2；图版八，4下）。

M48

方向28°。墓口距地表约0.4米，长2.65、宽1.5米，底长2.3、宽1.36米，深3.1～3.5米。坑壁规整光滑。填软质灰褐夹灰白色花土。单椁单棺，仅余腐痕。椁室平面呈长方形，椁痕长2.2、宽1.1、高0.6、板痕厚0.06米。棺位于椁内西部偏南，棺痕长1.65、宽0.45、高0.03、板痕厚0.03米。椁底近南北两端有两条垫木沟槽，横断面呈长方形，长1.3、宽0.12、深0.06米。人骨朽尽，葬式不明。11件随葬器物置于椁内棺外东北大部。从随葬器物类别、位置及与其他同类可判定方向墓葬的比较，推测头向东北（图五六）。

陶鼎　2件。泥质灰陶。子母口，圆唇，折肩，弧腹内收，凸圈底，长方形附耳均残，三蹄足直立，内壁有竖凹槽，外壁圆弧。上承弧盘状盖，盖顶有三角状纽。素面。M48：3，口径17.6、腹

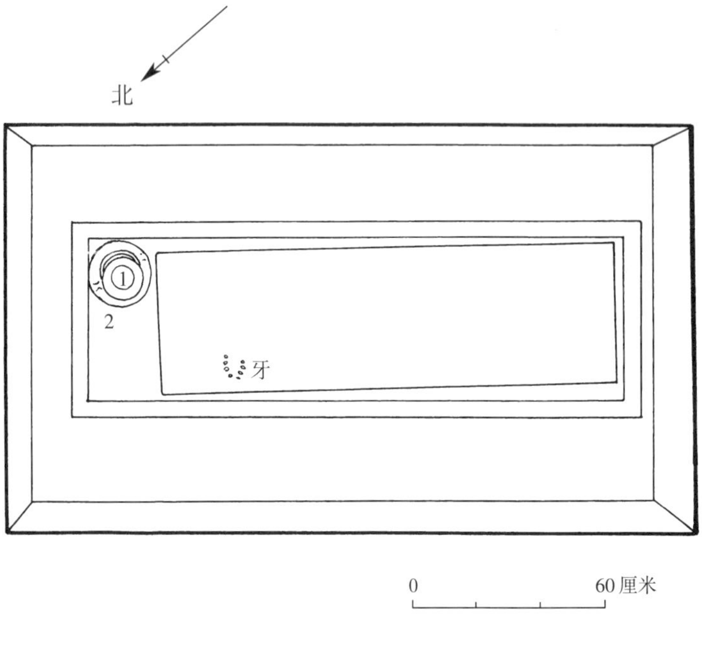

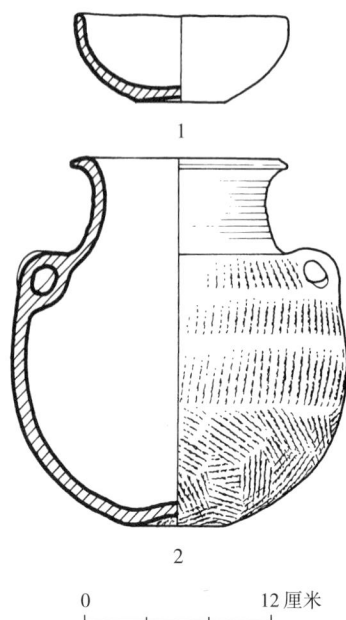

图五四　秦墓 M42 平面图
1. 陶盂　2. 陶罐

图五五　秦墓 M42 出土陶器
1. 盂（M42：1）　2. 罐（M42：2）

径20、体高14.8、通高23.6厘米（图五七，1；图版九，1左中）。M48：4，未能修复。

陶盒　2件。泥质灰陶。子母口，圆唇，折肩，腹壁自肩部向下弧收，近底部曲折或微曲，平底微凹。上承覆碗状盖，弧腹内收，平顶微内凹。素面。M48：5、6，口径16.6、肩径19.2、底径7.4、体高8、通高13厘米（图五七，2、3；图版九，1左前）。

陶壶　2件。泥质灰陶。浅盘口，平折沿，平唇，束长颈，溜肩，扁鼓腹，下腹曲收，浅覆盘状圈足。上承浅覆折壁盘状盖，盖顶立三角形纽。M48：1，素面。口径12.8、腹径20、圈足径13、体高32.8、通高39.2厘米（图五七，8；图版九，1左后）。M48：2，盖纽残。中腹偏上饰一道凹弦纹。口径14、腹径21.2、圈足径12.4、体高33.2、残高36.6厘米（图五七，9；图版九，1右后）。

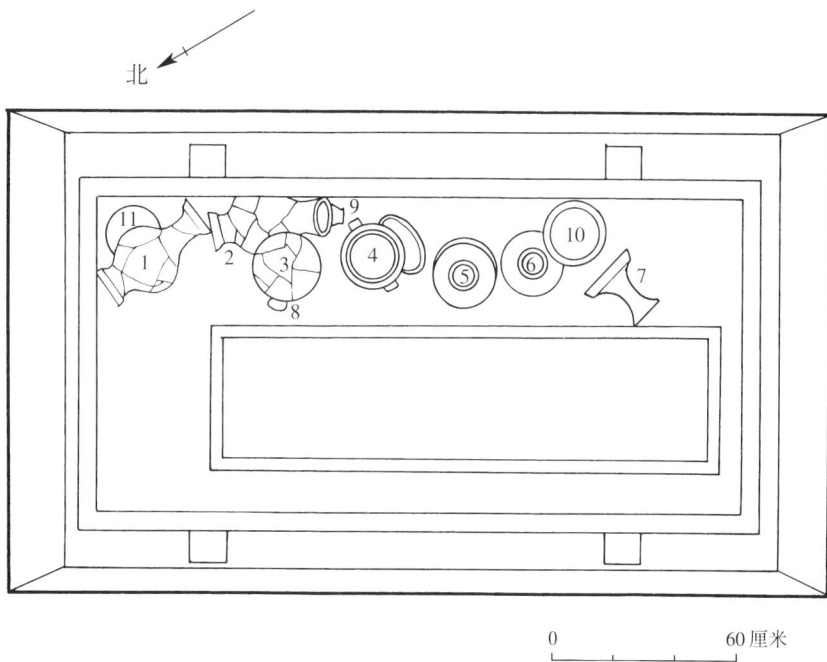

图五六　秦墓M48平面图

1、2.陶壶　3、4.陶鼎　5、6.陶盒　7、10.陶豆　8、9.陶杯　11.漆器

陶豆　2件。泥质灰褐陶。敞口，圆唇，浅折盘，微细柄，中空至盘底，喇叭状圈足。素面。M48：7，柄稍矮。上部呈螺旋状。口径17.2、盘深3.6、圈足径11、高15.6厘米（图五七，5；图版九，1右前）。M48：10，口径18.8、盘深4、圈足径12.4、高18.8厘米（图五七，6；图版九，1右中）。

陶杯　2件。泥质灰陶。敞口，圆唇，上腹壁斜直缓收，近底部曲折收，小饼状底，外底微凹。M48：8，素面。口径11.2、底径5.2、高10.2厘米（图五七，4；图版九，1中右）。M48：9，底外壁饰一周凹弦纹。口径11.6、底径4.8、高12厘米（图五七，7；图版九，1中左）。

漆器　1件。M48：11，木胎已朽，仅存漆皮。

M49

方向35°。墓口距地表约0.3米，长2.6、宽1.7米，底长2.52、宽1.62米，深2.16米。坑壁规整光滑。填软质灰褐夹灰黄色花土。单椁单棺，仅余腐痕。椁室平面呈"Ⅱ"形，椁痕长2.32、宽1.4、高0.2、板痕厚0.05米。棺位于椁内西部，仅存底板痕，长1.9、宽0.56米。人骨朽尽，葬式不明。9件随葬器物除1枚铜"半两"置于棺内东北部外，其余均在椁内棺外东北部。据随葬器物位置推测头向东北（图五八）。

陶鼎　1件。M49：2，泥质灰陶。子母口，圆唇，折肩，弧腹内收，圜底，长方形附耳，耳孔对穿，三蹄足弧撇，内壁有竖凹槽，外壁圆弧。上承弧盘状盖，盖顶纽残。下腹饰一周凹弦纹。

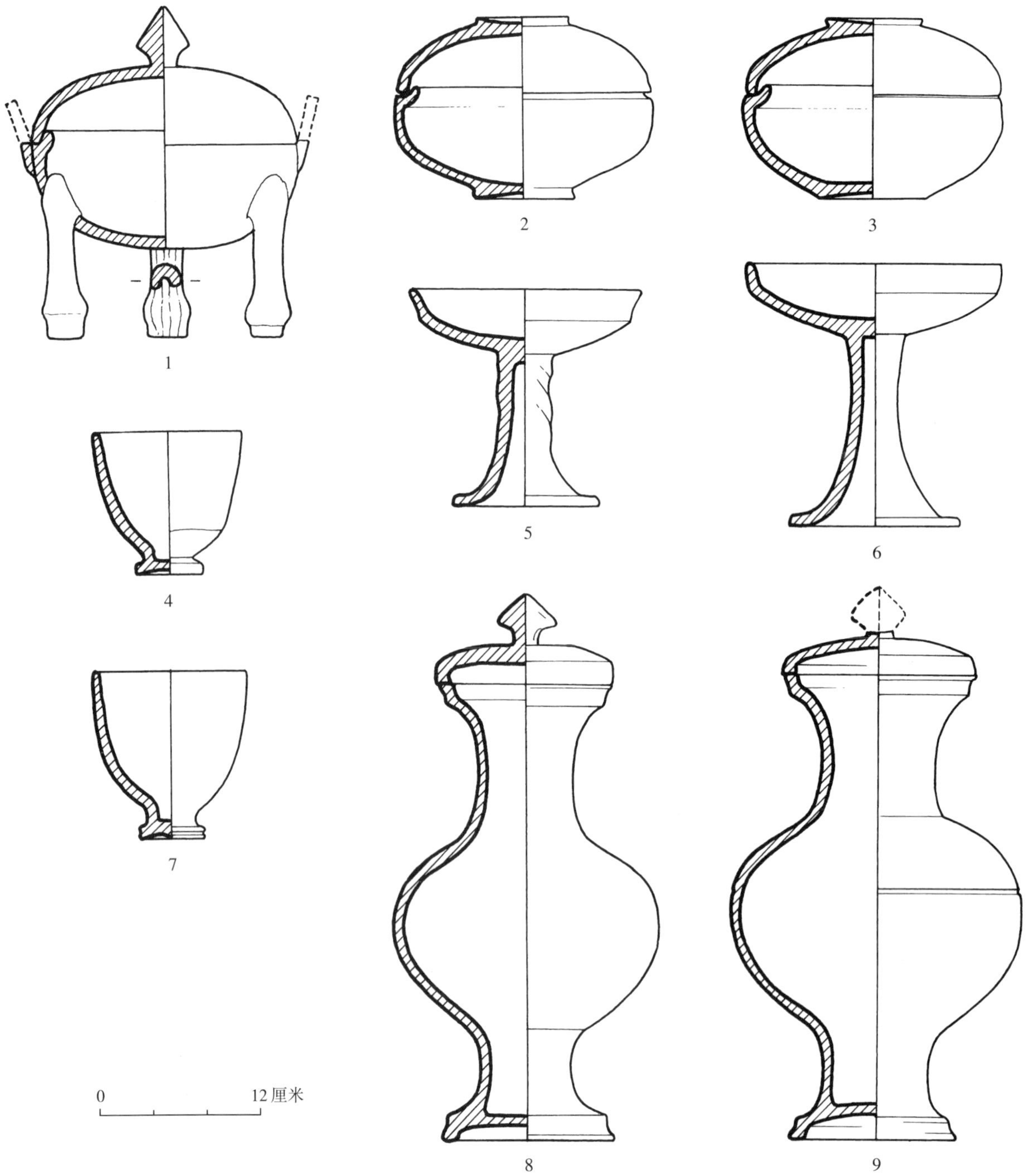

图五七　秦墓 M48 出土陶器

1.鼎（M48：3）　2、3.盒（M48：5、6）　4、7.杯（M48：8、9）　5、6.豆（M48：7、10）　8、9.壶（M48：1、2）

外壁原有红彩多脱落，上腹、耳壁、盖上残存双线、弧线纹等。口径 16.4、腹径 19.2、体高 13.2、残高 16.4 厘米（图五九，1；图版九，2 中左）。

　　陶盒　1件。M49：1，泥质灰陶。子母口，圆唇，折肩，上壁直，腹残，平底，浅宽圈足。上承覆碗状盖，近折壁，上壁弧收，浅宽圈足状捉手。原有红彩脱落。口径 15.2、腹径 19.2、圈

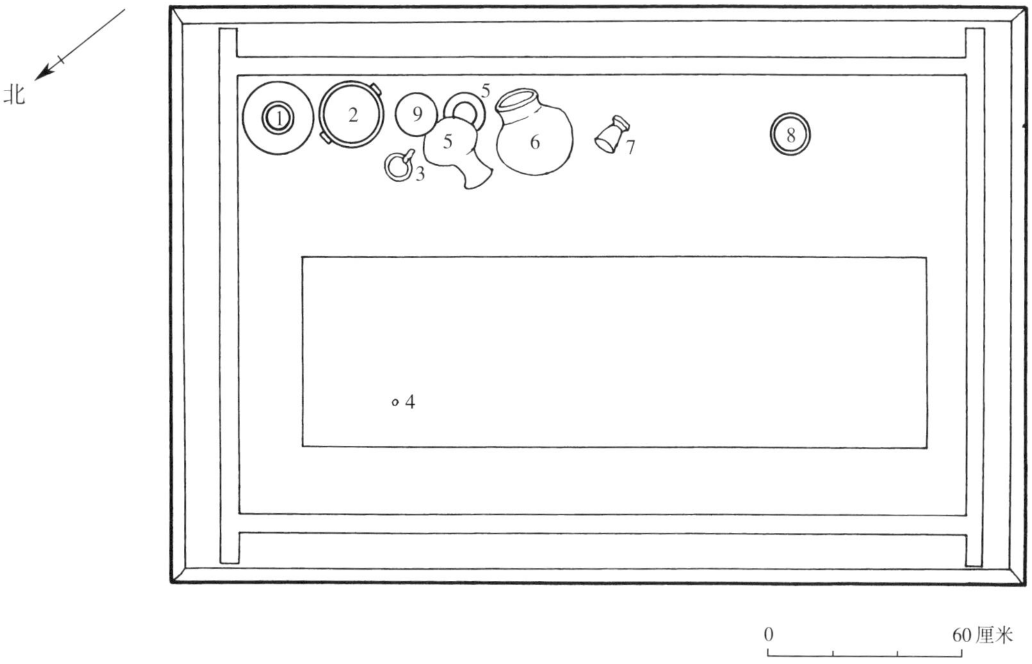

图五八　秦墓 M49 平面图
1.陶盒　2.陶鼎　3.陶勺　4.铜"半两"　5.陶壶　6.陶罐　7.陶杯　8.陶盂　9.陶豆

足径 7.6、残高 9.6 厘米（图五九，2；图版九，2 前左 1）。

陶壶　1件。M49：5，泥质灰陶。浅盘口，斜折沿，尖唇，溜肩，束长颈，扁鼓腹，高喇叭状圈足，下端平折外撇。上承浅折盘状盖，盖顶立三角形纽。外壁原有红彩多脱落，颈部残存双线夹弧线纹。口径 14.4、腹径 20.4、圈足径 15.2、体高 33.6、通高 40.4 厘米（图五九，8；图版九，2 后）。

陶豆　1件。M49：9，泥质灰陶。敞口，圆唇，浅折盘，微细柄较矮，中空至盘底，喇叭状圈足。原有红彩脱落。口径 14、盘深 2.4、圈足径 8、高 10.6 厘米（图五九，3；图版九，2 前右 1）。

陶杯　1件。M49：7，泥质灰陶。敞口，圆唇，壁自口部弧收，近底部内束，饼状底，外底微凹。外壁原有红彩多脱落，上壁残存多条弦纹，间夹弧线纹。口径 8.8、底径 6.4、高 10.8 厘米（图五九，6；图版九，2 中中）。

陶勺　1件。M49：3，泥质灰陶。敞口，圆唇，弧腹下收，小平底微凹。口部有一柄，残。器壁内外施红彩，大部分脱落。口径 8.5、底径 3.2、体高 3.4 厘米（图五九，7；图版九，2 前右 2）。

陶盂　1件。M49：8，泥质灰陶。敞口，口外有一周浅凹槽，圆唇，上腹较直，中腹微折，下腹微曲收，平底微凹。素面。口径 13.6、底径 5.6、高 5.6 厘米（图五九，4；图版九，2 前左 2）。

陶罐　1件。M49：6，泥质灰陶。侈口，斜折沿，内沿面内凹，方唇，束颈，溜肩，肩有对称双鼻耳，鼓腹，凹底。颈部有轮制旋痕，肩至中腹饰竖绳纹间三道抹痕，下腹及底饰交错绳纹。口径 14、腹径 25.2、底径 7.2、高 25.8 厘米（图五九，9；图版九，2 中右）。

铜"半两"　1枚。M49：4，锈蚀严重，仅存局部。圆形方孔，周边不整齐，铸工粗糙，无周

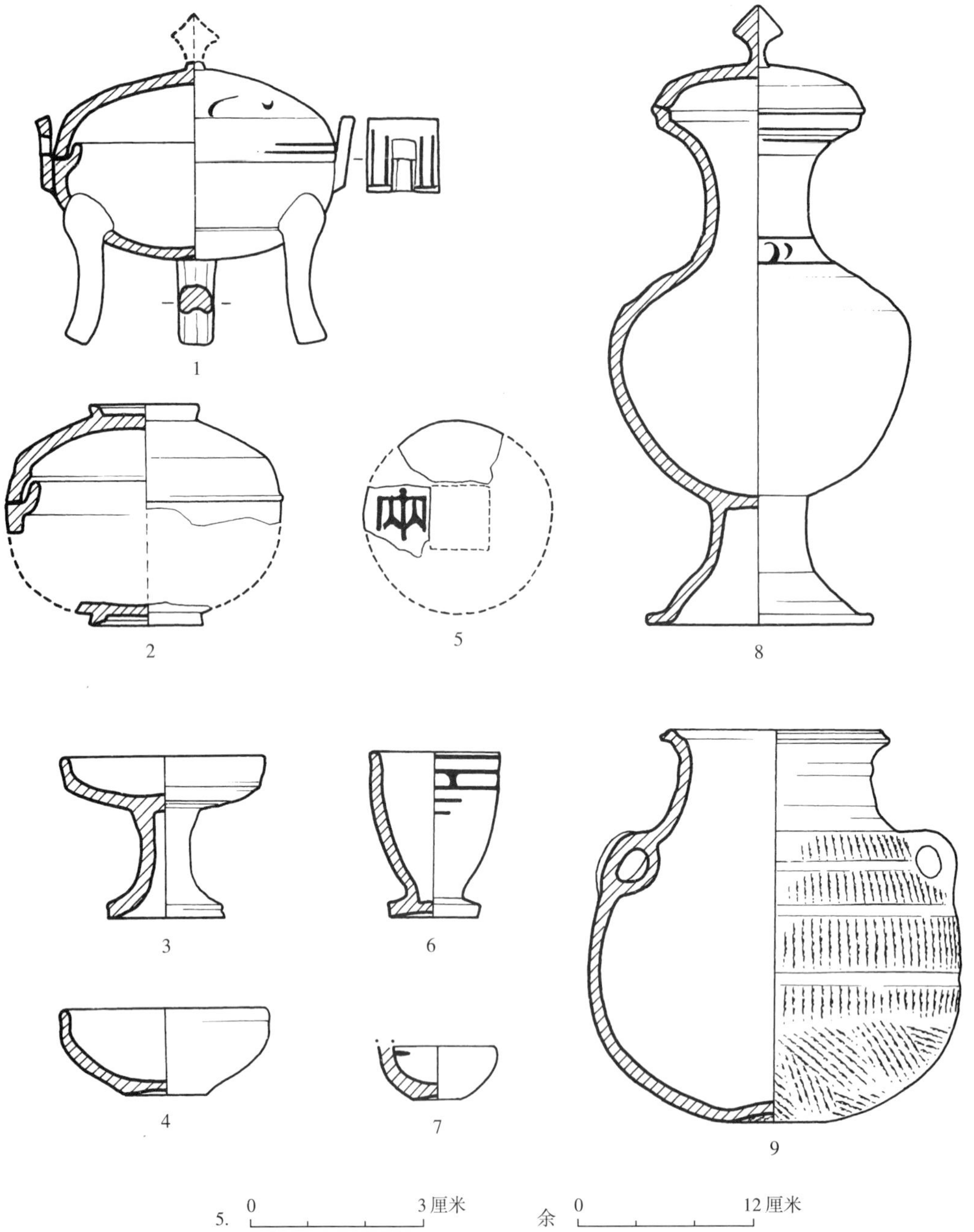

图五九　秦墓 M49 出土器物

1. 陶鼎（M49：2）　2. 陶盒（M49：1）　3. 陶豆（M49：9）　4. 陶盂（M49：8）　5. 铜"半两"摹本（M49：4）

6. 陶杯（M49：7）　7. 陶勺（M49：3）　8. 陶壶（M49：5）　9. 陶罐（M49：6）

郭和穿郭。穿一侧书"两"字，上横部位残，"人"字出头长。推测另一侧应为"半"字（图五九，5）。

M55

　　方向 210°。墓口距地表约 0.3 米，长 2.88、宽 1.88 米，底长 2.86、宽 1.82～1.88 米，深 1.61

米。坑壁规整光滑。填硬质灰褐夹灰黄色花土，似经夯打，未见夯打工具遗痕。单椁单棺，仅余腐痕。椁室平面呈"Ⅱ"形，椁痕最长2.36、宽1.34、高0.49、板痕厚0.06米。棺位于椁内西部偏南，棺痕长1.92、宽0.52、高0.1、板痕厚0.04米。椁下部近南北两端各有一垫木沟槽，横断面呈倒梯形，分别长1.56、1.68米，宽0.14～0.16、深0.06米。人骨朽尽，棺内西南端残存少量牙齿，可判定头向西南，葬式不明。14件随葬器物置于椁内棺外东侧南半部（图六〇；图版一〇，1）。

陶鼎　2件。泥质灰陶。子母口，圆唇，折肩，弧腹内收，长方形附耳外撇，耳孔对穿，微凹底，三扁圆柱状足直立，根部外突，外壁有两道不明显竖棱。上承浅盘状盖。足外面模印纹饰模糊。M55：3，盖盘微折，盖周三纽残。口径16.8、腹径20、体高13.6、残高18.8厘米（图六一，1；图版一〇，2中左1）。M55：4，盖盘弧，盖周无纽。口径17.6、腹径20、体高12.8、通高17.6厘米（图六一，2；图版一〇，2中左2）。

陶盒　2件。泥质灰陶。子母口，圆唇，折肩，腹壁自肩部向下弧收，平底，浅宽圈足。上承覆碗状盖，弧腹内收，平顶微上凸，浅宽圈足状捉手。M55：5，体肩下饰一周凹弦纹。口径17.2、肩径20、圈足径9.6、体高8.4、通高15.6厘米（图六一，3；图版一〇，2中右2）。M55：13，体、盖近口部各有一道微折棱。素面。口径16、肩径19.2、圈足径8.4、体高8.4、通高14.4厘米（图六一，4；图版一〇，2中右1）。

陶壶　2件。泥质灰陶。浅盘口，折沿，束长颈，溜肩下折，扁鼓腹，下腹弧收，平底，高圈足。上承浅覆折壁盘状盖，盖顶一纽残。素面。M55：1，斜折沿，尖唇，浅盘口状圈足。口径14、腹径24、圈足径14、体高37.4、残高41厘米（图六一，5；图版一〇，2后右）。M55：2，平

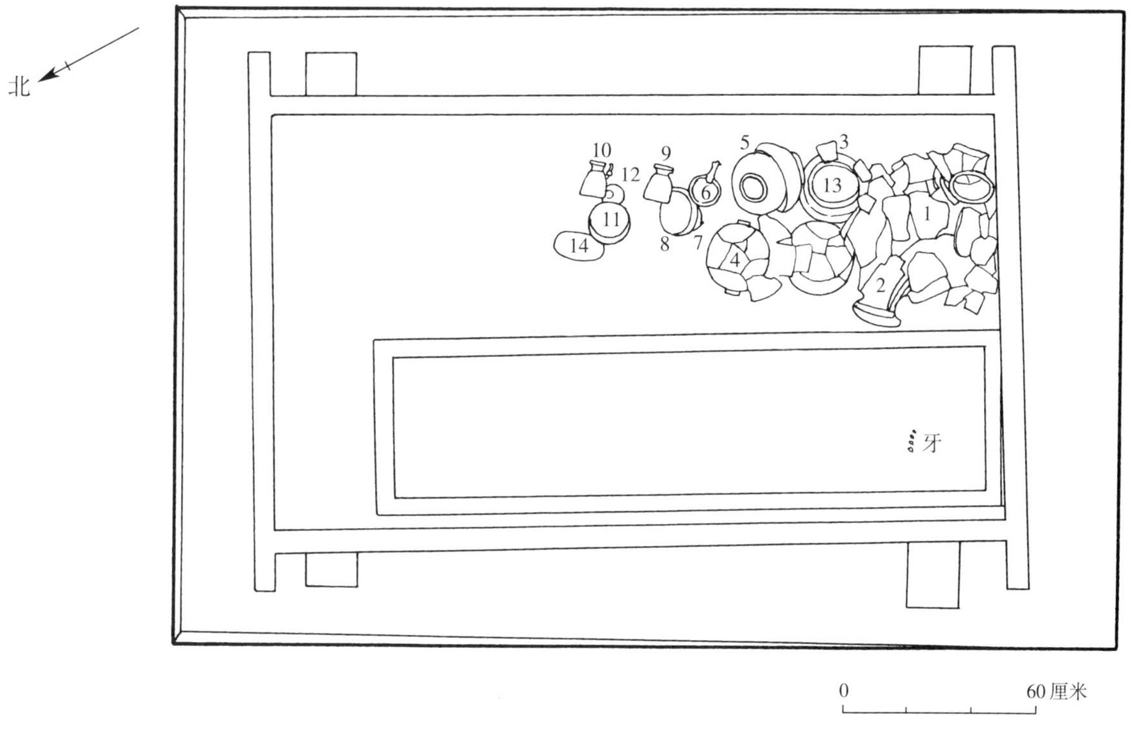

图六〇　秦墓M55平面图

1、2.陶壶　3、4.陶鼎　5、13.陶盒　6、7.陶勺　8、11.陶豆　9、10.陶杯　12.铜带钩　14.漆器

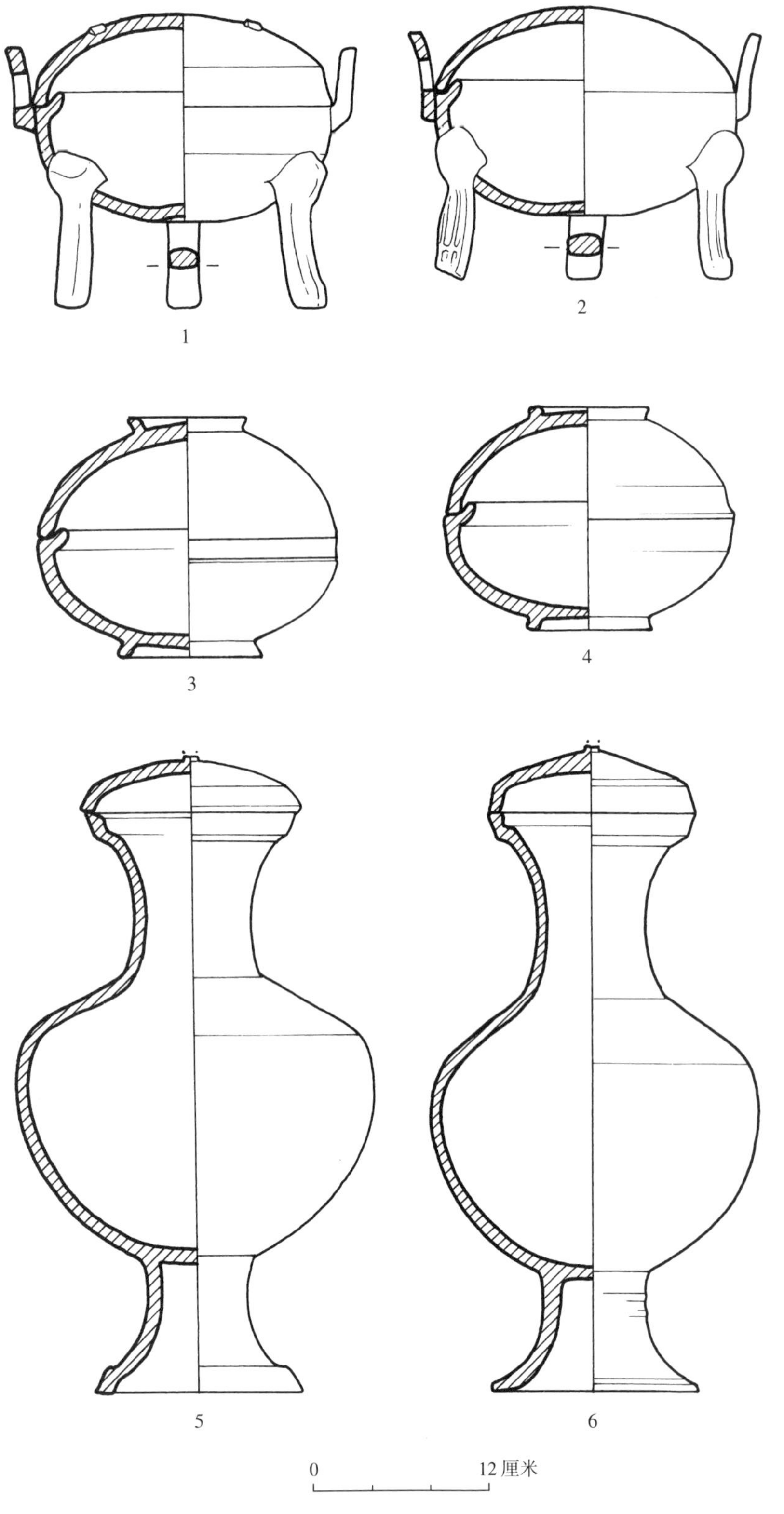

图六一　秦墓 M55 出土陶器

1、2.鼎（M55：3、4）　3、4.盒（M55：5、13）　5、6.壶（M55：1、2）

折沿，平唇，喇叭状圈足。口径 14、腹径 22.2、圈足径 14、休高 37.4、残高 41.6 厘米（图六一，6；图版一〇，2 后左）。

陶豆　2 件。泥质灰陶。敞口，圆唇，浅折盘，折壁处下部有一周凸棱，微细柄，中部微外突，中空至盘底，喇叭状圈足。M55：8，素面。口径 14.8、盘深 2.8、圈足径 8.8、高 11.2 厘米（图六二，1；图版一〇，2 前左 2）。M55：11，外壁中部饰一道凹弦纹。口径 14、盘深 3.4、圈足径 8.8、高 12 厘米（图六二，2；图版一〇，2 前左 1）。

陶杯　2 件。泥质灰陶。圆唇，近底部曲折收，小饼状底，外底微凹。素面。M55：9，敞口，斜壁。口径 8.6、底径 5.6、高 11.2 厘米（图六二，3；图版一〇，2 前右 2）。M55：10，直口，直壁。口径 8、底径 5.6、高 10.4 厘米（图六二，4；图版一〇，2 前右 1）。

陶勺　2 件。泥质灰陶。微敛口，圆唇，弧壁，平底微凹。口部上伸一兽首曲柄。M55：6，口径 8.8～9.2、底径 3.8、体高 3.6、通高 10.8 厘米（图六二，5；图版一〇，2 前右 3）。M55：7，口径 9.6～9.8、底径 3.6、体高 3.6、通高 9.2 厘米（图六二，6；图版一〇，2 前左 3）。

铜带钩　1 件。M55：12，灰绿色。钩首残缺，形体较窄

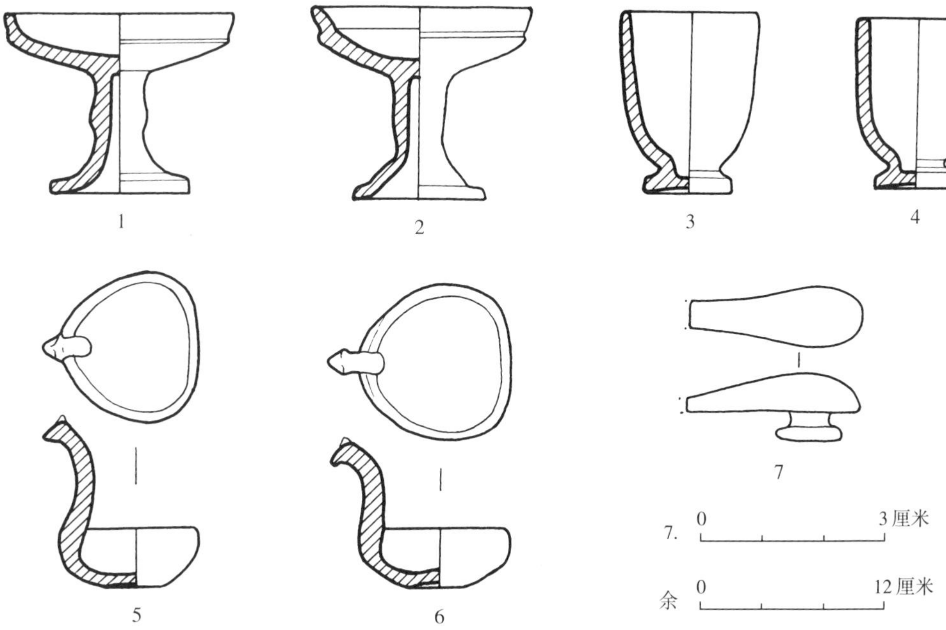

图六二 秦墓 M55 出土器物

1、2.陶豆（M55：8、11） 3、4.陶杯（M55：9、10） 5、6.陶勺（M55：6、7） 7.铜带钩（M55：12）

长，尾部较厚，背有一圆纽。残长 2.8、体宽 0.9、纽径 1.2 厘米（图六二，7）。

漆器 1件。M55：14，已朽，仅存漆皮。

M65

方向 35°。墓口距地表约 0.6~0.75 米，长 2.58~2.65、宽 1.3~1.35 米，底同口大，深 0.26~0.38 米。坑壁规整光滑。填软质灰褐夹灰黄色花土。单椁单棺，仅余腐痕。椁室平面呈"Ⅱ"形，椁痕长 2.24、宽 1.1、高 0.2、板痕厚 0.06 米。棺位于椁内西部，棺痕长 1.96、宽 0.5、高 0.08、板痕厚 0.05 米。椁下部近南北两端各有一垫木沟槽，横断面呈倒梯形，槽长 1.3、宽 0.08~0.1、深 0.04 米。人骨朽尽，棺内北端残存数枚牙齿，可判定头向东北，葬式不明。6件随葬器物置于椁内棺外东部。（图六三）。

陶盂 2件。泥质灰陶。近直口，圆唇，下腹斜收，平底微凹。M65：3，器形较小。上腹直，中腹微折。素面。口径 14.4、底径 5.6、高 5.2 厘米（图六四，4；图版一一，1前）。M65：6，器形较大。上、中腹弧收。中腹饰三道浅凹弦纹。口径 21.6、底径 7.2、高 7.4 厘米（图六四，3；图版一一，1后右）。

陶瓮 1件。M65：1，泥质灰陶。侈口，翻折沿，上沿面一周微凹，短直领微束，溜肩下折，扁折腹，平底微凹。折肩、腹处各饰一周凹弦纹。口径 20、肩径 31.2、底径 13.6、高 20 厘米（图六四，1；图版一一，1后左）。

铁鼎 1件。M65：2，锈蚀严重。子母口，折肩，垂鼓腹，圜底近平，长方形附耳外撇，耳上部残，三高蹄足直立，横断面呈外弧内平的半圆形。口径 22、腹径 26、体高 21 厘米（图六四，2）。

漆耳杯 1件。M65：4，仅存漆皮。

图六三　秦墓M65平面图
1.陶瓮　2.铁鼎　3、6.陶盂　4.漆耳杯　5.漆盒

漆盒　1件。M65：5，仅存漆皮。

M67

方向115°。墓口距地表约0.3米，长2.7、宽1.45～1.55米，底长2.65、宽1.4～1.5米，深0.6米。坑壁规整光滑。填软质灰褐夹灰黄色花土。单椁单棺，仅余腐痕。椁室平面呈"Ⅱ"形，椁痕长2.31、宽1.28、高0.05、板痕厚0.05米。棺位于椁内北部偏东，棺痕长2.02、宽0.58、高0.05、板痕厚0.04米。人骨朽尽，棺内东端残存数枚牙齿，可判定头向东南，葬式不明。

4件随葬器物除1件铜带钩置于棺内中部偏南外，余置于椁内棺外南侧中部（图六五）。

陶釜　1件。M67：2，上部泥质、下部夹砂褐陶。直口微侈，翻沿，圆唇，颈极短，溜肩，

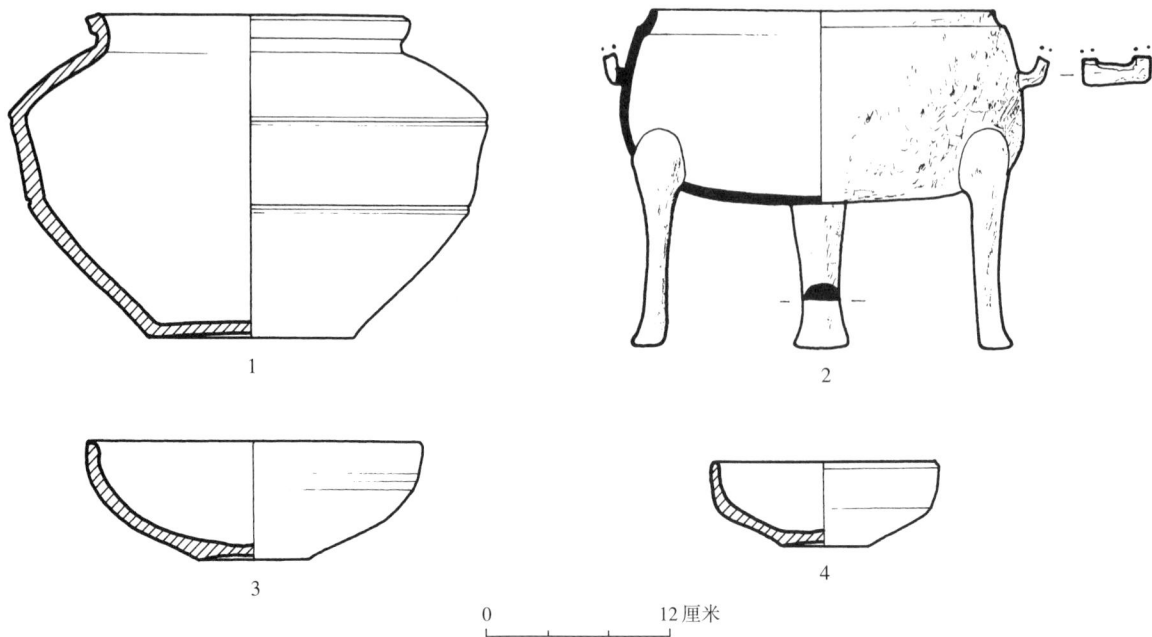

图六四　秦墓M65出土器物
1.陶瓮（M65：1）　2.铁鼎（M65：2）　3、4.陶盂（M65：6、3）

扁鼓腹，凸圜底。肩饰一道凹弦纹，上腹及中腹以下分别饰竖、横绳纹。口径 13.6、腹径 18.8、高 14.4 厘米（图六六，1；图版一一，2 后右）。

陶盂 1 件。M67：3，泥质灰陶。直口，上腹微弧，以下弧收，平底微凹。素面。口径 14.8、底径 5.2、高 5.4 厘米（图六六，2；图版一一，2 前）。

陶罐 1 件。M67：1，泥质灰陶。侈口，翻折沿，内沿面一周微凹，方唇，束颈，圆肩，肩有对称双鼻耳，鼓腹，凹底较深。颈饰瓦棱纹，肩至中腹饰竖绳纹间二道抹痕，下腹及底饰交错绳纹。口径 11.8、腹径 21.2、底径 7.2、高 21.6 厘米（图六六，3；图版一一，2 后左）。

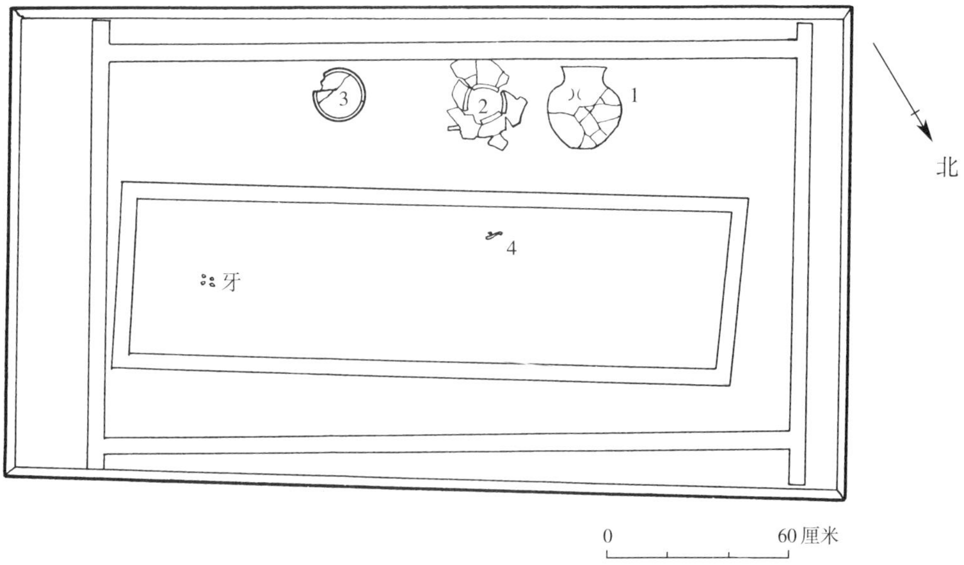

图六五 秦墓 M67 平面图
1. 陶罐 2. 陶釜 3. 陶盂 4. 铜带钩

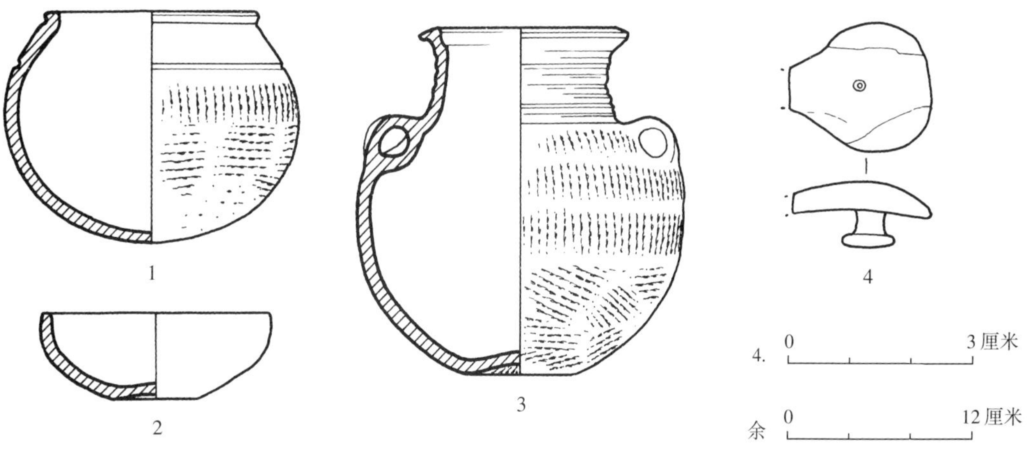

图六六 秦墓 M67 出土器物
1. 陶釜（M67：2） 2. 陶盂（M67：3） 3. 陶罐（M67：1） 4. 铜带钩（M67：4）

图六七　秦墓 M70 平面图

1、2.陶罐　3、4.陶盂

铜带钩　1 件。M67：4，灰绿色，前半部残，尾部近圆形，圆纽。残长2.3、最宽2、纽径0.8厘米（图六六，4）。

M70

方向18°或198°。东部被 M69 打破。墓口距地表约0.4米，长2.5、宽1.66 米，底长2.47、宽1.66 米，深0.85 米。坑壁较粗糙。填软质灰褐夹灰白色花土。单椁单棺，仅余腐痕。椁室平面呈"Ⅱ"形，椁痕长2.06、宽1.34、高0.42、板痕厚0.06米。棺位于椁内西部，棺痕长1.8、宽0.52、高0.11、板痕厚0.04米。人骨朽尽，葬式不明。4 件随葬器物置于椁内棺外东侧中部（图六七）。

陶盂　2 件。泥质灰陶。微敛口，圆唇，弧腹，下腹微曲收，平底微凹。素面。M70：3，口径 14.8、底径7.2、高5.2厘米（图六八，1；图版一一，3前）。M70：4，下腹残。口径 14.8、底径6.8、残高3.2厘米（图六八，2）。

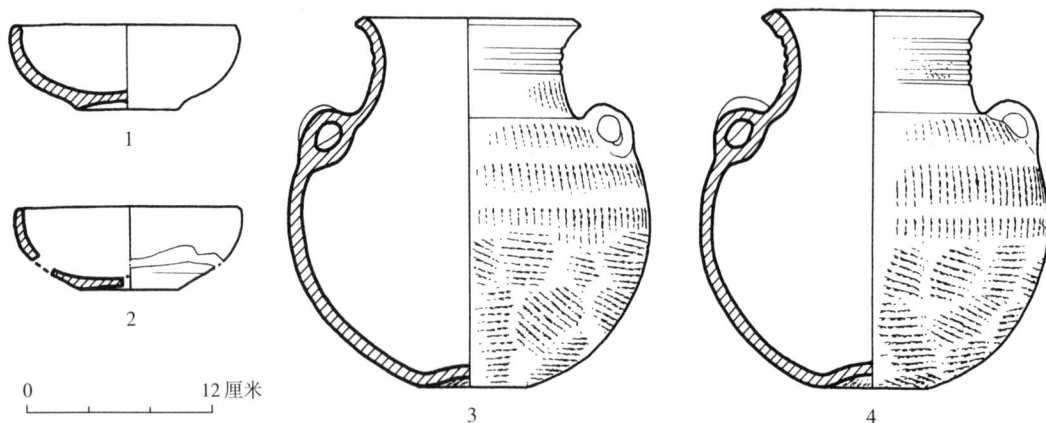

图六八　秦墓 M70 出土陶器

1、2.盂（M70：3、4）　3、4.罐（M70：1、2）

　　陶罐　2件。泥质灰黄陶。侈口，翻折沿外压，方唇，束颈，溜肩，肩有对称双鼻耳，鼓腹，凹底较深。颈中部饰瓦棱纹，肩至中腹饰竖绳纹间二道抹痕，下腹及底饰交错绳纹。M70：1，颈下部饰竖绳纹。口径13.6、腹径23.6、底径7.2、高23厘米（图六八，3；图版一一，3后右）。M70：2，颈部瓦棱纹间饰竖绳纹。口径13.2、腹径22.4、底径7.2、高23.4厘米（图六八，4；图版一一，3后左）。

M72

　　方向12°。墓口距地表约0.2米，长2.5、宽1.4米，底长2.42、宽1.34米，深0.61～0.88米。坑壁粗糙。填硬质灰褐夹灰黄色花土。单椁单棺，仅余腐痕。椁室平面呈"Ⅱ"形，椁痕长2.22、宽1.04、高0.1、板痕厚0.05米。棺位于椁内西部，仅存底板痕，长1.85、宽0.52、板痕厚0.01米。人骨朽尽，葬式不明。2件随葬器物置于椁内棺外东北角。据随葬器物位置推测头向北（图六九）。

　　陶罐　2件。侈口，翻折沿外压，方唇，束颈，溜肩，肩有对称双鼻耳，鼓腹，凹底稍浅。颈饰瓦棱纹，肩至中腹饰竖绳纹间二道抹痕，下腹及底饰交错绳纹。M72：1，泥质灰陶。口径13.2、腹径19.8、底径6.8、高21厘米（图七○，1；图版一二，1左）。M72：2，泥质褐陶。口径13.2、腹径20、底径7.2、高20.6厘米（图七○，2；图版一二，1右）。

M75

　　方向28°。墓口距地表约0.4米，长2.46、宽1.3～1.35米，底长2.38、宽1.25～1.3米，深0.7米。坑壁粗糙。填硬质黄褐夹灰白色花土。单椁单棺，

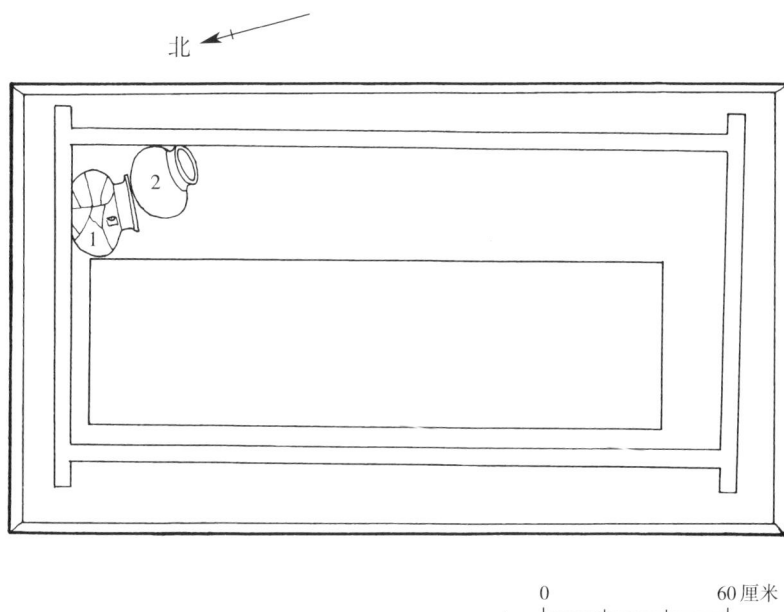

图六九　秦墓 M72 平面图
1、2.陶罐

图七○　秦墓 M72 出土陶罐
1. M72：1　2. M72：2

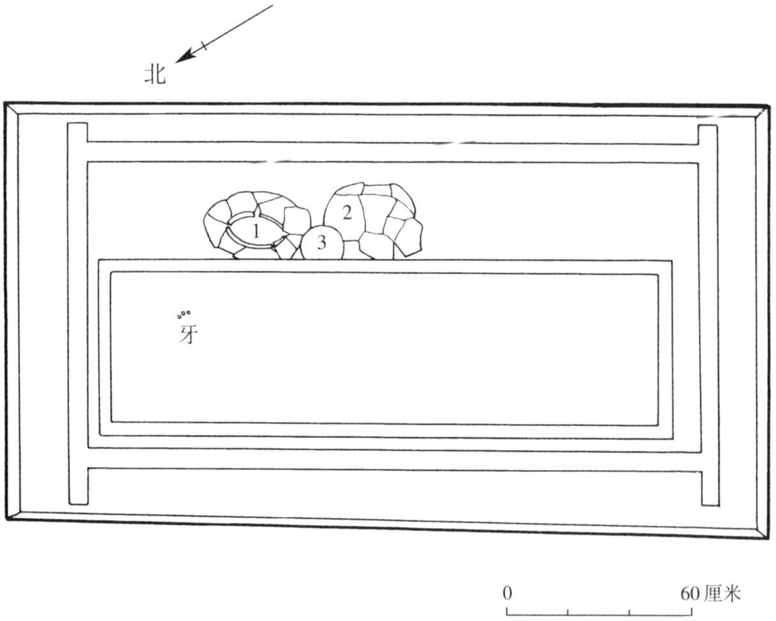

图七一　秦墓 M75 平面图

1. 陶釜　2. 陶罐　3. 陶盂

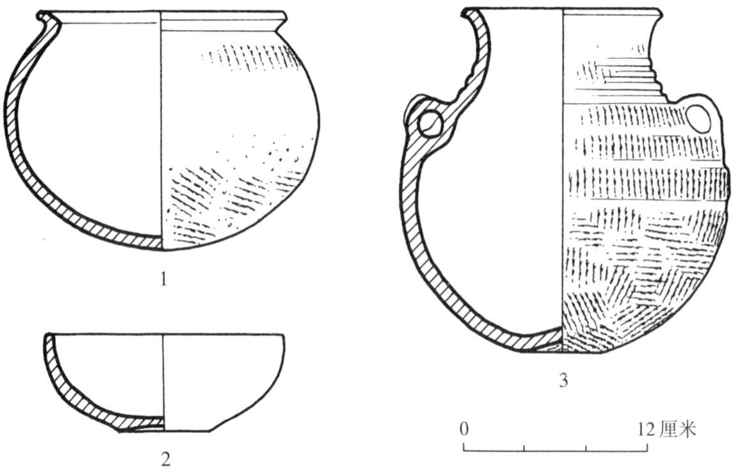

图七二　秦墓 M75 出土陶器

1. 釜（M75：1）　2. 盂（M75：3）　3. 罐（M75：2）

仅余腐痕。椁室平面呈"Ⅱ"形，椁痕长2.1、宽1.02、高0.3、板痕厚0.06米。棺位于椁内西部，棺痕长1.85、宽0.55、高0.08、板痕厚0.04米。人骨朽尽，棺内北部残存3枚牙齿，可判定头向东北，葬式不明。3件随葬器物置于椁内棺外东侧中部偏北处（图七一）。

陶釜　1件。M75：1，中腹上、下分别为泥质、夹砂灰陶。侈口，翻沿，圆唇，束颈极短，溜肩，扁鼓腹，凸圜底。肩至上腹饰竖绳纹，下腹及底饰交错绳纹。口径16、腹径20.4、高14.8厘米（图七二，1；图版一二，2后左）。

陶盂　1件。M75：3，泥质灰陶。敞口，圆唇，弧腹，下腹微曲收，平底微凹。素面。口径15.2、底径6、高6厘米（图七二，2；图版一二，2前）。

陶罐　1件。M75：2，泥质灰陶。侈口，翻折沿外压，方唇，束颈，溜肩，肩有对称双鼻耳，鼓腹，凹底较深。颈饰竖绳纹间瓦棱纹，肩至中腹饰竖绳纹间三道抹痕，下腹及底饰交错绳纹。口径12.2、腹径21.2、底径5.2、高21.4厘米（图七二，3；图版一二，2后右）。

M145

方向15°。墓口距地表约0.3米，长2.64、宽1.6～1.74米，底长2.44～2.48、宽1.48～1.5米，深3米。坑壁规整光滑。填土分二层，上部填灰黄夹灰褐色花土，椁四周填灰褐色生土块，土质均较硬。单椁，仅余腐痕。椁室平面呈"Ⅱ"形，椁痕长2.12～2.16、宽1.22、高0.3、板痕厚0.06米。人骨架保存较好，头向北，面朝上，双手交叉放于腹部，仰身直肢葬式。5件随葬器物置于椁内东北半部（图七三）。

陶壶　2件。泥质黑衣灰陶。盘口，折沿，束长颈，斜折肩，扁折腹，下腹曲收，平底微凹。外壁饰多道凹弦纹。器表原有红彩脱落。器内有粟腐痕。M145：3，口径10.4、腹径19.8、底径10.4、高28.4厘米（图七四，1；图版一二，3左）。M145：4，口径12.8、腹径20.4、底径10.4、高28.4厘米（图七四，3；图版一二，3中）。

陶罐　1件。M145：1，泥质灰陶。侈口，翻沿，圆唇，束颈，溜肩，肩有对称双鼻耳，鼓腹，凹底较深。颈上部饰两道凹弦纹，肩至中腹饰竖绳纹间四道抹痕，下腹及底饰横绳纹。器

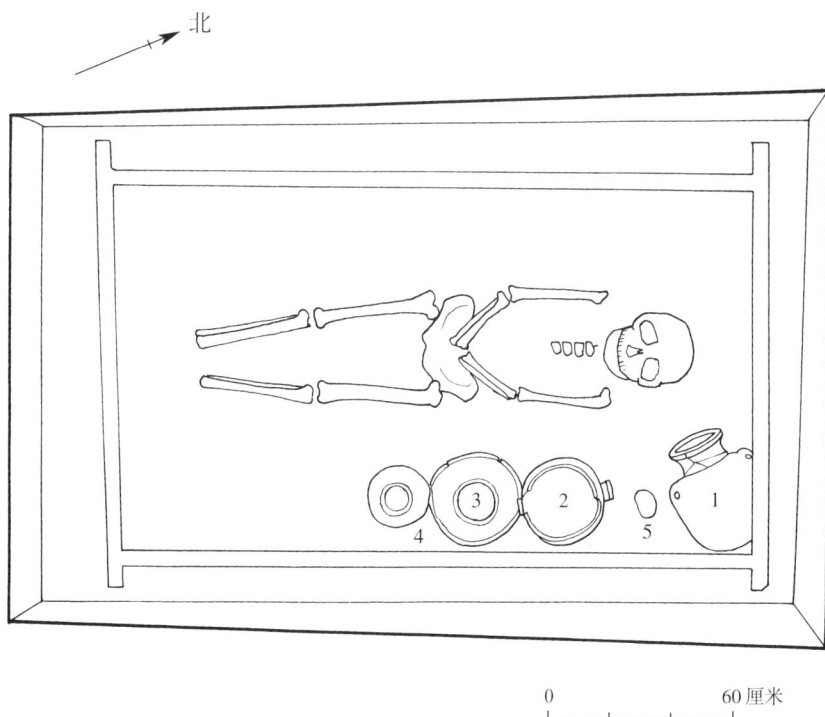

图七三　秦墓M145平面图
1.陶罐　2.铁鼎　3、4.陶壶　5.漆器

内有粟腐痕。口径16.8、腹径29.2、底径6.4、高28.8厘米（图七四，4；图版一二，3右）。

铁鼎　1件。M145：2，子口，圆唇，折肩，微鼓腹，长方形附耳外撇，耳孔对穿，平底，三蹄足直立，足下部残，足内壁平，外壁弧。口径25.6、腹径29.2、残高22厘米（图七四，2）。

漆器　1件。M145：5，仅存漆皮，器形不明。

M146

方向20°。墓口距地表约0.3米，长2.8、宽1.8米，底长2.6、宽1.4米，深3.64米。坑壁上部粗糙，下部规整光滑。填土分二层，上部填灰黄夹灰褐色花土，椁四周填灰褐色生土块，土质均较硬。单椁，仅余腐痕。椁室平面呈"Ⅱ"形，椁痕长2.4、宽1.16、高0.34、板痕厚0.06米。椁下部近南北两端各有一垫木沟槽，横断面呈长方形，槽长1.26、宽0.17、深0.06米。人骨架保存较好，头向北，面朝上，仰身直肢葬式。6件随葬器物置于椁内东北半部（图七五）。

陶鼎　1件。M146：2，泥质黑衣褐陶。子母口，方唇，折肩，上腹近直，下腹弧收，长方形附耳微外撇，耳孔对穿，凸圜底，三圆形蹄足直立。上承弧盘状盖，盖顶有一圆形捉手。盖腹饰二道凹弦纹。器表原有红彩大部分脱落，盖和足部可见零星纹饰。器内有粟腐痕。口径17.6、腹径21.2、体高17.8、通高24.6厘米（图七六，1；图版一三，1后左）。

陶盒　1件。M146：5，泥质黑衣褐陶。子母口，圆唇，折肩，上腹微鼓，下腹弧收，近平底，窄浅圈足。上承微折壁覆碗状盖，浅宽圈足状捉手。体、盖腹各饰二、三道凹弦纹。器表原有红彩脱落。口径18.4、腹径20.7、圈足径6.6、体高10.2、通高15.6厘米（图七六，2；图版一

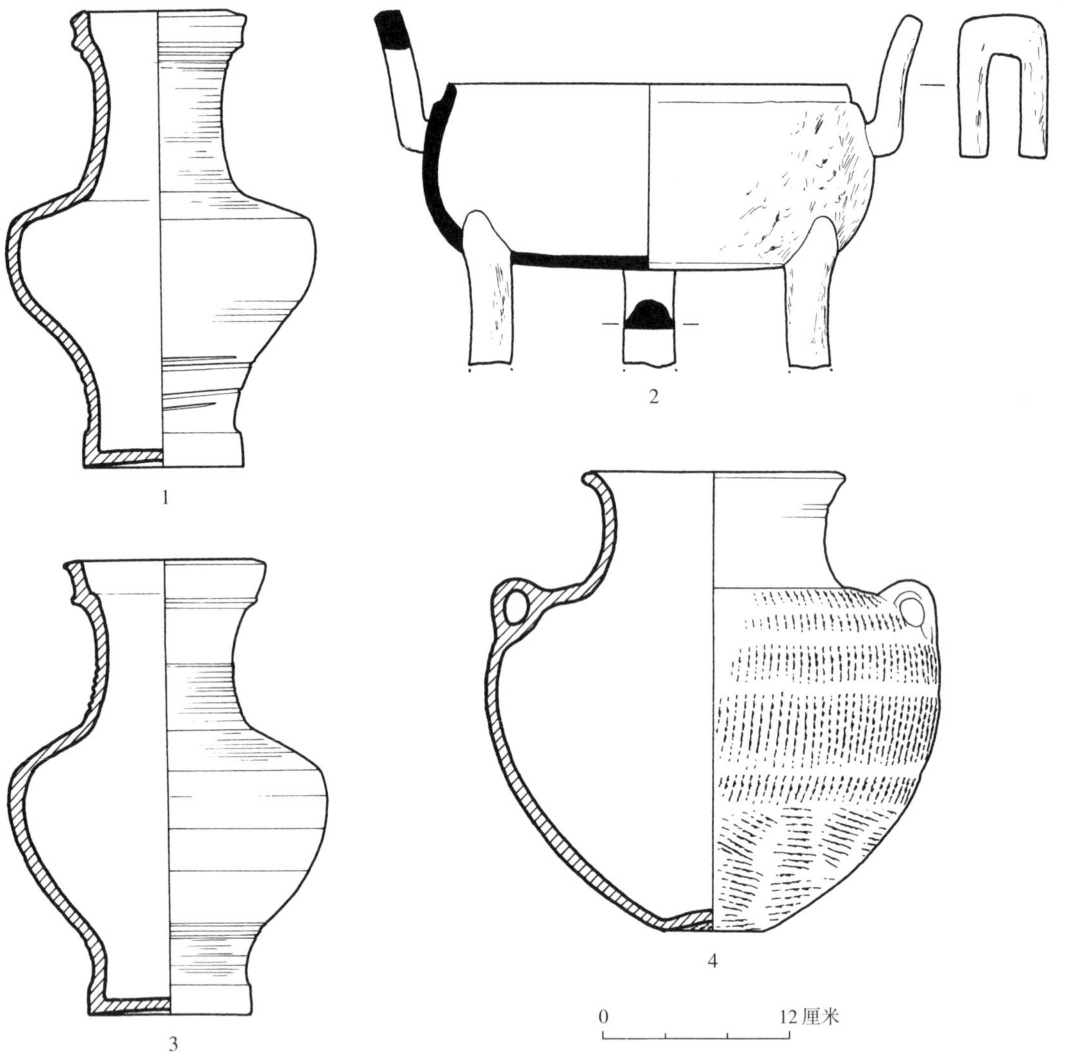

图七四　秦墓 M145 出土器物
1、3.陶壶（M145：3、4）　2.铁鼎（M145：2）　4.陶罐（M145：1）

三，1 后右）。

陶壶　1 件。M146：1，泥质黑衣褐陶。侈口，折沿上昂，尖唇，束长颈，溜肩，肩附对称两龟形铺首，圆鼓腹，凸圜底，粗高喇叭状圈足。上承子口弧盘盖，盖顶有一圆形捉手。颈、中腹各饰二、一道凹弦纹，肩、圈足下部各饰一道凸弦纹。器表原有红彩均脱落。器内有粟腐痕。口径 15.2、腹径 20.2、圈足径 14.8、体高 37.8、通高 43.2 厘米（图七六，3；图版一三，1 后中）。

陶豆　2 件。泥质褐陶。敞口，圆唇，浅折盘，细高柄，中部微束，中空至盘底，喇叭状圈足。柄下端饰二或一道凹弦纹。M146：3，口径 14、盘深 2.6、圈足径 9.6、高 15.2 厘米（图七六，4；图版一三，1 前左）。M146：4，柄下端外折。口径 14.4、盘深 2、圈足径 10、高 14 厘米（图七六，5；图版一三，1 前右）。

漆器　1 件。M146：6，仅存漆皮，器形不明。

图七五　秦墓 M146 平面图
1.陶壶　2.陶鼎　3、4.陶豆　5.陶盒　6.漆器

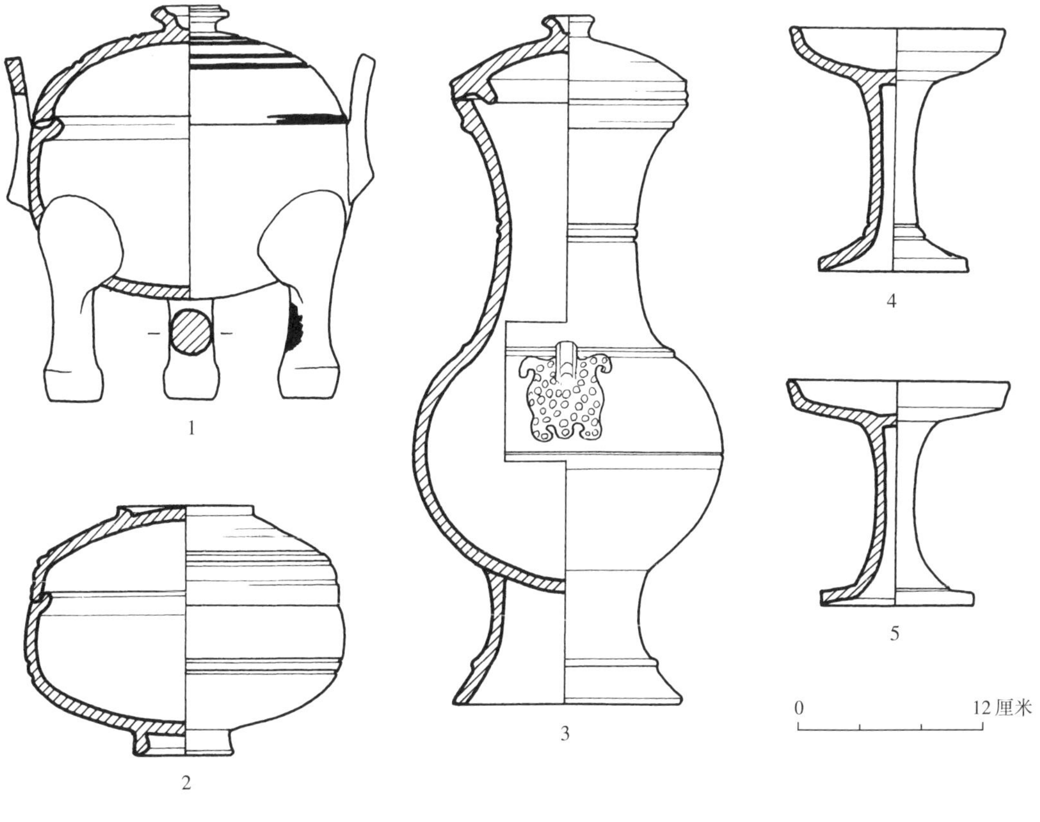

图七六　秦墓 M146 出土陶器
1.鼎（M146∶2）　2.盒（M146∶5）　3.壶（M146∶1）　4、5.豆（M146∶3、4）

三、西区第三组

图七七　秦墓 M76 平面图
1、2.陶罐　3.陶盂　4.漆盒　5.漆耳杯

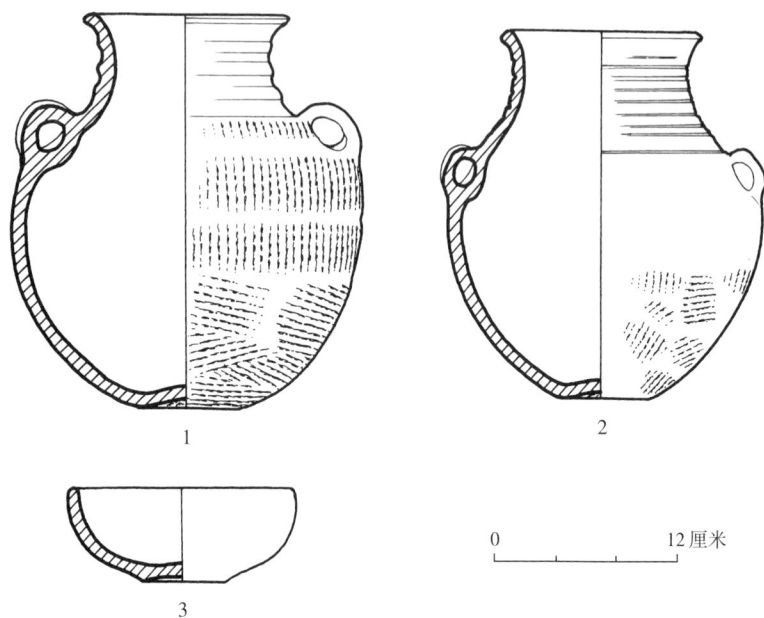

图七八　秦墓 M76 出土陶器
1、2.罐（M76：1、2）3.盂（M76：3）

共 3 座，分别为 M76、M78、M79。

M76

方向 28°。墓口距地表约 0.3 米，长 2.5、宽 1.47～1.55 米，底长 2.33、宽 1.24～1.44 米，深 0.96 米。坑壁规整光滑。填软质灰褐夹灰白色花土。单椁单棺，仅余腐痕。椁室平面呈"Ⅱ"形，椁痕长 2.08、宽 1.08、高 0.16、板痕厚 0.06 米。棺位于椁内西部，棺痕长 1.85、宽 0.46、高 0.05、板痕厚 0.04 米。人骨朽尽，棺内北部残存数枚牙齿，可判定头向东北，葬式不明。5 件随葬器物置于椁内棺外东北角（图七七）。

陶盂　1 件。M76：3，泥质灰陶。敞口，圆唇，弧腹内收，平底微凹。素面。口径 14.4、底径 5.6、高 6 厘米（图七八，3；图版一四，1 前）。

陶罐　2 件。泥质灰陶。侈口，翻沿，圆唇，束颈，溜肩，肩有对称双鼻耳，鼓腹，浅凹底。颈饰瓦棱纹，下腹及底饰交错绳纹。M76：1，肩至中腹饰竖绳纹间二道抹痕。口径 12.6、腹径 22.8、底径 6.4、高 24.4 厘米（图七八，1；图版一四，1 后右）。M76：

2，口径12.4、腹径20.6、底径6、高22.8厘米（图七八，2；图版一四，1后左）。

漆盒　1件。M76：4，仅存漆皮。

漆耳杯　1件。M76：5，仅存漆皮。

M78

方向30°。西南部被M77打破。墓口距地表约0.3～0.4米，长2.94、宽1.73米，底长2.94、宽1.65米，深1.14～1.24米。坑壁粗糙。填软质灰黄夹灰褐色花土。单椁单棺，仅余腐痕。椁室平面呈"Ⅱ"形，椁痕长2.26、宽1.04、高0.3、板痕厚0.06米。棺位于椁内西部，棺痕长2.04、宽0.57、高0.08、板痕厚0.04米。人骨朽，棺内北部残存数枚牙齿和头骨痕，可判定头向东北，葬式不明。9件随葬器物置于椁内棺外东北半部（图七九）。

陶鼎　1件。M78：1，泥质灰陶。子母口，圆唇，折肩，上腹壁直，下腹缓收，方形附耳微外撇，耳孔对穿，凸圜底，三蹄足下部外撇，内壁近平，外壁有两道竖棱。上承浅弧盘状盖，盖顶有一小长方纽。足面模印纹饰不清。口径16.8、腹径19.6、体高12.4、通高18厘米（图八〇，1；图版一三，2中后左）

陶盒　1件。M78：2，泥质灰陶。子母口，圆唇，折肩，壁自肩部弧收，浅宽圈足。上承覆碗状盖，弧腹内收，浅宽圈足状捉手。素面。口径16.8、肩径19.2、圈足径10、体高8.2、通高13.8厘米（图八〇，3；图版一三，2中前左1）。

陶壶　1件。M78：8，泥质灰陶。浅盘口，折沿，方唇，束长颈，溜肩，圆鼓腹，平底，较深盘口状高圈足。上承浅折盘状盖，盖顶有一长方纽。素面。口径14、腹径20.8、圈足径13.6、体高35.4、通高38.8厘米（图八〇，2；图版一三，2后）。

陶豆　1件。M78：5，泥质灰陶。敞口，尖圆唇，浅折盘，微细柄较矮，中部微束，中空至

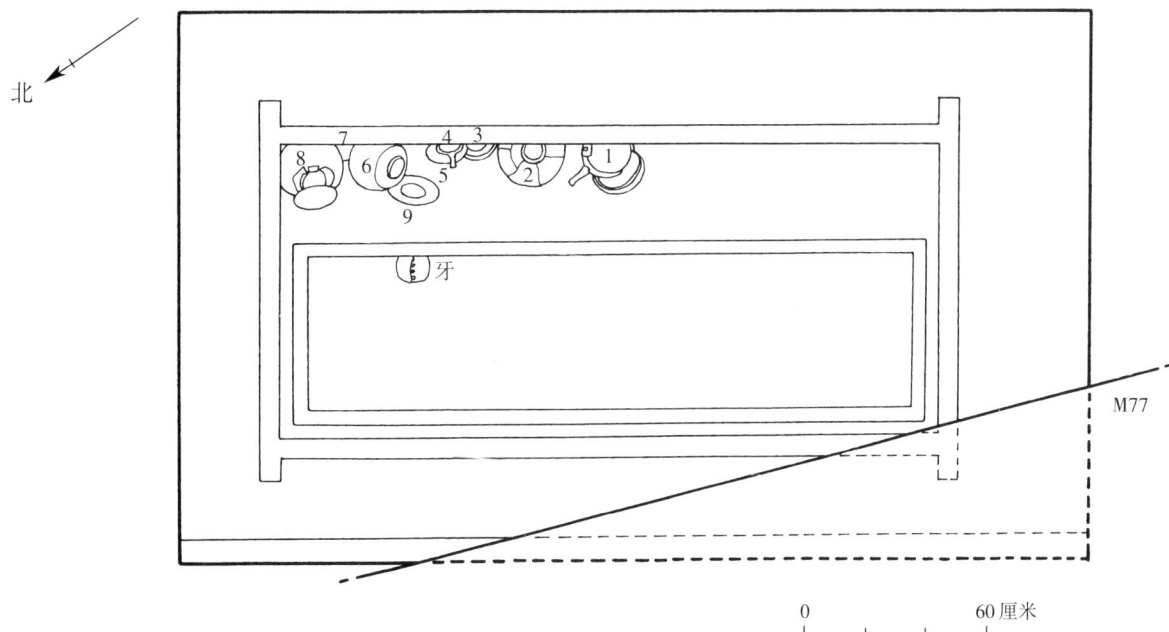

图七九　秦墓M78平面图

1.陶鼎　2.陶盒　3.陶盉　4.陶勺　5.陶豆　6.陶罐　7.陶杯　8.陶壶　9.漆耳杯

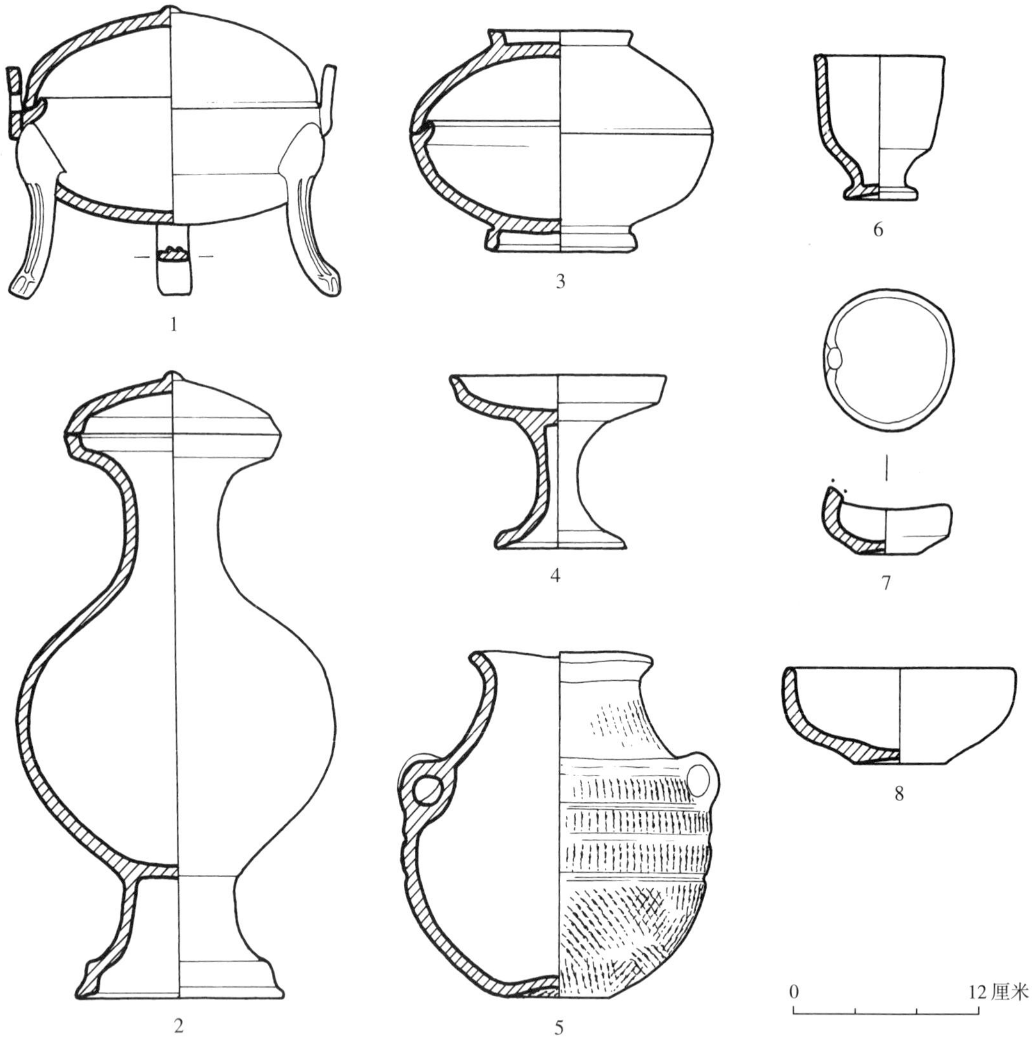

图八〇　秦墓 M78 出土陶器

1. 鼎（M78：1）　2. 壶（M78：8）　3. 盒（M78：2）　4. 豆（M78：5）
5. 罐（M78：6）　6. 杯（M78：7）　7. 勺（M78：4）　8. 盂（M78：3）

盘底，浅覆盘状圈足。素面。口径 14、盘深 2.2、圈足径 8.4、高 10.6 厘米（图八〇，4；图版一三，2 中前右 1）。

　　陶杯　1 件。M78：7，泥质灰陶。直口，圆唇，上腹直，近底部曲折收，饼状底，外底微凹。素面。口径 8.2、底径 4.8、高 9 厘米（图八〇，6；图版一三，2 中前左 2）。

　　陶勺　1 件。M78：4，泥质灰陶。直口，圆唇，上腹较直，中腹微折，下腹微曲收，平底微凹。口部有一柄，残。素面。口径 8.2～8.8、底径 4、体高 3.2 厘米（图八〇，7；图版一三，2 前）。

　　陶盂　1 件。M78：3，泥质灰陶。敞口，圆唇，上腹较直，下腹微曲收，平底微凹。素面。口径 14.4、底径 6、高 6 厘米（图八〇，8；图版一三，2 中前右 2）。

　　陶罐　1 件。M78：6，泥质灰陶。侈口，翻折沿，方唇，束颈外扩，溜肩，肩有对称双鼻耳，鼓腹，凹底较深。颈部饰竖绳纹，肩至中腹饰竖绳纹间四道抹痕，下腹及底饰交错绳纹。器内有粟腐痕。口径10.8、腹径20、底径6.4、高21.4厘米（图八〇，5；图版一三，2中后右）。

漆耳杯　1件。M78：9，仅存漆皮。

M79

方向23°。墓口距地表约0.6米，长2.43、宽1.5米，底长2.54、宽1.58米，深0.9米。坑壁规整光滑。填硬质灰褐夹灰白色花土。单椁单棺，仅余腐痕。椁室平面呈"Ⅱ"形，椁痕长2.2、宽1.04、高0.26、板痕厚0.06米。棺位于椁内西部偏南，棺痕长1.85、宽0.48、高0.08、板痕厚0.04米。人骨朽尽，葬式不明。3件随葬器物置于椁内棺外东侧北半部。据随葬器物位置推测头向东北（图八一）。

陶罐　2件。泥质灰陶。侈口，翻折沿，方唇，束颈，溜肩，肩有对称双鼻耳，鼓腹，凹底较深。颈饰瓦棱纹，肩至中腹饰竖绳纹间三或四道抹痕，下腹及底饰横、斜绳纹。M79：1，口径13.2、腹径21.6、底径6.8、高23.2厘米（图八二，1；图版一四，2左）。M79：2，口径13.2、腹径20.8、底径6.4、高21.2厘米（图八二，2；图版一四，2右）。

漆器　1件。M79：3，仅存漆皮，器形不明。

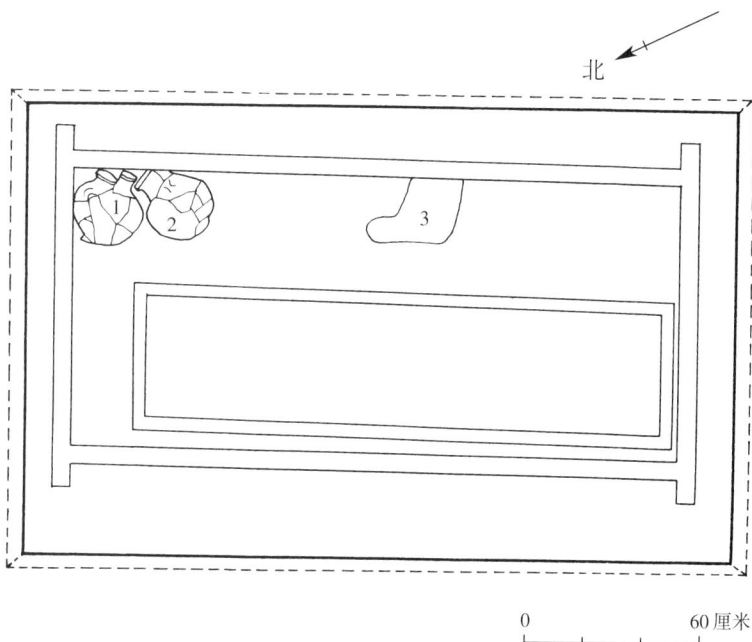

图八一　秦墓 M79 平面图
1、2.陶罐　3.漆器

图八二　秦墓 M79 出土陶罐
1. M79：1　2. M79：2

四、西区第四组

共11座，分别为 M82、M83、M97、M102、M113、M114、M117、M118、M135、M138、M142。

M82

方向29°。墓口距地表约0.5米，长2.56、宽1.52～1.58米，底长2.48、宽1.46～1.5米，深0.5米。坑壁粗糙。填软质灰褐夹灰黄色花土。单椁单棺，仅余腐痕。椁室平面呈"Ⅱ"形，椁痕长2.1、宽0.96、高0.1、板痕厚0.06米。棺位于椁内西南部，棺痕长1.86、宽0.44、高0.08、板痕厚0.04米。人骨朽尽，葬式不明。4件随葬器物置于椁内棺外东北角。据随葬器物位置推测头向东北（图八三）。

陶盂　1件。M82：3，泥质灰陶。微敛口，圆唇，上腹微鼓，下腹弧收，平底微凹。素面。口径14.8、底径5.6、高4.8厘米（图八四，2；图版一四，3前）。

陶盆　1件。M82：4，泥质灰陶。侈口，翻沿，圆唇，束短颈，微折肩，上腹弧，下腹斜收，平底微凹。颈饰一道凸弦纹。口

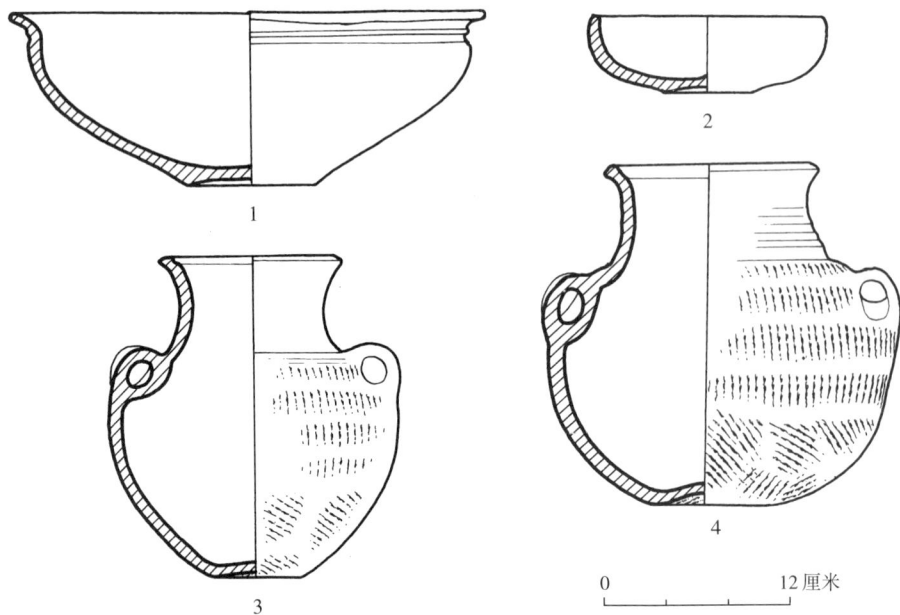

图八三　秦墓M82平面图
1、2.陶罐　3.陶盂　4.陶盆

图八四　秦墓M82出土陶器
1.盆（M82：4）2.盂（M82：3）3、4.罐（M82：1、2）

径30.8、底径8.4、高10.8厘米（图八四，1；图版一四，3中右）。

陶罐　2件。泥质灰陶。侈口，翻折沿，内沿面微凹，方唇，束颈，溜肩，肩有对称双鼻耳，鼓腹，凹底。肩至中腹饰竖绳纹间三道抹痕，下腹及底饰斜或交错绳纹。M82：1，口径11.2、腹径18.8、底径5.6、高20厘米（图八四，3；图版一四，3中左）。M82：2，颈饰多道凹弦纹。口径12.8、腹径22、底径7.2、高21.4厘米（图八四，4；图版一四，3后）。

M83

方向30°或210°。墓口距地表约0.4米，长2.5、宽1.47～1.5米，底长2.32、宽1.42米，深1.37～1.46米。坑壁规整光滑。填软质灰褐夹灰黄色花土。单椁单棺，仅余腐痕。椁室平面呈"Ⅱ"形，椁痕长2.16、宽1.24、高0.26、板痕厚0.06米。棺位于椁内西部，棺痕长1.9、宽0.52、高0.1、板痕厚0.04米。人骨朽尽，葬式不明。2件随葬器物置于椁内棺外东侧南、北部（图八五）。

陶釜　1件。M83：1，除底部夹砂灰陶外，余泥质灰陶。侈口，翻沿，圆唇，束颈极短，溜肩，扁鼓腹，凸圜底。中腹饰竖绳纹，下腹及底饰斜绳纹。口径15.6、腹径21.6、高13.6厘米（图八六，2；图版一五，1右）。

陶罐　1件。M83：2，泥质灰陶。侈口，翻沿，圆唇，束颈，溜肩，肩有对称双鼻耳，鼓腹，凹底较深。肩至中腹饰竖绳纹间二道抹痕，下腹及底饰交错绳纹。口径12.8、腹径22.8、底径6.4、高22.2厘米（图八六，1；图版一五，1左）。

M97

方向32°或212°。墓口距地表约0.6米，其中墓口上有厚约0.25米的扰土层。墓口长

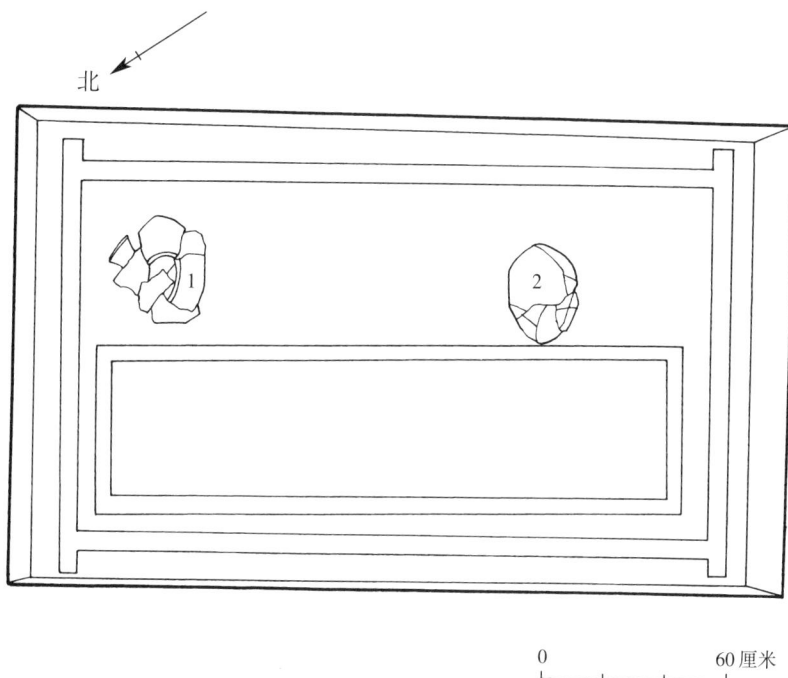

图八五　秦墓M83平面图
1.陶釜　2.陶罐

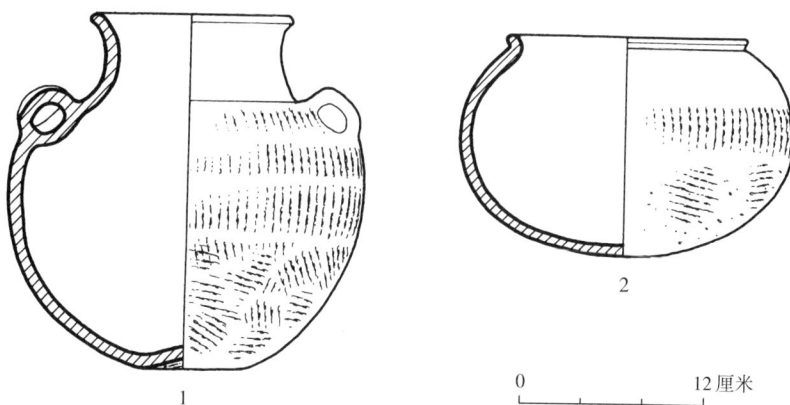

图八六　秦墓M83出土陶器
1.罐（M83：2）　2.釜（M83：1）

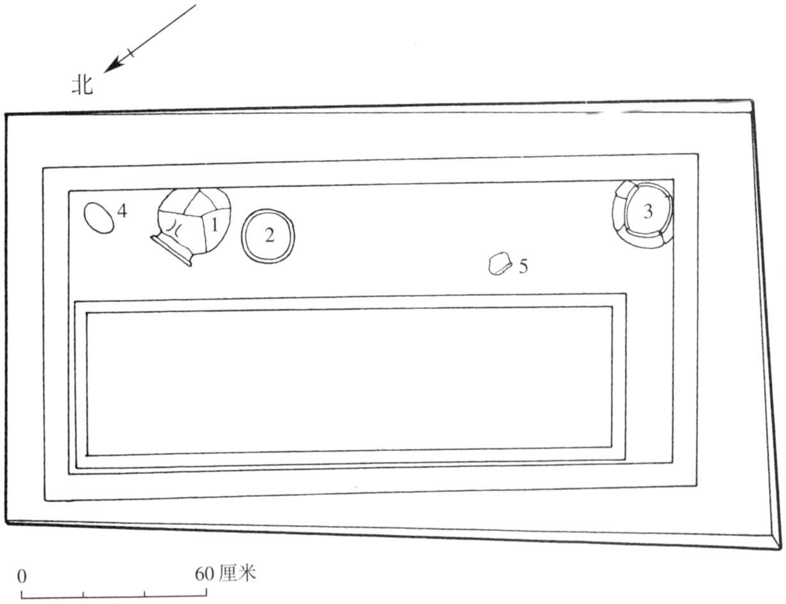

图八七　秦墓 M97 平面图
1. 陶罐　2. 陶盂　3. 陶釜　4. 漆器　5. 铁锸

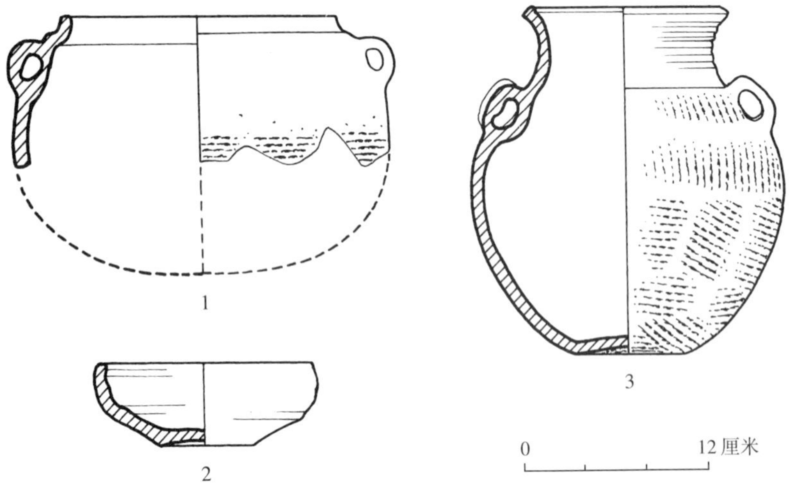

图八八　秦墓 M97 出土陶器
1. 釜（M97∶3）　2. 盂（M97∶2）　3. 罐（M97∶1）

2.4～2.5、宽 1.26～1.4 米，底长 2.4～2.47、宽 1.26～1.33 米，深 0.64～0.84 米。坑壁粗糙。填软质灰褐夹灰黄色花土。单椁单棺，仅余腐痕。椁室平面呈长方形，椁痕长 2.11、宽 1.04、高 0.39、板痕厚 0.08 米。棺位于椁内西部偏北，棺痕长 1.78、宽 0.52、高 0.08、板痕厚 0.03 米。人骨朽尽，葬式不明。5 件随葬器物置于椁内棺外东部（图八七）。

陶釜　1 件。M97∶3，中腹上、下各为泥质、夹砂灰陶。子口，圆唇，折肩，肩有对称双鼻耳，扁鼓腹，下部残。中腹饰横绳纹。口径 18、腹径 24.8、残高 9.2 厘米（图八八，1；图版一五，2 后右）。

陶盂　1 件。M97∶2，泥质灰陶。微敛口，圆唇，上腹微鼓，下腹微曲收，平底微凹。内外壁有多道旋痕。口径 13.6、底径 6、高 5.2 厘米（图八八，2；图版一五，2 前）。

陶罐　1 件。M97∶1，泥质黑衣灰陶。侈口，翻折沿，方唇，内沿面一周微凹，束颈，溜肩，肩有对称双鼻耳，鼓腹，浅凹底。肩至中腹饰竖绳纹间一道宽抹痕，下腹及底饰斜、横绳纹。口径 12、腹径 20.4、底径 7.2、高 21.6 厘米（图八八，3；图版一五，2 后左）。

铁锸　1 件。M97∶5，锈蚀严重，无法复原。

漆器　1 件。M97∶4，仅存漆皮，器形不明。

M102

方向 27°。西北角被 M96 打破。墓口距地表约 0.2 米，长 2.36、宽 1.18～1.34 米，底长 2.32、宽 0.66～0.74 米，深 0.72～0.92 米。墓东、西壁各设生土二层台，分别上距墓口 0.17、0.22 米，

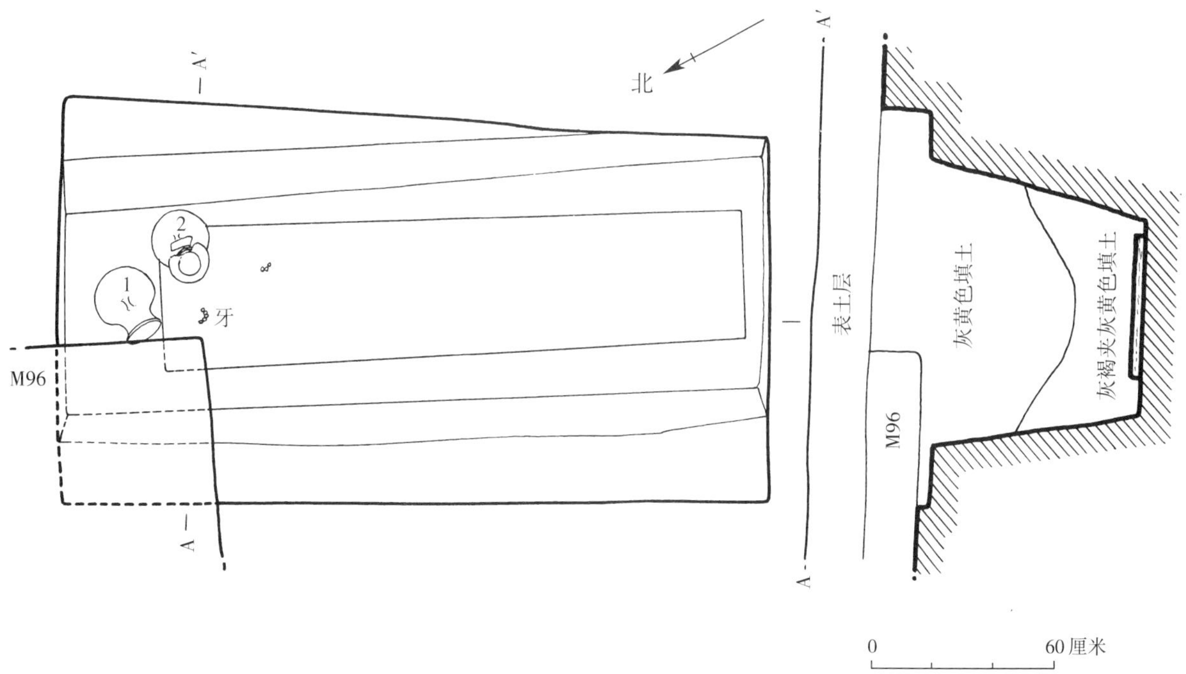

图八九　秦墓 M102 平、剖面图
1、2.陶罐

东、西台面分别宽 0.06 ~ 0.18、0.2 ~ 0.3 米。坑壁粗糙。填土分二层，上层为硬质灰黄色花土，厚 0.5 ~ 0.7 米；下层为硬质灰褐色生土块夹灰黄色花土，厚 0.22 ~ 0.4 米。单棺，仅余底板腐痕。棺痕长 1.94、宽 0.42 ~ 0.48、板痕厚 0.06 米。人骨朽尽，棺内北部残存数枚牙齿，可判定头向东北，葬式不明。2 件随葬器物置于棺外北侧（图八九）。

陶罐　2 件。泥质灰陶。侈口，翻折沿，内沿面一周微凹，方唇，束颈，溜肩，肩有对称双鼻耳，鼓腹，浅凹底。下腹及底饰交错绳纹。M102：1，颈中部饰多道凹弦纹，肩至中腹饰粗竖绳纹间二道抹痕。口径 13.2、腹径 21.8、底径 7.6、高 20.8 厘米（图九〇，1；图版一五，3 左）。M102：2，颈中部饰瓦棱纹，肩至中腹饰粗竖绳纹。口径 11.2、腹径 22、底径 6.4、高 22.6 厘米（图九〇，2；图版一五，3 右）

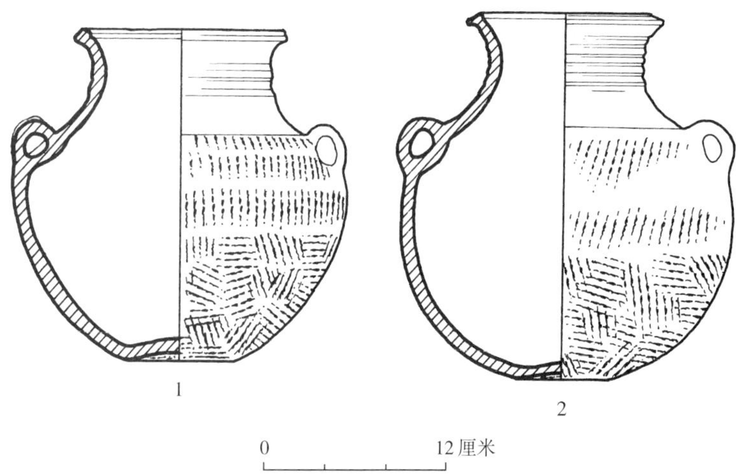

M113

方向 41°。西部被 M112 打破。墓口距地表约 0.3 米，长 2.32、残宽 1.46 ~ 1.52 米，底同口大，深

图九〇　秦墓 M102 出土陶罐
1. M102：1　2. M102：2

0.21～0.25 米。坑壁粗糙。填硬质灰褐夹灰黄色花土。单椁单棺，仅余腐痕。椁室平面呈"Ⅱ"形，椁痕长 2.14、宽 1.1、高 0.07、板痕厚 0.05 米。棺位于椁内中部，棺痕长 1.92、宽 0.5、高 0.05、板痕厚 0.04 米。人骨朽尽，葬式不明。2 件随葬器物置于椁内棺外东北角。据随葬器物位置推测头向东北（图九一）。

陶釜　1 件。M113：1，上部泥质、下部夹砂红陶。侈口，翻折沿上昂，尖唇，束短颈，圆肩，扁鼓腹，底残。中腹饰横绳纹。口径 17.2、腹径 23.2、残高 10 厘米（图九二，2）。

陶罐　1 件。M113：2，泥质褐陶。侈口，翻折沿，方唇，束颈，溜肩，肩有对称双鼻耳，鼓腹，浅凹底。颈中部饰多道凹弦纹，肩至中腹饰竖绳纹间四道抹痕，下腹及底饰交错绳纹。口径 14、腹径 21.6、底径 6.4、高 20.4 厘米（图九二，1；图版一七，3）。

M114

方向 8°。墓口距地表约 0.4 米，长 2.94、宽 2.5 米，底同口大，深 2.1 米。坑壁规整光滑。填硬质黄褐夹灰白色花土。单椁并棺，仅余腐痕。椁室平面呈"Ⅱ"形，椁痕长 2.4、宽 1.92、高 0.8、板痕厚 0.06 米。椁内东、西各有一棺，间距 0.47 米，东棺痕长 2、宽 0.56、高 0.14 米，西棺痕长 1.88、宽 0.56、高 0.11 米，板痕均厚 0.04 米。人骨朽尽，东棺内北部残存数枚牙齿，可判定头向北，葬式不明。17 件随葬器物除 2 件陶球分别在两棺外北侧外，余置于椁内东、西棺间两端（图九三）。

陶鼎　2 件。泥质褐陶。子母口，圆唇，折肩，

图九一　秦墓 M113 平面图
1. 陶釜　2. 陶罐

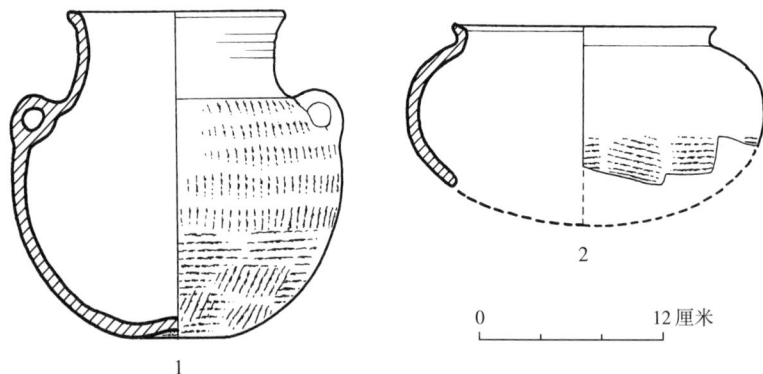

图九二　秦墓 M113 出土陶器
1. 罐（M113：2）　2. 釜（M113：1）

弧腹内收，小长方形附耳，耳孔对穿，圜底近平，三蹄足直立，下部微外撇，足断面呈外圆内平
的半圆形。上承浅弧盘状盖，盖顶有一乳状纽。素面。M114：6，口径 15.2、腹径 18、体高 11.4、
通高 16 厘米（图九四，1；图版一六，1 前左 1）。M114：7，口径 16、腹径 18、体高 11.4、通高
15.8 厘米（图九四，2；图版一六，1 中前左 1）。

　　陶盒　2 件。泥质褐陶。子母口，圆唇，折肩，上腹近直，中腹微折，下腹斜收，浅宽圈足。
上承微折壁覆碗状盖，浅宽圈足状捉手。M114：10，口沿残。体、盖腹分饰二、一道凹弦纹。腹
径 17.2、圈足径 7.2、通高 14 厘米（图九四，3；图版一六，1 中前右 1）。M114：11，盖腹饰两道
凹弦纹。口径 16.4、腹径 18.4、圈足径 7.2、体高 7.2、通高 12.8 厘米（图九四，4；图版一六，1
中后右）。

　　陶壶　2 件。泥质褐陶。盘口，折沿，平唇，束长颈，溜肩，扁鼓腹，圜底，浅盘口状高圈
足。上承折盘状盖，盖顶有一乳状纽。素面。M114：1，仅口、肩、圈足等局部可复原。口径 14、
圈足径 14 厘米（图九四，5）。M114：2，口径 12.8、腹径 20.8、圈足径 12.8、体高 33、通高 37
厘米（图九四，6；图版一六，1 后）。

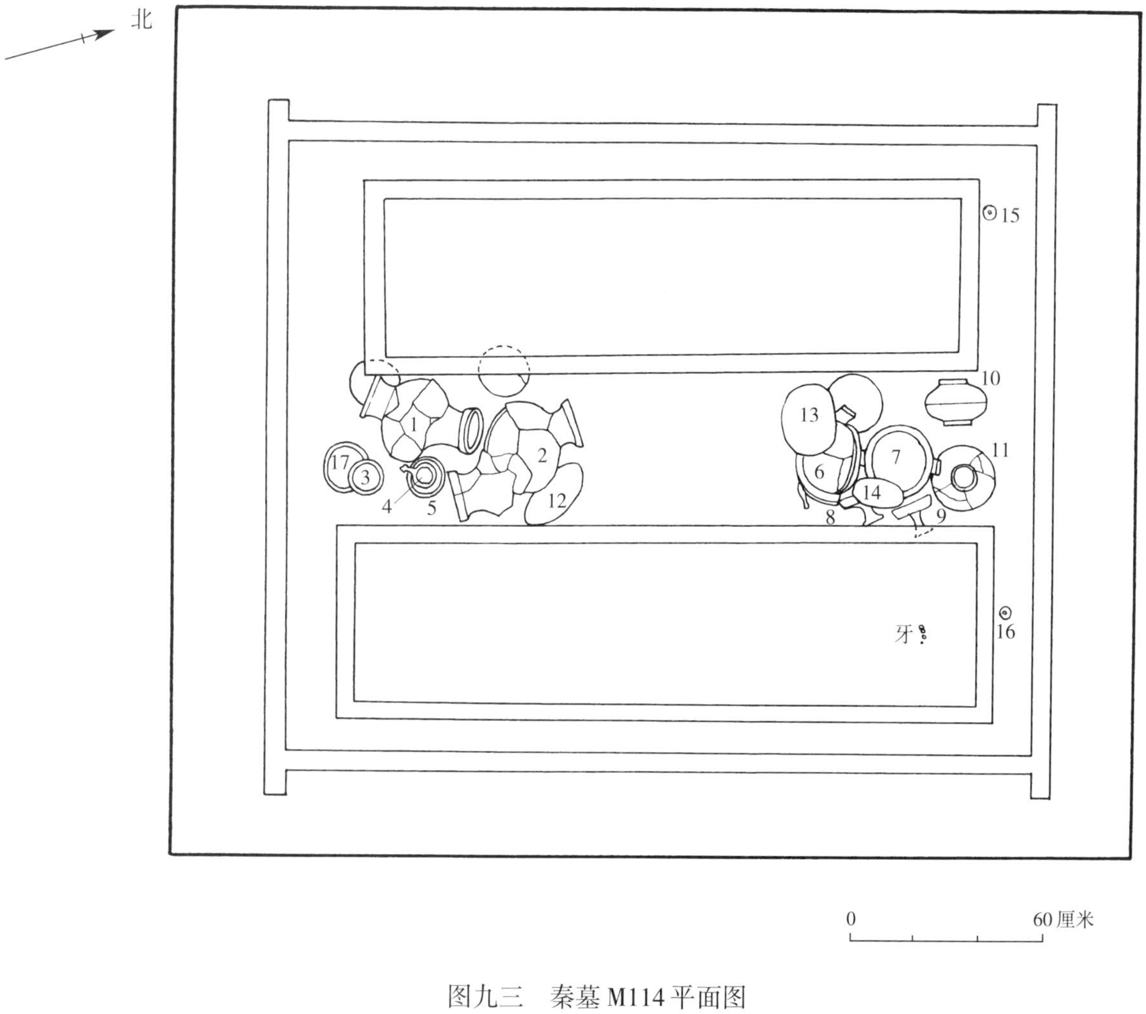

图九三　秦墓 M114 平面图

1、2.陶壶　3、5.陶杯　4.陶勺　6、7.陶鼎　8、9.陶豆　10、11.陶盒　12～14.漆器　15、16.陶球　17.陶盂

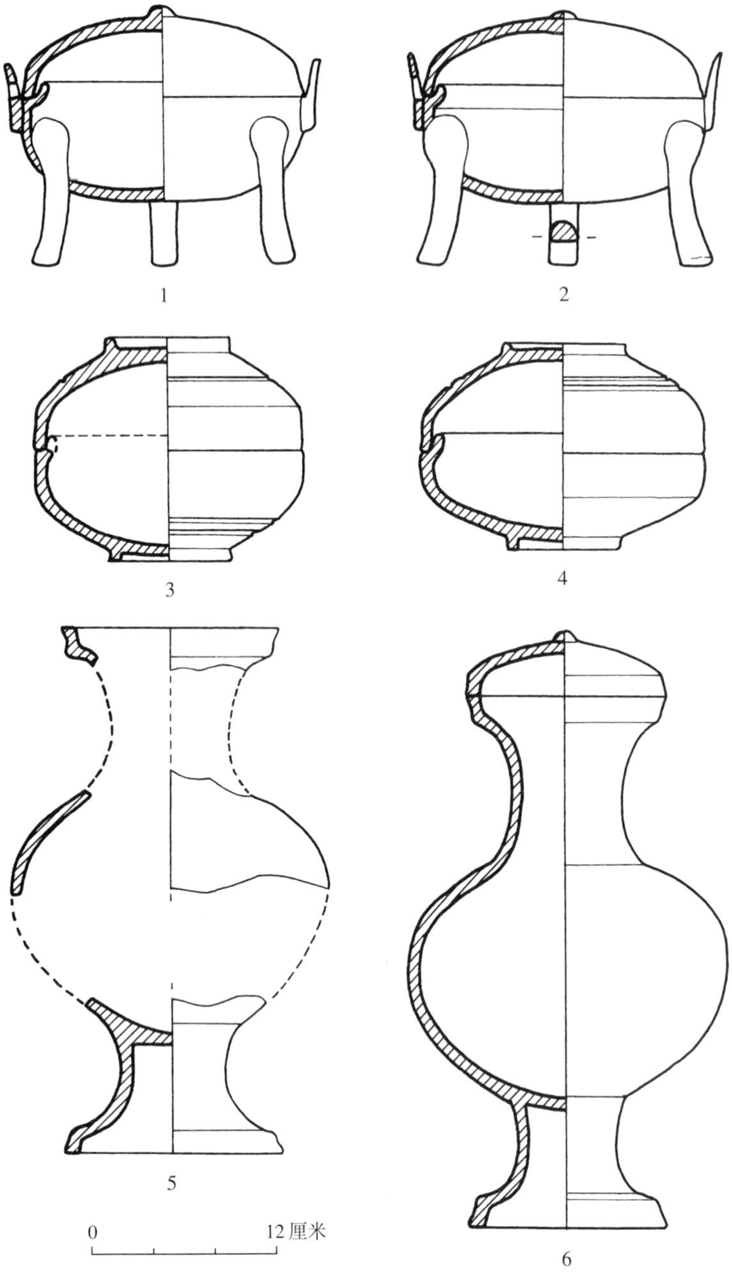

图九四　秦墓 M114 出土陶器
1、2.鼎（M114：6、7）　3、4.盒（M114：10、11）
5、6.壶（M114：1、2）

陶豆　2件。泥质褐陶。敞口，尖唇，浅折盘，柄中部微束，中空至盘底。素面。M114：8，细柄较矮，喇叭状圈足。口径10.4、盘深1.2、圈足径7.4、高8厘米（图九五，1；图版一六，1前左2）。M114：9，柄较粗，圈足残。口径12、盘深1.4、残高7.6厘米（图九五，2；图版一六，1中前左2）。

陶杯　2件。泥质灰陶。敞口，圆唇，上腹斜直，下腹弧收，近底部曲折内束，饼状底，外底微凹。素面。M114：3，口径8、底径4.8、高11.2厘米（图九五，3；图版一六，1中后左）。M114：5，残存底部。底径4.8、残高2.8厘米（图九五，4）。

陶勺　1件。M114：4，泥质灰陶。微敛口，圆唇，弧腹，平底微凹。口部外斜伸一柄，上端塑成尖嘴形。素面。口径8、底径4、体高3.2、通高7.6厘米（图九五，5；图版一六，1前左3）。

陶盂　1件。M114：17，泥质灰陶。直口微敛，圆唇，上腹微鼓，下腹斜收，平底微凹。素面。口径13.2、底径6.4、高4.8厘米（图九五，8；图版一六，1中前右2）。

陶球　2件。泥质褐陶。圆球体，有对穿圆孔。器表摁有多个圆圈纹，表面绘红彩，大部分脱落。M114：15，直径4.8、孔径1.2厘米（图九五，6；图版一六，1前右1）。

M114：16，直径4.8、孔径1.2厘米（图九五，7；图版一六，1前右2）。

漆器　3件（M114：12～14）。均仅存漆皮，器形不明。

M117

方向199°。墓口距地表约0.5米，长2.98、宽1.98米，底长2.86、宽1.86～1.94米，深1.75～1.96米。坑壁规整光滑。填硬质灰褐夹灰白色花土。单椁单棺，仅余腐痕。椁室平面呈"Ⅱ"形，椁痕长 2.38、宽 1.34、高 0.4、板痕厚 0.06 米。棺位于椁内西南部，棺痕长 1.92、宽 0.56、高 0.04、板痕厚 0.03 米。人骨朽尽，葬式不明。13 件随葬器物置于椁内棺外东侧南大半部。据随葬器物位置推测头向南（图九六）。

图九五　秦墓 M114 出土陶器

1、2.豆（M114：8、9）　3、4.杯（M114：3、5）　5.勺（M114：4）　6、7.球（M114：15、16）　8.盂（M114：17）

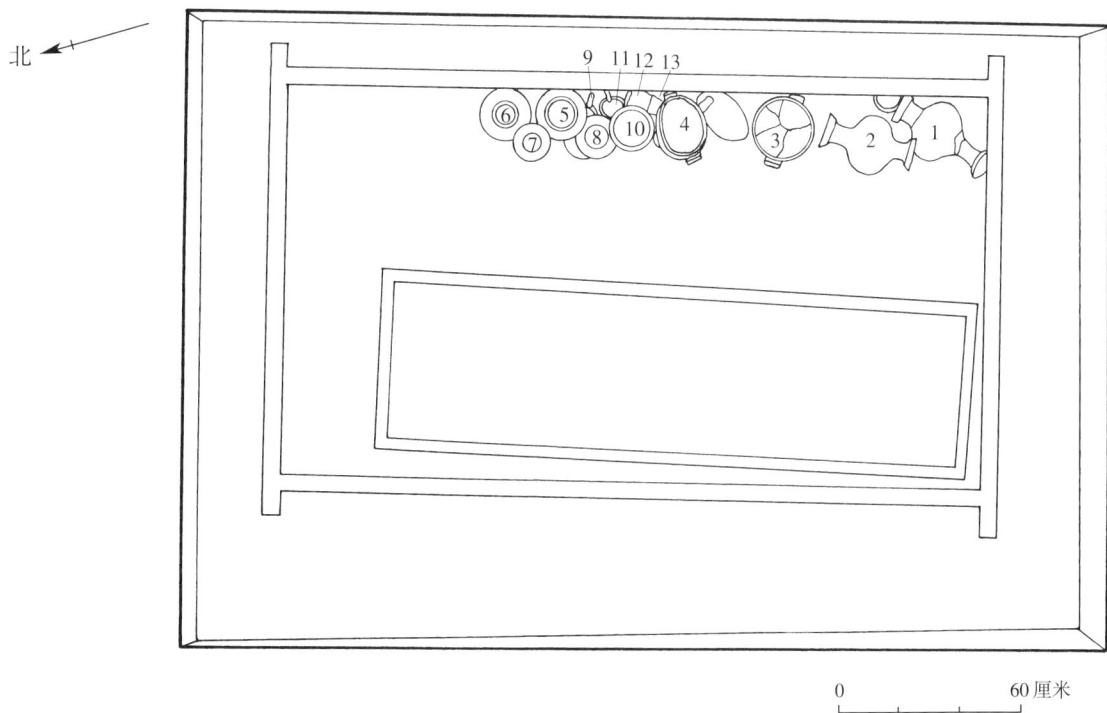

图九六　秦墓 M117 平面图

1、2.陶壶　3、4.陶鼎　5、6.陶盒　7、8、10.陶豆　9、11.陶勺　12、13.陶杯

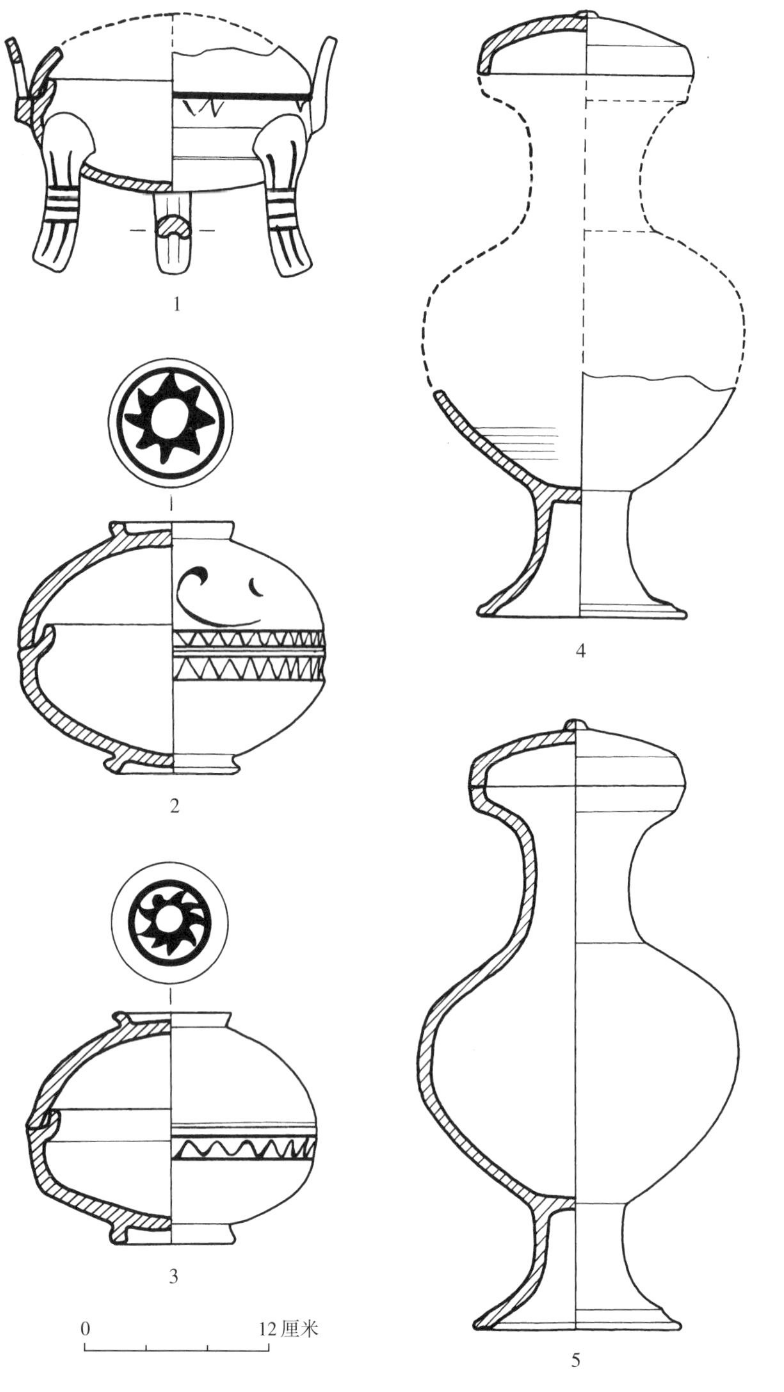

图九七　秦墓 M117 出土陶器

1. 鼎（M117：4）2、3. 盒（M117：5、6）4、5. 壶（M117：1、2）

陶鼎　2件。泥质黑衣褐陶。子母口，圆唇，折肩，弧腹内收，长方形附耳，耳孔对穿，凸圜底，二蹄足直立，下部外撇，内壁有浅竖槽，外壁弧。上承弧盘状盖。外壁施红彩，大多脱落。M117：3，残甚，未能修复。M117：4，盖顶残。下腹饰一道凹弦纹。肩、上腹红彩绘横线、三角纹，足壁红彩绘四道横线压两道竖线。口径 16、腹径 18.4、体高 12.2、残高 14.6 厘米（图九七，1；图版一六，2 中后左）。

陶盒　2件。泥质黑衣褐陶。子母口，圆唇，折肩，上腹微内凹，中腹微折，下腹弧收，凸圜底，浅宽圈足。上承弧壁覆碗状盖，浅宽圈足状捉手。器表施红彩，部分脱落。体、盖口沿外为双线夹波折纹，盖外底饰太阳纹。器内有粟腐痕。M117：5，盖腹残存卷云纹。口径 16.4、腹径 20、圈足径 8.8、体高 9.2、通高 15.6 厘米（图九七，2；图版一六，2 中后右）。M117：6，口径 15.8、腹径 18.8、圈足径 8、体高 8.4、通高 14.4 厘米（图九七，3；图版一六，2 中前右）。

陶壶　2件。泥质黑衣褐陶。浅盘口，折沿，平唇，束长颈，溜折肩，扁鼓腹，平底，喇叭状高圈足。上承浅折盘状盖，盖顶一长方形纽。器表原有红彩均脱落。M117：1，下部及盖可大致复原。口径 14、圈足径 13.6 厘米（图九七，4）。M117：2，口径 14、腹径 20.8、圈足径 13.6、体高 33.8、通高 38 厘米（图九七，5；图版一六，2 后）。

陶豆　3件。泥质黑衣褐陶。敞口，折盘，矮柄，中空至盘底，小喇叭状圈足。器表原有红彩脱落。M117：7，圆唇，盘浅，柄稍粗。口径 14.8、盘深 2.2、圈足径 7.6、高 9.6 厘米（图九八，

1；图版一六，2中前左）。M117：8，方唇，盘稍深，柄稍粗。柄中部偏下饰一道凹弦纹。口径16、盘深3.2、圈足径8.4、高12.4厘米（图九八，2；图版一六，2中后中）。M117：10，圆唇，盘稍深，柄较细。圈足内壁可见点状红彩。口径13.2、盘深2.4、圈足径8、高10.4厘米（图九八，3；图版一六，2中前中）。

　　陶杯　2件。泥质黑衣褐陶。敞口，圆唇，腹壁斜直，近底部曲折收内束，饼状底。器表原有红彩均脱落。M117：12，底侧壁中部饰一道凹弦纹。口径8.4、底径5.8、高11.6厘米（图九八，6；图版一六，2前左2）。M117：13，口径8、底径5.2、高11.2厘米（图九八，7；图版一六，2，前左1）。

　　陶勺　2件。泥质灰陶。微敛口，圆唇，弧腹，平底或微凹。口部有一兽首曲柄。器表原有红彩均脱落。M117：9，口径8.6～9.2、底径3.6、体高3.6、通高10.2厘米（图九八，4，图版一六，2前右2）。M117：11，口径9～9.2、底径3.2、体高3.8、通高10.2厘米（图九八，5；图版一六，2前右1）。

M118

　　方向31°或211°。墓口距地表约0.5米，长2.7～2.74、宽1.7～1.74米，底长2.56～2.59、宽1.6～1.64米，深1.27米。坑壁规整光滑。填硬质黄褐夹灰白色花土。单椁单棺，仅余腐痕。椁室平面呈"Ⅱ"形，椁痕长2.24、宽1.12、高0.24、板痕厚0.05米。棺位于椁内西部，棺痕长1.9、宽0.48、高0.08、板痕厚0.05米。人骨朽尽，葬式不明。4件随葬器物置于椁内棺外东北部（图九九）。

　　陶盂　1件。M118：1，泥质灰陶。敞口，圆唇，上腹微凹，中腹略折，下腹微曲收，平底微

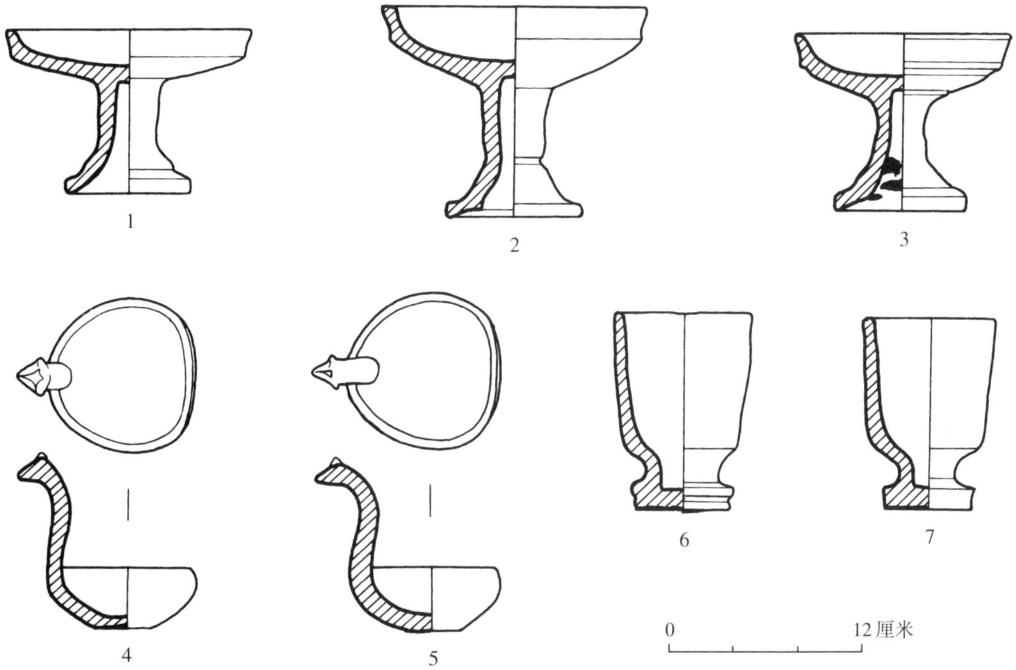

图九八　秦墓M117出土陶器

1、2、3.豆（M117：7、8、10）4、5.勺（M117：9、11）6、7.杯（M117：12、13）

图九九　秦墓M118平面图
1. 陶盂　2. 铁鍪　3. 陶壶　4. 漆器

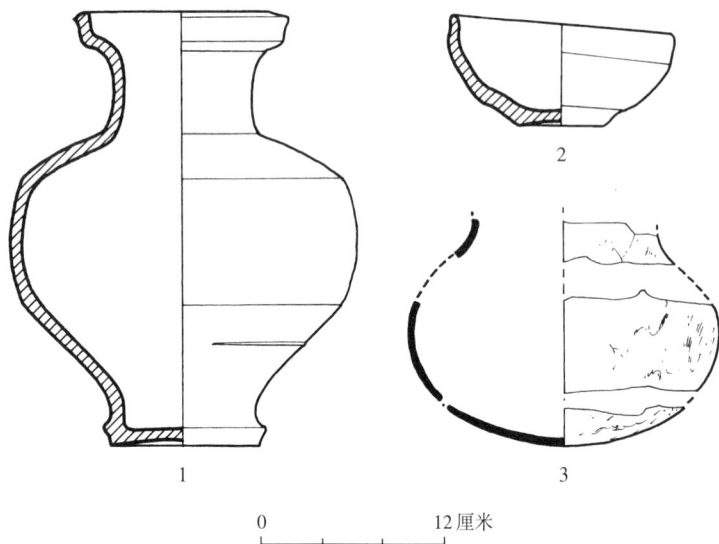

图一〇〇　秦墓M118出土器物
1. 陶壶（M118:3）　2. 陶盂（M118:1）　3. 铁鍪（M118:2）

凹。素面。口径14.4、底径5.6、高6~6.8厘米（图一〇〇，2；图版一七，1左）。

陶壶　1件。M118:3，泥质灰陶。浅盘口，斜折沿，方唇，束颈，溜折肩，扁折腹，近底部曲收，平底微凹。素面。口径13.2、腹径22.8、底径10、高27.2厘米（图一〇〇，1；图版一七，1右）。

铁鍪　1件。M118:2，口残，束颈，溜肩，扁鼓腹，凸圜底。腹径20厘米（图一〇〇，3）。

漆器　1件。M118:4，仅存漆皮，器形不明。

M135

方向10°。墓口距地表约0.3米，长3.12、宽1.64米，底长3.18、宽1.72米，深3~3.2米。墓坑规整，坑壁有人工修整时留下的连弧状工具遗痕。填土分二层，上层为软质灰白夹黄褐色花土，厚2.54~2.74米；下层为硬质黄褐色生土块，填于椁室四周，厚约0.46米。单椁单棺，仅余腐痕。椁室平面呈"Ⅱ"形，椁痕长2.59、宽1.3、高0.46、板痕厚0.06米。棺位于椁内西部，棺痕

长2、宽0.53~0.57、高0.16、板痕厚0.04米。椁下南、北部各有一垫木沟槽，横断面呈长方形，

槽长1.5、宽0.14、深0.06米。人骨朽尽，葬式不明。15件随葬器物置于椁内棺外东侧北大部。据随葬器物位置推测头向北（图一〇一）。

陶鼎　2件。泥质黑衣褐陶。子母口，圆唇，折肩，弧腹内收，长方形附耳外撇，耳孔对穿，三蹄足直立，下端外撇，内壁平，外壁弧。上承弧折盘状盖，盖顶有一圆形捉手。足面两侧各饰二或三道竖凹弦纹，盖腹饰一或二道凹弦纹。器表原有红彩脱落。M135：6，凸圜底。盖口部残。口径16.8、腹径20.8、体高13.3厘米（图一〇二，1）。M135：7，微凹底，盖纽略残。口径17.2、腹径20、体高12.4、通高19.2厘米（图一〇二，3）。

陶盒　2件。泥质黑衣褐陶。子母口，圆唇，折肩，弧腹内收，凸圜底，浅宽圈足。上承折壁覆碗状盖，圈足状捉手。盖腹饰二道凹弦纹。原有红彩均脱落。M135：2，残碎严重，未能修复。M135：3，口径17.2、腹径20、圈足径8、体高9.2、通高16厘米（图一〇二，4）。

陶壶　2件，均残。泥质黑衣褐陶。折肩，弧腹内收，高圈足。上承子口弧盘状盖，盖周三残纽。M135：4，未能修复。M135：5，腹部有零星红彩。腹径21.2厘米（图一〇二，2）。

陶豆　2件。泥质黑衣褐陶。敞口，尖圆唇，浅折盘，柄稍矮粗，中空至盘底，喇叭状圈足。原有红彩大多脱落，盘外壁可见零星红彩。M135：8，口径14、盘深2.8、圈足径8.2、高11.2厘米（图一〇三，1；图版一七，2左）。M135：9，口径14、盘深2.4、圈足径9.2、高11.2厘米（图一〇三，2；图版一七，2右）。

陶杯　2件。泥质黑衣褐陶。敞口，圆唇，弧腹缓收，近底部内束，饼状底，外底微凹。M135：11，中腹残。下腹饰二道凹弦纹。口径8、底径6厘米（图一〇二，5）。M135：12，残甚，未能修复。

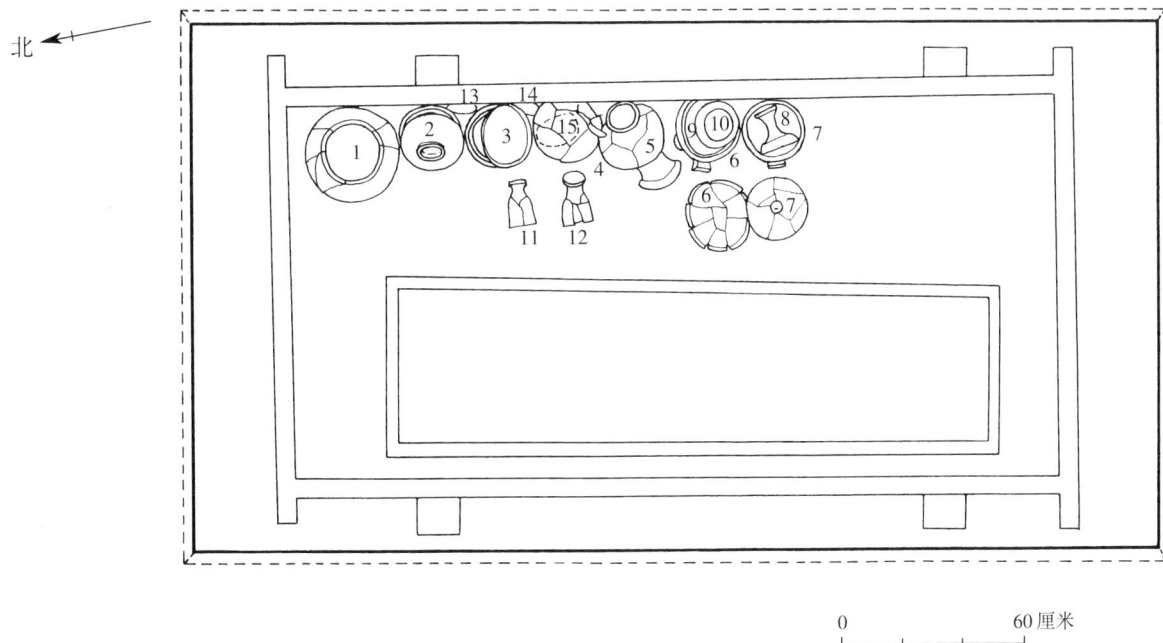

图一〇一　秦墓 M135 平面图

1.陶瓮　2、3.陶盒　4、5.陶壶　6、7.陶鼎　8、9.陶豆　10、15.陶勺　11、12.陶杯　13、14.漆器

陶勺　2件。泥质黑
衣褐陶。敛口,圆唇,平
底微凹。口部有一曲柄,
上端呈尖嘴状。腹部原有
红彩多脱落,口外饰菱形
纹。M135:10,弧腹,柄
残缺。口径10、底径4.8、
体高3.8厘米(图一〇三,
4)。M135:15,折腹。口
径10.6~11.8、底径6.6、
体高4、通高8.8厘米(图
一〇三,5)。

陶瓮　1件。M135:
1,泥质灰陶。侈口,翻折
沿,方唇,束短颈,圆折
肩,深垂腹,凸圜底。上、
中腹饰竖绳纹间五道抹
痕,下腹及底饰交错绳
纹。口径20.8、腹径31.2、
高27厘米(图一〇三,3)。

漆器　2件(M135:
13、14)。仅存漆皮,器
形不明。

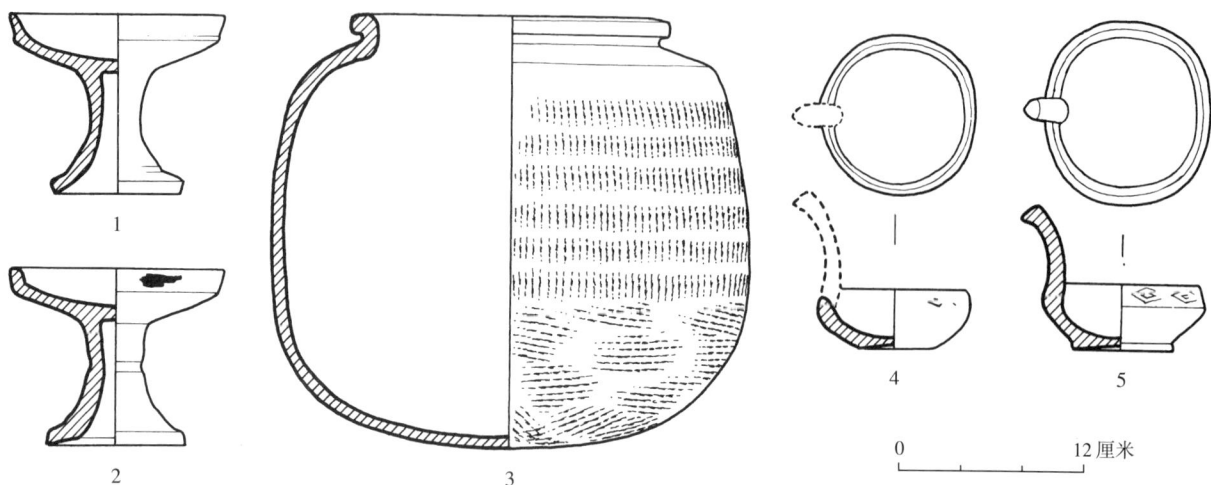

图一〇二　秦墓 M135 出土陶器
1、3.鼎(M135:6、7)　2.壶(M135:5)　4.盒(M135:3)　5.杯(M135:11)

图一〇三　秦墓 M135 出土陶器
1、2.豆(M135:8、9)　3.瓮(M135:1)　4、5.勺(M135:10、15)

M138

方向23°。墓口距地表约0.3～0.4米，长2.76～2.9、宽1.9～1.96米，底长2.76～2.85、宽1.56米，深3.5米。坑壁光滑。填硬质灰黄夹灰褐色花土。单椁单棺，仅余腐痕。椁室平面呈"Ⅱ"形，椁痕长2.41、宽1.06～1.19、高0.32、板痕厚0.05米。棺位于椁内西部，仅余底板痕，长1.96、宽0.56、厚0.02米。人骨朽，棺内北部残存2枚牙齿、中部残存两节肢骨，可判定头向东北，葬式不明。14件随葬器物除1件陶球置于棺外北端外，余置于椁内棺外东侧北部（图一〇四）。

陶鼎　2件。泥质灰陶。子母口，尖圆唇，折肩，弧腹内收，长方形附耳微外撇，耳孔对穿，浅凹底，三蹄足直立，下端微外撇。原有红彩均脱落。M138：8，足内壁平，外壁弧并有两道竖凸棱。上承弧盘状盖，盖顶有一乳状纽。口径15.2、腹径18、体高12.4、通高17厘米（图一〇五，1；图版一七，5中后左）。M138：11，底残，盖缺。足内壁有竖凹槽，外壁弧。口径15.2、腹径17.8厘米（图一〇五，2；图版一七，5前左1）。

陶盒　2件。泥质灰陶。子母口，圆唇，折肩，上腹微弧，中腹微折，下腹弧收，平底，浅宽圈足。上承覆碗状盖，浅圈足状捉手。原有红彩脱落。M138：3，盖壁微折。体、盖各饰二道凹弦纹。口径16、肩径18、圈足径8、体高7.2、通高13.4厘米（图一〇五，3；图版一七，5中后右）。M138：14，口径15.2、腹径18.4、圈足径8、体高8、通高13.6厘米（图一〇五，4；图版一七，5中前右）。

陶壶　2件。泥质灰陶。浅盘口，折沿，平唇，束长颈，圆肩，扁鼓腹，平底，浅盘口状高圈足。上承浅折盘状盖。原有红彩均脱落。M138：9，圈足下端及盖顶残。口径13.2、腹径20.8、残

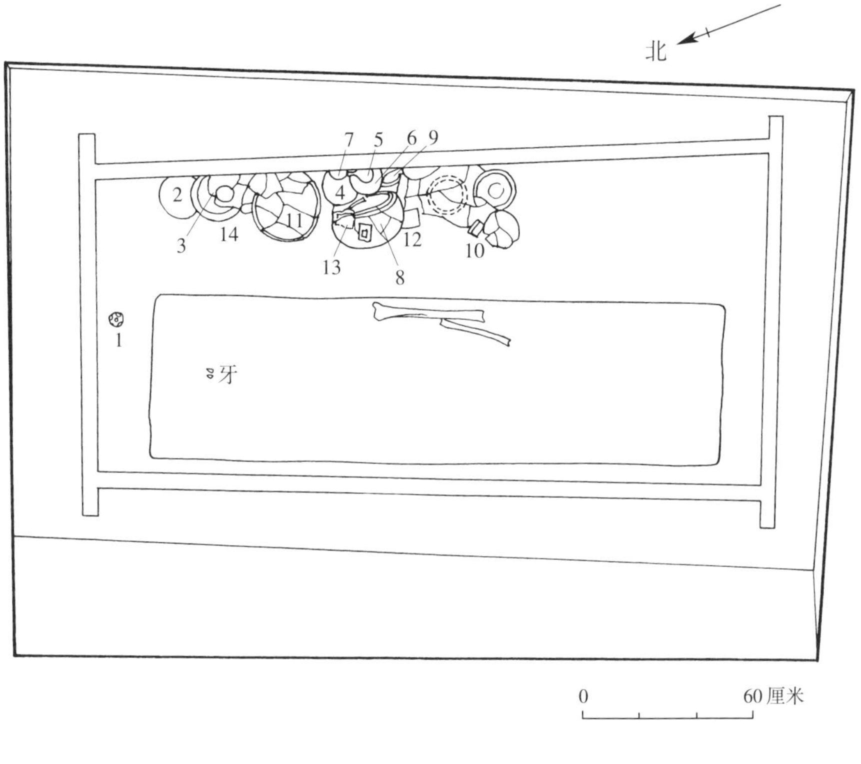

图一〇四　秦墓M138平面图

1.陶球　2.陶盂　3、14.陶盒　4、6.陶豆　5、7.陶勺　8、11.陶鼎　9、10.陶壶　12、13.陶杯

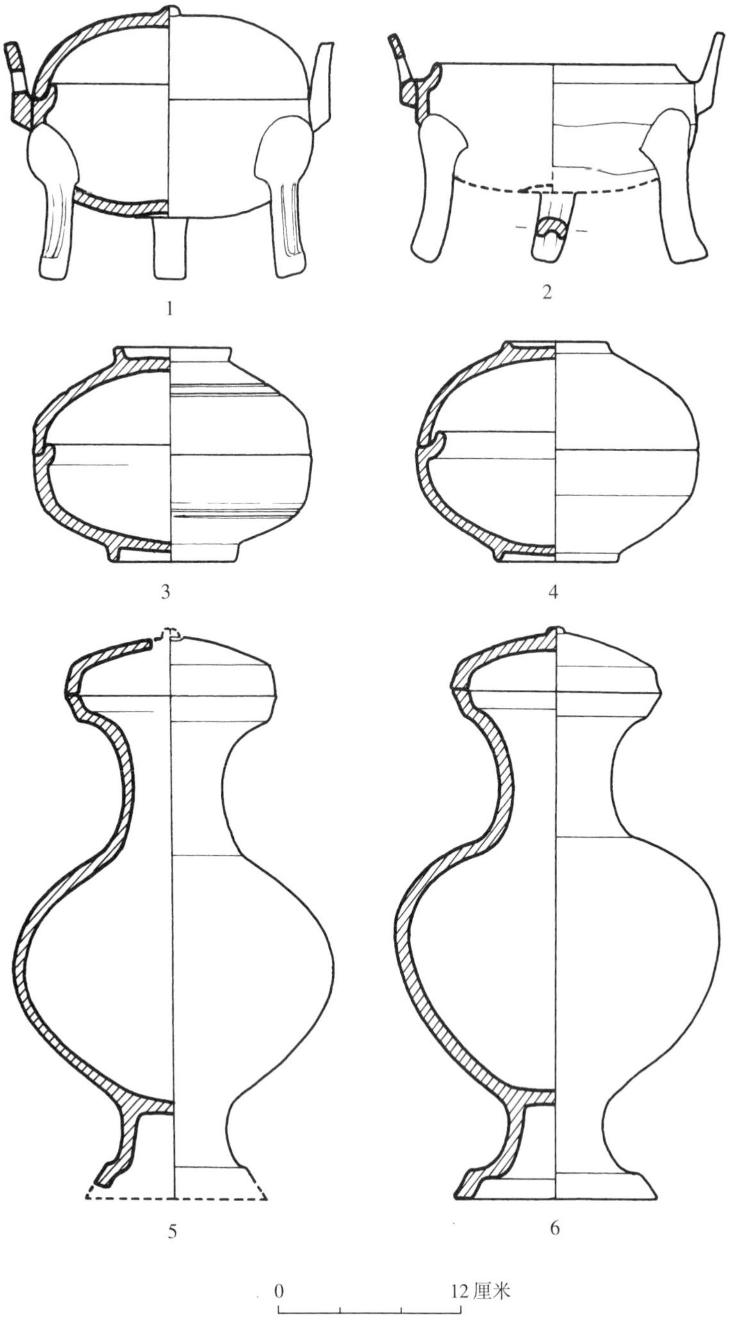

图一〇五　秦墓 M138 出土陶器
1、2.鼎（M138：8、11）　3、4.盒（M138：3、14）
5、6.壶（M138：9、10）

高34.4厘米（图一〇五，5）。M138：10，盖顶有一乳状纽。口径13.6、腹径21.2、圈足径13.6、体高31.8、通高35.6厘米（图一〇五，6；图版一七，5后）。

陶豆　2件。泥质褐陶。敞口，尖圆唇，折盘，柄稍细矮，中部内束，中空至盘底，喇叭状圈足。器表原有红彩脱落。M138：4，盘外壁可见锯齿纹。口径12.8、盘深2.2、圈足径8.8、高8.8厘米（图一〇六，1，图版一七，5中前左）。M138：6，口径11.2、盘深2.6、圈足径8、高9.8厘米（图一〇六，2；图版一七，5中前中）。

陶杯　2件。泥质灰陶。近直口，圆唇，上腹近直，下腹内收，近底部内束，饼状底，外底微凹。原有红彩均脱落。M138：12，口径8、底径6.4、高10厘米（图一〇六，3，图版一七，5中后中）。M138：13，中腹残。口径8、底径6.4厘米（图一〇六，4）。

陶勺　2件。泥质灰陶。微敛口，圆唇，弧腹，平底微凹。口部有一兽首柄。原有红彩脱落。M138：5，柄直立。口径8.8~9、底径4.8、体高4、通高10厘米（图一〇六，5；图版一七，5前左3）。M138：7，柄内斜。口径8.2~8.8、底径4.4、体高3.2、通高9.6厘米（图一〇六，6；图版一七，5前右2）。

陶盂　1件。M138：2，泥质灰陶。直口微敛，圆唇，上腹微弧，下腹微曲收，平底微凹。素面。口径13.6、底径6.4、高5.6厘米（图一〇六，8；图版一七，5前左2）。

陶球　1件。M138：1，泥质灰陶。圆球形，圆形单穿孔。器表压印多个圆圈纹。直径5.2、孔径0.5厘米（图一〇六，7；图版一七，5前右1）。

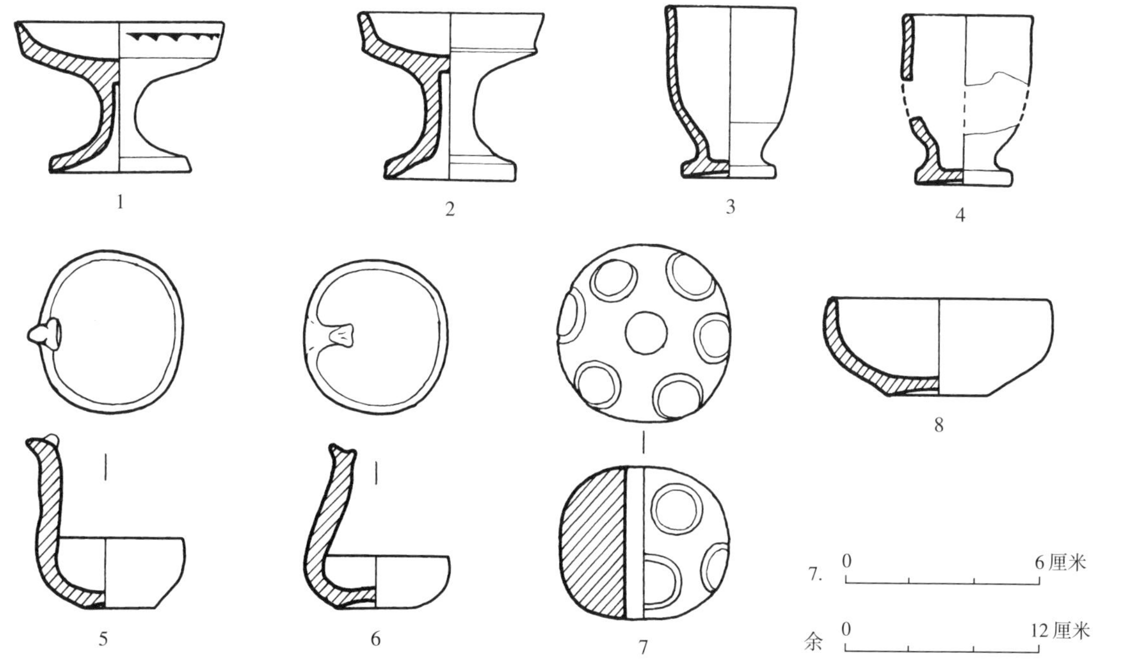

图一〇六　秦墓 M138 出土陶器

1、2.豆（M138：4、6）　3、4.杯（M138：12、13）　5、6.勺（M138：5、7）　7.球（M138：1）　8.盂（M138：2）

M142

方向205°。墓口距地表约0.3米，长2.66、宽1.7～1.8米，底长2.58～2.6、宽1.62米，深1.3～1.7米。东、南壁由上至下内收，西、北壁向下外扩，坑壁光滑。填硬质灰褐夹灰黄色花土。单椁单棺，仅余腐痕。椁室平面呈"Ⅱ"形，椁痕长2.38、宽1.36～1.4、高0.16～0.26、板痕厚0.06米。依稀可辨5块底板，呈南北向并列，单块长2.46米，自东向西分别宽0.18、0.26、0.31、0.31、0.3米。棺位于椁内东北部，仅存底板痕，长1.95、宽0.44、

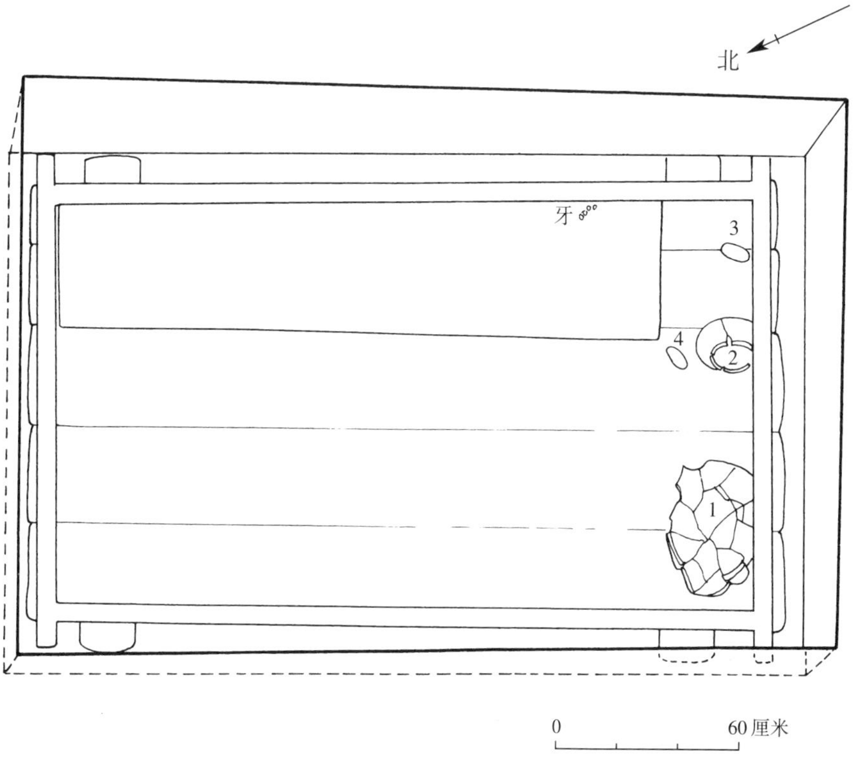

图一〇七　秦墓 M142 平面图

1.陶瓮　2.陶釜　3、4.漆耳杯

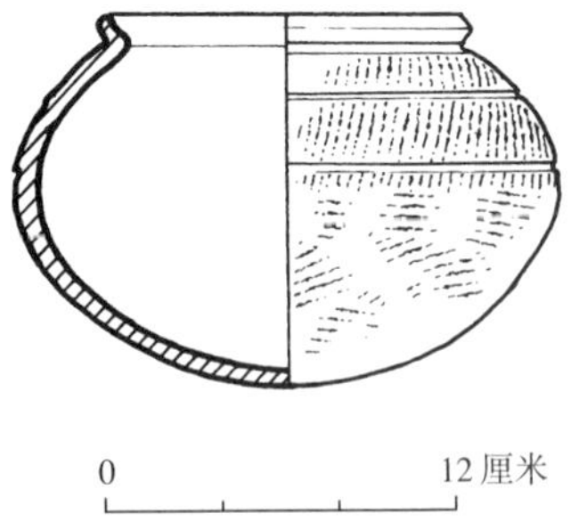

图一〇八　秦墓 M142 出土
陶釜（M142：2）

厚 0.02 米。椁下南、北部各有一垫木沟槽，横断面呈半圆形，槽长 1.56、最宽 0.18、深 0.06 米。人骨朽尽，棺内南部残存数枚牙齿，可判定头向西南，葬式不明。4 件随葬器物置于椁内棺外南端（图一〇七）。

陶釜　1 件。M142：2，上部泥质、下部夹砂灰陶。侈口，仰折沿，束颈极短，溜肩，扁鼓腹，凸圜底。肩至中腹饰竖绳纹间二道凹弦纹，下腹及底饰横、斜绳纹。底部有烟炱。口径 12.4、腹径 18.6、高 12.5 厘米（图一〇八；图版一七，4）。

陶瓮　1 件。M142：1，残碎严重。据残片可大致看出形制为侈口，翻折沿，折肩，深腹，凸圜底。

漆耳杯　2 件（M142：3、4）。仅存漆皮。

第三节　分期与年代

一、随葬器物的类型学特征

除 M20 以外的其他墓葬均出土有随葬器物，共 296 件（枚），按质地可分为陶、铜、铁、石、漆器等。

（一）陶器

共 253 件。按性质可分为仿铜礼器、日用器、饰品三类。

1. 仿铜礼器

共 133 件，全为容器。以泥质灰陶为主，泥质褐陶次之，部分褐陶施黑衣；纹饰多为弦纹，大部分器表施红彩，但仅少量残存局部纹饰；器类有鼎、盒、壶、豆、杯、勺等。

鼎　23 件，子母口，圆或方唇，折肩，弧腹内收，长方形附耳外撇，耳孔对穿，三蹄足。上承浅盘状盖。按照腹、底、足及盖的变化可分五式。

Ⅰ式：1 件。腹较深，凸圜底，粗圆实蹄足直立，足横断面呈圆形。盖壁弧，盖顶捉手呈小圈足状。标本 M146：2（图一〇九，1；图版一八，1）。

Ⅱ式：2 件，分别为 M48：3、4。腹稍浅，凸圜底，实蹄足直立，足横断面呈"U"形，内壁一竖深凹槽，外壁弧形。盖壁弧，盖顶扁体三角纽。标本 M48：3（图一〇九，2；图版一八，2）。

Ⅲ式：6 件，分别为 M49：2，M117：3、4，M138：11，M165：6、7。腹较浅，圜底近平或微凹，象征性蹄足外撇，足横断面呈"U"形，内壁一竖浅凹槽，外壁弧形。盖多弧壁，个别微折，盖顶或有扁体三角纽，或有乳状纽。标本 M49：2（图一〇九，3；图版一八，3）；标本 M165：6（图一〇九，4；图版一八，4）。

Ⅳ式：12 件，分别为 M5：10、11，M33：6、7，M34：5、9，M55：3、4，M78：1，M135：

6、7，M138∶8。腹较浅，凸圜底或较平或微凹，蹄足或近直或外撇，横断面近"山"形，内壁平，外壁有两道竖棱或多道象征性凹槽，少量竖棱不明显。盖壁多微折，少量弧壁，盖顶或小圈足状捉手，或星形纽，或乳状纽，盖顶无纽则多为盖周三纽。标本M33∶7（图一〇九，5；图版一八，5），标本M34∶9（图一〇九，6），标本M78∶1（图一〇九，7；图版一八，6），标本M135∶7（图一〇九，8）。

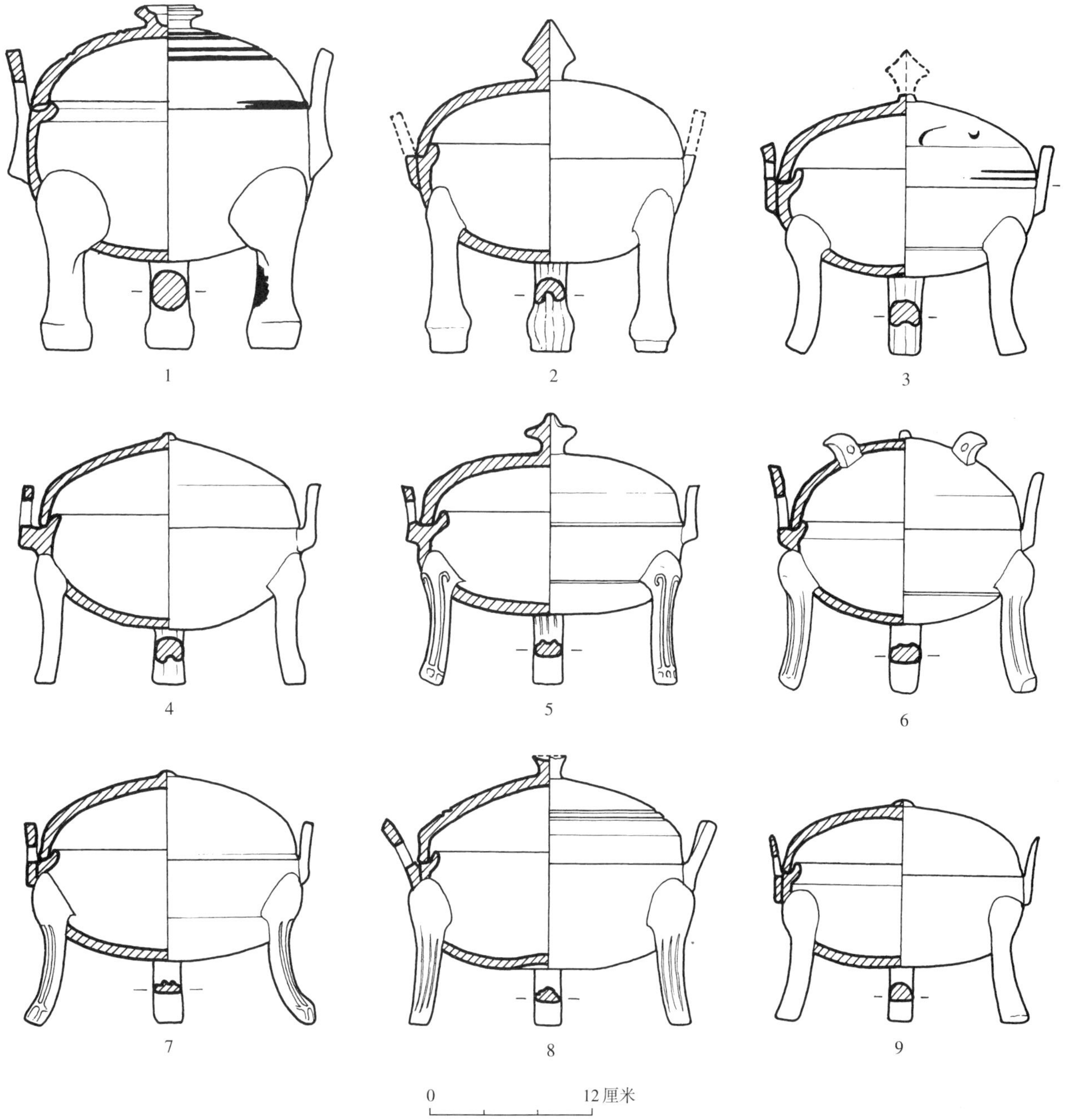

图一〇九　秦墓出土陶鼎

1. Ⅰ式（M146∶2）　2. Ⅱ式（M48∶3）　3、4. Ⅲ式（M49∶2、M165∶6）
5～8. Ⅳ式（M33∶7、M34∶9、M78∶1、M135∶7）　9. Ⅴ式（M114∶7）

Ⅴ式：2件，分别为 M114∶6、7。浅腹，圜底近平，象征性蹄足外撇，横断面呈半圆形，内壁平，外壁弧形。盖折壁不明显，盖顶乳状纽。标本 M114∶7（图一〇九，9）。

盒　23件。子母口，折肩，弧腹内收。上承盖。根据底、顶部有无圈足的不同可分为二型。

A型　21件。底、顶部有圈足。按照腹、圈足及盖和纹饰的变化可分三式。

Ⅰ式：1件。腹较深，中腹微鼓，圈足相对较窄深。盖折壁。体、盖壁均饰二道凹弦纹。标本 M146∶5（图一一〇，1；图版一九，1）。

Ⅱ式：10件，分别为 M33∶10、11，M34∶13，M49∶1，M114∶10、11，M117∶5、6，M138∶3，M165∶2。腹相对较浅，上壁近直，中腹微折，下腹斜或弧收，宽圈足或深或浅。盖壁多微折。体、盖多饰一或二道凹弦纹，少量仅盖饰凹弦纹或体、盖均不饰凹弦纹。标本 M33∶10（图一一〇，2；图版一九，2），标本 M114∶11（图一一〇，3），标本 M117∶5（图一一〇，4；图版一九，3）。

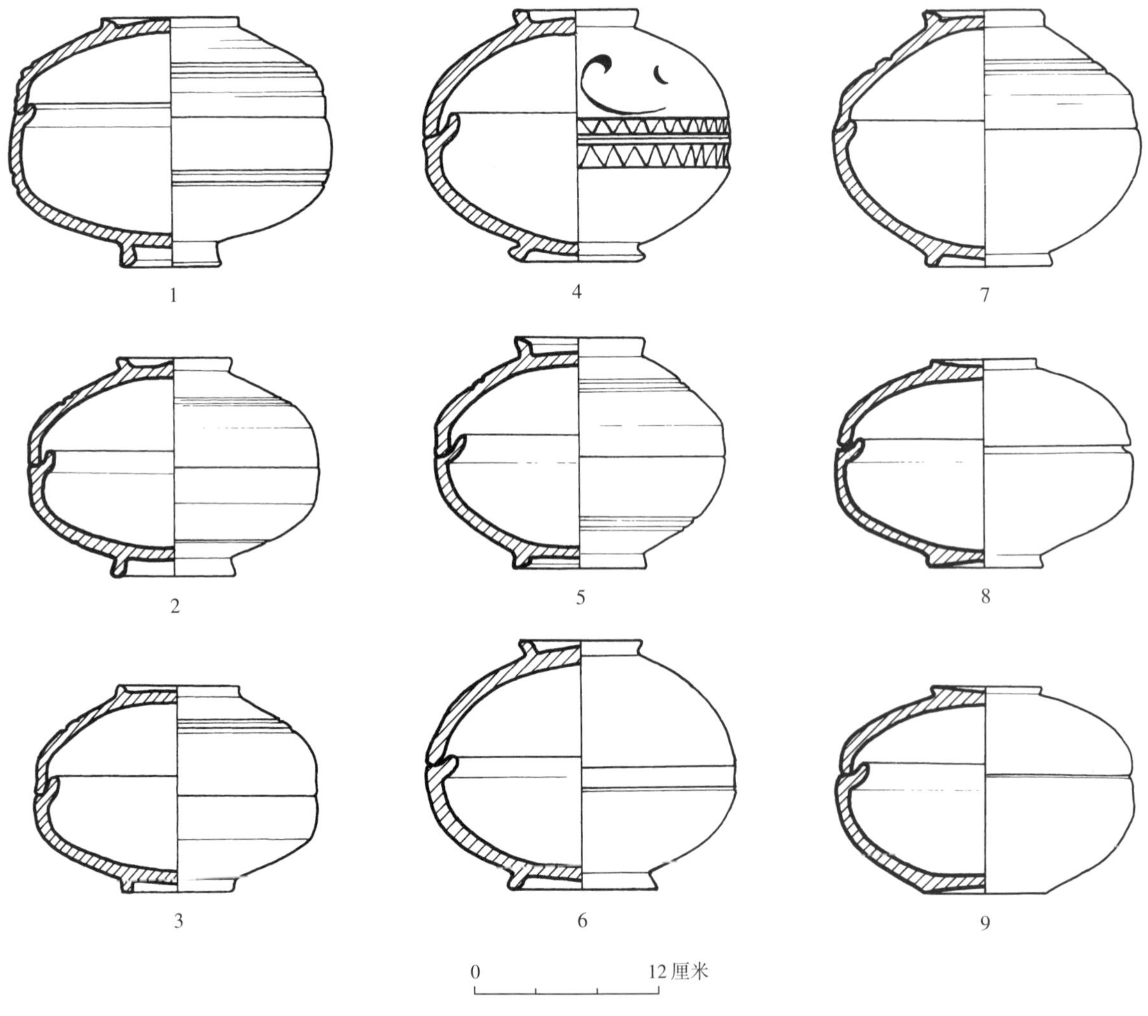

图一一〇　秦墓出土陶盒

1. A型Ⅰ式（M146∶5）　2~4. A型Ⅱ式（M33∶10、M114∶11、M117∶5）

5~7. A型Ⅲ式（M5∶13、M55∶5、M135∶3）　8、9. B型（M48∶5、6）

Ⅲ式：10件，分别为M5：13、14，M34：12，M55：5、13，M78：2，M135：2、3，M138：14，M165：4。浅腹，腹壁自肩部弧收，浅宽圈足。盖壁多弧，少量微折。器表大多无凹弦纹装饰，少量体、盖各或分饰二、一道凹弦纹。标本M5：13（图一一〇，5；图版一九，4），标本M55：5（图一一〇，6），标本M135：3（图一一〇，7）。

B型　2件，分别为M48：5、6。平底内凹，或下腹曲收成假圈足。盖顶为假圈足。标本M48：5（图一一〇，8），标本M48：6（图一一〇，9）。

壶　23件。折沿，长颈，溜肩，鼓腹，带圈足。上承盖。根据腹、底、圈足的不同可分二型。

A型　21件，M135：4、5圈足残甚。下腹弧收，高圈足。按照口、颈、肩、腹、底、圈足及盖的变化可分四式。

Ⅰ式：1件。大侈口，长颈稍细，肩有铺首，圆鼓腹，凸圜底，喇叭状圈足稍矮粗。盖子口，顶有小圈足状捉手。标本M146：1（图一一一，1，图版二〇，1）。

Ⅱ式：6件，分别为M49：5，M55：2，M117：1、2，M165：9、10。浅盘口，颈稍短细，溜肩微折，微鼓腹，平底，喇叭状圈足稍高细。浅微折盘状盖，盖顶立三角或乳状纽。标本M49：5（图一一一，2；图版二〇，2），标本M55：2（图一一一，3），标本M165：9（图一一一，4）。

Ⅲ式：3件，分别有M5：2、3，M55：1。除浅盘口状圈足外，其余形制与Ⅱ式基本相同，有的肩部有铺首。子口或浅微折盘状盖，盖周三扁体纽，或盖顶三角纽。标本M5：3（图一一一，5；图版二〇，3右），标本M55：1（图一一一，6）。

Ⅳ式：9件，分别为M33：1、2，M34：2、3，M78：8，M114：1、2，M138：9、10。盘口稍深，颈多短粗，个别细颈，溜肩或微折，近扁鼓腹，平底或微凸，较深盘口状圈足或粗或细。浅折盘状盖，盖周三扁体纽，或盖顶三角、星形、乳状纽。标本M33：1（图一一二，1），标本M34：3（图一一二，2），标本M78：8（图一一二，3；图版二〇，4）。

B型　2件，分别为M48：1、2。盘口，溜肩，扁鼓腹，下腹曲收较长，平底，浅宽圈足。标本M48：1（图一一二，4）。

豆　25件。敞口，圆唇，折盘，柄中空至盘底，喇叭或浅覆盘状圈足。按照盘、柄的变化可分四式。

Ⅰ式：4件。分别为M48：7、10，M146：3、4。盘或深或稍浅，高柄，中部微束，大多较细。标本M48：7（图一一三，1），标本M146：3（图一一三，2；图版一九，5右）。

Ⅱ式：12件，分别为M5：5、9，M49：9，M78：5，M114：8、9，M135：8、9，M138：4、6，M165：3、5。盘稍浅，柄较矮，或粗或细，中部内束稍甚，少量柄壁有一道浅槽。标本M5：5（图一一三，3），标本M135：9（图一一三，4），标本M165：3（图一一三，5）。

Ⅲ式：8件，分别为M33：9，M34：8、10，M55：8、11，M117：7、8、10。盘较浅，矮柄，或粗或细，柄中部微突，个别柄壁有一道浅槽。标本M55：8（图一一三，6），标本M117：8（图一一三，7；图版一九，6）。

Ⅳ式：1件。浅盘，矮细柄，柄中部有一道凸箍。标本M33：16（图一一三，8）。

杯　22件。敞口，近直壁下收，近底部急收内束，饼状底。按照口、壁的变化可分三式。

Ⅰ式：2件，分别为M48：8、9。敞口较大，上中壁稍斜，下腹斜收，近底部内束较细，外底微凹。标本M48：8（图一一四，1；图版二一，1右）。

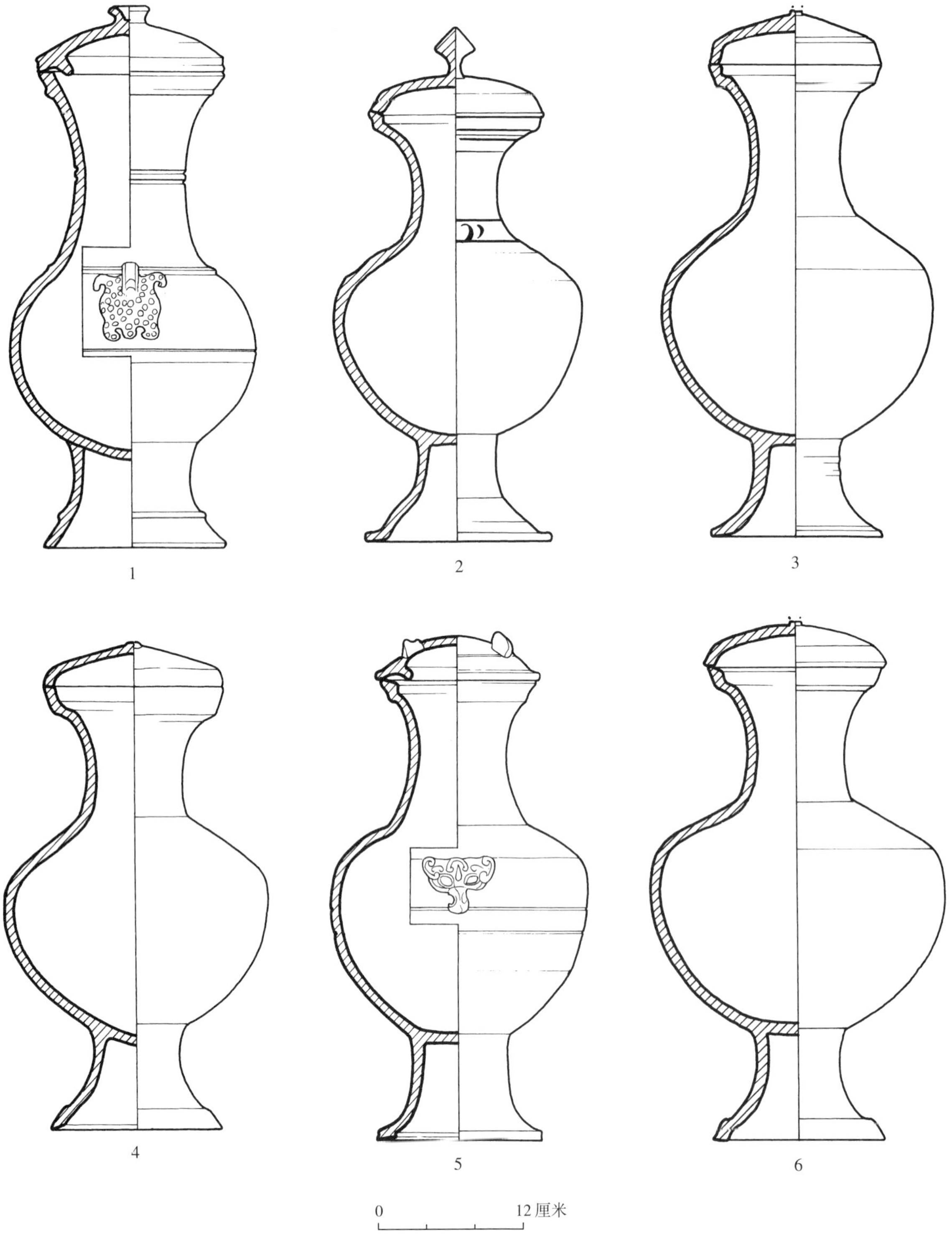

图一一一　　秦墓出土 A 型陶壶

1. Ⅰ式（M146：1）　2~4. Ⅱ式（M49：5、M55：2、M165：9）　5、6. Ⅲ式（M5：3、M55：1）

Ⅱ式：12件，分别为M5：7、8，M49：7，M78：7，M114：3、5，M135：11、12，M138：12、13，M165：1、8。口相对较大，口沿近直或略外翻，上中壁或略斜或中壁微弧，下部斜收，近底部细束，外底微凹。标本M49：7（图一一四，2），标本M78：7（图一一四，3；图版二一，2），标本M138：12（图一一四，4），标本M165：8（图一一四，5）。

Ⅲ式：8件，分别为M33：3、4，M34：4、7，M55：9、10，M117：12、13。口多较小，少量较大，上中壁斜直，下部曲收，近底部内束部位稍宽，平底或微凹。标本M33：4（图一一四，6），标本M34：7（图一一四，7），标本M117：12（图一一四，8；图版二一，3右）。

勺 17件。除个别直口外，大多微敛口，浅腹，多弧腹，少量微折腹，平底微凹。口一侧立一尖嘴兽首柄。其中3件（M49：3、M78：4、M135：10）柄残断，其余14件按照柄的变化可分三式。

Ⅰ式：4件，分别为M5：4，M33：13，M138：5、7。柄直或内曲收。标本M5：4（图一一五，1），标本M33：13（图一一五，2），标本M138：5（图一一五，3；图版二一，4右）。

Ⅱ式：8件，分别为M5：6，M34：6、11，M55：6、7，M117：9、11，M135：15。柄略外曲。标本M5：6（图一一五，4），标本M55：6（图一一五，5；图版二一，5左），标本M135：15（图一一五，6）。

Ⅲ式：2件，分别为M33：12，M114：4。柄向外斜伸。标本M33：12（图一一五，7），标本M114：4（图一一五，8；图版二一，6）。

2. 日用器

共116件，均为容器。以泥质灰陶居多，泥质褐陶稍次，极少量上部泥质、下部夹砂灰或褐

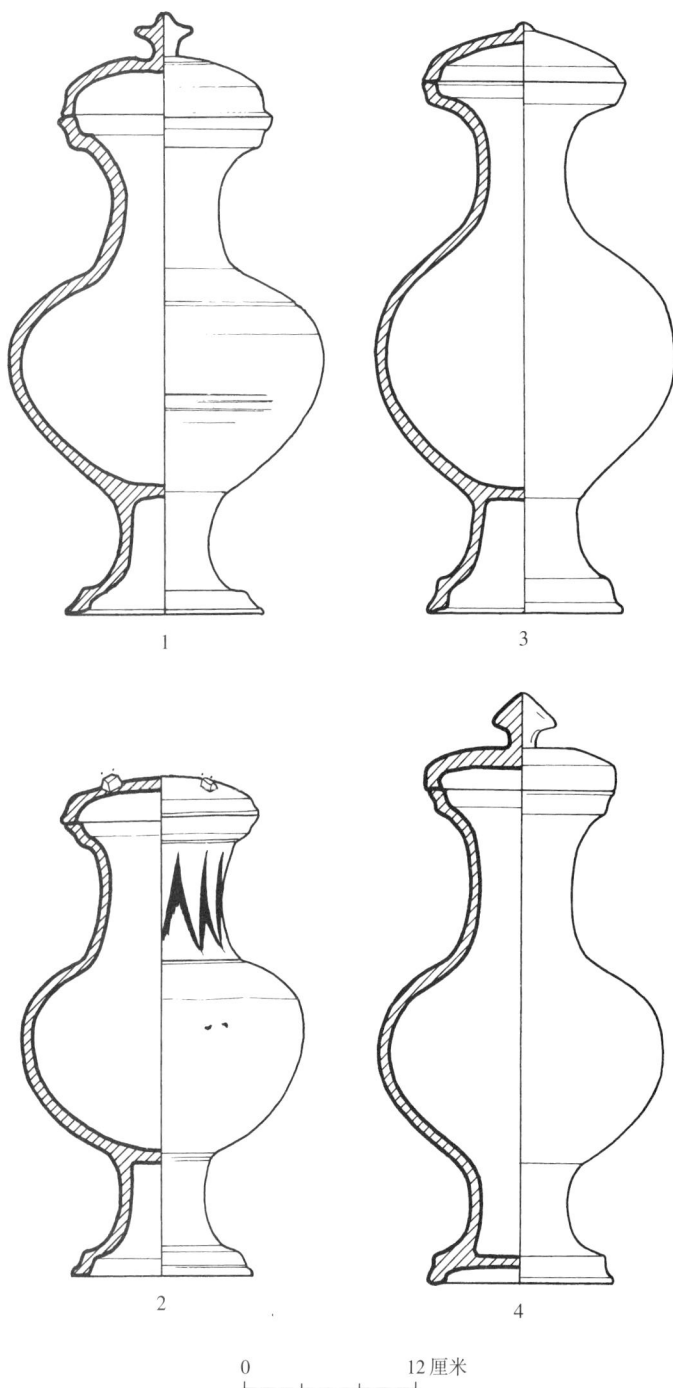

图一一二 秦墓出土陶壶
1～3. A型Ⅳ式（M33：1、M34：3、M78：8） 4. B型（M48：1）

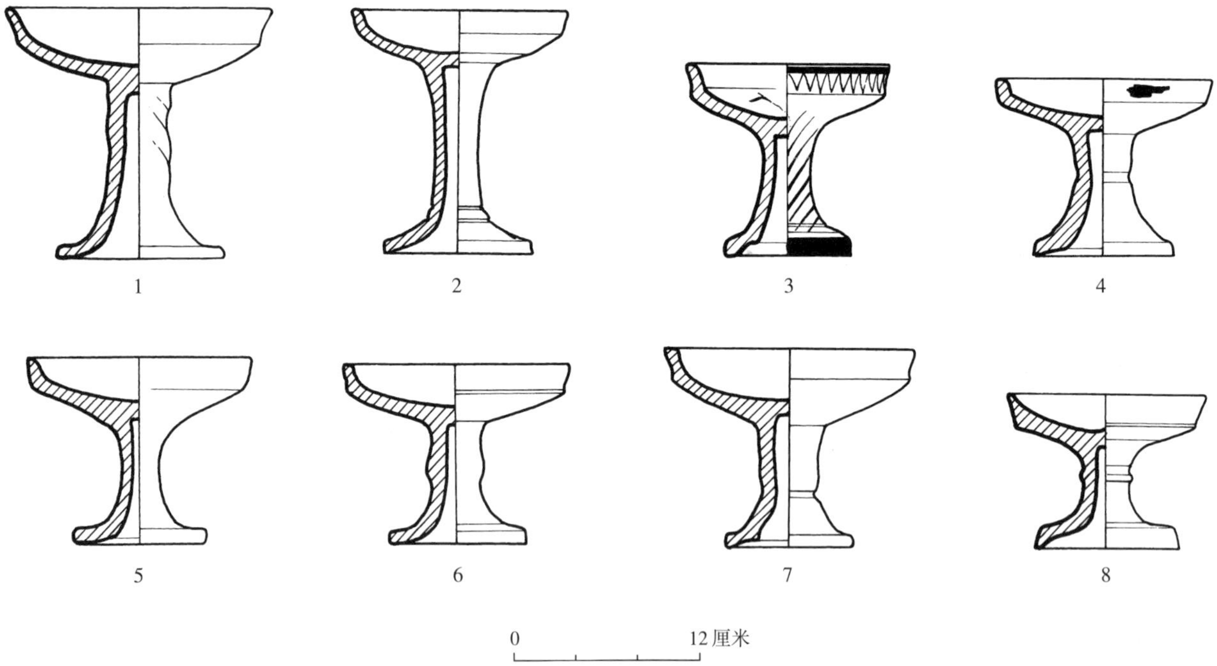

0 _____ 12厘米

图一一三　秦墓出土陶豆

1、2. I 式（M48：7、M146：3）　3~5. II 式（M5：5、M135：9、M165：3）

6、7. III 式（M55：8、M117：8）　8. IV 式（M33：16）

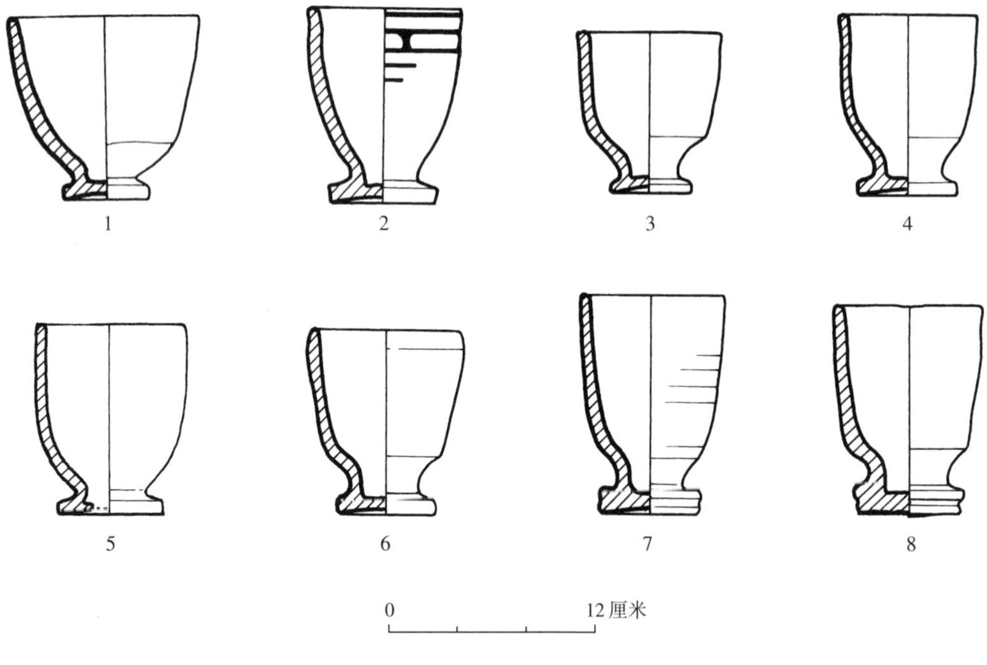

0 _____ 12厘米

图一一四　秦墓出土陶杯

1. I 式（M48：8）　2~5. II 式（M49：7、M78：7、M138：12、M165：8）　6~8. III 式（M33：4、M34：7、M117：12）

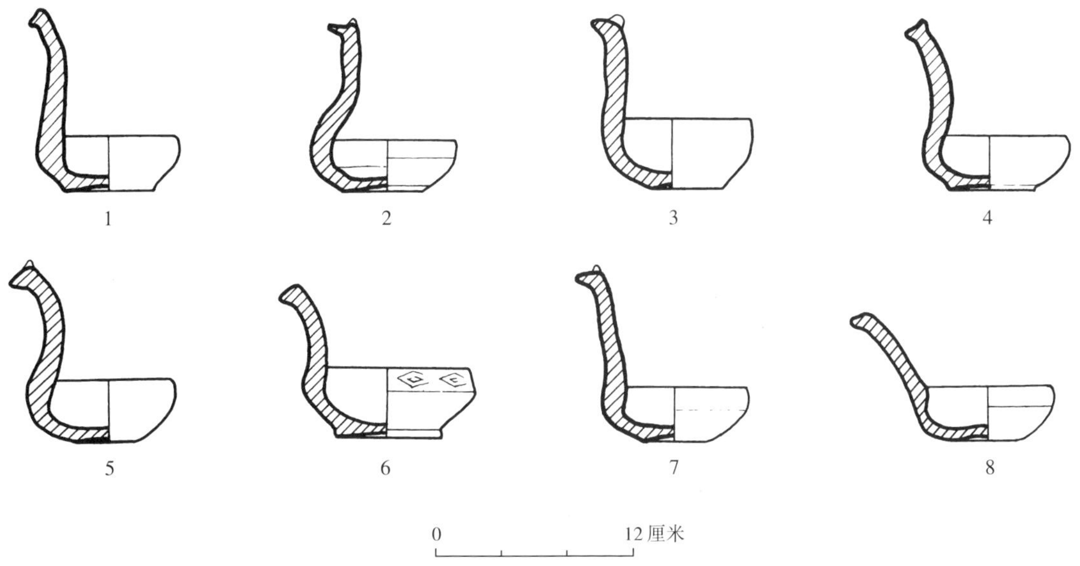

0　　　　　　12厘米

图一一五　秦墓出土陶勺

1~3. Ⅰ式（M5：4、M33：13、M138：5）　4~6. Ⅱ式（M5：6、M55：6、M135：15）　7、8. Ⅲ式（M33：12、M114：4）

陶；器表大多装饰绳纹，少量饰凸、凹弦纹；器类有釜、盂、盆、壶、罐、瓮等。

　　釜　8件。鼓腹，凸圜底。下腹至底饰横或交错绳纹。根据有无耳的不同可分二型。

　　A型　7件。无耳，侈口，翻或仰折沿，细束颈，溜肩，扁鼓腹。上、中腹或素面，或饰竖绳纹，或间饰一道凹弦纹。按照口、腹的变化可分四式。

　　Ⅰ式：1件。口沿极短，深腹。标本M67：2（图一一六，1）。

　　Ⅱ式：2件，分别为M83：1，M142：2。口沿稍长，腹稍浅。标本M83：1（图一一六，2），标本M142：2（图一一六，3；图版二二，1）。

　　Ⅲ式：2件，分别为M5：1，M113：1。底均残，推测为凸圜底。口沿稍长，浅腹。标本M5：1（图一一六，4），标本M113：1（图一一六，5；图版二二，2）。

　　Ⅳ式：2件，分别为M75：1，M160：3。口沿长，腹略变深。标本M75：1（图一一六，6），标本M160：3（图一一六，7）。

　　B型　1件。子口，折肩，肩有双鼻耳，腹较深，底残，推测为凸圜底。标本M97：3（图一一六，8）。

　　盂　43件。口或敛，或直，或稍敞，圆唇，弧腹内收，平底微凹。根据器形的大小可分二型。

　　A型　4件。器形较大。敛口，上腹微鼓。按照腹部变化可分三式。

　　Ⅰ式：1件。深腹，下腹曲收较甚。标本M151：1（图一一七，1）。

　　Ⅱ式：1件。深腹，下腹微曲收。标本M25：2（图一一七，2；图版二二，3）。

　　Ⅲ式：2件，分别为M5：12，M65：6。浅腹，下腹近斜收。标本M5：12（图一一七，3；图版二二，4），标本M65：6（图一一七，4）。

　　B型　39件。器形较小。按照口、腹的变化可分三式。

　　Ⅰ式：20件，分别为M4：3，M13：4，M25：3，M30：1、3，M33：5、15，M36：3，M38：

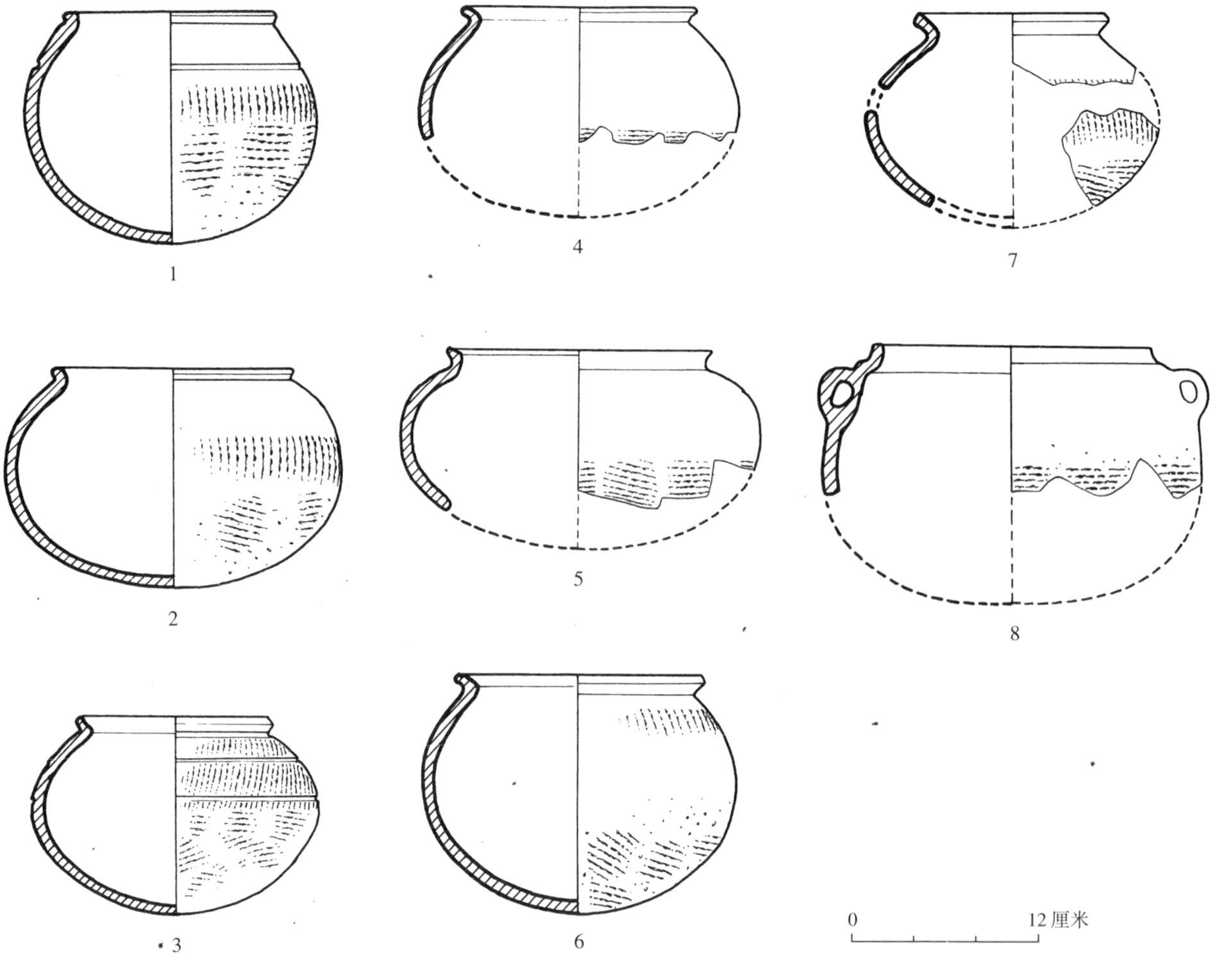

图一一六　秦墓出土陶釜

1. A 型 I 式（M67：2）　2、3. A 型 II 式（M83：1、M142：2）　4、5. A 型 III 式（M5：1、M113：1）
6、7. A 型 IV 式（M75：1、M160：3）　8. B 型（M97：3）

2，M41：1，M42：1，M49：8，M67：3，M75：3，M76：3，M78：3，M118：1，M138：2，M149：4、5。敞口或直口，少量口略外翻致口外有一道浅凹槽，腹较深，部分中腹微折，下腹微曲收。标本 M30：1（图一一七，5），标本 M38：2（图一一七，6），标本 M41：1（图一一七，7），标本 M49：8（图一一七，8；图版二二，5），标本 M118：1（图一一七，9）。

II 式：14 件，分别为 M4：4，M13：6、7，M33：14，M35：3，M40：1、3，M65：3，M70：3、4，M97：2，M150：1、2、4。多直口，少量微敛或稍敞，腹相对较浅，上腹近直，中腹微折，下腹略曲收。少量口外或外壁饰凹弦纹。标本 M4：4（图一一七，10；图版二二，6），标本 M35：3（图一一七，11），标本 M65：3（图一一七，12），标本 M150：2（图一一七，13）。

III 式：5 件，分别为 M21：2，M23：1，M33：8，M82：3，M114：17。近直口，浅腹，上腹多微弧，个别微折，下腹斜收。个别外壁旋痕明显。标本 M23：1（图一一七，14；图版二三，1），标本 M82：3（图一一七，15），标本 M114：17（图一一七，16）。

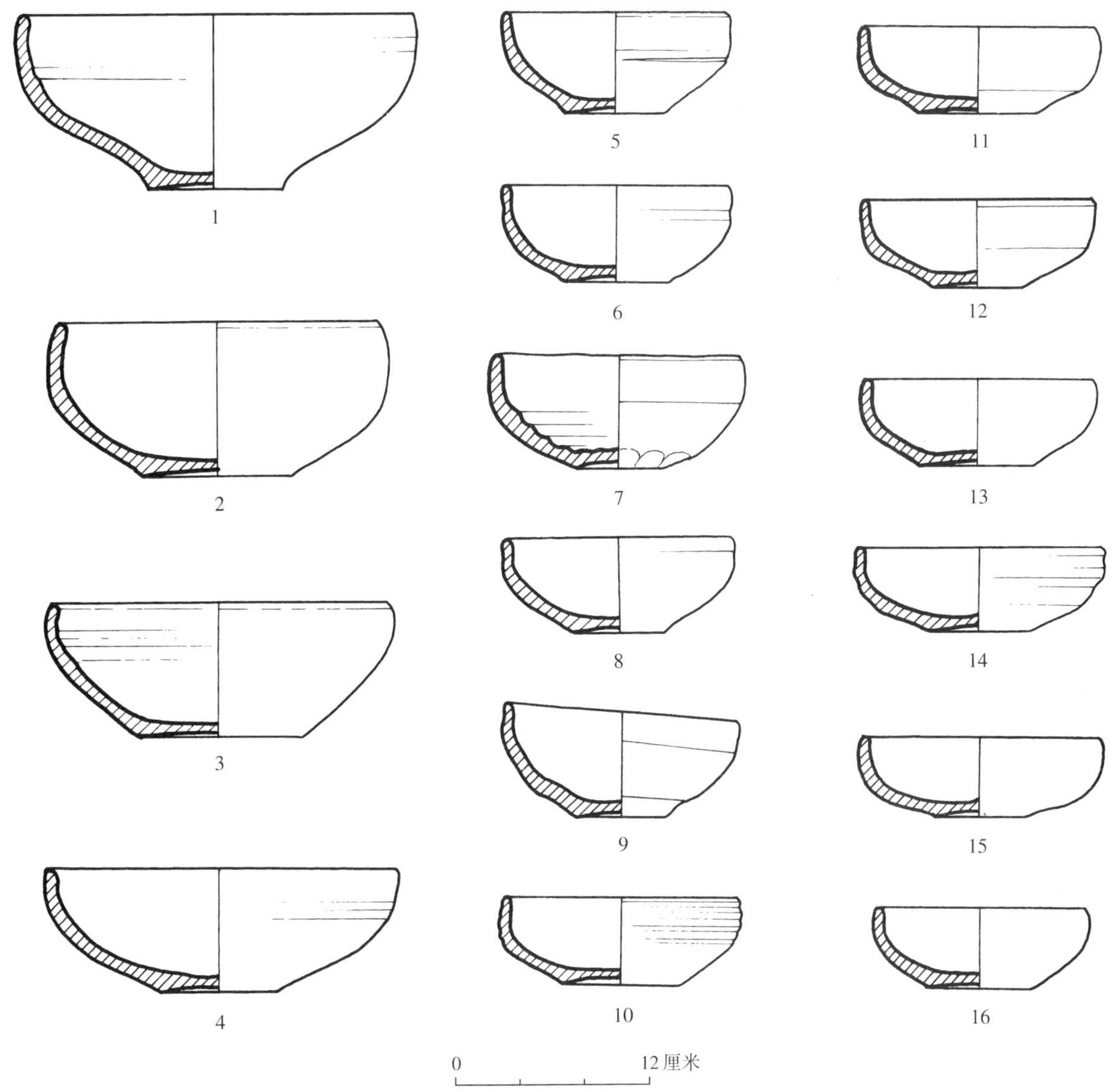

图一一七　秦墓出土陶盂

1. A 型 I 式（M151：1）　2. A 型 II 式（M25：2）　3、4. A 型 III 式（M5：12、M65：6）

5 ~ 9. B 型 I 式（M30：1、M38：2、M41：1、M49：8、M118：1）

10 ~ 13. B 型 II 式（M4：4、M35：3、M65：3、M150：2）　14 ~ 16. B 型 III 式（M23：1、M82：3、M114：17）

盆　5 件。弧腹内收，平底微凹。根据口、颈、肩、腹的不同可分二型。

A 型　1 件。敛口，双圆唇。标本 M160：1（图一一八，3）。

B 型　4 件，分别为 M13：3、5，M82：4，M150：6。侈口，翻沿，微束颈，折肩，上腹近直，以下近斜收。标本 M13：5（图一一八，2），标本 M82：4（图一一八，1；图版二三，2）。

壶　5 件。折沿，束颈，平底微凹。根据口、颈、腹的不同可分二型。

A 型　2 件。侈口，圆肩，上腹鼓，下腹斜收。颈、腹饰凸、凹弦纹。按照沿、颈、腹的变化可分二式。

I 式：1 件。窄沿，颈细长，腹稍深、窄。标本 M8：2（图一一八，4；图版二三，3）。

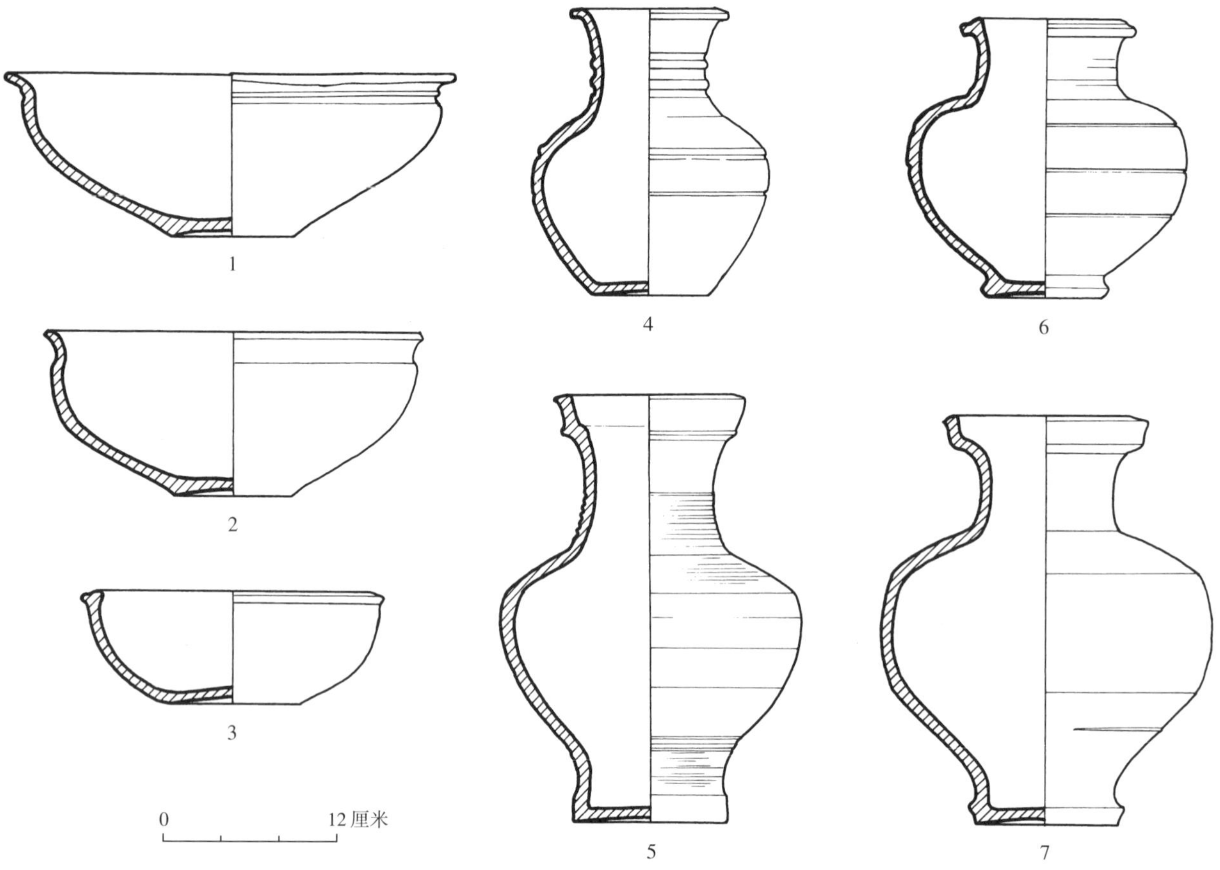

图一一八　秦墓出土陶盆、壶

1、2. B型盆（M82：4、M13：5）　3. A型盆（M160：1）　4. A型Ⅰ式壶（M8：2）

5. B型Ⅰ式壶（M145：4）　6. A型Ⅱ式壶（M36：2）　7. B型Ⅱ式壶（M118：3）

　　Ⅱ式：1件。宽沿，颈短粗，腹较浅、宽，近底部外扩。标本M36：2（图一一八，6；图版二四，1）。

　　B型　3件。盘口，溜肩，扁折腹，下腹曲收。按照口、颈、腹的变化可分二式。

　　Ⅰ式：2件，分别为M145：3、4。盘口稍深，颈较细长，腹较深、窄，下腹曲收部位较长。标本M145：4（图一一八，5）。

　　Ⅱ式：1件。盘口较浅，颈稍粗，腹较浅、宽，下腹曲收部位较短。标本M118：3（图一一八，7）。

　　罐　51件，M36：1残碎严重。侈口，翻沿，束颈，圆或溜肩，肩有双鼻耳，圆鼓腹，凹底。肩至中腹饰竖绳纹间多道抹痕，下腹及底饰横、斜或交错绳纹。按照口沿、腹及颈部纹饰的变化可分三式。

　　Ⅰ式：8件，分别为M8：1，M23：3，M76：2，M82：1、2，M102：1，M145：1，M151：2。除个别口沿外翻外，口上沿略内凹，最大径近肩部，腹壁自肩部以下略斜收。颈部大多饰瓦棱或凹弦纹，仅个别素面。标本M8：1（图一一九，1；图版二四，2），标本M23：3（图一一九，2；图版二四，3），标本M76：2（图一一九，3）。

Ⅱ式：26件，分别为 M4：1、2，M13：2，M21：3，M23：2，M25：1，M30：2、4，M38：3，M67：1，M70：1、2，M72：1、2，M76：1，M78：6，M79：2，M97：1，M102：2，M148：1，M149：1、2，M150：3、5，M151：3，M158：1。口沿大多翻折，极少量口上沿略内凹，最大径在中腹偏上，下腹弧收。颈部增加了少量绳纹装饰。标本M67：1（图一一九，4），标本M70：

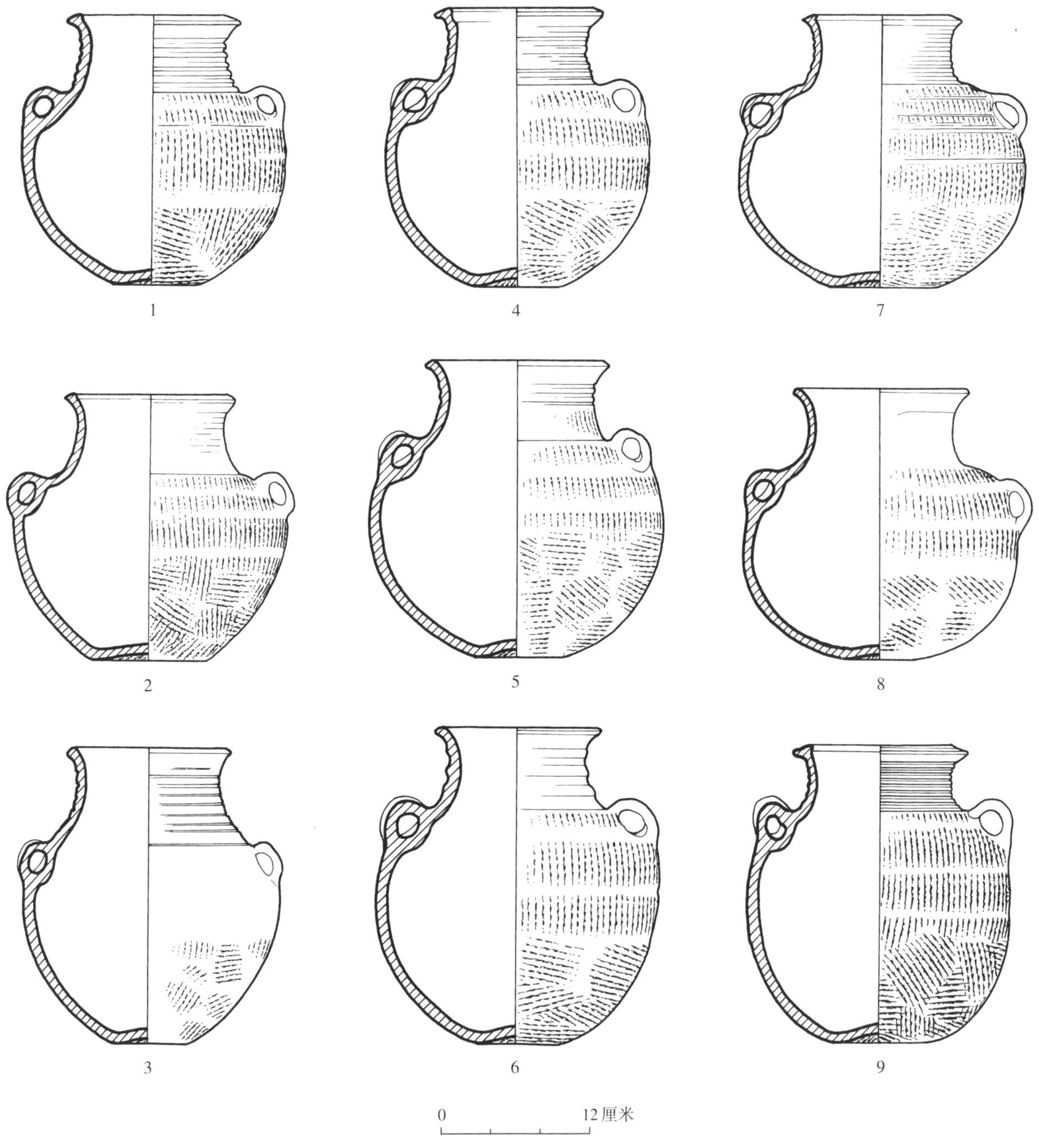

图一一九　秦墓出土陶罐

1~3. Ⅰ式（M8：1、M23：3、M76：2）　4~7. Ⅱ式（M67：1、M70：1、M76：1、M151：3）

8、9. Ⅲ式（M13：1、M36：4）

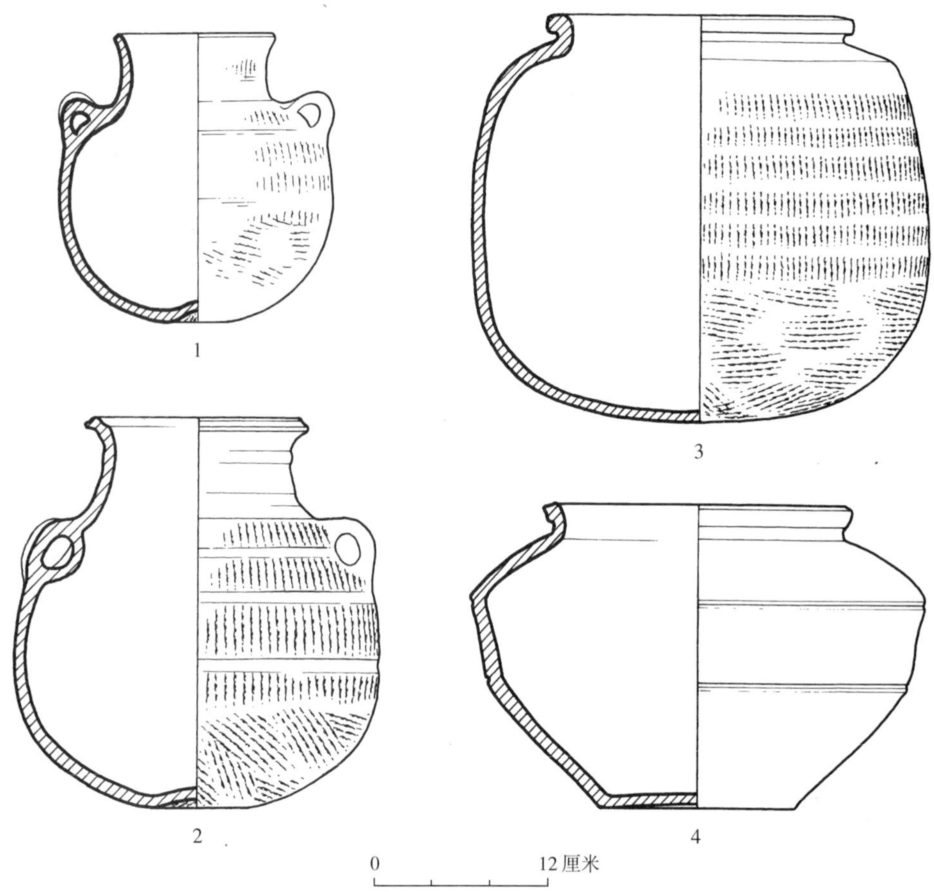

图一二〇　秦墓出土陶罐、瓮

1、2. Ⅲ式罐（M40∶4、M49∶6）　3. A 型瓮（M135∶1）　4. B 型瓮（M65∶1）

1（图一一九，5），标本 M76∶1（图一一九，6），标本 M151∶3（图一一九，7）。

Ⅲ式：16件，分别为 M13∶1，M21∶1，M35∶1、2，M36∶4，M38∶1，M40∶2、4，M41∶2，M42∶2，M49∶6，M75∶2，M79∶1，M83∶2，M113∶2，M158∶2。除最大径下移至中腹或略偏下至中腹微鼓外，其余特征与Ⅱ式基本相同。标本 M13∶1（图一一九，8），标本 M36∶4（图一一九，9；图版二四，4），标本 M40∶4（图一二〇，1），标本 M49∶6（图一二〇，2；图版二四，5）。

瓮　4件。根据整体形状的不同可分二型。

A 型　2件，分别为 M135∶1，M142∶1。形体大。侈口，翻折沿，短束颈，广肩下微折，深腹，腹壁较直，凸圜底。标本 M135∶1（图一二〇，3；图版二四，6）。

B 型　2件，分别为 M65∶1，M160∶2。形体小。侈口或微敛口，短束颈，溜肩下折，扁折腹，平底微凹。外壁饰凹弦纹。标本 M65∶1（图一二〇，4）。

3. 饰品

4件，均为球，分别为 M33∶17，M114∶15、16，M138∶1，其中 M33∶17 因残碎严重无法辨别形制。圆球体，有单穿或对穿圆孔。器表压印多个圆圈纹。标本 M114∶15（图一二一，1），标本 M138∶1（图一二一，2）。

（二）铜器

共 11 件（枚）。按性质可分为日用器、钱币两大类。

1. 日用器

7 件，按功能可分为容器、服饰器两种。

（1）容器

仅 1 件鎏，侈口、束颈、溜肩、扁鼓腹、圜底近平，肩有一大一小两环耳。标本 M34：1（图一二二，1；彩版五，2）。

（2）服饰器

6 件，器类有带钩、泡钉等。

带钩　3 件。钩首均残。首窄尾宽，背有圆纽。根据器形的不同可分三型。

A 型　1 件。形体相对宽长而扁薄，呈琵琶形，鸭嘴形钩首，隆面中部有一道竖向浅槽，纽在背面中部。标本 M38：4（图一二一，6）。

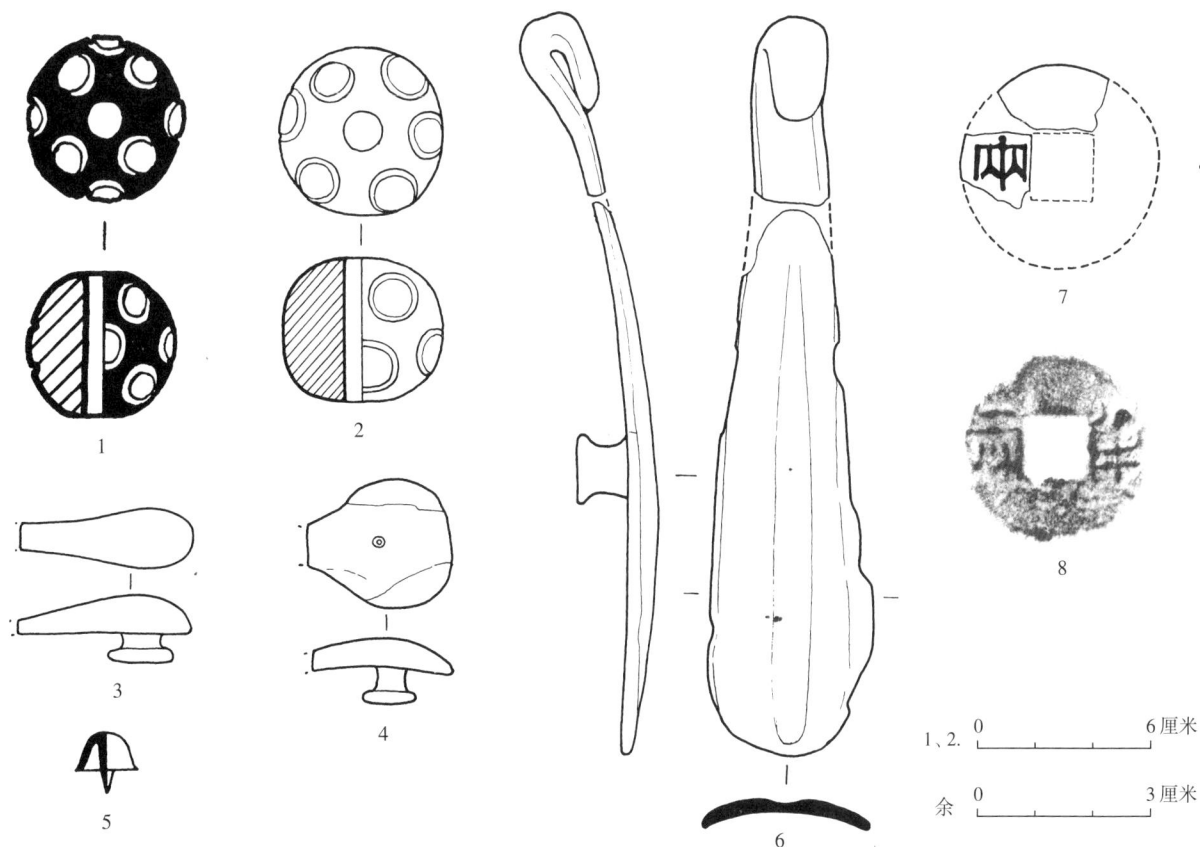

图一二一　秦墓出土陶、铜器

1、2.陶球（M114：15、M138：1）　3.B 型铜带钩（M55：12）　4.C 型铜带钩（M67：4）　5.铜泡钉（M160：8）
6.A 型铜带钩（M38：4）　7.Ⅰ式铜"半两"摹本（M49：4）　8.Ⅱ式铜"半两"拓本（M30：5-1）

B 型　1件。缺钩首。形体较窄长，尾部较厚。标本 M55：12（图一二一，3）。

C 型　1件。残存尾部。形体短宽而稍扁，隆面微弧。标本 M67：4（图一二一，4）。

泡钉　3件，分别为 M160：8～10。圆形帽，凹面中部出一方体尖钉。标本 M160：8（图一二一，5）。

2. 钱币

4枚。均为"半两"。圆形方孔，周边不整齐，铸工粗糙，无周郭和穿郭。"两"内"人"字占据位置偏下。按照钱径及钱文的变化可分二式。

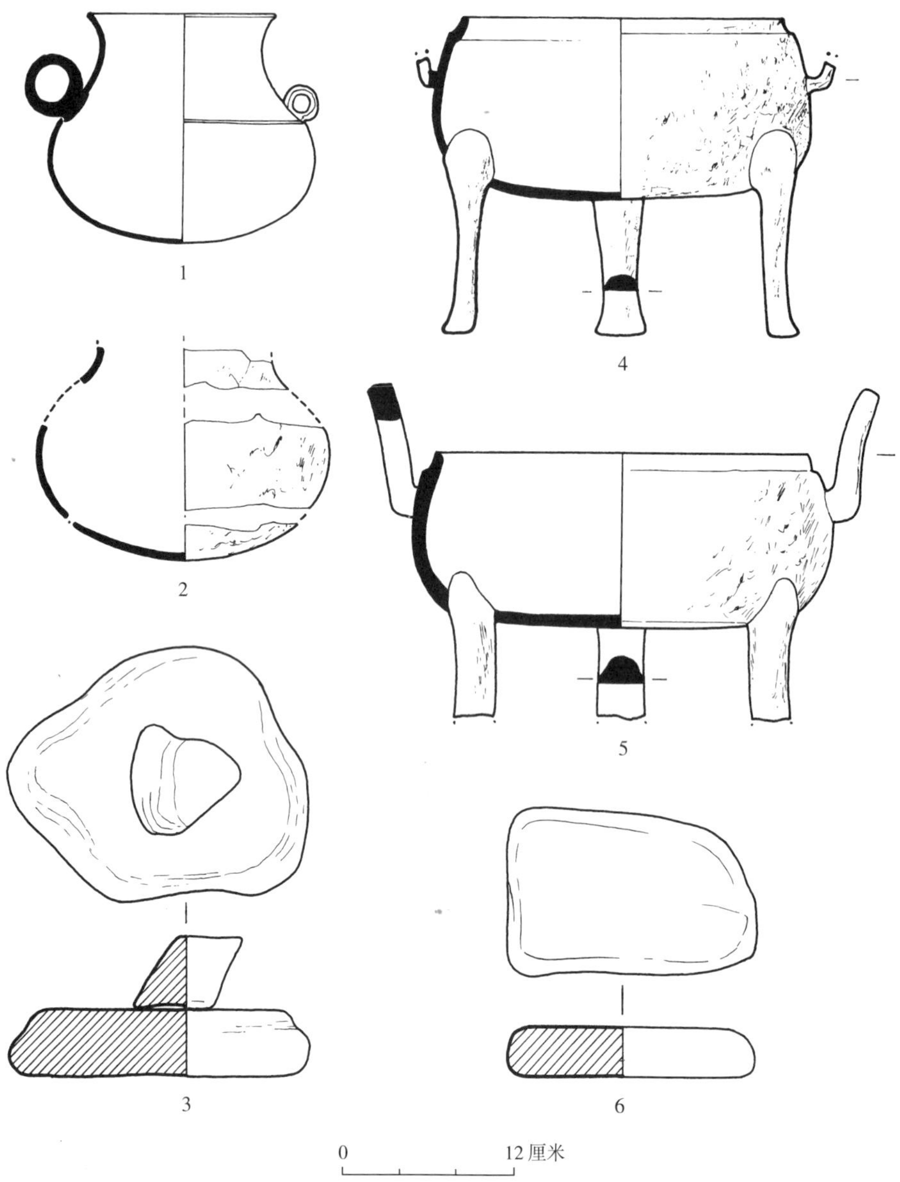

I 式：1枚。钱径较大，锈蚀严重，仅存局部。钱文相对较粗，"半"字缺失；"两"字上横部位残，其内"人"字出头长，直顶上笔画。标本 M49：4（图一二一，7）。

II 式：3枚，分别为 M30：5-1～3。钱径相对较小。钱文稍细，"半"字上半部呈"八"字形，下横稍长；"两"字上横稍短，其内"人"字出头稍短，上端有空。标本 M30：5-1（图一二一，8）。

（三）铁器

共5件，均锈蚀严重。按性质可分为礼器、日用器。

1. 礼器

2件。均为容器鼎。子口，折肩，鼓腹，长方形附耳，三高蹄足直立，足断面呈半圆形，内壁平，

0　　　　　　　12厘米

图一二二　秦墓出土铜、铁、石器
1. 铜鍪（M34：1）　2. 铁鍪（M118：2）　3、6. 石砚（M150：7、M8：3）
4、5. 铁鼎（M65：2、M145：2）

外壁弧。标本 M65：2，耳残。腹较深，下腹外鼓，圜底（图一二二，4）。标本 M145：2，足下部残。腹较浅，中腹微鼓，平底（图一二二，5）。

2. 日用器

3件。按功能可分为容器、工具两种。

（1）容器

2件，器类有釜、鍪。

釜　1件。M148：2，残甚，无法辨清形制。

鍪　1件。口残，体可大致复原。束颈，溜肩，扁鼓腹，凸圜底。标本 M118：2（图一二二，2）。

（2）工具

仅1件锸（M97：5），锈蚀残损严重，无法复原，仅可大致看出器类。

（四）石器

共2件，均为砚。1件分为砚体与研墨石，砚体呈不规则圆形，研墨石呈不规则三棱台形；1件仅存砚体，近长方体，一端略窄，圆角。标本 M8：3（图一二二，6；图版二三，4），标本 M150：7（图一二二，3）。

（五）漆器

共25件，分别为 M48：11，M55：14，M65：4、5，M76：4、5，M78：9，M79：3，M97：4，M114：12～14，M118：4，M135：13、14，M142：3、4，M145：5，M146：6，M148：3，M149：3，M160：4～7。胎均朽尽，仅在发掘时发现漆皮，大多无法辨清器类，少量可辨别为耳杯、盒等日用器，均未提取。

二、随葬器物的组合及序列

除 M20 以外的47座墓葬出土的随葬器物以陶器为主，且每座墓葬均出陶器，共253件，其他质地的器物数量不多，参与组合者则更少。整个器物组合相对简单，主要为陶器组合，并有少量铜或铁器参与陶器组合。部分墓葬可能原有少量漆器作为附属器物参与组合，但其全部腐烂仅余漆皮而无法划分组合类别，因此不予考虑。另有少量的陶、铜、铁、石质小件并非典型器物亦不参与组合。

（一）陶器组合及序列

陶器组合墓葬共42座，分三种情况，一是单纯的仿铜礼器组合，二是单纯的日用器组合，三是仿铜礼器与日用器混合组合。

1. 仿铜礼器组合及序列

该类组合的墓葬共5座，主体组合为鼎、盒、壶、豆，有的单加杯，或增加勺。其组合方式可分为以下三种情况。

（1）鼎、盒、壶、豆

参与该组合的墓葬仅1座，为M146（图七六）。

（2）鼎、盒、壶、豆、杯

参与该组合的墓葬有2座，分别为M48（图五七）、M165（图三五）。

（3）鼎、盒、壶、豆、杯、勺

参与该组合的墓葬有2座，分别为M55（图六一、六二）、M117（图九七、九八）。

以上组合中，除M146之鼎、盒、壶各为1件，M117之豆为3件外，其余单类器物的数量均为2件。其中盒、壶存在两种型的区别，未分型或同型器物的整体形制基本相同，并大多存在前后的演进关系，可根据其变化将这5座墓分为两组。

第一组：Ⅰ、Ⅱ式鼎，AⅠ、B型盒，AⅠ、B型壶，Ⅰ式豆，Ⅰ式杯。

第二组：Ⅲ、Ⅳ式鼎，AⅡ、AⅢ式盒，AⅡ、AⅢ式壶，Ⅱ、Ⅲ式豆，Ⅱ、Ⅲ式杯，Ⅱ式勺。

2. 日用器组合及序列

该类组合的墓葬共30座，日用器主要有釜、盂、盆、壶、罐、瓮六种，而以双耳罐和器形较小的B型盂为最常见。单墓出土日用器数量都不多，一般为2~4件，仅个别墓有6或7件。其组合方式相对较为复杂，可分以下九种情况。

（1）釜、盂、罐

参与该组合的墓葬有3座，分别为M67（图六六）、M75（图七二）、M97（图八八）。

（2）釜、罐

参与该组合的墓葬有2座，分别为M83（图八六）、M113（图九二）。

（3）釜、盆、瓮

参与该组合的墓葬仅1座，为M160（图三三）。

（4）釜、瓮

参与该组合的墓葬仅1座，为M142（图一〇八）。

（5）盂、盆、罐

参与该组合的墓葬有3座，分别为M13（图一四）、M82（图八四）、M150（图二七）。

（6）盂、壶、罐

参与该组合的墓葬仅1座，为M36（图四七）。

（7）盂、罐

参与该组合的墓葬有14座，分别为M4（图七）、M21（图一七）、M23（图一九）、M25（图二一）、M30（图三七）、M35（图四五）、M38（图四九）、M40（图五一）、M41（图五三）、M42（图五五）、M70（图六八）、M76（图七八）、M149（图二五）、M151（图二九）。

（8）壶、罐

参与该组合的墓葬仅1座，为M8（图一二）。

（9）罐

参与该组合的墓葬有4座，分别为M72（图七〇）、M79（图八二）、M102（图九〇）、M158（图三一）。

以上组合除少量仅见单一的罐（各2件）外，一般由二或三类器物组成，同类器物分别有1~

3件，以2件居多。撇开少量器物整体形制有型的区别后，其他各类器物的主体形制基本相近，并有较小的式别特征，致其时代有一定的早晚之分，据此可将其分为两组。

第一组：AⅠ式盂，AⅠ式壶，Ⅰ、Ⅱ式罐。

第二组：AⅠ、AⅡ、AⅢ、AⅣ、B型釜，AⅡ、AⅢ、BⅠ、BⅡ、BⅢ式盂，A、B型盆，AⅡ式壶，Ⅰ、Ⅱ、Ⅲ式罐，A、B型瓮。

3. 仿铜礼器与日用器组合及序列

该类组合的墓葬共7座，以仿铜礼器为主体，日用器居次要地位。参与组合的仿铜礼器均有鼎、盒、壶、豆、杯、勺，日用器多有盂，或加釜，或加罐，个别仅有瓮。

（1）鼎、盒、壶、豆、杯、勺、盂

参与该组合的墓葬有3座，分别为M33（图三九、四○）、M114（图九四、九五）、M138（图一○五、一○六）。

（2）鼎、盒、壶、豆、杯、勺、釜、盂

参与该组合的墓葬仅1座，为M5（图九、一○）。

（3）鼎、盒、壶、豆、杯、勺、盂、罐

参与该组合的墓葬有2座，分别为M49（图五九）、M78（图八○）。

（4）鼎、盒、壶、豆、杯、勺、瓮

参与该组合的墓葬仅1座，为M135（图一○二、一○三）。

以上组合中，仿铜礼器除M49、M78各1套及M114仅1件勺外，其余均为2件，而日用器一般为1件，仅M33有盂4件。单类器物的型别相同，形制有一脉相承的变化。因其形制特征差别不明显，该类组合仅能作为一组对待，其序列为：Ⅲ、Ⅳ、Ⅴ式鼎，AⅡ、AⅢ式盒，AⅡ、AⅢ、AⅣ式壶，Ⅱ、Ⅲ、Ⅳ式豆，Ⅱ、Ⅲ式杯，Ⅰ、Ⅱ、Ⅲ式勺；AⅢ式釜，AⅢ、BⅠ、BⅡ、BⅢ式盂，Ⅱ、Ⅲ式罐，A型瓮。

（二）陶、铜器组合及序列

该类组合的墓葬仅1座，为M34，由仿铜陶礼器鼎、盒、壶、豆、杯、勺和铜日用器鍪组合（图四二、四三），序列为陶Ⅳ式鼎，AⅡ、AⅢ式盒，AⅣ式壶，Ⅲ式豆，Ⅲ式杯，Ⅱ式勺；铜鍪。陶礼器均各为2件，铜器1件。

（三）陶、铁器组合及序列

该类组合的墓葬有4座，分别为陶日用器与铁礼器组合、陶日用器与铁日用器组合。

1. 陶日用器与铁礼器组合及序列

参与该类组合的墓葬有2座，分别为M65（图六四）、M145（图七四），M65器物序列为陶AⅢ、BⅡ式盂，B型瓮及铁鼎；M145器物序列为陶BⅠ式壶，Ⅰ式罐及铁鼎，其中壶2件。

2. 陶日用器与铁日用器组合及序列

参与组合的墓葬有2座，分别为M118（图一○○）、M148（图二三），M118器物序列为陶BⅠ式盂，BⅡ式壶及铁鍪；M148器物序列为陶Ⅱ式罐及铁釜。各为1件。

以上组合墓葬少，器物类别也少，根据罐的前后演进关系及其他器物特征可将其分为两组：

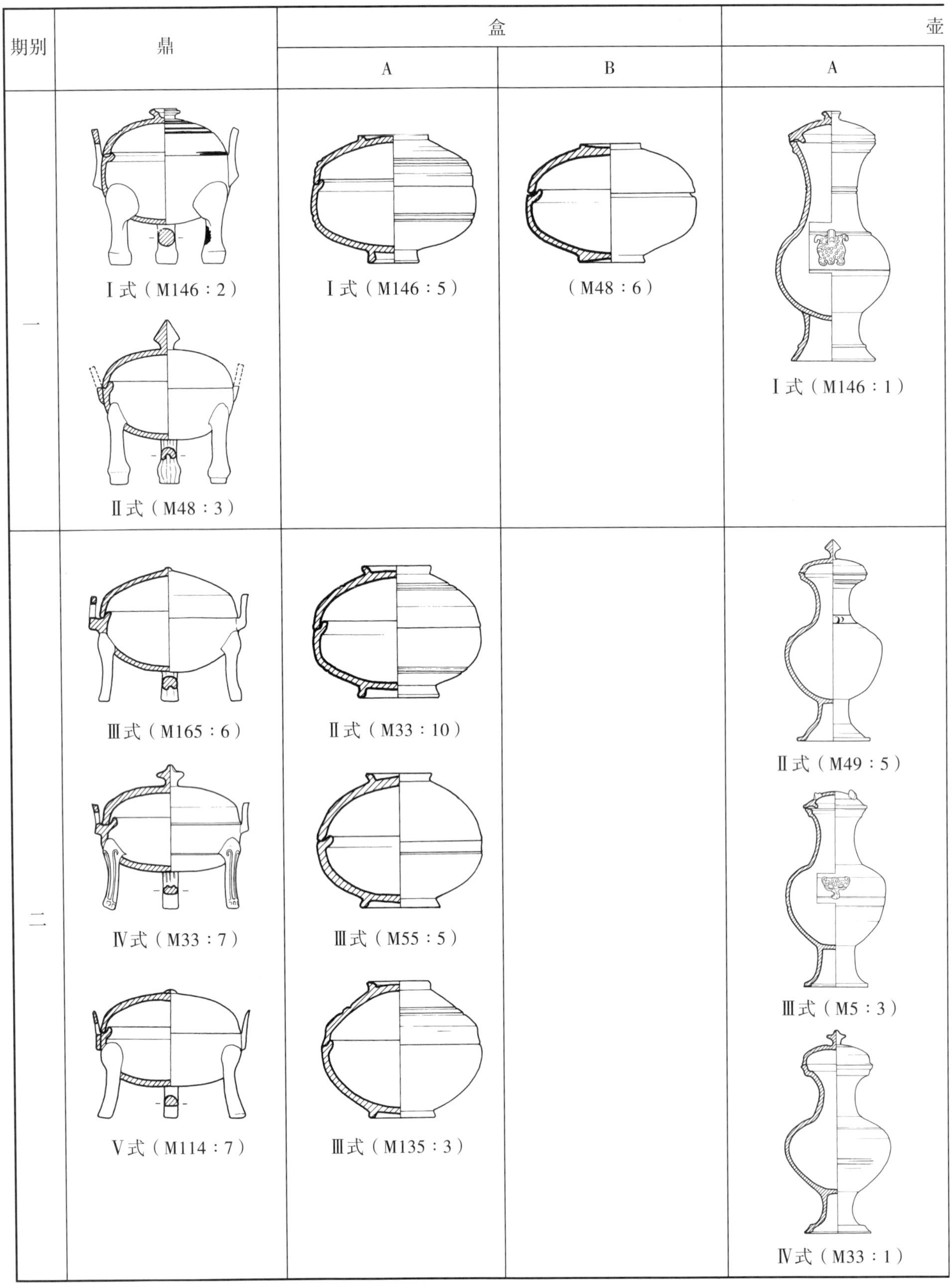

期别	鼎	盒		壶
		A	B	A
一	I式（M146：2） II式（M48：3）	I式（M146：5）	（M48：6）	I式（M146：1）
二	III式（M165：6） IV式（M33：7） V式（M114：7）	II式（M33：10） III式（M55：5） III式（M135：3）		II式（M49：5） III式（M5：3） IV式（M33：1）

图一二三　秦墓出土

B	豆	杯	勺
（M48：1）	I式（M48：7） I式（M146：3）	I式（M48：9）	
	II式（M5：5） III式（M55：8） IV式（M33：16）	II式（M49：7） II式（M78：7） III式（M33：4）	I式（M33：13） II式（M5：6） III式（M114：4）

仿铜陶礼器分期图

第一组：陶 B I 式壶，I 式罐；铁鼎。

第二组：陶 A Ⅲ、B I、B Ⅱ式盂，B Ⅱ式壶，Ⅱ式罐，B 型瓮；铁鼎，釜，鍪。

上述三大类器物组合以陶器组合为主，即使是少量铜、铁器与陶器混合组合的墓葬，其陶器型式与单纯陶器组合中的同类器物也有密切联系。根据各类参与组合器物的横向比较，结合其上下演进关系，可将这些组合器物的整个序列划分为两组（表一），这为我们对其分期奠定了基础。

表一　秦墓器物组合序列表

组别	仿铜陶礼器	陶日用器	铜日用器	铁礼器	铁日用器
一	I、Ⅱ式鼎，A I、B型盒，A I、B型壶，I式豆，I式杯	A I式盂，A I、B I式壶，I、Ⅱ式罐		鼎	
二	Ⅲ、Ⅳ、Ⅴ式鼎，A Ⅱ、A Ⅲ式盒，A Ⅱ、A Ⅲ、A Ⅳ式壶，Ⅱ、Ⅲ、Ⅳ式豆，Ⅱ、Ⅲ式杯，I、Ⅱ、Ⅲ式勺	A I、A Ⅱ、A Ⅲ、A Ⅳ、B型釜，A Ⅱ、A Ⅲ、B I、B Ⅱ、B Ⅲ式盂，A、B型盆，A Ⅱ、B Ⅱ式壶，I、Ⅱ、Ⅲ式罐，A、B型瓮	鍪	鼎	釜、鍪

三、期别与年代

通过对47座墓葬随葬器物组合及序列的横、纵向比较，我们将这批墓葬分为两期（图一二三、一二四），他们分别对应两组器物及序列。由于这批墓葬没有出土可明确断代的纪年材料，即使是有可作为断代依据的"半两"钱也只能说明墓葬的时代上限，其下限则难以仅凭铜钱得出结论，且以上墓葬无论是陶器组合，还是陶、铜器或陶、铁器组合，都是本区及周边地区战国晚期至西汉中期流行的组合形式，故该批墓葬的相对年代需要通过器物的类型学特征对比才能判定。

出土第一组器物的墓葬共5座，分别为M8、M48、M145、M146、M151，其中M48、M146主要为仿铜陶礼器组合，M8、M151为陶日用器组合，M145为陶日用器加铁礼器组合。

M146的组合序列为仿铜陶礼器 I 式鼎，A I 式盒，A I 式壶，I 式豆，其 I 式鼎的深腹、圆柱体蹄足特征有本区楚墓战国早、中期同类鼎的遗风；A I 式盒与咸阳塔儿坡战国晚期后段M28057：2之盒[1]较为接近，只是本盒体圈足较窄；A I 式壶与襄樊沈岗战国晚期楚墓M401之壶形制相近[2]，其整体形制还与湖南益阳赫山庙战国晚期M12：1之壶[3]风格类似，此类侈口长颈圆鼓腹较高圈足壶还在宜昌肖家山战国晚期前段墓葬中[4]出土过；I 式豆在襄阳王坡战国晚期至秦代墓葬中[5]都有出现，其较岳阳战备山战国中晚期B I 式折盘豆柄[6]稍矮，且上半部与咸阳塔儿坡战国晚期后段M26076：7之残豆上半部[7]几乎完全相同；同时，鼎盖、壶盖顶部的小圈足状捉手在江陵九店战国晚期后段的鼎、盒、壶等器物上[8]也有发现。

M48的组合序列为仿铜陶礼器 Ⅱ 式鼎，B型盒，B型壶，I 式豆，I 式杯，其 Ⅱ 式鼎与 I 式鼎一脉相承，只是腹稍浅，足纵断面为前者的一半，且内壁有竖向凹槽，这种带凹槽的蹄足在江陵地区战国时期的楚鼎中较为流行，本区仅在王坡墓地M88[9]、93余岗M42[10]等极少量战国晚期墓葬中出现过；B型盒与洛阳烧沟战国晚期M636：3之盒[11]具较多相似特征；B型壶形制较为特殊，该类器形主要发现于本区的王坡墓地和湖南、鄂东地区的战国晚期至西汉早期墓葬中，

期别		釜		盖		盆	
		A	B	A	B	A	B

图一二四（一）　秦墓出土陶日用器分期图（一）

期别	壶		罐	瓮	
	A	B		A	B
一	I式（M8：2）	I式（M145：4）	I式（M8：1） II式（M151：3）		
二	II式（M36：2）	II式（M118：3）	I式（M23：3） II式（M70：1） III式（M13：1）	（M135：1）	（M65：1）

图一二四（二）　秦墓出土陶日用器分期图（二）

但其底部下移致下腹曲收较深的形制又极为少见，从盘口较浅、中腹圆鼓的特征看，其时代可能相对较早；Ⅰ式豆与 M146∶3 相比，盘相对较深，柄稍粗而壁略直，较接近于战国晚期 93 余岗 M43∶7[12] 及洛阳中州路西工段 M616∶1[13] 之豆；Ⅰ式杯与襄樊沈岗墓地战国晚期前段 M332 之杯[14] 相比，整体稍矮，近底部内束较甚，时代应略晚。

M8 的组合序列为陶日用器 AⅠ式壶、Ⅰ式罐，AⅠ式壶同襄阳王坡战国晚期后段 EⅠ式壶[15] 形制基本一致；Ⅰ式罐与襄樊韩岗遗址战国早期 H33∶6 之罐[16] 相比，口上沿内敛及溜肩、上腹外鼓、下腹弧收和装饰绳纹的方式等基本相同，只是本罐颈部较细，而颈部饰瓦棱纹的风格在同遗址的战国中期同类罐上可以找到，同时，它与襄阳王坡战国晚期后段 M144∶1 之罐[17] 几乎完全相同。

M151 的组合序列为陶 AⅠ式盂，Ⅰ、Ⅱ式罐，AⅠ式盂与宜城雷家坡 LM11∶2 之钵[18] 几乎相同，且除底无箅孔外，其余形制与襄樊郑家山战国末期 M55∶4 之甑[19] 一致；Ⅱ式罐与Ⅰ式罐相比，只是最大径稍下移，时代应相近。

M145 的组合序列为陶日用器 BⅠ式壶、Ⅰ式罐和铁鼎，BⅠ式壶与张辛划分的郑州区组 Z6 之战国中期 D 型Ⅱ、Ⅲ式壶[20] 风格一致；Ⅰ式罐与襄樊韩岗遗址战国中期 T2572④∶10 之罐[21] 相近；铁鼎浅腹、近平底、高蹄足有战国晚期楚式鼎之特征。

综合各方面因素，我们认为出第一组器物的 5 座墓葬时代应以战国晚期后段为宜。

出土第二组器物的墓葬共 42 座，其数量虽然较多，但器物类别少，同类器物的形制差别较小，特征较为接近。

这些墓葬中可供断代的依据主要有出自 M49、M30 的 4 枚"半两"钱，M49 的"半两"钱径较大，约 3.2 厘米，"两"内"人"字出头长，具有战国秦"半两"特征，与咸阳塔儿坡 M23400∶1"半两"[22] 之"两"字十分接近；M30 的"半两"钱径较小，约 2.4～2.6 厘米，铸工粗糙，结合"半"字上半部"八"形和"两"之上横相对稍短、其内"人"字出头长等钱文特点看，应属秦"半两"，非汉"半两"。而这两座墓除铜钱外的出土器物均为陶器，组合形式分别为仿铜礼器加日用器组合和日用器组合，其正好代表了本组墓葬中陶器的两大类组合。

M49 的组合序列为仿铜礼器Ⅲ式鼎，AⅡ式盒，AⅡ式壶，Ⅱ式豆，Ⅱ式杯，勺；日用器 BⅠ式盂，Ⅲ式罐。Ⅲ式鼎保持了Ⅱ式鼎的诸多特点，只是腹部稍浅，足下部外撇且实蹄足消失，战国楚墓中多见的鼎之瓦形断面足的特征依然保留；AⅡ式盒的体深腹、盖浅腹特征有战国遗风，与襄阳王坡战国晚期至秦代墓葬之 A 型Ⅱ式盒[23] 形制趋同；AⅡ式壶与 AⅠ式壶相比，整体形制一脉相承，只是口变成了浅盘口，腹部外鼓稍甚，圈足上部内束，浅盘状盖，从邻近的襄阳王坡及湖南、鄂东地区的战国至秦代墓葬同类壶的形制变化看，浅盘口的出现可到战国晚期，但与之配套的盖均为子口，浅盘状盖则要到秦代才有，除圈足外，其上部与麻城栗山岗战国末期 M11∶6 壶[24] 具相同特征；Ⅱ式豆在襄阳王坡战国晚期至秦代墓葬中也作为伴生器物出现；Ⅱ式杯基本同麻城栗山岗战国末期 M11∶12 杯[25] 和荆州高台秦代或战国晚期后段的 M1∶25 杯[26]；盂作为较为典型的秦式器在本地出现于战国中期，流行于战国晚期至西汉时期，前后的特征变化不明显，从整体发展脉络看，BⅠ式盂时代应相对较早；Ⅲ式罐的形体相对较大，颈稍粗，腹较大，且最大径在中部，下部鼓甚，具相对较晚的时代特征，它为西汉早期同类罐所继承。通过以上对比，我们推测该墓的时代在秦统一前后至秦汉之际。

M30的组合序列为BⅠ式盂，Ⅱ式罐，同M49所出形制相同的BⅠ式盂与洛阳唐宫西路战国中期C1M7984：11、39[27]相比，仅底微凹，而与宜城郭家岗遗址战国晚期T4②：1[28]较为接近；Ⅱ式罐在第一组器物中即已存在。结合所出秦"半两"的时代分析，该墓的时代应与M49相当。

　　该组墓葬中，出土器物以仿铜礼器为主的有M5、M33、M34、M55、M78、M114、M117、M135、M138、M165。这批墓葬的仿铜礼器组合除M165缺勺外，其余墓葬中鼎、盒、壶、豆、杯、勺均齐全，组合序列有Ⅲ、Ⅳ、Ⅴ式鼎，AⅡ、AⅢ式盒，AⅡ、AⅢ、AⅣ式壶，Ⅱ、Ⅲ、Ⅳ式豆，Ⅱ、Ⅲ式杯，Ⅰ、Ⅱ、Ⅲ式勺，其中较M49同类器物稍晚的有Ⅳ、Ⅴ式鼎，AⅢ式盒，AⅢ、AⅣ式壶，Ⅲ、Ⅳ式豆，Ⅲ式杯，Ⅰ、Ⅱ、Ⅲ式勺。Ⅳ式鼎之足相对较高，足外壁起竖棱，有战国中晚期楚式高棱形足的遗风，只是本型鼎足下端外撇，内壁平，而最晚的Ⅴ式鼎之足断面已呈半圆形，腹较浅，体稍宽扁，较本区西汉初年流行的矮胖较深腹矮蹄足鼎特征明显要早，整体形制与江陵岳山M15之鼎[29]比较相似，只是本式鼎腹稍浅，时代可能略晚，而前者鼎盖周边三个角状纽正好与本组墓葬M34之Ⅳ式鼎盖纽几乎相同；AⅢ式盒，Ⅲ式豆，Ⅲ式杯与江陵凤凰山秦墓M38同类器物[30]具有相同形制；AⅢ、AⅣ式壶均为盘口，肩溜折，盘口状高圈足，其与岳阳战备山不晚于战国晚期的M6：3[31]相比，颈较短粗，腹深，圈足稍高窄，AⅣ式壶更与安徽潜山公山岗战国末期M11：2[32]之壶相近；Ⅲ式豆，Ⅲ式杯，Ⅰ、Ⅱ、Ⅲ式勺等同以上所对比墓地之战国晚期诸多墓葬中的同类器物形制十分相似；Ⅳ式豆仅出土于M33，与同墓所出的Ⅲ式豆比较，只是在柄中部加有明显的凸箍，二者流行时间应大致相同。部分墓葬参与组合的陶日用器序列有AⅢ式釜，AⅢ、BⅠ、BⅡ、BⅢ式盂，Ⅱ式罐，A型瓮，其中多墓同出的BⅠ式盂及Ⅱ式罐与M30同类器物相同；M5所出AⅢ式釜、AⅢ式盂分别与云梦龙岗秦墓M4：3之AⅡ式釜[33]、襄阳王坡战国晚期至秦代墓葬Ⅰ式盂[34]相似；BⅡ、BⅢ式盂与BⅠ式盂差别不大，其沿用时间相对较长，时代特征不明显；M135之A型瓮数量较少，此型瓮较早的形态深腹大凸圜底瓮在枣阳周台遗址战国早期J1[35]、江陵纪南城松柏三十号台基战国中期遗存中[36]有所发现，稍晚的形态则在襄阳王坡西汉早期墓葬中[37]出现，从形制看，本瓮更接近于后者。M34作为铜日用器参与组合的鍪，其形制似乎较云梦睡虎地秦墓M11：39鍪[38]略晚，与荆门子陵岗秦墓M201：4铜鍪[39]十分相近。综合各种对比因素，我们认为，这些墓葬的时代当不出秦统一前后至秦汉之际范围，其中M33、M34、M114、M135时代可能稍晚。

　　其他墓葬基本为陶日用器组合，仅个别有铁鼎、鍪或釜参与。陶日用器的组合序列有AⅠ、AⅡ、AⅢ、AⅣ、B型釜，AⅡ、AⅢ、BⅠ、BⅡ、BⅢ式盂，A、B型盆，AⅡ、BⅡ式壶，Ⅰ、Ⅱ、Ⅲ式罐，A、B型瓮。通过同组墓葬对比已说明时代特征的有AⅢ式釜，AⅢ、BⅠ、BⅡ、BⅢ式盂，Ⅰ、Ⅱ、Ⅲ式罐，A型瓮。AⅠ、AⅡ式釜分别与襄阳王坡战国晚期至秦代墓葬BⅣ式釜[40]、云梦龙岗秦代C型釜[41]基本相同；AⅣ式釜仅比AⅢ式釜口略变长，腹稍变深，同云梦睡虎地秦代M28：2之釜[42]相较，口沿稍长，腹稍窄，但与襄樊付岗墓地西汉早期M18：3之釜[43]相比，口沿又较短，底稍平，且装饰绳纹，该釜应介于二者之间；B型釜较为特殊，发现极少，难以对比。AⅡ式盂接近云梦睡虎地秦代M18：2碗[44]。A型盆发现较少，形制与襄樊余岗秦代M96之盆[45]相似，B型盆几乎与襄阳王坡秦代M4：3[46]、襄樊岭子墓地秦代LM3：2之盆[47]相同。AⅡ式壶与云梦睡虎地M12：9[48]相比，只是底稍上凹，并多了几道弦纹，更接近于郑州二里岗战国末或秦代的M442：3[49]、襄阳王坡秦代M19：2[50]、襄樊余岗秦代YM20：2[51]之壶，B Ⅱ式壶分别近似于襄樊郑家山秦代 M49∶3[52]、襄阳王坡秦代 M27∶2[53] 之壶。B 型瓮的整体形制较近于宜城雷家坡 LM13∶1[54]、江陵杨家山 M135∶43[55] 之罐，后二者还为同地的西汉早期同型罐所继承。M65、M118、M148 分别参与组合的铁鼎、釜、鍪因锈蚀严重而形制不清，难以具体比较，铁鼎有楚式风格，釜、鍪基本具有秦式器特征。同时，实行仰身屈肢葬的 M25 从较典型秦葬式的特征反证了随葬的陶 A Ⅱ、B Ⅰ式盂及 Ⅱ式罐为秦时代器。据此，这批墓葬的时代与以上出土仿铜礼器为主的墓葬相当，即秦统一前后至秦汉之际，其中 M13、M65、M82、M118、M142、M150、M160 等时代可能稍晚。

M20 虽然未出随葬器物，但我们根据它与 M23 的对比可知，二者可能为异穴合葬墓，加上该墓被 M19 打破，而本墓地其他存在无意识打破关系的墓葬中，被打破者均为秦墓，故此推测该墓的时代与 M23 相当。

通过以上对比，我们认为九里山墓地秦墓可分为两期：

第一期：M8、M48、M145、M146、M151，时代在战国晚期后段，即秦拔鄢邓后至秦统一之前。

第二期：M4、M5、M13、M20、M21、M23、M25、M30、M33～M36、M38、M40～M42、M49、M55、M65、M67、M70、M72、M75、M76、M78、M79、M82、M83、M97、M102、M113、M114、M117、M118、M135、M138、M142、M148～M150、M158、M160、M165，时代在秦统一前后至秦汉之际。

注　释

[1] 咸阳市文物考古研究所：《塔儿坡秦墓》，三秦出版社，1998 年。

[2] 襄樊市文物考古研究所 2006 年发掘资料。

[3] 湖南省博物馆等：《湖南益阳战国两汉墓》，《考古学报》1981 年第 4 期。

[4] 宜昌地区博物馆：《湖北肖家山战国西汉墓》，《考古与文物》1989 年第 3 期。

[5] 湖北省文物考古研究所等：《襄阳王坡东周秦汉墓》，科学出版社，2005 年。

[6] 岳阳市文物工作队：《湖南省岳阳市郊战备山战国墓清理简报》，《江汉考古》1993 年第 3 期。

[7] 同注 [1]。

[8] 湖北省文物考古研究所：《江陵九店东周墓》，文物出版社，2000 年。

[9] 同注 [5]。

[10] 襄樊市博物馆：《湖北襄樊市余岗战国至东汉墓葬发掘报告》，《考古学报》1996 年第 3 期。

[11] 王仲殊：《洛阳烧沟附近的战国墓葬》，《考古学报》第 8 册。

[12] 同注 [10]。

[13] 中国社会科学院考古研究所唐城队：《1983 年洛阳西工区墓葬发掘简报》，《考古》1985 年第 6 期。

[14] 同注 [2]。

[15] 同注 [5]。

[16] 湖北省文物考古研究所等：《湖北襄阳邓城韩岗遗址发掘报告》，《江汉考古》2002 年第 2 期。

[17] 同注 [5]。

[18] 武汉大学历史系考古专业等：《宜城雷家坡秦墓发掘简报》，《江汉考古》1986 年第 4 期。

[19] 湖北省文物考古研究所等：《湖北襄樊郑家山战国秦汉墓》，《考古学报》1999 年第 3 期。

[20] 张辛:《中原地区东周陶器墓葬研究》,科学出版社,2002年。

[21] 同注[16]。

[22] 同注[1]。

[23] 同注[5]。

[24] 武汉大学历史系考古教研室:《湖北麻城栗山岗战国秦汉墓清理简报》,《考古》1990年第11期。

[25] 同注[24]。

[26] 湖北省荆州博物馆:《荆州高台秦汉墓》,科学出版社,2000年;尹弘兵:《江陵地区战国晚期至秦代墓葬初探》,武汉大学硕士学位论文,2005年。

[27] 洛阳市文物工作队:《洛阳市唐宫西路东周墓发掘报告》,《文物》2003年第12期。

[28] 武汉大学历史系考古教研室等:《湖北宜城郭家岗遗址发掘》,《考古学报》1997年第4期。

[29] 湖北省江陵县文物局等:《江陵岳山秦汉墓》,《考古学报》2000年第4期。

[30] 郭德维:《楚系墓葬研究》,湖北教育出版社,1996年。

[31] 同注[6]。

[32] 安徽省文物考古研究所等:《安徽潜山公山岗战国墓发掘报告》,《考古学报》2002年第1期。

[33] 湖北省文物考古研究所等:《云梦龙岗秦汉墓地第一次发掘简报》,《江汉考古》1990年第3期。

[34] 同注[5]。

[35] 襄樊市文物考古研究所等:《枣阳周台遗址发掘报告》,《襄樊考古文集》(第一辑),科学出版社,2007年。

[36] 湖北省博物馆:《楚都纪南城的勘查与发掘》(下),《考古学报》1982年第4期。

[37] 同注[5]。

[38] 《云梦睡虎地秦墓》编写组:《云梦睡虎地秦墓》,文物出版社,1981年。

[39] 湖北省文物考古研究所等:《荆门罗坡岗与子陵岗》,科学出版社,2004年。

[40] 同注[5]。

[41] 同注[33]。

[42] 湖北省博物馆:《1978年云梦秦汉墓发掘报告》,《考古学报》1986年第4期。

[43] 襄樊市文物考古研究所:《襄樊付岗墓地第二次发掘报告》,《襄樊考古文集》(第一辑),科学出版社,2007年。

[44] 同注[42]。

[45] 襄樊市文物考古研究所2004年发掘资料。

[46] 同注[5]。

[47] 襄樊市博物馆:《襄樊余岗战国秦汉墓第二次发掘简报》,《江汉考古》2003年第2期。

[48] 同注[38]。

[49] 河南省文物局文物工作队:《郑州二里岗》,科学出版社,1959年。

[50] 同注[5]。

[51] 同注[47]。

[52] 同注[19]。

[53] 同注[5]。

[54] 同注[18]。

[55] 湖北省荆州地区博物馆:《江陵杨家山135号秦墓发掘简报》,《文物》1993年第8期。

第四章　汉　墓

第一节　墓葬概述

本时期墓葬共145座，在各区、组均有发现。

一、墓葬形制

（一）方向

墓坑方向相对比较一致，基本呈南北向或东北—西南向，以摆动幅度不超过22.5°计算，墓葬中南北向者51座，东北—西南向者75座，东西向者10座，东南至西北向者9座。其中78座墓葬可根据残存的人骨、牙齿判断头向，另有52座人骨、牙齿无存墓葬可依据随葬器物的位置与已确定头向墓葬随葬器物位置的相同性或二者可能存在的关系大致推测其头向，这130座墓葬中，头向北者32座，方向在2°～22°之间；头向东北者47座，方向在23°～44°之间；头向东者5座，方向在102°～110°之间；头向东南者3座，方向或115°，或120°；头向南者15座，方向在189°～202°之间；头向西南者20座，方向在203°～218°之间；头向西者3座，方向在282°～290°之间；头向西北者5座，方向在295°～300°之间。仅有15座墓葬因随葬器物的位置占据中部、两端或一侧而无法明确头向。

（二）封土

因本次发掘的墓葬墓口以上均经后期土地平整破坏，其中西区除M43、M44残存少量封土外，其余均不明；东区三座土冢有明显的封土堆。

（三）墓圹

145 座墓葬均为竖穴土坑墓，墓圹为土圹，均一次成型，具体可分为土坑木椁（棺）墓、砖木合构墓、砖土合构墓、土木合构墓、砖室墓等五种主体形制。

所有墓葬墓圹规模相对较小，且差别不大，开口一般在（2.1～3.4）×（1～2）米之间，最大者为 3.44×2.8 米，最小者为 1.28×0.54 米。墓口长、短边大多基本等长，少量稍有出入。现存墓坑深浅差别不大，一般在 0.5～3 米之间，最浅者仅 0.15 米，最深者为 6.28 米，浅者基本为后来改田破坏所致。

土坑木椁（棺）墓占本次发掘墓葬的绝大多数，达 132 座，大部分口大底小，部分口底同大，少量口小底大，并有个别口短、宽或口长、窄于底的墓葬。坑壁粗糙不平者较多，规整光滑者相对较少，极少量墓葬坑壁上残留有工具修整墓壁的痕迹，墓底除个别中部下凹近锅底坑外，均平。5 座墓葬有特殊结构，M153、M184、M81 二至四壁设生土台，M153、M184 还在底部设龛，M91 在墓圹两角各开一竖槽。部分墓葬于墓圹的一端设单、双斜坡墓道，单墓道者均与墓圹同时挖成，开于中部或一侧，致使墓葬整个平面呈"凸"字形或刀形，M71 在墓道下端设一级台阶；双墓道则是先后两次挖成，其中一墓道打破另一墓道，二者分别对应下葬时的木棺，表明该墓为二次合葬，致使整个平面呈"Y"或长方形。大多设墓道的墓葬中，墓室与墓道间以木质隔板分开。

砖木合构墓 4 座，分别为 M19、M60、M176、M181，一般以条砖起壁、铺地，或木板盖顶、封门，或木板盖顶、条砖封门。有的设斜坡墓道。

砖土合构墓 2 座，分别为 M69、M84，墓壁为土圹，墓底以条砖铺地。

土木合构墓 1 座，为 M184，在东、南、西壁生土台上以木板盖顶，应象征椁室。

砖室墓 6 座，其中单室砖墓 5 座，分别为 M26、M61、M77、M147、M180，双室砖墓 1 座，为 M87。均以条砖起壁、铺地、封顶、封门。部分设斜坡墓道。

填土一般为灰褐（白、黄）夹灰白（褐、黄）色花土，少量为灰白夹黄褐色花土。大多土质较软，少量较硬。单墓道之墓葬中除少量墓室、墓道填土有别外，其余一般墓室、墓道填土相同；双墓道墓葬中，先、后下葬区域的填土区别较大，其结合部有明显的分界线。

（四）葬具

除被破坏无存或完全看不出是否存在葬具的 12 座墓葬外，其余 133 座墓葬均有葬具，但仅残存腐痕。从腐痕看，葬具有单椁单棺、单椁并棺、单椁、单棺四种情况，其中单椁单棺墓 106 座，单椁并棺墓 10 座，单椁墓 1 座，单棺墓 16 座，单椁墓或许本身有棺，但因完全朽尽无法分辨。从极少量墓葬随葬器物分葬一端、一侧的情况分析，一些单椁单棺墓可能有头箱、边箱之分。少量墓葬椁下两端有垫木沟槽，棺下有支垫物。

8 座双墓道单椁并棺墓之双棺均系先后二次下葬，另 2 座单墓道单椁并棺墓之双棺为同时下葬。

（五）葬式

这批墓葬的人骨保存极差，虽有 78 座墓葬残存有人骨或牙齿，但保存稍好或可看出轮廓者仅 18 座，其中 1 座墓葬为侧身屈肢葬，其余 17 座墓葬均为仰身直肢葬。

二、随葬器物

全部145座墓葬除M81、M87、M162、M187等4座墓葬外，其余141座墓葬共出土随葬器物1453件（枚）。

（一）随葬器物的摆放位置

所有墓葬的全部或部分小件器物一般置于棺内，其他器物中，单棺墓一般置于棺外一端或一侧靠一端；1座单椁墓的随葬器物置于椁内一侧；单椁并棺墓置于椁内棺外或双棺间、棺下；单椁单棺墓则有置于一端、一侧、一端一侧或棺下等几种情形。

（二）随葬器物类别

随葬器物的类别相对较多，按质地可分为陶、硬陶、铜、铁、铅、石、骨、漆器等八类。陶器有仿铜礼器鼎、甗、盒、壶、钫、豆、杯、勺，日用器有釜、鍪、镳斗、铞、无盖盒、盂、壶、罐、瓮、樽、耳杯、博山炉、器盖，模型明器有灶、仓、井、汲水瓶、磨、圈、狗、鸡、鸭、鸽，饰品有球、珠、饼等；硬陶器有罐；铜器有礼器鼎、钫、勺，日用容器蒜头壶、鍪、盆，乐器铃，兵器镈、镞，服饰器镜、带钩、印、泡钉，钱币“半两”、“五铢”、“大泉五十”、“货泉”，杂器构件等；铁器有礼器鼎，日用容器鍪、盆，兵器剑，工具锸、削刀等；铅器有车马器盖弓帽、马衔、当卢及泡钉等；石器有工具锛，文具砚，饰品璧、璜、珠、片饰，葬玉蝉、塞等；骨器有1件不明片状器；漆器有钫、盒、耳杯等。

第二节　墓葬分述

一、西区

共五组，各组均有分布。

（一）第一组

共32座，分别为M1~M3、M6、M7、M9、M11、M12、M14~M19、M22、M24、M26~M29、M147、M152~M157、M159、M163、M164、M166、M167。

M1

方向25°。长方形竖穴土坑木椁墓。墓口距地表0.3米，长3.12、宽1.6米，底同口大，深0.5米。坑壁粗糙。填硬质灰褐夹灰白色花土。单椁单棺，仅余腐痕。椁室平面呈“凸”形，椁痕长2.65、宽1.26、高0.3、板痕厚0.06米。棺位于椁内西北部，棺痕长2.12、宽0.56、高0.2、板痕厚0.06米。人骨朽尽，葬式不明。10件（枚）随葬器物除铜“五铢”置于棺内中部东侧外，余置于椁内棺外东北部。据随葬器物位置推测头向东北（图一二五）。

陶鍪　1件。M1：1，上部泥质、下部夹砂灰陶。侈口，折沿，方唇，束颈，溜肩，肩有对称双弓耳，近圆鼓腹，凸圜底。肩、中腹各饰二道凹弦纹，下腹及底满饰横、斜绳纹。口径16.8、腹径24.8、高24厘米（图一二六，1；图版二五，1后中）。

陶罐　1件。M1：3，泥质灰陶。侈口，翻折沿，方唇，沿面内侧有一周浅凹槽，束颈，圆肩，肩有对称双鼻耳，大圆鼓腹，浅凹底。肩至中腹饰竖绳纹间四道抹痕，下腹饰横、斜绳纹。口径13.6、腹径28.4、底径9.6、高29厘米（图一二六，4；图版二五，1后左）。

陶灶　1件。M1：7，泥质灰陶。前壁大部残。灶体平面呈梯形，前端无挡墙，后端有直立烟囱，烟道小，灶面有两个火眼，前小后大，灶门不明。火眼上置一釜一甑，釜近直口，圆唇，溜肩，扁鼓腹，凸圜底；甑敞口，翻折沿，方唇，弧腹内收，平底，底有五箅孔。素面。灶体长21.2、前宽14、后宽13.4、高6.6、通高13.4厘米（图一二六，5；图版二五，1前中）。

陶仓　2件。泥质灰陶。敛口，圆唇，折肩，壁近直，中腹微外鼓，平底微凹。腹间饰七道凹弦纹。M1：2，口径8.8、腹径16.8、底径16、高20.2厘米（图一二六，2；图版二五，1后右）。M1：4，口径8、腹径17.2、底径16、高20厘米（图一二六，3；图版二五，1前右）。

陶井　1件。M1：5，泥质灰陶。侈口，翻折沿，方唇，斜直壁外扩，平底微凹。颈下部饰一道凸弦纹，内外壁有多道旋痕。口径12.4、底径13.6、高12厘米（图一二六，6；图版二五，1前左）。

铜"五铢"　4枚。圆形，方穿，双面有外郭，穿背面四周有郭。正面穿左右篆书"五铢"二字，"五"字交笔弯曲较甚，"朱"之上下笔方折。M1：6-1，直径2.5、穿边长1厘米（图一二六，7）。

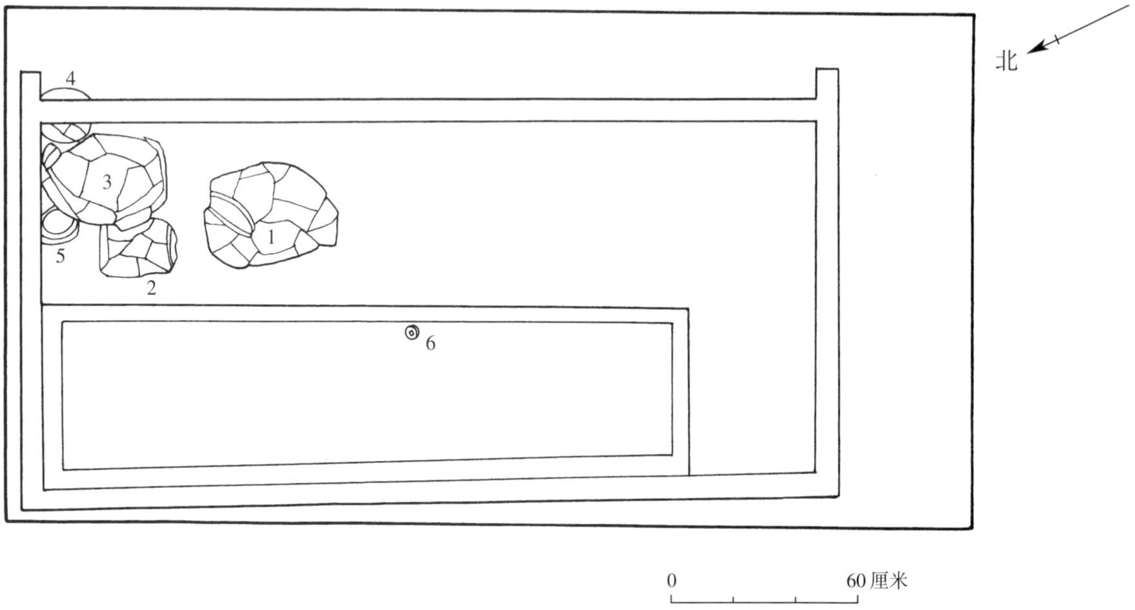

图一二五　汉墓M1平面图
1.陶鍪　2、4.陶仓　3.陶罐　5.陶井　6.铜"五铢"　7.陶灶

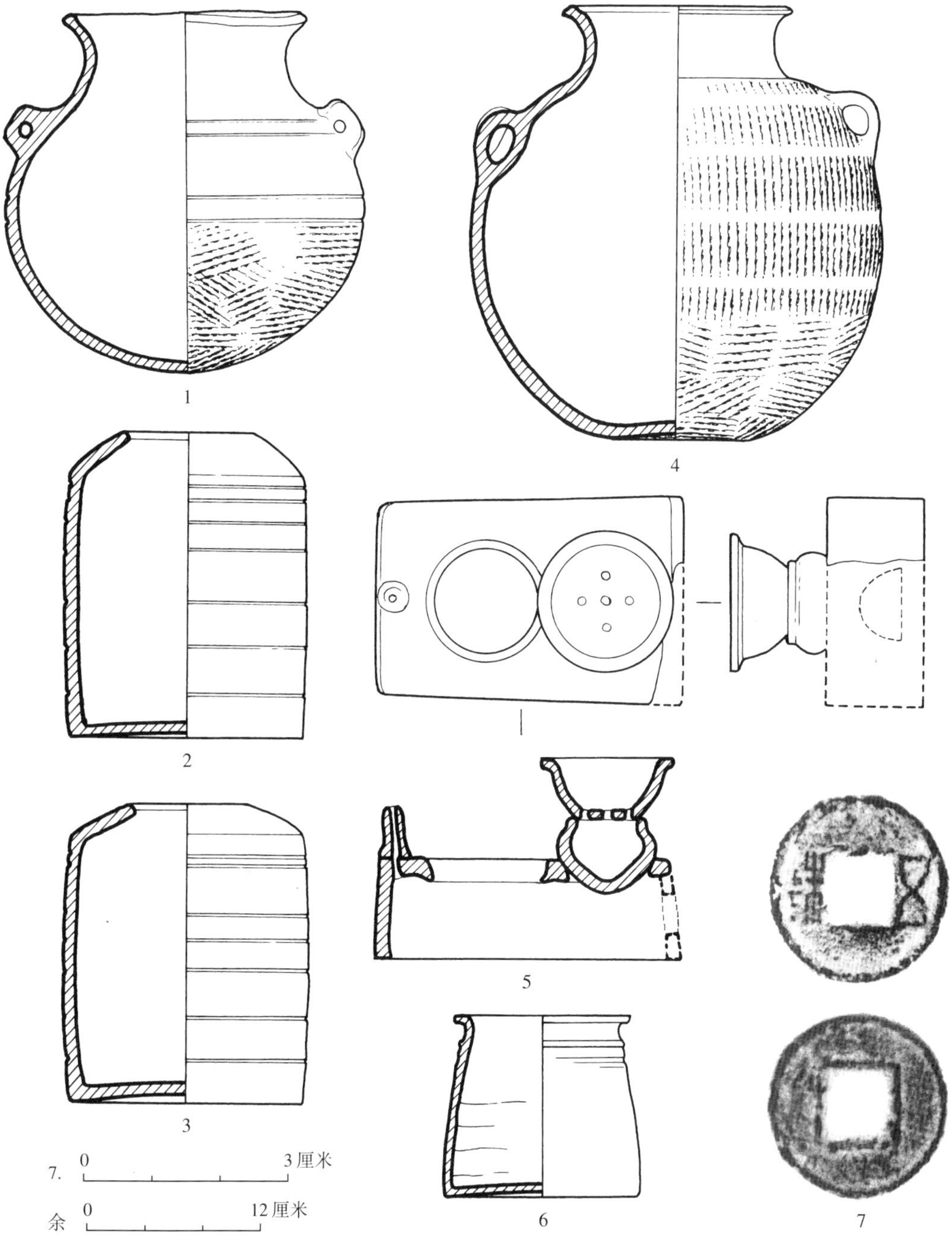

图一二六　汉墓 M1 出土器物
1.陶鍪（M1∶1）2、3.陶仓（M1∶2、4）4.陶罐（M1∶3）
5.陶灶（M1∶7）6.陶井（M1∶5）7.铜"五铢"拓本（M1∶6-1）

M2

方向 200°。"凸"字形竖穴土坑木椁墓。墓口距地表 0.3 米。墓圹口长 2.82、宽 1.6 米，底长 2.74、宽 1.3 米，墓深 1.6 米。南设斜坡墓道，上口平面长 3.65、宽 1.3～1.4 米，南部两壁斜收，北部两壁外扩；底坡长 3.9 米，坡度南陡北缓，分别为 25°、6°。坑壁粗糙不平。墓道和墓室填土有别，相接处由上至下有较直的薄木板腐痕，推测其以薄木板隔开。墓道填土分两层，上层厚0.28～0.3米，为灰白、灰黄夹少量灰褐色花土，质密；下层厚0～0.76米，与墓室填土相同，为灰褐夹少量灰白、灰黄色花土，土质较硬。单椁单棺，仅余腐痕。椁室平面呈长方形，椁痕长2.7、宽1.3、高0.27、板痕厚0.04～0.06米。棺位于椁内东部，棺痕长2.07、宽0.53、高0.17、板痕厚0.06米。椁底南、北两端各有一垫木槽，横断面呈倒梯形，长1.32、宽0.1～0.12、深0.05米。人骨虽朽，痕迹尚明，头向南，面朝上，仰身直肢葬式。8件随葬器物除铜"五铢"置于棺内中部外，余置于椁内棺外西部（图一二七）。

陶鍪　1件。M2：2，上部泥质、下部夹砂灰陶。侈口，翻沿，圆唇，束颈，溜肩，肩有对称双弓耳，微扁鼓腹，凸圜底。中腹饰二道凹弦纹，下腹及底满饰斜绳纹。口径14.6、腹径21.2、高19.4厘米（图一二八，1；图版二五，2前右）。

陶瓮　1件。M2：1，泥质灰陶。直口微侈，沿面有凹槽，折沿，方唇，短直领，微折肩，大鼓腹，浅凹底。下腹饰横、斜绳纹，领有多道旋痕。口径17.6、腹径36.8、底径8、高32厘米（图一二八，4；图版二五，2后右）。

陶灶　1件。M2：6，泥质灰陶。灶体平面呈前方后圆形，前端无挡墙，后端有斜立烟囱，烟道小，灶面有一个火眼，前壁中部开半圆形灶门。火眼上置一釜一锅，釜近直口，圆唇，微折肩，微凹弧腹，圜底；锅敞口，圆唇，微凹弧腹内收，平底。素面。灶体长22.2、前宽10.6、高7.8、通高16.4厘米（图一二八，5；图版二五，2前左）。

陶仓　2件。泥质灰陶。近直口，圆唇，短领，折肩，近直壁，平底微凹。肩、腹饰竖绳纹，腹间饰四道凹弦纹。M2：3，口径10、腹径15.2、底径14.4、高25.4厘米（图一二八，2；图版二五，2后中）。M2：4，口径10、腹径15.2、底径14、高26厘米（图一二八，3；图版二五，2后左）。

陶井　1件。M2：5，泥质灰陶。侈口，仰折沿，近直壁，平底微凹。壁饰两道宽凹弦纹。口径12.4、底径10、高10.6厘米（图一二八，6；图版二五，2前中）。

铜"五铢"　1枚。M2：7，圆形，方穿，双面有外郭，穿背面周郭，正面上横郭。正面穿左右篆书"五铢"二字，"五"字交笔微曲，"铢"之"金"字头如一带羽箭镞，"朱"之上笔方折，下笔圆折。直径2.4、穿边长1厘米（图一二八，7）。

漆耳杯　1件。M2：8，仅存漆皮，外壁髹黑漆，内壁髹红漆。

M3

方向33°。长方形竖穴土坑木棺墓。墓口距地表0.2米，长2.58、宽1.25米，底同口大，墓深0.15～0.29米。坑壁粗糙。填软质灰褐夹灰白色花土。单棺，仅余腐痕。棺痕长1.9、宽0.52、高0.05、板痕厚0.05米。人骨朽尽，葬式不明。3件随葬器物除铜带钩置于棺内北部外，余置于椁内棺外东北侧。据随葬器物位置推测头向东北（图一二九）。

陶盂　1件。M3：3，泥质灰陶。口微敛，圆唇，上腹微外弧，下腹斜收，平底微凹。内、外壁有多道旋痕。口径14.4、底径7.6、高6厘米（图一三〇，1；图版二六，1左）。

陶罐　1件。M3：2，泥质灰陶。侈口，翻折沿，方唇，束颈，溜肩，肩有对称双鼻耳，鼓腹，凹底稍深。肩至中腹饰竖绳纹间三道抹痕，下腹及底饰横、斜绳纹。口径16.4、腹径28、底径7.2、高28～28.4厘米（图一三〇，3；图版二六，1右）。

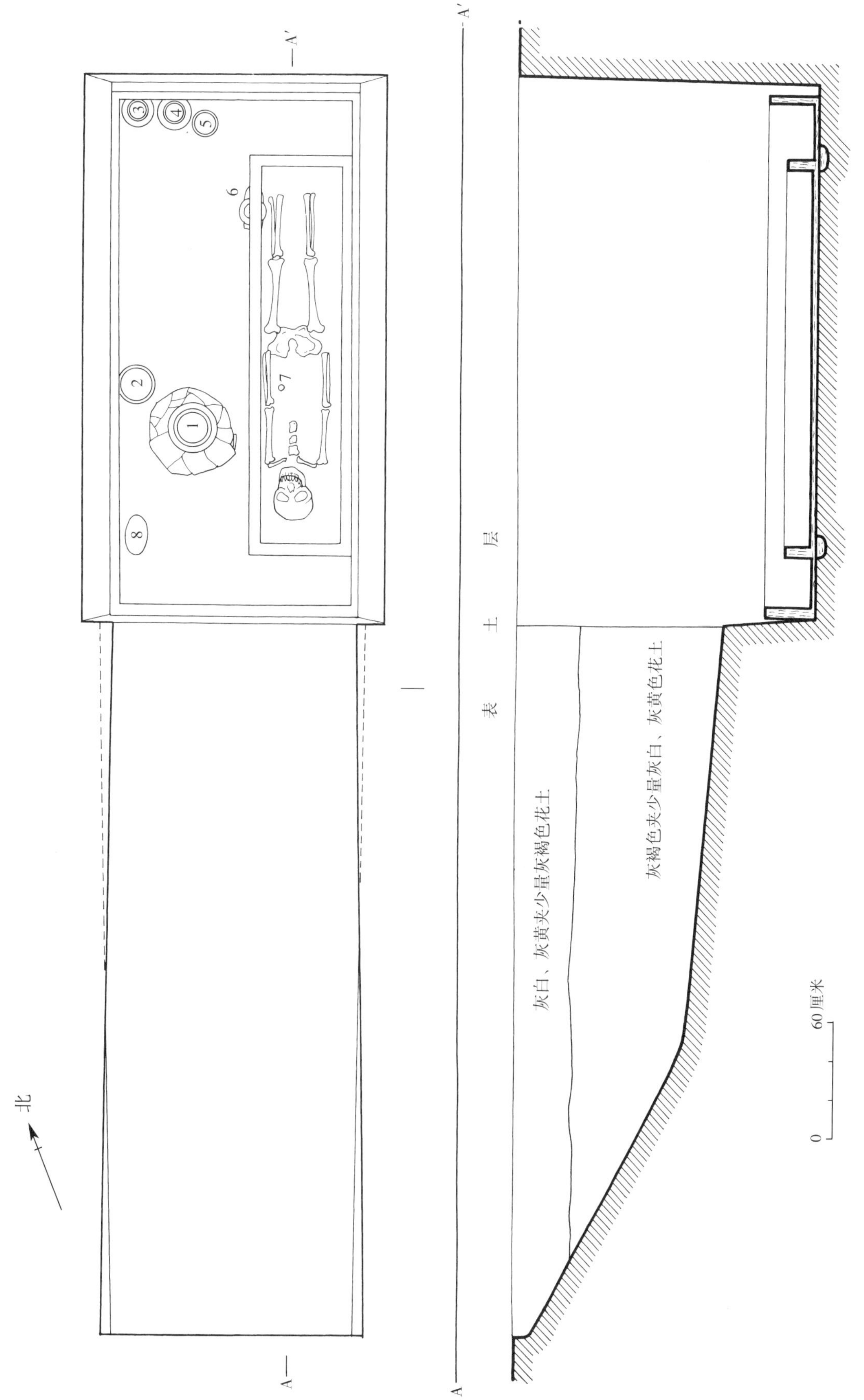

图一二七 汉墓 M2 平、剖面图

1.陶瓮 2.陶鎏 3、4.陶仓 5.陶井 6.陶灶 7.铜"五铢" 8.漆耳杯

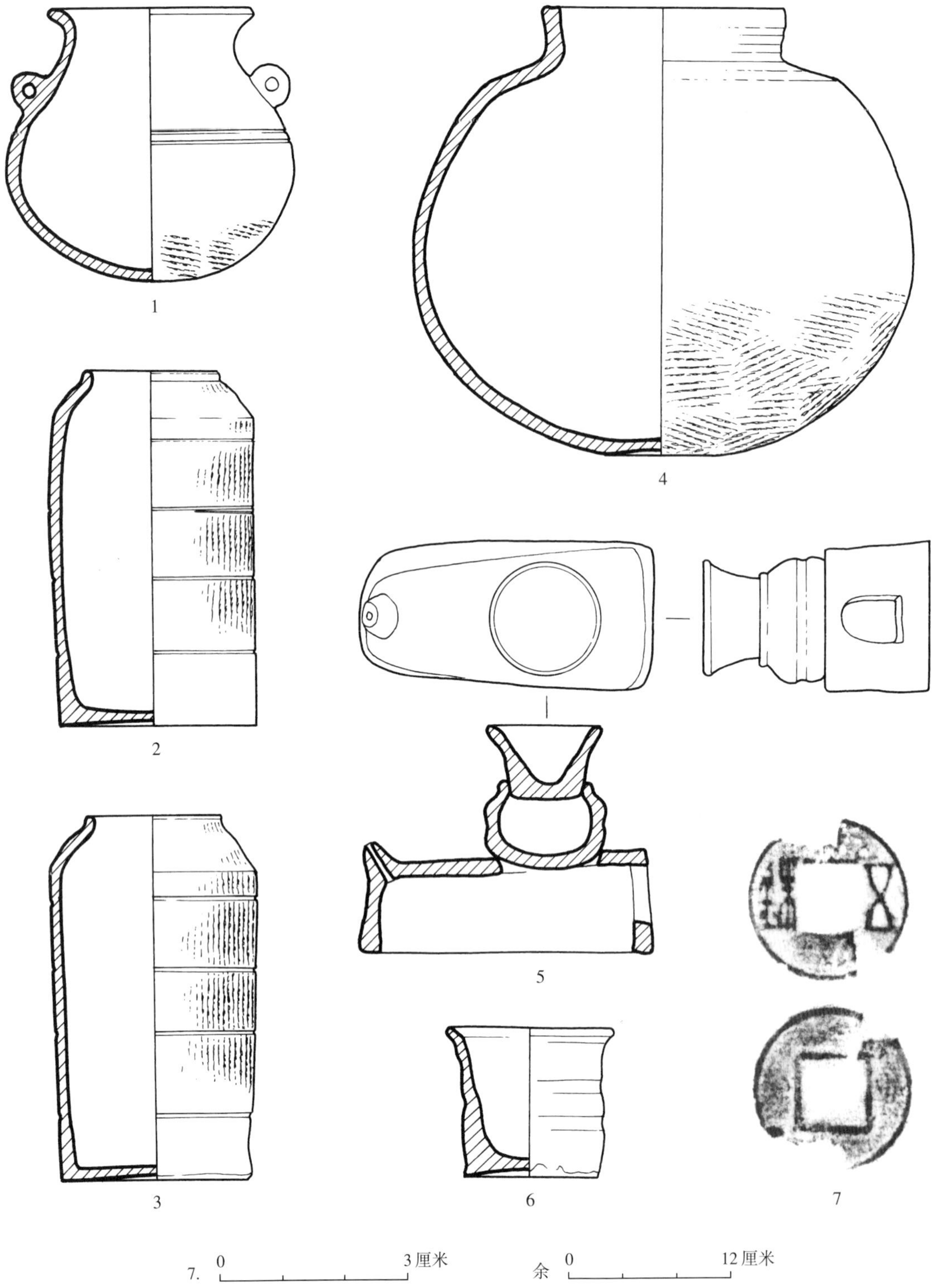

图一二八　汉墓 M2 出土器物

1. 陶鍪（M2：2）　2、3. 陶仓（M2：3、4）　4. 陶瓮（M2：1）

5. 陶灶（M2：6）　6. 陶井（M2：5）　7. 铜 "五铢" 拓本（M2：7）

铜带钩　1件。M3：1，灰绿色。蛇形，体弯曲较甚，尾端尖，背有圆纽。素面。长7.2、体最宽1.4、纽径1厘米（图一三〇，2；彩版五，3）。

M6

方向37°或217°。长方形竖穴土坑木椁墓。墓口距地表0.3米，长2.1、宽1.07米，底同口大，深1.45米。坑壁粗糙。填软质灰褐夹灰白色花土。单椁单棺，仅余腐痕。椁室平面呈"Ⅱ"形，椁痕长1.88、宽0.86～0.88、高0.35、板痕厚0.05米。棺位于椁内西北部，棺痕长1.6、宽0.5、高0.28、板痕厚0.04米。人骨朽尽，葬式不明。4件随葬器物置于椁内棺外东侧中部（图一三一）。

陶鍪　1件。M6：1，上部泥质、下部夹砂灰陶。侈口，翻沿，方唇，束颈，溜肩，肩有对称

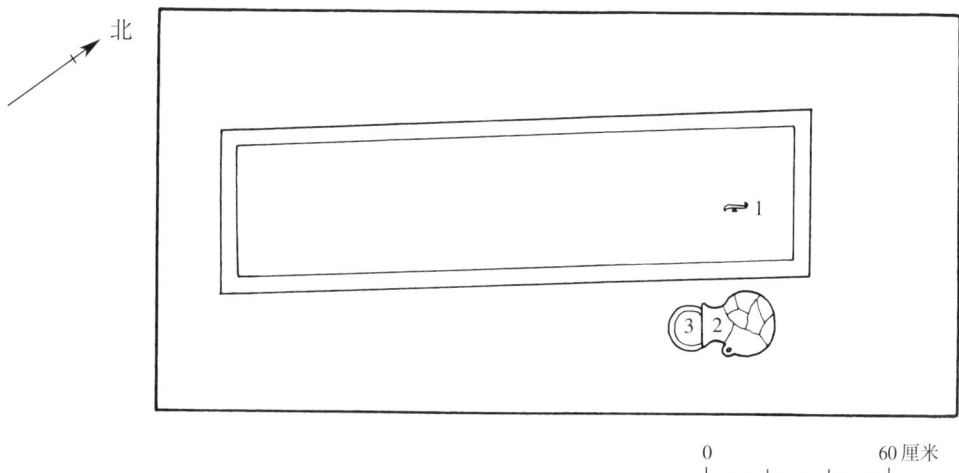

图一二九　汉墓M3平面图
1. 铜带钩　2. 陶罐　3. 陶盂

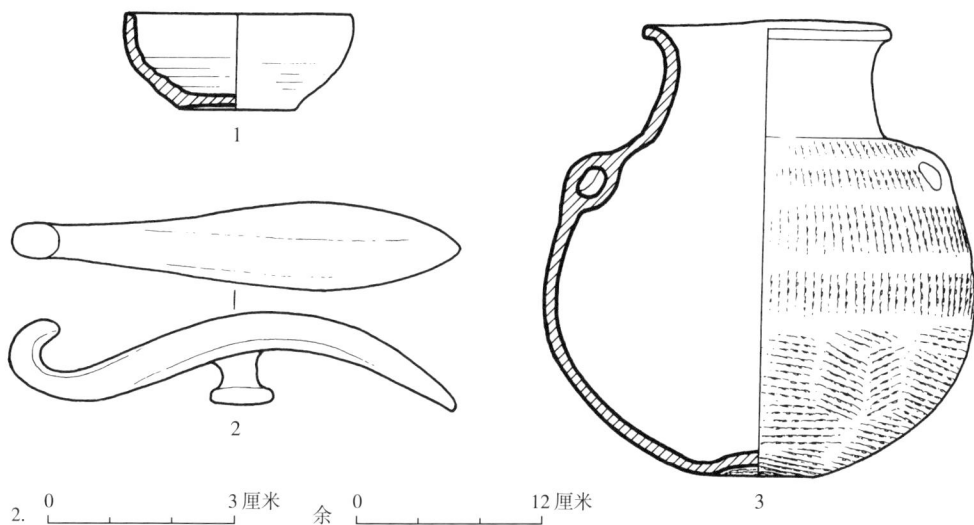

图一三〇　汉墓M3出土器物
1. 陶盂（M3：3）　2. 铜带钩（M3：1）　3. 陶罐（M3：2）

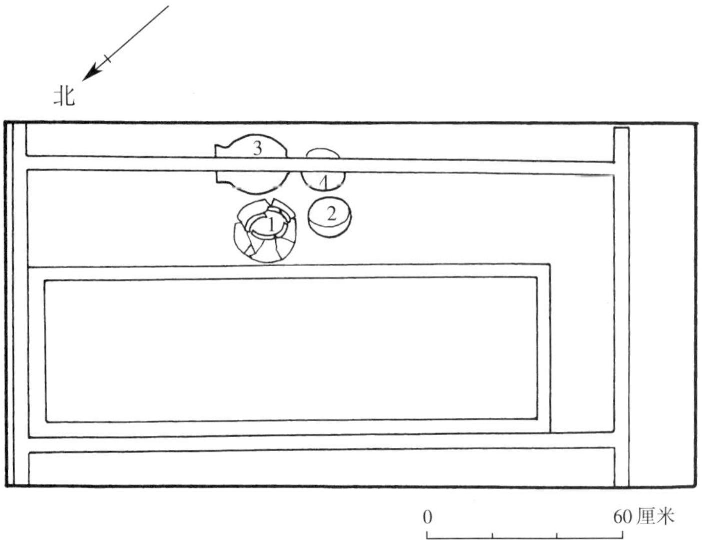

图一三一　汉墓 M6 平面图
1. 陶鍪　2、4. 陶盂　3. 陶罐

双弓耳，圆鼓腹，凸圜底略残。下腹及底满饰横绳纹。口径12.4、腹径20、残高19.6厘米（图一三二，1）。

陶盂　2件。泥质灰陶。圆唇，平底微凹。素面。M6：2，敛口，上腹微弧，下腹残，近底部微曲收。口径14、底径4.4厘米（图一三二，3）。M6：4，敞口，上腹壁微弧，向下斜收，至下腹折收。口径14.4、底径6、高6厘米（图一三二，2；图版二六，2）。

陶罐　1件。M6：3，泥质灰陶。双鼻耳。无法修复（图一三二，4）。

M7

方向30°。长方形竖穴土坑墓。墓口距地表0.5米，长2.2、宽1米，底

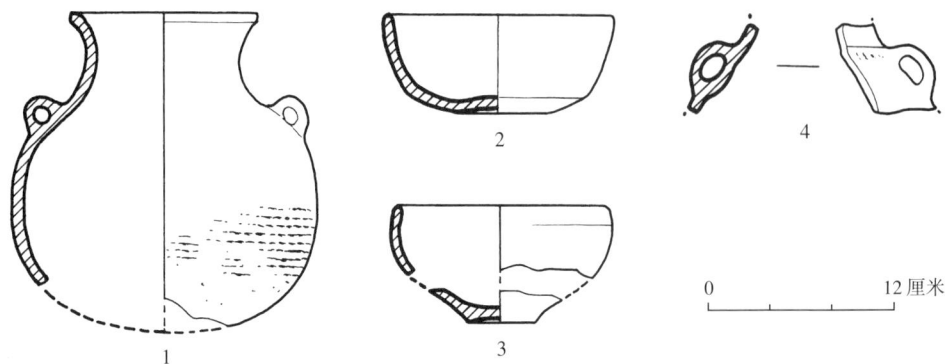

长2.06、宽0.9米，深0.7～0.9米。坑壁粗糙。填软质灰褐夹灰白色花土。未发现葬具痕迹。人骨朽尽，葬式不明。3件随葬器物置于墓底近北壁处。据随葬器物位置推测头向东北（图一三三）。

陶盂　2件。泥质灰陶。圆唇，上腹微鼓，以下弧收，平底微凹。素面。M7：1，近直口，腹稍深，近底部略曲。口径14.4、底径4.4、高7.2厘米（图一三四，1；图版二六，3）。M7：2，微敛口，腹较浅。外壁有多道旋痕。口径14、底径8、高4.8厘米（图一三四，2）。

陶罐　1件。M7：3，泥质黑衣褐陶。双鼻耳。无法修复。

M9

方向120°。长方形竖穴土坑木椁墓。墓口距地表0.45米。北部被一现代坑打破。墓口残长0.58～1.36、宽0.92米，底同口大，墓深0.18米。坑壁粗糙。填软质灰褐夹灰白色花土。单椁单棺，仅余腐痕。椁平面呈长方形，椁痕残长0.64～1.3、宽0.9、高0.18、板痕厚0.06米。棺位于椁内东北部，棺痕残长0.5～0.82、宽0.46、高0.1、板痕厚0.04米。人骨朽尽，葬式不明。2件

图一三二　汉墓 M6 出土陶器
1. 鍪（M6：1）　2、3. 盂（M6：4、2）　4. 罐（M6：3）

图一三三 汉墓 M7 平面图
1、2. 陶盂 3. 陶罐

图一三四 汉墓 M7 出土陶盂
1. M7∶1 2. M7∶2

随葬器物置于椁内棺外东南部。据随葬器物位置推测头向东南（图一三五）。

陶鍪 1件。M9∶1，上部泥质、下部夹砂灰陶。侈口，翻沿，方唇，束颈，溜肩，肩有对称双弓耳，鼓腹，凸圜底略残。颈、肩结合部饰一道凹弦纹，下腹及底饰横绳纹。口径17.6、腹径23.2、残高18.6厘米（图一三六，1；图版二五，3左）。

陶罐 1件。M9∶2，泥质灰陶。侈口，翻折沿，方唇，束颈，圆肩，颈肩相交处有折棱，肩有对称双鼻耳，鼓腹，浅凹底。肩至中腹饰竖绳纹间三道抹痕，下腹及底饰横、斜绳纹。口径16、腹径24.8、底径9.6、高27厘米（图一三六，2；图版二五，3右）。

M11

方向20°。长方形竖穴土坑木椁墓。墓口距地表0.3米，长2.35、宽1.3～1.35米，底长2.28、宽1.15～1.2米，深0.7～0.98米。坑壁粗糙。

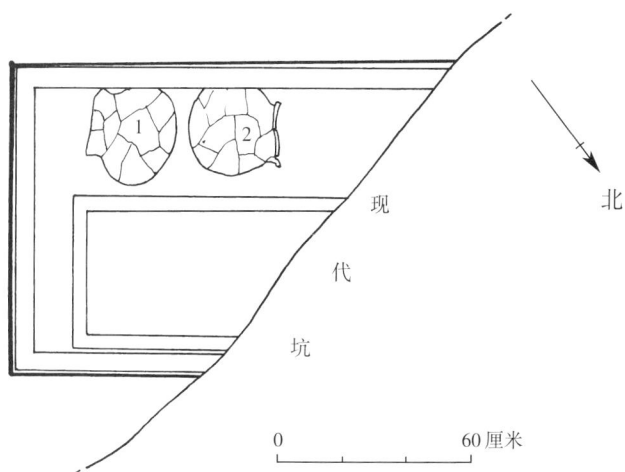

图一三五 汉墓 M9 平面图
1. 陶鍪 2. 陶罐

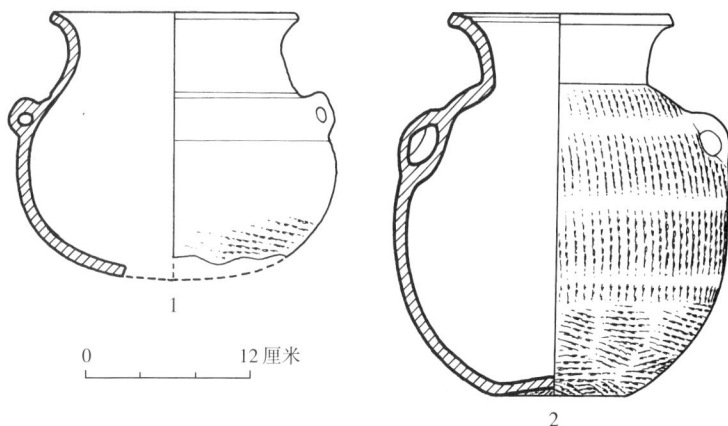

图一三六 汉墓 M9 出土陶器
1. 鍪（M9∶1） 2. 罐（M9∶2）

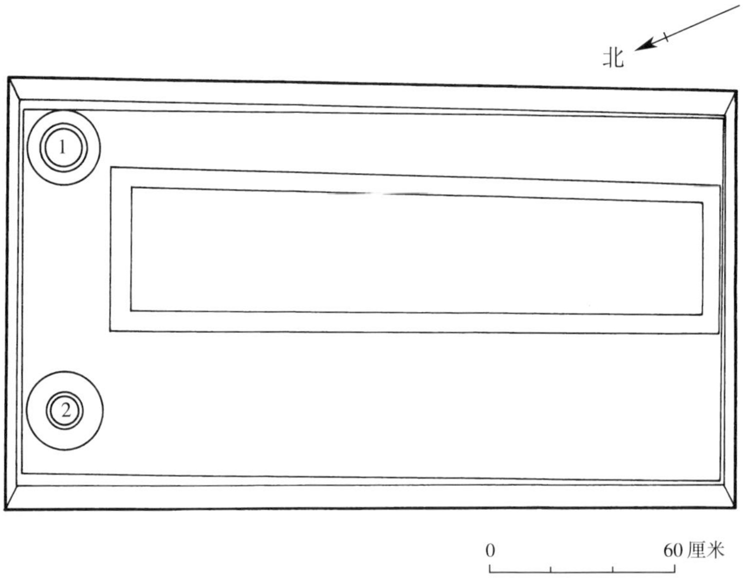

图一三七　汉墓M11平面图
1.陶鍪　2.陶罐

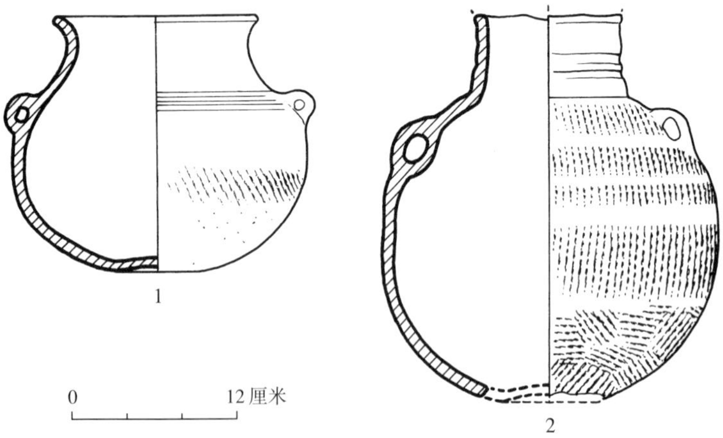

图一三八　汉墓M11出土陶器
1.鍪（M11:1）2.罐（M11:2）

填软质灰褐夹灰白色花土。单椁单棺，仅余腐痕。椁室仅存底板痕，平面呈长方形，长2.27、宽1.14、厚0.04米。棺位于椁内中部偏东南，棺痕长1.98、宽0.46~0.52、高0.15、板痕厚0.07米。人骨朽尽，葬式不明。2件随葬器物分置于椁内棺外西北、东北角。据随葬器物位置推测头向北（图一三七）。

陶鍪　1件。M11:1，上部泥质、下部夹砂灰陶。侈口，翻沿，方唇，束颈，溜肩，肩有对称双弓耳，扁鼓腹，浅凹底。肩饰四道浅凹弦纹，下腹饰斜绳纹。底部有烟炱。口径14.6、腹径21.6、底径5.6、高18.2厘米（图一三八，1；图版二七，1右）。

陶罐　1件。M11:2，泥质灰陶。口残，束颈，圆肩，颈肩相交处有折棱，肩有对称双鼻耳，鼓腹，底残。颈饰三道凹弦纹，肩至中腹饰竖绳纹间三道抹痕，下腹及底饰横、斜绳纹。腹径24.8、残高27.4厘米（图一三八，2；图版二七，1左）。

M12

方向210°。长方形竖穴土坑木椁墓。墓口距地表0.3~0.6米，长2.64、宽1.5米，底长2.56、宽1.34米，墓深2.4~2.8米。坑壁粗糙。填软质灰褐夹灰白色花土。单椁单棺，仅余腐痕。椁室平面呈长方形，椁痕长2.56、宽1.34、高0.8、板痕厚0.07米。棺位于椁内西北部，棺痕长2.02、宽0.6、高0.16、板痕厚0.05米。人骨朽尽，棺内南部残存2枚牙齿，可知头向西南，葬式不明。10件随葬器物除石蝉、塞置于棺内南部外，余置于椁内棺外东南、东北角（图一三九）。

陶鼎　1件。M12:2，泥质灰陶，子母口，圆唇，折肩，中腹微鼓，下腹缓收，耳残，圜底近平，三侧扁兽蹄足直立。上承浅弧盘状盖，顶微凹。素面。口径15.2、腹径20.8、体高15、通高18.6厘米（图一四〇，1）。

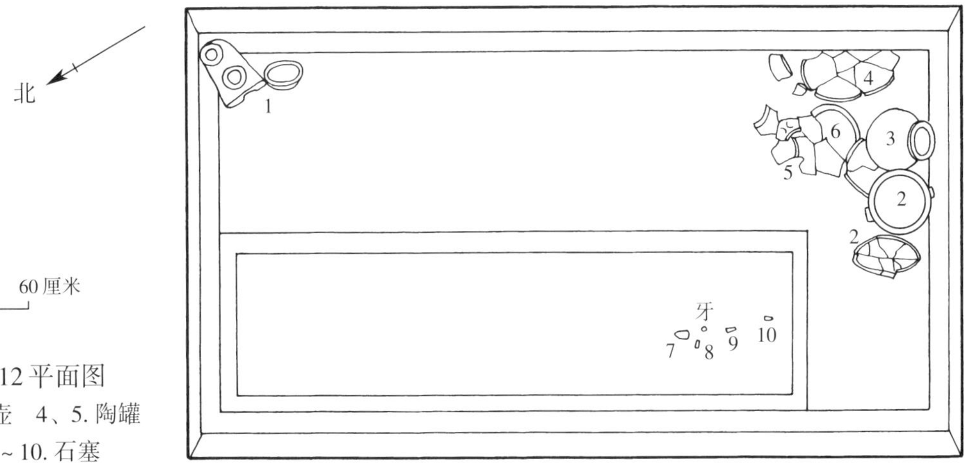

图一三九　汉墓 M12 平面图
1.陶灶　2.陶鼎　3.陶壶　4、5.陶罐
6.铜铞　7.石蝉　8～10.石塞

2、3、6、7. 0　　　　　3厘米　　　余 0　　　　　12厘米

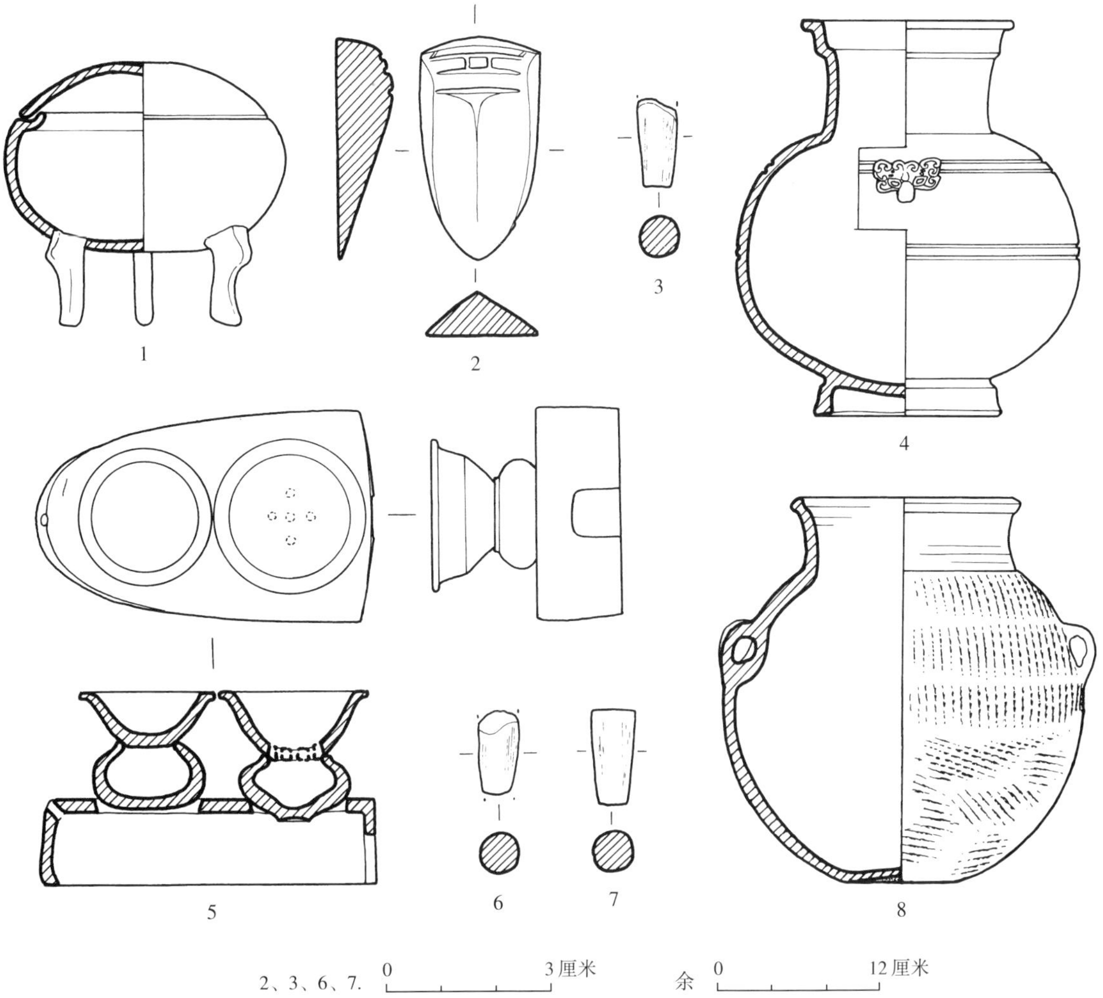

图一四〇　汉墓 M12 出土器物
1.陶鼎（M12：2）　2.石蝉（M12：7）　3、6、7.石塞（M12：8～10）
4.陶壶（M12：3）　5.陶灶（M12：1）　8.陶罐（M12：4）

陶壶　1件。M12：3，泥质灰陶。盘口，平折沿，平唇，束颈，圆肩，肩有对称兽面铺首，圆鼓腹，凸圜底，盘口状浅圈足。肩、腹各饰二道凹弦纹。口径15.2、腹径25.2、圈足径14、高28厘米（图一四〇，4）。

陶罐　2件。泥质灰陶。侈口，翻沿，内沿面一周微凹，圆唇，束颈，溜肩，肩有对称双鼻耳，鼓腹，浅凹底。肩至中腹饰竖绳纹间二道抹痕，下腹及底饰横、斜绳纹。M12：4，口径16、腹径26.8、底径8、高27.4厘米（图一四〇，8）。M12：5，未能修复。

陶灶　1件。M12：1，泥质灰陶。灶体平面呈前方后圆形，前端无挡墙，后端有一圆形烟孔，灶面有两火眼，长方形灶门。火眼上各置一釜一甑或锅，釜近直口，圆唇，溜肩，扁鼓腹，圜底近平或小平底微凹；甑敞口，翻折沿，方唇，微弧腹内收，底箅孔残；锅除无箅孔外，形制同甑。灶体长24.5、前宽15.2、体高5.8、通高13.6厘米（图一四〇，5）。

铜铞　1件。M12：6，灰绿色。锈蚀严重，无法修复。敞口，折沿。

石蝉　1件。M12：7，灰白色。扁平状，用阴线刻出头部，头呈三角形，尾部尖。长3.9、宽2.2、厚1厘米（图一四〇，2）。

石塞　3件。灰白色，圆台体。M12：8，一端略残。残长1.55厘米（图一四〇，3）。M12：9，两端略残。残长1.4厘米（图一四〇，6）。M12：10，一端略残。长1.65、直径0.5～0.8厘米（图一四〇，7）。

M14

方向18°。长方形竖穴土坑木椁墓。墓口距地表约0.5米，长2.35、宽1.31～1.35米，底长2.3、宽1.15米，深1.56米。坑壁光滑。填软质灰白夹灰黄色花土。单椁单棺，仅余腐痕。椁室平面呈长方形，椁痕长2.3、宽0.8、高0.2、板痕厚0.06米。棺位于椁内中部偏南，棺痕长1.85、宽0.44～0.5、高0.06、板痕厚0.05米。椁底南、北部各有一垫木槽，横断面呈倒梯形，长1.15、宽0.1～0.12、深0.06米。人骨朽尽，葬式不明。3件随葬器物置于椁内棺外北部。据随葬器物位置推测头向北（图一四一）。

陶釜　2件。上部泥质、下部夹砂灰陶。侈口，束颈，溜肩，扁鼓腹，凸圜底。颈以下满饰竖、斜绳纹，部分模糊。M14：2，尖圆唇，肩饰一道宽凹弦纹。口径12、腹径16.4、高14.6厘米（图一四二，1；图版二七，2前右）。M14：3，口径11、腹径16.4、高13.4厘米（图一四二，2；图版二七，2前左）。

陶罐　1件。M14：1，泥质灰陶。侈口，翻折沿，方唇，束

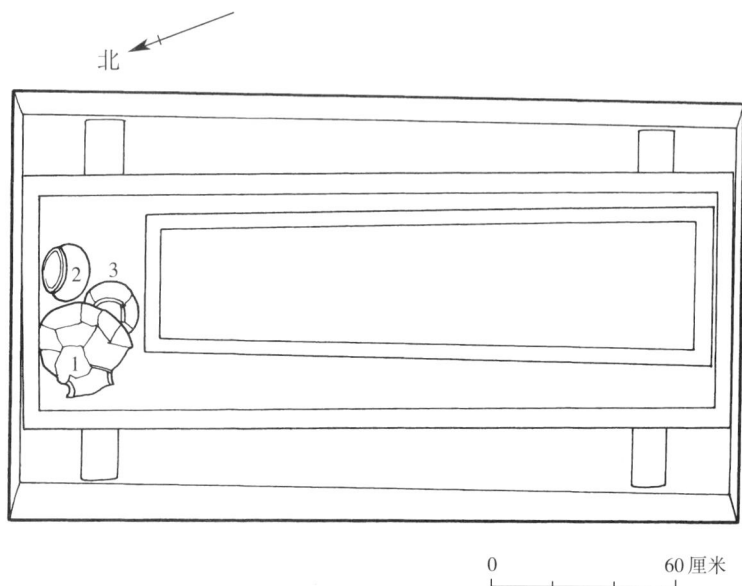

图一四一　汉墓M14平面图

1.陶罐　2、3.陶釜

0　　　　　　60厘米

颈，溜肩，肩有对称双鼻耳，大圆鼓腹，浅凹底。肩至中腹饰竖绳纹间四道抹痕，下腹及底饰横、斜绳纹。口径13.2、腹径25.6、底径7.2、高28.6厘米（图一四二，3；图版二七，2后）。

M15

方向30°。长方形竖穴土坑木椁墓。墓口距地表约0.7米，长2.42、宽1.44米，底长2.42、宽1.5米，深0.74~0.9米。坑壁光滑。填软质灰白夹灰黄色花土。单椁单棺，仅余腐痕。椁室平面呈"Ⅱ"形，椁痕长2.18、宽1.2、高0.16、板痕厚0.06米。棺位于椁内西部，棺痕长2.06、宽0.5、高0.07、板痕厚0.04米。椁底南、北部各有一垫木槽，横断面呈倒梯形，长1.44、宽0.06~0.08、深0.06米。人骨朽尽，葬式不明。2件随葬器物分置于棺内中部偏南、椁内棺外西北角。据随葬器物位置推测头向北（图一四三）。

陶罐 1件。M15：2，泥质灰陶。侈口，翻沿，圆唇，束颈，圆肩，颈肩相交处有折棱，肩有对称双鼻耳，圆鼓腹，浅凹底。肩至中腹饰竖绳纹间三道抹痕，下腹及底饰横、斜绳纹。口径11.8、腹径21.2、底径5.8、高23.4厘米（图一四四，1；图版二六，4）。

铜"五铢" 1枚。M15：1，圆形，方穿，双面有外郭，穿背面周郭。正面穿左右篆书"五铢"二字，"五"字交笔微曲，上下两横出头，"铢"之"金"字头呈三角形，"朱"

图一四二 汉墓M14出土陶器
1、2.釜（M14：2、3） 3.罐（M14：1）

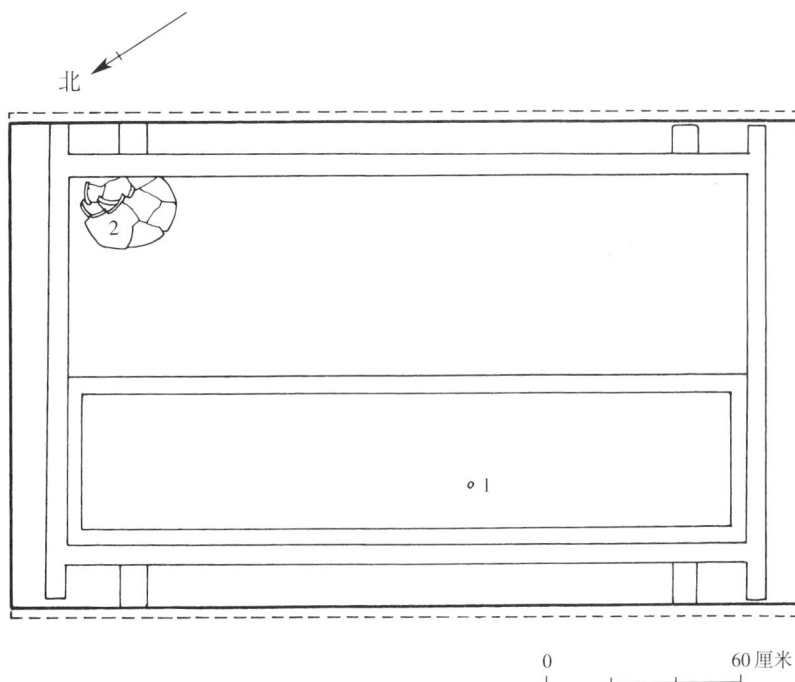

图一四三 汉墓M15平面图
1.铜"五铢" 2.陶罐

图一四四　汉墓 M15 出土器物

1. 陶罐（M15：2）　2. 铜"五铢"拓本（M15：1）

之上笔方折，下笔圆折。直径 2.4、穿边长 0.9 厘米（图一四四，2）。

M16

方向 208°。长方形竖穴土坑木椁墓。墓口距地表约 0.4～0.6 米，长 2.44、宽 1.44 米，底长 2.4、宽 1.4 米，深 0.6 米。坑壁光滑。填软质灰褐夹灰白色花土。单椁单棺，仅余腐痕。椁室平面呈"Ⅱ"形，椁痕长 2.24、宽 1.24、高 0.5、板痕厚 0.06 米。棺位于椁内中部偏南，棺痕长 2.03、宽 0.58、高 0.31、板痕厚 0.05 米。人骨朽尽，棺内南部残存 1 枚牙齿，可知头向南，葬式不明。1 件随葬器物置于椁内棺外东部偏南（图一四五）。

陶罐　1 件。M16：1，泥质青灰陶。侈口，翻折沿，内、外沿面各有一周凹槽，尖唇，束颈，圆肩，肩有对称双鼻耳，大鼓腹，浅凹底。肩至中腹饰竖绳纹间三道抹痕，下腹及底饰交错绳纹。口径 13.6、腹径 25.2、底径 5.6、高 25.6～26.4 厘米（图一四六；图版二六，5）。

M17

方向 25°或 205°。长方形竖穴土坑木椁墓。墓口距地表约 0.8～1 米，长 2.26、宽 1.35 米，底同口大，深 0.26～0.36 米。坑壁粗糙。填松软灰褐夹灰白色花土。单椁单棺，仅余腐痕。椁室

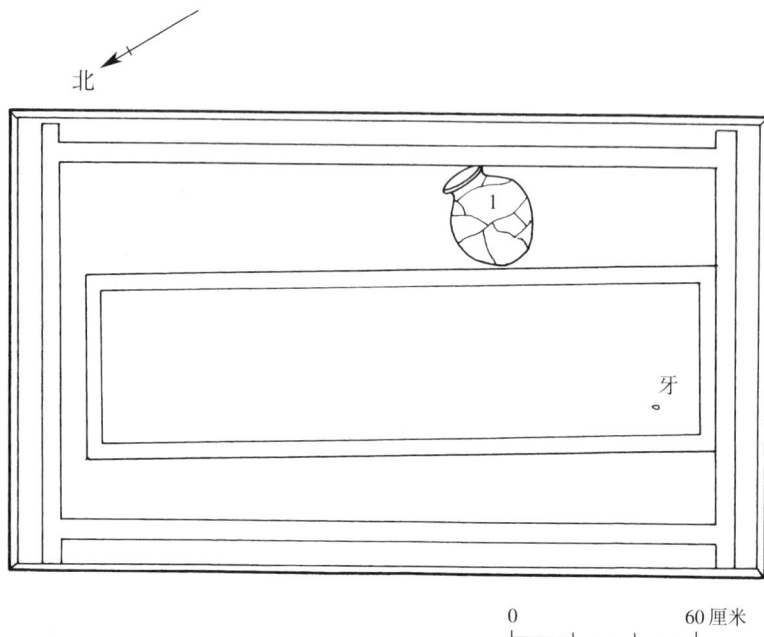

图一四五　汉墓 M16 平面图

1. 陶罐

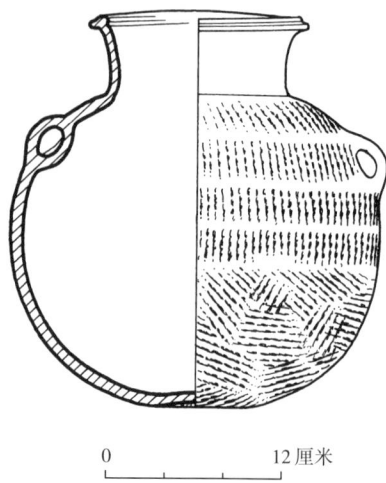

图一四六　汉墓 M16 出土陶罐

（M16：1）

平面呈长方形，椁痕长2.23、宽
1.33、高0.14、板痕厚0.06米。
棺位于椁内西部，棺痕长2.09、
宽0.6、高0.07、板痕厚0.06米。
椁底南、北部各有一垫木槽，横
断面呈长方形，长1.32、宽0.08、
深0.05米。人骨朽尽，葬式不明。
2件随葬器物分置于椁内棺外东
侧东南、东北部（图一四七）。

陶罐　1件。M17：1，泥质
灰陶。侈口，翻折沿，外沿面有
一周凹槽，尖唇，束颈，溜肩，
肩有对称双鼻耳，圆鼓腹，浅凹
底。肩至中腹饰竖绳纹间三道
抹痕，下腹及底饰交错绳纹。口
径15.2、腹径27.6、底径6.8、高
28.8厘米（图一四八，1；图版
二六，6）。

铜铹　1件。M17：2，体薄。
侈口，斜折沿，上腹近直，以下
弧收，凸圜底。素面。口径19、
高6.6厘米（图一四八，2）。

M18

方向28°或208°。长方形竖
穴土坑木椁墓。墓口距地表约
0.22～0.3米，长2.28、宽1.28
米，底长2.2、宽1.12米，墓深
0.56米。坑壁粗糙。填松软灰褐
夹灰白色花土。单椁单棺，仅余
腐痕。椁室平面呈梯形，椁痕长
2.17、宽0.87～0.91、高0.28、板

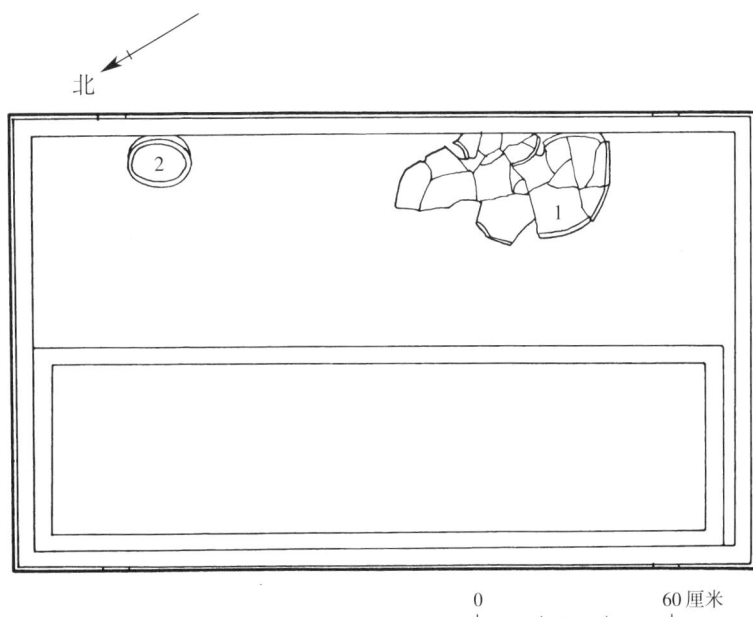

图一四七　汉墓M17平面图
1.陶罐　2.铜铹

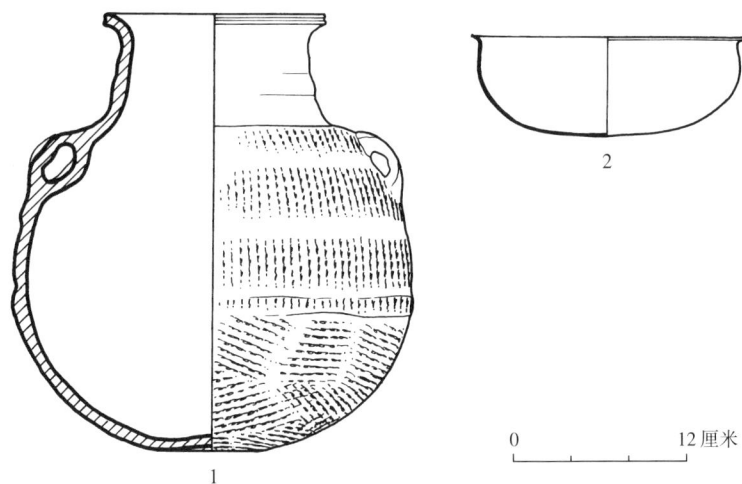

图一四八　汉墓M17出土器物
1.陶罐（M17：1）　2.铜铹（M17：2）

痕厚0.05米。棺位于椁内中部偏东，棺痕长1.8、宽0.4、高0.06、板痕厚0.05米。人骨朽尽，葬
式不明。3件随葬器物分置于椁内棺外东南、东北部（图一四九）。

陶罐　2件。侈口，翻沿，圆唇，束颈，圆肩，颈肩相交处有折棱，肩有对称双鼻耳，圆鼓
腹，浅凹底。肩至中腹饰竖绳纹间三道抹痕，下腹及底饰交错或横行绳纹。M18：1，泥质灰陶。
口径12.8、腹径24.8、底径6.4、高26厘米（图一五〇，1；图版二七，3左）。M18：2，泥质黑
衣褐陶。口径11.2、腹径20.8、底径4.8、高24厘米（图一五〇，2；图版二七，3右）。

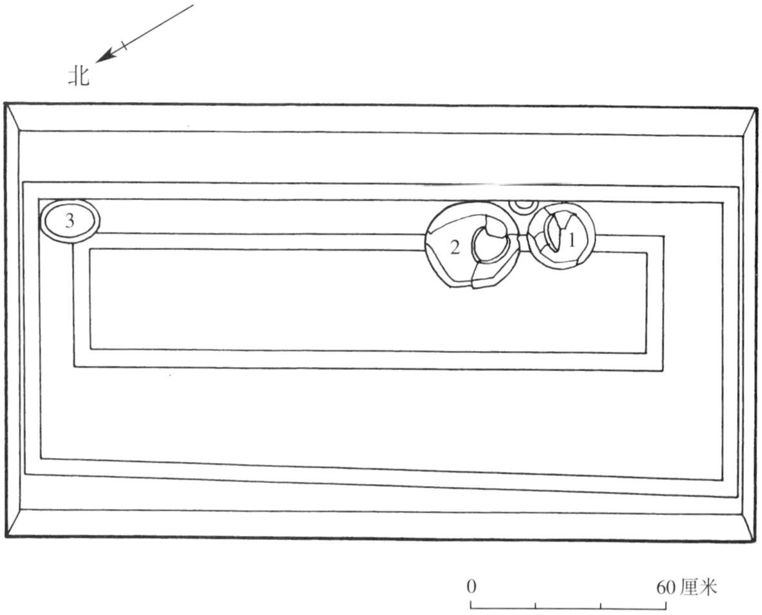

图一四九　汉墓 M18 平面图
1、2. 陶罐　3. 铜钼

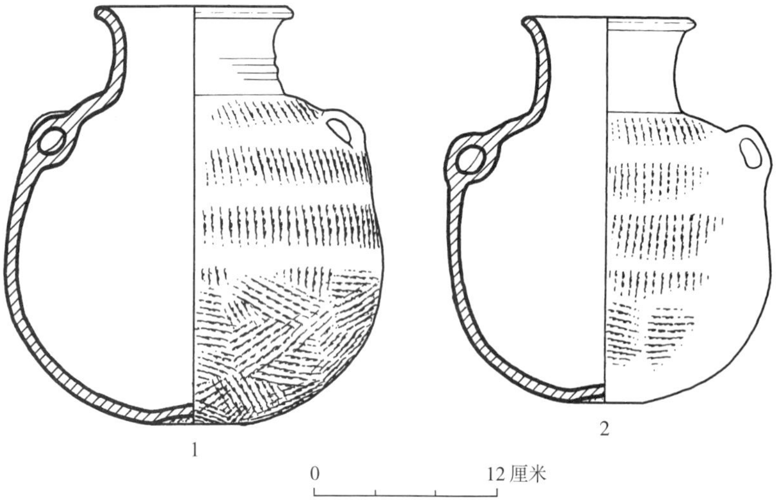

图一五〇　汉墓 M18 出土陶罐
1. M18：1　2. M18：2

铜钼　1件。M18：3，锈蚀严重，无法修复。敞口，斜折沿。

M19

方向189°。打破 M20。长方形竖穴土坑砖木合构墓。墓口距地表0.2米，上部被部分破坏。墓圹口长2.75、宽1.46米，底同口大，深1.5米；南设斜坡墓道，上口平面长2.45、宽1.31～1.46，坡底27°。墓室、道分别填灰褐夹灰黄、灰白夹灰黄色花土。室长方形，东、西、北壁砖砌，砖室内空长2.44、宽1.08、高0.74米。壁起于横行对缝平铺地砖上，顺向错缝叠砌，西壁20层，东、北壁各19层。青灰色素面砖，规格为31.5×15.5×3.5厘米。以木板盖顶、封门，木板已朽，仅余腐痕。封门板分前板及两侧板，分别宽1.21、0.1米，均残高0.24、厚0.04米。葬具无存。人骨已朽，墓室内南部残存数枚牙齿，可知头向南，葬式不明。20件（枚）随葬器物置于墓室内南端、西部（图一五一；图版二八，1）。

陶鼎　1件。M19：3，体泥质灰陶、盖泥质红陶。子母口，圆唇，折肩，中腹微鼓，下腹弧收，长方形附耳外撇，耳孔未穿，凸圜底，三蹄足外撇，足横断面呈半圆形。上承博山盖。腹饰二道凹弦纹，耳外壁下部饰小方格纹，足根部模印人面纹，盖面模印人物、动物、植物纹。口径17.6、腹径21.2、体高14.2、通高23.2厘米（图一五二，1；图版二八，2后左）。

陶壶　2件。泥质灰陶。盘口，方唇，束颈，溜肩，鼓腹。M19：1，器形较大。平沿，肩附对称铺首衔环，凸圜底，盘口状浅宽圈足，上承博山盖。颈下端、肩、中腹各饰二道凹弦纹，下腹饰交错绳纹；盖口外模印一周菱形纹，其上模印人物、动物、植物纹。口径15.6、腹径26.4、

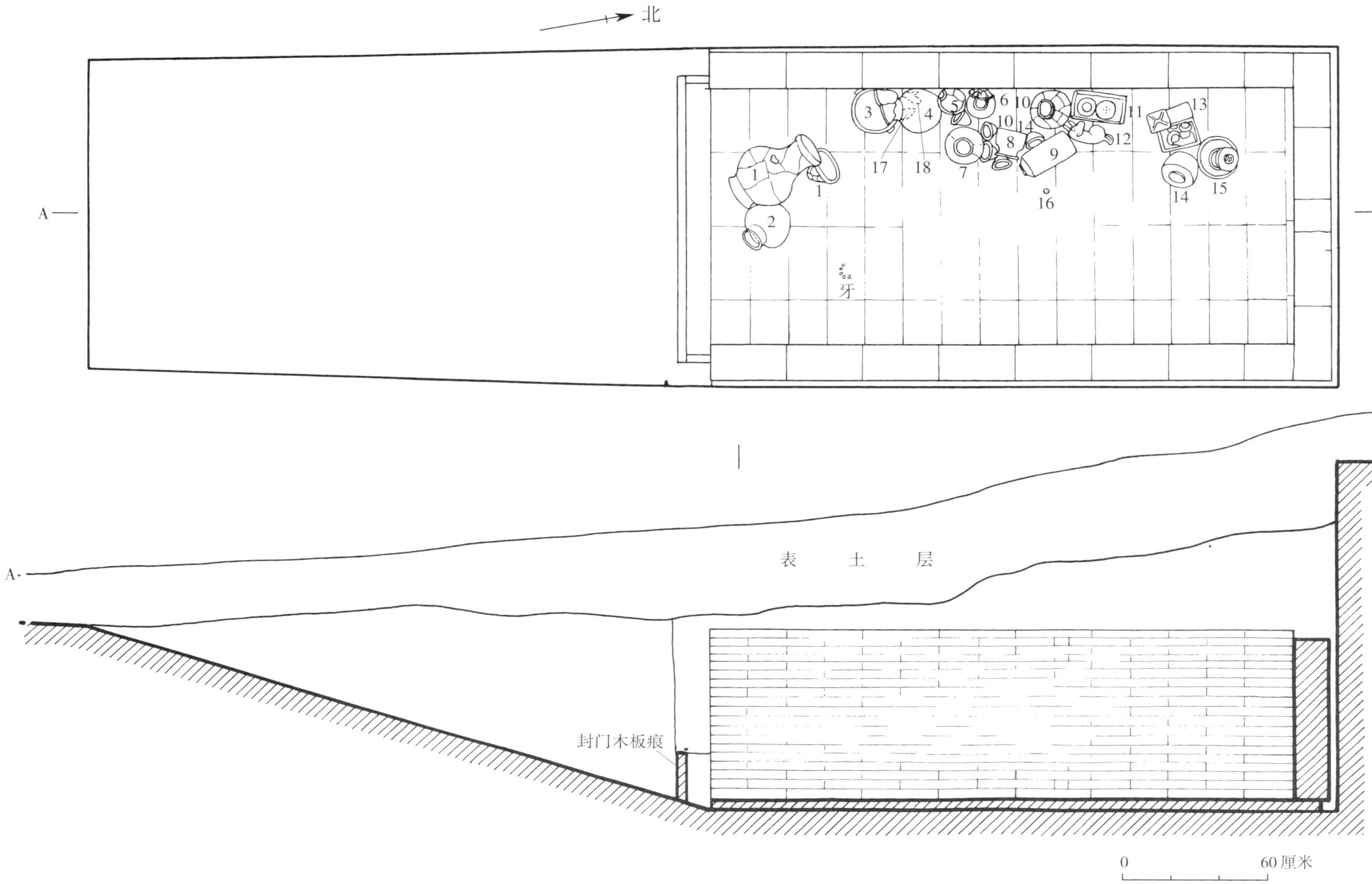

图一五一 汉墓 M19 平、剖面图

1、2.陶壶 3.陶鼎 4、7、10、14.陶罐 5、6、9.陶仓 8.陶井 11.陶灶 12.陶狗 13.陶圈 15.陶磨 16.铜"五铢" 17、18.陶鸡

圈足径15.2、体高32.6、通高41.8厘米（图一五二，6；图版二八，2后中）。M19：2，器形较小。
斜沿，近底部曲收，平底微凹。肩有对称羊首耳，圆形耳孔。中腹饰一道凹弦纹。口径10.6、腹
径18.4、底径10.4、高21厘米（图一五二，2；图版二八，2中前左1）。

　　陶罐　4件。M19：4，泥质灰陶。口残，束颈，圆肩，肩有对称双鼻耳，鼓腹，浅凹底。肩
至中腹饰竖绳纹间三道抹痕，下腹至底饰斜绳纹。腹径18.8、底径6、残高21.4厘米（图一五二，
3；图版二八，2中后左1）。M19：7，泥质红陶。小直口，短领，圆肩，鼓腹，平底微凹。上承
博山盖。肩及中腹各饰二道凹弦纹；盖面模印纹饰，模糊不清。口径7.6、腹径15.2、底径7.6、

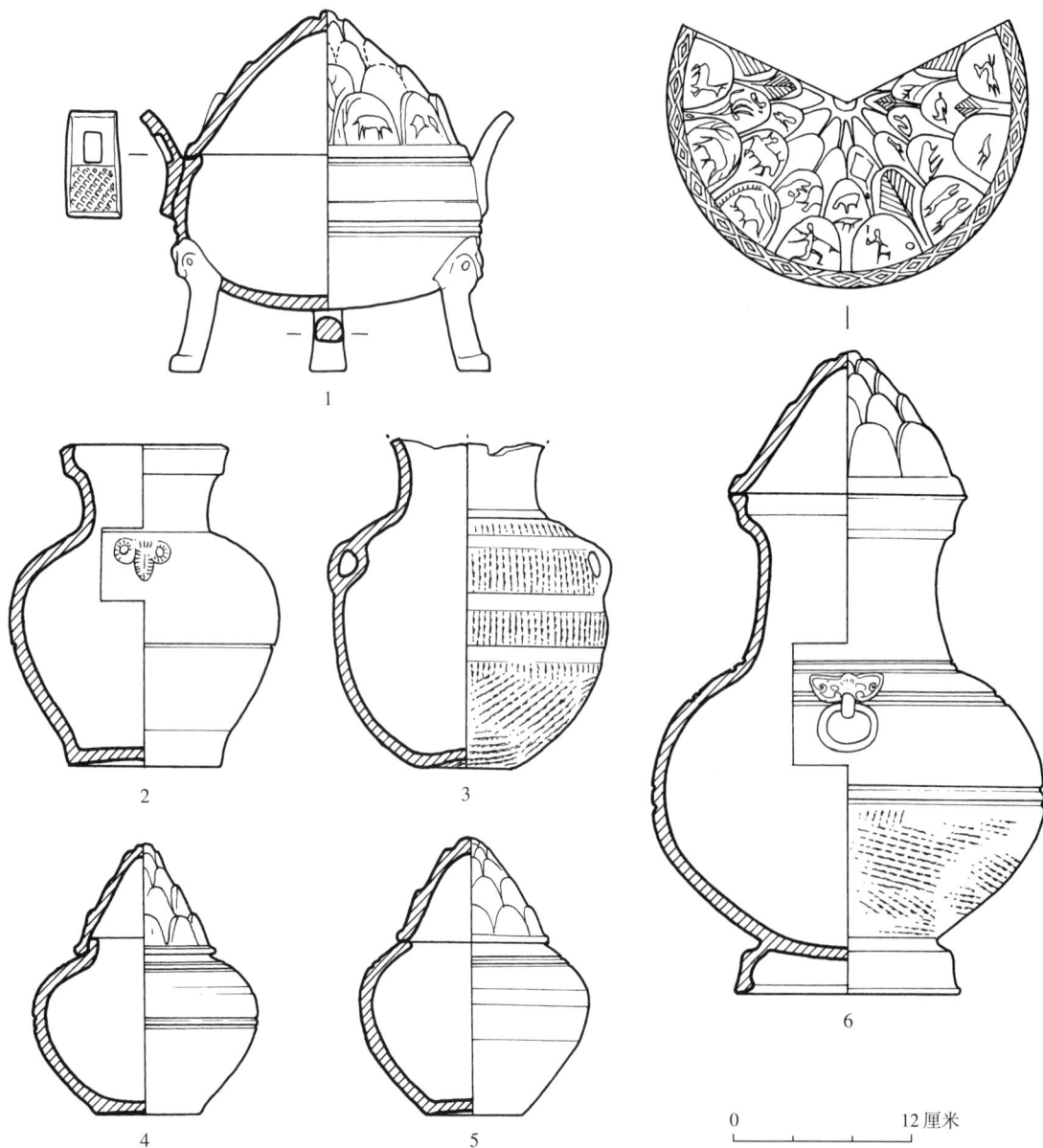

图一五二　汉墓M19出土陶器
1.鼎（M19：3）　2、6.壶（M19：2、1）　3～5.罐（M19：4、7、10）

体高11.4、通高17.6厘米（图一五二，4；图版二八，2中后左2）。M19：10，陶质、陶色、形制及盖面纹饰与M19：7同。口残。肩部饰二道凹弦纹，中、下腹分饰二、一道细凹弦纹。腹径15.6、底径6.6、体残高11.2、通高18厘米（图一五二，5；图版二八，2中后右2）。M19：14，陶质、陶色、形制及盖面纹饰与M19：7同。口残。肩部饰二道凹弦纹，中腹有多道旋痕。腹径14.8、底径6.8、体残高10、通高17.6厘米（图一五三，4）。

陶灶　1件。M19：11，泥质红陶。灶体平面呈长方形，直壁，前、后端有挡墙，无烟孔，灶面有三个等大火眼，前壁中部偏下开拱形灶门。火眼上置三釜一甑一锅。釜近直口，圆唇，短领，

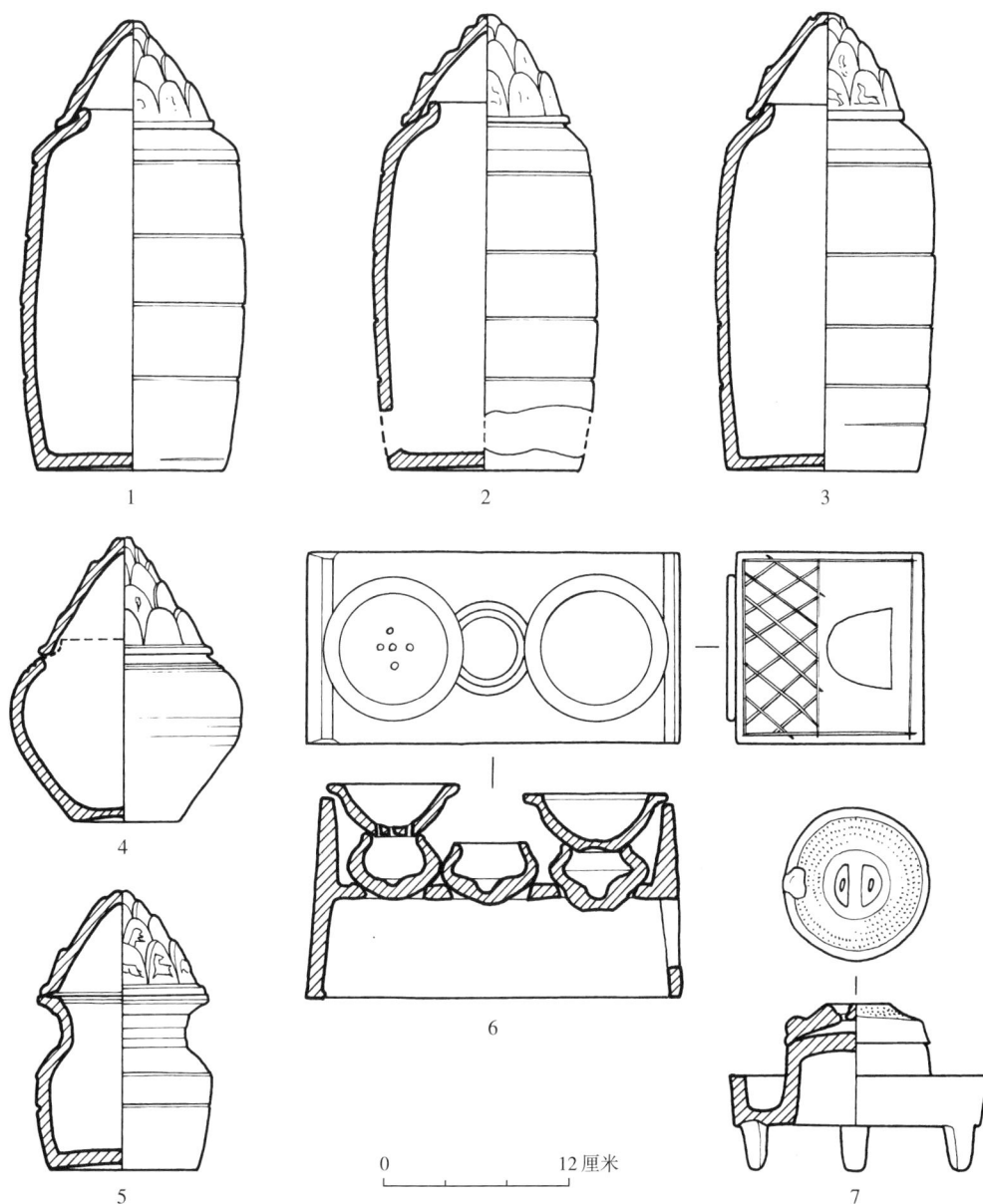

图一五三　汉墓M19出土陶器

1~3.仓（M19：5、6、9）　4.罐（M19：14）　5.井（M19：8）　6.灶（M19：11）　7.磨（M19：15）

扁鼓腹，凸圜底或小平底；甑敞口，平折沿，平唇，弧腹内收，小平底，底有五算孔；锅除无算孔外形制同甑。灶体前端挡墙上部刻划网格纹。灶体长24、宽12、高6、通高13.4厘米（图一五三，6；图版二八，2中前左3）。

陶仓　3件。泥质红陶。直口，圆唇，短领，折肩，深腹微外鼓，平底微凹。上承博山盖。腹间饰五道凹弦纹；盖面模印动物、植物纹，多模糊。M19∶5，口径7.2、腹径14、底径11.6、体高22.6、通高28.2厘米（图一五三，1；图版二八，2中前右1）。M19∶6，下腹残，口径7.2、腹径14.4、底径12、残高24.8厘米（图一五三，2；图版二八，2中后右1）。M19∶9，口径8.4、腹径14.4、底径12.4、体高23、通高28.8厘米（图一五三，3；图版二八，2后右）。

陶井　1件。M19∶8，体泥质黑衣灰陶，盖泥质红陶。侈口，翻折沿，圆唇，束短颈，折肩，弧壁，近底部略收，平底微凹。上承博山盖。肩及上腹各饰一道凹弦纹，颈部有多道旋痕；盖面模印人物、动物、植物纹。口径10.2、肩径11.2、底径9.2、体高11、通高17.4厘米（图一五三，5；图版二八，2中前右2）。

陶磨　1件。M19∶15，泥质红陶。上扇顶部凿两个对接半圆形槽，槽底部有两个半圆形孔，槽内和顶面布满摁窝，侧面有一方形手柄；下扇扇面隆起，高出磨盆，腹壁与磨盆底相连，腹中空；磨盆敞口，折沿，方唇，近直壁，平底，下部附三直立方柱足。素面。扇面径9.6、盆口径

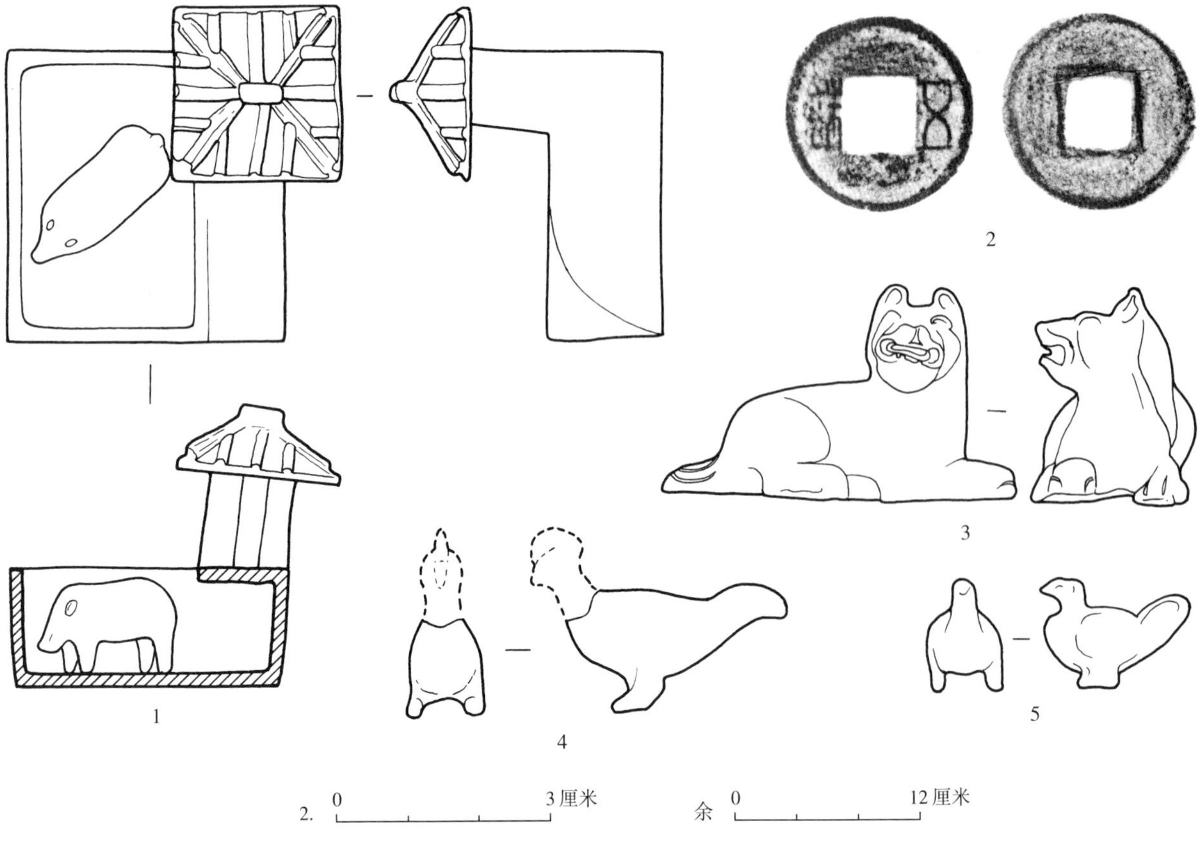

2.　0 ────────── 3厘米　　余　0 ────────── 12厘米

图一五四　汉墓M19出土器物

1.陶圈（M19∶13）　2.铜"五铢"拓本（M19∶16-1）　3.陶狗（M19∶12）　4、5.陶鸡（M19∶18、17）

16.8、底径 16、通高 10.4 厘米（图一五三，7；图版二八，2 前左 1）。

陶圈　1件。M19：13，泥质红陶。平面呈方形，下部一周围墙，一侧设厕屋一座，四面坡式屋顶，顶有瓦垄，屋前壁开长方形门，前设一斜坡通道。圈内一猪站立，捏塑粗糙，整体较短胖，嘴前下伸，尾巴下垂。圈长 18、宽 18、猪长 11、高 6、通高 17.6 厘米（图一五四，1；图版二八，2 中前左 2）。

陶狗　1件。M19：12，泥质红陶。卧伏状，昂首右顾，垂尾左卷，竖耳，眦目，嘴微张，腹中空。素面。通长 22.8、高 13.6 厘米（图一五四，3；图版二八，2 前右 1）。

陶鸡　2件，雌雄一对。泥质红陶。站立状，腹中空。素面。M19：17，雌鸡。双足微蹲，缩颈翘尾。通长 9.6、高 7 厘米（图一五四，5；图版二八，2 前右 2）。M19：18，雄鸡。头部残。双足屈蹲，长尾下垂。残长 14、残高 7.6 厘米（图一五四，4；图版二八，2 前左 2）。

铜"五铢"　3枚。圆形，方穿，双面有外郭，穿背面四周有郭。正面穿左右篆书"五铢"二字，"五"字交笔弯曲较甚，左右几乎平行，上下两横出头，"铢"之"金"字头呈三角形，"朱"之上笔方折、下笔圆折。M19：16-1，直径 2.4、穿边长 1 厘米（图一五四，2）。

M22

方向 31°。长方形竖穴土坑木椁墓。墓口距地表约 0.4 ~ 0.5 米，长 2.8、宽 1.62 米，底长 2.66、宽 1.48 米，墓深 1.3 ~ 1.4 米。坑壁粗糙。填松软灰白夹灰褐色花土。单椁单棺，仅余腐痕。椁室平面呈长方形，椁痕长 2.5、宽 1.42、高 0.06、板痕厚 0.06 米。棺位于椁内东南部，棺痕长 1.88、宽 0.57、高 0.05、板痕厚 0.04 米。椁底南、北部各有一垫木槽，横断面呈半圆形，长 1.47、宽 0.1、深 0.03 米。人骨朽尽，葬式不明。10 件（枚）随葬器物除铜镈、带钩、"半两"置于棺内中部外，余置于椁内棺外西北角。据随葬器物位置推测头向东北（图一五五）。

陶釜　1件。M22：2，上部泥质、下部夹砂灰陶。侈口，翻沿，圆唇，束短颈，折肩，鼓腹，

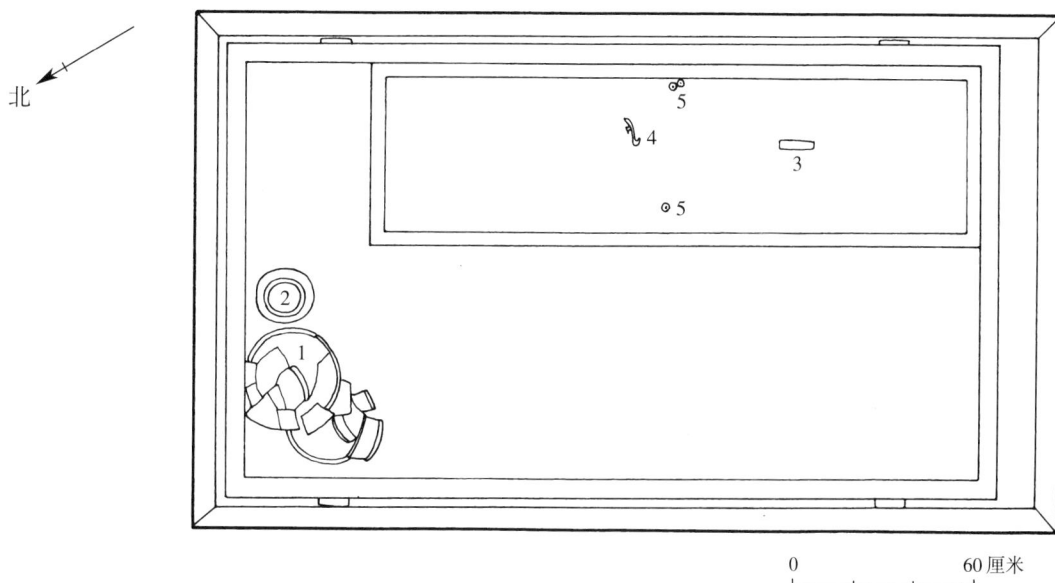

图一五五　汉墓 M22 平面图
1.陶瓮　2.陶釜　3.铜镈　4.铜带钩　5.铜"半两"

凸圜底。颈饰竖绳纹，肩至中腹饰竖绳纹间二道凹弦纹，以下饰斜绳纹。口径15.2、腹径20.2、高17.2厘米（图一五六，1；图版二九，1左）。

陶瓮　1件。M22∶1，泥质青灰陶。直口微敛，窄折沿，平唇，矮领，折肩，鼓腹，平底微凹。中腹饰竖绳纹间三道凹弦纹。口径18.5～21.5、腹径35.6、底径22.8、高23厘米（图一五六，4；图版二九，1右）。

铜镈　1件。M22∶3，灰绿色。圆筒形，尾端平，体中部有一周凸箍，箍下有宽带状垫片。体内残存腐朽木质。直径2.8、长10厘米（图一五六，2；彩版五，5）。

铜带钩　1件。M22∶4，灰绿色。整体首窄尾宽，钩体近兽面衔柱形，背有细圆纽。素面。长7.3、体宽2.9、纽径0.6厘米（图一五六，5）。

铜"半两"　6枚。圆形，方穿，无郭。正面穿左右书"半两"二字，笔画较粗，"半"字两横等长，"两"之"人"字呈一横。M22∶5-1，直径2.3、穿边长0.9厘米（图一五六，3）。

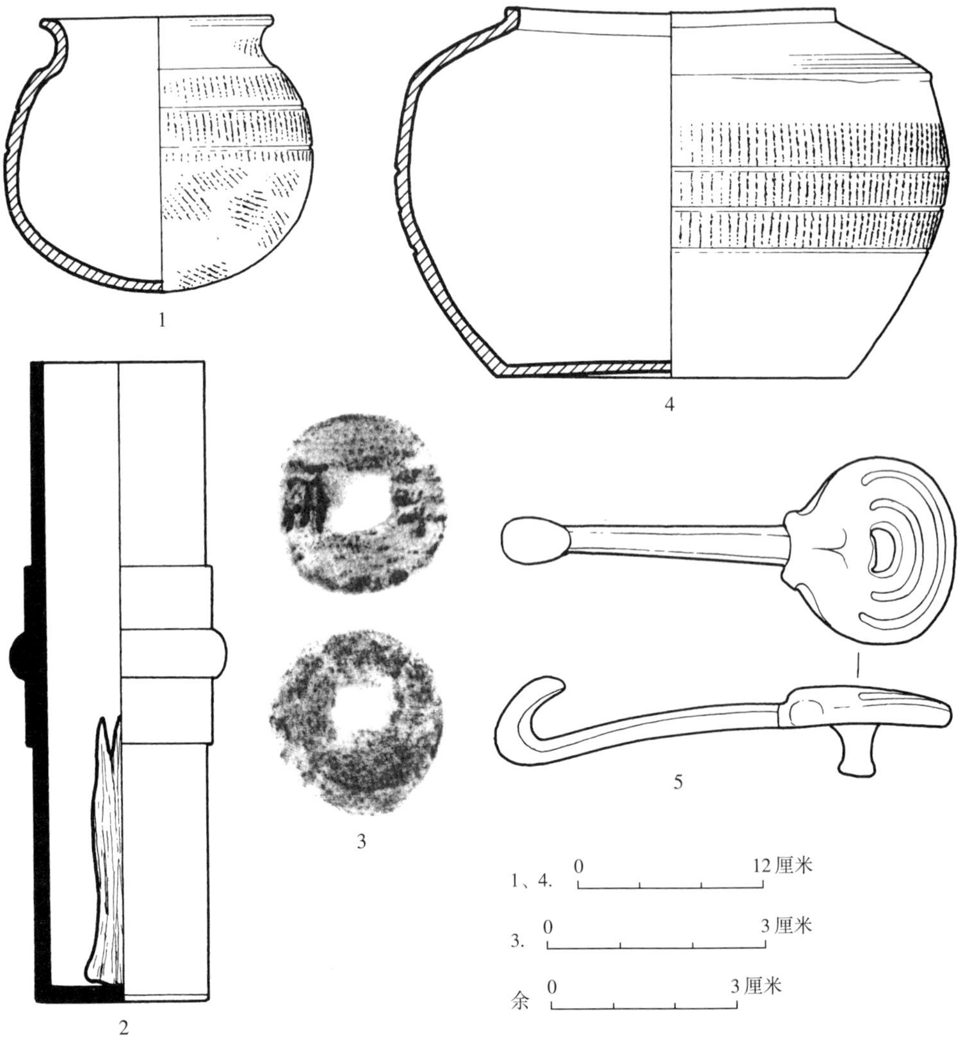

图一五六　汉墓 M22 出土器物

1.陶釜（M22∶2）　2.铜镈（M22∶3）　3.铜"半两"拓本（M22∶5-1）　4.陶瓮（M22∶1）　5.铜带钩（M22∶4）

M24

方向 40°。长方形竖穴土坑木椁墓。墓口距地表约 0.4~0.5 米，长 2.56、宽 1.3 米，底长 2.46、宽 1.3 米，墓深 1.2~1.4 米。坑壁粗糙。填松软灰褐夹灰白色花土。单椁单棺，仅余腐痕。椁室平面呈长方形，椁痕长 2.44、宽 1.3、高 0.06、板痕厚 0.05 米。棺位于椁内西部偏南，棺痕长 1.95、宽 0.36~0.44、高 0.05、板痕厚 0.04 米。人骨朽尽，葬式不明。3 件随葬器物置于椁内棺外东北部。据随葬器物位置推测头向东北（图一五七）。

陶釜　1 件。M24：3，上部泥质、下部夹砂灰陶。侈口，翻折沿，方唇，束颈，溜肩，扁鼓腹，凸圜底。下腹及底饰横绳纹。底部有烟炱痕。口径 11.6、腹径 19.6、高 14.6 厘米（图一五八，2；图版二九，2 右）。

陶罐　2 件。泥质灰陶。侈口，翻折沿，方唇，束颈，圆肩，肩有对称双鼻耳，圆鼓腹，凹底稍深。颈上端饰一道凹弦纹，肩至中腹饰竖绳纹间五或四道抹痕，下腹及底饰斜绳纹。M24：1，颈部凹弦纹下接一道凸弦纹。口径 12.8、腹径 28、底径 6.4、高 29~29.6 厘米（图一五八，1；图版二九，2 中）。M24：2，口径 10.8、腹径 23.2、底径 6.4、

图一五七　汉墓 M24 平面图
1、2.陶罐　3.陶釜

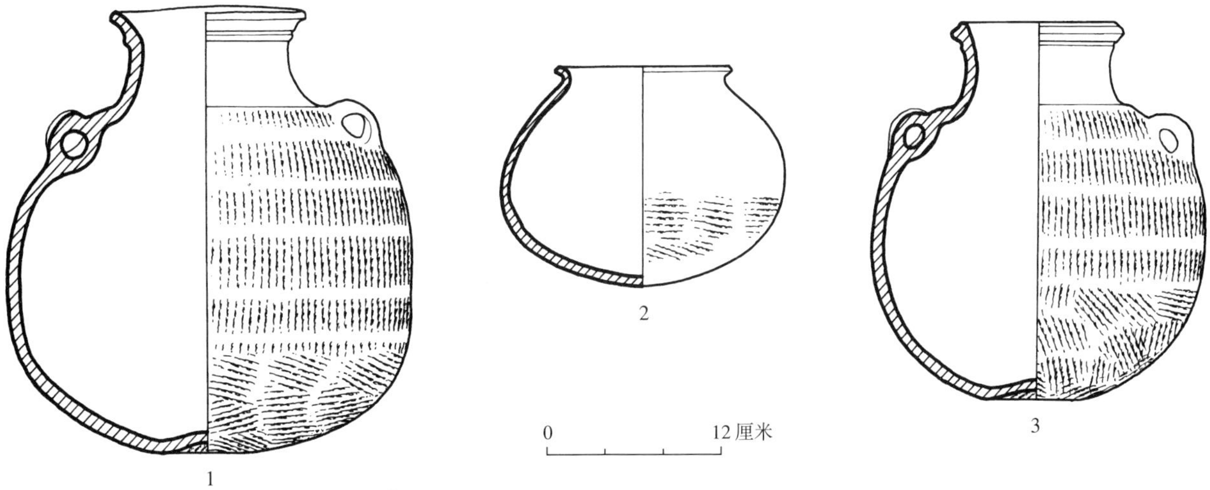

图一五八　汉墓 M24 出土陶器
1、3.罐（M24：1、2）　2.釜（M24：3）

高 25 厘米（图一五八，3；图版二九，2 左）。

M26

方向 215°。"凸"字形竖穴土坑单室砖墓。墓口距地表约 0.3 米。上部遭到破坏。墓圹口长 2.92、宽 1.25 米，底同口大，深 0.46 米。南设斜坡墓道，墓道上口平面残长 0.5、残宽 0.98～1.1 米，底坡残长 0.52 米，坡度 15°。土圹内填硬质灰褐夹少量灰白色花土。砖室长方形，内空长 2.55、宽 0.75、残高 0.45 米。东、西、北壁于一层"人"字形平铺地砖上砌筑，条砖顺向错缝叠砌 10 层以楔形砖起券，券砖残存 1 层，东、西壁因挤压而内敛。南部封门墙呈外弧形，条砖横行错缝叠砌，残存 5 层。条砖规格为 31×15×3.5 厘米，单平面饰绳纹；楔形砖规格为 31×15.5×（3～3.5）厘米，素面。葬具无存，人骨朽尽。6 件随葬器物除 1 件陶罐置于墓室内东北角外，余均置于墓室内南部。据随葬器物及墓道位置推测头向西南（图一五九）。

陶罐　2 件。泥质青灰陶。圆唇。M26：2，侈口，翻沿，束颈，溜肩，肩有对称双鼻耳，圆鼓腹，凹底稍深。肩及中腹饰竖绳纹间四道抹痕，下腹及底饰斜绳纹。口径 16.8、腹径 26.4、底径 7.2、高 28.4 厘米（图一六〇，1；图版三〇，1 后中）。M26：3，直口微敛，圆唇，短领，圆肩，上腹鼓，以下弧收，平底微凹。上承博山盖。肩、中腹各饰二道凹弦纹，盖面模印纹饰不清。口径 7.2、腹径 16、底径 7.2、体高 11.4、通高 17.2 厘米（图一六〇，3；图版三〇，1 后右）。

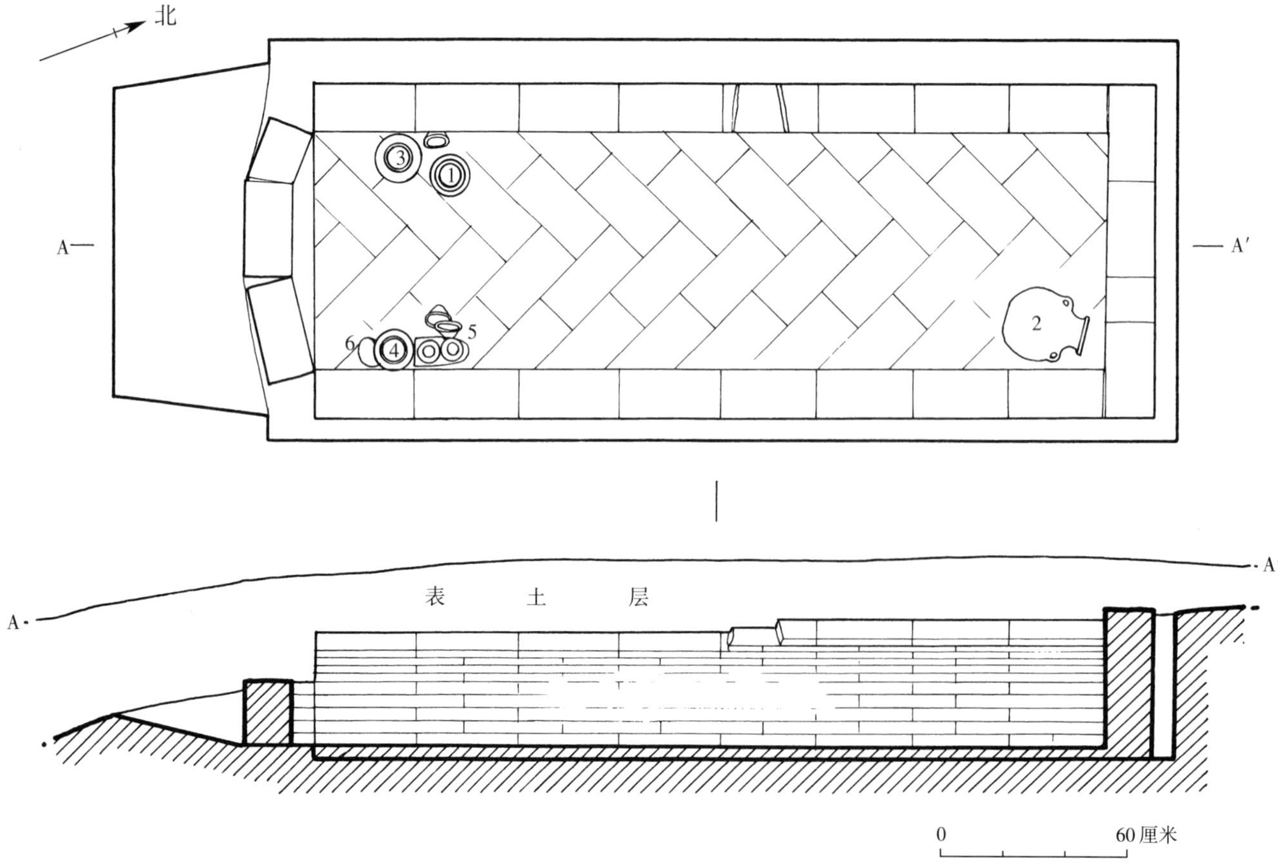

图一五九　汉墓 M26 平、剖面图

1. 陶仓　2、3. 陶罐　4. 陶井　5. 陶灶　6. 漆耳杯

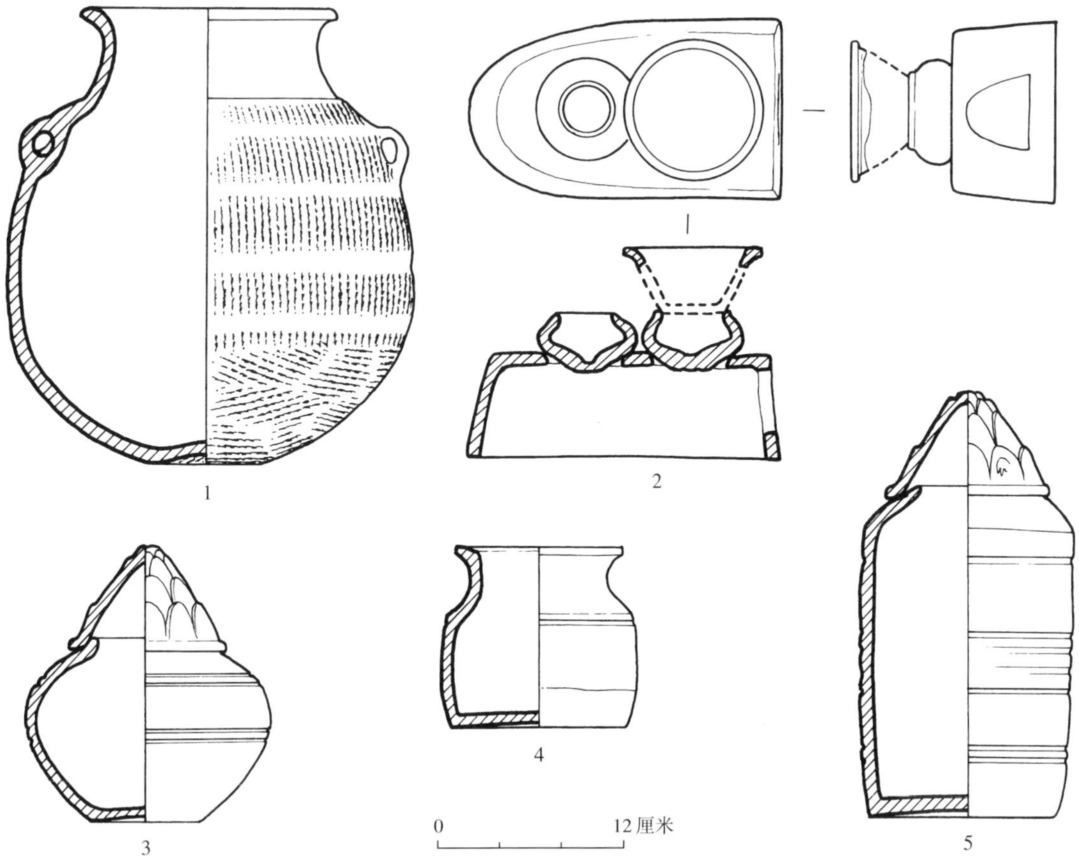

图一六〇 汉墓 M26 出土陶器

1、3.罐（M26：2、3） 2.灶（M26：5） 4.井（M26：4） 5.仓（M26：1）

陶灶 1件。M26：5，体泥质灰陶，釜、甑或锅泥质红陶。灶体平面呈前方后圆形，斜直壁，灶面有两个等大火眼，前壁中部开一半圆形灶门。火眼上置二釜一甑或锅，釜敛口，圆唇，溜肩，扁鼓腹，小平底；甑或锅仅存口部，敞口，翻折沿，方唇，弧腹内收。灶体长20、前宽11.2、高6.6厘米（图一六〇，2；图版三〇，1前右）。

陶仓 1件。M26：1，泥质青灰陶。敛口，圆唇，折肩，上腹近直，中腹微鼓，近底部略收，平底微凹。上承博山盖。腹间饰五道凹弦纹，盖面模印纹饰不清。口径6.8、腹径13.6、底径12、体高20.6、通高26.4厘米（图一六〇，5；图版三〇，1后左）。

陶井 1件。M26：4，泥质褐陶。侈口，翻折沿，方唇，束颈，斜折肩，腹微鼓，平底微凹。肩饰一道凹弦纹。口径10.8、腹径12.6、底径11.2、高11.2厘米（图一六〇，4；图版三〇，1前左）。

漆耳杯 1件。M26：6，胎已朽，仅存漆皮。

M27

方向30°。长方形竖穴土坑木椁墓。墓口距地表约0.4米，长2.46、宽1.4米，底长2.56、宽1.4米，深2.23米。坑壁粗糙。填软质灰白夹灰褐色花土。单椁单棺，仅余腐痕。椁室平面呈长方形，椁痕长2.24、宽1.06、高0.37、板痕厚0.06米。棺位于椁内西部，棺痕长1.9、宽0.57、高

0.09、板痕厚 0.04 米。人骨朽尽，葬式不明。5 件随葬器物置于椁内棺外东北部。据随葬器物位置推测头向东北（图一六一）。

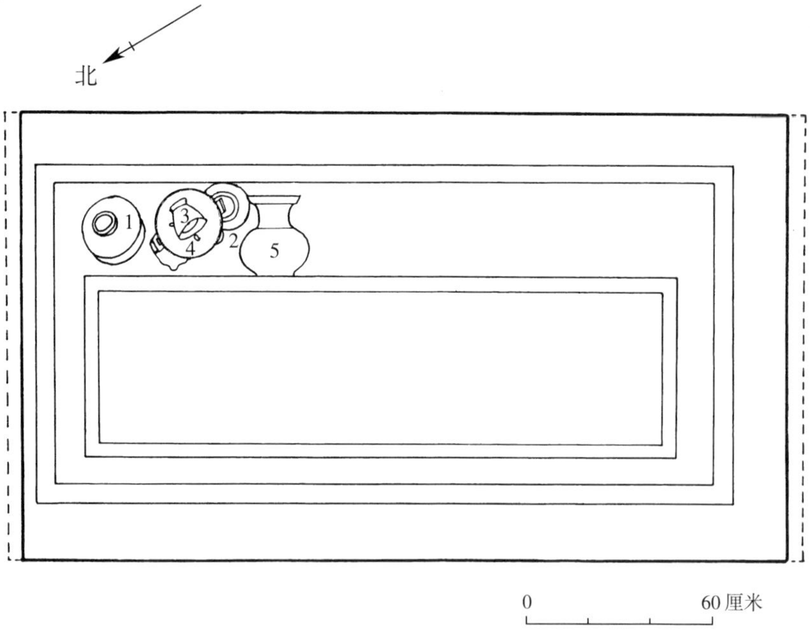

陶鼎　1 件。M27：2，泥质灰陶。子母口，圆唇，折肩，微鼓腹，长方形附耳外撇，无耳孔，凸圜底，三较高蹄足直立，下端外撇，足断面呈外圆内平的半圆形。上承浅折盘状盖，盖周有三立鸟状纽。上腹、盖中部各饰二或一道凹弦纹。口径 15.2、腹径 20.4、体高 15、通高 20.4 厘米（图一六二，1；图版三〇，2 后左）。

陶盒　1 件。M27：1，泥质灰陶。子母口，圆唇，折肩，弧腹内收，平底微凹。上承覆碗状盖，弧壁，浅宽圈足状捉手。腹饰两道凹弦纹。口径

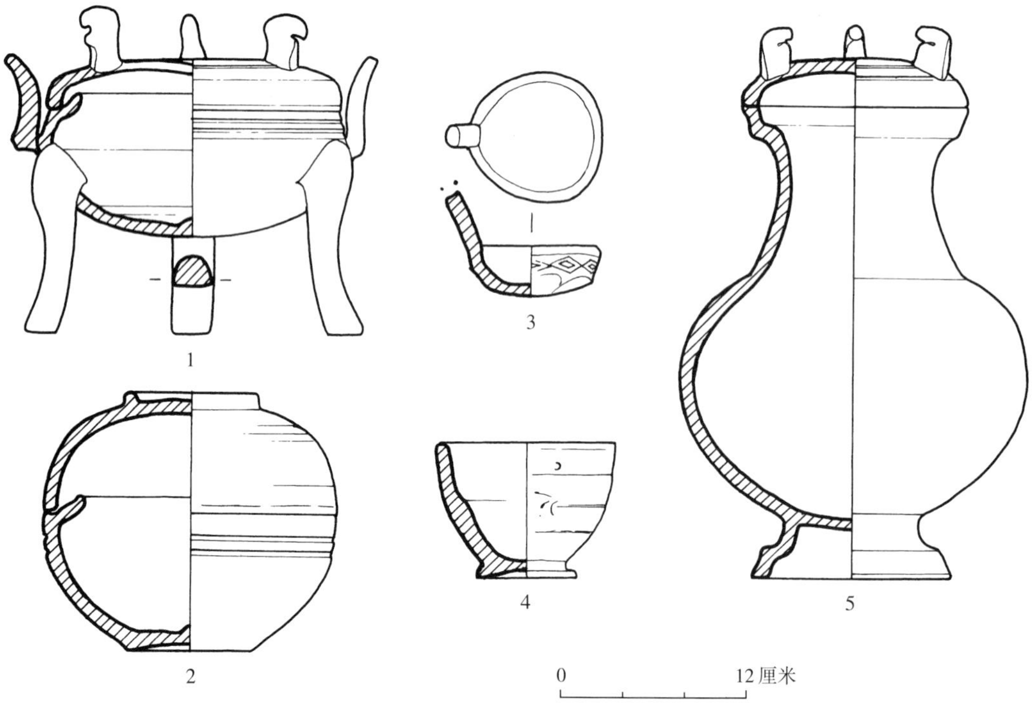

图一六一　汉墓 M27 平面图
1.陶盒　2.陶鼎　3.陶杯　4.陶勺　5.陶壶

0　　　　　　60 厘米

0　　　　　　12 厘米

图一六二　汉墓 M27 出土陶器
1.鼎（M27：2）　2.盒（M27：1）　3.勺（M27：4）　4.杯（M27：3）　5.壶（M27：5）

14.4、肩径19.2、底径8、体高9.6、通高16厘米（图一六二，2；图版三〇，2后右）。

　　陶壶　1件。M27：5，泥质灰陶。盘口，平折沿，平唇，束长颈，溜肩，圆鼓腹，凸圜底近平，盘口状浅圈足。上承浅折盘状盖，盖周有三立鸟状纽。盖面饰三道凹弦纹。口径14.4、腹径22.4、圈足径12.8、体高29.4、通高34.4厘米（图一六二，5；图版三〇，2后中）。

　　陶杯　1件。M27：3，泥质黑衣褐陶。敞口，圆唇，弧腹下收，饼状底，外底微凹。器表红彩大部分脱落。口径11.6、底径6.4、高8.4厘米（图一六二，4；图版三〇，2前左）。

　　陶勺　1件。M27：4，泥质黑衣褐陶。敞口，圆唇，上腹斜直，向下折收，凸圜底，底部有刀削痕。口部斜立一柄，首残。外壁彩绘一周红色菱形纹。口径8、体高3、残高6.4厘米（图一六二，3；图版三〇，2前右）。

M28

　　方向15°。长方形竖穴土坑木椁墓。墓口距地表约0.4米，长2.58、宽1.65米，底长2.52、宽1.6米，深1.66~1.75米。坑壁规整光滑。填软质灰白夹灰褐色花土。单椁单棺，仅余腐痕。椁室平面呈"Ⅱ"形，椁痕长2.14、宽1.16、高0.2、板痕厚0.06米。棺位于椁内西部，棺痕长2.01、宽0.6、高0.12、板痕厚0.04米。残存部分牙齿及椎、肋、肢骨，可知头向北，面朝东，侧身屈肢葬。4件随葬器物置于椁内棺外东部（图一六三）。

　　陶鼎　1件。M28：2，泥质灰陶。子母口，折沿，方唇，折肩，微鼓腹，长方形附耳内聚，上端外折，耳孔对穿，圜底，三蹄足微外撇，足断面呈外圆内平的半圆形。上承浅弧盘状盖，盖周有三环纽。中腹、盖各饰一道凸、凹弦纹。口径18、腹径23.6、体高16.2、通高22.6厘米（图一六四，1；图版三一，1右）。

　　陶甗　1件。M28：3，泥质灰陶。上甑下釜扣合。甑敞口，斜折沿，口内侧下部有一周凸棱，外沿面有一道浅凹槽，微束颈，折肩，弧腹内收，凸圜底略残，底部有放射状算孔，浅宽圈足。釜微侈口，折沿，方唇，短颈，圆肩，扁鼓腹，腹中部外突一道较宽的凸棱，平底微凹。釜肩部饰一道凹弦纹。甑口径25.6、肩径22.8、圈足径13.6、高10、釜口径10、腹径22.8、底径8、高14.6、通高23.4厘米（图一六四，4；图版三一，1左）。

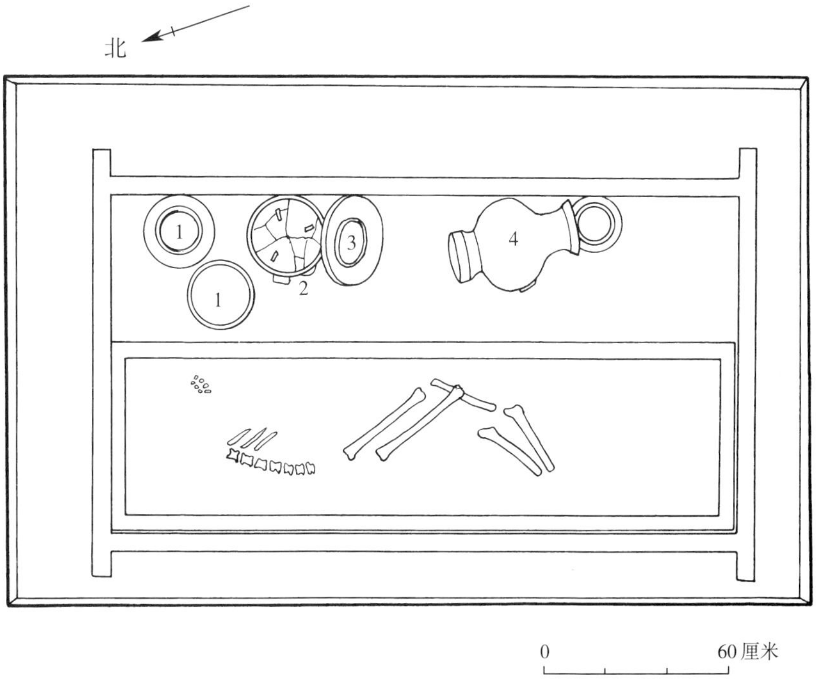

　　陶盒　1件。M28：1，泥质青灰陶。子母口，圆唇，

图一六三　汉墓M28平面图

1. 陶盒　2. 陶鼎　3. 陶甗　4. 陶壶

折肩，弧腹内收，凸圜底近平，浅宽圈足。上承覆碗状盖，浅宽圈足状捉手。口径 17.6、肩径 20.2、圈足径 8.8、体高 10.4、通高 17.6 厘米（图一六四，2；图版三一，1前）。

　　陶壶　1件。M28：4，泥质灰陶。深盘口，折沿，尖唇，束颈，溜肩，肩有对称兽面铺首衔环，圆鼓腹，凸圜底，盘口状较高圈足。上承子口弧壁盖，盖周立三个卧鸟形纽。肩、中腹各饰一道宽带纹，盖饰一道凹弦纹。口径 17.6、腹径 28、圈足径 18.4、体高 37.6、通高 45 厘米（图一六四，3；图版三一，1后）。

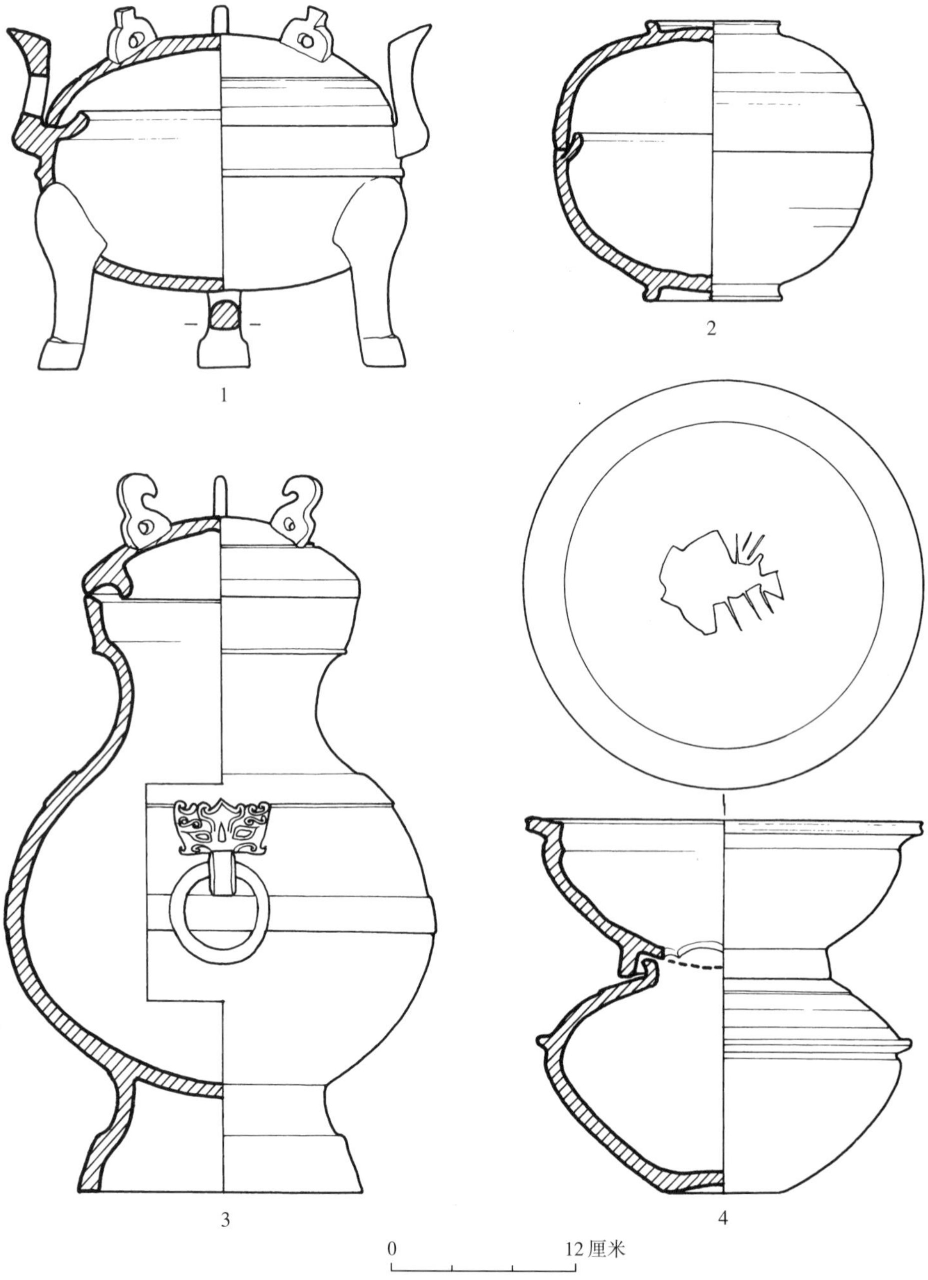

图一六四　汉墓 M28 出土陶器
1. 鼎（M28：2）　2. 盒（M28：1）　3. 壶（M28：4）　4. 瓿（M28：3）

M29

方向2°。长方形竖穴土坑木椁墓。墓口距地表约0.6~1.4米，上部遭到破坏。墓口长2.16、宽1.2米，底同口大，深0.3米。坑壁粗糙。填软质灰褐夹灰白色花土。单椁单棺，仅余腐痕。椁室平面呈"Ⅱ"形，椁痕长2.12、宽0.96~1、高0.3、板痕厚0.06米。棺位于椁内西部，棺痕长1.88、宽0.48、高0.1、板痕厚0.04米。人骨朽尽，棺内北部残存1枚牙齿，可知头向北，葬式不明。4件随葬器物置于椁内棺外东北部（图一六五）。

陶鍪 1件。M29:2，上部泥质、下部夹砂灰陶。侈口，翻沿，圆唇，束颈，溜肩，肩有双弓耳，一耳残，扁鼓腹，凸圜底。颈、肩各饰一周凸、凹弦纹，下腹及底饰斜绳纹。口径12.4、腹径19.8、高19厘米（图一六六，1；图版二九，3后右）。

陶盂 2件。微敛口，圆唇，腹上部略鼓，下腹弧收，平底微凹。M29:3，泥质灰陶。口径14、底径5.2、高6.6厘米（图一六六，3；图版二九，3前右）。M29:4，泥质黑衣灰陶。口径14.8、底径6.4、高5厘米（图一六六，4；图版二九，3前左）。

陶罐 1件。M29:1，泥质灰陶。侈口，翻沿，沿内侧一周内凹，尖唇，束颈，溜肩，肩有对称双鼻耳，鼓腹，浅凹底。颈饰瓦棱纹，肩至中腹饰竖绳纹间三道抹痕，下腹及底饰斜、交错绳纹。口径11.4、腹径21.4、底径6.4、高22.6厘米（图一六六，2；图版二九，3后左）。

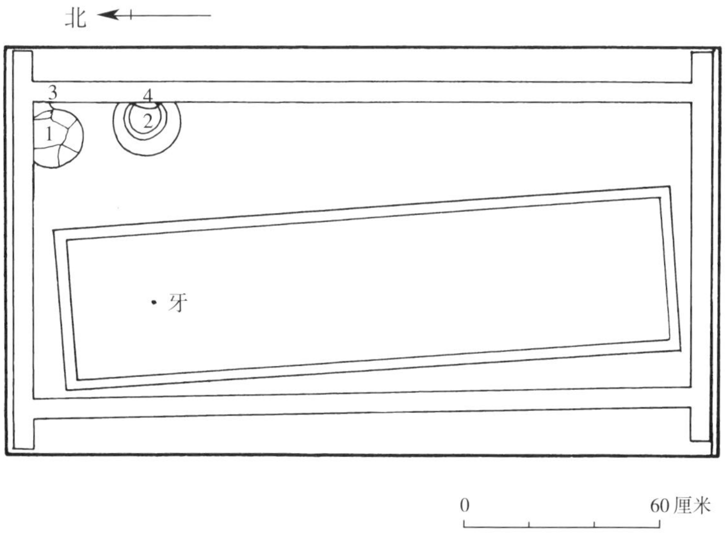

M147

方向287°。长方形竖穴土坑单室砖墓。墓口距地表0.24米，早期遭到严重破坏。长方形土圹，土圹西端两侧因砌筑封门墙而向外略扩，墓圹长4.02、东宽1.48、西宽

图一六五 汉墓 M29 平面图
1.陶罐 2.陶鍪 3、4.陶盂

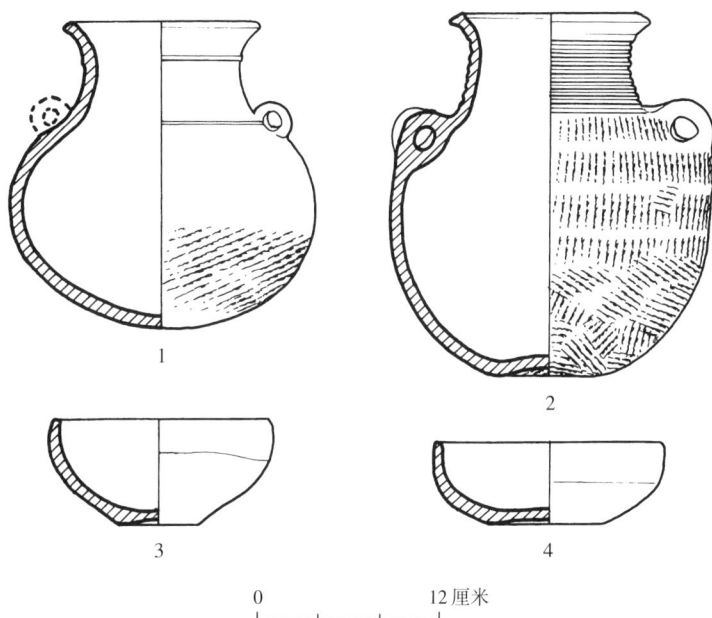

图一六六 汉墓 M29 出土陶器
1.鍪（M29:2）2.罐（M29:1）3、4.盂（M29:3、4）

1.64、深 0.8 米。内填黄褐色五花土。砖室长方形，内空长 3.5、宽 1.06、残高 0.69 米。东、南、北壁以条砖顺向错缝叠砌，分别残存 14、15、19 层，南、北壁起于铺底砖上，自下而上砌至 15 层时以楔形砖起券，铺地砖被严重扰乱，单层平铺，或纵或横。西部贴南北壁外侧以条砖错缝叠砌筑封门墙，略宽于墓室，残存 10 层。条砖规格为 31×15.5×4 厘米，楔形砖规格为 30.5×14 ×（3~4）厘米，砖单平面或饰绳纹，或素面。葬具及人骨均无存。17 件（枚）随葬器物残损严重，多散见于填土中。据封门墙位置推测墓葬头向西（图一六七）。

陶鼎　1件。M147：7，泥质红陶。子母口，圆唇，折肩，微鼓腹，中腹残，长方形附耳外撇，耳孔未穿，微凹底，三熊形直立足。上承博山盖。耳外壁上端饰小方格纹，两侧及下部饰连续菱形纹；盖面模印网格、菱形纹。器表、盖面施淡黄釉。口径 14.4、腹径 18.4 厘米（图一六八，1）。

陶罐　2件。泥质红陶。直口，方唇，短领，圆肩，上腹鼓，以下弧收，平底微凹。M147：8，甚残。未能修复。M147：10，肩及上腹各饰二道凹弦纹。口径 9.6、腹径 20、底径 9.6、高 14.2 厘米（图一六八，2）。

陶灶　1件。M147：12，泥质红陶。仅存两块残片。

陶仓　3件。泥质红陶。微敛口，圆唇，短直领，斜折肩，近直壁，平底微凹。腹壁间饰多

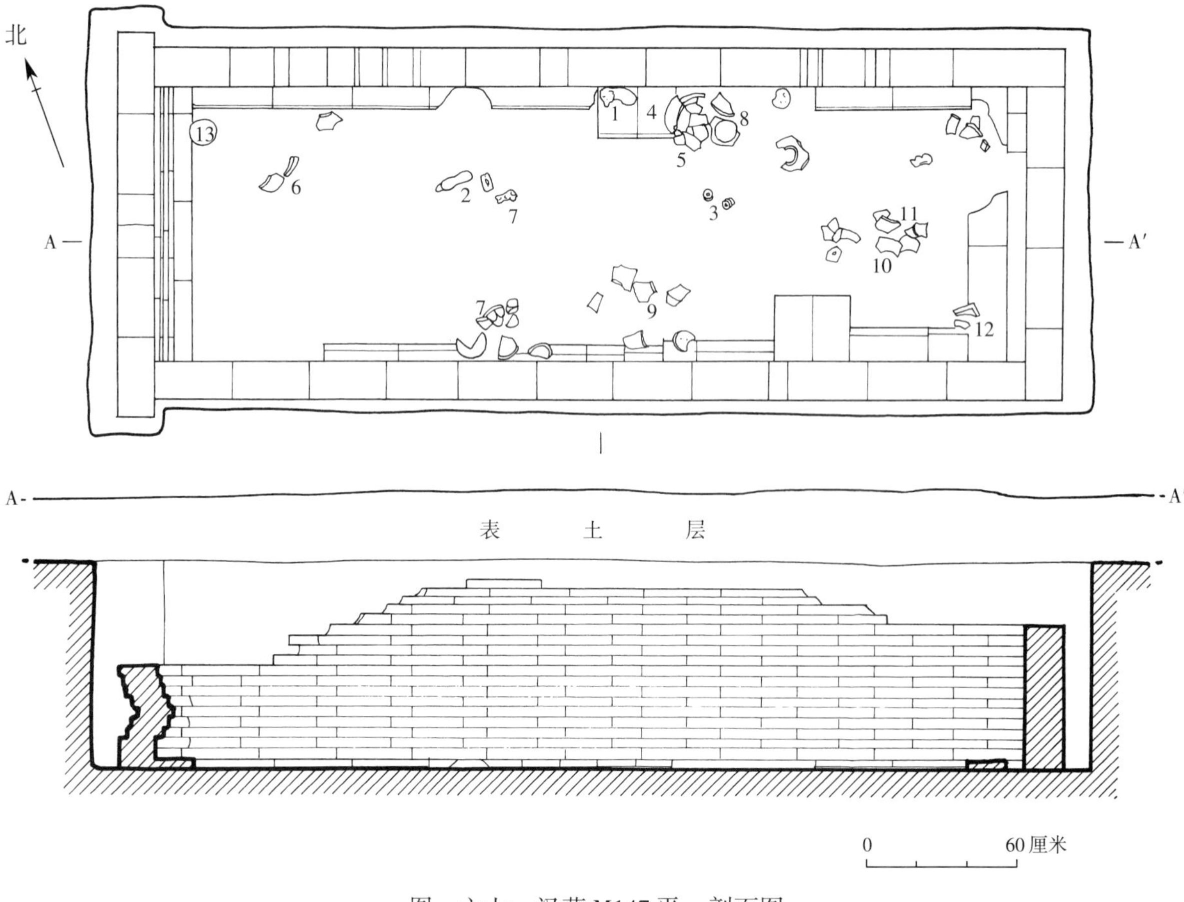

图一六七　汉墓 M147 平、剖面图

1. 陶狗　2. 陶圈　3. 铜"五铢"　4. 陶磨　5、9、11. 陶仓　6. 陶井　7. 陶鼎　8、10. 陶罐　12. 陶灶　13. 漆器

道凹弦纹。器表施黄绿釉。M147:9，上承博山盖。盖面模印纹饰模糊不清。盖面施淡黄釉。口径7.2、腹径14、底径13.2、体高23、通高28.6厘米（图一六八，4）。M147:5、11，均仅存残片，无法修复。

陶井　1件。M147:6，泥质红陶。侈口，翻折沿，尖唇，束短颈，斜折肩，斜直腹缓收，下腹及底残。外壁可见三道凹弦纹。器表施黄绿釉。口径13.2、残高10厘米（图一六八，7）。

陶磨　1件。M147:4，泥质红陶。上扇缺。下扇扇面隆起，高出磨盆，腹壁与盆底相连，腹中空。盆敞口，方唇，浅腹，壁斜直，平底，下部附三直立长方形扁足。器表施黄绿釉。扇面径8.6、盆口径18.4、底径15.4、残高8.4厘米（图一六八，3）。

陶圈　1件。M147:2，泥质灰陶。圈体无法修复，残存一猪。短嘴前伸，双耳及尾巴下垂，短腿站立，前背脊骨上凸，腹中空。素面。通长17.4、通高7.4厘米（图一六八，5）。

陶狗　1件。M147:1，泥质红陶。残半。卧伏状，昂首左顾，竖耳，眦目，腹中空。通体施

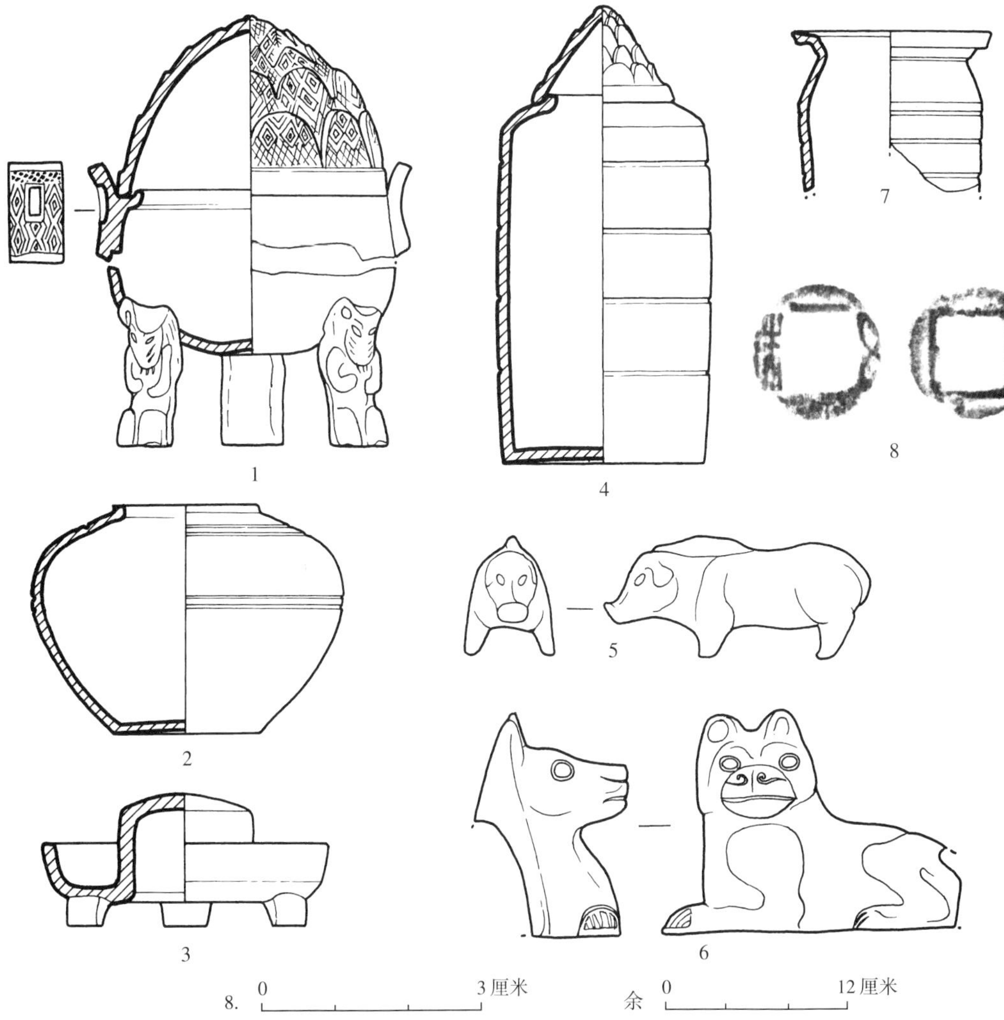

图一六八　汉墓M147出土器物

1.陶鼎（M147:7）　2.陶罐（M147:10）　3.陶磨（M147:4）　4.陶仓（M147:9）
5.陶圈（M147:2）　6.陶狗（M147:1）　7.陶井（M147:6）　8.铜"五铢"拓本（M147:3-1）

黄绿釉。残长 19.6、高 13.8 厘米（图一六八，6）。

铜"五铢" 5 枚。圆形，剪轮，方穿，穿背面四周及正面上部起郭。正面穿左右篆书"五铢"二字，"五"字缺右半部，"铢"字缺左半部，"五"交笔弯曲较甚，两横未出头，"铢"字"朱"之上笔方折，下笔圆折。M147：3-1，直径 1.7、穿边长 1 厘米（图一六八，8）。

漆器 1 件。M147：13，仅存漆皮。

M152

方向 23°。长方形竖穴土坑木椁墓。墓口距地表 0.3 米，长 2.36、宽 1.2 米，底长 2.28、宽 1.24 ~ 1.3 米，深 2.1 米。坑壁粗糙。填松软灰黄夹灰褐色花土。单椁，仅余腐痕。椁室平面呈"Ⅱ"形，椁痕长 2.16、宽 1.06、高 0.25、板痕厚 0.05 米。人骨已朽，残存牙齿和部分下肢骨，可知头向东北，仰身直肢葬式。25 件（枚）随葬器物除铜"半两"在人骨架两侧外，余置于椁内东部（图一六九）。

陶壶 1 件。M152：2，泥质灰陶。盘口，圆唇，束颈，溜肩，肩有对称兽面铺首衔环，扁鼓腹，圜底近平，盘口状深圈足。上承子口弧盘状盖，盖顶有三孔，推测为装纽所留，但无纽。肩、腹各饰一道宽带纹，颈部有多道旋痕，盖饰一道凹弦纹。口径 18.8、腹径 34.8、圈足径 20.8、体高 42、通高 47.2 厘米（图一七〇，1；图版三一，2 左 2）。

陶鍪 1 件。M152：4，上部泥质、下部夹砂灰陶。侈口，翻沿，外沿面有一周较深凹槽，尖唇，束颈，溜肩，肩有对称双鼻耳，鼓腹，凸圜底。中腹以下饰交错绳纹。口径 12、腹径 20.4、高 20.4 厘米（图一七〇，2；图版三一，2 右 2）。

陶鐎斗 1 件。M152：5，上部泥质、下部夹砂灰陶。侈口，翻沿，圆唇，束颈，溜肩，扁鼓腹，凸圜底，下部有三小锥状足，肩部斜上伸一圆空柄。口径 14.4、腹径 16、高 12.6 厘米（图一七〇，5；图版三一，2 左 1）。

陶罐 1 件。M152：3，泥质灰陶。侈口，翻折沿，外沿面有一周浅凹槽，方唇，束颈，圆肩，颈肩相交处有折棱，肩有对称双鼻耳，圆鼓腹，浅凹底。颈饰多道凹弦纹，肩至中腹饰竖绳纹间四道抹痕，以下饰交错绳纹。口径 12、腹径 22、底径 6.4、高 21.8 厘米（图一七〇，3；图版三一，2 右 1）。

铜镞 1 件。M152：9，灰绿色。三棱形尖锋，铤残。残长 3.4 厘米（图一七〇，8；彩版五，6）。

铜"半两" 17 枚。圆形，方穿，正面有外郭。正面穿左右

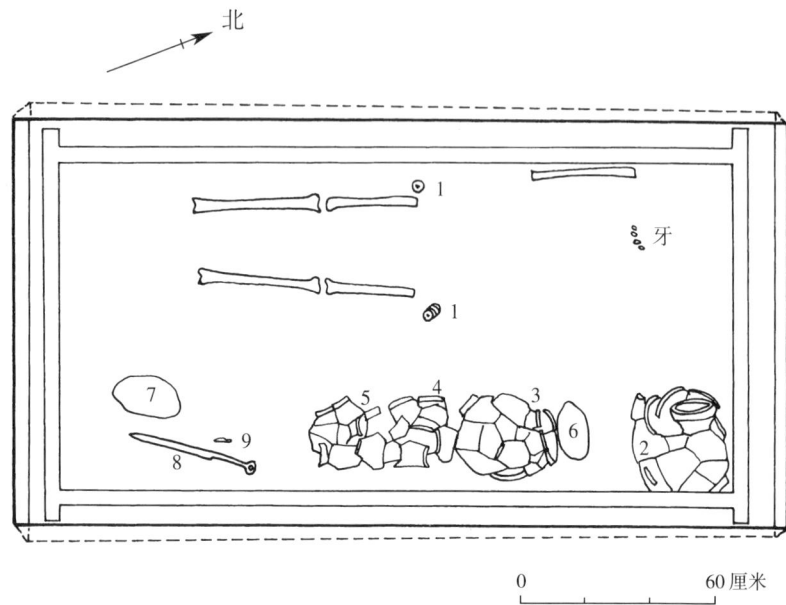

图一六九　汉墓 M152 平面图
1.铜"半两"　2.陶壶　3.陶罐　4.陶鍪　5.陶鐎斗
6、7.漆器　8.铁削刀　9.铜镞

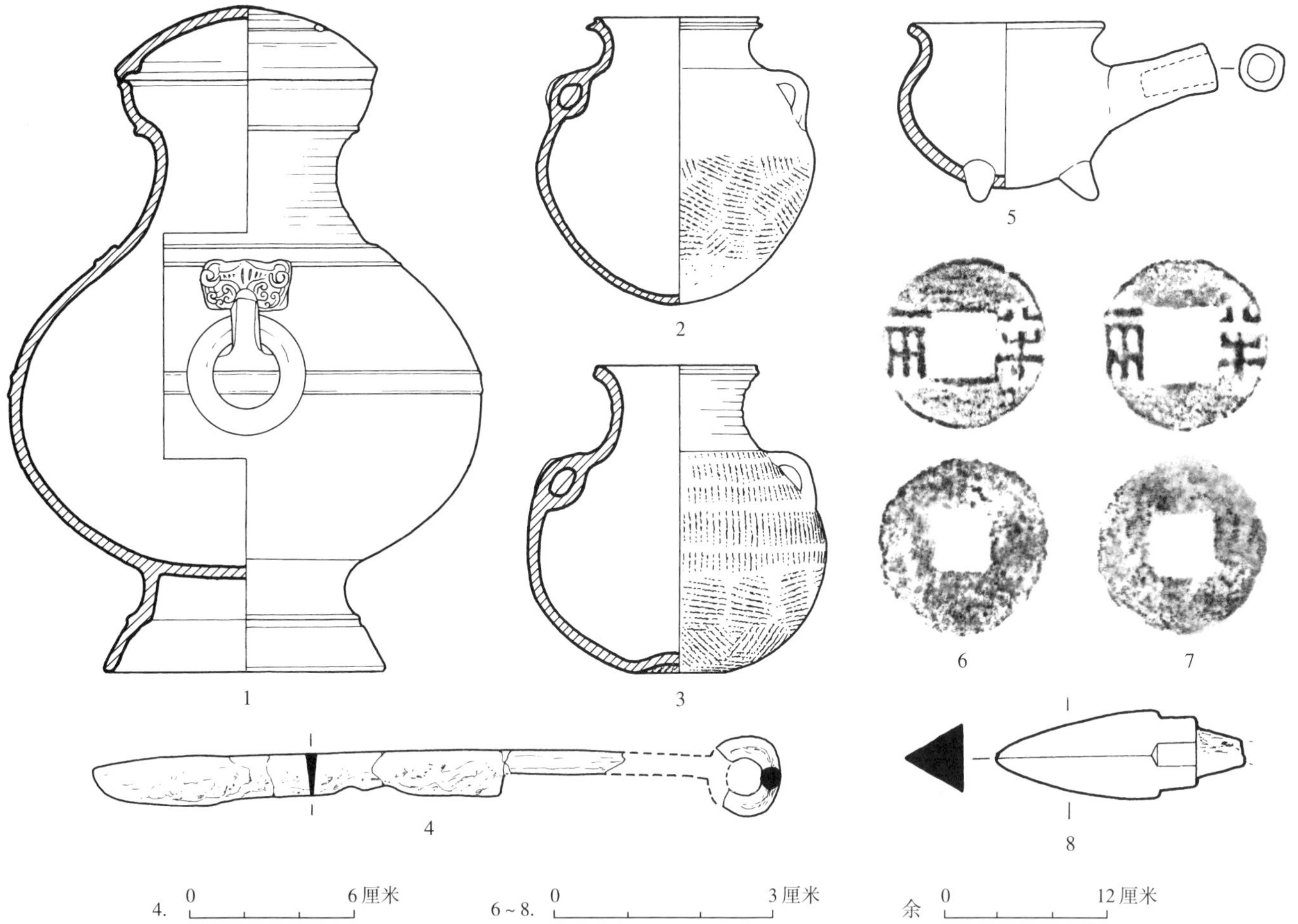

图一七〇 汉墓 M152 出土器物

1. 陶壶（M152:2） 2. 陶鍪（M152:4） 3. 陶罐（M152:3） 4. 铁削刀（M152:8）
5. 陶镰斗（M152:5） 6、7. 铜"半两"拓本（M152:1-1、1-2） 8. 铜镞（M152:9）

篆书"半两"二字，笔画较粗，"半"字下横较长。M152:1-1，"两"之内"人"字简化为两点。直径2.3、穿边长0.9厘米（图一七〇，6）。M152:1-2，"两"之内"人"字头短。直径2.2、穿边长0.9厘米（图一七〇，7）。

铁削刀 1件。M152:8，锈蚀较严重。背微弧，厚背薄刃，环首，柄部分残。残长约25、最宽处1.8、最厚处0.4厘米（图一七〇，4）。

漆器 2件。M152:6、7，仅存漆皮，器形不明。

M153

方向21°。长方形竖穴土坑墓。墓口距地表0.25米，长2.32、宽1.16～1.2米，底长2.22、宽0.66米，深1.2米。坑壁粗糙。墓底东、西面设生土二层台，上距墓口0.91米，东、西台面分别宽0.18、0.16米，墓底北部设半龛，高0.3、宽0.66、深0.03米。填软质灰白夹灰褐色花土。单棺，仅余腐痕。棺痕长1.89、宽0.64、高0.3米。人骨朽尽，棺内北部残存1枚牙齿，可知头向北，葬式不明。3件随葬器物置于棺外北部（图一七一）。

陶镰斗 1件。M153:2，上部泥质、下部夹砂褐陶。侈口，翻沿，外沿面一周浅凹槽，尖

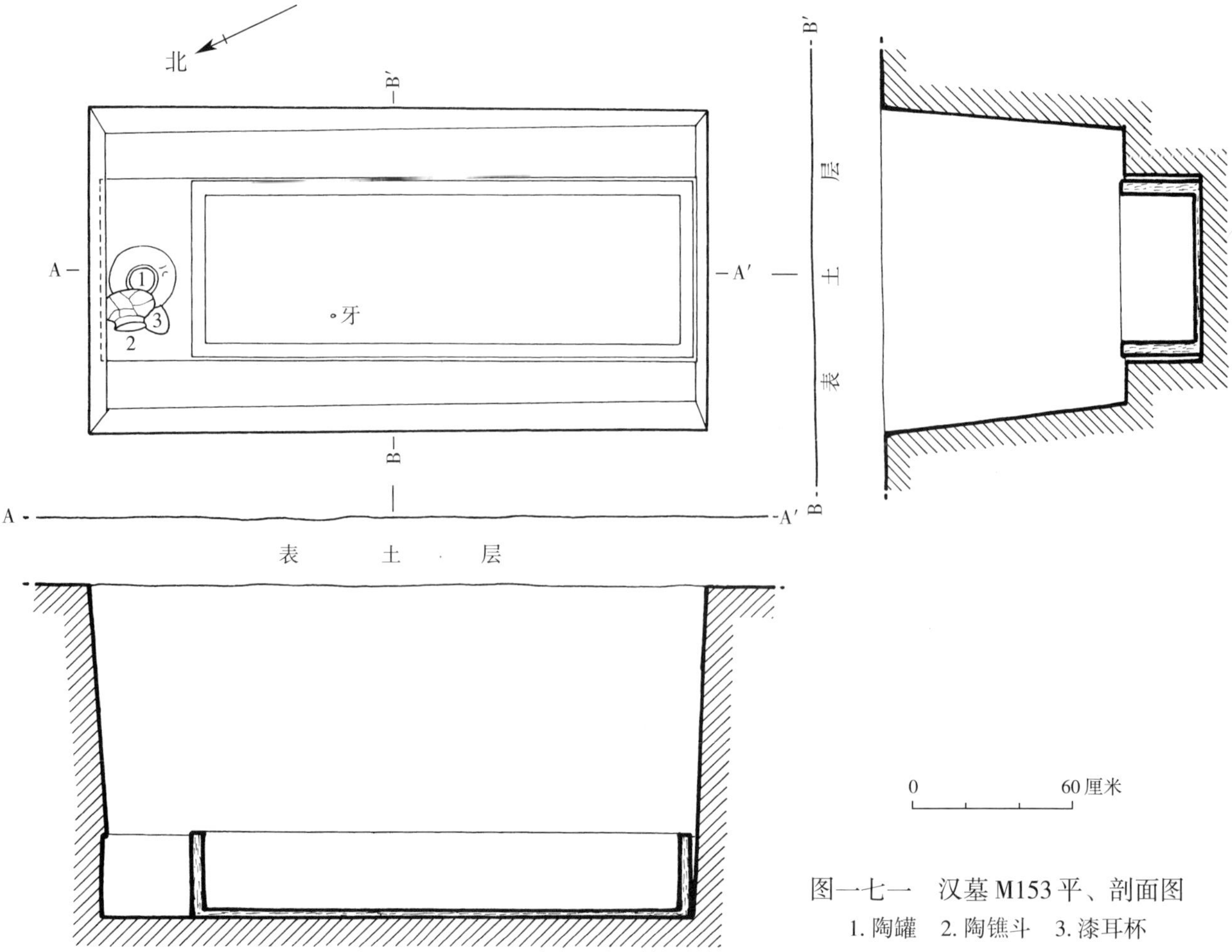

北

表　土　层

A —　　　　　　　　　　　— A'

表　土　层

0　　　　　　60厘米

图一七一　汉墓 M153 平、剖面图
1. 陶罐　2. 陶镳斗　3. 漆耳杯

0　　　　　12厘米

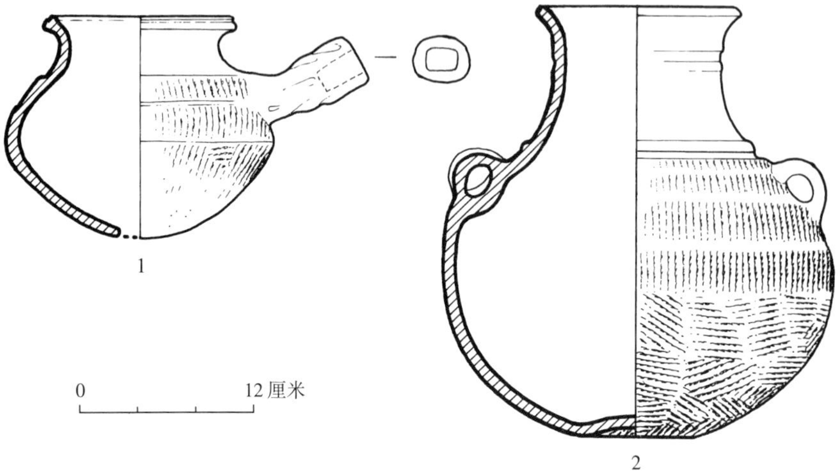

图一七二　汉墓 M153 出土陶器
1. 镳斗（M153：2）　2. 罐（M153：1）

唇，束颈，溜肩，肩斜上伸一柄，柄尾端上翘，柄根部实心，尾端有长方形孔，扁鼓腹，凸圜底，底稍残。肩、上腹饰竖绳纹间一道抹痕，中腹以下饰竖绳纹。口径 12.4、腹径 18.4、高 14.6 厘米（图一七二，1；图版三二，1右）。

陶罐　1件。M153：1，泥质灰陶，腹部有一块呈黑色。侈口，翻沿，圆唇，束颈，溜肩，肩有对称双鼻耳，圆鼓腹，浅凹底。颈饰一道凹弦纹，颈、肩结合部饰一道凸弦纹，肩至中腹饰竖绳纹间三道抹痕，以下饰横、斜绳纹。口径14、腹径26.8、底径8、高28.4厘米（图一七二，2；图版三二，1左）。

漆耳杯 1件。M153：3，仅存漆皮，内红外黑。

M154

方向15°。长方形竖穴土坑墓。墓口距地表0.25米，长2、宽0.98～1米，底长1.98、宽0.84～1.04米，深1.46米。南壁及东、西壁南大部内收，北壁及东、西壁北端略外扩，坑壁粗糙。填土分二层，上层填灰白夹灰褐色花土，厚1米，土质较软；下层填灰褐夹灰白色花土，厚0.46米，土质较硬。单棺，仅余腐痕。棺痕长1.78、宽0.5、高0.26、板痕厚0.04米。人骨朽尽，棺内北部残存数枚牙齿，可知头向北，葬式不明。5件随葬器物置于棺外北部（图一七三）。

陶盂 2件。泥质灰陶。平底微凹。M154：2，敛口，方唇，上腹微鼓，下腹弧收。素面。器内有粟痕。口径16.4、底径6.4、高5.8厘米（图一七四，1；图版三二，2前左）。M154：3，敞口，圆唇，上腹斜直，中腹内折，下腹斜收。腹间饰三道凹弦纹。口径16.8、底径5、高5.4厘米（图一七四，2；图版三二，2前右）。

陶罐 2件。侈口，翻沿，圆唇，束颈，溜肩，颈肩相交处有折棱，肩有对称双鼻耳，圆鼓腹，凹底较深。下腹至底饰横、斜绳纹。M154：1，泥质黑衣褐陶。上腹饰竖绳纹。口径11、腹径21.5、底径4.8、高20.8厘米（图一七四，3；图版三二，2后左）。M154：4，泥质灰陶。颈饰多道凹弦纹，肩至中腹饰竖绳纹间三道抹痕。口径12、腹径21.5、底径6、高21.6厘米（图一七四，4；图版三二，2后右）。

漆耳杯 1件。M154：5，仅存漆皮。

M155

方向17°。长方形竖穴土坑木椁墓。墓口距地表约0.3米，长2.3、宽1.44米，底长2.38、宽1.34～1.4米，

图一七三 汉墓M154平面图
1、4.陶罐 2、3.陶盂 5.漆耳杯

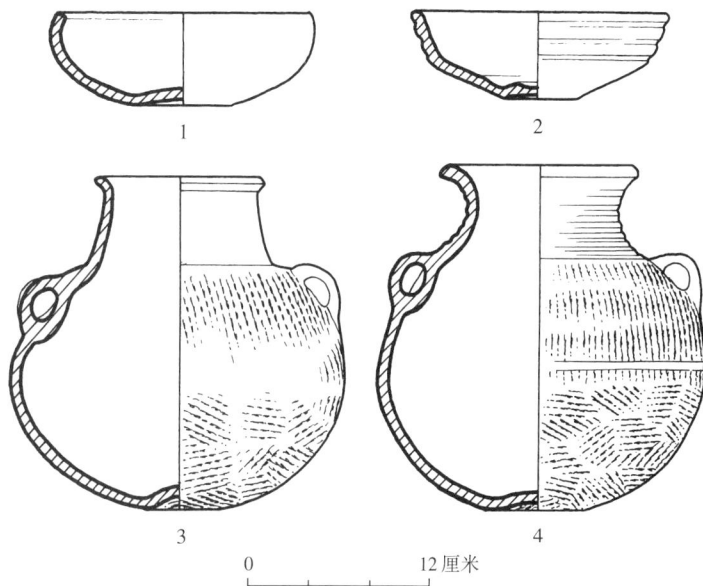

图一七四 汉墓M154出土陶器
1、2.盂（M154：2、3） 3、4.罐（M154：1、4）

深 1.3 米。坑壁规整光滑，经人工修整。填硬质黄褐夹灰白色花土。单椁单棺，仅余腐痕。椁室平面呈"Ⅱ"形，椁痕长 2.25、宽 1.18、高 0.17 ~ 0.24、板痕厚 0.06 米。棺位于椁内东部偏南，棺痕长 1.79、宽 0.48、高 0.1、板痕厚 0.04 米。人骨朽尽，棺内北部残存数枚牙齿，可知头向北，葬式不明。4 件随葬器物分置于椁内棺外北、西北部（图一七五）。

图一七五　汉墓 M155 平面图
1. 铁削刀　2、4. 陶罐　3. 陶釜

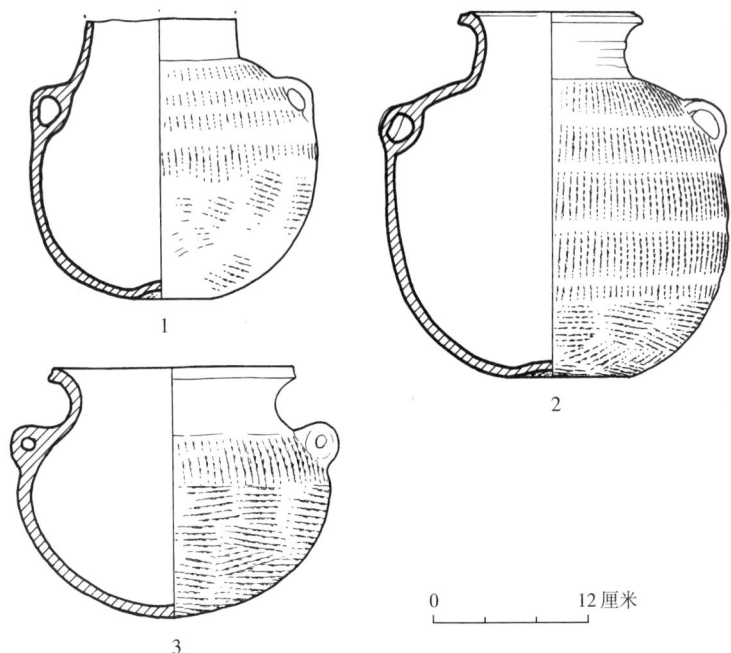

陶釜　1 件。M155：3，上部泥质、下部夹砂黑衣褐陶。侈口，翻折沿，外沿面有一道浅凹槽，尖唇，束颈，溜肩，肩有对称双弓耳，扁鼓腹，凸圜底。肩饰竖绳纹，以下满饰横、斜绳纹。中腹以下有烟炱痕。口径 18.8、腹径 24、高 18.4 厘米（图一七六，3）。

陶罐　2 件。泥质灰陶。束颈，溜肩，肩有对称双鼻耳，圆鼓腹，凹底。肩至中腹饰竖绳纹间四或三道抹痕，以下饰横、斜绳纹。M155：2，侈口，翻折沿，沿面起一周凸棱。颈饰凹弦纹不明显。口径 13、腹径 26.4、底径 9.6、高 27 厘米（图一七六，2；图版三二，3左）。M155：4，口部残。腹径 22、底径 5.2、残高 20.5 厘米（图一七六，1；图版三二，3右）。

铁削刀　1 件。M155：1，锈蚀严重（未起取）。环首，厚背薄刃。长 24、宽 3 厘米（工地实测尺寸）。

M156

方向 17°。长方形竖穴土坑木椁墓。墓口距地表 0.1 ~

图一七六　汉墓 M155 出土陶器
1、2. 罐（M155：4、2）　3. 釜（M155：3）

0.15 米，长 2.3、宽 1 ~ 1.04 米，底长 2.2、宽 1.04 ~ 1.1 米，深 1.4 米。坑壁规整光滑。填软质黄褐夹灰白色花土，含少量炭屑，出土 1 件铁锸和少量残陶片。单椁单棺，仅余腐痕。椁室平面呈长方形，椁痕长 1.95、宽 0.9、高 0.5、板痕厚 0.05 米。棺位于椁内西部，仅存底板痕，长 1.86、宽 0.4 米。人骨朽尽，棺内北部残存数枚牙齿，可知头向北，葬式不明。4 件随葬器物置于椁内棺外东部（图一七七）。

随葬器物：

陶罐　2 件。侈口，翻沿，圆唇，束颈，溜肩，颈肩相交处有折棱，肩有对称双鼻耳，圆鼓腹，凹底较深。肩至中腹饰竖绳纹间三或二道抹痕，以下饰横、斜绳纹。M156：1，颈以上泥质褐陶，颈以下泥质灰陶。颈饰弦纹不明显。口径 13、腹径 24.4、底径 8.4、高 26.5 厘米（图一七八，1；图版三三，1 左）。M156：2，泥质灰陶。口径 12.4、腹径 21、底径 7.6、高 23.2 厘米（图一七八，2；图版三三，1 右）。

漆耳杯　2 件。M156：3、4，仅存漆皮。

填土器物：

铁锸　1 件。M156：01，锈蚀严重。残存刃部，平面呈 “U” 形，上端有长方形銎，上部中空，下部实心，弧刃，刃纵断面呈 “V” 形。残高 6.6 厘米（图一七八，3）。

M157

方向 16°。长方形竖穴土坑木椁墓。墓口距地表 0.2 ~ 0.3 米，口长 3.26、宽 1.85 米，底同口大，深 3.7 ~ 3.8 米。坑壁规整光滑。填硬

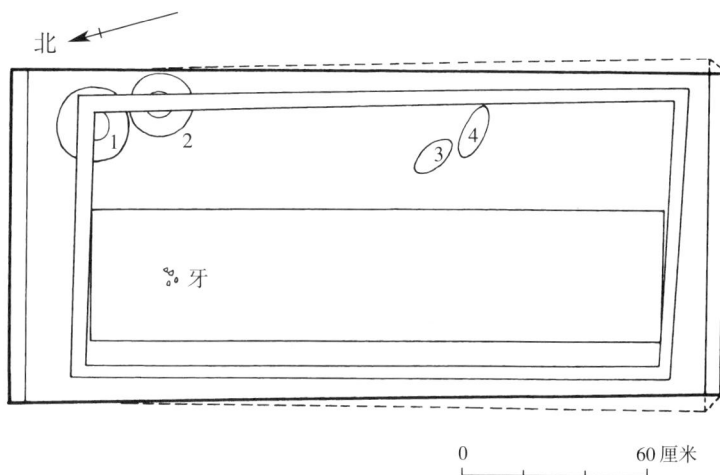

图一七七　汉墓 M156 平面图
1、2. 陶罐　3、4. 漆耳杯

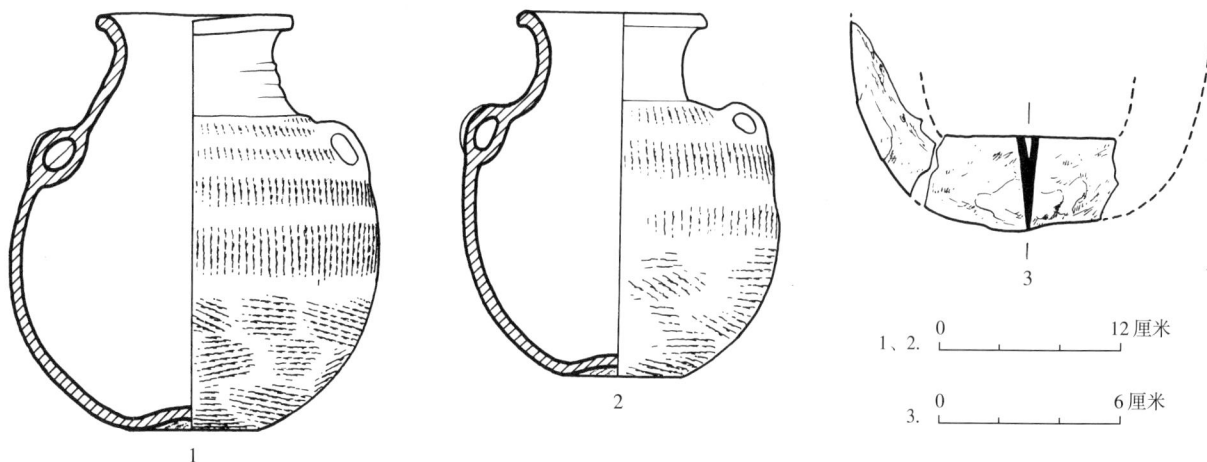

图一七八　汉墓 M156 出土器物
1、2. 陶罐（M156：1、2）　3. 铁锸（M156：01）

质黄褐夹灰白色花土。单椁单棺，仅余腐痕。椁室平面呈长方形，椁痕长3.08、宽1.66、高0.7、板痕厚0.06米。棺位于椁内中部偏南，棺内壁髹红漆，棺痕长2.2、宽0.8、高0.06、板痕厚0.05米。人骨朽尽，葬式不明。10件随葬器物置于椁内棺外北部。据随葬器物位置推测头向北（图一七九）。

陶鼎　2件。泥质灰陶。子母口，方唇，折肩，弧腹内收，长方形附耳外撇，耳孔对穿，凸圜底近平，三人面蹄足直立，下端外撇。上承微折盘状盖。素面。器内有粟腐痕。M157：2，口径18.4、腹径20.4、体高15、通高21厘米（图一八〇，1；图版三四，1后左）。M157：3，未能修复。

陶盒　2件。泥质灰陶。子母口，圆唇，折肩，壁自肩部以下收，平底微凹。上承覆钵状盖。M157：8，底残。盖折壁，顶微上凸。盖饰一道凹弦纹。口径17.2、肩径20、残高13.6厘米（图一八〇，2）。M157：10，盖顶下凹。素面。口径17.2、肩径20、底径7.2、体高8.2、通高15厘米（图一八〇，3；图版三四，1中左）。

陶壶　1件。M157：7，泥质灰陶。大侈口，翻沿，尖圆唇，束颈，广肩，肩有对称兽面铺首，扁鼓腹，凸圜底近平，喇叭状深圈足。上承凸顶覆钵式盖。颈、肩、中腹各饰一、二、二道凹弦纹，圈足外壁上部起一道凸棱。器内有粟腐痕。口径22、腹径35.2、圈足径24.8、体高41.6、通高49.2厘米（图一八〇，6；图版三四，1后右）。

陶瓮　1件。M157：4，泥质灰陶。侈口，翻折沿，方唇，束短颈，斜折肩，深垂鼓腹，凸圜底。上腹饰竖绳纹间六道抹痕，下腹至底满饰横、斜绳纹。器内有粟腐痕。口径20.8、腹径35.6、高33.4厘米（图一八〇，8；图版三四，1中右）。

陶灶　1件。M157：1，泥质灰陶。灶体平面呈圆角梯形，斜直壁，灶面一侧及后端立有曲尺

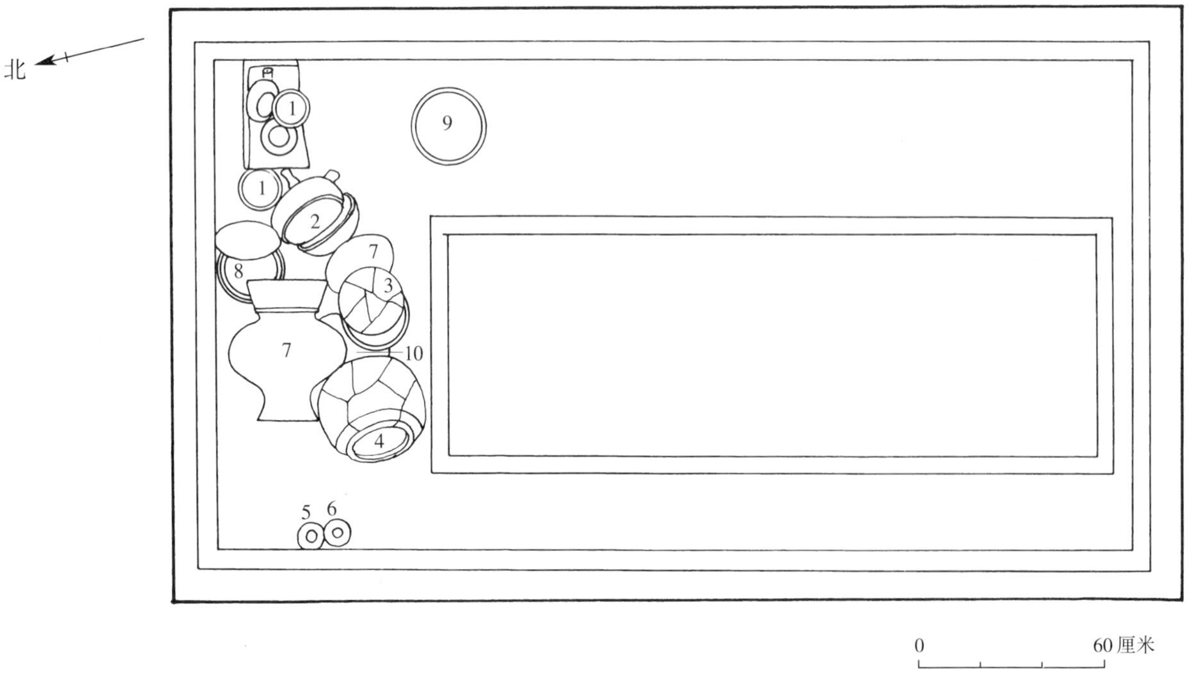

图一七九　汉墓M157平面图

1.陶灶　2、3.陶鼎　4.陶瓮　5、6.陶汲水瓶　7.陶壶　8、10.陶盒　9.铁盆

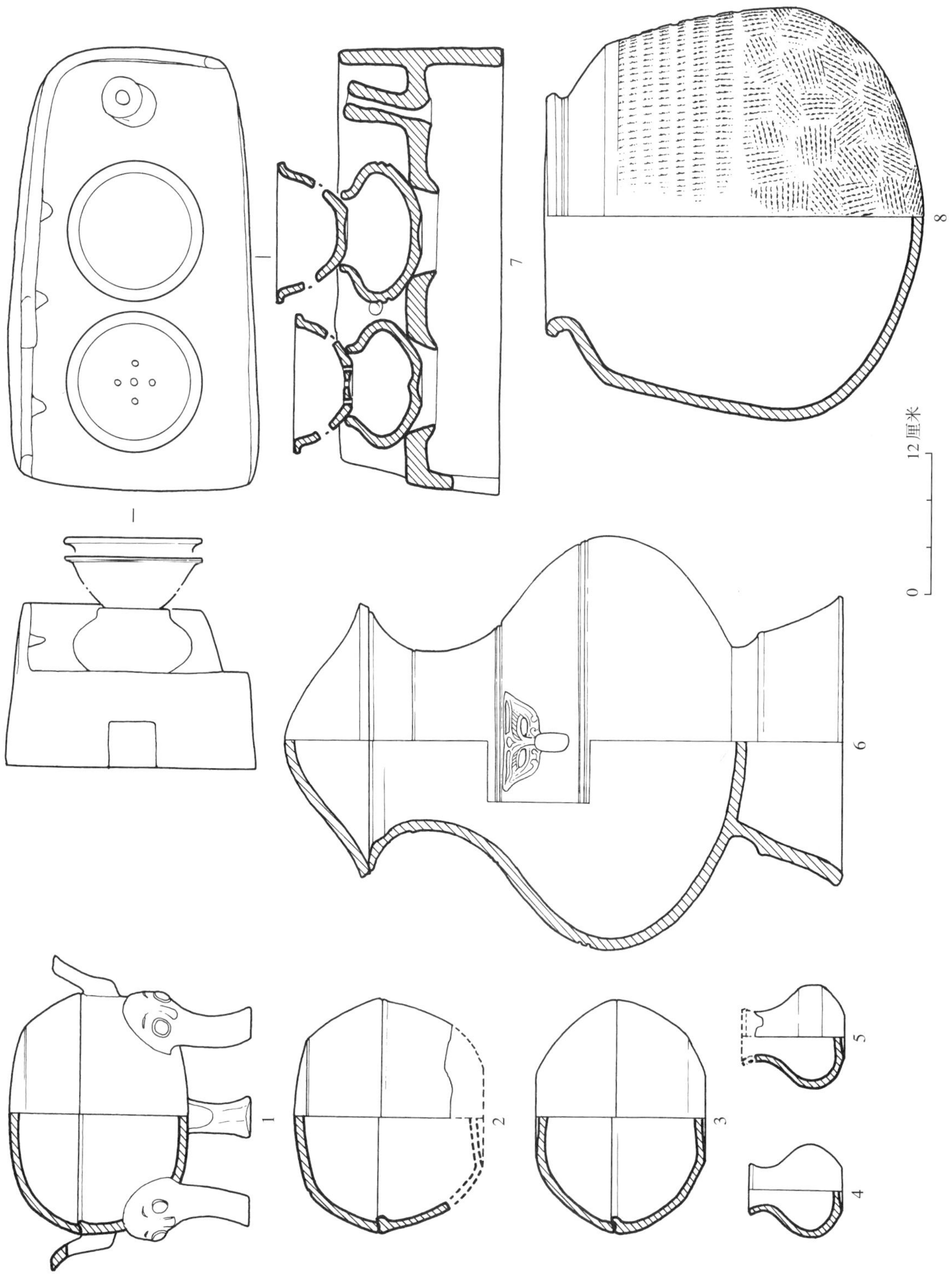

图一八〇　汉墓 M157 出土陶器

1. 鼎（M157：2）　2、3. 盒（M157：8、10）　4、5. 汲水瓶（M157：5、6）　6. 壶（M157：7）　7. 灶（M157：1）　8. 瓮（M157：4）

形挡墙，侧挡墙内壁中部有三个乳钉，灶面后端有一圆形短烟囱，烟孔较粗，灶面有两个等大火眼，前壁下部开方形灶门。火眼上置二釜一甑一锅，釜近直口，圆唇，短领，溜肩，扁鼓腹，浅凹底；甑敞口，翻折沿，方唇，弧腹内收，平底微凹，底有五箅孔；锅除无箅孔外形制同甑。釜内有粟腐痕。灶体底面长 37.8、前宽 21.6、后宽 16、体高 8.2、通高 19.6 厘米（图一八〇，7；图版三四，1 中中）。

陶汲水瓶　2 件。泥质灰陶。侈口，圆唇，束颈，溜肩，平底微凹。素面。M157：5，扁鼓腹。口径 4.4、腹径 8、底径 4、高 8.4 厘米（图一八〇，4；图版三四，1 前右）。M157：6，口残。扁折腹。腹径 8.8、底径 4、残高 8 厘米（图一八〇，5；图版三四，1 前左）。

铁盆　1 件。M157：9，锈蚀严重，无法修复。

M159

方向 22°。长方形竖穴土坑木椁墓。墓口距地表 0.22 米，打破 M160。墓口长 2.5、宽 1.4 米，底长 2.35、宽 1.15 米，深 2.52～2.64 米。坑壁上部较粗糙，下部规整光滑。填软质灰黄夹灰褐色花土，包含少量夹砂陶片，出土 1 件铁锸。单椁单棺，仅余腐痕。椁室平面呈长方形，椁痕长 2.32、宽 1.13、高 0.18、板痕厚 0.05 米，棺位于椁内中部偏南，棺痕长 1.91、宽 0.44～0.5、高 0.16、板痕厚 0.03 米。人骨朽尽，葬式不明。7 件随葬器物置于椁内棺外北部。据随葬器物位置推测头向北（图一八一）。

随葬器物：

陶罐　2 件。泥质灰陶。侈口，翻沿，圆唇，束颈，溜肩，颈肩相交处有折棱，肩有对称双鼻耳，圆鼓腹，浅凹底。肩至中腹饰竖绳纹间四道抹痕，以下饰横、斜绳纹。M159：1，口径 13.2、腹径 23.6、底径 5.2、高 24.6 厘米（图一八二，1；图版三三，2 右）。M159：2，颈中部饰竖绳纹，多模糊。口径 15、腹径 27.2、底径 10、高 27.2 厘米（图一八二，4；图版三三，2 左）。

铜铞　1 件。M159：5，灰绿色。敞口，斜折沿，方唇，弧腹，底残。素面。口径 20、残高 4.8 厘米（图一八二，3）。

铜盆　1 件。M159：4，灰绿色。敞口，平折沿，平唇，微弧腹近直向下斜收，平底微凹。上腹饰一道凸弦纹。器内有花椒腐痕。口径 26.8、底径 15.2、高 8 厘米（图一八二，2；彩版六，1、2）。

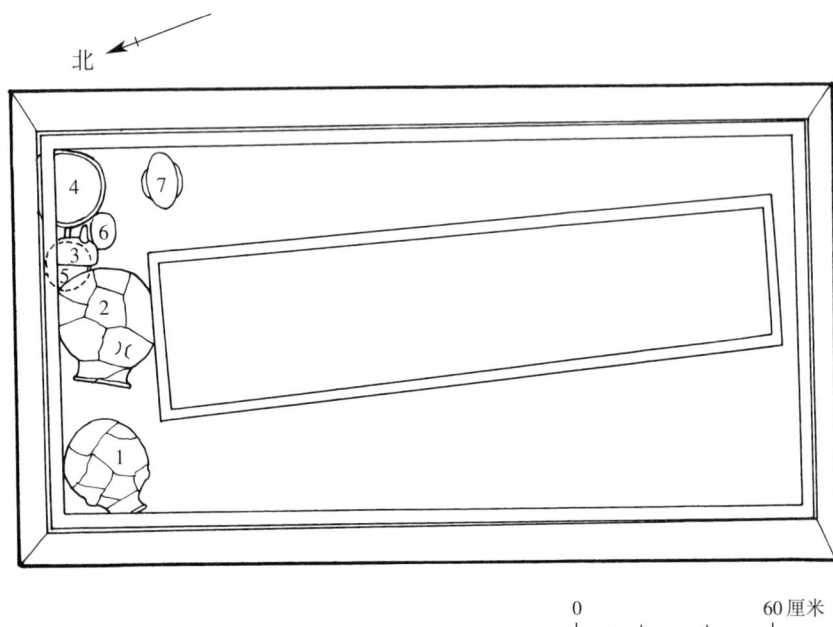

图一八一　汉墓 M159 平面图

1、2.陶罐　3.铁鼎　4.铜盆　5.铜铞　6、7.漆耳杯

铁鼎 1件。M159：3，锈蚀严重，无法起取。

漆耳杯 2件。M159：6、7，仅存漆皮。

填土器物：

铁锸 1件。M159：01，锈蚀，略残。平面呈"U"形，上端有长方形銎，上部中空，下部实心，弧刃，刃纵断面呈"V"形。最宽14、最厚4、高11厘米（图一八二，5）。

M163

方向23°。长方形竖穴土坑木椁墓。墓口距地表0.1～0.36米，长2.26、宽1.24～1.28米，底长2.26、宽1.1～1.14米，深1.86～2.28米。坑壁较粗糙。填软质灰褐夹灰白色花土，包含少量灰陶残片如罐耳等。单椁单棺，仅余腐痕。椁室平面呈长方形，椁痕长2.26、宽1.1、高0.16、板痕厚0.04米。棺位于椁内西北部，棺痕长1.96、宽0.5、高0.16、板痕厚0.04米。人骨朽尽，棺内

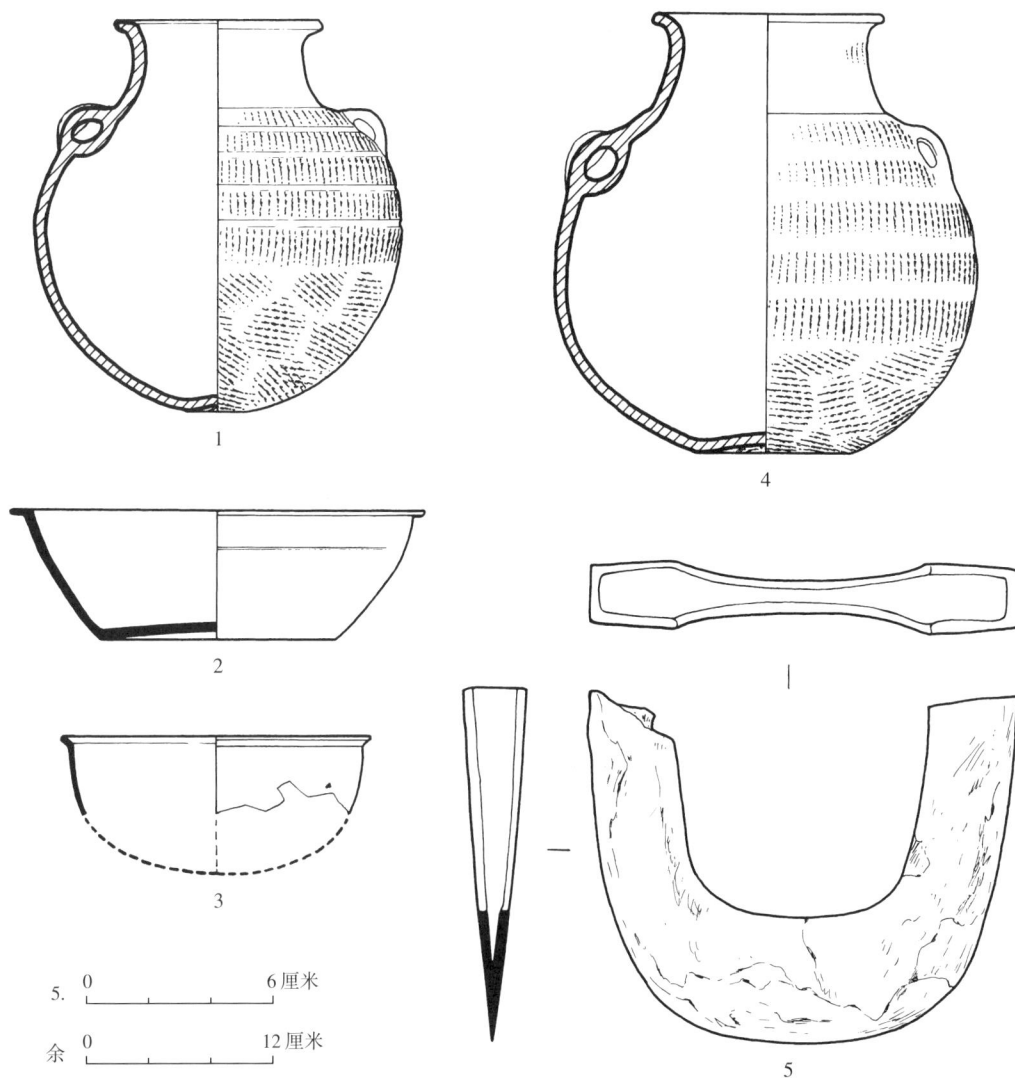

图一八二 汉墓 M159 出土器物

1、4.陶罐（M159：1、2） 2.铜盆（M159：4） 3.铜铞（M159：5） 5.铁锸（M159：01）

北部残存数枚牙齿，可知头向东北，葬式不明。2件随葬器物置于椁内棺外东侧偏北（图一八三）。

陶鍪 1件。M163：2，上部泥质、下部夹砂灰陶。侈口，翻沿，圆唇，束颈，溜肩，肩有对称双弓耳，圆鼓腹，凸圜底残。颈至中腹饰多道凹弦纹，以下饰横、斜绳纹。底部有烟炱痕。口径15.2、腹径22.4、残高15.4厘米（图一八四，1；图版三三，3右）。

陶罐 1件。M163：1，泥质灰陶。侈口，翻沿，内、外沿面各有一道浅凹槽，束颈，圆肩，肩有对称双鼻耳，鼓腹，浅凹底。颈部饰竖绳纹模糊，肩至中腹饰竖绳纹间三道抹痕，以下饰横、斜绳纹。口径12.6、腹径22、底径8、高24厘米（图一八四，2；图版三三，3左）。

图一八三　汉墓M163平面图
1.陶罐　2.陶鍪

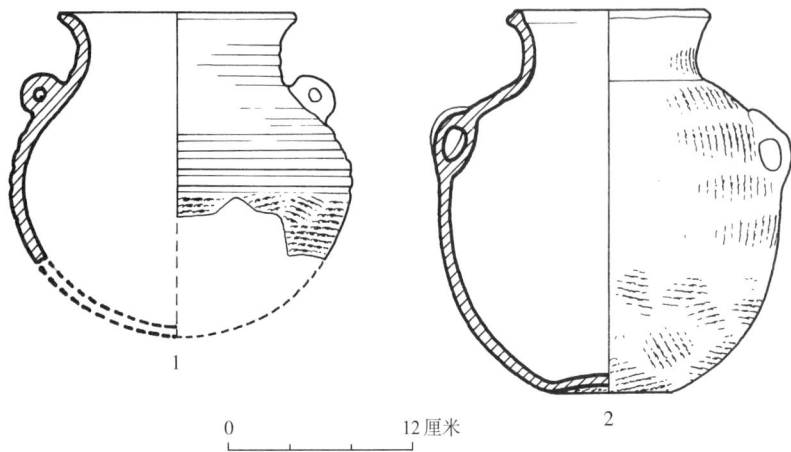

图一八四　汉墓M163出土陶器
1.鍪（M163：2）2.罐（M163：1）

M164

方向18°。长方形竖穴土坑墓。墓口距地表0.2米，打破M165。墓口长2.12、宽1.12～1.18米，底长2.08、宽1～1.1米，深0.62～0.9米。坑壁较粗糙，略做修整。填软质灰褐夹灰白色花土。单棺，仅余腐痕。棺痕长1.72、宽0.46、高0.06～0.16、板痕厚0.04米。人骨朽尽，葬式不明。1件随葬器物置于棺外北部。据随葬器物位置推测头向北（图一八五）。

陶罐 1件。M164：1，泥质灰陶。侈口，翻折沿，内、外沿面起浅凹槽，方唇，束颈，圆肩，肩有对称双鼻耳，鼓腹，下腹及底残。肩至中腹饰竖绳纹间二道抹痕，以下饰横绳纹。口径14.4、腹径22.6厘米（图一八六）。

M166

方向22°。长方形竖穴土坑木椁墓。墓口距地表0.2～0.3米，长3.1、宽1.96米，底长3.18、宽1.95～2米，深2.8～3.5米。坑壁光滑。填软质灰褐夹灰白色花土，包含少量灰陶片如罐耳和石子等。

单椁单棺，仅余腐痕。椁室平面呈"Ⅱ"形，椁痕长2.6、宽1.46、高0.35、板痕厚0.06米。棺位于椁内西北部，棺痕长2.04、宽0.6、高0.1、板痕厚0.04米。人骨朽尽，棺内北部残存数枚牙齿，可知头向北，葬式不明。13件随葬器物置于椁内棺外东侧北半部（图一八七）。

　　陶鼎　2件。泥质褐陶。子母口，圆唇，折肩，上腹壁直，下腹弧收，长方形附耳残，耳孔对穿，圜底，三蹄足直立，下部微外撇。上承浅弧盘状盖，盖顶三纽残。M166：6，耳、盖中部

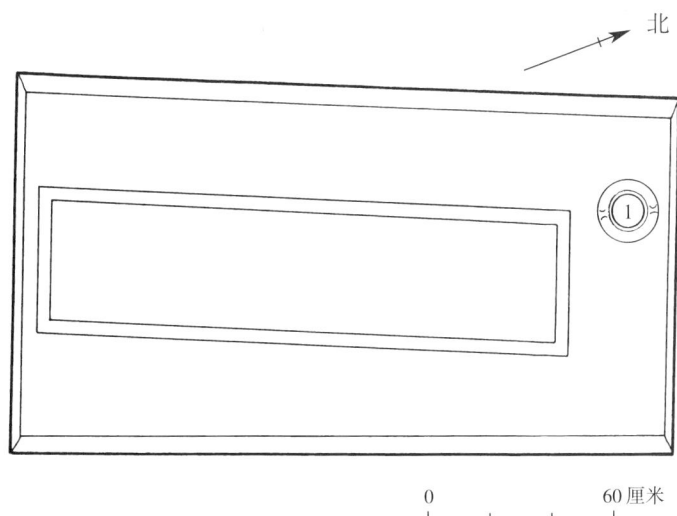

图一八五　汉墓M164平面图
1. 陶罐

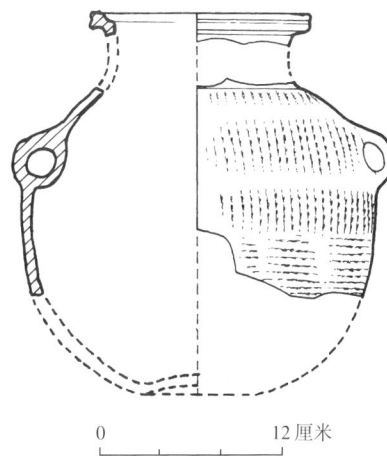

图一八六　汉墓M164出土陶罐
（M164：1）

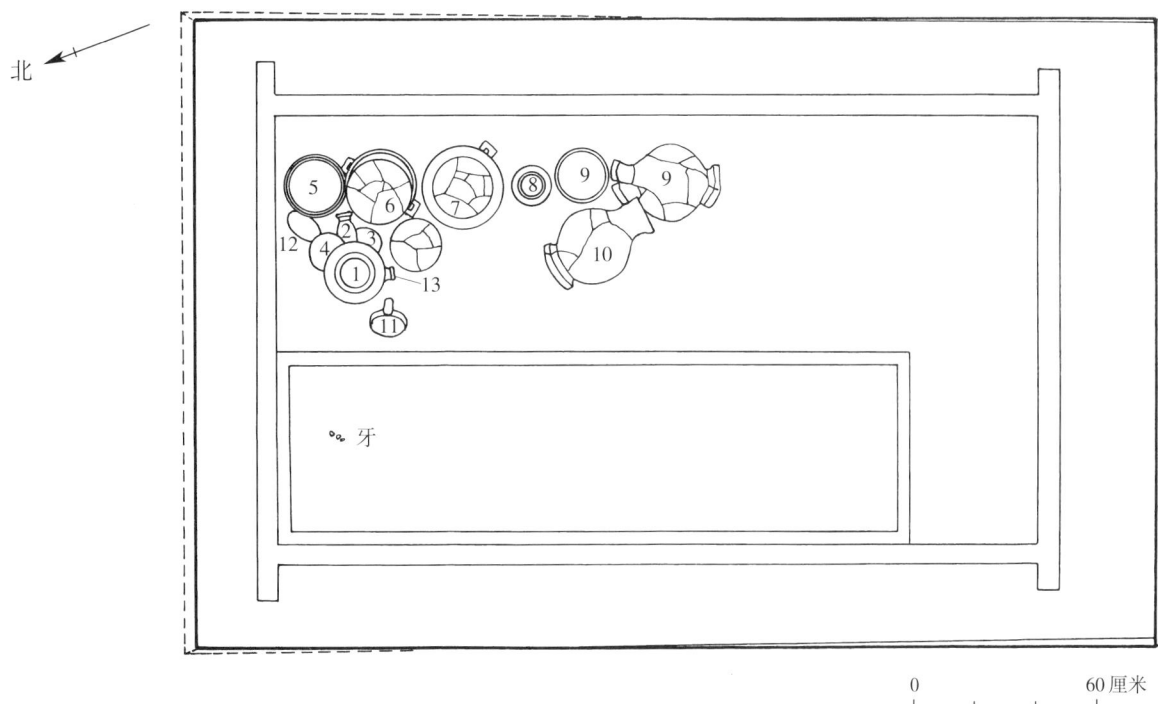

图一八七　汉墓M166平面图
1、5.陶盒　2、13.陶杯　3、11.陶勺　4、12.陶豆　6、7.陶鼎　8.陶鍪　9、10.陶壶

均残。口径 17.2、腹径 22.2 厘米（图一八八，1）。M166：7，未能修复。

陶盒　2 件。泥质褐陶。子母口，尖圆唇，折肩，壁自肩部弧收，浅宽圈足。上承覆碗状盖，浅宽圈足状捉手。M166：1，体中部及盖上部残，凸圜底近平。口径 16、肩径 20、圈足径 10.8 厘米（图一八八，3）。M166：5，体下部及盖中部残。口径 16、肩径 20 厘米（图一八八，4）。

陶壶　2 件。泥质褐陶。盘口，平折沿，平唇，束长颈，溜肩，微扁鼓腹，凸圜底，盘口状高圈足。上承浅折盘状盖，盖周立三个角状纽。M166：9，颈上部残。口径 15.8、腹径 26、圈足

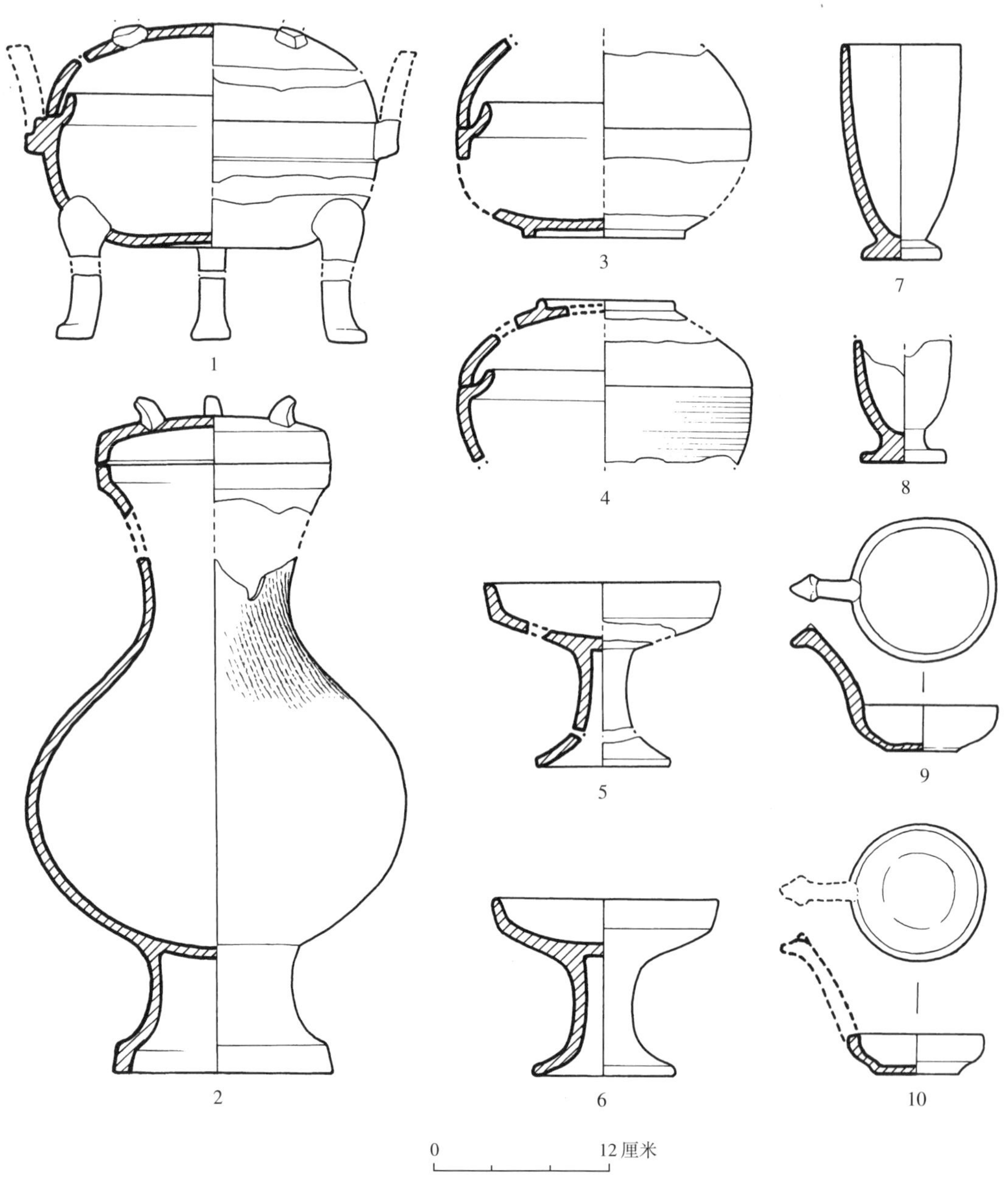

0 ————— 12 厘米

图一八八　汉墓 M166 出土陶器

1.鼎（M166：6）　2.壶（M166：9）　3、4.盒（M166：1、5）　5、6.豆（M166：12、4）

7、8.杯（M166：2、13）　9、10.勺（M166：3、11）

径15厘米（图一八八，2）。M166：10，未能修复。

陶豆 2件。泥质褐陶。敞口，圆唇，浅折盘，空柄稍矮，中部微束，中空至盘底，喇叭状圈足。素面。M166：4，口径14.8、盘深2.8、圈足径9.6、高11.4厘米（图一八八，6）。M166：12，盘中部、柄下部残。口径16、盘深3.5、圈足径10厘米（图一八八，5）。

陶杯 2件。泥质褐陶。敞口，圆唇，上腹较直，下腹弧收并内曲，饼状平底。素面。M166：2，口径8、底径5.2、高14.2厘米（图一八八，7）。M166：13，仅存下腹和底部。底径5.6、残高8厘米（图一八八，8）。

陶勺 2件。泥质褐陶。敞口，圆唇，弧腹内收，平底。M166：3，口部斜立一柄，顶端塑成兽首形。口径9.4、底径4.8、体高3、通高8.4厘米（图一八八，9）。M166：11，柄残。口径8.8、底径5.6、体高2.6厘米（图一八八，10）。

陶鍪 1件。M166：8，上部泥质、下部夹砂褐陶。未能修复。

M167

方向29°。长方形竖穴土坑木椁墓。墓口距地表0.5～0.6米，长2.3、宽1.5米，底同口大，深3.5～3.7米。坑壁规整光滑。填软质黄褐夹灰白色花土。单椁单棺，仅余腐痕。椁室平面呈长方形，椁痕长2.3、宽1.15、高0.18、板痕厚0.04米。棺位于椁内中部，棺痕长1.96、宽0.49、高0.06、板痕厚0.03米。人骨朽尽，葬式不明。2件随葬器物置于椁内棺外西侧偏北。据随葬器物位置推测头向东北（图一八九）。

陶釜 1件。M167：2，上部泥质、下部夹砂灰陶，未能修复。

陶罐 1件。M167：1，泥质灰陶。侈口，翻折沿，方唇，束颈，溜肩，颈肩相交处有折棱，肩有对称双鼻耳，圆鼓腹，凹底较深。颈部饰竖绳纹，部分模糊，肩至中腹饰竖绳纹间五道抹痕，以下饰斜绳纹，近底部模糊。口径13.6、腹径25.2、底径8.8、高26.6厘米（图一九○）。

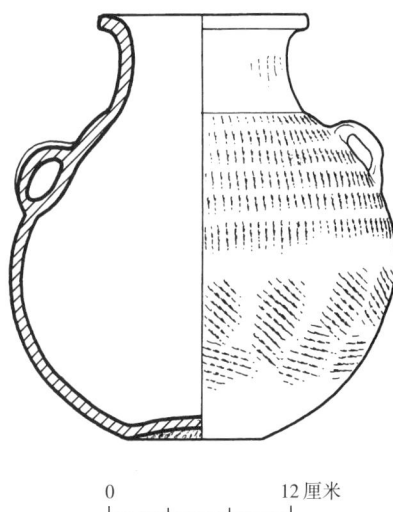

图一八九 汉墓M167平面图
1.陶罐 2.陶釜

图一九○ 汉墓M167出土陶罐
（M167：1）

（二）第二组

共 29 座，分别为 M31、M32、M37、M39、M43 ~ M47、M50 ~ M54、M56 ~ M64、M66、M68、M69、M71、M73、M74。

M31

方向 20°。长方形竖穴土坑木椁墓。墓口距地表 0.4 ~ 0.65 米，长 2.6、宽 1.4 ~ 1.5 米，底长 2.52、宽 1.28 ~ 1.42 米，深 1.2 ~ 2 米。坑壁规整光滑。填软质灰白夹灰褐色花土。单椁单棺，仅余腐痕。椁室平面呈"Ⅱ"形，椁痕长 2.42、宽 0.93、高 0.1、板痕厚 0.05 米。棺位于椁内西南部，棺痕长 1.92、宽 0.52、高 0.08、板痕厚 0.04 米。椁底南、北部各有一垫木槽，横断面呈长方形，槽长 1.32、宽 0.08、深 0.06 米。人骨朽尽，棺内北部残存数枚牙齿，可知头向北，葬式不明。3 件随葬器物置于椁内棺外东北部（图一九一）。

陶盂　1 件。M31：2，泥质黑衣褐陶。微敛

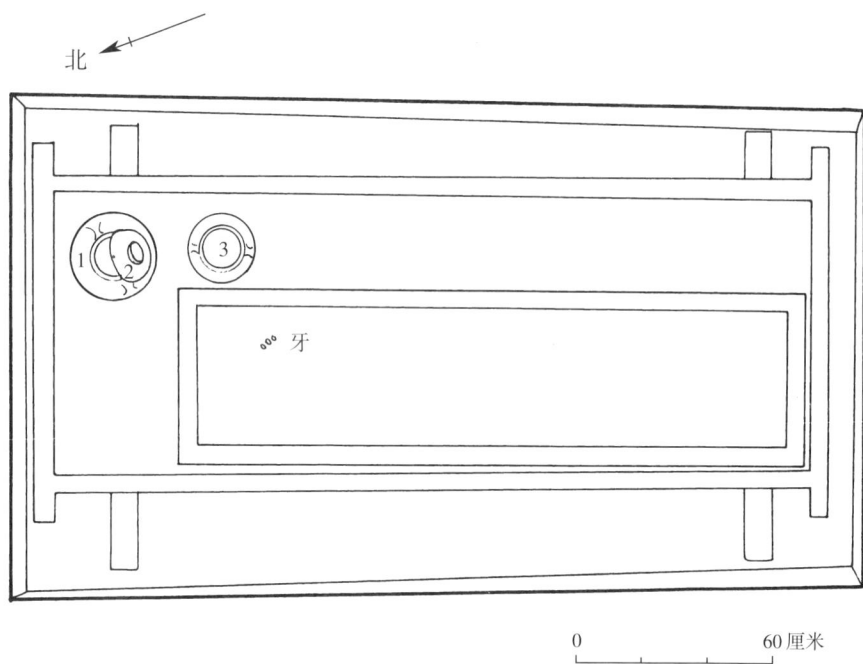

北

0　　　　　　60厘米

图一九一　汉墓 M31 平面图
1、3. 陶罐　2. 陶盂

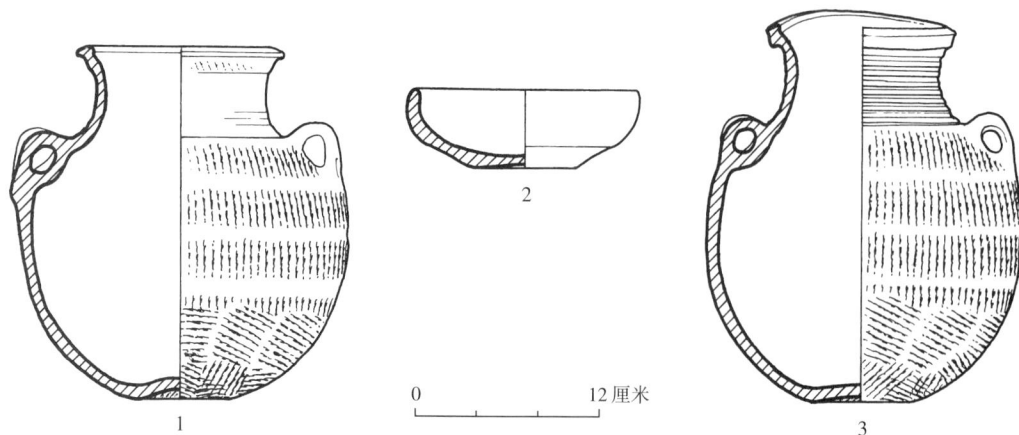

1

2

3

0　　　　　12厘米

图一九二　汉墓 M31 出土陶器
1、3. 罐（M31：1、3）　2. 盂（M31：2）

口，圆唇，上腹微鼓，下腹微曲收，平底微凹。素面。口径 14.4、底径 6.8、高 5 厘米（图一九二，2）。

陶罐 2 件。侈口，翻沿，内沿面有一周浅凹槽，束颈，圆肩，肩有对称双鼻耳，鼓腹，浅凹底。肩至中腹饰竖绳纹间三道抹痕，下腹及底饰斜、交错绳纹。M31：1，泥质黑衣褐陶。颈上、下分饰竖绳纹、凹弦纹。口径 13.6、腹径 21.2、底径 6.4、高 22 厘米（图一九二，1）。M31：3，泥质青灰陶。颈饰瓦棱纹。口径 12.2、腹径 20.4、底径 6.4、高 23.2～24.4 厘米（图一九二，3）。

M32

方向 20°。长方形竖穴土坑木椁墓。墓口距地表 0.5～0.8 米，长 2.8、宽 1.9 米，底长 2.6～2.7、宽 1.55～1.6 米，深 1.96～2.8 米。坑壁规整光滑。填松软灰褐夹灰白色花土。单椁单棺，仅余腐痕。椁室平面呈"Ⅱ"形，椁痕长 2.22、宽 1.08、高 0.4、板痕厚 0.06 米。棺位于椁内西部，棺痕长 2、宽 0.6、高 0.2、板痕厚 0.04 米。人骨朽尽，棺内北部残存数枚牙齿，可知头向北，葬式不明。9 件（枚）随葬器物除铜带钩、"半两"置于棺内北部外，余置于椁内棺外东部（图一九三）。

陶鍪 1 件。M32：2，上部泥质、下部夹砂灰陶。侈口，翻沿，圆唇，束颈，溜肩，颈肩相交处有折棱，肩有对称双弓耳，扁鼓腹，凸圜底。下腹及底饰横、斜绳纹。底部有烟炱痕。口径 11.6、腹径 19.6、高 18 厘米（图一九四，1；图版三五，1 后右）。

陶盂 1 件。M32：1，泥质褐陶。近直口，圆唇，上腹壁较直，中腹弧折，以下斜收，平底微凹。上腹饰一道凹弦纹。口径 14.4、底径 4.8、高 5 厘米（图一九四，2；图版三五，1 前）。

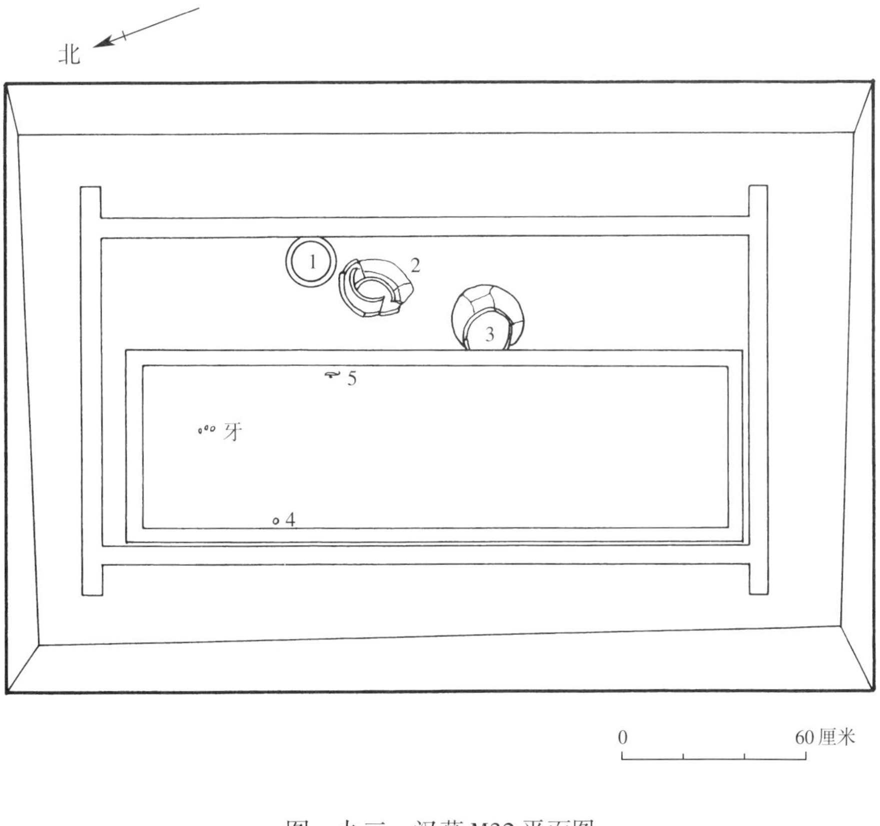

陶罐 1 件。M32：3，泥质黑衣褐陶。侈口，翻沿，方唇，束颈，溜肩，肩有对称双鼻耳，鼓腹，凹底较深。颈饰瓦棱纹，肩至中腹饰竖绳纹间三道抹痕，下腹及底饰交错绳纹。口径 12.4、腹径 21.6、底径 6.4、高 22 厘米（图一九四，3；图版三五，1 后左）。

铜带钩 1 件。M32：5，灰绿色。钩首残缺，琵琶形，圆

图一九三 汉墓 M32 平面图

1.陶盂 2.陶鍪 3.陶罐 4.铜"半两" 5.铜带钩

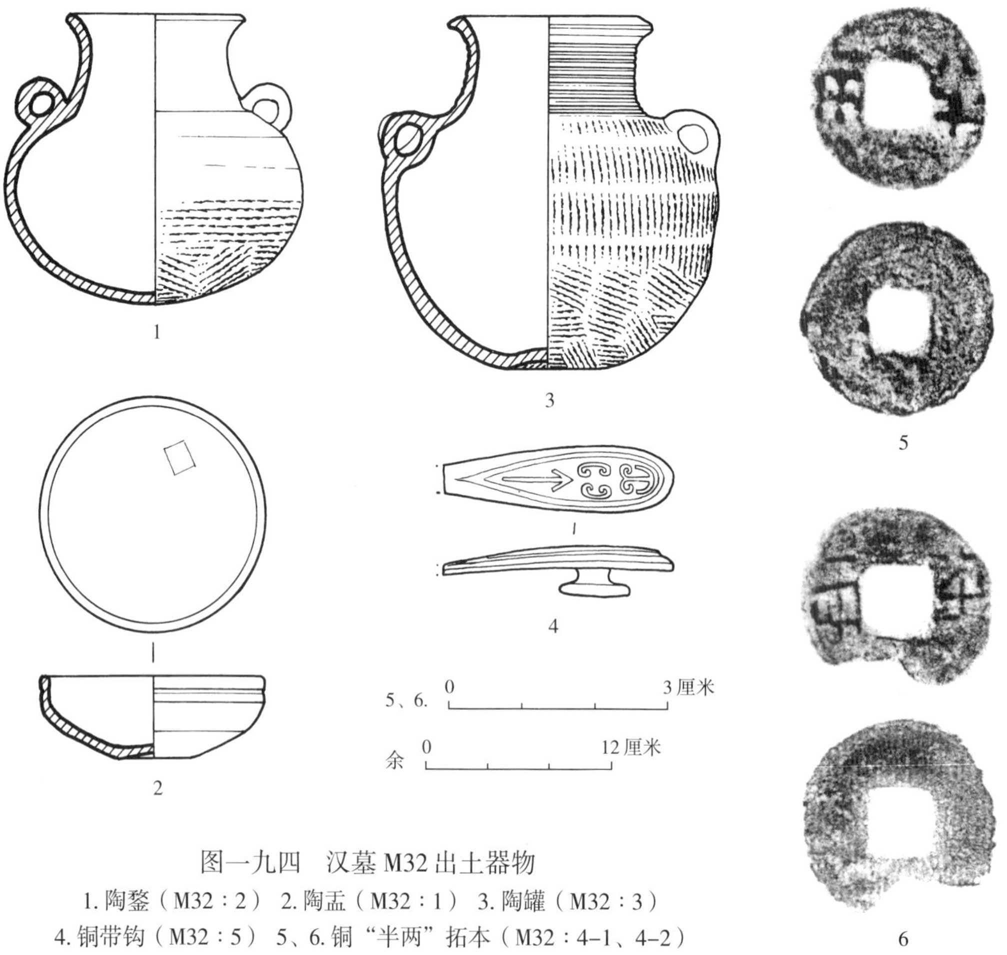

图一九四　汉墓 M32 出土器物

1. 陶鍪（M32：2）　2. 陶盂（M32：1）　3. 陶罐（M32：3）
4. 铜带钩（M32：5）　5、6. 铜"半两"拓本（M32：4-1、4-2）

纽。隆面饰箭头、卷云纹，残长 3.7、体最宽 1、纽径 1.1 厘米（图一九四，4）。

铜"半两"　5 枚。圆形，方穿，无郭。穿左右篆书"半两"二字，笔画较细。M32：4-1，"半"字上半部呈"八"字形，下横稍短；"两"之"人"字出头稍短。直径 2.5、穿边长 0.9 厘米（图一九四，5）。M32：4-2，"半"字上部撇捺均折，"两"之"人"字出头稍长。直径 2.5、穿边长 0.9 厘米（图一九四，6）。

M37

方向 28°。刀形竖穴土坑木椁墓。墓口距地表 0.35 米。墓圹口长 3.28、宽 2.2 米，底长 2.98 ~ 3.1、宽 1.9 ~ 2 米，深 3.2 ~ 3.3 米。南设斜坡墓道，上口平面长 6.7、宽 1.65 ~ 1.84 米，底坡长 7.14、下端宽 1.56、深 2.8 米，坡度 24°。坑壁粗糙。墓道和墓室相接处有隔板腐痕，隔板痕宽 2、高 2.8、厚 0.03 米。墓道填黄褐夹灰白色花土，质密较软；墓室填灰褐夹灰黄色花土，质密较硬，似经夯筑，但夯窝和夯层不明显。单椁单棺，仅余腐痕。椁室平面呈"Ⅱ"形，椁痕长 2.73、宽 1.71、高 0.37、板痕厚 0.08 米。棺位于椁内西部，棺痕长 2、宽 0.53、高 0.05、板痕厚 0.05 米。人骨朽尽，棺内北端发现几颗牙齿，可知头向东北，葬式不明。27 件（枚）随葬器物除陶壶、瓮各 1 件置于棺下外，余置于椁内棺外东部（图一九五）。

陶鼎　2 件。泥质灰陶。子母口，圆唇，折肩，微鼓腹，长方形附耳外撇，耳孔未穿，凸圜

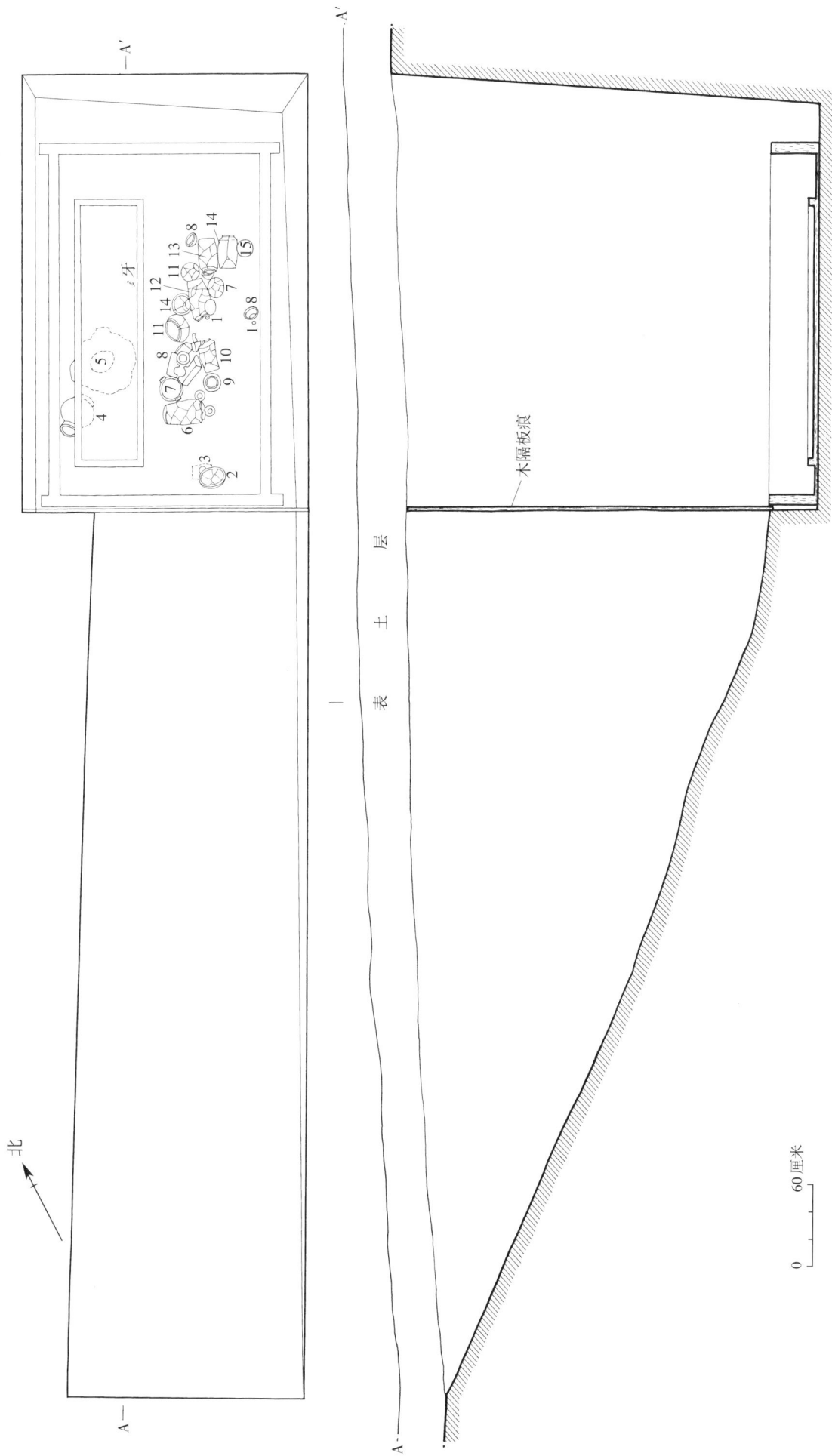

图一九五　汉墓 M37 平、剖面图

1. 铜 "五铢"　2. 铜钾　3. 铜镜　4. 陶壶　5. 陶瓮　6、10、12～14. 陶盒　7、11. 陶鼎　8. 陶灶　9. 陶井　15. 陶盂

底，三蹄足直立，下端外撇。上承浅弧盘状盖。中腹饰二道凹弦纹，耳外壁孔下饰菱形纹。M37：7，盖略残。口径15.6、腹径19.6、体高16.6厘米（图一九六，1）。M37：11，盖饰一道凹弦纹。口径13.2、腹径19.2、体高17、通高20.4厘米（图一九六，3；图版三四，2左中）。

陶壶　1件。M37：4，泥质灰陶。盘口，平折沿，平唇，束颈，溜肩，肩有对称兽面铺首衔环，微扁鼓腹，凸圆底，盘口状浅圈足。上承子口弧壁盖。肩、中腹各饰二道凹弦纹。口径15.2、腹径28、圈足径16、体高32.4、通高35.6厘米（图一九六，2；图版三四，2右后）。

陶盂　1件。M37：15，泥质灰陶。直口微敛，圆唇，上腹壁直，向下折收，平底微凹。腹下部有多道旋痕。口径12.8、底径6、高3.4厘米（图一九六，4；图版三四，2中中）。

陶瓮　1件。M37：5，泥质灰陶。侈口，翻沿，圆唇，极短领，溜肩，上腹鼓，向下缓收，平底微凹。素面。口径17.6、腹径33.6、底径16.8、高26.4厘米（图一九六，6；图版三四，2左后）。

陶灶　1件。M37：8，泥质灰陶。灶体平面呈长方形，直壁，灶面有三个等大火眼，前壁中部开半圆形灶门。火眼上置三釜一甑一锅，釜敛口，圆唇，溜肩，扁鼓腹，平底；甑敞口，翻折沿，方唇，弧腹内收，平底，底有五箅孔；锅除无箅孔外同甑。灶体长28.4、宽15.8、体高7.8、通高14.8厘米（图一九六，7；图版三四，2中左）。

陶仓　5件。泥质灰陶。敛口，圆唇，斜折肩，腹壁近直，近底部略收，平底微凹，近底部有刀削痕。上承博山盖。腹间饰四道凹弦纹，肩部起一周凸棱，盖上模印人物、动物、植物纹。M37：6，未能修复。M37：10，盖中部残。口径9.2、腹径15、底径12、体高23.4厘米（图一九六，5；图版三四，2右前）。M37：12，体中腹及盖上部残。口径8.8、腹径14、底径12.8厘米（图一九七，1）。M37：13，盖残侧半。口径9.2、腹径14.4、底径11.2、体高22.4、通高29.6厘米（图一九七，5；图版三四，2右中）。M37：14，盖残大半。口径8.8、腹径14、底径11、体高23.2、通高30.8厘米（图一九七，3，图版三四，2中右）。

陶井　1件。M37：9，泥质灰陶。微侈口，翻折沿，方唇，束颈，斜折肩，近直壁微收，平底微凹。颈、肩、上腹各饰一道凹弦纹。口径12.8、腹径13.6、底径12.8、高14.8厘米（图一九七，4；图版三四，2左前）。

铜铞　1件。M37：2，灰绿色。敞口，斜折沿，方唇，弧腹，中腹以下残。口径20、残高2.6厘米（图一九七，6）。

铜镜　1件。M37：3，青灰色。镜面微隆，宽素缘外斜，圆形纽座，弓形纽。纽座外为内向八连弧纹，连弧每一曲有一、二或三直线与纽座相连。外围两周短斜线纹带间有一周铭文带："见日之光，天下大明"，每字间以反"の"或双线菱形分隔。直径6.8、缘厚0.2厘米（图一九八，1、2；彩版六，3）。

铜"五铢"　13枚。圆形，方穿，双面有外郭，穿背面有周郭。正面穿左右篆书"五铢"二字，"五"字交笔弯曲较甚，"铢"之"金"字头呈三角形，"朱"之上笔方折，下笔圆折。M37：1-1，直径2.3～2.4、穿边长1～1.1厘米（图一九七，2）。

M39

方向35°。长方形竖穴土坑木椁墓。墓口距地表0.9米，长2.38、宽1.3米，底同口大，深0.7～0.77米。坑壁粗糙，墓底南、北较平，中部有一长方形浅坑，坑长1.12、宽1.3、最深0.07米。填

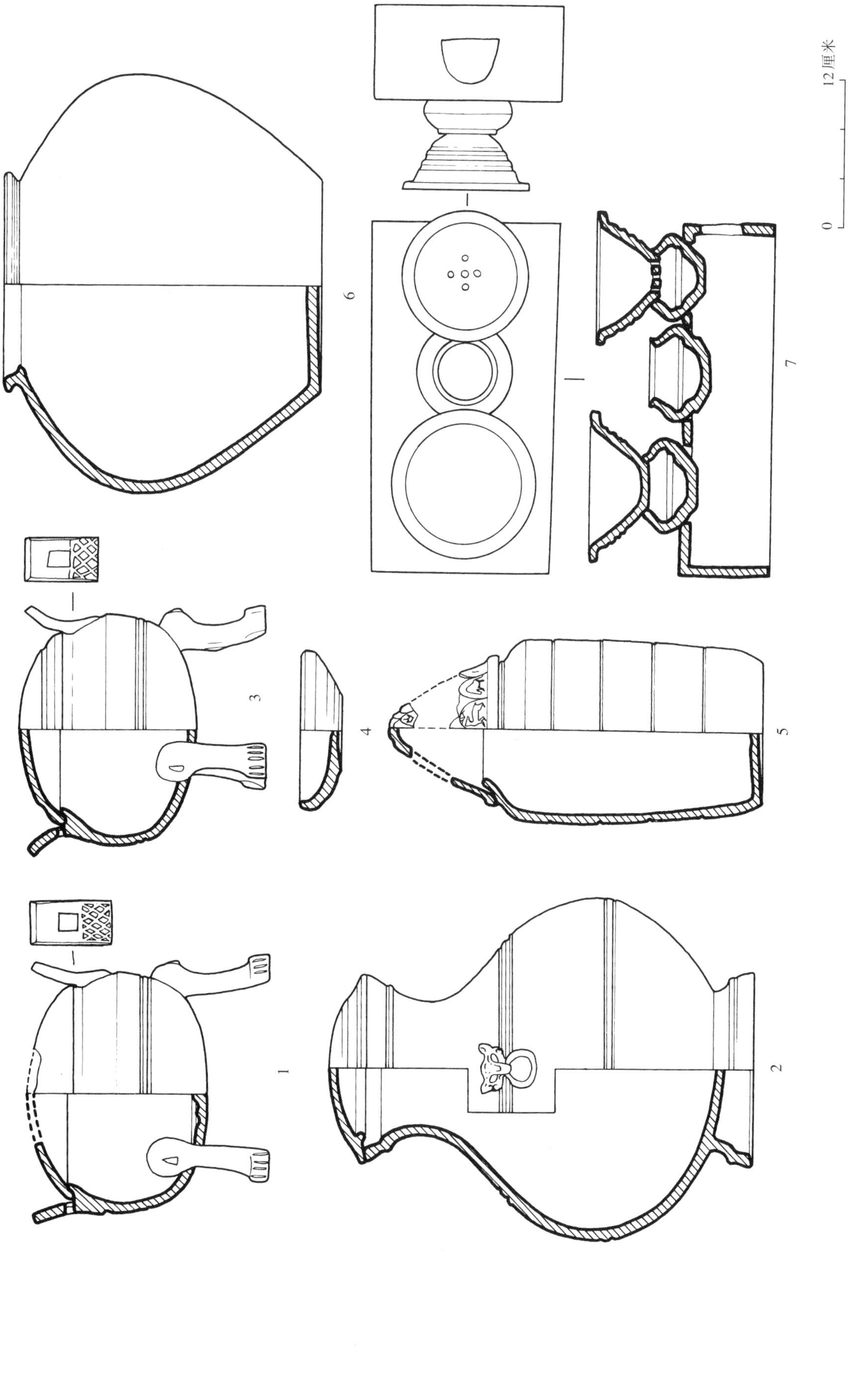

图一九六 汉墓 M37 出土陶器

1、3.鼎（M37：7、11） 2.壶（M37：4） 4.盂（M37：15） 5.仓（M37：10） 6.瓮（M37：5） 7.灶（M37：8）

12厘米

0

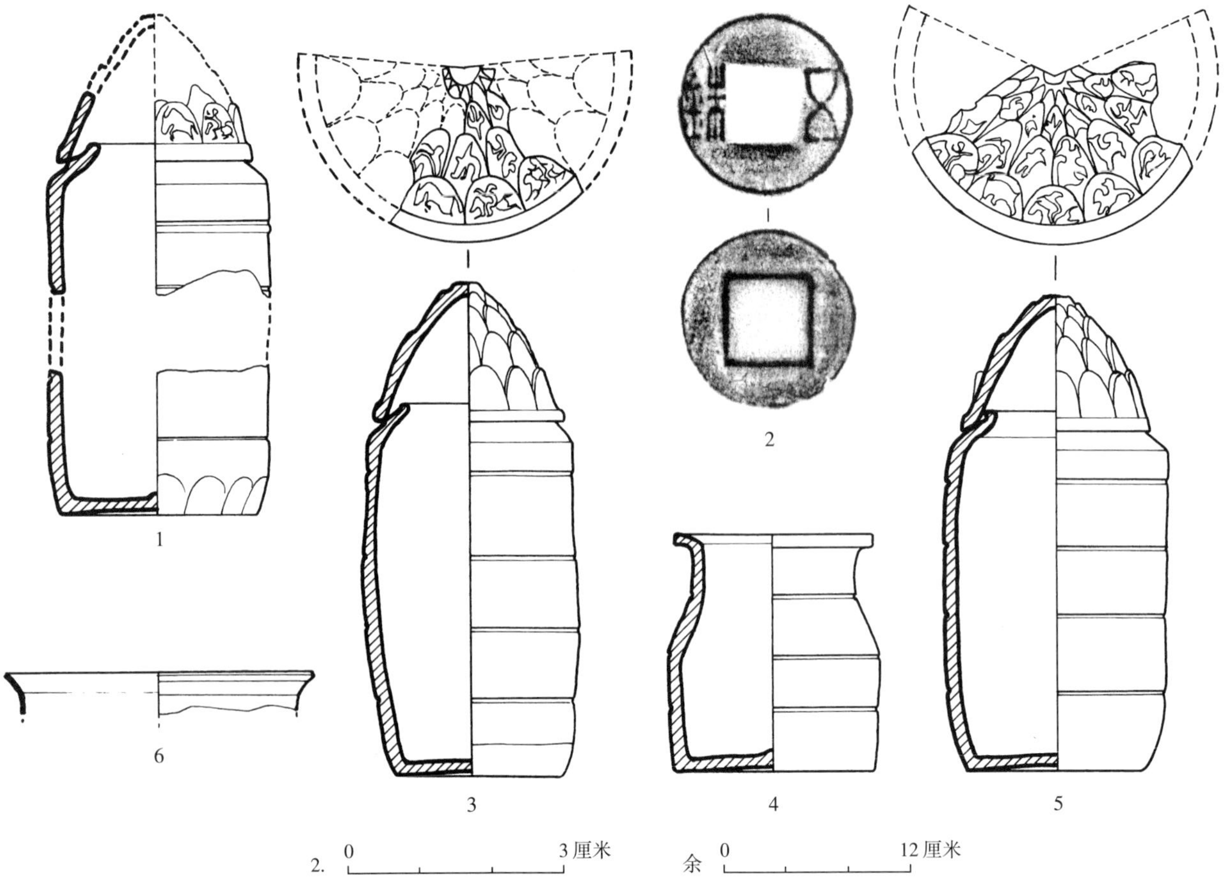

图一九七　汉墓 M37 出土器物
1、3、5.陶仓（M37：12、14、13）2.铜"五铢"拓本（M37：1-1）4.陶井（M37：9）6.铜铜（M37：2）

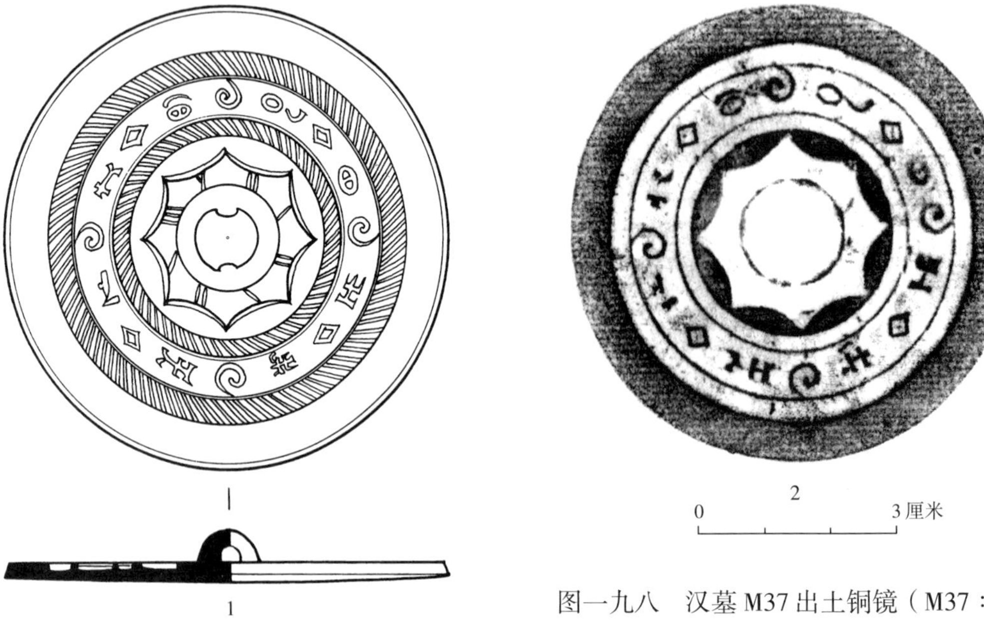

图一九八　汉墓 M37 出土铜镜（M37：3）
1.线图　2.拓本

软质灰白夹灰褐色花土。单椁单棺，仅余腐痕。椁室平面呈"Ⅱ"形，椁痕长2.1、宽0.84、高0.16、板痕厚0.06米。棺位于椁内西部，棺痕长1.98、宽0.46、高0.08、板痕厚0.04米。人骨朽尽，葬式不明。2件随葬器物置于椁内棺外东北部。据随葬器物位置推测头向东北（图一九九）。

陶盂　1件。M39∶2，泥质灰陶。敞口，圆唇，上腹较直，中腹弧折，近底部微曲收，平底微凹。外壁有多道旋痕。口径14、底径6.4、高4.6厘米（图二○○，1；图版三五，2右）。

陶罐　1件。M39∶1，泥质灰陶。侈口，翻沿外压，圆唇，束颈，圆肩，肩有对称双鼻耳，圆鼓腹，深凹底。颈部可见数道轮旋痕，肩至中腹饰竖绳纹间三道抹痕，下腹及底饰横绳纹，下部模糊。口径12、腹径21.2、底径6、高23.4厘米（图二○○，2；图版三五，2左）。

M43

方向212°。"Y"形竖穴土坑木椁墓。墓口距地表0.3～0.48米。墓圹平面呈长方形，口长

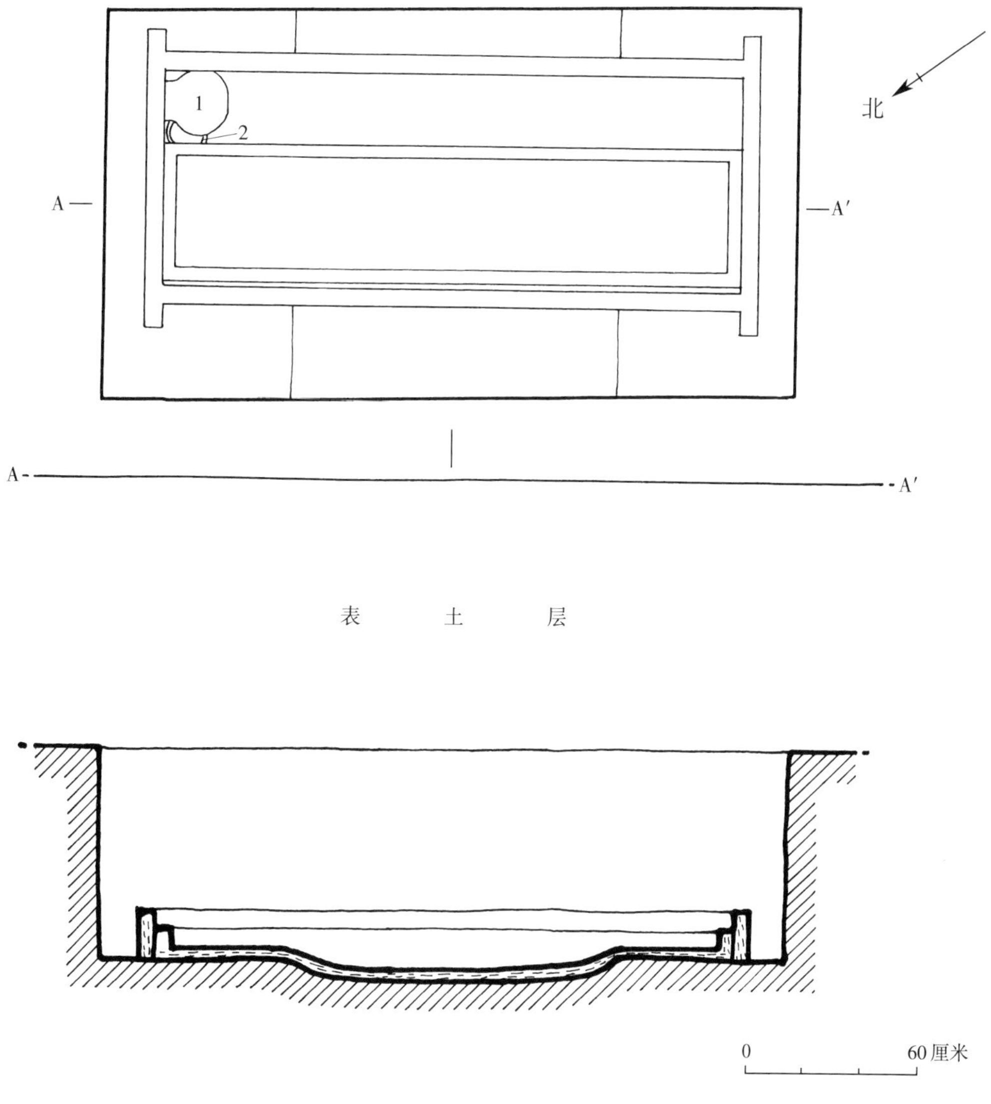

表　　土　　层

0　　　　　60厘米

图一九九　汉墓M39平、剖面图

1.陶罐　2.陶盂

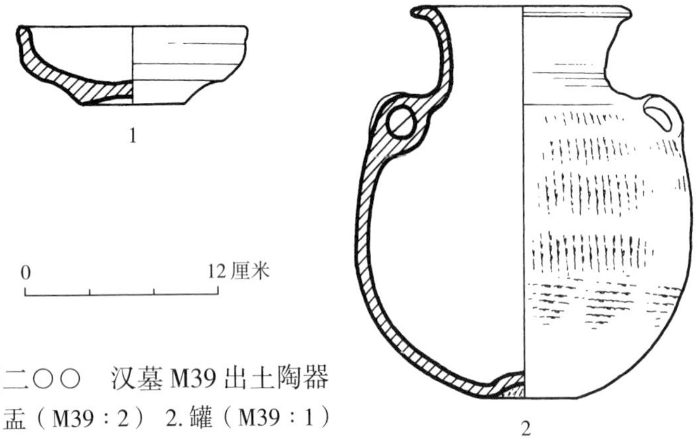

图二〇〇　汉墓 M39 出土陶器

1. 盂（M39：2）　2. 罐（M39：1）

3.4、宽 2.65～2.7 米，底长 3.44、宽 2.65～2.8 米，深 4.2 米。南设两条窄长的斜坡墓道，整体呈"Y"形，即南部分开，北部因有打破关系而交叉，其中东墓道打破西墓道。东墓道两端稍窄，中部略宽，上口平面长 9.12、前宽 1.52、中宽 1.64、后宽 1.56 米，底坡长 9.72、下端宽 1.42 米，中部深 1.94、下端深 3.14 米，坡度 15°；西墓道基本呈长方形，上口平面长 10.4、前宽 1.52、中宽 1.62、后部残宽 1.16 米，底坡长 11.72、下端残宽 1.26 米，中部深 2.34、下端深 3.16 米，前大部坡度略陡，后端稍缓，坡度分别为 15°、8°。坑壁规整光滑。墓室东宽约 2.1、西宽约 0.55 米范围内分别填硬质深褐、软质灰黄色为主的花土；墓道填土基本与相连的墓室相同。墓室及墓道口上整体加盖封土，形成一圆形封土堆，上层因历年进行土地耕种遭到破坏，现存部分直径约 16、厚 0.1～0.6 米，为硬质灰白色土。单椁并棺，仅余腐痕。椁室平面呈"Ⅱ"形，椁痕长 3.34、宽 2.48～2.63、高 1、板痕厚 0.07 米。双棺分别位于椁内中部偏东、西侧，东、西棺痕分别长 2.1、2.14 米，宽 0.6、0.62 米，均高 0.08 米，板痕厚 0.04、0.06 米。人骨朽尽，葬式不明。72 件（枚）随葬器物

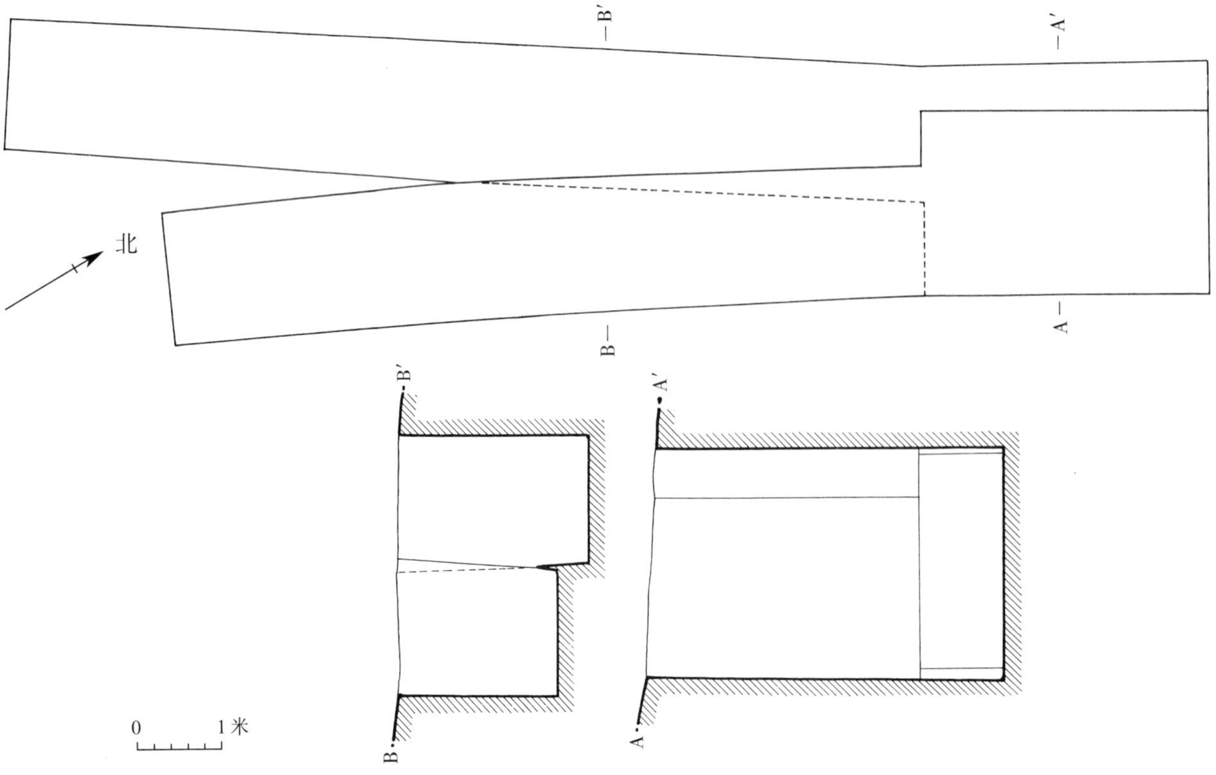

图二〇一　汉墓 M43 双墓道打破关系平、剖面图

除小件置于两棺内外，余置于椁内双棺南或下部。据随葬器物位置及与M44头向对比推测头向西南。从棺下放置器物较完整的情况推测，棺下应置有支垫物，但未清理出来。由墓道的打破关系及墓室内填土的分布状况分析，该墓为一次起筑墓圹、椁室，同时下挖西墓道，西棺先行下葬，东棺后葬，葬入东棺时再挖东墓道，即该墓为先后下葬的同穴同椁合葬墓，不过随葬器物尚无法完全分辨归属（图二〇一～二〇三；图版三六，1）。

陶鼎　1件。M43：15，泥质灰陶。子母口，圆唇，折肩，扁鼓腹，长方形附耳外撇，耳孔对穿，近平底，三柱足直立，断面呈圆形。上承极浅弧盘状盖，顶微下凹。素面。口径11.2、腹径20、体高15.2、通高17.2厘米（图二〇四，1；图版三七，1前右2）。

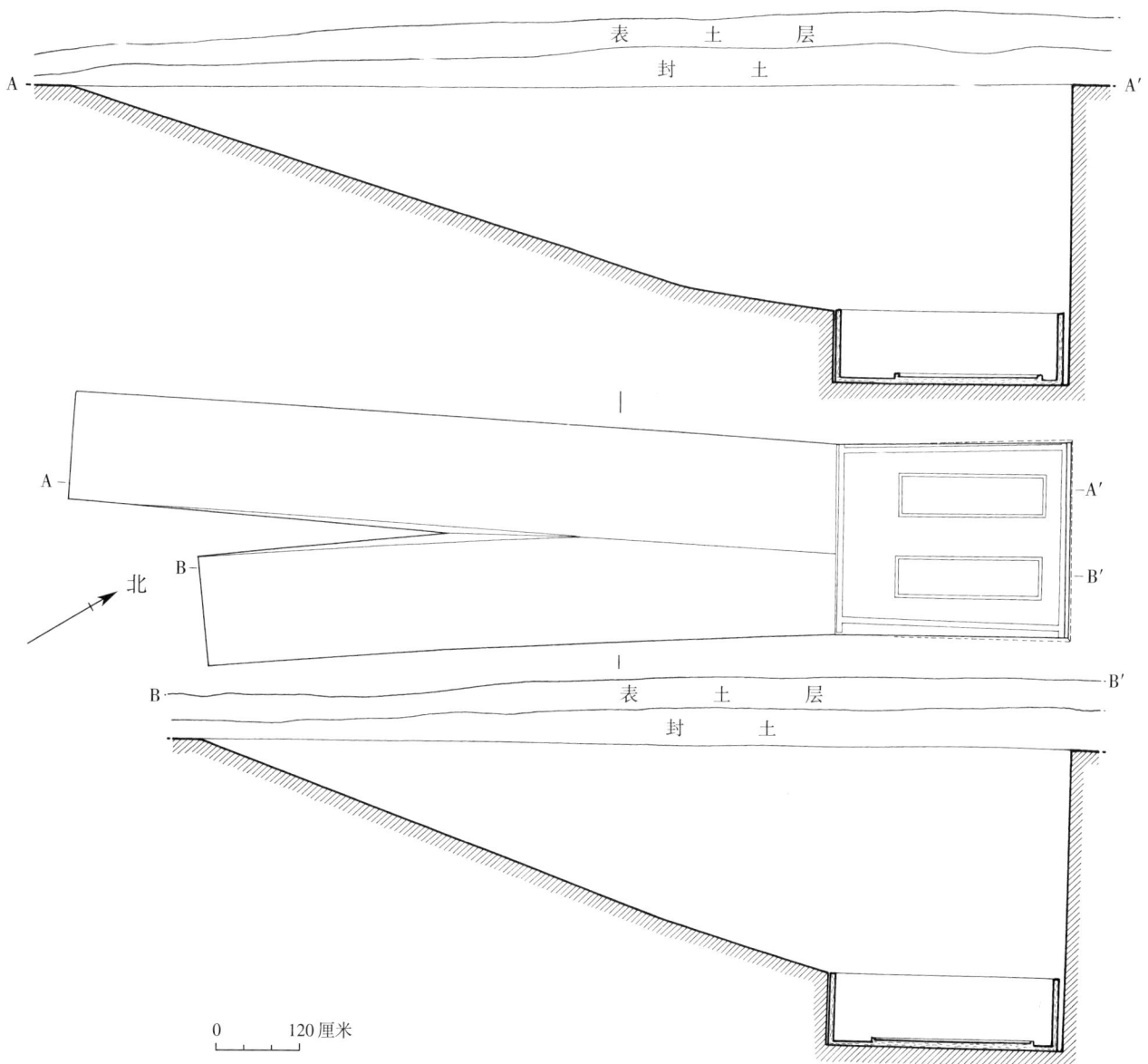

图二〇二　汉墓M43平、剖面图

北

图二○三　汉墓 M43 棺椁及器物分布平面图

1、7、10、14. 陶瓮　2. 铜铞　3. 铁削刀　4、18. 石璧　5. 铜"五铢"　6. 陶釜
8、9、11、12、20. 陶仓　13. 陶灶　15. 陶鼎　16. 陶井　17. 铜泡钉　19. 铁剑

　　陶釜　1件。M43：6，上部泥质、下部夹砂灰陶。侈口，仰折沿，方唇，束短颈，溜肩，垂鼓腹，凸圜底。肩饰一道宽带纹，下腹及底饰横、斜、交错绳纹。口径19.6、腹径25.8、高20.8～21.4厘米（图二○四，2；图版三七，1中左2）。

　　陶瓮　4件。泥质灰陶。微侈口，翻沿，方或圆唇，短领，圆或微折肩，上腹鼓，以下弧收，大平底微凹。M43：1，体形大。肩、上腹各饰二道凹弦纹，中腹局部饰块状竖绳纹。口径24、腹径47.2、底径24.4、高31.8厘米（图二○四，5；图版三七，1后左）。M43：7，形体较小。腹大部残。肩饰二道凹弦纹。口径16.4、底径17.6厘米（图二○四，3）。M43：10，体型大。肩、腹局部饰块状斜绳纹。口径24.6、腹径49.2、底径24.4、高36厘米（图二○四，6）。M43：14，

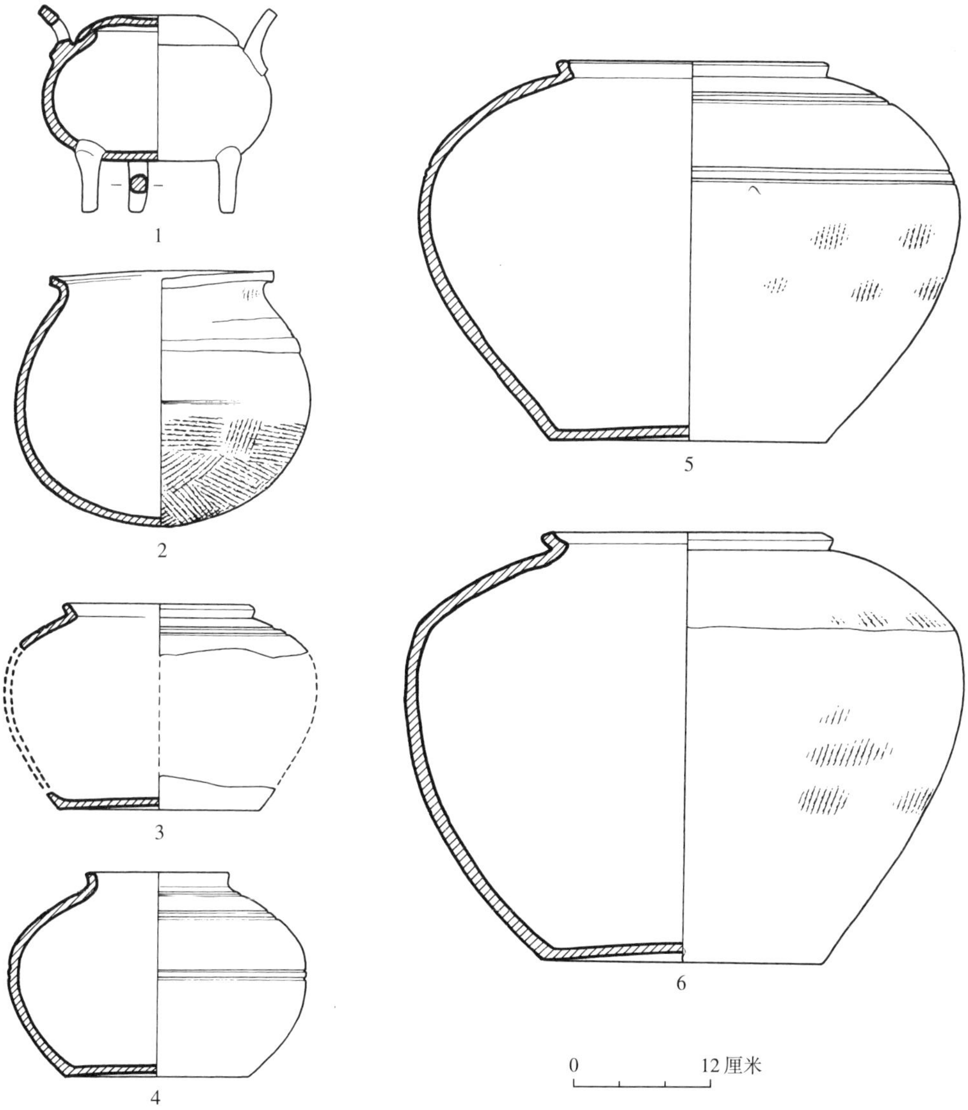

图二〇四　汉墓 M43 出土陶器

1. 鼎（M43：15）　2. 釜（M43：6）　3～6. 瓮（M43：7、14、1、10）

形体较小。颈下端、肩、中腹各饰二道凹弦纹。口径 12.4、腹径 26、底径 16、高 17.2 厘米（图二〇四，4；图版三七，1 前左 2）。

　　陶灶　1件。M43：13，泥质灰陶。灶体平面呈梯形，斜直壁，后端斜立一烟囱，烟孔较细，灶面有前小后大两火眼，前壁中部开一拱形灶门。火眼上置两釜一甑一锅，釜敛口，圆唇，溜肩，扁鼓腹，凸或小平底；甑敞口，翻折沿，方唇，弧腹内收，平底，底有五箅孔；锅除无箅孔外同甑。灶体长 32、前宽 21.6、后宽 16、体高 8.8、通高 20 厘米（图二〇五，6；图版三七，1 前左 3）。

　　陶仓　5件。泥质灰陶。敛口或微上翘，方或圆唇，斜折肩，近直壁微外扩，近底部一侧中部开小方门，门扇中部及门孔两侧各有一半环形门栓。除 1 件外上承浅覆盘状盖，微折或弧壁，顶微上凸。腹壁一般间饰五道凹弦纹，个别饰八道凹弦纹间竖绳纹。M43：8，器内有朱砂。口

图二〇五　汉墓 M43 出土器物

1~4、7. 陶仓（M43：8、12、11、9、20）　5. 陶井（M43：16）　6. 陶灶（M43：13）　8. 铜铫（M43：2）

径 12.4、底径 28.4、体高 32.8、通高 36.8 厘米（图二○五，1；图版三七，1 后右）。M43：9，器内有粟腐痕。口径 13.2、底径 27.2、体高 34、通高 37.2 厘米（图二○五，4；图版三七，1 中右 2）。M43：11，口径 11.6、底径 27.8、体高 32、通高 34.8 厘米（图二○五，3；图版三七，1 中右 1）。M43：12，无盖。器内有粟腐痕。口径 14.4、底径 26、高 33.6 厘米（图二○五，2；图版三七，1 前左 1）。M43：20，口径 14、底径 26.4、体高 36、通高 39.4 厘米（图二○五，7；图版三七，1 中左 1）。

陶井 1 件。M43：16，泥质灰陶。微敛口，宽平折沿，平唇，外沿面有一周浅凹槽，腹壁近斜直外扩，平底微凹。素面。口径 16.4、底径 16.8、高 15.2 厘米（图二○五，5；图版三七，1 前右 1）。

铜铜 1 件。M43：2，灰绿色。敞口，仰折沿，方唇，弧腹内收，底残。素面。口径 20、残高 5.2 厘米（图二○五，8）。

铜泡钉 1 件。M43：17，灰绿色。圆形，浅弧壁。残缺严重。器表鎏金（图二○六，1）。

铜"五铢" 53 枚。圆形，方穿，双面有外郭，穿背面有周郭。正面穿左右篆书"五铢"二字，"五"字交笔微曲，两横出头，"铢"之"金"字头呈三角形，"朱"之上笔方折，下笔圆折。M43：5-1，直径 2.5、穿边长 1 厘米（图二○六，5）。M43：5-2，穿正面有横郭。直径 2.4、穿边长 1 厘米（图二○六，6）。

铁剑 1 件。M43：19，仅残存一段。较窄，中部略厚，现横断面近扁圆形。残长 4.3、厚

图二○六 汉墓 M43 出土器物
1. 铜泡钉（M43：17） 2、3. 石璧（M43：4、18） 4. 铁剑（M43：19）
5、6. 铜"五铢"拓本（M43：5-1、5-2） 7. 铁削刀（M43：3）

0.2厘米（图二〇六，4）。

　　铁削刀　1件。M43：3，锈蚀严重，刀尖、柄部残。背微弧，厚背薄刃，环首。木鞘已朽，鞘外裹有丝织物。残长约34、最宽处2.2、最厚处0.6厘米（图二〇六，7）。

　　石璧　2件。大小相同。灰白色。圆形，双面平，斜缘，断面呈梯形。M43：4、18，直径3.2、好径1.2、厚0.2厘米（图二〇六，2、3）。

M44

　　方向202°。"Y"形竖穴土坑木椁墓。墓口距地表0.2～0.4米。墓圹平面呈长方形，口长3.24、宽2.12～2.2米，底长3.12、宽2.08～2.18米，深3.6～3.7米。南设两条窄长的斜坡墓道，整体呈"Y"形，即南部分开，北部因有打破关系而交叉，其中西墓道打破东墓道大部。西墓道基本呈梯形，直壁，上口平面长10.24、前宽1.63、中宽1.55、后宽1.4米，底坡长10.6、下端深3.14米；东墓道呈长方形，上口平面长7.8、前宽1.5、后部残宽0.82、复原宽1.5米，底坡长8.78、下端深3.14米。西、东墓道接近墓室部位处底面重合且近平，中、前部坡度分别为15°、20°。坑壁规整光滑。墓室西宽约1.6、东宽约0.6米范围内分别填硬质黄褐、软质灰黄色为主的花土；墓道填土与相连的墓室相同。墓室及墓道口上整体加盖封土，形成一圆形封土堆，上层因历年进行土地耕种遭到破坏，现存部分直径约15、厚0.05～0.2米，为

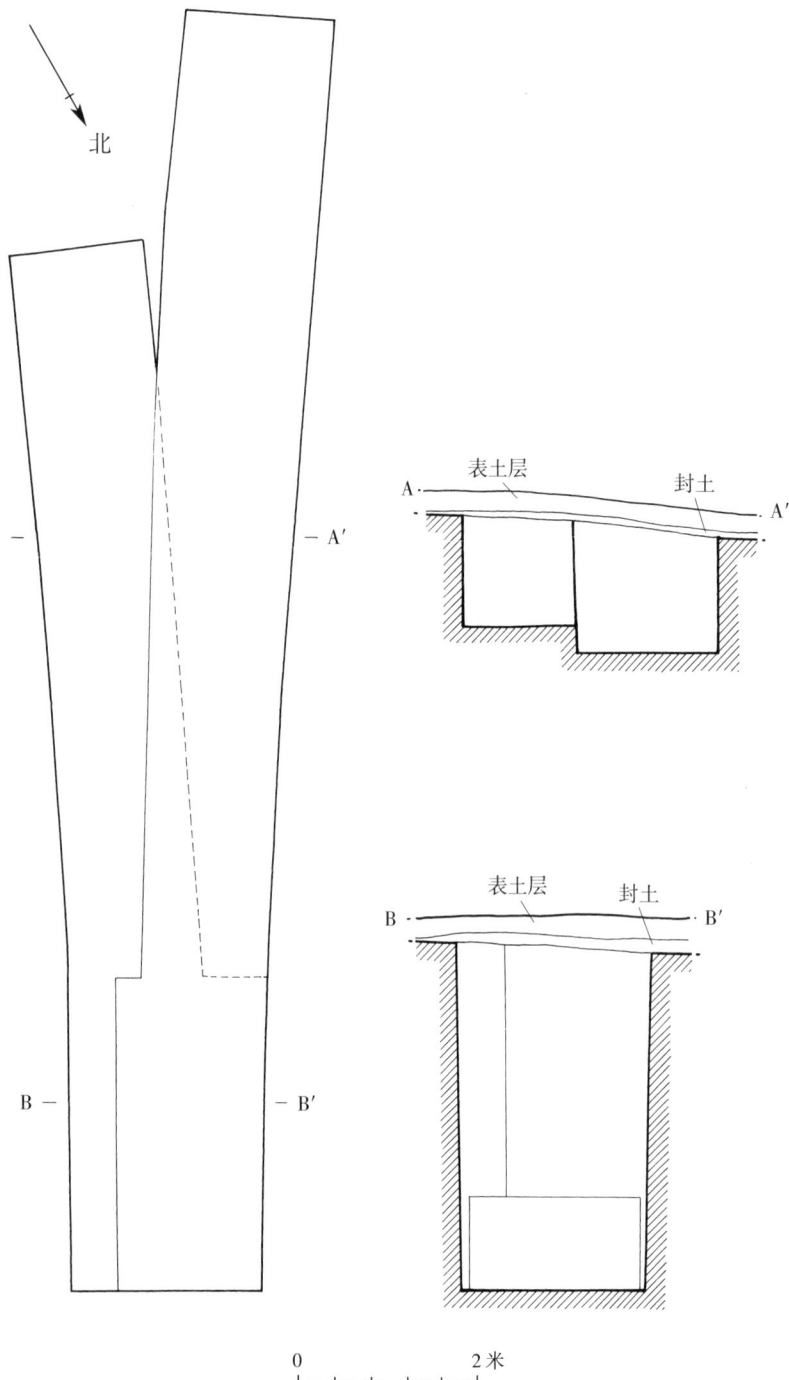

图二〇七　汉墓M44双墓道打破关系平、剖面图

硬质灰白色土。单椁并棺，仅余腐痕。椁室平面呈"Ⅱ"形，椁痕长2.91、宽1.88~1.98、高1、板痕厚0.07米。双棺分别位于椁内东、西紧靠椁板处，两棺均存盖板、底板的灰黑色腐痕，西棺盖、底板痕均长1.96、宽0.5、厚0.04米；东棺盖板痕残长1.6、宽0.5、厚0.04米，底板痕长2.1、宽0.6、厚0.04米，底板黑灰色腐痕上涂有朱砂。二棺底均悬空，推测棺底应有支垫物，其支垫痕不清。可依稀辨别椁底板痕为横行并铺于墓底。人骨朽尽，仅在东棺内南端发现头骨和几颗牙齿，可知头向南，葬式不明。26件（枚）随葬器物置于椁内底板上多处，部分在双棺下。由墓道的打破关系及墓室内填土的分布状况分析，该墓为一次起筑墓圹、椁室，同时下挖东墓道，东棺先行下葬，西棺后葬，葬入西棺时再挖西墓道，即该墓为先后下葬的同穴同椁合葬墓，不过随葬器物尚无法分辨归属（图二〇七~二〇九；图版三六，2）。

陶鼎　2件。泥质灰陶。子口，圆唇，折肩，微鼓腹，长方形附耳外撇，凸圜底。无盖。素面。M44：2，无耳孔，截锥状直立足，断面呈外圆内平的半圆形。口径10.4、腹径19.2、通高15.8厘米（图二一〇，1；图版三七，2前）。M44：12，耳上部残，耳孔对穿，宽扁直立足，断面呈倭角长方形。口径14.8、腹径22.4、残高14.4厘米（图二一〇，2；图版三七，2中前左1）。

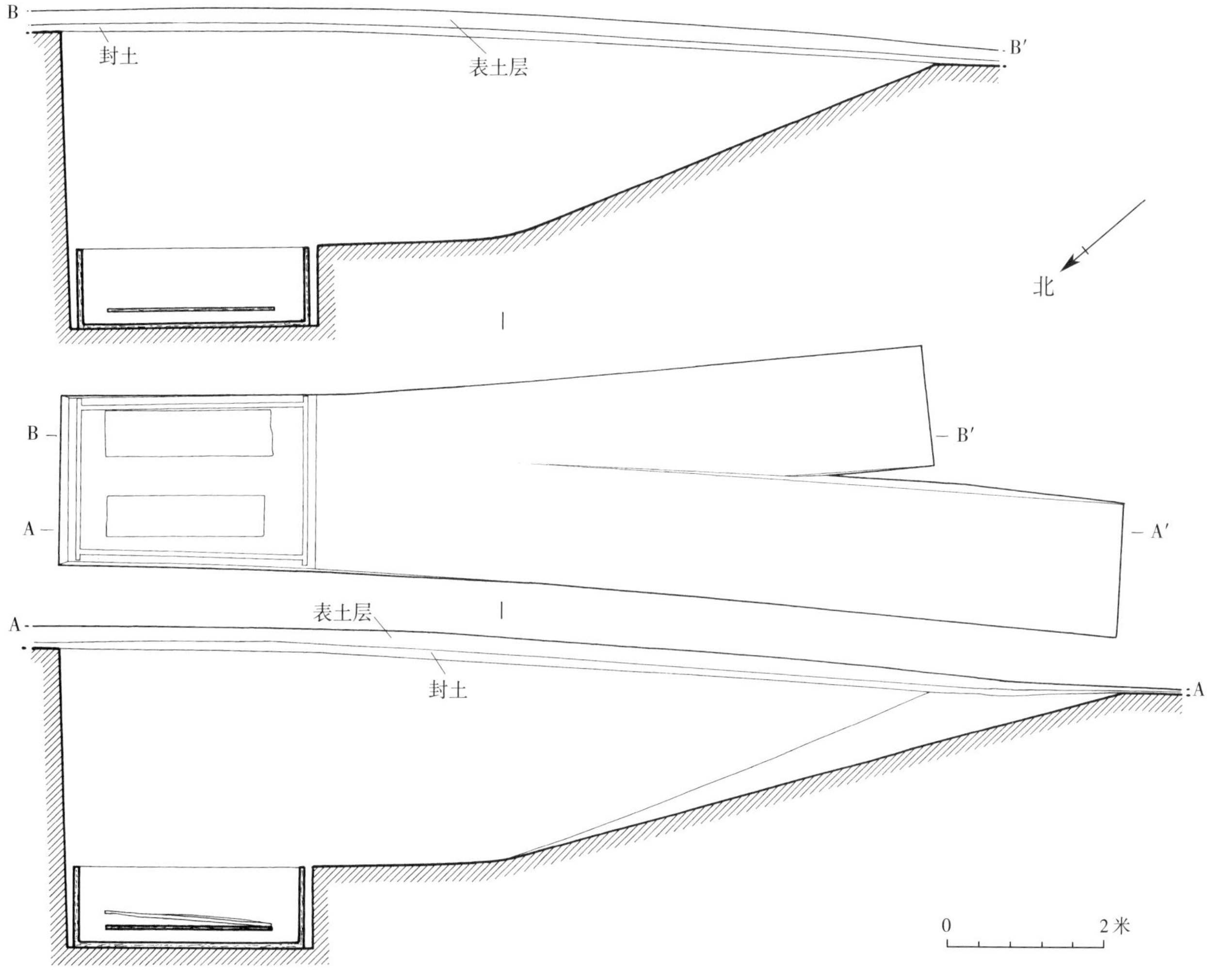

图二〇八　汉墓M44平、剖面图

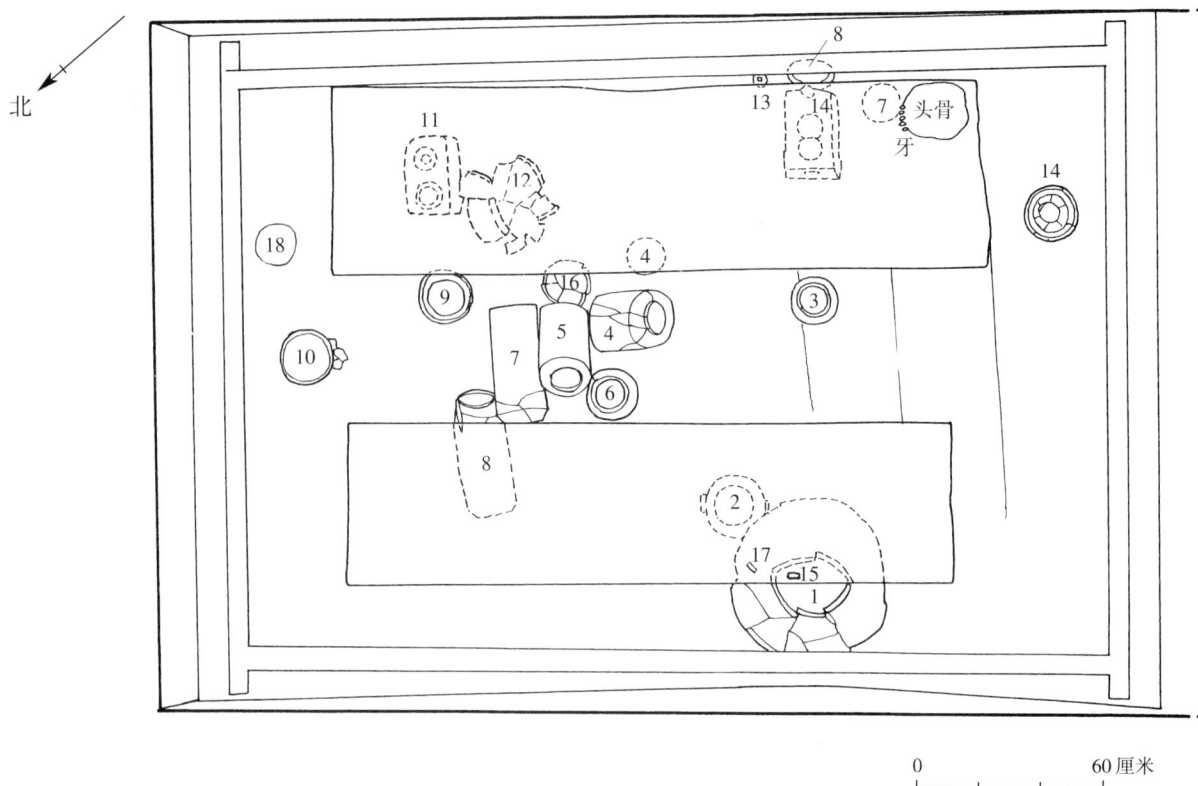

图二〇九　汉墓 M44 棺椁及器物分布平面图
1. 陶瓮　2、12. 陶鼎　3、9. 陶井　4～8、10. 陶仓　11、14. 陶灶　13. 铜 "五铢"　15、17. 石塞　16. 陶盂　18. 漆器

　　陶盂　1件。M44：16，泥质灰陶。敞口，圆唇，弧腹内收，平底微凹，外壁近底处有一周削痕。素面。口径11.5、底径4.6、高4厘米（图二一〇，6）。

　　陶瓮　1件。M44：1，泥质灰陶。直口，圆唇，短领，圆肩，上腹鼓，向下弧收，平底微凹。素面。口径24.8、腹径45.2、底径21.6、高33.2厘米（图二一〇，3；图版三七，2中后左1）。

　　陶灶　2件。泥质灰陶。体直壁，灶面前后有两个等大火眼，火眼上有一釜一甑一锅或两釜两锅。釜敛口，圆唇，溜肩，扁鼓腹，圜底近平；甑敞口，翻沿，圆唇，弧腹内收，平底，底有五箅孔；锅除五箅孔外同甑。素面。M44：11，灶体平面呈前方后圆形，前壁下部开拱形灶门。灶体长24.2、前宽12.8、体高9.6、通高16厘米（图二一〇，5；图版三七，2中前左3）。M44：14，灶体平面呈长方形，前壁中部设半圆形灶门。灶体长25.7、前宽14.8、后宽16.6、体高8.6、通高16.6厘米（图二一〇，4；图版三七，2中前左2）。

　　仓　6件。泥质灰陶。敛口，圆唇，斜折肩，直壁或中部微鼓，平底微凹。上承浅弧或微折壁钵状盖，顶上凸或平或凹。壁间饰五至八道凹弦纹。M44：4，口径9.6、腹径18.2、底径17.2、体高32.4、通高36厘米（图二一一，1；图版三七，2后左1）。M44：5，盖顶一周有削痕。口径9.2、腹径15.6、底径16、体高33、通高36厘米（图二一一，2；图版三七，2后右2）。M44：6，口径9.6、腹径15、底径13.6、体高20.4、通高22.4厘米（图二一一，5；图版三七，2中后左2）。M44：7，口径9.6、腹径15.6、底径14.6、体高32.8、通高37.4厘米（图二一一，4；图版三七，

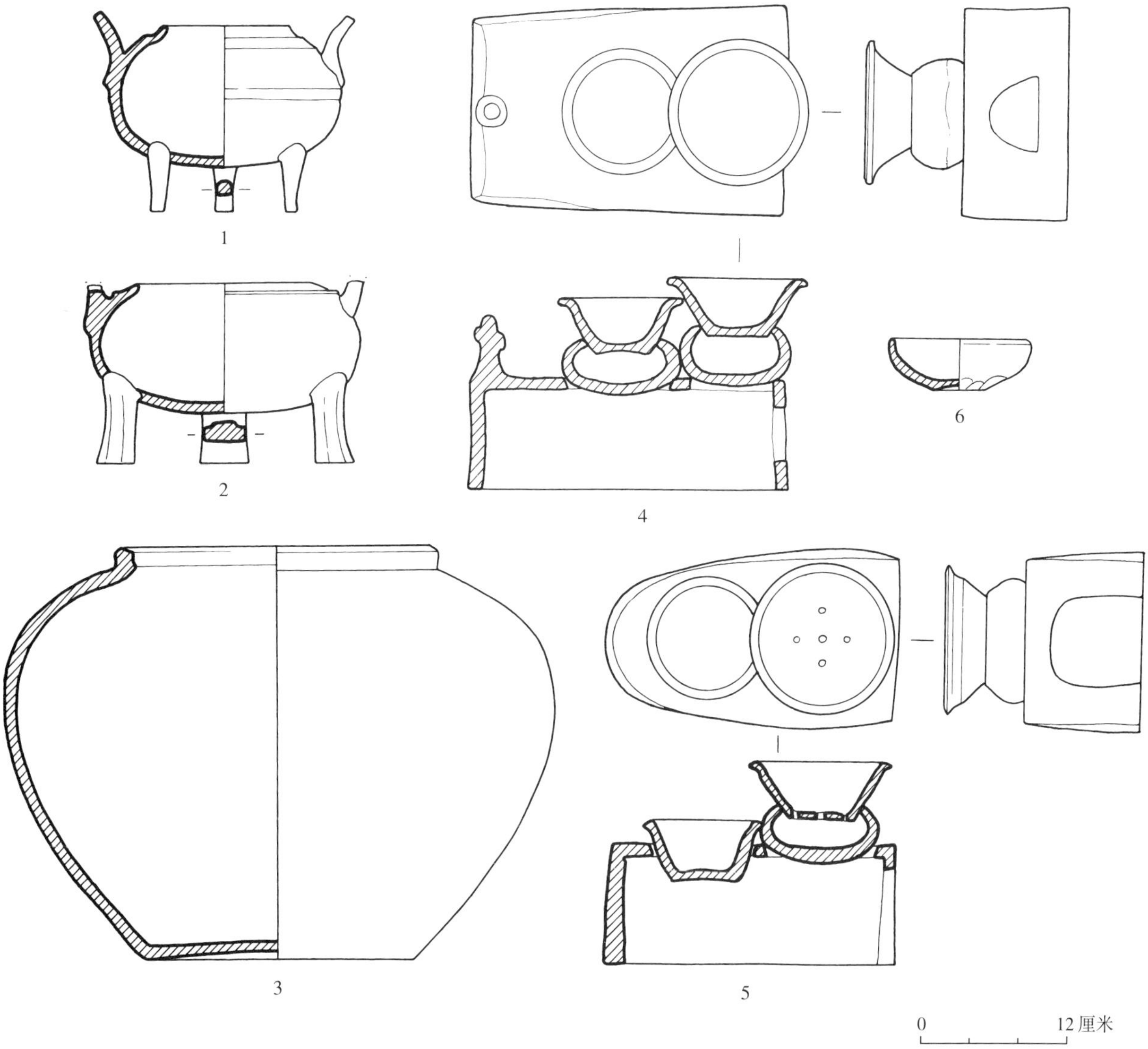

图二一〇　汉墓 M44 出土陶器

1、2. 鼎（M44：2、12）　3. 瓮（M44：1）　4、5. 灶（M44：14、11）　6. 盂（M44：16）

2后左2）。M44：8，口径9.2、腹径15.6、底径15、体高31.8、通高34厘米（图二一一，3；图版三七，2后右1）。M44：10，盖顶一周有削痕。口径9.8、腹径13.6、底径14、体高19、通高22.2厘米（图二一一，6；图版三七，2中后右2）。

　　陶井　2件。泥质灰陶。束颈，折肩，近直壁。M44：3，口残，壁下部微收，平底微凹，肩、中腹各饰一道凹弦纹，井内有汲水瓶，泥质褐陶，侈口，翻沿，束颈，溜肩，扁鼓腹，凸圜底。井肩径14.4、底径13.6、残高11.8厘米，汲水瓶口径4、腹径5.6、高4.4厘米（图二一一，7；图版三七，2中前右2、1）。M44：9，敛口，翻折沿，方唇，壁微外扩，无底。肩、上腹、中腹各饰一道凹弦纹。口径14.8、底径15.8、高13.6厘米（图二一一，8；图版三七，2中后右1）。

　　铜“五铢”　9枚。圆形，方穿，双面有外郭，穿背面有周郭。正面穿左右篆书“五铢”二字，“五”字交笔微曲，两横出头，“铢”之“金”字头锈蚀，“朱”之上笔方折，下笔圆折。M44：13-

1，直径 2.5、穿边长 1 厘
米（图二一二，1）。

石塞　2 件。大小相
同。灰白色，圆台体。M44：
15、17，长 1.3、直径 0.5~
0.8 厘米（图二一二，2、3；
彩版六，4 左、右）。

漆器　1 件。M44：
18，仅余漆皮，器形不明。

M45

方向 38°。长方形竖
穴土坑木椁墓。墓口距地
表 0.25~0.35 米，长 2.6、
宽 1.5~1.66 米，底长 2.48、
宽 1.32~1.36 米，深 1.5~
1.8 米。坑壁较粗糙。填
硬质灰褐夹灰黄色花土。
单椁单棺，仅余腐痕。椁
室平面呈长方形，椁痕长
2.28、宽 1.26、高 0.4、板
痕厚 0.06 米。棺位于椁内

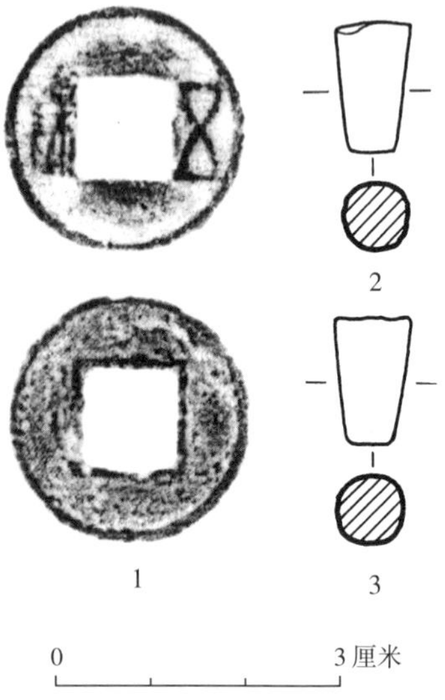

图二一二　汉墓 M44 出土器物
1. 铜 "五铢" 拓本（M44：13-1）
2、3. 石塞（M44：15、17）

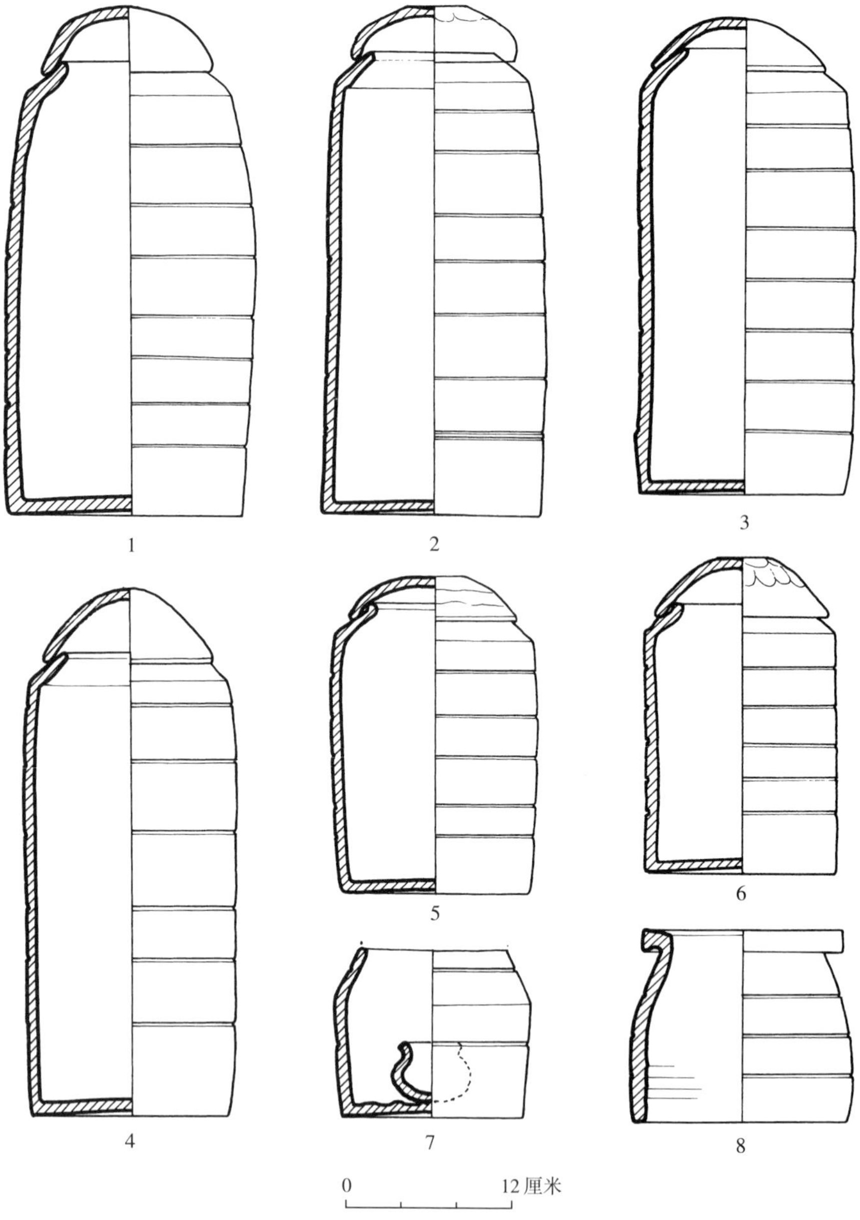

图二一一　汉墓 M44 出土陶器
1~6. 仓（M44：4、5、8、7、6、10）　7、8. 井（M44：3、9）

西部，棺痕长 2.08、宽 0.54、高 0.06、板痕厚 0.05 米。人骨朽尽，
葬式不明。2 件随葬器物置于椁内棺外东北部。据随葬器物位置推
测头向东北（图二一三）。

陶盂　1 件。M45：2，泥质灰陶。敞口，圆唇，弧腹内收，平
底微凹。素面。口径 14.8、底径 5、高 5.8 厘米（图二一四，1；图
版三八，2 左）。

陶罐　1 件。M45：1，泥质褐陶。侈口，翻沿，圆唇，束颈，

溜肩，肩有对称双鼻耳，鼓腹，凹底较深。颈饰多道凹弦纹，肩至上腹饰竖绳纹间二道抹痕，下腹及底饰交错绳纹。口径11.8、腹径20.8、底径5.6、高21厘米（图二一四，2；图版二四，2右）。

M46

方向110°。"凸"字形竖穴土坑木椁墓。墓口上距地表0.4米。墓圹平面呈长方形，口长3.1、宽1.92米，底长2.98、宽1.92米，深1.94米。西设斜坡墓道，平面呈梯形，上口长4.5、宽1.32～1.53米，直壁，底坡长4.7米，下端最深1.4米，坡度19°。坑壁较为粗糙。墓道和墓室填土有别，分别为灰黄夹少量灰褐色花土、灰褐夹少量灰黄色花土，墓道填土较墓室填土硬，相接处由上至下有较直的分界线，推测以薄木板隔开。单椁单棺，仅余腐痕。椁室平面呈"Ⅱ"形，椁痕长2.79、宽1.71、高0.4、板痕厚0.08米。棺位于椁内北部，棺痕长2.04、宽0.47～0.52、高0.2、板痕厚0.05米。棺内发现几节肢骨和几颗牙齿，可知头向东，仰身直肢葬式。12件随葬器物置于棺下和椁内棺外南侧，从棺下放置器物较完整的情况推测，棺下应有支垫物，但未能清理（图二一五；图版三八，1）。

陶鼎　1件。M46：3，泥质红陶。子母口，圆唇，折肩，微鼓腹，长方形附耳外撇，耳孔未穿，凸圜底近平，三熊形直立足。上承博山盖。下腹饰二道凹弦纹，耳外壁孔下饰三角纹带，盖面模印人物、动物、植物纹。器表、盖面满施黄褐釉。口径16.8、腹径21.2、体高14、通高25.2厘米（图二一六，1；图版三九，1中后左）。

陶壶　1件。M46：2，泥质红陶。浅盘口，折沿，上沿面有一周浅凹槽，束长颈，溜肩，肩附对称兽面铺首衔环，扁鼓腹，凸圜底，盘口状浅圈足。上承博山盖。肩及中腹各饰二道凹弦纹。盖口外壁饰一周菱形纹，其上模印人物、动物、植物纹。器表、盖面满施黄褐釉，多已脱落。口

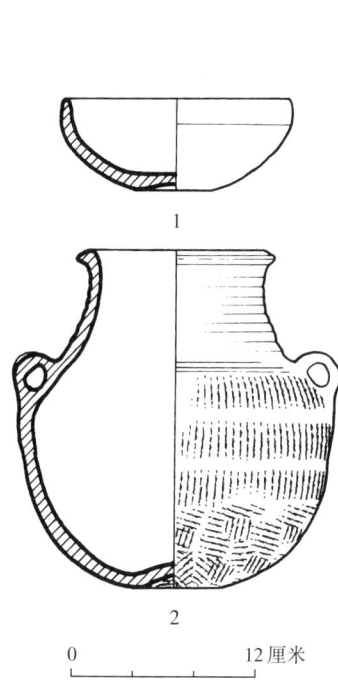

北

图二一三　汉墓 M45 平面图
1.陶罐　2.陶盂

图二一四　汉墓 M45 出土陶器
1.盂（M45：2）2.罐（M45：1）

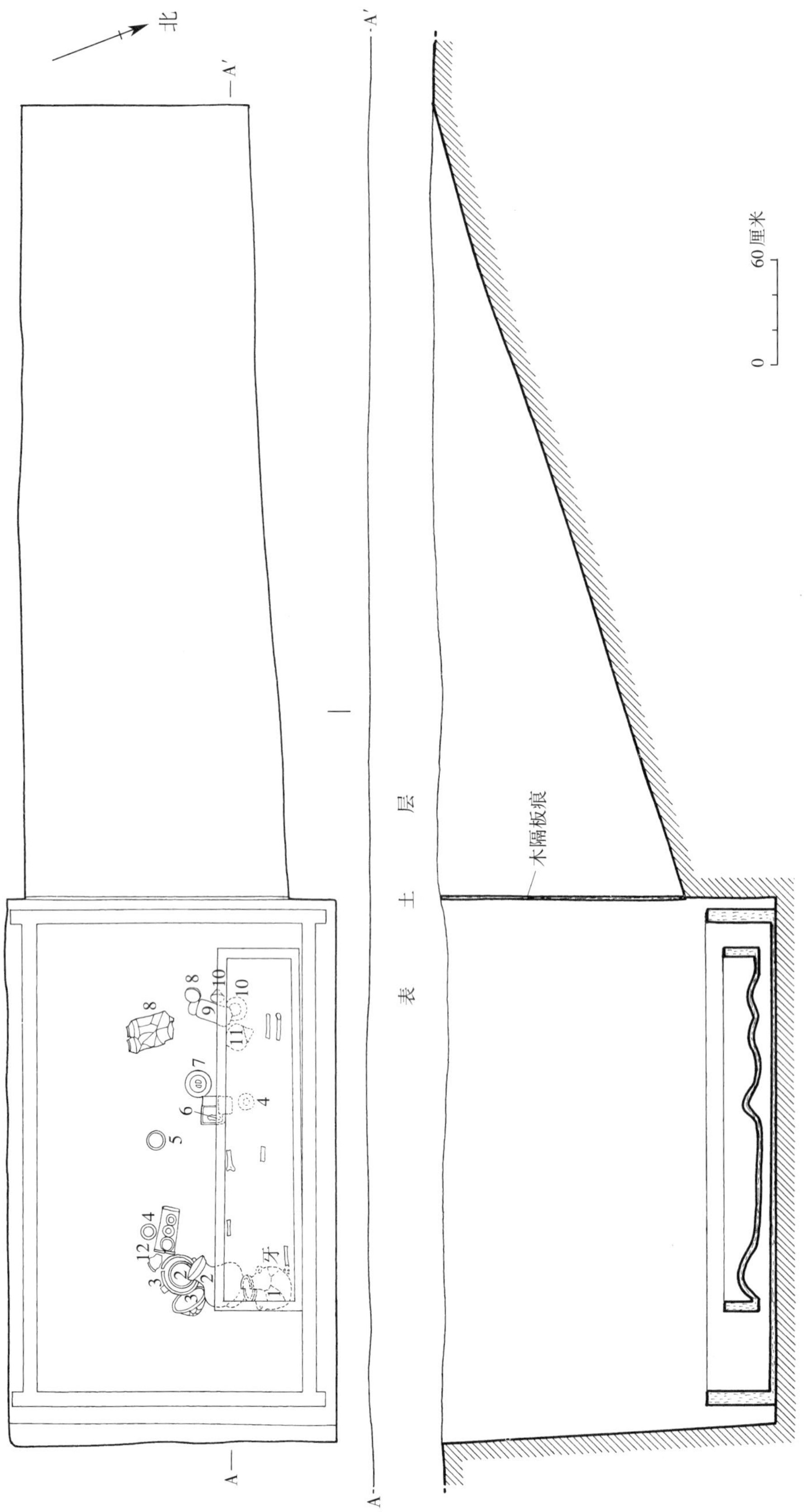

图二一五　汉墓 M46 平、剖面图

1、10、11. 陶罐　2. 陶壶　3. 陶鼎　4. 陶灶　5. 陶井　6. 陶囷　7. 陶磨　8、9. 陶仓　12. 铜镜

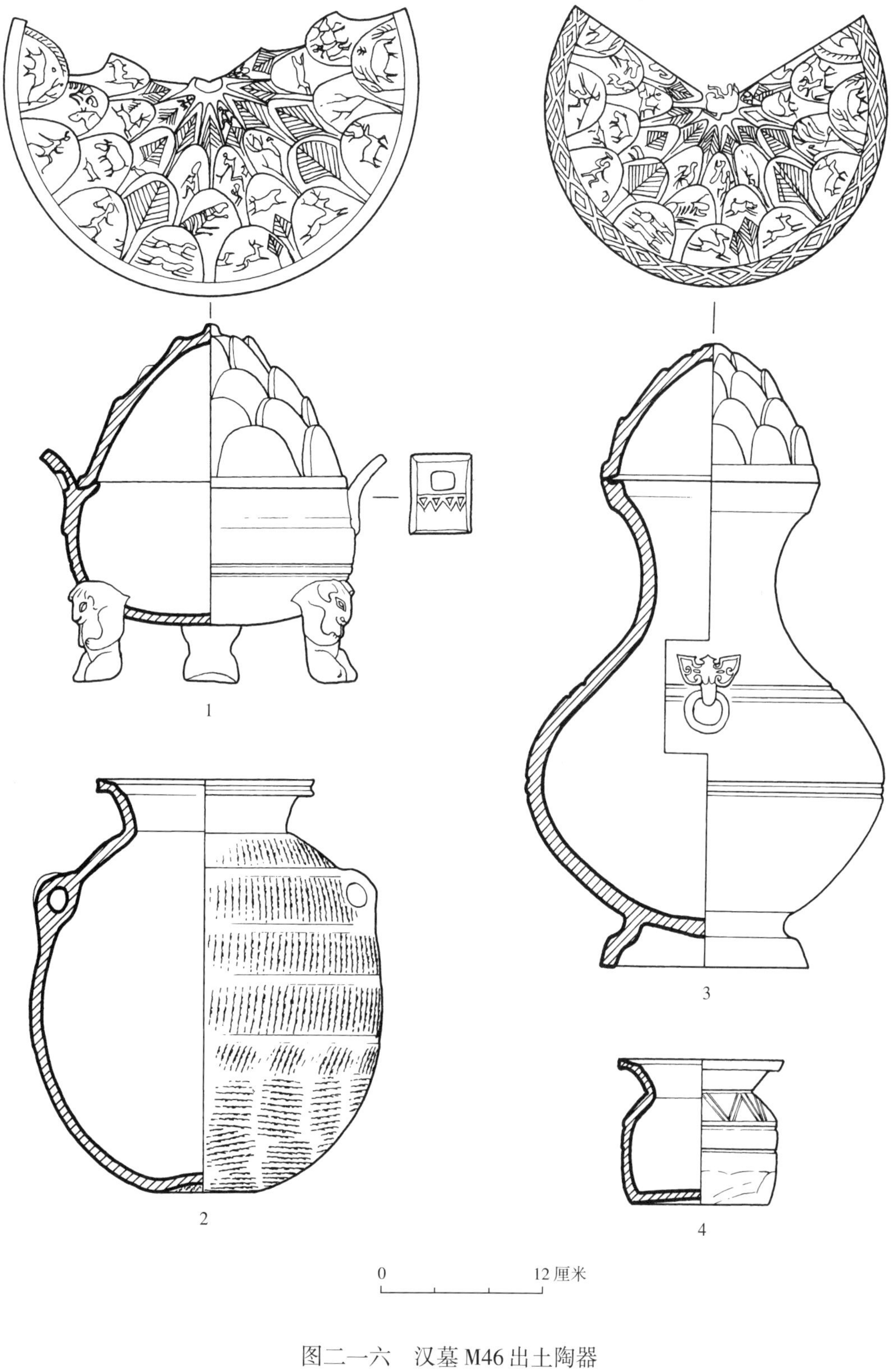

图二一六　汉墓 M46 出土陶器

1.鼎（M46：3）　2.罐（M46：1）　3.壶（M46：2）　4.井（M46：5）

径 16.4、腹径 27、圈足径 16、体高 34.6、通高 44.2 厘米（图二一六，3；图版三九，1 后）。

陶罐 3 件。M46∶1，泥质灰陶。侈口，仰折沿，沿面内凹，方唇，束颈，圆肩，肩有对称双鼻耳，圆鼓腹，浅凹底。肩至上腹饰竖绳纹间四道抹痕，下腹及底饰横绳纹。口径 16、腹径 26、底径 7.2、高 29.4 厘米（图二一六，2；图版三九，1 中后右）。M46∶10，泥质红陶。直口微敛，圆唇，短领，溜肩，上腹鼓，以下弧收，平底微凹。上承博山盖。肩及上腹各饰二道凹弦纹，下腹有多道划痕，盖面模印人物、动物、植物纹。器表、盖面满施黄褐釉，釉不及底。口径 8.4、腹径 15.4、底径 7.2、体高 10.8、通高 17.2 厘米（图二一七，7；图版三九，1 中前左）。M46∶11，陶系及形制、纹饰、施釉方法与 M46∶10 基本相同，只是下腹部为刀削痕。口径 8.4、腹径 16、底径 7.2、体高 11.2、通高 17.2 厘米（图二一七，6；彩版六，5；图版三九，1 前左 1）。

陶灶 1 件。M46∶4，泥质红陶。灶体平面略呈梯形，直壁，前、后端设挡墙，灶面有三个等大火眼，前壁中部开拱形灶门。火眼上置三釜一甑一锅，釜敛口，圆唇，溜肩，扁鼓腹，小平底；甑敞口，翻折沿，方唇，弧腹内收，小平底，底有五箅孔；锅除五箅孔外形制同甑。灶体前端挡墙上部刻划网格纹。通体及釜、甑、锅内外壁施黄褐釉，多已脱落。灶体长 24.4、前宽 12.4、后宽 11.2、体高 7.2、通高 12.8 厘米（图二一七，2；图版三九，1 前左 2）。

陶仓 2 件。泥质红陶。敛口，圆唇，短领，折肩，中腹微鼓，平底微凹。上承博山盖。腹间饰多道凹弦纹；盖面模印纹饰，多模糊不清，可见动物纹。器表施黄褐釉，大多脱落。M46∶8，下腹有刀削痕。口径 8.4、腹径 13.4、底径 11.2、体高 22.2、通高 28 厘米（图二一七，4；图版三九，1 中前右）。M46∶9，口径 7.6、腹径 14、底径 12.4、体高 21.8、通高 27.8 厘米（图二一七，3；图版三九，1 前右 1）。

陶井 1 件。M46∶5，泥质红陶。侈口，仰折沿，方唇，束短颈，折肩，中腹微鼓，平底微凹。肩饰波折纹，颈、上腹、中腹各饰一道凹弦纹。器表施黄褐釉，局部脱落。口径 12.4、腹径 11.6、底径 10.4、高 10.2 厘米（图二一六，4；图版三九，1 前右 2）。

陶磨 1 件。M46∶7，泥质红陶。上扇顶部凿两个对接半圆形槽，槽内和肩部布满摁窝，侧面有一兽首形手柄，下扇扇面平，高出磨盆，腹壁与盆底相连，腹中空。盆敞口，方唇，浅腹，斜直壁，平底，下部附三直立长方柱足。器表施黄褐釉，大多脱落。扇径 10.8、盆口径 18、盆底径 16、通高 11.4 厘米（图二一七，1；图版三九，1 前左 3）。

陶圈 1 件。M46∶6，泥质红陶。平面近方形，下部一周围墙，一侧设厕屋一座，四面坡式屋顶，顶有瓦垄，屋前壁开长方形门，前设一斜坡通道。圈内立一猪，矮胖，短腿站立，嘴前伸，尾巴下垂贴身。圈长 20.4、宽 19 厘米，猪长 11.2、高 6.8、通高 20 厘米（图二一七，5；图版三九，1 中前中）。

铜销 1 件。M46∶12，锈蚀严重，无法复原。出土时可见形制为敞口，斜折沿上昂，弧腹，凸圜底。

M47

方向 115°。刀形竖穴土坑木椁墓。墓口距地表 0.6 米。墓圹平面呈长方形，口长 3、宽 2.26～2.32 米，底长 2.84、宽 2.1～2.13 米，深 3.5 米。西设斜坡墓道，平面呈梯形，上口长 7.74、宽 1.45～2.05 米，底坡长 8.1、宽 1.45～1.85 米，深 0.1～2.4 米，近墓室处坡度缓，西部坡度较大，坡度 19°。坑壁较粗糙。填硬质灰褐夹灰黄色花土。单椁并棺，仅余腐痕。椁室平面呈"Ⅱ"形，

图二一七　汉墓 M46 出土陶器

1.磨（M46∶7）　2.灶（M46∶4）　3、4.仓（M46∶9、8）　5.圈（M46∶6）　6、7.罐（M46∶11、10）

榫痕长2.72、宽1.9～2、高1.1、板痕厚0.07米。双棺分别靠近南北榫板，棺板均散开，可见棺底板及前挡板或壁板痕，棺板内壁髹红漆。北棺底板上有经纬编织的布纹遗痕，残长1.94、宽约0.4、厚0.04米；前挡板因垮塌压于底板下，宽0.36、高0.38、板痕厚0.03米。南棺底板痕长2.04、宽约0.36、厚0.04米，壁板长1.76、宽0.3、厚0.04米。人骨朽尽，北、南棺底板东端残存数颗牙齿，可知头向东南，葬式不明。88件（枚）随葬器物除1号陶壶在北棺上、部分铜钱在北棺内外，余置于椁内两棺间和双棺下。从棺下放置器物较完整的情况推测，棺下应置有支垫物，但未清理出来（图二一八）。

陶鼎　2件。泥质红陶。子母口，圆唇，折肩，腹壁微弧，长方形附耳外撇，凸圜底，三蹄足直立。中腹饰一、二道凹弦纹，耳外壁孔下饰小方格纹。通体及口内壁施浅黄釉，大部分脱落。M47：21，耳孔未穿。上承浅弧盘状盖，盖顶有一锥形纽。口径16、腹径18.4、体高13.8、通高17.4厘米（图二一九，2；图版三九，2中后左1）。M47：23，耳孔对穿。缺盖。口径16.4、腹径20.8、体高14.4厘米（图二一九，1；图版三九，2中后左2）。

陶壶　3件。折沿，方唇，束颈，溜肩，鼓腹。肩及中腹各饰二道凹弦纹。M47：1，泥质红陶。盘口，肩附对称兽面铺首衔环，凸圜底，盘口状浅圈足。下腹间隔饰块状斜绳纹。外壁施黄褐釉，多脱落。口径16、腹径28、圈足径18、高36.6厘米（图二一九，3；图版三九，2后左3）。M47：3，泥质灰陶。形制、纹饰与M47：1相同。圈足残。口径13.6、腹径26.4、残高30.2厘米（图二一九，4；图版三九，2后右3）。M47：29，泥质灰陶。侈口，翻折沿，沿面起一道凸棱，肩有对称双弓耳，平底微凹。口径10.2、腹径20.6、底径10、高19.4～20厘米（图二一九，5；图版三九，2中后右2）

陶锅　1件。M47：10，泥质红陶。侈口，翻沿，尖圆唇，束颈极短，溜肩，中腹微鼓，下腹弧收，平底微凹。素面。口径13.6、腹径14、底径6.8、高7.4厘米（图二一九，6；图版三九，2中前左2）。

陶罐　3件。口微敛，圆唇，短颈，溜肩，上腹微鼓，以下斜收，平底微凹。肩或中腹各饰二道凹弦纹。M47：16，泥质红陶。外壁施黄褐釉，多脱落。口径7.2、腹径15.2、底径7.2、高12厘米（图二一九，7；图版三九，2中前左1）。M47：22，泥质灰陶。上承浅弧盘状盖，盖顶有一圆形捉手。口径8、腹径16、底径7.2、体高11.8、通高15.2厘米（图二一九，8；图版三九，2中后右1）。M47：25，承盖同M47：22。口径8、腹径16、底径7.2、体高12、通高14.8厘米（图二一九，9）。

陶樽　1件。M47：17，泥质红陶。敞口，圆唇，斜直壁，平底微凹，三矮蹄足直立。上承子口弧盘盖，盖顶一乳状纽。体素面，盖面施黄褐釉。口径14.8、底径13.6、体高11、通高17.4厘米（图二一九，10；图版三九，2中后左3）。

陶耳杯　2件。泥质红陶。椭圆形，敞口，口有对称双月牙形耳略上仰，圆唇，弧腹内收，平底。素面。M47：19，口长径10、短径8、底长径5.6、短径3.4、通高4.4厘米（图二一九，11；图版三九，2前右1）。M47：20，口长径9.2、口短径6.8、底长径5、底短径2.8、通高3.6厘米（图二一九，12；图版三九，2前右2）。

陶器盖　1件。M47：18，泥质红陶。博山形。盖面模印动物、植物纹。器表施黄褐釉。口径21.6、高11.2厘米（图二一九，13；图版三九，2前右3）。

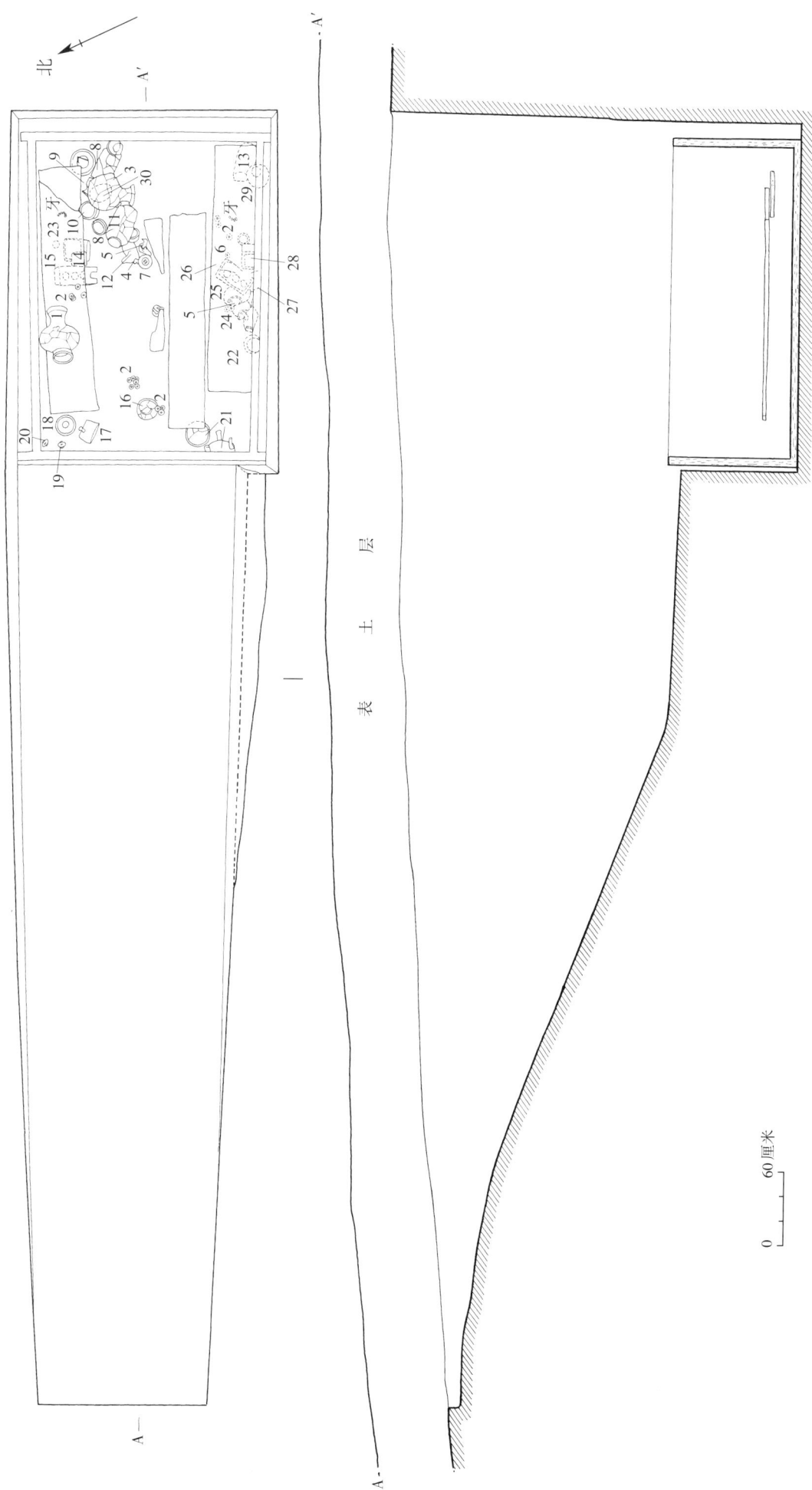

图二一八 汉墓 M47 平、剖面图

1、3、29.陶壶 2.铜 "五铢" 4、5.陶鸡 6.铜 "货泉" 7.陶磨 8、11、13、27.陶仓 9、24.陶井 10.陶钅肖 12.陶狗 14、28.陶圈 15、22、25.陶罐 16.陶灶 17.陶樽 18.陶器盖 19、20.陶耳杯 21、23.陶鼎 30.漆器

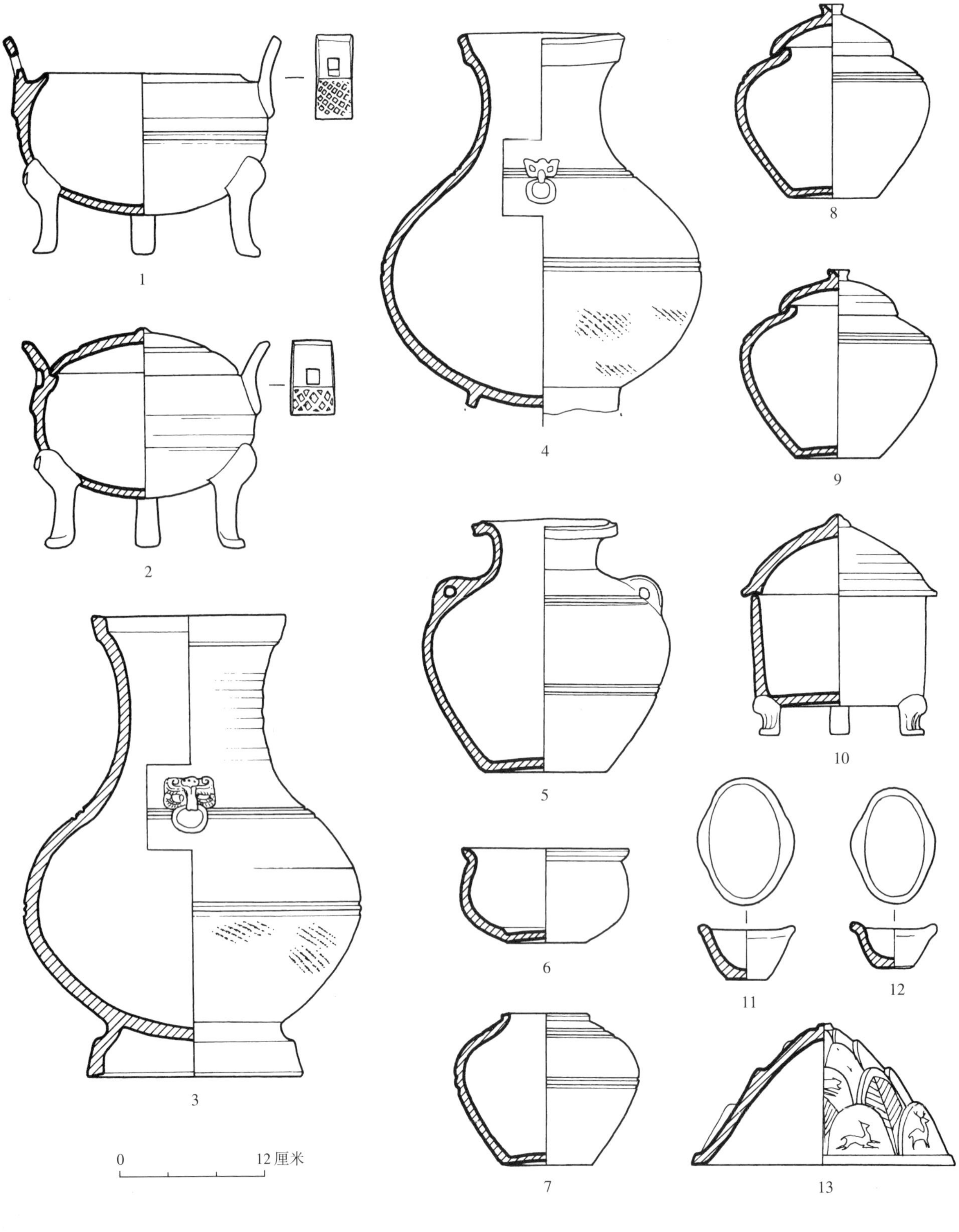

图二一九　汉墓 M47 出土陶器

1、2. 鼎（M47：23、21）　3～5. 壶（M47：1、3、29）　6. 铞（M47：10）　7～9. 罐（M47：16、22、25）

10. 樽（M47：17）　11、12. 耳杯（M47：19、20）　13. 器盖（M47：18）

陶灶 2件。灶体平面略呈长方形，前、后端有挡墙，灶面有三个等大火眼，前壁中部开拱形灶门。火眼上置三釜一甑一锅，釜敛口，圆唇，溜肩，扁鼓腹，小平底或凸圜底；甑敞口，翻折沿，方唇，弧腹内收，小平底，底有五箅孔；锅除无箅孔外形制同甑。灶体前端挡墙上部刻划网格纹。M47：15，泥质红陶。灶面后端有一长方形烟孔，甑、锅下部残。灶体长26.8、宽13.6、体高8厘米（图二二〇，2；图版三九，2中前右3）。M47：26，泥质灰陶。无烟孔。灶体长28.2、前宽15.2、后宽13.2、体高7.4、通高14.8厘米（图二二〇，1；图版三九，2中前右2）。

陶仓 4件。敛口，圆唇，折肩，近直壁，平底微凹。M47：8，泥质红陶。上承博山盖。腹壁间饰四道凹弦纹，盖面模印人物、动物、植物纹。口径7.8、腹径13、底径11.2、体高26.6、通高32.6厘米（图二二〇，8；图版三九，2后左2）。M47：11，泥质红陶。形制、纹饰与M47：8

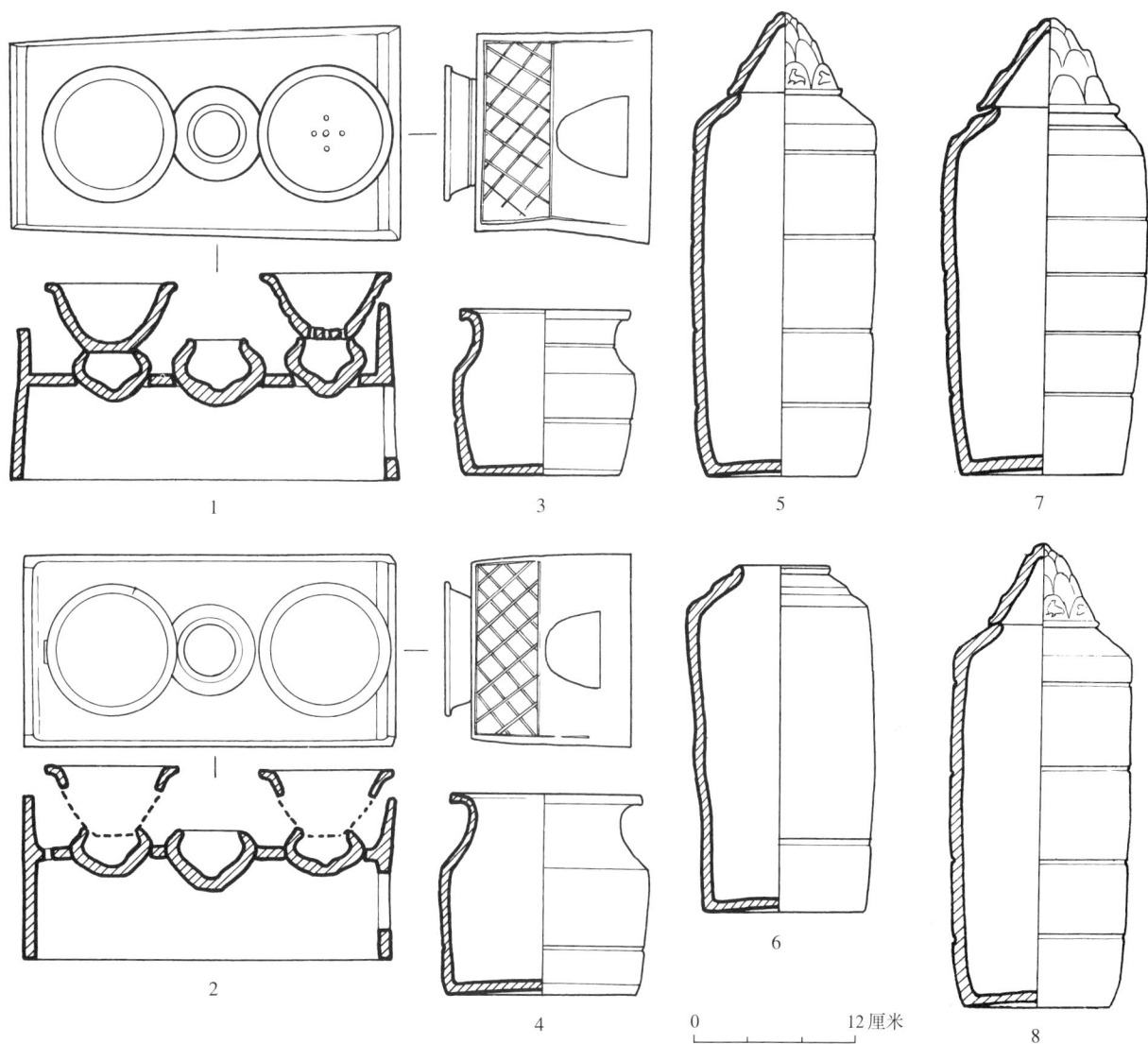

图二二〇 汉墓 M47 出土陶器
1、2.灶（M47：26、15） 3、4.井（M47：9、24） 5～8.仓（M47：11、27、13、8）

同。器表施黄褐釉,大多脱落。口径7.2、腹径13.2、底径10.8、体高27、通高32.6厘米(图二二〇,5;图版三九,2后左1)。M47:13,泥质灰陶。除肩中部一周突起、腹壁微斜收外,其余形制、纹饰与M47:11相同。口径8.4、底径12、体高25.8、通高32厘米(图二二〇,7;图版三九,2后右2)。M47:27,泥质灰陶。肩中部一周突起。无盖。下腹饰一周凹弦纹。口径6.8、腹径13.4、底径11.8、高24.4厘米(图二二〇,6;图版三九,2后右1)。

陶井　2件。侈口,翻折沿,方唇,束颈,折肩,斜直腹下收,平底微凹。下腹饰一道凹弦纹。M47:9,泥质红陶。颈中部饰一道凹弦纹。口径12.4、肩径13、底径11.2、高11.6厘米(图二二〇,3;图版三九,2中后右3)。M47:24,泥质灰陶。口径14、肩径14.8、底径13.6、高14厘米(图二二〇,4)。

陶磨　1件。M47:7,泥质红陶。上扇顶部凿两个对接半圆形槽,顶面布满摁窝,侧面有一方形手柄;下扇扇面平,高出磨盆,腹壁与盆底相连,腹中空。盆敞口,方唇,浅腹,斜直壁,平底,下部附三直立长方柱足。扇径9.6、盆口径17.6、底径16、通高10厘米(图二二一,6;图版三九,2前左1)。

陶圈　2件。平面呈长方形,下部一周围墙,一侧设厕屋一座,四面坡式屋顶,顶有瓦垄,屋前壁开长方形门,前设一斜坡通道。圈内立一猪,短腿站立,嘴前伸,短尾贴身。M47:14,泥质红陶。圈长20.8、宽16.2、猪长11.2、高6.8、通高18厘米(图二二一,1;图版三九,2中前左3)。M47:28,泥质黑衣褐陶。圈内紧贴一侧围墙设有一个长方形食槽。圈长22、宽17.2、猪长12.8、高7.6、通高17.4厘米(图二二一,2;图版三九,2中前右1)。

陶狗　1件。M47:12,泥质红陶。卧伏状,昂首右顾,垂尾左卷,竖耳,眈目,嘴微张,腹中空。通长23.4、高13.2厘米(图二二一,3;图版三九,2前后左2)。

陶鸡　2件。泥质红陶。雌鸡。半蹲状,短冠,缩颈,翘尾,腹中空。身饰小片羽纹。表面施黄褐釉,多脱落。M47:4,仰首右顾。通长9.6、高7.4厘米(图二二一,4;图版三九,2前前左3)。M47:5,平视前方。通长9.6、高7厘米(图二二一,5;图版三九,2前前左2)。

铜"五铢"　50枚。圆形,方穿,双面有外郭,穿背面有郭。正面穿左右篆书"五铢"二字,"五"字交笔弯曲,两横出头,"铢"之"金"字头呈三角形,"朱"之上笔方折,下笔圆折。M47:2-1,"金"头较小。直径2.4、穿边长1厘米(图二二一,7)。M47:2-2,"金"头较大。直径2.4、穿边长1厘米(图二二一,8)。

铜"货泉"　10枚。圆形,方穿,双面有外郭,穿背面有郭。正面穿左右篆书"货泉"二字,书写较工整。M47:6-1,直径2.1、穿边长0.7厘米(图二二一,9)。

漆器　1件。M47:30,仅存漆皮,器形不明。

M50

方向40°。长方形竖穴土坑木椁墓。墓口距地表0.3~0.5米,长2.9、宽1.8米,底长2.9、宽1.7米,深3米。坑壁规整光滑。填灰黄褐夹灰白色花土,土质较硬。单椁单棺,仅余腐痕。椁室平面呈"Ⅱ"形,椁痕长2.58、宽1.2、高0.8、板痕厚0.06米。棺位于椁内东南部,棺痕长1.9、宽0.52、高0.08、板痕厚0.04米。人骨朽,棺内北部存数枚牙齿,中部可见盆骨和两节肢骨痕,可知头向东北,仰身直肢葬式。13件随葬器物除1件陶球置于椁内棺外北端外,余置于椁内棺外西部(图二二二)。

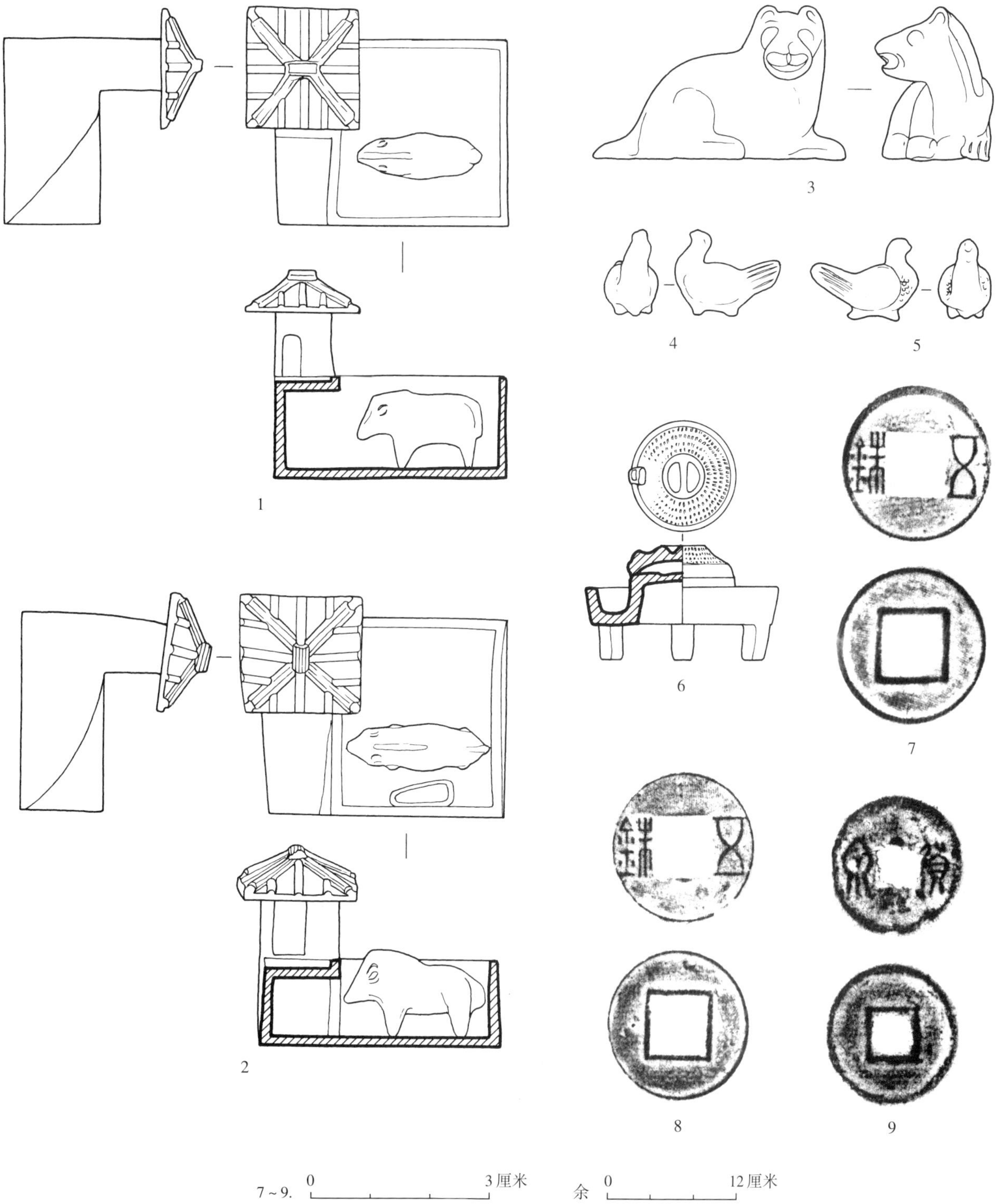

7~9. 0　　　　　　　3厘米　　余 0　　　　　　　12厘米

图二二一　汉墓 M47 出土器物

1、2.陶圈（M47：14、28）　3.陶狗（M47：12）　4、5.陶鸡（M47：4、5）　6.陶磨（M47：7）
7、8.铜"五铢"拓本（M47：2-1、2-2）　9.铜"货泉"拓本（M47：6-1）

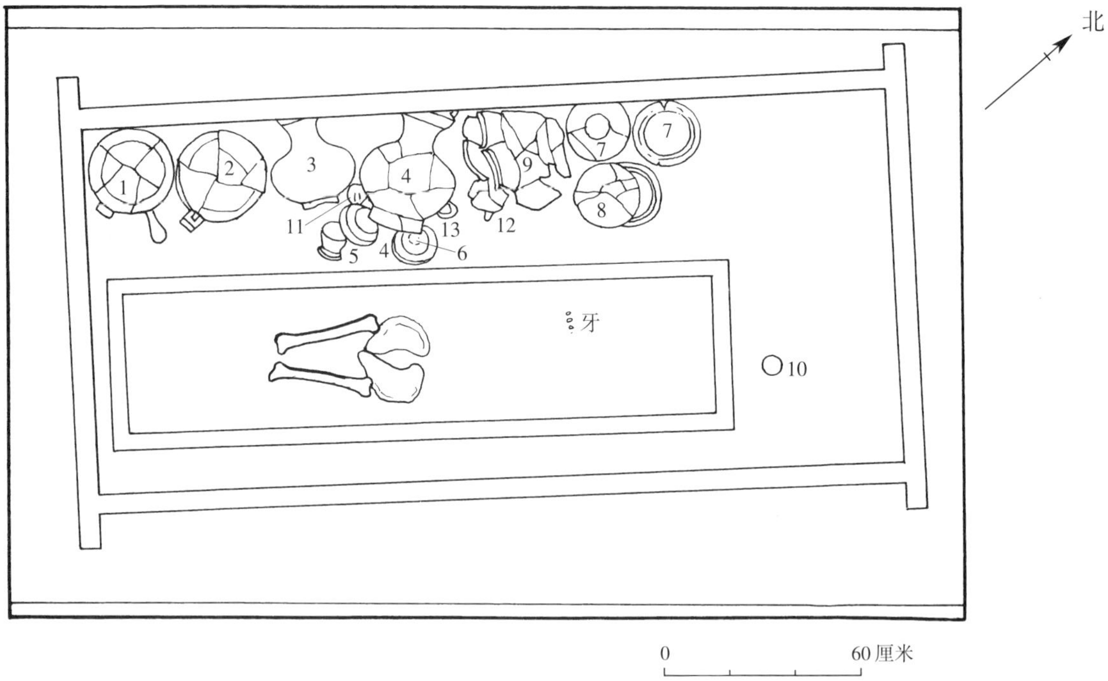

图二二二　汉墓 M50 平面图

1、2.陶鼎　3、4.陶壶　5、6.陶杯　7、8.陶盒　9.陶瓮　10.陶球　11、13.陶勺　12.陶镶斗

陶鼎　2件。泥质黑衣褐陶。子母口，折肩，微鼓腹，长方形附耳，上端外弧折，有对穿孔，凸圜底，三高蹄足直立，横断面呈外弧内平的半圆形。上承浅折盘状盖，盖周三立鸟状纽。中腹及盖中部各饰一道凹弦纹。器表施红彩。M50：1，方唇。红彩脱落。口径 19.6、腹径 27.2、体高 19、通高 28 厘米（图二二三，1；图版四〇，1前左1）。M50：2，圆唇。红彩部分脱落，上腹于一道单线纹上、下分饰一周波折、卷云纹；耳内壁上部及外壁中部各饰一菱形、矩形纹，外壁孔下饰八字草叶纹；足外壁于空心水滴内饰菱形纹；盖口外壁于一单线纹下饰波折纹，顶面中部饰卷云纹。口径 19.6、腹径 30、体高 20.8、通高 28 厘米（图二二三，2，图版四〇，1中左1）。

陶盒　2件。泥质灰陶。子母口，圆唇，折肩，上腹直，下腹弧收，凸圜底近平，浅圈足稍窄。上承覆碗状盖，浅圈足状捉手。器表施红彩。M50：7，上腹及盖中、下腹各饰一道凹弦纹。红彩大部分脱落，中腹饰一周三角纹；盖口外壁于二、一道线纹间饰一周波折纹，近顶壁饰一周波浪纹，顶圈足内壁于一圆圈内饰星纹。口径 16、肩径 20、圈足径 8.8、体高 9.6、通高 16.8 厘米（图二二三，5；图版四〇，1中右1）。M50：8，体上腹及盖上、中、下腹各饰二道凹弦纹。红彩均脱落。口径 15.2、肩径 19.6、圈足径 8、体高 8.6、通高 15.8 厘米（图二二三，6；图版四〇，1中右2）。

陶壶　2件。泥质灰陶。盘口，折沿，方唇，束颈，圆肩，鼓腹，凸圜底，盘口状较深圈足。上承子口弧壁盖，盖周立三“S”形纽。颈下部饰一道凹弦纹，中腹饰带状竖绳纹。器表施红彩。M50：3，颈上、中部饰三角波折线间实体三角纹，下部于两单线间饰波折纹，圈足上壁饰一周单线纹，下壁饰一周月牙纹；盖外圈于两条单线间饰波折纹，顶心饰星纹。红彩大部分脱落。口径 13.6、腹径 22.8、圈足径 13.6、体高 29、通高 33.2 厘米（图二二四，1；图版四〇，1后中）。M50：

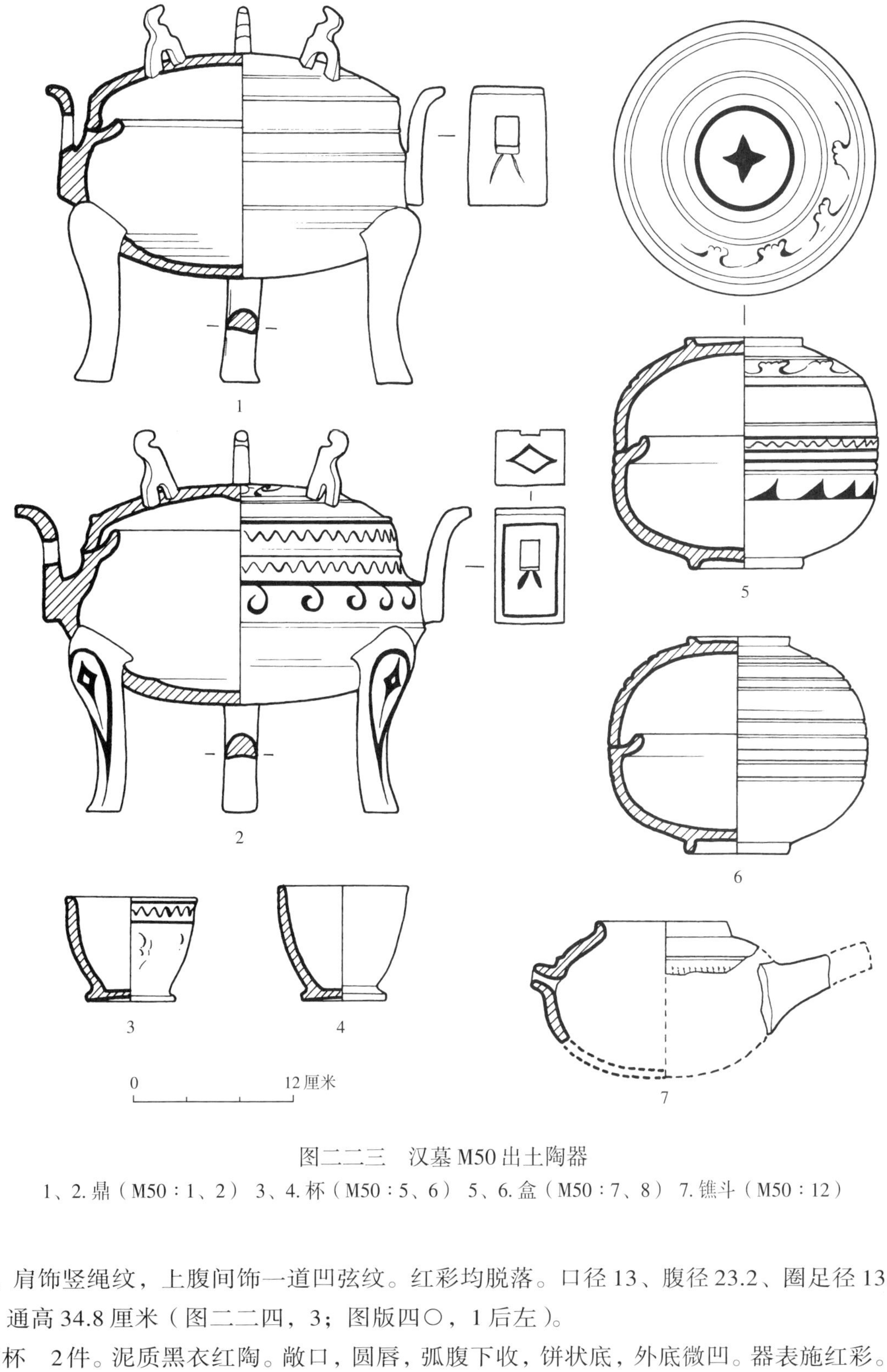

图二二三　汉墓 M50 出土陶器

1、2.鼎（M50：1、2）　3、4.杯（M50：5、6）　5、6.盒（M50：7、8）　7.鐎斗（M50：12）

4，颈、肩饰竖绳纹，上腹间饰一道凹弦纹。红彩均脱落。口径 13、腹径 23.2、圈足径 13.6、体高 30、通高 34.8 厘米（图二二四，3；图版四〇，1 后左）。

　　陶杯　2件。泥质黑衣红陶。敞口，圆唇，弧腹下收，饼状底，外底微凹。器表施红彩。M50：5，口沿下于两周单线间饰一周波折纹。下部红彩脱落不清。口径 10、底径 6.4、高 7.6 厘米（图二二三，3；图版四〇，1 中左 2）。M50：6，红彩脱落。口径 10、底径 6.8、高 8.4 厘米（图二二

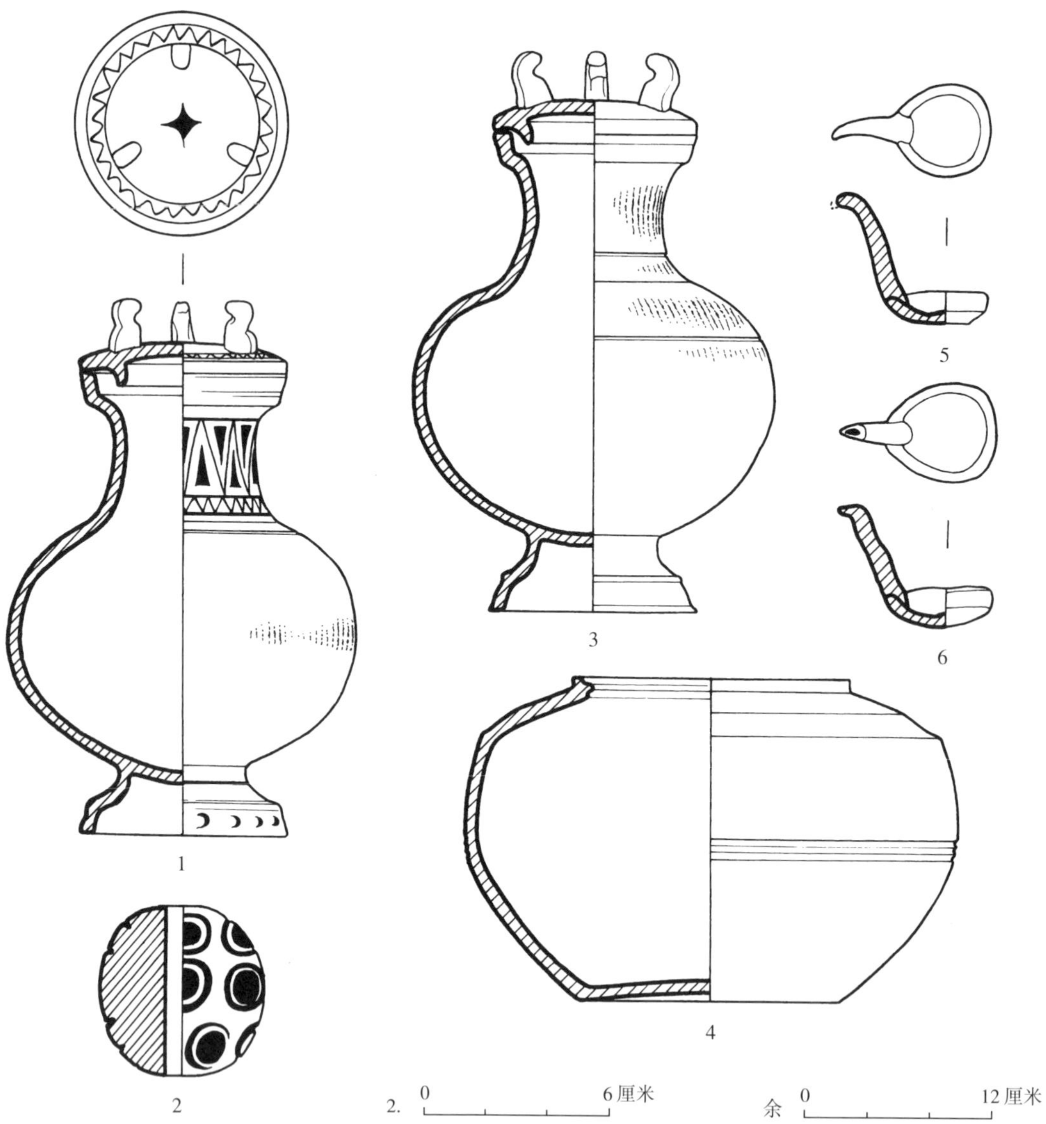

图二二四　汉墓 M50 出土陶器

1、3.壶（M50：3、4）　2.球（M50：10）　4.瓮（M50：9）　5、6.勺（M50：11、13）

三，4；图版四〇，1中左3）。

　　陶勺　2件。泥质灰陶。敞口，圆唇，上腹壁直，向下折收，平底。口部斜上伸一柄，首呈尖嘴状，柄体分制后粘接而成。器表红彩均脱落。M50：11、13，口径6～6.8、底径3.2、体高2、通高8厘米（图二二四，5、6；图版四〇，1前右2、1）。

　　陶鐎斗　1件。M50：12，上部泥质、下部夹砂灰陶。微侈口，圆唇，短领，圆肩，扁鼓腹，底残，肩部有一中空圆柄，与柄对应的一面有一管状流，流前端微翘。肩部饰一道凸弦纹，腹部饰竖绳纹。口径10.4、腹径17.6、残高8.8厘米（图二二三，7）。

　　陶瓮　1件。M50：9，泥质灰陶。敛口，口内侧起一周凸棱，圆唇，矮直领，折肩，扁折腹，平底微凹。中腹饰三道凹弦纹。口径18、腹径32、底径16.8、高20厘米（图二二四，4；图版四

○，1后右）。

陶球　1件。M50：10，泥质褐陶。圆球体，有对穿圆孔，器表摁有圆圈纹，圆圈内外围绘红彩。直径5.2、孔径0.8厘米（图二二四，2；图版四○，1前左2）。

M51

方向30°。长方形竖穴土坑木椁墓。墓口距地表0.3米，长2.5、宽1.5米，底长2.42、宽1.3～1.34米，深2.98米。坑壁规整光滑。填硬质灰褐夹灰白色花土。单椁单棺，仅余腐痕。椁室平面呈"Ⅱ"形，椁痕长2.32、宽1.2、高0.45、板痕厚0.06米。棺位于椁内西部偏北，棺痕长1.94、宽0.46～0.51、高0.05、板痕厚0.04米。人骨朽尽，棺内北端残存数枚牙齿，可知头向东北，葬式不明。4件随葬器物置于椁内棺外东北部（图二二五）。

陶鼎　1件。M51：3，泥质灰陶。仅修复盖，浅弧盘状，微凸顶。素面。盖口径20、高4.8厘米（图二二六，1；图版四一，1前）。

陶盒　1件。M51：4，泥质灰陶。仅修复盖，覆碗状，弧壁，盖顶有圈足状捉手。盖面饰二道凹弦纹。口径18.8、盖高6厘米（图二二六，2；图版四一，1右）。

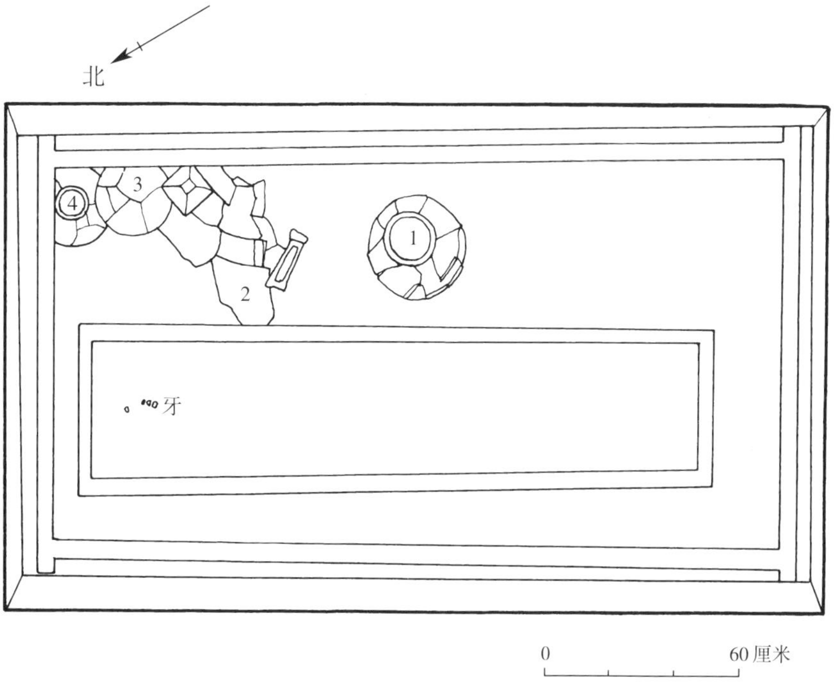

图二二五　汉墓M51平面图
1.陶釜　2.陶钫　3.陶鼎　4.陶盒

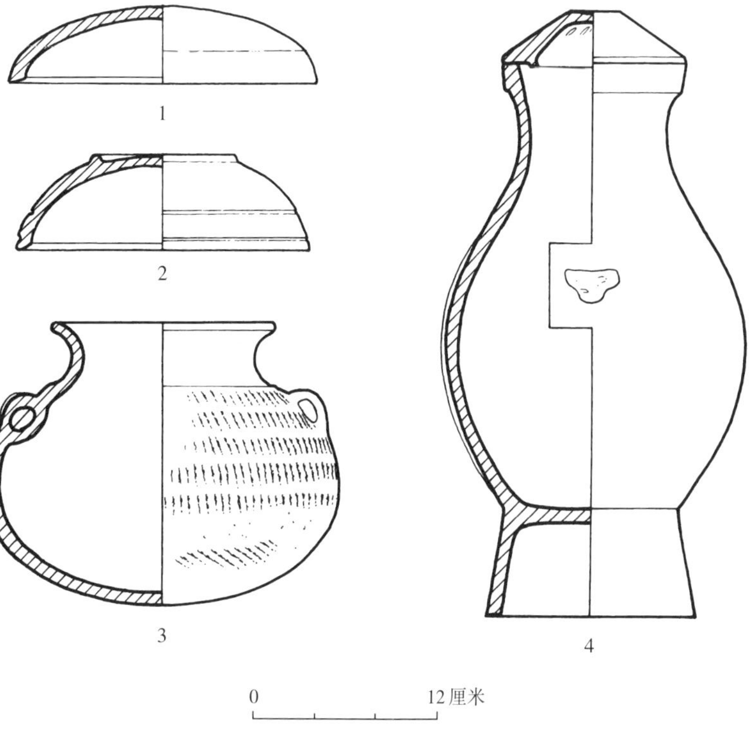

图二二六　汉墓M51出土陶器
1.鼎（M51：3）　2.盒（M51：4）　3.釜（M51：1）　4.钫（M51：2）

陶钫　1件。M51：2，泥质灰陶。微侈口，平折沿，平唇，束颈，溜肩，肩有对称兽面铺首，鼓腹，下腹缓收，平底，高圈足。上承子口盝顶盖。素面。口边长12、腹边长20、圈足边长13.6、体高34.2、通高37.6厘米（图二二六，4；图版四一，1后）。

陶釜　1件。M51：1，上部泥质、下部夹砂灰陶。侈口，翻沿，圆唇，束颈，溜肩，肩有对称双鼻耳，扁鼓腹，凸圜底。肩至中腹饰竖绳纹间四道抹痕。口径14.4、腹径23.2、高17.4厘米（图二二六，3；图版四一，1左）。

M52

方向202°。长方形竖穴土坑木椁墓。墓口距地表0.3～0.6米，长2.77、宽1.6～1.72米，底长2.98～3.04、宽1.72～1.8、深2.7～2.9米。坑壁规整，较光滑，可见挖掘工具遗痕。填硬质灰褐夹灰白色花土，似经夯打，未见夯打工具遗痕。单椁单棺，仅余腐痕。椁室平面呈"Ⅱ"形，椁痕长2.62、宽1.52～1.56、高0.4、板痕厚0.06米。棺位于椁内东部，棺痕长2.04、宽0.54、高0.05、板痕厚0.04米。椁下南北部各有一垫木沟槽，横断面呈倒梯形，槽长1.64、宽0.11～0.13、深0.04米。人骨朽尽，葬式不明。9件随葬器物置于椁内棺外西南、南部。据随葬器物位置推测头向南（图二二七）。

陶鼎　2件。泥质灰陶。子母口，折肩，上腹壁直，下腹弧收，方形附耳外撇，有对穿孔，平底，三蹄足直立，横断面呈外弧内平的半圆形。上承浅折盘状盖，盖顶有一圈足状捉手。M52：1，方唇。中腹饰一周宽带纹。器内有粟腐痕。口径17.6、腹径21.6、体高20.8、通高25.6厘米（图二二八，1；彩版六，6）。M52：2，圆唇。素面。口径19.2、腹径23.2、体高20、通高24.8厘米（图二二八，2）。

陶盒　2件。泥质灰陶。子母口，圆或方唇，折肩，壁自肩部弧收，平底微凹。上承覆碗状盖，

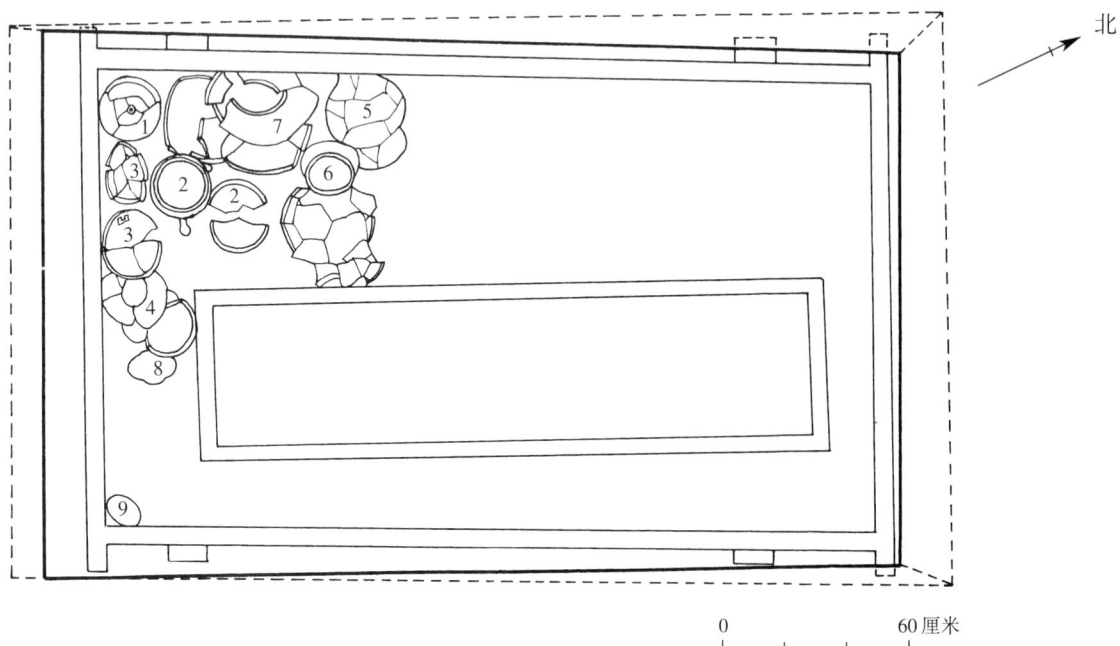

图二二七　汉墓 M52 平面图

1、2.陶鼎　3、4.陶盒　5、6.陶壶　7.陶瓮　8、9.漆耳杯

盖顶浅宽圈足状握手。体、盖各饰一或二道凹弦纹。M52：3，口径17.6、肩径21.2、底径6.6、体高10.4、通高16.8厘米（图二二八，4；图版四三，1左）。M52：4，口径17.6、肩径21.2、底径8.8、体高10.4、通高17厘米（图二二八，5；图版四三，1右）。

陶壶　2件。泥质灰陶。深盘口，折沿，平唇，束颈，圆肩，鼓腹，凸圜底，喇叭状高圈足。上承浅弧盘状盖，盖顶微凸。M52：5，中腹饰二道凸接凹弦纹。口径16.4、腹径26、圈足径16.8、体高40、通高44.4厘米（图二二八，6）。M52：6，中腹以下残，缺盖。颈饰竖绳纹，下端饰一道凹弦纹，中腹饰竖绳纹间一道宽带纹。口径15.6、腹径28、残高22.4厘米（图二二八，3）。

陶瓮　1件。M52：7，未能修复。

漆耳杯　2件。M52：8、9，仅存漆皮，内髹红漆，外髹黑漆。

M53

方向202°。长方形竖穴土坑木椁墓。墓口距地表0.3～0.55米，长2.77、宽1.8米，底长2.9～2.98、宽1.72米，深2.5米。坑壁规整光滑。填硬质灰褐夹灰白色花土。单椁单棺，仅余腐痕。椁室平面呈"Ⅱ"形，椁痕长2.57、宽1.44、高0.3、板痕厚0.05米。棺位于椁内东部偏北，棺痕长1.86、宽0.52、高0.1、板痕厚0.04米。人骨朽尽，葬式不明。9件随葬器物除陶灶、陶勺置于

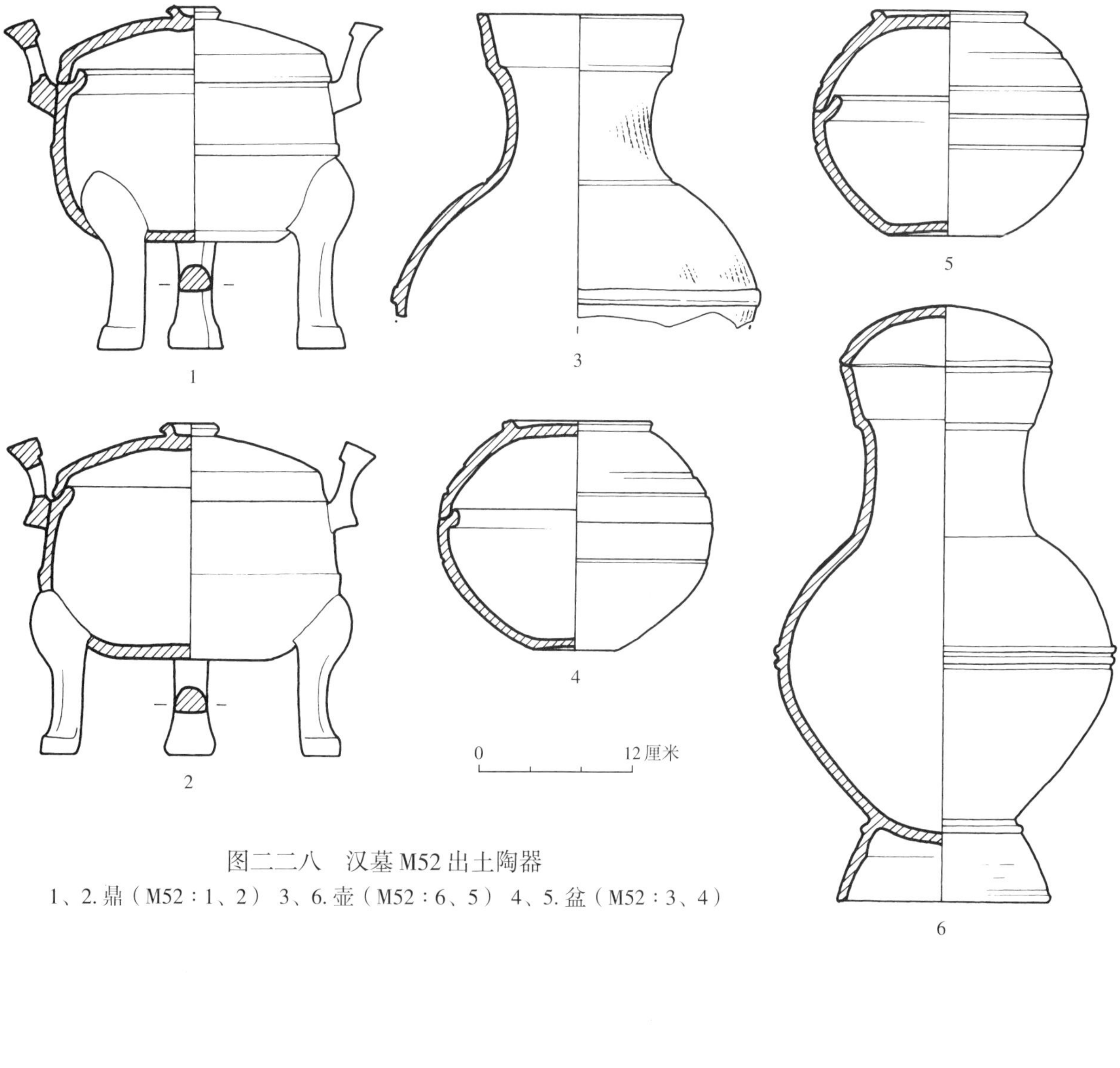

图二二八　汉墓M52出土陶器

1、2.鼎（M52：1、2）　3、6.壶（M52：6、5）　4、5.盆（M52：3、4）

椁内棺外西北角外，余置于椁内棺外西南、南部。据随葬器物位置推测头向南（图二二九）。

陶鼎　2件。泥质灰陶。子母口，方唇，折肩，深腹微鼓，长方形附耳内聚，顶端外折，有对穿孔，圜底近平，三蹄足直立，横断面呈外弧内平的半圆形。上承浅弧盘状盖，盖周三立鸟环状纽。中腹饰一周凸弦纹，底部饰斜绳纹。M53：4，未能修复。M53：6，口径25.6、腹径31.2、体高24、通高29厘米（图二三〇，1；图版四〇，2后左）。

陶盒　2件。泥质灰陶。子母口，圆唇，折肩，腹壁自肩部弧收，浅宽圈足。上承覆碗状盖，盖顶有浅宽圈足状捉手。素面。M53：7，底微凹。口径19.6、肩径22.4、圈足径8.8、体高10.8、通高19.6厘米（图二三〇，3；图版四〇，2中左1）。M53：8，平底。口径19.6、肩径23.2、圈足径9.2、体高11.2、通高18.4厘米（图二三〇，4；图版四〇，2中左2）。

陶壶　3件。泥质灰陶。盘口，折沿，平唇，束颈，鼓腹。M53：2，平唇，溜肩，肩有对称兽面铺首衔环，圜底，喇叭状宽圈足。上承子口弧壁盖，盖周三立鸟环状纽。肩饰一道宽带纹，腹间饰三道凹弦纹，中腹以下饰绳纹，圈足上部有一周折棱。口径19.2、腹径36.8、圈足径20、体高49.6、通高53厘米（图二三〇，2；图版四〇，2后右）。M53：3，未能修复，形制、纹饰与M53：2相同。M53：5，圆唇，圆肩，肩有对称双弓耳，平底微凹。肩及上、中腹各饰二道凹弦纹。口径9、腹径19、底径10、高19.2厘米（图二三〇，6；图版四〇，2中右2）。

陶勺　1件。M53：9，泥质灰陶。体平面近"心"形，敞口，圆唇，浅弧腹，平底，口部斜曲伸一短柄，柄上端塑成兽首形。素面。口径8.6～9、底径3.2、体高1.6、通高5.2厘米（图二三〇，7；图版四〇，2前）。

陶灶　1件。M53：1，泥质红陶。灶体平面呈长方形，斜直壁，前部略宽，灶体四周设有挡

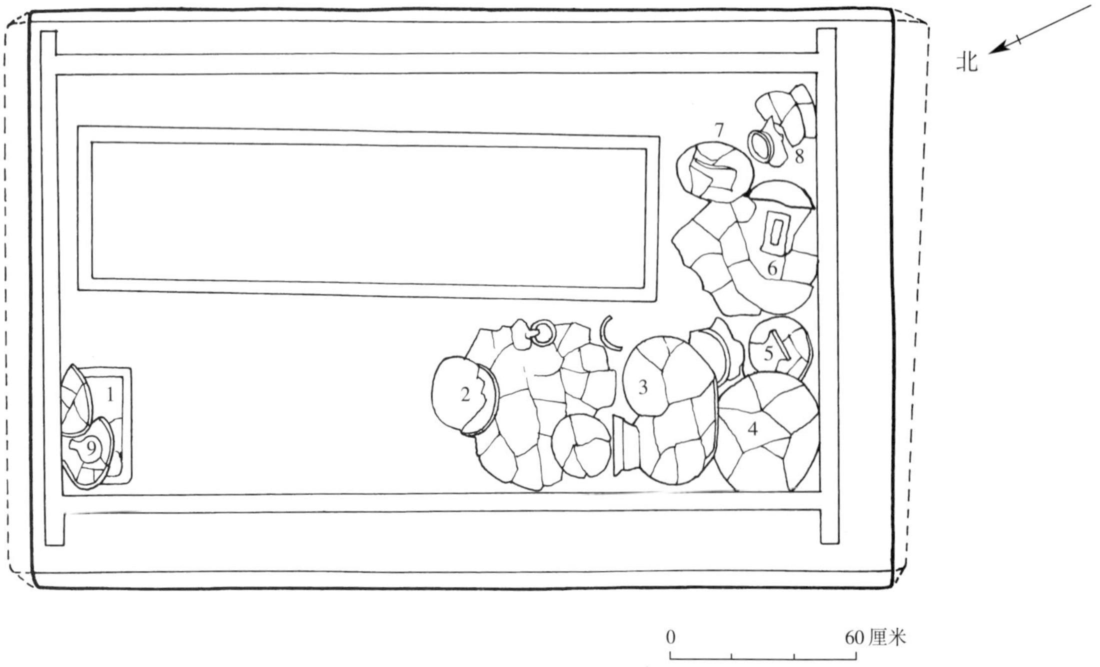

图二二九　汉墓M53平面图

1.陶灶　2、3、5.陶壶　4、6.陶鼎　7、8.陶盒　9.陶勺

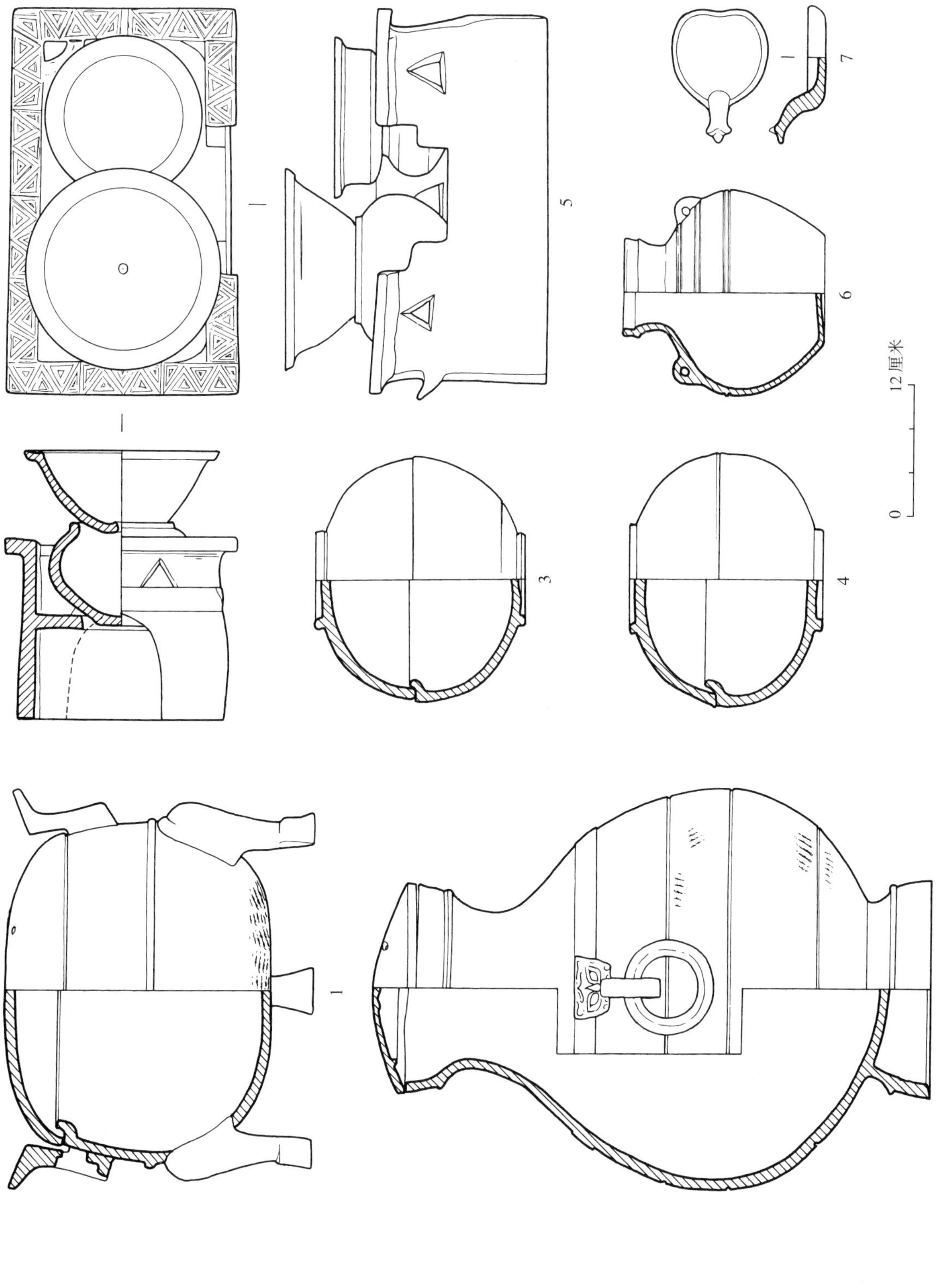

图二三〇 汉墓 M53 出土陶器

1. 鼎（M53：6） 2、6. 壶（M53：2、5） 3、4. 盒（M53：7、8） 5. 灶（M53：1） 7. 勺（M53：9）

墙，挡墙上端外折形成宽沿，一侧开一"T"形豁口，墙面开九个三角形镂孔，灶面后端一角直立一烟囱，扇形烟孔较粗，灶面设两个圆形火眼，前壁下部开一拱形灶门，门上方一道凸棱呈挡檐。火眼上置二釜一甑一锅，釜直口，圆唇，溜肩，鼓腹，平底；甑敞口，平折沿，上沿面一周浅宽凹槽，尖唇，弧腹内收，平底，底心一箅孔；锅除直腹、无箅孔外同甑。挡墙沿面饰对角双线三角纹。灶体长35.4、前宽22、后宽21.2、体高9.4、通高24.6厘米（图二三〇，5；图版四〇，2中右1）。

M54

方向202°。长方形竖穴土坑木椁墓。墓口距地表0.22～0.5米，长2.86～2.93、宽1.72～1.78米，底同口大，深1.9米。坑壁较粗糙。填硬质灰褐夹灰白色花土。单椁单棺，仅余腐痕。椁室平面呈"Ⅱ"形，椁痕长2.56～2.65、宽1.48～1.52、高3.53、板痕厚0.05米。棺位于椁内东北部，棺痕长2.04、宽0.56、高0.06、板痕厚0.05米。椁下南北部各有一垫木沟槽，横断面呈梯形，槽长1.7、宽0.1～0.14、深0.07米。人骨朽尽，葬式不明。12件随葬器物置于椁内棺外西南部。据随葬器物位置推测头向南（图二三一）。

陶鼎　2件。泥质灰陶。子口，圆唇，折肩，上腹近斜直，中腹微折，长方形附耳外撇，耳孔对穿，凸圜底，三蹄足近直立，足断面呈扁圆形。无盖。M54：1，中腹饰一道较宽凹弦纹。口径16、腹径18、通高14.4厘米（图二三二，1；图版四一，2前左）。M54：2，素面。口径14.8、腹径17.6、通高13.6厘米（图二三二，2）。

陶盒　2件。泥质灰陶。子母口，圆唇，折肩，弧腹下收，凸圜底近平，浅宽圈足。上承覆碗状盖，浅宽圈足状捉手。体、盖中腹各饰二道凹弦纹。M54：3，未能修复。M54：4，口径15.6、

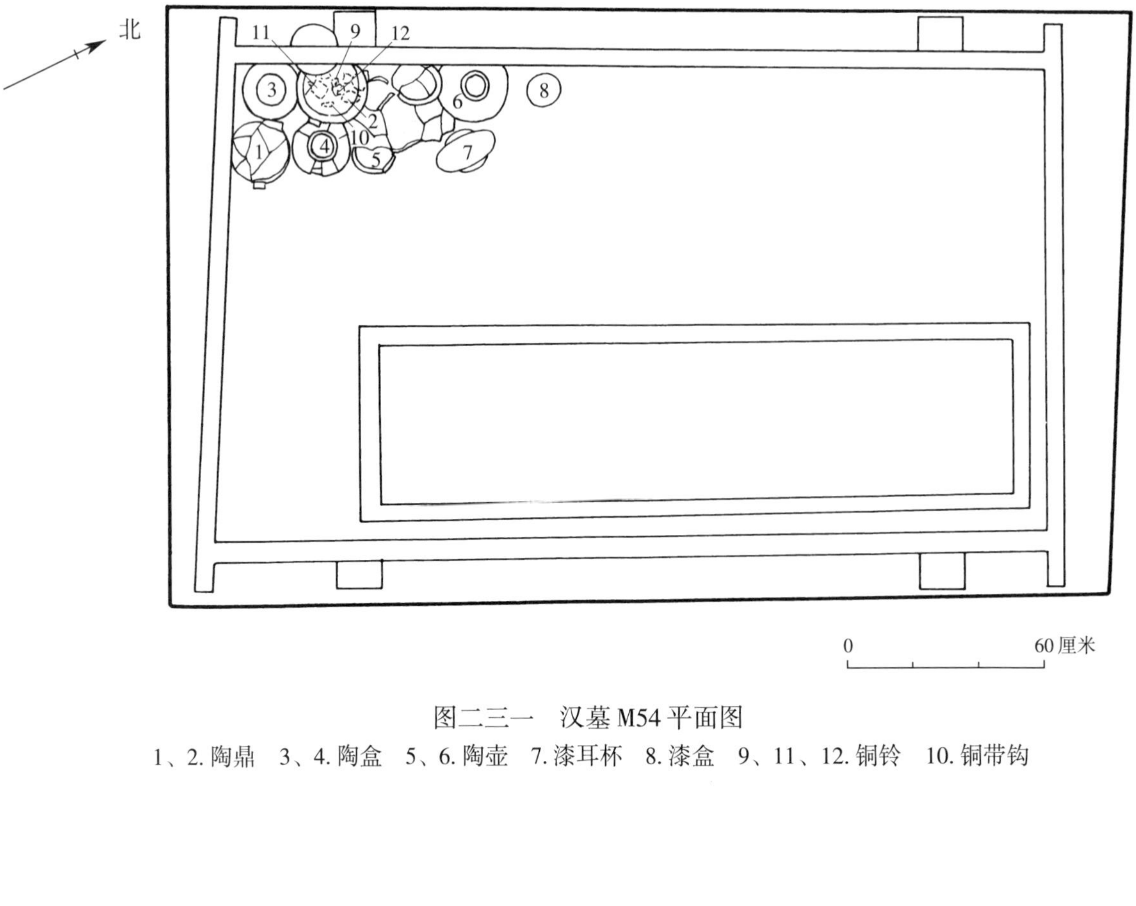

图二三一　汉墓M54平面图

1、2.陶鼎　3、4.陶盒　5、6.陶壶　7.漆耳杯　8.漆盒　9、11、12.铜铃　10.铜带钩

腹径 17.6、圈足径 8.8、体高 7.4、通高 13.6 厘米（图二三二，4；图版四一，2 前右）。

陶壶 2 件。泥质灰陶。盘口残，束颈，溜肩，肩有对称兽面铺首衔环，扁鼓腹，凸圜底，喇叭状圈足。上承子口弧壁盖，顶上凸。M54：5，未能修复。M54：6，上、中腹各饰一道凹弦纹。腹径 23.2、圈足径 16 厘米（图二三二，6；图版四一，2 后）。

铜铃 3 件。灰绿色。合瓦体，上窄下宽，口中部微弧凹，顶部有一长方形方穿孔纽，腔内有一纽吊舌。前后面于近梯形外框内阳铸菱形网格纹间乳钉纹。M54：9，上宽 3.9、下宽 6.5、上厚 2.1、下厚 3.8、通高 5.5 厘米（图二三二，3）。M54：11、12，完全同 M54：9。

铜带钩 1 件。M54：10，灰绿色。琵琶形，钩首残，面起脊，断面呈三角形，圆纽。素面。残长 3.7、纽径 1.3 厘米（图二三二，5）。

漆盒 1 件。M54：8，仅存漆皮。

漆耳杯 1 件。M54：7，仅存漆皮。

M56

方向 8°。长方形竖穴土坑木椁墓。墓口距地表 0.3 米，长 2.6、宽 1.7 米，底长 2.5、宽 1.48

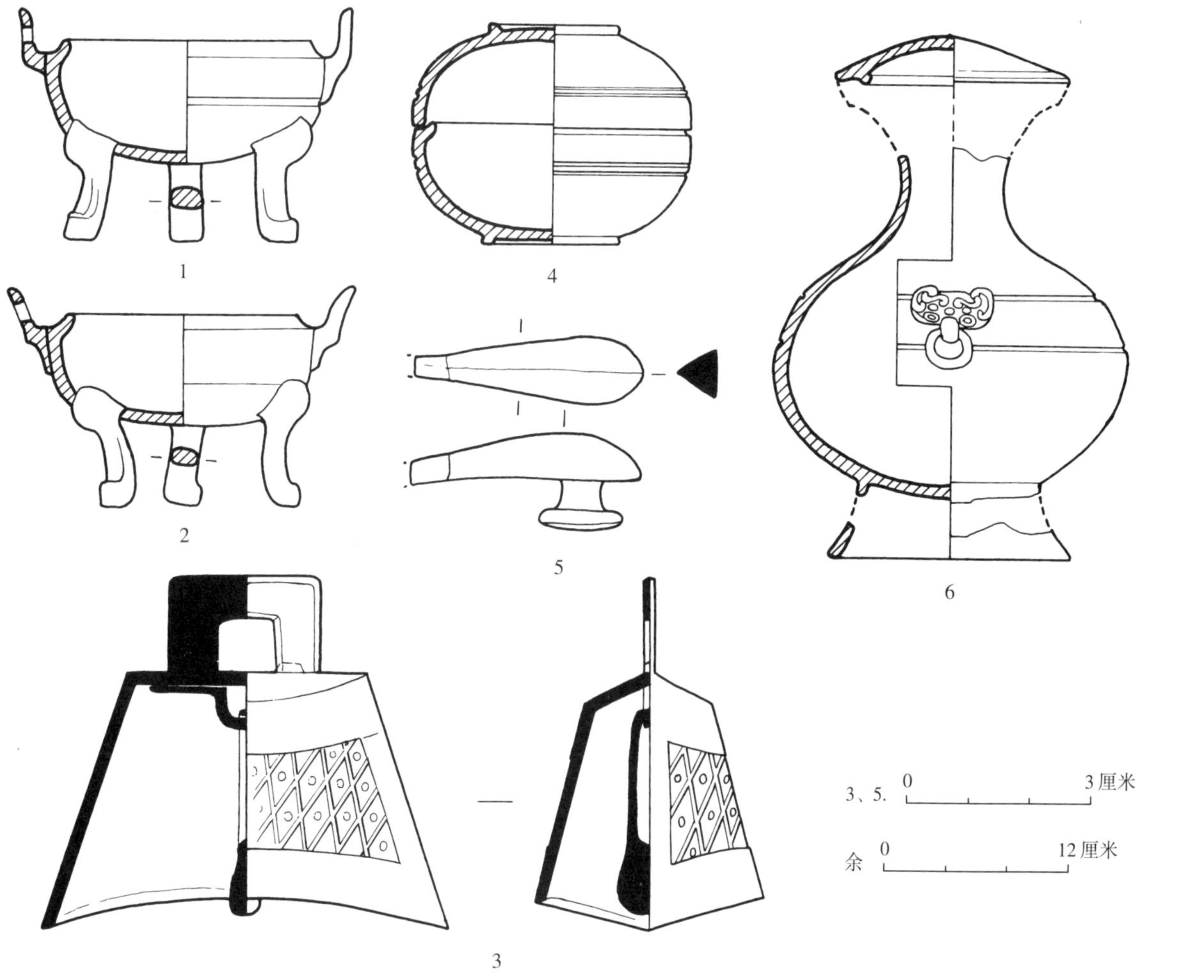

3、5. 0   3 厘米

余 0   12 厘米

图二三二　汉墓 M54 出土器物

1、2. 陶鼎（M54：1、2）3. 铜铃（M54：9）4. 陶盒（M54：4）5. 铜带钩（M54：10）6. 陶壶（M54：6）

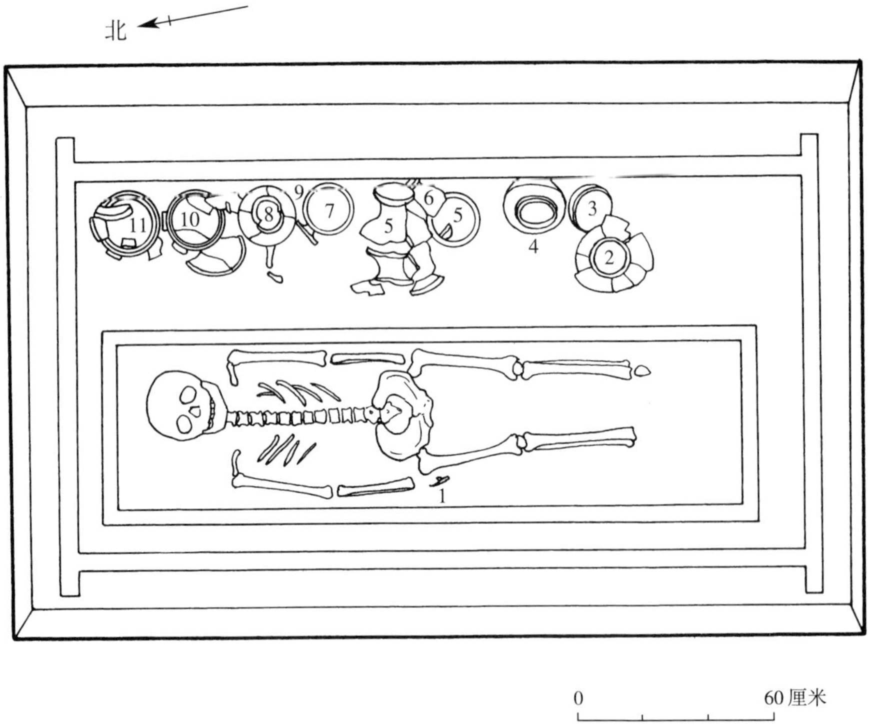

北 ←

0 ────────── 60厘米

图二三三　汉墓 M56平面图
1.铜带钩　2.陶鍪　3.陶盉　4、5.陶壶　6.陶杯
7、9.陶豆　8.陶勺　10.陶鼎　11.陶盒

米，深3.4米。坑壁较粗糙。填硬质褐黄夹灰白色花土。单椁单棺，仅余腐痕。椁室平面呈"Ⅱ"形，椁痕长2.32、宽1.22、高0.45、板痕厚0.06米。棺位于椁内西部，棺痕长2、宽0.58、高0.06、板痕厚0.04米。人骨保存较好，头向北，面朝上，仰身直肢葬式。11件随葬器物除铜带钩置于棺内中部西侧外，余置于椁内棺外东部（图二三三）。

陶鼎　1件。M56：10，泥质灰陶。子母口，圆唇，折肩，弧腹内收，长方形附耳，耳孔对穿，微凹底，三蹄足直立，下端微外撇，外壁有两道竖棱。上承微折弧盘状盖。器表原施红彩，均脱落。口径17.6、腹径20.4、体高12.4、通高16.8厘米（图二三四，1；图版四二，1中左1）。

陶盒　1件。M56：11，泥质灰陶。子母口，圆唇，折肩，下腹弧收，平底，浅宽圈足。上承覆碗状盖，盖顶有浅宽圈足状捉手。器表原施红彩，均脱落。口径16.8、腹径20.4、圈足径10.4、体高8.4、通高14.6厘米（图二三四，4；图版四二，1前左1）。

陶壶　2件。泥质灰陶。折沿，方唇，束颈，弧折肩。M56：4，侈口，沿外压，扁折腹，近底部曲收，平底微凹。素面。内有粟腐痕。口径12、腹径19.2、底径10.4、高17.8厘米（图二三四，5；图版四二，1中右1）。M56：5，浅盘口，上腹微鼓，向下弧收，凸圜底近平，盘口状深圈足。上承浅弧盘状盖，盖顶心有一孔，应为插纽所做，纽未见。颈上部、肩各饰二道凹弦纹，圈足有凸棱。器表红彩脱落。口径14.4、腹径20.8、圈足径13.6、体高32.6、通高35.4厘米（图二三四，2；图版四二，1后）。

陶豆　2件。泥质灰陶。敞口，圆唇，矮柄，中空至盘底。M56：7，弧盘较深，柄中部呈竹节状，喇叭状圈足。柄中部饰一道凹弦纹。口径14.8、盘深4、圈足径9、高11.6厘米（图二三四，8；图版四二，1中左2）。M56：9，浅折盘，折棱明显，柄中部微束，浅覆盘状圈足。盘内壁红彩脱落。口径14.4、盘深2.4、圈足径9、高9.6厘米（图二三四，9；图版四二，1中右2）。

陶杯　1件。M56：6，泥质灰陶。敞口，圆唇，上腹斜直，近底部曲折收，饼状底，外底微凹。素面。口径8、底径4.8、高9.6厘米（图二三四，10；图版四二，1前右2）。

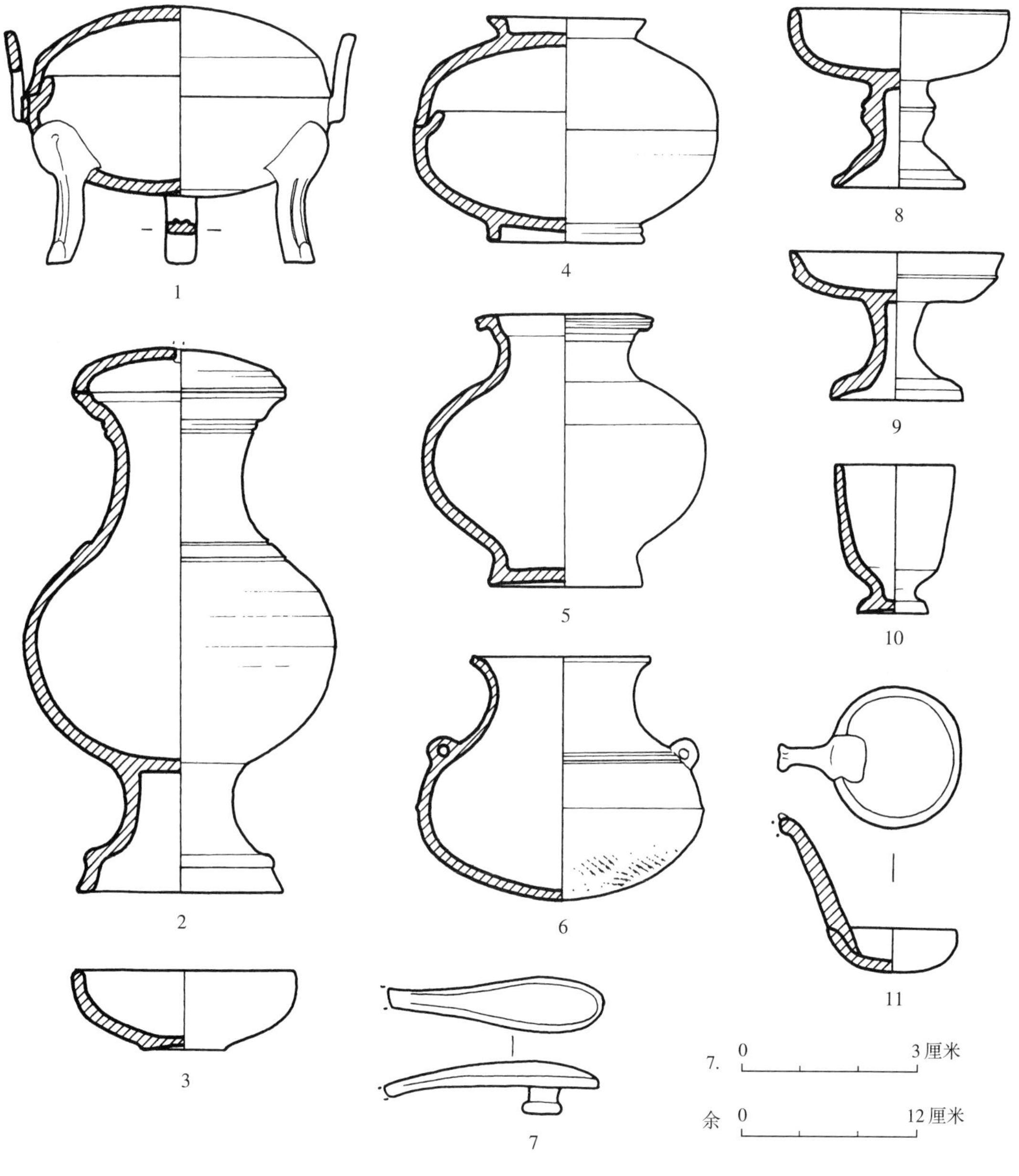

图二三四　汉墓 M56 出土器物

1.陶鼎（M56：10）　2、5.陶壶（M56：5、4）　3.陶盂（M56：3）　4.陶盒（M56：11）　6.陶鍪（M56：2）
7.铜带钩（M56：1）　8、9.陶豆（M56：7、9）　10.陶杯（M56：6）　11.陶勺（M56：8）

陶勺　1件。M56：8，泥质灰陶。敞口，圆唇，弧腹，凸圜底近平。口部斜立一柄，柄上端塑成兽首形，微残。体、柄分制后粘接。口径8.8～9.2、体高2.8、通高10.2厘米（图二三四，11；图版四二，1前左3）。

陶鍪　1件。M56：2，上部泥质、下部夹砂灰陶。侈口，翻沿，方唇，束颈，溜肩，肩有对称双弓耳，扁鼓腹，凸圜底。肩饰二道凹弦纹，下腹及底饰斜绳纹。口径12、腹径19.2、高15.8厘米（图二三四，6；图版四二，1前右1）。

陶盂　1件。M56：3，泥质灰陶。近直口，圆唇，弧腹斜收，平底微凹。素面。口径14.6、底径5.6、高5.2厘米（图二三四，3；图版四二，1前左2）。

铜带钩　1件。M56：1，灰绿色。琵琶形，钩首残，圆纽。素面。残长3.6、纽径0.6厘米（图二三四，7）。

M57

方向25°。长方形竖穴土坑木椁墓。墓口距地表约0.6米，长2.87、宽1.76米，底长2.78、宽1.66米，深3.4米。坑壁光滑。填硬质灰褐夹灰白色花土。单椁单棺，仅余腐痕。椁室平面呈"Ⅱ"形，椁痕长2.64、宽1.4、高0.46、板痕厚0.06米。棺位于椁内东部偏南，棺痕长1.9、宽0.54、高0.12、板痕厚0.04米。人骨朽尽，葬式不明。6件随葬器物置于椁内棺外西北、北部。据随葬器物位置推测头向北（图二三五）。

陶鼎　2件。泥质灰陶。子母口，方唇，折肩，中腹鼓，长方形附耳直立，上端翻折外撇，耳孔对穿，凸圜底，三蹄足直立，下端外撇，足横断面呈半圆形。上承弧盘状盖，盖周三环纽。中腹饰一道凸弦纹。M57：3，盖纽残。口径20、腹径26、体高21、残高24.8厘米（图二三六，1；图版四二，2前左1）。M57：4，口径19.2、腹径25.2、体高20.6、通高27.4厘米（图二三六，5；图版四二，2前左2）。

陶壶　2件。泥质灰陶。盘口，折沿，平唇，束颈，圆肩，肩有对称兽面铺首衔环，扁鼓腹，凸圜底，盘口状深圈足。上承子口弧壁凸顶盖，盖周有三立鸟状纽。肩、中腹饰二道宽带纹。M57：1，下腹饰一道凹弦纹。口径19.2、腹径36、圈足径22、体高42、通高52.6厘米（图二三六，2；图版四二，2后左）。M57：2，下腹间饰三道凹弦纹。口径20.4、腹径33.8、圈足径22.4、体高

图二三五　汉墓M57平面图
1、2.陶壶　3、4.陶鼎　5、6.陶汲水瓶

43、通高52.8厘米（图二三六，6；图版四二，2后右）。

陶汲水瓶 2件。泥质灰陶。极浅盘口，翻沿，圆唇，细束颈，溜肩，扁鼓腹，近底部曲收，平底微凹。器表红彩脱落。M57：5，口径4.8、腹径10.4、底径6.2、高12.4厘米（图二三六，4；图版四二，2前右2）。M57：6，中腹饰三道凹弦纹。口径5.6、腹径9.6、底径5.2、高13.4厘米（图二三六，3；图版四二，2前右1）。

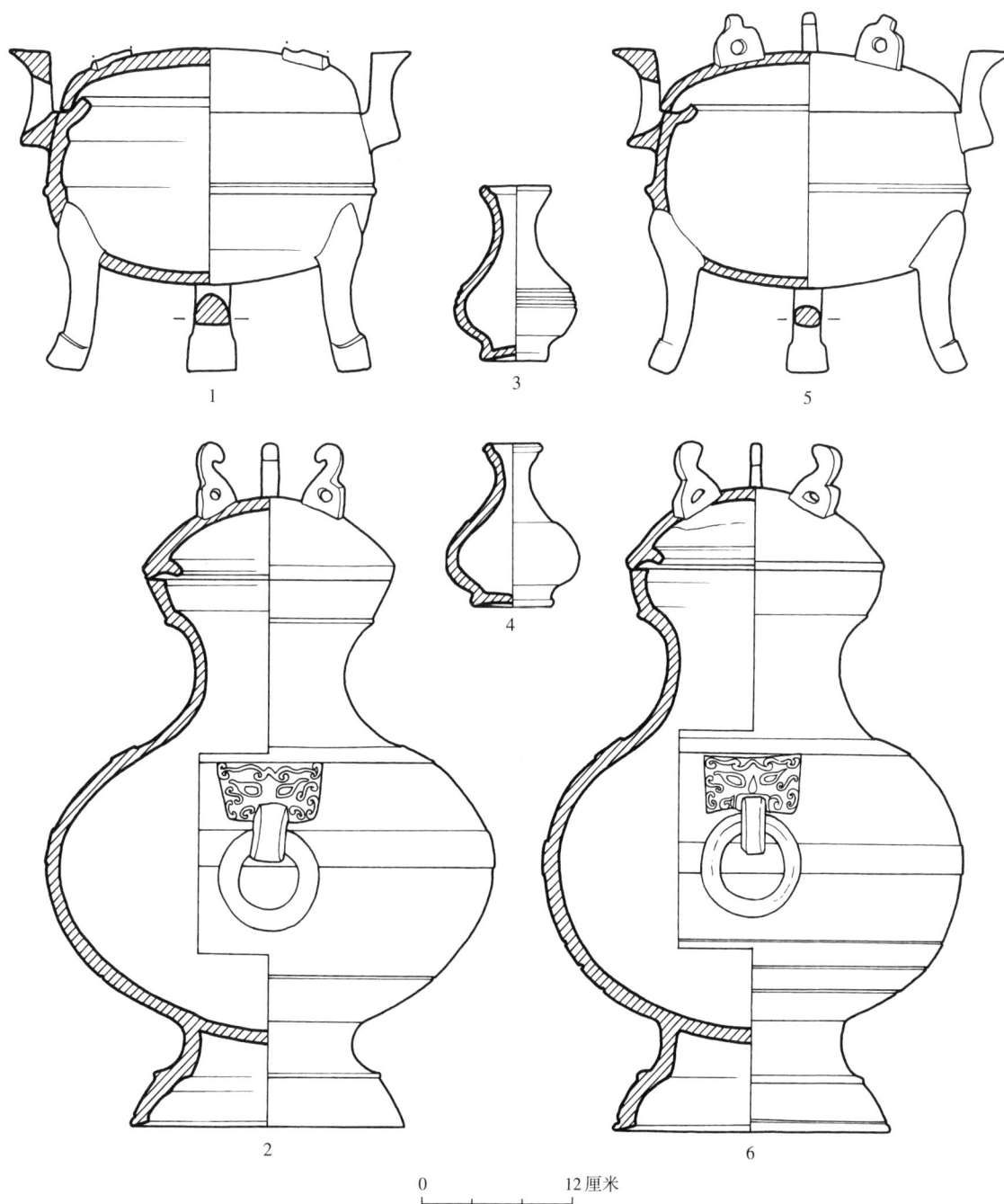

0   12厘米

图二三六 汉墓M57出土陶器

1、5.鼎（M57：3、4） 2、6.壶（M57：1、2） 3、4.汲水瓶（M57：6、5）

M58

方向30°。长方形竖穴土坑木椁墓。墓口距地表约0.3米，长3、宽1.6米，底长2.68、宽1.4米，深3.76米。坑壁光滑。填灰黄夹灰褐色花土，土质较软。单椁单棺，仅余腐痕。椁室平面呈"Ⅱ"形，椁痕长2.6、宽1.3、高0.55、板痕厚0.06米。棺位于椁内中部偏南，棺痕长2.04、宽0.52、高0.04、板痕厚0.03米。椁下南北部各有一垫木沟槽，横断面呈倒梯形，槽长1.38、宽0.1～0.14、深0.05米。人骨朽尽，葬式不明。7件随葬器物置于椁内棺外西北、北部。据随葬器物位置推测头向东北（图二三七）。

陶鼎　2件。泥质灰陶。子母口，方唇，折肩，弧腹，长方形附耳直立，上端翻折外撇，耳孔对穿，凸圜底，三蹄足直立，下端微外撇，足横断面呈半圆形。上承浅弧盘状盖，盖周三环纽。中腹饰一道凸弦纹。M58：1，口径18.8、腹径23.6、体高16.2、通高23厘米（图二三八，1；图版四一，3中左）。M58：2，口径18、腹径22.8、体高16.4、通高23厘米（图二三八，3；图版四一，3中中）

陶瓿　1件。M58：3，泥质灰陶。上甑下釜合扣。甑敞口，口内侧有一周凸棱，平折沿，上沿面有两道浅凹槽，短束颈，弧腹下收，凸圜底，底部有放射状箅孔，浅宽圈足外撇。釜直口，折沿，方唇，短直领，圆肩，肩部有对称兽面铺首衔环和一周折棱，扁鼓腹，腹中部有一道外突出较宽的凸棱，凸圜底。素面。甑口径27.6、圈足径13.6、高12.4、釜口径10.8、腹径23.2、高15.2、通高26.4厘米（图二三八，2；图版四一，3中右）。

陶盒　2件。泥质灰陶。子母口，圆唇，折肩，弧腹下收，凸圜底，浅宽圈足。上承覆碗状盖，浅宽圈足状捉手。素面。M58：6，未能修复。M58：7，口径17.6、肩径20.4、圈足径9.6、体高9.4、通高15.6厘米（图二三八，5；图版四一，3前）。

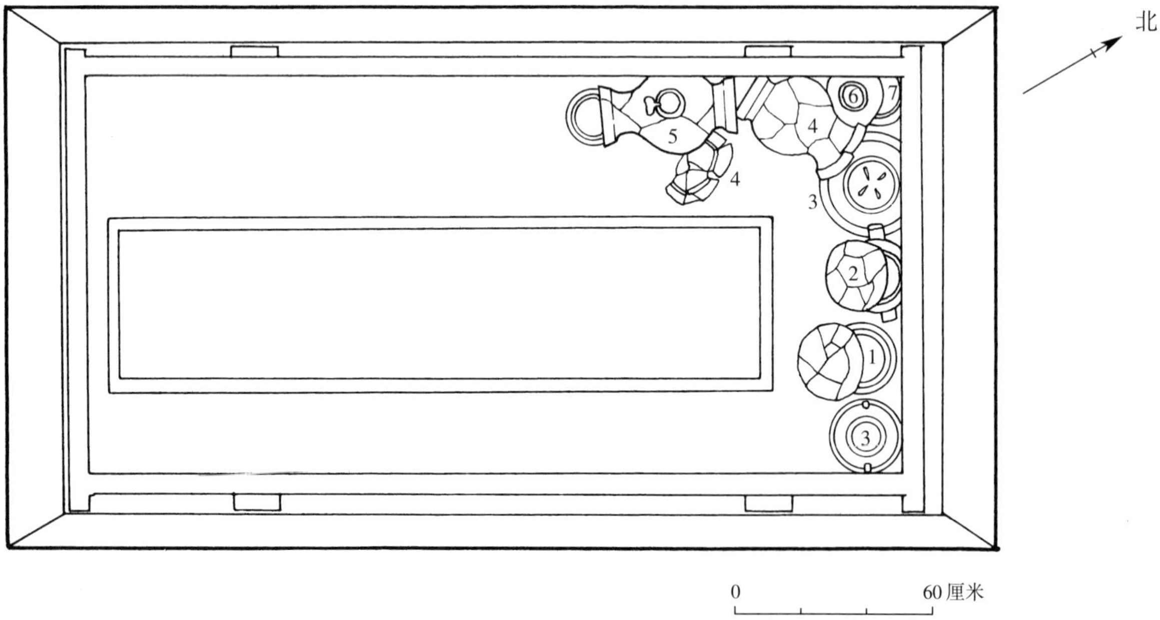

图二三七　汉墓M58平面图
1、2.陶鼎　3.陶瓿　4、5.陶壶　6、7.陶盒

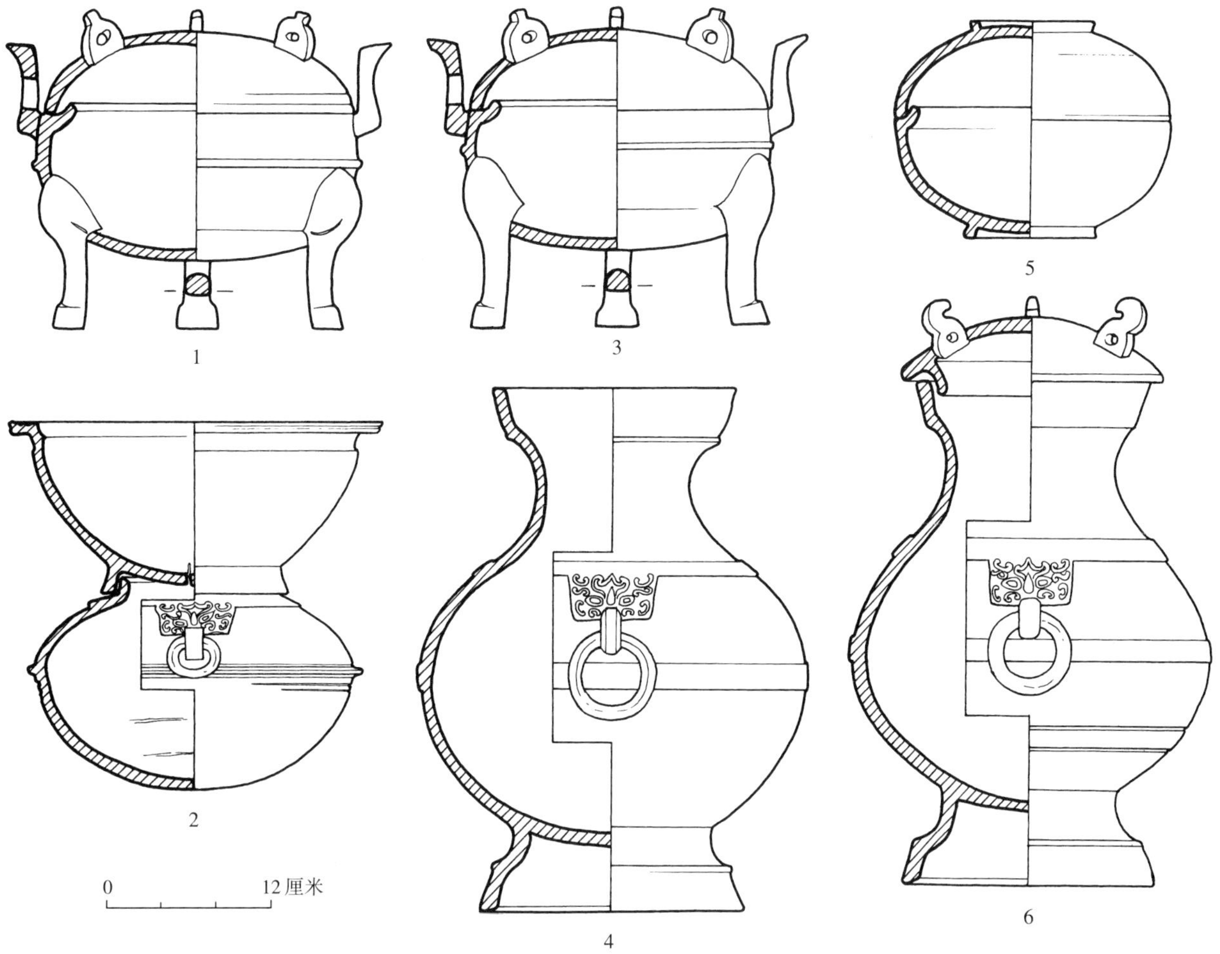

图二三八 汉墓 M58 出土陶器

1、3.鼎（M58：1、2） 2.瓿（M58：3） 4、6.壶（M58：4、5） 5.盒（M58：7）

陶壶 2件。泥质灰陶。盘口，折沿，方唇，束颈，溜肩，肩有对称兽面铺首衔环，圆鼓腹，凸圜底，盘口状深圈足。上承子口弧盘状盖，盖周三立鸟纽。肩、中腹各饰一道宽带纹。M58：4，盖未能修复。口径18、腹径28.4、圈足径19.2、体高37.4厘米（图二三八，4；图版四一，3后右）。M58：5，下腹饰二道凹弦纹。口径17.6、腹径26.4、圈足径18.8、体高36、通高42厘米（图二三八，6；图版四一，3后左）。

M59

方向35°。长方形竖穴土坑木椁墓。墓口距地表约0.3~0.4米，长2.6、宽1.15~1.3米，底长2.55、宽1.06~1.2米，深1.02~1.12米。坑壁粗糙。填硬质灰褐夹灰白色花土。单椁单棺，仅余腐痕。椁室平面呈"Ⅱ"形，椁痕长2.04、宽0.95、高0.12、板痕厚0.04米。棺位于椁内西部，棺痕长1.81、宽0.53、高0.04、板痕厚0.03米。人骨朽尽，棺内北端残存数枚牙齿，可知头向东北，葬式不明。3件随葬器物置于椁内棺外东北部和棺外北部（图二三九）。

陶盂 1件。M59：3，泥质褐陶。微敛口，圆唇，上腹弧，向下斜收，微凹底。素面。口径15.6、底径7.2、高5~5.6厘米（图二四〇，2；图版四三，2前）。

陶罐　2件。泥质灰陶。侈口，翻沿，圆唇，束颈，圆肩，颈肩相交处有折棱，肩有对称双鼻耳，鼓腹，浅凹底。颈饰瓦棱纹，肩至中腹饰竖绳纹间三道抹痕，以下饰斜绳纹。M59：1，口径13.2、腹径21.2、底径7.2、高23厘米（图二四○，1；图版四三，2后左）。M59：2，口径13.8、腹径21.2、底径5.6、通高22厘米（图二四○，3；图版四三，2后右）。

M60

方向290°。长方形竖穴土坑砖木合构墓。墓口距地表0.3米。长方形土圹，口长2.81、宽1.12米，底同口大，深1米。圹内填软质灰黄夹灰白色花土。条砖横向错缝平铺一层地砖上错缝叠砌墓室四壁，内空长2.44、宽0.74、高0.64米，西壁17层，余三壁16层。从墓室内填土纯净和填土内发现部分薄木板遗迹推测墓顶以木板搭盖封顶。条砖多素面，少量单平面饰绳纹，规格为31×16×4厘米。从四壁青砖互相咬合的情况推测此墓无封门，其埋葬顺序为：先挖墓圹，铺底起四壁，放置遗体和随葬品，搭盖木板封顶，填土。未发现葬具遗痕。人骨朽尽，葬式不明。2件随葬器物分别置于墓室西南角和中部偏北。据随葬器物位置推测头

北

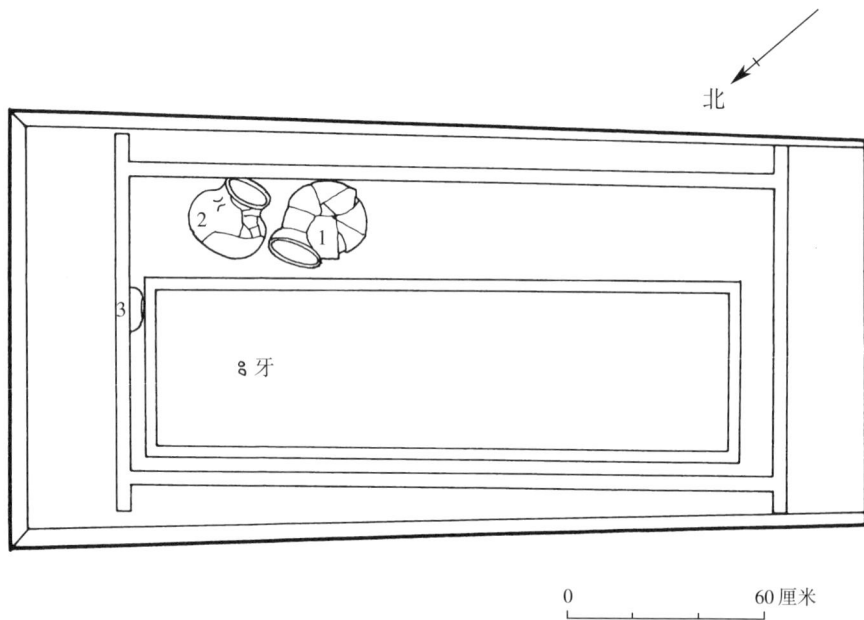

图二三九　汉墓M59平面图

1、2.陶罐　3.陶盂

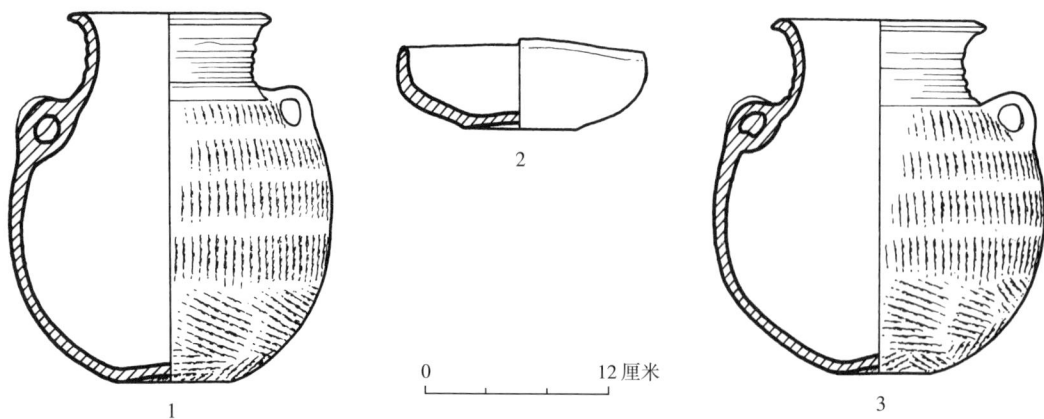

图二四○　汉墓M59出土陶器

1、3.罐（M59：1、2）　2.盂（M59：3）

向西（图二四一）。

陶罐 1件。M60：1，泥质灰陶。侈口，翻沿，圆唇，束颈，圆肩，肩有对称双鼻耳，鼓腹，凹底较深。肩至中腹饰竖绳纹间三道宽抹痕，以下饰横、斜绳纹。口径13.8、腹径23.6、底径7.2、高25.4厘米（图二四二；图版四三，3）。

铜"五铢" 1枚。M60：2，严重锈蚀，无法起取，依稀可辨钱文为"五铢"。

M61

方向295°。长方形竖穴土坑单室砖墓。墓口距地表约0.2米，上部遭到破坏。长方形土圹，口长1.08、宽0.5米，底同口大，深0.18～0.32米。墓室四壁紧贴土圹以条砖顺向横行侧立错缝

图二四一 汉墓M60平、剖面图
1.陶罐 2.铜"五铢"

图二四二 汉墓M60出土陶罐
（M60：1）

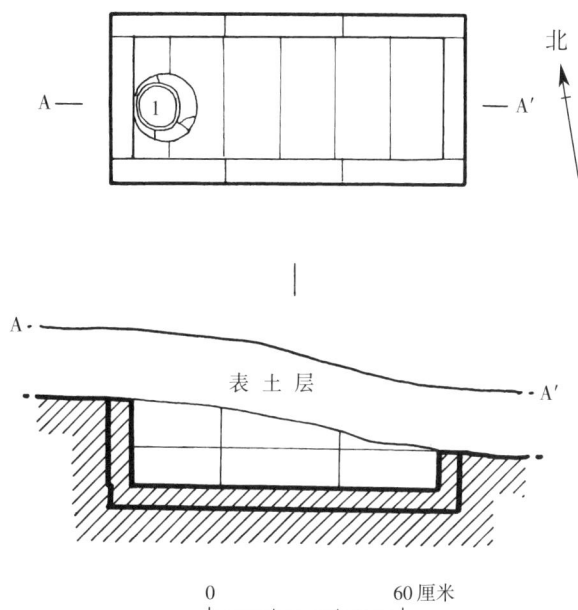

图二四三 汉墓M61平面图
1.陶罐

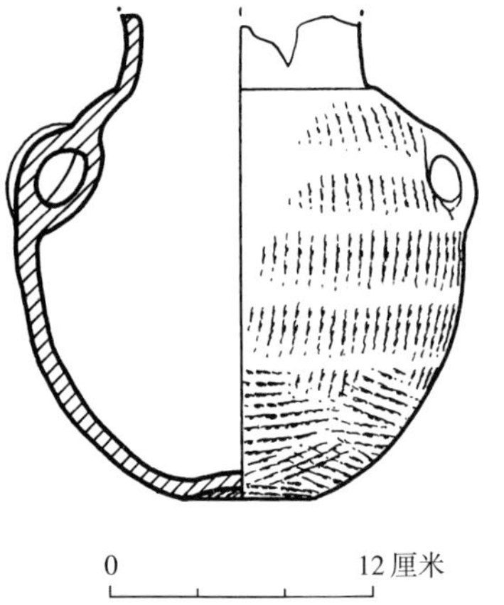

图二四四　汉墓M61出土陶罐
（M61：1）

砌筑，墓室内空长0.95、宽0.37米，北、西壁存2层，东、南壁存1层。墓顶被毁，结构不明，铺底砖嵌在墓壁内侧，为六块整砖呈横排平铺。条砖为素面红砖，规格为34.5×17.5×6.5厘米。未发现葬具遗痕。人骨朽尽，隐约可见骨腐痕，头向西北，葬式不明。1件随葬器物置于墓室西端（图二四三）。

陶罐　1件。M61：1，泥质灰陶。口部残，束颈，圆肩，肩有对称双鼻耳，鼓腹，浅凹底。肩至中腹饰竖绳纹间三道抹痕，以下饰横、斜绳纹。腹径20.4、底径5.6、残高21.2厘米（图二四四；图版四三，4）。

M62

方向13°。长方形竖穴土坑木椁墓。墓口距地表约0.4米，长2.55、宽1.5~1.58米，底长2.48、宽1.46米，深1.16~1.26米。坑壁规整光滑。填硬质灰褐夹灰黄色花土。单椁单棺，仅余腐痕。椁室平面呈"Ⅱ"形，椁痕长2.3、宽1.34、高0.06、板痕厚0.07米。棺位于椁内西部，棺痕长2.18、宽0.64、高0.04、板痕厚0.05米。人骨朽尽，葬式不明。2件随葬器物置于椁内棺外东北侧。据随葬器物位置推测头向北（图二四五）。

陶罐　2件。侈口，翻沿，圆唇，圆肩，颈肩相交处有折棱，肩有对称双鼻耳，鼓腹，凹底较深。颈饰多道弦纹，肩至中腹饰竖绳纹间三或二道抹痕，以下饰斜绳纹。M62：1，泥质灰陶。口径12.4、腹径19.6、底径4.8、高19.6厘米（图二四六，1；图版四三，5）。M62：2，泥质黑衣褐陶。外沿面有一道浅凹槽。口径12.4、腹径20、底径6.4、高22厘米（图二四六，2；图版四三，6）。

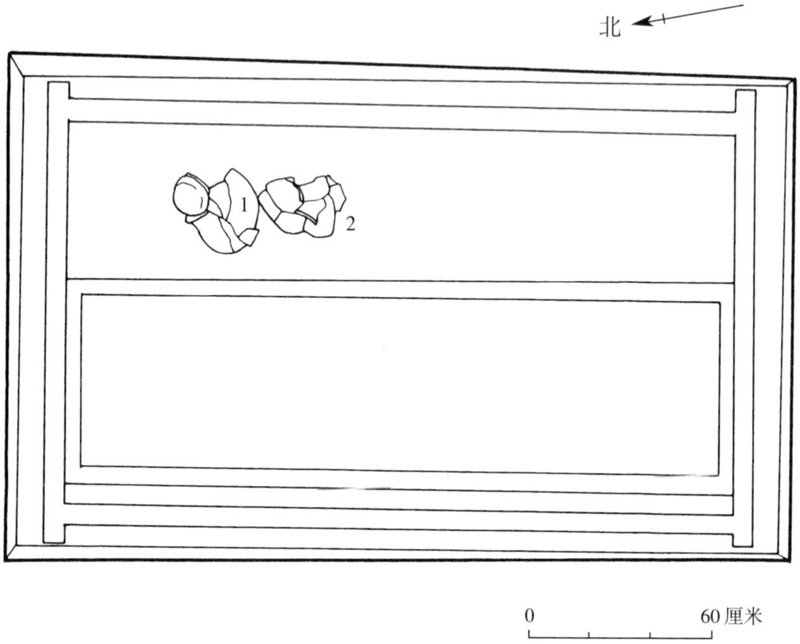

M63

方向26°或206°。长方形竖穴土坑木椁墓。墓口距地表约0.4~0.6米。墓口平面整体基本呈长方形。墓室长方形，口底同大，长3~3.1、宽2.2米，深2.5~2.6米。南有两条墓道，西墓道被东墓道打破。西墓道现存平面略呈长方形，上口残长3.5~3.56、残宽0.58、坡底长3.5、前深0.4、后深0.7米，坡度10°；东墓道平面呈"L"形，其靠墓室处西扩与墓壁相接，上口长4.2、宽1.6~2.2米，坡底长4.5、下端深1.66

图二四五　汉墓M62平面图

1、2. 陶罐

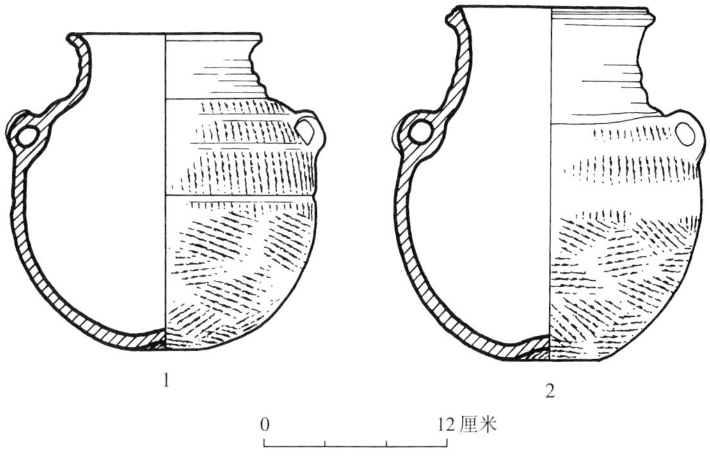

米，坡度20°。墓室与墓道填土有别，墓室填灰褐夹少量灰白花土，质密，较软；墓道填灰白夹少量灰褐色花土，土质较硬。相接处由上至下有较直的分界线，并可见薄木板腐痕，推测原以薄木板分隔。坑壁较粗糙，墓底较平。单椁并棺，仅余腐痕。椁室平面呈"Ⅱ"形，椁痕长2.71、宽2.02、高0.75、板痕厚0.06米。东、西棺分居椁内两侧，东棺痕长2.04、宽0.58、高0.15、板痕厚0.05米；西棺痕长2.03、宽0.6、高0.07、板痕厚0.05米，底板痕上残

图二四六　汉墓M62出土陶罐
1. M62：1　2. M62：2

存丝织物朽痕，呈灰黑色，厚1~2厘米，其上还撒有一层薄朱砂。人骨朽尽，葬式不明。49件（枚）随葬器物除1件陶井在东棺下外，其余在两棺间、外或西棺下。从双棺下放置器物保存完整的情况推测，棺下原应有木质支垫物，未能清理出来（图二四七~二四九；图版四四，1）。

陶鼎　3件。泥质红陶。子母口，圆或方唇，折肩，中腹微鼓，长方形附耳外撇较甚，凸圜底，三熊形直立足。上承博山盖。上腹有一道微凸棱，或饰一道凹弦纹，耳外壁孔下饰小方格纹，盖面模印人物、动物、植物纹。M63：1，下腹饰二道凹弦纹。器表施褐釉，盖施釉较厚。口径17.6、腹径20.8、体高15、通高26.4厘米（图二五〇，1；彩版七，1；图版四四，2中左2）。M63：7，器表施淡黄釉。口径18.8、腹径22、体高13.6、通高23.4厘米（图二五〇，3；图版四四，2中左1）。M63：32，大部残。口径17.6、腹径21.6厘米（图二五〇，8）。

陶壶　4件。泥质红陶。盘口，平折沿，平唇，束颈较长，溜肩，扁鼓腹，肩有对称兽面铺首衔环，凸圜底，盘口状浅圈足。上承博山盖。肩各饰二或三道凹弦纹，中腹各饰二道凹弦纹，下腹饰斜绳纹，盖口外壁素面或饰一周菱形纹，其上模印人物、动物、植物纹。盖、身施浅黄或黄褐釉，大部分脱落。M63：5，口径16.4、腹径25.6、圈足径14、体高33、通高42厘米（图二五〇，2；图版四四，2后右1）。M63：6，口径16.8、腹径28、圈足径15.2、体高34.4、通高43.6厘

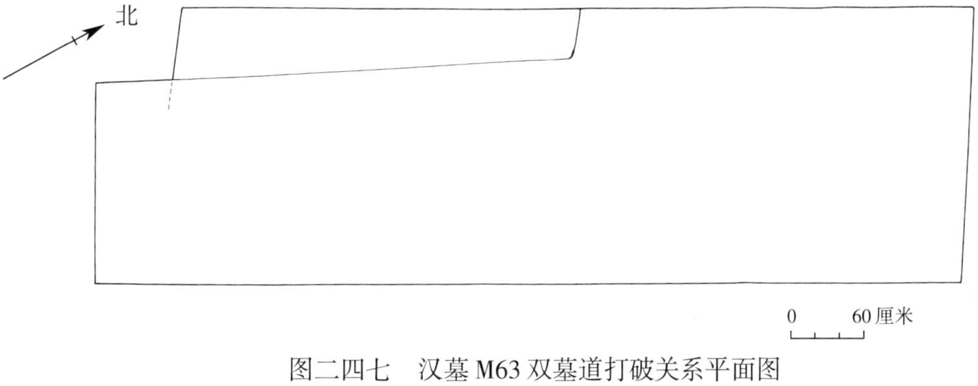

图二四七　汉墓M63双墓道打破关系平面图

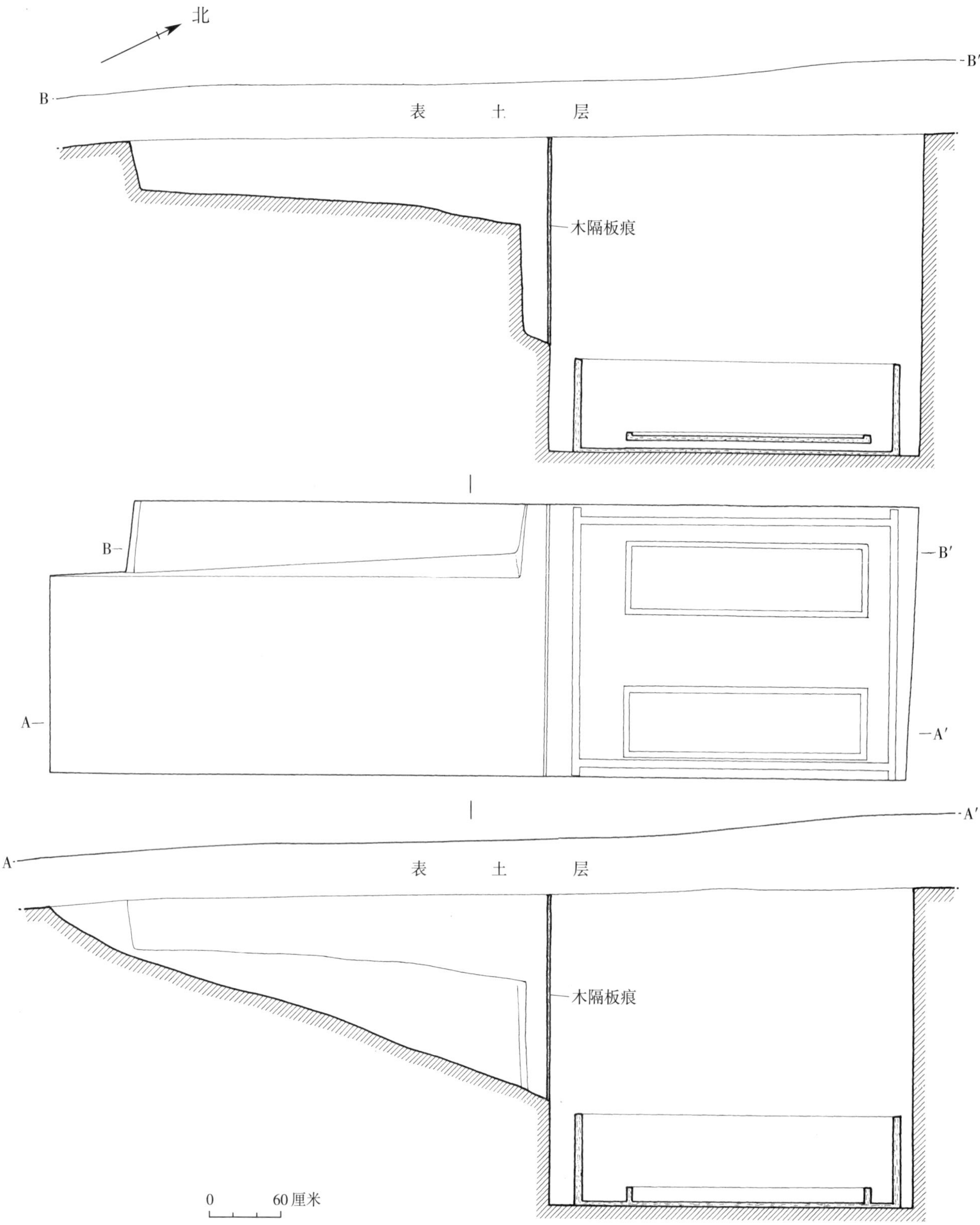

北

表　土　层

B
B'

木隔板痕

B
B'

A
A'

A
A'

表　土　层

木隔板痕

0　　60厘米

图二四八　汉墓 M63 平、剖面图

图二四九 汉墓 M63 棺椁及器物分布平面图

1、7、32. 陶鼎 2. 陶铏 3、13. 陶井 4、16. 陶樽 5、6、8、19. 陶壶 9、15、24、27、30. 陶罐
10、14、21～23、25、26. 陶仓 11、40、42. 陶灶 12、39. 陶磨 17. 陶圈 18、35～37、41. 陶鸽
28、38. 陶鸡 29. 陶博山炉 20、31. 陶鸭 33. 铜"五铢" 34. 陶狗

米（图二五〇，4；图版四四，2后左1）。M63：8，上沿面有两道浅凹槽。下腹间饰一道凹弦纹，
腹壁可见多道轮旋痕。口径16、腹径27.2、圈足径15.8、体高36.6、通高46厘米（图二五〇，9；
图版四四，2后左2）。M63：19，颈饰二道凹弦纹。口径16.8、腹径29.2、圈足径15.6、体高37、
通高46.4厘米（图二五一，1；图版四四，2中右2）。

　　陶铏 1件。M63：2，泥质红陶。直口，斜折沿，方唇，上腹直，下腹弧收，圜底。口径
13.2、腹径12.8、高5.6厘米（图二五〇，5；图版四五，1后二右2）。

　　陶罐 5件。罐泥质红陶，盖泥质灰或红陶。直口，圆唇，短领，圆肩，上腹鼓，以下弧收，
平底微凹。上承博山盖。盖面模印人物、动物、植物纹，部分模糊。体施淡黄釉，大部分脱落。
M63：9，肩及中腹各饰二、三道凹弦纹。口径8.4、腹径16、底径7.2、体高12.4、通高18.4厘
米（图二五〇，6；图版四四，2前右3）。M63：15，体素面。口径7.8、腹径15.2、底径7.2、体
高11.4、通高17.6厘米（图二五〇，7；图版四四，2前左1）。M63：24，肩及中腹各饰二道凹弦
纹。口径7.6、腹径15.6、底径6、体高11.6、通高17.6厘米（图二五一，4；图版四四，2前左

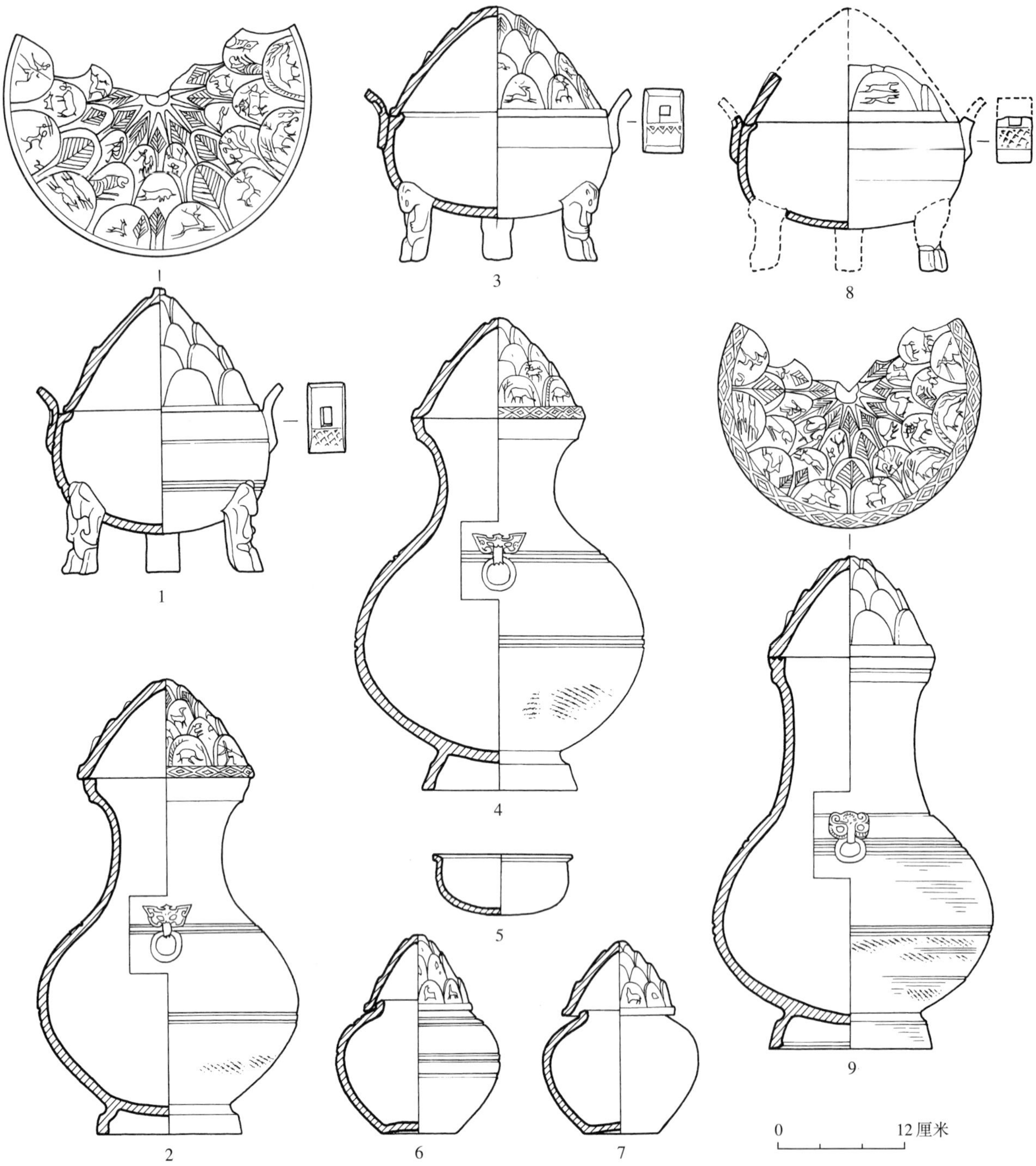

图二五〇　汉墓 M63 出土陶器

1、3、8. 鼎（M63：1、7、32）　2、4、9. 壶（M63：5、6、8）　5. 铜（M63：2）　6、7. 罐（M63：9、15）

3）。M63：27，肩及中腹各饰二道凹弦纹。近底部有一周削痕。口径 8、腹径 16、底径 6.4、体高 12.2、通高 18.4 厘米（图二五一，5；图版四四，2 前左 4）。M63：30，肩及中腹各饰二道凹弦纹，盖口外壁饰一周菱形纹。口径 7.6、腹径 17.2、底径 7.2、体高 12.4、通高 20 厘米（图二五一，3；

图版四四，2前左2）。

陶樽 2件。泥质红陶。直口，圆唇，平底微凹，底下三矮足。口外及中腹各饰一、二或三道凹弦纹。体外壁施褐釉。M63：4，壁近直，微外弧，三熊形足。缺盖。口径14、底径13.6、高11厘米（图二五一，2；图版四五，1后二左1）。M63：16，直壁，三蹄足。上承博山盖，盖上部残。盖面模印人物、动物、树叶纹。内壁上、中部施褐釉，盖面施淡黄釉。口径14.8、底径14.8、体高12.4、残高19.2厘米（图二五一，6；图版四五，1后二左2）。

陶博山炉 1件。M63：29，泥质红陶。下部为圆形托盘，敞口，平折沿，方唇，浅折腹，平底，托盘中央立一空心柱与炉身相接。炉身子口，折肩，折腹下收，凸圜底。上承圆锥状盖，盖有镂孔。盖外壁饰波浪纹。炉身外壁和托盘内壁施黄绿釉。炉口径9.6、盘口径16.8、底径10.8、

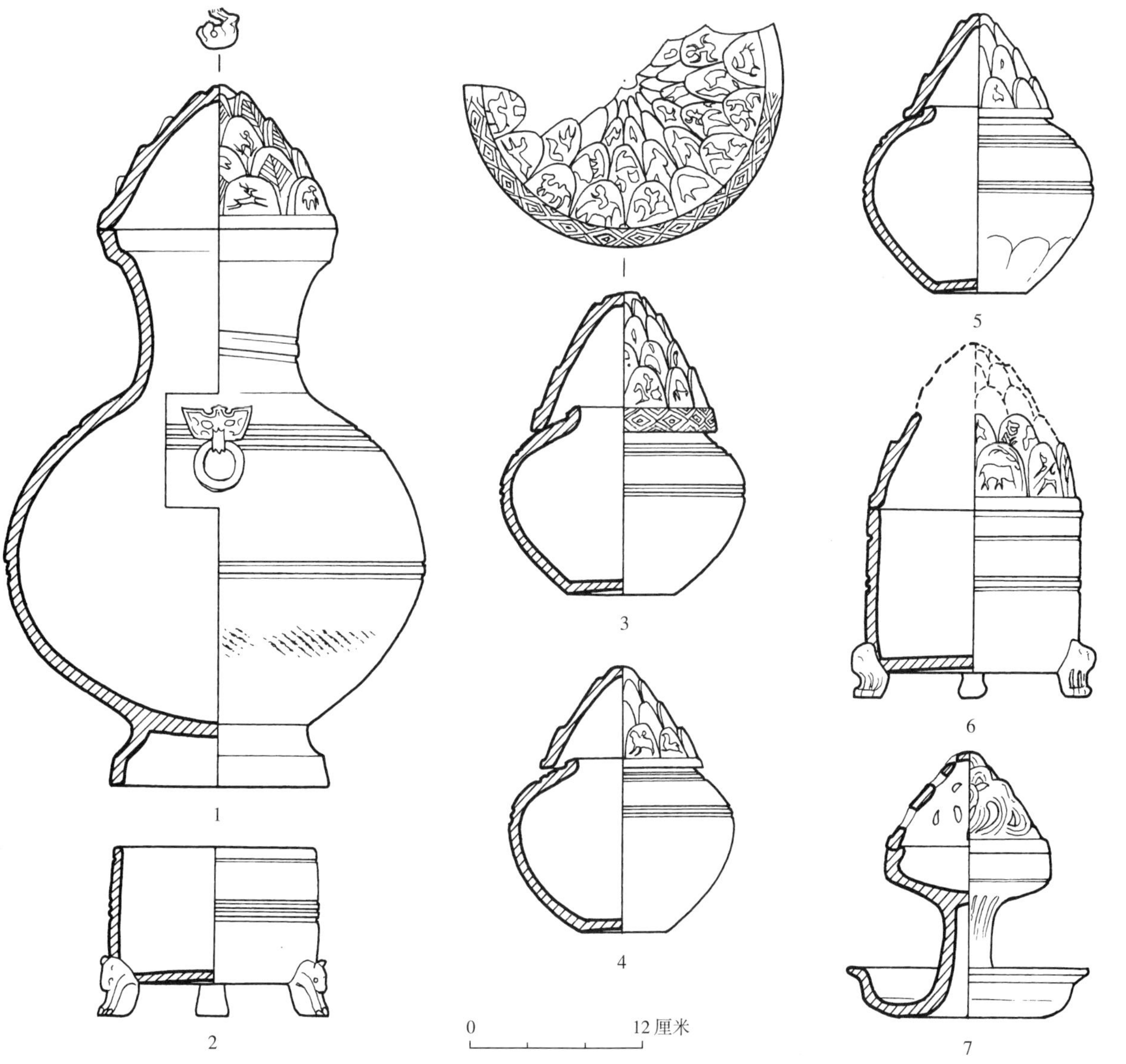

图二五一 汉墓M63出土陶器
1.壶（M63：19）2、6.樽（M63：4、16）3~5.罐（M63：30、24、27）7.博山炉（M63：29）

体高11.2、通高17.6厘米（图二五一，7；图版四五，1后二右1）。

陶灶　3件。泥质红陶。灶体平面呈长方形，直壁，前、后端有挡墙，后端有圆形烟孔，灶面有三个等大的火眼，前壁中部开一拱形灶门。火眼上置三釜一甑一锅。釜敛口，圆唇，溜肩，扁鼓腹，小平底或凸圜底；甑敞口，翻折沿，方唇，弧腹内收，小平底，底有五箅孔；锅除无箅孔外形制同甑。釜、锅、甑近底部有刀削痕。前挡墙上部刻划网格纹。灶体和釜、锅、甑外壁施淡黄釉，大部分脱落。M63：11，灶体长24、宽10.8、体高8、通高13.2厘米（图二五二，1；图版四五，1中右1）。M63：40，锅、甑腹中部呈瓦棱形。灶体长25.2、前宽13.2、后宽12.2、体高8、通高14.4厘米（图二五二，3；图版四五，1后一右1）。M63：42，未能修复。

陶仓　7件。泥质红陶。直口或微敛，方或圆唇，矮领，折肩，中腹微鼓，平底微凹。上承博山盖。肩中部有一周微凸棱。腹壁间饰四道凹弦纹，盖面模印人物、动物、植物纹，多模糊不清。M63：10，口径7.2、腹径13.6、底径11.4、体高22、通高27.8厘米（图二五二，5；图版四四，2中右1）。M63：14，下半部残。口径8、腹径12.2厘米（图二五二，10；图版四四，2中左3）。M63：21，盖顶穿一小圆孔，盖口外壁一周间隔穿多个小圆孔。盖口外壁饰一周菱形纹。口径7.6、腹径14.8、底径11.2、体高20.8、通高28.8厘米（图二五二，11；图版四四，2中右2）。M63：22，体外壁施淡黄釉。口径8、腹径13.6、底径11.2、体高20.8、通高26.4厘米（图二五二，8；图版四四，2前右2）。M63：23，肩中部饰一周凹弦纹。体外壁施淡黄釉。口径8、腹径14.4、底径12、体高21、通高26.4厘米（图二五二，6；图版四四，2前右1）。M63：25，口径8、腹径14.4、底径11.2、体高21.6、通高27.6厘米（图二五二，9；图版四四，2中左4）。M63：26，盖口外壁一周间隔穿多个小圆孔。盖口外壁并饰一周菱形纹。口径8.8、腹径14.8、底径11.6、体高20.6、通高28厘米（图二五二，7；图版四四，2中右3）。

陶井　2件。泥质红陶。侈口，翻折沿，方唇，束颈，斜折肩，弧腹缓收，平底微凹。颈、肩、中腹各饰一道凹弦纹。器表施淡黄釉。M63：3，井内置一汲水瓶，泥质红陶，侈口，翻沿，圆唇，束颈，溜肩，肩有对称双弓耳，折腹，平底，近底部有刀削痕。器表施淡黄釉。口径12.8、腹径13、底径11.6、体高12.6厘米，汲水瓶口径3.2、腹径4.8、底径2、高4.6厘米（图二五二，2；图版四五，1后一右2）。M63：13，肩刻划双线波折纹。口径10.8、腹径12.4、底径10.8、高10.4厘米（图二五二，4；图版四五，1后一左2）。

陶磨　2件。泥质红陶。上扇顶部凿两个对接半圆形槽，槽内和肩部布满揿窝，侧面有一方形手柄；下扇扇面隆起，高出磨盆，腹壁与盆底相连，腹中空。盆敞口，方唇，浅腹，斜直壁，平底，下附三直立方柱足。器表施淡黄釉。M63：12，扇径10.4、盆口径16.8、底径14.8、通高9.2厘米（图二五三，2；图版四五，1前二左2）。M63：39，盆内壁施黄绿釉。扇径9.6、盆口径17.6、底径16.6、通高9.2厘米（图二五三，3；图版四五，1前二左1）。

陶圈　1件。M63：17，泥质褐陶。平面近方形，下部一周围墙，一侧设厕屋一座，上部残，四面坡式屋顶，顶有瓦垄，屋前设一斜坡通道。圈内立一猪，短胖，嘴前伸，尾巴贴身。体长20.4、宽17.6、残高8.6、猪长11.6、高7.2厘米（图二五三，1；图版四五，1后一左1）。

陶狗　1件。M63：34，泥质红陶。卧伏状，昂首右顾，垂尾左卷，竖耳，眦目，嘴微张，腹中空。通体施绿釉，大部分脱落。通长22.8、高13.6厘米（图二五三，9；图版四五，1前二右2）。

陶鸡　2件，雌雄一对。泥质红陶。双足站立，尾上翘，腹中空。通体施绿釉，部分脱落。M63：

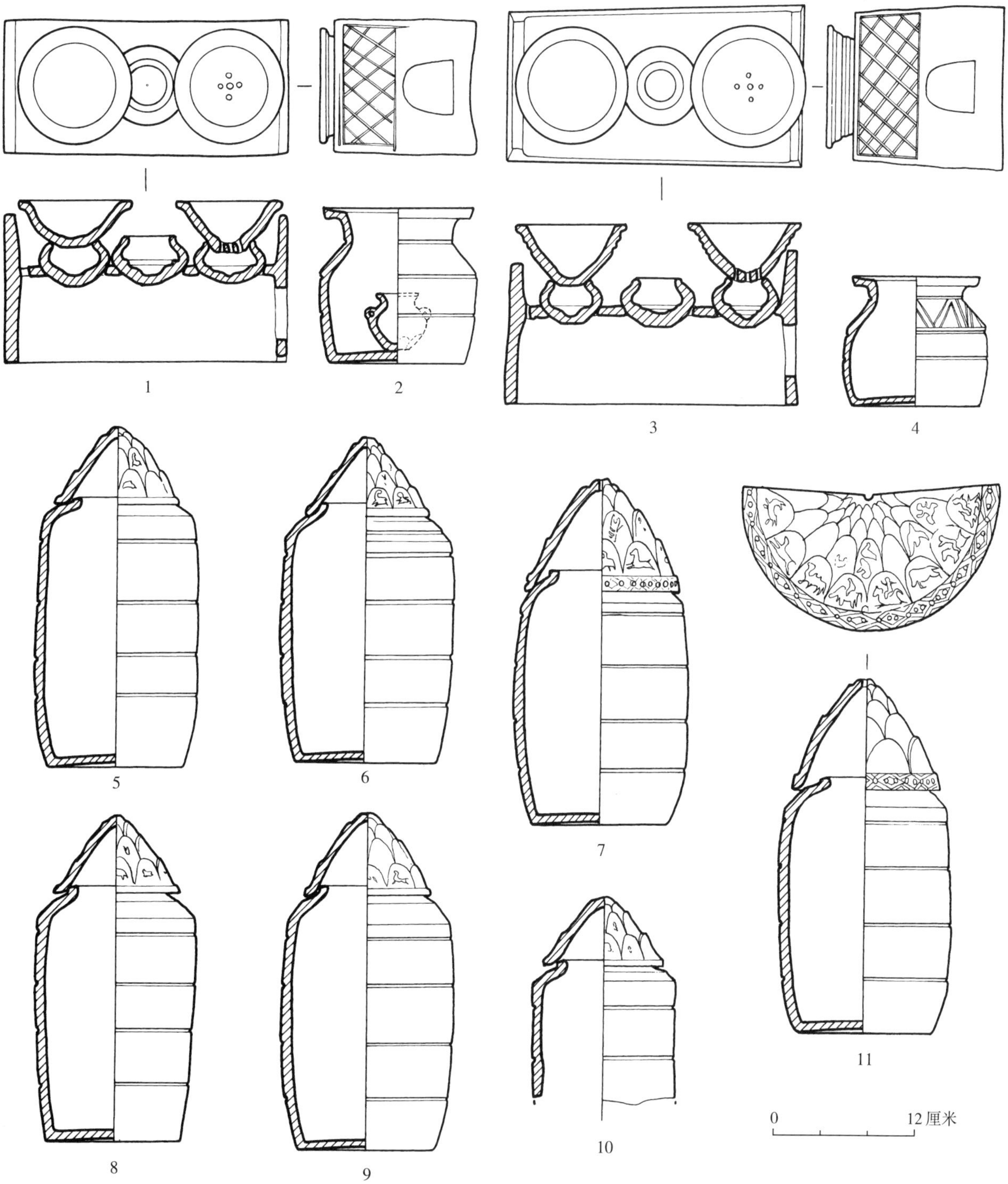

图二五二 汉墓 M63 出土陶器

1、3.灶（M63：11、40） 2、4.井（M63：3、13） 5～11.仓（M63：10、23、26、22、25、14、21）

28，雌鸡。昂首左顾。通长 10、高 9.2 厘米（图二五三，7；图版四五，1 前一右）。M63：38，雄
鸡。昂首引颈，双足微屈蹲，振冠作欲鸣状。通长 15、高 11 厘米（图二五三，8；图版四五，1

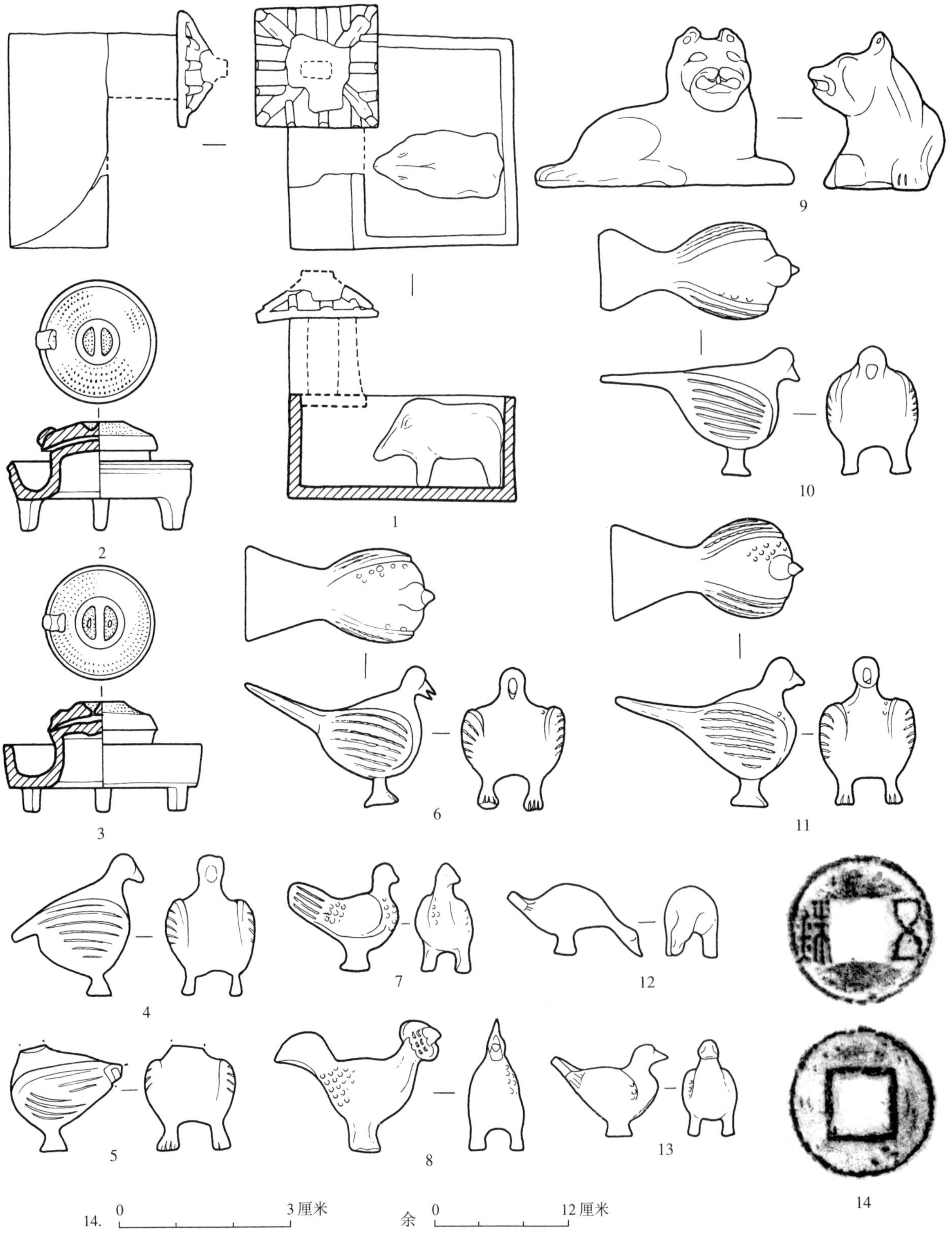

图二五三　汉墓 M63 出土器物

1. 陶圈（M63：17）　2、3. 陶磨（M63：12、39）　4～6、10、11. 陶鸽（M63：35～37、18、41）

7、8. 陶鸡（M63：28、38）　9. 陶狗（M63：34）　12、13. 陶鸭（M63：20、31）　14. 铜"五铢"拓本（M63：33-1）

前二右 1)。

陶鸭 2件。泥质红陶。双足站立,尾上翘,腹中空。M63:20,引项下伸,嘴着地作觅食状。通长14、高6厘米(图二五三,12;图版四五,1前一左)。M63:31,昂首。通长10.4、高8厘米(图二五三,13;图版四五,1前一中)。

陶鸽 5件。泥质红陶。双足站立,颔首,双翅贴身,体态丰腴,腹中空。M63:18,嘴闭合,尾平伸。通长17.4、高10.8厘米(图二五三,10;图版四五,1中右2)。M63:35,雏鸽,短尾微垂。通长12、高12厘米(图二五三,4;图版四五,1前二左3)。M63:36,雏鸽,首尾皆残。残长9.8、残高9厘米(图二五三,5;图版四五,1中左3)。M63:37,嘴微张,尾上翘。通长17、高12厘米(图二五三,6;图版四五,1中左1)。M63:41,尾上翘,嘴闭合。通长17、高12.4厘米(图二五三,11;图版四五,1中左2)。

铜"五铢" 8枚。圆形,方穿,双面有外郭,穿背面四周有郭。正面穿左右篆书"五铢"二字,"五"字交笔弯曲稍甚,"铢"之"金"字头呈三角形,"朱"之上笔方折,下笔圆折。M63:33-1,直径2.4、穿边长1厘米(图二五三,14)。

M64

方向40°。长方形竖穴土坑木椁墓。墓口距地表约0.45米,长2.6、宽1.45米,底长2.52、宽1.4米,深1.1米。坑壁规整光滑。填硬质黄褐夹灰白色花土。单椁单棺,仅余腐痕。椁室平面呈"Ⅱ"形,椁痕长2.08、宽1、高0.71、板痕厚0.06米。棺位于椁内西北部,棺痕长1.8、宽0.5、高0.06、板痕厚0.04米。椁下南北部各有一垫木沟槽,横断面呈倒梯形,槽长1.3、宽0.09~0.12、深0.06米。人骨朽尽,葬式不明。2件随葬器物置于椁内棺外东北角。据随葬器物位置推测头向东北(图二五四)。

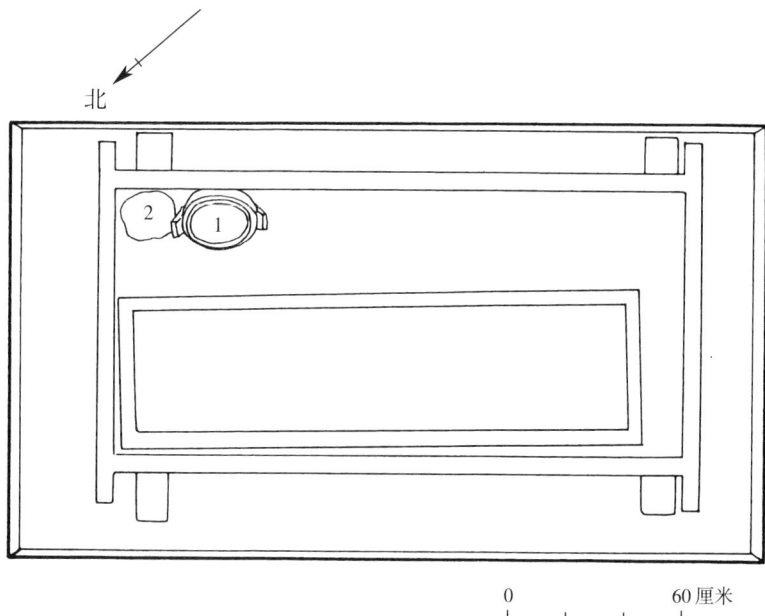

图二五四 汉墓M64平面图
1.铁鼎 2.漆器

铁鼎 1件。M64:1,锈蚀严重,尺寸、图在工地现场测得并绘制。子口,圆唇,折肩,垂腹,长方形附耳外撇,平底,三蹄足直立,横断面呈外弧内平的半圆形。口径22、腹径27.2、高22厘米(图二五五)。

漆器 1件。M64:2,仅存漆皮,器形不明。

M66

方向105°。长方形竖穴土坑木椁墓。墓口距地表约0.65米,长3.26、宽2.03米,底长3.07、

图二五五　汉墓 M64 出土铁鼎（M64 : 1）

宽 2.03 米，深 1.76 米。坑壁规整光滑。填软质灰褐夹灰白色花土。单椁单棺，仅余腐痕。椁室平面呈"Ⅱ"形，椁痕长 2.58、宽 1.32、高 0.45、板痕厚 0.06 米。棺位于椁内西北部，棺痕长 1.98、宽 0.55、高 0.08、板痕厚 0.05 米。椁下南北部各有一垫木沟槽，横断面呈倒梯形，槽长 2、宽 0.08～0.12、深 0.06 米。人骨朽尽，葬式不明。9 件随葬器物除陶球置于椁内棺外东端外，余置于椁内棺外南部。据陶球位置与出同类器放置位置墓葬的头向对比推测该墓头向东（图二五六）。

　　陶鼎　2 件。泥质黑衣灰陶。子母口，圆唇，折肩，上腹壁直，中腹有折棱，下腹弧收，长方形附耳外撇，耳孔对穿，三蹄足直立，足横断面呈外弧内平的半圆形。上承微折盘状盖。器表黑衣和红彩大部脱落，盖口沿外残存一道弦纹。M66 : 4，凸圜底。口径 16、腹径 18.4、体高 12.4、通高 16.8 厘米（图二五七，1；图版四五，2 中左 2）。M66 : 5，浅凹底，中腹饰一道凹弦纹。口径 15.2、腹径 18.8、体高 12.4、通高 17.2 厘米（图二五七，2；图版四五，2 中左 1）。

　　陶壶　2 件。泥质黑衣灰陶。盘口，圆唇，束长颈，圆肩，肩有对称兽面铺首，圆鼓腹，凸圜底，喇叭状高圈足。上承子口浅弧盘状盖。铺首上部模印树枝纹和三角纹，腹饰两道凹弦纹。

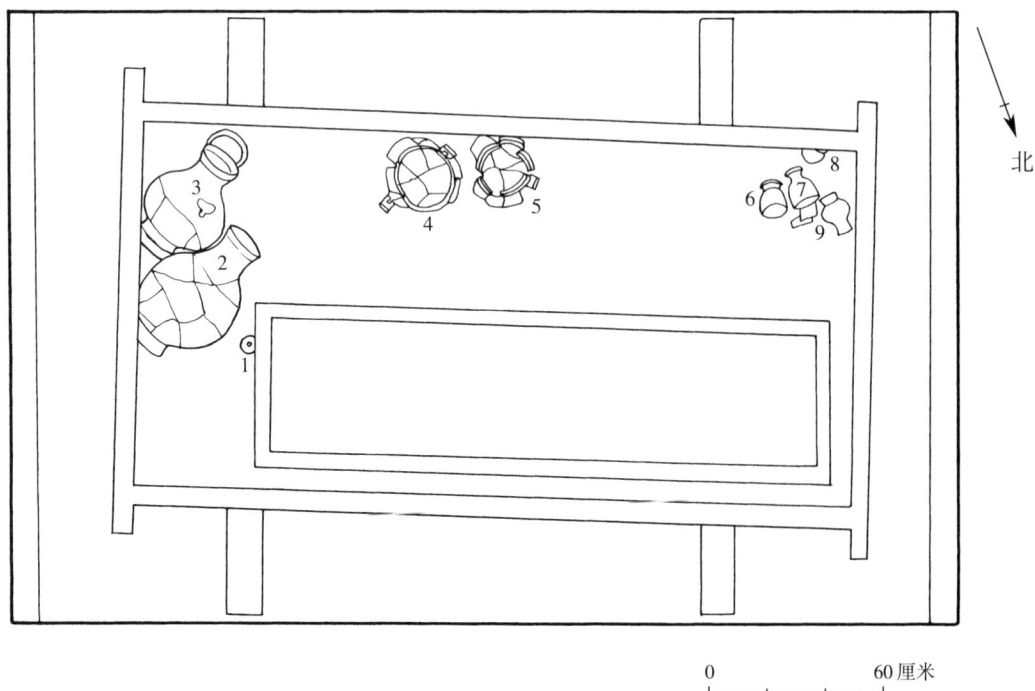

图二五六　汉墓 M66 平面图
1. 陶球　2、3. 陶壶　4、5. 陶鼎　6、7. 陶杯　8、9. 陶汲水瓶

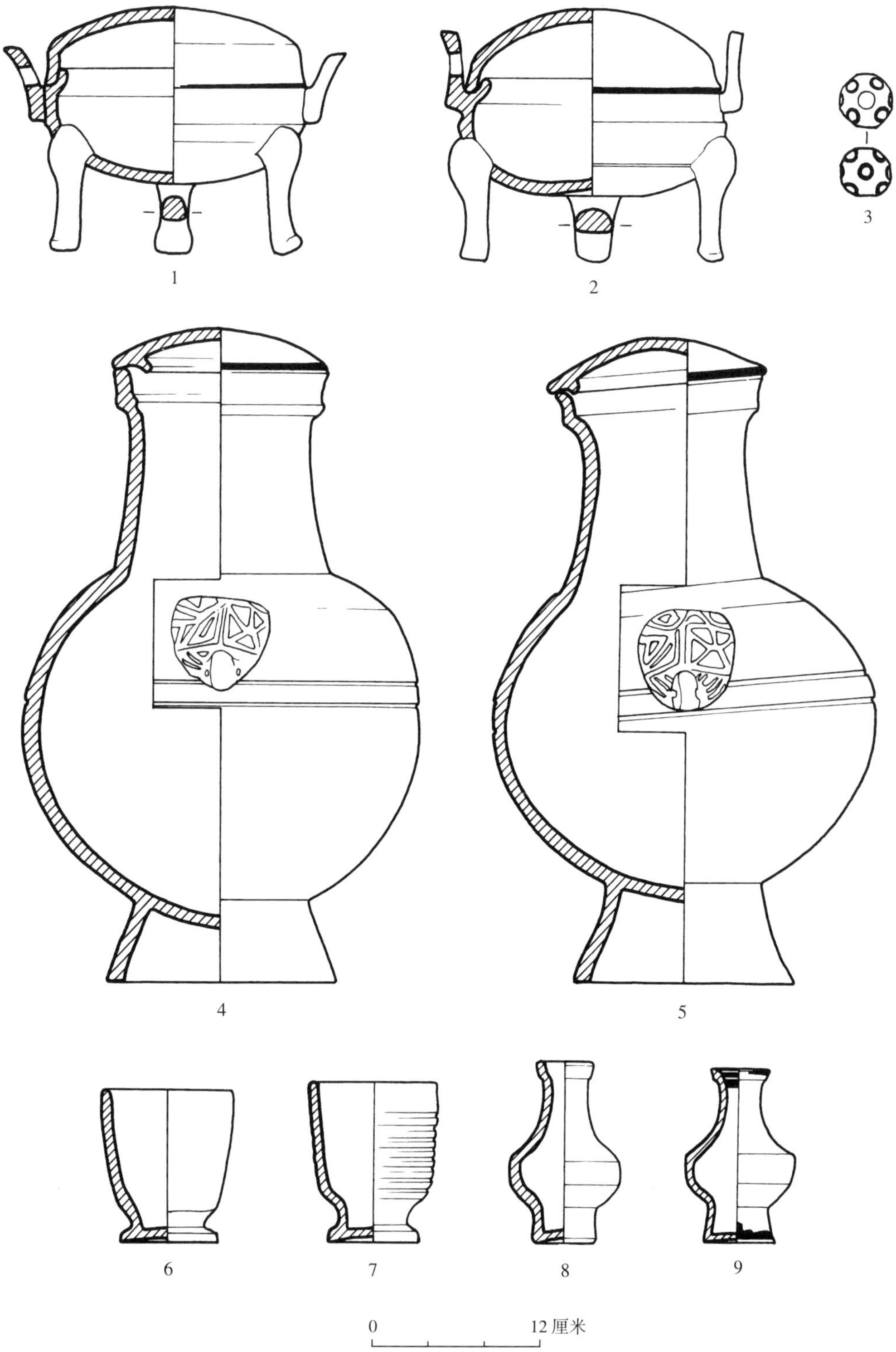

图二五七　汉墓 M66 出土陶器

1、2.鼎（M66：4、5）　3.球（M66：1）　4、5.壶（M66：2、3）　6、7.杯（M66：6、7）　8、9.汲水瓶（M66：8、9）

器表黑衣和红彩大部脱落，盖口沿残存一道弦纹。M66：2，口径15.2、腹径28.4、圈足径16.4、体高42、通高44.8厘米（图二五七，4；图版四五，2后右）。M66：3，口径14.8、腹径27.6、圈足径16、体高41.6、通高44.2厘米（图二五七，5；图版四五，2后左）。

　　陶杯　2件。泥质黑衣灰陶。敞口，圆唇，上腹斜直，下腹曲收，饼状底，外底微凹。器表红彩脱落。M66：6，口径9.2、底径6.4、高10.8厘米（图二五七，6；图版四五，2中右1）。M66：7，腹饰瓦棱纹。口径9.2、底径6.4、高10.8厘米（图二五七，7；图版四五，2中右2）。

　　陶汲水瓶　2件。泥质黑衣灰陶。盘口，折沿，尖唇，束颈，折肩，扁折腹，下腹曲收较高，平底微凹。黑衣和红彩脱落。M66：8，口径4、腹径8、底径4.8、高12.4厘米（图二五七，8；图版四五，2前右）。M66：9，口内外和近底部存零星红彩。口径4.4、腹径8、底径5.2、高11.9厘米（图二五七，9；图版四五，2前中）。

　　陶球　1件。M66：1，泥质褐陶。圆球体，有对穿圆孔。器表摁有圆圈纹，圆圈凹下部分施红彩。直径3.6、孔径1.2厘米（图二五七，3；彩版七，2；图版四五，2前左）。

M68

　　方向28°。长方形竖穴土坑墓。墓口距地表约0.4米，长2.36、宽0.56米，底长2.34、宽0.54米，深0.22米。坑壁粗糙。填软质灰褐夹灰白色花土。单棺，仅余腐痕。棺位于坑底南部，棺痕长1.84、宽0.35～0.42、高0.04、板痕厚0.05米。人骨朽尽，葬式不明。1件随葬器物置于棺外北侧。据随葬器物位置推测头向东北（图二五八）。

　　陶罐　1件。M68：1，泥质灰陶。侈口，翻折沿，方唇，束颈，溜肩，肩有对称双鼻耳，鼓腹，浅凹底。肩、上腹饰竖绳纹，多模糊，下腹及底饰横、斜交错绳纹。口径12.4、腹径21.2、底径7.6、高22厘米（图二五九；图版四五，3）。

M69

　　方向120°。长方形竖穴土坑砖土合构墓。墓口距地表约0.4米，打破M70。墓口长3.3、宽2.74米，底同口大，深0.5～0.57米。坑壁粗糙。填软质黄褐色花土。墓底平铺地砖一层，长2.9、宽2.38～2.45米，西端纵向平铺一排，其东横向对缝平铺六列，其中南四列间各间隔纵向平铺一

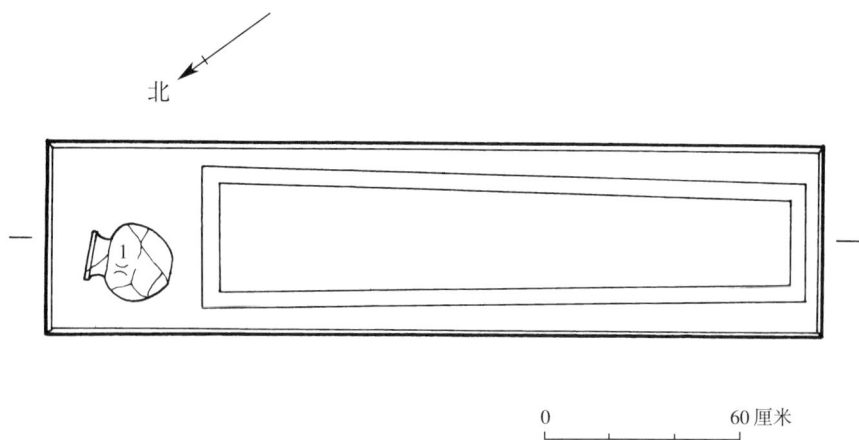

图二五八　汉墓M68平面图
1. 陶罐

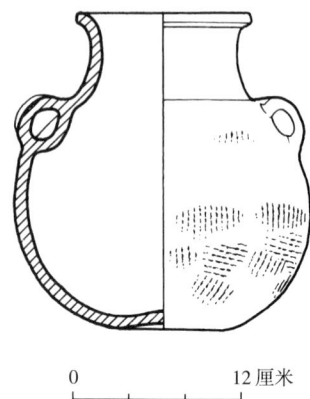

图二五九　汉墓M68出土陶罐
（M68：1）

列地砖。单棺，仅余底板腐痕，位于地砖上中部偏北，底板痕长 1.95、宽 0.48 米。人骨朽尽，棺内东部残存 2 枚牙齿，可知头向东南，葬式不明。13 件（枚）随葬器物除铜"大泉五十"出于棺内外，余置于棺外南部（图二六○；图版四六，1）。

陶罐　1 件。M69 : 6，泥质灰陶。微侈口，斜折沿，方唇，短领，圆肩，上腹鼓，以下斜收，

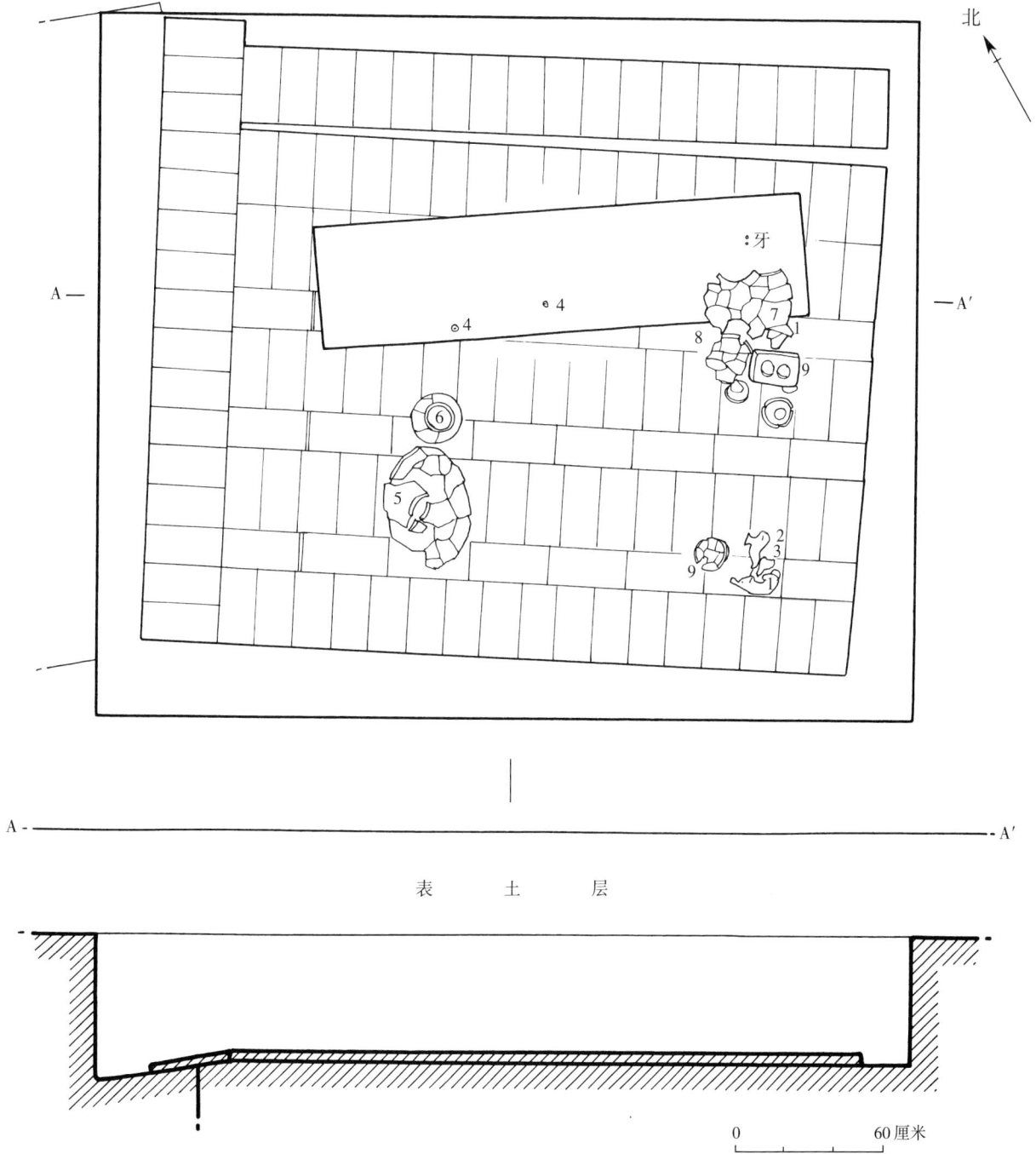

图二六○　汉墓 M69 平、剖面图
1.陶狗　2、3.陶鸡　4.铜"大泉五十"　5.陶瓮　6.陶罐　7.陶仓　8.陶井　9.陶灶

平底微凹。素面。口径9.2、腹径18.8、底径9.6、高12.4厘米（图二六一，1；图版四六，2中左）。

　　陶瓮　1件。M69：5，泥质灰陶。直口微敛，折沿，尖唇，短直领，圆肩，上腹鼓，下腹近直向下缓收，平底微凹。素面。口径18、腹径36.4、底径18、高30厘米（图二六一，7；图版四

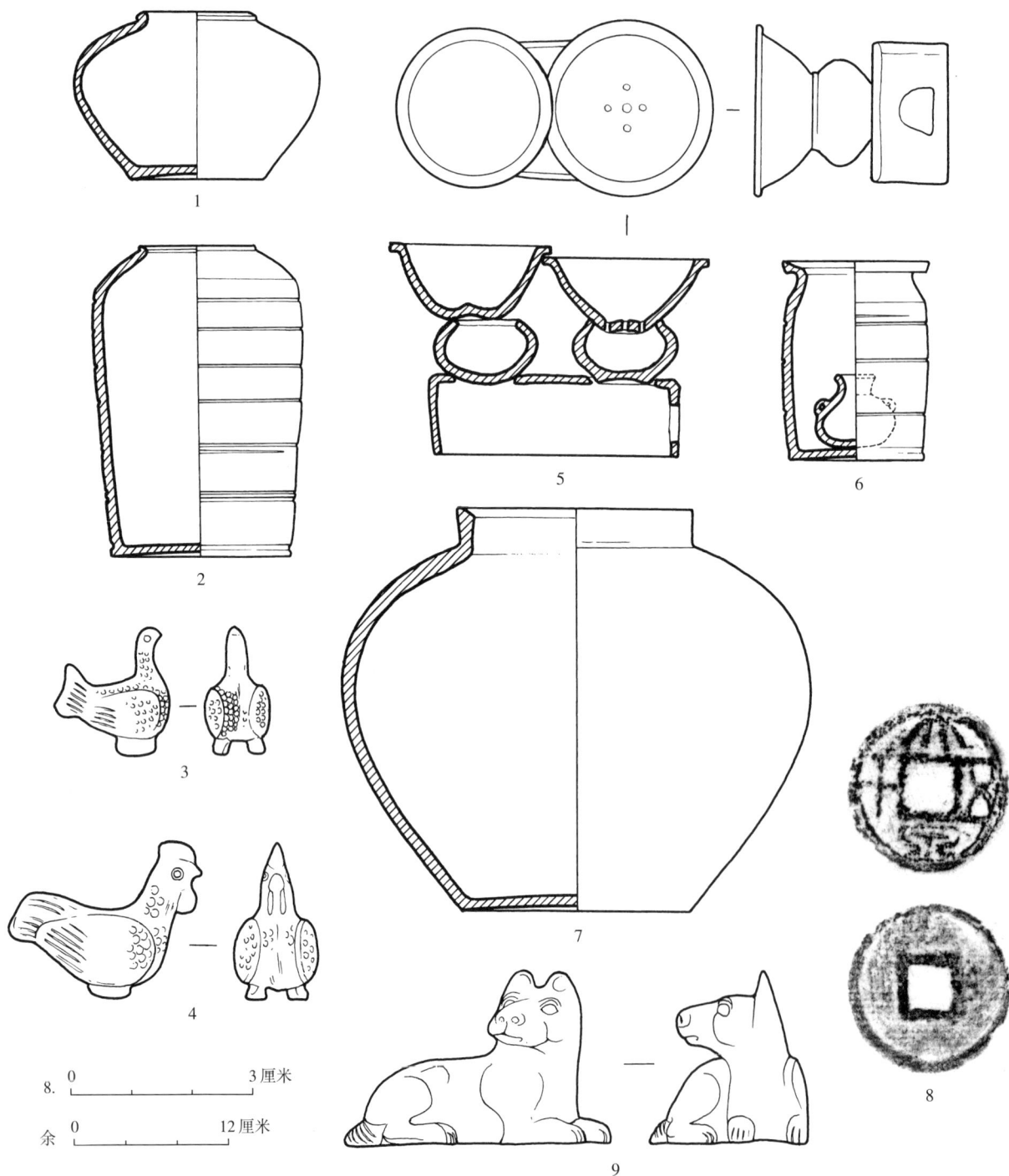

图二六一　汉墓 M69 出土器物

1.陶罐（M69：6）2.陶仓（M69：7）3、4.陶鸡（M69：2、3）5.陶灶（M69：9）6.陶井（M69：8）
7.陶瓮（M69：5）8.铜"大泉五十"拓本（M69：4-1）9.陶狗（M69：1）

六，2后）。

陶灶　1件。M69：9，泥质灰陶。灶体平面呈前方后圆形，直壁，无烟孔，灶面有两个等大火眼，前壁中部开拱形灶门。火眼上置二釜一甑一锅，釜、锅、甑近底部有刀削痕。釜敛口，圆唇，溜肩，扁鼓腹，凸圜底或浅凹底；甑敞口，翻折沿，方唇，弧腹内收，浅凹底，底有五箅孔；锅除无箅孔外同甑。灶体长19.4、前宽10.4、体高5.8、通高14.8厘米（图二六一，5；图版四六，2前右1）。

陶仓　1件。M69：7，泥质灰陶。敛口，翻沿，圆唇，折肩，斜直壁内收，平底微凹。腹间饰七道凹弦纹。口径9、肩径15.2、底径13.6、高23厘米（图二六一，2；图版四六，2中右）。

陶井　1件。M69：8，泥质灰陶。侈口，仰折沿，尖唇，束短颈，斜折肩，微鼓腹，平底微凹。井内置一汲水瓶，泥质灰陶，侈口，翻沿，圆唇，束颈，溜肩，肩有对称双弓耳，扁鼓腹，近平底。体壁间饰三道凹弦纹。口径11.2、底径10.4、体高14.8厘米，汲水瓶口径3.2、底径2.4、高5.4厘米（图二六一，6；图版四六，2中中）。

陶狗　1件。M69：1，泥质青灰陶。卧伏状，昂首右顾，垂尾右卷，竖耳，眦目，腹中空。通长20.8、高12.8厘米（图二六一，9；图版四六，2前左1）。

陶鸡　2件。泥质灰陶。双足站立，昂首前视，尾上翘，腹中空。M69：2，雌鸡。通长9、高9.4厘米（图二六一，3；图版四六，2前左2）。M69：3，雄鸡。高冠，眼圆睁。通长14.8、高11.6厘米（图二六一，4；图版四六，2前右2）。

铜"大泉五十"　5枚。圆形，方穿，双面有外郭，穿双面有周郭。正面穿四周篆书"大泉五十"四字，"大"字呈燕翅形，"泉"之中竖中断。M69：4-1，直径2.5、穿边长0.9厘米（图二六一，8）。

M71

方向296°。刀形竖穴土坑木椁墓。墓口距地表约0.5米。长方形墓圹，口长2.8、宽1.74～1.88米，底长3.06、宽1.7～2米，深3.1米。西设斜坡墓道，平面呈梯形，上口平面长6.54、宽1.3～1.4米，坡底长6.74、宽1.3～1.35米，下端深2.34米，坡度19°。墓道底部有一级台阶，宽、高均为0.15米。坑壁规整光滑。墓室填黄褐夹少量灰白花土，质密，较硬；墓道填灰白夹少量黄褐色花土，土质较软。墓道、墓室填土结合部由上至下有较直的分界线，木质腐痕很薄，推测以薄木板隔开。单椁单棺，仅余腐痕。椁室平面呈"Ⅱ"形，椁痕长2.68、宽1.48、高0.3、板痕厚0.06米。棺位于椁内北部，棺痕长1.98、宽0.46～0.5、高0.16、板痕厚0.05米。椁下东西部各有一垫木沟槽，横断面呈半圆形，槽长1.68、宽0.12、最深0.06米。人骨已朽，棺内西北部残存数枚牙齿，并可见头骨痕，可知头向西北，葬式不明。9件（枚）随葬器物置于椁内棺外南部，器物上有一层灰黑色丝织物朽痕，丝织物朽痕上撒有一层薄朱砂（图二六二）。

陶壶　2件。泥质红陶。盘口，折沿，平唇，束颈，圆肩，肩有对称兽面铺首衔环，微扁鼓腹，凸圜底，盘口状浅宽圈足。上承子口弧壁盖，盖顶有一乳状纽。肩、上腹各饰二道凹弦纹，下腹饰斜绳纹，模糊，盖面以阴线分为四区，每区内满饰摁窝。体表、盖面施浅黄釉，大部分脱落。M71：6，口径16、腹径29.2、圈足径16.8、体高34.4、通高39.2厘米（图二六三，1；彩版七，3左；图版四七，1后左）。M71：7，下腹饰一道凹弦纹。口径16、腹径29.2、圈足径16.8、体高32.6、通高37.6厘米（图二六三，2；彩版七，3右；图版四七，1后中）。

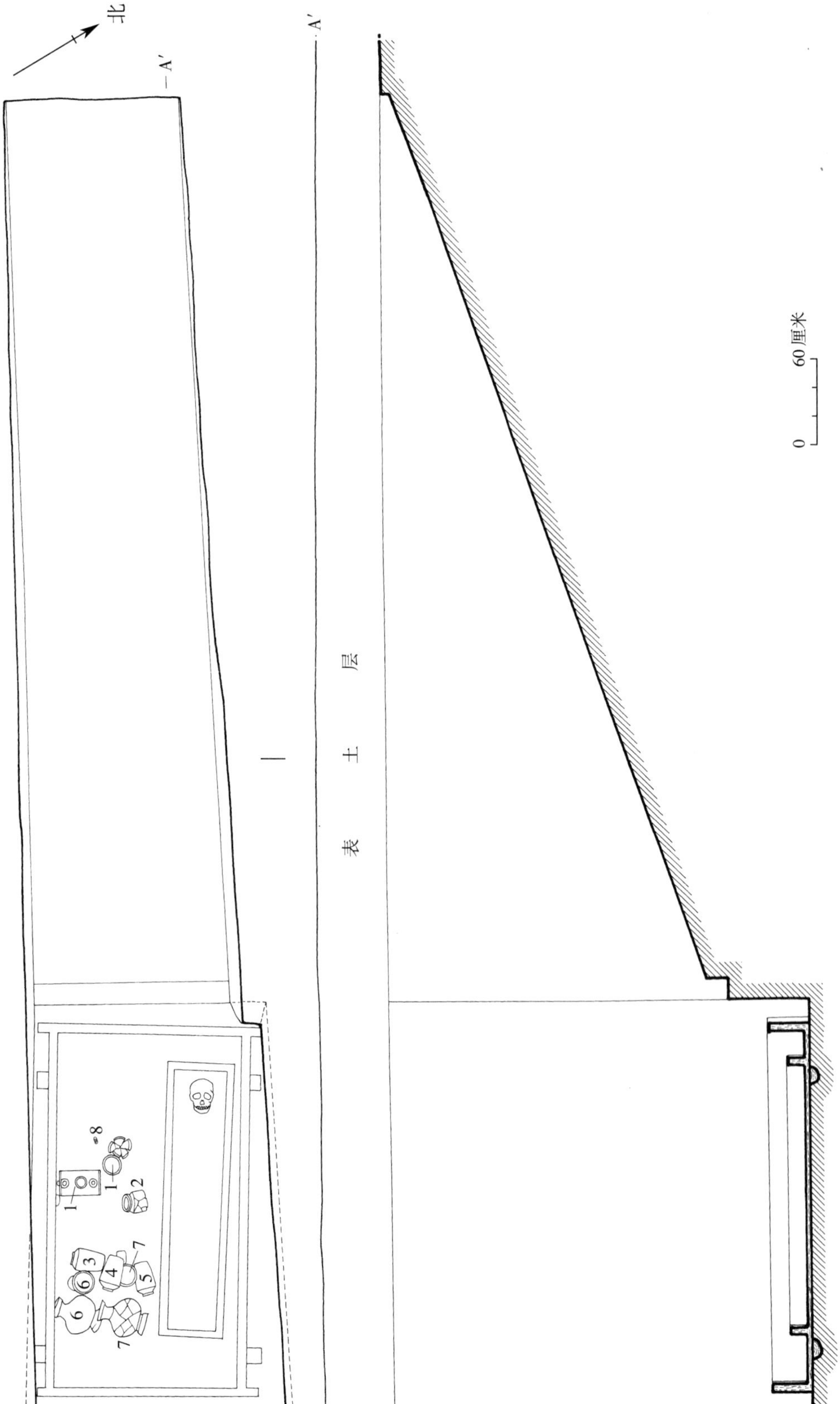

图二六二　汉墓 M71 平、剖面图

1. 陶灶　2. 陶井　3~5. 陶仓　6、7. 陶壶　8. 铜 "五铢"

陶灶 1件。M71：1，泥质灰陶。灶体平面呈梯形，斜直壁，前、后端有挡墙，挡墙外撇，灶面后端挡墙上附一"L"形烟囱，烟孔未穿，灶面有三个火眼，前壁下部开拱形灶门。火眼上置三釜一甑一锅，釜敛口，圆唇，溜肩，扁鼓腹，凸圜底；甑敞口，翻折沿，方唇，弧腹内收，浅

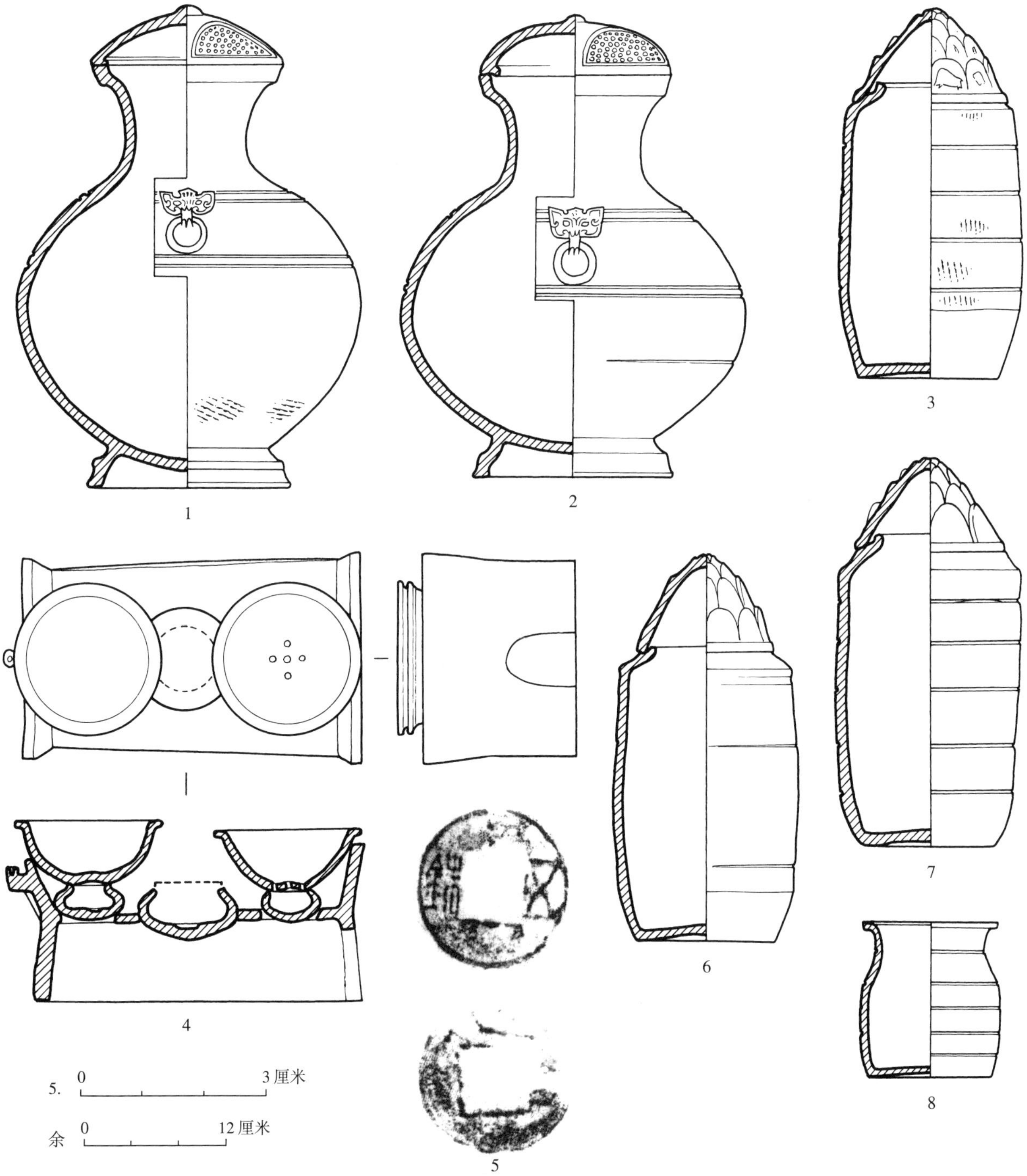

图二六三 汉墓 M71 出土器物

1、2.陶壶（M71：6、7） 3、6、7.陶仓（M71：3、5、4） 4.陶灶（M71：1）

5.铜"五铢"拓本（M71：8-1） 8.陶井（M71：2）

凹底，底有五算孔；锅除无算孔外同锅。素面。灶体长30、前宽16、后宽14.4、体高7.2、通高14.8厘米（图二六三，4；图版四七，1前左1）。

陶仓　3件。泥质灰陶。敛口，圆或方唇，斜折肩，中腹微鼓，平底微凹。上承博山盖。腹间饰三至五道凹弦纹，盖面模印人物、动物、植物纹，模糊不清。M71：3，腹饰模糊竖绳纹。口径9.2、腹径15.4、底径12、体高24、通高30厘米（图二六三，3；图版四七，1后右）。M71：4，口径9.2、腹径15.6、底径11.2、体高25.4、通高31.6厘米（图二六三，7；图版四七，1前右2）。M71：5，口径9.6、腹径16、底径12、体高24、通高31.4厘米（图二六三，6；图版四七，1前右1）。

陶井　1件。M71：2，泥质灰陶。侈口，翻折沿，方唇，束颈，折肩，中腹微鼓，平底微凹。外壁间饰五道凹弦纹。口径11.6、腹径12、底径10.4、高12.6厘米（图二六三，8；图版四七，1前左2）。

铜"五铢"　2枚。圆形，方穿，双面有外郭，穿背面有周郭。正面穿左右篆书"五铢"二字，"五"字交笔微曲，两横出头，"铢"之"金"字头呈三角形，"朱"之上笔方折，下笔圆折。M71：8-1，直径2.4、穿边长1厘米（图二六三，5）。

M73

方向202°。长方形竖穴土坑木椁墓。墓口距地表约0.3～0.6米，上部遭到破坏。墓口长3.14、宽1.96米，底同口大，深0.55米。坑壁规整光滑。填软质灰褐夹灰白色花土。单椁单棺，仅余腐痕。椁室平面呈"Ⅱ"形，椁痕长2.66、宽1.51、高0.55、板痕厚0.06米。棺位于椁内东北部，棺痕长2、宽0.5、高0.19、板痕厚0.04米。人骨朽尽，葬式不明。12件（枚）随葬器物除铜"五铢"在棺内、1件陶灶之釜在椁内棺外西北外，余置于椁内棺外西南部。据随葬器物位置推测墓葬头向南（图二六四）。

陶鼎　1件。M73：2，泥质灰陶。子母口，方唇，微折肩，扁鼓腹，长方形附耳直立，耳孔对穿，凸圜底，三小锥状足。上承浅弧盘状盖，盖顶微凹。口径11.2、腹径21.2、体高14.8、通高18厘米（图二六五，1；图版四七，2后左）。

陶壶　1件。M73：6，泥质灰陶。盘口，翻沿，圆唇，束颈，溜肩，肩有对称兽面铺首，鼓腹，凸圜底，盘口状浅圈足外撇。上承浅弧盘状盖，腹残，盖顶下凹。肩、腹各饰二道凹弦纹。口径13.6、腹径24、圈足径16.4、体高33厘米（图二六五，4；图版四七，2后中）。

陶灶　1件。M73：1，泥质灰陶。灶体平面呈长方形，斜直壁，灶面前后端有挡墙，灶面后端挡墙上有一烟孔，灶面有前小后大两个火眼，前壁中部开拱形灶门。火眼上置二釜一甑，均残，弧腹。灶体长24.4、宽16、体高9.4厘米（图二六五，5；图版四七，2前左2）。

陶仓　3件。泥质灰陶。敛口，方唇，斜折肩，中腹微鼓，平底微凹。上承博山盖。腹间饰五道凹弦纹，盖面模印人物、动物、植物纹。M73：3，口径9.2、腹径14.6、底径12、体高21.4、通高28.2厘米（图二六五，7；图版四七，2前右2）。M73：4，口径10、腹径15.4、底径12.4、体高22、通高28.8厘米（图二六五，2；图版四七，2前右1）。M73：8，近底部有刀削痕。口径9.2、腹径15.6、底径12、体高21.4、通高28.2厘米（图二六五，3；图版四七，2后右）。

陶井　1件。M73：5，泥质灰陶。侈口，翻折沿，方唇，束颈，折肩，微弧腹下收，平底微凹。井内置一汲水瓶，泥质灰陶，侈口，翻沿，圆唇，束颈，溜肩，扁鼓腹，圜底。体肩、中腹

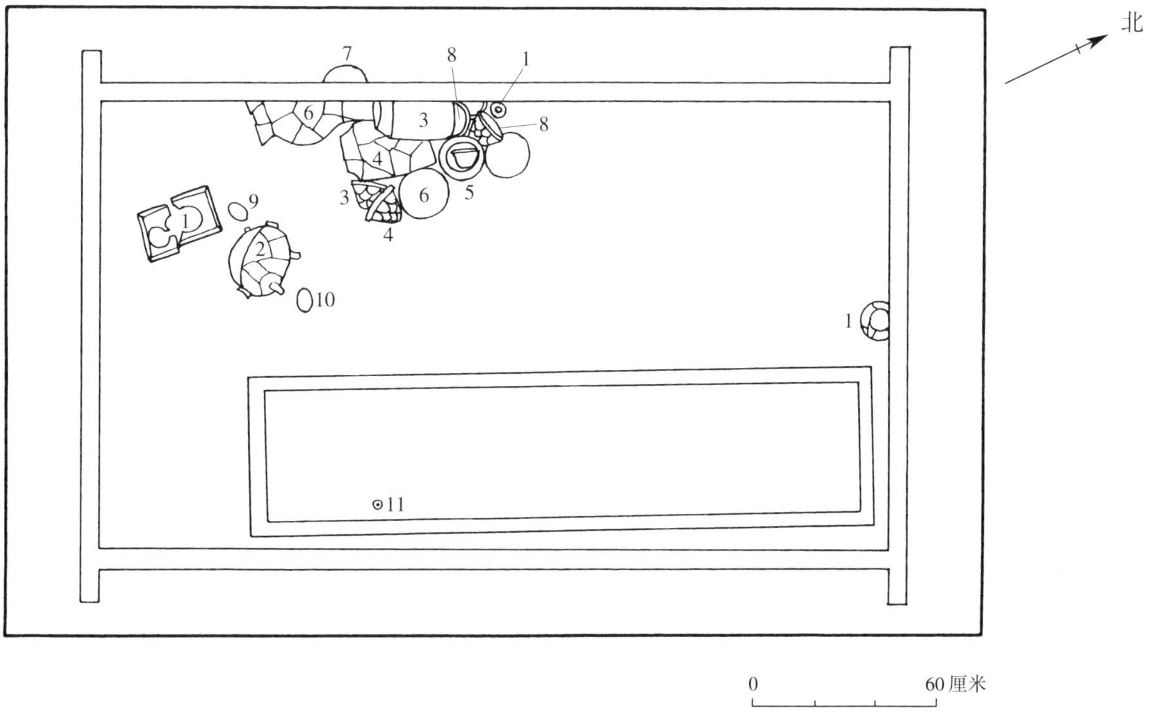

图二六四　汉墓 M73 平面图

1. 陶灶　2. 陶鼎　3、4、8. 陶仓　5. 陶井　6. 陶壶　7. 铜锅　9、10. 漆耳杯　11. 铜 "五铢"

各饰一道凹弦纹。口径 12.4、腹径 2.8、底径 11.2、体高 12.6 厘米，汲水瓶口径 4.4、腹径 5.6、高 4 厘米（图二六五，9；图版四七，2 前左 1）。

铜锅　1 件。M73：7，灰绿色。直口，翻折沿上昂，尖唇，弧腹，下部残。素面。口径 20、残高 3.2 厘米（图二六五，8）。

铜 "五铢"　2 枚。圆形，方穿，双面有外郭，穿背面有周郭。正面穿左右篆书 "五铢" 二字，字体细长，"五" 字交笔微曲近直，"朱" 之上笔方折，下笔圆折。M73：11-1，直径 2.4、穿边长 1.1 厘米（图二六五，6）。

漆耳杯　2 件。M73：9、10，仅存漆皮。

M74

方向 200°。长方形竖穴土坑木椁墓。墓口距地表约 0.52～0.6 米，长 3.1、宽 1.8 米，底同口大，深 0.94 米。坑壁规整光滑。填软质灰褐夹灰白色花土。单椁单棺，仅余腐痕。椁室平面呈 "Ⅱ" 形，椁痕长 2.6、宽 1.3、高 0.9、板痕厚 0.06 米。棺位于椁内西部，棺痕长 2.16、宽 0.58、高 0.16、板痕厚 0.05 米。人骨保存较差，残存部分头骨、牙齿和肢骨，头向南，面朝上，仰身直肢葬式。9 件（枚）随葬器物除铜 "五铢"、铁削刀在棺内外，余置于棺下和椁内棺外东部（图二六六）。

陶鼎　1 件。M74：1，泥质灰陶。直口，折沿，平唇，壁自口部弧收，长方形附耳外撇，耳孔对穿，凸圜底，三兽蹄足直立，下端微外撇。上承浅折盘状盖。上腹饰二道凹弦纹。口径 20、体高 14.2、通高 18 厘米（图二六七，1；图版四九，1 前左）。

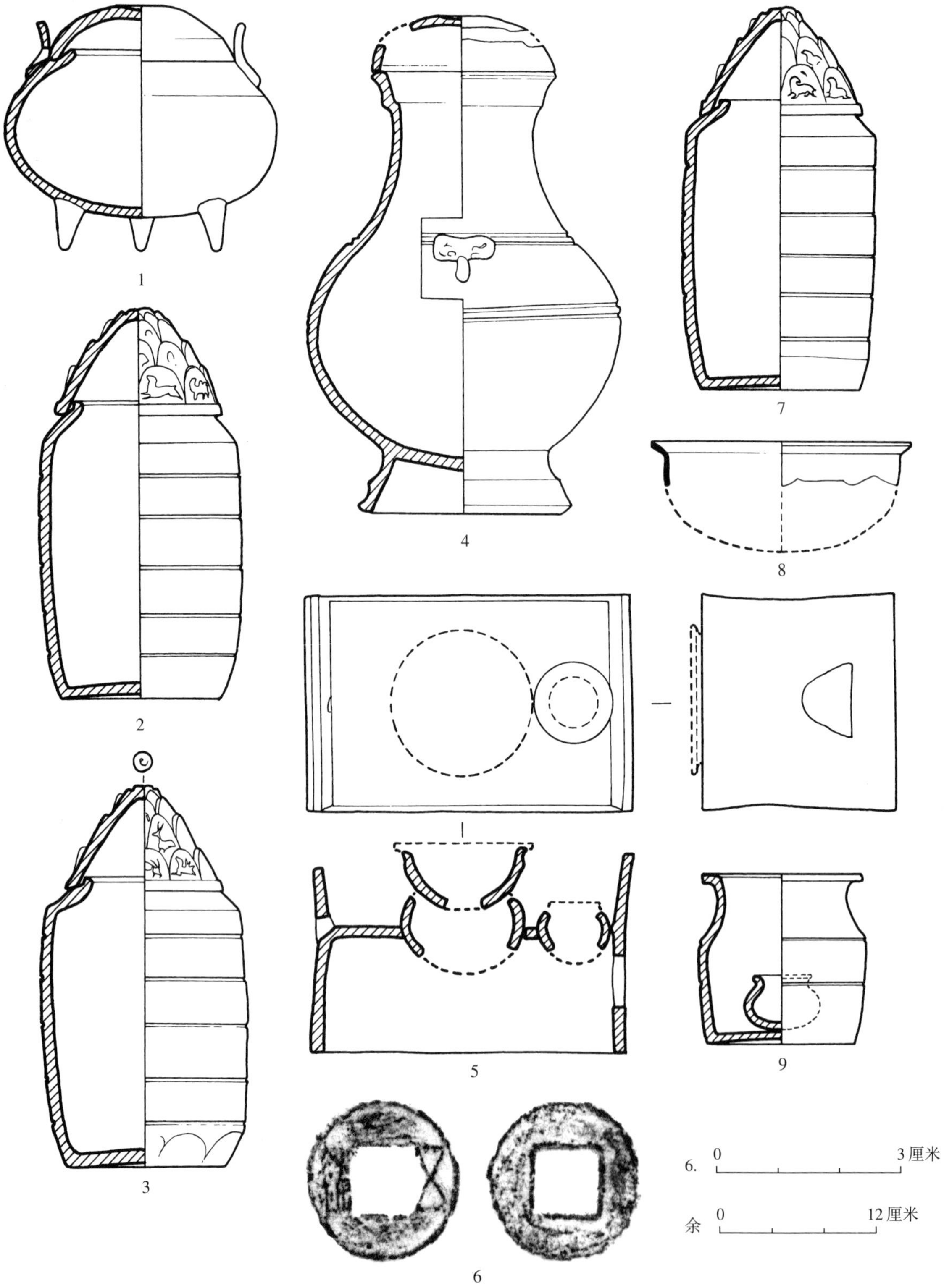

图二六五　汉墓 M73 出土器物

1.陶鼎（M73：2）　2、3、7.陶仓（M73：4、8、3）　4.陶壶（M73：6）　5.陶灶（M73：1）

6.铜"五铢"拓本（M73：11-1）　8.铜铜（M73：7）　9.陶井（M73：5）

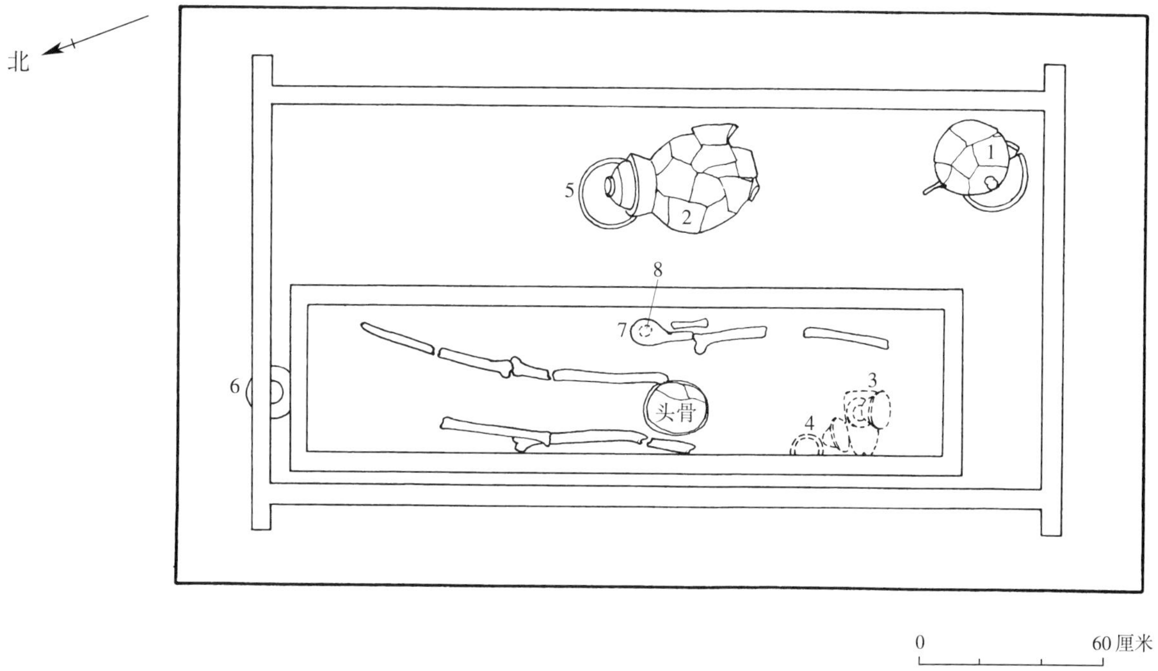

图二六六 汉墓 M74 平面图
1. 陶鼎 2. 硬陶罐 3. 陶灶 4. 陶井 5. 铜铞 6. 陶仓 7. 铁削刀 8. 铜"五铢"

陶灶 1件。M74：3，泥质灰陶。灶体平面呈前方后圆形，直壁，灶面后端斜立一烟囱，烟孔较细，灶面有一个火眼，前壁中部开拱形灶门。火眼上置一釜一甑一锅，釜近直口，圆唇，溜肩，扁鼓腹，凸圜底；甑敞口，翻折沿，方唇，弧腹内收，凸圜底，近底部有刀削痕，底有五箅孔；锅除凹底、无箅孔外同甑。灶体长26、前宽12、体高8.6、通高17.8厘米（图二六七，3；图版四九，1前中）。

陶仓 1件。M74：6，泥质灰陶。敛口，圆唇，斜折肩，腹壁直，平底微凹。中、下腹间饰四道凹弦纹。口径9.6、底径14.8、高32.4厘米（图二六七，7；图版四九，1后右）。

陶井 1件。M74：4，泥质灰陶。微敛口，仰折沿，圆唇，中腹微鼓，平底微凹。素面。口径10.6、腹径10.4、底径8、高9厘米（图二六七，6；图版四九，1前右）。

硬陶罐 1件。M74：2，浅灰胎。双口，内口敛，外口侈，口内侧有多道较深旋痕，圆唇，溜肩，上腹鼓，下腹弧收，凹底。上承覆钵状盖，盖壁有折棱。肩饰六道凹弦纹，肩、腹拍印小方格纹。内口径10.8、外口径18、腹径30、底径16.4、体高33、通高38厘米（图二六七，4；图版四九，1后左）。

铜铞 1件。M74：5，灰绿色。敞口，斜折沿，尖唇，弧腹，底残。素面。口径18、残高4厘米（图二六七，2）。

铜"五铢" 2枚。圆形，方穿，双面有外郭，穿背面有周郭。正面穿左右篆书"五铢"二字，"五"字交笔弯曲较甚，"铢"之"金"字头呈三角形，"朱"之上笔方折，下笔圆折。M74：8-1，直径2.4、穿边长1厘米（图二六七，8）。

铁削刀 1件。M74：7，严重锈蚀，仅存一段器身，厚背薄刃。残长6.4厘米（图二六七，5）。

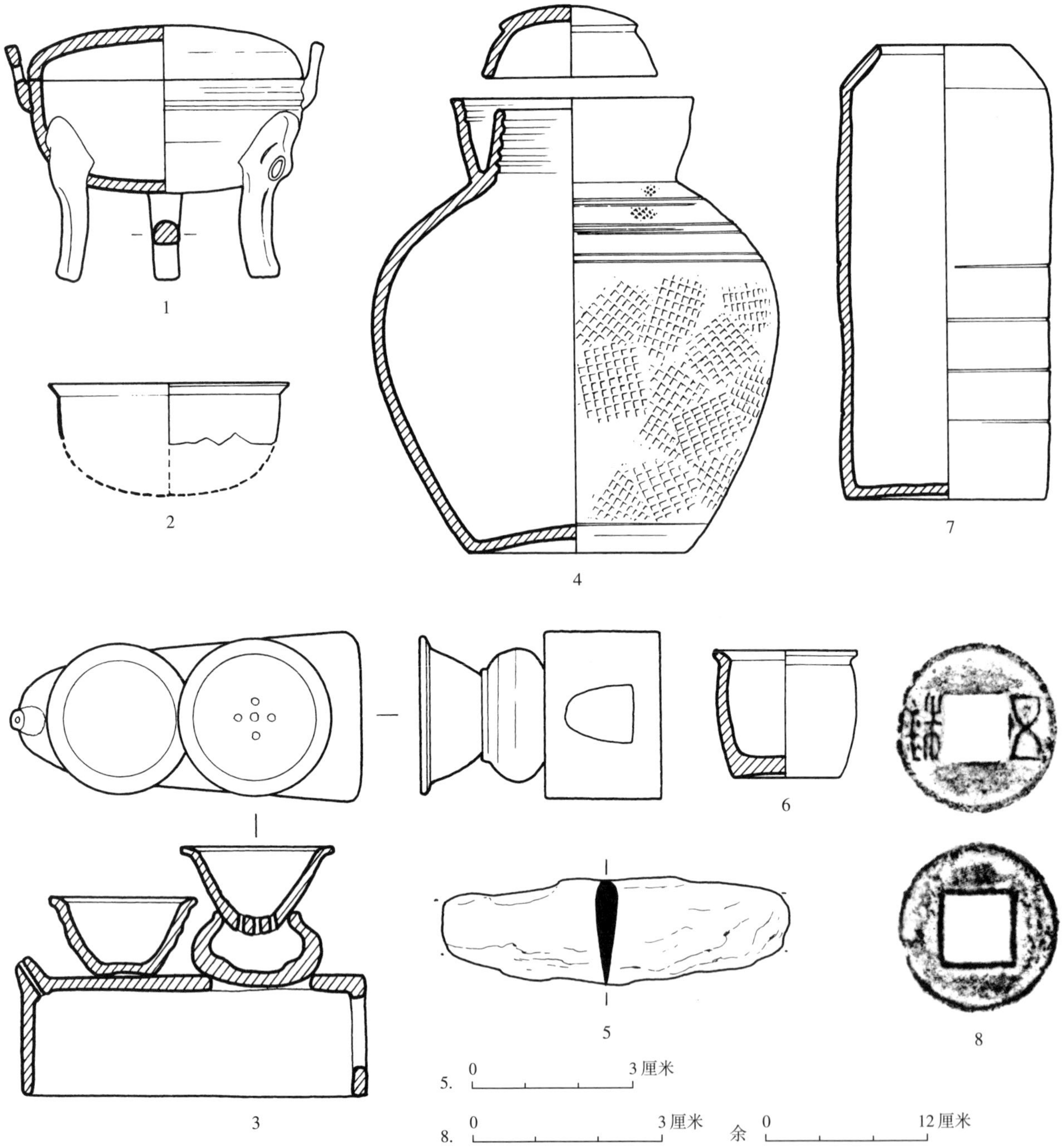

图二六七　汉墓 M74 出土器物

1. 陶鼎（M74：1）　2. 铜锅（M74：5）　3. 陶灶（M74：3）　4. 硬陶罐（M74：2）　5. 铁削刀（M74：7）
6. 陶井（M74：4）　7. 陶仓（M74：6）　8. 铜"五铢"拓本（M74：8-1）

（三）第三组

共 3 座，分别为 M77、M80、M81。

M77

方向 15°。"凸"字形竖穴土坑单室砖墓。墓口距地表 0.3 ~ 0.4 米。打破 M78。长方形墓圹，口长 3.68、宽 1.4 米，底同口大，深 1.5~1.67 米。南设斜坡墓道，平面呈长方形，上口平面长 4.95、宽 1.23~1.32 米，底坡长 5.16、下端深 1.6 米，后部长 0.7 米区段底平，并低于墓圹底 0.1 米，前大部坡微斜，坡度 19°。填土为硬质灰黄夹灰白色花土。砖室长 3.44、宽 1.18、高 1.35 米，先铺地后起壁，除前部一排地砖横行平铺一层外，余纵向微错缝平铺一层，共 10 排，东、西、北壁以条砖顺向错缝叠砌，东、西壁砌 17 层至 0.9 米高处以楔形砖起券。封门墙在墓道北端，顶与券顶平齐，自下而上横、纵向条砖叠砌 7 层，接丁砖 1 层，其上东大部条砖叠砌 3 层、下西小部丁砖 1 层对接，再上丁砖 3 层，顶部靠内半以条砖横向叠砌 7 层外横向侧贴 1 层条砖。墓室北部以条砖贴壁围成一"回"形框。壁砖规格为 32×15.5×5 厘米，单平面多饰绳纹，少量素面；铺地砖规格为 30×15×4 厘米，单平面饰绳纹；顶砖规格为 32×15.5×（3.5~4）厘米，素面。墓室内未发现葬具痕迹。人骨朽尽，葬式不明。11 件随葬器物置于墓室北部"回"形框内。据随葬器物位置推测头向北（图二六八；图版四八，1）。

陶鼎 1 件。M77:1，泥质灰陶。子母口，圆唇，折肩，中腹微鼓，长方形附耳外撇，耳孔未穿，凸圜底，三熊形直立足，下端微外撇。上承博山盖，盖顶一乳状纽。中腹饰二道凹弦纹，耳外壁满饰菱形纹，盖口外壁饰一周横向菱形纹，其上部饰竖向连续菱形纹。口径 17.6、腹径 21.2、体高 15.8、通高 25 厘米（图二六九，1；图版四八，2 中左 1）。

陶壶 1 件。M77:3，泥质灰陶。浅盘口，折沿，平唇，束颈，圆肩，肩有对称兽面铺首衔环，扁鼓腹，凸圜底，盘口状浅宽圈足。上承子口弧壁盖，盖顶有一乳状纽。肩、腹各饰二、三道凹弦纹，盖面饰菱形纹间波浪纹。口径 16、腹径 27.6、圈足径 16、体高 34.6、通高 39.6 厘米（图二六九，5；图版四八，2 后左）。

陶瓮 1 件。M77:6，泥质灰陶。微侈口，折沿，方唇，矮领，圆肩，上腹鼓，以下斜收，平底微凹。下腹饰二道宽凹弦纹。口径 10、腹径 19.6、底径 10.4、高 13.2 厘米（图二六九，2；图版四八，2 前左 1）。

陶灶 1 件。M77:9，泥质灰陶。灶体平面呈前方后圆形，直壁，灶面后端有圆形烟孔，灶面有两等大火眼，前壁中部开拱形灶门。火眼上置二釜一甑一锅，釜敛口，圆唇，扁鼓腹，尖底或小平底；甑敞口，折沿，方唇，弧腹内收，平底，底有四箅孔；锅除浅凹底及底无箅孔外同甑。灶体长 19.4、前宽 11、体高 6.6、通高 12.8 厘米（图二六九，3；图版四八，2 中左 2）。

陶仓 2 件。泥质灰陶。圆唇，短直领，折肩，腹自肩部斜直下收，平底微凹。腹间饰四或三道凹弦纹。M77:2，近直口。内壁有瓦棱状旋痕。口径 8.8、肩径 16、底径 14.4、高 25 厘米（图二六九，9；图版四八，2 后右）。M77:5，敛口。上承博山盖。颈饰一道宽凹弦纹。盖面模印纹饰模糊，可见动物纹。口径 9、肩径 14.8、底径 12、体高 20.8、通高 27 厘米（图二六九，10；图版四八，2 中右 1）。

陶井 1 件。M77:4，泥质灰陶。微侈口，平折沿，平唇，束颈，斜折肩，斜直壁略收，平底微凹。外壁间饰三道凹弦纹。口径 13.6、底径 12.4、高 14 厘米（图二六九，6；图版四八，2 中右 2）。

陶磨 1 件。M77:7，上扇泥质红陶，下部泥质灰陶。上扇顶部凿两个对接半圆形槽，肩部布满摁窝；下扇扇面隆起，高出磨盆，腹壁与盆底相连，腹中空。盆敞口，方唇，斜直壁，平底，下附三直立扁足。素面。扇径 8.2、盆口径 17.2、底径 11.6、通高 10.8 厘米（图二六九，11；图

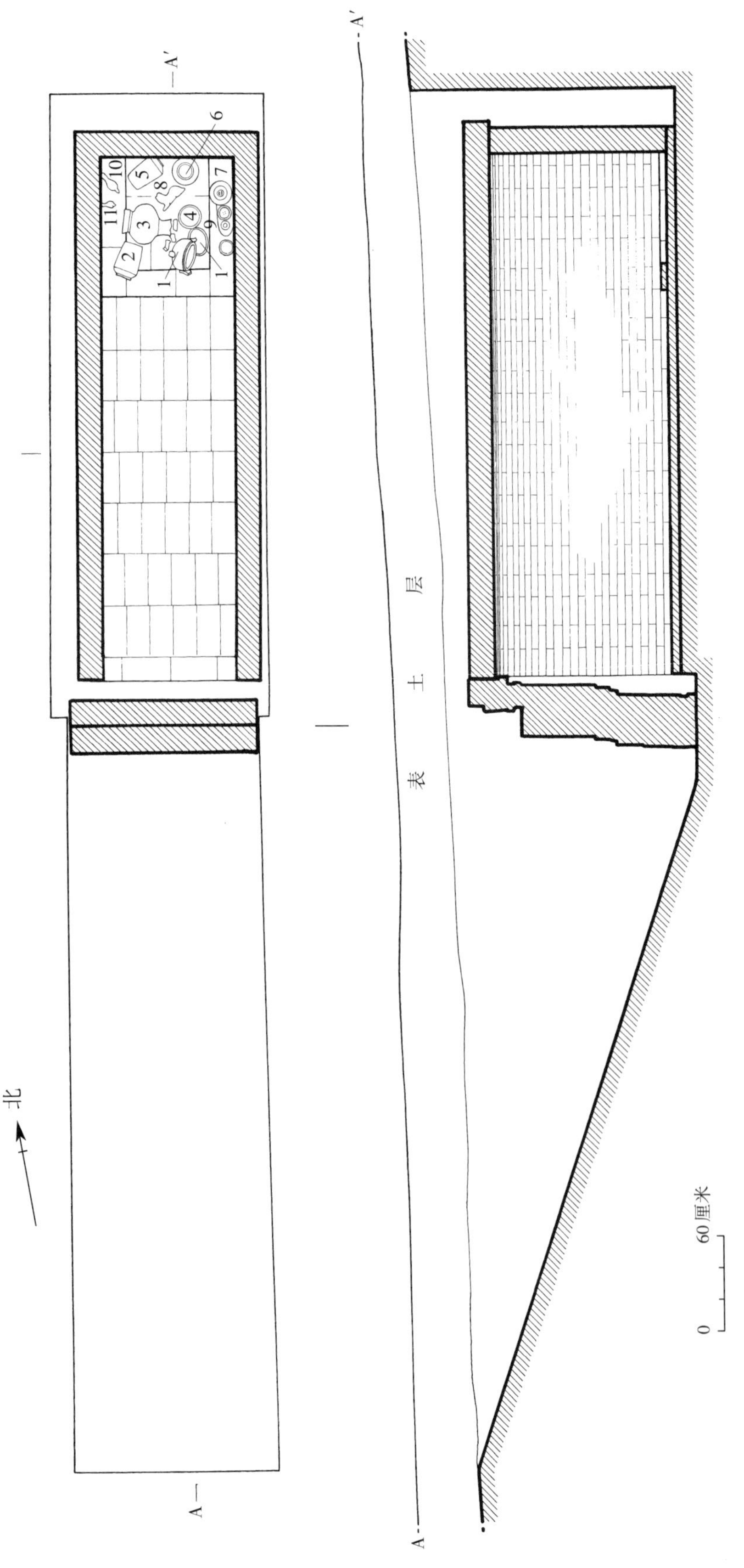

图二六八　汉墓 M77 平、剖面图

1. 陶鼎　2、5. 陶仓　3. 陶壶　4. 陶井　6. 陶瓮　7. 陶磨　8. 陶狗　9. 陶灶　10、11. 陶鸡

图二六九 汉墓 M77 出土陶器
1.鼎（M77：1） 2.瓮（M77：6） 3.灶（M77：9） 4、8.鸡（M77：11、10） 5.壶（M77：3）
6.井（M77：4） 7.狗（M77：8） 9、10.仓（M77：2、5） 11.磨（M77：7）

版四八，2前右1）。

陶狗　1件。M77：8，泥质灰陶。卧伏状，昂首右顾，垂尾右卷，竖耳，眦目露齿，作欲吠状，腹中空。素面。通长22、高12厘米（图二六九，7；图版四八，2前左2）。

陶鸡　2件。泥质灰陶。双足站立，昂首前视，尾上翘，腹中空。满身饰羽纹。M77：10，雌鸡。通长10.8、高8.6厘米（图二六九，8；图版四八，2前左3）。M77：11，雄鸡。高冠，眼圆睁，作猎食状。通长16.2、高11厘米（图二六九，4；图版四八，24前右2）。

M80

方向30°。长方形竖穴土坑木椁墓。墓口距地表约0.65～0.75米，长2.26～2.32、宽1.3～1.42米，底长2.38～2.44、宽1.46～1.51米，深2.25米。坑壁粗糙。填软质灰白夹灰褐色花土。单椁单棺，仅余腐痕。椁室平面呈"Ⅱ"形，椁痕长2.18、宽1.4、高0.36、板痕厚0.06米。棺位于椁内西部，棺痕长2、宽0.54、高0.05、板痕厚0.04米。人骨朽尽，棺内北部残存数枚牙齿，可知头向东北，葬式不明。3件随葬器物置于椁内棺外东部（图二七〇）。

陶鼎　1件。M80：1，泥质灰陶。子母口，圆唇，折肩，上腹微鼓，下腹缓收，长方形附耳微外撇，耳上端向外翻折，平底微凹，三蹄足下部外撇，足根部有摁窝，横断面呈半圆形。上承浅弧盘状盖，顶下凹，顶心有一纽衔环。口径20、腹径24、体高20.2、通高25.6厘米（图二七一，1；图版四九，2前左）。

陶盒　1件。M80：2，泥质灰陶。子母口，方唇，折肩，弧腹下收，凸圜底，浅宽圈足。上承覆碗状盖，浅宽圈足状捉手。口径16、腹径20、圈足径12.2、体高11、通高18.4厘米（图二七一，2；图版四九，2前右）。

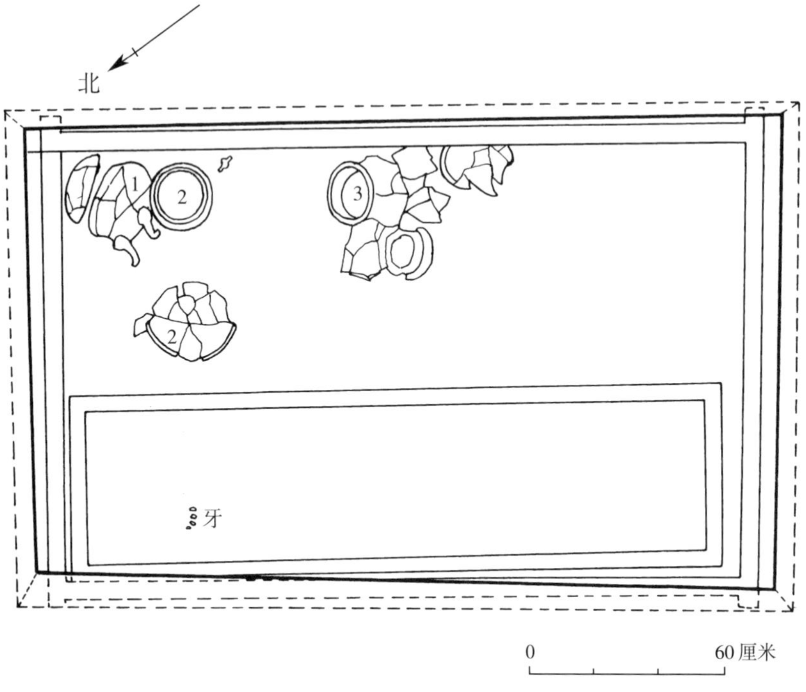

图二七〇　汉墓M80平面图

1.陶鼎　2.陶盒　3.陶壶

陶壶　1件。M80：3，泥质灰陶。盘口，折沿，平唇，束颈，圆肩，颈肩相交处有折棱，圆鼓腹，圜底近平，盘口状深圈足。上承子口弧盘状盖，盖周三孔内插三立鸟纽。盘口外侧、圈足上部各饰一道凹弦纹。口径16.8、腹径26、圈足径17.6、体高36、通高44.2厘米（图二七一，3；图版四九，2后）。

M81

方向35°。长方形竖穴土坑墓。墓口距地表约0.5米，长1.92～1.98、宽1.12～1.18米，底长1.72、宽0.52米，深1.04米。坑壁粗糙。墓下部四壁设生土二层台，上距墓口

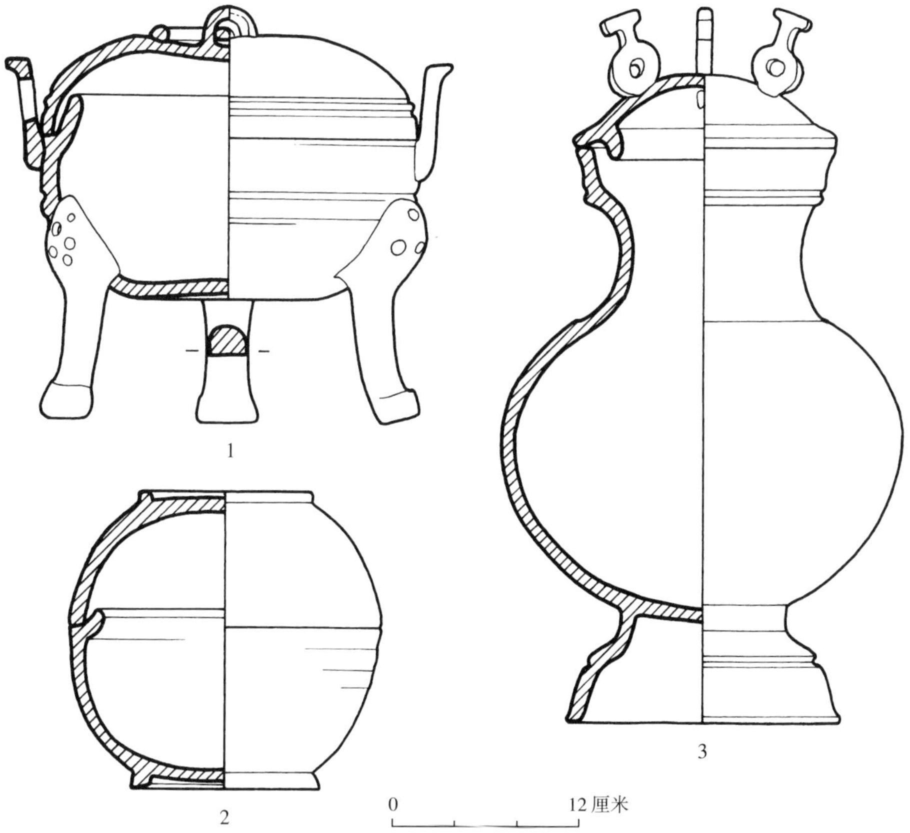

图二七一 汉墓 M80 出土陶器
1.鼎（M80：1） 2.盒（M80：2） 3.壶（M80：3）

0.82 米，东、西、南、北最宽分别为 0.29、0.18、0.07、0.08 米。填软质灰白夹灰褐色花土。单棺，仅余腐痕。棺位于墓底中部，棺痕长 1.7、宽 0.5、高 0.22 米。人骨朽尽，棺内北部存数枚牙齿，可知头向东北，葬式不明。无随葬器物（图二七二）。

（四）第四组

共 61 座，分别为 M84～M96、M98～M101、M103～M112、M115、M116、M119～M128、M131～M134、M136、M137、M139～M141、M143、M144、M170～M180。

M84

方向 23°或 203°。长方形竖穴土坑砖土合构墓。墓口距地表 0.5 米。墓葬遭到严重破坏。墓口长 3.1、宽 2.2 米，底同口大，深 0.32～0.44 米。坑壁粗糙。填软质黄褐色花土。墓底条砖横、纵向交错平铺一层，大部分被扰乱。条砖规格为 30×15×4 厘米，单平面饰绳纹。葬具因破坏而不明，人骨未见。东南角中出土 1 枚铜"五铢"（图二七三）。

铜"五铢" 1 枚。M84：1，圆形，方穿，双面有外郭，穿背面有周郭。正面穿左右篆书"五铢"二字，字体细长，"五"字交笔微弯曲，"铢"之"金"字头呈三角形，"朱"之上下笔方折。直径 2.4、穿边长 1 厘米（图二七四）。

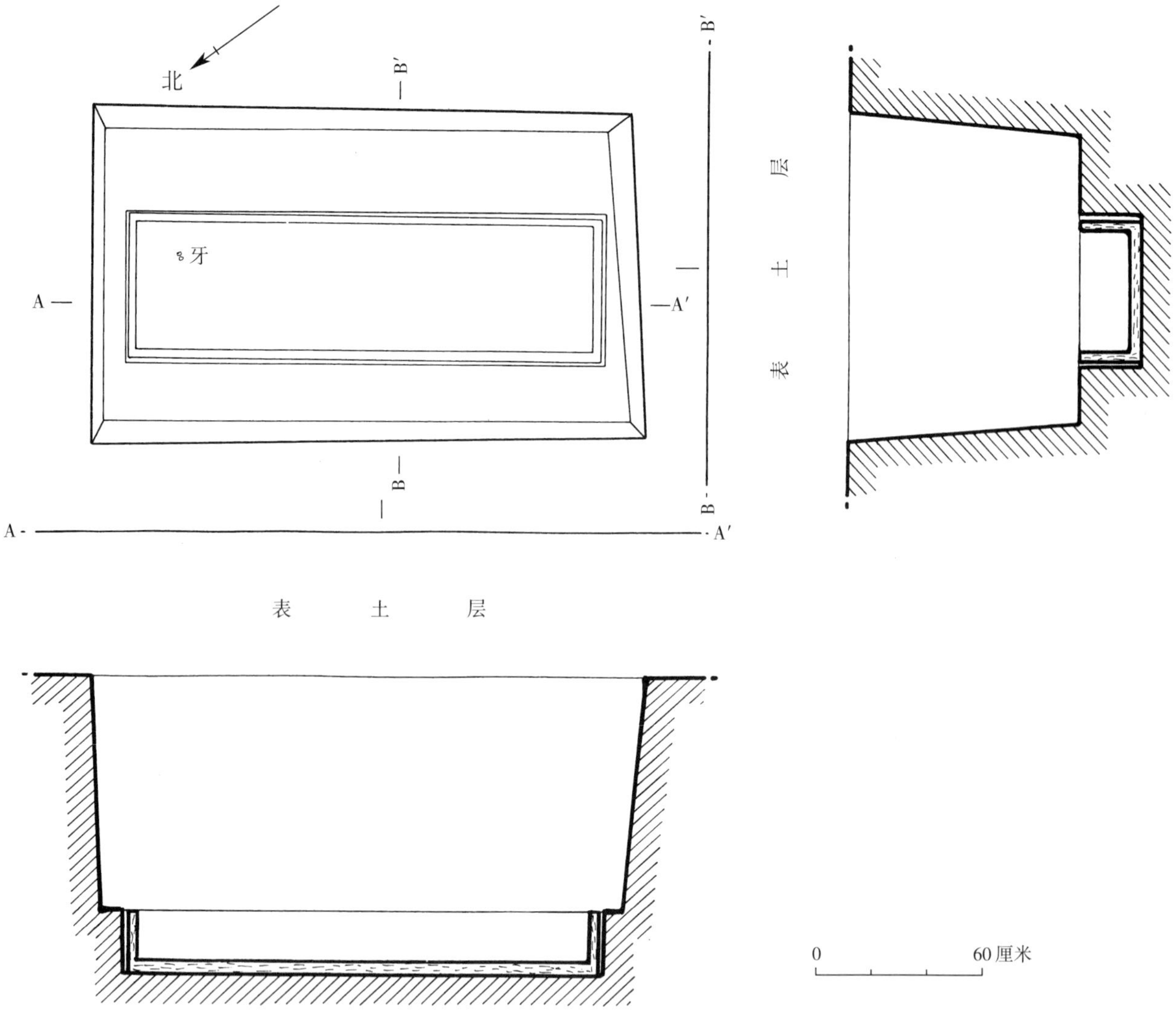

图二七二　汉墓M81平、剖面图

M85

　　方向204°。刀形竖穴土坑木椁墓。墓口距地表约0.25米。墓圹平面长方形，口长3.08～3.14、宽2.04米，底长3.12、宽2.02米，深2.1米。南设两条窄长的斜坡墓道，东长西短，整体呈刀形，西墓道打破东墓道。西墓道基本呈长方形，前段西摆，壁略斜收，上口平面长3.16、前宽1.28、后宽1.3米，底坡长3.37、下端宽1.25、深1.28米，坡度25°；东墓道略呈梯形，直壁，上口平面长4.66、前宽1.27、后部残宽0.72、复原宽1.1米，底坡长4.8、下端深1.28米，前部稍陡，坡度20°，后部近平。坑壁规整光滑。墓室西宽约1.2、东宽约0.84米范围内分别填硬质黄褐、软质黄灰色为主的花土，墓道填土与相连的墓室相同。墓室及墓道口上封土情况不明。单椁并棺，仅余腐痕。椁室平面呈"Ⅱ"形，椁痕长2.74、宽1.86、高1、板痕厚0.06米。双棺分别位于椁内东、西近椁板处，西棺痕长2.26、宽0.62、高0.3、板痕厚0.04米，其底板距椁底板高0.22米；东棺痕长2.18、宽0.67、高0.45、板痕厚0.04米，底板直接落在椁底板上。西棺底悬空，推测棺

图二七三　汉墓 M84 平、剖面图
1. 铜"五铢"

底应有支垫物，其支垫痕不清。人骨朽尽，葬式不明。44
件（枚）随葬器物除少量小件器物在东棺内中、南部外，余
在椁内西棺外南侧、双棺间或西棺下。由墓道的打破关系
及墓室内填土的分布状况分析，该墓为一次起筑墓圹、椁
室，同时下挖东墓道，东棺先行下葬，西棺后葬，葬入西
棺时再挖西墓道，即该墓为先后下葬的同穴同椁合葬墓，
不过随葬器物尚无法完全分辨归属。据西棺内南部石塞的
位置推测头向西南（图二七五～二七七；图版五〇，1）。

陶鼎　2件。泥质灰陶。子母口，圆唇，折肩，弧腹，
近平底，长方形附耳外撇，耳孔对穿，三矮足。上承浅弧
盘状盖，盖顶有一乳状纽。M85：3，浅垂鼓腹，柱状足。中

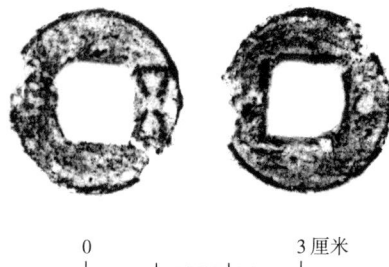

图二七四　汉墓 M84
出土铜"五铢"拓本（M84：1）

图二七五　汉墓 M85 双墓道打破关系平面图

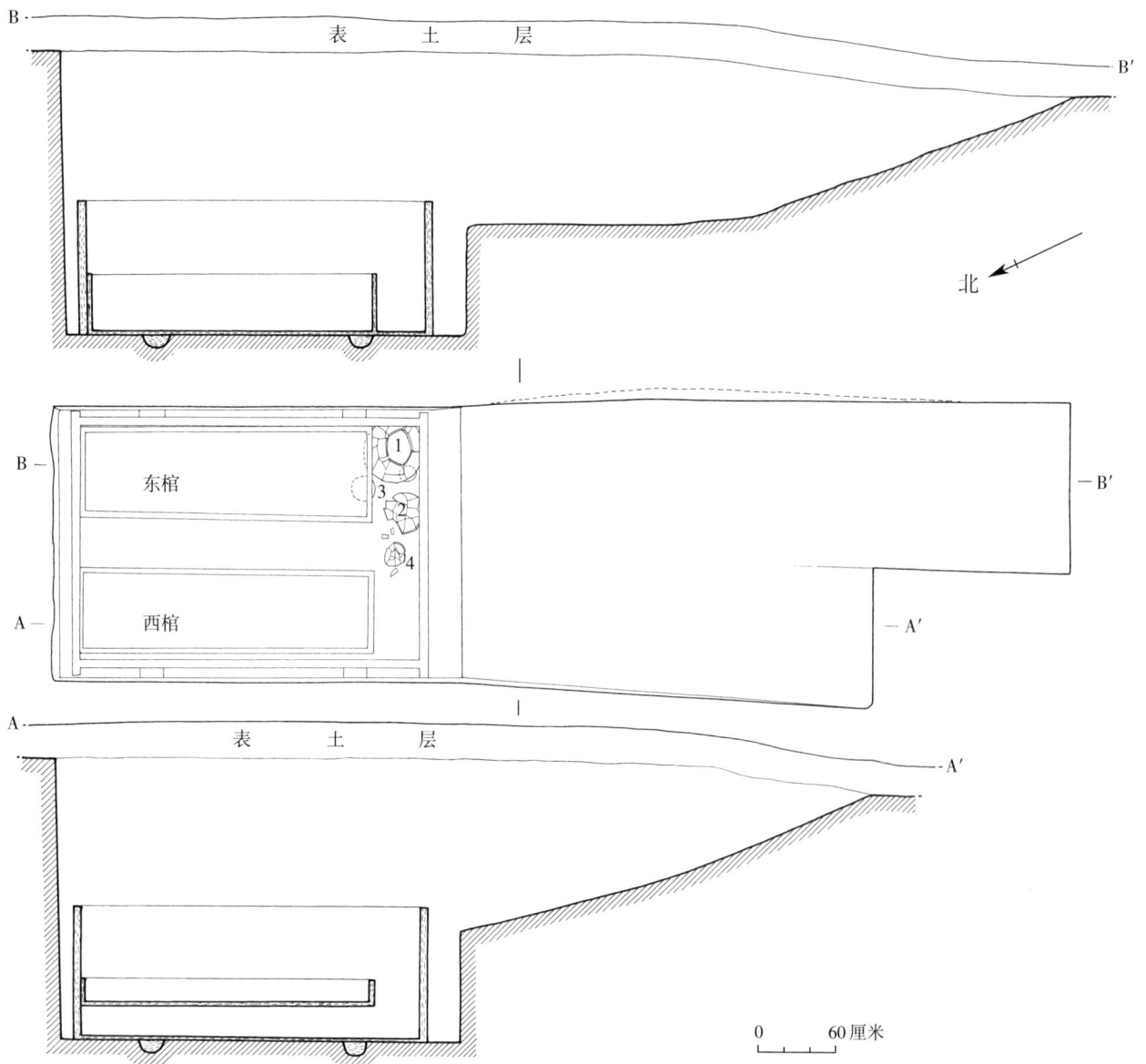

图二七六　汉墓 M85 平、剖面图
1. 陶瓮　2. 陶壶　3. 陶鼎　4. 陶井

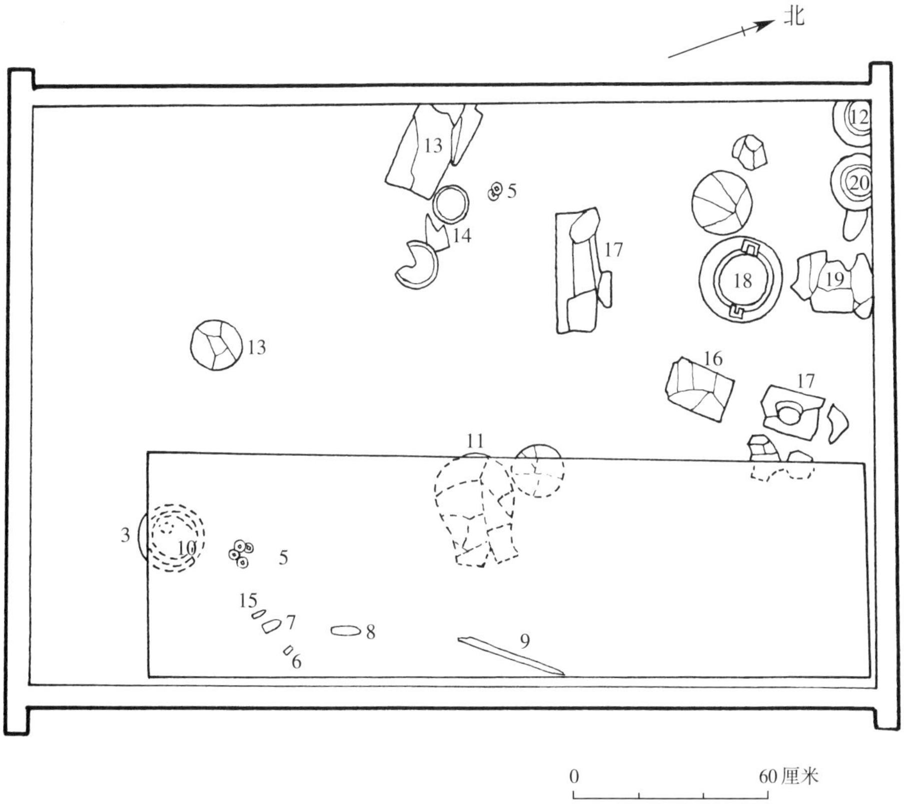

图二七七 汉墓 M85 棺椁及器物分布平面图
3、18. 陶鼎 5. 铜"五铢" 6、15. 石塞 7. 石蝉 8. 铜带钩 9. 铁削刀
10. 铁权 11～13、19、20. 陶仓 14、17. 陶灶 16. 陶井

腹饰一道凹弦纹。口径 15.2、腹径 20.2、体高 10.6、通高 15 厘米（图二七八，1；图版五〇，2 前左 1）。M85：18，深弧腹，蹄足微外撇。盖顶纽残。素面。口径 14.4、腹径 20、体高 13、残高 17 厘米（图二七八，4；图版五〇，2 中左）。

陶壶 1件。M85：2，泥质灰陶。盘口，折沿，方唇，束颈，溜肩，圆鼓腹，凸圜底，盘口状较深圈足。肩、中腹各饰二道凹弦纹，下腹饰横、斜绳纹。口径 17、腹径 25.2、圈足径 15.6、高 31.4 厘米（图二七八，2；图版五〇，2 后左 1）。

陶瓮 1件。M85：1，泥质灰陶。侈口，折沿，方唇，短领，广肩，上腹鼓，中腹残，下腹弧收，平底微凹。肩至中腹饰竖绳纹。口径 22、腹径 43.2、底径 24 厘米（图二七八，3）。

陶灶 2件。泥质灰陶。灶平面呈前方后圆形，前壁中部开门。火眼上之釜敛口，圆唇，溜肩，扁鼓腹，凸圜底近平；甑敞口，翻折沿，方唇，弧腹内收，平底微凹，底有五箅孔；锅除底平及无箅孔外同甑。素面。M85：14，后端有一烟孔，灶面有两火眼，灶门长方形。火眼上置二釜一甑一锅。灶体长 28.2、前宽 17.6、体高 7.8、通高 15.2 厘米（图二七九，2；图版五〇，2 前左 2）。M85：17，灶面设一个火眼，后端斜立一烟囱，烟孔较细，拱形灶门。火眼上置一釜一锅，近灶门处有一与灶连体的小敞口釜。灶体长 22.2、前宽 12.4、体高 6.4、通高 15.2 厘米（图二七九，1；图版五〇，2 前左 3）。

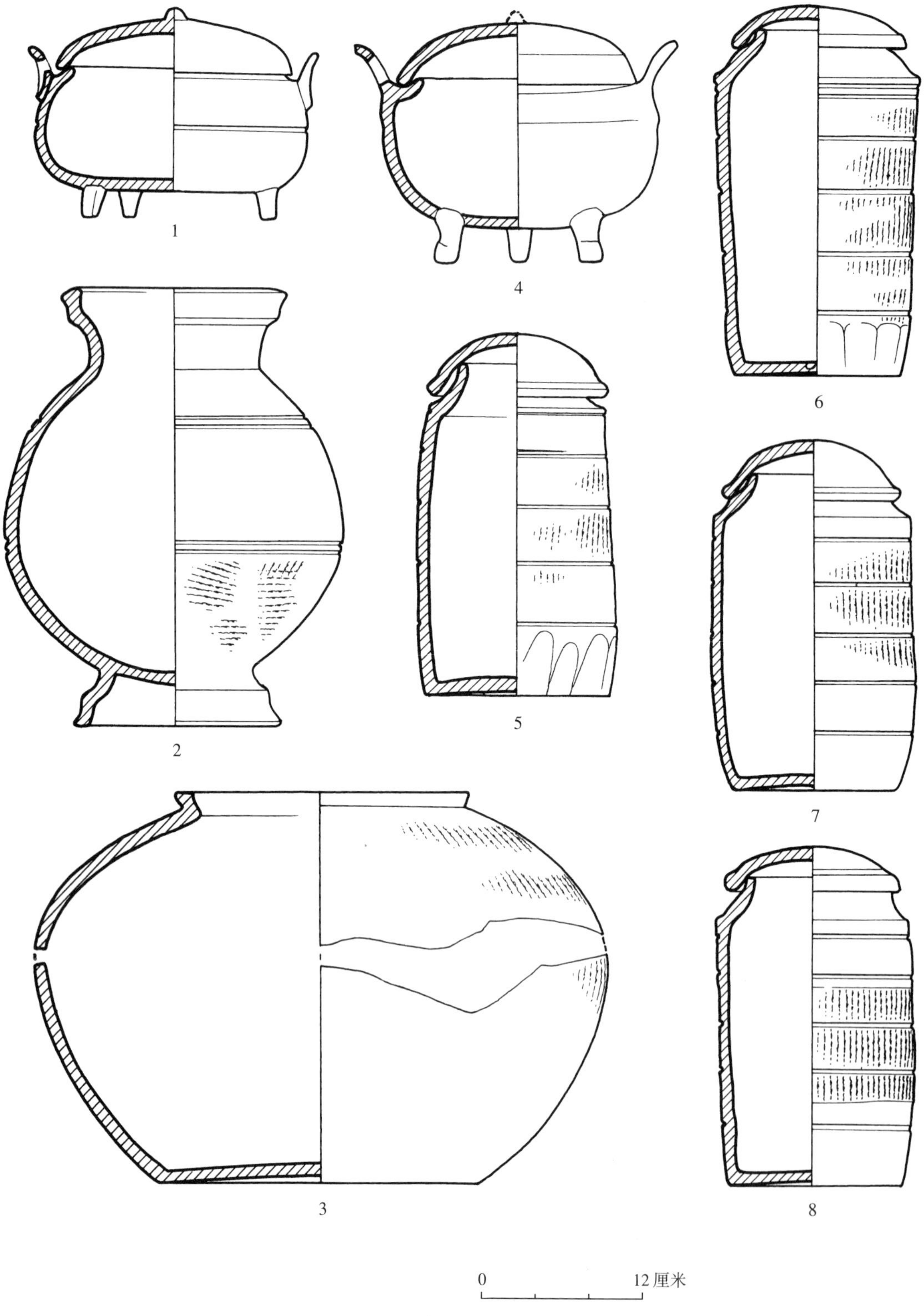

0　　　　　　　12厘米

图二七八　汉墓M85出土陶器

1、4.鼎（M85：3、18）　2.壶（M85：2）　3.瓮（M85：1）　5~8.仓（M85：11、12、19、20）

陶仓 5件。泥质灰陶。敛口，圆唇，折肩，壁近直，有的近底部有削痕，平底微凹。上承浅弧盘状盖，弧顶。腹饰竖绳纹间四至六道凹弦纹。M85：11，口径8.8、腹径14.8、底径13.6、体高24、通高26.2厘米（图二七八，5；图版五〇，2后右1）。M85：12，口径9.2、腹径14.4、底径12、体高24.8、通高26.6厘米（图二七八，6；图版五〇，2后右2）。M85：13，口径9.6、腹径14.4、底径12.8、体高24、通高27.2厘米（图二七九，5；图版五〇，2后左2）。M85：19，口径9.2、腹径14.4、底径12、体高22.8、通高25.2厘米（图二七八，7；图版五〇，2中中）。M85：

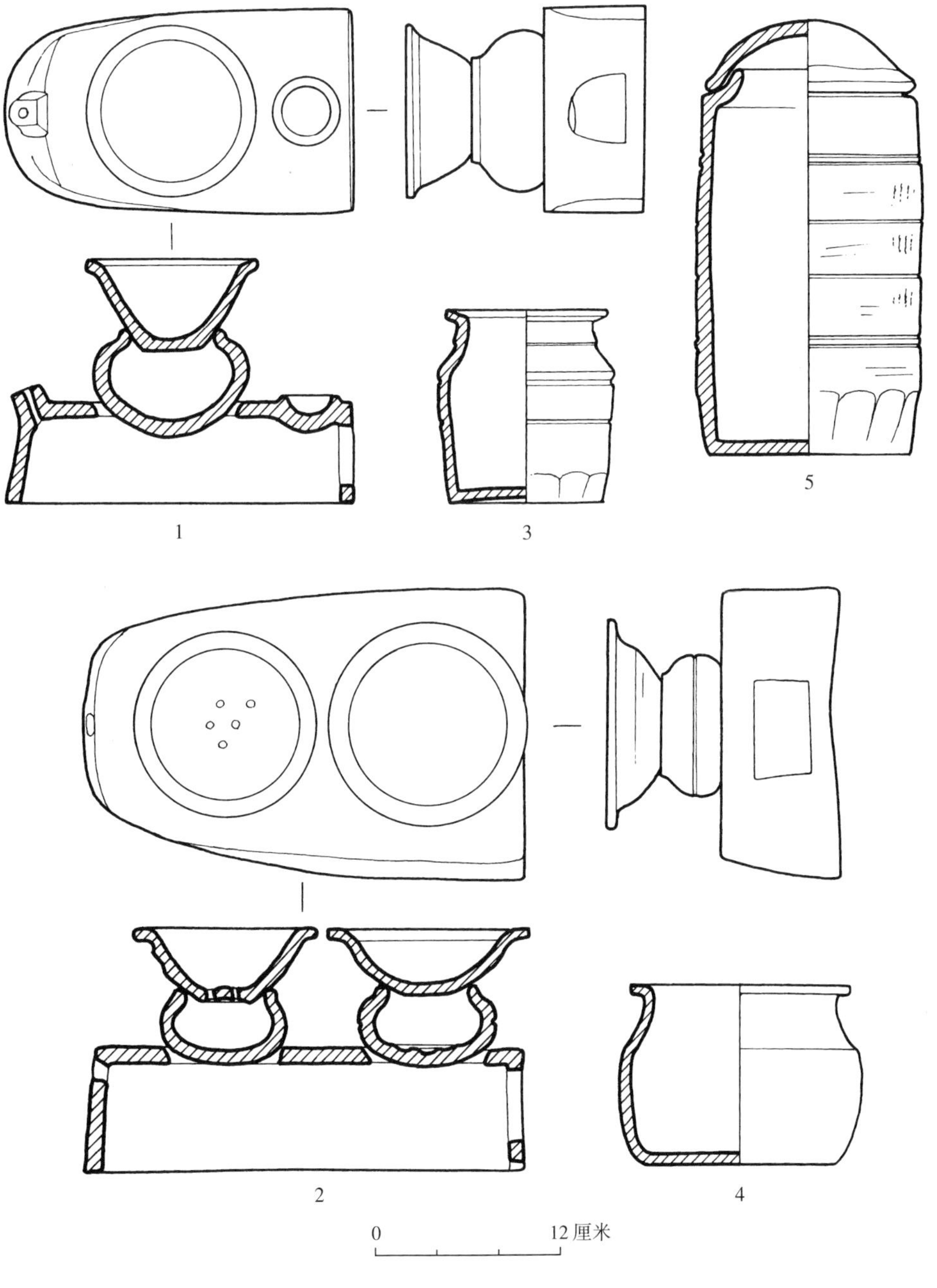

图二七九 汉墓M85出土陶器
1、2.灶（M85：17、14） 3、4.井（M85：16、4） 5.仓（M85：13）

20，口径9.6、腹径14、底径12.8、体高22.2、通高24.6厘米（图二七八，8；图版五〇，2中右）。

陶井　2件。泥质灰陶。微侈口，翻折沿，方唇，束颈，折肩。M85：4，腹壁外弧，平底。素面。口径14.4、腹径16、底径12、高11.2厘米（图二七九，4；图版五〇，2前右1）。M85：16，腹壁斜直下收，平底微凹，近底部一周有刀削痕。颈、肩、中腹各饰一道凹弦纹。口径10.4、肩径11.2、底径9.6、高12厘米（图二七九，3；图版五〇，2前右2）。

铜带钩　1件。M85：8，灰绿色。钩首、尾部残。蛇形，圆纽。素面。残长7、纽径1.6厘米（图二八〇，1）。

铜"五铢"　25枚。圆形，方穿，双面有外郭，穿背面有周郭。正面穿左右篆书"五铢"二字，"五"字交笔弯曲较甚，两横出头，"铢"之"金"字头呈三角形。M85：5-1，正面有上横郭，"朱"之上笔方折，下笔圆折。直径2.5、穿边长0.9厘米（图二八〇，2）。M85：5-2，"朱"之上、下笔方折。直径2.5、穿边长1厘米（图二八〇，3）。

铁削刀　1件。M85：9，锈蚀严重，柄残。直背，厚背薄刃。残长18.6、最宽处2、最厚处0.6厘米（图二八〇，6）。

铁权　1件。M85：10，半球体，顶有环纽。底径4.6、高3.6厘米（图二八〇，4；彩版七，4）。

石蝉　1件。M85：7，灰白色。扁平体，用阴线刻出头部，头部呈三角形，尾部尖。长3.7、

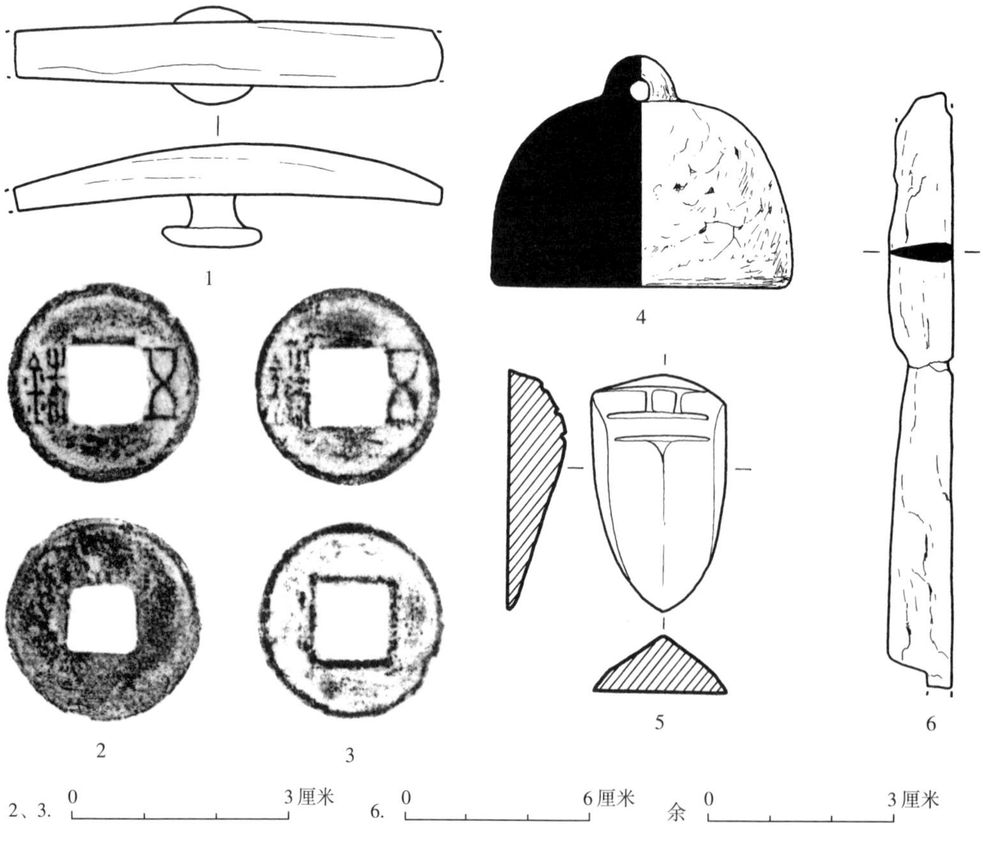

图二八〇　汉墓M85出土器物

1.铜带钩（M85：8）　2、3.铜"五铢"拓本（M85：5-1、5-2）　4.铁权（M85：10）
5.石蝉（M85：7）　6.铁削刀（M85：9）

宽2.2、厚0.9厘米（图二八〇，5）。

石塞 2件。M85：6、15，均残碎无法提取。灰白色，圆台体。

M86

方向25°。长方形竖穴土坑木椁墓。墓口距地表约0.3米，长2.92、宽1.62～1.67米，底长2.74～2.78、宽1.62～1.64米，深1.31～1.53米。坑壁粗糙。填软质灰褐夹灰黄色花土。单椁单棺，仅余腐痕。椁室平面呈"Ⅱ"形，椁痕长2.54、宽1.35、高0.21、板痕厚0.06米。棺位于椁内东部，棺痕长2、宽0.52、高0.06、板痕厚0.04米。人骨朽尽，棺内北部存数枚牙齿，可知头向东北，葬式不明。8件随葬器物置于椁内棺外西部（图二八一）。

陶鼎 1件。M86：5，泥质灰陶。敛口，圆唇，折肩，浅弧腹，长方形附耳外撇，耳孔对穿，平底微凹，三短柱状足。口径16、腹径19.4、通高10.2厘米（图二八二，1）。

陶壶 1件。M86：8，泥质灰陶。盘口，折沿，方唇，束颈，圆肩，圆鼓腹，凸圈底，盘口状浅圈足。口外壁、肩、中腹各饰二道凹弦纹，下腹饰横绳纹。口径17、腹径26.4、圈足径18、高30.6厘米（图二八二，2）。

陶鍪 1件。M86：6，上部泥质、下部夹砂灰陶。侈口，仰折沿，方唇，束颈，溜肩，肩有对称双弓耳，扁鼓腹，凸圈底。肩饰一道凹弦纹，以下饰横、竖绳纹。口径16.8、腹径20、高16.4厘米（图二八二，6）。

陶罐 1件。M86：7，泥质灰陶。侈口，翻沿，圆唇，束颈，溜肩，肩有对称双弓耳，圆鼓腹，浅凹底。肩、上腹各饰二道凹弦纹，中腹至底饰横、斜绳纹。口径11.8、腹径21.6、底径5.6、高21.4厘米（图二八二，7）。

陶灶 1件。M86：4，泥质灰陶。灶平面呈前方后圆形，斜直壁，后端斜立一细孔烟囱，灶

图二八一 汉墓M86平面图
1、2.陶仓 3.陶井 4.陶灶 5.陶鼎 6.陶鍪 7.陶罐 8.陶壶

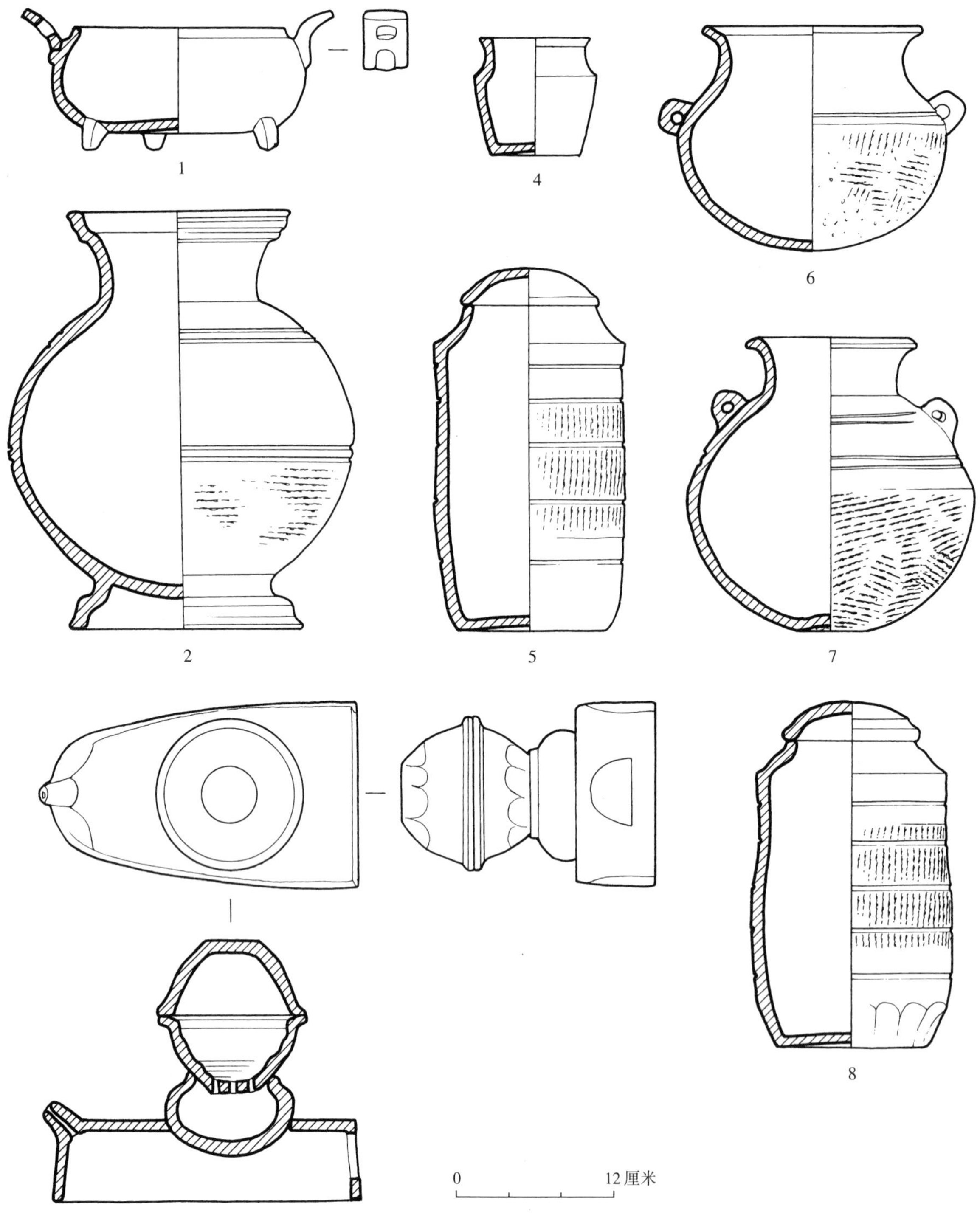

图二八二　汉墓 M86 出土陶器

1. 鼎（M86：5）　2. 壶（M86：8）　3. 灶（M86：4）　4. 井（M86：3）
5、8. 仓（M86：1、2）　6. 鍪（M86：6）　7. 罐（M86：7）

面设一火眼，前壁中部开半圆形灶门。火眼上置一釜一甑一锅。釜近直口，圆唇，矮领，溜肩，扁鼓腹，凸圜底；甑敞口，翻折沿，方唇，弧腹内收，近底部有刀削痕，平底，底有五箅孔；锅除无箅孔外同甑。素面。灶体长24.4、前宽13.6、体高6、通高19.2厘米（图二八二，3）。

陶仓　2件。泥质灰陶。敛口，圆唇，折肩，上腹略内凹，下腹微鼓，近底部略内收，平底微凹。上承浅弧盘状盖，盖顶上凸。腹饰直绳纹间五道凹弦纹。M86：1，口径10、腹径14.4、底径11.2、体高23.8、通高26.4厘米（图二八二，5）。M86：2，近底部有刀削痕。口径9.6、腹径15、底径11.2、体高22.4、通高25.2厘米（图二八二，8）。

陶井　1件。M86：3，泥质灰陶。微侈口，平折沿，平唇，束颈，折肩，腹壁斜直下收，平底微凹。素面。口径8.4、肩径9.2、底径6.8、高8.6厘米（图二八二，4）。

M87

方向28°或208°。"凸"字形竖穴土坑双室砖墓。墓口距地表约0.5～0.8米。墓葬遭到严重破坏。墓圹口略大于底，口长3.42～3.58、宽2.55～2.65米，底长3.42～3.52、宽2.55～2.65米，深0.63～0.74米。南部靠西侧设斜坡墓道，上口平面长1.82～1.9、宽1.15～1.3，坡底长1.94、下端深0.48米，坡度11°。墓道内填灰褐夹灰白色花土。砖室东西并列，残存极少量铺地砖、隔墙及封门墙。双室整体纵向对缝平铺地砖一层，厚0.05米，其上砌墙；中间隔墙残存三层，自下而上横、纵分层交错叠砌，残高0.15米，隔墙中部偏南开相通门洞，宽0.76米，应为双室共享；从填土残存楔形砖的情况推测，双室应为券顶；南端横行叠砌封门墙，残存三层，残高0.15米。砖有长方形和楔形两种，青灰色，单平面饰绳纹，长方形砖规格为30.5×15×5厘米、31.4×15.6×5厘米、楔形砖规格为?×15×（3.4～4）厘米。封门墙中部外侧填土中有绳纹板瓦和筒瓦残片。未发现葬具、人骨遗迹，随葬品无存（图二八三）。

M88

方向30°。长方形竖穴土坑木椁墓。墓口距地表约0.3米，长2.6、宽1.2米，底长2.45、宽1.15米，深1.8～1.9米。坑壁粗糙。填软质灰褐夹灰黄色花土。单椁单棺，仅余腐痕。椁室平面呈"Ⅱ"形，椁痕长2.18、宽0.94、高0.25、板痕厚0.06米。棺位于椁内东部，棺痕长2.02、宽0.5、高0.1、板痕厚0.04米。人骨朽尽，棺内北部残存数枚牙齿，可知头向东北，葬式不明。10件（枚）随葬器物除铜"五铢"在棺内北端外，余置于椁内棺外西部（图二八四）。

陶罐　2件。泥质灰陶。侈口，圆唇，鼓腹。M88：2，短直领，圆肩，扁鼓腹，下腹弧收，平底微凹。肩、腹各饰一道凹弦纹。口径8.8、腹径15.2、底径7.2、高9.6厘米（图二八五，3；图版五一，1前左）。M88：5，翻沿，束颈，溜肩，肩有对称双鼻耳，圆鼓腹，浅凹底。肩至中腹饰竖绳纹间三道抹痕，下腹及底饰斜绳纹。口径16.8、腹径25.8、底径7.2、高29.4厘米（图二八五，1；图版五一，1后左）。

陶灶　1件。M88：4，体泥质红陶，釜、甑泥质灰陶。灶平面呈圆角梯形，底较面宽，后端无烟孔，灶面有两个火眼，前壁中部开扁圆形灶门。火眼上置二釜一甑一锅，仅修复一釜，近直口，圆唇，溜肩，扁鼓腹，小平底。素面。灶体长23、前宽14、体高6.6、残高8.4厘米（图二八五，2；图版五一，1前右）。

陶仓　1件。M88：1，泥质灰陶。敛口，圆唇，斜折肩，上腹略内收，下腹略外弧，平底微凹。腹饰斜绳纹间五道凹弦纹，近底部有刀削痕。口径8.4、腹径15.2、底径12、高20厘米（图

图二八三　汉墓 M87 平、剖面图

图二八四　汉墓 M88 平面图

1.陶仓　2、5.陶罐　3.陶井　4.陶灶　6.漆器　7.铜"五铢"

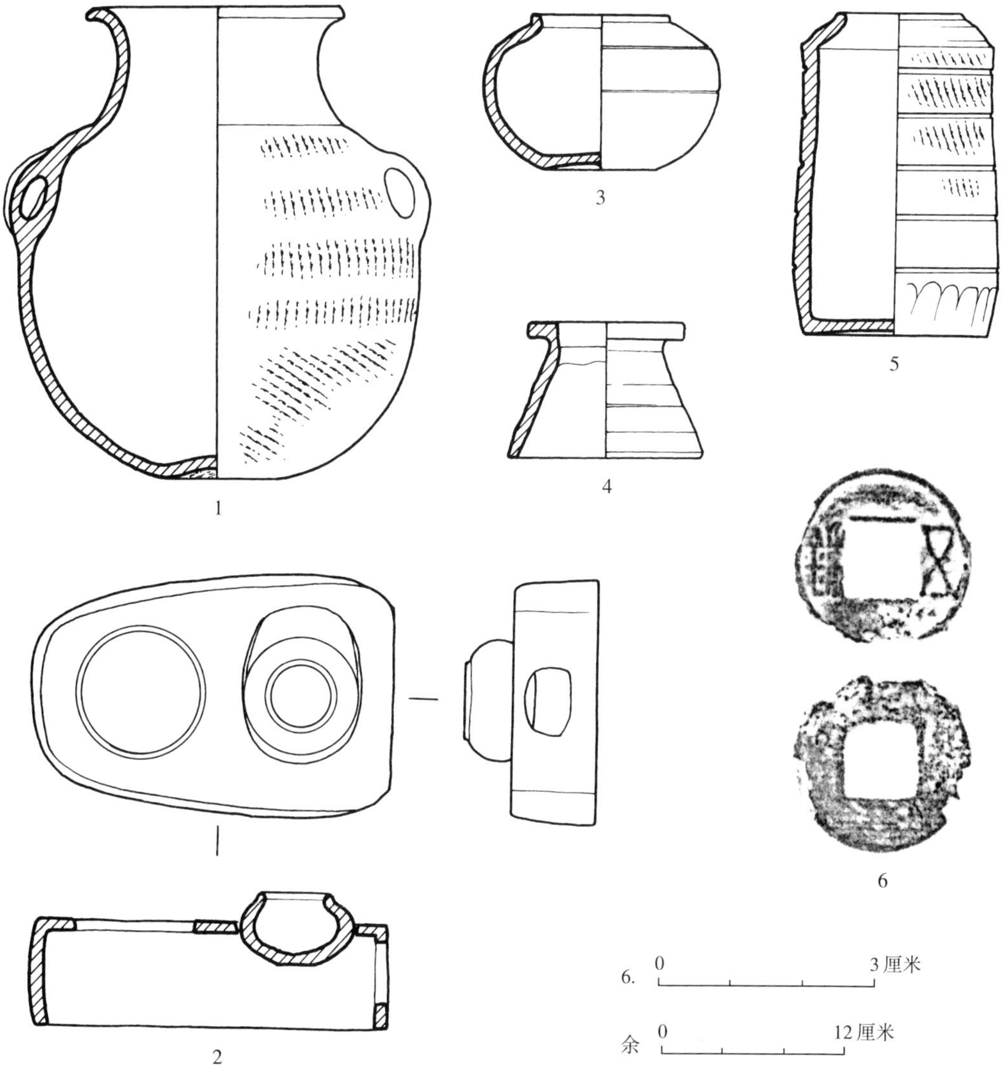

图二八五 汉墓 M88 出土器物

1、3.陶罐（M88：5、2）2.陶灶（M88：4）4.陶井（M88：3）5.陶仓（M88：1）6.铜"五铢"拓本（M88：7-1）

二八五，5；图版五一，1后右）。

陶井 1件。M88：3，泥质灰陶。直口，宽平折沿，平唇，斜壁外扩，无底。腹部有三道折棱。口径10、底径12.8、高8.4厘米（图二八五，4；图版五一，1前中）。

铜"五铢" 4枚。圆形，方穿，双面有外郭，穿背面有周郭，正面有上横郭。正面穿左右篆书"五铢"二字，"五"字交笔微弯曲，两横出头，"铢"之"金"字头呈三角形，"朱"之上笔方折，下笔圆折。M88：7-1，直径2.4、穿边长1厘米（图二八五，6）。

漆器 1件。M88：6，仅存漆皮。

M89

方向212°。刀形竖穴土坑木椁墓。墓口距地表0.3～0.5米。长方形墓圹，口长2.6、宽1.5米，底长2.56、宽1.44米，深1.89～2.05米。南设斜坡墓道，上口平面长3.65、宽1.28～1.38米，坡底长 4.43、宽 1.13 ~ 1.35 米，坡底北端斜壁下伸到底，坡度 78°；中部平缓，坡度 5°；南部较陡，坡度 24°。坑壁规整光滑。填硬质灰黄夹少量灰褐色花土，质密。单椁单棺，仅余腐痕。椁室平面呈"Ⅱ"形，椁痕长 2.48、宽 1.32、高 0.2、板痕厚 0.06 米。棺位于椁内东北部，棺痕长 2、宽 0.56、高 0.1、板痕厚 0.04 米。人骨朽，棺内中部偏北残存两节横置下肢骨，葬式不明。62 件（枚）随葬器物除陶珠、饼和铜镜、"五铢"在棺内外，余置于棺下和椁内棺外（图二八六）。

陶鼎　1 件。M89：7，泥质灰陶。子母口，圆唇，折肩，中腹微折，下腹弧收，长方形附耳外撇，耳孔对穿，凸圜底，三短柱状足微外撇。上承浅弧盘状盖。素面。口径 13.2、腹径 20.2、体高 15.6、通高 19.4 厘米（图二八七，1）。

陶壶　1 件。M89：11，泥质灰陶。残存喇叭状圈足。圈足径 10.4、残高 4.6 厘米（图二八七，8）。

陶瓮　1 件。M89：8，泥质灰陶。侈口，折沿，上、外、内沿面各有浅凹槽，圆唇，圆肩，上腹鼓，下腹弧收，平底微凹。肩、上腹各饰二、一道凹弦纹。口径 24、腹径 44、底径 22.4、高 36 厘米（图二八七，6）。

陶灶　1 件。M89：2，泥质灰陶。灶平面呈梯形，斜壁，后端斜立一烟囱，烟孔较细，灶面有前小后大两火眼，前壁中部开半圆形灶门。火眼上置二釜一甑一锅，釜近直口，圆唇，溜肩，扁鼓腹，凸或平底；甑敞口，翻折沿，方唇，弧腹内收，平底微凹，底有五算孔；锅除无算孔外同甑。釜、甑下部有刀削痕。灶体长 26.2、前宽 17.2、后宽 14.4、体高 10.2、通高 17.2 厘米（图二八七，7）。

陶仓　5 件。泥质灰陶。敛口，方或圆唇，短领，斜折肩，腹壁近直，平底微凹。上多承圆锥形盖，盖顶立一鸟形纽。腹间饰四或五道凹弦纹。M89：4，无盖。口径 11.4、腹径 15.6、底径 13.6、高 18 厘米（图二八七，10）。M89：5，口径 10.4、腹径 15.6、底径 13.6、体高 17.8、通高 27 厘米（图二八七，9）。M89：6，纽略残。口径 10、腹径 13.4、底径 12、体高 16、残高 24.4 厘米（图二八七，5）。M89：14，口径 9.6、腹径 16、底径 12.8、体高 20、通高 28.2 厘米（图二八七，2）。M89：15，口径 10.4、肩径 15.2、底径 12.8、体高 17.2、通高 26 厘米（图二八七，3）。

陶井　1 件。M89：3，泥质灰陶。侈口，翻折沿，方唇，束颈，斜折肩，腹壁斜直下收，近底部有刀削痕。颈、中腹各饰一道凹弦纹。口径 12.4、肩径 12.4、底径 9.6、高 10 厘米（图二八七，4）。

陶珠　1 件。M89：9，泥质褐陶。圆球体，无穿孔。直径 1 厘米（图二八八，1）。

陶饼　1 件。M89：13，泥质灰陶。不规则八边形，一面中部微凹，一面间隔呈瓦垄状。素面。宽 2.7 ~ 2.9、厚 0.7 厘米（图二八八，3）。

铜镜　1 件。M89：1，青灰色。圆形，面微隆，宽素缘，圆纽座，桥形纽。纽座外为内向八连弧纹，连弧每一曲有一直线或一弧线与纽座相连，外围两周短斜线纹带，两斜线纹带间有一周铭文带："见日之光，天下大明"，八字铭文以"の"、"田"纹交替隔开。直径 7.4、缘厚 0.2 厘米（图二八八，6、7；彩版七，5）。

铜"五铢"　45 枚。圆形，方穿，双面有外郭，穿背面有周郭，正面有上横郭。正面穿左右篆书"五铢"二字，"五"字交笔弯曲较甚，两横出头，"铢"之"金"字头呈三角形，"朱"之上笔方折，下笔圆折。M89：10-1，直径 2.5、穿边长 1 厘米（图二八八，5）。

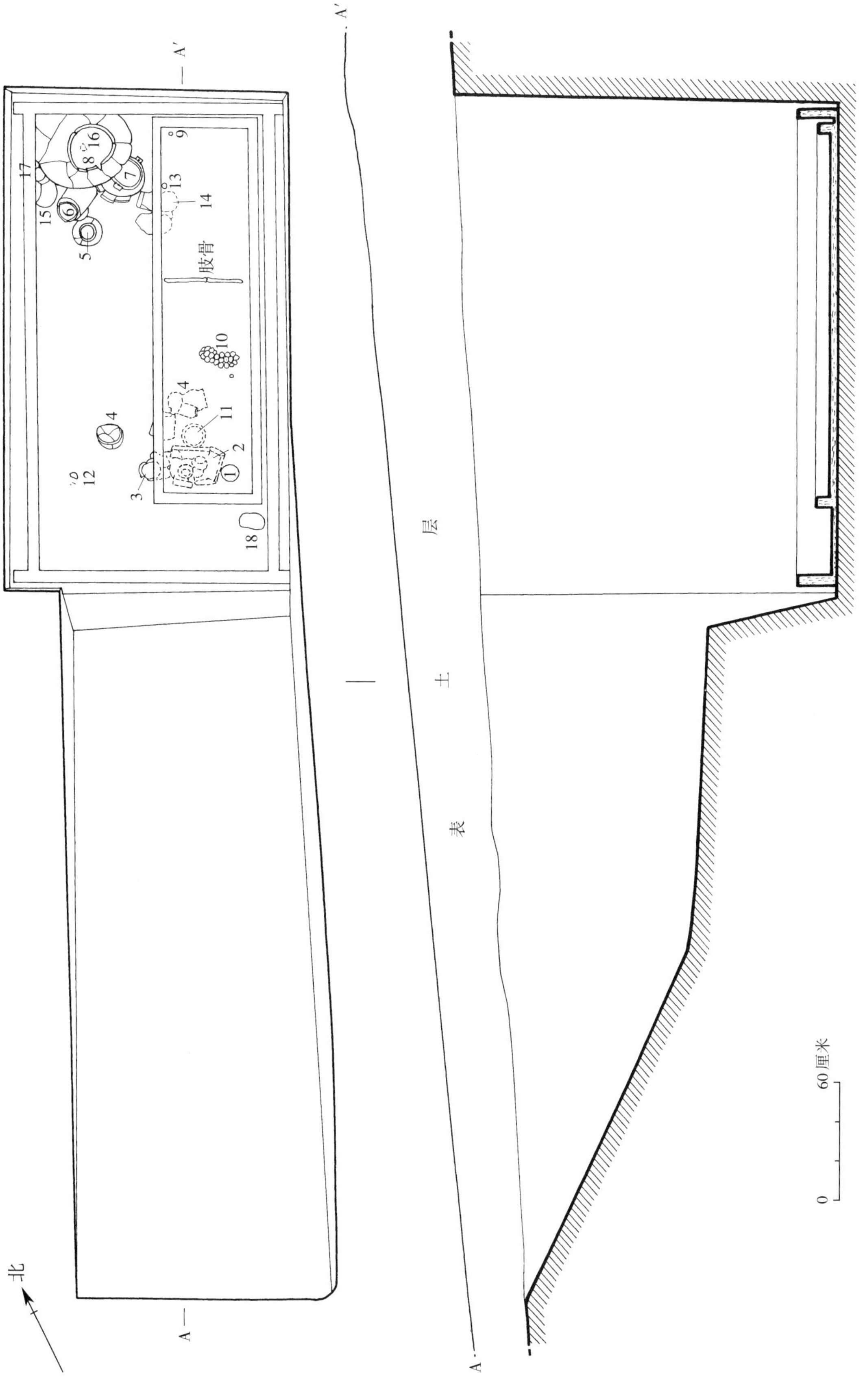

图二八六 汉墓 M89 平、剖面图

1. 铜镜 2. 陶灶 3. 陶井 4~6、14、15. 陶仓 7. 陶鼎 8. 陶瓮 9. 陶珠
10. 铜 "五铢" 11. 陶壶 12、16. 铅泡钉 13. 陶饼 17. 铅盖弓帽 18. 漆器

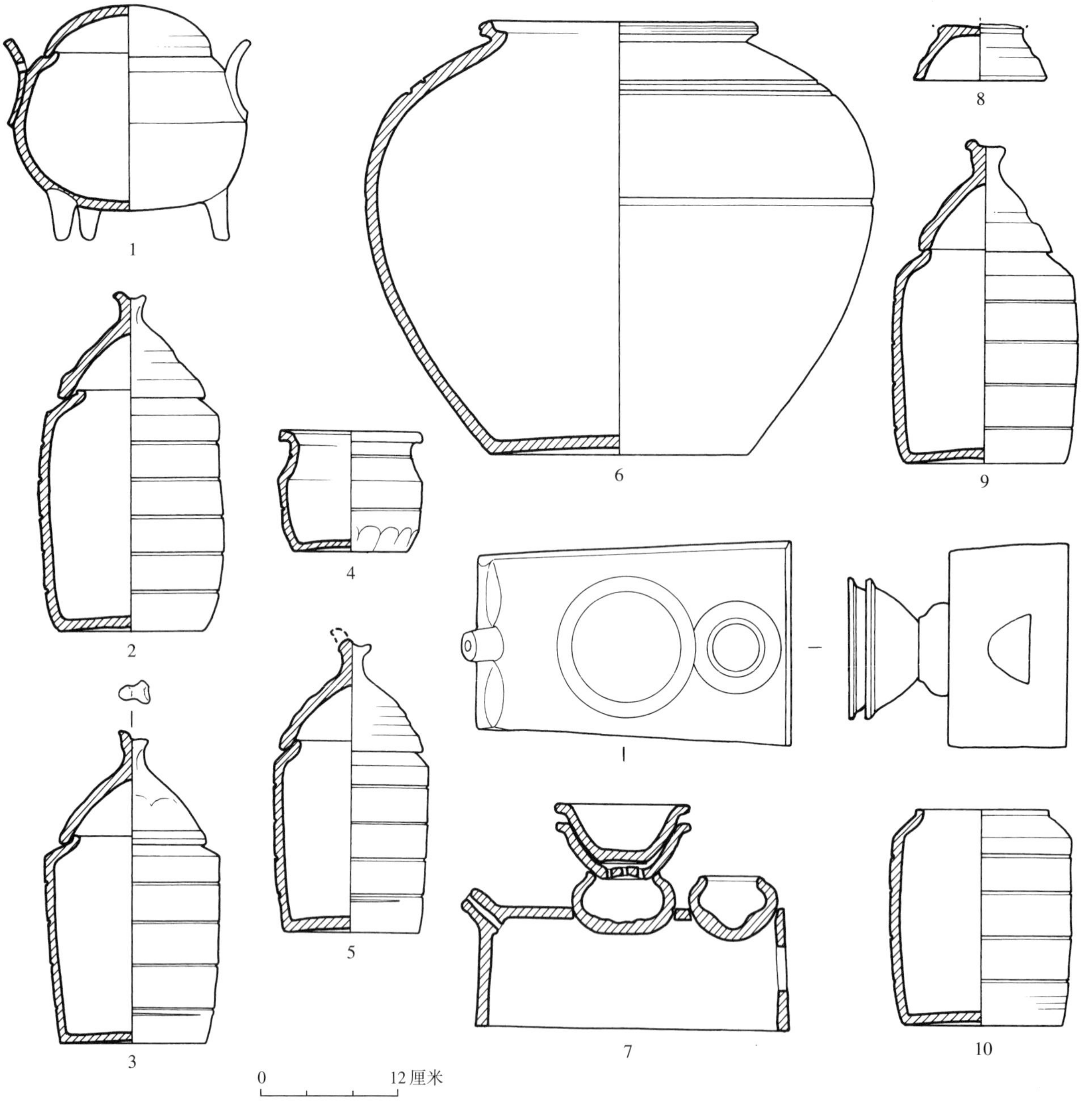

图二八七　汉墓 M89 出土陶器

1. 鼎（M89：7）　2、3、5、9、10. 仓（M89：14、15、6、5、4）
4. 井（M89：3）　6. 瓮（M89：8）　7. 灶（M89：2）　8. 壶（M89：11）

　　铅泡钉　2件。灰白色。圆形，弧壁，弧顶。M89：12，直径3.3、壁厚0.15、高0.7厘米（图二八八，4）。M89：16，无法起取。

　　铅盖弓帽　1件。M89：17，灰白色。口、顶端残，筒形，近口部粗，近顶端细，一侧有钩。残长1.3厘米（图二八八，2）。

　　漆器　1件。M89：18，仅存黑色漆皮。

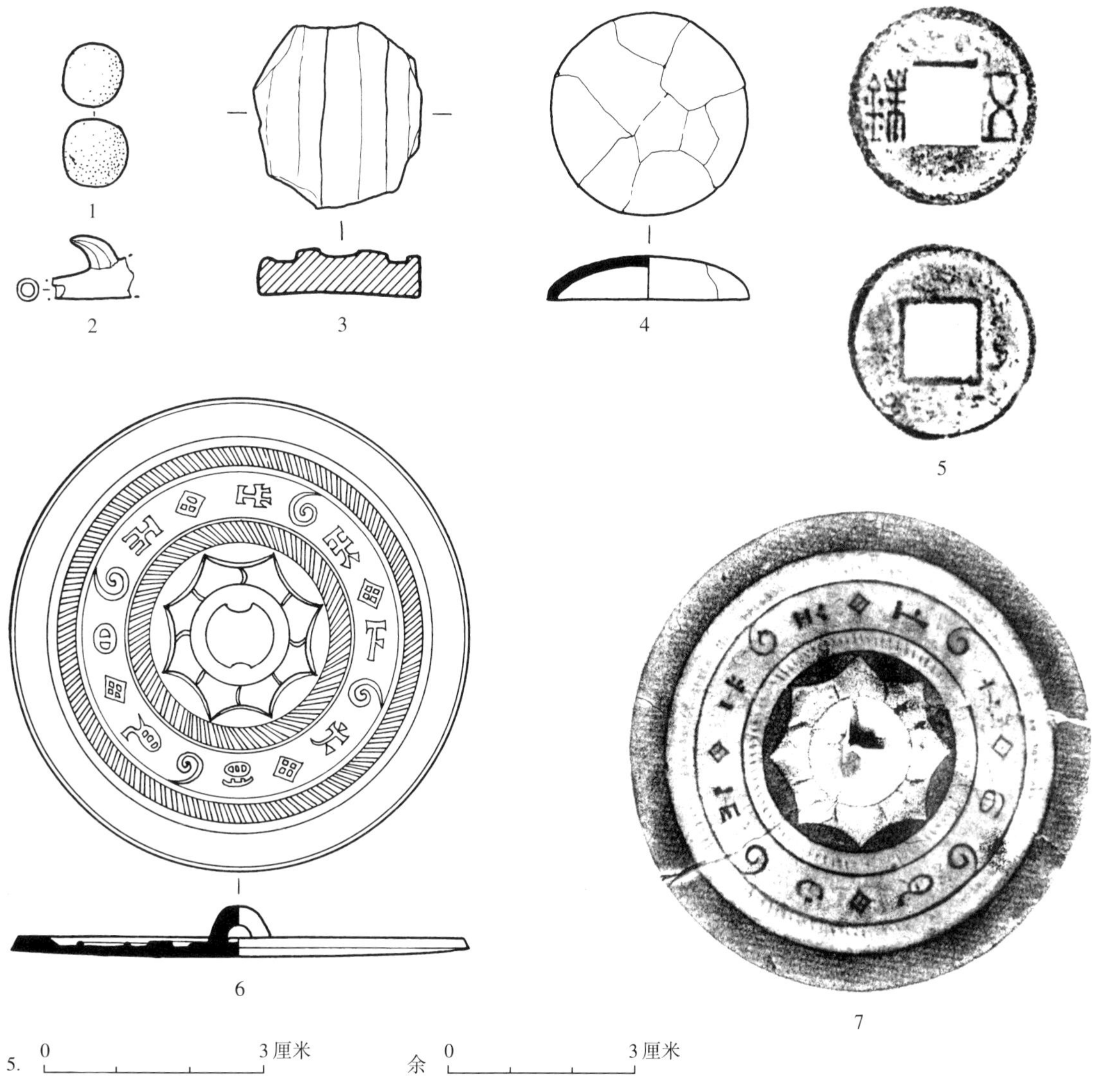

图二八八 汉墓 M89 出土器物

1. 陶珠（M89：9） 2. 铅盖弓帽（M89：17） 3. 陶饼（M89：13） 4. 铅泡钉（M89：12）
5. 铜"五铢"拓本（M89：10-1） 6. 铜镜（M89：1） 7. 铜镜拓本（M89：1）

M90

方向 210°。刀形竖穴土坑木椁墓。墓口距地表约 0.3 米。长方形墓圹，口长 2.64、宽 1.62～1.7 米，底长 2.58、宽 1.57～1.64 米，深 1.73～1.83 米。南设斜坡墓道，上口平面长 3.17、宽 1.25～1.3 米，壁略斜收，坡底长 3.36、宽 1.19～1.28 米，下端深 1.43 米。坡度 19°。坑壁规整光滑。墓道填土为灰黄、灰白夹少量灰褐色花土，质密，较软；墓室填土为灰褐夹灰黄色花土，土质较硬。其相接处由上至下有较直的分界线，有薄木质腐痕，推测以薄木板隔开。单椁单棺，仅余腐痕。椁室平面呈"Ⅱ"形，椁痕长 2.56、宽 1.36、高 0.18、板痕厚 0.06 米。棺位于椁内西部，棺痕长 2.08、宽 0.57、高 0.08、板痕厚 0.05 米。人骨朽尽，棺内南部存数枚牙齿，可知头向西南，葬式不明。10 件随葬器物除石砚和铜构件在棺内南端外，余置于椁内棺外东南部（图二八九）。

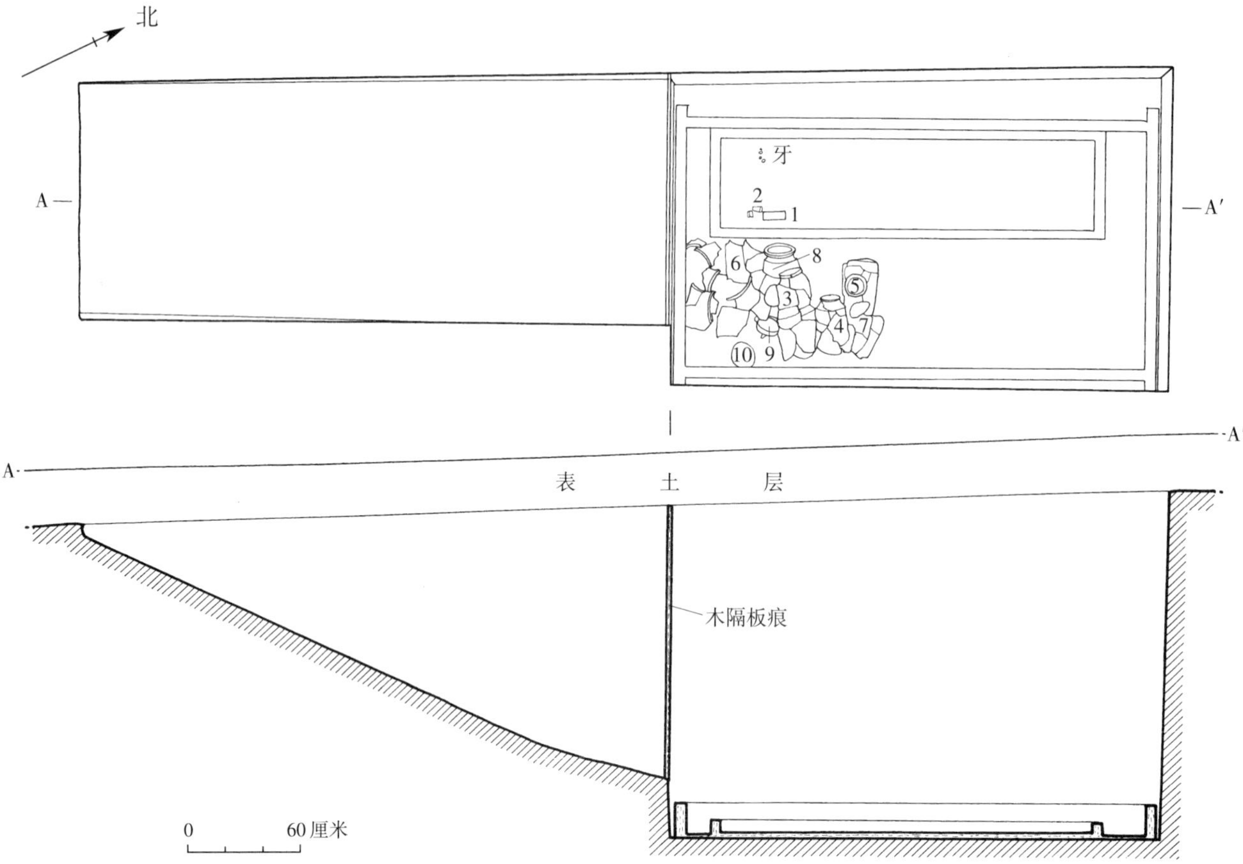

图二八九　汉墓 M90 平、剖面图

1. 石砚　2. 铜构件　3、4、7. 陶仓　5. 陶灶　6. 陶瓮　8. 陶井　9. 陶鼎　10. 漆器

　　陶鼎　1件。M90：9，泥质灰陶。子口，圆唇，折肩，上腹壁斜直，中腹微折，下腹弧收，长方形附耳外撇，耳孔对穿，凸圜底近平，三蹄足直立。素面。口径13.2、腹径17.6、通高12.8厘米（图二九〇，1；图版五一，2前）。

　　陶瓮　1件。M90：6，泥质灰陶。敛口，仰折沿，圆唇，束颈，圆肩，上腹鼓，下腹斜收，平底微凹。颈下、肩、中腹各饰二道凹弦纹。口径25.2、腹径38.4、底径24、高27厘米（图二九〇，3；图版五一，2后左1）。

　　陶灶　1件。M90：5，泥质灰陶。灶平面呈前方后圆形，后端斜立一烟囱，烟囱残，烟孔较细，灶面有前大后小两个火眼，前壁下部开拱形灶门。火眼上置二釜一甑一锅，釜近直口，圆唇，溜肩，扁鼓腹，凸圜底；甑敞口，翻折沿，方唇，弧腹内收，平底微凹，底有五箅孔；锅除平底微凹、无箅孔外同甑。釜、甑下部有刀削痕。灶体长28.2、前宽16.8、体高6.4、通高13.8厘米（图二九〇，4；图版五一，2中右）。

　　陶仓　3件。泥质灰陶。直口微敛，圆唇，短领，斜折肩，腹壁近直，下腹近底部一侧有一方形门，门上和门两侧各有一半圆形鼻，鼻孔对穿，平底。腹间饰九或十道凹弦纹。M90：3，口径7.2、腹径13.6、底径11.4、高23.8厘米（图二九〇，5；图版五一，2后左2）。M90：4，口径8.4、腹径12.2、底径11.2、高24.6厘米（图二九〇，7；图版五一，2后右2）。M90：7，口

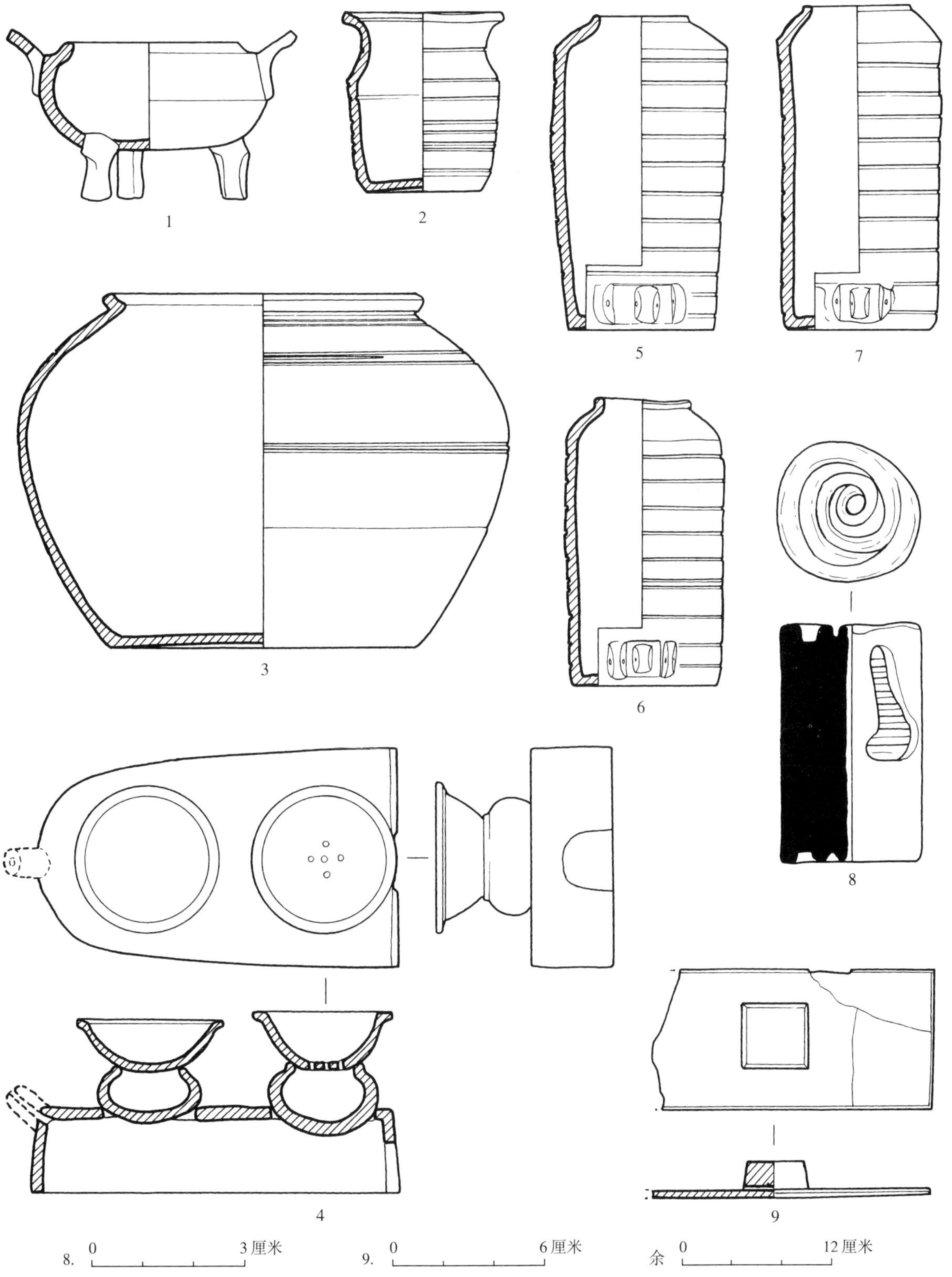

图二九〇 汉墓 M90 出土器物

1. 陶鼎（M90：9） 2. 陶井（M90：8） 3. 陶瓮（M90：6） 4. 陶灶（M90：5）

5~7. 陶仓（M90：3、7、4） 8. 铜构件（M90：2） 9. 石砚（M90：1）

径 7.6、腹径 12.4、底径 11.6、高 21.8 厘米（图二九〇，6；图版五一，2 后右 1）。

陶井　1 件。M90：8，泥质灰陶。侈口，翻折沿，方唇，束颈，折肩，腹壁斜直下收，平底微凹。颈、肩、腹间饰八道凹弦纹。口径 12.8、肩径 12、底径 8.8、高 13.6 厘米（图二九〇，2；图版五一，2 中左）。

铜构件　1 件。M90：2，灰绿色。圆柱体，以铜片卷合，两端堵。直径 2.8、高 4.5 厘米（图二九〇，8）。

石砚　1 套。M90：1，灰褐色。砚体长方形，一端残，上面光滑。研墨石呈四棱台体，下面光滑。体残长 11.3、宽 5.3、厚 0.3 厘米，研墨石上边长 2.2、下边长 2.6、高 1.1 厘米（图二九〇，9）。

漆器　1 件。M90：10，仅存黑色漆皮。

M91

方向 208°。刀形竖穴土坑木椁墓。墓口距地表约 0.4 米。长方形墓圹，口长 2.86、宽 1.92 米，底长 2.86、宽 1.86 米，深 0.92~1.2 米。东北、西北角各挖一方槽，西槽宽 0.2、深 0.17 米；东槽宽 0.2、深 0.1 米，正好卡放椁挡板两头。南设斜坡墓道，上口平面长 1.88、宽 1.38~1.92 米，壁微斜，坡底长 1.88、宽 1.38~1.86 米，下端深 0.24 米。坡度 6°。坑壁粗糙。填硬质黄褐夹灰白色花土。单椁单棺，仅余腐痕。椁室平面呈"Ⅱ"形，椁痕长 2.68、宽 1.78、高 0.67~0.8、板痕厚 0.06 米。棺位于椁内中部偏东，棺痕长 2.22、宽 0.65、高 0.14、板痕厚 0.06 米。人骨朽，棺内南

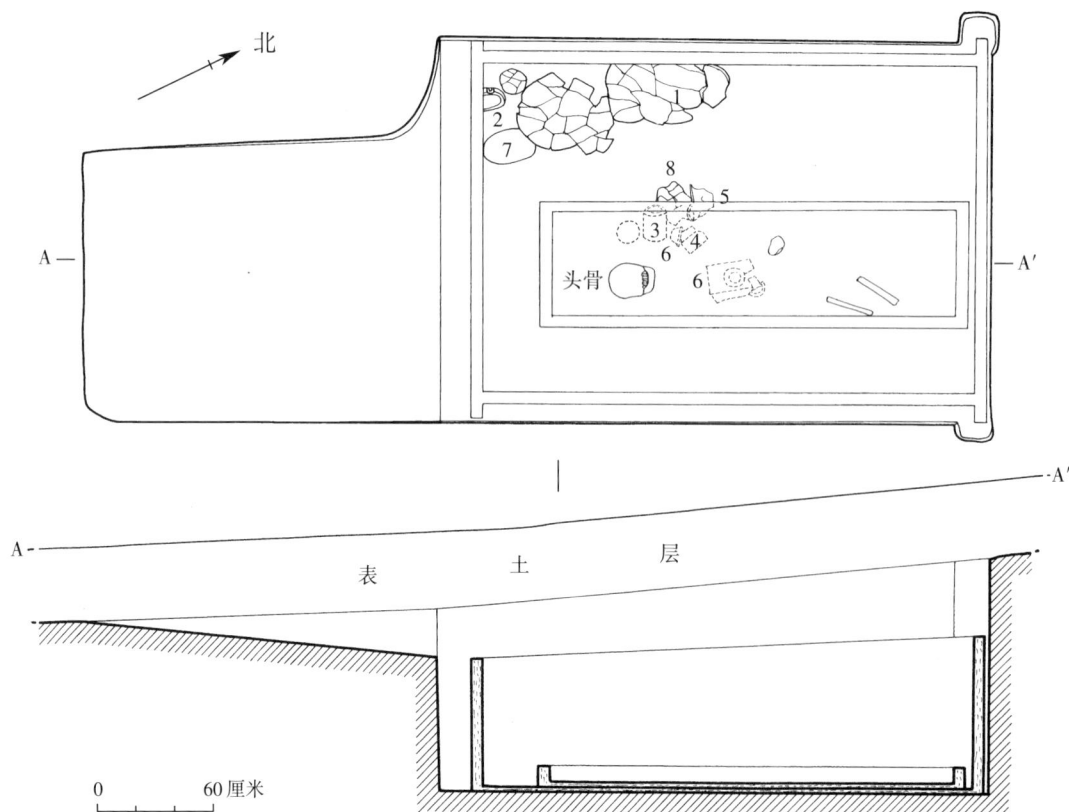

图二九一　汉墓 M91 平、剖面图
1.陶瓮　2.陶鼎　3、5、8.陶仓　4.陶井　6.陶灶　7.漆器

部残存数枚牙齿和头骨痕，北部存两节肢骨，可知头向西南，推测仰身直肢葬式。8件随葬器物置于椁内棺外西南侧或棺下（图二九一）。

陶鼎　1件。M91：2，泥质灰陶。子母口，方唇，折肩，微鼓腹，长方形附耳外撇，耳孔对穿，凸圜底，三蹄足直立。上承浅弧盘状盖。上腹饰一周凸弦纹。口径13.6、腹径18.4、体高12.8、通高16.8厘米（图二九二，1；图版五二，1前左1）。

陶瓮　1件。M91：1，泥质灰陶。侈口，翻折沿，方唇，矮领，圆肩，上腹鼓，下腹斜收，平底微凹。肩、上腹各饰一、二道凹弦纹，中腹饰块状斜绳纹。口径20.8、腹径44、底径22.4、高36.6厘米（图二九二，3；图版五二，1后左）。

陶灶　1件。M91：6。泥质灰陶。灶平面呈前方后圆形，斜直壁下扩，后端斜立一烟囱，烟孔较细，灶面设一火眼，近灶门处有一与灶连体的小釜，前壁残，灶门情况不明。火眼上置两锅。敞口，翻折沿，方唇，弧腹内收，平底微凹。素面。灶体长25、前宽17.6、体高6.8、通高11.2厘米（图二九二，4；图版五二，1前左2）。

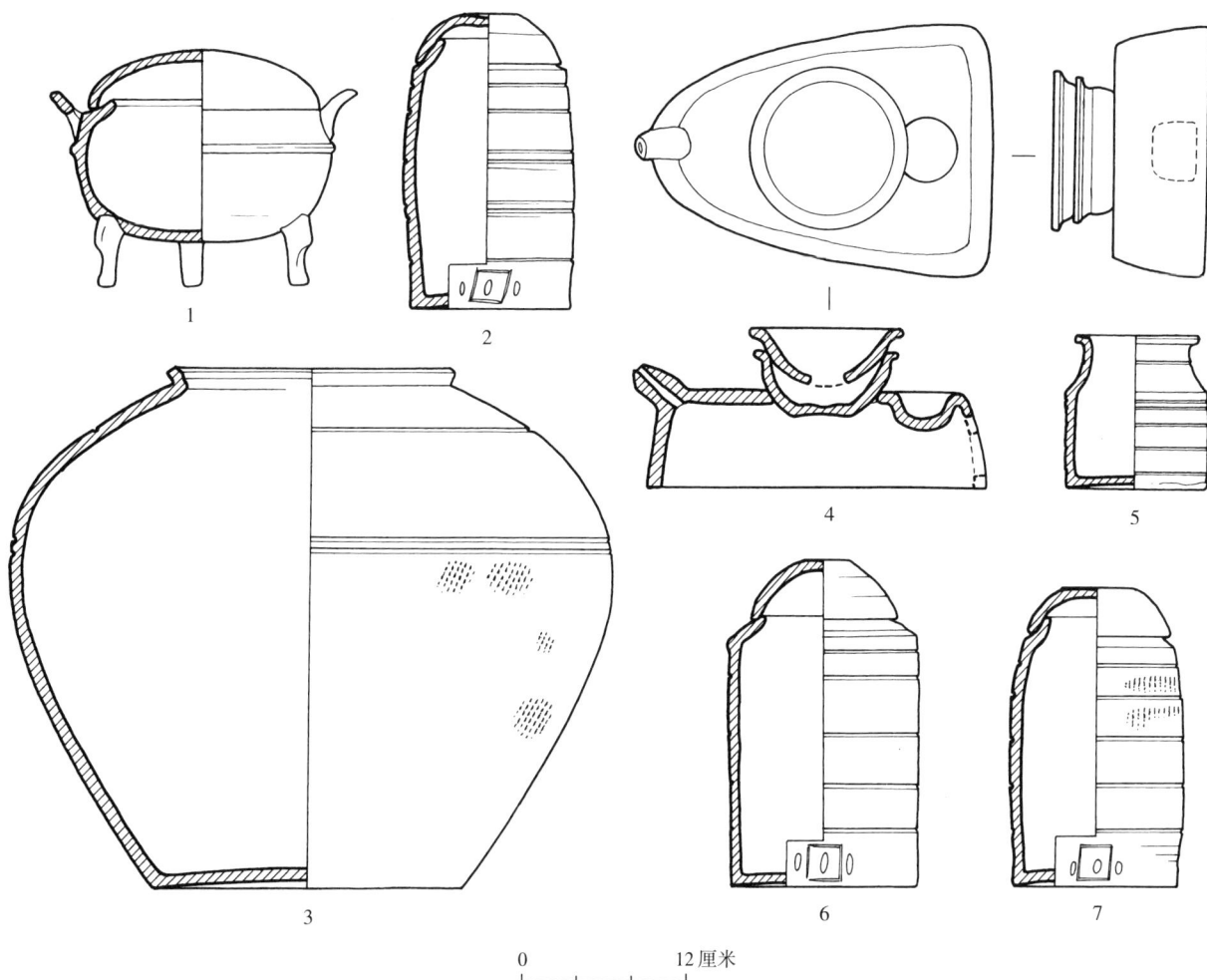

图二九二　汉墓M91出土陶器

1.鼎（M91：2）　2、6、7.仓（M91：3、5、8）　3.瓮（M91：1）　4.灶（M91：6）　5.井（M91：4）

陶仓　3件。泥质灰陶。敛口，圆唇，斜折肩，近直壁，下腹近底部一侧有一方形门，门上和门两侧各有一半圆形鼻，鼻孔对穿，平底微凹。上承覆钵状盖，顶微下凹。腹间饰五道凹弦纹。M91∶3，口径7.8、腹径12.4、底径11.6、体高19、通高20.8厘米（图二九二，2）。M91∶5，口径9.6、腹径14、底径14、体高19、通高23厘米（图二九二，6；图版五二，1后右）。M91∶8，上腹饰竖绳纹。口径7.8、腹径12.8、底径12、体高19、通高21厘米（图二九二，7；图版五二，1前右1）。

陶井　1件。M91∶4，泥质灰陶。侈口，翻折沿，沿面有浅凹槽，方唇，束颈，斜折肩，腹壁直，平底微凹。颈、肩、腹间饰六道凹弦纹。口径9.2、底径10.4、高10.8厘米（图二九二，5；图版五二，1前右2）。

漆器　1件。M91∶7，仅存漆皮。

M92

方向210°。"凸"字形竖穴土坑木椁墓。墓口距地表约0.4米。长方形墓圹，口长3.07、宽1.95米，底长2.94、宽1.83米，深1.9米。南设斜坡墓道，平面长方形，上口长5.07、宽1.35米，底坡长5.36、下端宽1.26、深1.28米，底坡南部较陡，坡度15°，北部近平。坑壁平整，但不甚光滑。墓室填黄褐夹少量灰白花土，质密，较硬；墓道填灰白夹少量灰黄色花土，土质较软。在墓道距墓圹约0.24米处自上而下有较直的薄木板腐痕，原应以木板分隔。单椁单棺，仅余腐痕。椁室平面呈"Ⅱ"形，椁痕长2.83、宽1.75、高0.64、板痕厚0.08米。棺位于椁内中部，存侧板、底板痕，均长2.08米，分别宽0.3、0.54米，厚0.05米。人骨朽尽，棺内南部残存数枚牙齿，可知头向西南，葬式不明。16件随葬器物除铜镜、印和铁削刀、石砚、骨器放在棺内外，余置于棺下和椁内棺外的西、北部（图二九三）。

陶鼎　1件。M92∶13，泥质灰陶。子母口，圆唇，折肩，弧腹下收，长方形附耳上翻，耳孔未穿，近平底，三熊形足直立。上承弧盘状盖。口径15.2、腹径20.8、体高15.4、通高20.2厘米（图二九四，1；图版五二，2后左1）。

陶瓮　1件。M92∶14，泥质灰陶。直口，折沿，沿面有浅凹槽，尖唇，矮领，圆肩，上腹鼓，下腹斜收，平底微凹。素面。口径27.2、腹径48、底径24、高34厘米（图二九四，3）。

陶灶　2件。泥质灰陶。灶体平面呈长方形，后端斜立一烟囱，灶面设等大两火眼，前壁下部开拱形门。火眼上置二釜一甑一或二锅，釜敛口，圆唇，溜肩，扁鼓腹，凸圜底近平；甑敞口，翻折沿，方唇，弧腹内收，平底或微凹，底有五箅孔；锅除无箅孔外同甑。素面。M92∶6，灶后端有挡墙。灶体长31.2、宽16、体高8、通高14.8厘米（图二九四，6；图版五二，2前中）。M92∶11，灶体长26.8、宽16、体高8、通高19.2厘米（图二九四，7；图版五二，2前右）。

陶仓　4件。泥质灰陶。敛口，圆唇，斜折肩，腹壁直，平底微凹。腹间饰五或六道凹弦纹。M92∶7，口径8.8、底径15.4、高20.8厘米（图二九四，2；图版五二，2后左3）。M92∶8，上承博山盖。盖面模印纹饰不清。口径10、底径16.4、体高20、通高28厘米（图二九四，9；图版五二，2后右1）。M92∶9，上承浅弧盘式盖，盖顶有一长方形纽。口径8.8、底径16、体高22.6、通高26.2厘米（图二九四，5；图版五二，2后左2）。M92∶10，上承浅弧盘式盖，盖顶有一乳状纽。口径8.8、底径16.4、体高21、通高24厘米（图二九四，4；图版五二，2后右2）。

陶井　1件。M92∶12，泥质灰陶。敛口，宽平折沿下卷，平唇，腹壁斜张，下腹呈波曲状，

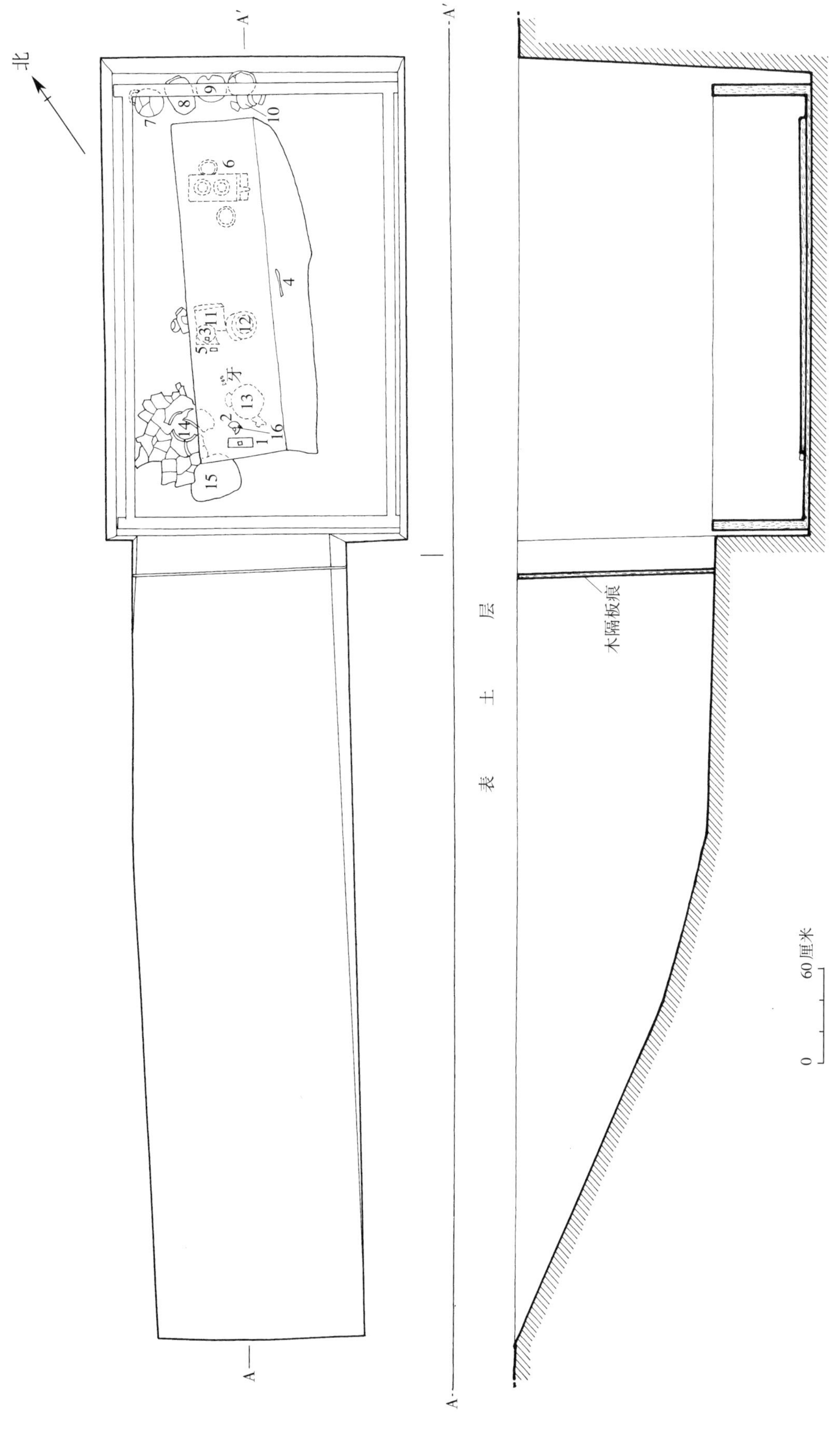

图二九三 汉墓 M92 平、剖面图

1. 石砚 2、16. 铜镜 3. 铜印 4. 铁削刀 5. 骨器 6、11. 陶灶 7~10. 陶仓 12. 陶井 13. 陶鼎 14. 陶瓮 15. 漆器

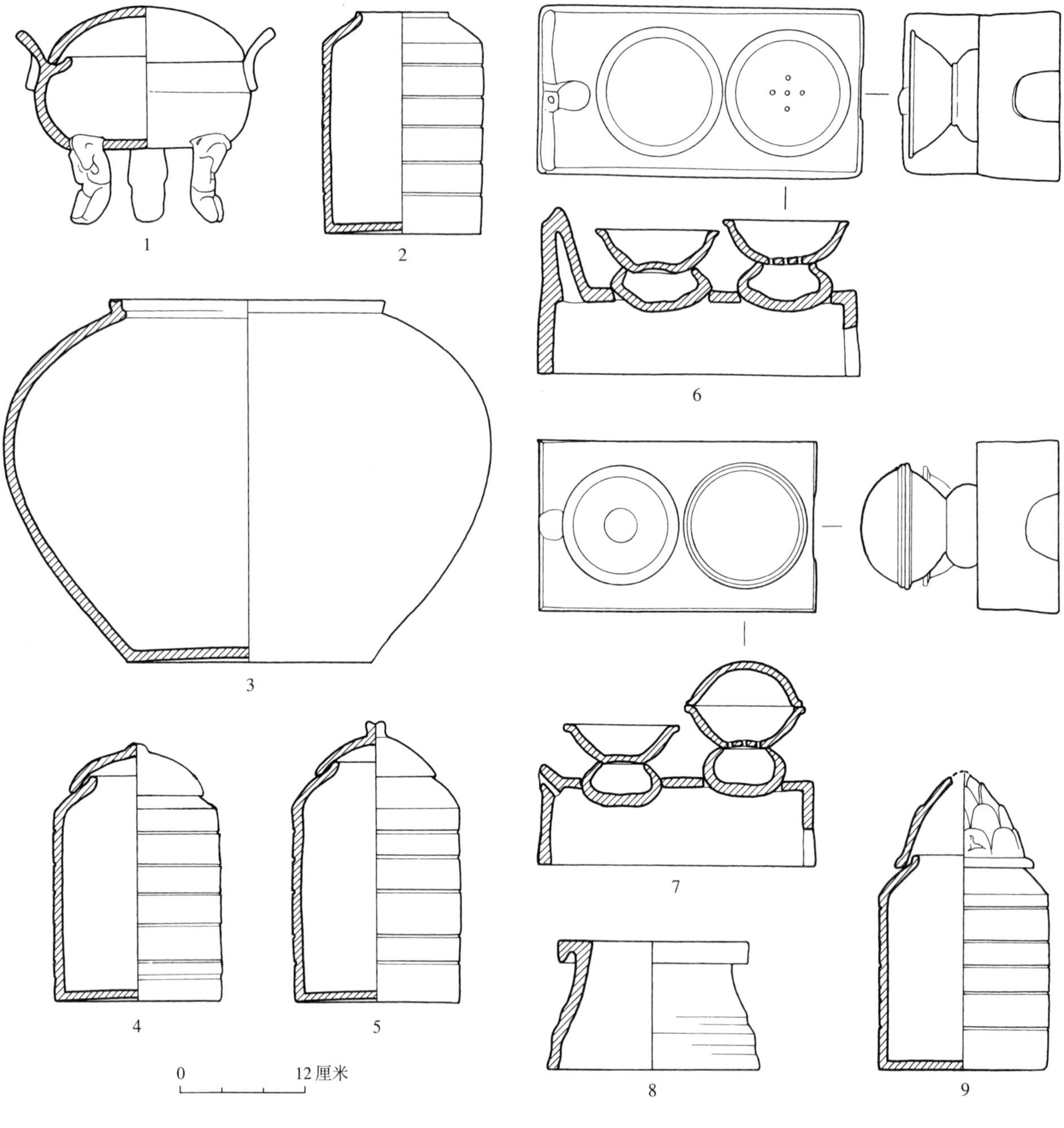

0 _____ 12厘米

图二九四 汉墓 M92 出土陶器

1.鼎（M92：13） 2、4、5、9.仓（M92：7、10、9、8） 3.瓮（M92：14） 6、7.灶（M92：6、11） 8.井（M92：12）

无底。口径 18.4、底径 20.4、高 12 厘米（图二九四，8；图版五二，2前左）。

铜镜　2件。青灰色。镜面平，窄平素缘。M92：2，圆形，圆纽座，桥形纽。纽座外为素面纹带、内向八连弧纹带，素面带内有四条短线呈"十"字连接纽座，两连弧纹有弧线和两瓣叶片相隔与素面纹带相连，外围两周短斜线纹带，两斜线纹带间有一周铭文带："内清质以昭明，光天象夫日月，心忽□不泄"。直径 9.5、缘厚 0.45 厘米（图二九五，1、2）。M92：16，仅残存一小段素缘，内饰连弧纹。缘厚 0.5 厘米（图二九五，4）。

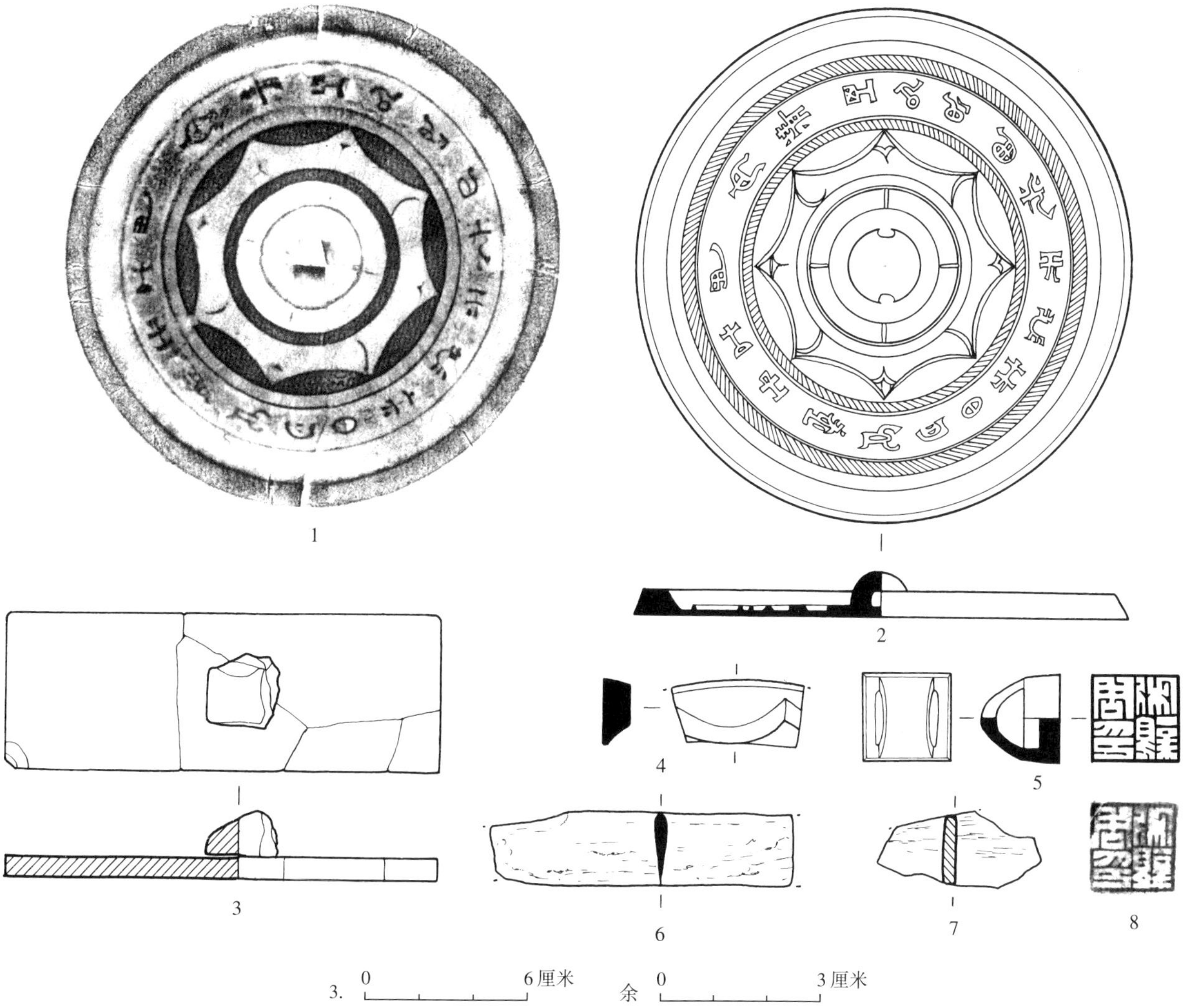

图二九五 汉墓 M92 出土器物
1.铜镜拓本（M92：2） 2、4.铜镜（M92：2、16） 3.石砚（M92：1） 5.铜印（M92：3）
6.铁削刀（M92：4） 7.骨器（M92：5） 8.铜印拓本（M92：3）

铜印 1件。M92：3，青灰色。平面呈正方形，弓形纽，印体上部中空。印面阳刻篆书"周利亲印"四字。边长 1.7、通高 1.5 厘米（图二九五，5、8；彩版七，6）。

铁削刀 1件。M92：4，锈蚀严重，残存一段。厚背薄刃。残长 5.8 厘米（图二九五，6）。

石砚 1套。M92：1，灰褐色。砚体长方形，一角略残，上面光滑。研墨石呈不规则形，底面光滑。体长 16.6、宽 5.8、厚 0.8、研墨石高 1.7 厘米（图二九五，3）。

骨器 1件。M92：5，甚残。片状。残长 3.2、残宽 1.3、厚 0.2 厘米（图二九五，7）。

漆器 1件。M92：15，仅存漆皮。

M93

方向 202°。长方形竖穴土坑木椁墓。墓口距地表约 0.3 米。长方形墓圹，口长 2.86、宽 1.64 米，底长 2.76、宽 1.56 米，深 1.32～1.5 米。南设斜坡墓道，上口平面长 2.74、宽 1.62 米，底坡长 2.72、宽 1.52～1.56、下端深 0.9 米，底坡北部平缓，南部较陡，坡度分别为 4°、13°。坑壁规整光滑。墓道填灰黄、灰白夹少量灰褐色花土，土质较软；墓室填黄褐色花土，质密，较硬。其结合部自上而下有薄木板腐痕，原应以木板隔开。墓道和墓室相接处下部的东、西两壁开有凹槽，近圆角三角形，长 0.5、宽 0.3、深 0.1 米，槽内有木质腐痕，推测为固定隔板所为。单椁单棺，仅余腐痕。椁室平面呈"Ⅱ"形，椁痕长 2.54、宽 1.34、高 0.36、板痕厚 0.06 米。棺痕长 1.98、宽 0.5、高 0.07、板痕厚 0.04 米。人骨朽尽，棺内南部残存数枚牙齿，可知头向西南，葬式不明。31件（枚）随葬器物置于椁内棺外东、北部，东部器物上有两节残兽骨（图二九六）。

陶鼎　1件。M93：6，泥质灰陶。子母口，方唇，折肩，扁鼓腹，长方形附耳外撇，耳孔对穿，凸圜底近平，三矮锥足直立。上承浅弧折盘状盖。口径 13.6、腹径 17.6、体高 12.4、通高 16.4 厘米（图二九七，1；图版五三，1 前左）。

陶釜　1件。M93：9，上部泥质、下部夹砂褐陶。未能修复。出土时底部有烟炱。

陶罐　1件。M93：4，泥质灰陶。侈口，翻折沿，内沿面一道浅凹槽，尖唇，束颈，溜肩，肩有对称双鼻耳，垂鼓腹，浅凹底。肩至中腹饰竖绳纹间四道抹痕，下腹及底饰斜绳纹。口径 14.6、腹径 26、底径 8、高 27.2～27.6 厘米（图二九七，4；图版五三，1 后）。

陶瓮　1件。M93：5，泥质褐陶。直口微侈，方唇，短领，微折肩，弧腹下收，平底残。口径 18.4、肩径 32.8、底径 17.6 厘米（图二九七，3）。

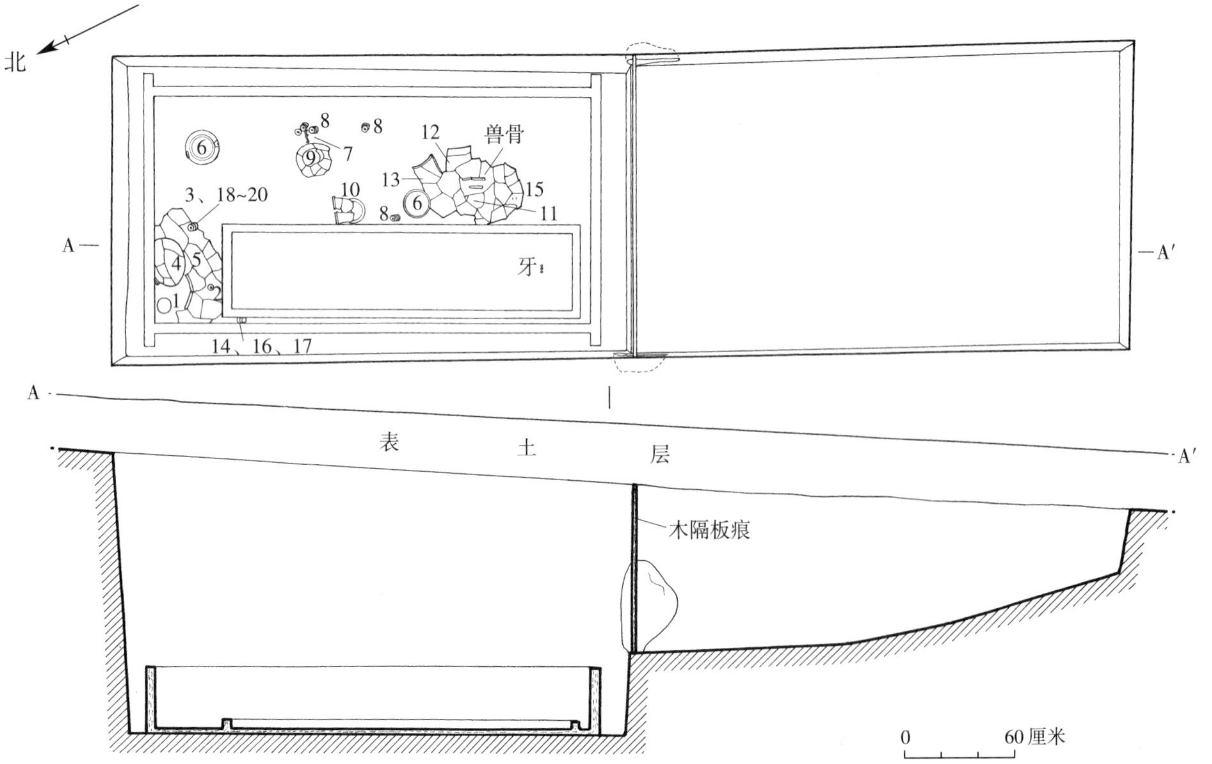

图二九六　汉墓 M93 平、剖面图
1.铜镜　2、3、14、16～20.铜泡钉　4.陶罐　5.陶瓮　6.陶鼎　7.铜带钩
8.铜"五铢"　9.陶釜　10.陶井　11～13.陶仓　15.陶灶

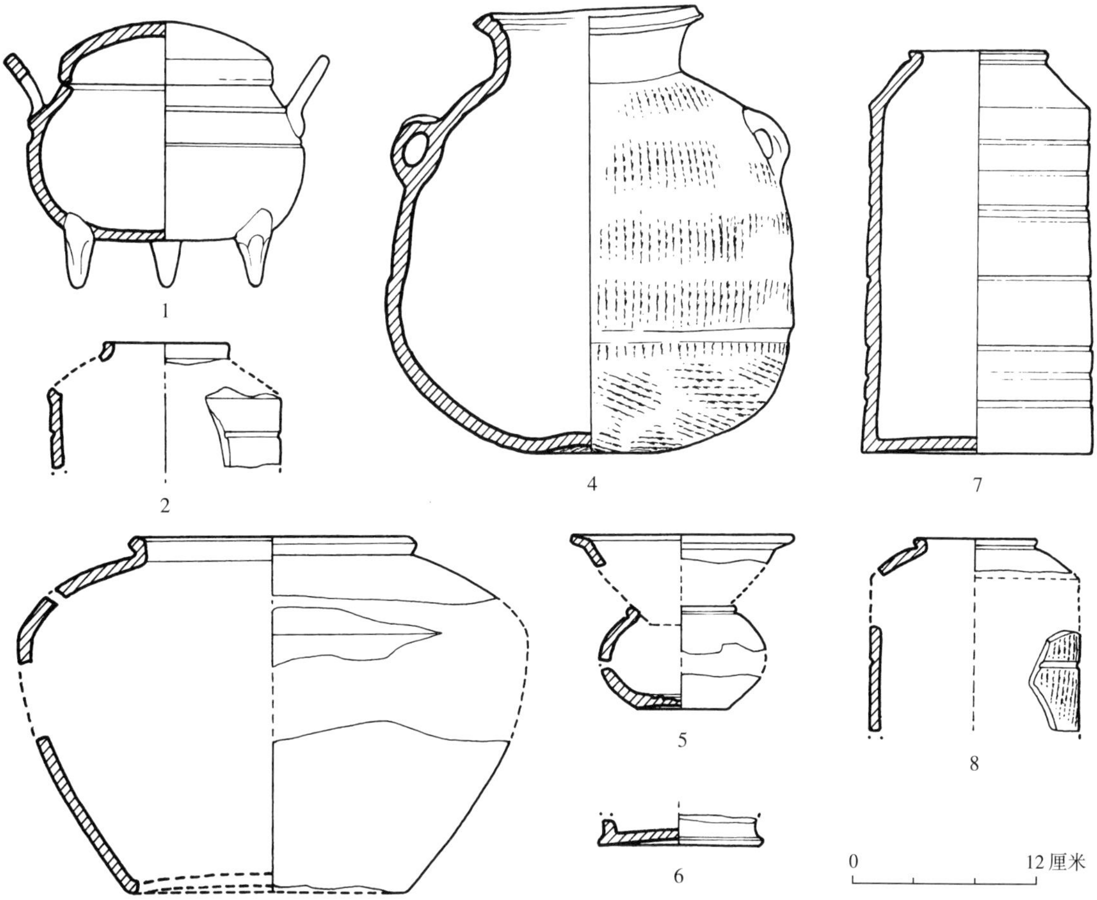

图二九七　汉墓 M93 出土陶器
1.鼎（M93：6）　2、7、8.仓（M93：13、12、11）　3.瓮（M93：5）
4.罐（M93：4）　5.灶（M93：15）　6.井（M93：10）

　　陶灶　1件。M93：15，泥质褐陶。灶体前方后圆。仅修复一釜一甑局部。釜近直口，圆唇，矮领，圆肩，扁鼓腹，平底微凹；甑敞口，翻折沿，方唇，弧腹内收（图二九七，5）。

　　陶仓　3件。泥质褐陶。近直口，圆唇，斜折肩，直壁，平底微凹。腹间饰多道凹弦纹。M93：11，残存上部。腹饰竖绳纹。口径8、腹径13.6厘米（图二九七，8）。M93：12，口径9.2、腹径14.6、底径15.2、高25厘米（图二九七，7；图版五三，1前右）。M93：13，残存上部。口径8、腹径14.8厘米（图二九七，2）。

　　陶井　1件。M93：10，泥质褐陶。仅复原底部。平底微凹。素面。底径10.8厘米（图二九七，6）。

　　铜镜　1件。M93：1，青灰色。圆形，镜面微弧，宽素缘，圆纽座，桥形纽。纽座外为内向八连弧纹，两连弧交接处内侧间饰月纹、三角纹，外围两周短斜线纹带间有一周铭文带："见日之光，天下大明"，铭文两字间以"の"、"田"纹交替间隔。直径7.4、缘厚0.2厘米（图二九八，1、2）。

　　铜带钩　1件。M93：7，灰绿色。长条形，蛇形钩首，尾端方形，圆纽。素面。长7.3、体宽

0.9、纽径0.9厘米（图二九八，3；彩版八，2）。

　　铜泡钉　8件。灰绿色。圆形帽，方钉。器表鎏金。下部有丝织物腐痕。M93：14，直径2.4厘米（图二九八，5；彩版八，1下右）。M93：2、3、16～20，完全同M93：14（彩版八，1上、下左）。

　　铜"五铢"　12枚。圆形，方穿，双面有外郭，穿背面有周郭。正面穿左右篆书"五铢"二字，"五"字交笔弯曲，两横出头，"铢"之"金"字头呈三角形，"朱"之上笔方折，下笔圆折。M93：8-1，穿正面有上横郭。"五"交笔微弯曲，"铢"之"金"字头稍大。直径2.4、穿边长1厘米（图二九八，4）。M93：8-2，"五"交笔弯曲较甚，"铢"之"金"字头较小。直径2.5、穿边

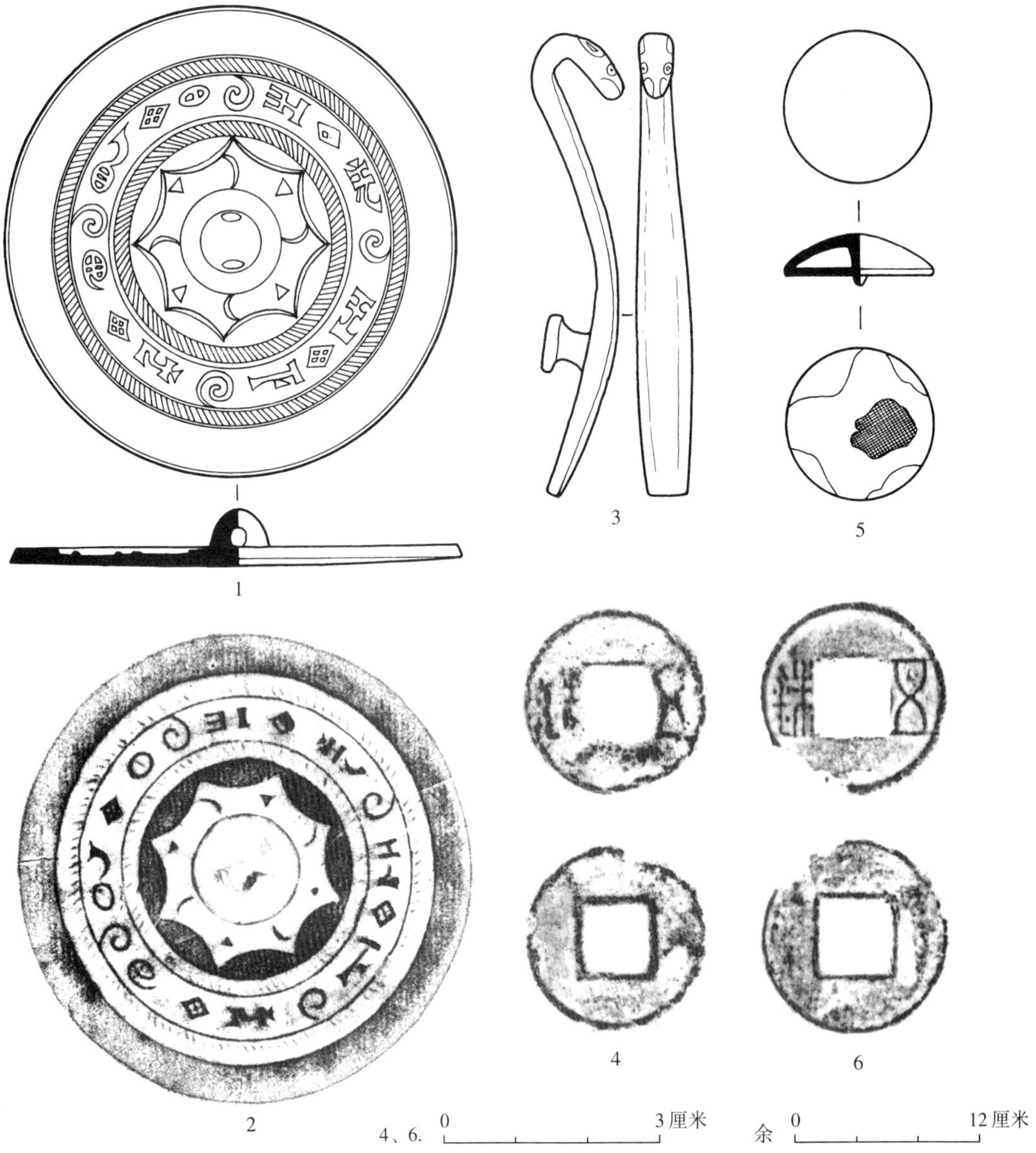

图二九八　汉墓M93出土铜器
1.镜（M93：1）　2.镜拓本（M93：1）　3.带钩（M93：7）　4、6."五铢"拓本（M93：8-1、8-2）　5.泡钉（M93：14）

长 1 厘米（图二九八，6）。

M94

方向 32°。长方形竖穴土坑木椁墓。墓口距地表约 0.4 米，长 2.61、宽 1.5～1.56 米，底长 2.45、宽 1.4 米，深 1.64 米。坑壁粗糙。填软质灰黄夹灰褐色花土。单椁单棺，仅余腐痕。椁室平面呈"Ⅱ"形，椁痕长 2.32、宽 1.24、高 0.34、板痕厚 0.06 米。棺位于椁内西部偏北，棺痕长 1.98、宽 0.54、高 0.2、板痕厚 0.05 米。椁下南北部各有一垫木沟槽，横断面呈半圆形，槽长 1.4、宽 0.14、深 0.06 米。人骨朽尽，葬式不明。3 件随葬器物置于椁内棺外东北角、东侧中部。据随葬器物位置推测头向东北（图二九九）。

陶鍪 1 件。M94：2，上部泥质、下部夹砂灰陶。侈口，仰折沿，尖唇，束颈，溜肩，颈肩相交处有折棱，肩有对称双弓耳，扁鼓腹，凸圜底。颈饰竖绳纹。器内有粟腐痕。口径 14、腹径 21.2、高 20 厘米（图三〇〇，2；图版五三，2 左）。

陶瓮 1 件。M94：1，泥质灰陶。侈口，翻折沿，方唇，束颈，圆肩，鼓腹，平底微凹。肩、中腹各饰一道凸、凹弦纹。口径 27.2、腹径 42.4、底径 23.2、高 29.4 厘米（图三〇〇，1；图版五三，2 右）。

铜"五铢" 1 枚。M94：3，甚残。依稀可辨认钱文为"五铢"。

M95

方向 208°。长方形竖穴土坑木椁墓。墓口距地表约 0.9～1 米，长 2.12～2.14、宽 1.39～1.42 米，底长 2.01、宽 1.35 米，深 1.18～1.38 米。坑壁粗糙。填软质灰褐夹灰黄色花土。单椁单棺，仅余腐痕。椁室平面呈"Ⅱ"形，椁痕长 1.8、宽 1.14、高 0.18、板痕厚 0.07 米。棺位于椁内东部，棺痕长 1.6、宽 0.48、高 0.04、板痕厚 0.04 米。人骨朽尽，棺内南部残存 1 枚牙齿，可知头

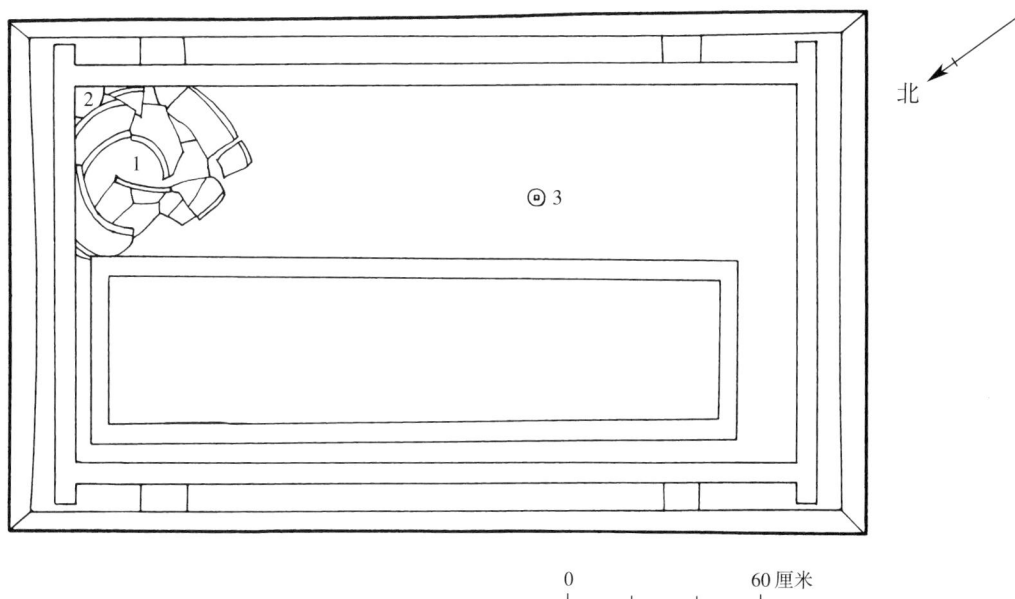

图二九九 汉墓 M94 平面图
1.陶瓮 2.陶鍪 3.铜"五铢"

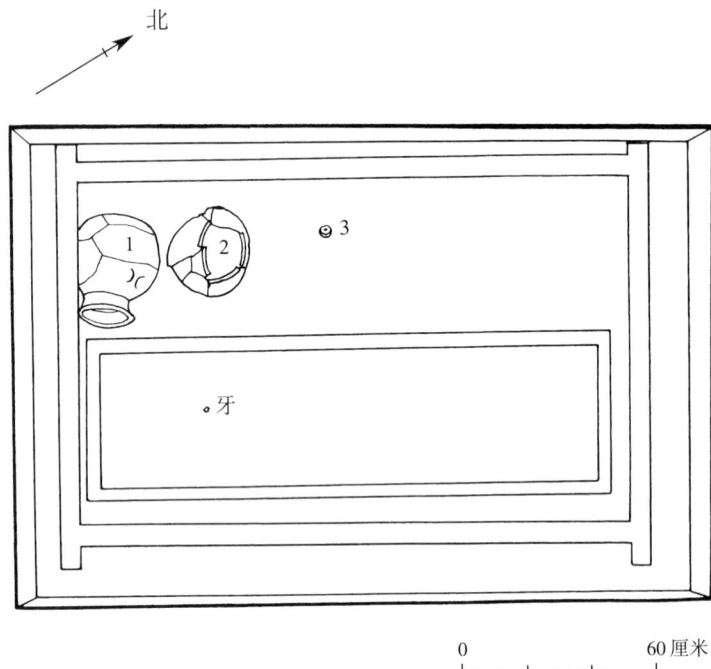

图三○○　汉墓 M94 出土陶器
1. 瓮（M94：1）　2. 鍪（M94：2）

北

图三○一　汉墓 M95 平面图
1. 陶鍪　2. 陶罐　3. 铜"五铢"

向西南，葬式不明。7件（枚）随葬器物置于椁内棺外西南部（图三○一）。

陶鍪　1件。M95：1，上部泥质、下部夹砂红陶。侈口，翻沿，圆唇，束颈，溜肩，肩有对称双弓耳，扁鼓腹，凸圜底。下腹及底饰斜绳纹，中腹以下有烟炱痕。口径19.2、腹径25.2、高19.6厘米（图三○二，1；图版五三，3右）。

陶罐　1件。M95：2，泥质灰陶。侈口，翻折沿，方唇，束颈，圆肩，肩有对称双鼻耳，圆鼓腹，浅凹底。肩至中腹饰竖绳纹间四道抹痕，下腹及底饰横、斜绳纹。高27.4、口径16.4、腹径27.6、底径8厘米（图三○二，2；图版五三，3左）。

铜"五铢"　5枚。圆形，方穿，双面有外郭，穿背面有周郭，正面有上横郭。正面穿左右篆书"五铢"二字，字体细长，"五"字交笔稍弯曲，两横出头，"铢"之"金"字头呈三角形，"朱"之上笔方折，下笔圆折。M95：3-1，直径2.4、穿边长1厘米（图三○二，3）。

M96

方向218°。梯形竖穴土坑木椁墓。打破M102。墓口距地表约0.2米。长方形墓圹，口长2.82、宽1.48米，底长2.8、宽1.44米，深1.7～1.8米。南设斜坡墓道，上口平面长3.88、宽1.2～1.5

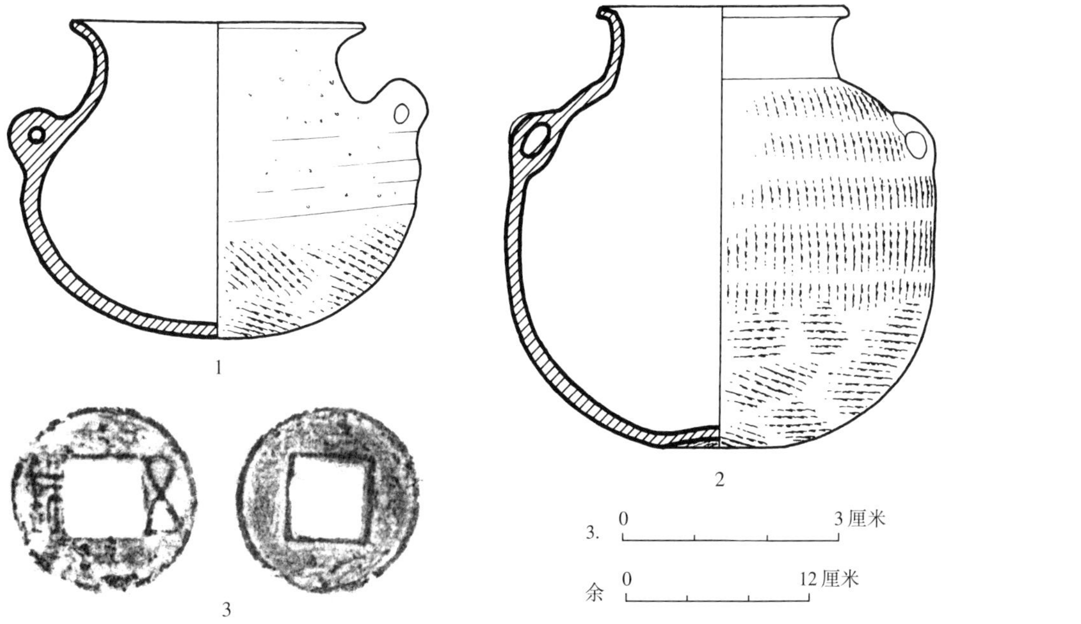

图三〇二 汉墓 M95 出土器物
1. 陶鍪（M95：1） 2. 陶罐（M95：2） 3. 铜"五铢"拓本（M95：3-1）

米，底坡长 4.14、下端宽 1.42、深 1.32 米，坡度 15°。坑壁规整光滑。填硬质灰褐夹灰黄色花土。单椁单棺，仅余腐痕。椁室平面呈"Ⅱ"形，椁痕长 2.52、宽 1.24、高 0.52、板痕厚 0.06 米。棺位于椁内西部，棺痕长 1.94、宽 0.52、高 0.22、板痕厚 0.04 米。人骨朽尽，葬式不明。5 件随葬器物置于椁内棺外东侧南部。据随葬器物位置推测头向西南（图三〇三）。

陶鼎 1 件。M96：3，泥质灰陶。子母口，尖圆唇，折肩，弧腹下收，两附耳残，凸圜底近平，三锥状足直立。上承覆钵式盖，盖顶下凹。素面。口径 11.2、腹径 16.4、体高 11.2、通高 15.2 厘米（图三〇四，1）。

陶罐 2 件。泥质灰陶。侈口，翻折沿，方唇，束颈，圆肩，肩有对称双鼻耳，鼓腹，浅凹底。肩至中腹饰竖绳纹间三道抹痕，下腹及底饰横、斜绳纹。M96：1，口径 15.2、腹径 26.4、底径 8.8、高 26.6 厘米（图三〇四，4）。M96：2，口径 12.4、腹径 18、底径 6、高 18.2 厘米（图三〇四，3）。

陶仓 2 件。敛口，圆唇，斜折肩，直壁，平底微凹。腹间饰三或四道凹弦纹。M96：4，泥质灰陶。下部残。口径 8.8、腹径 12.4、残高 16.4 厘米（图三〇四，2）。M96：5，泥质褐陶。口径 8、底径 12、高 20.4 厘米（图三〇四，5）。

M98

方向 206°。刀形竖穴土坑木椁墓。墓口距地表约 0.7～1 米。长方形墓圹，西壁外扩，东壁内斜，口长 3.36～3.46、宽 2～2.18 米，底长 3.3、宽 1.94～2.08 米，深 2.9～3 米。南设斜坡墓道，上口平面长 6.34、宽 1.1～1.38 米，底坡长 6.72、宽 1.1～1.24 米，下端深 2 米。北部坡度平缓，南部稍陡，坡度分别为 8°、22°。坑壁较粗糙。墓室填灰黄色花土，墓道填黄褐夹少量灰白色花土，质密，较硬。其相接处自上而下有薄木板腐痕，原应以木板分隔。填土中出土有少量泥质红、灰

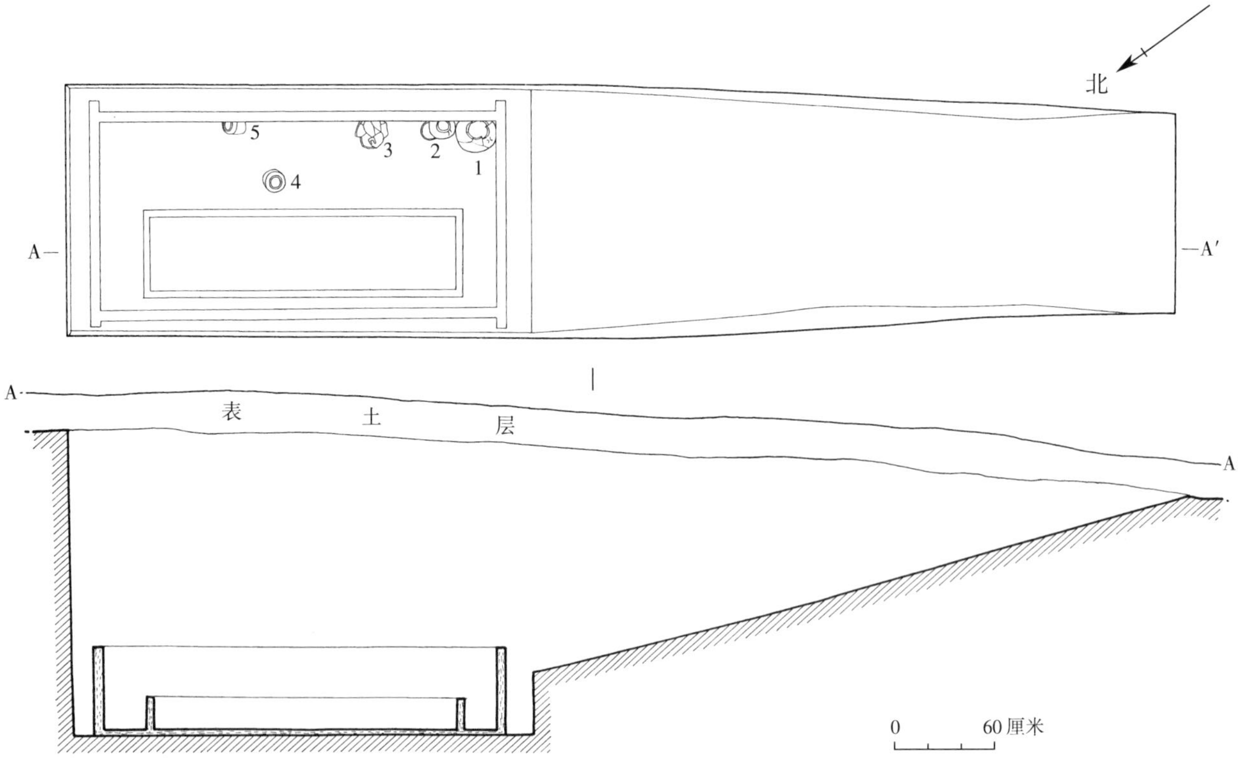

北

表　土　层

0　　　　60厘米

图三〇三　汉墓 M96 平、剖面图
1、2.陶罐　3.陶鼎　4、5.陶仓

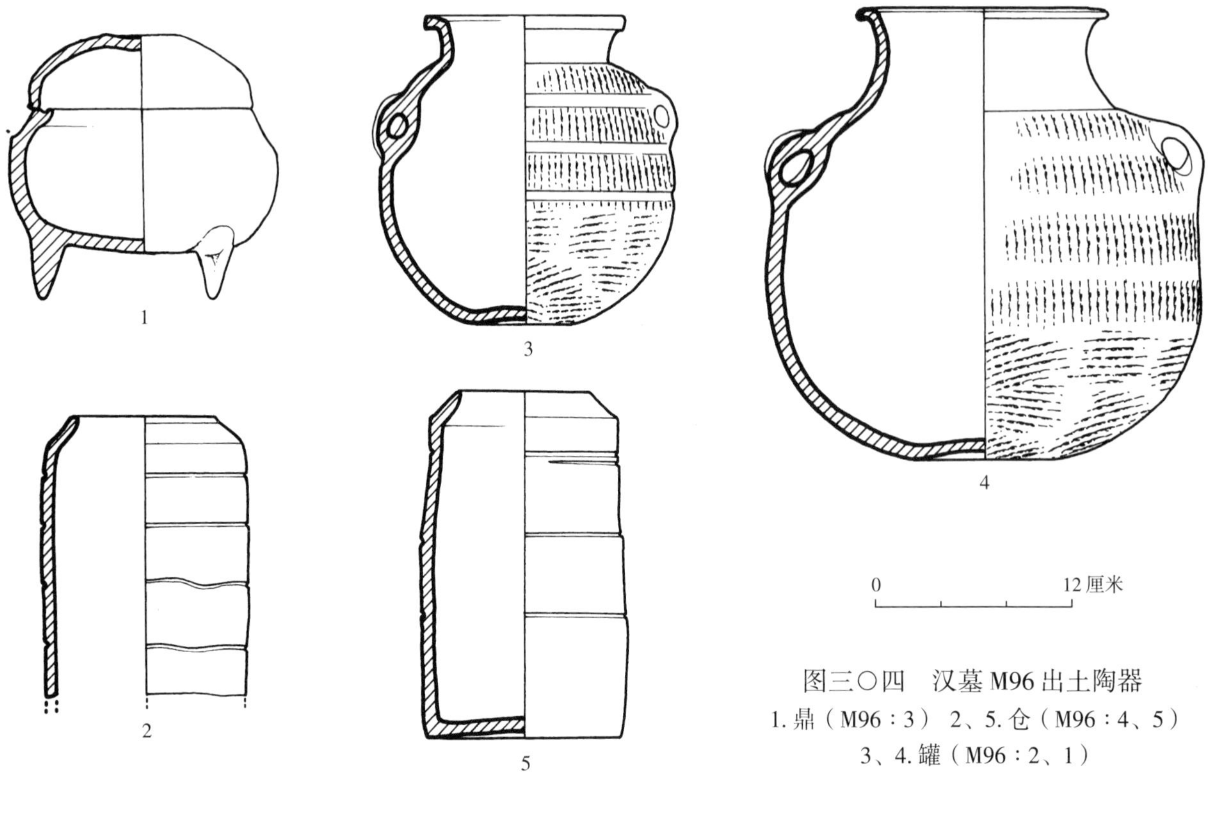

0　　　　12厘米

图三〇四　汉墓 M96 出土陶器
1.鼎（M96：3）　2、5.仓（M96：4、5）
3、4.罐（M96：2、1）

陶片和夹砂灰陶鬲足，有的陶片上饰绳纹。单椁单棺，仅余腐痕。椁室平面呈"Ⅱ"形，椁痕长2.98、宽1.78、高1.26、板痕厚0.06米。棺位于椁内东部，棺痕长2.08、宽0.56、高0.08、板痕厚0.04米。人骨朽，棺内东侧和棺外西北部各发现一节下肢骨，可知头向西南，葬式不明。18件随葬器物除铜带钩置于棺内南部外，余置于椁内棺外西部（图三〇五）。

陶鼎　2件。泥质灰陶。子口，圆唇，折肩，鼓腹，长方形附耳外撇，耳孔对穿，底残，三蹄足直立。无盖。素面。M98：9，口径14、腹径19.4、通高15.2厘米（图三〇六，1）。M98：10，口径14、腹径18.4、通高15.2厘米（图三〇六，2）。

陶盒　1件。M98：7，泥质灰陶。子母口，圆唇，折肩，下腹弧收，底残。上承覆盂状盖，盖顶下凹。中腹饰一道凹弦纹。口径13、腹径17、残高13.6厘米（图三〇六，3）。

陶鍪　1件。M98：4，上部泥质、下部夹砂灰陶。侈口，翻折沿，方唇，束颈，溜肩，肩有对称双弓耳，扁鼓腹，凸圜底。下腹及底满饰横、斜绳纹。底部有烟炱痕。口径16.8、腹径24.4、高21.8厘米（图三〇六，5；图版五四，1中左）。

陶盂　1件。M98：16，泥质褐陶。敞口，圆唇，上腹近直，中腹微折，下腹斜收，平底微凹。素面。口径12.4、底径6.4、高5.4厘米（图三〇六，4；图版五四，1前右2）。

陶罐　1件。M98：5，泥质褐陶。双鼻耳。未能修复。

陶瓮　2件。泥质灰陶。束颈。M98：2，敛口，仰折沿，方唇，圆肩，上腹鼓，下腹向下缓收，平底微凹。肩饰两道凹弦纹。口径20.4、腹径31.6、底径22、高22.8厘米（图三〇六，6；图版五四，1中右）。M98：3，侈口，翻沿，圆唇，折肩，垂鼓腹，凸圜底。肩部四分法阴刻"太一中□"四字。肩至中腹饰竖绳纹间六道凹弦纹，下腹及底饰横、斜绳纹。口径22.8、腹径43.2、高40.8厘米（图三〇六，7；图版五四，1后）。

陶灶　1件。M98：11，泥质灰陶。灶体平面呈前方后圆形，直壁，灶面后端立一烟囱，烟孔较细，灶面有两个等大火眼，前壁下部开拱形灶门。火眼上置二釜一甑一锅，釜敛口，圆唇，溜肩，扁鼓腹，凸圜底；甑敞口，翻沿，圆唇，弧腹内收，平底微凹，底有五箅孔；锅除无箅孔外同甑。灶面饰连弧纹，前壁饰竖绳纹。灶体长28.4、前宽18.4、体高9、通高16.4厘米（图三〇七，1；图版五四，1前左2）。

陶仓　5件。泥质灰陶。微敛口，圆唇，短领，折肩，上腹斜直，中腹鼓，向下弧收，平底微凹。近底部刻划一方形仓门。M98：6，腹部饰竖绳纹。口径10、腹径19、底径16、高24.8厘米（图三〇七，3）。M98：8，腹部饰六道凹弦纹。口径9.6、腹径19.6、底径16、高26厘米（图三〇七，7）。M98：14，上腹残。素面。口径10.4、腹径19.2、底径14.4厘米（图三〇七，8）。M98：17，口残。腹间饰六道凹弦纹。腹径20、底径17.6、残高24.4厘米（图三〇七，9；图版五四，1右1）。M98：18，上部残。腹间饰凹弦纹。腹径19.2、底径16.4、残高18.8厘米（图三〇七，4）。

陶井　1件。M98：13，泥质灰陶。敛口，平折沿，平唇，斜直壁外扩，无底。素面。口径14、底径21.2、高13.4厘米（图三〇七，6；图版五四，1前左1）。

铜带钩　1件。M98：1，灰绿色。尾端略残，整体较长、窄，中部弯曲稍甚，近蛇形，圆纽。残长6.4、体宽1.2、纽径0.7厘米（图三〇七，5）。

铜"五铢"　1枚。M98：12，朽甚，无法起取。依稀可辨钱文为"五铢"。

图三○五 汉墓M98平、剖面图

1. 铜带钩 2、3. 陶瓮 4. 陶鏊 5. 陶罐 6、8、14、17、18. 陶仓 7. 陶盒 9、10. 陶鼎 11. 陶灶 12. 铜"五铢" 13. 陶井 15. 铁锸 16. 陶盂

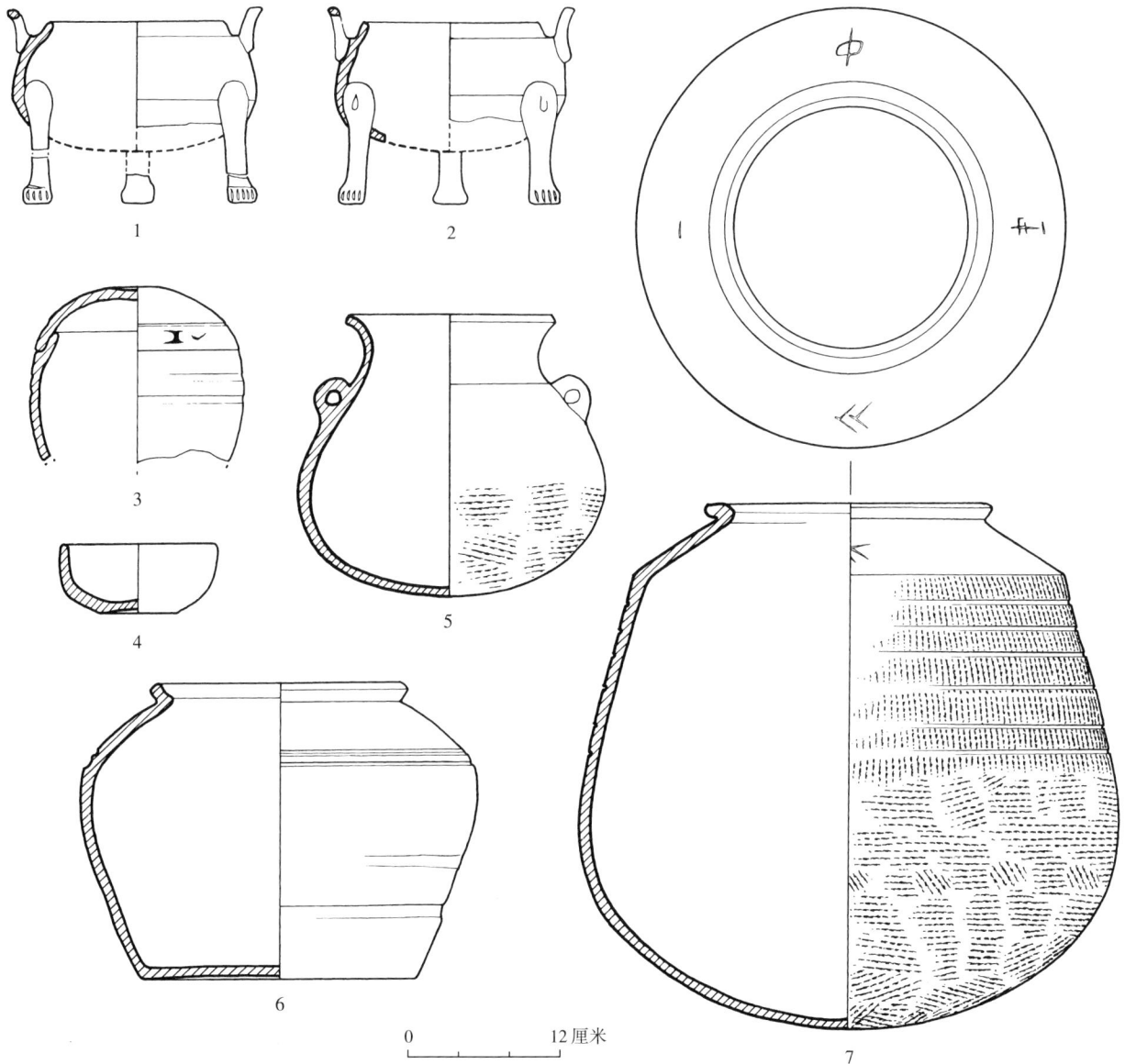

图三〇六 汉墓 M98 出土陶器

1、2.鼎（M98：9、10）3.盒（M98：7）4.盂（M98：16）5.鍪（M98：4）6、7.瓮（M98：2、3）

铁锸 1件。M98：15，锈蚀严重。平面呈"U"形，一侧残，上端有长方形銎，上部中空，下部实心，弧刃，刃纵断面呈"V"形。刃宽11.2、最厚处2厘米（图三〇七，2）。

M99

方向28°。刀形竖穴土坑木椁墓。墓口距地表约0.4～0.5米。墓圹平面长方形，口长3.3、宽2.4～2.48米，底长2.88、宽2.3米，深2.1米。南设两条窄长的斜坡墓道，东短西长，整体略呈刀形，东墓道打破西墓道。两墓道均基本呈长方形，近直壁。东墓道上口平面长2.95～3.01、宽1.33～1.36米，底坡长3.2、下端深0.85米；西墓道上口平面长3.37、前宽1.4、后部残宽1.15米，底坡长3.5、下端深0.85米。东、西墓道后部近平，前部稍陡，坡度分别为27°、19°。坑壁较粗

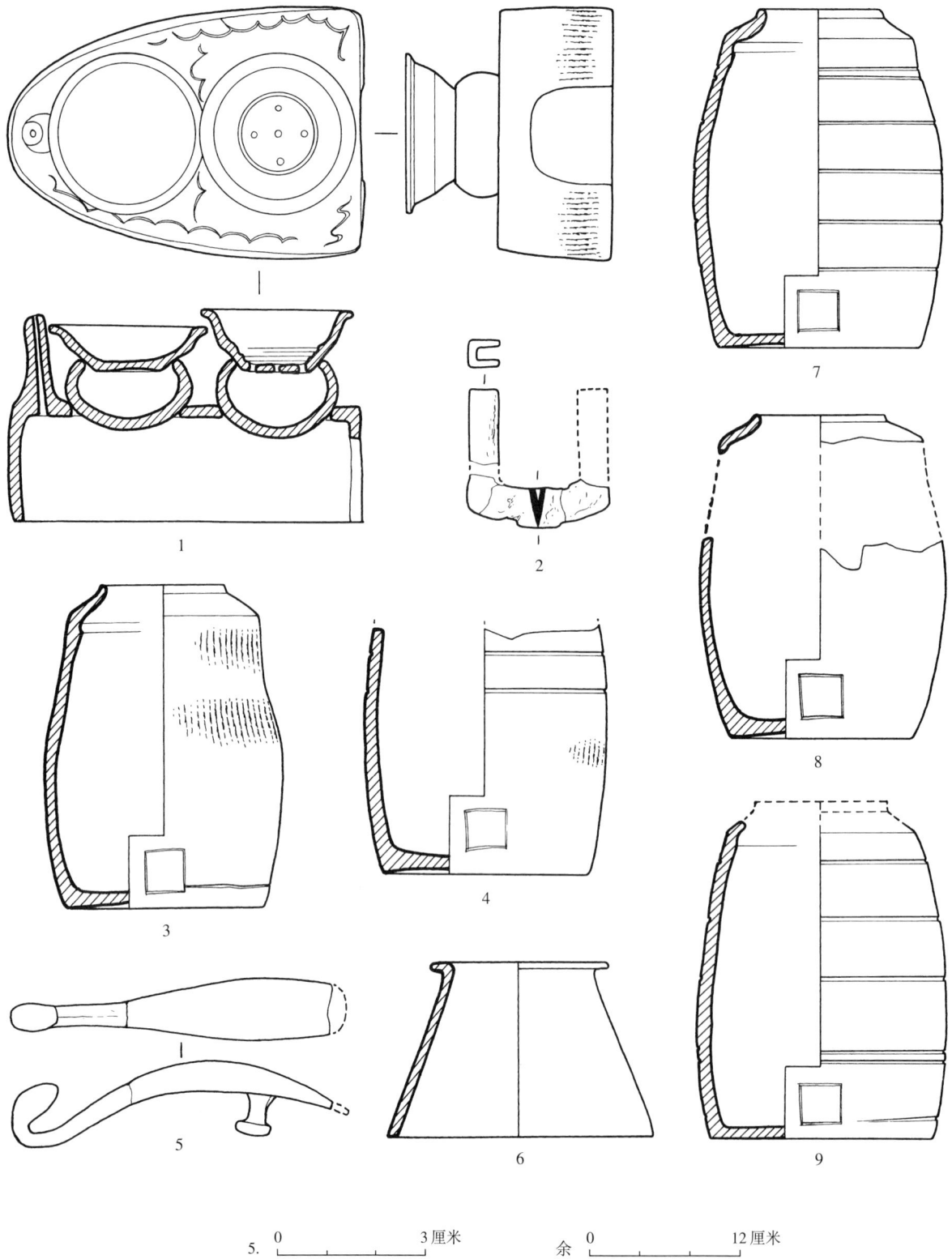

1. 陶灶（M98：11）　2. 铁锸（M98：15）　3、4、7~9. 陶仓（M98：6、18、8、14、17）
5. 铜带钩（M98：1）　6. 陶井（M98：13）

糙。墓室、墓道均填硬质灰褐夹灰黄色花土，结合部难以分辨。单椁并棺，仅余腐痕。椁室平面呈"Ⅱ"形，椁痕长2.75、宽2.06、高0.5、板痕厚0.08米。双棺分别位于椁内东、西近椁板处，均残存底板痕，东棺痕长2.4、宽0.62~0.84、厚0.03米，其底板距椁底板高0.22米；西棺痕长2.08、宽0.7、厚0.04米，底板直接落在椁底板上。东棺底悬空，推测棺底应有支垫物，其支垫痕不清。人骨已朽，双棺内均存头骨痕及少量牙齿、肢骨，可知头向东北，仰身直肢葬式。30件（枚）随葬器物除少量小件器物在东棺内中、北部外，余在椁内双棺下及西棺东侧、两端。由墓道的打破关系分析，该墓为一次起筑墓圹、椁室，同时下挖西墓道，西棺先行下葬，东棺后葬，葬入东棺时再挖东墓道，即该墓为先后下葬的同穴同椁合葬墓。其随葬器物基本可分辨出归属（图三〇八~三一〇）。

东棺器物10件：

陶鼎 1件。M99：1，泥质灰陶。子母口，尖圆唇，折肩，中腹微鼓，下腹弧收，长方形附耳外撇，耳孔未穿，凸圜底近平，三蹄足直立。上承弧盘球面盖，盖顶一小圆锥状纽。中腹饰二道凹弦纹，耳外壁孔下饰小方格纹；盖面上部四个半圆形区域内满饰摁窝纹，中部饰一道凹弦纹，下部饰一周连续网格纹。口径14.8、腹径18.4、体高15.2、通高21.6厘米（图三一一，1；图版五四，2前左2）。

陶壶 1件。M99：2，泥质灰陶。盘口，折沿，沿面有浅凹槽，方唇，束颈，溜肩，肩有对称兽面铺首衔环，扁鼓腹，凸圜底，盘口状浅圈足。上承弧盘球面盖，盖顶一小圆锥状纽。肩、中腹各饰二道凹弦纹，下腹饰斜绳纹；盖面上部四个半圆形区域内满饰摁窝，中部饰一道凹弦纹，下部饰一周连续网格纹。口径16.4、腹径29、圈足径17.6、体高33、通高41厘米（图三一一，2；图版五四，2后左2）。

陶罐 3件。泥质灰陶。M99：3，侈口，翻折沿，外沿面有一道浅凹槽，方唇，束颈，广肩，肩有对称双鼻耳，鼓腹，浅凹底。肩至中腹饰竖绳纹间四道抹痕，下腹及底饰横、斜绳纹。口径14.8、腹径26.8、底径9.2、高26~27.4厘米（图三一一，4；图版五四，2中前左2）。M99：7，直口，圆唇，矮领，圆肩，上腹鼓，下腹近斜直状弧收，平底微凹。上承弧微折盘状盖，盖顶有一圆形捉手。肩、上腹、中腹各饰二、二、一道凹弦纹。口径8.4、腹径16.8、底径8.8、体高12、通高15.6厘米（图三一一，3；图版五四，2前左3）。M99：9，形制基本同M99：7。中腹饰二道凹弦纹。口径9.2、腹径17.2、底径9.2、体高12.8、通高16.4厘米（图三一一，6；图版五四，2中前右2）。

陶灶 1件。M99：14，泥质灰陶。灶体平面呈梯形，斜直壁，前、后端有挡墙，前挡墙残失，灶面后端紧贴后挡墙直立一八棱形筒状烟囱，烟孔较粗，灶面有三个火眼，前壁中部开拱形灶门。火眼上置一釜一甑二锅，釜敛口，圆唇，溜肩，扁鼓腹，平底微凹；甑敞口，翻折沿，

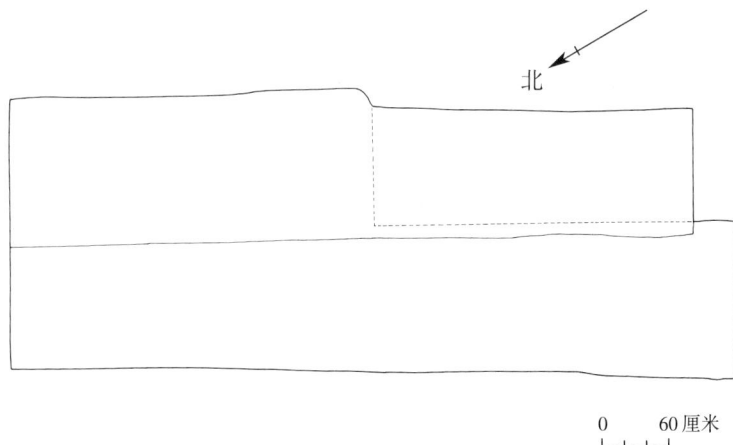

北

0 60厘米

图三〇八 汉墓M99双墓道打破关系平面图

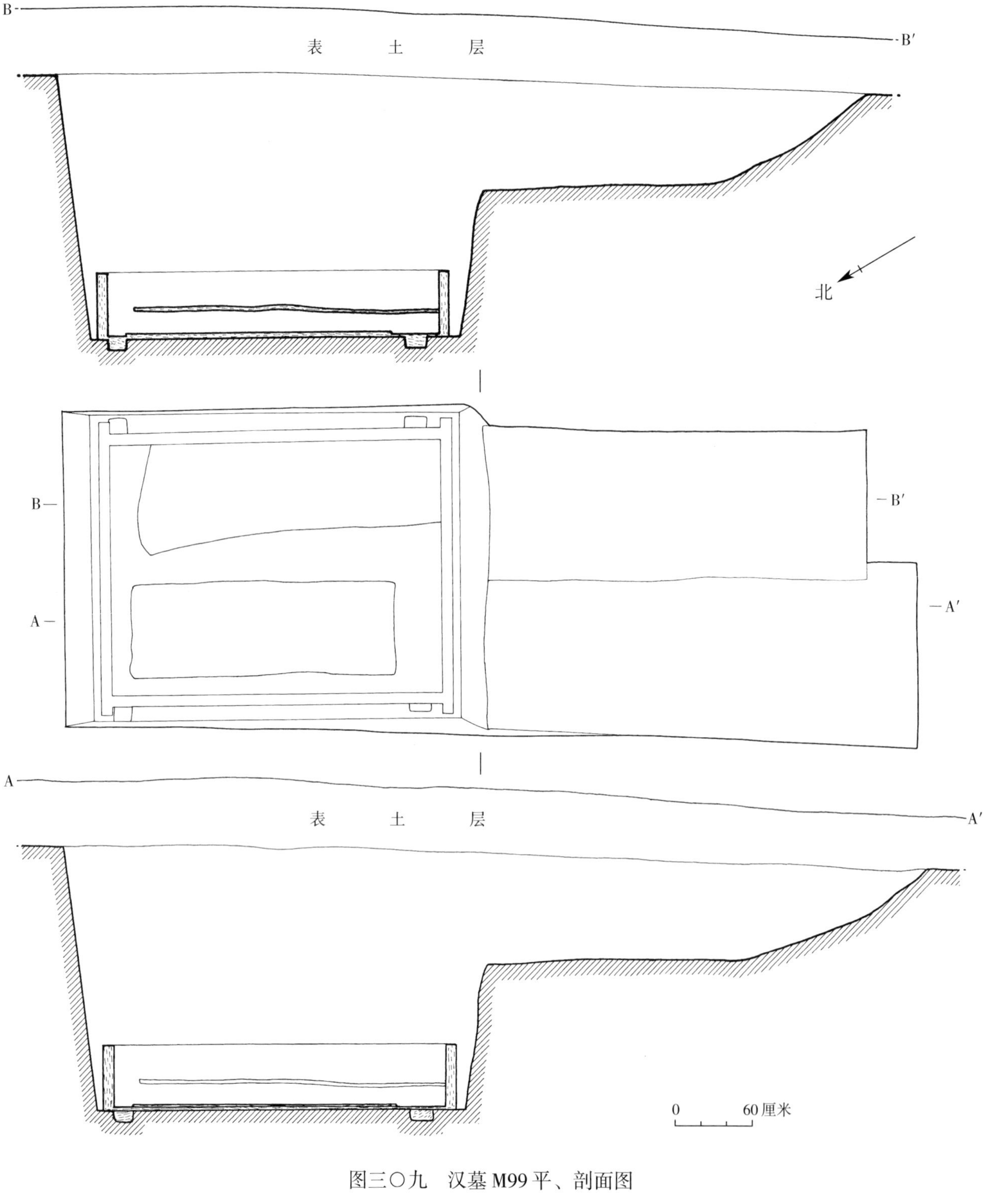

图三〇九　汉墓 M99 平、剖面图

方唇，弧腹内收，平底微凹，底有五箅孔；一锅除底无箅孔外同甑；一锅敞口，口上立两双环耳，弧腹内收，小平底。锅、甑近底部有刀削痕。甑、锅中腹饰二、三道凹弦纹。灶体长35.4、宽17.4～18.6、挡墙高6.6、体高9.2、通高18.6厘米（图三一一，5；图版五四，2前右1）。

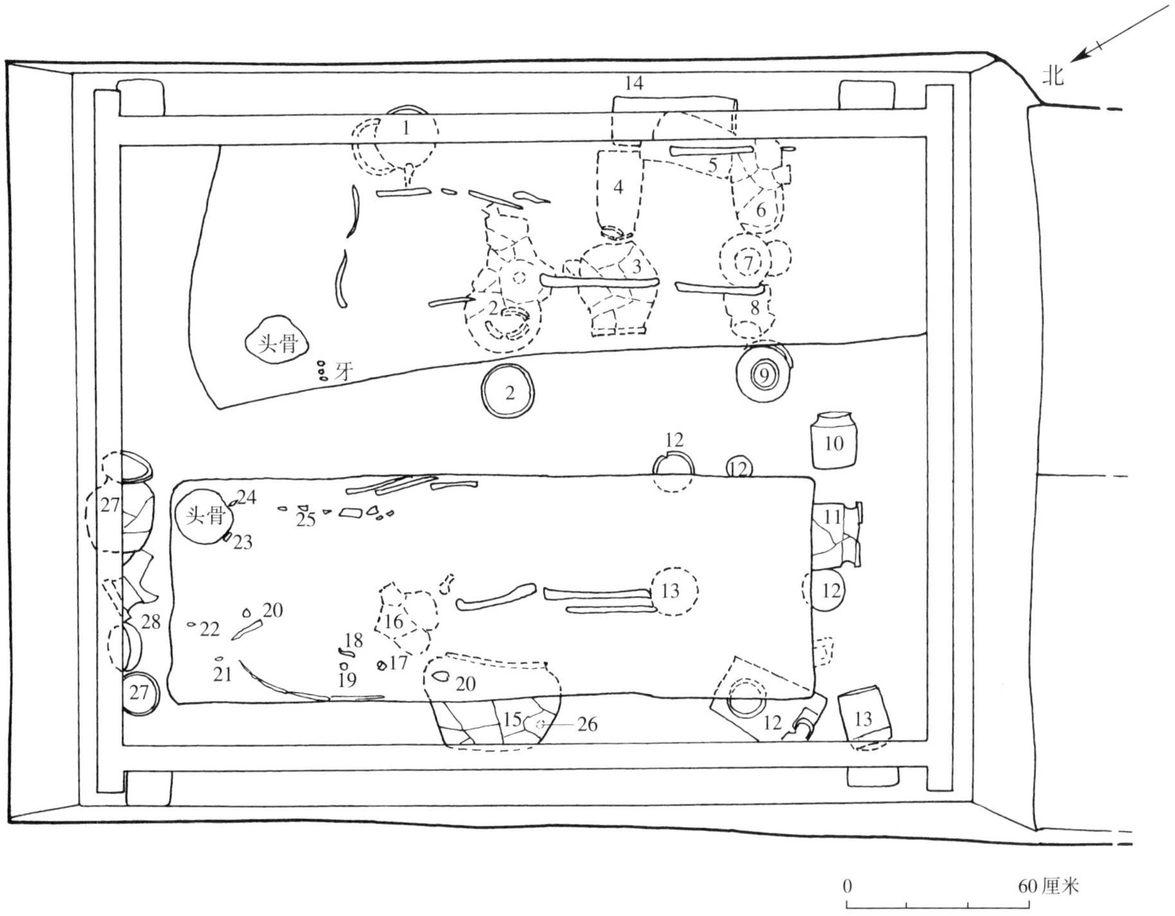

图三一〇　汉墓 M99 棺椁及器物分布平面图

1、16. 陶鼎　2、27. 陶壶　3、7、9、15. 陶罐　4~6、10、13. 陶仓　8、11. 陶井　12、14. 陶灶　17. 石锛
18. 铜带钩　19. 铜"五铢"　20. 石蝉　21~24. 石塞　25. 石片饰　26. 石璧　28. 铜铯

陶仓　3件。除个别盖泥质红陶外，余均泥质灰陶。敛口，圆或方唇，斜折肩，近直壁，平底微凹。肩部有一周凸棱。腹间饰五、六道凹弦纹。M99：4，无盖。口径9.2、腹径16.4、底径13.6、高26厘米（图三一一，8；图版五四，2后右2）。M99：5，近底部有刀削痕。上承浅弧盘状盖。口径9.2、腹径16、底径12.8、体高24、通高30.4厘米（图三一一，9；图版五四，2后右1）。M99：6，上承博山盖。盖面模印人物、动物、植物纹，多模糊。口径9.6、腹径15.2、底径12、体高24、通高30.4厘米（图三一一，10；图版五四，2后左3）。

陶井　汉墓M99：8，泥质褐陶。侈口，翻折沿，方唇，束颈，斜折肩，弧腹向下缓收，平底微凹。素面。口径17.2、腹径16.4、底径12、高12.6厘米（图三一一，7；图版五四，2中后右）。

西棺器物20件（枚）：

陶鼎　1件。M99：16，泥质灰陶。子母口，折沿，方唇，折肩，中腹鼓，下腹弧收，两长方形附耳外撇，耳孔对穿，凸圜底，三蹄足直立。上承微折盘状盖，盖顶一圈足状纽。下腹至底饰横、斜绳纹。耳外壁孔下部饰小方格纹。口径12.4、腹径20.6、体高18.6、通高23.8厘米（图三一二，1；图版五四，2前左1）。

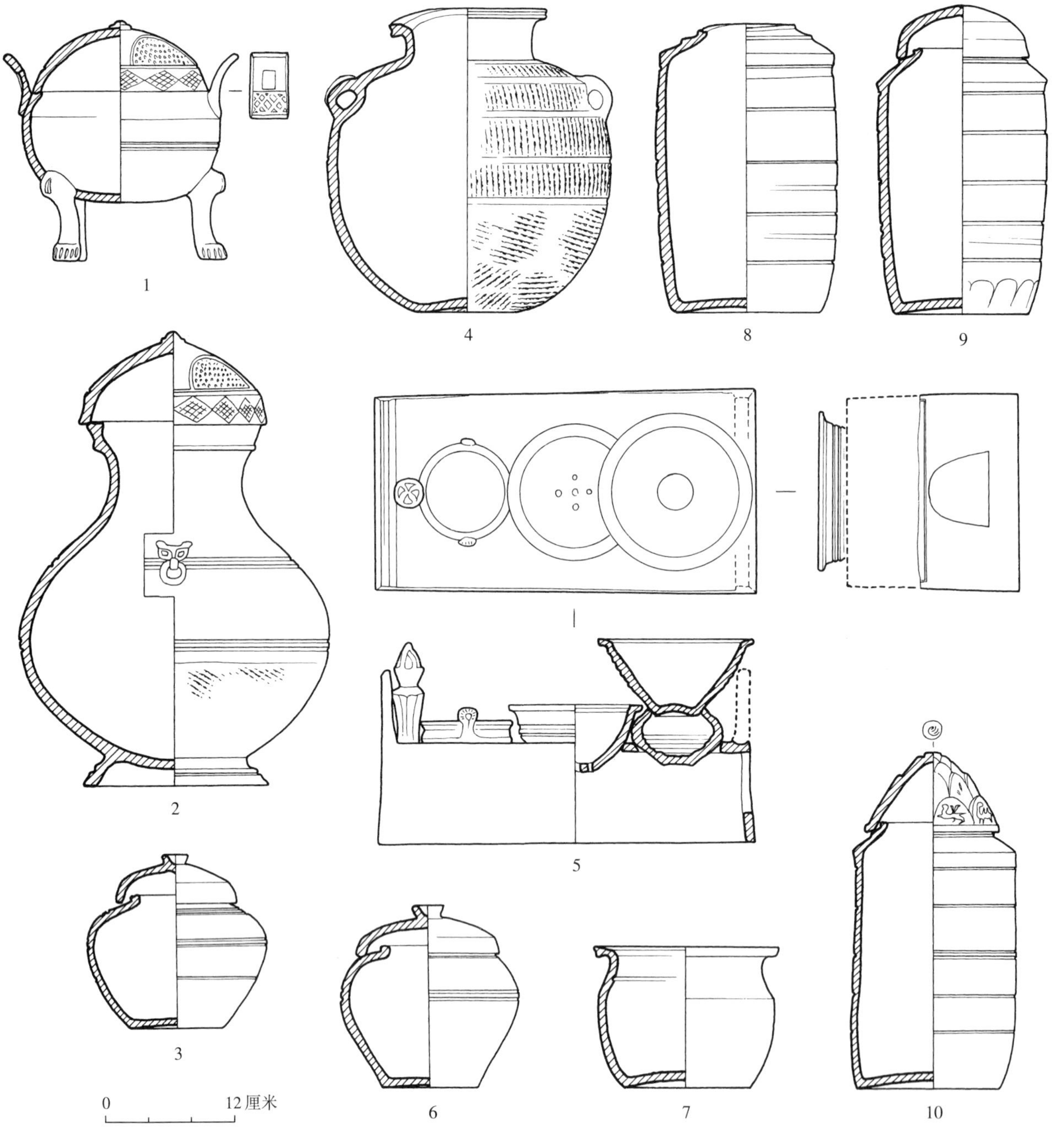

图三一一　汉墓 M99 东棺出土陶器
1.鼎（M99：1）2.壶（M99：2）3、4、6.罐（M99：7、3、9）
5.灶（M99：14）7.井（M99：8）8～10.仓（M99：4～6）

　　陶壶　1件。M99：27，泥质灰陶。盘口，折沿，平唇，束颈，溜肩，扁鼓腹，凸圈底，盘口状浅圈足。上承微折盘状盖。肩、上腹各饰一、二道凹弦纹，下腹饰斜绳纹。口径16.8、腹径27.2、圈足径17.6、体高32.6、通高35.4厘米（图三一二，4；图版五四，2中后左1）。

　　陶罐　1件。M99：15，泥质灰陶。侈口，翻折沿，方唇，束颈，溜肩，肩有对称双鼻耳，鼓

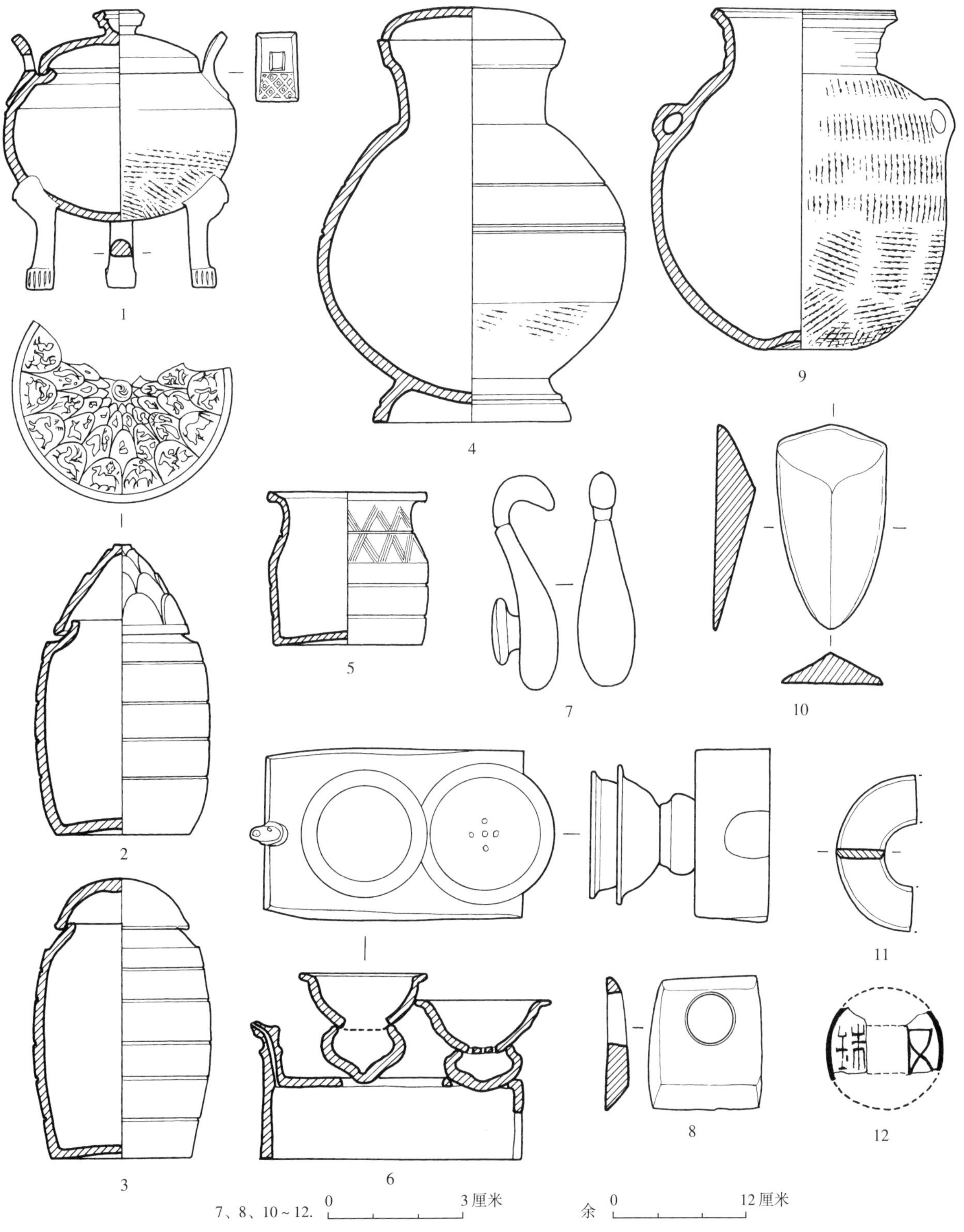

图三一二 汉墓 M99 西棺出土器物

1.陶鼎（M99：16） 2、3.陶仓（M99：10、13） 4.陶壶（M99：27） 5.陶井（M99：11）
6.陶灶（M99：12） 7.铜带钩（M99：18） 8.石锛（M99：17） 9.陶罐（M99：15）
10.石蝉（M99：20） 11.石璧（M99：26） 12.铜"五铢"摹本（M99：19-1）

腹，凹底较深。颈饰多道凹弦纹，肩至中腹饰竖绳纹间三道抹痕，下腹及底饰横、斜绳纹。口径16.8、腹径26.4、底径8、高29厘米（图三一二，9；图版五四，2中前左1）。

陶灶　1件。M99：12，泥质灰陶。灶平面呈梯形，后端斜立一烟囱，烟囱上部外折，烟孔较细，灶面设前小后大两火眼，前壁下部开拱形灶门。火眼上置二釜一甑一锅，釜敛口，圆唇，溜肩，扁鼓腹，凸圆底；甑敞口，翻折沿，方唇，弧腹内收，平底微凹，近底部有刀削痕，底有五箅孔；锅底残，余形制同甑。灶体长23、宽13.2～14.4、体高7、通高16厘米（图三一二，6；图版五四，2前右2）。

陶仓　2件。泥质灰陶。敛口，方唇，折肩，腹壁外弧，平底微凹。M99：10，上承博山盖。腹间饰四道凹弦纹。盖面模印人物、动物、植物纹。口径9.2、腹径15.6、底径12、体高18.4、通高24.8厘米（图三一二，2；图版五四，2中后左）。M99：13，上承浅弧盘状盖。腹间饰五道凹弦纹。口径10、腹径16、底径12.8、体高20、通高24厘米（图三一二，3；图版五四，2中后中）。

陶井　1件。M99：11，泥质灰陶。侈口，翻折沿，方唇，束颈，斜折肩，直壁，平底微凹。颈、腹各饰一、二道凹弦纹，颈刻划交叉四线波折纹。口径14、底径13.2、高13厘米（图三一二，5；图版三三，6中前右1）。

铜铞　1件。M99：28，体薄，锈蚀严重，无法修复。敞口，斜折沿。

铜带钩　1件。M99：18，灰绿色。整体较短、窄，近琵琶形，尾端正面微隆，圆纽。素面。长4.6、体宽2.3、纽径1.4厘米（图三一二，7）。

铜"五铢"　3枚。均残。圆形，方穿，双面有外郭，穿背面有周郭。穿左右篆书"五铢"二字，"五"字交笔弯曲较甚，"铢"之"金"字头呈三角形，"朱"之上笔方折，下笔圆折。M99：19-1，穿边长1厘米（图三一二，12）。

石锛　1件。M99：17，青石质。磨制光滑。平面近方形，双面较平，顶平，单面平刃，上端中部有圆形单面钻孔。宽2.5、高2.7、孔径1.2厘米（图三一二，18；彩版八，3）。

石璧　1件。M99：26，灰白色。残存一半，圆形，断面呈倒梯形。直径3.4、好径1.5、厚0.2厘米（图三一二，11）。

石蝉　1件。M99：20，灰白色。扁平体，头部三角形，尾部尖圆。长4.4、宽2.4、厚0.9厘米（图三一二，10）。

石塞　4件。M99：21～24，灰白色。残碎严重，无法起取。

石片饰　1件。M99：25，灰白色。长方体。无法起取。

M100

方向20°。长方形竖穴土坑木椁墓。墓口距地表厚约0.86～1.05米，长2.7、宽1.46米，底长2.54、宽1.38米，深2.4～2.48米。坑壁粗糙。填软质灰褐夹灰黄色花土，包含鬲足、口沿等少量灰陶片、夹砂红陶片。单椁单棺，仅余腐痕。椁室平面呈"Ⅱ"形，椁痕长2.45、宽1.25、高0.28、板痕厚0.06米。棺位于椁内东部偏南，棺痕长1.9、宽0.46、高0.03、板痕厚0.05米。人骨朽尽，葬式不明。3件随葬器物置于椁内棺外北部。据随葬器物位置推测头向北（图三一三）。

陶鼎　1件。M100：3，泥质灰陶。子口，折沿，方唇，折肩，折腹，上腹壁斜直，下腹弧收，平底微凹，长方形附耳外撇，耳孔未穿，三直立兽蹄足。足面模印人物图案。口径16、腹径22、通高20厘米（图三一四，2；图版五五，1前左）。

陶壶 1件。M100:1,泥质灰陶。盘口,折沿,平唇,束颈,溜肩,肩有对称兽面铺首,鼓腹,凸圜底,盘口状浅宽圈足。颈有一周宽凸棱,肩及上腹饰四道宽凹弦纹,以下饰横、斜绳纹。口径15.2、腹径30.4、圈足径19.2、高31.6厘米(图三一四,3;图版五五,1后)。

陶灶 1件。M100:2,泥质灰陶。灶体平面呈前方后圆形,直壁,灶面后端斜立一烟囱,烟孔较细,灶面前后有两等大火眼,前壁下部开拱形灶

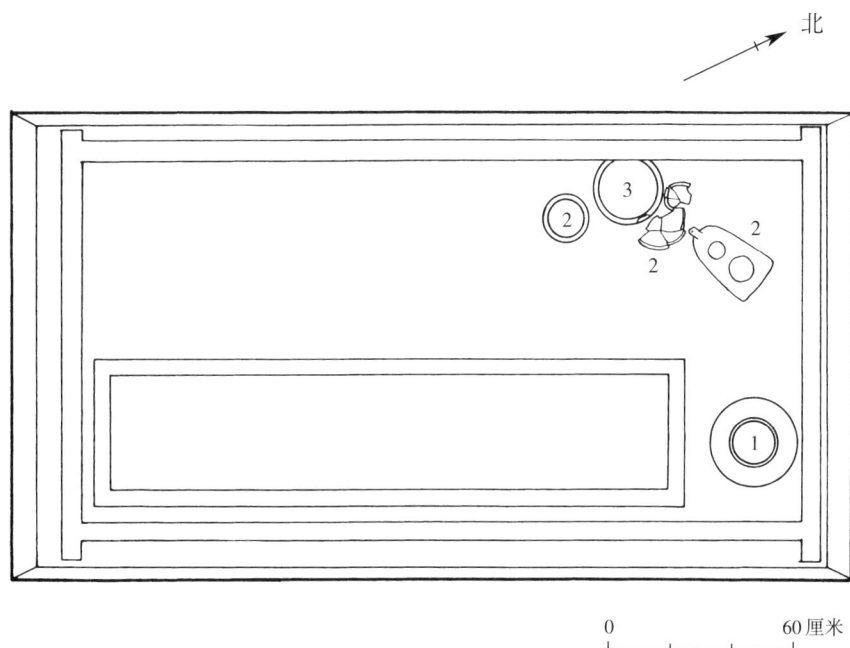

北

图三一三 汉墓 M100 平面图
1.陶壶 2.陶灶 3.陶鼎

0   60厘米

0   12厘米

图三一四 汉墓 M100 出土陶器
1.灶(M100:2) 2.鼎(M100:3) 3.壶(M100:1)

门。火眼上置二釜一甑一锅，釜敛口，圆唇，溜肩，扁鼓腹，凸圜底；甑敞口，翻折沿，方唇，弧腹内收，平底微凹，底有五箅孔；锅除底无箅孔外同甑。甑、锅中腹饰凹弦纹。灶体长24.6、前宽18、体高6.4、通高22.4厘米（图三一四，1；图版五五，1前右）。

M101

方向202°。长方形竖穴土坑木椁墓。墓口距地表约0.6米，长2.64～2.67、宽1.54米，底长2.6、宽1.5米，深2.83～2.9米，坑壁较粗糙。填软质灰黄夹灰褐色花土。单椁单棺，仅余腐痕。椁室平面呈"Ⅱ"形，椁痕长2.56、宽1.38、高0.4、板痕厚0.08米。棺位于椁内西部，棺痕长2、宽0.57、高0.12、板痕厚0.04米。人骨朽尽，棺内南部残存数枚牙齿，可知头向南，葬式不明。5件随葬器物置于椁内棺外东部（图三一五）。

陶鼎　1件。M101：4，泥质灰陶。子口，圆唇，折肩，弧腹内收，长方形附耳外撇，耳孔对穿，凸圜底，三人面形直立足，下部外撇。素面。口径16.8、腹径19.8、通高17.4厘米（图三一六，1；图版五六，1中右）。

陶盒　1件。M101：3，泥质灰陶。微敛口，折沿，方唇，弧腹下收，平底微凹。上承深覆钵式盖。素面。口径19、腹径19.2、底径9.6、体高11.2、通高19.4厘米（图三一六，2；图版五六，1前右）。

陶壶　1件。M101：5，泥质灰陶。盘口，圆唇，束长颈，溜肩，肩有对称兽面铺首，鼓腹，圜底，不明显盘口状深圈足。颈、肩、中腹各饰二、一、二道凹弦纹。上承浅弧盘状盖。口径20、腹径28.8、圈足径16.6、体高39.6、通高43.6厘米（图三一六，4；图版五六，1后）。

陶灶　1件。M101：1，泥质灰陶。灶体平面呈长方形，直壁，后端有挡墙，灶面后端紧贴挡墙立烟囱，烟囱上部略残，灶面有前大后小两火眼，前壁下部开拱形灶门。火眼上置二釜一甑一锅，釜敛口，圆唇，溜肩，扁鼓腹，中腹有一周凸棱，平底微凹；甑敞口，翻折沿，方唇，弧腹内

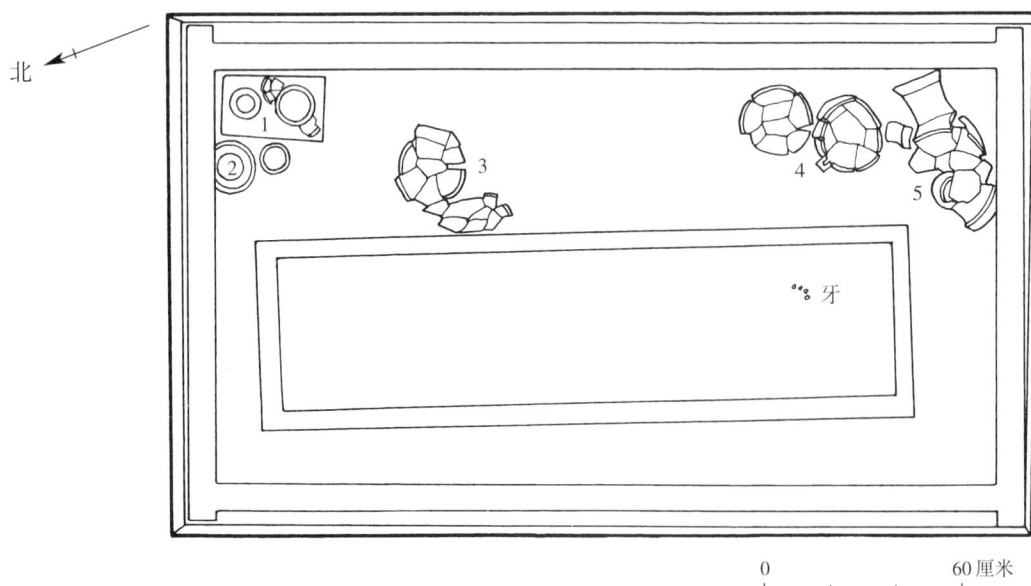

0　　　　　　　　　　60厘米

图三一五　汉墓M101平面图
1.陶灶　2.陶井　3.陶盒　4.陶鼎　5.陶壶

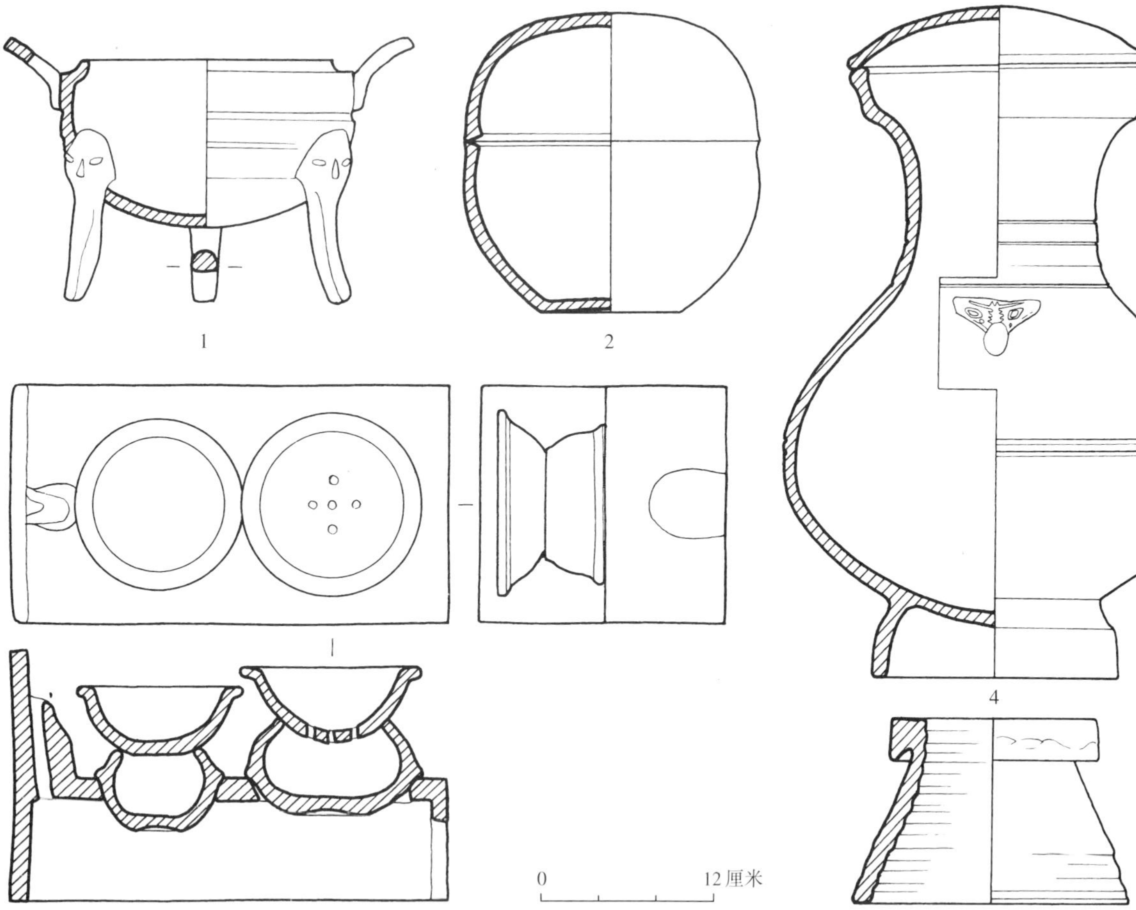

图三一六 汉墓 M101 出土陶器

1.鼎（M101∶4） 2.盒（M101∶3） 3.灶（M101∶1） 4.壶（M101∶5） 5.井（M101∶2）

收，平底，底有五箅孔；锅除底无箅孔外同甑。素面。灶体长 29.4、宽 15.6、体高 8、通高 16.4 厘米（图三一六，3；图版五六，1 中左）。

陶井　1件。M101∶2，泥质灰陶。微敛口，宽平折沿外卷，腹壁斜扩，无底。腹壁呈波曲形。口径 14、底径 18.8、高 12 厘米（图三一六，5；图版五六，1 前左）。

M103

方向 215°。长方形竖穴土坑木椁墓。墓口距地表约 0.56～0.66 米，长 1.94～1.98、宽 0.91～0.96 米，底长 1.8、宽 0.84 米，深 1～1.08 米。坑壁较粗糙。填硬质灰褐夹灰黄色花土。单椁单棺，仅余腐痕。椁室平面呈"Ⅱ"形，椁痕长 1.76、宽 0.73、高 0.2、板痕厚 0.06 米。棺位于椁内西北部，棺痕长 1.2、宽 0.44、高 0.1、板痕厚 0.04 米。人骨朽尽，棺内南部残存 1 枚牙齿，可知头向西南，葬式不明。2 件随葬器物置于椁内棺外东北、东南部（图三一七）。

陶罐　1件。M103∶1，泥质黑衣灰陶。侈口，翻沿，圆唇，束颈，溜肩，肩有对称双鼻耳，鼓腹，浅凹底。肩至中腹饰竖绳纹间三道凹弦纹，下腹及底饰横、斜绳纹。口径 14、腹径 22.8、底径 7.2、高 24.2 厘米（图三一八，1；图版六五，1）。

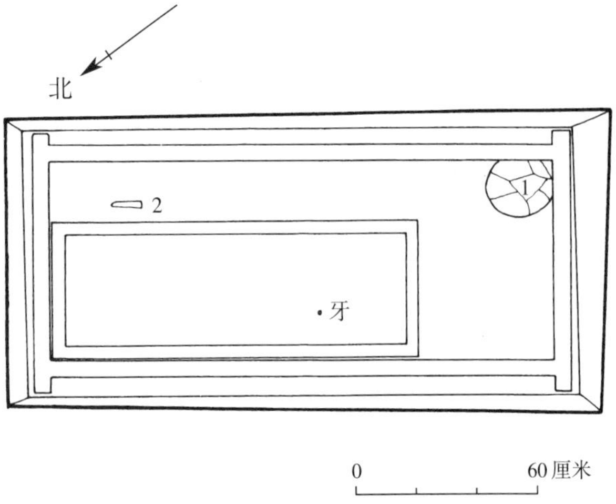

图三一七　汉墓 M103 平面图
1. 陶罐　2. 铁锸

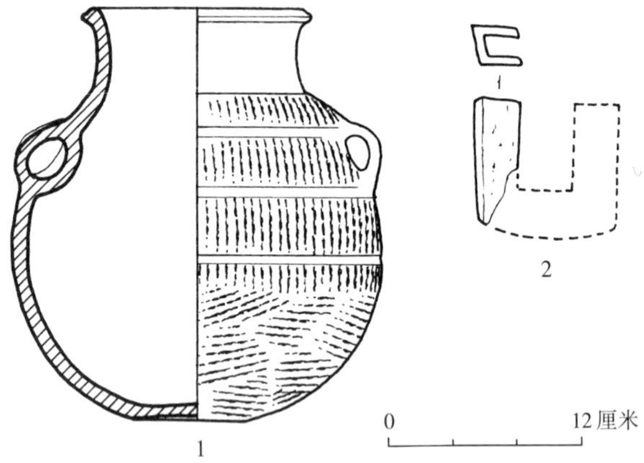

图三一八　汉墓 M103 出土器物
1. 陶罐（M103：1）　2. 铁锸（M103：2）

铁锸　1件。M103：2，残存侧半，锈蚀严重。上端凹口銎，中空，上厚下薄。残高7.2厘米（图三一八，2）。

M104

方向38°。"凸"字形竖穴土坑木椁墓。墓口距地表约0.4米。长方形墓圹，口长3.12、宽1.98米，底长3.02、宽1.7米，深2.18～2.25米。南设斜坡墓道，上口平面长6.8、宽1.3～1.48米，坡底长7.02、宽1.16～1.3、下端深1.66米。前部稍陡，后部稍缓，坡度分别为19°、8°。坑壁规整光滑。填软质灰黄夹灰褐色花土，包含有少量灰陶片，可辨器形有罐、双耳罐、盂、瓿等。单椁单棺，仅余腐痕。椁室平面呈"Ⅱ"形，椁痕长2.6、宽1.46、高0.32、板痕厚0.06米。棺位于椁内西部偏南，棺痕长2.08、宽0.52、高0.08、板痕厚0.05米。人骨朽尽，棺内北部残存数枚牙齿，可知头向东北，葬式不明。6件随葬器置于椁内棺外北、东北部（图三一九）。

随葬器物：

陶鼎　1件。M104：1，泥质灰陶。子母口，圆唇，折肩，弧腹内收，长方形附耳外撇，耳孔对穿，凸圜底，三熊形直立足。上承深弧盘状盖。素面。口径20.8、肩径24.6、体高18、通高27.4厘米（图三二〇，1）

陶盂　1件。M104：6，泥质灰陶。敞口，圆唇，弧腹下收，平底微内凹。素面。口径14.6、底径6.4、高4.8厘米（图三二〇，6）。

陶瓿　1件。M104：2，泥质灰陶。侈口，翻折沿，方唇，矮领，圆肩，鼓腹，下腹缓收，平底微凹。素面。口径18.8、腹径36、底径23.2、高25厘米（图三二〇，2）。

陶灶　1件。M104：5，泥质灰陶。灶体平面呈长方形，后壁斜直，余直壁，后壁上部正中有圆形烟孔，灶面有两个等大火眼，前壁下部开拱形灶门。火眼上置二釜一甑一锅，釜直口，圆唇，矮领，溜肩，扁鼓腹，凸圜底；甑敞口，平折沿，平唇，弧腹内收，平底，底有五箅孔；锅敞口，圆唇，弧腹内收，凸圜底。素面。灶体长32.6、宽16.8、体高8.4、通高14.6厘米（图三二〇，3）。

陶仓　2件。泥质灰陶。直口，圆唇，短直领，斜折肩，直壁，平底微凹。上承浅弧盘状盖。腹间饰五、六道凹弦纹。M104：3，口径7.6、底径15.2、体高21.2、通高23.6厘米（图三二〇，5）。M104：4，口径7.2、底径14、体高21.6、通高22.6厘米（图三二〇，4）。

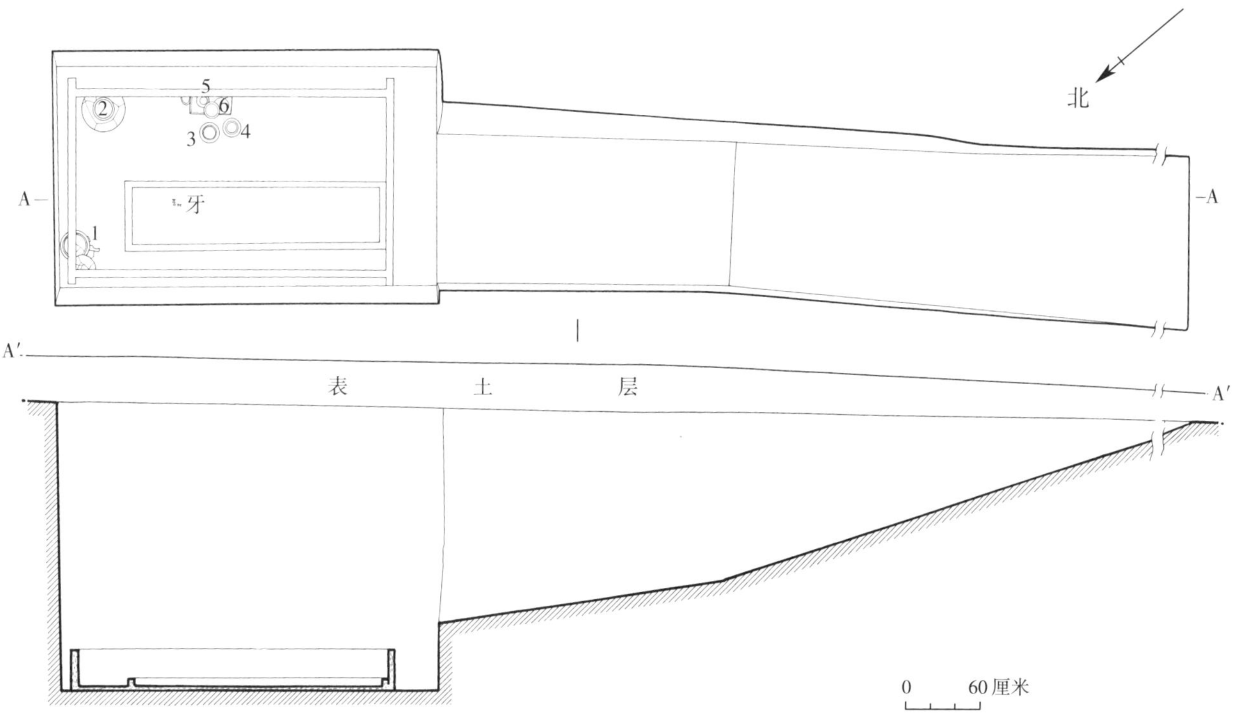

图三一九 汉墓 M104 平、剖面图
1.陶鼎 2.陶瓮 3、4.陶仓 5.陶灶 6.陶盂

填土器物：

陶罐耳 1件。M104：04，泥质灰陶。鼻耳。素面（图三二〇，10）。

陶瓮口沿 1件。M104：01，泥质灰陶。敛口，翻折沿，方唇，短束颈，折肩，上腹弧。素面。口径22.4厘米（图三二〇，8）。

陶甗口沿 1件。M104：02，泥质灰陶。敞口，翻折沿，弧腹内收。素面。口径12厘米（图三二〇，9）。

陶盂口沿 1件。M104：03，泥质灰陶。敞口，尖圆唇，弧腹。素面。口径12厘米（图三二〇，7）。

M105

方向17°。长方形竖穴土坑木椁墓。墓口距地表约0.3米，长2.6、宽1.32米，底长2.47～2.58、宽1.26米，深1.92米。坑壁粗糙。填松软灰褐夹灰黄色花土，含少量泥质灰陶片。单椁单棺，仅余腐痕。椁室平面呈长方形，椁痕长2.48、宽1.22、高0.52、板痕厚0.07米。棺位于椁内东部偏南，棺痕长2、宽0.5、高0.14、板痕厚0.04米。人骨已朽，棺内北部残存2枚牙齿和1块头骨痕，中部有两节肢骨，可知头向北，仰身直肢葬式。7件随葬器物置于椁内棺外西、北部（图三二一）。

随葬器物：

陶鼎 1件。M105：1，泥质灰陶。子母口，尖圆唇，折肩，扁鼓腹，长方形附耳外撇，耳孔对穿，凸圜底，三矮蹄足直立。上承浅弧盘状盖。素面。口径13.6、腹径20.8、体高12.6、通高

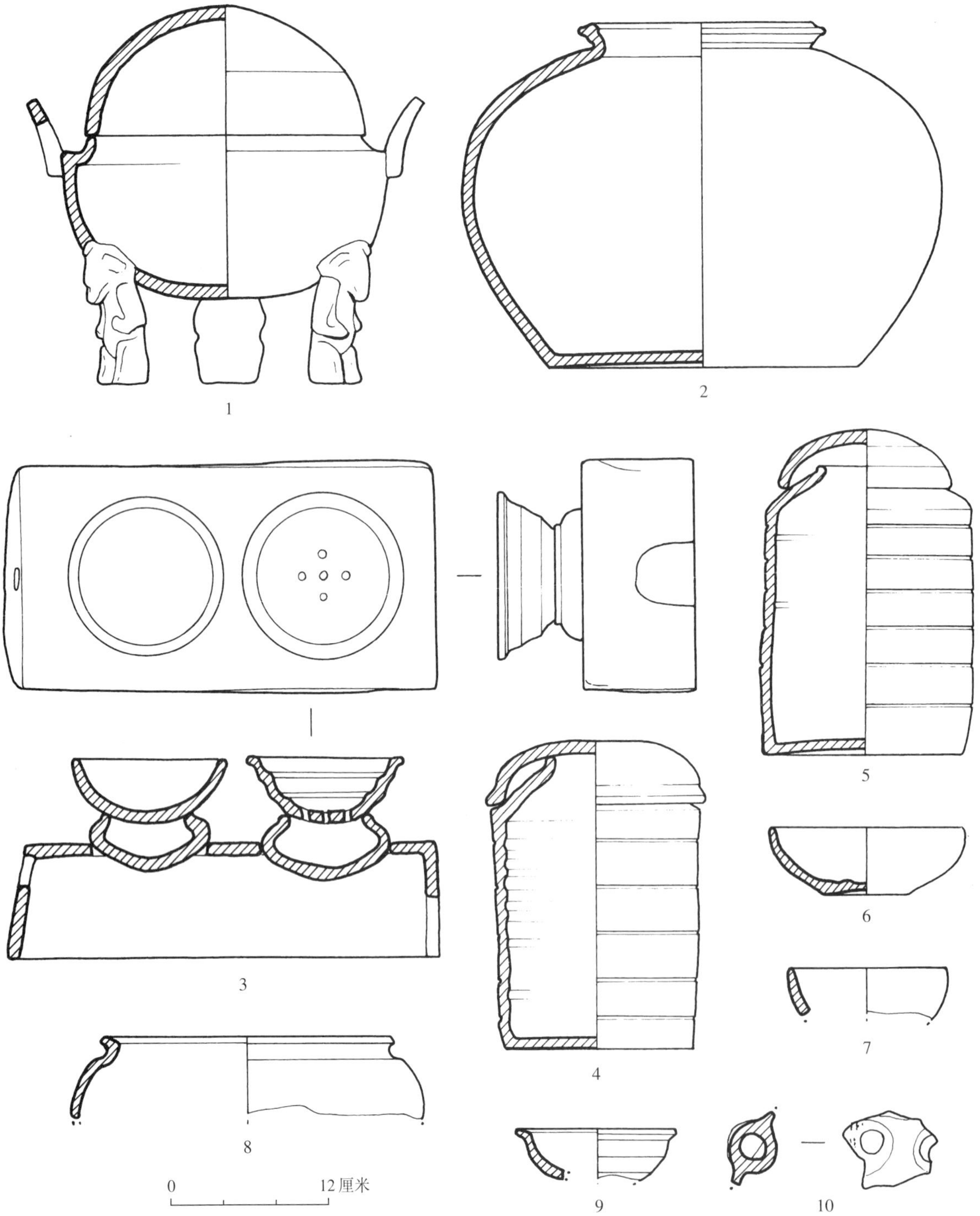

图三二〇　汉墓 M104 出土陶器

1. 鼎（M104：1）　2. 瓮（M104：2）　3. 灶（M104：5）　4、5. 仓（M104：4、3）　6. 盂（M104：6）

7. 盂口沿（M104：03）　8. 瓮口沿（M104：01）　9. 甑口沿（M104：02）　10. 罐耳（M104：04）

15.6厘米（图三二二，1；
图版五五，2右）。

　　陶壶　1件。M105：2，
泥质灰陶。盘口极浅，翻
沿，圆唇，束颈，溜肩，肩
有对称双环耳，鼓腹，圈
底，浅宽圈足。颈饰一周
凸弦纹，肩、上腹、中腹
各饰一道凹弦纹，下腹饰
斜绳纹。口径13.2、腹径
25.2、圈足径12、高27.4
厘米（图三二二，3；图版
五五，2中）。

　　陶鍪　1件。M105：3，
上部泥质、下部夹砂灰
陶。侈口，翻沿，圆唇，束
颈，溜肩，肩有对称双弓
耳，扁鼓腹，凸圜底。肩
及上腹各饰二、一道凹弦
纹，下腹及底饰横绳纹。
口径14、腹径20.8、高
18.2厘米（图三二二，2；
图版五五，2左）。

　　漆耳杯　4件。M105：
4～7，仅存黑色漆皮。

　　填土器物：

　　陶饼　1件。M105：
01，泥质灰陶。陶片敲打
而成。圆形，平缘，一面微
隆，一面微凹。外壁饰粗竖
绳纹。直径3.3、厚1.1厘
米（图三二二，4）。

M106

　　方向30°。刀形竖穴土
坑木椁墓。墓口距地表约
0.2米。长方形墓圹，口长
2.8～2.86、宽1.9～2米，

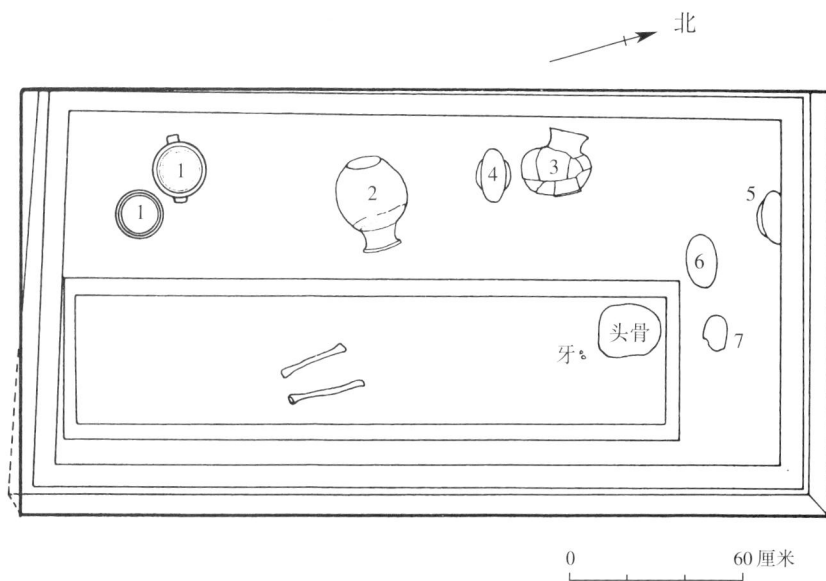

图三二一　汉墓M105平面图
1.陶鼎　2.陶壶　3.陶鍪　4～7.漆耳杯

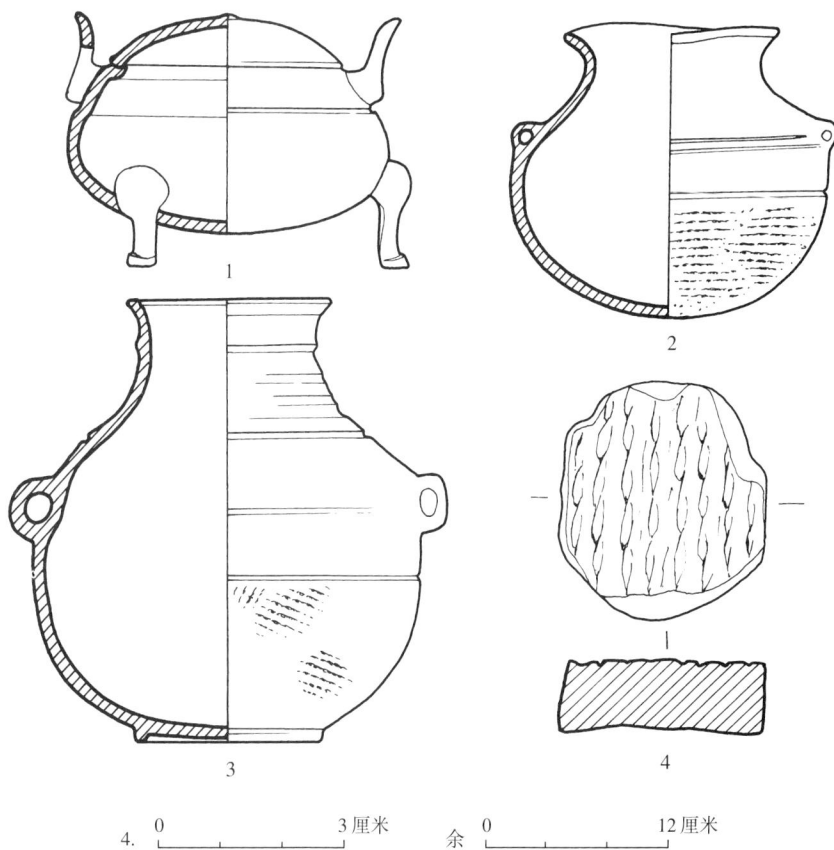

图三二二　汉墓M105出土陶器
1.鼎（M105：1）　2.鍪（M105：3）　3.壶（M105：2）　4.饼（M105：01）

底长 2.66、宽 1.75 米，深 1.96 米。南设斜坡墓道，整体向西偏，上口平面长 5、宽 1.3 米，底坡长 5.3、宽 1.24 ~ 1.35、下端深 1.48 米，底坡北部平缓，南部较陡，坡度分别为 4°、26°。坑壁规整光滑。墓室填黄褐夹少量灰白花土，质密，较硬；墓道填灰白夹黄褐色花土，土质较软。相接处自上而下有薄木板腐痕，原应有木板分隔。单椁单棺，仅余腐痕。椁室平面呈"Ⅱ"形，椁痕长 2.58、宽 1.56、高 0.48、板痕厚 0.06 米。棺位于椁内西部，棺痕长 2.18、宽 0.56、高 0.1、板痕厚 0.04 米。人骨朽尽，棺内北部残存 2 枚牙齿，可知头向东北，葬式不明。7 件随葬器物置于椁内棺外东部（图三二三）。

陶鼎　1 件。M106：2，泥质灰陶。子母口，尖圆唇，折肩，中腹鼓，长方形附耳外撇，无耳孔，凸圜底，三直立短柱状足。上承浅弧盘状盖。口径 14.8、腹径 20、体高 14.4、通高 17.2 厘米（图三二四，7；图版五六，2 中左）。

陶罐　1 件。M106：1，泥质灰陶。侈口，翻折沿，内沿面起一周凸棱，方唇，束颈，圆肩，肩有对称双鼻耳，鼓腹，浅凹底。肩至中腹饰竖绳纹间四道抹痕，下腹及底饰细横、斜绳纹或横、斜交错绳纹。口径 18.8、腹径 28.6、底径 8、高 29 厘米（图三二四，1；图版五六，2 后左 1）。

陶灶　1 件。M106：3，釜、甑泥质褐陶，灶、锅泥质灰陶。灶体平面呈前方后圆形，直壁，后壁上部正中有圆形烟孔，灶面有前大后小两个火眼，前壁中部开扁圆形灶门。火眼上置二釜一甑一锅，釜近直口，圆唇，矮领，溜肩，扁鼓腹，凸圜底；甑敞口，翻折沿，方唇，弧腹内收，平底微凹，底有五箅孔；锅除无箅孔外同甑。素面。灶体长 30.2、前宽 17.8、体高 8.6、通高 18.6 厘

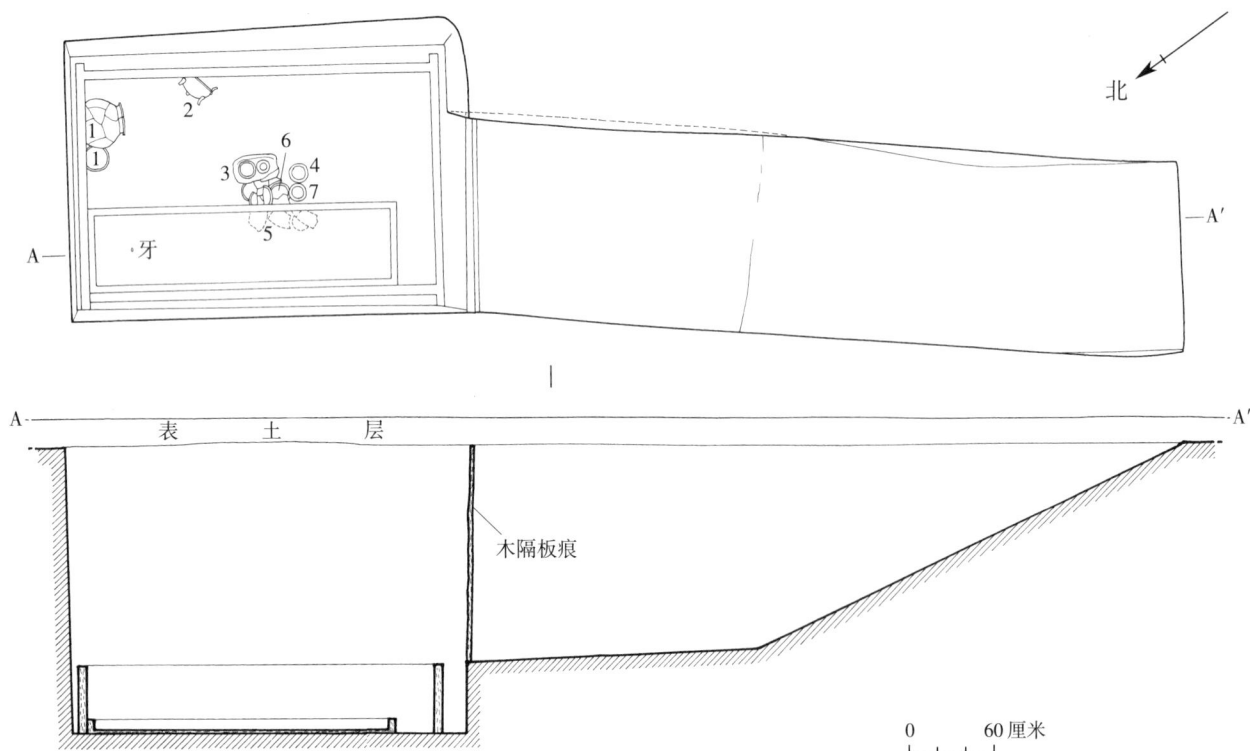

图三二三　汉墓 M106 平、剖面图
1. 陶罐　2. 陶鼎　3. 陶灶　4. 陶井　5 ~ 7. 陶仓

米（图三二四，5；图版五六，2中右）。

　　陶仓　3件。泥质灰陶。敛口，尖圆唇，折肩，中腹微鼓，平底微凹。近底部刻划一"日"字形，象征仓门。腹间饰三至五道凹弦纹。M106：5，上承弧盘状盖。内壁可见轮旋痕。口径9.6、腹径15.2、底径12.8、体高21、通高23.6厘米（图三二四，3；图版五六，2后右1）。M106：6，上承弧盘状盖。内壁可见轮旋痕。口径8、腹径14.8、底径12、体高24、通高26.8厘米（图三二四，2；图版五六，2后左2）。M106：7，口径10.4、腹径15、底径11.2、高20.2厘米（图三二四，4；图版五六，2右右2）。

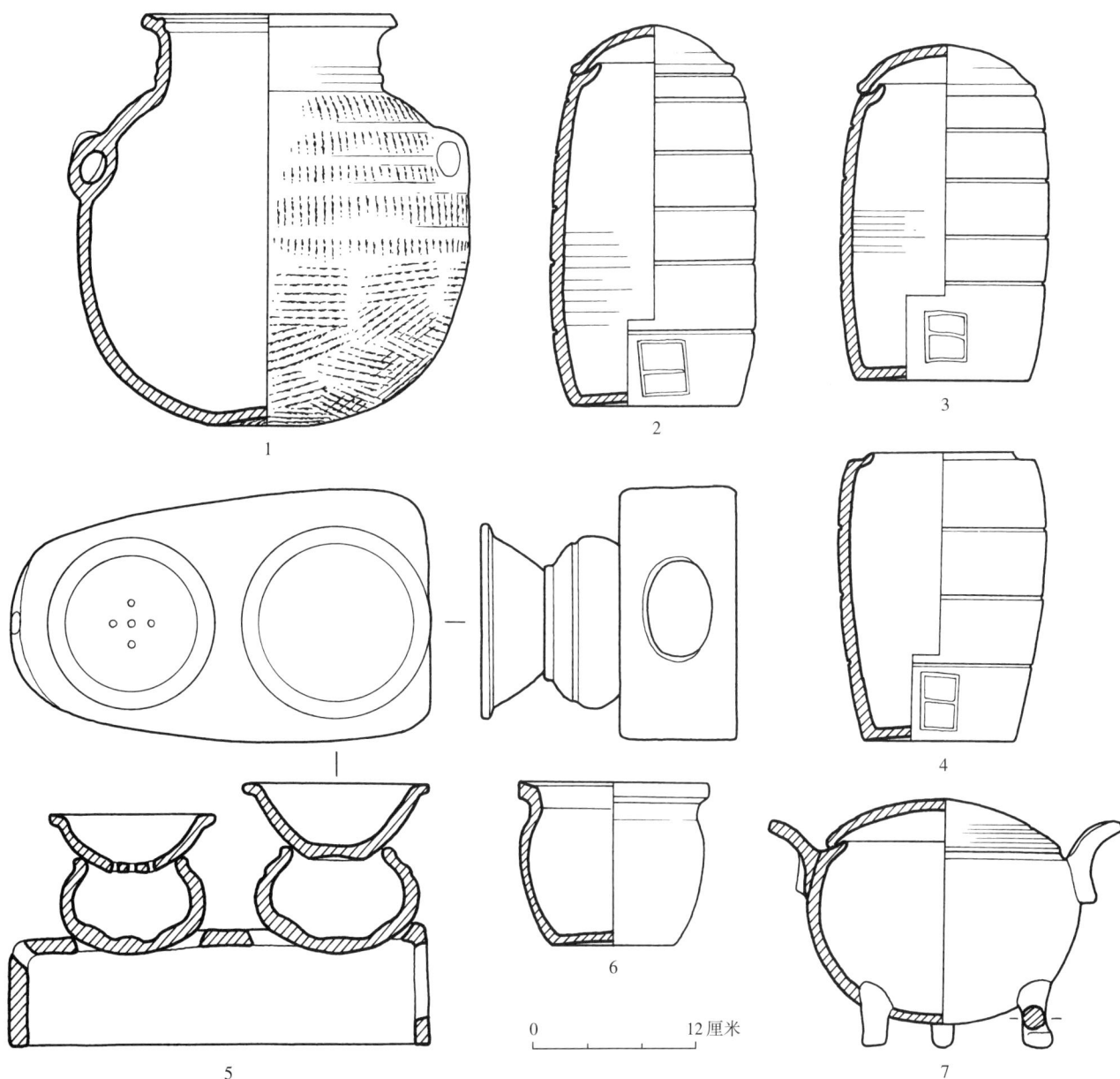

图三二四　汉墓M106出土陶器

1.罐（M106：1）　2~4.仓（M106：6、5、7）　5.灶（M106：3）　6.井（M106：4）　7.鼎（M106：2）

陶井　1件。M106：4，泥质灰陶。侈口，翻折沿，方唇，束颈，弧折肩，弧腹缓收，平底微凹。素面。口径14、腹径13.2、底径9.2、高11.4厘米（图三二四，6；图版五六，2前）。

M107

方向205°。长方形竖穴土坑木椁墓。墓口距地表约0.5米，长2.52、宽1.5米，底长2.49、宽1.45米，深1.7米。坑壁粗糙。填土分二层，上层深0.9～1.1米，为灰黄夹灰褐色花土，土质较硬；下层深0.6～0.8米，为灰褐夹灰黄色花土，土质较软。单椁单棺，仅余腐痕。椁室平面呈"凵"形，椁痕长2.46、宽1.34、高0.4、板痕厚0.08米。棺位于椁内西部偏北，棺痕长1.9、宽0.56、高0.1、板痕厚0.04米。人骨朽，棺内南部残存数枚牙齿，中部有四节肢骨，可知头向西南，葬式不明。3件随葬器物置于椁内棺外东部（图三二五）。

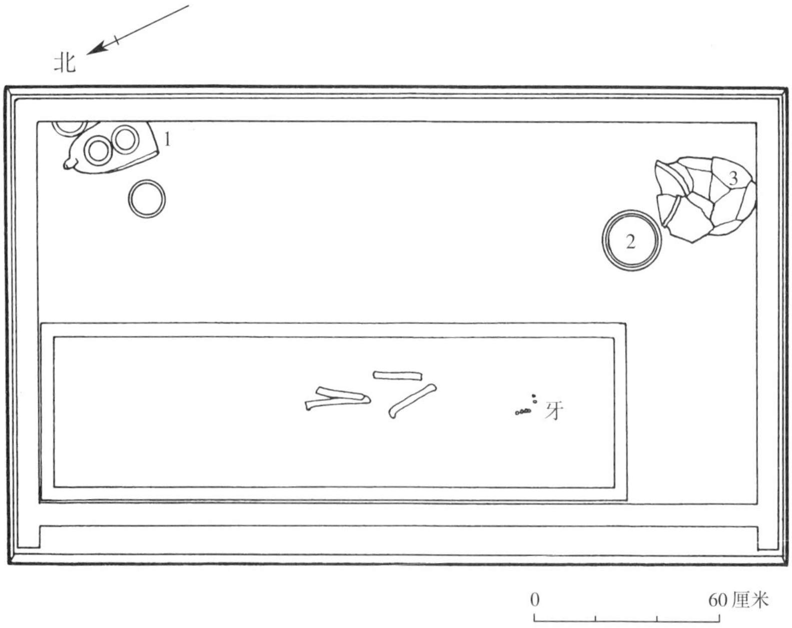

图三二五　汉墓M107平面图
1. 陶灶　2. 陶鼎　3. 陶罐

陶鼎　1件。M107：2，泥质灰陶。子母口，圆唇，折肩，扁鼓腹，中腹有折棱，长方形附耳外撇，耳孔对穿，凸圜底，三蹄足直立。上承弧盘状盖。素面。口径15.2、腹径20.2、体高12.8、通高16.6厘米（图三二六，2；图版五五，3前左）。

陶罐　1件。M107：3，泥质灰陶。侈口，翻折沿，方唇，束颈，圆肩，肩有对称双鼻耳，垂鼓腹，凸圜底。颈饰多道凹弦纹，肩至中腹饰竖绳纹间五道抹痕，下腹及底饰交错绳纹。口径15.6、腹径29.6、高31.2厘米（图三二六，3；图版五五，3后）。

陶灶　1件。M107：1，泥质灰陶。灶体平面呈前方后圆形，直壁，灶面后端斜立一烟囱，烟孔较细，灶面有两等大火眼，前壁中部开半圆形灶门。火眼上置二釜一甑一锅，釜近直口，圆唇，矮领，溜肩，扁鼓腹，凸圜底；甑敞口，翻折沿，方唇，弧腹内收，平底微凹，底有五箅孔；锅除无箅孔外同甑。素面。灶体长29、前宽15.2、体高8.8、通高16.8厘米（图三二六，1；图版五五，3前右）。

M108

方向206°。刀形竖穴土坑木椁墓。墓口距地表约0.3米。长方形墓圹，口长2.8、宽1.6米，底同口大，深2.85米。南设斜坡墓道，墓道东壁偏离墓室东壁较远，推测墓道东壁当时因出现塌方而修整所致，上口平面长6.85、宽1.23～1.96米，底坡长7.1、宽1.23～1.3、下端深1.88米。底坡北部平缓，南部较陡，坡度分别为5°、23°。坑壁粗糙。墓室填灰褐夹少量灰白色花土，质密，较硬；墓道填黄褐夹灰白色花土，土质较软。相接处有薄木板腐痕，原应以木板分隔。单椁

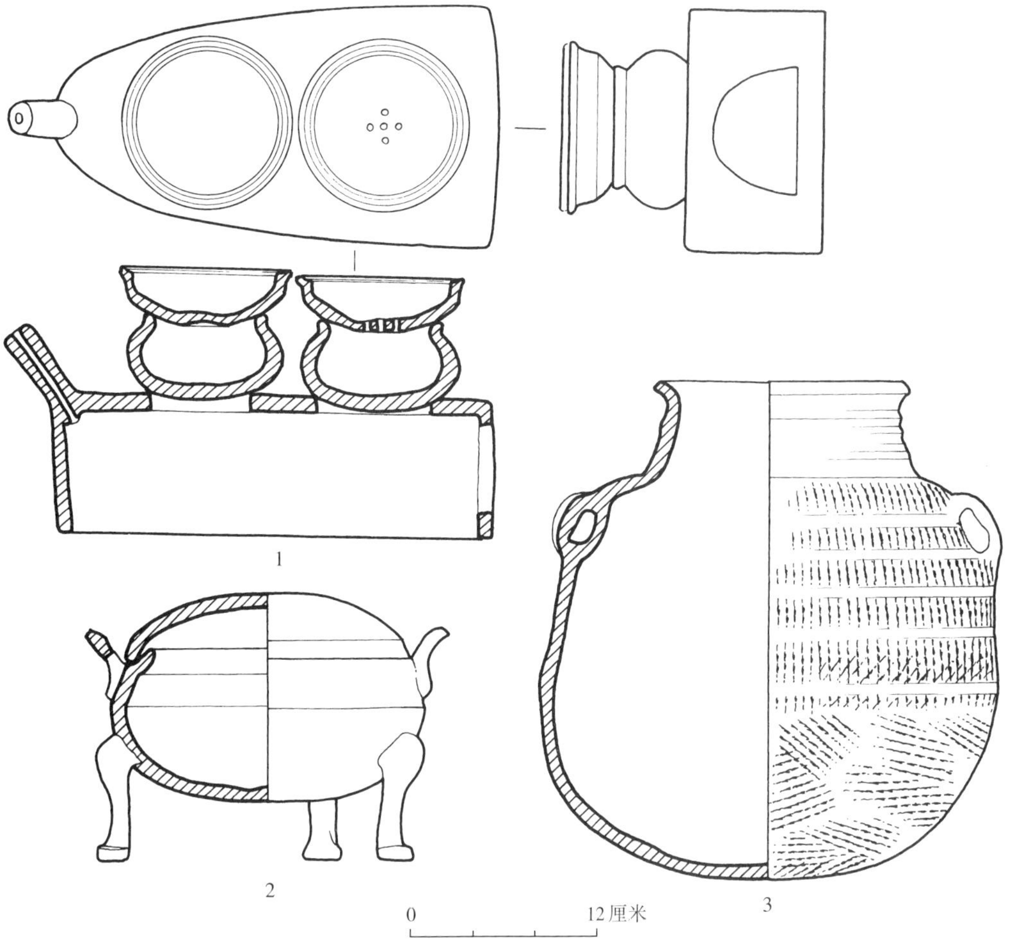

图三二六　汉墓 M107 出土陶器
1.灶（M107：1）　2.鼎（M107：2）　3.罐（M107：3）

单棺，仅余腐痕。椁室平面呈"Ⅱ"形，椁痕长 2.56、宽 1.45、高 0.84、板痕厚 0.06 米。棺位于椁内东部偏北，棺痕长 2.04、宽 0.54、高 0.16、板痕厚 0.04 米。人骨朽尽，葬式不明。6 件随葬器物置于椁内棺外东南、西南部。据随葬器物位置推测头向西南（图三二七）。

陶鼎　2 件。泥质灰陶。子口，折肩，中腹微鼓，长方形附耳外撇，无耳孔，三蹄足直立，下部外撇。无盖。素面。M108：3，方唇，凸圜底，足断面近三角形。口径 17.6、腹径 22.4、通高 22.8 厘米（图三二八，1）。M108：4，圆唇，平底微凹，足上部残，断面近半圆形。口径 13.2、腹径 23.6 厘米（图三二八，2）。

陶壶　1 件。M108：5，泥质褐陶。盘口，平折沿，平唇，束颈，圆肩，肩有对称兽面铺首，鼓腹，凸圜底，大喇叭状深圈足。上腹饰二道凹弦纹。口径 18、腹径 29.6、圈足径 18、高 35 厘米（图三二八，3）。

陶盂　1 件。M108：6，泥质褐陶。敞口，圆唇，弧腹内收，中腹残，浅凹底。素面。口径 11.6、底径 4.8 厘米（图三二八，5）。

陶瓮　1 件。M108：1，泥质灰陶。侈口，尖唇，短直领，折肩，弧腹内收，下腹残，平底微

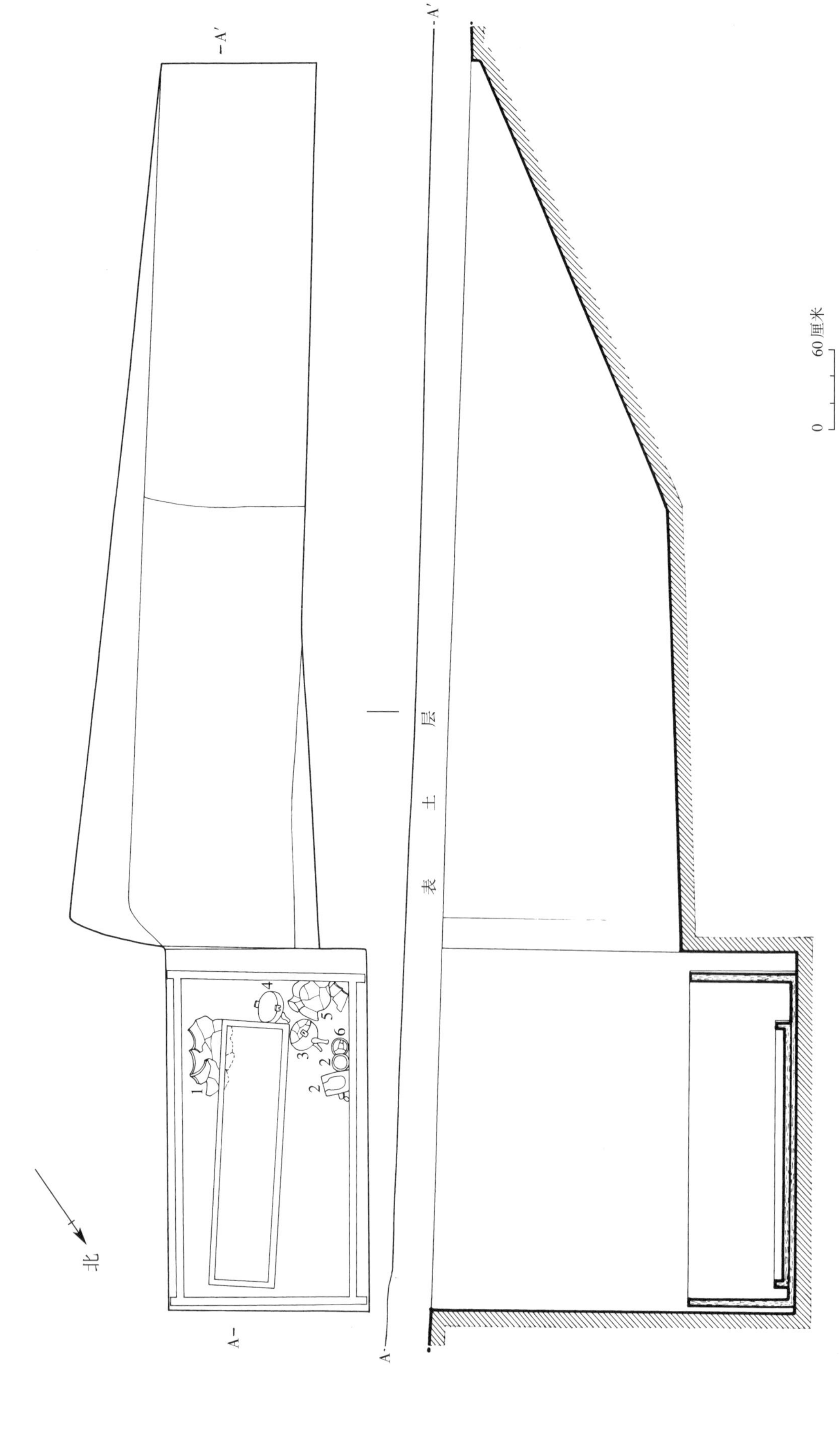

图三二七　汉墓 M108 平、剖面图
1. 陶瓮　2. 陶灶　3、4. 陶鼎　5. 陶壶　6. 陶盂

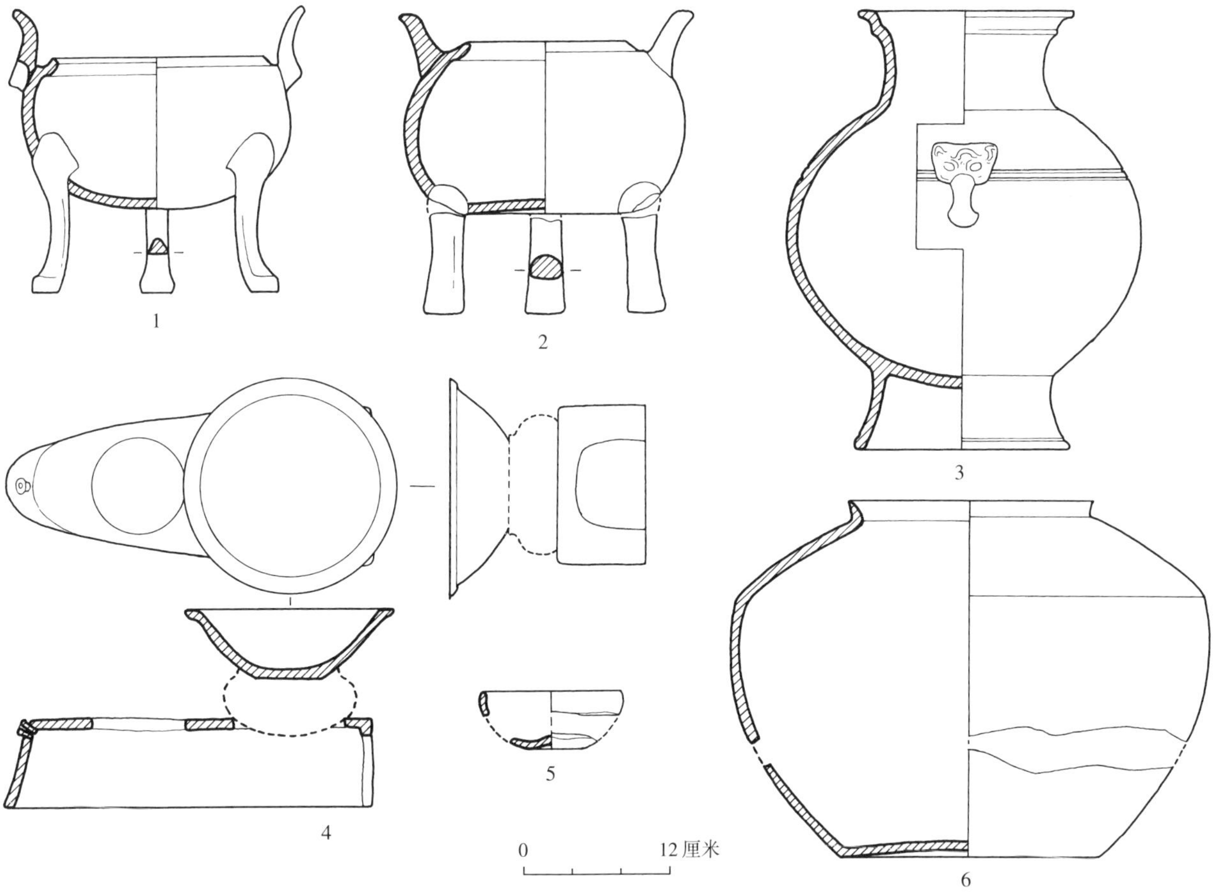

图三二八 汉墓 M108 出土陶器

1、2.鼎（M108：3、4） 3.壶（M108：5） 4.灶（M108：2） 5.盂（M108：6） 6.瓮（M108：1）

凹。素面。口径20.4、腹径40、底径22厘米（图三二八，6）。

陶灶 1件。M108：2，泥质灰陶。灶体平面呈前方后圆形，直壁，后壁斜立一烟囱，灶面有前大后小两火眼，前壁下部开拱形灶门。火眼上置二釜二锅，釜残甚；锅敞口，翻折沿，方唇，弧腹内收，平底。灶体长30、前宽12.8、体高7.2厘米（图三二八，4）。

M109

方向212°。长方形竖穴土坑木椁墓。墓口距地表约0.2米，长2.66、宽1.56米，底长2.46、宽1.36米，深2.1～2.2米。坑壁规整光滑。填软质灰黄夹灰褐色花土。单椁单棺，仅余腐痕。椁室平面呈"Ⅱ"形，椁痕长2.24、宽1.34、高0.4、板痕厚0.06米。棺位于椁内中部偏西，棺痕长1.93、宽0.52、高0.06、板痕厚0.04米。人骨朽尽，葬式不明。3件随葬器物置于椁内棺外东南部。据随葬器物位置推测头向西南（图三二九）。

陶壶 1件。M109：2，泥质灰陶。侈口，翻折沿，方唇，束颈，圆肩，肩有对称兽面铺首，大鼓腹，凸圜底，喇叭状宽圈足。颈上部、肩、中腹各饰一、二、二道凹弦纹，下腹饰斜绳纹，圈足中部饰一道凸弦纹。口径16.8、腹径34、圈足径20、高39厘米（图三三〇，1）。

陶鍪 1件。M109：1，上部泥质、下部夹砂黑衣灰陶。侈口，翻沿，圆唇，束颈，溜肩，肩

图三二九　汉墓 M109 平面图
1. 陶鍪　2. 陶壶　3. 漆器

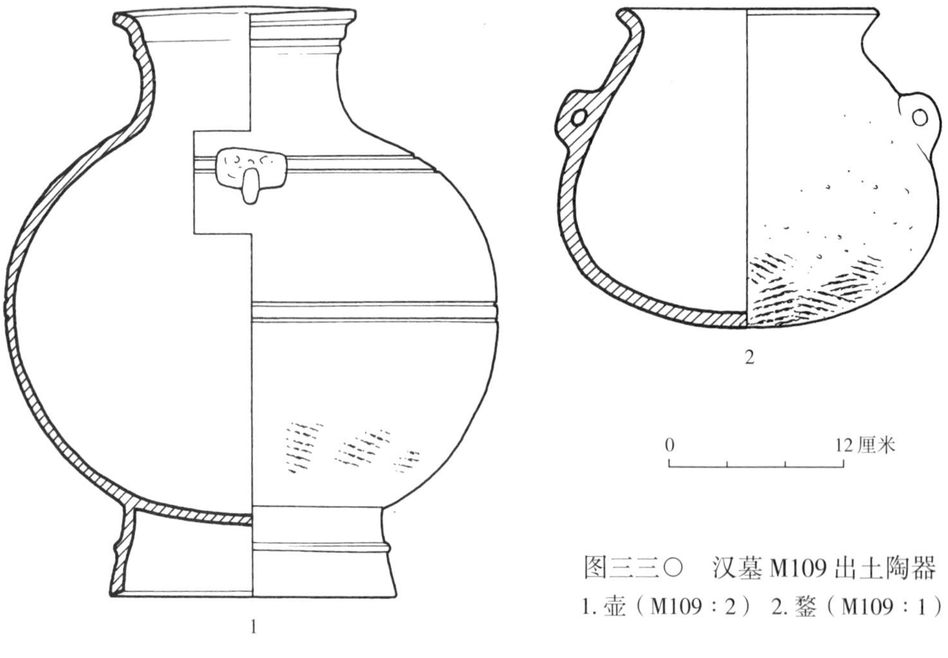

图三三〇　汉墓 M109 出土陶器
1. 壶（M109∶2）　2. 鍪（M109∶1）

有对称双弓耳，垂鼓腹，凸圜底。下腹至底饰交错绳纹。口径 18、腹径 26、高 21.2 厘米（图三三〇，2）。

漆器　1件。M109∶3，仅存漆皮。

M110

方向 203°。长方形竖穴土坑木椁墓。墓口距地表约 0.5 ~ 0.7 米，长 2.7、宽 2 米，底同口大，深 0.58 米。坑壁粗糙。填软质灰白夹灰黄褐色花土。单椁单棺，仅余腐痕。椁室平面呈"Ⅱ"形，椁痕长 2.58、宽 1.8、高 0.58、板痕厚 0.06 米。棺位于椁内东部，仅存底板痕，长 2、宽 0.76、厚0.04米。椁下南北部各有一垫木沟槽，横断面长方形，槽长2、宽0.14、深0.04米。人骨朽尽，葬式不明。6件随葬器物除铜带钩在棺内中部偏北外，余在椁内棺外西北部或棺下。据铜带钩位置推测头向西南（图三三一）。

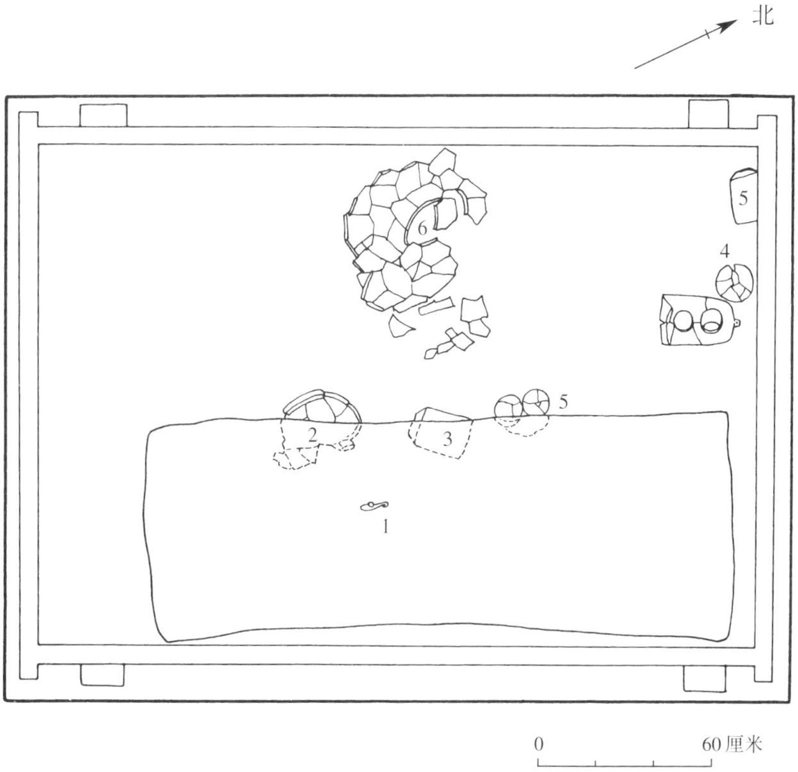

陶鼎　1件。M110:2，泥质灰陶。子母口，圆唇，折肩，微鼓腹，长方形附耳微撇，耳孔对穿，凸圜底，三熊形足直立，下部微外撇。上承弧折盘状盖，盖顶残。口径18、腹径21.2、体高16厘米（图三三二，1）。

陶瓮　1件。M110:6，泥质灰陶。侈口，圆唇，短领，折肩，上腹微鼓，向下弧收，中腹残，平底微凹。素面。口径20、底径24厘米（图三三二，4）。

图三三一　汉墓M110平面图
1. 铜带钩　2. 陶鼎　3、5. 陶仓　4. 陶灶　6. 陶瓮

陶灶　1件。M110:4，泥质灰陶。灶体平面呈梯形，直壁，后壁斜立一烟囱，灶面有前小后大两个火眼，前壁下部开梯形灶门。火眼上置一釜一锅，均残。素面。灶体长23、前宽15.2、后宽12、体高6厘米（图三三二，5）。

陶仓　2件。泥质灰陶。敛口，圆唇，折肩，腹壁斜直向下微扩，平底微凹。肩饰一道凹弦纹。M110:3，上承浅弧盘状盖。口径8、底径14.4、体高17.4、通高19.2厘米（图三三二，2）。M110:5，口径8、底径14、高18厘米（图三三二，3）。

铜带钩　1件。M110:1，灰绿色。蛇形，长颈，圆纽。素面。长9.5、体宽1.3、纽径1.7厘米（图三三二，6）。

M111

方向30°或210°。长方形竖穴土坑木椁墓。墓口距地表约0.3米，长2.67、宽1.56米，底长2.62、宽1.5米，深1.9～2米。坑壁粗糙。填硬质黄褐夹灰白色花土。单椁单棺，仅余腐痕。椁室平面呈"Ⅱ"形，椁痕长2.4、宽1.24、高0.3、板痕厚0.05米。棺位于椁内西部偏南，棺痕长2.12、宽0.56、高0.1、板痕厚0.04米。人骨朽尽，葬式不明。13件随葬器物置于椁内棺外东部（图三三三）。

陶鼎　2件。泥质灰陶。子母口，圆唇，折肩，弧腹，长方形附耳外撇，无耳孔，圜底，三蹄足直立，下部外撇，足横断面呈内平外弧的半圆形。上承微折盘状盖。中腹饰二、一道凹弦纹。

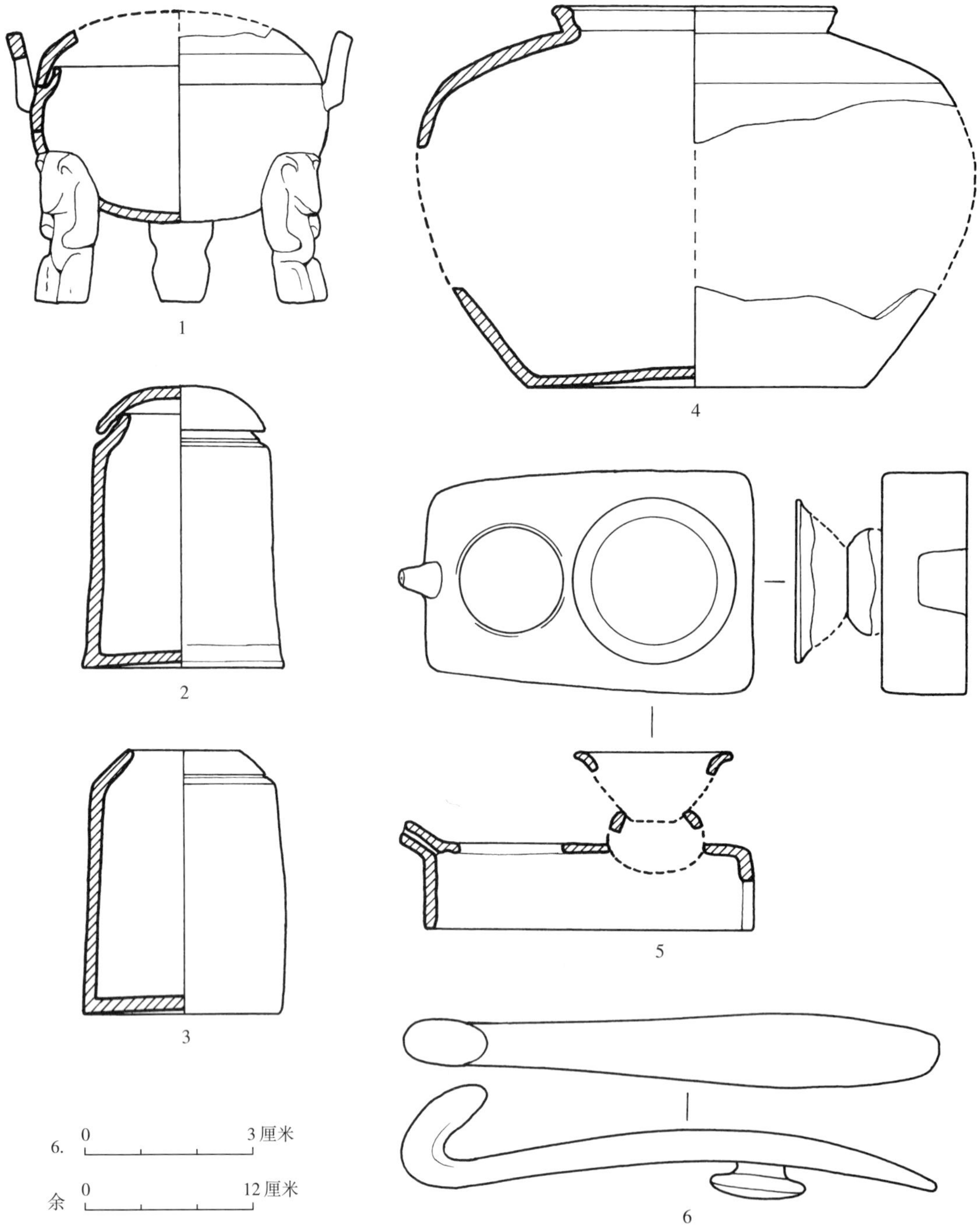

图三三二　汉墓M110出土器物

1.陶鼎（M110：2）　2、3.陶仓（M110：3、5）　4.陶瓮（M110：6）　5.陶灶（M110：4）　6.铜带钩（M110：1）

器表红彩脱落。M111：3，口径15.6、腹径19.6、体高14.6、通高17.8厘米（图三三四，1；图版五七，1中左2）。M111：4，口径16、腹径19.6、体高14.6、通高18厘米（图三三四，4；图版五七，1中左1）。

　　陶盒　2件。泥质灰陶。子母口，方唇，折肩，弧腹下收。上承覆碗状盖，有浅宽圈足状捉手。

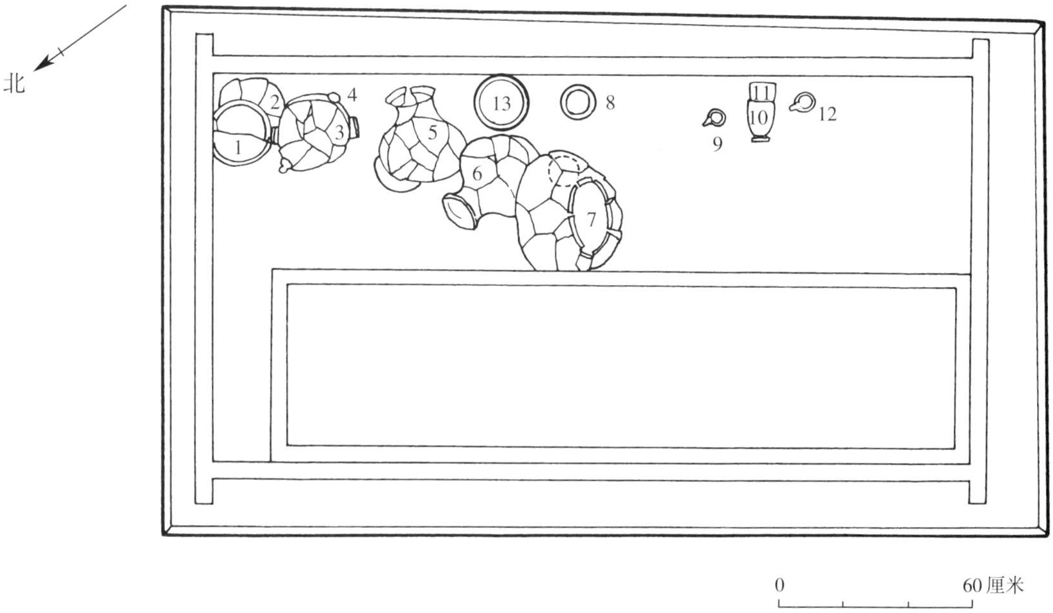

图三三三　汉墓 M111 平面图

1、2.陶盒　3、4.陶鼎　5、6.陶壶　7.陶瓮　8、13.陶豆　9、12.陶勺　10、11.陶杯

器表红彩脱落。M111：1，凸圜底近平，浅宽圈足。盖中腹饰二道凹弦纹。口径 16、腹径 20.4、圈足径 8、体高 8.6、通高 15 厘米（图三三四，2；图版五七，1 中右 2）。M111：2，平底微凹。素面。口径 16、腹径 19.4、底径 8.4、体高 8.8、通高 15.2 厘米（图三三四，5；图版五七，1 中右 1）。

陶壶　2 件。泥质灰陶。浅盘口，折沿，平唇，束颈，溜肩，鼓腹，圜底，浅喇叭状圈足。上承浅弧盘状盖，盖周刻划三长方形，推测为安纽部位。器表红彩脱落。M111：5，圈足残。口径 14.4、腹径 24、残高 30 厘米（图三三四，3）。M111：6，口径 14.8、腹径 24、圈足径 10.4、体高 28.4、通高 31.2 厘米（图三三四，6；图版五七，1 后左）。

陶豆　2 件。泥质灰陶。敞口，圆唇，浅折盘，矮柄，中部有凸箍，中空至盘底，喇叭状圈足。圈足饰二、一道凹弦纹。盘内壁及器表施红彩，盘内壁外一周饰波折纹，内饰云纹。M111：8，口径 12、盘深 1.6、圈足径 8、高 10.4 厘米（图三三四，7；图版五七，1 前左 1）。M111：13，口径 14、盘深 2.4、圈足径 7.2、高 10.8 厘米（图三三四，10；图版五七，1 前左 2）。

陶杯　2 件。泥质黑衣红陶。敞口，尖圆唇，上腹弧，近底部曲收，饼状底，外底微凹。器表红彩脱落。M111：10，口径 8.4、底径 6、高 10 厘米（图三三四，8；图版五七，1 前右 2）。M111：11，口径 8.8、底径 6、高 10.6 厘米（图三三四，11；图版五七，1 前右 1）。

陶勺　2 件。泥质灰陶。敞口，圆唇，上壁直，向下折收，小平底微凹。口部斜立一柄，柄上端塑成鸟喙形。器表红彩脱落。M111：9，口径 6～6.6、底径 2.2、体高 2.8、通高 7 厘米（图三三四，9；图版五七，1 前左 3）。M111：12，口径 6.4～6.8、底径 2.8、体高 2.2、通高 7.8 厘米（图三三四，12；图版五七，1 前右 3）。

陶瓮　1 件。M111：7，泥质红陶。侈口，折沿，方唇，斜折肩，扁折腹，向下斜直收，平底微凹。肩部饰细绳纹。口径 18.8、腹径 30.4、底径 16、高 21.4 厘米（图三三四，13；图版五七，

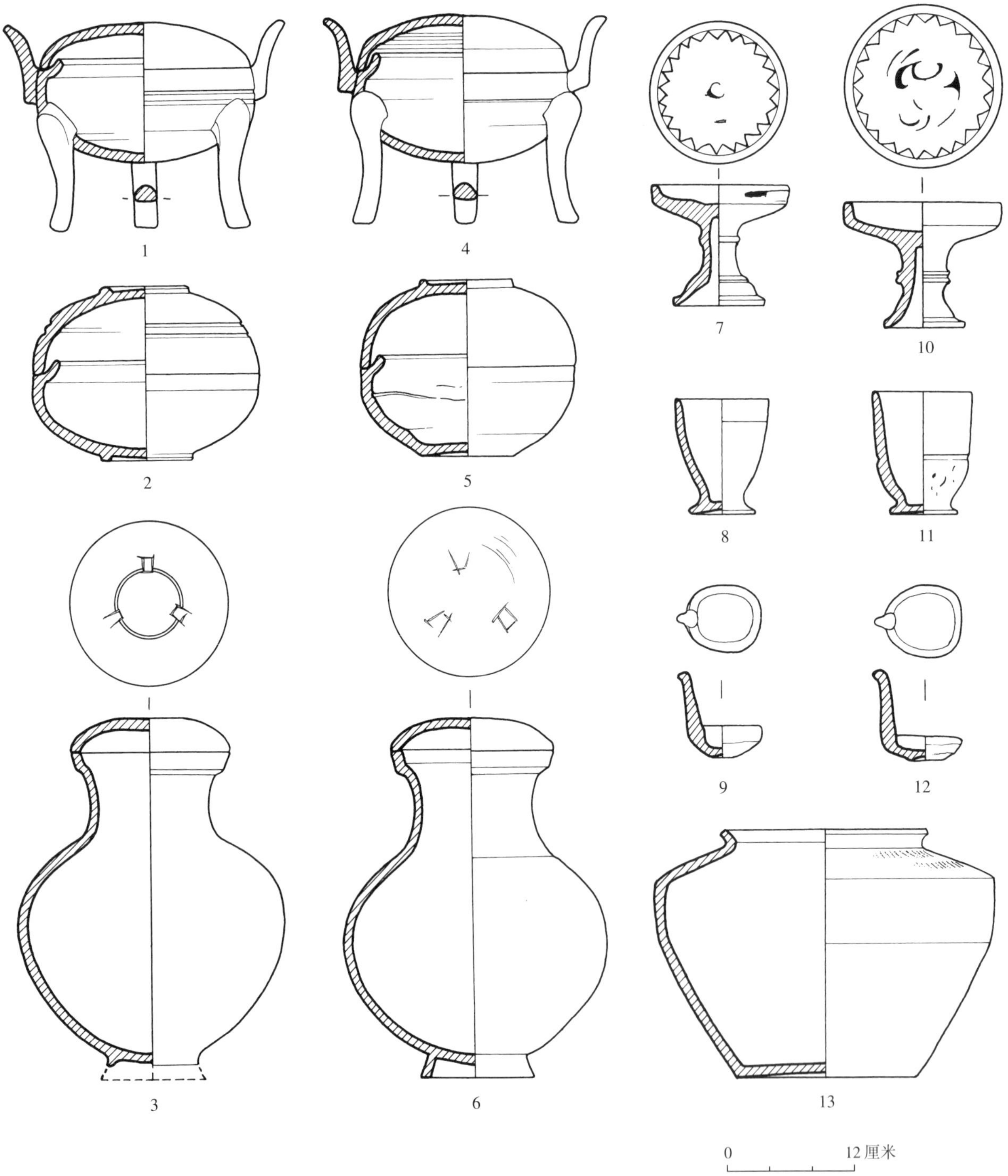

图三三四　汉墓 M111 出土陶器

1、4.鼎（M111：3、4）　2、5.盒（M111：1、2）　3、6.壶（M111：5、6）　7、10.豆（M111：8、13）
8、11.杯（M111：10、11）　9、12.勺（M111：9、12）　13.瓮（M111：7）

1 后右）。

M112

方向 44°。长方形竖穴土坑墓。打破 M113。墓口距地表约 0.3 米，长 2.36、宽 0.98 米，底长

2.28、宽0.88米，深0.64米。坑壁粗糙。填硬质灰褐夹灰黄色花土。单棺，仅余腐痕。棺位于坑底中部偏西南，棺痕长1.8、宽0.54、高0.18、板痕厚0.04米。人骨朽尽，葬式不明。3件随葬器物置于棺外东北部。据随葬器物位置推测头向东北（图三三五）。

陶盂　1件。M112：3，泥质灰陶。敞口，圆唇，弧腹下收，微凹底。素面。口径14、底径5.6、高6厘米（图三三六，3；图版五八，1前）。

陶罐　2件。侈口，翻折沿，方唇，束颈，溜肩，肩有对称双鼻耳，鼓腹，浅凹底。M112：1，泥质褐陶。颈肩相交处有折棱。颈饰数道凹弦纹，肩至中腹饰竖绳纹间三道抹痕，下腹及底饰斜绳纹。口径13.2、腹径22.4、底径5.6、高23厘米（图三三六，1；图版五八，1后右）。M112：2，泥质灰陶。中腹以下饰竖、斜绳纹。口径13.2、腹径22.4、底径6、高23厘米（图三三六，2；图版五八，1后左）。

M115

方向30°。刀形竖穴土坑木椁墓。墓口距地表约0.3米。长方形墓圹，口长2.54、宽1.69～1.76米，底长2.51、宽1.66米，深

图三三五　汉墓M112平面图
1、2. 陶罐　3. 陶盂

图三三六　汉墓M112出土陶器
1、2. 罐（M112：1、2）　3. 盂（M112：3）

1.6～1.7米。南设斜坡墓道，上口平面长2.03、宽1.22～1.28米，底坡长2.34、宽1.22、下端深1米，坡度18°。坑壁较粗糙。墓室填褐黄色花土，墓道填黄褐夹灰白色花土，质密，较软。其相接处自上而下有薄木板腐痕，原应以木板隔开。单椁单棺，仅余腐痕。椁室平面呈"Ⅱ"形，椁痕长2.32、宽1.57、高0.58、板痕厚0.06米。棺位于椁内西北部，棺痕长1.97、宽0.6、高0.16、板痕厚0.06米。人骨朽，棺内北部残存头骨和数枚牙齿，南部存几节肢骨，可知头向东北，葬式不明。23件（枚）随葬器物除铜"五铢"置于棺内偏北部外，余置于椁内棺外东部和棺下。推测

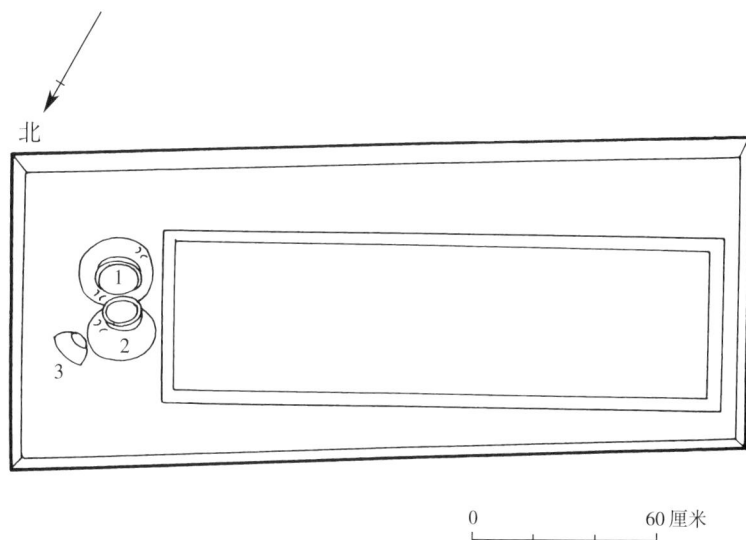

棺下有支垫物，但未清理出来（图三三七）。

　　陶鼎　1件。M115：2，泥质红陶。子母口，圆唇，折肩，微折腹，长方形附耳外撇，耳孔未穿，凸圜底，三蹄足直立。上承浅弧盘状盖，盖顶有一乳状纽。耳外壁孔下饰网格纹。口径12.8、腹径16.4、体高14、通高17.6厘米（图三三八，1；图版五七，2中左1）。

　　陶壶　1件。M115：3，泥质灰陶。盘口，平折沿，平唇，束颈，圆肩，肩有对称兽面铺首衔环，鼓腹，凸圜底，盘口状浅宽圈足。上承子口弧盘状盖。肩、中腹各饰二道凹弦纹，下腹饰斜绳纹。口径17.2、腹径28.8、圈足径17、体高36.4、通高40.8厘米（图三三八，3；图版五七，2后左）。

　　陶罐　6件。微侈口，方或圆唇，矮领，圆肩，上腹鼓，以下斜收，平底微凹。M115：5，泥质灰陶。整体稍瘦高。肩饰多道凹弦纹。口径9.6、腹径16.2、底径7.6、高13.4厘米（图三三八，7；图版五七，2中右2）。M115：7，陶系、形制、纹饰同M115：5。口径10.8、腹径16、底径7.2、高14.4厘米（图三三八，8；图版五七，2中左2）。M115：8，陶系、形制同M115：5。素

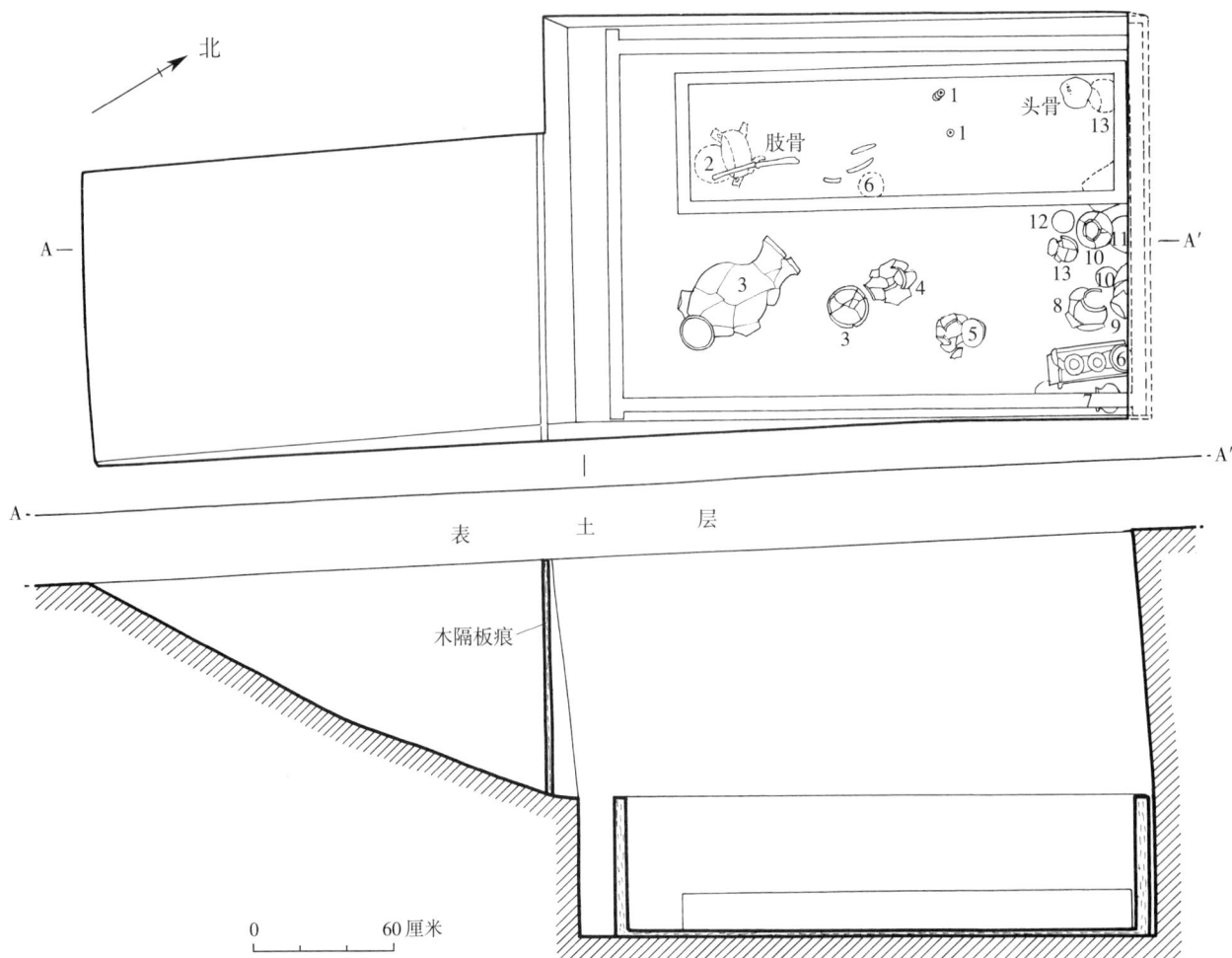

图三三七　汉墓M115平、剖面图
1.铜"五铢"　2.陶鼎　3.陶壶　4.陶井　5、7~10、13.陶罐　6.陶灶　11、12.陶仓

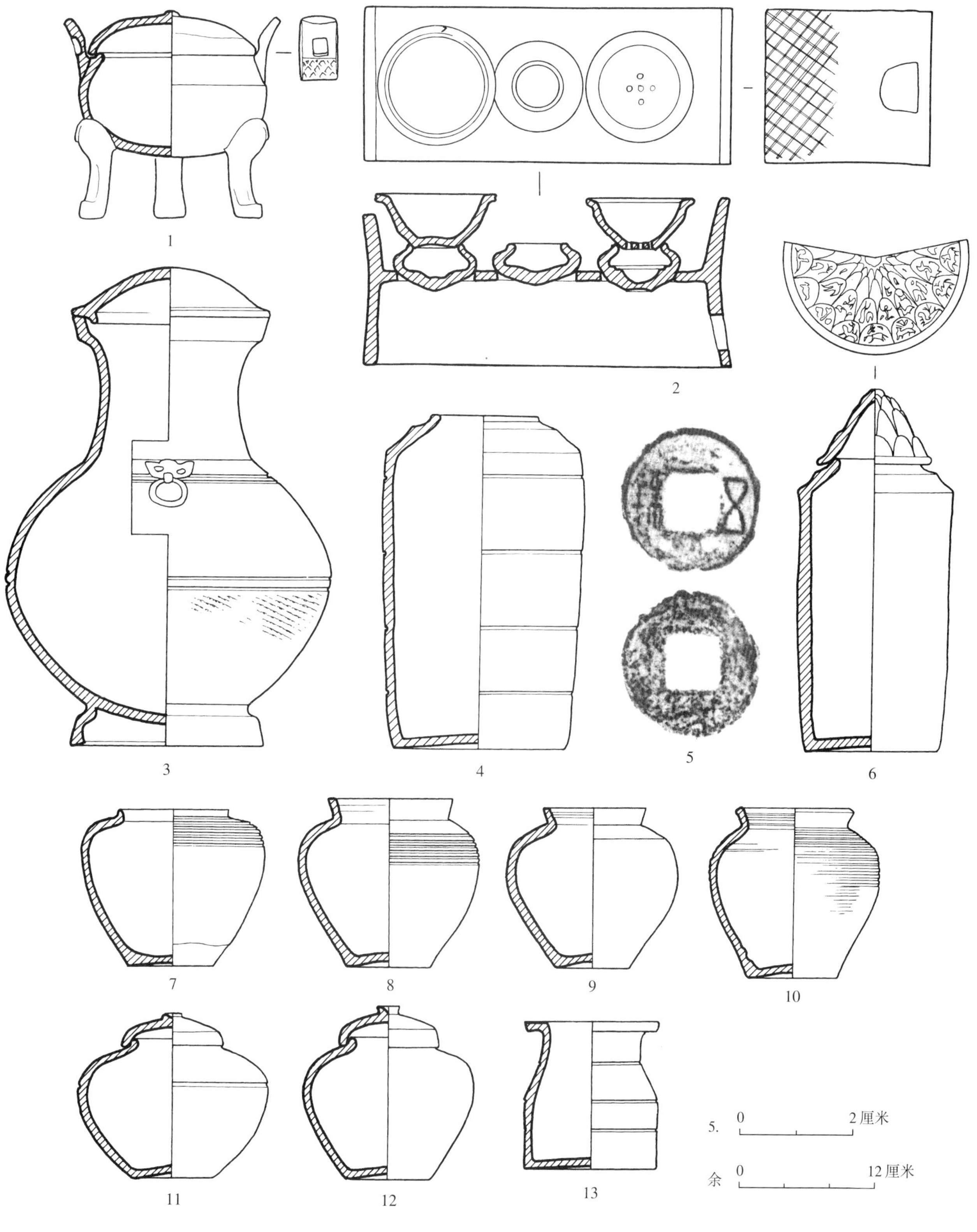

图三三八　汉墓 M115 出土器物

1.陶鼎（M115：2）　2.陶灶（M115：6）　3.陶壶（M115：3）　4、6.陶仓（M115：12、11）
5.铜"五铢"拓本（M115：1-1）　7～12.陶罐（M115：5、7～10、13）　13.陶井（M115：4）

面。口内壁有轮旋痕。口径9.2、腹径15.2、底径6.4、高13.6厘米（图三三八，9；图版五七，2中右1）。M115：9，陶系、形制同M115：5。肩至中腹饰多道凹弦纹。口内壁有多道旋痕。口径10.4、腹径15.2、底径8、高14.4厘米（图三三八，10；图版五七，2中左3）。M115：10，泥质红陶。整体较矮胖。上承微折盘状盖，盖顶有一小圈足状纽。肩饰一道凹弦纹。口径7.2、腹径16.8、底径7.2、体高11.8、通高14厘米（图三三八，11；图版五七，2前左2）。M115：13，陶系、形制同M115：10。素面。口径7.2、腹径15.2、底径7.2、体高12、通高14.6厘米（图三三八，12；图版五七，2前左1）。

陶灶　1件。M115：6，泥质灰陶。灶体平面呈长方形，两长壁直，两短壁斜直，前、后端有挡墙，无烟孔，灶面有三个等大火眼，前壁中部开拱形灶门。火眼上置三釜一甑一锅，釜敛口，圆唇，矮领，溜肩，扁鼓腹，凸圜底；甑敞口，翻折沿，方唇，弧腹内收，平底微凹，底有五箅孔；锅除无箅孔外同甑。釜、锅、甑近底部有刀削痕。前壁挡墙上部刻划网格纹。灶体长32、宽13.2、体高8、通高14.6厘米（图三三八，2；图版五七，2前右1）。

陶仓　2件。敛口，圆唇，斜折肩，腹壁近直，平底微凹。肩中部起一周凸棱。M115：11，泥质褐陶。上承博山盖。盖面模印人物、动物、植物纹。口径8、底径12、体高24.8、通高31.2厘米（图三三八，6；图版五七，2后右）。M115：12，泥质灰陶。腹间饰四道凹弦纹。口径9.6、底径15.2、高28.4厘米（图三三八，4；图版五七，2后中）。

陶井　1件。M115：4，泥质灰陶。微侈口，平折沿，平唇，斜折肩，直壁，平底微凹。颈、腹饰三道凹弦纹。口径12、底径12、高12.4厘米（图三三八，13；图版五七，2前右2）。

铜"五铢"　11枚。圆形，方穿，双面有外郭，穿背面有周郭。正面穿左右篆书"五铢"二字，"五"字交笔微弯曲，两横未出头，"铢"之"金"字头呈三角形，"朱"之上笔方折，下笔圆折。M115：1-1，直径2.4、穿边长1厘米（图三三八，5）。

M116

方向106°。长方形竖穴土坑木椁墓。墓口距地表约0.5米，长2.54、宽1.32米，底同口大，深1.14米。坑壁规整光滑。填软质黄褐夹灰白色花土。单椁单棺，仅余腐痕。椁室平面呈"Ⅱ"形，椁痕长2.16、宽1.12、高0.14、板痕厚0.06米。棺位于椁内南部，棺痕长1.92、宽0.52、高0.12、板痕厚0.04米。人骨朽，棺内东部残存一节上肢骨，葬式不明。13件（枚）随葬器物除铜"五铢"置于棺内中部外，余置于椁内棺外北侧东大部（图三三九）。

陶罐　2件。泥质灰陶。圆唇。M116：3，直口，短领，圆肩，上腹鼓，下腹近斜直状下收，平底微凹。上承微折盘状盖，盖顶有一小圈足状捉手。盖壁饰一道凹弦纹。口径8、腹径14、底径7.2、体高10.4、通高13.2厘米（图三四〇，4；图版五九，1前左）。M116：6，侈口，翻沿，束颈，溜肩，肩有对称双鼻耳，圆鼓腹，浅凹底。肩至中腹饰竖绳纹间四道抹痕，下腹及底饰横、斜绳纹。口径14.4、腹径24.6、底径6.4、高27厘米（图三四〇，1；图版五九，1后左）。

陶灶　1件。M116：5，泥质灰陶。灶平面呈长方形，直壁，无烟孔，灶面设三个火眼，前壁中部开半圆形灶门。火眼上置三釜一甑一锅，釜敛口，圆唇，溜肩，扁鼓腹，凸圜底；甑敞口，翻折沿，方唇，弧折腹，平底微凹，底有五箅孔；锅除无箅孔外同甑。甑、锅中腹饰二道凹弦纹。灶体长27.4、宽16、体高8、通高15.4厘米（图三四〇，2；图版五九，1前中）。

陶仓　1件。M116：2，泥质灰陶。敛口，方唇，斜折肩，肩有折棱，腹壁近直，近底部略内

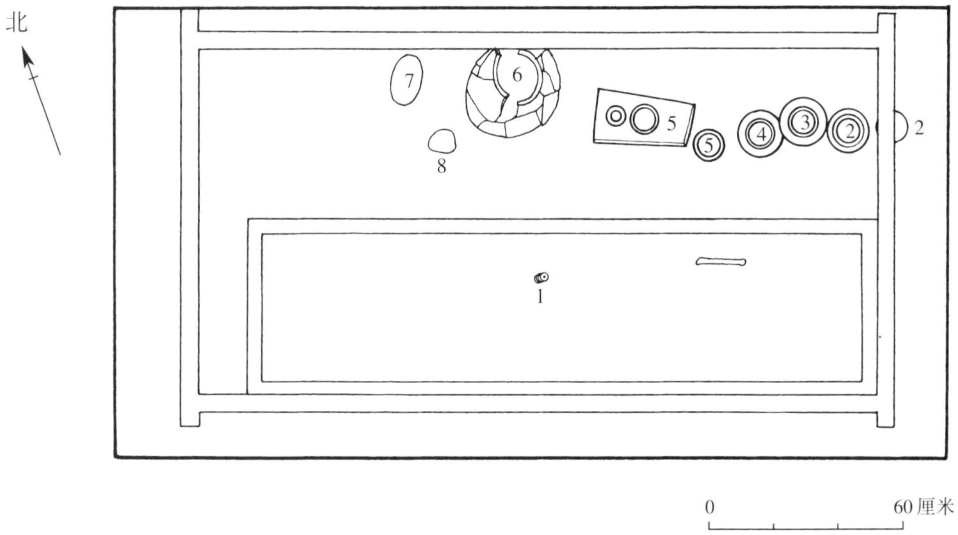

图三三九　汉墓 M116 平面图
1.铜"五铢"　2.陶仓　3、6.陶罐　4.陶井　5.陶灶　7、8.漆器

收，平底微凹。上承斜壁覆碗状盖。腹间饰四道凹弦纹。口径 8.4、腹径 15.2、底径 13.6、体高 21.8、通高 25 厘米（图三四〇，3；图版五九，1 后右）。

陶井　1 件。M116：4，泥质灰陶。口残，束颈，斜折肩，腹壁较直，平底微凹。腹饰一道凹弦纹。腹径 14、底径 13.8、残高 13.6 厘米（图三四〇，5；图版五九，1 前右）。

铜"五铢"　6 枚。圆形，方穿，双面有外郭，穿背面有周郭。正面穿左右篆书"五铢"二字，"五"字交笔弯曲，两横出头，"铢"之"金"字头呈三角形，"朱"之上笔方折，下笔圆折。M116：1-1，穿正面有上横郭。"五"字交笔微弯曲。直径 2.4、穿边长 1 厘米（图三四〇，6）。M116：1-2，"五"字交笔弯曲较甚，左右几乎平行。直径 2.3、穿边长 1 厘米（图三四〇，7）。

漆器　2 件。M116：7、8，仅存漆皮。

M119

方向 210°。长方形竖穴土坑木椁墓。墓口距地表约 0.3 米。墓口上部遭到破坏，长 2.86、宽 1.8 米，底同口大，深 0.1～0.18 米。坑壁粗糙。填硬质灰褐夹灰黄色花土。单椁单棺，仅余腐痕。椁室平面呈"凸"形，椁痕长 2.66、宽 1.6～1.66、高 0.1～0.18、板痕厚 0.06 米。棺位于椁内西部偏北，棺痕长 2.1、宽 0.52、高 0.1～0.18、板痕厚 0.04 米。人骨已朽，棺内可见牙齿和部分盆骨、肢骨，可知头向西南，仰身直肢葬式。6 件随葬器物置于椁内棺外东部（图三四一）。

陶鼎　1 件。M119：1，泥质灰陶。子口，圆唇，折肩，弧腹内收，长方形附耳外撇，耳孔对穿，凸圜底，三熊形直立足，足下部残。中腹饰二道凹弦纹，耳外壁饰菱形网格纹。口径 14.8、腹径 19、残高 14 厘米（图三四二，2；图版五九，2 前左）。

陶罐　2 件。M119：4，泥质红陶。直口，圆唇，矮领，圆肩，上腹鼓，下腹弧收，平底微凹。素面。高 13.2、口径 8.8、腹径 20、底径 8.8 厘米（图三四二，5）。M119：5，泥质褐陶。口残，束颈，圆肩，肩有对称双鼻耳，圆鼓腹，浅凹底。肩至中腹饰竖绳纹间五道抹痕，以下饰横、斜绳纹。腹径 31.2、底径 8、残高 28.8 厘米（图三四二，6；图版五九，2 后左）。

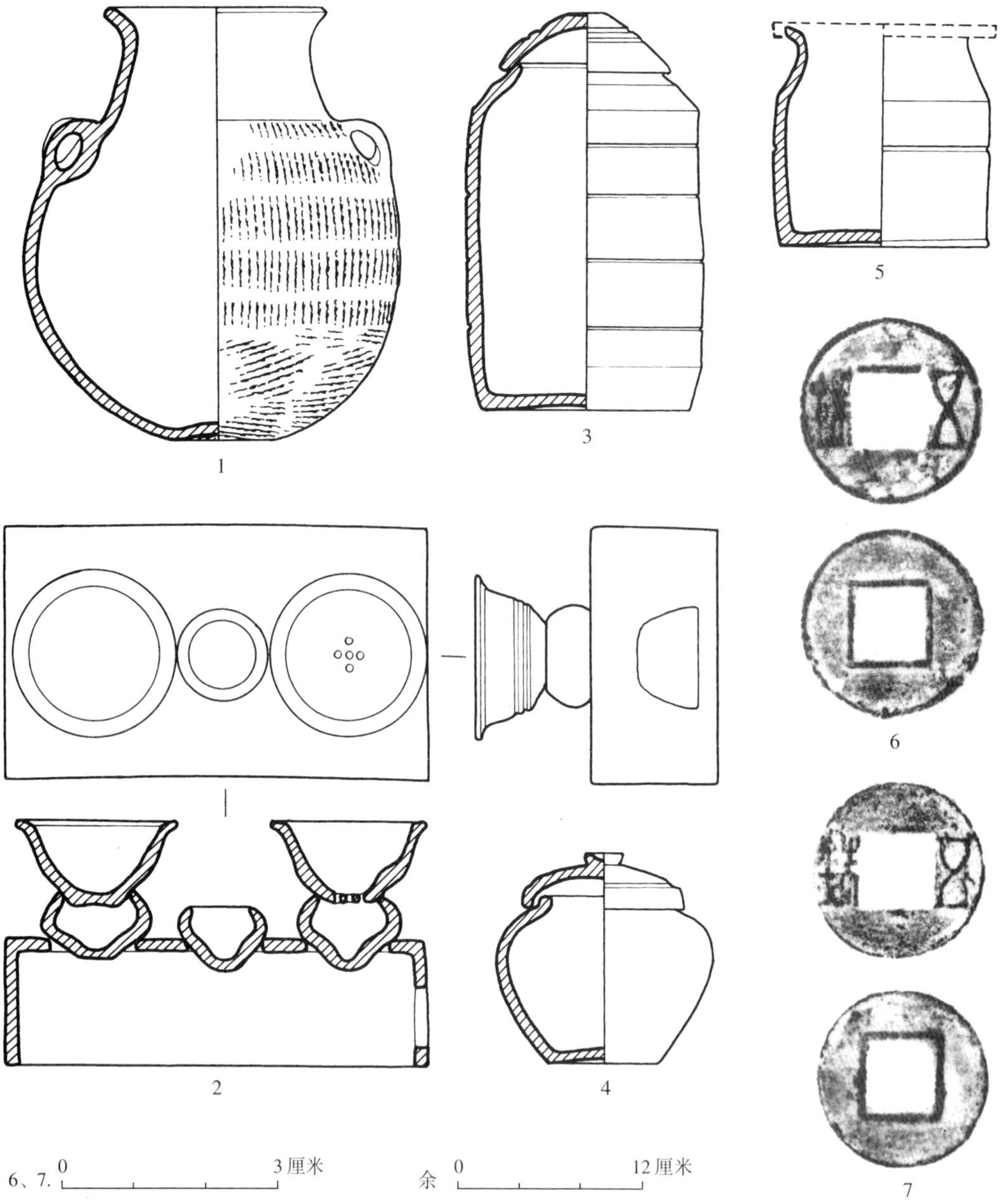

图三四〇　汉墓 M116 出土器物

1、4. 陶罐（M116：6、3）　2. 陶灶（M116：5）　3. 陶仓（M116：2）

5. 陶井（M116：4）　6、7. 铜"五铢"拓本（M116：1-1、1-2）

　　陶灶　1件。M119：2，泥质灰陶。灶体平面呈长方形，斜直壁，无烟孔，灶面有三个等大火眼，前壁中部开拱形灶门。火眼上置三釜一甑二锅，釜直或敛口，圆唇，溜肩，扁鼓腹，小平底；甑敞口，翻沿，圆唇，弧腹内收，平底或微凹，底有一箅孔；锅除无箅孔外同甑。素面。灶体长29、宽13、体高7.8、通高13.6厘米（图三四二，1；图版五九，2前右）。

　　陶仓　1件。M119：6，泥质灰陶。直口，方唇，短领，折肩，腹壁斜直下收，平底微凹。腹间饰五道凹弦纹。口径10、肩径16.3、底径13.2、高24.6厘米（图三四二，4；图版五九，2后右）。

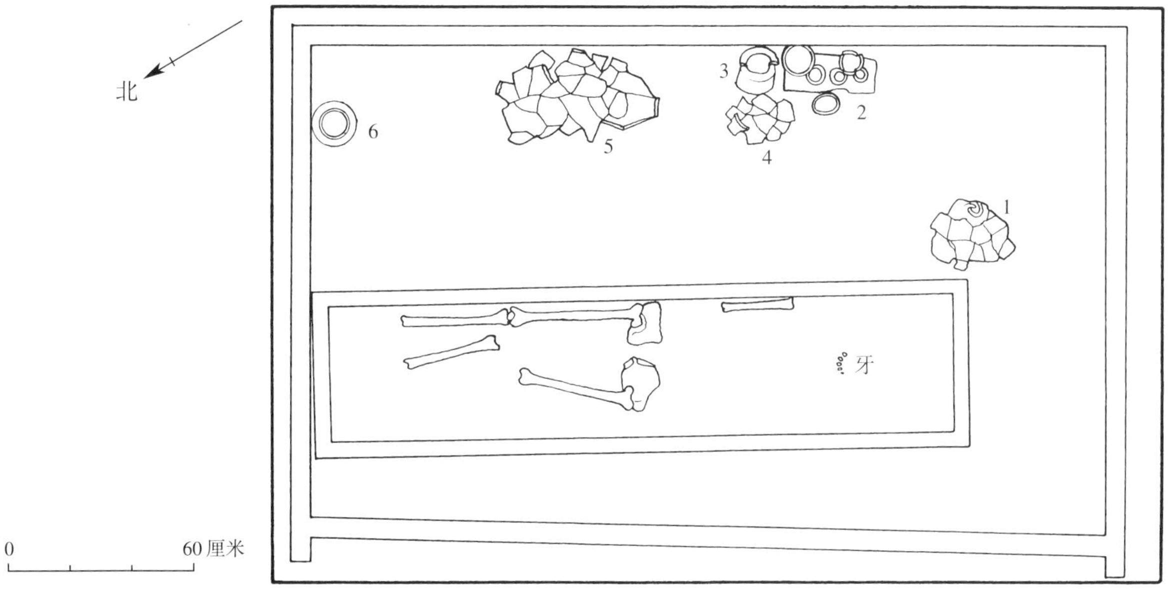

北

0　　　　　60厘米

图三四一　汉墓 M119 平面图
1.陶鼎　2.陶灶　3.陶井　4、5.陶罐　6.陶仓

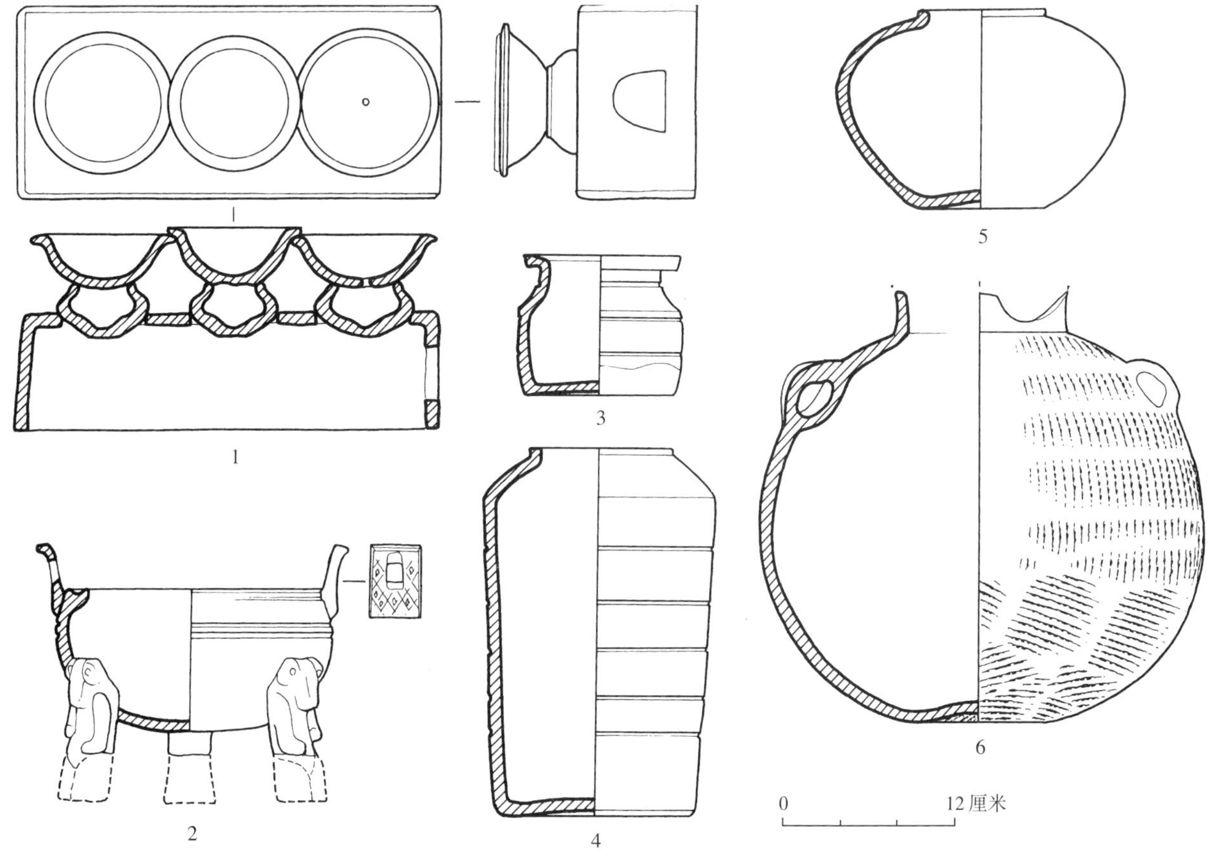

0　　　　　12厘米

图三四二　汉墓 M119 出土陶器
1.灶（M119：2）　2.鼎（M119：1）　3.井（M119：3）　4.仓（M119：6）　5、6.罐（M119：4、5）

陶井　1件。M119：3，泥质灰陶。侈口，翻折沿，方唇，束颈，斜折肩，腹微弧，平底微凹。颈、上腹、中腹各饰一道凹弦纹。口径10.8、底径10.4、高9.2厘米（图三四二，3；图版五九，2前中）。

M120

方向28°。长方形竖穴土坑木椁墓。墓口距地表约0.3米，长3.38～3.44、宽2.16米，底长3.24～3.3、宽2米，深2.34米。坑壁规整光滑。填硬质灰褐夹灰白色花土。单椁单棺，仅余腐痕，底板稍清晰。椁室平面呈"Ⅱ"形，椁痕长3.04、宽1.74、高0.8、板痕厚0.08米。椁底板为直行并列平铺，有6块，单块宽0.23～0.3米。棺位于椁内中部，存底板痕，长2.16、宽0.54、厚0.03米。紧临棺底板痕的西侧有长2.16、宽0.48米的木质朽痕，可能为棺的盖板或壁板遗迹。椁下南北部各有一垫木沟槽，横断面呈半圆形，槽长1.94、宽0.16、最深0.06米。人骨朽，棺内北部和中部残存数枚牙齿，棺内南部有一节肢骨，可知头向东北，葬式不明。8件随葬器物置于椁内棺外东北部。铜鼎和蒜头壶的上、下部及四周有木质腐痕，局部存有木板，紧贴器表有丝织物腐痕，推测它们是以丝织物包裹后放入木匣内下葬的。木匣痕长0.9、宽0.26、高0.2米（图三四三）。

陶盂　1件。M120：4，泥质灰陶。近直口，圆唇，弧腹，下腹微曲收，平底微凹。素面。口径12.8、底径6、高5.4厘米（图三四四，2）。

铜鼎　1件。M120：1，灰绿色。子母口，折沿，折肩，微鼓腹，长方形附耳，耳孔对穿，凸圜底，三蹄足直立，足断面呈半圆形。上承弧盘状盖，盖周三环纽。腹饰一道凸弦纹。鼎内发现粟腐痕。口径14.4、腹径18.8、体高13.4、通高18厘米（图三四四，1；彩版八，4中）。

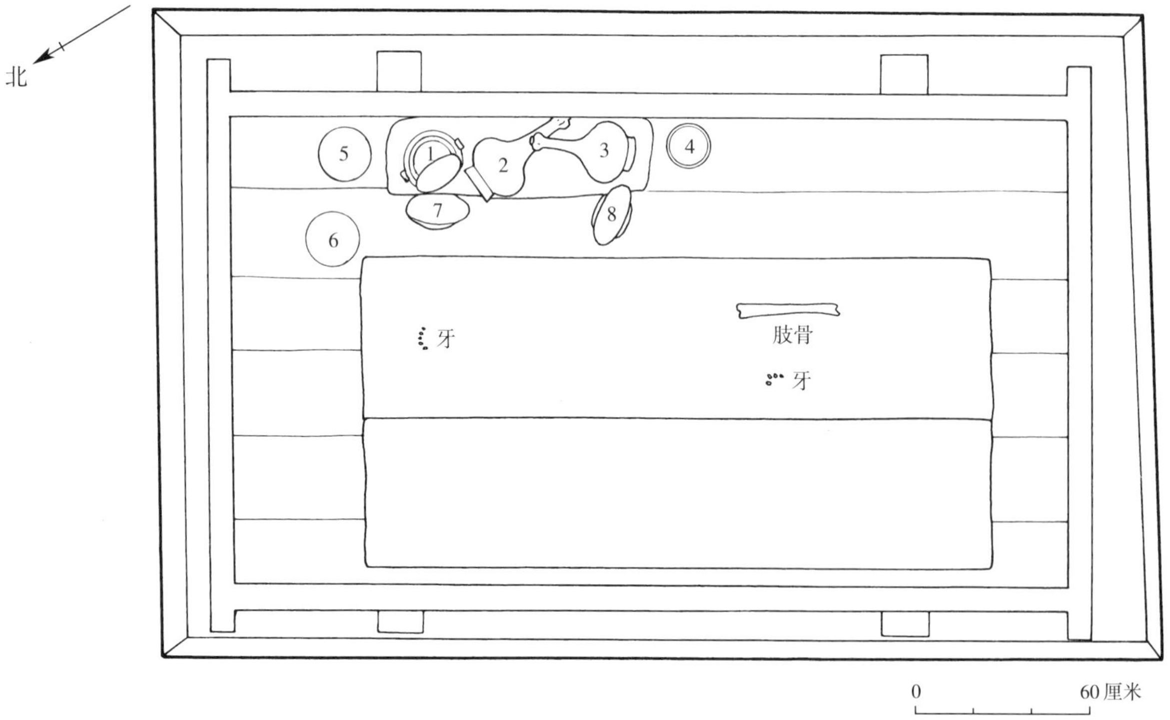

图三四三　汉墓M120平面图

1.铜鼎　2、3.铜蒜头壶　4.陶盂　5、6.漆盒　7、8.漆耳杯

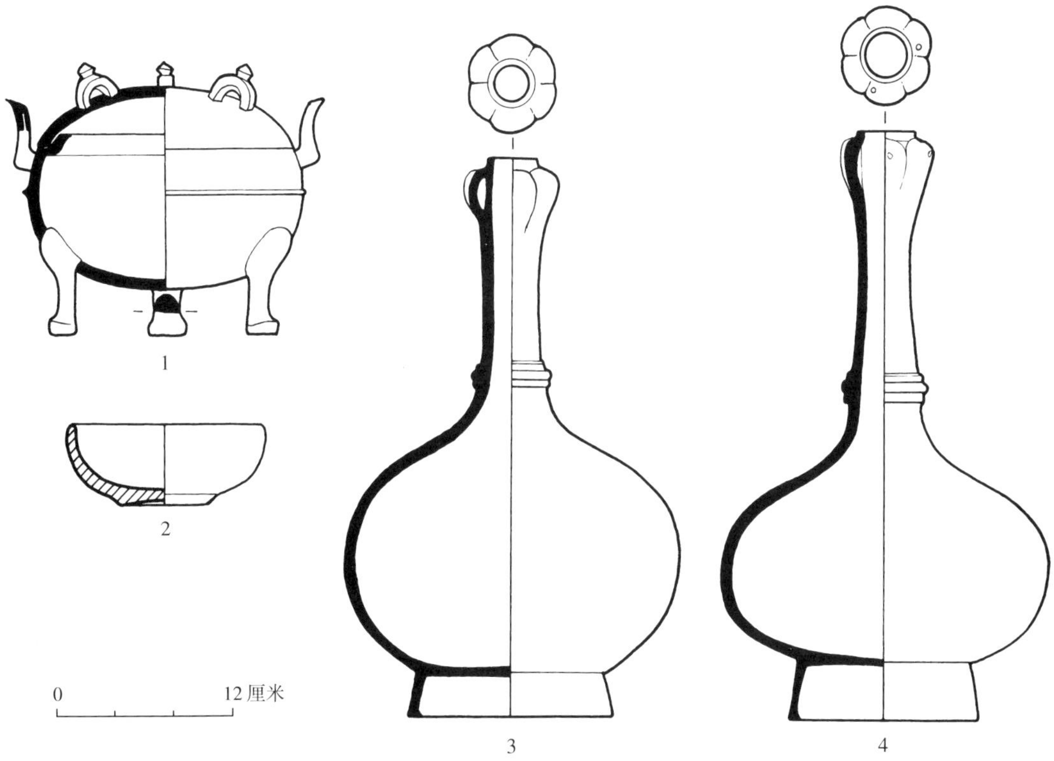

图三四四 汉墓 M120 出土器物

1. 铜鼎（M120：1） 2. 陶盂（M120：4） 3、4. 铜蒜头壶（M120：2、3）

铜蒜头壶 2件。灰绿色。直口，蒜头状，折沿，束长直颈，颈下部有一箍，箍下有垫片，溜肩，扁鼓腹，平底，浅宽圈足，下端微撇。M120：2，口径 3.2、腹径 22.8、圈足径 14、高 37 厘米（图三四四，3；彩版八，4右）。M120：3，口径 4、腹径 22.8、圈足径 13.2、高 39 厘米（图三四四，4；彩版八，4左）。

漆盒 2件。M120：5、6，仅存漆皮。

漆耳杯 2件。M120：7、8，仅存漆皮。

M121

方向 300°。刀形竖穴土坑木椁墓。墓口距地表约 0.4 米。长方形墓圹，口长 2.6、宽 1.46～1.52 米，底同口大，深 0.7 米。东设斜坡墓道，直壁，上口平面长 1.82、宽 1.02～1.16 米，底坡长 1.85、下端深 0.55 米，坡度 15°。坑壁较粗糙。填硬质灰褐夹少量灰白色花土。单椁单棺，仅余腐痕。椁室平面呈 "Ⅱ" 形，椁痕长 2.52、宽 1.3、高 0.22、板痕厚 0.06 米。棺位于椁内西南部，棺痕长 1.88、宽 0.54、高 0.12、板痕厚 0.05 米。人骨朽尽，葬式不明。2件随葬器物置于椁内棺外西北角。据随葬器物位置推测头向西北（图三四五）。

陶壶 1件。M121：1，泥质灰陶。侈口，翻沿，方唇，束颈，圆肩，肩有对称双弓耳，上腹鼓，下腹弧收，平底微凹。肩、中腹各饰二、一道凹弦纹。口径 12.4、腹径 20、底径 9.6、高 21.6 厘米（图三四六，1；图版五八，2右）。

陶罐 1件。M121：2，泥质灰陶。侈口，翻折沿，上沿面有一周浅凹槽，方唇，束颈，颈略

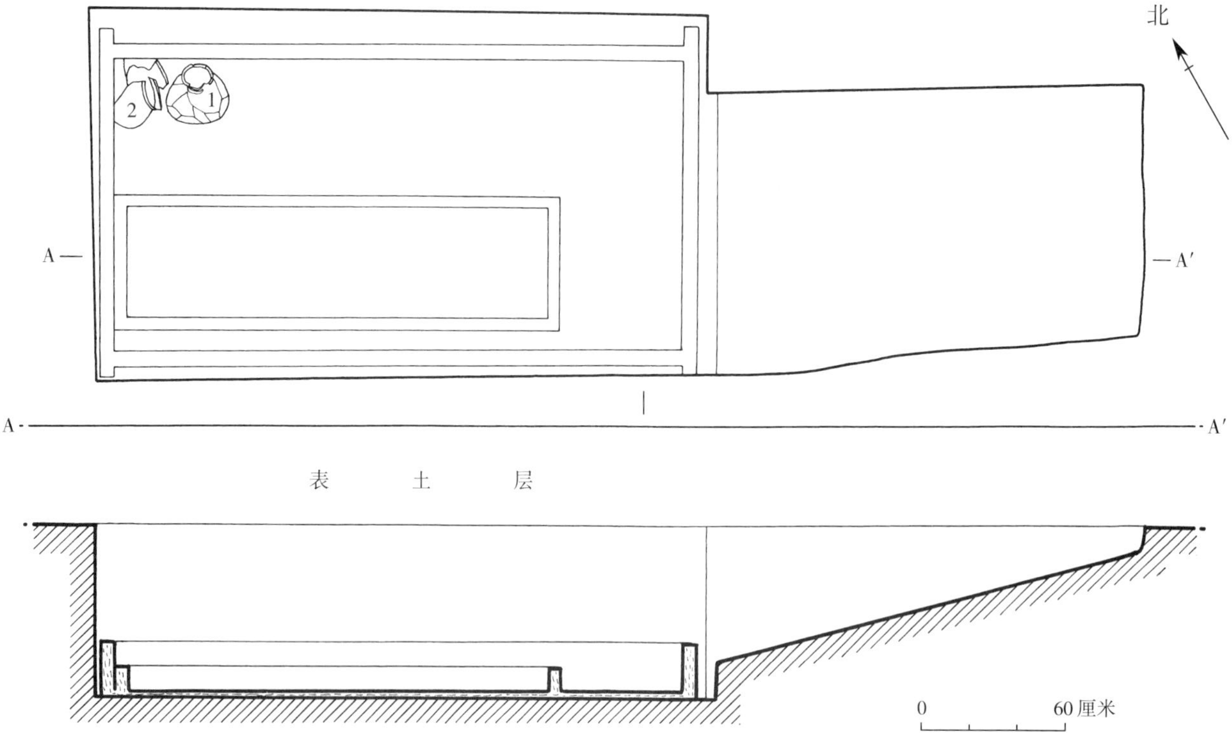

图三四五　汉墓M121平、剖面图
1.陶壶　2.陶罐

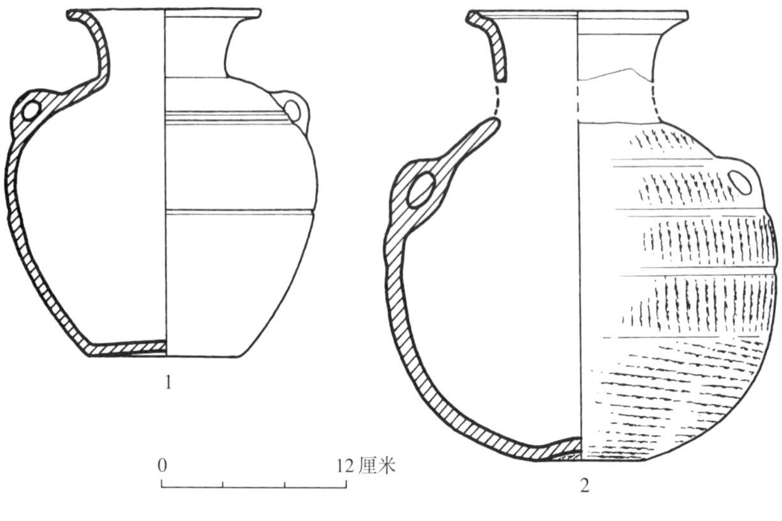

图三四六　汉墓M121出土陶器
1.壶（M121：1）　2.罐（M121：2）

残，溜肩，肩有对称双鼻耳，中腹鼓，浅凹底。肩、腹饰竖绳纹间三道抹痕。口径14.4、腹径25.6、底径7.2厘米（图三四六，2；图版五八，2左）。

M122

方向30°。长方形竖穴土坑木椁墓。墓口距地表约0.4米，长2.56、宽1.56米，底同口大，深0.58~0.76米。坑壁较光滑。填软质黄褐夹灰白色花土。单椁单棺，仅余腐痕。椁室平面呈"Ⅱ"形，椁痕长2.14、宽0.98、高0.54、板痕厚0.06米。棺位于椁内西部，棺痕长1.82、宽0.6、高0.06、板痕厚0.05米。人骨朽尽，葬式不明。3件随葬器物置于椁内棺外东北角。据随葬器物位置推测头向东北（图三四七）。

陶盂　1件。M122：3，泥质灰陶。近直口，圆唇，弧腹，平底微凹。素面。口径14.8、底径5.2、高5.8厘米（图三四八，3；图版五八，3前）。

陶罐　2件。侈口，翻沿，圆或方唇，束颈，圆肩，颈、肩相交处有折棱，肩有对称双鼻耳，鼓腹，浅凹底。颈部可见竖绳纹，肩至中腹饰竖绳纹间四或三道抹痕，以下饰交错绳纹。M122：1，泥质黑衣褐陶。口径13.6、腹径20.8、底径6、高22.8厘米（图三四八，2；图版五八，3后右）。M122：2，泥质褐陶。口径14.4、腹径24、底径8、高24.4厘米（图三四八，1；图版五八，3后左）。

M123

方向28°。长方形竖穴土坑木椁墓。墓口距地表约0.4米，长2.45、宽1.38米，底长2.38、宽1.22～1.36米，深1.6米。坑壁较粗糙。填硬质黄夹灰褐色花土。单椁单棺，仅余腐痕。椁室平面呈"Ⅱ"形，椁痕长2.1、宽1.1、高0.4、板痕厚0.07米。棺位于椁内西部，棺痕长1.86、宽0.54、高0.1、板痕厚0.04米。人骨朽尽，葬式不明。3件随葬器物置于椁内棺外东北角。据随葬器物位置推测头向东北（图三四九）。

陶鼎　1件。M123：2，泥质褐陶。子母口，圆唇，折肩，弧腹，长方形附耳，耳上部残，凸圜底，三蹄足直立。上承弧折盘状盖，盖顶一圈足状捉手，口径15.6、腹径18.4、体高14.4、通

图三四七　汉墓M122平面图
1、2.陶罐　3.陶盂

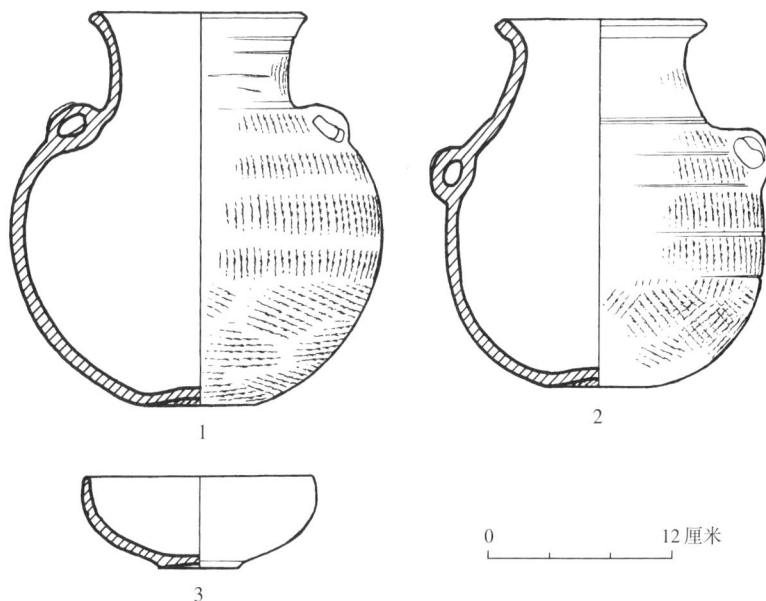

图三四八　汉墓M122出土陶器
1、2.罐（M122：2、1）　3.盂（M122：3）

图三四九　汉墓 M123 平面图
1. 陶壶　2. 陶鼎　3. 陶盒

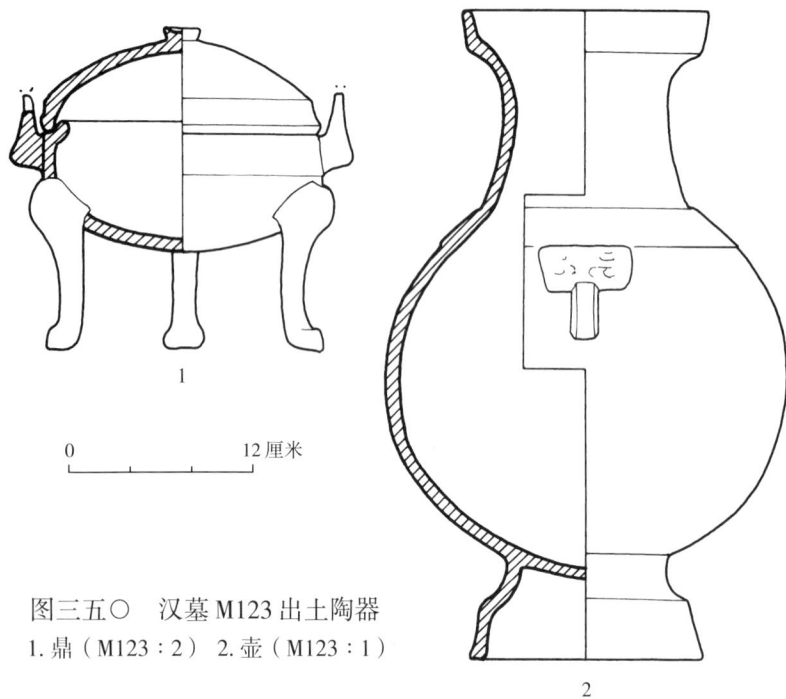

图三五○　汉墓 M123 出土陶器
1. 鼎（M123：2）　2. 壶（M123：1）

高 20 厘米（图三五○，1）。

　　陶盒　1件。M123：3，泥质褐陶。无法修复。

　　陶壶　1件。M123：1，泥质褐陶。盘口，圆唇，束颈，溜肩，肩有对称兽面铺首，鼓腹，凸圜底，盘口状深圈足。肩饰一周宽带纹。口径16、腹径26.4、圈足径15.2、高40.4厘米（图三五○，2）。

M124

　　方向24°。长方形竖穴土坑木椁墓。墓口距地表约0.3米，长2.86、宽1.68米，底长2.82、宽1.4米，深1.66～1.9米。坑壁规整光滑。填软质灰白夹黄褐色花土。单椁单棺，仅余腐痕。椁室平面呈"Ⅱ"形，椁痕长2.3、宽1.04、高0.3、板痕厚0.06米。棺位于椁内东部，棺痕长2.05、宽0.46～0.52、高0.1、板痕厚0.05米。椁下南北部各有一垫木沟槽，横断面呈长方形，槽长1.2、宽0.16、深0.05米。人骨朽，棺内北部残存数枚牙齿，可知头向东北，葬式不明。15件随葬器物除陶球置于棺内北端外，余置于椁内棺外西部（图三五一）。

　　陶鼎　2件。泥质灰陶。子母口，圆唇，折肩，弧腹，长方形附耳直立，耳孔未穿，浅凹底，三蹄足微外撇。上承弧折盘状盖，盖周三弯角状纽。中腹有两道锯齿状折棱。器内有粟腐痕。M124：3，口径16.8、腹径22、体高14.4、通高19.2厘米（图三五二，1；图版六○，1中后左2）。M124：4，口径16、腹径22、体高14.4、通高20.4厘米（图三五二，2；图版六○，1中后左1）。

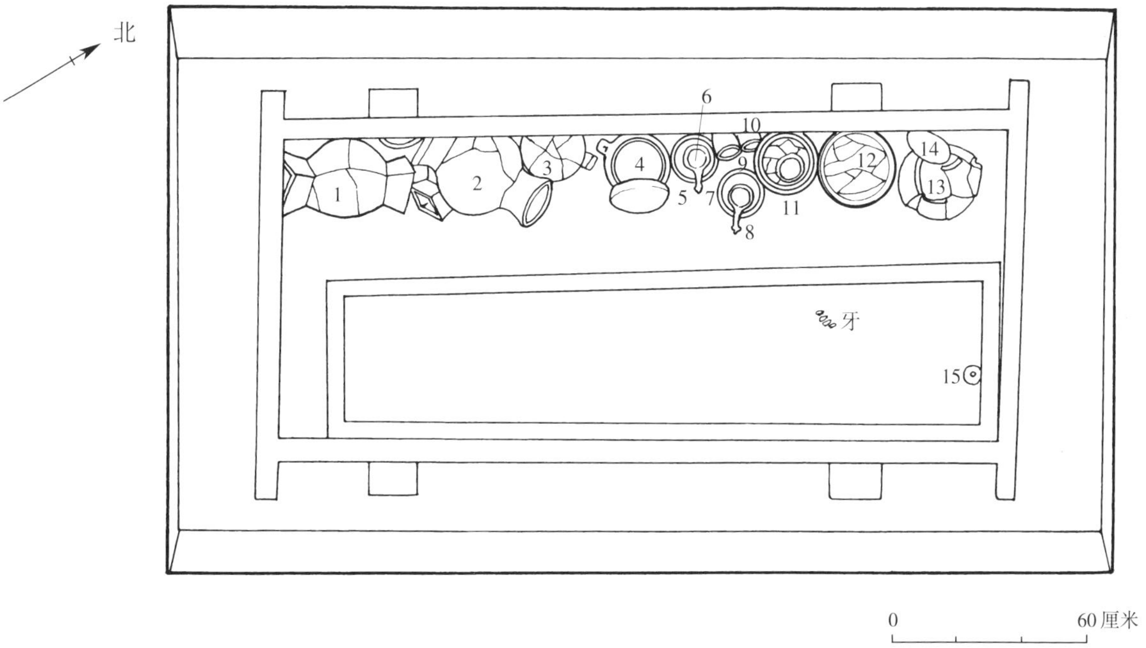

图三五一 汉墓 M124 平面图

1.陶钫 2.陶壶 3、4.陶鼎 5、7.陶豆 6、8.陶勺 9、10.陶杯 11、12.陶盒 13.陶釜 14.漆耳杯 15.陶球

　　陶盒 2件。泥质褐陶。圆唇，弧腹下收，平底微凹。素面。上承覆碗状盖，浅宽圈足状捉手。M124:11，象征性子母口，近敞口。盖腹残。口径20.8、底径7.6、体高7.6厘米（图三五二，3）。M124:12，子母口，折肩。口径18、腹径22、底径9.6、体高9.2、通高16.4厘米（图三五二，4；图版六〇，1中后右1）。

　　陶壶 1件。M124:2，泥质灰陶。盘口，折沿，平唇，束颈，圆肩，鼓腹，凸圜底，盘口状深圈足。上承浅折盘状盖，盖周三"S"形纽。素面。口径17.2、腹径28、圈足径16.8、体高36.8、通高44厘米（图三五二，13；图版六〇，1后右）。

　　陶钫 1件。M124:1，泥质灰陶。侈口，平折沿，平唇，束颈，溜肩，鼓腹，平底，覆斗状高圈足。上承盝顶盖，盖周有四环纽。素面。口边长15.6、腹边长22.8、圈足边长19.2、体高42、通高49厘米（图三五二，7；图版六〇，1后左）。

　　陶豆 2件。M124:5，泥质褐陶。敞口，圆唇，浅折盘，矮柄，中部微束，中空至盘底，喇叭状圈足。素面。口径14.8、盘深3.6、圈足径9.6、通高12.4厘米（图三五二，8；图版六〇，1中前右2）。M124:7，口径14.4、盘深2.8、圈足径9.6、通高11.6厘米（图三五二，5；图版六〇，1中前右1）。

　　陶杯 2件。泥质褐陶。敞口，圆唇，上腹斜直，下腹弧，近底部曲收，饼状平底。素面。M124:9，口径8、底径5.6、高12.2厘米（图三五二，10；图版六〇，1中前左1）。M124:10，口径8、底径5.2、高12.4厘米（图三五二，11；图版六〇，1中前左2）。

　　陶勺 2件。泥质褐陶。敞口，口平面呈圆形，圆唇，弧壁，微凹底。口部斜立一柄，柄上端塑成兽首形。M124:6，口径8、底径5.6、体高2.8、通高8.8厘米（图三五二，6；图版六〇，

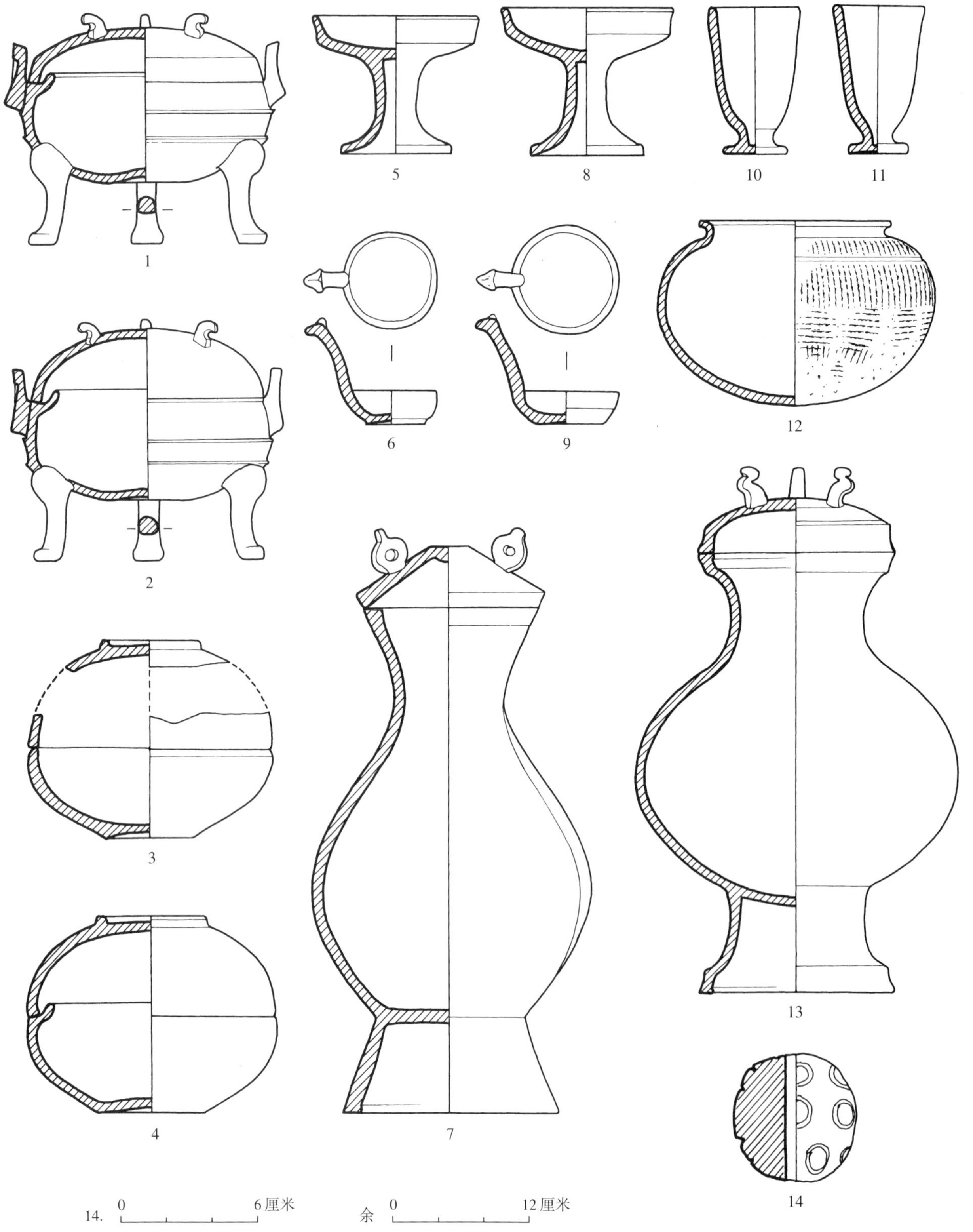

14. 　0　　　　　　6厘米　　　　余　0　　　　　　12厘米

图三五二　汉墓 M124 出土陶器

1、2.鼎（M124：3、4）　3、4.盒（M124：11、12）　5、8.豆（M124：7、5）　6、9.勺（M124：6、8）

7.钫（M124：1）　10、11.杯（M124：9、10）　12.釜（M124：13）　13.壶（M124：2）　14.球（M124：15）

1中前左3）。M124：8，口径8.8、底径6、体高2.6、通高9厘米（图三五二，9；图版六〇，1中前右3）。

陶釜 1件。M124：13，上部泥质、下部夹砂褐陶。侈口，翻折沿，方唇，束颈，广肩，扁鼓腹，凸圜底。肩、上腹饰竖绳纹间一道抹痕，下腹饰横、斜绳纹。外壁有烟炱痕。口径16.8、腹径24、高15.4厘米（图三五二，12；图版六〇，1中后右2）。

陶球 1件。M124：15，泥质褐陶。圆球形，中有对穿孔。器表饰多个圆圈纹，圆圈外侧一周绘有红彩，均脱落。直径5、孔径0.5厘米（图三五二，14；图版六〇，1前）。

漆耳杯 1件。M124：14，仅存漆皮。

M125

方向25°。长方形竖穴土坑木椁墓。墓口距地表约0.4米，长2.42、宽1.34米，底同口大，深0.54～0.64米。坑壁粗糙。填软质灰褐夹灰白色花土。单椁单棺，仅余腐痕。椁室平面呈"Ⅱ"形，椁痕长2.14、宽1.05、高0.24、板痕厚0.06米。棺位于椁内西部，棺痕长2.02、宽0.5、高0.11、板痕厚0.05米。人骨朽尽，棺内北部残存数枚牙齿，可知头向东北，葬式不明。8件随葬器物除铜带钩置于棺内中部偏北外，余置于椁内棺外东北部（图三五三）。

陶鼎 2件。子母口，圆唇，折肩，弧腹内收，长方形附耳内敛，上端翻折外撇，耳孔对穿，凸圜底近平，三蹄足直立。上承浅弧盘状盖，盖周三环纽。中腹饰一道凸弦纹。M125：3，泥质灰陶。口径18.4、腹径23.2、体高15.2、通高21厘米（图三五四，1）。M125：4，泥质褐陶。口径17.6、腹径22、体高15.2、通高21.4厘米（图三五四，5；图版六〇，2中左）。

陶甗 1件。M125：5，泥质黑衣褐陶。上甑下釜扣合。甑敞口，翻折沿，方唇，微束颈，弧腹下收，微凹底，下腹及底部残，浅宽圈足。釜直口，短领，圆唇，圆肩，肩部有一周折棱，扁鼓腹，腹中部有一道较宽的外凸尖棱，浅凹底。素面。甑口径28.8、圈足径12厘米，釜高14.8、口径10.8、腹径22.4、底径5.2厘米（图三五四，7；图版六〇，2前）。

陶盒 2件。泥质黑衣褐陶。圆唇。上承覆碗状盖，圈足状捉手。M125：6，子母口，折肩，弧腹下收，凸圜底近平，浅宽圈足。黑衣多脱落。口径18.4、腹径22、圈足径9.6、体高9.6、通高17.2厘米（图三五四，3；图版六〇，2中中）。M125：7，直口，弧折腹，凹底。盖腹饰二道凹弦纹。口径20.8、腹径22.8、底径6.8、体高8.4、通高16厘米（图三五四，2；图版六〇，

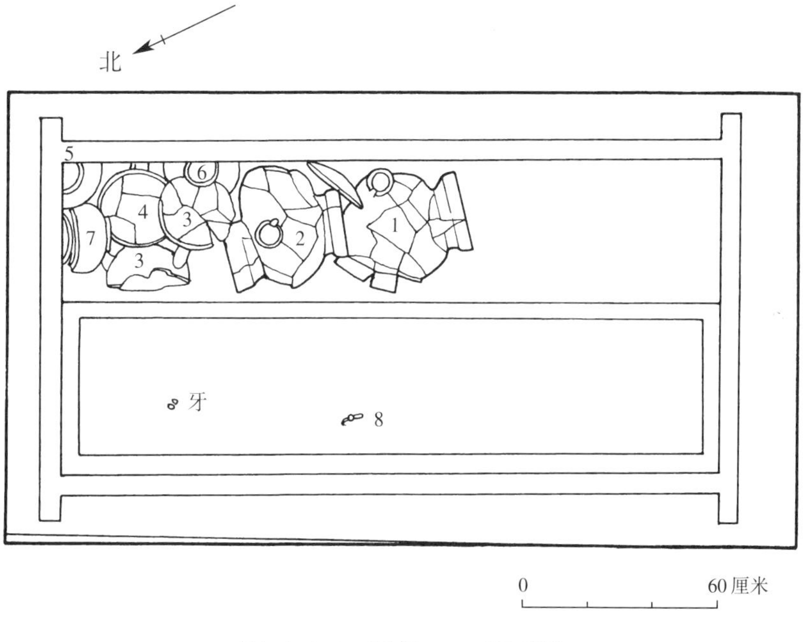

图三五三 汉墓M125平面图
1、2.陶壶 3、4.陶鼎 5.陶甗 6、7.陶盒 8.铜带钩

2 中右）。

　　陶壶　2件。深盘口，束颈，溜肩，肩有对称兽面铺首衔环，鼓腹，圜底，盘口状深圈足。上承子口弧盘状盖，盖周三立鸟状纽。肩、腹各饰一道宽带纹。M125：1，泥质灰陶。圆唇。口径17.6、腹径31、圈足径20.4、体高40、通高46.4厘米（图三五四，6；图版六〇，2后左）。M125：2，泥质褐陶。口径17.6、腹径31.2、圈足径21.2、体高38.2、通高44.4厘米（图三五四，8；图版六〇，2后右）。

　　铜带钩　1件。M125：8，灰绿色。琵琶形，钩首残，圆纽在身尾部。素面。残长3.3、体尾

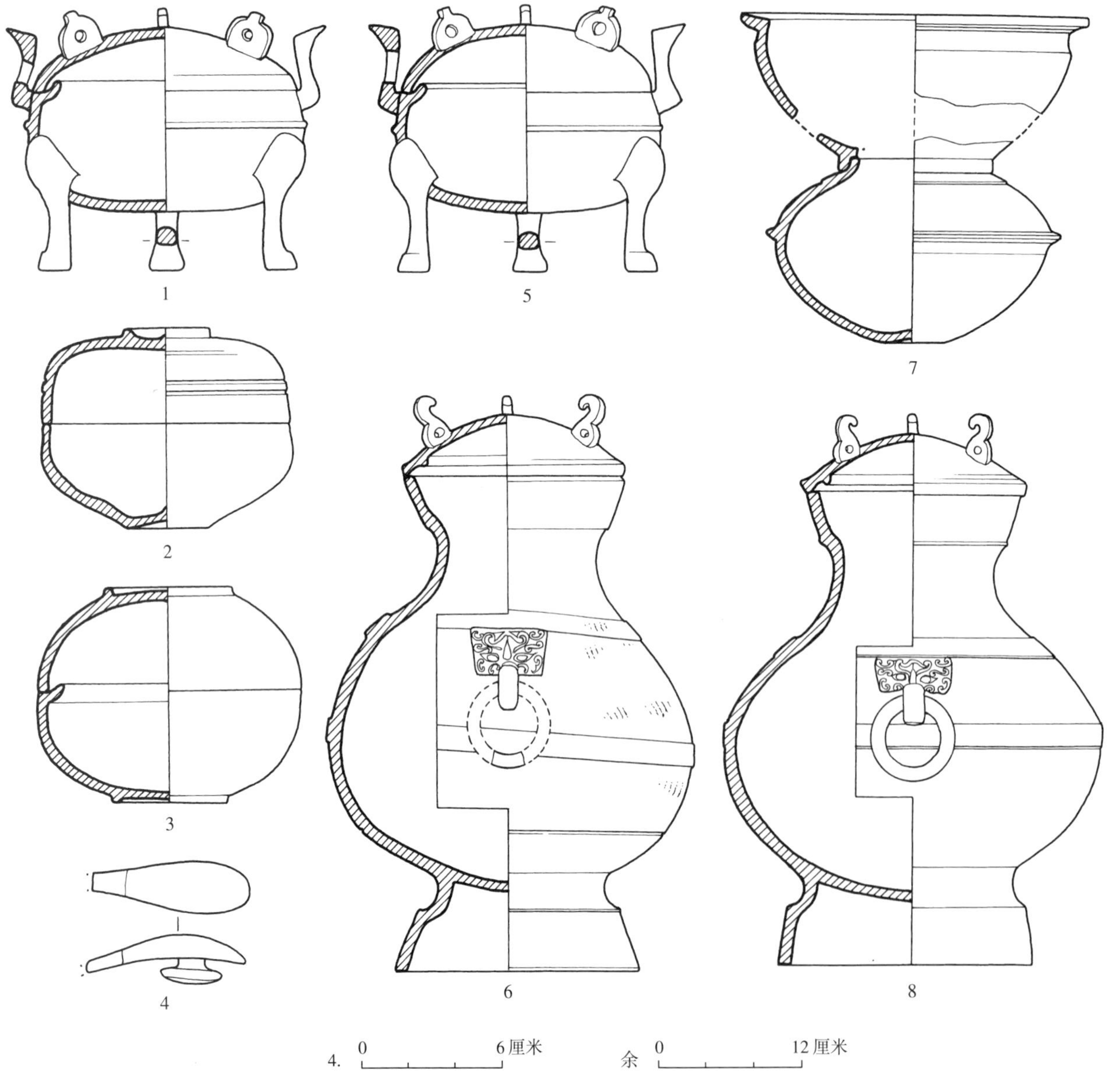

图三五四　汉墓 M125 出土器物

1、5.陶鼎（M125：3、4）　2、3.陶盒（M125：7、6）　4.铜带钩（M125：8）

6、8.陶壶（M125：1、2）　7.陶瓿（M125：5）

端宽 1.1、纽径 1.3 厘米（图三五四，4）。

M126

方向 110°或 290°。长方形竖穴土坑木椁墓。墓口距地表约 0.4 米，长 2.84、宽 1.7 米，底同口大，深 0.4 米。坑壁光滑。填软质灰白夹黄褐色花土。单椁单棺，仅余腐痕。椁室平面呈"Ⅱ"形，椁痕长 2.22、宽 1.03、高 0.35、板痕厚 0.06 米。棺位于椁内北部，棺痕长 1.98、宽 0.54、高 0.12、板痕厚 0.05 米。椁下南北部各有一垫木沟槽，横断面呈半圆形，槽长 1.22、宽 0.08、深 0.04 米。人骨朽尽，葬式不明。4 件随葬器物置于椁内棺外南部（图三五五）。

陶鍪　1件。M126：2，上部泥质、下部夹砂灰陶。侈口，翻沿，圆唇，束颈，圆肩，肩有对称双弓耳，耳残，扁鼓腹，凸圜底。下腹及底饰横、斜绳纹。口径 12.8、腹径 20.2、高 17.2 厘米（图三五六，3）。

陶无盖盒　2件。泥质灰陶。子口，圆唇，折肩，上腹壁直，下腹弧收，微凹底。无盖。素面。M126：1，口径 16.4、腹径 18.8、底径 6、高 6.6 厘米（图三五六，1）。M126：4，口径 16.8、腹径 19.2、底径 8.8、高 6.8 厘米（图三五六，2）。

陶罐　1件。M126：3，泥质灰陶。侈口，翻沿，圆唇，束颈，圆肩，颈肩相交处有折棱，肩有对称双鼻耳，鼓腹，浅凹底。肩至中腹饰竖绳纹间三道抹痕，以下饰交错绳纹。口径 16、腹径 26、底径 7.2、高 23.4 厘米（图三五六，4）。

M127

方向 32°。长方形竖穴土坑木椁墓。墓口距地表约 0.3～0.4 米，长 3、宽 1.8～1.9 米，底长 2.96、宽 1.7～1.74 米，深 3.38～3.48 米。墓坑较规整光滑。坑壁有人工修整时留下的连弧状工具遗痕，最大的约长 1.2、宽 0.2 米。填软质灰黄夹灰褐色花土。单椁单棺，仅余腐痕。椁室平面呈"Ⅱ"形，椁痕长 2.85、宽 1.58、高 0.44、板痕厚 0.06 米。棺位于椁内西部偏南，棺痕长 2.04、宽

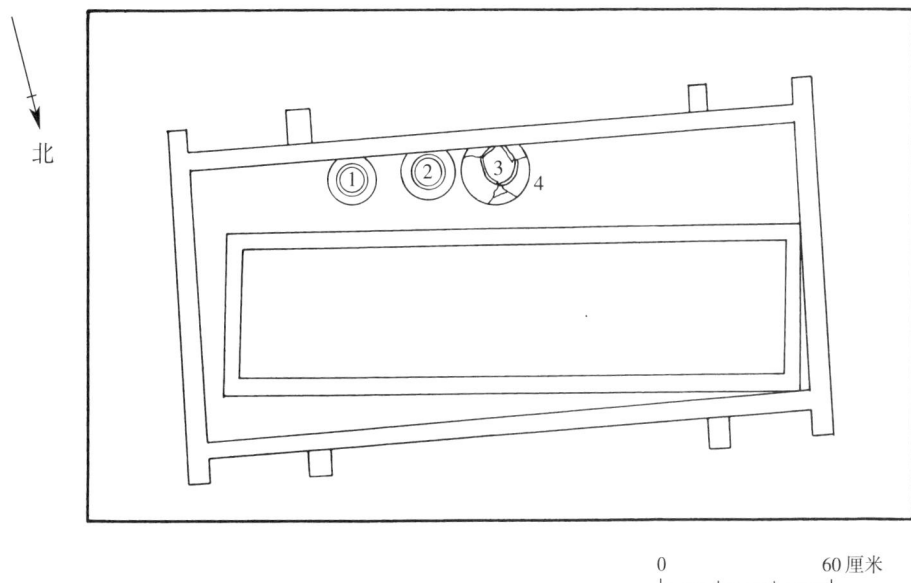

图三五五　汉墓 M126 平面图
1、4.陶无盖盒　2.陶鍪　3.陶罐

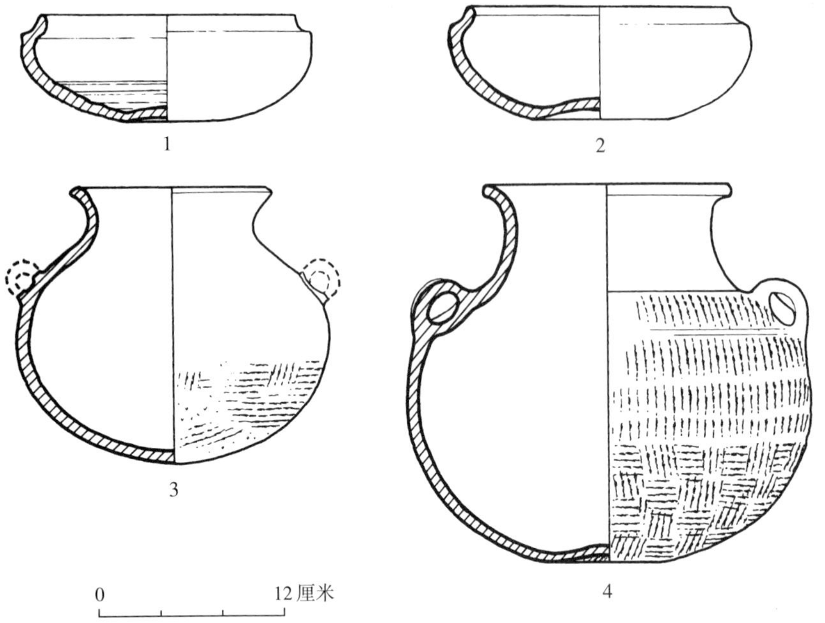

图三五六　汉墓 M126 出土陶器
1、2.无盖盒（M126：1、4）　3.鋬（M126：2）　4.罐（M126：3）

0.5、高 0.1、板痕厚 0.04 米。椁下东西部各有一纵向垫木沟槽，横断面呈半圆形，槽长 2.96、宽 0.17、深 0.06 米。人骨朽尽，葬式不明。9 件随葬器物置于椁内棺外北部。据随葬器物位置推测头向东北（图三五七）。

陶鼎　2件。泥质褐陶。子母口，尖唇，折肩，上腹直，下腹弧收，长方形附耳微内敛，上端向外翻折，耳孔对穿，凸圜底，三蹄足直立。上承弧折盘状盖，盖顶三小饼状纽。中腹饰一道凸弦纹。器内有粟腐痕。M127：1，未能修复。M127：2，口径 18、腹径 20.8、体高 16、通高 21.4 厘米（图三五八，1；图版六一，1左）。

陶盒　2件。泥质黑衣褐陶。子母口，圆唇，折肩。上承覆碗状盖，浅宽圈足状捉手。下体

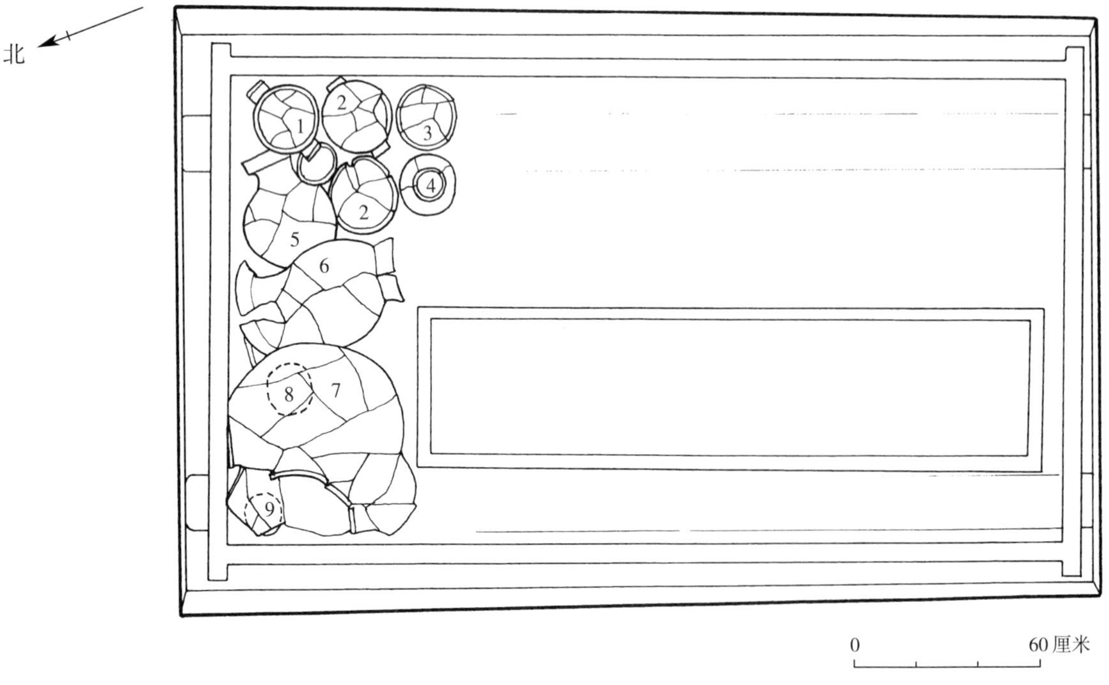

图三五七　汉墓 M127 平面图
1、2.陶鼎　3、4.陶盒　5、6.陶壶　7.陶瓮　8、9.漆耳杯

黑衣多脱落。M127：3，弧腹内收，平底微凹。口径18.4、腹径21.6、底径9.6、体高9.4、通高16.8厘米（图三五八，3）。M127：4，中腹微折，凸圜底，浅宽圈足。口径18.4、腹径20.8、圈足径9.6、体高9.4、通高16.8厘米（图三五八，4；图版六一，1前）。

　　陶壶　2件。泥质灰陶。盘口，折沿，圆唇，溜肩，肩有对称兽面铺首，鼓腹，凸圜底，盘口状深圈足。上承子口弧面盖，盖顶三纽残。肩、中腹各饰一道宽带纹。M127：5，未能修复。M127：6，口径18、腹径29.2、圈足径16、体高38.6、残高43.2厘米（图三五八，2；图版六一，1后）。

　　陶瓮　1件。M127：7，泥质灰陶。侈口，翻卷沿，束短颈，折肩，弧腹下收，近底部折收，凸圜底近平。肩饰多道凹弦纹，上、中腹饰竖绳纹间五道抹痕，以下饰横、斜绳纹。口径24.4、

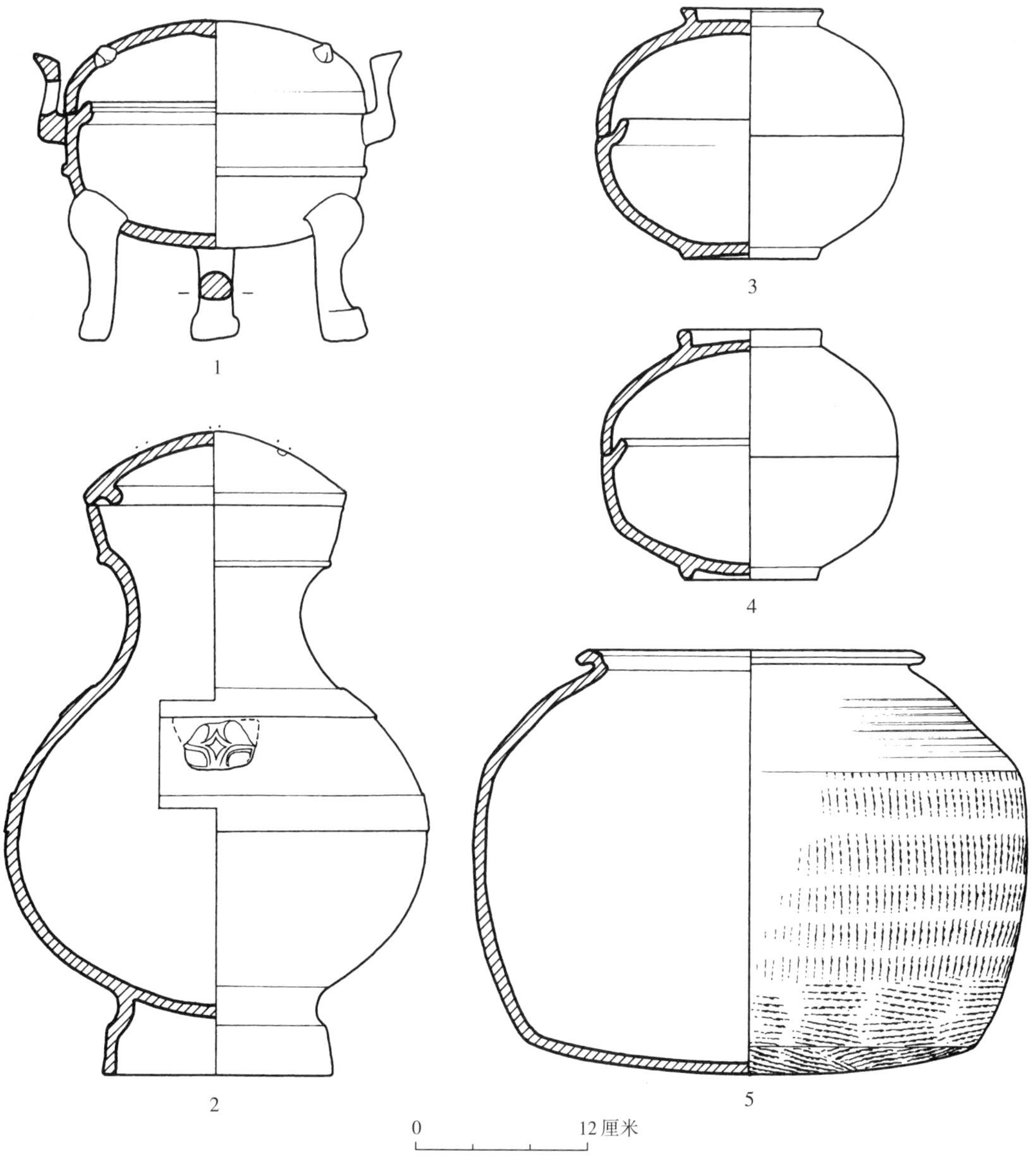

图三五八　汉墓M127出土陶器

1.鼎（M127：2）　2.壶（M127：6）　3、4.盒（M127：3、4）　5.瓮（M127：7）

腹径 38.8、高 28.4 厘米（图三五八，5；图版六一，1 右）。

漆耳杯 2 件。M127：8、9，仅存黑色漆皮。

M128

方向 30°。长方形竖穴土坑木椁墓。墓口距地表约 0.3～0.4 米，长 2.9、宽 1.7 米，底长 2.8～2.86、宽 1.6 米，深 2.68～2.78 米。坑壁较规整光滑，有人工修整时留下的连弧状工具遗痕。填软质灰褐夹灰黄色花土。单椁单棺，仅余腐痕。椁室平面呈"Ⅱ"形，椁痕长 2.7、宽 1.52、高 0.3、板痕厚 0.06 米。棺位于椁内西部，棺痕长 2.06、宽 0.52、高 0.08、板痕厚 0.05 米。椁下南北部各有一垫木沟槽，横断面呈半圆形，槽长 1.6、宽 0.18、深 0.06 米。人骨朽尽，葬式不明。8 件随葬器物置于椁内棺外东北部。据随葬器物位置推测头向东北（图三五九）。

陶鼎 2 件。泥质灰陶。子母口，圆唇，折肩，上腹近直，下腹内收，长方形附耳直立，上端外折，耳孔对穿，平底微凹，三蹄足直立。上承浅弧盘状盖，盖顶中部有一半圆纽衔环。中腹饰一道凸弦纹，盖饰一道凹弦纹。M128：1，盖顶残。口径 20、腹径 24.4、体高 20 厘米（图三六〇，1）。M128：2，口径 20、腹径 24.4、体高 20.4、通高 25.6 厘米（图三六〇，2；图版六一，2 左）。

陶盒 2 件。泥质灰陶。子母口，圆唇，折肩，弧腹下收，圜底近平，浅宽圈足。上承覆碗状盖，浅宽圈足状捉手。素面。M128：5，口径 18.8、腹径 22、圈足径 11.2、体高 12、通高 20 厘米（图三六〇，6；图版六一，2 前）。M128：6，未能修复。

陶壶 2 件。泥质灰陶。盘口，折沿，平唇，束颈，溜肩，肩有对称兽面铺首衔环，鼓腹，平底，近盘口状深圈足。上承子口弧面盖，盖周三鸟首环钮。肩饰一道宽带纹，下腹饰横绳纹，圈足壁饰一道凹弦纹。M128：3，大部残。口径 16.8、圈足径 19.6 厘米（图三六〇，3）。M128：4，口径 17.2、腹径 31.2、圈足径 19.2、体高 43.6、通高 52.8 厘米（图三六〇，5；图版六一，2 后）。

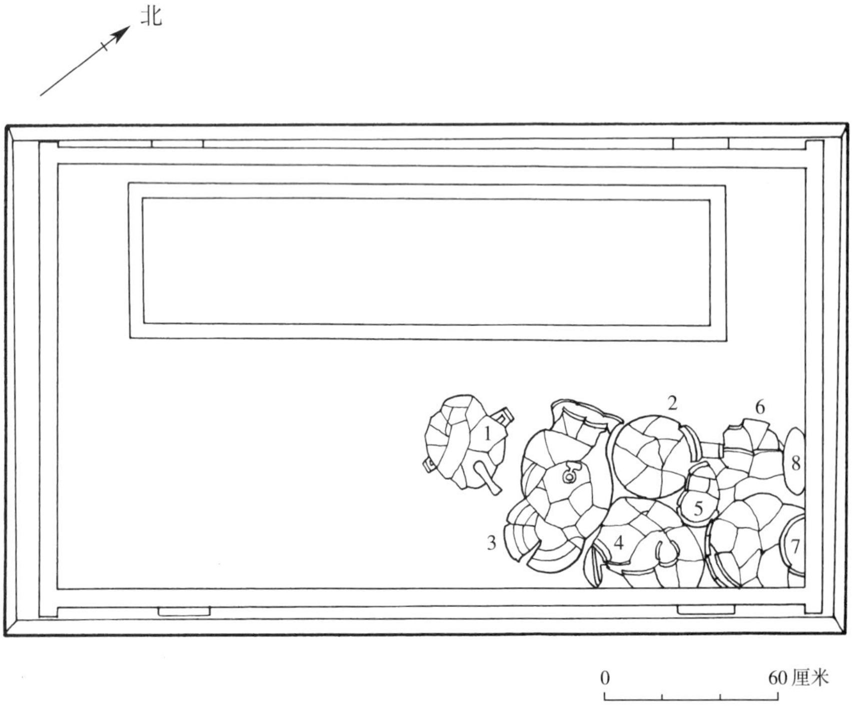

陶瓮 1 件。M128：7，泥质灰陶。侈口，圆唇，斜直领，微折肩，鼓腹，下腹微折，凸圜底。上腹饰竖绳纹间三道抹痕，以下饰横、斜绳纹。口径 21.2、腹径 36.4、高 29.4 厘米（图三六〇，4；图版六一，2 右）。

漆器 1 件。M128：

图三五九 汉墓 M128 平面图

1、2.陶鼎 3、4.陶壶 5、6.陶盒 7.陶瓮 8.漆器

0   60 厘米

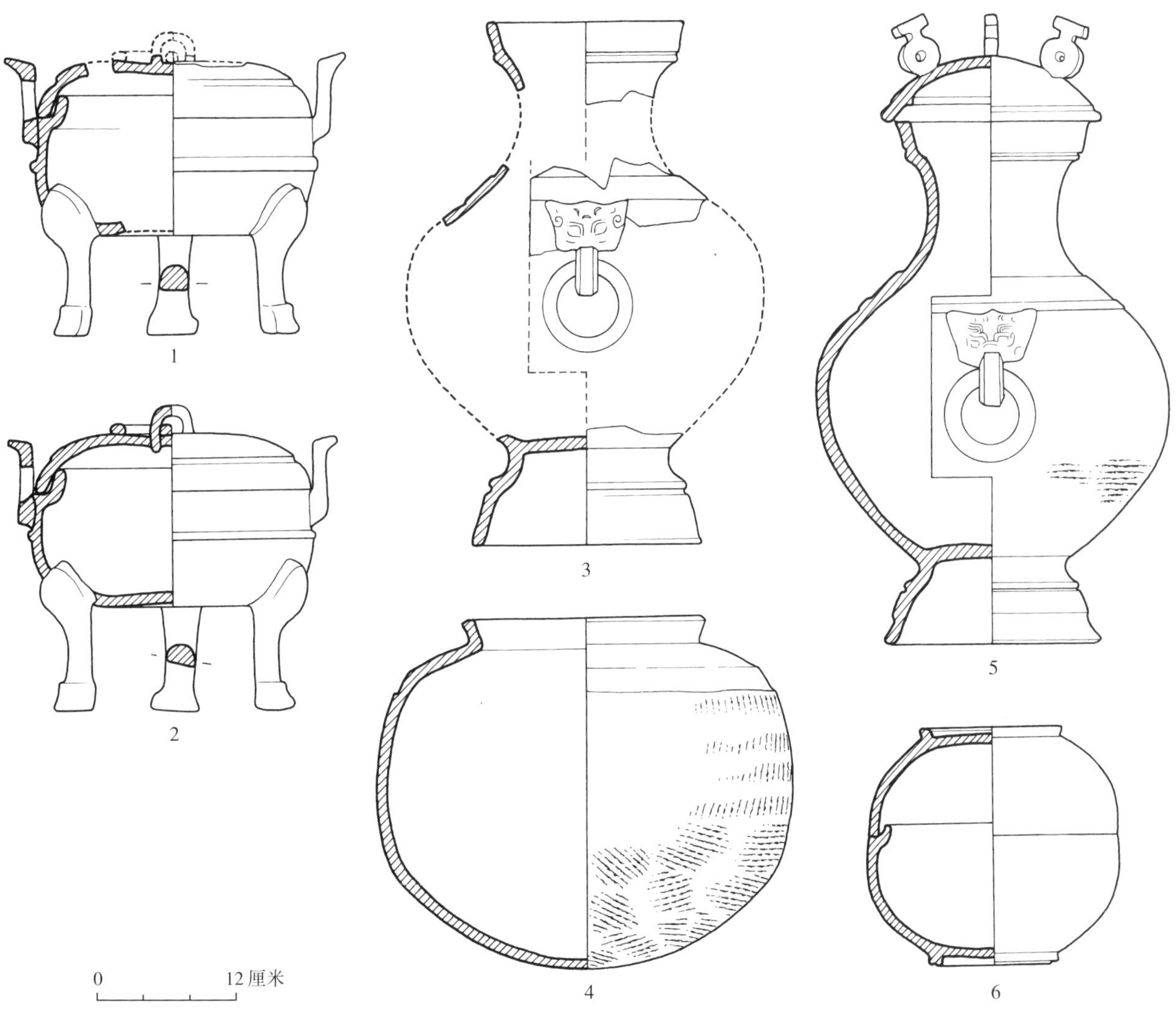

图三六〇　汉墓M128出土陶器

1、2.鼎（M128：1、2）　3、5.壶（M128：3、4）　4.瓮（M128：7）　6.盒（M128：5）

8，仅存漆皮。

M131

方向20°或200°。长方形竖穴土坑木椁墓。墓口距地表约0.4米，长3.22、宽2.54米，底同口大，深1～1.2米。坑壁规整光滑。填松软灰黄夹灰褐色花土，夹少量碎陶片。单椁单棺，仅余腐痕。椁室平面呈"Ⅱ"形，椁痕长2.66、宽2、高0.95、板痕厚0.08米。椁底板为横行并列平铺，有11块，单块宽0.19～0.3米。棺位于椁内东部，仅余底板痕，长2.2、宽0.44～0.5、厚0.04米。棺底板痕距椁底板0.2米，棺下南北部有两根垫木痕，北端一根已开裂为二，应为受挤压所致，痕长0.46、宽0.13、厚0.05米；南端一根痕长0.5、宽0.13、厚0.05米。从椁、棺底板痕的距离推测棺下垫木的厚度实际应为0.2米。人骨朽尽，葬式不明。20件（枚）随葬器物中，铜钱置于棺内中部偏南，3件漆木器置于棺下，其余器物置于椁内棺外西部（图三六一）。

陶鼎　1件。M131：2，泥质红陶。子母口，尖圆唇，折肩，中腹微鼓，长方形附耳外撇，耳

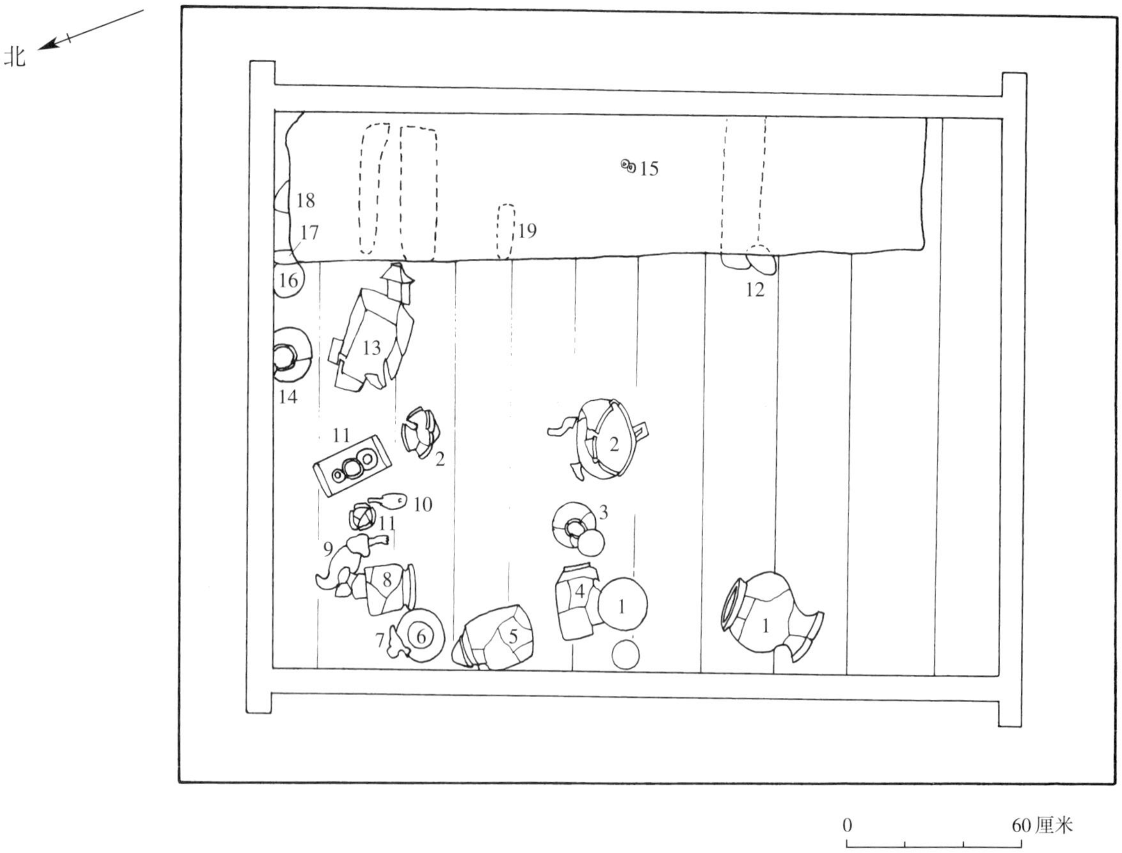

北 ←

0   60厘米

图三六一　汉墓 M131 平面图

1. 陶壶　2. 陶鼎　3、14. 陶罐　4、5. 陶仓　6. 陶磨　7、10. 陶鸡　8. 陶井
9. 陶狗　11. 陶灶　12、16～19. 漆器　13. 陶圈　15. 铜"五铢"

孔未穿，凸圜底，三熊形直立足。上承博山盖。耳外壁孔下饰三角纹带，盖面模印人物、动物、植物纹。盖面施深褐釉。口径 17.6、腹径 20、体高 13、通高 24 厘米（图三六二，1；图版六二，1后左）。

　　陶壶　1件。M131：1，体泥质红陶，盖泥质褐陶。盘口，平折沿，平唇，束颈，圆肩，肩有对称兽面铺首衔环，扁鼓腹，凸圜底，盘口状浅圈足。上承博山盖。颈下端、肩、上腹各饰一、二、二道凹弦纹，下腹间饰块状斜绳纹；盖口外壁一周饰菱形纹，其上模印人物、动物、植物纹。盖面施淡黄釉。口径 17.2、腹径 28.4、圈足径 17.2、体高 30.6、通高 40 厘米（图三六二，2；图版六二，1后中）。

　　陶罐　2件。泥质红陶。直口，圆唇，矮领，圆肩，上腹鼓，以下弧收，平底微凹，近底部有刀削痕。上承博山盖。肩、腹各饰二道凹弦纹，盖面模印纹饰，模糊不清。器表施深褐釉。M131：3，口径 8、腹径 16、底径 7.2、体高 12、通高 18.4 厘米（图三六二，3；图版三六，6前右1）。M131：14，口径 8.4、腹径 16.4、底径 8、体高 12、通高 18.4 厘米（图三六二，4；图版三六，6中右）。

　　陶灶　1件。M131：11，泥质红陶。灶体平面呈长方形，两长壁直，两短壁斜直向下内敛，前、后端有挡墙，灶面后端有方形烟孔，灶面有三个等大火眼，前壁中部开拱形灶门。火眼上置

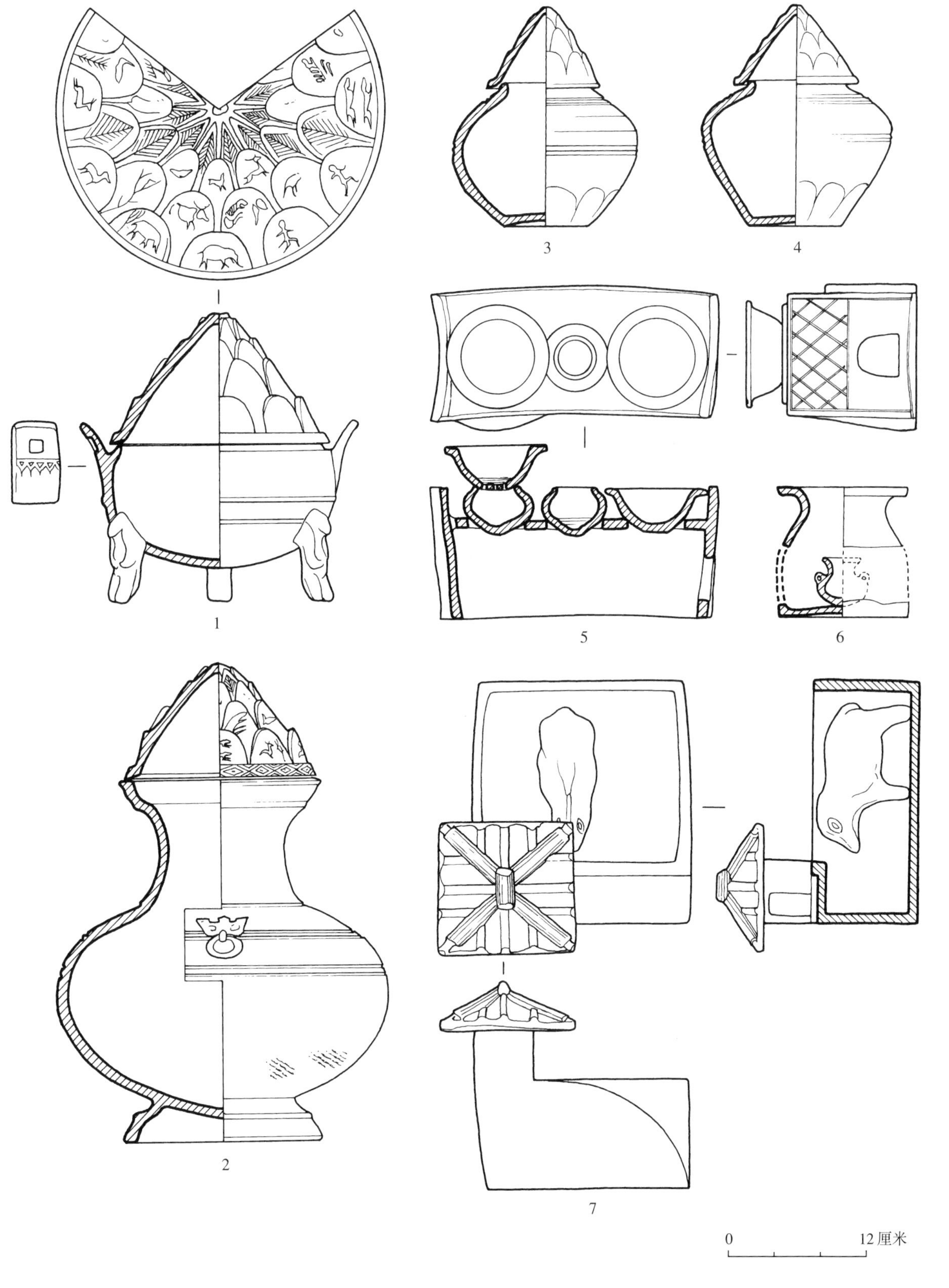

图三六二 汉墓 M131 出土陶器

1.鼎（M131∶2） 2.壶（M131∶1） 3、4.罐（M131∶3、14） 5.灶（M131∶11） 6.井（M131∶8） 7.圈（M131∶13）

二釜一甑一锅，釜敛口，圆唇，溜肩，扁鼓腹，凸圜底；甑敞口，翻折沿，方唇，弧腹内收，小平底，底有五箅孔；锅除无箅孔外形制同甑。前端挡墙上部刻划菱形网格纹。灶体外壁和甑内壁施深褐釉。灶体长24.8、宽10.6、体高8.4、通高14.4厘米（图三六二，5；图版三六，6中左）。

　　陶仓　2件。泥质红陶。敛口，圆唇，矮领，折肩，微弧腹，近斜直下收，平底微凹。上承博山盖。腹间饰四道凹弦纹，盖面模印人物、动物、植物纹，多模糊。盖面施深褐釉。M131：4，未修复。M131：5，口径8、腹径14.4、底径10.4、体高19.8、通高25.4厘米（图三六三，1；图版六二，1后右）。

　　陶井　1件。M131：8，泥质红陶。侈口，平折沿，平唇，束颈，溜肩，中腹残，平底微凹。井内置一汲水瓶，泥质红陶，侈口，翻沿，圆唇，束颈，溜肩，肩有对称双弓耳，扁鼓腹，小平底。井口径11.2、底径11.2厘米，汲水瓶口径3.2、腹径4.8、底径1.6、高4厘米（图三六二，6）。

　　陶磨　1件。M131：6，泥质红陶。上扇顶部凿两个对接半圆形槽，槽内和肩部布满刻槽和摁窝，侧面有一方形手柄；下扇扇面隆起，高出磨盆，腹壁与盆底相连，略残，腹中空。盆敞口，圆唇，浅腹，斜直壁，平底，下附三锥状足。器表施淡黄釉。扇径10、盆口径18.4、底径17.2厘米（图三六三，2）。

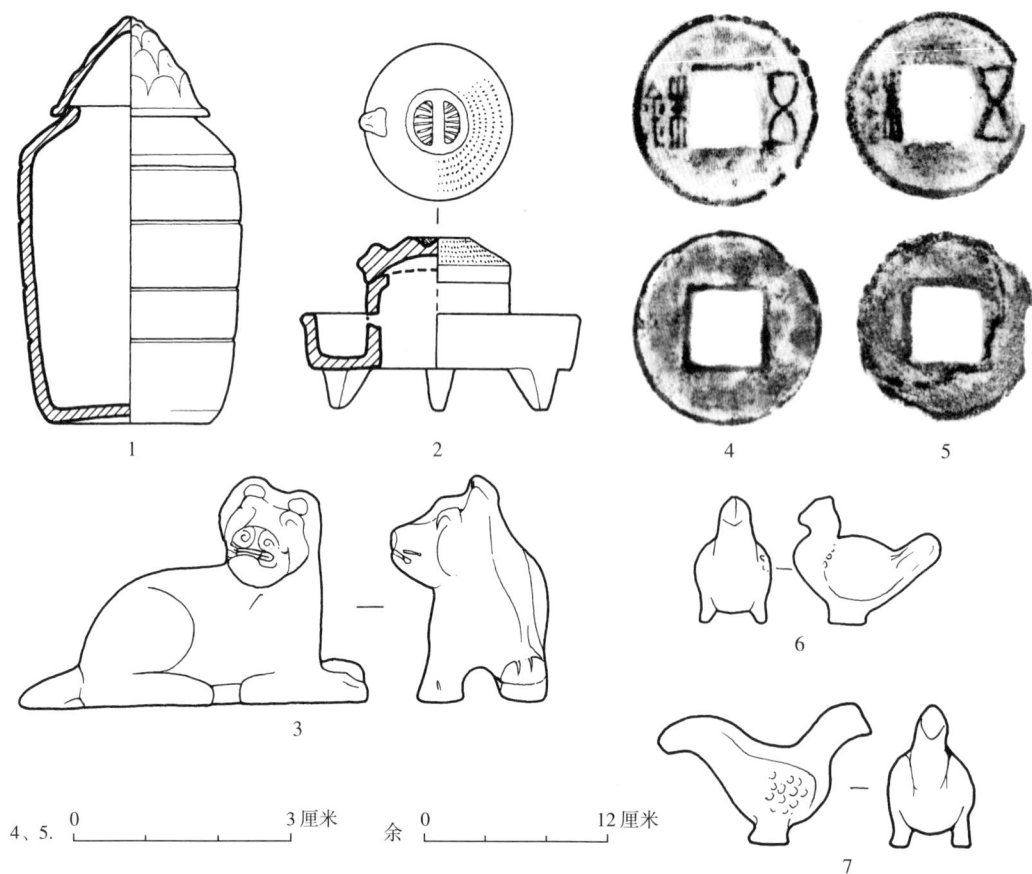

图三六三　汉墓 M131 出土器物

1. 陶仓（M131：5）　2. 陶磨（M131：6）　3. 陶狗（M131：9）

4、5. 铜"五铢"拓本（M131：15-1、15-2）　6、7. 陶鸡（M131：7、10）

陶圈　1件。M131：13，泥质红陶。平面呈长方形，下部一周围墙，一侧设厕屋一座，四面坡式屋顶，顶有瓦垄，前壁开长方形门，门前设一斜坡通道。圈内站立一猪，嘴前伸，尾巴贴身。圈长20.4、宽19.2厘米，猪长12.4、高8厘米，通高17.4厘米（图三六二，7；图版六二，1中中）。

陶狗　1件。M131：9，泥质红陶。卧伏状，昂首右顾，垂尾左卷，竖耳，眦目，嘴微张，腹中空。通长22.6、高14.2厘米（图三六三，3；图版六二，1前右2）。

陶鸡　2件，雌雄一对。泥质红陶。翘尾，腹中空。M131：7，雌鸡，缩颈，双足微屈蹲，作欲睡状。通长9.6、高8厘米（图三六三，6；图版六二，1前左1）。M131：10，雄鸡。颔首，双足直立，引颈作欲觅食状。通长14、高8.8厘米（图三六三，7；图版六二，1前左2）。

铜“五铢”　2枚。圆形，方穿，双面有外郭，穿背面四周有郭。正面穿左右篆书“五铢”二字，“铢”之“金”字头呈三角形，“朱”字上笔方折。M131：15-1，穿正面上部有郭。“五”字交笔弯曲较甚，“朱”字下部方折。直径2.5、穿边长1厘米（图三六三，4）。M131：15-2，“五”字交笔微曲，“朱”字下部圆折。直径2.5、穿边长1厘米（图三六三，5）。

漆器　5件。M131：12、16～19，仅存漆皮。

M132

方向20°。长方形竖穴土坑木椁墓。墓口距地表约0.46米，长2.79、宽1.62米，底长2.71、宽1.54米，深2.6～2.8米。墓坑较规整，坑壁有人工修整时留下的连弧状工具遗痕。填硬质灰褐夹灰白色花土。单椁单棺，仅余腐痕。椁室平面呈“Ⅱ”形，椁痕长2.56、宽1.35、高0.52、板痕厚0.06米。棺位于椁内东部偏南，棺痕长2、宽0.42～0.5、高0.1、板痕厚0.04米。人骨朽尽，葬式不明。8件随葬器物分置于棺内北、西部。据随葬器物位置推测头向北（图三六四）。

陶鼎　2件。泥质灰陶。子母口，圆唇，折肩，弧腹，长方形附耳直立，耳上端外折，耳孔对穿，凸圜底，三蹄足直立。上承浅弧盘状盖，盖口沿均残，盖周三角状纽。中腹饰一道凸弦纹。M132：1，口径17.6、腹径22.8、体高18.4厘米（图三六五，1；图版六二，2中左）。M132：2，口径19.2、腹径25.2、体高17.8厘米（图三六五，2；图版六二，2前左）。

陶盒　2件。泥质灰陶。子母口，圆唇，折

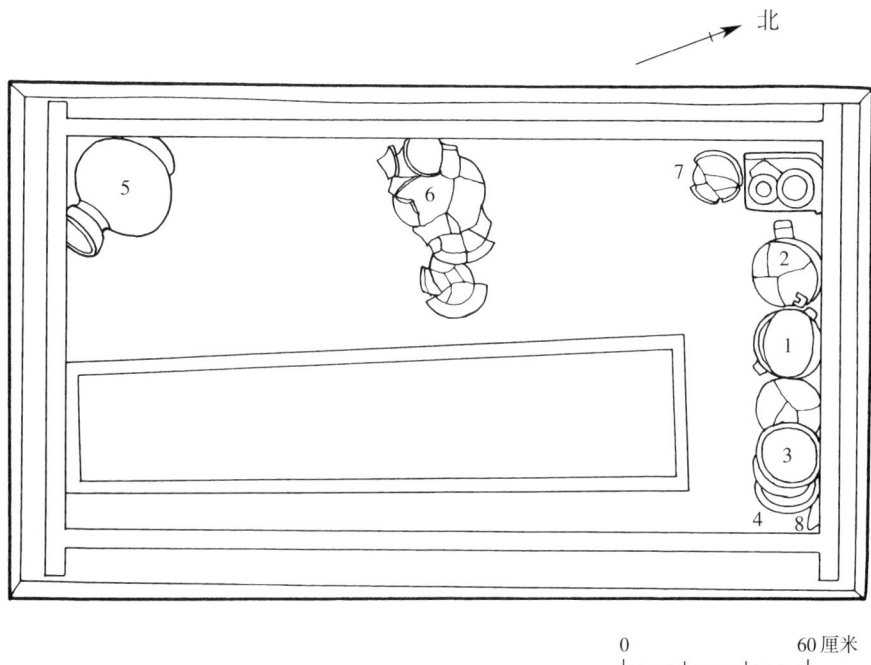

图三六四　汉墓M132平面图

1、2.陶鼎　3、4.陶盒　5、6.陶壶　7.陶灶　8.漆器

肩，弧腹下收，凸圜底，浅宽圈足。上承覆碗状盖，浅宽圈足状捉手。素面。M132：3，口径18.8、腹径20.8、圈足径11、体高10、通高18.4厘米（图三六五，3；图版六二，2前右）。M132：4，口径18.8、腹径20.8、圈足径10.4、体高10.4、通高17.4厘米（图三六五，4；图版六二，2前中）。

陶壶　2件。泥质灰陶。盘口，折沿，平唇，束颈，溜肩，鼓腹，凸圜底，喇叭状圈足。M132：5，颈饰一道凹弦纹，肩、中腹各饰一道宽带纹。口径17、腹径30.8、圈足径19.6、高36厘米（图三六五，5；图版六二，2后左）。M132：6，肩、上腹、中腹各饰一、二、二道凹弦纹，下腹饰横绳纹。口径16、腹径28.4、圈足径15.8、高31.4厘米（图三六五，7；图版六二，2后右）。

图三六五　汉墓 M132 出土陶器

1、2.鼎（M132：1、2）　3、4.盒（M132：3、4）　5、7.壶（M132：5、6）　6.灶（M132：7）

陶灶 1件。M132：7，泥质褐陶。灶体平面呈长方形，直壁，一侧和后端有挡墙，侧面挡墙内侧中部有两个挂钩，紧贴后端挡墙有烟道，无烟孔，灶面有两个等大火眼，前壁下部开长方形灶门。火眼上置二釜二锅。釜近直口，圆唇，溜肩，扁鼓腹，凸圜底。锅敞口，折沿，尖唇，弧腹内收，凸或凹圜底。素面。灶体长29.2、宽17.2、体高12.4、通高26.4厘米（图三六五，6；图版六二，2中右）。

漆器 1件。M132：8，仅存漆皮。

M133

方向22°或202°。"凸"字形竖穴土坑木椁墓。墓口距地表约0.2米。长方形墓圹，口长3.08～3.16、宽2.4米，底长2.9～3、宽2.1米，深2.54～2.62米。北设斜坡墓道，直壁，上口平面长5.24、宽1.2～1.28米，底坡长5.7、下端深1.92米，底坡南部较平缓，底部凹凸不平；北部较陡，坡度28°。坑壁规整光滑。填硬质黄褐夹灰白色花土，夹少量碎陶片。单椁并棺，仅余腐痕。椁室平面呈"Ⅱ"形，椁痕长2.68、宽1.9～1.98、高0.75、板痕厚0.08米。双棺分别位于椁内东、西侧，均仅存底板痕。东棺痕长2、宽0.56、厚0.05米；西棺痕长1.93、宽0.5～0.56、厚0.08米。椁下南北部各有一垫木沟槽，横断面呈半圆形，北槽长2.07、宽0.2、深0.06米；南槽长2.05、宽0.14、深0.05米。人骨朽尽，葬式不明。7件随葬器物置于棺下和椁内两棺之间（图三六六）。

陶鼎 1件。M133：2，泥质灰陶。未能修复。

陶瓮 1件。M133：3，泥质灰陶。直口微敛，圆唇，短直领，肩斜直，腹、底残。肩饰斜绳纹。口径20.8厘米（图三六七，2）。

陶灶 2件。泥质灰陶。釜敛口，尖圆唇，溜肩，扁鼓腹，凸圜底或浅凹底。素面。M133：1，灶体平面呈梯形，直壁，无烟孔，灶面有一大一小两火眼，前壁下部开一拱形灶门。火眼上置一釜一甑，甑敞口，翻折沿，方唇，弧腹内收，平底，底有五算孔。灶体长27.6、前宽16、后宽14、体高7.4、通高15.8厘米（图三六七，1）。M133：4，修复灶体后端及两釜。灶体平面呈前方后圆形，直壁，灶面有两个火眼，上承二釜（图三六七，4）。

陶仓 1件。M133：7，泥质灰陶。小直口，折沿，方唇，短领，折肩，腹壁直，平底。腹间饰三道凹弦纹。口径8、底径12.4、高21厘米（图三六七，3）。

漆器 2件。M133：5、6，仅存漆皮。

M134

方向205°。墓口距地表约0.25米，长2.5、宽1.5米，底同口大，深0.4～0.6米。坑壁规整光滑。填硬质黄褐夹灰白色花土。单椁单棺，仅余腐痕。椁室平面呈"Ⅱ"形，椁痕长2.26、宽1.32、高0.36、板痕厚0.06米。棺位于椁内东部，棺痕长2、宽0.52～0.62、高0.3、板痕厚0.04米。人骨朽尽，葬式不明。3件随葬器物椁内棺外西部（图三六八）。

陶鼎 1件。M134：1，泥质灰陶。子母口，圆唇，折肩，上腹微鼓，下腹折收，长方形附耳微外撇，上端外折，无耳孔，凸圜底，三蹄足直立。上承弧盘状盖，盖顶一圈足状捉手，中腹及捉手残。口径19.6、腹径22.4、体高17.2厘米（图三六九，1；图版六三，1后左）。

陶盒 1件。M134：3，泥质灰陶。子母口，圆唇，折肩，弧腹下收，底及圈足残。上承覆碗状盖，大部残，圈足状捉手。素面。口径20、腹径22厘米（图三六九，2；图版六三，1前）。

陶壶 1件。M134：2，泥质灰陶。盘口，折沿，方唇，束颈，溜肩，肩有对称纽衔环，圆鼓腹，

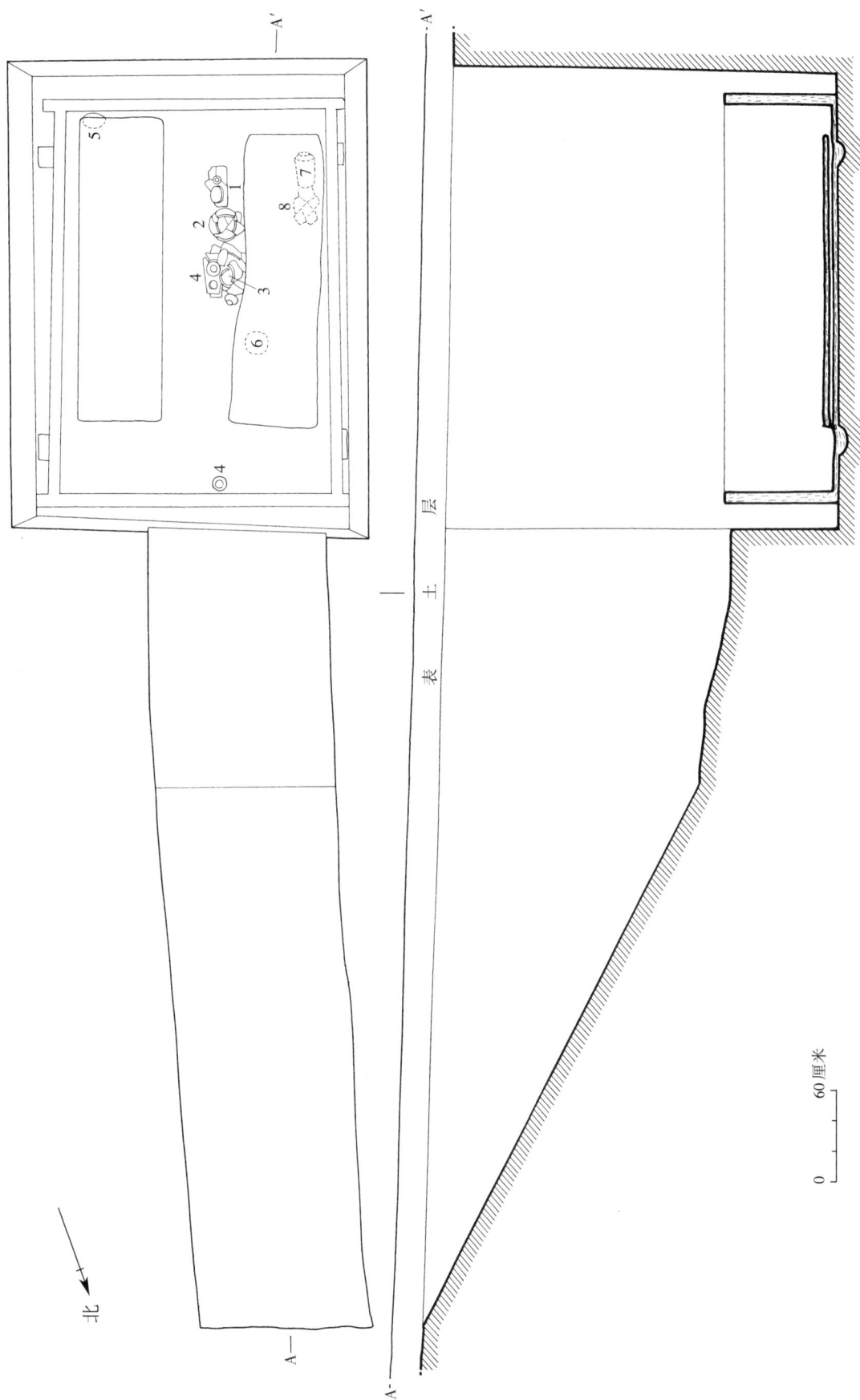

图三六六 汉墓 M133 平、剖面图

1、4. 陶灶 2. 陶鼎 3. 陶瓮 5、6. 漆器 7. 陶仓

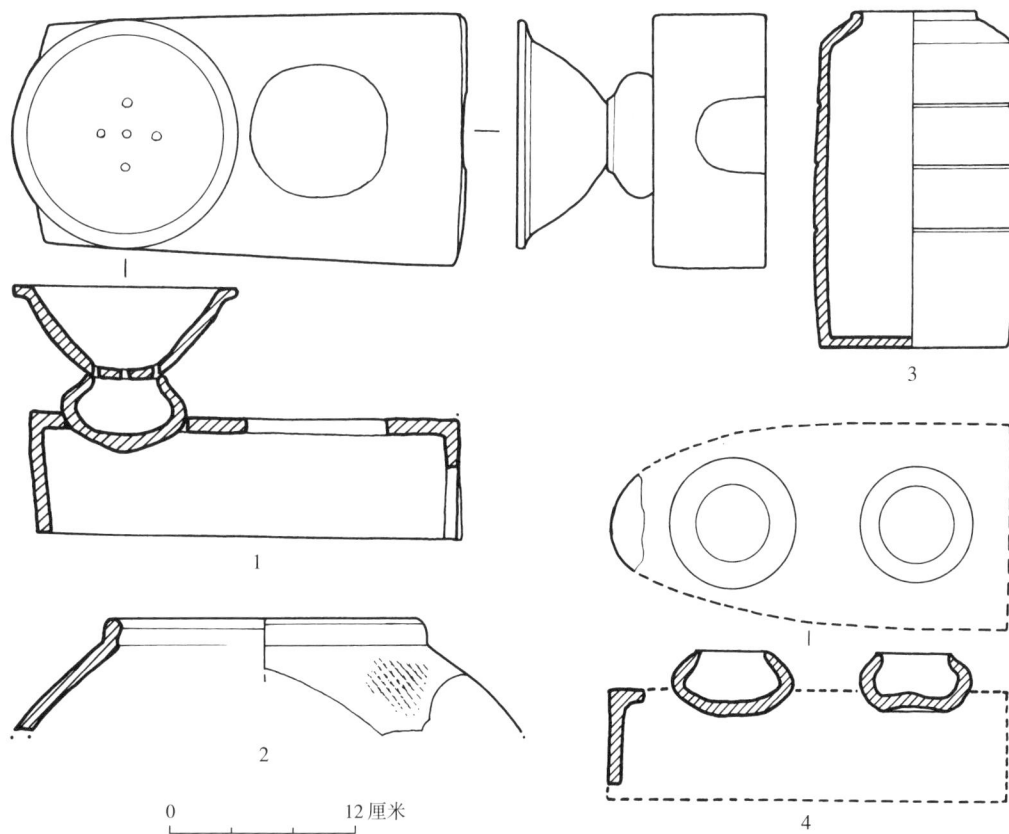

图三六七　汉墓 M133 出土陶器

1、4.灶（M133：1、4）　2.瓮（M133：3）　3.仓（M133：7）

图三六八　汉墓 M134 平面图

1.陶鼎　2.陶壶　3.陶盒

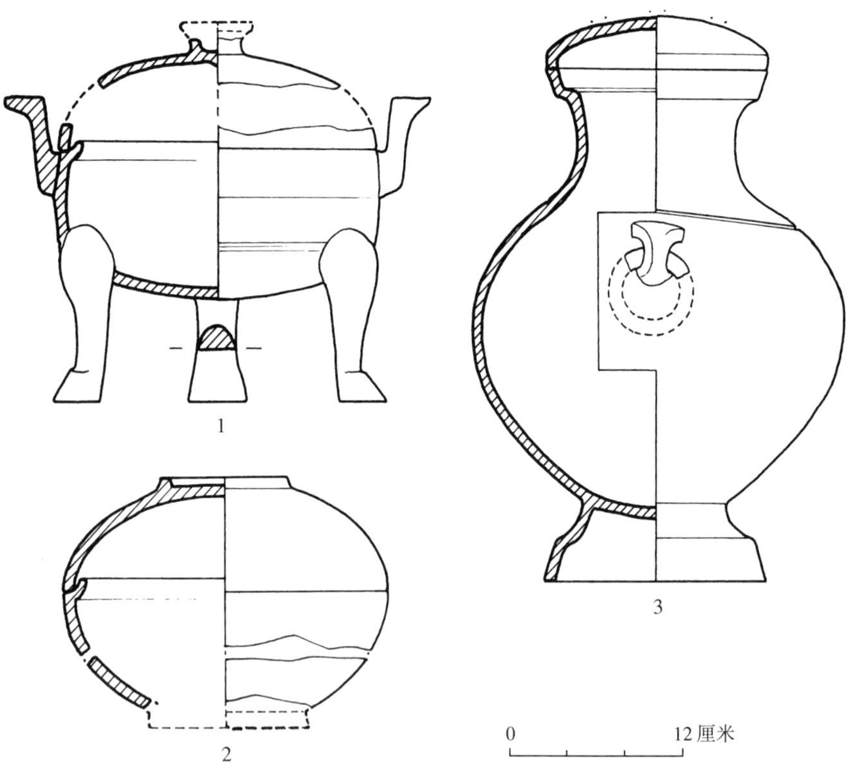

图三六九　汉墓 M134 出土陶器
1. 鼎（M134：1）　2. 盒（M134：3）　3. 壶（M134：2）

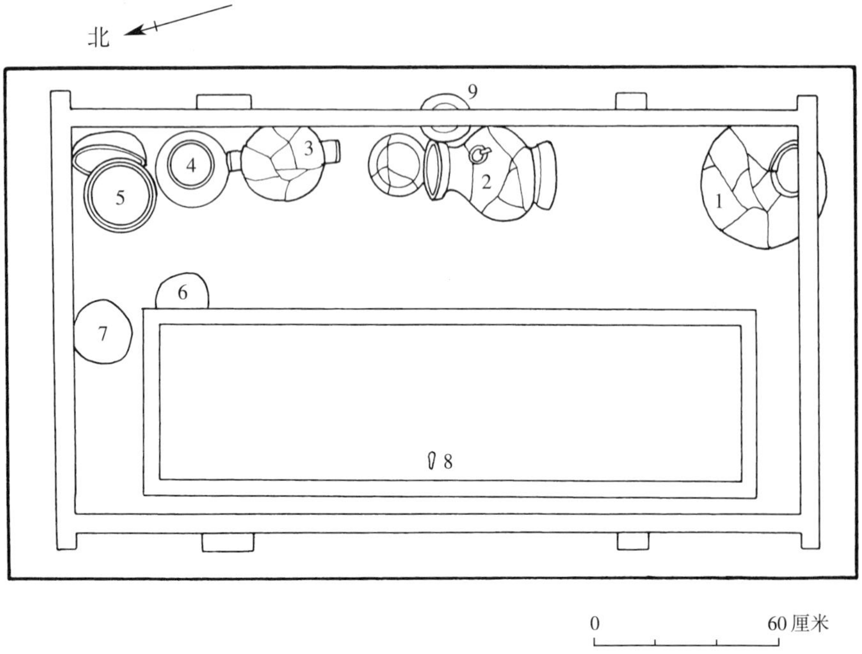

图三七〇　汉墓 M136 平面图
1. 陶罐　2. 陶壶　3. 陶鼎　4. 铁釜　5. 陶盒　6、7. 漆器　8. 铜带钩　9. 陶镰斗

圜底，盘口状深圈足。上承浅折盘状盖，盖顶三纽残。素面。口径 15.2、腹径 25.6、圈足径 15.2、体高 34、残高 37.4 厘米（图三六九，3；图版六三，1 后右）。

M136

方向 15°。长方形竖穴土坑木椁墓。墓口距地表约 0.3 米，长 2.75、宽 1.6 米，底同口大，深 1.06~1.26 米。坑壁规整光滑。填硬质黄褐夹灰白色花土。单椁单棺，仅余腐痕。椁室平面呈"Ⅱ"形，椁痕长 2.46、宽 1.32、高 0.62、板痕厚 0.06 米。棺位于椁内西部，棺痕长 2、宽 0.6、高 0.12、板痕厚 0.04 米。椁下南北部各有一垫木沟槽，横断面呈长方形，北槽长 1.42、宽 0.18、深 0.06 米，南槽长 1.43、宽 0.1、深 0.06 米。人骨朽尽，葬式不明。9 件随葬器物除铜带钩在棺内中部偏北外，余置于椁内棺外东北部。据随葬器物位置推测头向北（图三七〇）。

陶鼎　1 件。M136：3，泥质红陶。子母口，圆唇，折肩，上腹微鼓，下腹微折收，长方形附耳内聚，上端外折，长方形耳孔对穿，平底微凹，三蹄足直立，下部微外撇。上承浅弧盘状盖，盖周有三锥形纽。中腹饰一道凸弦纹。口径20.8、腹径24.8、体高21.6、通高27.2厘米（图三七一，1；图版六三，2前左）。

陶盒 1件。M136：5，泥质灰陶。子母口，圆唇，折肩，腹弧收，凸圜底近平，浅宽圈足。上承覆碗状盖，浅宽圈足状捉手。素面。口径18.4、腹径21.6、圈足径10、体高11.2、通高20.4厘米（图三七一，2；图版六三，前右）。

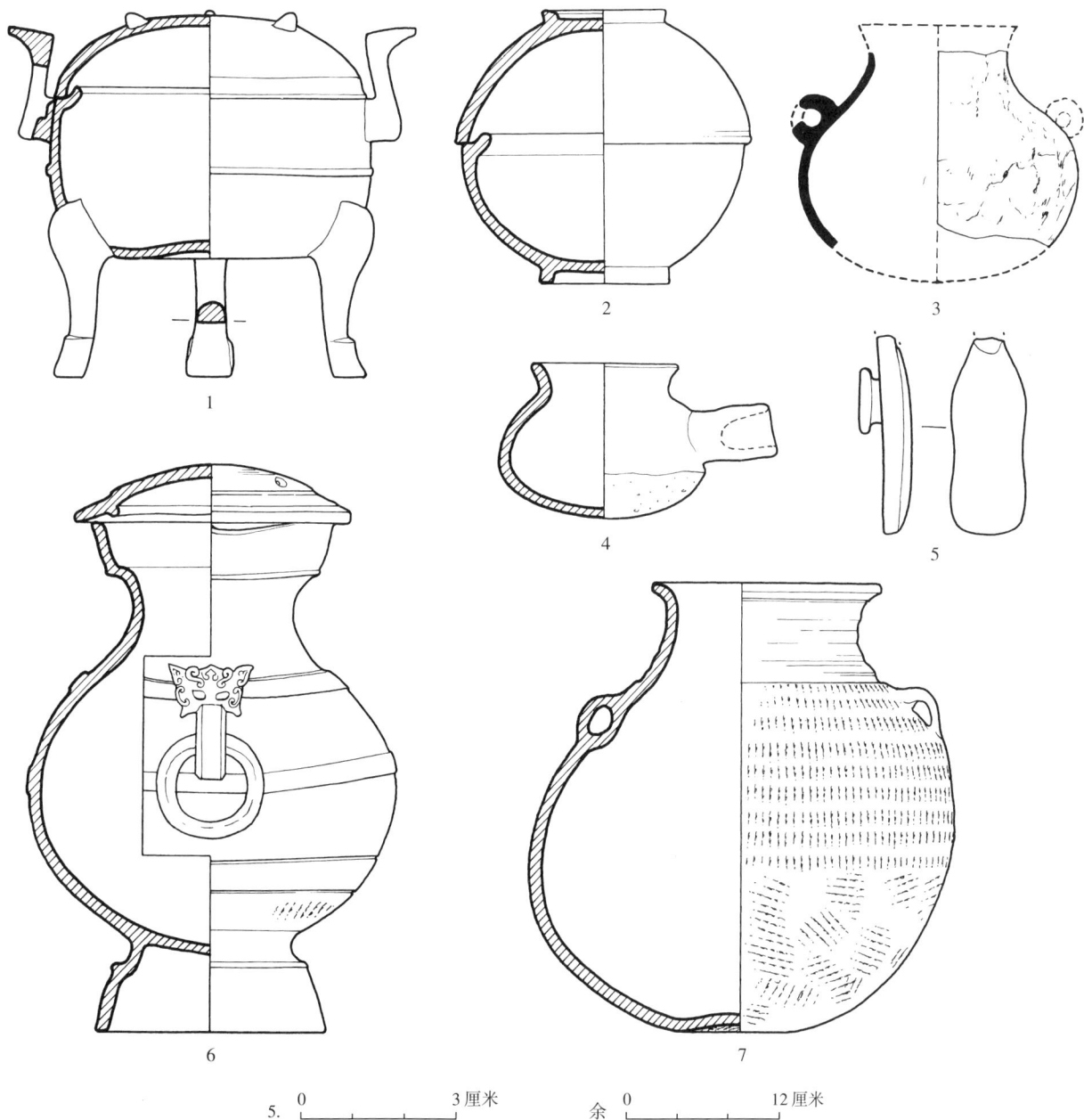

图三七一 汉墓 M136 出土器物

1.陶鼎（M136：3） 2.陶盒（M136：5） 3.铁鍪（M136：4） 4.陶鐎斗（M136：9）
5.铜带钩（M136：8） 6.陶壶（M136：2） 7.陶罐（M136：1）

陶壶　1件。M136：2，泥质褐陶。盘口，圆唇，束颈，溜肩，肩有对称兽面铺首衔环，鼓腹，凸圜底，盘口状深圈足。上承子口弧壁盖，盖上有三圆孔插纽，纽未见。肩、中腹各饰一道宽带纹，下腹饰二道凹弦纹，近底部饰竖绳纹。口径18.8、腹径28.8、圈足径18、体高38、通高42.2厘米（图三七一，6；图版六三，2后右）。

陶镳斗　1件。M136：9，上部泥质、下部夹砂灰陶。侈口，翻沿，圆唇，溜肩，扁鼓腹，凸圜底。肩部有一圆空柄，柄前端上翘。素面。口径11.2、腹径16、高11.6厘米（图三七一，4；图版六三，2前中）。

陶罐　1件。M136：1，泥质灰陶。侈口，翻沿，圆唇，束颈，溜肩，颈、肩相交处有折棱，肩有对称双鼻耳，鼓腹，浅凹底。肩至中腹饰竖绳纹间八道抹痕，中腹及底饰横、斜绳纹。口径18、腹径33.2、底径8.8、高33.4厘米（图三七一，7；图版六三，2后左）。

铜带钩　1件。M136：8，灰绿色。钩首残，体近凹腰长方形，圆纽。素面。残长3.7、纽径1.1厘米（图三七一，5）。

铁鍪　1件。M136：4，口残，束颈，溜肩，肩附对称二环耳，一耳残，扁鼓腹，凸圜底残。腹径21.6厘米（图三七一，3）。

漆器　2件。M136：6、7，仅存漆皮。

M137

方向300°。刀形竖穴土坑木椁墓。墓口距地表约0.3米。长方形墓圹，口长2.65、宽1.52米，底同口大，深0.85～1米。西设斜坡墓道，上口平面长2.28、宽1.14～1.24米，底坡长2.36、宽1.14、下端深0.74米，坡度10°。墓道和墓室相接处有对应的两个凹槽，以放置隔板。坑壁粗糙。墓道和墓室相接处以薄木板隔开，填不同质色的土。墓道填土分两层，第一层厚0.3米，为灰白夹少量黄褐色花土，土质较软；第二层厚0～0.46米，与墓室填土相同，为黄褐色花土，土质较硬。单椁单棺，仅余腐痕。椁室平面呈长方形，椁痕长2.56、宽1.5、高0.25、板痕厚0.06米。棺位于椁内东南部，棺痕长2.02、宽0.57、高0.2、板痕厚0.04米。人骨朽尽，棺内西端残存1枚牙齿，可知头向西北，葬式不明。6件随葬器物置于椁内棺外北部（图三七二）。

陶罐　2件。泥质灰陶。侈口，翻折沿，上沿面有一道浅凹槽，束颈，圆肩，肩有对称双鼻耳，鼓腹，浅凹底。肩至中腹饰竖绳纹间四道抹痕，中腹及底饰横、斜绳纹。M137：1，口径16.4、腹径27.2、底径8.8、高27.4厘米（图三七三，1；图版六四，1后）。M137：2，未能修复。

陶灶　1件。M137：4，泥质灰陶。灶体平面近梯形，斜直壁，灶面后端立一竹节形烟囱，烟孔较细，灶面有一大一小两火眼，前壁中部开拱形灶门。火眼上置二釜一甑一锅，釜近直口，圆唇，溜肩，扁鼓腹，凸圜底或小平底；甑敞口，翻折沿，方唇，弧腹内收，平底微凹，底有五箅孔；锅除平底及底无箅孔外同甑。锅、甑近底部有刀削痕。素面。灶体长26.8、前宽16.2、后宽15.2、体高9.2、通高19.2厘米（图三七三，3；图版六四，1左）。

陶井　1件。M137：3，泥质灰陶。敛口，翻折沿，方唇，斜折肩，微鼓腹向下缓收，平底微凹。颈、中腹各饰一道凹弦纹。上承半球形盖，盖顶有一长方形纽。口径12、腹径13.6、底径12.8、体高11.6、通高19厘米（图三七三，2；图版六四，1前、右）。

漆器　2件。M137：5、6，仅存漆皮。外壁髹深褐色漆，器内髹红漆。M137：5，外壁可见菱形纹内填充圆圈纹（图三七三，4）。

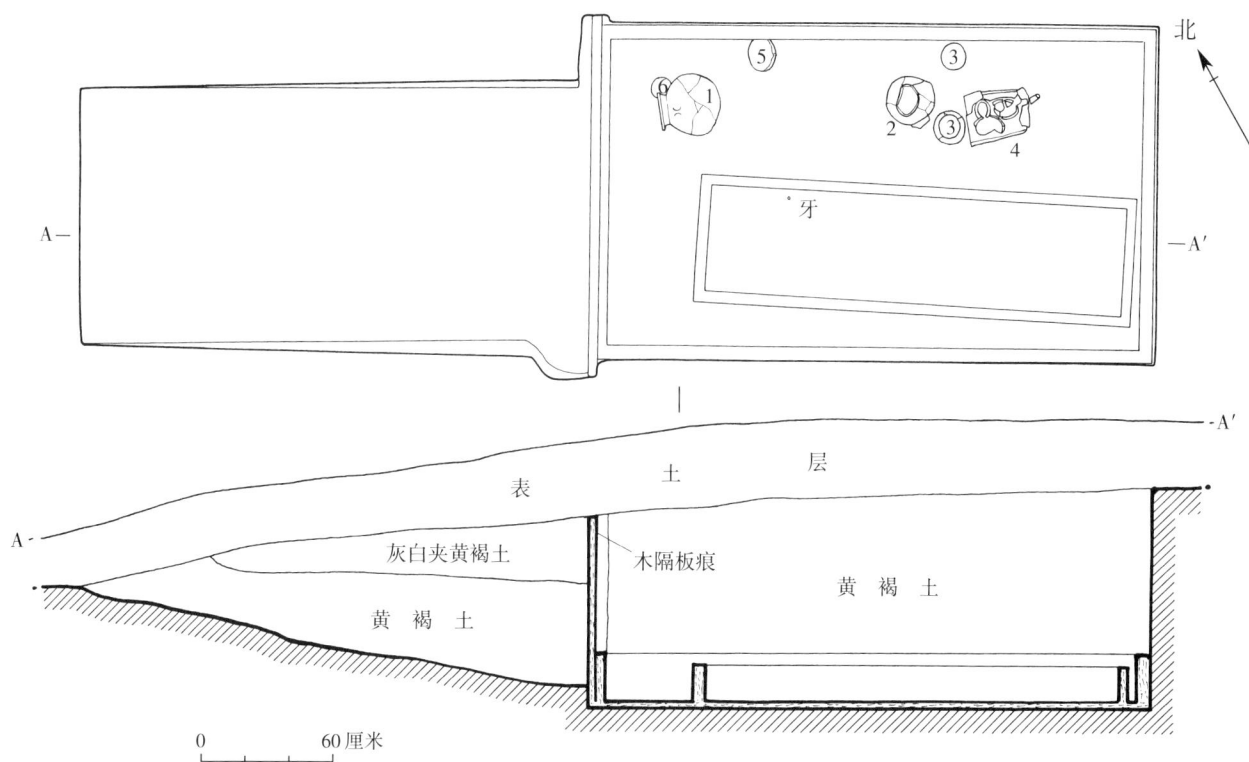

图三七二　汉墓 M137 平、剖面图
1、2.陶罐　3.陶井　4.陶灶　5、6.漆器

M139

方向 22°。刀形竖穴土坑木椁墓。墓口距地表约 0.3 ~ 0.4 米。近长方形墓圹，口长 3.1 ~ 3.18、宽 1.86 ~ 1.96 米，底长 2.86、宽 1.7 ~ 1.76 米，深 2.04 ~ 2.26 米。南设斜坡墓道，上口平面长 4.88 ~ 5.1、宽 1.36 ~ 1.5 米，底坡长 5.4、宽 1.32 ~ 1.36、下端深 1.42 米，坡度 5°。坑壁较光滑。墓室填黄褐夹少量灰白色花土，土质松软；墓道填黄褐色花土，质密，较硬。其相接处有薄木板腐痕，原应以木板隔开。墓室填土中包含少量陶片，并出土 1 件铁锸。单椁单棺，仅余腐痕。椁室平面呈"Ⅱ"形，椁痕长 2.72、宽 1.53 ~ 1.62、高 0.72、板痕厚 0.06 米。棺位于椁内西部，仅余底板痕，长 1.92、宽 0.6、厚 0.04 米。人骨朽，棺内北部存头骨、上肢骨痕，南部存两节下肢骨，可知头向北，仰身直肢葬式。16 件随葬器物除铜带钩、印在棺内中部外，余置于椁内棺外北部和棺下，其中棺下 2 件器物可能为漂移所至（图三七四）。

随葬器物：

陶鼎　2 件。泥质灰陶。子母口，圆唇，折肩，中腹微鼓，近底部折收，长方形附耳微外撇，耳孔未穿，三蹄足微外撇，足外壁中部有一竖棱。上承弧折盘状盖，盖周三锥状纽。中腹饰一道凹弦纹。M139：13，平底微凹。口径 12.4、腹径 18.4、底径 12.8、体高 14、通高 16.6 厘米（图三七五，1）。M139：14，平底。口径 13.6、腹径 18、底径 9.6、体高 14、通高 18 厘米（图三七五，2）。

陶盒　1 件。M139：16，泥质灰陶。子母口，圆唇，折肩，弧腹下收，下腹微折，凸圜底

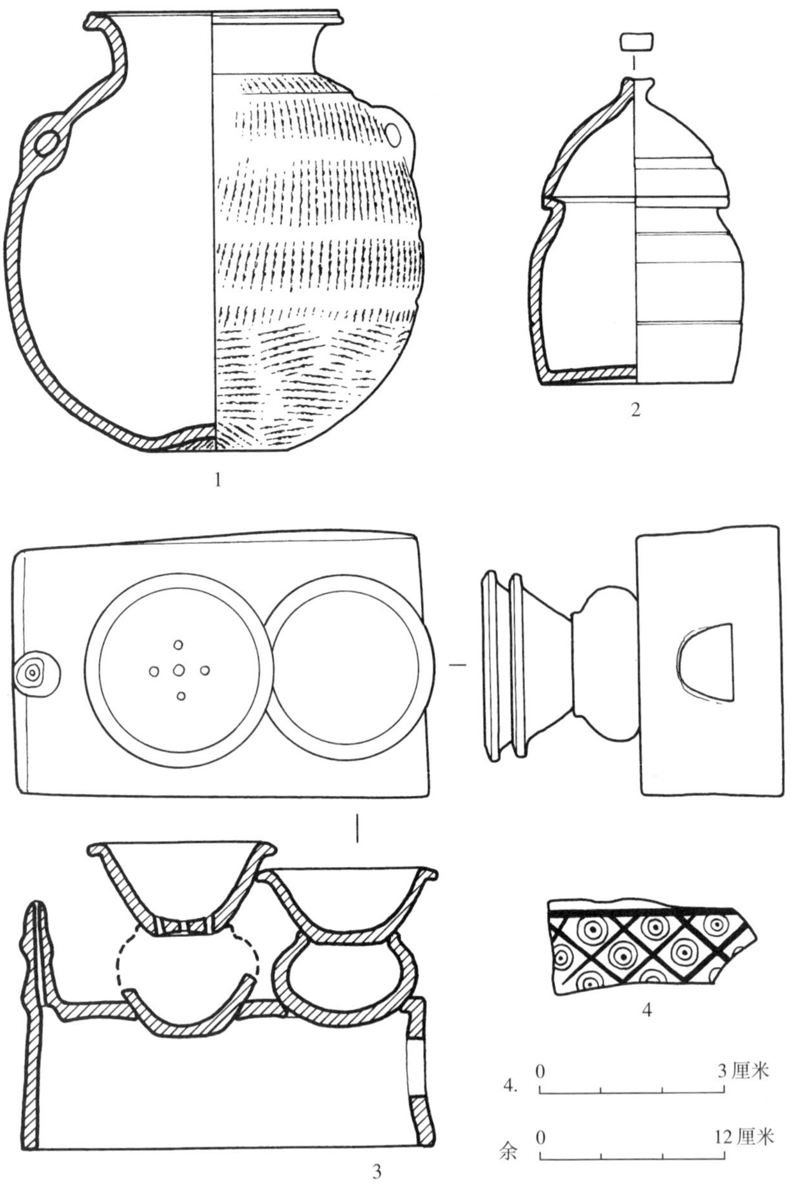

图三七三　汉墓 M137 出土器物
1. 陶罐（M137：1）　2. 陶井（M137：3）　3. 陶灶（M137：4）
4. 漆器漆皮纹饰摹本（M137：5）

近平，浅圈足。上承覆碗状盖，圈足状捉手。身、盖分饰五、一道凹弦纹。口径 14、腹径 17.2、圈足径 8、体高 11.6、通高 16 厘米（图三七五，4）。

陶壶　1件。M139：4，泥质灰陶。未能修复。

陶釜　1件。M139：11，上部泥质、下部夹砂灰陶。侈口，翻沿，圆唇，束颈，溜肩，扁鼓腹，凸圜底。颈至中腹饰竖绳纹，以下饰横、斜绳纹。口径 12、腹径 18、高 12.8 厘米（图三七五，3）。

陶罐　1件。M139：5，泥质灰陶。侈口，翻沿，圆唇，束颈，圆肩，肩有对称双鼻耳，鼓腹，浅凹底。肩至中腹饰竖绳纹间四道抹痕，以下饰横、斜绳纹。口径 12.8、腹径 24.8、底径 8、高 25 厘米（图三七五，5）。

陶瓮　2件。泥质灰陶。折沿，方唇，矮领。M139：6，直口，折肩，深腹微鼓，凸圜底，底残。肩饰绳纹间一道凹弦纹，腹上部饰竖绳纹间四道抹痕，腹下部饰横、斜绳纹。口径 21、腹径 35.5、残高 31 厘米（图三七五，7）。M139：7，微侈口，圆肩，上腹鼓，下腹斜收，平底微凹。肩饰二道凹弦纹。口径 23.6、腹径 42.4、底径 26、高 29.4 厘米（图三七五，6）。

铜铜　1件。M139：10，灰绿色，素面。敞口，翻沿上昂，弧腹内收，底残。素面。口径 18.8、残高 4.8 厘米（图三七六，4）。

铜盆　1件。M139：9，灰绿色，素面。敞口，平折沿，平唇，微弧腹近直，向下斜收，平底微凹。素面。口径 26.4、底径 12.8、高 8 厘米（图三七六，6；彩版八，5）。

铜带钩　1件。M139：1，灰绿色。琵琶形，圆纽。素面。长 4.9、体宽 0.9、纽径 1.1 厘米（图

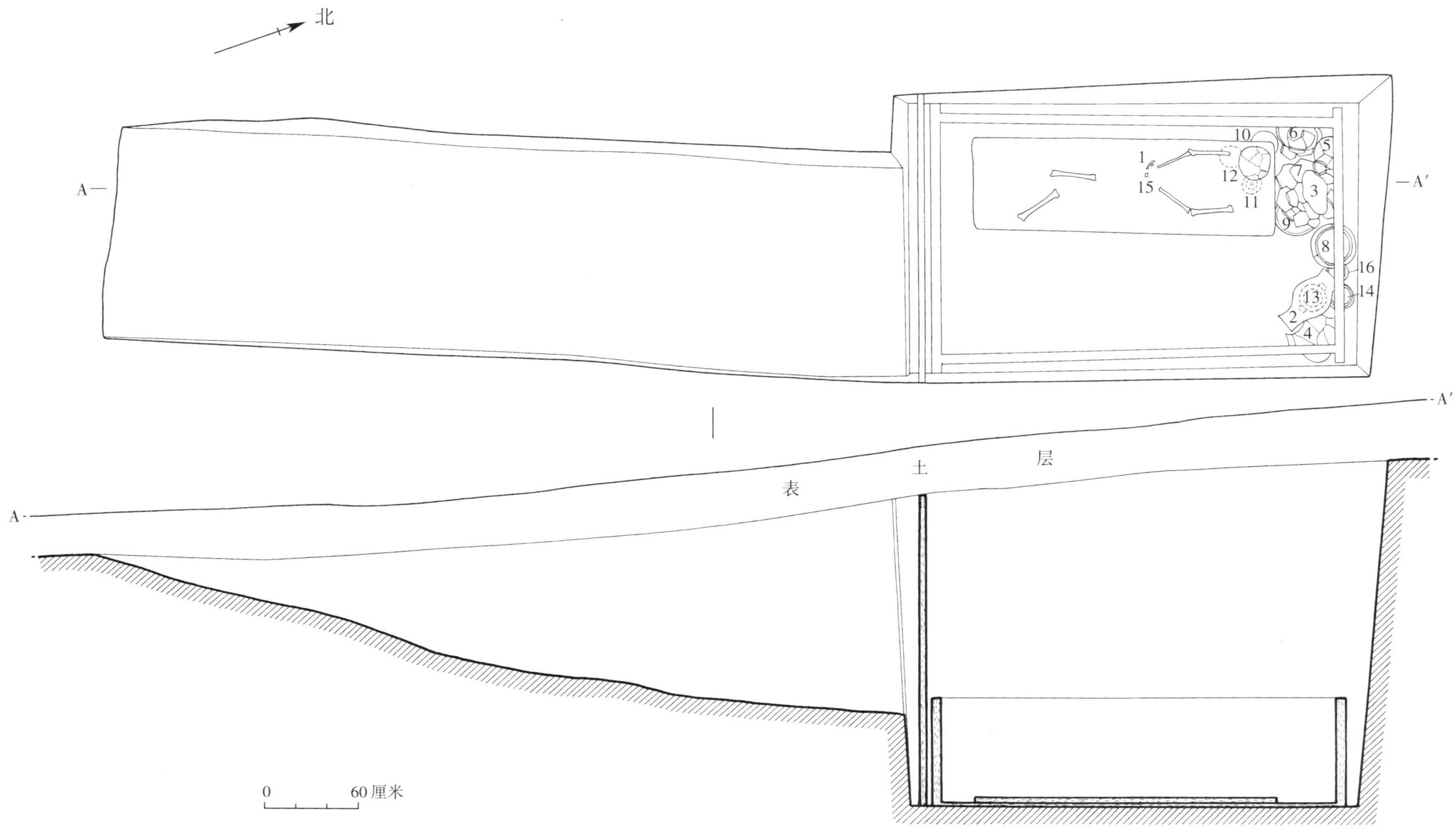

图三七四 汉墓 M139 平、剖面图

1. 铜带钩 2. 漆钫 3. 漆耳杯 4. 陶壶 5. 陶罐 6、7. 陶瓮 8. 铁鼎 9. 铜鼎 10. 铜鐎 11. 陶釜 12. 漆盒 13、14. 陶鼎 15. 铜印 16. 陶盒

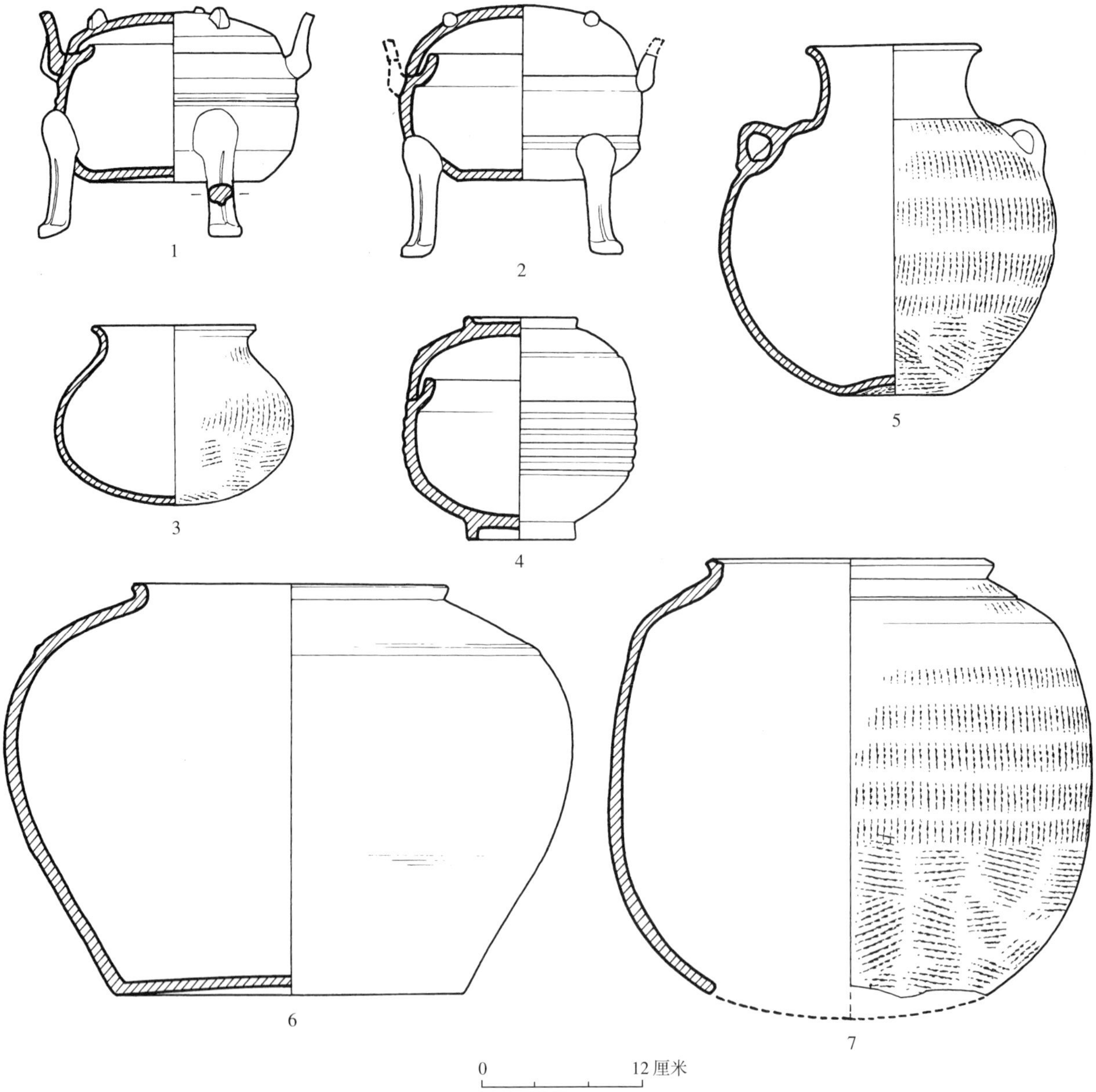

图三七五　汉墓 M139 出土陶器

1、2.鼎（M139：13、14）　3.釜（M139：11）　4.盒（M139：16）　5.罐（M139：5）　6、7.瓮（M139：7、6）

三七六，5）。

铜印　1件。M139：15，青灰色。平面呈正方形，印体中部有一长方形穿孔。双面印，一面篆书"王周宜印"，另一面篆书"王臣宜印"，"周宜"和"臣宜"为阴刻，"王印"为阳刻。边长1.7、高0.7厘米（图三七六，2、3；彩版八，6）。

铁鼎　1件。M139：8，子口，圆唇，折肩，微鼓腹，长方形附耳微外撇，耳孔对穿，平底，三蹄足直立，足下部残。素面。口径19.2、腹径25.6、残高23.2厘米（图三七六，1）。

漆盒　1件。M139：12，仅存漆皮。

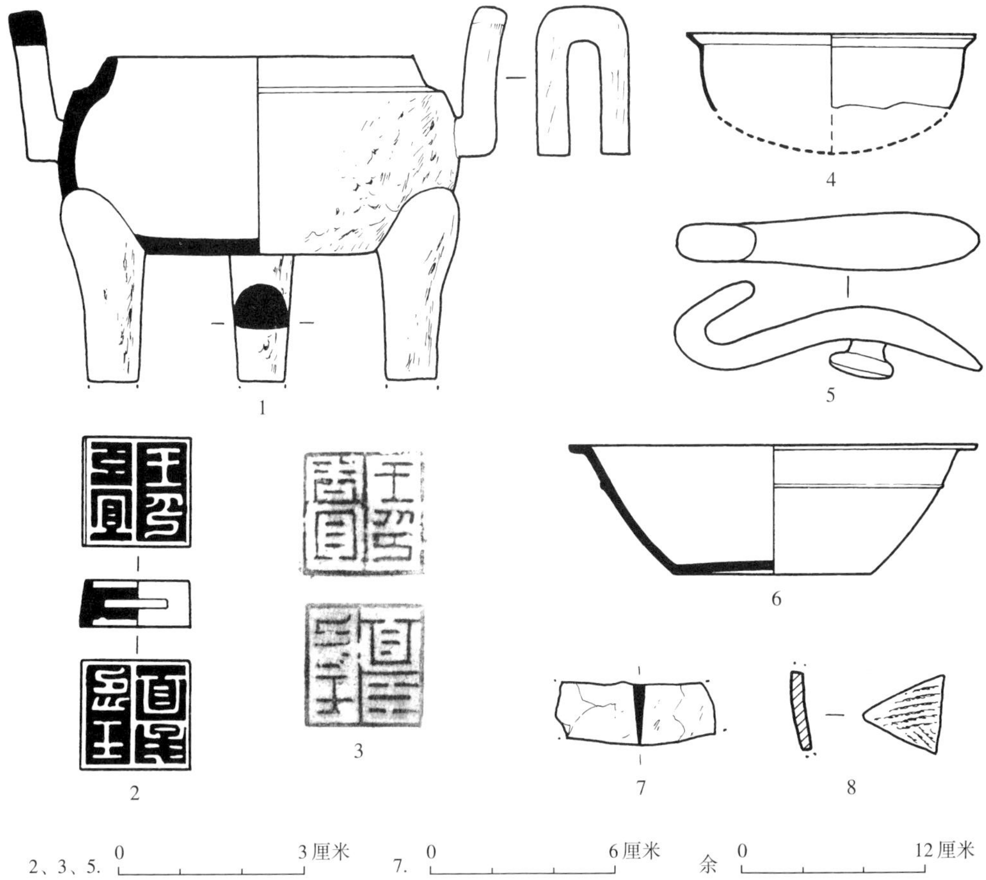

图三七六　汉墓 M139 出土器物

1. 铁鼎（M139∶8）　2. 铜印摹本（M139∶15）　3. 铜印拓本（M139∶15）　4. 铜铅（M139∶10）
5. 铜带钩（M139∶1）　6. 铜盆（M139∶9）　7. 铁锸（M139∶01）　8. 陶罐（M139∶02）

漆钫　1件。M139∶2，仅存漆皮和部分腐朽木质。

漆耳杯　1件。M139∶3，仅存漆皮。

填土器物：

铁锸　1件。M139∶01，残，仅存刃部，弧刃。刃残宽2.6厘米（图三七六，7）。

陶罐　1件。M139∶02，残存器壁。泥质灰陶。弧壁。外壁饰斜绳纹（图三七六，8）。

M140

方向24°。长方形竖穴土坑木椁墓。墓口距地表约0.3米，长2.32、宽1.12～1.16米，底长2.4、宽1.2米，深1.9～1.96米。墓坑规整，南、北坑壁光滑，东、西坑壁较粗糙。填硬质灰褐夹灰黄色花土。单椁单棺，仅余腐痕。椁室平面呈"Ⅱ"形，椁痕长2.16、宽1.02～1.06、高0.28、板痕厚0.06米。棺位于椁内西部，棺痕长2.04、宽0.52、高0.06、板痕厚0.05米。椁下南北部各有一垫木沟槽，横断面呈半圆形，槽长1.14、宽0.12、深0.05米。人骨朽尽，葬式不明。3件随葬器物置于椁内棺外东北部。据随葬器物位置推测头向东北（图三七七）。

陶罐　1件。M140∶2，泥质灰陶。侈口，翻折沿，方唇，束颈，溜肩，肩有对称双鼻耳，中

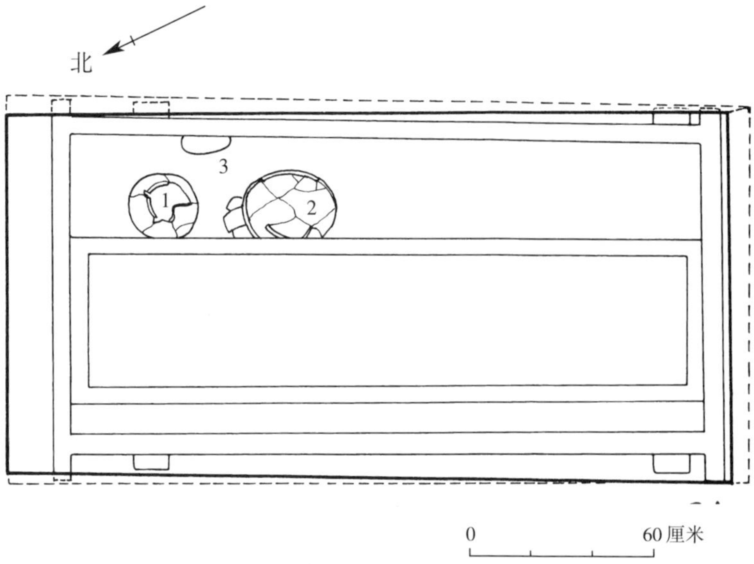

图三七七　汉墓 M140 平面图
1. 陶瓮　2. 陶罐　3. 漆器

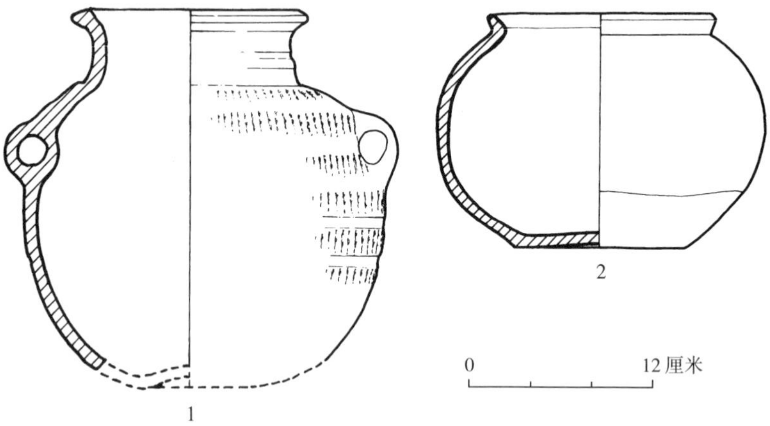

图三七八　汉墓 M140 出土陶器
1. 罐（M140：2）　2. 瓮（M140：1）

腹鼓，底残。肩、腹饰竖绳纹间五道抹痕。口径 15.2、腹径 23.4、残高 22.6 厘米（图三七八，1）。

陶瓮　1件。M140：1，泥质灰陶。侈口，翻沿，圆唇，束颈，溜肩，下腹折收，中腹鼓，平底微凹。素面。口径 14.8、腹径 21.2、底径 11.2、高 14.6 厘米（图三七八，2；图版六五，2）。

漆器　1件。M140：3，仅存漆皮。

M141

方向 196°。长方形竖穴土坑木椁墓。墓口距地表约 0.3～0.4 米，长 2.7、宽 1.5～1.6 米，底长 2.52、宽 1.48 米，深 2.22～2.32 米。东、南、北壁由上至下内收，西壁向下外扩。坑壁光滑。填硬质黄褐夹灰白色花土。单椁单棺，仅余腐痕。椁室平面呈"Ⅱ"形，椁痕长 2.37、宽 1.35、高 0.74、板痕厚 0.06 米。棺位于椁内西部，棺痕长 1.9、宽 0.6、高 0.1、板痕厚 0.04 米。人骨朽尽，葬式不明。5件随葬器物分置于椁内棺外南端及东侧偏北部。据随葬品位置推测头向南（图三七九）。

陶鍪　1件。M141：2，上部泥质、下部夹砂灰陶。侈口，翻沿，圆唇，束颈，溜肩，肩有对称双弓耳，扁鼓腹，凸圜底。颈、肩饰竖绳纹，中腹以下饰斜绳纹。口径 18.4、腹径 24、高 20 厘米（图三八〇，2；图版六五，3左）。

陶瓮　1件。M141：1，泥质灰陶。直口微侈，方唇，短领，圆肩，中腹鼓，下腹微折收，平底微凹，肩、中腹各饰一道凹弦纹，肩部可见绳纹。口径 21.2、腹径 40、底径 26、高 26.6 厘米（图三八〇，3；图版六五，3右）。

铜铦　1件。M141：3，破碎严重，未能修复。敞口，斜折沿。

铁削刀　1件。M141：4，锈蚀，残存中段。厚背薄刃。残长 13.6 厘米（图三八〇，1）。

漆耳杯 1件。M141:5，仅存漆皮。

M143

方向23°或203°。长方形竖穴土坑木椁墓。墓口距地表约0.3～0.4米，长3.8、宽2.32～2.4米，底长3.68、宽2.2米，深3.3～4.1米。坑壁规整光滑，有人工修整时留下的凹弧状工具遗痕。填软质黄褐夹灰白色花土。单椁单棺，仅余腐痕。椁室平面呈"Ⅱ"形，椁痕长3.22、宽1.9、高0.6、板痕厚0.07米。棺位于椁内西部，仅存底板痕，长2、宽0.6米。椁下南北部各有一垫木沟槽，横断

图三七九 汉墓 M141 平面图
1.陶瓮 2.陶鍪 3.铜铞 4.铁削刀 5.漆耳杯

面呈半圆形，槽长2.03、宽0.2、深0.1米。人骨朽尽，葬式不明。9件随葬器物除1件漆盒漂移到椁内棺外西北角外，余置于椁内棺外东部（图三八一）。

陶鼎 2件。泥质灰陶。子母口，圆唇，折肩，弧腹，近底部折后弧收，长方形附耳内敛，上端翻折外撇，耳孔对穿，凸圜底，三蹄足外撇。上承弧盘状盖。中腹饰一道凸弦纹。M143:3，盖

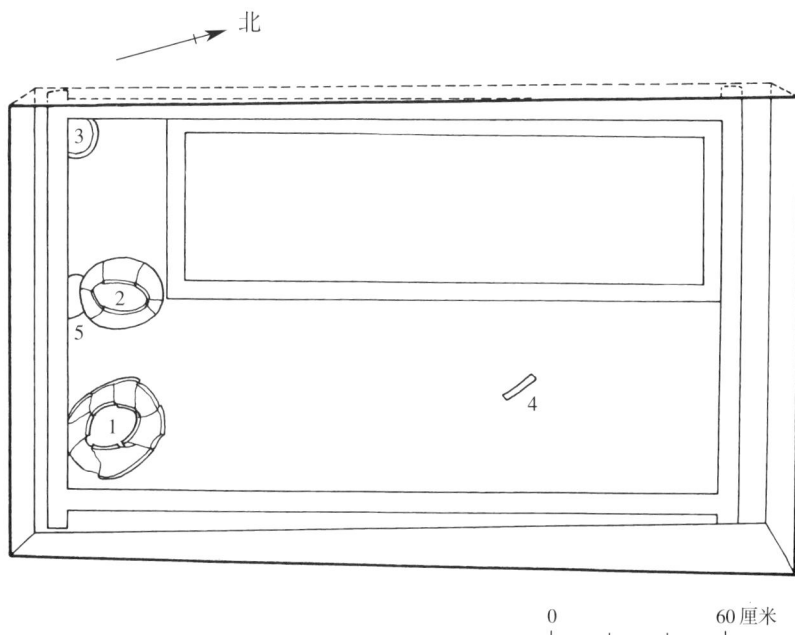

图三八〇 汉墓 M141 出土器物
1.铁削刀（M141:4） 2.陶鍪（M141:2） 3.陶瓮（M141:1）

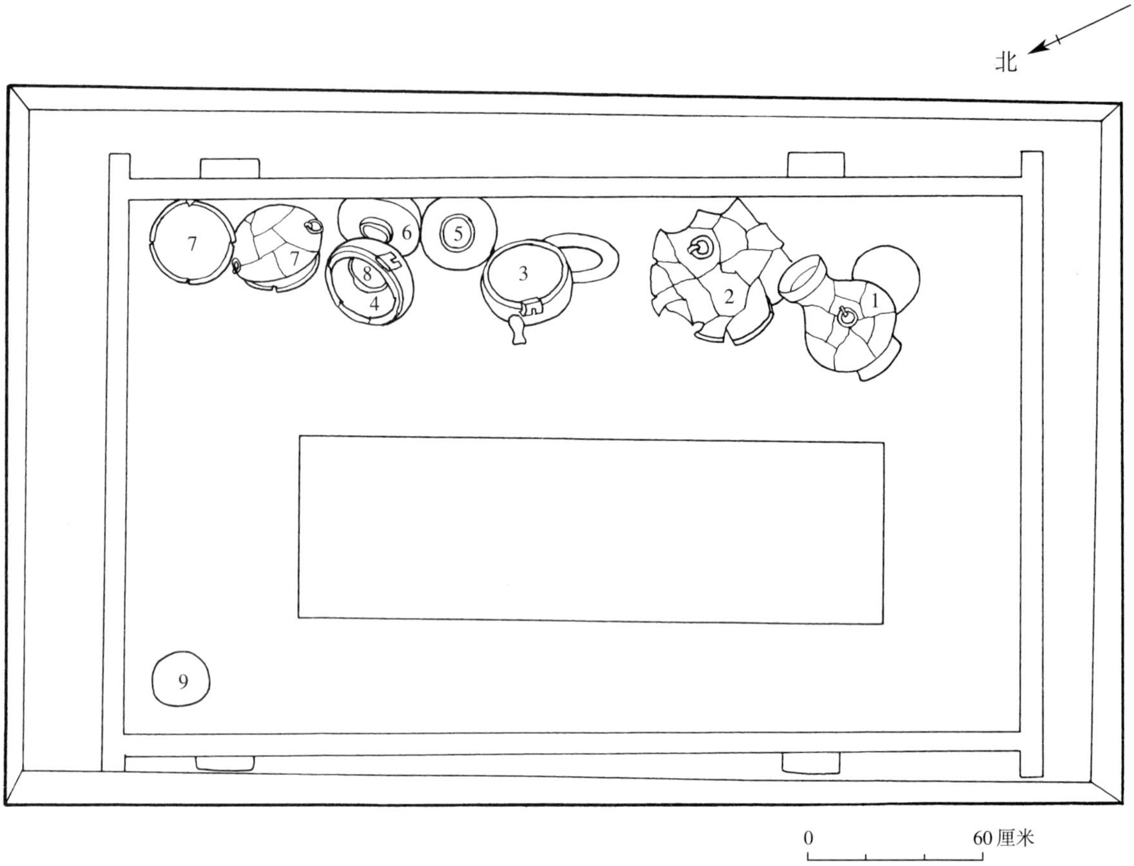

图三八一　汉墓 M143 平面图

1、2.陶壶　3、4.陶鼎　5、6.陶盒　7.陶甗　8.漆耳杯　9.漆盒

周三环纽。口径 22、腹径 26、体高 20.6、通高 27.6 厘米（图三八二，1；图版六四，2 前左）。M143：
4，口径 21、腹径 26、体高 20、通高 26 厘米（图三八二，2；图版六四，2 中左）。

陶甗　1 件。M143：7，泥质灰陶。上甑下釜合扣而成。甑直口微侈，平折沿，平唇，短束颈，
折肩，弧腹下收，上腹有对称兽面铺首衔环，平底，底部有放射状箅孔，浅宽圈足。釜直口微敛，
短领，圆肩，肩部有对称兽面铺首衔环和一周折棱，鼓腹，腹中部有一道外突宽棱，凸圜底。素
面。甑口径 30、腹径 28、圈足径 14.8、高 14.6、釜口径 10.8、腹径 24.8、高 15.6 厘米，通高
28.6 厘米（图三八二，3；图版六四，2 中右）。

陶盒　2 件。泥质黑衣灰陶。子母口，圆唇，折肩，弧腹下收，浅宽圈足。上承覆碗状盖，浅
宽圈足状捉手。素面。M143：5、6，口径 17.6、腹径 21.2、圈足径 12.8、体高 11.2、通高 20 厘
米（图三八二，6、7；图版六四，2 前右、中）。

陶壶　2 件。泥质灰陶。盘口，折沿，方唇，束颈，溜肩，肩有对称兽面铺首衔环，大鼓腹，
凸圜底，盘口状较深圈足。上承子口弧盘状盖，盖周三立鸟形纽。肩、上腹各饰一道宽带纹，外
壁局部饰绳纹。器内有粟腐痕。M143：1，体上部及盖纽残，肩部环缺。腹径 36.4、圈足径 19、
体残高 40.4 厘米（图三八二，4）。M143：2，口径 18、腹径 36.4、圈足径 20、体高 49.4、通高
56.4 厘米（图三八二，5；图版六四，2 后）。

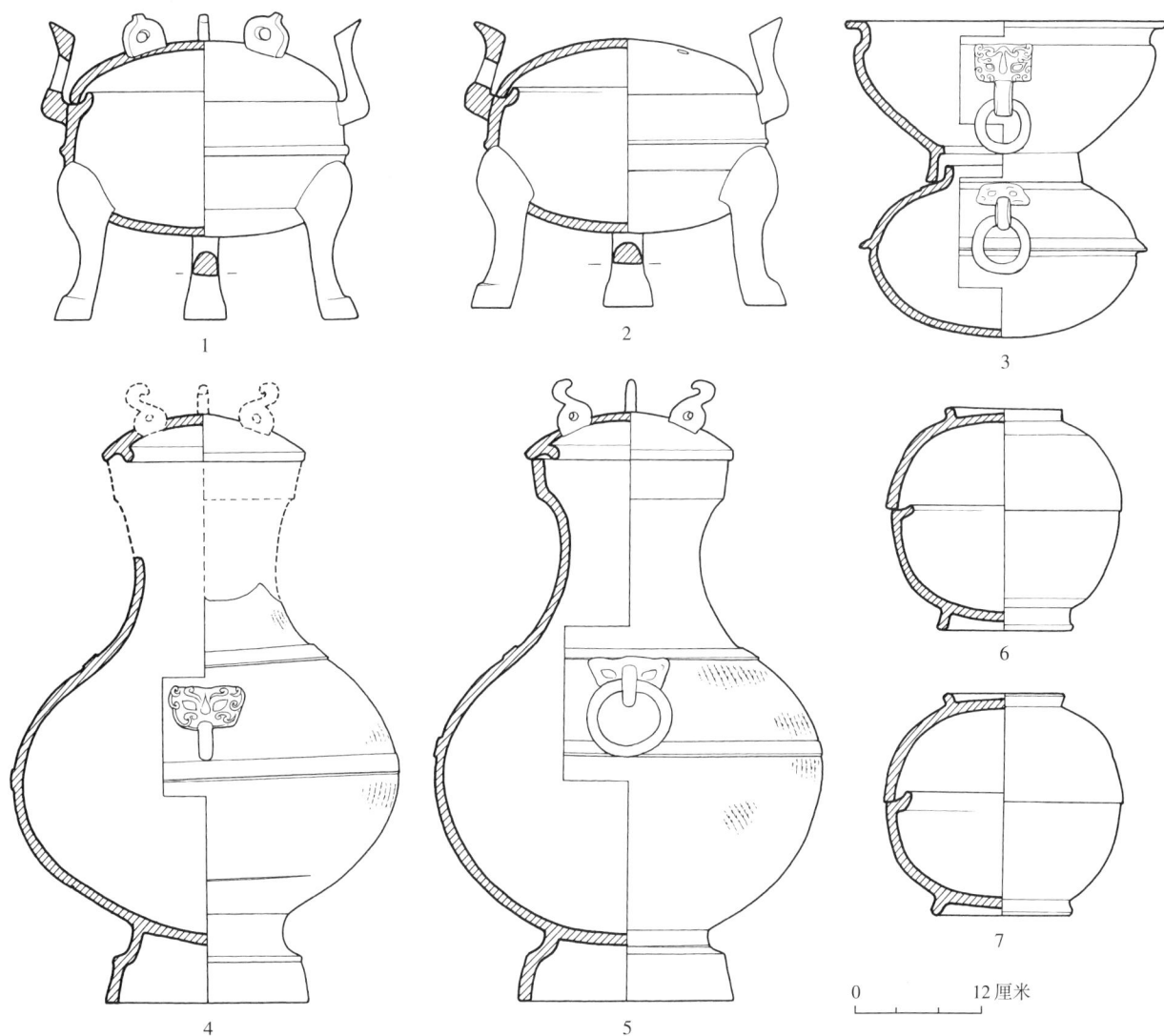

图三八二　汉墓 M143 出土陶器

1、2. 鼎（M143：3、4）　3. 瓿（M143：7）　4、5. 壶（M143：1、2）　6、7. 盒（M143：5、6）

漆盒　1件。M143：9，仅存漆皮。

漆耳杯　1件。M143：8，仅存漆皮。

M144

方向 200°。长方形竖穴土坑木椁墓。墓口距地表约 0.3 米，长 2.8、宽 1.7 米，底同口大，深 1～1.64 米。坑壁规整光滑。填硬质黄褐夹灰白色花土。单椁单棺，仅余腐痕。椁室平面呈“Ⅱ”形，椁痕长 2.44、宽 1.56、高 0.66、板痕厚 0.06 米。棺位于椁内东部，棺痕长 2.1、宽 0.58、高 0.08、板痕厚 0.04 米。椁下南北部各有一垫木沟槽，横断面呈长方形，槽长 1.62、宽 0.18、深 0.06 米。人骨朽，棺内存头骨痕和两节肢骨，可知头向南，葬式不明。3件随葬器物置于椁内棺外西南部（图三八三）。

陶鍪　1件。M144：2，上部泥质、下部夹砂灰陶。侈口，翻沿，尖圆唇，束颈，溜肩，肩有

0　　　　　　　　　60厘米

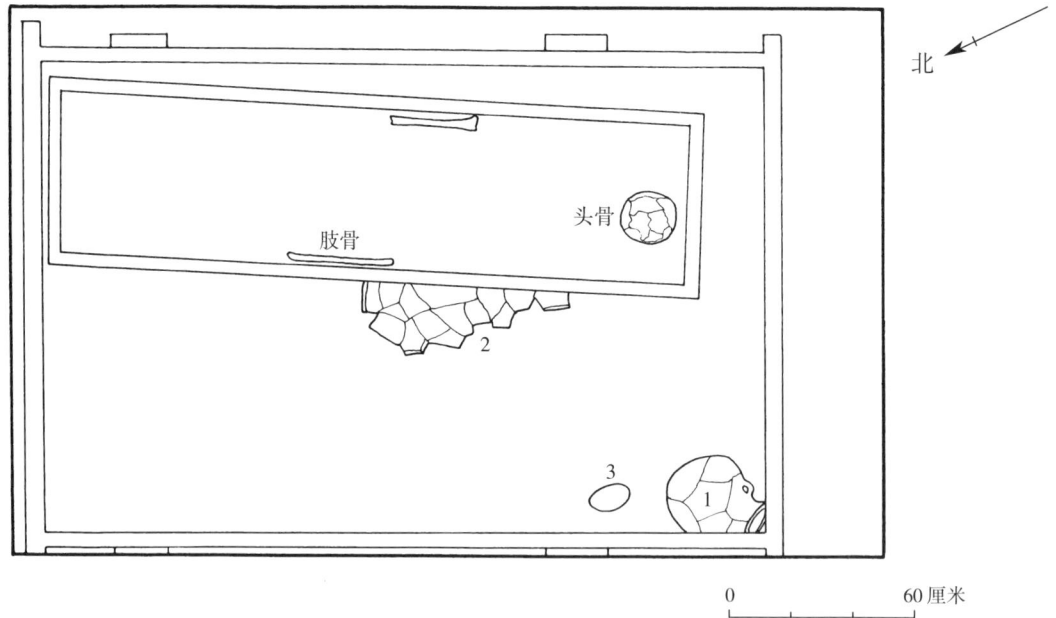

图三八三　汉墓 M144 平面图

1. 陶罐　2. 陶鍪　3. 漆耳杯

0　　　　12厘米

图三八四　汉墓 M144 出土陶器

1. 鍪（M144：2）　2. 罐（M144：1）

对称双弓耳，鼓腹，凸圜底近平。肩、上腹各饰二道凹弦纹，中腹以下饰斜绳纹。口径 12.2、腹径 19.6、高 19.2 厘米（图三八四，1；图版六五，4 右）。

陶罐　1 件。M144：1，泥质灰陶。侈口，折沿，沿面一周高凸棱，束颈，溜肩，颈肩相交处有折棱，肩有对称双鼻耳，鼓腹，浅凹底。颈饰凹弦纹，肩至中腹饰竖绳纹间四道抹痕，以下饰横、斜绳纹。口径 16.8、腹径 30.8、底径 7.2、高 31 厘米（图三八四，2；图版六五，4 左）。

漆耳杯　1 件。M144：3，仅存漆皮。

M170

方向 17°。刀形竖穴土坑木椁墓。墓口距地表约 0.9 米。长方形墓圹，口长 3.04、宽 1.84 米，底同口大，深 1.2 米。南设斜坡墓道，直壁，上口平面长 2.36、宽 1.04 ～ 1.42、下端深 0.9 米，底坡中部微下凹，坡度 13°。坑壁规整光滑。墓室填黄褐色花土，土质较松。墓道填灰黄夹灰白色花土，土质密较硬。相接处有薄木板腐痕，宽 1.42、高 1.2、厚 0.05 米。单椁单棺，仅余腐痕。椁室平面呈长方形，椁痕长 2.7、宽 1.44、高 0.64、板痕厚 0.06 米。棺位于椁内西部，棺痕长 2.3、宽 0.45 ～ 0.49、

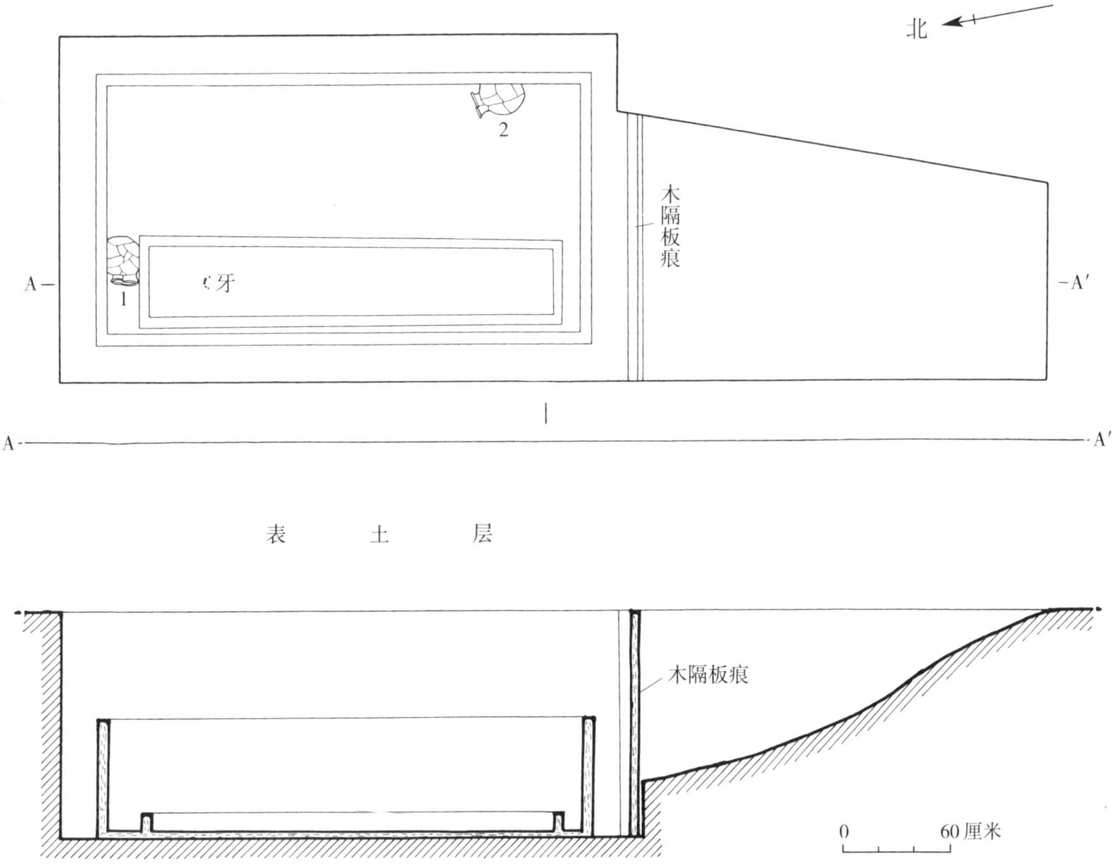

图三八五　汉墓 M170 平、剖面图

1、2. 陶罐

高 0.1、板痕厚 0.05 米。人骨朽尽，棺内北端残存数枚牙齿，可知头向北，葬式不明。2 件随葬器物分置于椁内棺外北侧、东南角（图三八五）。

陶罐　2 件。泥质灰陶。侈口，翻折沿，内、外沿面各有一周浅凹槽，尖唇，束颈，圆肩，肩有对称双鼻耳。M170：1，鼓腹，浅凹底。肩至中腹饰竖绳纹间三道抹痕，以下饰横、斜绳纹。口径 13.6、腹径 21.6、底径 6.4、高 20.1 厘米（图三八六，1；图版六五，5）。M170：2，颈及下部残。口径 13.6 厘米（图三八六，2）。

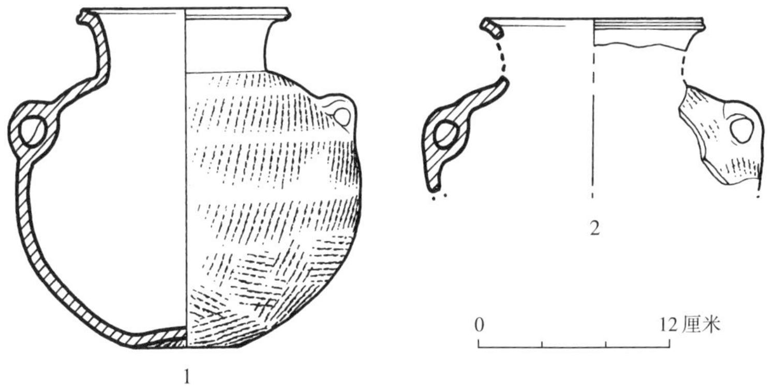

M171

方向 24°。刀形竖穴土坑木椁墓。墓口距地表约 0.2～0.4 米。墓圹呈长方形，东、西壁外扩，北壁直，南壁内收。墓圹口长 3.2、宽

图三八六　汉墓 M170 出土陶罐

1. M170：1　2. M170：2

1.82 ~ 2.26 米，底长 3.2、宽 1.76 ~ 2.34 米，深 2.08 ~ 2.5 米。坑壁规整光滑。南设东西两条斜坡墓道，西与墓壁边缘平齐，西墓道打破东墓道。西墓道直壁，上口平面长 2.8、宽 1.06 米，底坡长 2.88、下端深 1.34 米，坡度 15°；东墓道上口平面长 2.8、残宽 0.6 ~ 0.76 米，底坡长 2.9、下端宽 0.7、深 1.37 米，坡度 14°。墓室填黄褐夹灰白色花土，墓道填灰白夹少量黄褐色花土，杂有炭末和碎陶片。墓室南端与双墓道相接处有整块薄木板腐痕，宽 1.8、高 2.02、厚 0.06 米，表明其间原有木板隔开。单椁并棺，仅余腐痕。椁痕长 2.86、宽 2.14、高 0.7、板痕厚 0.07 米。双棺分居椁内东西侧，西棺存盖板、底板、侧板、挡板灰黑色腐痕，盖板残长 2、宽 0.4、厚 0.04 米，西侧板通长 2.3、宽 0.7、厚 0.08 米，东侧板残长 2.3、宽 0.7、厚 0.1 米，南挡板宽 0.8、残高 0.24、后 0.03 米，北挡板残宽 0.65、高 0.2、厚 0.05 米，底板残长 2.3、宽 0.65、厚 0.03 米；东棺痕长 2.12、宽 0.5、高 0.18、板痕厚 0.05 米。双棺间中、南部有一纵向隔板腐痕，长 1.92、高 0.7、厚 0.06 米。西棺下近南、北两端各有一根垫木，分别长 0.96、1.04 米，高 0.08、厚 0.06 米；东棺下间隔放置四根垫木，从南至北分别长 0.94、1.04、0.94、0.74 米，均高 0.06、厚 0.06 米。人骨已朽，西棺内北端存 2 颗牙齿，中、南部有四节肢骨，仰身直肢葬；东棺内北端残存几枚牙齿，可知头向东北，推测为仰身直肢葬式。随葬器物置于椁内的双棺下或棺内，随葬器物可较清晰地分别归属双棺主人。从墓道打破情况看，该墓为一次起筑墓圹、椁室并先后下挖东、西墓道下葬西、东棺的同穴同椁合葬墓，而从随葬器物可共同配置为完整组合的情况分析，二者下葬的间隔时间应不长（图三八七 ~ 三八九）。

东棺器物 30 件（枚）：

陶盒　2 件。泥质红陶。子母口，圆唇，折肩，弧腹内收，平底微凹。上承覆盘状盖，浅宽圈足状捉手。上、下腹各饰二道凹弦纹。M171：16，口径 16.4、腹径 19.2、底径 10.8、体高 10.2、通高 12.4 厘米（图三九〇，1）。M171：17，口径 16、腹径 18.8、底径 10.4、体高 9.4、通高 11.4 厘米（图三九〇，2；图版六六，2 前右）。

陶罐　6 件。M171：9，泥质青灰陶。侈口，翻沿，内、外沿面各有一周凹槽，束颈，溜肩，肩有对称双鼻耳，鼓腹，浅凹底。肩至中腹饰竖绳纹间三道抹痕，以下饰横、斜绳纹。器内有粟腐痕。口径 12.4、腹径 20.4、底径 7.2、高 21.6 ~ 23 厘米（图三九〇，3；图版六六，2 中右）。M171：10，泥质红陶。直口，折沿，平唇，短领，圆肩，上腹鼓，下腹斜收，平底微凹。上承微折盘状盖，盖顶有一圈足状捉手。肩、腹各饰二道凹弦纹。口径 6.4、腹径 14.4、底径 4.8、体高 9.6、通高 12.8 厘米（图三九〇，4；图版六六，2 前中）。M171：11，陶系、形制、纹饰同 M171：10。口径 8.4、腹径 15.6、底径 7.2、体高 11.6、通高 14.4 厘米（图三九〇，9）。M171：12，陶系、形制同 M171：10。肩饰一道凹弦纹。口径 7.6、腹径 14、底径 6、体高 10.4、通高

北

0　　60 厘米

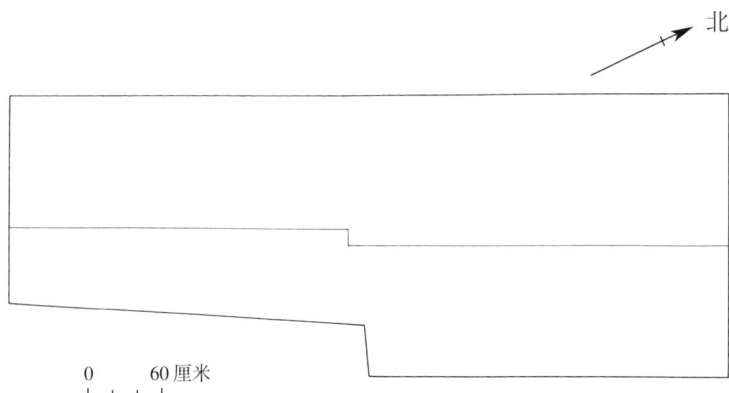

图三八七　汉墓 M171 双墓道打破关系平面图

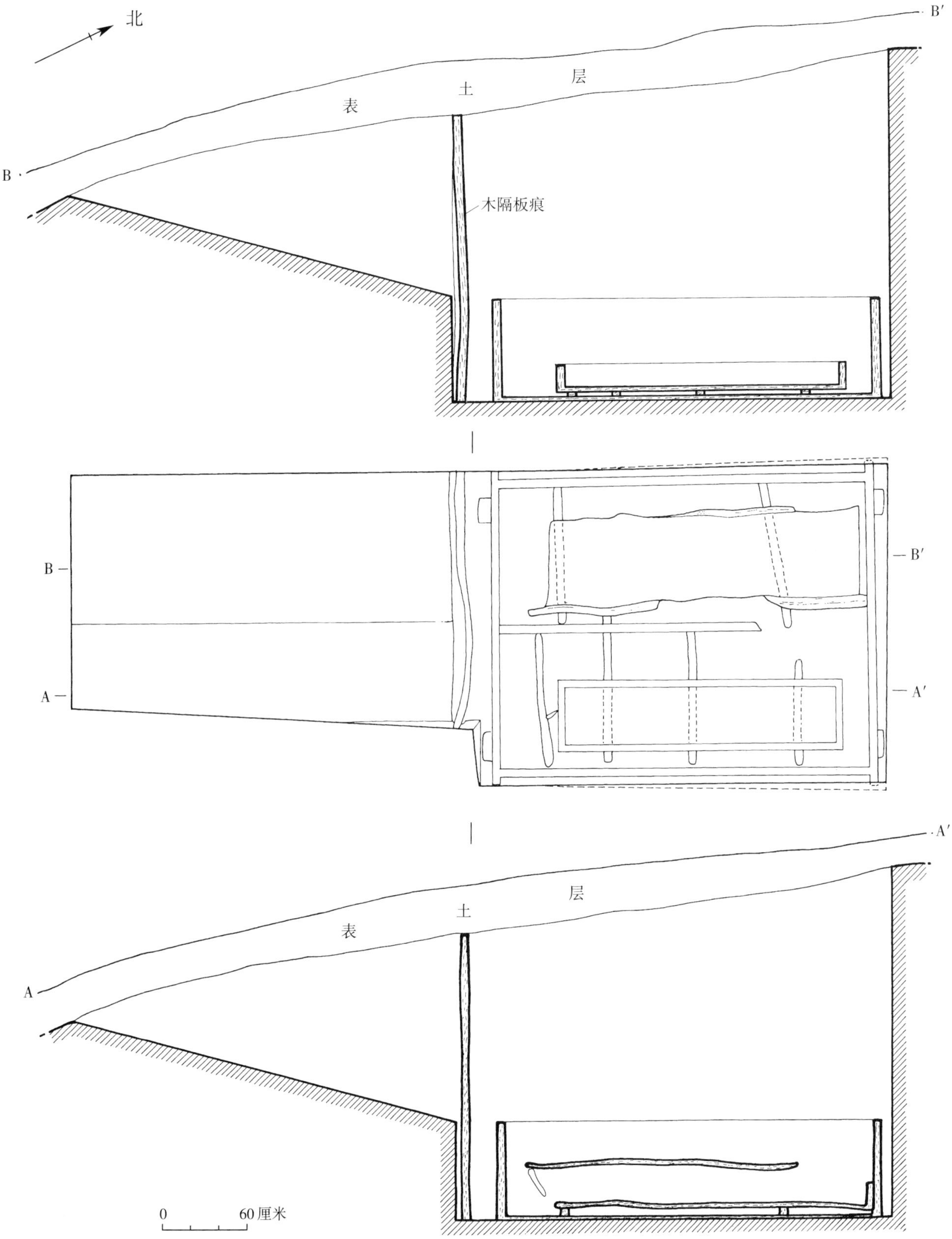

北

表　土　层

木隔板痕

B'

B

B'

B

A'

A

A'

A

表　土　层

0　　　　60厘米

图三八八　汉墓 M171 平、剖面图

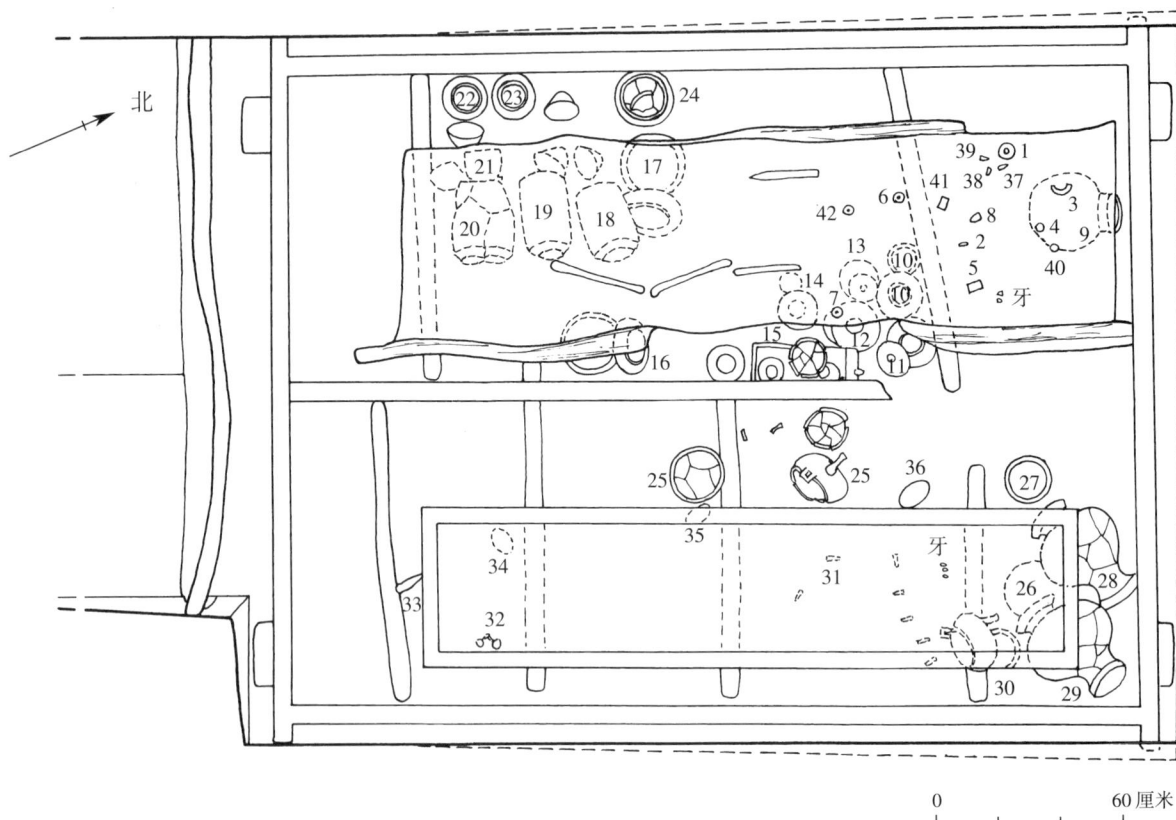

图三八九　汉墓 M171 棺椁及器物分布平面图

1.石璧　2、37～39.石塞　3.石璜　4、40.石珠　5、41.石片饰　6、42.铜泡钉　7.铜"五铢"　8.石蝉

9～14.陶罐　15.陶灶　16、17.陶盒　18～20、22、23.陶仓　21.陶井　24.陶博山炉　25、30.陶鼎

26.漆盒　27.铜镟　28、29.陶壶　31.铅盖弓帽　32.铅马衔　33.铅当卢　34～36.漆耳杯

12.6厘米（图三九〇，5）。M171：13，陶系、形制同 M171：10。肩、腹各饰三、一道凹弦纹。口径6、腹径12、底径5.6、体高7.6、通高9.6厘米（图三九〇，6）。M171：14，陶系、形制同 M171：10。口和肩部残。底径5.2厘米（图三九〇，7）。

陶博山炉　1件。M171：24，泥质红陶。下部为圆形托盘，敞口，翻折沿，方唇，浅折腹，平底，托盘中央立一空心柱与炉身相接。炉身子口，折肩，折腹下收，圆底。上承博山盖，穿多个镂孔。托盘腹壁饰一道凹弦纹，盖上模印人物、动物、植物纹。外壁施褐釉。口径10、盘口径17.6、底径7.2、炉高13.4、通高21.4厘米（图三九〇，10；图版六六，2中左）。

陶灶　1件。M171：15，灶体泥质灰陶，釜、锅、甑泥质红陶。灶体平面呈梯形，斜直壁，前、后端有挡墙，紧贴后挡墙中部有一烟囱，烟孔未穿，灶面有三个火眼，中火眼较大，前壁下部开拱形灶门。火眼上置三釜一甑一锅，釜近直口，圆唇，溜肩，扁鼓腹，平底或微凹；甑敞口，翻折沿，方唇，弧腹内收，平底微凹，底有五箅孔；锅除底无箅孔外同甑。前端挡墙上部刻划菱形格纹。灶面施褐釉。灶体长33、前宽18.4、后宽16、体高8.4、通高16厘米（图三九〇，8）。

陶仓　5件。泥质灰陶。直口或微敛，圆唇，斜折肩，肩部起微凸棱，中腹直或微鼓，平底微凹。上承博山盖。腹间饰五至七道凹弦纹，壁多饰竖绳纹，盖面模印动物、植物、人物纹。M171：

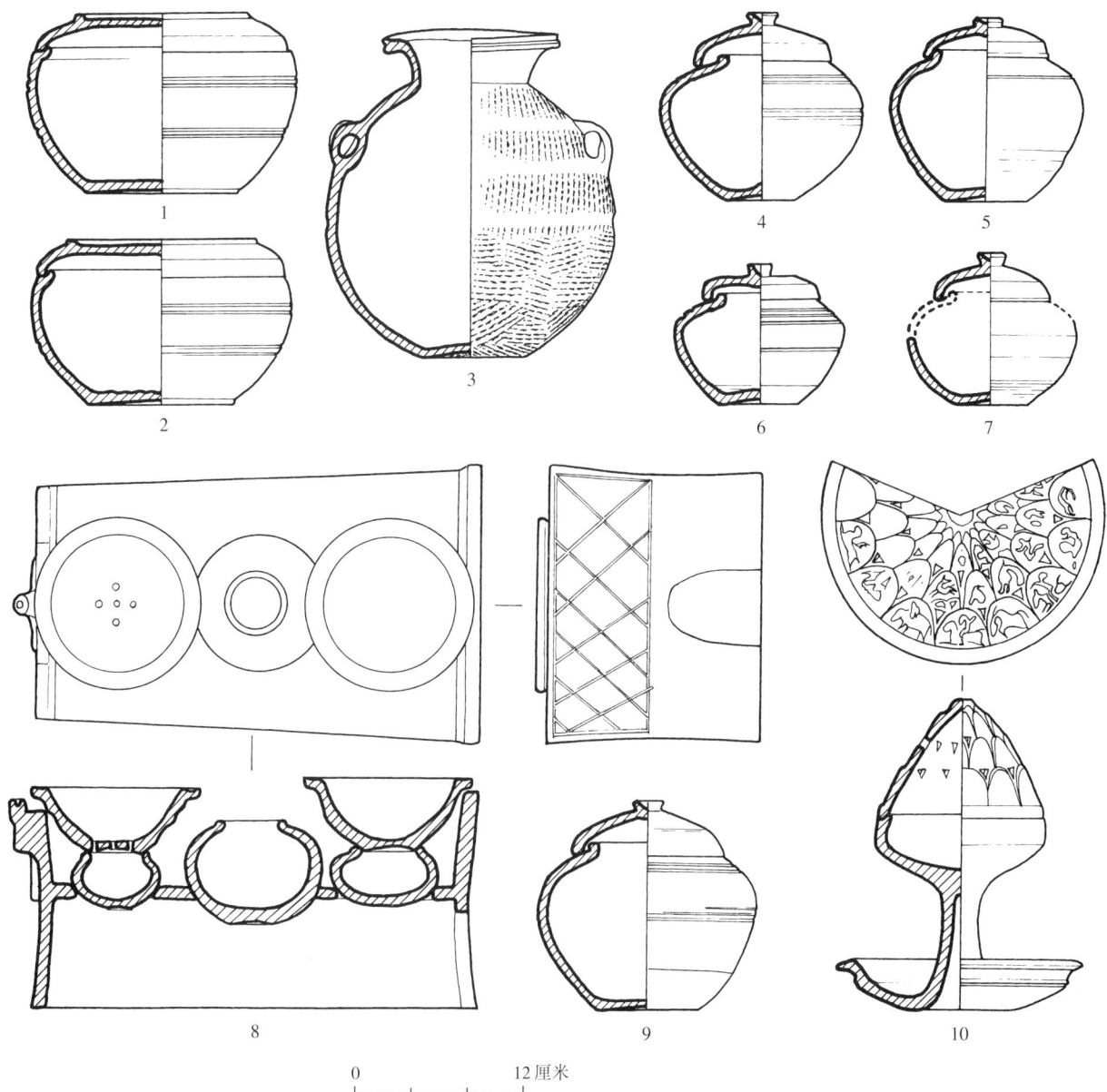

图三九○　汉墓 M171 东棺出土陶器

1、2.盒（M171∶16、17）　3～7、9.罐（M171∶9、10、12～14、11）　8.灶（M171∶15）　10.博山炉（M171∶24）

18，器内有粟腐痕。口径9.6、腹径15.2、底径13.6、体高25.6、通高31.6厘米（图三九一，1；图版六六，2后）。M171∶19，器身及盖顶部残。器内有粟腐痕。仓口径8.4、盖口径12厘米（图三九一，2）。M171∶20，下腹及底残。器内有粟腐痕。口径8.4、腹径15.2、残高23.8厘米（图三九一，3）。M171∶22，通高30.2、体高23.2、口径8、腹径14.8、底径14厘米（图三九一，4）。M171∶23，口径8.4、腹径14.8、底径12.8、体高21.6、通高28.6厘米（图三九一，5）。

　　陶井　1件。M171∶21，泥质灰陶。侈口，平折沿，平唇，束颈，斜折肩，弧腹向下缓收，平底微凹。腹间饰三道凹弦纹。井内置一汲水瓶，泥质灰陶，侈口，翻沿，束颈，溜肩，肩有对称双弓耳，弧折腹，近底部曲收，平底。井口径11.2、腹径11.6、底径10、高10.8厘米，汲水瓶口径3.2、腹径4.8、底径2.6、高4.8厘米（图三九一，6；图版六六，2前左）。

铜泡钉　2件，大小相同。灰绿色。圆帽，方钉。器表鎏金。M171：6、42，帽径1.4、高1.1

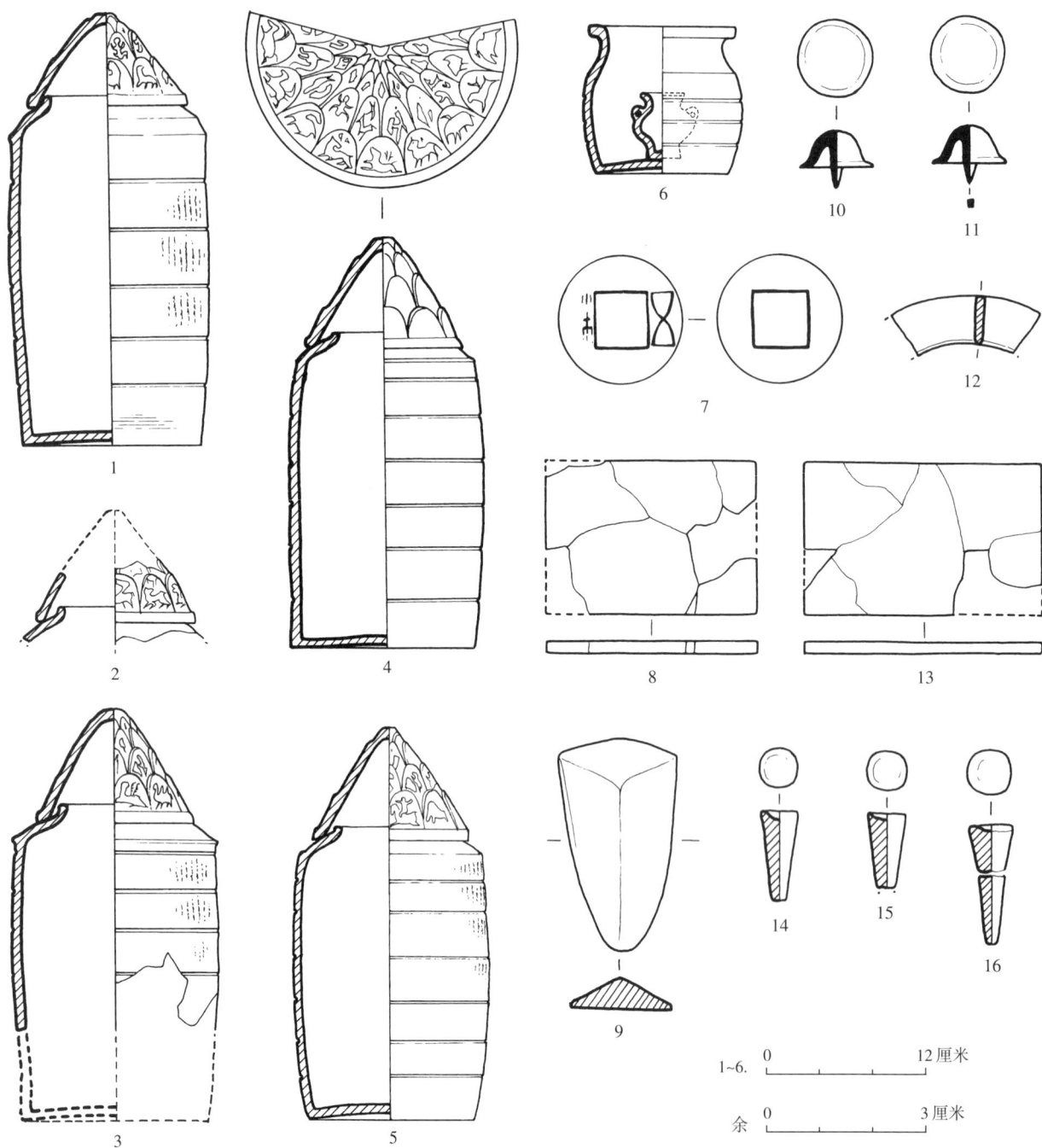

图三九一　汉墓M171东棺出土器物

1~5.陶仓（M171：18~20、22、23）　6.陶井（M171：21）　7.铜"五铢"摹本（M171：7）　8、13.石片饰（M171：5、41）
9.石蝉（M171：8）　10、11.铜泡钉（M171：6、42）　12.石璜（M171：3）　14~16.石塞（M171：2、37、38）

厘米（图三九一，10、11）。

铜"五铢" 1枚。M171：7，圆形，方穿，穿背面有周郭。正面穿左右篆书"五铢"二字，"五"字交笔弯曲较甚，"铢"字漫漶不清。直径2.35厘米（图三九一，7）。

石璧 1件。M171：1，灰白色。残碎严重。从发掘清理面可辨为圆形，面平，斜平缘。素面。直径5、好径2、厚0.3厘米。

石璜 1件。M171：3，灰白色。残存一段，半环形。残长2.8、厚0.2厘米（图三九一，12）。

石珠 2件。灰白色。残碎严重，圆球形。无法起取。M171：4、40，直径2厘米。

石蝉 1件。M171：8，灰白色。扁平体，头部三角形，尾部尖圆。长3.9、宽2.2、厚0.6厘米（图三九一，9）。

石塞 4件。灰白色。圆台形，一端粗，一端细，粗端面内凹。M171：2，长1.65、直径0.2～0.7厘米（图三九一，14）。M171：37，细端残。残长1.35厘米（图三九一，15）。M171：38，长2.15、直径0.2～0.8厘米（图三九一，16）。M171：39，无法修复。

石片饰 2件。灰白色。残破成多块，长方体，双面平，平缘。M171：5，长4、宽2.8、厚0.2厘米（图三九一，8）。M171：41，长4.5、宽2.8、厚0.2厘米（图三九一，13）。

西棺器物20件：

陶鼎 2件。泥质红陶。子母口，尖圆唇，折肩，扁鼓腹，长方形附耳微外撇，方形耳孔对穿，凸圜底，三蹄足直立，下端外撇。上承弧盘状盖，盖顶有一乳状纽。耳外壁孔下饰小方格纹，足跟模印人面纹。M171：25，中腹饰二道凹弦纹。口径13.6、腹径19.6、体高14.4、通高18.6厘米（图三九二，1；图版六六，1前左）。M171：30，口径13.2、腹径19.6、体高14.2、通高18厘米（图三九二，2；图版六六，1前右）。

陶壶 2件。泥质红陶。盘口，折沿，平唇，束颈，溜肩，肩有对称兽面铺首衔环，扁鼓腹，凸圜底，盘口状浅宽圈足。上承子口弧盘状盖，盖顶有一乳状钮。肩、上腹各饰二道凹弦纹，下腹饰横绳纹，圈足壁饰二道凸接凹弦纹，盖面四个半圆形区域内布满摁窝。器内有粟腐痕。M171：28，口径16.4、腹径28、圈足径14.8、体高32.4、通高38.6厘米（图三九二，3；图版六六，1后右）。M171：29，口径16.4、腹径30、圈足径16.8、体高35.4、通高41.4厘米（图三九二，4；图版六六，1后左）。

铜铜 1件。M171：27，灰绿色。敞口，翻折沿上昂，弧腹，凸圜底近平。素面。口径14、高4.6厘米（图三九二，5）。

铅盖弓帽 9件。M171：31，无法起取。

铅马衔 1件。M171：32，无法起取。

铅当卢 1件。M171：33，无法起取。

漆盒 1件。M171：26，仅存漆皮。器内髹红漆，器外髹深褐漆。

漆耳杯 3件。M171：34～36，仅存漆皮。器内髹红漆，器外髹深褐漆。

M172

方向15°。刀形竖穴土坑木椁墓。墓口距地表约0.2米。长方形墓圹，口长2.36、宽1.74～1.9米，底同口大，深0.65～1.02米。南设斜坡墓道，直壁，上口平面长2.34、宽1.08～1.2米，底坡长2.1米，宽与口同，底前部近平，后部坡度13°。坑壁规整光滑。墓室填黄褐夹少量灰白色

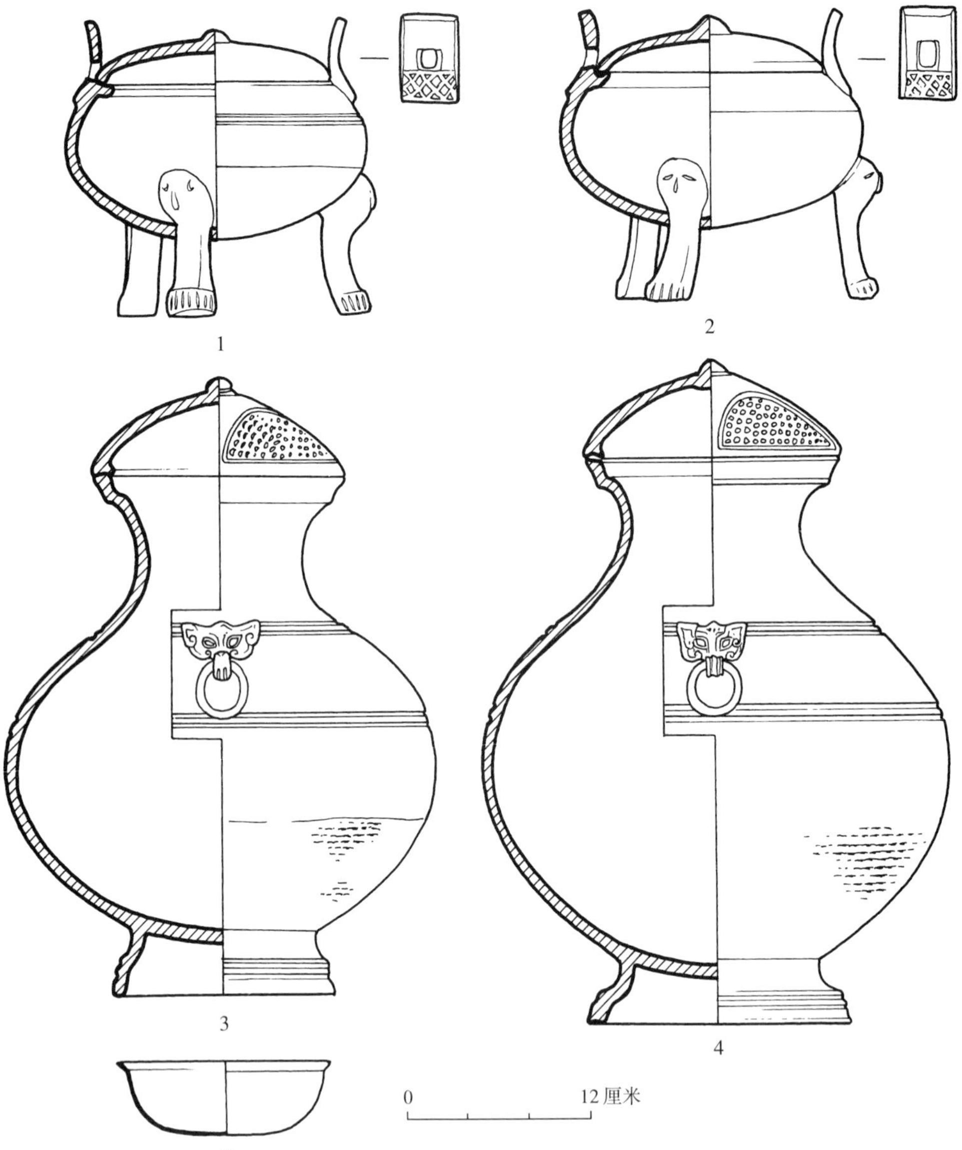

图三九二　汉墓 M171 西棺出土器物
1、2.陶鼎（M171∶25、30）　3、4.陶壶（M171∶28、29）　5.铜铜（M171∶27）

花土，土质较松；墓道填灰白夹少量黄褐色花土，土质较硬。墓道北端与墓室相接处有薄木板腐痕，宽 1.2、高 0.65、厚 0.06 米。单椁单棺，仅余腐痕。椁室平面呈梯形，椁痕长 2.2、宽 1.7～1.85、高 0.08、板痕厚 0.06 米。棺位于椁内西部，棺痕长 1.74、宽 0.54～0.6、高 0.03 米、板痕厚 0.05。人骨已朽，棺内可见头骨和两节肢骨，可知头向北，仰身直肢葬式。9 件（枚）随葬器物除 1 枚铜"五铢"在棺内中部外，余置于椁内棺外东北部（图三九三）。

陶鼎　1 件。M172∶7，泥质灰陶。子母口，圆唇，折肩，弧腹内收，长方形附耳外撇，小圆形耳孔对穿，凸圜底，三兽面直立足，足下端外撇。上承弧盘状盖。素面。口径 16.4、腹径 19.6、体高 13.8、通高 18 厘米（图三九四，1；图版六七，1 中中）。

陶壶　1 件。M172∶6，泥质灰陶。盘口，折沿，平唇，束颈，溜肩，肩有对称兽面铺首衔

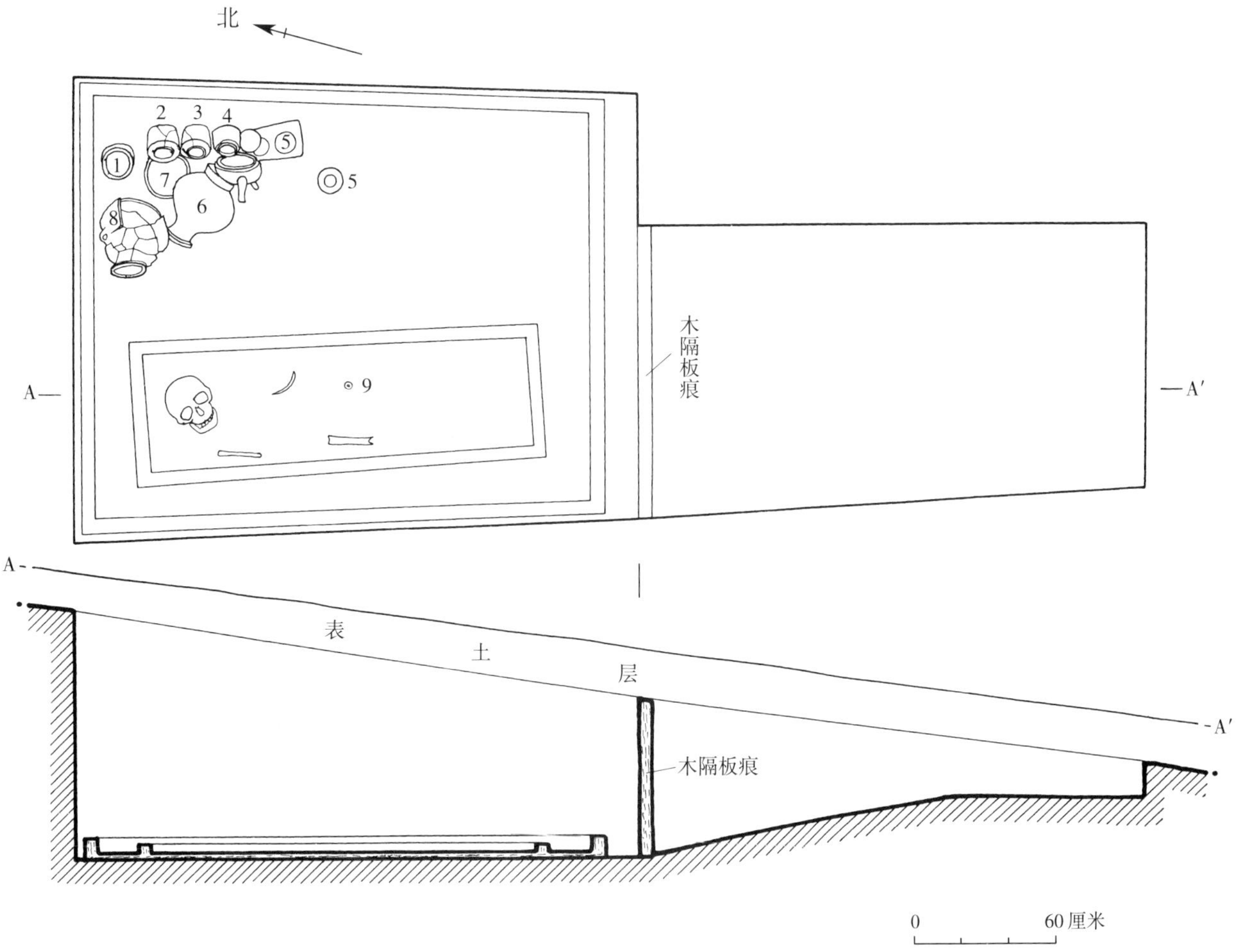

图三九三　汉墓 M172 平、剖面图

1.陶井　2~4.陶仓　5.陶灶　6.陶壶　7.陶鼎　8.陶罐　9.铜"五铢"

环，圆鼓腹，凸圜底，盘口状较深圈足。上承子口弧壁盖，盖周三角状纽。颈、肩饰竖绳纹，肩、腹各饰一道宽带纹。口径 20、腹径 36.4、圈足径 18.8、体高 41 厘米（图三九四，2；图版六七，1 后）。

陶罐　1 件。M172：8，泥质灰陶。侈口，翻沿，内沿面有一周浅凹槽，束颈，圆肩，肩有对称双鼻耳，鼓腹，浅凹底。肩至中腹饰竖绳纹间三道抹痕，以下饰横、斜绳纹。口径 16.6、腹径 26、底径 8、高 26 厘米（图三九四，4；图版六七，1 中左）。

陶灶　1 件。M172：5，泥质灰陶。灶体平面呈长方形，斜直壁，灶面后端斜立一烟囱，灶面有两个等大火眼，前壁中部开拱形灶门。火眼上置二釜一锅，釜敛口，圆唇，溜肩，扁鼓腹，凸圜底；锅敞口，翻折沿，方唇，弧腹内收，平底。釜、锅近底部有刀削痕。素面。灶体长 26.2、前宽 14.8、后宽 12、体高 7.8、通高 15.4 厘米（图三九四，5；图版六七，1 前右）。

陶仓　3 件。泥质灰陶。直口，圆唇，短领，折肩，腹壁近直，平底微凹。上承浅折盘状盖。腹间饰五道凹弦纹，腹壁局部饰竖绳纹，多模糊。M172：2，盖顶残。口径 7.2、腹径 12.4、底径 12、体高 21 厘米（图三九四，7；图版六七，1 中右）。M172：3，顶上部有刀削痕，盖顶残。口

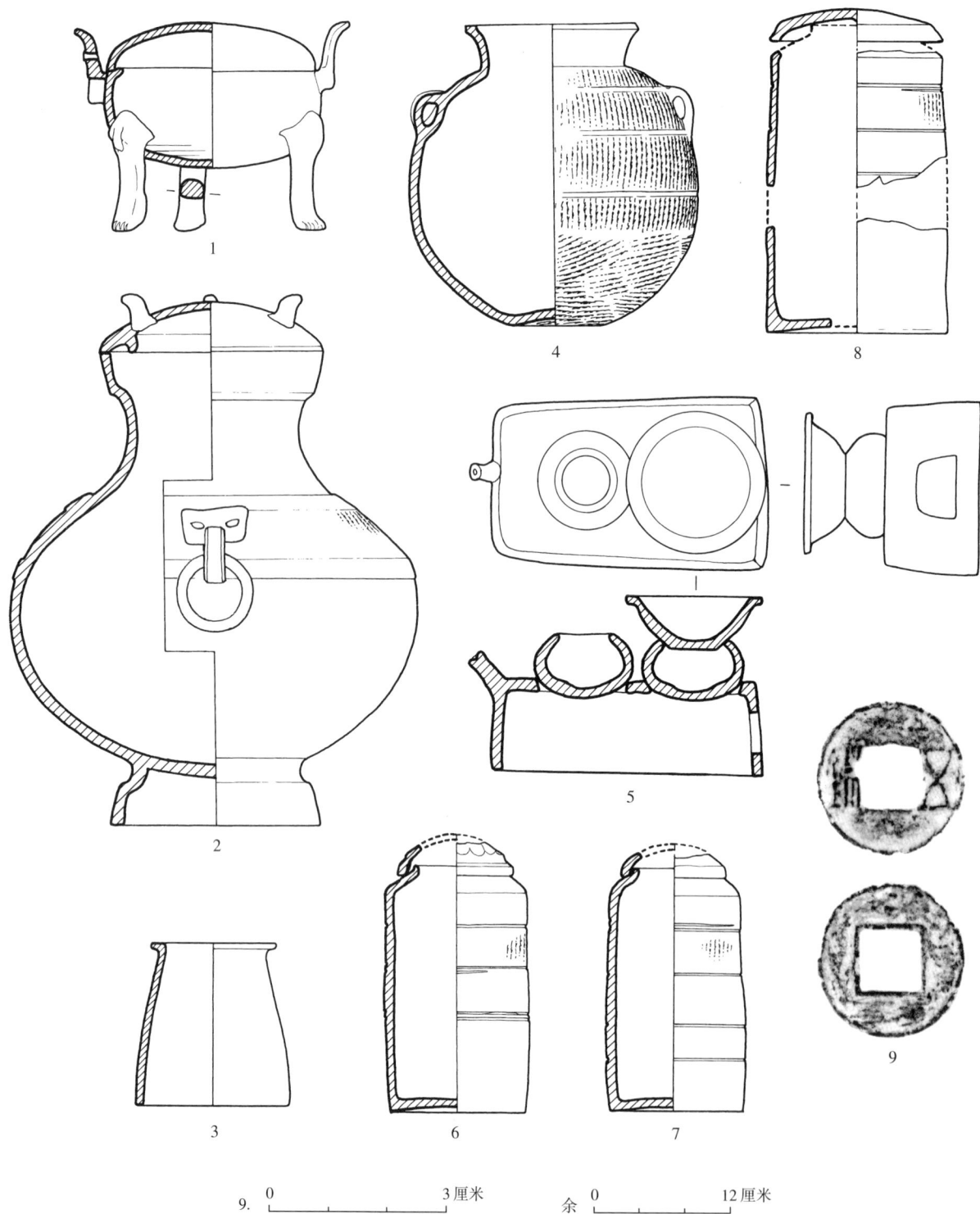

9.　0 ——————— 3厘米　　　余　0 ——————— 12厘米

图三九四　汉墓 M172 出土器物

1.陶鼎（M172：7）　2.陶壶（M172：6）　3.陶井（M172：1）　4.陶罐（M172：8）
5.陶灶（M172：5）　6~8.陶仓（M172：3、2、4）　9.铜"五铢"拓本（M172：9）

径7.8、腹径13.2、底径12.2、体高21.4厘米（图三九四，6）。M172：4，口、中腹部残。腹径16、底径16厘米（图三九四，8）。

陶井　1件。M172：1，泥质灰陶。微敛口，平折沿，平唇，弧腹向下外扩，无底。素面。口径11.6、底径14、高14厘米（图三九四，3；图版六七，1前左）。

铜"五铢"　1枚。M172：9，圆形，方穿，双面有外郭，穿背面有周郭。正面穿左右篆书"五铢"二字，"五"字交笔微曲，两横出头，"铢"之"金"字头呈三角形，"朱"之上、下笔方折。直径2.4、穿边长1厘米（图三九四，9）。

M173

方向114°或294°。长方形竖穴土坑木椁墓。墓口距地表约0.76米，长2.84、宽1.7米，底长2.94、宽1.82米，深2.06米。坑壁粗糙。填软质灰黄夹灰褐色花土，夹少量碎陶片。单椁单棺，仅余腐痕。椁室平面呈"Ⅱ"形，椁痕长2.78、宽1.58、高0.9、板痕厚0.06米。棺位于椁内西北部，棺痕长2.04、宽0.52~0.58、高0.06、板痕厚0.04米。人骨朽尽，葬式不明。8件随葬器物分置于椁内棺外西南、东南部（图三九五）。

随葬器物：

陶鼎　1件。M173：4，泥质褐陶。子母口，折沿，方唇，折肩，弧腹内收，长方形附耳，上部残，凸圜底，三熊形直立足。上承微折盘状盖。中腹饰一道凹弦纹。口径16、腹径20、体高16.4、通高20.4厘米（图三九六，1；图版六七，2后）。

陶罐　1件。M173：6，泥质灰陶，肩有双鼻耳，无法修复。

陶灶　1件。M173：3，泥质灰陶。灶体平面呈梯形，后两角圆弧，斜直壁，无烟孔，灶面

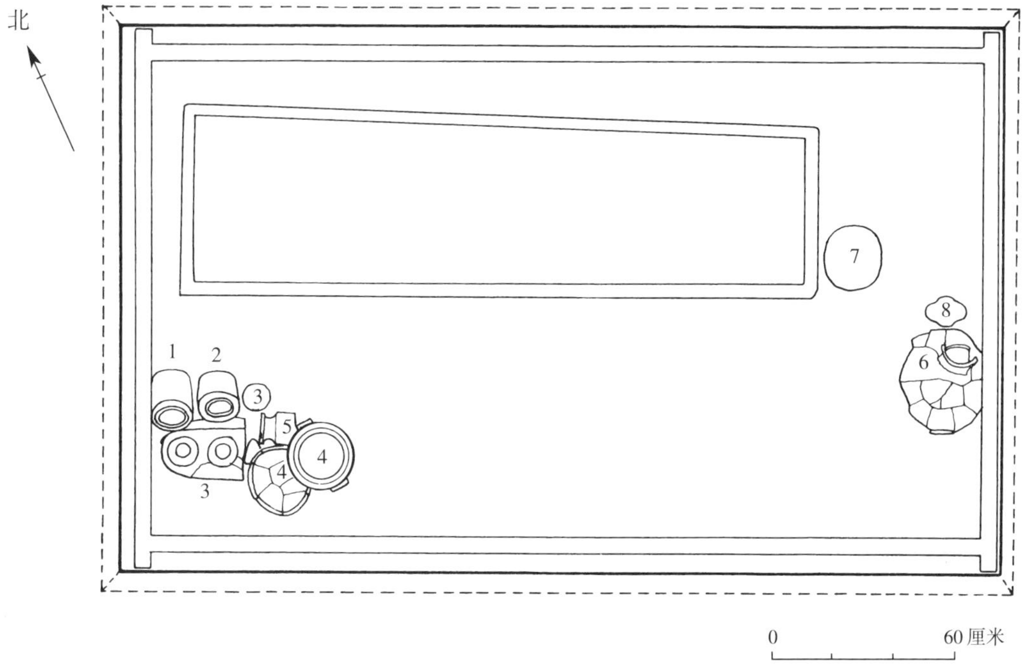

图三九五　汉墓 M173 平面图
1、2.陶仓　3.陶灶　4.陶鼎　5.陶井　6.陶罐　7.漆盒　8.漆耳杯

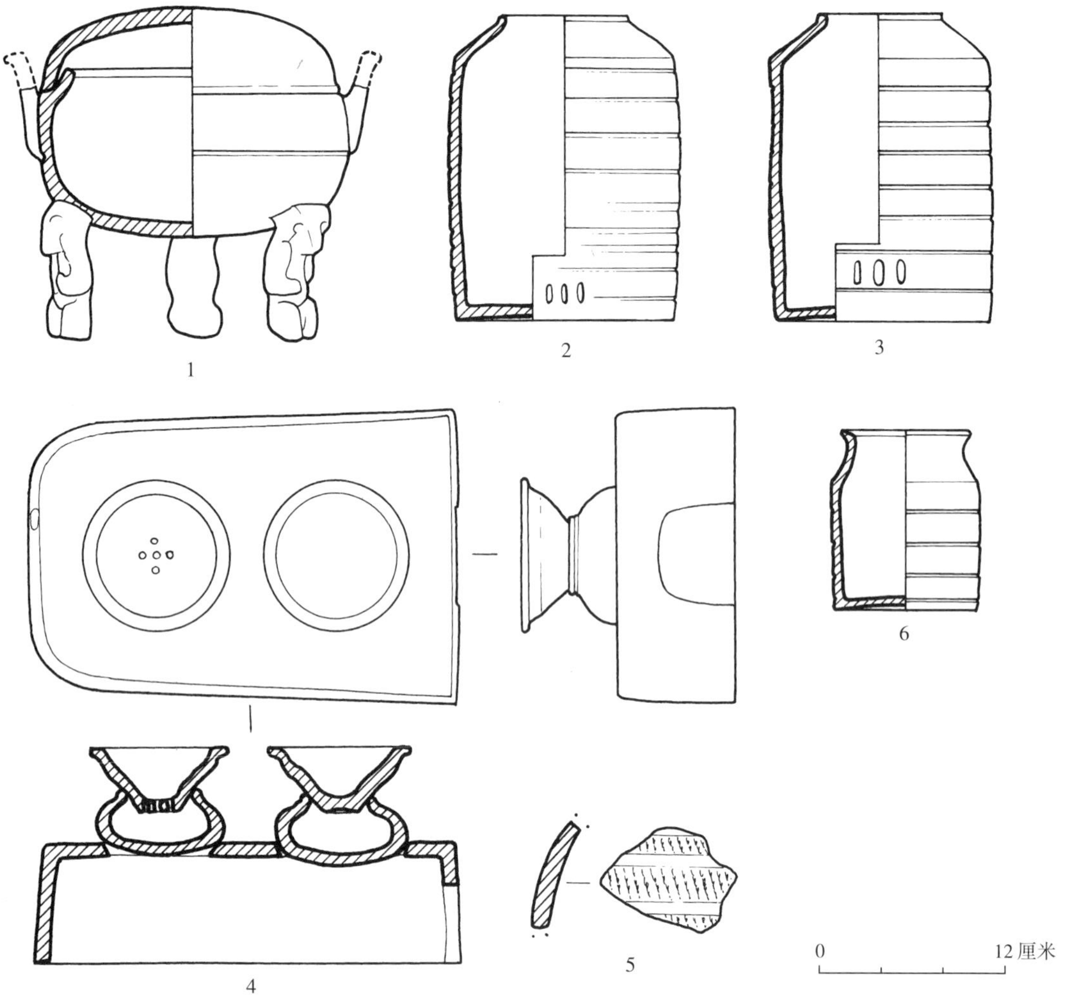

图三九六　汉墓 M173 出土陶器

1. 鼎（M173：4）　2、3. 仓（M173：1、2）　4. 灶（M173：3）　5. 罐（M173：01）　6. 井（M173：5）

有前大后小二火眼，前壁下部开拱形灶门。火眼上置二釜一甑一锅，釜近直口，圆唇，溜肩，扁鼓腹，凸圜底；甑敞口，翻折沿，方唇，斜腹内收，平底，底有五箅孔；锅除平底微凹及底无箅孔外同甑。长 27.8、前宽 18.4、后宽 15.2、体高 7.6、通高 13.6 厘米（图三九六，4；图版六七，2 右）。

陶仓　2 件。泥质灰陶。直口微敛，圆唇，短领，斜折肩，腹壁近直，平底微凹，近底部刻划三扁圆形符号象征门鼻。腹间饰九、七道凹弦纹。M173：1，高 19、口径 8.4、底径 14 厘米（图三九六，2）。M173：2，口径 8、底径 14、高 19.2 厘米（图三九六，3；图版六七，2 左）。

陶井　1 件。M173：5，泥质灰陶。侈口，翻折沿，方唇，束颈，折肩，腹壁直，平底微凹。腹间饰四道凹弦纹。口径 8.4、底径 9.2、高 11.2 厘米（图三九六，6；图版六七，2 前）。

漆盒　1 件。M173：7，仅存漆皮。

漆耳杯　1 件。M173：8，仅存漆皮。

填土器物：

陶罐　1件。M173：01，残存壁。泥质灰陶。弧壁。外饰绳纹间抹痕（图三九六，5）。

M174

方向22°或202°。长方形竖穴土坑木椁墓。墓口距地表约0.3米，长2.76、宽1.8米，底同口大，深0.8～0.9米。坑壁规整光滑。填硬质灰褐夹灰白色花土。单椁单棺，仅余腐痕。椁室平面呈"Ⅱ"形，椁痕长2.24、宽1.24、高0.3、板痕厚0.06米。棺位于椁内西部，棺痕长1.94、宽0.54、高0.1、板痕厚0.05米。人骨朽尽，葬式不明。7件随葬器物置于椁内棺外东部（图三九七）。

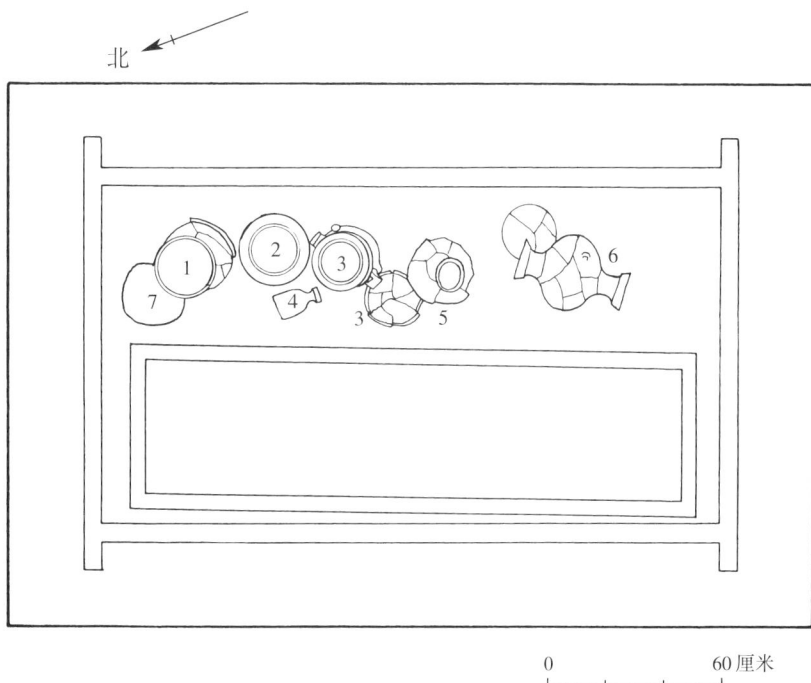

图三九七　汉墓 M174 平面图
1. 陶盒　2. 陶釜　3. 陶鼎　4. 陶杯　5、6. 陶壶　7. 漆器

陶鼎　1件。M174：3，泥质灰陶。子母口，方唇，折肩，弧腹内收，长方形附耳直立，上端外折，耳孔未穿，凸圜底，三蹄足直立。上承弧折盘状盖，盖周三立鸟状纽。中腹饰一道凸弦纹。口径16.4、腹径20.8、体高16.8、通高24.8厘米（图三九八，1）。

陶盒　1件。M174：1，泥质灰陶。子母口，圆唇，折肩，壁自肩部弧收，下腹残，浅宽圈足。上承覆碗状盖，浅宽圈足状捉手。盖壁饰二道凹弦纹。口径17.2、肩径20、圈足径8厘米（图三九八，3）。

陶壶　2件。泥质灰陶。折沿，方唇，束颈。M174：5，侈口，翻折沿，斜折肩，折腹，平底微凹。素面。口径10.8、腹径20、底径9.6、高16厘米（图三九八，5）。M174：6，盘口，溜肩，肩有对称兽面铺首衔环，圆鼓腹，凸圜底，盘口状深圈足。上承子口弧壁盖，盖周三立鸟状纽。口径17.2、腹径25.2、圈足径17.2、体高34、通高42厘米（图三九八，2）。

陶杯　1件。M174：4，泥质褐陶。敞口，圆唇，上腹斜直，近底部折收，饼状底，外底微凹。素面。口径10、底径5.6、高12.6厘米（图三九八，6）。

陶釜　1件。M174：2，上部泥质、下部夹砂灰陶。侈口，翻折沿，方唇，束颈极短，溜肩，扁鼓腹，凸圜底。肩及上腹饰竖绳纹，下腹饰横绳纹。口径18、腹径22.8、高14.8厘米（图三九八，4）。

漆器　1件。M174：7，仅存漆皮，器形不明。

M175

方向102°。长方形竖穴土坑木椁墓。墓口距地表约0.3米。墓圹长方形，口长3.06、宽2.26

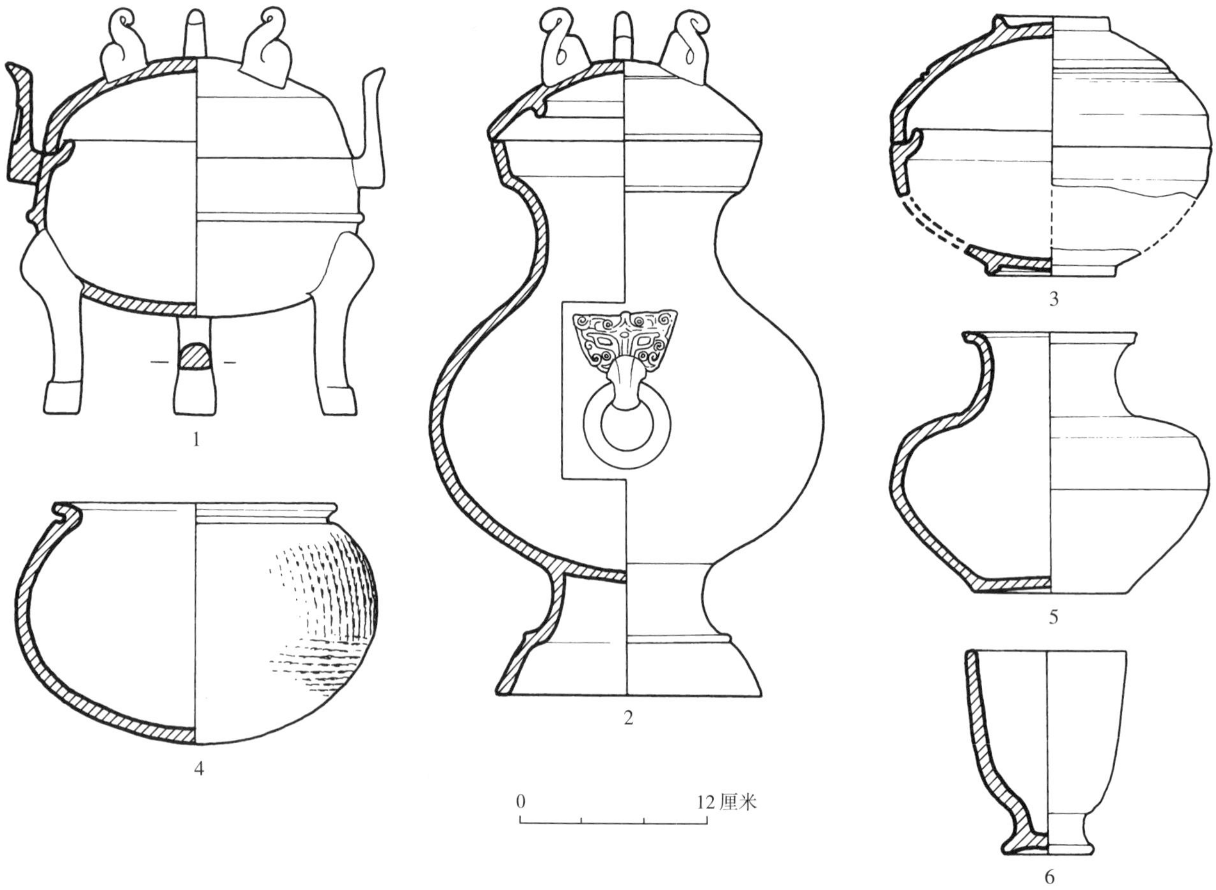

图三九八　汉墓 M174 出土陶器

1. 鼎（M174：3）　2、5. 壶（M174：6、5）　3. 盒（M174：1）　4. 釜（M174：2）　6. 杯（M174：4）

米，底长 2.98、宽 2.16～2.24 米，深 0.94 米。坑壁规整光滑。东设南、北两条斜坡墓道，边缘与南、北壁平齐，北墓道打破南墓道。北墓道上口平面长 1.62、宽 1.2～1.26、底坡长 1.73 米，坡度14°；南墓道上口平面长 1.62、残宽 1～1.08、底坡长 1.69 米，坡度 12°。墓室填黄褐夹灰白色花土，北大半部较南小半部质稍软，色较浅、杂，致使其结合部有较明显的分界线；北墓道填黄褐夹少量灰白色花土，南墓道填黄褐色花土。南半部填土中出土石研墨石 1 件及陶鍪残片一块。单椁并棺，仅余腐痕。椁室平面呈"Ⅱ"形，椁痕长 2.86、宽 2.16、高 0.32、板痕厚 0.06 米。两棺分别紧靠椁室南北壁板，均存盖板、底板灰黑色腐痕，盖板内壁涂朱砂，北棺盖板痕长 2.2、宽 0.62～0.74、厚 0.08～0.18 米，底板长 1.6、宽 0.4、厚 0.03 米；南棺盖板痕长 1.9、宽 0.62、厚 0.12 米，底板长 1.86、宽 0.4、厚 0.06 米。北棺底板下近东、西两端各有一熟土台，分别长 0.56、0.46 米，宽 0.16、0.18 米，高 0.12、0.16 米；南棺底板下西段残存一根垫木腐痕，长 0.56、宽 0.08、高 0.04米。椁底板下靠南北两端各有一根纵向半圆形垫木槽，长 2.92、宽 0.14、深 0.07 米。人骨朽尽，仅北棺内东端残存 3 颗牙齿，可知头向东，但葬式不明。随葬器物置于椁内两棺间或棺下。从墓道、填土情况可知，该墓为一次起筑墓圹、椁室，同时下挖南墓道，南棺先行下葬，北棺后葬，葬入北棺时再挖北墓道，即该墓为先后下葬的同穴同椁合葬墓。随葬器物可较清晰地分别归属北、南棺主人（图三九九～四〇一；图版六八，1）。

图三九九　汉墓 M175 双墓道打破关系平面图

北棺器物 37 件（枚）：

陶鼎　2 件。泥质红陶。子母口，圆唇，折肩，微鼓腹，长方形附耳外撇，耳孔未穿，凸圜底，三蹄足微外撇。上承博山盖。耳外壁孔下饰小方格纹，盖口外壁饰一周菱形纹，其上模印人物、动物、植物纹。M175：6，口径 14、腹径 17.2、体高 14.8、通高 24 厘米（图四〇二，1；图版六九，1 中后左 1）。M175：9，口径 14、腹径 17.2、体高 13.6、通高 23.2 厘米（图四〇二，2；图版六九，1 中后左 2）。

陶壶　3 件。泥质红陶。盘口，平折沿，平唇，束颈，溜肩，肩有对称兽面铺首衔环，鼓腹，凸圜底，盘口状浅圈足。M175：5，无盖。肩饰二道凹弦纹。口径 15.6、腹径 29.4、圈足径 14.4、高 40 厘米（图四〇二，5）。M175：18，上承博山盖。颈下部、肩、腹各饰一、二、二道凹弦纹，盖面模印人物、动物、植物纹。口径 16.4、腹径 27.6、圈足径 16、体高 37.2、通高 48.4 厘米（图四〇二，6；图版六九，1 后左 2）。M175：22，除颈中部多饰一道凹弦纹外，其余形制、纹饰基本与 M175：18 同。口径 16、腹径 30、圈足径 14.8、体高 40、通高 50 厘米（图四〇二，7；图版六九，1 后左 1）。

陶盂　1 件。M175：7，泥质灰陶。敞口，圆唇，上腹微折，以下近斜收，小平底。素面。口径 12.8、底径 2.4、高 4.2 厘米（图四〇二，3；图版六九，1 前左 3）。

陶罐　3 件。泥质红陶。近直口，圆或方唇，矮领，圆肩，上腹鼓，以下斜收，平底微凹。上承博山盖。肩饰二道凹弦纹，盖面模印纹饰，模糊不清。M175：15，上腹饰一道凹弦纹。口径 8、腹径 15.6、底径 6.8、体高 12、通高 18 厘米（图四〇二，4；图版六九，1 中后左 3）。M175：16，口径 8.4、腹径 15.2、底径 7.2、体高 11.6、通高 17.2 厘米（图四〇二，8；图版六九，1 中后右 3）。M175：17，器表施淡黄釉，大部分脱落。口径 7.6、腹径 16、底径 8、体高 10.8、通高 16.8 厘米（图四〇二，9；图版六九，1 中后右 2）。

陶瓮　1 件。M175：14，泥质灰陶。上部残。圆肩，上腹鼓，以下斜收，平底微凹。素面。腹径 34.8、底径 20、残高 23.4 厘米（图四〇三，1）。

陶樽　1 件。M175：8，泥质红陶。直口，圆唇，直壁，平底，底部直立三矮蹄足。上腹饰二

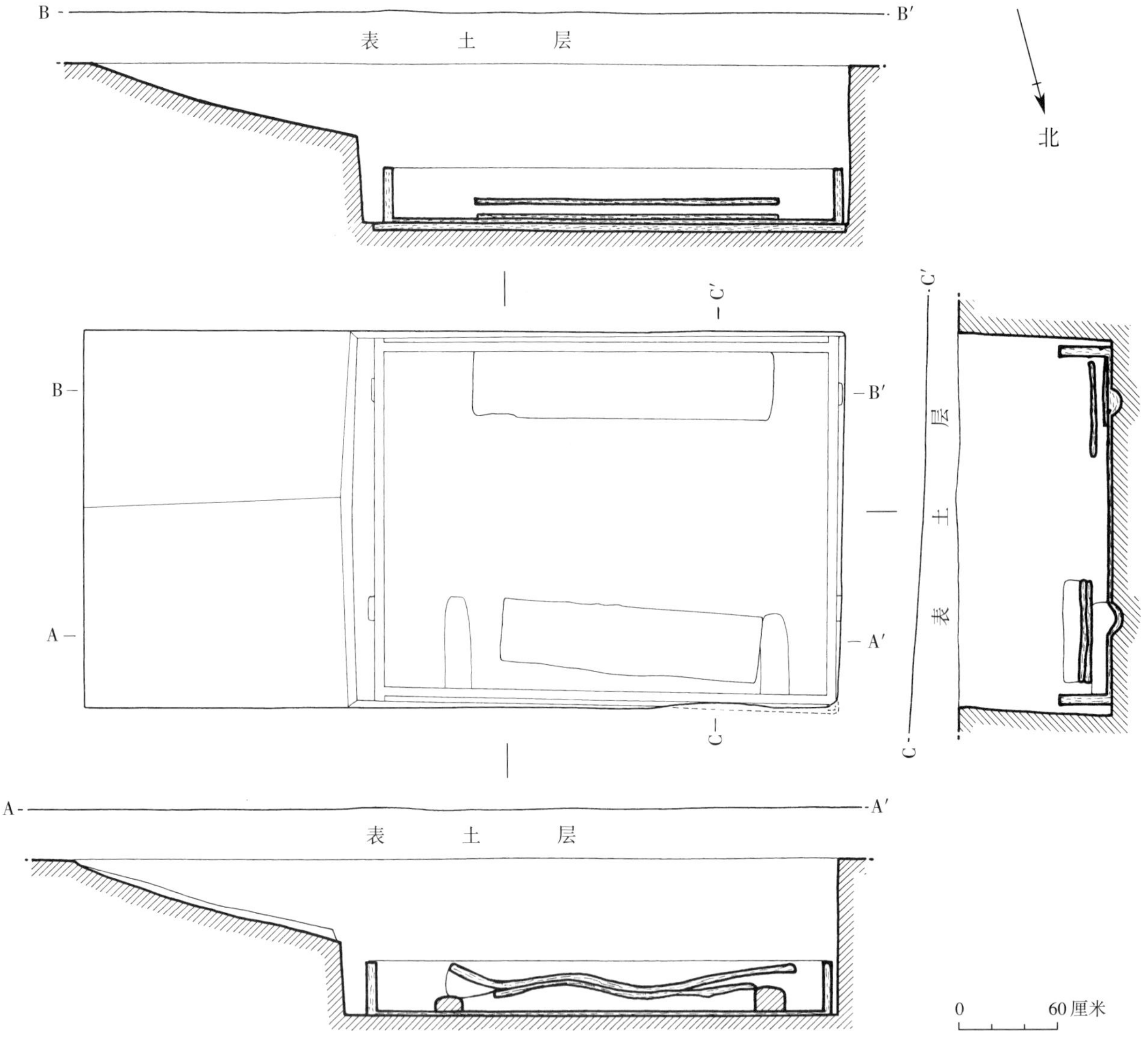

图四〇〇　汉墓 M175 平、剖面图

道宽凹弦纹。樽内、外壁满施绿釉，大部分脱落。口径 14.4、底径 14.4、通高 11.6 厘米（图四〇三，6；图版六九，1 前左 1）。

陶灶　1 件。M175：13，泥质红陶。灶体平面呈长方形，直壁，前、后端有挡墙，灶面后端有圆形烟孔，灶面有三个火眼，中火眼较大，前壁下部开拱形灶门。前、中、后火眼上分置釜、甑、釜各一，釜敛口，尖或圆唇，溜肩，扁鼓腹，小平底；甑敞口，翻折沿，方唇，弧腹内收，小平底，底有五箅孔。前端挡墙上部刻划网格纹。灶体外壁施淡黄色釉，大部分脱落。灶体长 26、宽 13.2、体高 8、通高 12.8 厘米（图四〇三，2；图版六九，1 中前右 1）。

陶仓　3 件。泥质红陶。微侈口，圆唇，矮领，折肩，腹壁近直，平底微凹。上承博山盖。盖面模印纹饰，模糊不清。M175：11，近底部有刀削痕。腹间饰三道凹弦纹。口径 6.8、腹径 12.8、底径 10.8、体高 19、通高 24 厘米（图四〇三，8；图版六九，1 后左 3）。M175：12，腹间饰五

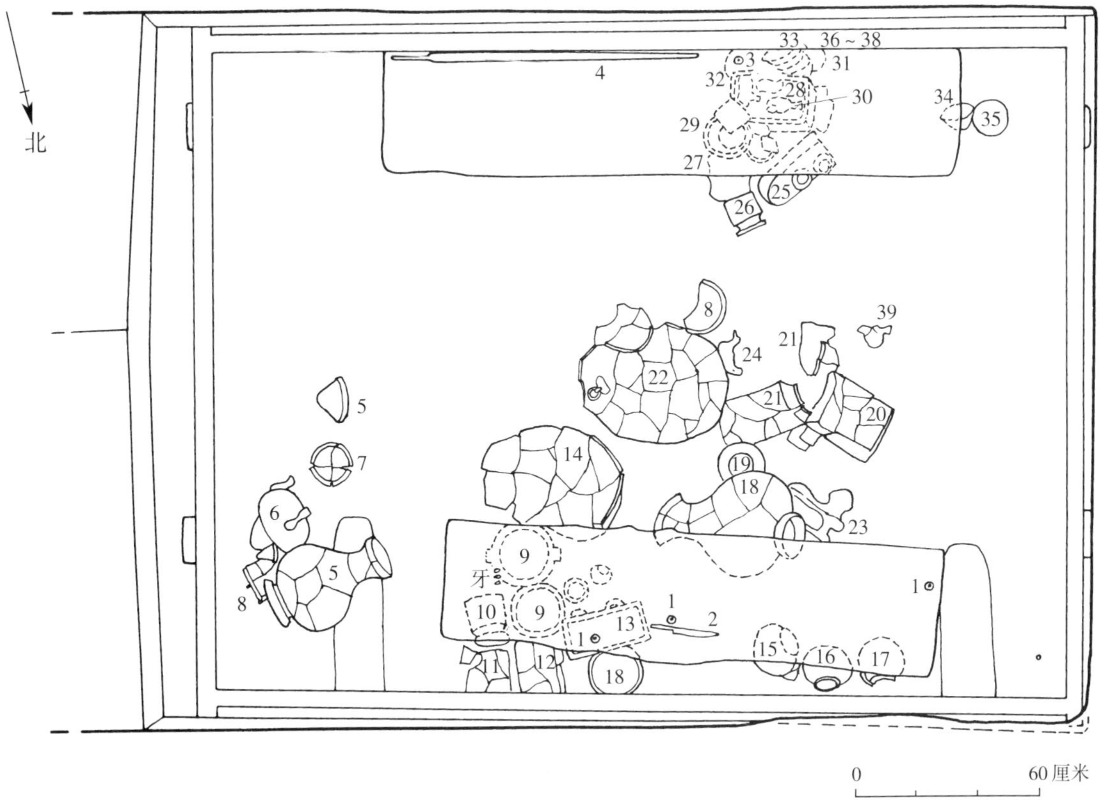

图四〇一　汉墓 M175 棺椁及器物分布平面图

1、3. 铜"五铢"　2. 铁削刀　4. 铁剑　5、18、22. 陶壶　6、9. 陶鼎　7. 陶盂　8. 陶樽　10、26. 陶井
11、12、21、27. 陶仓　13、25. 陶灶　14. 陶瓮　15～17、32. 陶罐　19、29. 陶磨　20、28. 陶圈
23. 陶狗　24、30、31、39. 陶鸡　33～38. 陶器盖

道凹弦纹。口径 6.8、腹径 12.6、底径 11.2、体高 20.8、通高 26.4 厘米（图四〇三，9；图版三九，
1 后右 2）。M175：21，下腹残。腹间饰四道凹弦纹。口径 8、腹径 13.6、底径 12 厘米（图四〇
三，10；图版六九，1 后右 1）。

　　陶井　1 件。M175：10，泥质红陶。侈口，翻折沿，方唇，束短颈，折肩，腹壁斜直向下略
收，平底微凹。颈、腹各饰二、一道凹弦纹。口径 10.8、腹径 11.6、底径 10.8、高 12.4 厘米（图
四〇三，3；图版六九，1 中前右 2）。

　　陶磨　1 件。M175：19，泥质红陶。上扇残甚；下扇扇面微隆，高出磨盆，腹壁与盆底相连，
腹中空。盆敞口，方唇，浅腹，斜直壁，平底，下附三直立方柱足。盆口外壁饰一道宽凹弦纹。
扇径 9.2、盆口径 18、盆底径 16.6、残高 7.2 厘米（图四〇三，7；图版六九，1 前左 2）。

　　陶圈　1 件。M175：20，泥质红陶。平面长方形，下部一周围墙，一侧设厕屋一座，四面坡
式屋顶，顶有瓦垄，屋前壁开一椭圆形门，门前设一斜坡通道。长 21.2、宽 16、通高 16.4 厘米（图
四〇三，4）。

　　陶狗　1 件。M175：23，泥质红陶。卧伏状，昂首右顾，垂尾左卷，竖耳，眦目，嘴微张，
腹中空。通长 18、高 13.6 厘米（图四〇三，11；图版六九，1 前二右）。

　　陶鸡　2 件，雌雄一对。泥质红陶。双足站立，昂首翘尾，腹中空。M175：24，雄鸡。冠残。

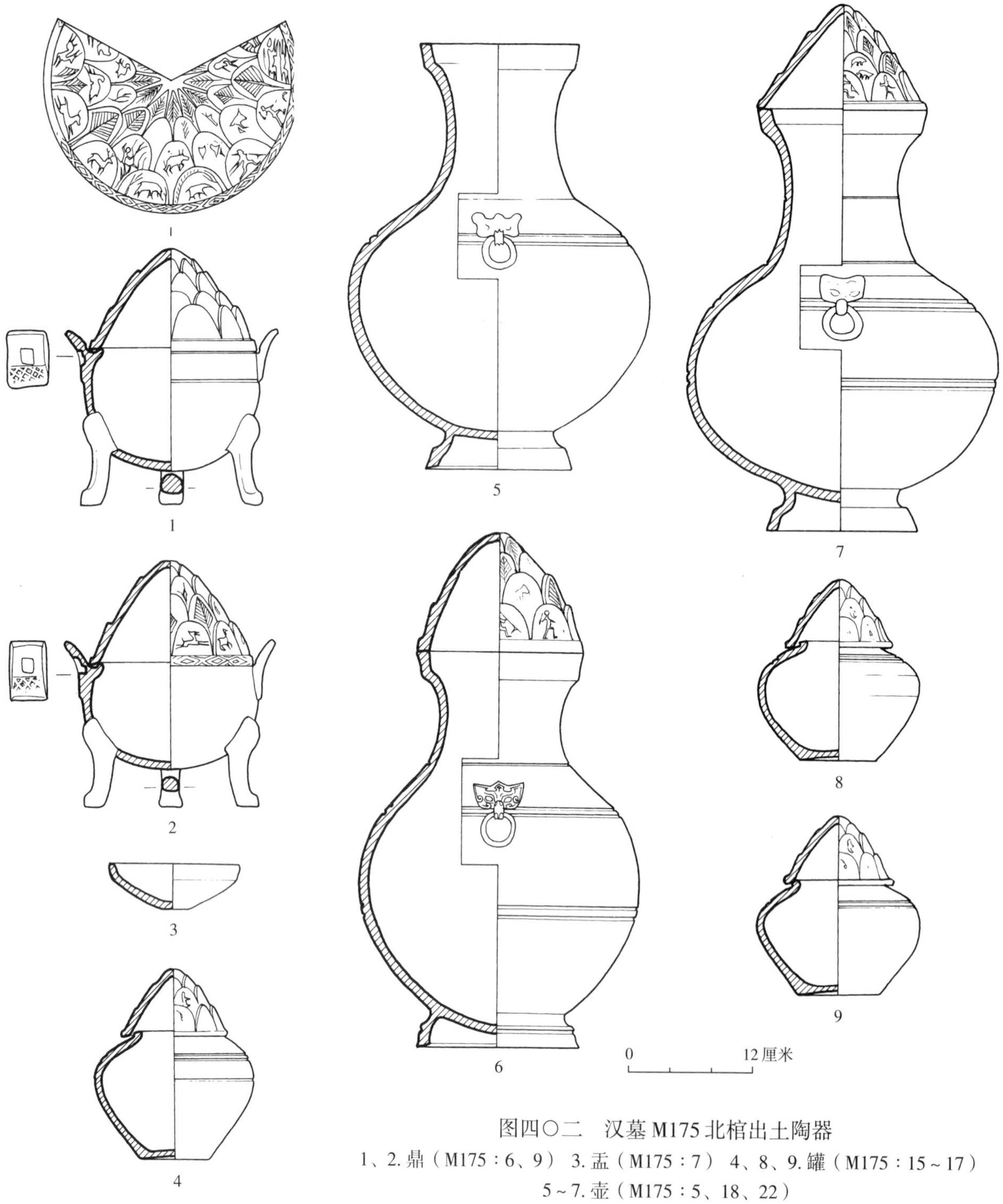

图四〇二　汉墓 M175 北棺出土陶器
1、2. 鼎（M175：6、9）　3. 盂（M175：7）　4、8、9. 罐（M175：15～17）
5～7. 壶（M175：5、18、22）

通长 14.4、高 10.5 厘米（图四〇三，5；图版六九，1 前一右 1）。M175：39，泥质红陶。微缩颈。
通长 10、高 8.6 厘米（图四〇三，13；图版六九，1 前一右 2）。

　　铜"五铢" 15 枚。圆形，方穿，双面有外郭，穿背面四周有郭，穿正面有上横郭。正面穿
左右篆书"五铢"二字，"五"字交笔弯曲，两横未出头，"铢"之"金"字头呈三角形，"五"字

图四○三 汉墓 M175 北棺出土器物

1.陶瓮（M175：14） 2.陶灶（M175：13） 3.陶井（M175：10） 4.陶圈（M175：20）
5、13.陶鸡（M175：24、39） 6.陶樽（M175：8） 7.陶磨（M175：19） 8～10.陶仓（M175：11、12、21）
11.陶狗（M175：23） 12.铁削刀（M175：2） 14.铜"五铢"拓本（M175：1-1）

交笔弯曲较甚，"朱"之上笔方折，下笔圆折。M175：1-1，直径2.3、穿边长1厘米（图四○三，14）。

铁削刀　1件。M175：2，锈蚀严重，首及柄残。厚背薄刃。残长5.1、宽1厘米（图四○三，12）。

南棺器物16件（枚）：

陶罐　1件。M175：32，泥质红陶。近直口，方唇，矮领，圆肩，上腹鼓，以下斜收，平底微凹。上承博山盖。肩、上腹各饰一道凹弦纹，盖面模印纹饰，模糊不清。口径8、腹径15.6、底径7.6、体高11.4、通高16.8厘米（图四○四，1；图版六九，1中后右1）。

陶器盖　6件。博山形。盖面模印纹饰，模糊不清。M175：33、36、37，泥质灰陶。形制、大小完全相同。口径10.8、高6.4厘米（图四○四，8；图版六九，1中前左2上、中、下）。M175：38，泥质灰陶。无法修复。M175：34、35，泥质红陶。无法修复。

陶灶　1件。M175：25，泥质灰陶。灶体平面呈前方后圆的椭圆形，直壁，灶面后端无烟孔，灶面有两个等大火眼，前壁下部开拱形灶门。火眼上置二釜一甑，釜敛口，尖圆唇，溜肩，扁鼓腹，小平底，近底部有刀削痕；甑敞口，平折沿，平唇，弧腹内收，小平底，底有五箅孔。素面。灶体长26、宽12、体高6、通高11.6厘米（图四○四，5）。

陶仓　1件。M175：27，泥质红陶。未能修复。

陶井　1件。M175：26，泥质红陶。侈口，翻折沿，方唇，束短颈，折肩，自肩部向下弧收，平底微凹。颈饰一道凸弦纹，腹饰二道凹弦纹。口径10.4、肩径12、底径10.8、高8.8厘米（图四○四，2；图版六九，1中前右3）。

陶磨　1件。M175：29，泥质红陶。上扇顶部凿两个对接半圆形槽，槽内和肩部布满摁窝，侧面有一方形手柄；下扇扇面隆起，高出磨盆，腹壁与盆底相连，腹中空。盆敞口，方唇，浅腹，斜直壁，平底，下附三直立方柱足。扇径9.6、盆口径17.2、盆底径15.6、通高9厘米（图四○四，4；图版六九，1中前左1）。

陶圈　1件。M175：28，泥质红陶。圈体未能修复，可见四面坡式屋顶，顶有瓦垄。圈内一猪短胖，站立，嘴前伸，尾巴下垂贴身。猪长11.4、高6.8厘米（图四○四，6）。

陶鸡　2件，雌雄一对。泥质红陶。腹中空。M175：30，雄鸡。双足微屈，颔首，尾上翘近直立，作欲飞状。长9.6、高8.2厘米（图四○四，11；图版六九，1前一右3）。M175：31，雌鸡。双足站立，昂首平视，翘尾。长10.6、高7.4厘米（图四○四，7；图版六九，1前二左）。

铜"五铢"　1枚。M175：3，圆形方穿，双面有外郭，穿背面四周有郭。正面穿左右篆书"五铢"二字，"五"字交笔微弯曲；"铢"字"金"字头呈三角形，朱之上、下笔方折。直径2.6、穿边长0.95厘米（图四○四，3）。

铁剑　1件。M175：4，锈蚀严重。剑身、柄部分残，隆脊，双面刃。外有木质鞘，已朽。残长66.2、最宽处2.4、最厚处0.6厘米（图四○四，12）。

填土器物：

石研墨石　1件。M175：01，青石质，黄灰色。整器呈上圆下方的柱础形，面平。边长2.9、高1.3厘米（图四○四，9）。

陶瓿　1件。M175：02，存肩部。泥质灰陶。溜肩，肩有双小弓形耳，鼓腹。下腹饰斜绳纹

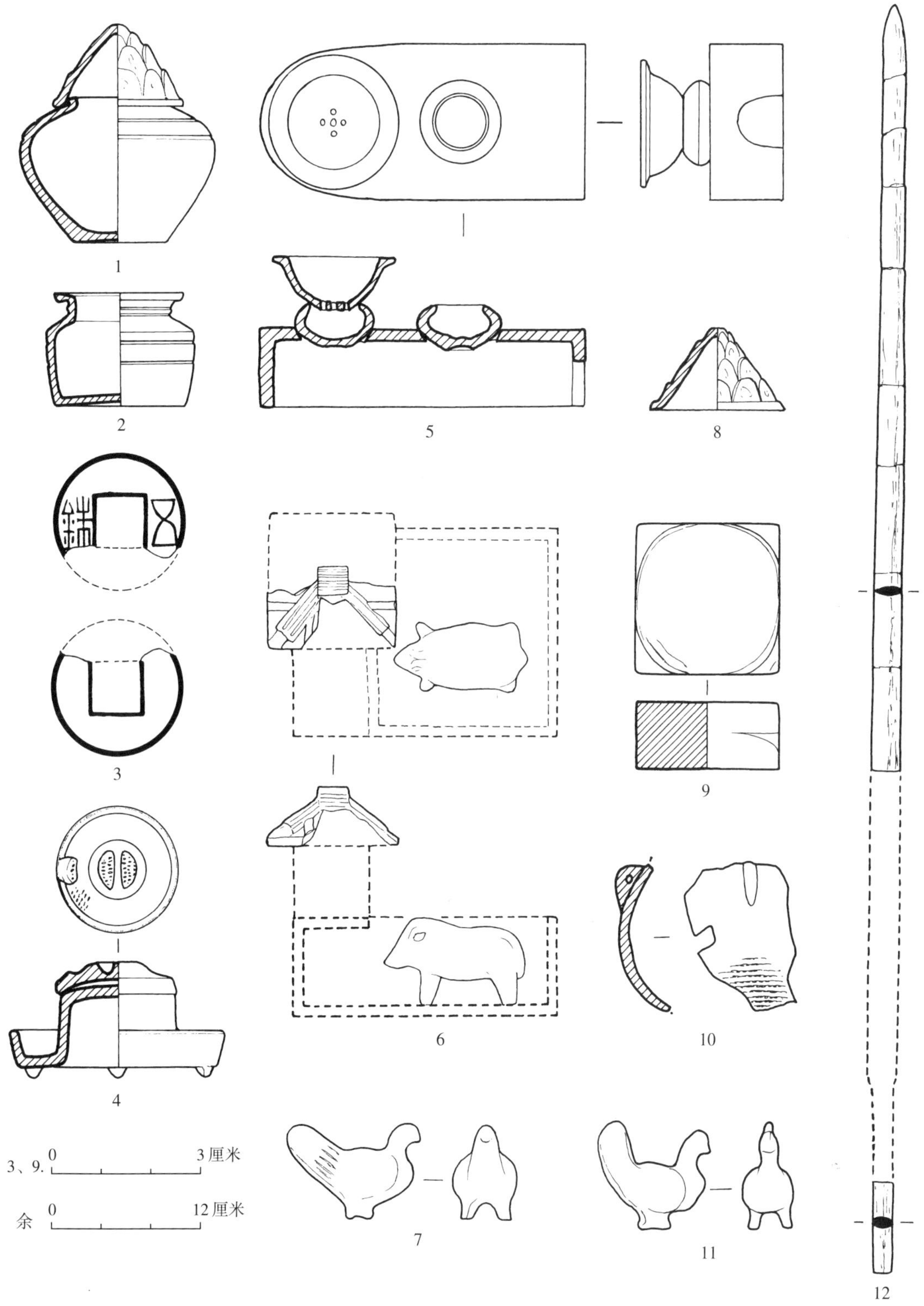

图四〇四　汉墓 M175 南棺及填土出土器物

1. 陶罐（M175：32）　2. 陶井（M175：26）　3. 铜"五铢"摹本（M175：3）　4. 陶磨（M175：29）

5. 陶灶（M175：25）　6. 陶圈（M175：28）　7、11. 陶鸡（M175：31、30）　8. 陶器盖（M175：33）

9. 石研墨石（M175：01）　10. 陶鍪（M175：02）　12. 铁剑（M175：4）

（图四〇四，10）。

M176

方向195°。刀形竖穴土坑砖木合构墓。墓口距地表约0.5米。墓圹长方形，口长3.5、宽2.42米，底同口大，深0.94米。南设斜坡墓道，上口平面长2.66、宽1.18~1.35米，底坡长2.7、前深0.22、后深0.48米，坡度5°。填灰黄夹灰白色花土。砖室长方形，内空长3.12、南宽1.64、北宽1.72、高0.8米。其建造方法是先平铺一层地砖，于地砖上起东、西、北墙，木板盖顶、封门。地砖14列，除自东向西之第4列横向平铺外，其余均纵向对缝平铺，东、西两壁自下而上略收，分层横、纵向交错叠砌条砖，纵向叠砌时为两块并列，北墙单砖横向错缝叠砌，东墙19层，西、北墙各20层，墙高0.8米。木板已朽，仅余腐痕。封顶木板横向搭盖，残存两块，长1.65、分别宽0.3、0.2、厚0.03米；封门木板痕长1.98、残高0.68、厚0.05米。青灰色素面砖，规格有两种：32×15×4、30×15.5×4厘米。单棺，仅余腐痕，置于墓室中部偏东，棺痕长2.12、宽0.6、高0.1、板痕厚0.03米。人骨已朽，棺内南端残存3枚牙齿，可知头向南，葬式不明。24件（枚）随葬品除11枚铜"五铢"置于棺内，余置于墓室内棺外西部（图四〇五；图版六八，2）。

陶鼎　1件。M176：4，泥质红陶。子母口，尖圆唇，折肩，弧腹内收，长方形附耳外撇，耳

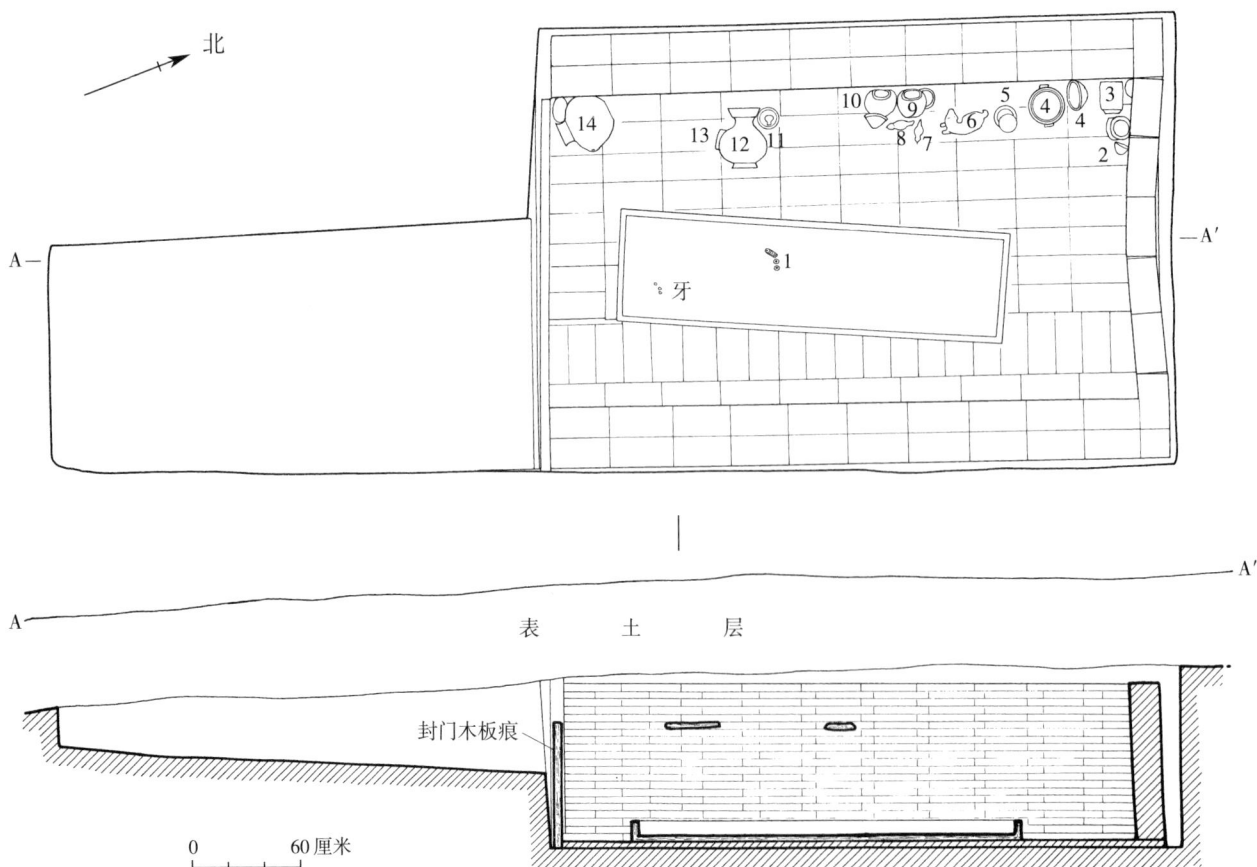

图四〇五　汉墓M176平、剖面图
1. 铜"五铢"　2、3. 陶仓　4. 陶鼎　5. 陶磨　6. 陶狗　7、8. 陶鸡　9、10、14. 陶罐　11. 陶井　12. 陶壶　13. 陶灶

孔未穿，凸圜底，三熊形直立足。上承博山盖。中腹饰三道凹弦纹，耳外壁孔下饰三角纹，盖面模印人物、动物、植物纹。口径16、腹径19.2、体高13.2、通高25.4厘米（图四〇六，1；图版六九，2后中）。

陶壶　1件。M176：12，泥质灰陶。盘口，翻折沿，方唇，束颈，溜肩，肩有对称兽面铺首衔环，鼓腹，凸圜底，盘口状浅圈足。肩、腹各饰一、二道凹弦纹。器内有粟腐痕。口径16.4、腹径26.8、圈足径14.8、高32厘米（图四〇六，3）。

陶罐　3件。M176：9，体泥质红陶，盖泥质灰陶。近直口，折沿，口内侧一周微凹，方唇，

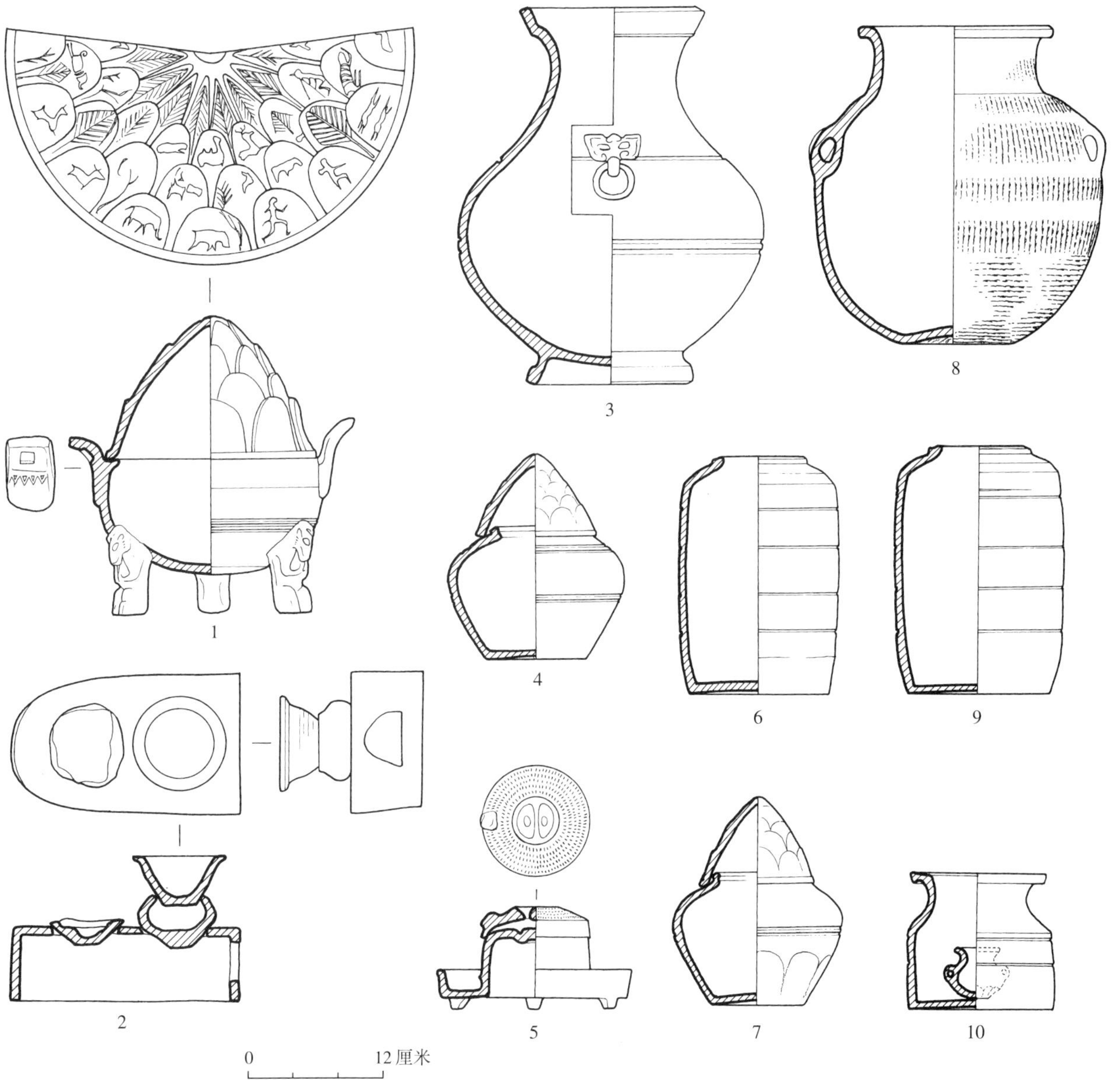

图四〇六　汉墓 M176 出土陶器
1.鼎（M176：4）　2.灶（M176：13）　3.壶（M176：12）　4、7、8.罐（M176：10、9、14）
5.磨（M176：5）　6、9.仓（M176：2、3）　10.井（M176：11）

短领，圆肩，上腹鼓，以下斜收，平底微凹。上承博山盖。中腹饰二道凹弦纹，近底部有刀削痕，盖面模印纹饰，模糊不清。口径7.6、腹径15.2、底径8.4、体高11.2、通高17.6厘米（图四〇六，7；图版六九，2后右）。M176∶10，除肩饰二道凹弦纹、近底部无刀削痕外，其余特征与M176∶9同。口径8、腹径15.6、底径8.8、体高11.2、通高17.2厘米（图四〇六，4）。M176∶14，泥质灰陶。侈口，翻折沿，方唇，束颈，溜肩，肩有对称双鼻耳，大鼓腹，凹底较深。颈饰竖细绳纹，肩至中腹饰竖绳纹间三道抹痕，以下满饰横绳纹。口径17.2、腹径25.4、底径9.6、高27厘米（图四〇六，8）。

陶灶　1件。M176∶13，灶体、锅泥质灰陶，釜泥质红陶。灶体平面呈前方后圆形，直壁，无烟孔，灶面前后有两个等大火眼，前壁中部开半圆形灶门。火眼上置二釜一锅，釜敛口，圆唇，溜肩，扁鼓腹，小平底；锅敞口，平折沿，平唇，弧腹内收，小平底，釜、锅近底部有刀削痕。素面。灶体长20、前宽12、体高6.4、通高12.4厘米（图四〇六，2；图版六九，2中左）。

陶仓　2件。泥质红陶。近直口，极短领，折肩，中腹微鼓，平底微凹。腹间饰四道凹弦纹。承博山盖，残甚。M176∶2，口径8.4、腹径14.4、底径12.8、高20.2厘米（图四〇六，6；图版六九，2后左）。M176∶3，口径9.2、腹径14.8、底径12.8、高21厘米（图四〇六，9）。

陶井　1件。M176∶11，泥质红陶。侈口，翻折沿，方唇，束短颈，斜折肩，腹壁近直，平底微凹。腹间饰二道凹弦纹。井内置一汲水瓶，泥质红陶，侈口，翻沿，圆唇，束颈，溜肩，肩有对称双弓耳，扁折腹，小平底，近底部有刀削痕。井口径12、底径12.8、体高11.6厘米，汲水瓶口径4、腹径5、底径2、高4.2厘米（图四〇六，10；图版六九，2中中）。

陶磨　1件。M176∶5，泥质红陶。上扇顶部凿两个对接半圆形槽，槽中穿一孔，槽内和肩部布满摁窝，侧面有一方形手柄；下扇扇面微隆，中心外围一周有浅槽，扇面高出磨盆，腹壁与盆底相连，腹中空。盆敞口，方唇，浅腹，斜直壁，平底，下附三直立方柱足。扇径9.6、盆口径17.2、盆底径16、通高8.8厘米（图四〇六，5；图版六九，2前左）。

陶狗　1件。M176∶6，泥质红陶。卧伏状，昂首右顾，垂尾左卷，竖耳，眦目，嘴微张，腹中空。通长27.2、高13.8厘米（图四〇七，1；图版六九，2中右）。

陶鸡　2件，雌雄一对。泥质红陶。翘尾，腹中空。M176∶7，雌鸡。缩颈，双足站立。通长10、高8.2厘米（图四〇七，2；图版六九，2前中）。M176∶8，雄鸡。偏首前视，高冠，双足微屈，作审视状。颈、腹饰圆圈纹。通长14、高9.4厘米（图四〇七，3；图版六九，2前右）。

铜"五铢"　11枚。圆形，方穿，双面有外郭，穿背面四周有郭。正面穿左右篆书"五铢"二字。"五"字两横未出头，"铢"之"金"字头呈三角形，"朱"之上笔方折，下笔圆折。M176∶1-1，"五"字交笔弯曲较甚。直径2.5、穿边长0.9厘米（图四〇七，4）。M176∶1-2，"五"字交笔微弯。直径2.4、穿边长0.9厘米（图四〇七，5）。

M177

方向24°。长方形竖穴土坑木椁墓。墓口距地表约0.36米，长2.3～2.4、宽1.3～1.4米，底长2.3、宽1.3米，深1.5～1.64米。坑壁光滑。填硬质黄褐夹灰白色花土。单椁单棺，仅余腐痕。椁室平面呈长方形，椁痕长2.3、宽1.3、高0.36、板痕厚0.06米。棺位于椁内东南部，棺痕长1.9、宽0.56、高0.1、板痕厚0.04米。人骨朽尽，棺内北端残存数枚牙齿，可知头向东北，葬式不明。2件随葬器物置于椁内棺外北部（图四〇八）。

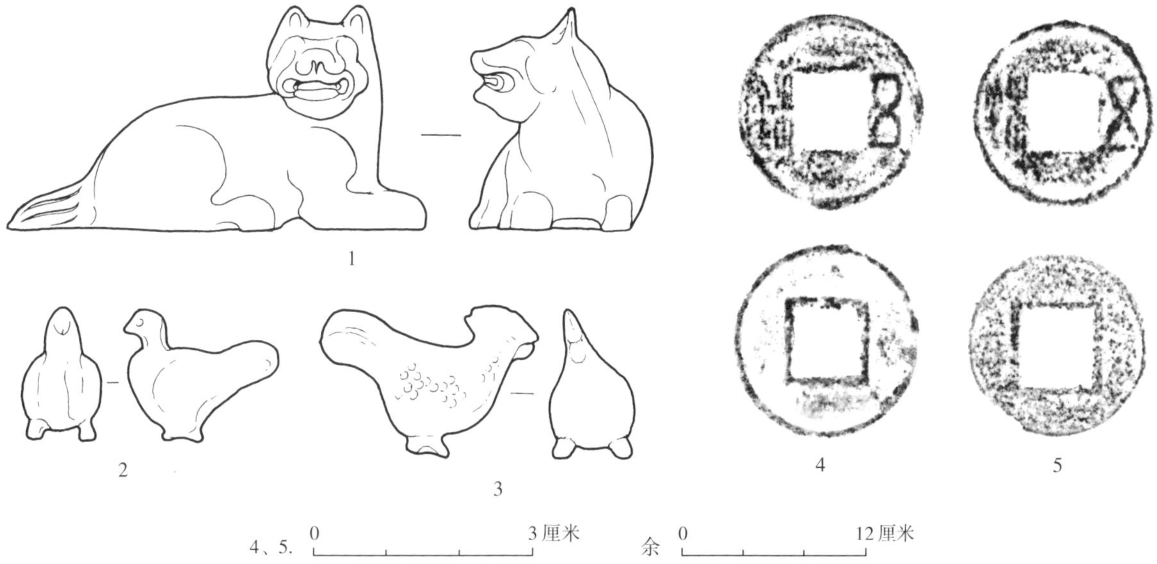

图四〇七 汉墓 M176 出土器物

1. 陶狗（M176：6） 2、3. 陶鸡（M176：7、8） 4、5. 铜"五铢"拓本（M176：1–1、1–2）

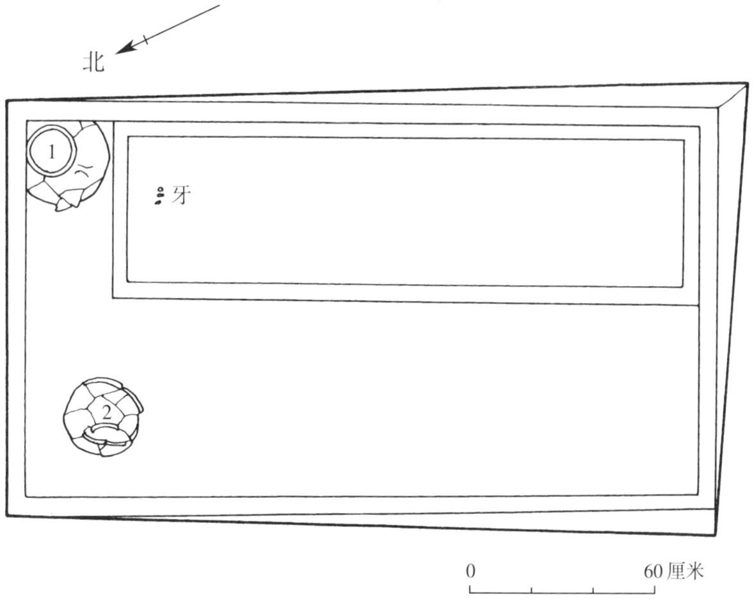

陶鍪 1件。M177：2，上部泥质、下部夹粗砂灰陶。侈口，翻沿，圆唇，束颈，溜肩，肩有对称双弓耳，鼓腹，凸圜底。中腹饰竖绳纹，下腹饰横绳纹，底部饰横、斜交错粗绳纹。口径 16.4、腹径 21.2、高 20 厘米（图四〇九，1；图版七一，1 左）。

陶罐 1件。M177：1，泥质灰陶。侈口，翻沿，上沿面起一周浅凹槽，束颈近直，圆肩，肩有对称双鼻耳，鼓腹，浅凹底。肩至中腹饰竖绳纹间五道抹痕，以下饰横、斜绳纹。口径 14.8、腹径 28、底径 9.6、高 30 厘米（图四〇九，2；图版七一，1 右）。

M178

方向 32°。长方形竖穴土坑木椁墓。墓口距地表约 0.24 米，除北端较窄部分外，南大部遭到破坏，自北向南逐步加深。墓圹长方形，口长 3.02、宽 2.32 米，底同口大，深 2.6 米。坑壁规整光滑。南设东西两条斜坡墓道，东墓道外边缘与墓圹东壁平齐，西墓道西边缘稍窄于墓圹西壁，东墓道打破西墓道。两墓道上口平面均残长 2.11 米，分别宽 1.16、1.1 米，底坡分别长 2.18、2.14

图四〇八 汉墓 M177 平面图
1. 陶罐 2. 陶鍪

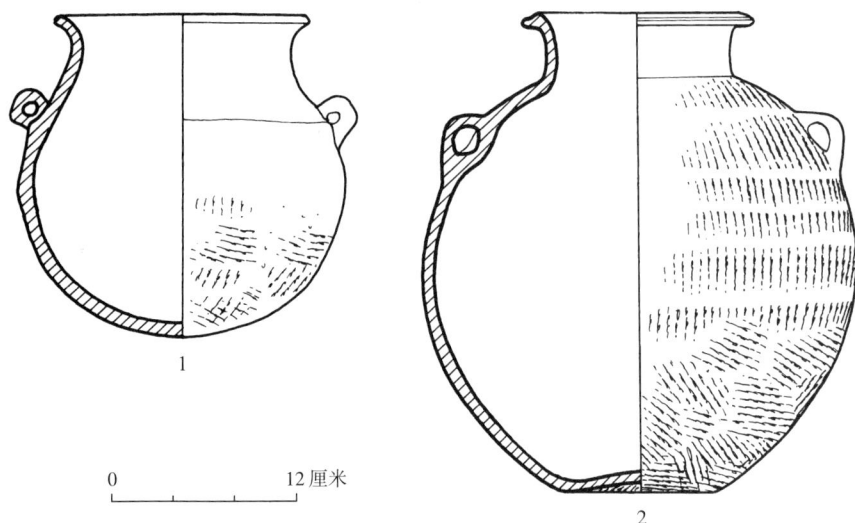

图四〇九　汉墓M177出土陶器
1. 鍪（M177：2）　2. 罐（M177：1）

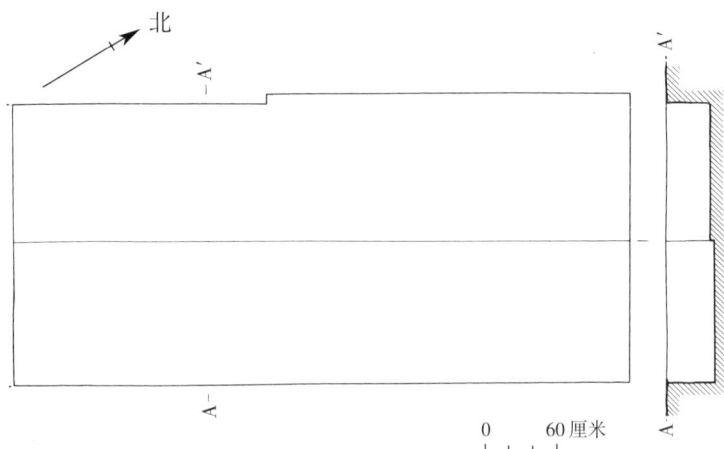

图四一〇　汉墓M178双墓道打破关系平面图

米，坡度分别为11°、6°。墓室填黄褐夹灰白色花土，墓道填黄褐夹少量灰白色花土，东墓道填土中黄褐色土所占比例较多，两墓道结合部有较明显的分界线。单椁并棺，仅余腐痕。椁室平面呈"Ⅱ"形，椁痕长2.9、宽2.14、高1、板痕厚0.06米。椁底板呈东西横向南北并置平铺，共9块，长与椁宽基本相等，单块宽0.23～0.34、板痕厚0.02米。东棺痕长2.36、宽0.62～0.72、高0.16、板痕厚0.02米，西棺痕长2.32、宽0.64、高0.1、板痕厚0.02～0.04米。东棺底板下北端紧贴椁板有一熟土台，长0.62、宽0.1、高0.24米，熟土台面东、西两端各平放一块素面青砖；底板下南部有一根垫木，长1、宽0.06、高0.1米。

西棺底板下北端紧靠椁板有一熟土台，长0.62、宽0.1、高0.2米。两棺底板下中部均有垫木，其腐痕相连，通长2.02、宽0.08、高0.14米。两棺内壁均髹红漆。人骨均朽，西棺内北端残存3颗牙齿、中南部残存几节肢骨，可知头向东北，仰身直肢葬式。随葬器物置于椁内的两棺内或棺下。从墓道、填土情况可知，该墓为一次起筑墓圹、椁室，同时下挖西墓道，西棺先行下葬，东棺后葬，葬入东棺时再挖东墓道，即该墓为先后下葬的同穴同椁合葬墓。随葬器物可较清晰地分别归属东、西棺主人（图四一〇～四一二；图版七〇，1）。

东棺器物3件（枚）：

陶罐　1件。M178：18，泥质灰陶。侈口，翻折沿，上沿面起一周凸棱，圆唇，束颈，圆肩，肩有对称双鼻耳，大鼓腹，浅凹底。肩至中腹饰竖绳纹间四道抹痕，以下饰横、斜绳纹。口径14.4、腹径29.2、底径8.8、高29.6厘米（图四一三，1；图版七〇，2后左2）。

铜"大泉五十"　2枚。圆形，方穿，双面有外郭，穿正背面有周郭。穿四周篆书"大泉五十"

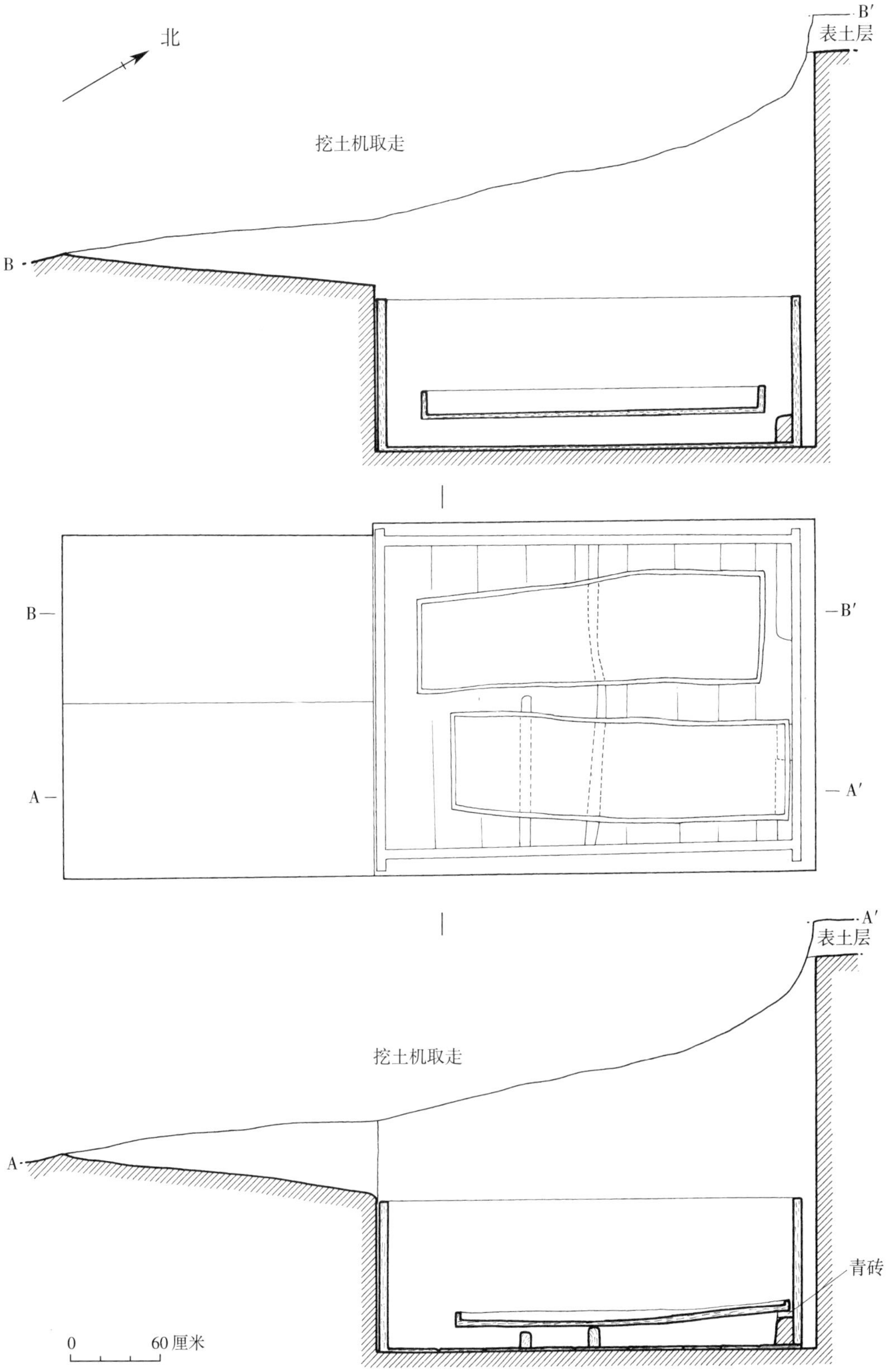

图四一一　汉墓 M178 平、剖面图

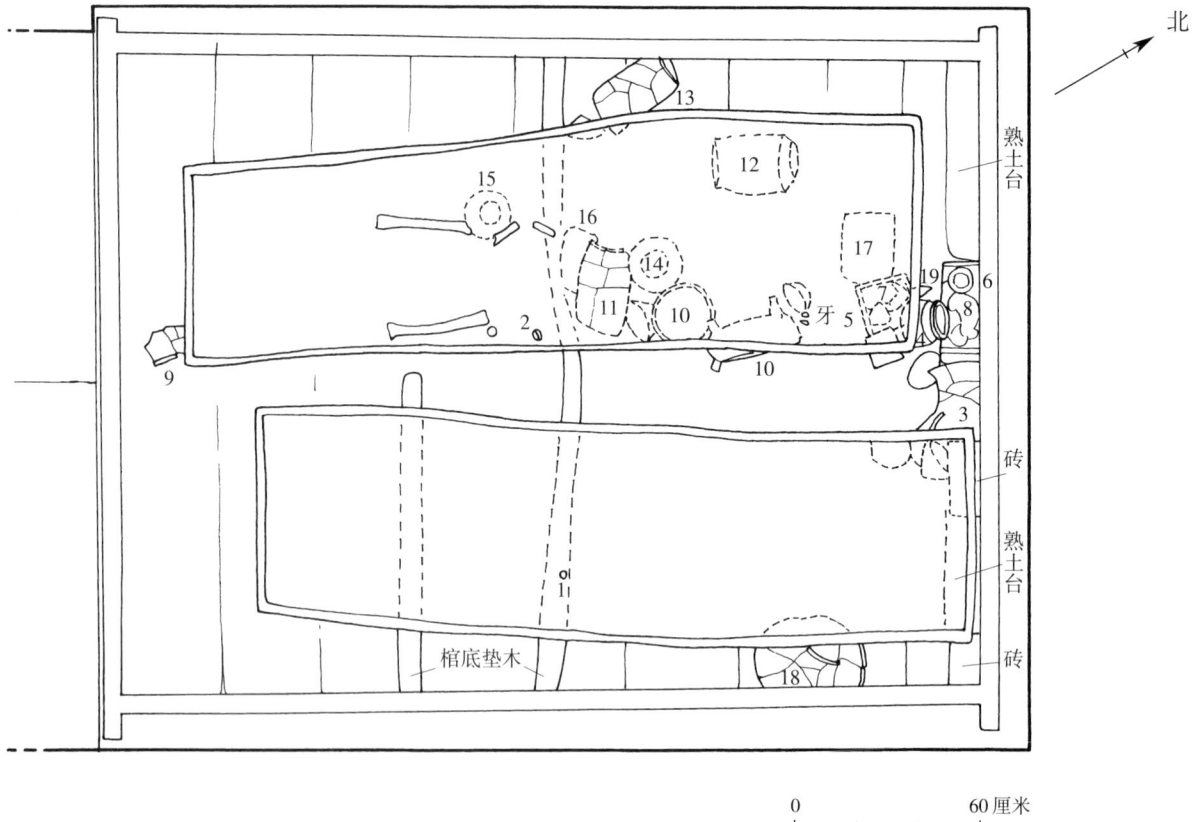

图四一二　汉墓 M178 棺椁及器物分布平面图

1. 铜 "大泉五十"　2. 铜 "五铢"　3. 陶壶　4. 陶井　5. 陶圈　6. 陶灶　7、19. 陶鸡
8. 陶狗　9、14、15、18. 陶罐　10. 陶鼎　11 ~ 13、17. 陶仓　16. 陶樽

图四一三　汉墓 M178 东棺出土器物

1. 陶罐（M178：18）　2. 铜 "大泉五十" 拓本（M178：1-1）

四字，"大" 字呈燕翅形，"五" 字交笔弯曲较甚，两横出头，"泉" 字之竖画中断。M178：1-1，直径 2.5、穿边长 1.1 厘米（图四一三，2）。

西棺器物 35 件（枚）：

陶鼎　1 件。M178：10，体泥质红陶，盖泥质灰陶。子母口，方唇，折肩，微鼓腹，长方形附耳外撇，耳孔未穿，凸圜底，三熊形足直立。上承博山盖，盖顶残。中腹饰二道凹弦纹，耳外壁孔下饰小方格纹，盖面模印人物、动物、植物纹。盖外壁施黄绿釉。口径 17.2、腹径 20、体高 14.8 厘米（图四一四，1；图版七〇，2 中左 1）。

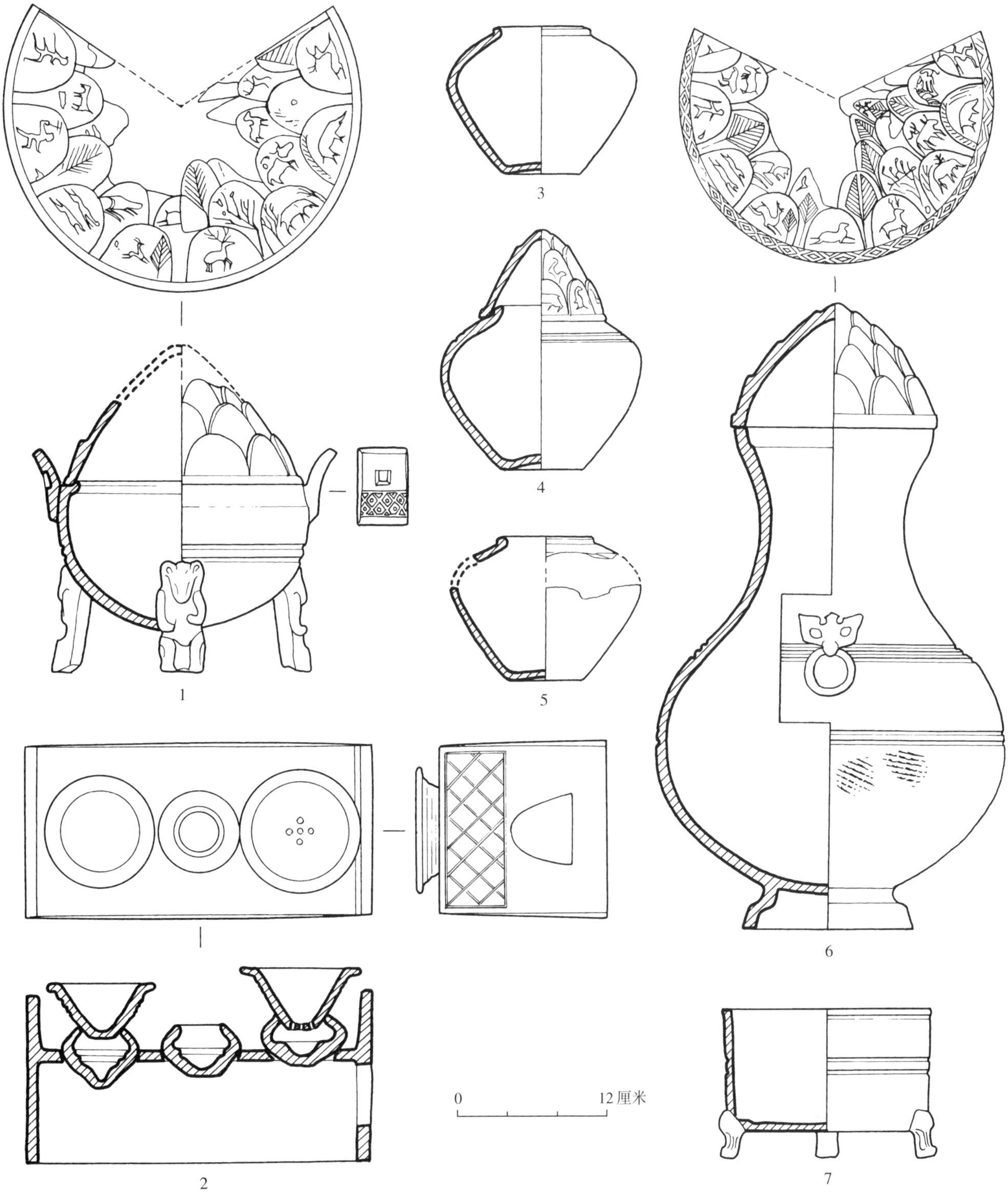

图四一四　汉墓 M178 西棺出土陶器

1. 鼎（M178：10）　2. 灶（M178：6）　3～5. 罐（M178：9、14、15）　6. 壶（M178：3）　7. 樽（M178：16）

陶壶　1件。M178：3，泥质红陶。盘口，平折沿，平唇，束长颈，溜肩，肩有对称兽面铺首衔环，扁鼓腹，凸圜底，盘口状浅圈足。上承博山盖。肩、腹各饰三、二道凹弦纹，下腹饰小块状斜绳纹，盖面模印人物、动物、植物纹。体、盖面施淡绿釉。口径16.4、腹径28.4、圈足径14、体高39、通高48.6厘米（图四一四，6；图版七〇，2后左1）。

陶罐　3件。泥质红陶。微侈口，折沿，方唇，短领，溜肩，上腹鼓，以下斜收，平底微凹。M178：9，素面。口径8、腹径15.2、底径6.4、高11.4厘米（图四一四，3；图版七〇，2前左2）。M178：14，上承博山盖。肩饰二道凹弦纹，盖面模印人物、动物、植物纹，模糊。盖外壁施淡黄釉。口径7.6、腹径16、底径6.4、体高12.8、通高18.6厘米（图四一四，4；图版七〇，2前左1）。M178：15，肩残。素面。大小与M178：9同（图四一四，5）。

陶樽　1件。M178：16，泥质红陶。近直口，方唇，腹壁近直，平底，三兽蹄足。腹饰三道凹弦纹。口径17.2、底径16、高11.6厘米（图四一四，7；图版七〇，2中左2）。

陶灶　1件。M178：6，泥质红陶。灶体平面呈长方形，直壁，前、后端有挡墙，无烟孔，灶面有三个火眼，前壁下部开拱形灶门。火眼上置三釜一甑一锅，釜敛口，圆唇，溜肩，扁折腹，小平底，近底部有刀削痕；甑敞口，翻折沿，方唇，弧腹内收，小平底，底有五算孔；锅除底无算孔外，余同甑。前端挡墙上部刻划菱形方格纹。灶体和釜、锅、甑外壁施黄绿釉，大部分脱落。灶体长27.6、宽13.2、体高9、通高15.2厘米（图四一四，2；图版七〇，2中右2）。

陶仓　4件。泥质红陶。近直口，圆唇，短直领，折肩，壁近直，近底部缓收，平底微凹。上承博山盖。腹间饰四至六道凹弦纹，肩部起一道微凸棱，盖面模印人物、动物、植物纹。体外壁施黄绿釉。M178：11，盖面施淡黄釉。口径8、腹径14、底径12、体高25、通高31厘米（图四一五，1；图版七〇，2后右2）。M178：12，盖面施黄绿釉。口径6.4、腹径13.4、底径12、体高23、通高29厘米（图四一五，2；图版七〇，2后右1）。M178：13，口径7.6、腹径14.4、底径12、体高25、通高30.6厘米（图四一五，3；图版七〇，2后左3）。M178：17，未能修复。

陶井　1件。M178：4，泥质红陶。侈口，翻折沿，方唇，束颈，斜折肩，腹微鼓，平底。颈、中腹各饰一道凹弦纹。井内置一汲水瓶，泥质红陶，侈口，翻沿，圆唇，束颈，溜肩，肩有对称双弓耳，扁折腹，小平底，口沿内及外壁施黄绿釉。井口径12、腹径12.8、底径12、体高13.2厘米，汲水瓶口径3.6、腹径4.8、底径2、高5厘米（图四一五，4；图版七〇，2中左3）。

陶圈　1件。M178：5，泥质红陶。平面长方形，下部一周围墙，一侧设厕屋一座，四面坡式屋顶，顶有瓦垄，屋前壁开一长方形门，门前设一斜坡通道。圈内立一猪，矮胖，长嘴前伸，垂尾贴身。圈长21.4、宽18厘米，猪长12、高5.8厘米，通高16.8厘米（图四一五，5；图版七〇，2中左1）。

陶狗　1件。M178：8，泥质红陶。卧伏状，昂首右顾，垂尾左卷，竖耳，眦目，嘴微张，腹中空。通长23.2、高12.8厘米（图四一五，6；图版七〇，2前右1）。

陶鸡　2件，雌雄一对。泥质红陶。双足站立，腹中空。M178：7，雄鸡。昂首翘尾，高冠，尾部残。残长11.6、高11厘米（图四一五，10；图版七〇，2前右2）。M178：19，雌鸡。缩颈翘尾，长尾上翘。通长10、高8.4厘米（图四一五，7；图版七〇，2前左3）。

铜"五铢"　19枚。圆形，方穿，双面有外郭，穿背面四周有郭。正面穿左右篆书"五铢"二字，笔画细，"五"字交笔弯曲较甚，两横左边出头，"铢"之"金"字头呈三角形，"朱"之上笔

图四一五 汉墓 M178 西棺出土器物

1~3.陶仓（M178：11~13） 4.陶井（M178：4） 5.陶圈（M178：5） 6.陶狗（M178：8）

7、10.陶鸡（M178：19、7） 8、9.铜"五铢"拓本（M178：2-2、2-1）

方折，下笔圆折。M178：2-1，穿正面上部有郭。直径2.4、穿边长1厘米（图四一五，9）。M178：2-2，直径2.4、穿边长1厘米（图四一五，8）。

M179

方向35°。长方形竖穴土坑木椁墓。墓口距地表约0.2米，长2.34～2.38、宽1.36米，底长2.34、宽1.24～1.33、深2.18～2.48米。坑壁粗糙。填土分二层，上层为灰褐夹灰白色花土，土质较硬，厚0.75～0.9米；下层为灰黄夹灰白色花土，土质较松，厚1.43～1.58米。单椁单棺，仅余腐痕。椁室平面呈"Ⅱ"形，椁痕长2.26、宽1.12～1.21、高0.38、板痕厚0.06米。棺位于椁内西部，棺痕长2.04、宽0.58、高0.05、板痕厚0.03米。人骨朽尽，棺内北端残存数枚牙齿，可知头向东北，葬式不明。3件随葬器物置于椁内棺外东北部（图四一六）。

陶鍪　1件。M179：1，上部泥质、下部夹粗砂灰陶。侈口，翻沿，圆唇，束颈，溜肩，肩有对称双弓耳，扁鼓腹，凸圜底略残。上、中腹饰数道凹弦纹，下腹及底饰横、斜粗绳纹。出土时底部有烟炱痕。口径17.6、腹径23.2、残高19厘米（图四一七，1；图版七七，1）。

陶罐　1件。M179：2，泥质灰陶。侈口，翻沿，圆唇，束颈，溜肩，颈肩相交处有折棱，肩有对称双鼻耳，鼓腹，底残。肩至中腹饰竖绳纹间五道抹痕，以下饰横、斜绳纹。口径14.6、腹径27.2、残高27.4厘米（图四一七，2）。

漆耳杯　1件。M179：3，仅存漆皮。

M180

方向300°。长方形竖穴土坑单室砖墓。墓口距地表约0.9米。墓圹口长2.65、宽1.64米，底同口大，深1.3米。填硬质灰褐夹灰白色花土。长方形砖室，内空长2.26、宽1.08～1.16米。

图四一六　汉墓M179平面图
1.陶鍪　2.陶罐　3.漆耳杯

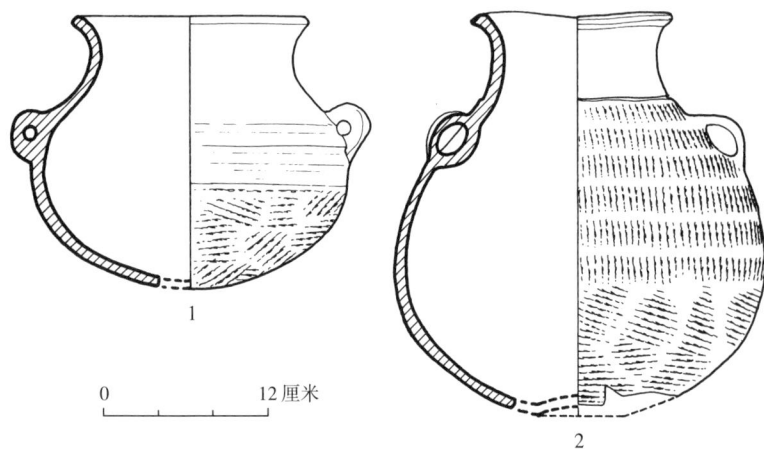

图四一七　汉墓M179出土陶器
1.鍪（M179：1）　2.罐（M179：2）

先铺底，后起壁，铺地砖一层，共十一排，自西北往东南第一、三至六、十一排为横向平铺，其余各排为纵向平铺，基本对缝。西、南、北三壁为条砖顺向错缝叠砌，残存10层，高0.76米，其上垮塌。从垮塌墓砖有较多的楔形砖看，墓顶应为券顶。东南为封门墙，存12层，以平砖错缝叠砌。砌墙、铺底、封门的条砖规格相同，为35×16×5.5厘米，楔形砖规格为33.5×15×（4.5~6）厘米，单平面饰斜绳纹。单棺，仅余腐痕，置于墓室东南部，棺痕长2、宽0.48~0.58、高0.1、板痕厚0.04米。人骨朽尽，棺内北部残存数枚牙齿，可知头向西北，葬式不明。6件随葬器物置于棺外东部（图四一八）。

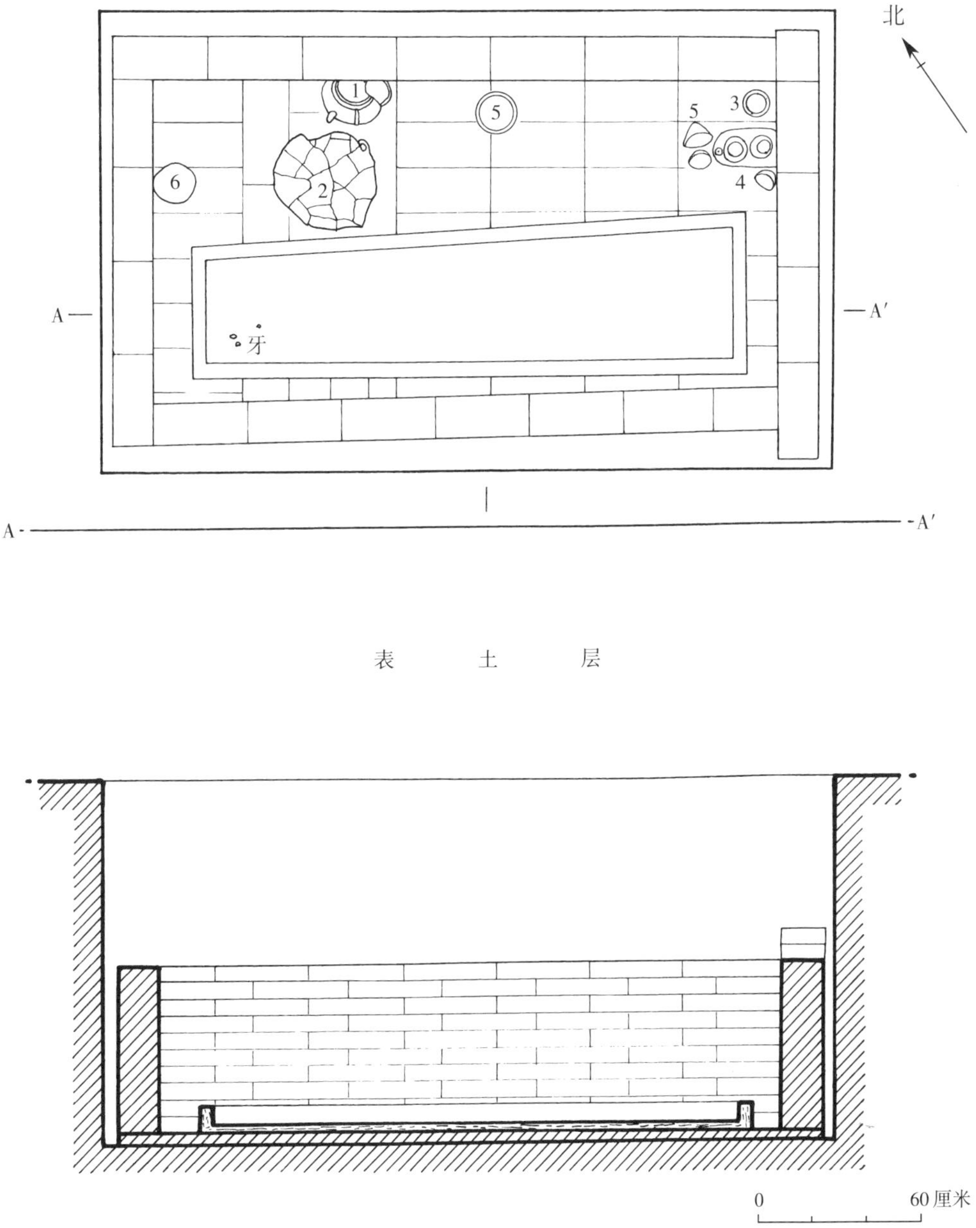

图四一八　汉墓 M180 平、剖面图
1.陶鼎　2.陶罐　3.陶仓　4.陶灶　5.陶井　6.漆器

陶鼎　1件。M180：1，泥质灰陶。子母口，圆唇，折肩，微鼓腹，小长方形附耳外撇，无耳孔，平底，三柱状直立足。上承浅弧盘状盖。素面。口径8.8、腹径15.6、底径8.8、体高12、通高14.4厘米（图四一九，1；图版七一，2前右）。

陶罐　1件。M180：2，泥质灰陶。侈口，翻沿，上、外沿面各有一周凹槽，方唇，束颈，溜肩，肩有对称双鼻耳，鼓腹，浅凹底。肩至中腹饰竖绳纹间三道抹痕，以下饰交错绳纹。口径14.8、腹径25、底径8、高27厘米（图四一九，4；图版七一，2后左）。

陶灶　1件。M180：4，泥质灰陶。灶体平面呈椭圆形，斜直壁，灶面后端斜立一烟囱，烟囱较粗，灶面有前小后大二火眼，前壁下部开拱形灶门。火眼上置二釜一甑一锅，釜敛口，圆唇，溜肩，扁鼓腹，凸圜底；甑敞口，翻沿，圆唇，弧腹内收，平底，底心有一箅孔；锅除底无箅孔外同甑。甑、锅近底部有刀削痕。灶体长25.2、最宽15.6、体高8.4、通高15.2厘米（图四一九，5；图版七一，2前左）。

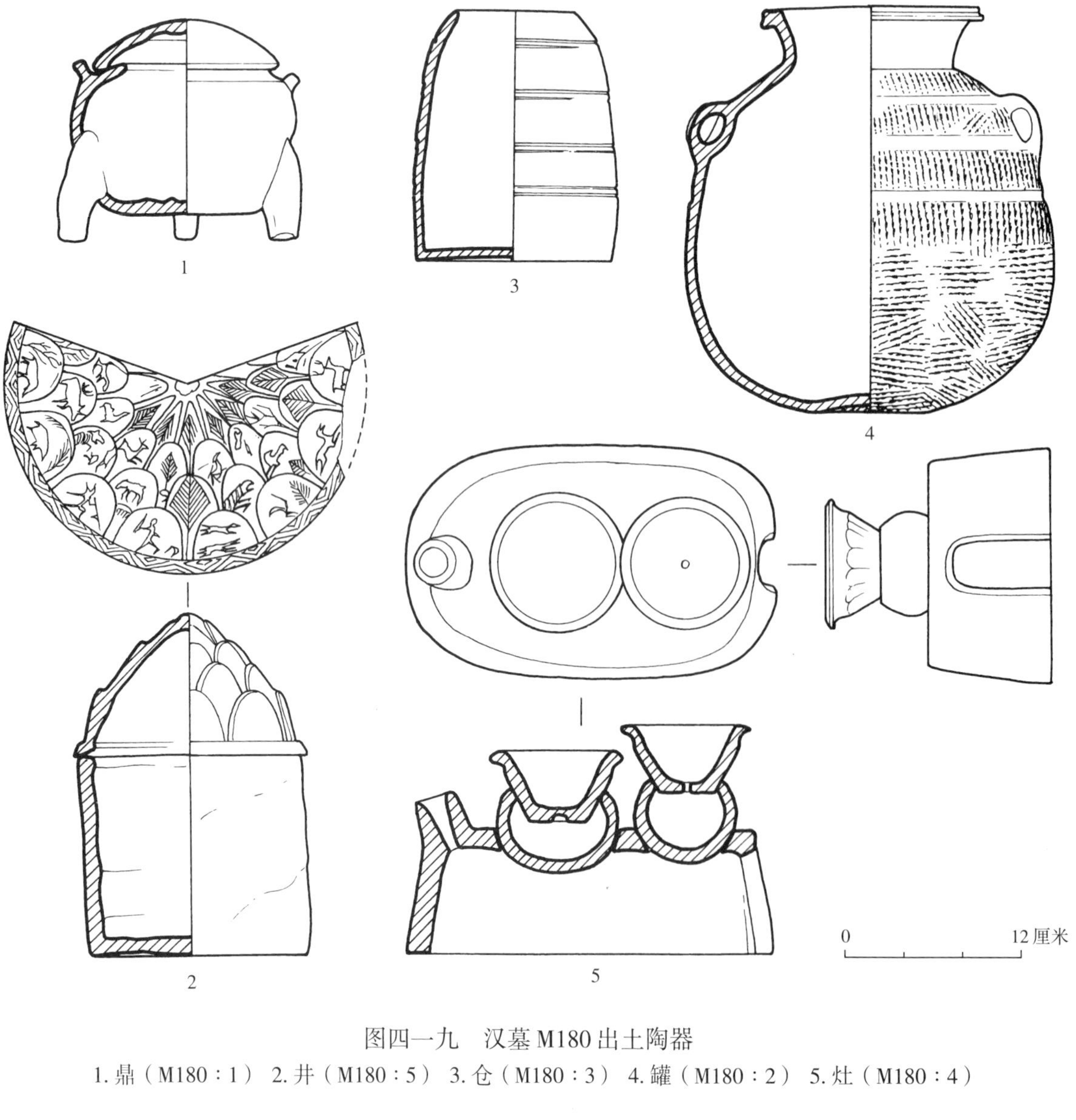

图四一九　汉墓M180出土陶器

1.鼎（M180：1）　2.井（M180：5）　3.仓（M180：3）　4.罐（M180：2）　5.灶（M180：4）

陶仓　1件。M180：3，泥质灰陶。敛口，圆唇，溜肩，弧腹外扩，平底微凹。腹饰八道凹弦纹。口径8.4、底径13.6、高16.4厘米（图四一九，3；图版七一，2后右）。

陶井　1件。M180：5，泥质灰陶。圆筒形，平底。上承博山盖。盖面模印动物、植物、人物纹。口径15.4、底径15.2、体高13.2、通高22.4厘米（图四一九，2；图版七一，2后中）。

漆器　1件。M180：6，仅存漆皮。

（五）第五组

共5座，分别为M129、M130、M168、M169、M181。

M129

方向20°。长方形竖穴土坑木椁墓。墓口距地表约0.3米，长2.7～2.76、宽1.28米，底同口大，深0.3米。坑壁规整光滑。填软质灰黄夹灰白色花土。单椁单棺，仅余腐痕。椁室平面呈长方形，椁痕长2.5、宽0.98、高0.1、板痕厚0.05米。棺位于椁内中部偏西，棺痕长1.98、宽0.5、高0.05、板痕厚0.04米。人骨朽，棺内南部残存一节下肢骨，葬式不明。1件随葬器物置于椁内棺外东北角（图四二○）。

陶壶　1件。M129：1，泥质灰陶。盘口，折沿，平唇，束颈，溜肩，肩有对称双弓耳，鼓腹，平底微凹。颈至上腹饰二道凸弦纹间二周五线波折纹带。口径11.6、腹径22.4、底径12、高23.4厘米（图四二一；图版七七，2）

M130

方向14°。长方形竖穴土坑木椁墓。墓口距地表0.4～0.52米，长2.7～2.74、宽1.4～1.44米，底长2.68、宽1.38米，深0.68～0.88米。坑壁规整，较粗糙。填软质灰褐夹灰白色花土，土质较松。单椁单棺，仅余腐痕。椁室平面呈长方形，椁痕长2.16、宽1.08、高0.28、板痕厚0.04米。棺位于椁内西部，棺痕长1.9、宽0.54、高0.1、板痕厚0.03米。人骨朽尽，棺内北部残存数枚牙

北

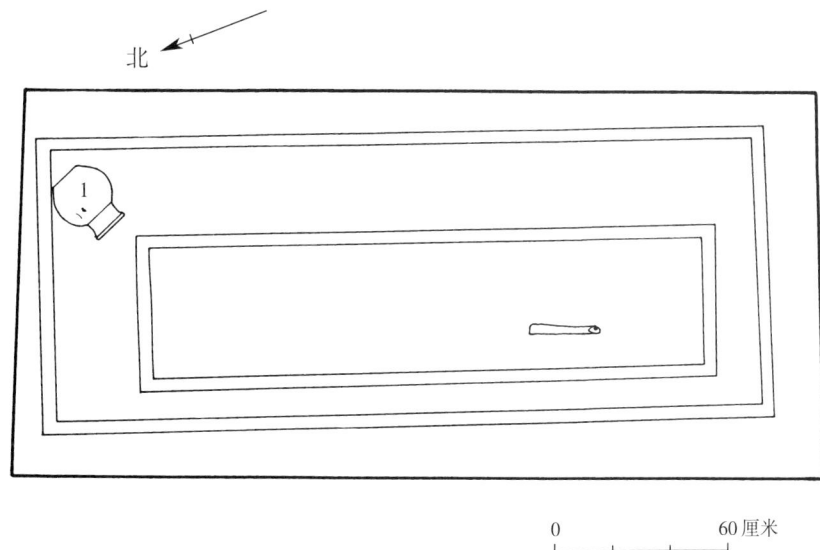

0　　　　　　　　60厘米

图四二○　汉墓M129平面图
1. 陶壶

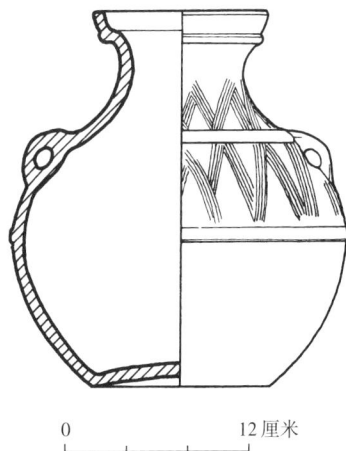

0　　　　　　12厘米

图四二一　汉墓M129出土陶壶
（M129：1）

齿，可知头向北，葬式不明。5件随葬器物除1件铁器在棺内北部外，余置于椁内棺外东侧中部及东北角（图四二二；图版七二，1）。

陶釜　1件。M130：2，上部泥质、下部夹砂灰陶。侈口，翻沿，圆唇，短束颈，溜肩，扁鼓腹，凸圜底。中腹饰二道凹弦纹，以下饰斜绳纹。口径15.2、腹径21.2、高14厘米（图四二三，1；图版七二，2前）。

陶罐　3件。侈口，翻折沿，方唇，束颈，溜肩，颈肩相交处有折棱，肩有对称双鼻耳，鼓腹，浅凹底。M130：1，泥质灰陶。颈饰数道凹弦纹，肩以下饰竖绳纹间多道抹痕。口径14.4、腹径20.6、底径7.2、高21.4厘米（图四二三，2；图版七二，2后左）。M130：3，泥质灰陶。肩至中腹饰竖绳纹间四道抹痕，中腹以下饰斜绳纹。口径12.6、腹径19.4、底径6.8、高21厘米（图四二三，3；图版七二，2后右）。M130：4，泥质黑衣褐陶。底残。颈饰竖绳纹，肩以下饰竖绳纹间多道抹痕。口径10.8、腹径18.8、残高18.8厘米（图四二三，4）。

铁器　1件。M130：5，严重锈蚀，无法复原。

M168

方向205°。长方形竖穴土坑木椁墓。墓口距地表约0.16米，长2.76、宽1.72～1.86米，底同口大，深0.5～0.6米。坑壁规整光滑。填软质灰黄夹灰褐色花土。单椁单棺，仅余腐痕。椁室平面呈"Ⅱ"形，椁

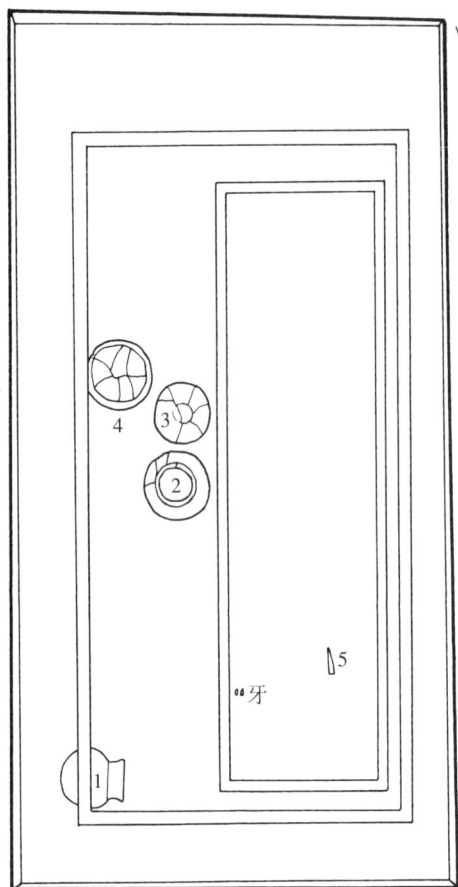

图四二二　汉墓M130平面图
1、3、4.陶罐　2.陶釜　5.铁器

图四二三　汉墓M130出土陶器
1.釜（M130：2）　2～4.罐（M130：1、3、4）

痕长 2.66、宽 1.6～1.72、高 0.08、板痕厚 0.06 米。棺位于椁内东部偏南，残存底板痕，长 2.14、宽 0.57、板痕厚 0.03 米。人骨朽，棺内南部残存数枚牙齿和一节肢骨，可知头向西南，葬式不明。15 件（枚）随葬器物除 1 枚铜"五铢"置于棺内南部西侧，余置于椁内棺外西部（图四二四；图版七三，1）。

陶鼎　1 件。M168：10，泥质红陶。子母口，尖圆唇，折肩，微鼓腹，长方形附耳外撇，耳孔未穿，凸圜底，三熊形直立足。上承博山盖。耳外壁孔下饰小方格纹，盖面模印人物、动物、植物纹。口径 18、腹径 21.2、体高 16.6、通高 28 厘米（图四二五，1；图版七五，1 后左 1）。

陶铟　1 件。M168：8，泥质红陶。微敛口，仰折沿，尖唇，中腹微鼓，下腹弧收，凸圜底。素面。口径 14.8、腹径 14、高 7 厘米（图四二五，2；图版七五，1 前左 2）。

陶罐　5 件。M168：1，泥质红陶。直口，折沿，方唇，短领，圆肩，上腹鼓，以下弧收，平底微凹。上承博山盖。肩、腹各饰二道凹弦纹，盖上模印人物、动物、植物纹。体表、盖面施淡黄釉。口径 8、腹径 16、底径 8、体高 11.4、通高 17.2 厘米（图四二五，3；图版七五，1 前左 1）。M168：2，陶系、形制、纹饰与 M168：1 同。体表、盖面施黄绿釉。口径 8.4、腹径 16、底径 8、体高 10.6、通高 17.2 厘米（图四二五，4；图版七五，1 中左 1）。M168：9，陶系、形制、纹饰与 M168：1 同。未施釉。口径 8.2、腹径 16、底径 7.6、体高 12.4、通高 18.8 厘米（图四二五，5；图版七五，1 中左 2）。M168：13，泥质灰陶。侈口，翻折沿，方唇，束颈，圆肩，肩有对称双鼻耳，大鼓腹，凹圜底。肩至中腹饰竖绳纹间三道抹痕，以下饰横、斜绳纹。口径 14.8、腹径 23.6、底径 7.2、高 24.6 厘米（图四二五，6；图版四七五，1 后右 2）。M168：14，陶系、形制、纹饰与 M168：13 同。口径 15.2、腹径 27.6、底径 8、高 29 厘米（图四二五，7；图版七五，1 后左 2）。

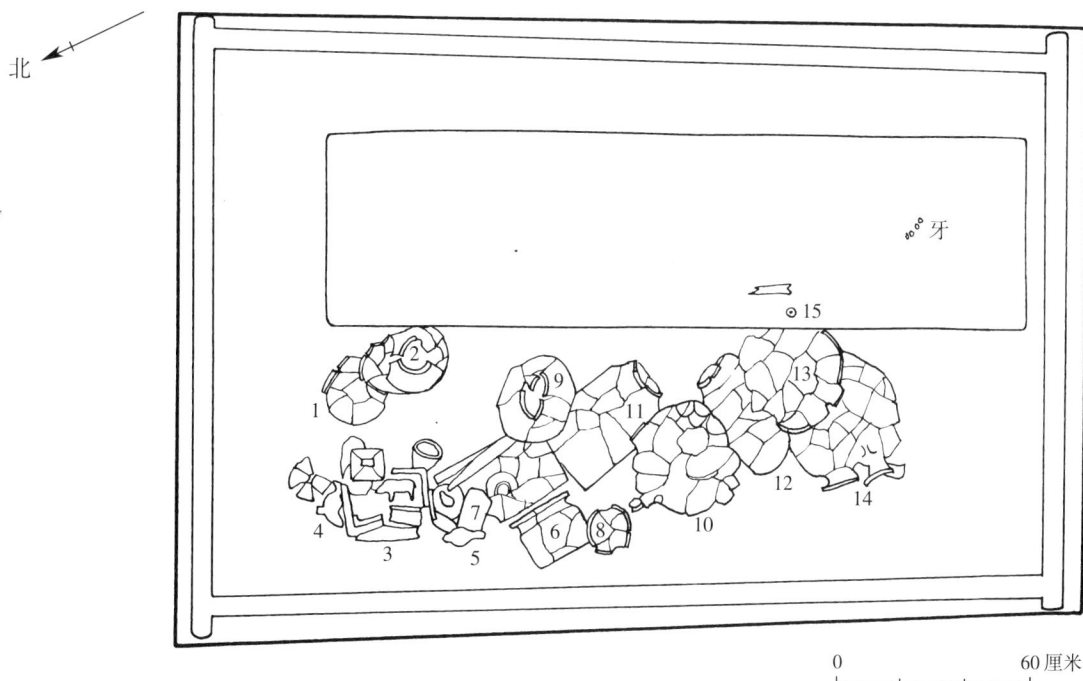

图四二四　汉墓 M168 平面图

1、2、9、13、14.陶罐　3.陶圈　4、5.陶鸡　6.陶井　7.陶灶　8.陶铟　10.陶鼎　11、12.陶仓　15.铜"五铢"

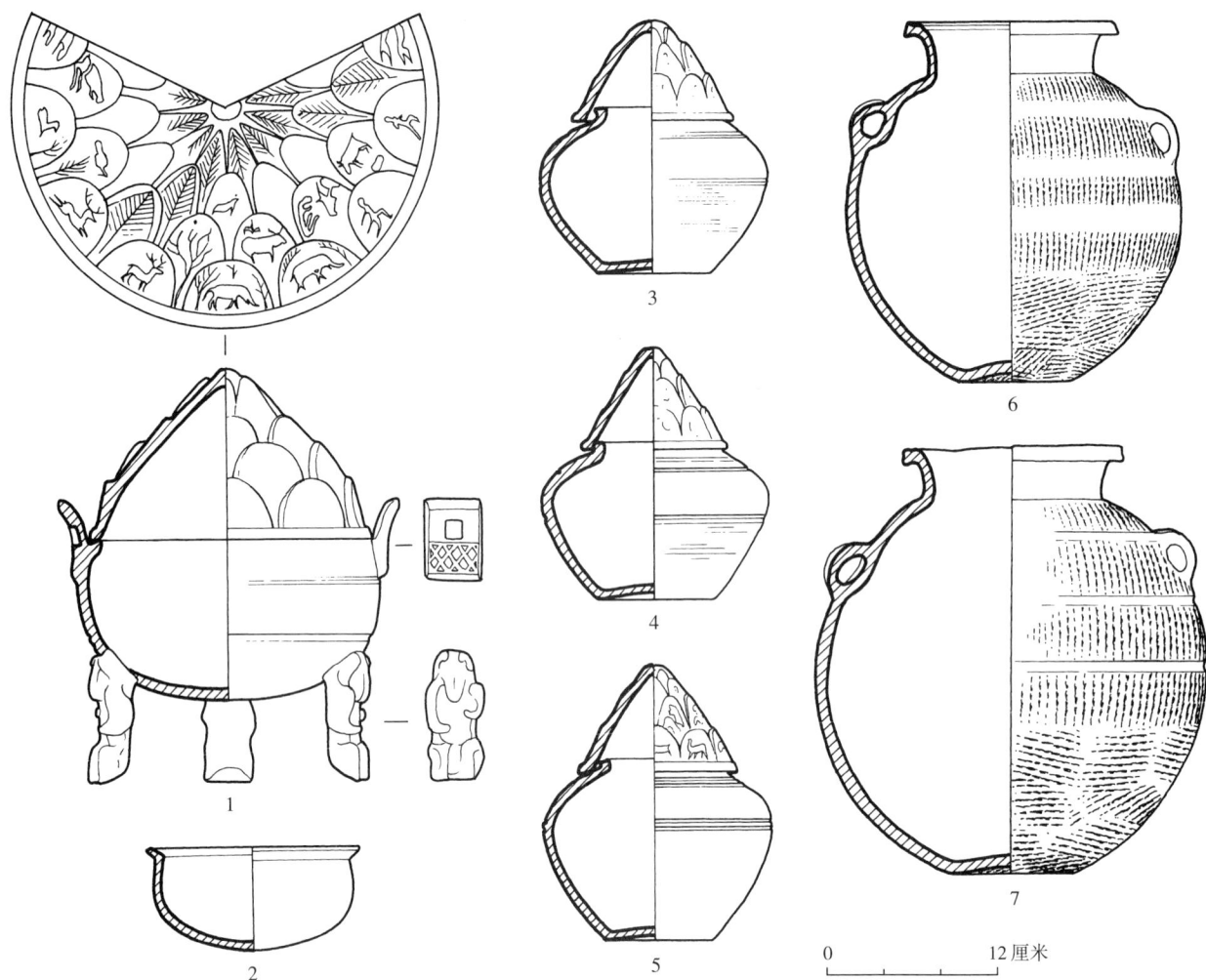

图四二五　汉墓 M168 出土陶器

1. 鼎（M168：10）　2. 铞（M168：8）　3～7. 罐（M168：1、2、9、13、14）

　　陶灶　1件。M168：7，泥质红陶。灶体平面呈长方形，直壁，灶体前、后端有挡墙，灶面后端有圆形烟孔，灶面有三个等大火眼，前壁下部开拱形灶门。火眼上置三釜一甑一锅，釜敛口，圆唇，溜肩，扁鼓腹，小平底；甑敞口，翻折沿，方唇，弧腹内收，小平底，底有五个箅孔；锅除无箅孔外同甑。体前端挡墙上部刻划网格纹，甑、锅腹各饰三道凹弦纹。甑、锅内壁施绿釉。灶体长28.4、宽14.4、体高9.6、通高15.4厘米（图四二六，4；图版七五，1中左3）。

　　陶仓　2件。泥质灰陶。微敛口，翻折沿，方唇，短直领，折肩，中腹微鼓，平底微凹。M168：11，腹间饰五道凹弦纹，肩有一道凸棱。口径8.4、腹径15.6、底径14、高26.6厘米（图四二六，1；图版七五，1后右1）。M168：12，腹大部残。口径8.4、底径14厘米（图四二六，2）。

　　陶井　1件。M168：6，泥质红陶。侈口，仰折沿，尖唇，束颈，斜折肩，弧壁下收，平底微凹。颈、上腹、中腹各饰一道凹弦纹。井内置一汲水瓶，泥质红陶，侈口，翻沿，束颈，溜肩，肩有对称双弓耳，扁折腹，小平底，近底部有刀削痕，上腹饰一道凹弦纹。井口径13、底径11.6、体高13.8厘米，汲水瓶口径3.2、腹径5、底径2.2、高4.8厘米（图四二六，5；图版七五，1中右1）。

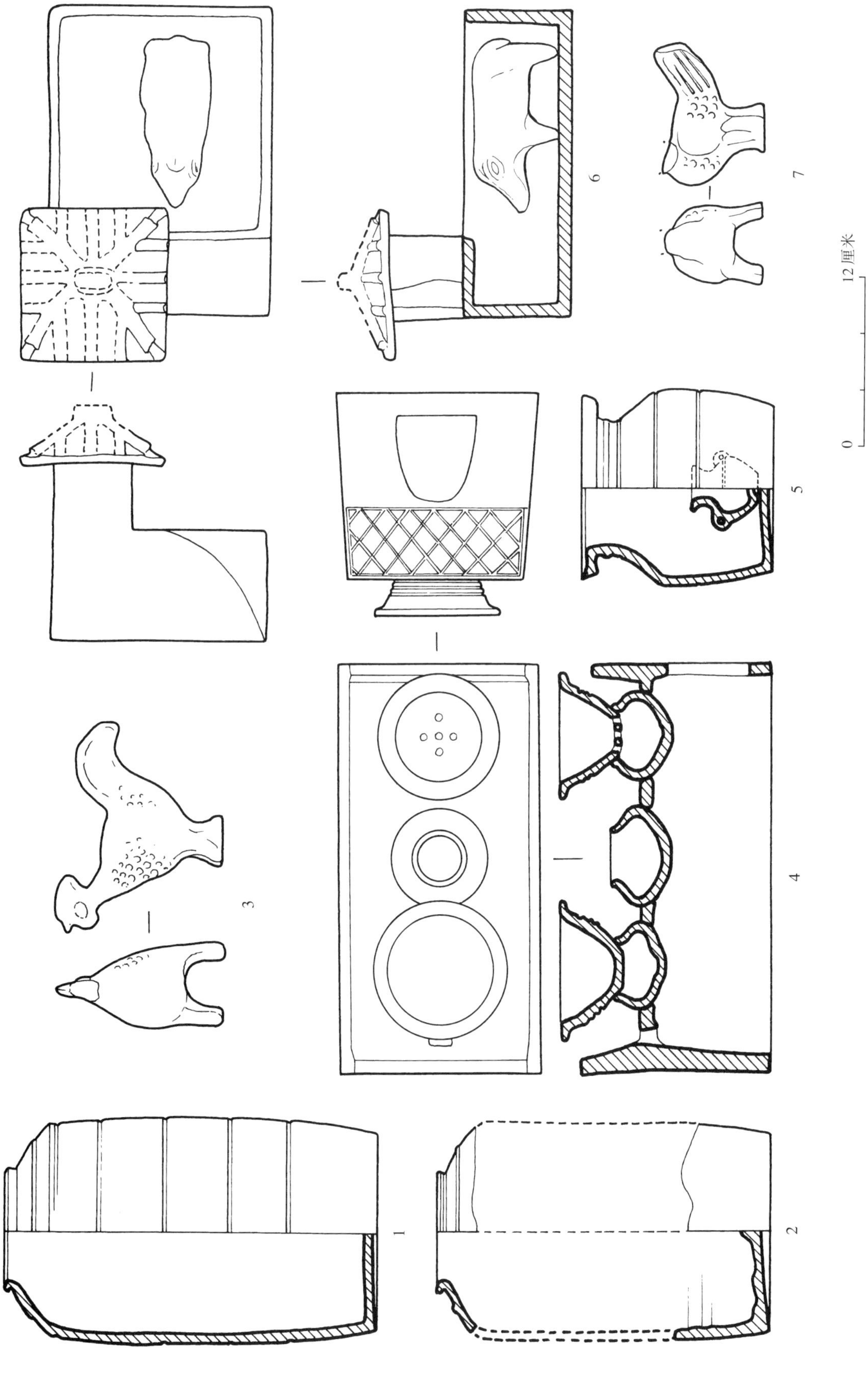

图四二六　汉墓 M168 出土陶器

1、2. 仓（M168：11、12）　3、7. 鸡（M168：5、4）　4. 灶（M168：7）　5. 井（M168：6）　6. 圈（M168：3）

陶圈　1件。M168：3，泥质红陶。平面近方形，下部一周围墙，一侧设厕屋一座，四面坡式屋顶，残大半，顶有瓦垄，屋前壁开门，门前设一斜坡通道。圈内立一灰陶猪，矮胖，嘴前伸，尾巴下垂贴身。圈体长21.4、宽16、残高14.8厘米，猪长11.6、高6.2厘米（图四二六，6；图版七五，1中右2）。

陶鸡　2件，雌雄一对。泥质红陶。双足站立，腹中空。腹、翅上饰圆圈纹。M168：4，雌鸡。尾上翘，首残。残长10、残高8厘米（图四二六，7；图版七五，1前右2）。M168：5，雄鸡。长尾下垂，作引颈高歌状。通长14.6、高12厘米（图四二六，3；图版七五，1前右1）。

铜"五铢"　1枚。M168：15，锈蚀严重，无法起取。依稀可辨钱文为"五铢"。

M169

方向191°。刀形竖穴土坑木椁墓。墓口距地表约0.6～0.7米。长方形墓圹，口长2.9、宽1.5米，底长2.9、宽1.54米，深1.46米。南设斜坡墓道，上口平面长2.46、宽1.3～1.32米，底坡长2.5、宽1.23～1.26米，前端深0.48、后端深1.04米，坡度15°。坑壁较粗糙。墓室填黄褐色花土，土质较松；墓道填灰白夹少量灰黄花土，质密，较硬。其相接处有薄木板腐痕，宽1.23、高1.04、厚0.03米，表明原应以木板隔开。单椁单棺，仅余腐痕。椁室平面呈"Ⅱ"形，椁痕长2.6～2.64、宽1.1～1.3、高0.34、板痕厚0.06米。棺位于椁内西北部，棺痕长2.26、宽0.54、高

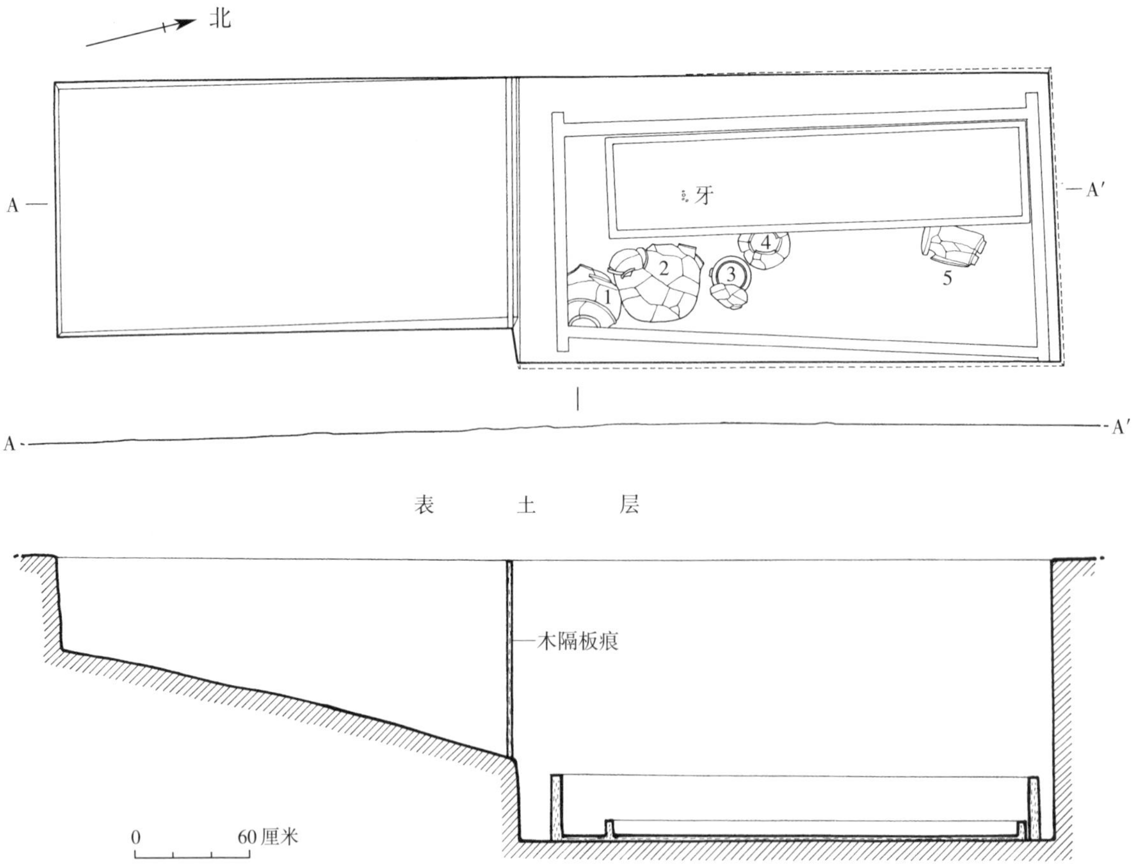

图四二七　汉墓M169平、剖面图
1. 陶壶　2. 陶罐　3. 陶鼎　4. 陶鍪　5. 陶仓

0.1、板痕厚 0.04 米。人骨朽尽，棺内南端残存数枚牙齿，可知头向南，葬式不明。5 件随葬器物置于椁内棺外东部（图四二七；图版七四，1）。

陶鼎　1 件。M169：3，泥质褐陶。子口，圆唇，折肩，微鼓腹，附耳残，凸圜底近平，三矮小柱足直立。盖残。素面。口径 15.8、腹径 20、体高 11.6 厘米（图四二八，1；图版七四，2 前中）。

陶壶　1 件。M169：1，泥质灰陶。盘口，折沿，平唇，束颈，圆肩，肩有对称兽面铺首，鼓腹，凸圜底，盘口状浅圈足。肩、上腹各饰二、一道凹弦纹，圈足饰一道凸接凹弦纹。口径 17.2、

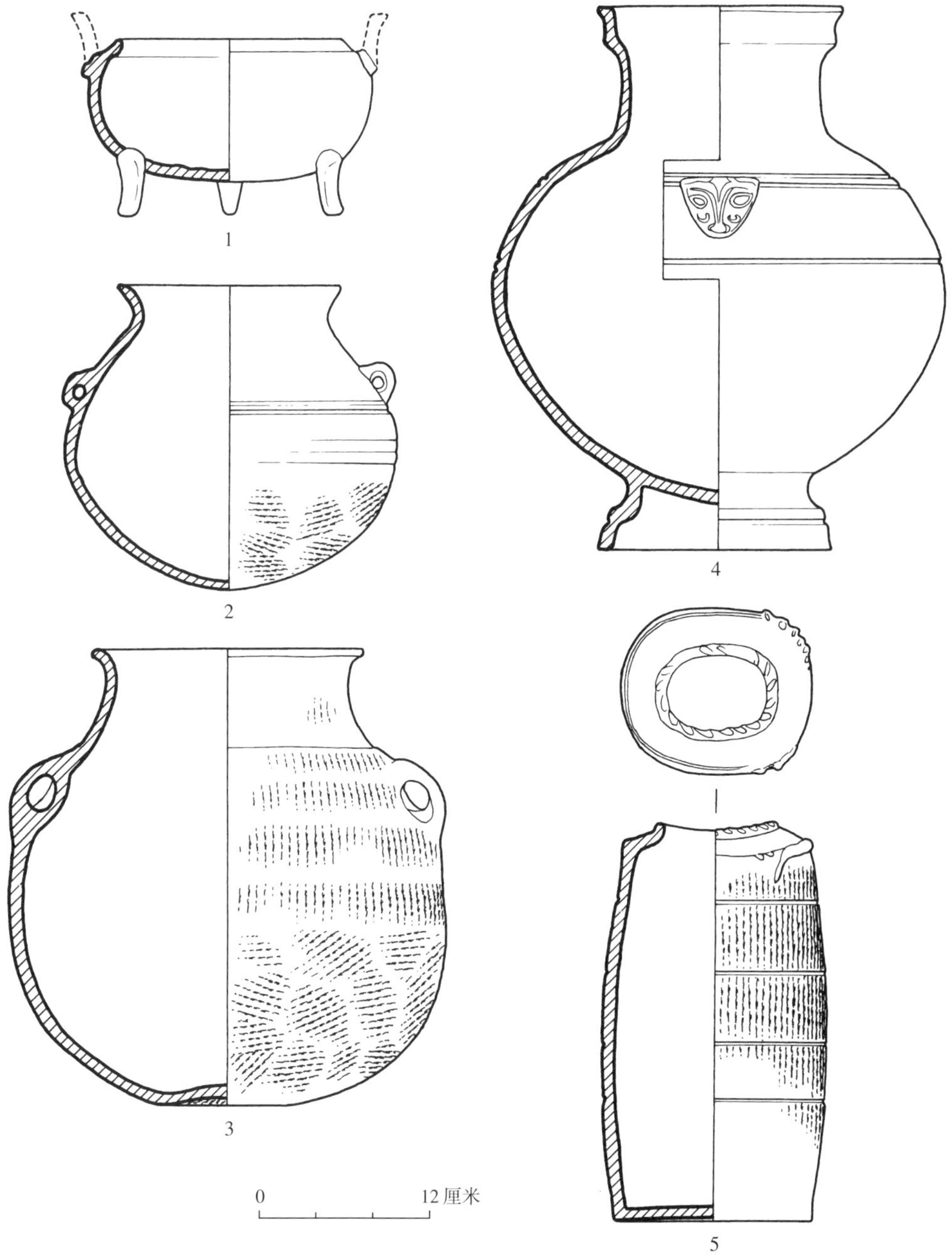

图四二八　汉墓 M169 出土陶器

1. 鼎（M169：3）　2. 鍪（M169：4）　3. 罐（M169：2）　4. 壶（M169：1）　5. 仓（M169：5）

腹径32、圈足径16.6、高36.8厘米（图四二八，4；图版七四，2后左）。

陶鍪　1件。M169：4，上部泥质、下部夹砂灰陶。侈口，翻沿，尖唇，束颈，溜肩，肩有对称双弓耳，鼓腹，凸圜底。肩、中腹各饰二道凹弦纹，下腹及底满饰横、斜绳纹。口径15.6、腹径23.6、高20.8厘米（图四二八，2；图版七四，2前左）。

陶罐　1件。M169：2，泥质灰陶。侈口，翻沿，圆唇，束颈，溜肩，肩有对称双鼻耳，鼓腹，浅凹圜底。颈部可见绳纹，肩至中腹饰竖绳纹间三道抹痕，以下饰横、斜绳纹。口径18.8、腹径30.8、底径8、高31厘米（图四二八，3；图版七四，2后右）。

陶仓　1件。M169：5，泥质灰陶。直口，圆唇，短直领，折肩，中腹微外弧，平底微凹。腹饰竖绳纹间四道凹弦纹。口径8.8、腹径16、底径14.4、高26.4～27厘米（图四二八，5；图版七

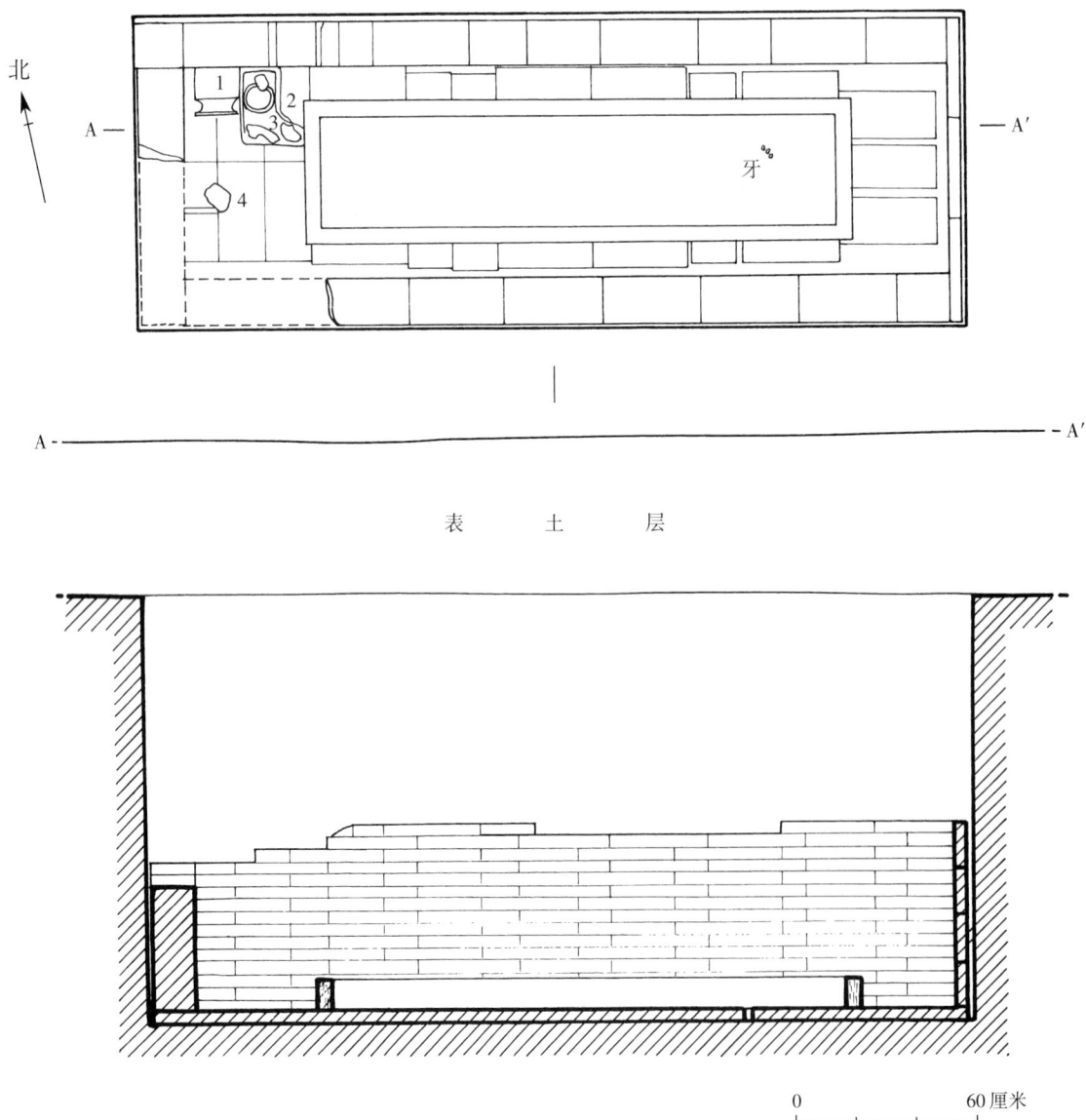

图四二九　汉墓M181平、剖面图
1.陶井　2.陶圈　3.陶灶　4.陶罐

四，2前右）。

M181

方向102°。长方形竖穴土坑砖木合构墓。墓口距地表约0.5米，西南部遭到破坏。墓圹口长2.76、宽1.02米，底同口大，深1.38米。填灰黄夹灰白色花土。长方形砖室紧贴土圹砌筑，内空长2.54、宽0.68米。西、南壁部分遭到破坏，西、南、北壁以条砖顺向错缝叠砌，共16层，高0.64米，东部封门墙以单层条砖横向侧立错缝砌筑，推测以木板盖顶，铺地砖嵌在墓壁内侧，仅西端压在西壁下，以条砖横、直行交错平铺一层。条砖青灰色，规格为31×15×4厘米，单平面饰斜绳纹。单棺，仅余腐痕，棺痕长1.8、宽0.46、高0.1、板痕厚0.05米。人骨朽尽，棺内东部残存数枚牙齿，可知头向东，葬式不明。残存的4件随葬器物置于棺外西部（图四二九；图版七三，2）。

陶罐　1件。M181:4，泥质灰陶。鼻耳。仅存残片。

陶灶　1件。M181:3，泥质灰陶。灶体平面呈前方后圆形，直壁，灶面后端有圆形烟孔，灶面有两个等大火眼，前壁下部残，灶门形制不明。火眼上置二釜三锅，釜敛口，圆唇，溜肩，扁鼓腹，近平底；锅敞口，翻折沿，方唇，中腹微折，平底。釜、锅近底部有刀削痕。素面。灶体长23、前宽8.8、体高4.6、通高16.8厘米（图四三〇，1；图版七一，3前左）。

陶井　1件。M181:1，泥质灰陶。侈口，翻折沿，尖唇，束颈，斜折肩，壁近斜，平底微凹。外壁饰四道凹弦纹，近底部有刀削痕。口径14、底径11.2、高14.2厘米（图四三〇，2；图版七一，3后）。

陶圈　1件。M181:2，泥质灰陶。平面近方形，下部一周围墙，一侧设一斜坡通道，厕屋残。长21.6、宽19.6、残高10厘米（图四三〇，3；图版七一，3前右）。

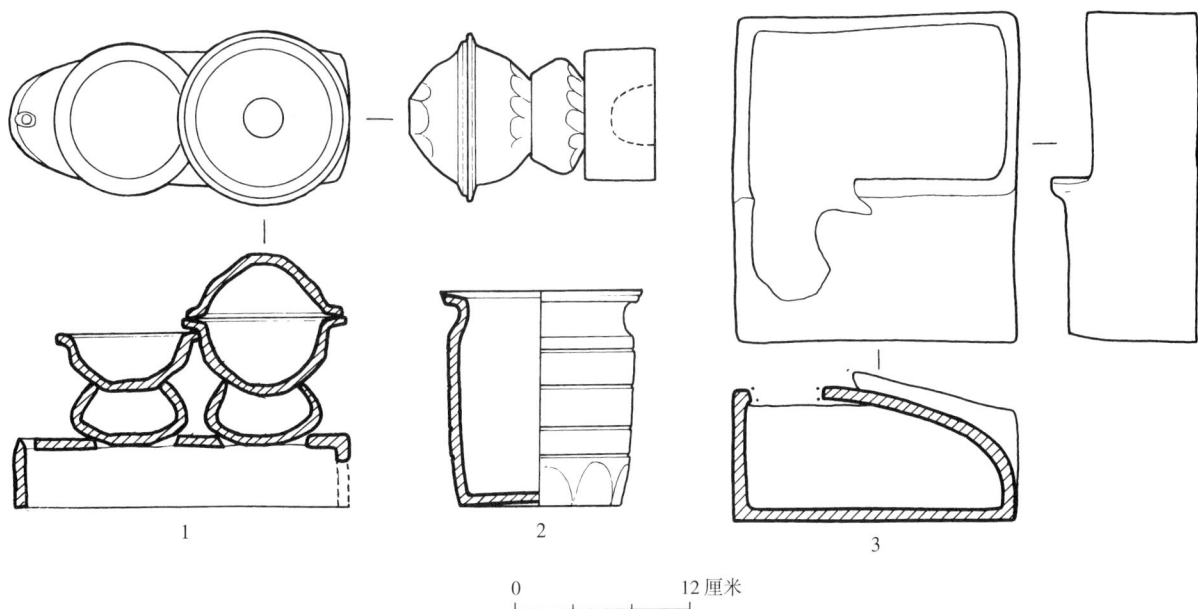

1　　　　　　　　　2　　　　　　　　　3

0　　　　　　12厘米

图四三〇　汉墓M181出土陶器

1.灶（M181:3）　2.井（M181:1）　3.圈（M181:2）

二、东区

共分三组，每组为一个封土堆下分布两座或多座墓葬。

（一）第一组

即一号冢，其下分布2座墓葬，M161、M162，两墓并列，最短间距3.36米。

两墓墓口以上基本保留原有封土堆，平面近圆形，直径17.6～17.8米，顶部至墓口高2米。封土自上而下共分四层，每层中部最厚，愈往外愈薄。第①层为灰褐色土，土质较硬，直径约11米，最厚0.5米；第②层为灰白夹黄褐色花土，土质较松，最外分布到整个封土堆的边缘，直径17.6～17.8米，最厚0.4米；第③层为灰褐夹灰白色花土，土质较硬，直径约14米，最厚0.6米；第④层为细腻的灰白土，土质较硬，直径约12米，厚0.5米。封土堆顶部正中心有一圆形盗洞，盗洞直径约0.8米，深约10米（图四三一；图版七六，1、2）。

封土第④层出土陶罐1件，泥质灰陶。口残，束颈，溜肩，肩有对称双鼻耳，鼓腹，浅凹底。肩至中腹饰竖绳纹间三道抹痕，下腹至底饰横、斜绳纹。腹径21.6、残高17.2厘米（图四三二）。

M161

方向16°。长方形竖穴土坑木椁墓。墓口长3.4、宽2米，底长3.14～3.28、宽1.72～1.78米，深4米。坑壁上部较粗糙，下部光滑，经人工平整。填土为灰褐夹灰白色花土，两种颜色的土颗粒较小，显然是经加工打碎拌和后回填的，填土经夯打，夯层厚0.08～0.12米，夯窝不明显，包含少量残陶片。单椁单棺，仅余腐痕。椁室平面呈"Ⅱ"形，椁痕长2.92、宽1.36～1.42、高0.28、板痕厚0.05米。棺位于椁内中部偏南，棺痕长2.1、宽0.56、高0.12、板痕厚0.04米。人骨已朽，棺内北部残存头骨痕，可知头向北，葬式不明。17件随葬器物置于椁内棺外北部（图四三三）。

随葬器物：

陶鼎　2件。泥质黑衣灰陶。子母口，方唇，折肩，微鼓腹，长方形附耳直立，耳孔对穿，三蹄足直立，下端微外撇。上承弧盘状盖。中腹饰一道凸弦纹，足根部模印人面纹。器表施红彩，部分脱落，体口外、中腹饰单线纹，盖顶面饰云气、三角纹。M161：10，微凹底，盖顶微凹。口径18、腹径20.6、体高15.6、通高20.4厘米（图四三四，1；图版七五，2中左）。M161：11，凸圜底，盖顶近平。口径15.6、腹径20、体高15、通高20厘米（图四三四，2；图版七五，2中中）。

陶盒　2件。泥质黑衣灰陶。子母口，圆唇，折肩，弧腹下收，平底微凹。上承覆碗状盖，圈足状捉手。体上腹及盖壁各饰二或三道凹弦纹。器表施红彩，大多脱落，一般在凹弦纹上加施单线彩。M161：4，口径16.8、腹径19.2、底径8.8、体高8.6、通高15.6厘米（图四三四，3；图版七五，2中右）。M161：5，腹以下残。盖上壁施卷云纹。口径16.8、残高8.8厘米（图四三四，4）。

陶壶　2件。泥质黑衣灰陶。侈口，折沿，平唇，束颈，溜肩，肩有对称兽面铺首，鼓腹，凸圜底，喇叭状圈足。上承子口弧盘状盖。颈、肩、中腹各饰一、二、二道凹弦纹。器表红彩脱落。M161：2，口径16.6、腹径27.6、圈足径17.8、体高37.4、通高40.4厘米（图四三四，6；图版七五，2后左）。M161：3，口沿内及肩部可见零星红彩。口径17、腹径27.2、圈足径17.2、体

北

A —

M162

M161

— A′

① ② ③ ④

盗洞

A — M162 M161 — A′

0 120厘米

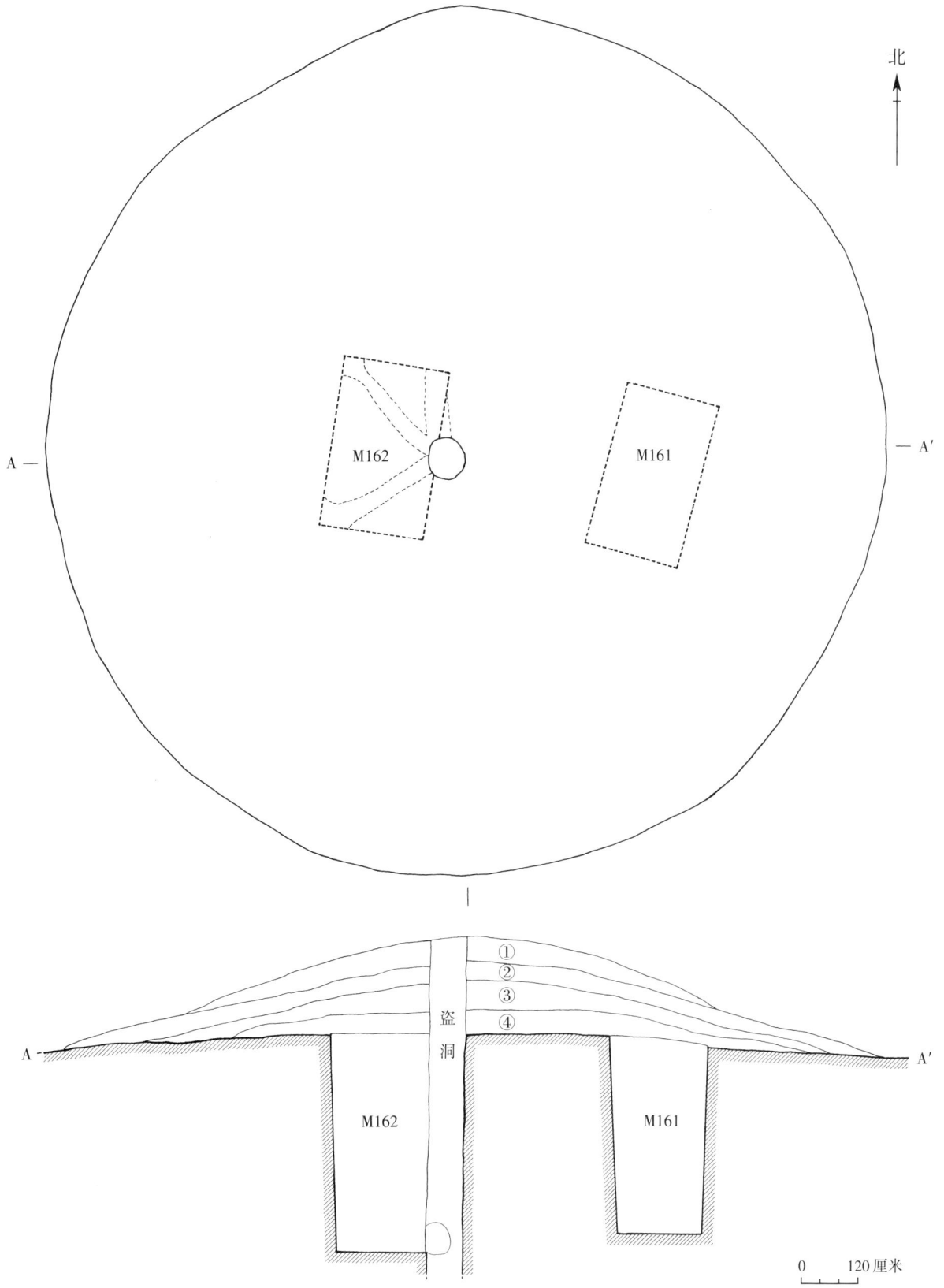

图四三一 东区一号冢平、剖面及墓葬分布图

图四三二　东区一号冢封土出土陶罐

高37.6、通高40.8厘米（图四三四，7；图版七五，2后右）。

陶勺　2件。泥质灰陶。平面呈椭圆形，敞口，弧壁，凸圜底。口部一侧有插木柄小孔，木柄已朽。器内壁施红彩。M161：15，口径5.2～6.8、体高2厘米（图四三四，10）。M161：16，口径4.8～6.4、体高1.8厘米（图四三四，11）。

陶镳斗　1件。M161：17，残碎严重，仅器柄形制清晰。泥质灰陶。柄长方体，中空。柄长9.2、宽3.4、厚2.4厘米（图四三四，5）。

陶汲水瓶　2件。泥质褐陶。侈口，翻沿，圆唇，束颈，溜肩，扁鼓腹，近底部曲收，平底微凹。颈下部至上腹施红彩弦纹间波折纹。M161：6，口径5.6、腹径10、底径4.8、高10厘米（图四三四，8；图版七五，2前右）。M161：7，口径5.6、腹径10、底径5.6、高12厘米（图四三四，9；图版七五，2前左）。

铜鼎　1件。M161：9，灰绿色。子母口，折沿，平唇，折肩，微鼓腹，长方形附耳外撇，耳孔对穿，凸圜底，三蹄足直立。上承浅弧盘状盖，盖周三环形纽。腹饰一道尖凸棱。口径14.4、腹径18.4、体高13.2、通高17.6厘米（图四三五，1；图版七八，1后右）。

铜钫　1件。M161：8，灰绿色。口略内敛，平折沿，平唇，长颈微束，溜肩，肩有对称兽面铺首，鼓腹，平底，较高圈足。上承子口盝顶盖，盖周有四立鸟状纽。素面。口边长10、腹边长

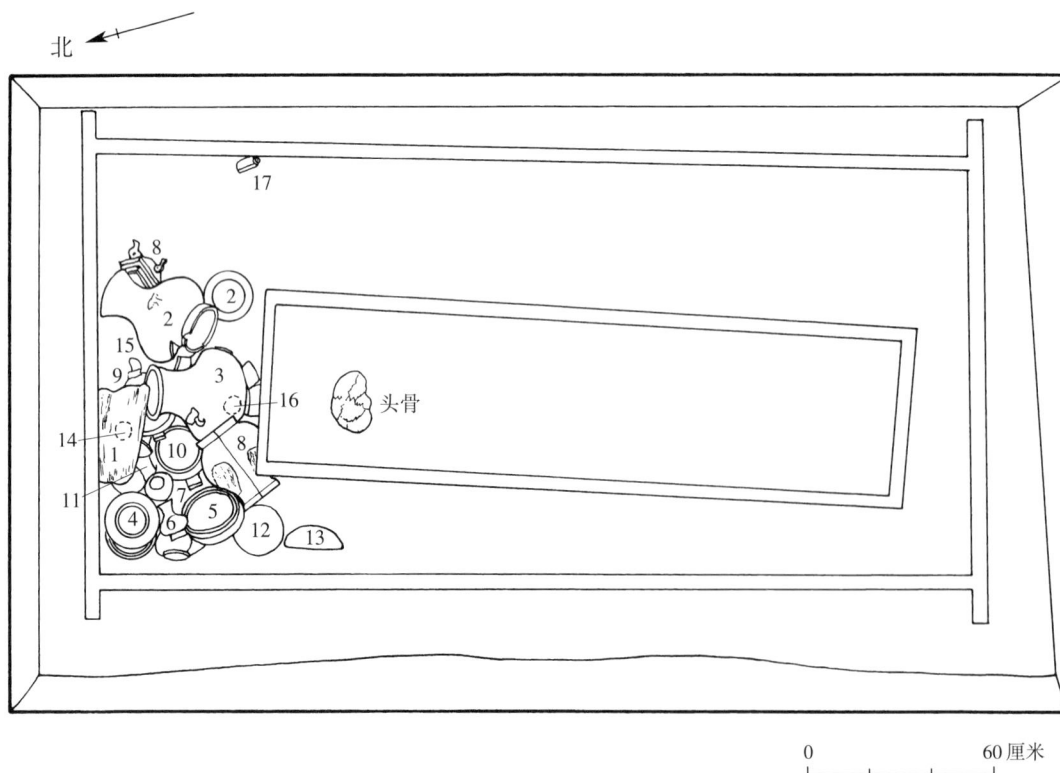

图四三三　汉墓M161平面图

1. 漆器　2、3. 陶壶　4、5. 陶盒　6、7. 陶汲水瓶　8. 铜钫　9. 铜鼎　10、11. 陶鼎
12. 漆盒　13. 漆耳杯　14. 铜勺　15、16. 陶勺　17. 陶镳斗

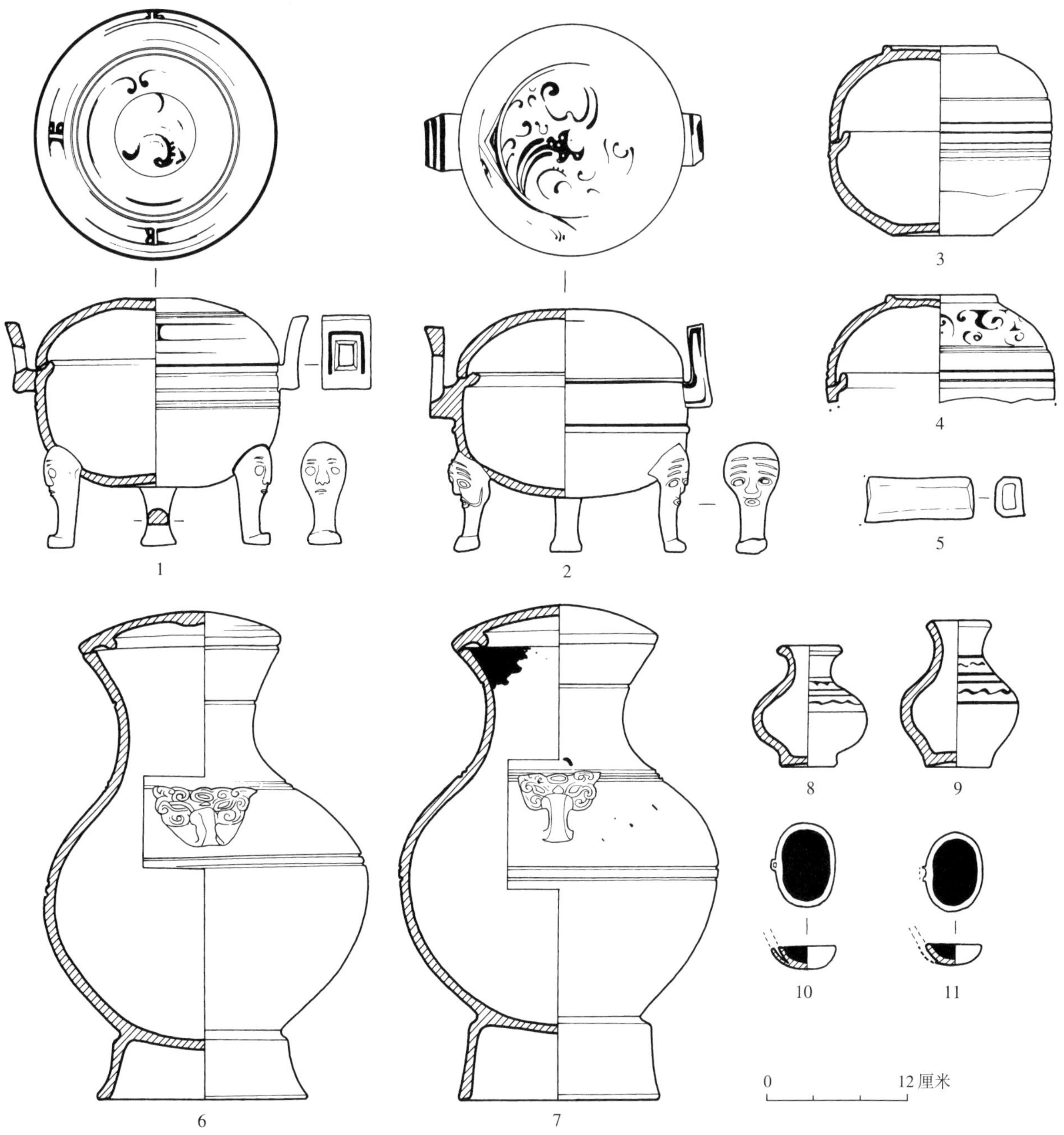

图四三四　汉墓 M161 出土陶器

1、2.鼎（M161：10、11）　3、4.盒（M161：4、5）　5.镳斗（M161：17）　6、7.壶（M161：2、3）
8、9.汲水瓶（M161：6、7）　10、11.勺（M161：15、16）

15.6、圈足边长 10.4、体高 26.6、通高 32.8 厘米（图四三五，2；图版七八，1 后左）。

铜勺　1件。M161：14，灰绿色。勺体平面呈椭圆形，敞口，翻折沿，弧壁，凸圜底，一侧出空柄，柄横断面呈三角形。长径 9.6、短径 7、柄长 5.6、体高 2、通高 6.1 厘米（图四三五，3；图版七八，1 前）。

漆盒　1件。M161：12，仅存漆皮。

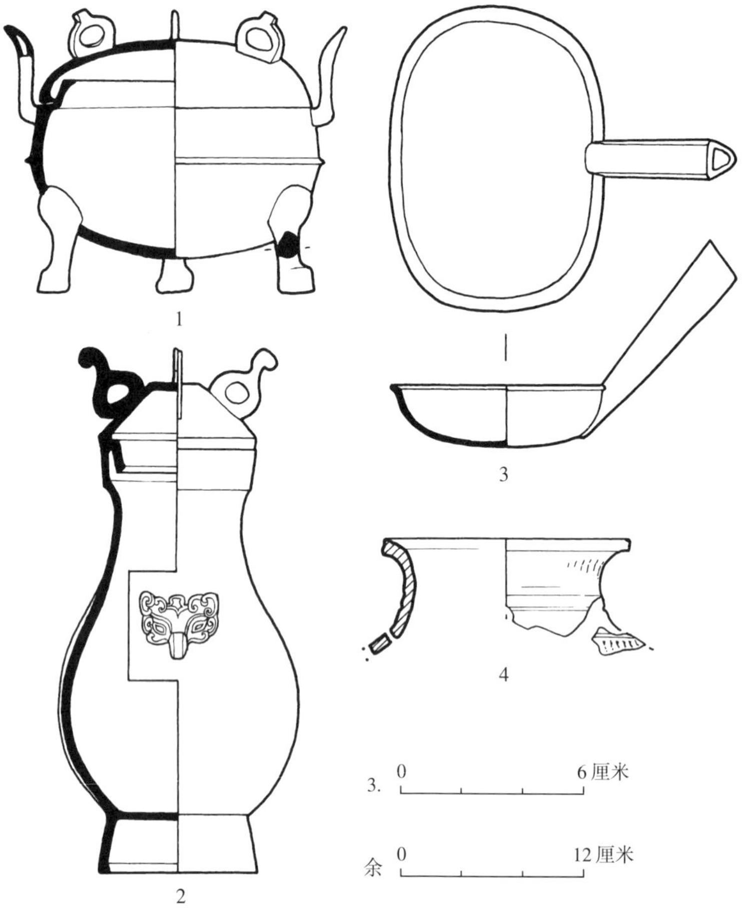

图四三五　汉墓 M161 出土器物
1. 铜鼎（M161：9）　2. 铜钫（M161：8）　3. 铜勺（M161：14）
4. 陶罐口沿（M161：01）

漆耳杯　1件。M161：13，仅存漆皮。

漆器　1件。M161：1，仅存漆皮，器形不明。

填土器物：

陶罐口沿　1件。M161：01，泥质灰陶。侈口，翻折沿，外沿面有一周浅凹槽，尖唇，束颈，溜肩。颈、肩饰竖绳纹，颈下部饰二道凹弦纹。残高 7.2、口径 16 厘米（图四三五，4）。

M162

方向15°。长方形竖穴土坑墓。墓口长 3.48、宽 2.2 米，深 4.2 米。因该封土堆上的盗洞正打在本墓东壁中部，且盗墓者从该盗洞下到墓底位置后向西掏挖三个支洞，直达墓室，器物被盗一空，仅揭露出墓口后未予发掘。据并列 M161 的头向推测本墓头向北（图四三一）。

（二）第二组

即二号冢，共分布 11 座墓葬，分别为 M184～M194。

二号冢位于岗地中部偏东的最高位置，底平面呈圆形，直径 16.8～17.4 米，中间高，四周低，最高处 2.5 米。表土层为黄褐色土，较疏松，厚约 0.25～0.3 米。表土层下即为封土，自上而下分为六层：第①层为灰黄夹灰褐、灰白色土层，土质较松，厚 0～1.3 米，仅分布于土冢的东部中段，即 M190 的封土；第②层为灰白夹灰黄色土层和极少量黄褐土斑块，较松软，厚 0.15～1.5 米，分布于第①层封土外的其他部位；第③层为灰褐色土层，厚 0～0.6 米，土质较硬，整个封土堆下都有分布，范围较上层有所缩小；第④层为灰白泛黄色土层，含极少量褐斑，土质较硬且致密，厚 0～0.35 米，分布于封土堆西半部，南北范围也较上层缩小；第⑤层为灰褐夹灰白、灰黄色土层，土质较硬，厚 0～0.48 米，分布于封土堆西半部，范围较上层有所扩大；第⑥层为细密灰白夹灰黄色土层，含少量铁锈斑，土质较硬，厚 0～0.5 米，分布于整个封土堆下，范围较第③层稍小。

11 座墓葬虽为多座同冢异穴合葬墓，但开口于不同层位下，有的还存在着打破关系（图四三六；彩版四，1、2）。

M184

方向14°。长方形竖穴土坑土木合构墓。位于二号冢东部，开口于表土层下，打破 M190 封土

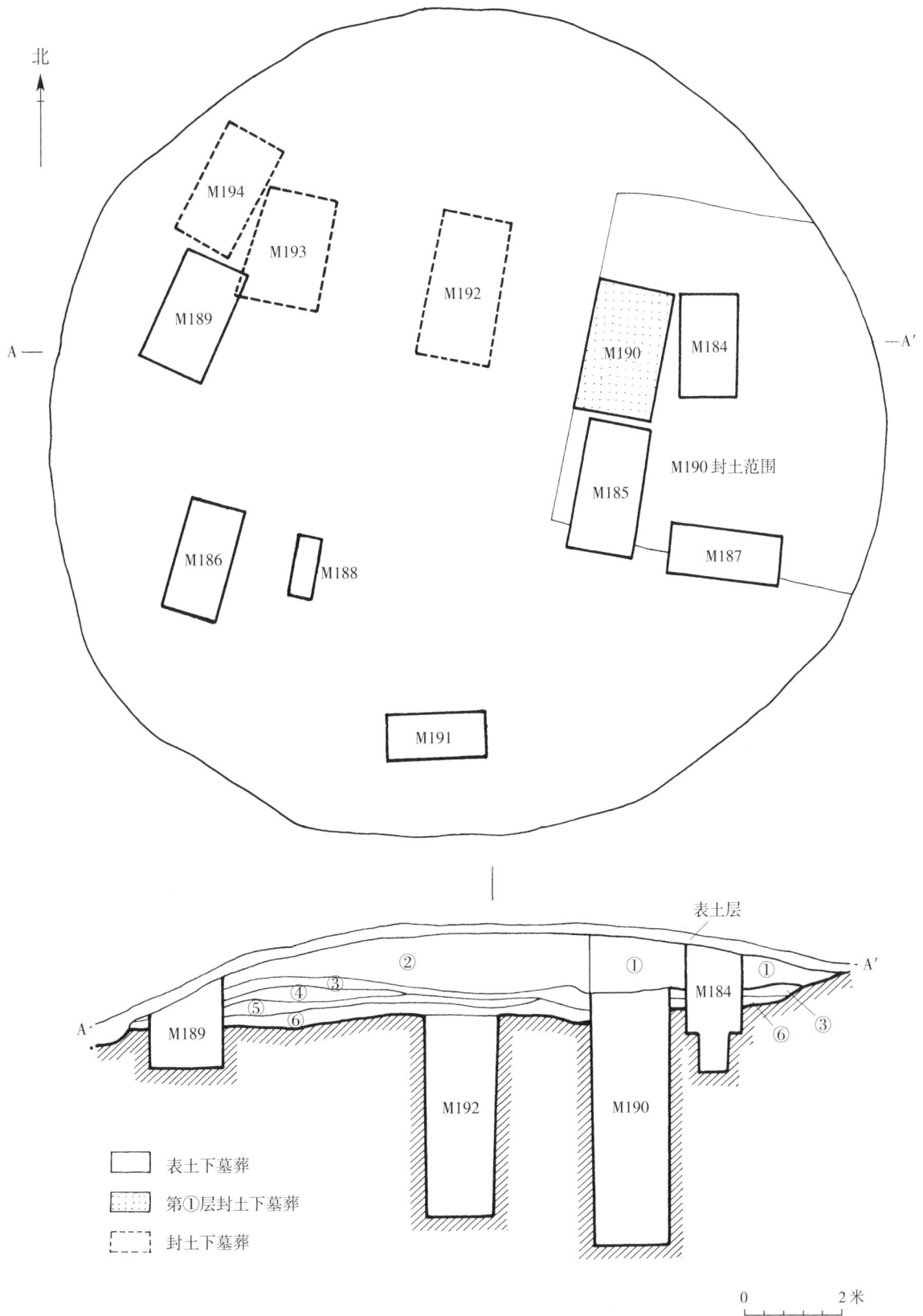

图四三六 东区二号冢平、剖面及墓葬分布图

（即①层封土）、二号冢封土的第③、⑥层及生土。墓口长 2.14～2.17、宽 1.18 米，底长 2.03、宽
0.48 米，深 2.27～2.5 米。东、南、西三壁设生土台，下距墓底 0.66 米，台面分别宽 0.32、0.22、
0.34 米。台面上有 8 块横向并排平盖的薄木板朽痕，单块长 1.14、宽 0.15～0.33、厚 0.02 米。墓
室北壁底部设龛，与墓底平，高 1.14、宽 0.64、深 0.27 米。坑壁粗糙。填土分二层，上层为黄褐
色花土，土质较硬，厚 1.4～1.8 米；下层为灰白夹黄褐色花土，土质较松，厚 0.62～0.9 米。单棺，

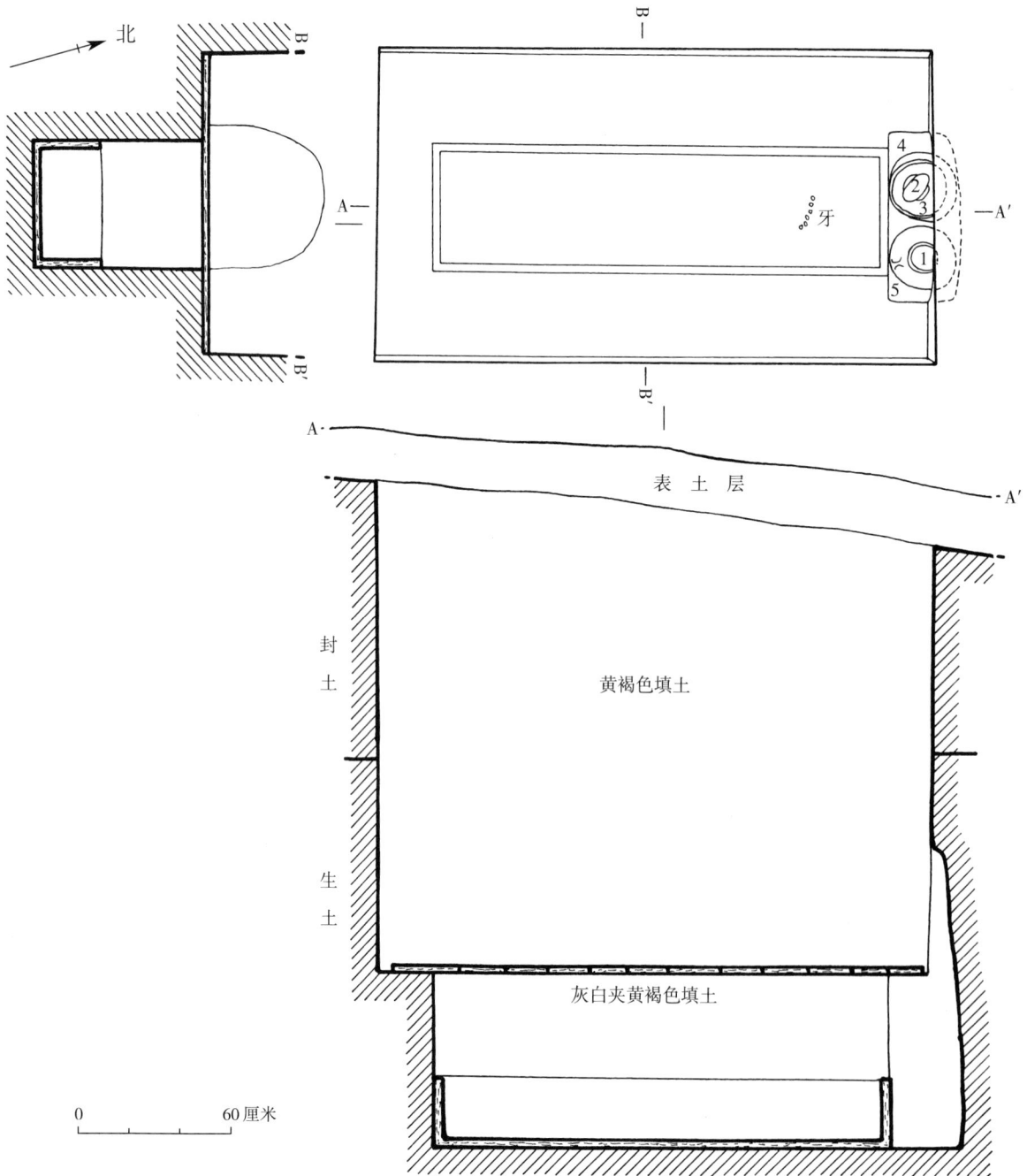

图四三七　汉墓 M184 平、剖面图

1.陶罐　2.漆耳杯　3、5.陶盂　4.陶鍪

仅余腐痕。棺痕长 1.75、宽 0.48、高 0.26、板痕厚 0.03 米。从生土台上平盖木板情况推测，其可能与台壁一起组合成象征性的椁室。人骨朽尽，棺内北端残存数枚牙齿，可知头向北，葬式不明。5 件随葬器物置于龛内（图四三七）。

陶鍪　1件。M184：4，上部泥质、下部夹砂灰陶。侈口，翻折沿，方唇，束颈，溜肩，肩有对称双弓耳稍残，扁鼓腹，凸圜底。颈部饰竖绳纹模糊，中腹饰竖绳纹，下腹及底饰横、斜绳纹。口径 14、腹径 22、高 18.6 厘米（图四三八，1）。

陶盂　2件。泥质灰陶。圆唇，平底微凹。素面。M184：3，敛口，上腹微鼓，下腹微曲收。口径 16.8、底径 8、高 6.6 厘米（图四三八，2；图版八一，3 左）。M184：5，敞口，腹近斜收。口径 11.2、底径 5.2、高 4.6 厘米（图四三八，3；图版八一，3 右）。

陶罐　1件。M184：1，泥质灰陶。双鼻耳。未能修复。

漆耳杯　1件。M184：2，仅存漆皮。

M185

方向 192°。长方形竖穴土坑木椁墓。位于二号冢东部，开口于表土层下，打破 M190 封土（即①层封土）、二号冢封土的第②、③、⑥层及生土。墓口长 2.58 ~ 2.66、宽 1.28 ~ 1.39 米，底长 2.52 ~ 2.61、宽 1.28 ~ 1.32 米，深 1.72 ~ 1.93 米。坑壁粗糙。填硬质灰褐夹灰黄色花土，包含较多碎陶片。单椁单棺，仅余腐痕。椁室平面呈"Ⅱ"形，椁痕长 2.36 ~ 2.4、宽 1.18 ~ 1.24、高 0.22、板痕厚 0.06 米。棺位于椁内西部，棺痕长 1.84、宽 0.46 ~ 0.52、高 0.04、板痕厚 0.03 米。人骨朽，可见大致轮廓，头向南，面朝上，仰身直肢葬式。5 件随葬器物置于椁内棺外东南部（图四三九）。

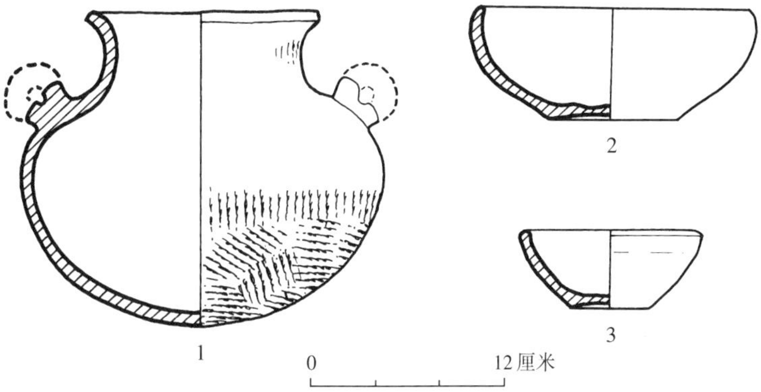

图四三八　汉墓 M184 出土陶器
1. 鍪（M184：4）　2、3. 盂（M184：3、5）

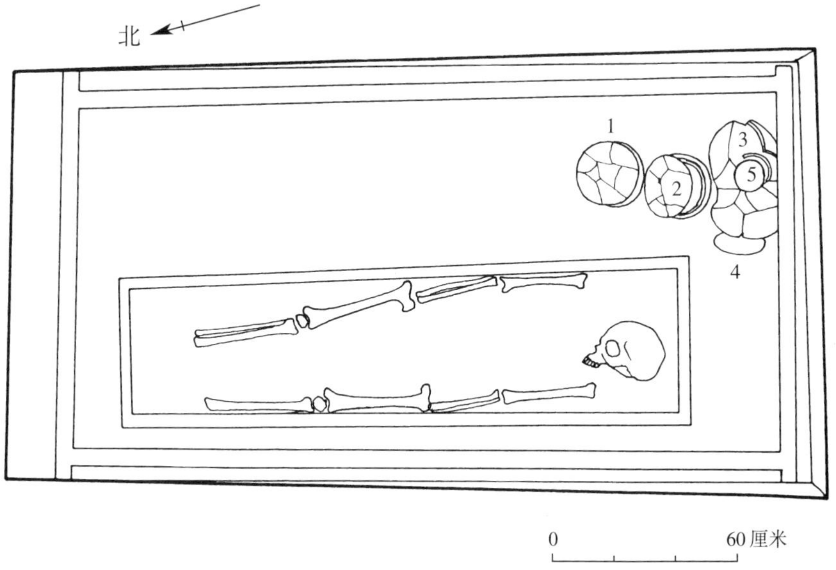

北

0　　　　　　　　60厘米

图四三九　汉墓 M185 平面图
1. 陶鼎　2. 陶盒　3. 陶壶　4. 漆耳杯　5. 陶盂

随葬器物：

陶鼎　1件。M185：1，泥质灰陶。子母口，圆唇，折肩，弧腹内收，无耳，凸圜底，三蹄足直立。上承浅折盘状盖。足外面模印人面纹。器表红彩脱落。口径16、腹径19.6、体高18、通高22厘米（图四四〇，1；图版七八，2左）

陶盒　1件。M185：2，泥质灰陶。子母口，圆唇，折肩，弧腹内收，平底微凹。上承浅折盘状盖。腹饰三道凹弦纹。器表红彩脱落。口径13.2、腹径17.6、底径6.4、体高10.4、通高15厘米（图四四〇，4；图版七八，2右）。

陶壶　1件。M185：3，泥质灰陶。盘口，平唇，束颈，圆肩，鼓腹，凸圜底近平，喇叭状圈足。颈、肩、中腹各饰二道凹弦纹，下腹饰横、斜绳纹。器表红彩脱落。口径18.8、腹径29.2、圈足径17.6、高37.4厘米（图四四〇，8；图版七八，2后）。

陶盂　1件。M185：5，泥质灰陶。微敛口，圆唇，上腹微弧，中腹弧折下收，底残。素面。口径14.8、残高5.6厘米（图四四〇，5；图版七八，2前）。

漆耳杯　1件。M185：4，仅存漆皮。

填土器物：

陶壶　1件。M185：02，泥质灰陶。残存盖，子口弧壁，顶及盖周三纽残。素面。口径12.8、

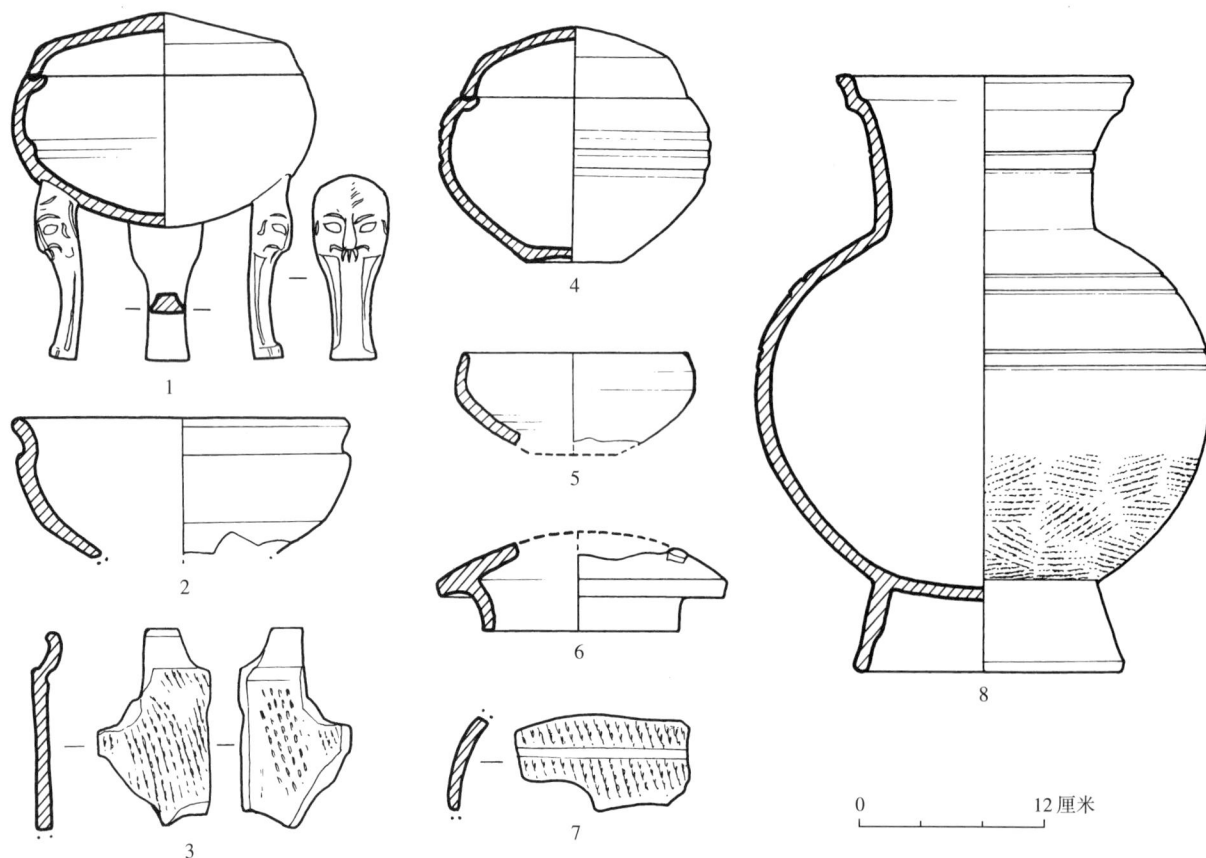

图四四〇　汉墓M185出土陶器

1. 鼎（M185：1）　2. 盂口沿（M185：01）　3. 筒瓦（M185：03）　4. 盒（M185：2）
5. 盂（M185：5）　6. 壶盖（M185：02）　7. 罐壁（M185：04）　8. 壶（M185：3）

残高5.6厘米（图四四〇，6）。

陶盂 1件。M185：01，泥质灰陶。残存口沿，敞口，翻沿，圆唇，束颈极短，折肩，弧腹内收。素面。口径21.6、残高8.8厘米（图四四〇，2）。

陶罐 1件。M185：04，泥质灰陶。残存壁，弧壁。外饰竖绳纹间一道抹痕（图四四〇，7）。

陶筒瓦 1件。M185：03，泥质灰陶。残存小部分，舌较短，前端上翘，圆唇，折肩上凸。外、内壁饰斜绳纹。残长12.4、残宽7.2厘米（图四四〇，3）。

M186

方向28°。长方形竖穴土坑墓。位于二号冢西南部，开口于表土层下，打破二号冢封土的第②层。墓口长2.28～2.32、宽1.02～1.14米，底同口大，深0.06～0.3米。坑壁粗糙。填硬质灰褐夹灰白色花土。单棺，仅余腐痕，位于坑底偏南部，棺痕长1.86、宽0.62、高0.04、板痕厚0.04米。人骨朽尽，棺内北端残存数枚牙齿，可知头向东北，葬式不明。2件随葬器物置于棺外北部（图四四一）。

陶罐 2件。泥质灰陶。口沿残，束颈，溜肩，颈肩相交处有折棱，肩有对称双鼻耳，鼓腹，浅凹底。肩至中腹饰竖绳纹间二、三道抹痕，以下饰横、斜绳纹。M186：1，腹径19、底径8.6、残高16.8厘米（图四四二，1）。M186：2，底残。腹径23.8、残高20.4厘米（图四四二，2；图版七七，3）

M187

方向105°或285°。长方形竖穴土坑墓。位于二号冢东部，开口于表土层下，打破M190封土（即①层封土）、二号冢封土的第②层。墓口长2.38、宽1米，底长2.28、宽0.92～1米，深0.4～0.92米。坑壁粗糙。填硬质灰褐夹灰白色花土。未发现葬具和随葬器物（图四四三）。

M188

方向11°。长方形竖穴土坑墓。位于二号冢南部，开口于表土

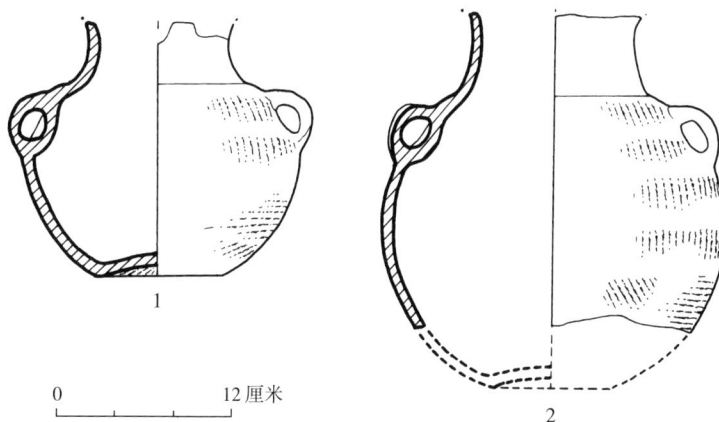

图四四一 汉墓 M186平面图
1、2.陶罐

图四四二 汉墓 M186出土陶罐
1.M186：1 2.M186：2

层下，打破二号冢封土的第②、③、⑥层。墓口长 1.28、宽 0.54 米，底同口大，深 1 米。坑壁粗糙。填硬质灰褐夹灰白色花土。未发现葬具。1 件随葬器物置于坑底北部。据随葬器物位置推测头向北（图四四四）。

陶釜　1 件。M188：1，泥质灰陶。敛口，尖圆唇，溜肩，扁鼓腹，凸圜底。下腹饰粗横绳纹。口径 11.2、腹径 18.2、高 12 厘米（图四四五；图版七七，4）。

M189

方向 26°。长方形竖穴土坑木椁墓。位于二号冢西北部，开口于表土层下，打破一号冢封土的第②、⑥层及 M193 西南角和生土。墓口长 2.4、宽 1.36 米，底同口大，深 1.26～1.77 米。坑壁粗糙。填硬质灰黄夹灰褐色花土。单椁单棺，仅余腐痕。椁室平面呈"Ⅱ"形，椁痕长 2.13、宽 1～1.14、高 0.27、板痕厚 0.05 米。棺位于椁内西部，棺痕长 1.84、宽 0.5、高 0.04、板痕厚 0.03 米。人骨朽，棺内北端残存数枚牙齿，中部存两节肢骨，可知头向东北，仰身直肢葬式。4 件随葬器物置于椁内棺外东北部（图四四六）。

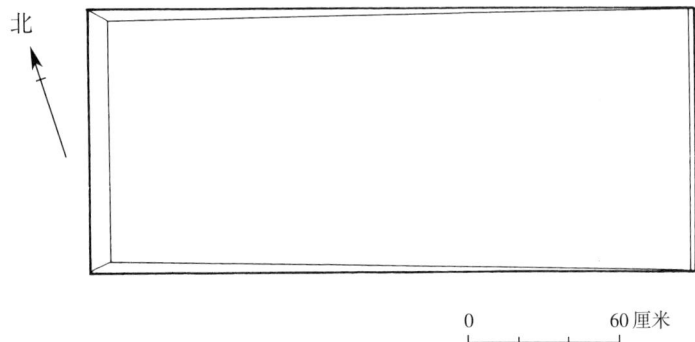

图四四三　汉墓 M187 平面图

图四四四　汉墓 M188 平面图
1. 陶釜

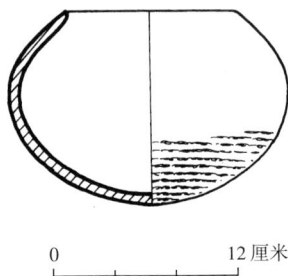

图四四五　汉墓 M188 出土
陶釜（M188：1）

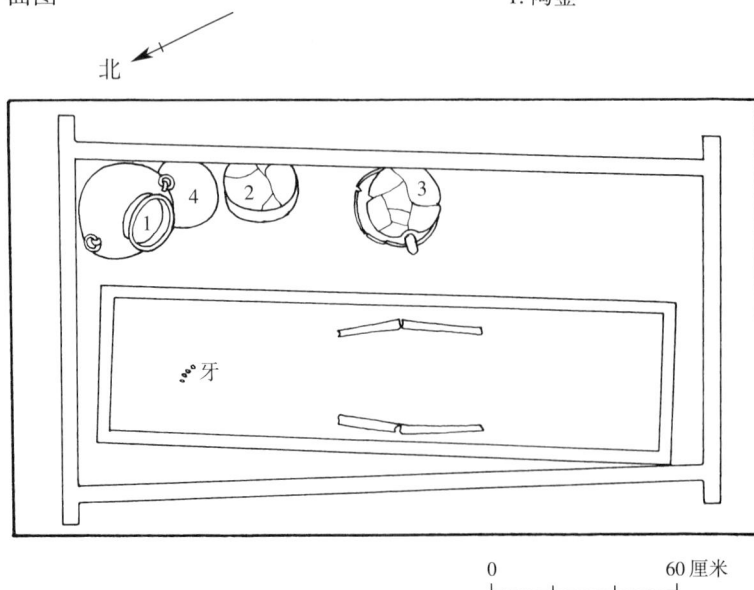

图四四六　汉墓 M189 平面图
1. 陶壶　2. 陶盒　3. 陶鼎　4. 漆盒

陶鼎 1件。M189：3，泥质灰陶。子母口，圆唇，折肩，微鼓腹，长方形附耳内聚，上端外折，耳孔未穿，平底微凹，三蹄足直立。上承浅折盘状盖。中腹饰一道凸弦纹。器内残存禽骨腐痕。口径17.6、腹径20.4、底径16.8、体高18、通高22厘米（图四四七，1；图版七八，3前左）。

陶盒 1件。M189：2，泥质灰陶。子母口，圆唇，折肩，上腹弧，下腹折收，平底微凹。上承浅弧盘状盖。器表红彩脱落。口径19.2、腹径21.2、底径8.4、体高9.6、通高13厘米（图四四七，2；图版七八，3前右）。

陶壶 1件。M189：1，泥质灰陶。盘口，折沿，方唇，束颈，溜肩，肩有对称兽面铺首衔环，鼓腹，凸圜底，盘口状深圈足。肩饰一道宽凸弦纹，中腹饰一道凹弦纹。口径17.2、腹径31、圈足径20、高40厘米（图四四七，3；图版七八，3后）。

漆盒 1件。M189：4，仅存漆皮。

M190

方向12°或192°。长方形竖穴土坑木椁墓。位于二号冢东部，开口于第①层封土下，打破二号冢封土的第②、③、⑥层和生土。M190下葬时，先在封土的东部中间按北偏东约10°方向开一横"凹"形豁口，西边长6.8米，东端直到封土边缘，垂直下挖，将一号冢封土第②层完全去掉，至二号冢封土第③层层表或挖掉该层上部分部分，到西边中部上距耕土层底约1.3米时，于豁口西段中部紧贴西壁下挖墓圹，下葬后回填墓圹及豁口，豁口填土即成为该墓封土（图四三六）。墓口长2.68、宽1.64米，底长2.4、宽1.46米，深5.68～6.28米。坑壁规整，坑壁光滑，有连弧状工具遗痕。填

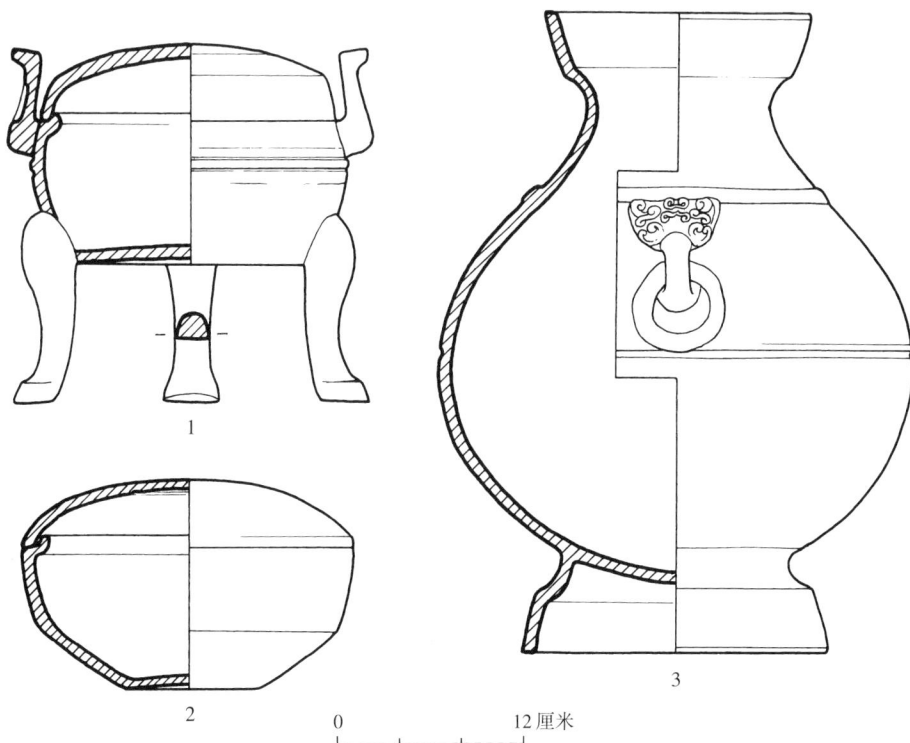

图四四七 汉墓M189出土陶器
1.鼎（M189：3） 2.盒（M189：2） 3.壶（M189：1）

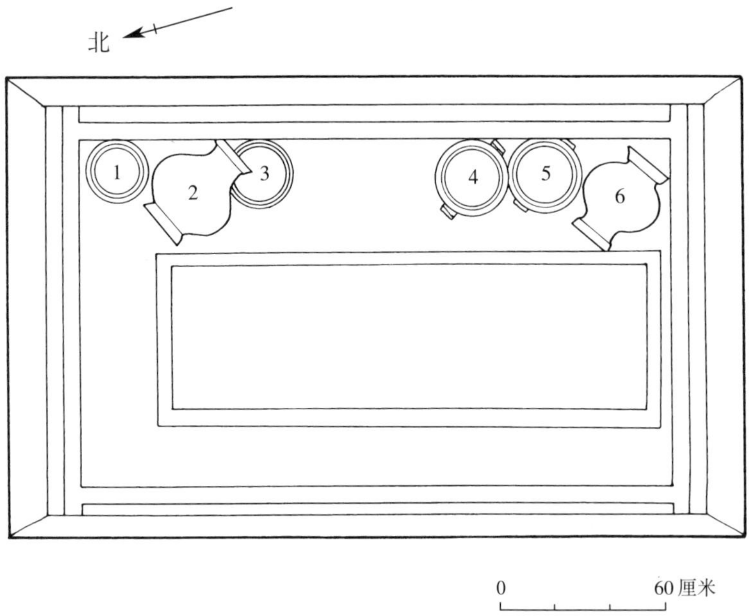

图四四八　汉墓M190平面图
1、3.陶盒　2、6.陶壶　4、5.陶鼎

软质灰黄夹灰褐色花土，填土中出土1件铁锸及少量陶片。单椁单棺，仅余腐痕。椁室平面呈"Ⅱ"形，椁痕长2.28、宽1.36、高0.48、板痕厚0.06米。棺位于椁内西部偏南，棺痕长1.84、宽0.62、高0.06、板痕厚0.05米。人骨朽尽，葬式不明。6件随葬器物置于椁内棺外东部（图四四八）。

随葬器物：

陶鼎　2件。泥质灰陶。子母口，折沿，方唇，弧腹，长方形附耳内聚，上端外折，耳孔对穿，凸圜底，三蹄足微外撇。上承弧盘状盖，盖顶三圆孔，应为插纽所做，纽未见。中腹饰一道凸弦纹。M190：4，口径22.4、腹径25.2、体高20、通高25厘米（图四四九，1；图版七九，1前左2）。M190：5，口径22.4、腹径25.6、体高20、通高24.8厘米（图四四九，3；图版七九，1前左1）。

陶盒　2件。泥质灰陶。子母口，圆唇，折肩，弧腹下收，凸圜底近平，浅宽圈足。上承覆碗状盖，浅宽圈足状捉手。素面。M190：1，口径18.4、腹径21.2、圈足径9.2、体高10、通高18厘米（图四四九，4；图版七九，1前右1）。M190：3，口径19.2、腹径20.8、圈足径9.2、体高10.4、通高17.4厘米（图四四九，5；图版七九，1前右2）。

陶壶　2件。泥质灰陶。盘口，折沿，平唇，束颈，溜肩，肩有对称兽面铺首衔环，鼓腹，凸圜底，盘口状浅圈足。肩、中腹各饰一道宽带纹，下腹饰二或一道凹弦纹。上承子口弧壁盖，盖顶有三圆孔，应为插纽所穿，纽未见。M190：2，口径18、腹径32、圈足径17.2、体高37、通高41厘米（图四四九，6；图版七九，1后左）。M190：6，盘口残。下腹可见细斜绳纹。腹径32.4、圈足径18、残高34厘米（图四四九，2；图版七九，1后右）。

填土器物：

铁锸　1件。M190：01，平面呈"U"形，上端有长方形銎，上部中空，下部实心，弧刃，刃残。刃宽12、厚1.8、残高10.2厘米（图四四九，8）。

陶盆　1件。M190：02，泥质灰陶。残存口沿，侈口，翻折沿，外沿面有一周浅凹槽，方唇，束短颈，折肩，弧腹缓收。素面。口径28、残高13.2厘米（图四四九，7）。

M191

方向282°。长方形竖穴土坑墓。位于二号冢南部，开口于表土层下，打破二号冢封土的第②层和生土。墓口长2.2、宽0.86米，底同口大，深0.66～0.96米。坑壁规整光滑。填硬质灰黄夹灰褐色花土。单棺，仅余腐痕。棺位于坑底偏南部，棺痕长1.78、宽0.44、高0.08、板痕厚0.04

图四四九 汉墓 M190 出土器物
1、3.陶鼎（M190：4、5） 2、6.陶壶（M190：6、2） 4、5.陶盒（M190：1、3）
7.陶盆口沿（M190：02） 8.铁锸（M190：01）

米。人骨朽尽，棺内西端残存数枚牙齿，可知头向西，葬式不明。5件随葬器物置于棺外北部（图四五〇）。

陶鍪 1件。M191：3，上部泥质、下部夹砂褐陶。侈口，翻沿，尖唇，束颈，折肩，肩有对称双弓耳，弧腹内收，凸圜底。腹及底饰横、斜绳纹。口径14.8、腹径20.4、高19.2厘米（图四五一，3）。

图四五〇 汉墓 M191 平面图
1、2、5.陶盂 3.陶鍪 4.陶罐

陶盂 3件。泥质黑衣褐陶。敞口，圆唇，下腹弧收，平底微凹。M191：1，上腹饰二道凹弦纹。口径25.2、底径9.6、高8.4厘米（图四五一，1；图版八〇，3左）。M191：2，上腹折。素面。

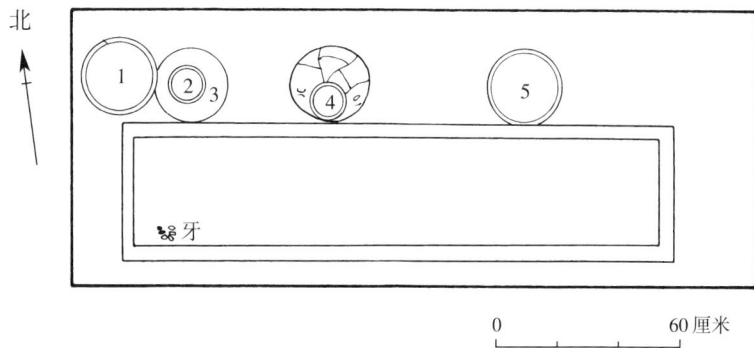

口径14、底径5.6、高6厘米（图四五一，5；图版八〇，3右）。M191：5，折肩，中腹残。口径25、底径9.4厘米（图四五一，2）。

陶罐　1件。M191：4，泥质黑衣褐陶。口残，束颈，溜肩，肩有对称双鼻耳，鼓腹，浅凹底。颈部饰一道凸弦纹，肩至中腹饰竖绳纹间五道抹痕，以下饰横、斜绳纹。腹径22.8、底径5.6、残高21.6厘米（图四五一，4）。

图四五一　汉墓M191出土陶器
1、2、5.盂（M191：1、5、2）3.鏊（M191：3）4.罐（M191：4）

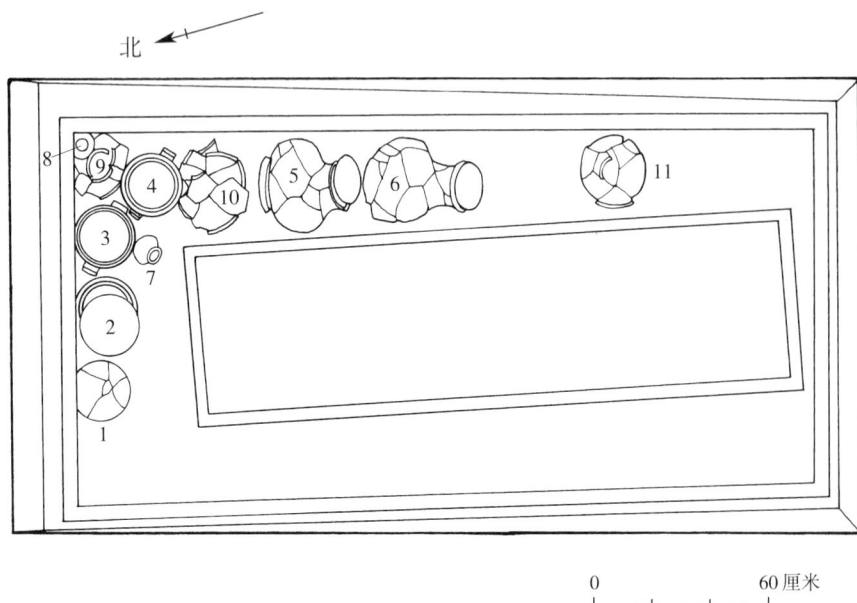

M192

方向11°。长方形竖穴土坑木椁墓。位于二号冢中部，开口于⑥层下，直接打破生土。墓口长2.92、宽1.52米，底长2.74、宽1.36～1.5米，深4.1米。坑壁规整光滑，有连弧状工具遗痕。填软质黄褐夹灰白色花土。单椁单棺，仅余腐痕。椁室平面呈长方形，椁痕长2.64、宽1.28～1.35、高0.5、板痕厚0.06米。棺位于椁内中部偏南，棺痕长2.1、尽，葬式不明。11件随葬器物置于棺外东、北部。据随葬器物位置推测头向北（图四五二）。

陶鼎　2件。泥质灰陶。子母口，圆唇，折肩，上腹斜直，向下微折收，长方形附耳微外

图四五二　汉墓M192平面图
1、2.陶盒　3、4.陶鼎　5、6、11.陶壶　7、8.陶汲水瓶　9.陶镳斗　10.陶罐

撇，耳孔对穿，凸圜底近平，三矮蹄足微外撇。上承浅折盘状盖，上部残。素面。M192：3，口
径14.8、腹径18、体高13.2、残高16.2厘米（图四五三，1）。M192：4，口径16.4、腹径20、体
高12.6、残高15.6厘米（图四五三，2；图版七九，2中左）。

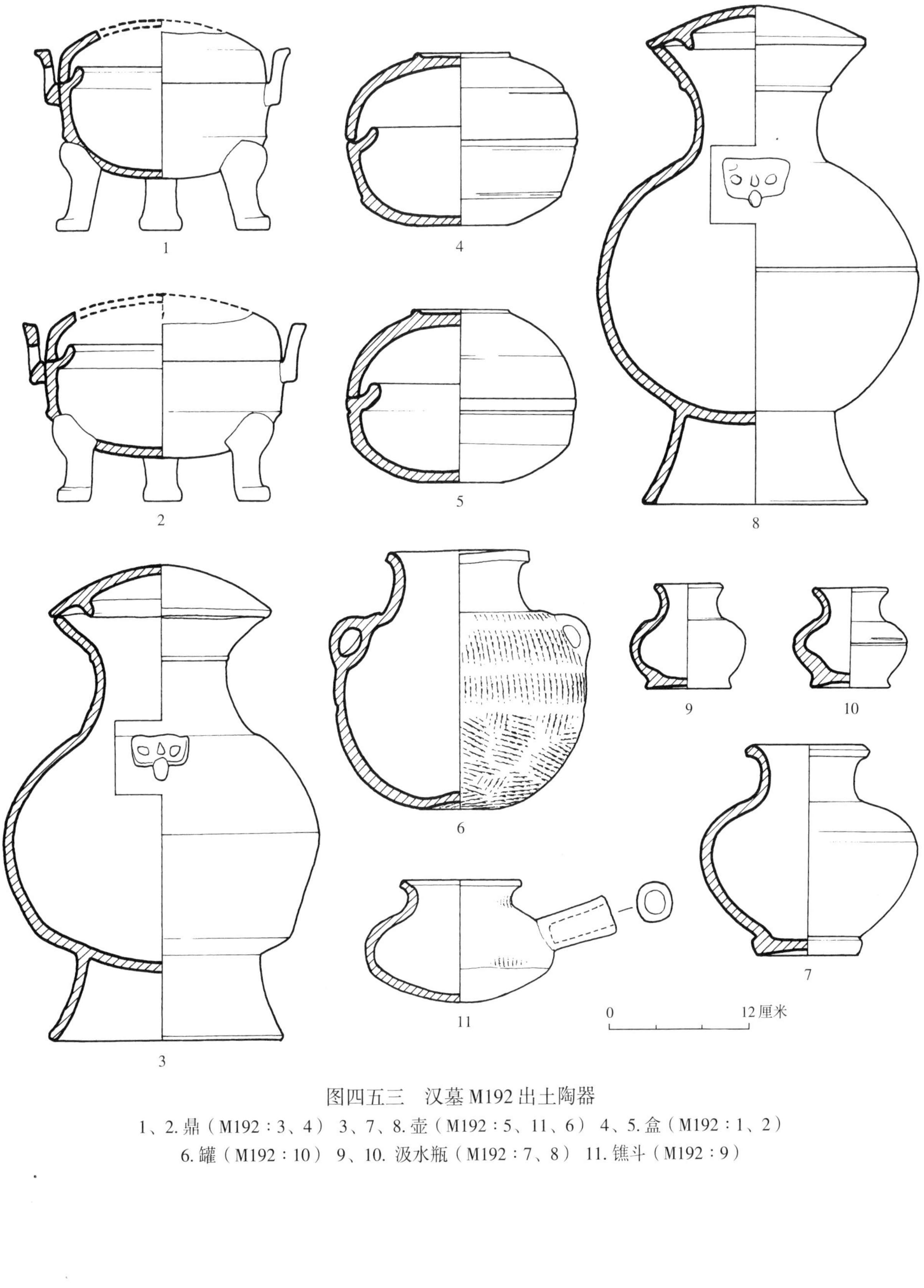

图四五三　汉墓M192出土陶器
1、2.鼎（M192：3、4）　3、7、8.壶（M192：5、11、6）　4、5.盒（M192：1、2）
6.罐（M192：10）　9、10.汲水瓶（M192：7、8）　11.鐎斗（M192：9）

陶盒　2件。泥质褐陶。子母口，圆唇，折肩，上腹斜直，折腹向下弧收，平底。腹、盖各饰一道凹弦纹。上承覆碗状盖，浅宽圈足状捉手。出土时器表饰有红彩，全部脱落。M192：1，口径15.6、肩径19.5、底径7.8、体高8、通高14厘米（图四五三，4）。M192：2，口径15.2、肩径19.6、底径8、体高8、通高14厘米（图四五三，5；图版七九，2前左1）。

陶壶　3件。泥质灰陶。侈口，圆唇，束颈。M192：5，溜肩，肩有对称兽面铺首，鼓腹，凸圜底，喇叭状深圈足。上承子口弧壁盖。颈饰一道凸弦纹。口径18、腹径26.8、圈足径19.2、体高34.6、通高38.6厘米（图四五三，3；图版七九，2后）。M192：6，形制同M192：5，颈、中腹各饰一道凸、凹弦纹。口径18.2、腹径27.6、圈足径19.2、体高37、通高40.5厘米（图四五三，8）。M192：11，翻折沿下压，圆肩，扁鼓腹，近底部外曲，平底微凹。素面。口径10.8、腹径18.8、底径8.8、高17.2厘米（图四五三，7；图版七九，2前右1）。

陶鐎斗　1件。M192：9，上部泥质、下部夹砂灰陶。侈口，翻折沿，方唇，束颈，圆肩，肩部有一圆筒状柄，扁鼓腹，凸圜底。颈中部及中腹饰竖绳纹，多模糊。口径10.4、腹径16、高10厘米（图四五三，11；图版七九，2中中）。

陶罐　1件。M192：10，泥质灰陶。侈口，翻折沿，方唇，束颈，溜肩，颈肩相交处有折棱，肩有对称双鼻耳，鼓腹，浅凹底。肩至中腹饰竖绳纹间三道抹痕，以下饰交错绳纹。口径12.4、腹径21.2、底径6.4、高21厘米（图四五三，6；图版七九，2中右）。

陶汲水瓶　2件。泥质灰陶。侈口，翻沿，圆唇，束颈，溜肩，扁鼓腹，近底部外曲，平底微凹。器表红彩大部脱落。M192：7，颈部可见零星红彩。口径6、腹径10、底径8、高8.6厘米（图四五三，9；图版七九，2前左2）。M192：8，中腹饰一道凹弦纹，腹部可见零星红彩。口径6.4、腹径9.6、底径6.8、高8.2厘米（图四五三，10；图版七九，2前右2）。

M193

方向17°。长方形竖穴土坑墓。位于二号冢西北部，开口于⑥层下，西南角被M189打破，直接打破生土。墓口长2.2～2.3、宽1.4～1.7米，底长1.95、宽0.84～0.88米，深2.1～2.22米。北壁下端中部设龛，底与墓底平，高0.55、宽0.47、深0.44米。坑壁粗糙。填硬质黄褐夹灰白色花土。单棺，仅余腐痕。棺位于坑底偏西南部，棺痕长1.82、宽0.47、高0.36、板痕厚0.02米。人骨朽，可见腐痕轮廓，头向北，面朝上，双手交叉置于腹部，仰身直肢葬式。3件随葬器物置于北壁龛内（图四五四）。

陶釜　1件。M193：3，上部泥质、下部夹砂灰陶。侈口，翻折沿，方唇，短束颈，溜肩，扁鼓腹，凸圜底。中腹以下饰横绳纹。器表有烟炱痕。口径9.6、腹径17.2、高13.6厘米（图四五五，1；图版八〇，1后右）。

陶盂　1件。M193：2，泥质灰陶。近直口，圆唇，上腹弧，至中腹向下微曲收，平底微凹。素面。口径14、底径6.4、高6.2厘米（图四五五，2；图版八〇，1前）。

陶罐　1件。M193：1，泥质灰陶。侈口，翻沿，圆唇，束颈，溜肩，颈肩相交处有折棱，肩有对称双鼻耳，微鼓腹，凹底较深。颈部饰数道凹弦纹，肩至中腹饰竖绳纹间二道抹痕，以下饰横绳纹。口径14、腹径22、底径6、高22.4厘米（图四五五，3；图版八〇，1后左）。

M194

方向25°。长方形竖穴土坑木椁墓。位于二号冢西北部，开口于⑥层下，直接打破生土。墓

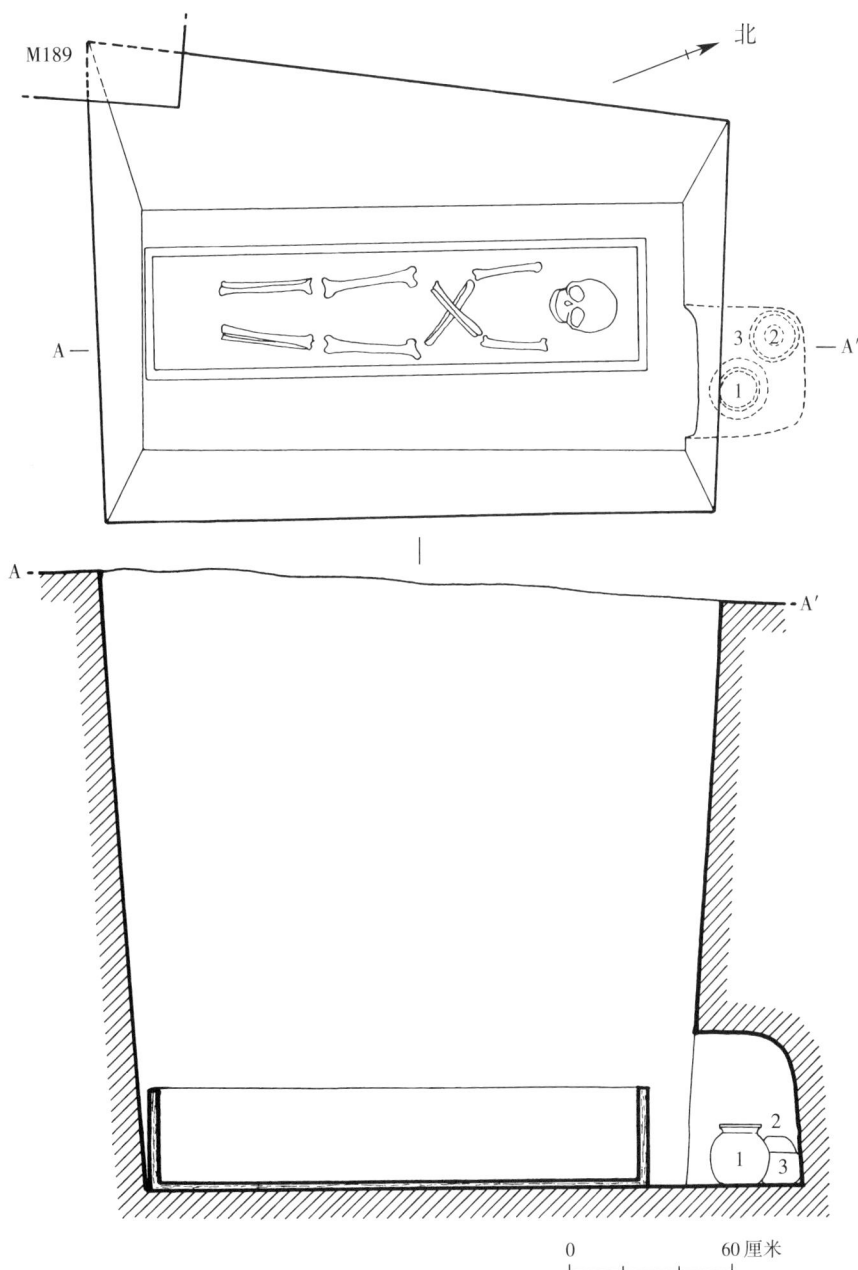

图四五四 汉墓 M193 平、剖面图
1. 陶罐 2. 陶盂 3. 陶釜

口长 2.44、宽 1.28 米，底长 2.06、宽 1.06 ~ 1.14 米，深 0.94 米。坑壁粗糙。填土分二层，上层为灰白夹灰褐色花土，厚 0.7 米，下层为灰褐夹灰白色花土，厚 0.24 米，土质较硬。单椁单棺，仅余腐痕。椁室平面呈长方形，椁痕长 2.02、宽 0.92 ~ 1.07、高 0.1、板痕厚 0.04 米。棺位于椁内西南部，棺痕长 1.74、宽 0.52、高 0.09、板痕厚 0.04 米。人骨朽尽，棺内北端残存数枚牙齿，可知头向北，葬式不明。4 件随葬器物置于椁内棺外东部（图四五六）。

陶釜 1 件。M194：1，上部泥质、下部夹砂灰陶。侈口，圆唇，翻沿，束颈，溜肩，肩有对

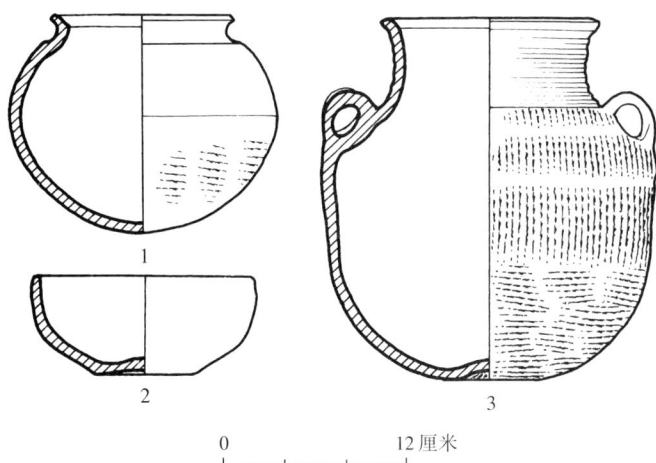

图四五五　汉墓 M193 出土陶器
1.釜（M193：3）　2.盂（M193：2）　3.罐（M193：1）

图四五六　汉墓 M194 平面图
1.陶釜　2、3.陶罐　4.漆耳杯

称双鼻耳，扁鼓腹，凸圜底。颈中部饰多道凹弦纹，上腹饰竖绳纹，以下饰横、斜绳纹。口径16、腹径25.2、高18.4厘米（图四五七，1；图版八〇，2前右）。

陶罐　2件。泥质灰陶。侈口，翻沿，圆唇，束颈，溜肩，颈肩相交处有折棱，肩有对称双鼻耳，鼓腹，浅凹底。肩至中腹饰竖绳纹间有三道抹痕，以下饰横、斜绳纹。M194：2，颈饰一道凸弦纹。口径13.2、腹径21.2、底径6.4、高22.4厘米（图四五七，2；图版八〇，2前左）。M194：3，口径12.4、腹径21.2、底径4、高21.8厘米（图四五七，3；图版八〇，2后）。

漆耳杯　1件。M194：4，仅存漆皮。

（三）第三组

即三号冢，其下分布2座墓葬 M182、M183，两墓并列，间距5米。

两墓墓口以上原有封土堆被平整不少，现存平面近圆形，中部最高，往外逐渐降低，直径约10.6～10.8米，最厚处0.56米，填灰白夹灰黄色花土，致密，质硬。其上还依次叠压有表土层和晚期扰土层，表黄褐色土，质较硬，封土顶上最薄，愈往外愈厚，厚0.12～1.48米（图四五八）。

土层为灰褐色土，厚约0.2米；扰土层是晚期平整土地堆积，

M182

方向35°。长方形竖穴土坑木椁墓。墓口长2.7、宽1.7米，底同口大，深2.66～3米。坑壁光滑。填软质灰白夹黄褐色花土。单椁单棺，仅余腐痕。椁室平面呈长方形，椁痕长2.6、宽1.59、高0.4、板痕厚0.06米，椁底板共6块，纵向平铺，单板长2.6、宽0.18～0.3米。棺位于椁内西部，棺痕长2.1、宽0.54、高0.1、板痕厚0.03米。棺下横置四根垫木，单根长1.6～1.8、宽0.1～0.14、高0.14米。人骨朽尽，棺内北端残存数枚牙齿，可知头向东北，葬式不明。5件（枚）随葬器物除铜"五铢"置于棺内中部外，余置于椁内棺外北部或棺下（图四五九）。

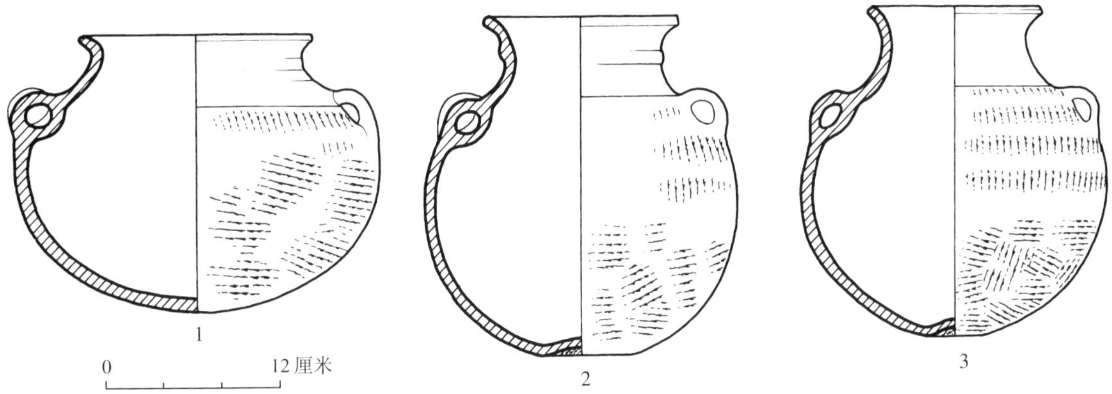

图四五七 汉墓 M194 出土陶器
1. 釜（M194：1） 2、3. 罐（M194：2、3）

陶瓮 1件。M182：4，泥质灰陶。敛口，仰折沿，圆唇，束颈，圆肩，上腹鼓，下腹斜收，平底微凹。肩、上腹各饰一道宽带绳纹。口径22.8、腹径39.6、底径24、高27.2厘米（图四六○，1；图版七七，5）。

铜盆 1件。M182：2，破碎严重，无法复原。灰绿色。敞口，平折沿。原放在方形木匣内，木匣已朽。

铜"五铢" 2枚。圆形，方穿，双面有外郭，穿背面有周郭。穿左右篆书"五铢"二字，"五"字交笔微弯曲，两横出头，"铢"之"金"字头呈三角形，"朱"之上笔方折，下笔圆折。M182：1-1，直径2.5、穿边长1厘米（图四六○，2）。

铁鼎 1件。M182：3，严重锈蚀，无法复原。

M183

方向34°。长方形竖穴土坑木椁墓。墓口长2.9、宽1.5米，底长2.9、宽1.66米，深3.42～3.98米。坑壁光滑。填软质灰白夹黄褐色花土。单椁单棺，仅余腐痕。椁室平面呈长方形，盖、底板可辨。椁痕长2.84、宽

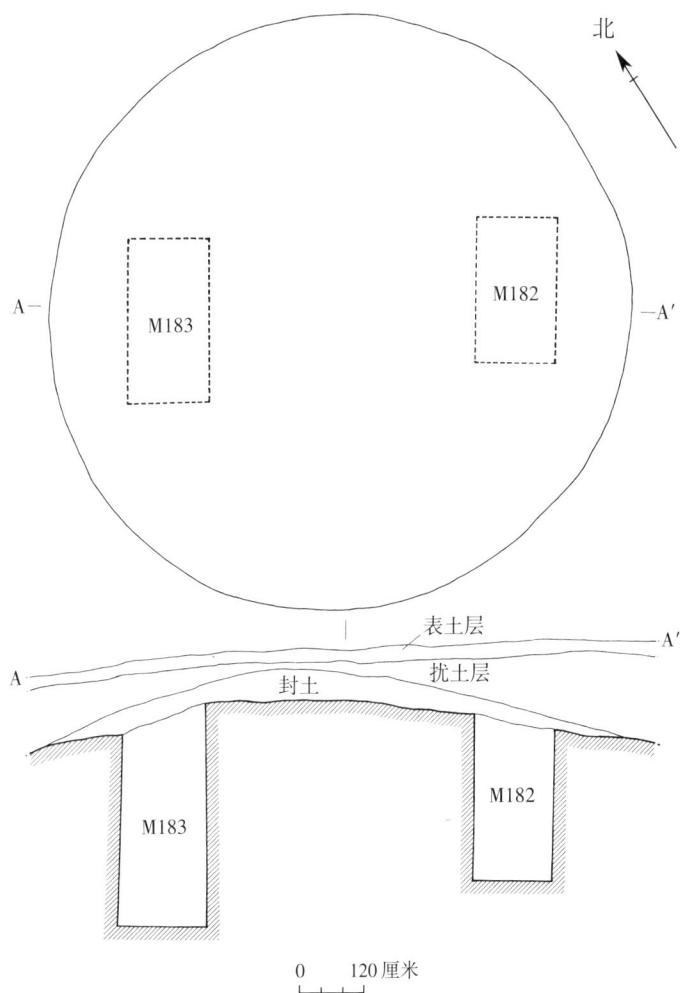

图四五八 东区三号冢平、剖面图

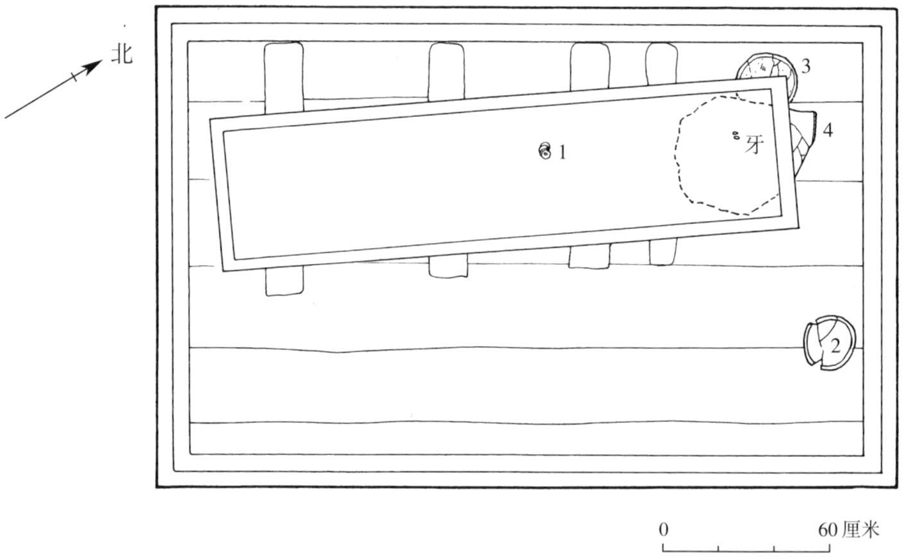

0   60厘米

图四五九　汉墓M182平面图
1.铜"五铢"　2.铜盆　3.铁鼎　4.陶瓮

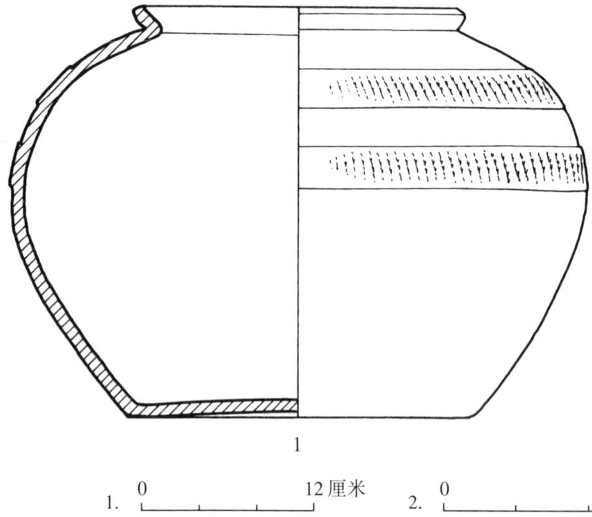

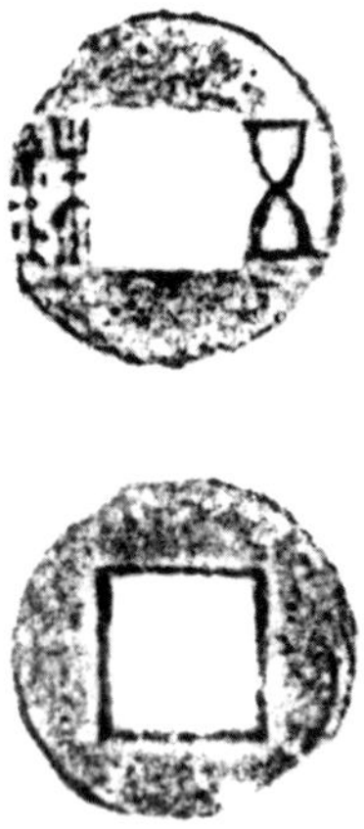

1.   0   12厘米　　2.   0   3厘米

图四六〇　汉墓M182出土器物
1.陶瓮（M182：4）　2.铜"五铢"拓本（M182：1-1）

1.62、高0.64、板痕厚0.06米；盖板共8块，横向平盖，长1.34～1.4，宽0.22～0.45、厚0.02米；底板共7块，纵向平铺，长2.72、宽0.2～0.3米。棺位于椁内西部偏南，棺痕长2.28、宽0.52、高0.1、板痕厚0.04米。椁底板下南北部各有一垫木沟槽，横断面呈长方形，长1.66、宽0.12、深0.06米。人骨朽尽，棺内北端残存数枚牙齿，可知头向东北，葬式不明。9件（枚）随葬器物除铜"五铢"置于棺内中部外，余置于椁内棺外北部（图四六一；图版八一，1）。

陶鍪　1件。M183：1，上部泥质、下部夹砂灰陶。侈口，翻沿，圆唇，束颈，溜肩，肩有对称双鼻耳，鼓腹，凸圜底。颈、腹部可见模糊竖绳纹。口径14.8、腹径22.4、高19厘米（图四六二，1；图版八一，2前）。

　　陶罐　1件。M183：2，泥质灰陶。侈口，翻沿，方唇，束颈，溜肩，肩有对称双鼻耳，鼓腹，浅凹底。肩至中腹饰竖绳纹间四道抹痕，以下饰交错绳纹。口径14、腹径25.6、底径7.2、高28.4厘米（图四六二，3；图版八一，2后左）。

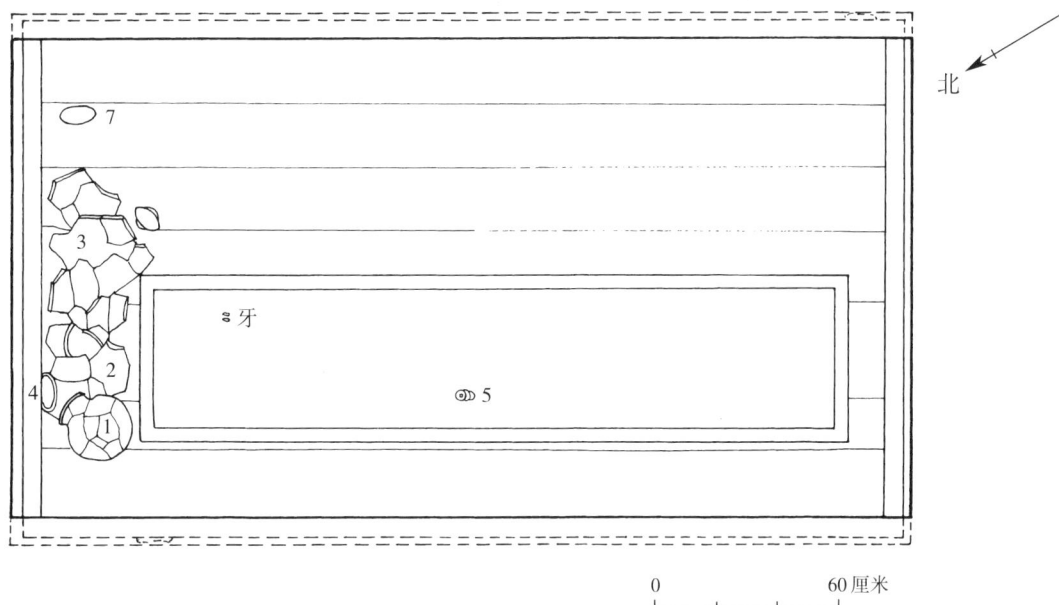

图四六一　汉墓M183平面图
1. 陶鍪　2. 陶罐　3. 陶瓮　4. 铁鍪　5. 铜"五铢"　6、7. 漆耳杯

图四六二　汉墓M183出土器物
1. 陶鍪（M183：1）　2. 铁鍪（M183：4）　3. 陶罐（M183：2）　4. 陶瓮（M183：3）

陶瓮　1件。M183：3，泥质灰陶。微侈口，翻折沿，方唇，短领，微折肩，垂鼓腹下折，凸圜底。肩饰二周凹弦纹，上腹饰竖绳纹模糊，间多道抹痕，下腹及底饰横绳纹间交错绳纹。口径18、腹径35.6、高29.5厘米（图四六二，4；图版八一，2后右）。

铜"五铢"　3枚。M183：5，锈蚀严重，无法起取。依稀可辨钱文为"五铢"。

铁鍪　1件。M183：4，锈蚀严重。口、颈部残，溜肩，扁鼓腹，凸圜底。腹径20、残高11厘米（图四六二，2）。

漆耳杯　2件。M183：6、7，仅存漆皮。

第三节　分期与年代

一、随葬器物的类型学特征

145座墓葬中，141座墓葬出土有随葬器物，共1453件（枚），按质地可分为陶、硬陶、铜、铁、铅、石、骨、漆器等。

（一）陶器

共878件，按性质可分为仿铜礼器、日用器、模型明器、饰品四类。

1. 仿铜礼器

共278件，均为容器。以泥质灰陶为主，泥质褐陶次之，并有少量泥质红陶，部分器表施黑衣；纹饰多为弦纹，少量为绳纹，并有极少量网格、兽面、圆圈、菱形、动植物纹等，相当部分器表施红彩，但大多脱落；器类有鼎、瓿、盒、壶、钫、豆、杯、勺等。

鼎　105件，可辨形制者103件，2件（M51：3，M133：2）因未能修复而无法辨别形制。子母口，圆或方唇，折肩，肩有对称长方形耳，耳孔或穿或未穿，三足。一般上承盖。中腹多饰一至三道凹、凸弦纹，少量素面，或中腹有一周折棱。根据足整体的不同可分三型。

A型　72件。蹄形足。器形相对较大。按照陶色、整体和口沿、耳、腹、底、足、盖及是否施釉的变化可分十式。

Ⅰ式：3件。分别为M56：10，M139：13、14。灰陶。整体较矮小。口沿较长，耳较小并外撇，腹较浅，平底或微凹，三蹄足微外撇，外壁有竖棱，横断面呈"山"形。浅折盘状盖，盖顶或无纽，或周边三饼状纽。标本M56：10（图四六三，1；图版八二，1），M139：13（图四六三，2）。

Ⅱ式：12件。分别为M54：1、2，M66：4、5，M111：3、4，M124：3、4，M166：6、7，M192：3、4。灰、褐陶。整体多稍矮小，少量较宽高。口沿较长，耳变大并外撇，大部分腹稍深，或凹或凸圜底，三蹄足多变高，有的内敛，有的直立，有的外撇，横断面呈扁圆或半圆形。浅折或弧盘状盖，盖周新出现外弯角状纽。标本M54：1（图四六三，3），标本M111：3（图四六三，4），标本M124：3（图四六三，5；图版八二，2），标本M192：3（图四六三，6）。

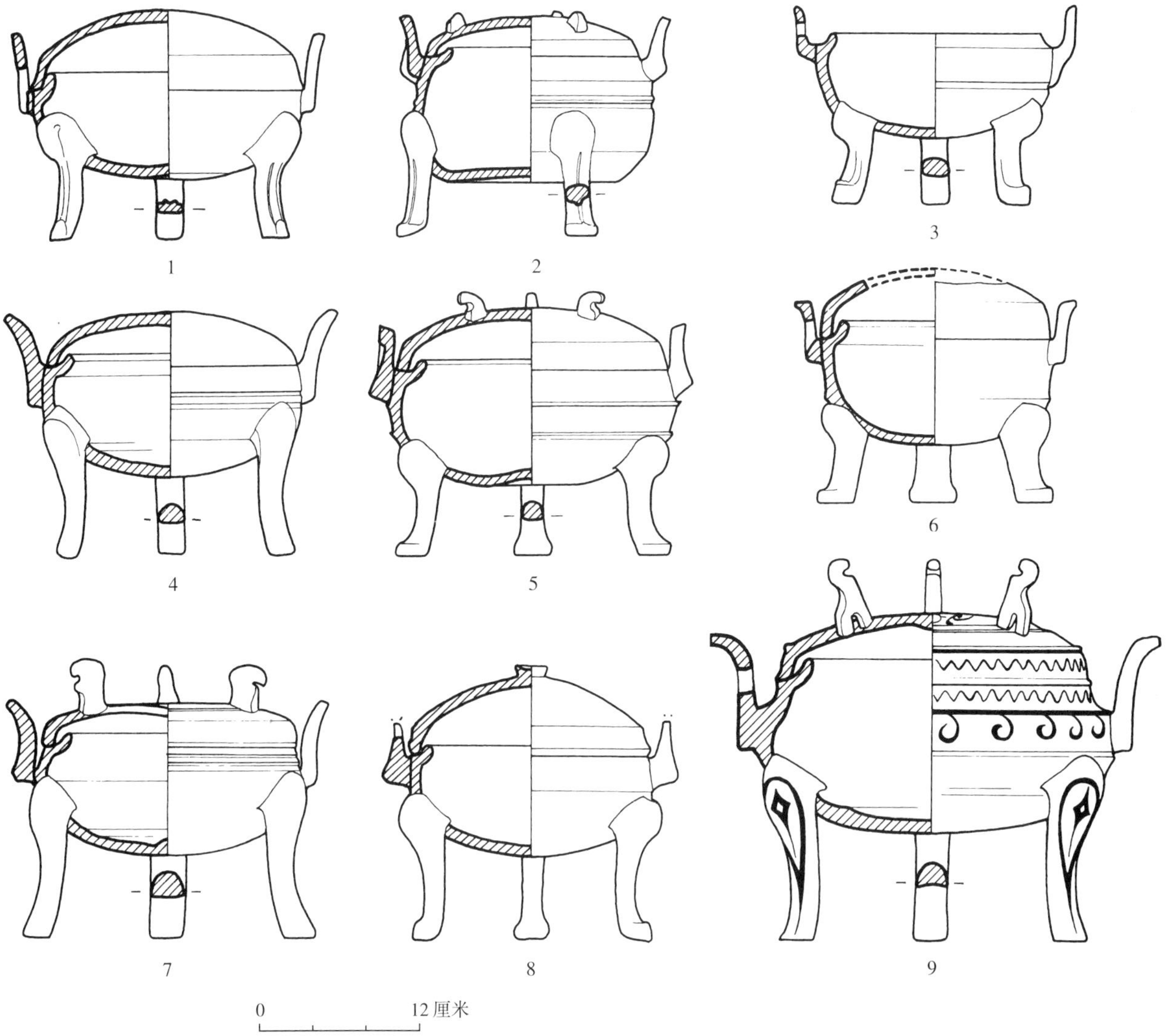

图四六三 汉墓出土 A 型陶鼎

1、2. Ⅰ式（M56∶10、M139∶13） 3～6. Ⅱ式（M54∶1、M111∶3、M124∶3、M192∶3）

7～9. Ⅲ式（M27∶2、M123∶2、M50∶2）

Ⅲ式：4件。分别为 M27∶2，M50∶1、2，M123∶2。灰陶。整体较宽高。口沿较长，耳稍小，下部直立，上端外弧撇，腹较浅，凸圜底，三足高，或直立或微外撇，横断面呈半圆形。折盘状盖或浅或深，盖顶或有小圈足状捉手，或盖周有立鸟状纽。标本 M27∶2（图四六三，7；图版八二，3），标本 M50∶2（图四六三，9），标本 M123∶2（图四六三，8）。

Ⅳ式：12件。分别为 M52∶1、2，M80∶1，M127∶1、2，M128∶1、2，M134∶1，M161∶10、11，M174∶3，M189∶3。灰、褐陶。整体较高。口沿稍短，耳稍大，上端折撇，外缘尖凸，腹变深，多平底或微凹，少量凸圜底，三较粗蹄足稍矮，横断面呈半圆形，少量足根部为人面或圆圈纹。折或弧盘状盖，多较深，或盖顶圈足状捉手、纽衔环，或盖周立鸟、饼状纽，或无纽。标本 M52∶2（图四六四，1），标本 M80∶1（图四六四，2；图版八二，4），标本 M127∶2（图四六四，5），标本 M161∶11（图四六四，6）。

Ⅴ式：16件。分别为 M28：2，M53：4、6，M57：3、4，M58：1、2，M125：3、4，M132：1、2，M136：3，M143：3、4，M190：4、5。灰、褐陶。整体稍矮胖。口沿稍长，耳稍大，上端平折外撇，部分较长，外端尖，深腹，上腹直，下腹弧收，大多凸圜底，个别平底或微凹，三蹄足稍矮，横断面呈扁圆或半圆形。微折或弧盘状盖，多较深，盖周大多为环钮，少量角状、锥状、饼状钮。标本 M28：2（图四六四，3；图版八二，5），标本 M53：6（图四六四，10；图版八二，6），标本 M125：4（图四六四，4），标本 M136：3（图四六四，8），标本 M190：4（图四六四，9）。

图四六四　汉墓出土 A 型陶鼎

1、2、5、6. Ⅳ式（M52：2、M80：1、M127：2、M161：11）　3、4、8~10. Ⅴ式（M28：2、M125：4、M136：3、M190：4、M53：6）　7. Ⅵ式（M74：1）

Ⅵ式：7件。分别为 M74：1，M101：4，M108：3，M157：2、3，M172：7，M185：1。灰、褐陶。整体稍窄高，器形变小。部分口沿较短，甚至近无，耳较小，多整体外撇，腹变浅，上腹少量开始外鼓，下腹弧收，凸圜底，三蹄足较高，直立或外撇，相当部分足根呈人面形。折或弧盘状盖，或浅或深，无纽。标本 M74：1（图四六四，7；图版八三，1），标本 M108：3（图四六五，1），标本 M185：1（图四六五，2）。

Ⅶ式：4件。分别为 M105：1，M107：2，M108：4，M115：2。灰陶。除腹扁鼓、足稍矮、足素面、浅弧盘状盖外，其余特征与Ⅵ式基本相同。标本 M107：2（图四六五，8），标本 M115：2（图四六五，7；图版八三，2）。

Ⅷ式：9件。分别为 M37：7、11，M98：9、10，M99：1、16，M100：3，M171：25、30。多灰陶，少量红陶。整体较矮胖。口沿稍短，耳较小并弧撇，深腹，中腹扁鼓，平底或微凸，三蹄足稍矮，足底外侧并排刻成小竖槽呈脚趾状。弧盘状盖或浅或深，少量盖顶有饼状纽或小圈足状捉手。耳壁部分饰小方格纹。标本 M37：11（图四六五，4；图版八三，3），标本 M99：1（图四六五，5；图版八三，4），标本 M100：3（图四六五，10）。

Ⅸ式：1件。灰陶。整体稍矮胖。口沿短，耳较小并外撇，微垂鼓腹，腹较深，凸圜底，人面足微撇。博山炉式盖。标本 M19：3（图四六五，6；图版八三，5）。

Ⅹ式：4件。分别为 M47：21、23，M175：6、9。红陶。整体稍窄高。鼎体形制基本同Ⅸ式，只是足跟面无或简单象征性人面装饰。浅弧盘状盖或博山炉式盖。器表施釉。标本 M47：21（图四六五，9；图版八三，6右），标本 M175：9（图四六五，3）。

B 型 15件。熊形足直立。器形相对较大。上腹近直，下腹弧收，小耳外撇，凸圜底。按照陶色和口沿、腹、足、盖及是否施釉的变化可分三式。

Ⅰ式：5件。分别为 M92：13，M104：1，M110：2，M119：1，M173：4。灰陶或浅红陶。口沿多较短，少量稍长，腹较深，足较高。弧盘状盖或浅或深。标本 M104：1（图四六六，1；图版八四，1），标本 M173：4（图四六六，2）。

Ⅱ式：1件。灰陶。除口沿短、承博山炉式盖外，其余特征基本同Ⅰ式。标本 M77：1（图四六六，3；图版八四，2）。

Ⅲ式：9件。分别为 M46：3，M63：1、7、32，M131：2，M147：7，M168：10，M176：4，M178：10。红陶。口沿短，腹一般较浅，足相对较矮。承博山炉式盖。器表均施釉，大多脱落。标本 M46：3（图四六六，4；图版八四，3），标本 M63：7（图四六六，5），标本 M176：4（图四六六，6）。

C 型 16件。灰、褐陶。整体较小。矮柱足。一般口沿稍长，少数较短，个别子口基本不见，小耳外斜撇，多扁鼓腹，仅个别上腹近直，下腹弧收，圜底近平，盖很浅。按照腹、足的变化可分五式。

Ⅰ式：1件。耳缺失。腹较深，侧扁柱足较高，足根部外突。标本 M12：2（图四六七，1；图版八四，4）。

Ⅱ式：7件。分别为 M43：15，M44：2、12，M90：9，M91：2，M106：2，M169：3。大多腹较浅，个别腹较深，足较矮，除个别宽扁外，余均呈圆柱状，稍细，少量足根上部外突。标本 M43：15（图四六七，2；图版八四，5），标本 M91：2（图四六七，3），标本 M106：2（图四六

图四六五　汉墓出土 A 型陶鼎

1、2. Ⅵ式（M108：3、M185：1）　3、9. Ⅹ式（M175：9、M47：21）　4、5、10. Ⅷ式（M37：11、M99：1、M100：3）
6. Ⅸ式（M19：3）　7、8. Ⅶ式（M115：2、M107：2）

七，4；图版八四，6）。

　　Ⅲ式：5件。分别为 M73：2，M85：18，M89：7，M93：6，M96：3。腹较深，矮细足近圆
锥状。标本 M89：7（图四六七，5；图版八五，1），标本 M93：6（图四六七，6；图版八五，2）。

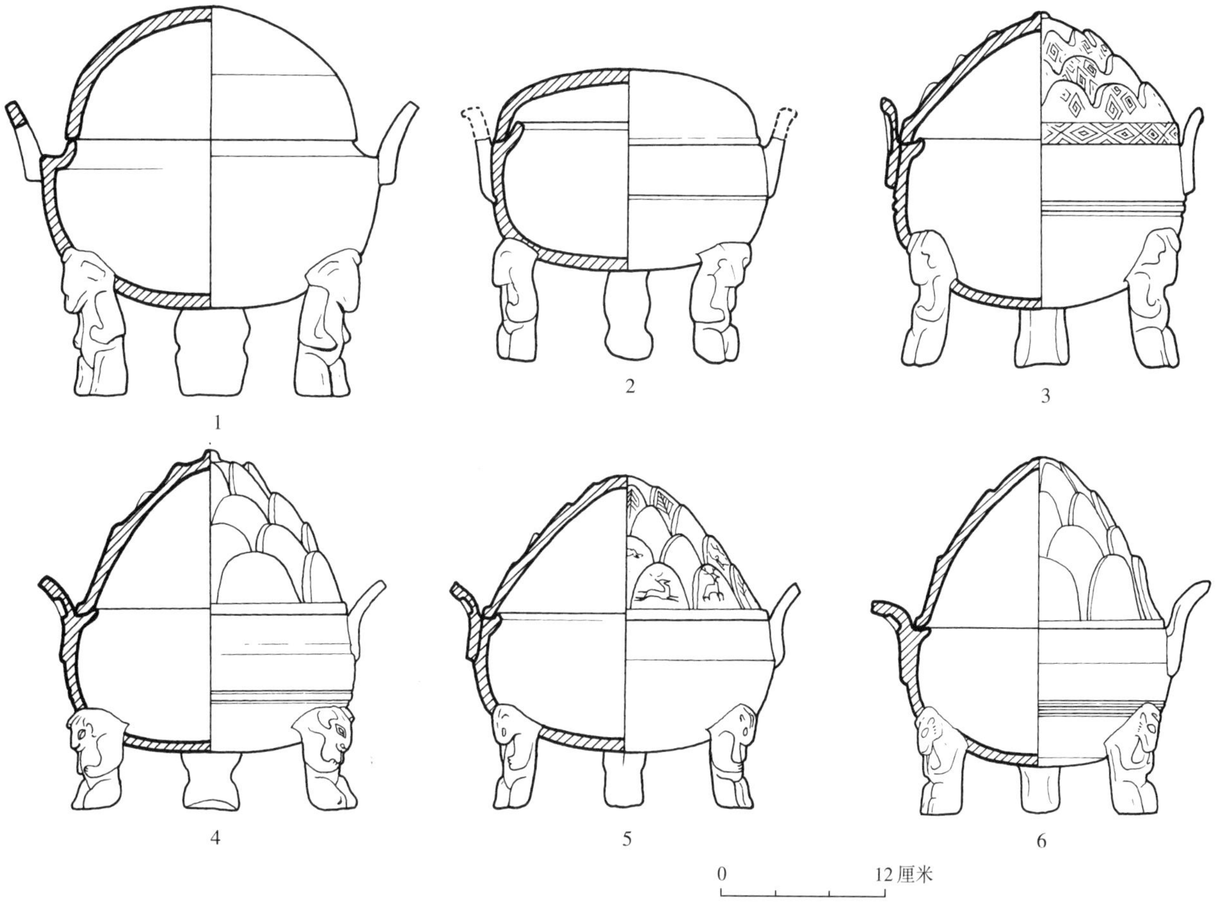

图四六六　汉墓出土 B 型陶鼎

1、2. Ⅰ式（M104∶1、M173∶4）　3. Ⅱ式（M77∶1）　4~6.Ⅲ式（M46∶3、M63∶7、M176∶4）

　　Ⅳ式：2件。分别为 M85∶3，M86∶5。浅腹，极矮细锥足，近乳状。标本 M85∶3（图四六七，7），标本 M86∶5（图四六七，8；图版八五，3）。

　　Ⅴ式：1件。腹较深，较粗圆柱足，稍高。标本 M180∶1（图四六七，9）。

　　甗　4件。灰陶。由上甑下釜扣合而成。甑直口微侈，宽折沿，上腹微鼓，以下弧收，平底，底有箅孔，宽圈足。釜直口，短直领，溜肩，扁鼓腹，中腹有一周凸棱。按照甑口沿、颈、肩、圈足及釜肩的变化可分二式。

　　Ⅰ式：2件。分别为 M58∶3，M143∶7。甑平折沿，束颈，肩或有对称繁复兽面铺首衔环，圈足较高；釜肩有对称兽面铺首衔环，凸圜底。标本 M58∶3（图四六八，1；图版八五，4），标本 M143∶7（图四六八，2）。

　　Ⅱ式：2件。分别为 M28∶3，M125∶5。甑微斜折沿，微束颈，圈足稍浅；釜浅凹底。标本 M28∶3（图四六八，3；图版八五，5），标本 M125∶5（图四六八，4）。

　　盒　50件，可辨形制者48件，另2件（M51∶4，M123∶3）仅存盖或未能修复，无法辨别形制。体一般子口，少量敛口，折肩，弧腹内收，平底或凸圜底近平。承碗或盂状盖。大多素面，少量体或盖饰凹弦纹。根据底、顶有无圈足的不同可分三型。

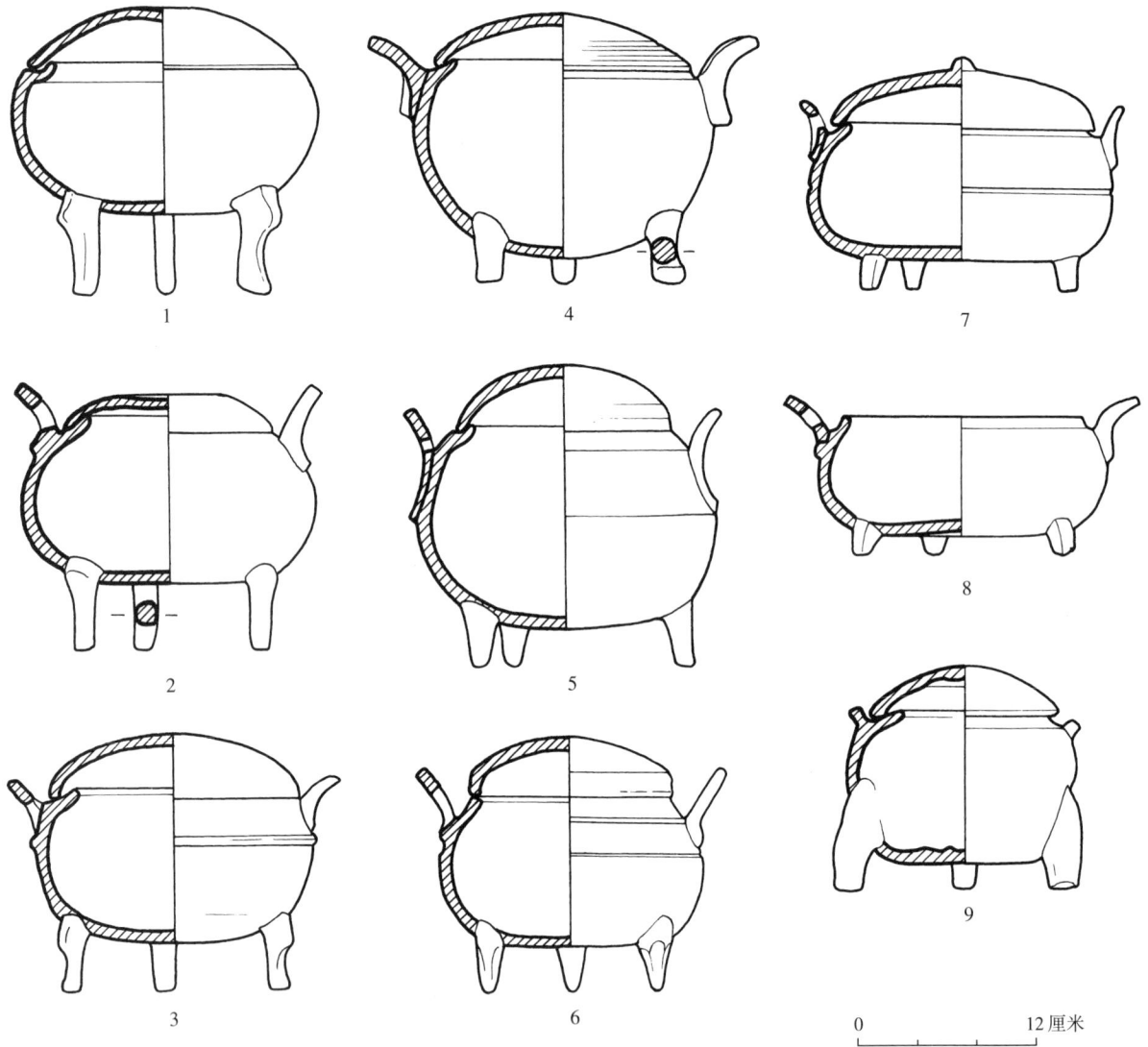

图四六七　汉墓出土C型陶鼎
1. Ⅰ式（M12：2）　2~4. Ⅱ式（M43：15、M91：2、M106：2）　5、6. Ⅲ式（M89：7、M93：6）
7、8. Ⅳ式（M85：3、M86：5）　9. Ⅴ式（M180：1）

　　A型：28件。灰、褐陶。器底、盖顶均有圈足。按照整体及盖、体深浅对比和口、腹壁变化可分四式。

　　Ⅰ式：5件。分别为M54：3、4，M56：11，M111：1，M139：16。整体多较矮，个别较高，体高约为盖高的二倍弱。口沿较长，上腹壁近直，中腹微折，下腹弧收，圈足较宽，或深或浅。标本M56：11（图四六九，1；图版八五，6），标本M139：16（图四六九，2）。

　　Ⅱ式：3件，均残。分别为M134：3，M166：1、5。除整体都稍矮、腹壁自肩部开始弧收外，其他特征与Ⅰ式基本相同。标本M166：1（图四六九，3；图版八六，1）。

　　Ⅲ式：6件。分别为M50：7、8，M80：2，M125：6，M128：5、6。整体多较高，体高略大于盖高。口沿较长，上腹壁近直，中腹微折，下腹弧收，圈足较浅宽。标本M50：7（图四六九，

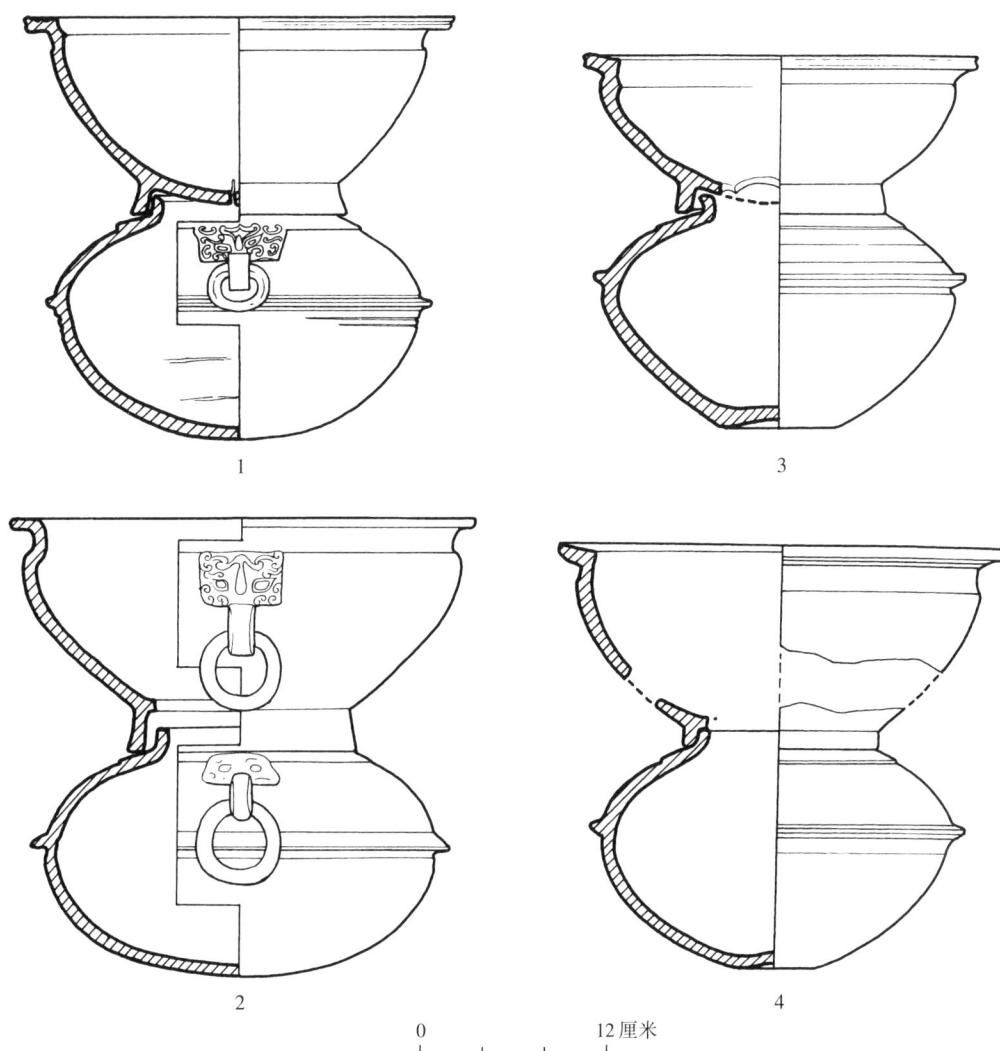

图四六八　汉墓出土陶甂
1、2. Ⅰ式（M58：3、M143：7）3、4. Ⅱ式（M28：3、M125：5）

4），标本M128：5（图四六九，5；图版八六，2）。

Ⅳ式：14件。分别为M28：1，M53：7、8，M58：6、7，M127：4，M132：3、4，M136：5，M143：5、6，M174：1，M190：1、3。整体多较高。少量口沿较短，体高略大于盖高，腹壁自肩部弧收，圈足浅，多较宽，少量较窄。标本M53：7（图四六九，6；图版八六，3），标本M136：5（图四六九，7；图版八六，4），标本M143：5（图四六九，8），标本M190：1（图四六九，9）。

B型　14件。盖顶浅宽圈足。按照陶色、整体及体、盖深浅对比和口沿、腹壁、底、顶圈足的变化可分六式。

Ⅰ式：3件。分别为M111：2，M124：11、12。灰、褐陶。整体较矮，体高约为盖高的二倍弱。口沿较长，上腹壁近直，中腹微折，下腹弧收，平底微凹，盖顶圈足浅宽。标本M111：2（图四七〇，1），标本M124：12（图四七〇，2；图版八六，5）。

Ⅱ式：3件。分别为M27：1，M52：3、4。除腹壁自肩部开始弧收外，其他特征与Ⅰ式基本

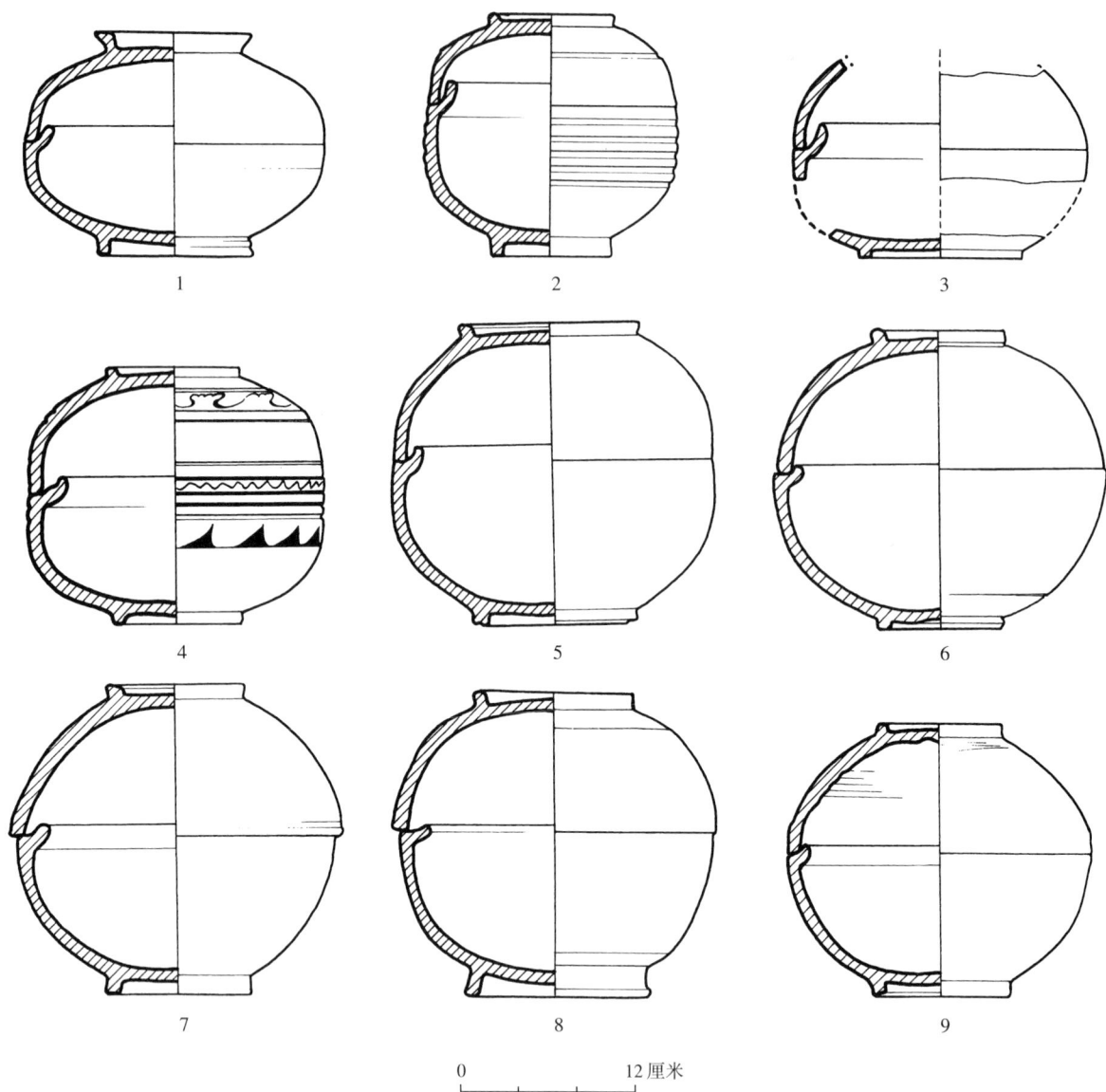

图四六九　汉墓出土 A 型陶盒

1、2. Ⅰ式（M56：11、M139：16）　3. Ⅱ式（M166：1）　4、5. Ⅲ式（M50：7、M128：5）
6~9. Ⅳ式（M53：7、M136：5、M143：5、M190：1）

相同。标本 M27：1（图四七〇，3；图版八六，6），M52：3（图四七〇，4）。

　　Ⅲ式：3件。分别为 M125：7，M161：4、5。灰、褐陶。整体稍高，体高略大于盖高。或无子口，或子口稍短，上腹壁近直，中腹微折，下腹斜收，平底微凹，顶圈足浅，或宽或窄。标本 M125：7（图四七〇，5），标本 M161：4（图四七〇，6）。

　　Ⅳ式：1件。褐陶。整体稍矮，体高略大于盖高。子口较长，腹壁自肩部弧收，平底微凹，假圈足，盖顶圈足较宽深。标本 M127：3（图四七〇，7；图版八七，1）

　　Ⅴ式：2件。分别为 M192：1、2。褐陶。整体矮，体高略等于盖高。子口长，上腹壁斜直，中腹内折，下腹弧收，平底。标本 M192：1（图四七〇，8）。

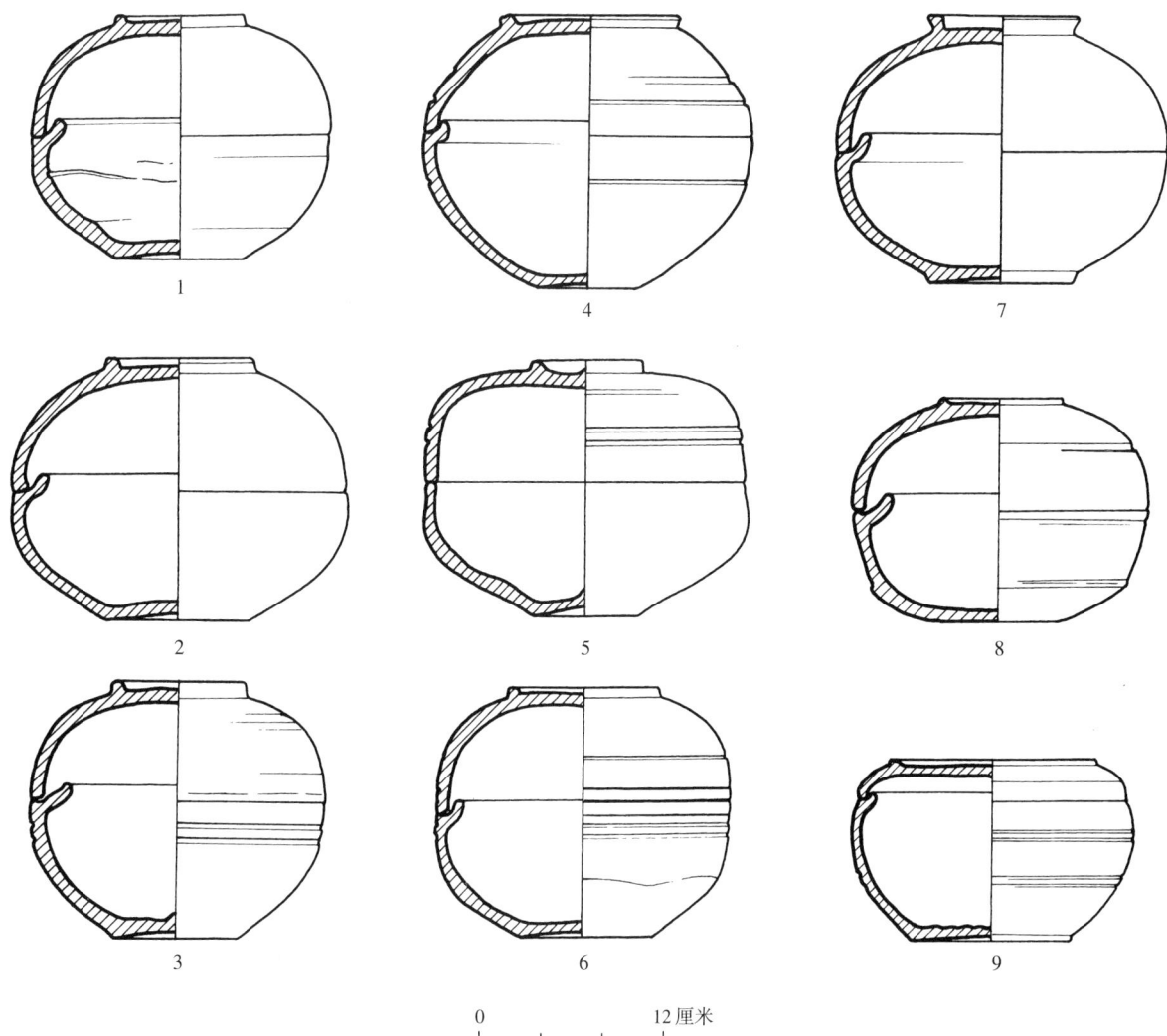

图四七〇 汉墓出土 B 型陶盒

1、2. Ⅰ式（M111：2、M124：12） 3、4. Ⅱ式（M27：1、M52：3） 5、6. Ⅲ式（M125：7、M161：4）

7. Ⅳ式（M127：3） 8. Ⅴ式（M192：1） 9. Ⅵ式（M171：17）

Ⅵ式：2件。分别为 M171：16、17。红陶。整体矮，体高为盖高的三倍。子口短，中腹微鼓，下腹弧收，平底微凹。标本 M171：17（图四七〇，9；图版八七，2左）。

C型 6件。灰、褐陶。体底、盖顶均无圈足。按照整体及体、盖深浅对比及口沿、腹壁的变化可分四式。

Ⅰ式：1件。整体矮，体高为盖高的二倍强。子口较长，上腹壁近斜直，中腹微折，下腹斜收，平底微凹，浅弧盘状盖，盖顶微隆。标本 M189：2（图四七一，1）。

Ⅱ式：3件。分别为 M101：3，M157：8、10。整体稍高，体高为盖高的二倍弱。子口短或无，腹壁自肩部弧收，平底微凹。较深盂状盖，盖顶或微凹，或微尖凸。标本 M101：3（图四七一，5），标本 M157：10（图四七一，4）。

Ⅲ式：1件。整体较高，体高为盖高的二倍。子口短，上腹微外弧，中腹鼓，下腹斜收，小平底微凹。较浅盂状盖，底微尖凸。标本 M185：2（图四七一，3）。

Ⅳ式：1件。底残，推测无圈足。整体高，体高为盖高的两倍多，子口长，中腹微鼓，下腹弧收。较浅盂状盖，盖顶微下凹。标本 M98：7（图四七一，2）。

壶　83件，可辨形制者81件，另2件（M89：11，M139：4）无法修复。折沿，束颈，鼓腹，凸圜底，带圈足。根据口、圈足的不同可分三型。

A型　62件。盘口，盘口状圈足。按照陶色、整体及口、颈、肩、腹、圈足、盖和器体纹饰、施釉状况的变化可分九式。

Ⅰ式：3件。分别为 M56：5，M166：9、10。灰、褐陶。整体瘦高。浅盘口，长颈，腹微扁鼓，高圈足稍窄，圈足盘口浅。浅弧或折盘状盖。器体饰凹弦纹或绳纹。标本 M56：5（图四七二，1；图版八七，3）。

Ⅱ式：1件。灰陶。整体稍矮胖。盘口略深，颈稍短粗，腹微扁鼓，高圈足较宽，圈足盘口较浅。浅折盘状盖。器体素面。标本 M124：2（图四七二，7；图版八七，4）。

Ⅲ式：3件。分别为 M27：5，M50：3、4。灰、褐陶。整体稍矮胖。盘口较深，颈稍短细，腹近圆鼓，圈足较浅宽，圈足盘口较浅。浅弧盘状或子口盖。器体或素面，或饰绳纹间凹弦纹。标本 M27：5（图四七二，2；图版八八，1），标本 M50：3（图四七二，4）。

Ⅳ式：11件。分别为 M80：3，M123：1，M127：5、6，M128：3、4，M134：2，M143：1、2，M174：6，M189：1。灰、褐陶。整体多稍高胖，少量矮胖。盘口较深，颈多较长粗，少量短粗，除个别外肩均有对称兽面铺首衔环或纽衔环，兽面大多模印简单，少量繁复，大鼓腹或长圆或微扁，宽圈足较高，圈足盘口较深。浅盘状或子口盖。器体或素面，或饰凹弦纹，或饰窄、宽带凸弦纹。标本 M123：1（图四七二，6），标本 M128：4（图四七二，8），标本 M134：2（图四

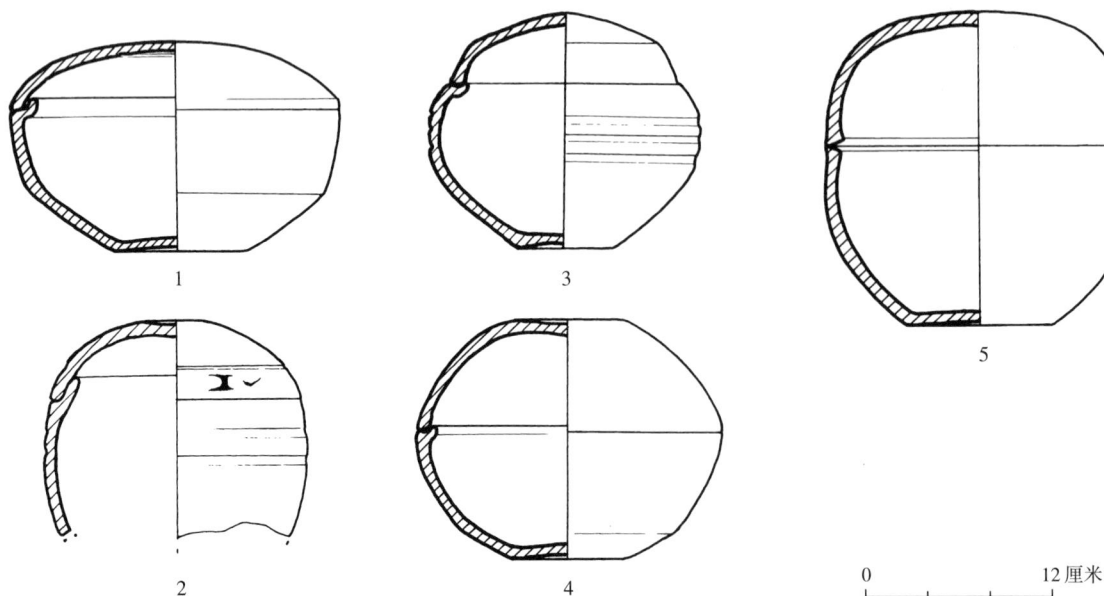

图四七一　汉墓出土C型陶盒
1. Ⅰ式（M189：2）2. Ⅳ式（M98：7）3. Ⅲ式（M185：2）4、5. Ⅱ式（M157：10、M101：3）

图四七二 汉墓出土 A 型陶壶

1. Ⅰ式（M56∶5） 2、4. Ⅲ式（M27∶5、M50∶3） 3、5、6、8. Ⅳ式（M174∶6、M134∶2、M123∶1、M128∶4）
7. Ⅱ式（M124∶2）

七二，5；图版八八，2），标本 M174：6（图四七二，3）。

Ⅴ式：14件。分别为 M28：4，M53：2、3，M57：1、2，M58：4、5，M125：1、2，M136：2，M152：2，M172：6，M190：2、6。灰、褐陶。整体匀称。深盘口，短粗颈，肩有对称繁复模印兽面铺首衔环，圆鼓腹，宽圈足较高，圈足盘口深。子口盖，盖周三鸟首状环纽。一般肩、中腹有宽带纹，部分下腹饰一至三道凹弦纹。标本 M28：4（图四七三，1；图版八八，3），标本 M57：2（图四七三，2；图版八八，4），标本 M125：2（图四七三，3）。

Ⅵ式：6件。分别为 M12：3，M85：2，M86：8，M99：27，M100：1，M169：1。灰、褐陶。整体较矮胖。盘口较浅，短粗颈，部分肩有对称小型简化模印兽面铺首或衔环，圆鼓腹，宽圈足浅，少量圈足盘口不甚明显。大多无盖，个别有浅盘状盖。肩、腹均饰一、二道凹弦纹，相当部分下腹饰绳纹。标本 M86：8（图四七三，4），标本 M100：1（图四七三，5；图版八九，1），标本 M169：1（图四七三，6）。

Ⅶ式：11件。分别为 M37：4，M71：6、7，M73：6，M77：3，M99：2，M101：5，M115：3、M171：28、29，M176：12。灰、红陶。整体较高胖。盘口稍浅，颈较粗长，肩有小型简化兽面铺首或衔环，圆或微扁鼓腹，宽圈足多较浅，少量圈足盘口不甚明显。浅盘状或子口盖。肩、腹饰一至四道凹弦纹，个别下腹加饰绳纹。标本 M71：7（图四七三，7；彩版七，3右），标本 M77：3（图四七三，8；图版八九，2），标本 M115：3（图四七三，9），标本 M171：28（图四七四，1）。

Ⅷ式：3件。分别为 M19：1，M47：3，M131：1。灰、红陶。整体稍矮胖。盘口稍深，颈稍长或细，肩有小型简化兽面铺首或衔环，扁鼓腹，圈足盘口稍深。多承博山炉式盖。肩、腹饰多道凹弦纹，下腹饰绳纹。标本 M19：1（图四七四，3；图版八九，3），标本 M131：1（图四七四，2）。

Ⅸ式：10件。分别为 M46：2，M47：1，M63：5、6、8、19，M175：5、18、22，M178：3。红陶。整体相对较瘦高。盘口稍深，部分盘口不甚明显，长颈稍细，肩有小型简化兽面铺首或衔环，腹多微扁鼓，浅圈足，少量盘口不明显。除少量无盖外，均承博山炉式盖。部分器表施釉。标本 M63：5（图四七四，4），标本 M175：18（图四七四，5），M178：3（图四七四，6；图版八九，4）。

B型　12件。灰、褐陶。盘口，喇叭状圈足。一般腹或加肩饰一、二道凹或凸弦纹，有的下腹饰绳纹。按照整体及口、颈、腹、圈足及盖的变化可分四式。

Ⅰ式：2件，均残。分别为 M54：5、6。整体稍矮胖。口部特征不明，细颈，肩有简化小兽面铺首衔环，扁鼓腹，圈足较宽高。子口盖。标本 M54：6（图四七五，1）。

Ⅱ式：2件。分别为 M111：5、6。整体稍高胖。盘口较浅，颈较粗稍长，鼓腹微扁，圈足较浅宽。浅盘状盖。标本 M111：6（图四七五，2；图版九〇，1）。

Ⅲ式：4件。分别为 M52：5、6，M66：2、3。整体瘦高。盘口较深，长颈稍粗，有的肩附对称象征性兽面铺首，长圆鼓腹，较高圈足稍宽。浅盘状或子口盖。标本 M52：5（图四七五，4；图版九〇，2），标本 M66：3（图四七五，5）。

Ⅳ式：4件。分别为 M108：5，M132：5、6、M185：3。整体较匀称。盘口多浅，个别较深，短粗颈，肩或有对称简化兽面铺首，大圆鼓腹，圈足较高宽。无盖。标本 M108：5（图四七五，3；图版九〇，3），标本 M185：3（图四七五，6）。

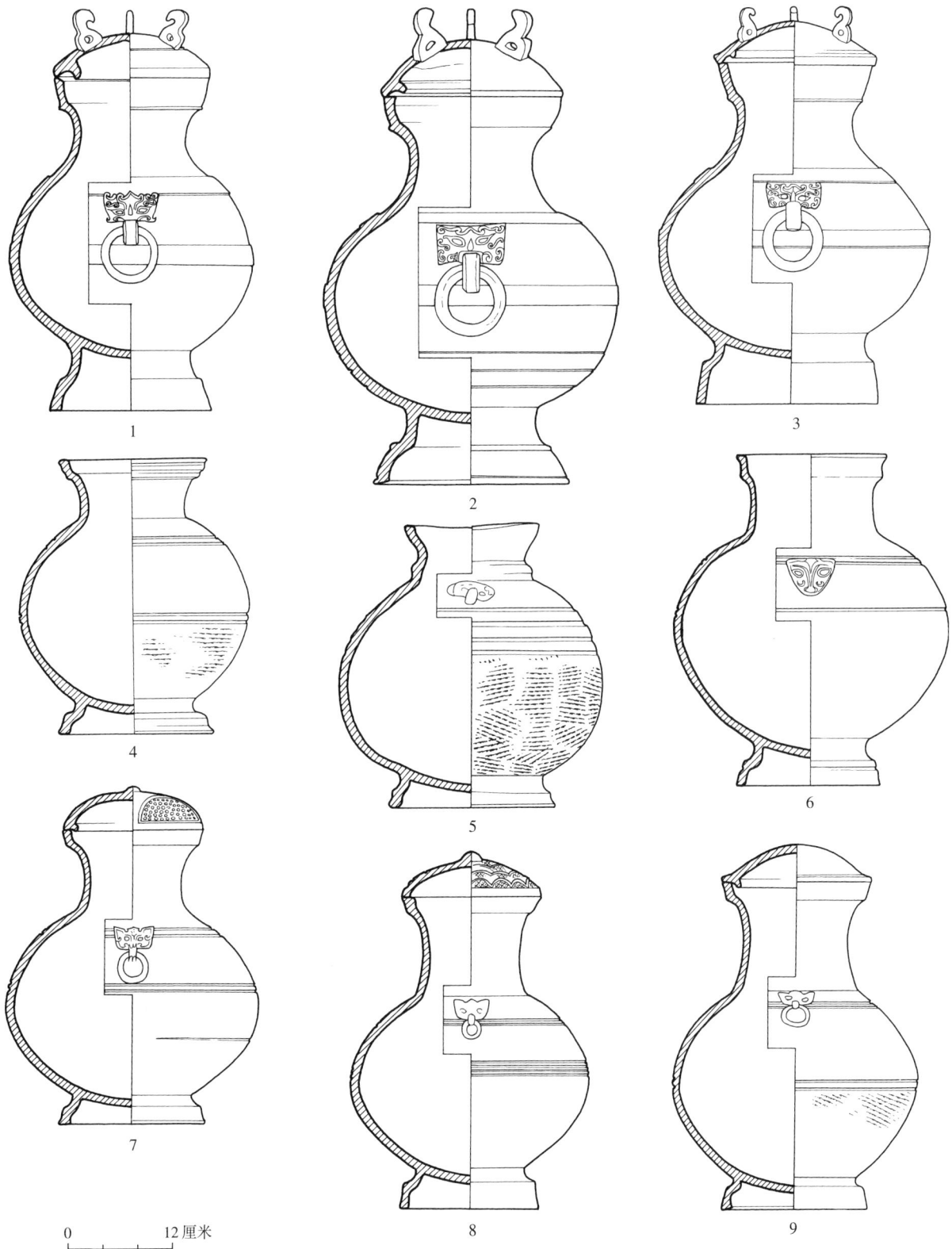

0 ————— 12厘米

图四七三 汉墓出土 A 型陶壶

1～3. Ⅴ式（M28∶4、M57∶2、M125∶2） 4～6. Ⅵ式（M86∶8、M100∶1、M169∶1）

7～9. Ⅶ式（M71∶7、M77∶3、M115∶3）

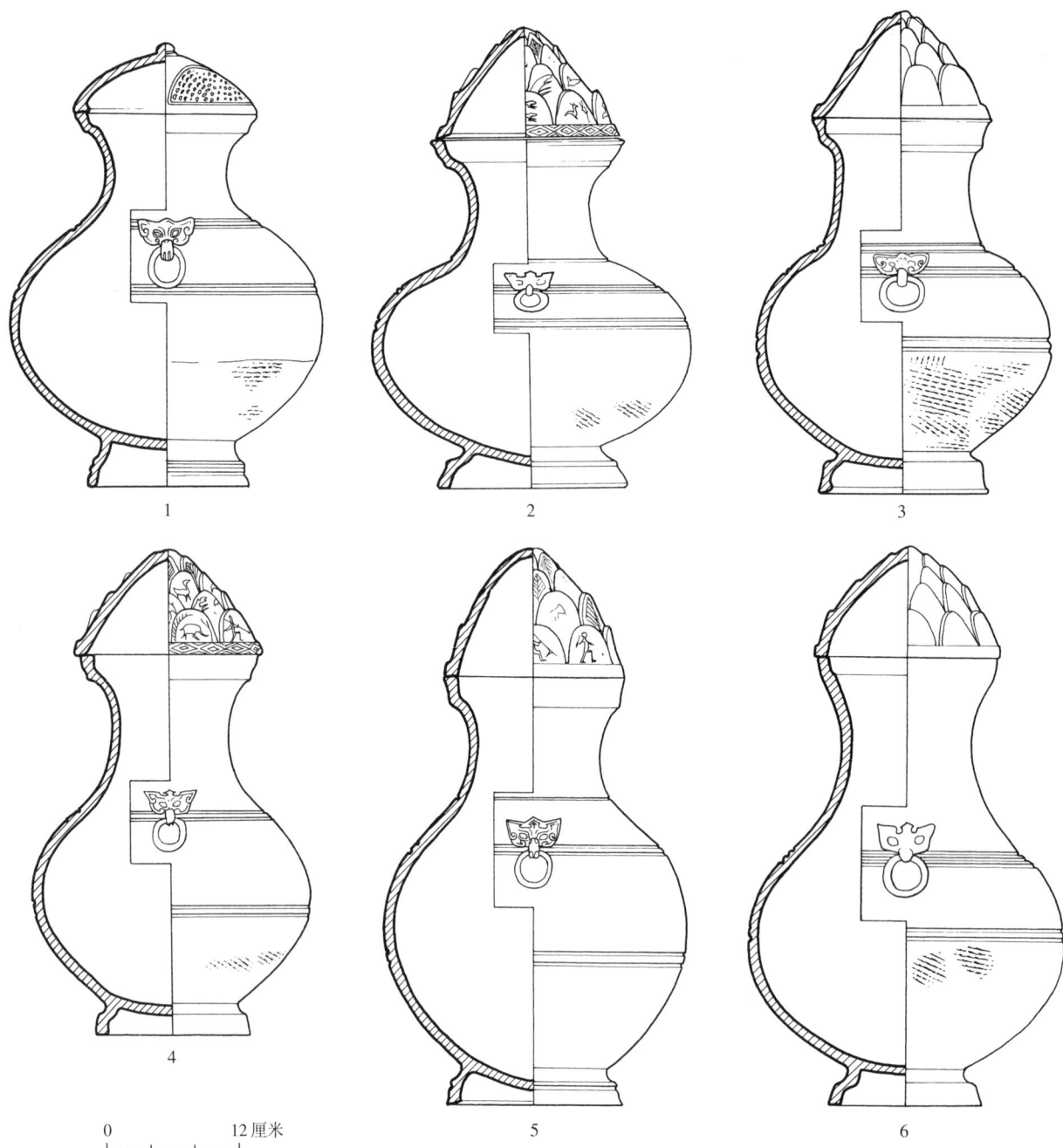

图四七四　汉墓出土 A 型陶壶
1. Ⅶ式（M171：28）　2、3. Ⅷ式（M131：1、M19：1）　4~6. Ⅸ式（M63：5、M175：18、M178：3）

　　C 型　7 件。灰陶。大侈口，喇叭状圈足。颈、肩、腹一般饰一、二道凹弦纹，少量下腹饰绳纹。按照整体及口、颈、腹、圈足的变化可分三式。

　　Ⅰ式：5 件。分别为 M157：7，M161：2、3，M192：5、6。整体较匀称。口外侈较甚，短粗颈，肩有对称简化兽面铺首，圆鼓腹，个别微扁，宽高圈足。子口或浅盘状盖。多饰凹弦纹。M161：2（图四七六，1），M192：5（图四七六，2；图版九〇，4）。

图四七五 汉墓出土 B 型陶壶

1. Ⅰ式（M54：6） 2. Ⅱ式（M111：6） 3、6. Ⅳ式（M108：5、M185：3） 4、5. Ⅲ式（M52：5、M66：3）

Ⅱ式：1件。整体宽胖。口外侈不甚，短粗颈，肩有对称简化兽面铺首，大圆鼓腹，宽圈足较高。颈、肩、中腹饰凹弦纹，下腹饰绳纹。标本 M109：2（图四七六，4）。

Ⅲ式：1件。整体稍宽胖。口外侈不甚，短颈稍细，肩有对称环耳，圆鼓腹，宽圈足极浅。纹饰基本同Ⅱ式。标本 M105：2（图四七六，3）。

钫 2件。灰陶。侈口，折沿，束颈，溜肩，鼓腹，平底，高圈足。承盝顶盖。均素面。按照整体及口、颈、肩、腹、圈足的变化可分二式。

Ⅰ式：1件。整体较高胖。口上端内沿略敛，颈内束较甚，腹外鼓较甚，圈足下端外撇。标本 M124：1（图四七六，6；图版九一，1）。

Ⅱ式：1件。整体较瘦小。口沿加厚，颈稍短粗，腹微鼓，圈足下端微外撇。标本 M51：2（图

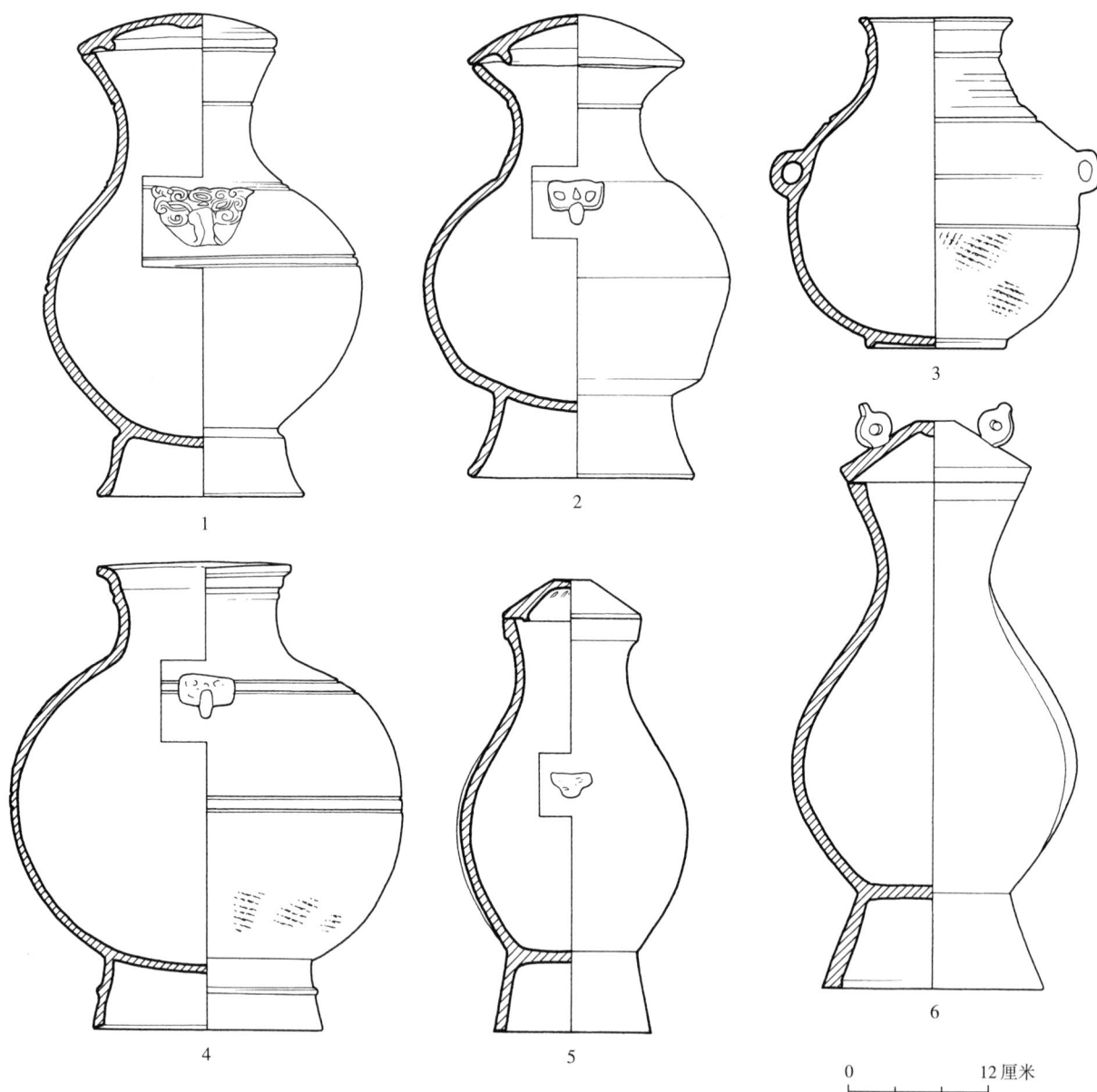

图四七六　汉墓出土陶壶、钫

1、2. C 型 I 式壶（M161：2、M192：5）　3. C 型 III 式壶（M105：2）
4. C 型 II 式壶（M109：2）　5. II 式钫（M51：2）　6. I 式钫（M124：1）

四七六，5；图版九一，2）。

豆　8件。灰、褐陶。敞口，圆唇，矮柄，中空至盘底，小喇叭或浅覆盘口状圈足。根据盘的不同可分为二型。

A 型　7件。折盘。根据口、柄的变化可分二式。

I 式：5件。分别为 M56：9，M124：5、7，M166：4、12。折盘，盘口多外侈，下部折盘处或起棱，柄中部微束。标本 M56：9（图四七七，1；图版九一，3右），标本 M124：7（图四七七，2）。

　　Ⅱ式：2件。分别为M111：8、13。口近直，柄中部有一道凸箍。标本M111：8（图四七七，3；图版九一，4左）。

　　B型　1件。弧盘较深，柄中部宽凸。标本M56：7（图四七七，4；图版九一，3左）。

　　杯　13件。敞口，圆唇，下腹内收，饼状底，外底多微凹，少量平。按照陶色、整体及口、腹的变化可分三式。

　　Ⅰ式：6件。分别为M56：6，M124：9、10，M166：2、13，M174：4。灰、褐陶。整体较瘦高。上、中壁近直微斜收，下壁折收内束较甚。标本M56：6（图四七七，5；图版九二，1），标本M124：9（图四七七，6；图版九二，2左）。

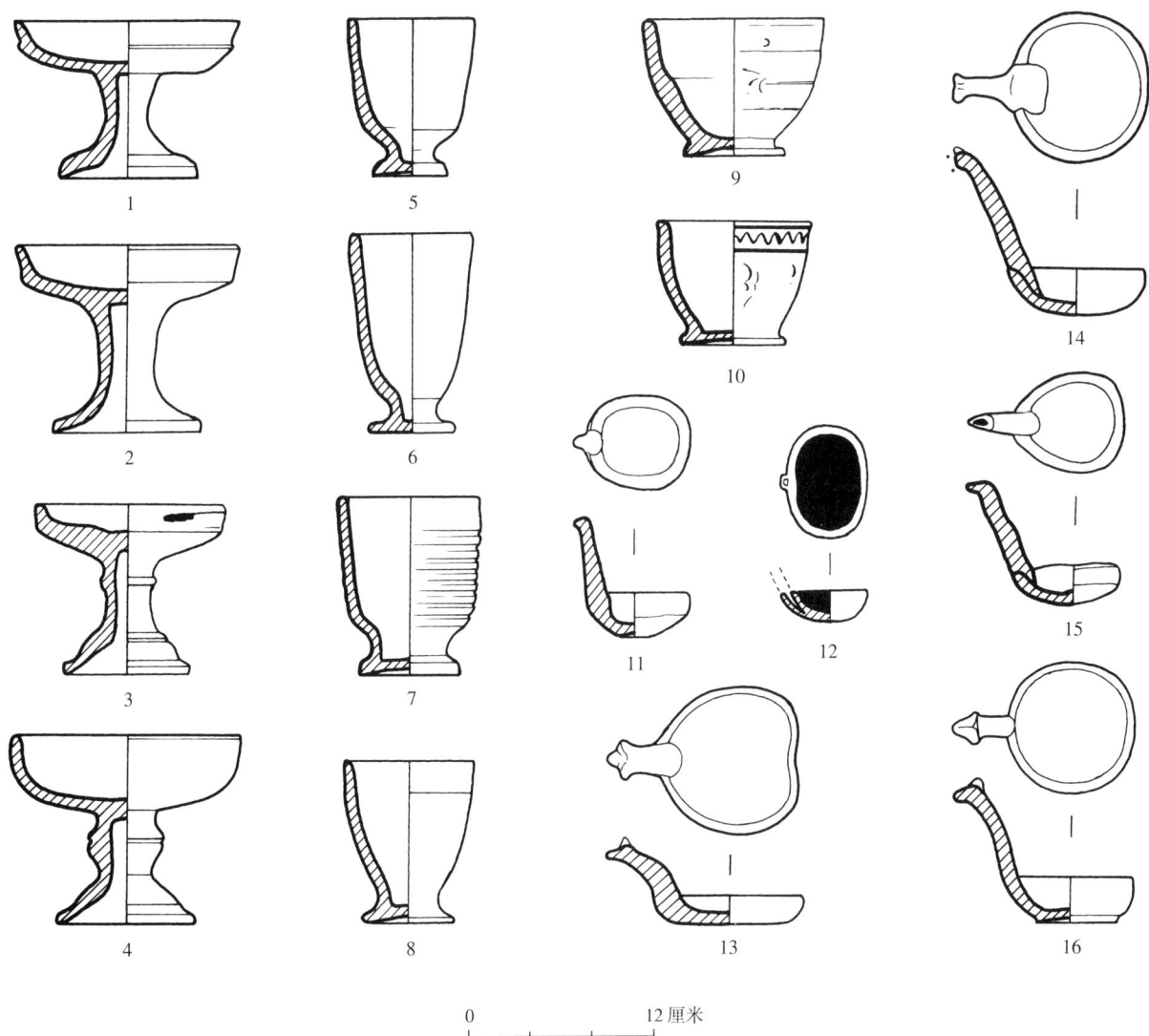

图四七七　汉墓出土陶豆、杯、勺

1、2. A型Ⅰ式豆（M56：9、M124：7）　3. A型Ⅱ式豆（M111：8）　4. B型豆（M56：7）　5、6. Ⅰ式杯（M56：6、M124：9）　7、8. Ⅱ式杯（M66：7、M111：10）　9、10. Ⅲ式杯（M27：3、M50：5）　11、15. Ⅱ式勺（M111：9、M50：13）　12. Ⅲ式勺（M161：15）　13. Ⅳ式勺（M53：9）　14、16. Ⅰ式勺（M56：8、M124：6）

Ⅱ式：4件。分别为M66：6、7，M111：10、11。灰、红陶。整体稍矮胖，大部分上、中壁近直微斜收，个别中腹微弧，下腹多斜弧收，个别折收，内束不甚。标本M66：7（图四七七，7；图版九二，3左），标本M111：10（图四七七，8；图版九二，4左）。

Ⅲ式：3件。分别为M27：3，M50：5、6。褐、红陶。整体矮胖，壁弧收至底。标本M27：3（图四七七，9；图版九二，5），标本M50：5（图四七七，10；图版九二，6左）。

勺　13件。灰、褐陶。由勺体和柄两部分组成，勺体弧腹或微折，一侧口部安柄。按照整体和勺体形状及口、腹、底的变化可分四式。

Ⅰ式：5件。分别为M56：8，M124：6、8，M166：3、11。整体相对较大。勺体平面呈圆形。近直口，腹稍深，有的下腹微曲收，近平底或微凹；长柄斜直外伸，兽首明显。标本M56：8（图四七七，14；图版九三，1），标本M124：6（图四七七，16；图版九三，2右）。

Ⅱ式：5件。分别为M27：4，M50：11、13，M111：9、12。整体相对较小。勺体平面近不规则纵弧边三角形，多敞口，个别近直，腹稍深，凸或凹圜底；长柄或近直或略向外斜直上伸，象征性尖嘴兽首。标本M50：13（图四七七，15；图版九三，3右），标本M111：9（图四七七，11）。

Ⅲ式：2件。分别为M161：15、16。整体相对较小，勺体平面近呈横椭圆形，敞口，腹稍浅，圜底近平；柄均残。标本M161：15（图四七七，12）。

Ⅳ式：1件。整体相对较大。勺体平面近"心"形，敞口，浅腹，平底；短柄中曲外伸，兽首明显。标本M53：9（图四七七，13；图版九三，4）。

2. 日用器

共288件，均为容器。以泥质灰陶居多，泥质褐陶次之，有少量泥质红陶，极少量上部泥质、下部夹砂灰、褐陶；纹饰多为绳纹，少量为凹、凸弦纹，有个别波折纹；器类有釜、鍪、镛斗、铞、无盖盒、盂、壶、罐、瓮、樽、耳杯、博山炉、器盖等。

釜　16件，可辨形制者14件，2件（M93：9，M167：2）因未能修复而无法辨别形制。上部泥质、下部夹砂灰、褐陶。鼓腹，凸圜底。肩、上腹多饰竖绳纹，或单、间饰凹、凸弦纹，下腹及底满饰绳纹。根据有无耳的不同可分二型。

A型　11件。无耳。根据口、颈的不同可分二亚型。

Aa型　10件。侈口，翻沿，束颈。按照整体及颈、肩、腹的变化可分三式。

Ⅰ式：3件。分别为M124：13，M130：2，M174：2。整体矮胖。颈极短，广肩，扁鼓腹。标本M124：13（图四七八，1；图版九三，5），标本M130：2（图四七八，2；图版九三，6）。

Ⅱ式：5件。分别为M14：2、3，M22：2，M139：11，M193：3。整体稍高瘦。短颈，溜肩，圆鼓腹。标本M14：2（图四七八，3；图版九四，1），标本M22：2（图四七八，4；图版九四，2）。

Ⅲ式：2件。分别为M24：3，M43：6。整体稍高胖。颈极短，溜肩，垂鼓腹。标本M24：3（图四七八，5；图版九四，3），标本M43：6（图四七八，6；图版九四，4）。

Ab型　1件。敛口，无颈，溜肩，扁鼓腹。标本M188：1（图四七八，7）。

B型　3件。肩有对称双耳。整体较矮胖。侈口，翻沿，束颈，溜肩，扁鼓腹，凸圜底。按照耳形制的不同可分二亚型。

Ba型　2件。分别为M51：1，M194：1。圆唇，颈稍短，鼻耳。标本M51：1（图四七八，8；

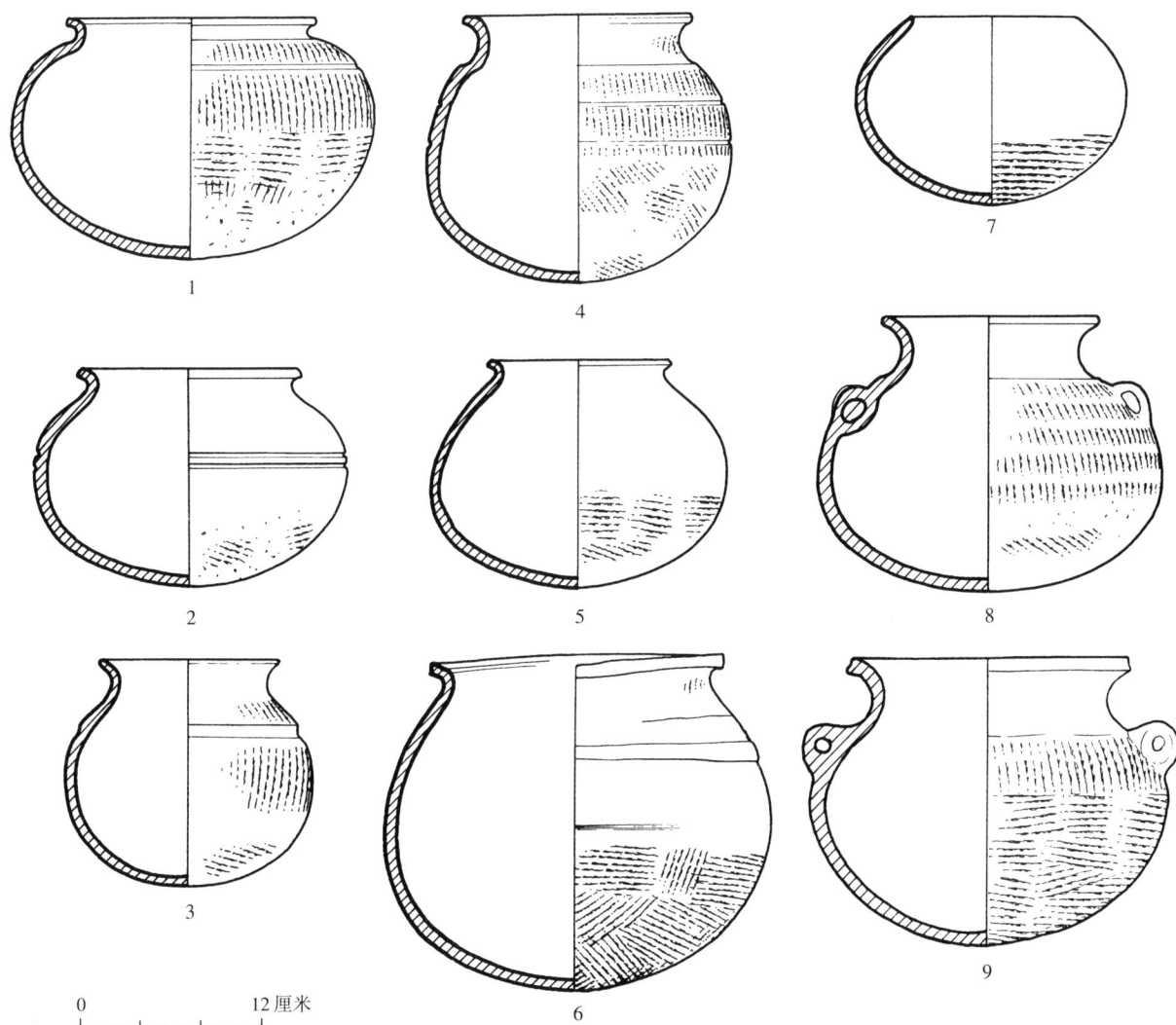

图四七八 汉墓出土陶釜

1、2. Aa 型 I 式（M124∶13、M130∶2） 3、4. Aa 型 II 式（M14∶2、M22∶2） 5、6. Aa 型 III 式（M24∶3、M43∶6）

7. Ab 型（M188∶1） 8. Ba 型（M51∶1） 9. Bb 型（M155∶3）

图版九四，5）。

Bb 型 1件。方唇，颈稍长，弓耳。标本 M155∶3（图四七八，9）。

鍪 26件。可辨形制者25件，1件（M166∶8）因未能修复无法辨别形制。上部泥质、下部夹砂陶，陶色大多为灰、褐陶，个别红陶。侈口，翻沿，束颈，绝大多数溜肩，个别折肩，肩有双耳，鼓腹，除个别浅凹底外，均为凸圜底。中腹及底几乎均饰绳纹，部分肩或上腹饰凹弦纹，少量颈饰绳纹或凸弦纹。根据耳的不同可分二型。

A 型 24件。小弓耳。按照整体及颈、腹、底的变化可分六式。

I 式：2件。分别为 M56∶2，M126∶2。整体稍矮胖。颈稍细长，扁鼓腹，圜底稍尖凸。标本 M56∶2（图四七九，1；图版九四，6），标本 M126∶2（图四七九，2）。

II 式：2件。分别为 M29∶2，M32∶2。整体稍高瘦。颈细长，微扁鼓腹，圜底下凸稍甚。标本 M32：2（图四七九，3；图版九五，1）。

Ⅲ式：2件。分别为 M6：1，M191：3。整体瘦高。颈长稍细，圆鼓腹，圜底稍凸甚。标本 M6：1（图四七九，4），标本 M191：3（图四七九，5；图版九五，2）。

Ⅳ式：4件。分别为 M94：2，M163：2，M183：1，M184：4。整体稍瘦高。颈稍长、粗，微扁鼓腹，圜底稍凸甚。标本 M94：2（图四七九，6；图版九五，3），标本 M184：4（图四七九，7）。

Ⅴ式：9件。分别为 M9：1，M11：1，M86：6，M95：1，M105：3，M109：1，M141：2，M169：4，M179：1。整体矮胖。粗颈多稍长，少量稍短，圆或垂鼓腹，多圜底微凸，个别浅凹底。标本 M11：1（图四七九，8；图版九五，4），标本 M109：1（图四七九，9），标本 M169：4（图四八

图四七九　汉墓出土 A 型陶鍪

1、2. Ⅰ式（M56：2、M126：2）3. Ⅱ式（M32：2）4、5. Ⅲ式（M6：1、M191：3）
6、7. Ⅳ式（M94：2、M184：4）8、9. Ⅴ式（M11：1、M109：1）

○，1；图版九五，5）。

　　Ⅵ式：5件。分别为 M1：1，M2：2，M98：4，M144：2，M177：2。整体高胖。颈长粗，圆或垂鼓腹，圆或微凸圜底。标本 M1：1（图四八〇，2；图版九五，6），标本 M98：4（图四八〇，3）。

　　B 型　1件。鼻耳，整体较高。短粗颈，中腹外鼓较甚，近尖圜底。标本 M152：4（图四八〇，4）。

　　镳斗　6件，5件可辨形制，另1件（M161：17）仅余柄。上部泥质、下部夹砂灰、褐陶。溜肩，肩有一筒或柱状握柄，扁鼓腹，凸圜底。部分腹、底饰绳纹。根据有无足的不同可分二型。

　　A 型　4件。无足。按照口、领（颈）、柄、流、底的变化可分三式。

　　Ⅰ式：1件。下部残。小口微侈，短领，一侧空心筒状柄，另一侧有管状流。标本 M50：12

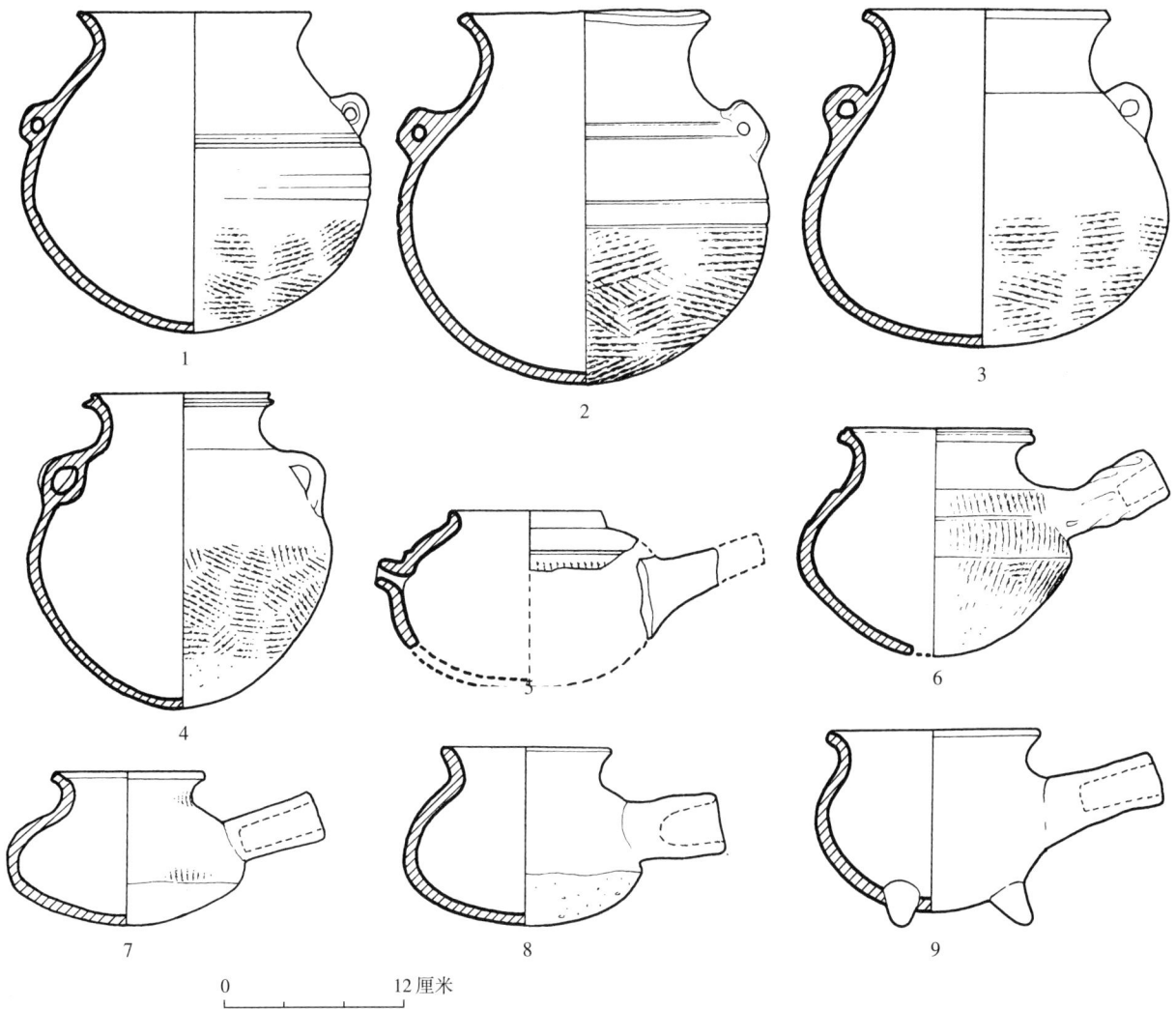

图四八〇　汉墓出土陶鍪、镳斗
1. A 型Ⅴ式鍪（M169：4）　2、3. A 型Ⅵ式鍪（M1：1、M98：4）　4. B 型鍪（M152：4）　5. A 型Ⅰ式镳斗（M50：12）
6、7. A 型Ⅱ式镳斗（M153：2、M192：9）　8. A 型Ⅲ式镳斗（M136：9）　9. B 型镳斗（M152：5）

（图四八〇，5）。

Ⅱ式：2件。分别为 M153：2，M192：9。侈口，束颈稍长，一侧有较长筒状柄，无流，圜底下凸近尖。标本 M153：2（图四八〇，6），标本 M192：9（图四八〇，7；图版九六，1）。

Ⅲ式：1件。侈口，束短颈，一侧有较短筒状柄，无流，圜底近平。标本 M136：9（图四八〇，8；图版九六，2）。

B型　1件。侈口，束颈较短，一侧有稍长筒状柄，圆鼓腹，圆圜底，三小锥状足。标本 M152：5（图四八〇，9；图版九六，3）。

铞　3件。红陶。侈口，翻沿，弧腹。按照颈、腹、底的变化可分二式。

Ⅰ式：1件。极短颈，中腹微鼓，浅凹底。标本 M47：10（图四八一，1；图版九六，4）。

Ⅱ式：2件，分别为 M63：2，M168：8。无颈，上腹近直，凸圜底。标本 M168：8（图四八一，2；图版九六，5）。

无盖盒　2件。分别为 M126：1、4。灰陶。子口，圆唇，折肩，浅腹，上腹壁近直，以下弧收，平底微凹。标本 M126：4（图四八一，3）。

盂　31件。灰、褐陶。根据器形大小可分二型。

A型　2件。分别为 M191：1、5。器形相对较大。敞口，或有折肩，弧腹内收，平底微凹。标本 M191：1（图四八二，1）。

B型　29件。器形相对较小。根据腹壁的不同可分二亚型。

Ba型　22件。弧壁，平底微凹。按照口、腹的变化可分四式。

Ⅰ式：10件。分别为 M6：2，M7：1，M29：3，M31：2，M56：3，M59：3，M120：4，M122：3，M184：3，M193：2。微敛口，少量近直，腹多较深，下腹壁近底处微曲收。标本 M7：1（图四八二，7；图版九六，6），标本 M56：3（图四八二，5；图版九七，1），标本 M184：3（图四八二，8）。

Ⅱ式：7件。分别为 M3：3，M7：2，M29：4，M45：2，M98：16，M112：3，M154：2。或直口，或敞口，或微敛口，腹稍变浅，下腹壁近底处弧形缓收。标本 M3：3（图四八二，9；图版九七，2），标本 M45：2（图四八二，10），标本 M154：2（图四八二，11）。

Ⅲ式：4件。分别为 M44：16，M104：6，M108：6，M184：5。敞口，腹较浅，下腹壁近底处斜收。标本 M44：16（图四八二，2），标本 M184：5（图四八二，3）。

Ⅳ式：1件。直口，浅腹，下腹壁近底处斜收。标本 M37：15（图四八二，4；图版九七，3）。

Bb型　7件。折壁。按照口、腹、底的变化可分四式。

Ⅰ式：3件。分别为 M32：1，M185：5，M191：2。直口或微敛，腹较深，中

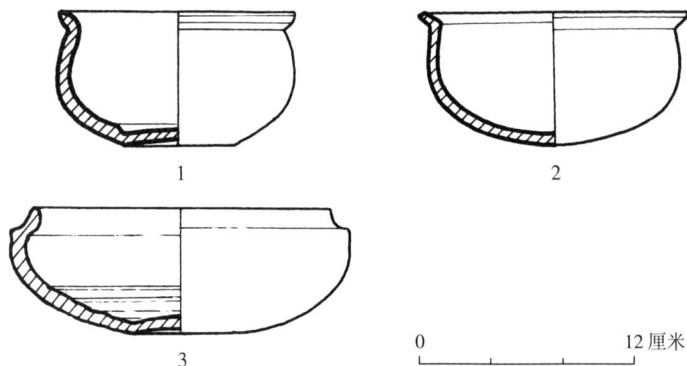

图四八一　汉墓出土陶铞、无盖盒
1. Ⅰ式铞（M47：10）　2. Ⅱ式铞（M168：8）　3. 无盖盒（M126：4）

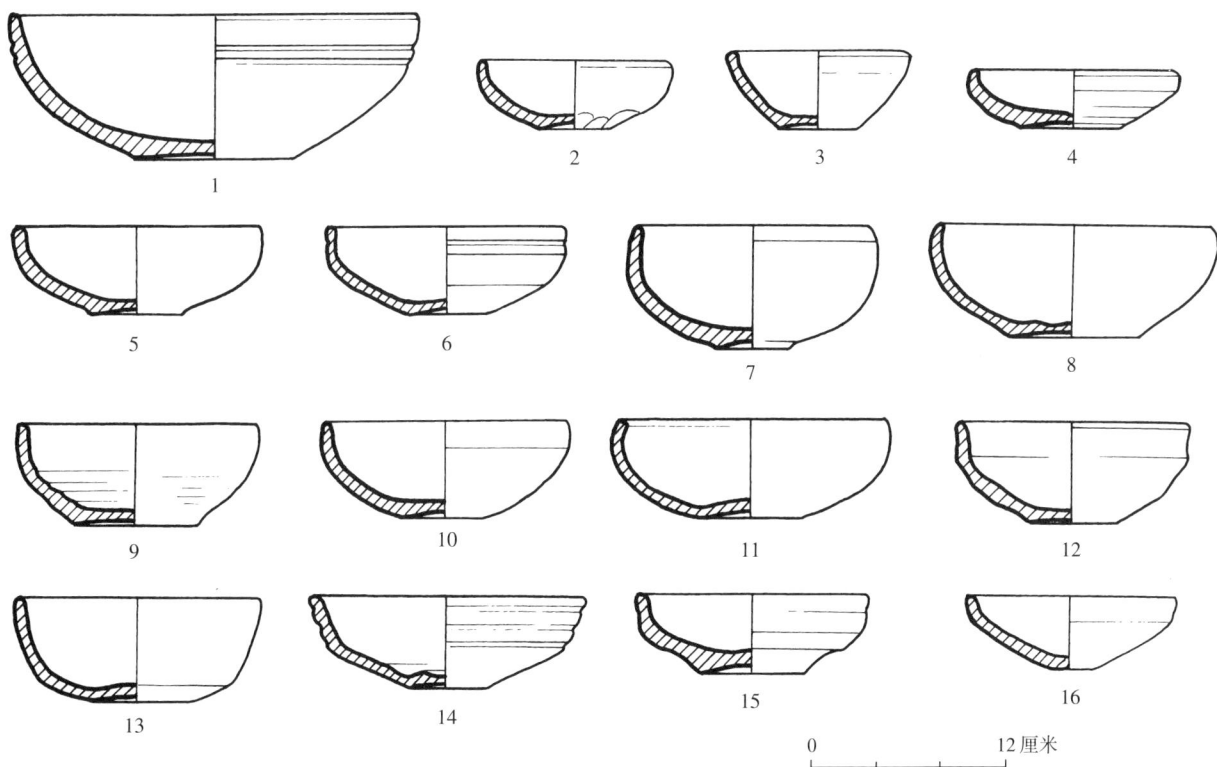

图四八二　汉墓出土陶盂

1. A型（M191：1）　2、3. Ba型Ⅲ式（M44：16、M184：5）　4. Ba型Ⅳ式（M37：15）　5、7、8. Ba型Ⅰ式（M56：3、
M7：1、M184：3）　6、12. Bb型Ⅰ式（M32：1、M191：2）　9～11. Ba型Ⅱ式（M3：3、M45：2、M154：2）
13、14. Bb型Ⅱ式（M6：4、M154：3）　15. Bb型Ⅲ式（M39：2）　16. Bb型Ⅳ式（M175：7）

腹偏上斜折，下腹斜收，平底微凹。标本 M32：1（图四八二，6；图版九七，4），标本 M191：2
（图四八二，12）。

Ⅱ式：2件。分别为 M6：4，M154：3。敞口，腹稍深，中腹偏下或下腹斜折，下腹斜收，平
底微凹。标本 M6：4（图四八二，13；图版九七，5），标本 M154：3（图四八二，14）。

Ⅲ式：1件。敞口，浅腹，中腹斜折，下腹微凹弧曲收，平底微凹。标本 M39：2（图四八二，
15）。

Ⅳ式：1件。敞口，浅腹，上腹斜折，下腹斜收，小平底。标本 M175：7（图四八二，16）。

壶　8件。灰陶。束颈，鼓腹，平底微凹。根据有无耳的不同可分二型。

A型　4件。无耳。折沿，溜肩微折，扁鼓腹。按照沿、颈、下腹壁的变化可分四式。

Ⅰ式：1件。侈口，翻折沿下压，颈稍短粗，微扁鼓腹，下腹斜收后曲折向下微扩。标本 M56：
4（图四八三，1；图版九七，6）。

Ⅱ式：1件。侈口，翻折沿略下压，颈稍短细，微扁鼓腹，下腹斜收后外折收。标本 M192：
11（图四八三，2；图版九八，1）。

Ⅲ式：1件。侈口，翻折沿略上昂，颈稍长细，扁鼓腹，下腹斜收至底部微曲收。标本 M174：
5（图四八三，4）。

Ⅳ式：1件。盘口，颈稍短细，肩有羊面铺首，上腹鼓，以下弧收，近底部微曲。标本 M19：

2（图四八三，3）。

B 型　4件。圆肩，肩有双弓耳，上腹鼓，以下弧收。肩及上、中腹饰凹弦纹或波折纹。按照整体及口、颈的变化可分三式。

Ⅰ式：2件。分别为 M53：5，M129：1。整体较矮胖。盘口，颈稍细，最大径在中腹。标本 M53：5（图四八三，5；图版九八，2），标本 M129：1（图四八三，7；图版九八，3）。

Ⅱ式：1件。整体稍瘦高。侈口，翻沿，最大径在上腹。标本 M121：1（图四八三，8；图版九八，4）。

Ⅲ式：1件。整体稍矮胖。侈口，翻折沿下压，最大径在上腹。标本 M47：29（图四八三，6；

图四八三　汉墓出土陶壶（日用器）

1. A 型Ⅰ式（M56：4）　2. A 型Ⅱ式（M192：11）　3. A 型Ⅳ式（M19：2）　4. A 型Ⅲ式（M174：5）
5、7. B 型Ⅰ式（M53：5、M129：1）　6. B 型Ⅲ式（M47：29）　8. B 型Ⅱ式（M121：1）

图版九八，5）。

罐 144件。根据陶色和整体形制的不同可分二型。

A型 97件。双耳罐。灰、褐陶。侈口，翻沿，束颈，溜、圆肩，圆鼓腹，下腹弧收，浅凹底，个别近平。肩至中腹一般饰间断绳纹，下腹及底满饰横、斜、交错绳纹。根据耳形制的差别可分二亚型。

Aa型 96件，可辨形制者89件，另7件（M6∶3，M7∶3，M61∶1，M98∶5，M173∶6，M181∶4，M184∶1）因未能修复无法辨清形制。鼻耳。按照整体及口、颈、腹和纹饰的变化可分五式。

Ⅰ式：26件。分别为M15∶2，M29∶1，M31∶1、3，M32∶3，M45∶1，M59∶1、2，M62∶1、2，M112∶1、2，M122∶1、2，M126∶3，M130∶1、3、4，M139∶5，M153∶1，M164∶1，M186∶2，M191∶4，M193∶1，M194∶2、3。整体较匀称，即体高与体宽及腹径与口径的比例适中。少量口上沿略内敛，颈一般相对较短粗，颈壁中弧，上腹或中腹偏上外鼓。颈部分饰瓦棱、凹、凸、绳纹。标本M29∶1（图四八四，1；图版九八，6），标本M32∶3（图四八四，2；图版九九，1），标本M122∶2（图四八四，3），标本M139∶5（图四八四，4），标本M194∶2（图四八四，5）。

Ⅱ式：17件。分别为M3∶2，M12∶4、5，M16∶1，M24∶2，M68∶1，M95∶2，M96∶2，M103∶1，M140∶2，M154∶1、4，M163∶1，M170∶1、2，M186∶1，M192∶10。整体形制上，腹部稍变大，腹径与口径的比差稍大。除极少量口上沿略内敛，中腹外鼓稍甚，即最大径下移至中腹和颈部极少量饰凹弦纹或绳纹外，其余特征与Ⅰ式基本相同。标本M16∶1（图四八四，6），标本M95∶2（图四八四，7；图版九九，2），标本M154∶4（图四八四，8），标本M163∶1（图四八四，9）。

Ⅲ式：25件。分别为M1∶3，M9∶2，M11∶2，M14∶1，M18∶1、2，M19∶4，M39∶1，M68∶1，M88∶5，M96∶1，M106∶1，M121∶2，M136∶1，M137∶1、2，M152∶3，M155∶2、4，M156∶2，M159∶1，M167∶1，M169∶2，M172∶8，M183∶2。整体较高胖，腹径与口径的比差稍大。个别口上沿略内敛，部分颈稍细长，颈壁中弧，腹壁相对较直，中腹或偏下微外鼓。极少量颈部饰凹弦纹或绳纹。标本M39∶1（图四八五，1），标本M88∶5（图四八五，6；图版九九，3），标本M152∶3（图四八五，4），标本M169∶2（图四八五，3；图版九九，4）。

Ⅳ式：10件。分别为M17∶1，M24∶1，M26∶2，M93∶4，M107∶3，M116∶6，M144∶1，M156∶1，M159∶2，M179∶2。整体较高，腹径与口径的比差较大。均侈口，颈稍粗、长，颈壁多自上而下外扩，腹壁略外扩，垂鼓腹，最大径在下腹。极少量颈部饰凹弦纹或绳纹。标本M107∶3（图四八五，5），标本M116∶6（图四八五，2），标本M159∶2（图四八六，1）。

Ⅴ式：11件。分别为M46∶1，M99∶3、15，M119∶5，M168∶13、14，M171∶9，M176∶14，M177∶1，M178∶18，M180∶2。陶质火候相对较高。整体稍矮胖，腹径与口径的比差相对较小。均侈口，颈短粗，颈壁或直或斜收，大圆鼓腹，腹壁较直，最大径在中腹或偏下。个别颈部饰凹弦纹。标本M99∶15（图四八六，4），标本M171∶9（图四八六，2；图版九九，5），标本M178∶18（图四八六，5），标本M180∶2（图四八六，3）。

Ab型 1件。弓形耳。中腹外鼓较甚。标本M86∶7（图四八六，6；图版九九，6）。

B型 47件。无耳罐。矮领，平底微凹。肩、中腹多饰数道凹弦纹。根据整体及口、领、腹

图四八四　汉墓出土 Aa 型陶罐

1～5. Ⅰ式（M29：1、M32：3、M122：2、M139：5、M194：2）6～9. Ⅱ式（M16：1、M95：2、M154：4、M163：1）

和盖的差别可分二亚型。

　　Ba 型　43 件。可辨形制者 42 件，M47：10 残甚，难辨具体式别。整体矮胖。近直口，领极短，腹较浅。大部分承盖。按照陶色、器体及腹、盖和施釉的变化可分四式。

　　Ⅰ式：1 件。灰陶。器体较宽扁。中腹外鼓。无盖。标本 M88：2（图四八七，1；图版一〇〇，1）。

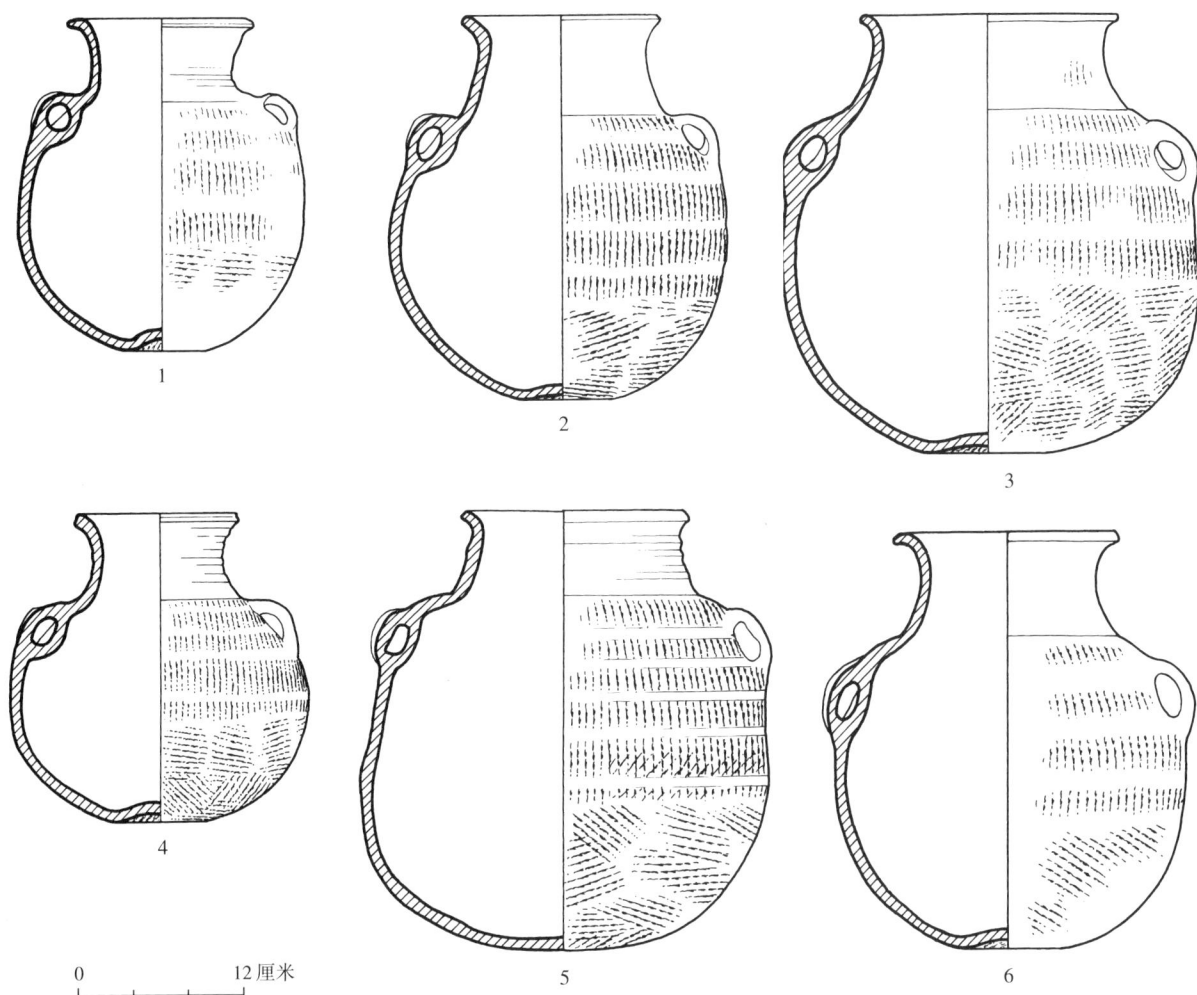

图四八五 汉墓出土Aa型陶罐
1、3、4、6. Ⅲ式（M39：1、M169：2、M152：3、M88：5） 2、5. Ⅳ式（M116：6、M107：3）

Ⅱ式：16件。分别为M47：16、22、25，M69：6，M99：7、9，M115：10、13，M116：3，M119：4，M147：8，M171：10～14。大多红陶，极少量灰陶。器体稍窄高。上腹外鼓，以下弧收。一般承小圈足捉手浅盘状盖，部分无盖。标本M99：7（图四八七，2；图版一〇〇，2左），标本M116：3（图四八七，3），标本M171：12（图四八七，4）。

Ⅲ式：1件。灰陶。除承博山盖外，其余特征同Ⅱ式。标本M26：3（图四八七，5；图版一〇〇，3）。

Ⅳ式：24件。分别为M19：7、10、14，M46：10、11，M63：9、15、24、27、30，M131：3、14，M168：1、2、9，M175：15～17、32，M176：9、10，M178：9、14、15。体均红陶，少量盖灰陶。形制基本同Ⅲ式，只是部分近底部有一周刀削痕。大部分器表施釉，一般脱落。标本M46：11（图四八七，6；彩版六，5），标本M63：30（图四八七，7；图版一〇〇，4中），标本M168：9（图四八七，8；图版一〇〇，5右）。

Bb型 4件。分别为M115：5、7～9。灰陶。整体较瘦高。侈口，领相对较长，腹较深。标

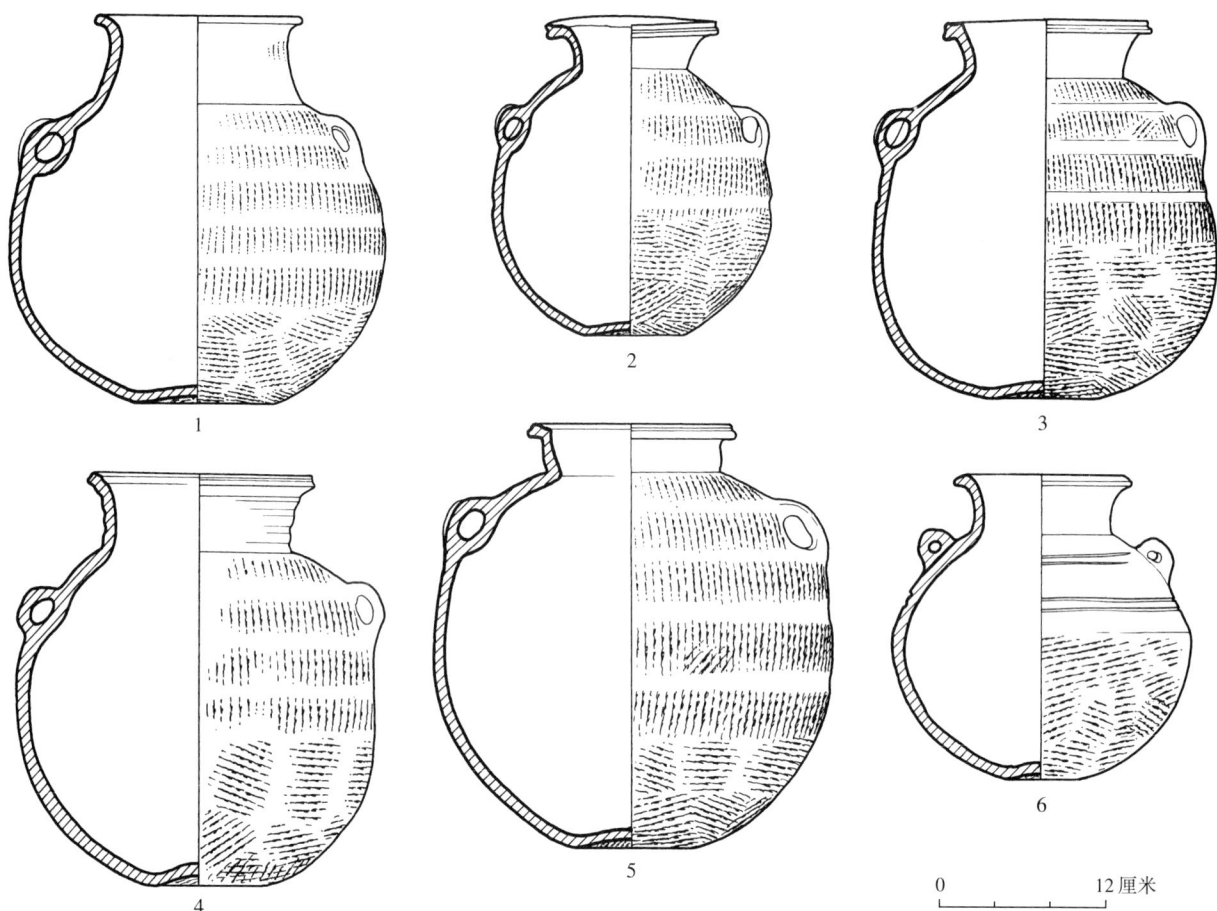

图四八六　汉墓出土 A 型陶罐

1. Aa 型Ⅳ式（M159：2）　2～5. Aa 型Ⅴ式（M171：9、M180：2、M99：15、M178：18）　6. Ab 型（M86：7）

本 M115：7（图四八七，9；图版六六，6右）。

瓮　36件，复原33件，另3件（M52：7，M133：3，M175：14）残碎严重无法辨别形制。短领（颈），溜或折肩，鼓腹。根据整体形制的不同可分二型。

A 型　7件。灰陶。整体较高胖。折肩，除个别浅凹底外，均为凸圜底。腹、底饰绳纹。按照口、领（颈）、肩、腹、底的变化可分四式。

Ⅰ式：1件。微敛口，短颈，深腹，中腹微鼓，以下弧收，圜底下凸稍甚。标本 M139：6（图四八八，1；图版一〇一，1）。

Ⅱ式：3件。分别为 M127：7，M128：7，M183：3。侈口，束颈稍长，腹相对较浅，中腹鼓，下腹折收，圜底或近平，或凸甚。标本 M127：7（图四八八，2；图版一〇一，2），标本 M128：7（图四八八，4）。

Ⅲ式：2件。分别为 M98：3，M157：4。侈口，束颈稍短，深腹，腹自肩部斜扩，垂鼓腹，圜底下凸稍甚。标本 M98：3（图四八八，6；图版一〇一，3），标本 M157：4（图四八八，3）。

Ⅳ式：1件。近直口，领较高，腹较浅，中腹偏下外鼓较甚，小浅凹底。标本 M2：1（图四八八，5；图版一〇一，4）。

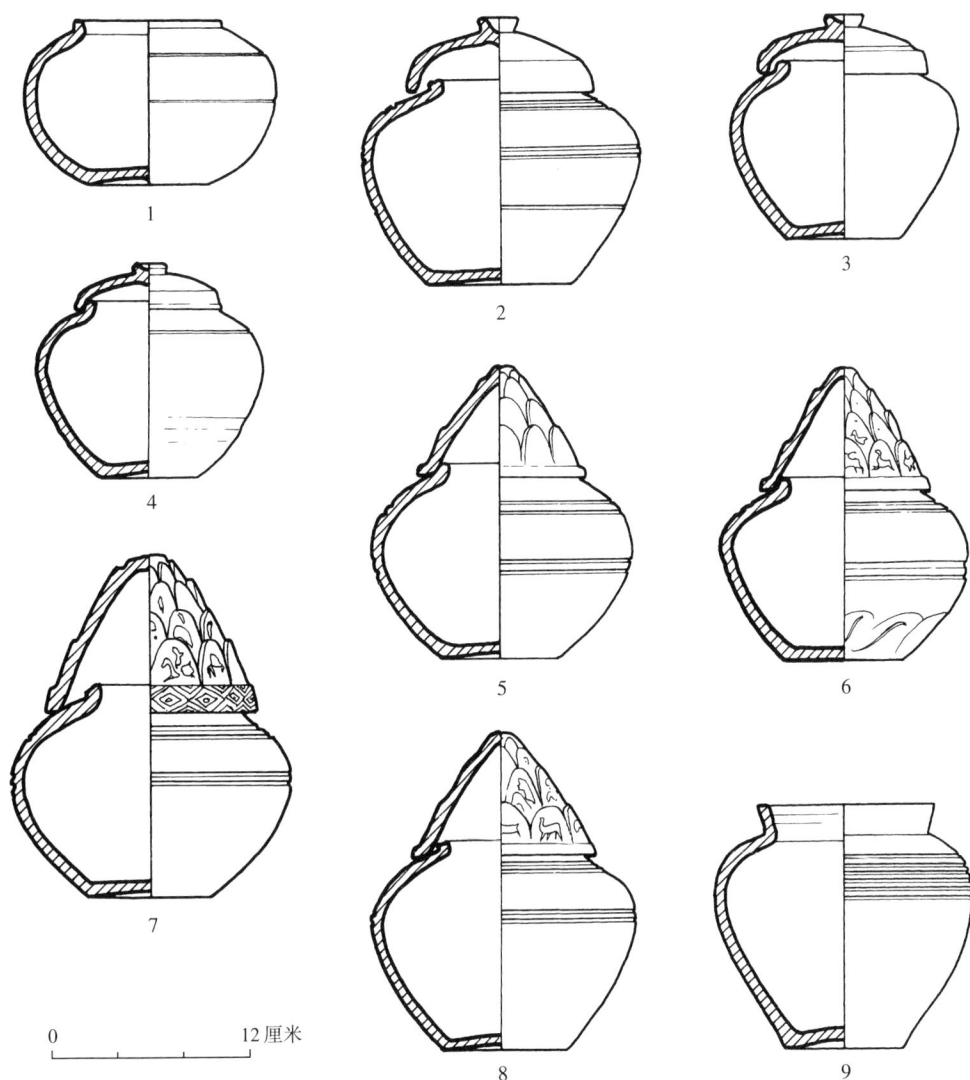

图四八七 汉墓出土 B 型陶罐

1. Ba 型 I 式（M88：2） 2~4. Ba 型 II 式（M99：7、M116：3、M171：12） 5. Ba 型 III 式（M26：3）

6~8. Ba 型 IV 式（M46：11、M63：30、M168：9） 9. Bb 型（M115：7）

B 型 26 件。整体较矮胖。平底微凹。一般素面，少量饰绳纹、凹弦纹。按照陶色、器形及口、颈、肩、腹的变化可分七式。

I 式：1 件。红陶。器形较大。侈口，折沿，束颈极短，斜折肩，上腹斜折，以下斜收，最大径在肩部。标本 M111：7（图四八九，1；图版一〇一，5）。

II 式：2 件。分别为 M22：1，M50：9。灰陶。器形较大。微敛口，折沿，领极短，广肩下折，中腹微折，最大径在中腹。标本 M22：1（图四八九，2；图版一〇一，6），标本 M50：9（图四八九，3；图版一〇二，1）。

III 式：3 件。分别为 M93：5，M108：1，M139：7。灰、褐陶。器形大。侈口，翻沿，束颈极短，溜肩下折，上腹外鼓较甚，以下弧收。标本 M108：1（图四八九，4），标本 M139：7（图

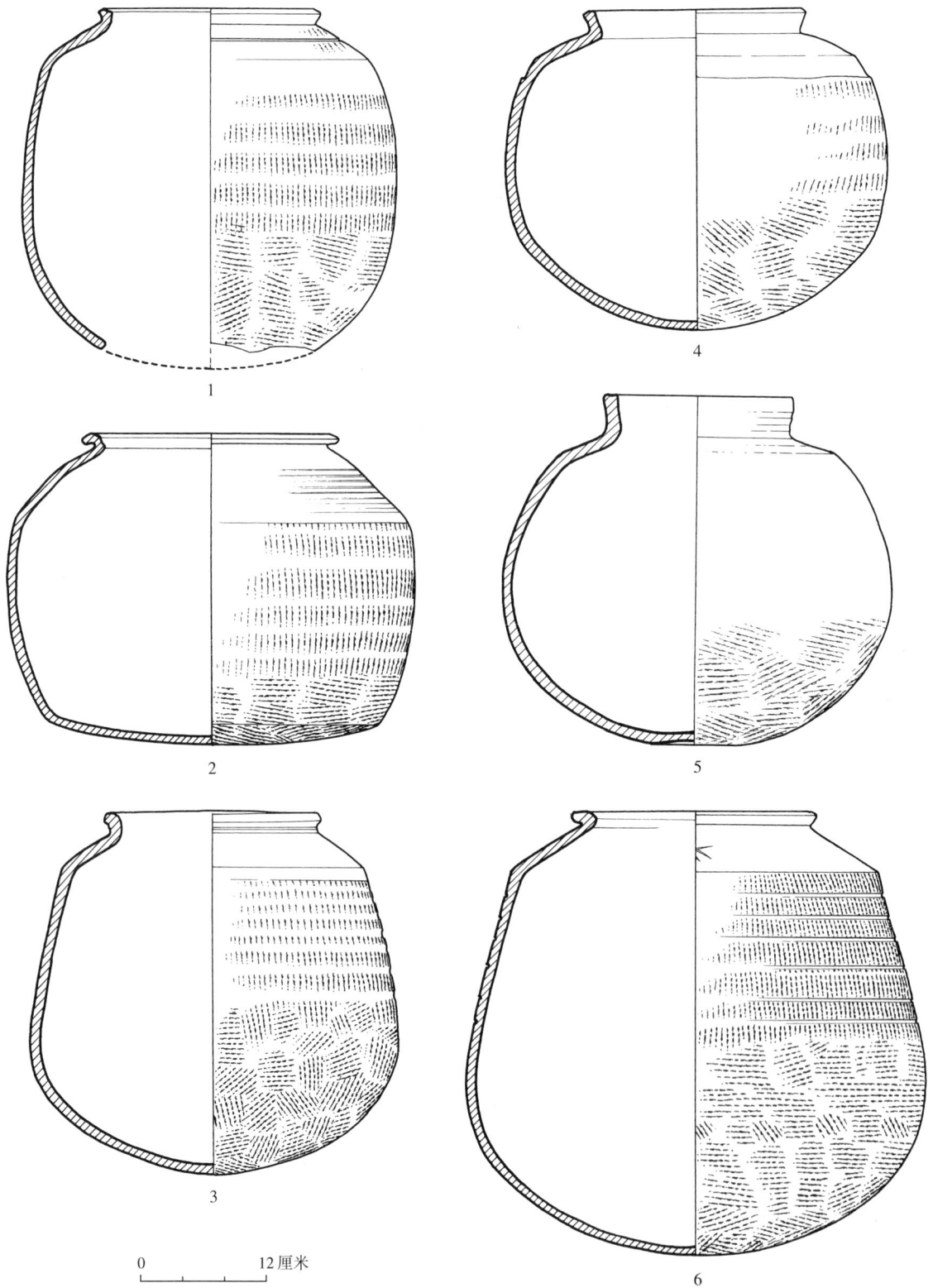

图四八八　汉墓出土 A 型陶瓮

1. Ⅰ式（M139：6）　2、4. Ⅱ式（M127：7、M128：7）　3、6. Ⅲ式（M157：4、M98：3）　5. Ⅳ式（M2：1）

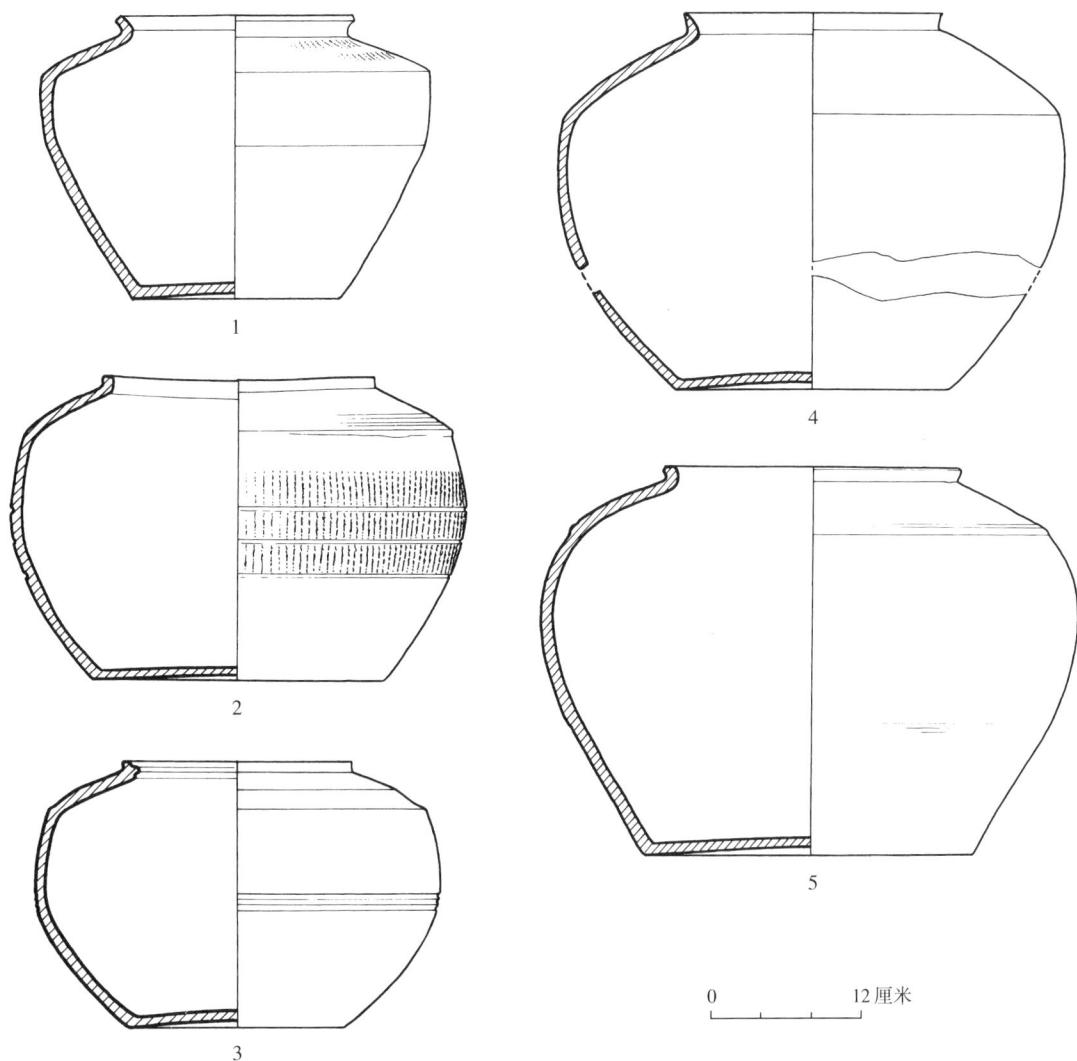

图四八九 汉墓出土 B 型陶瓮

1. I 式（M111：7） 2、3. Ⅱ式（M22：1、M50：9） 4、5. Ⅲ式（M108：1、M139：7）

四八九，5；图版一○二，2）。

Ⅳ式：5件。分别为 M43：7，M94：1，M140：1，M141：1，M182：4。灰陶。器形相对较小。侈口，翻沿，有的内沿面一周微凹，溜肩，上或中腹鼓，以下弧收，最大径在上或中腹。标本 M140：1（图四九○，1），标本 M182：4（图四九○，2）。

Ⅴ式：12件。分别为 M37：5，M43：1、10，M44：1，M85：1，M89：8，M90：6，M91：1，M92：14，M98：2，M104：2，M110：6。灰陶。器形较大。侈口，仰沿，内沿面一周浅凹，大多溜肩，个别微折，部分腹较深，即体高大于体宽，上腹鼓，以下弧收。标本标本 M43：10（图四九○，3；图版一○二，3），M89：8（图四九○，8），标本 M90：6（图四九○，7；图版一○二，4）。

Ⅵ式：2件。分别为 M43：14，M77：6。灰陶。器形较小。近直口或微敛，翻沿，束颈极短，溜肩，上腹鼓，以下或弧或斜收。标本 M43：14（图四九○，6），标本 M77：6（图四九○，5；

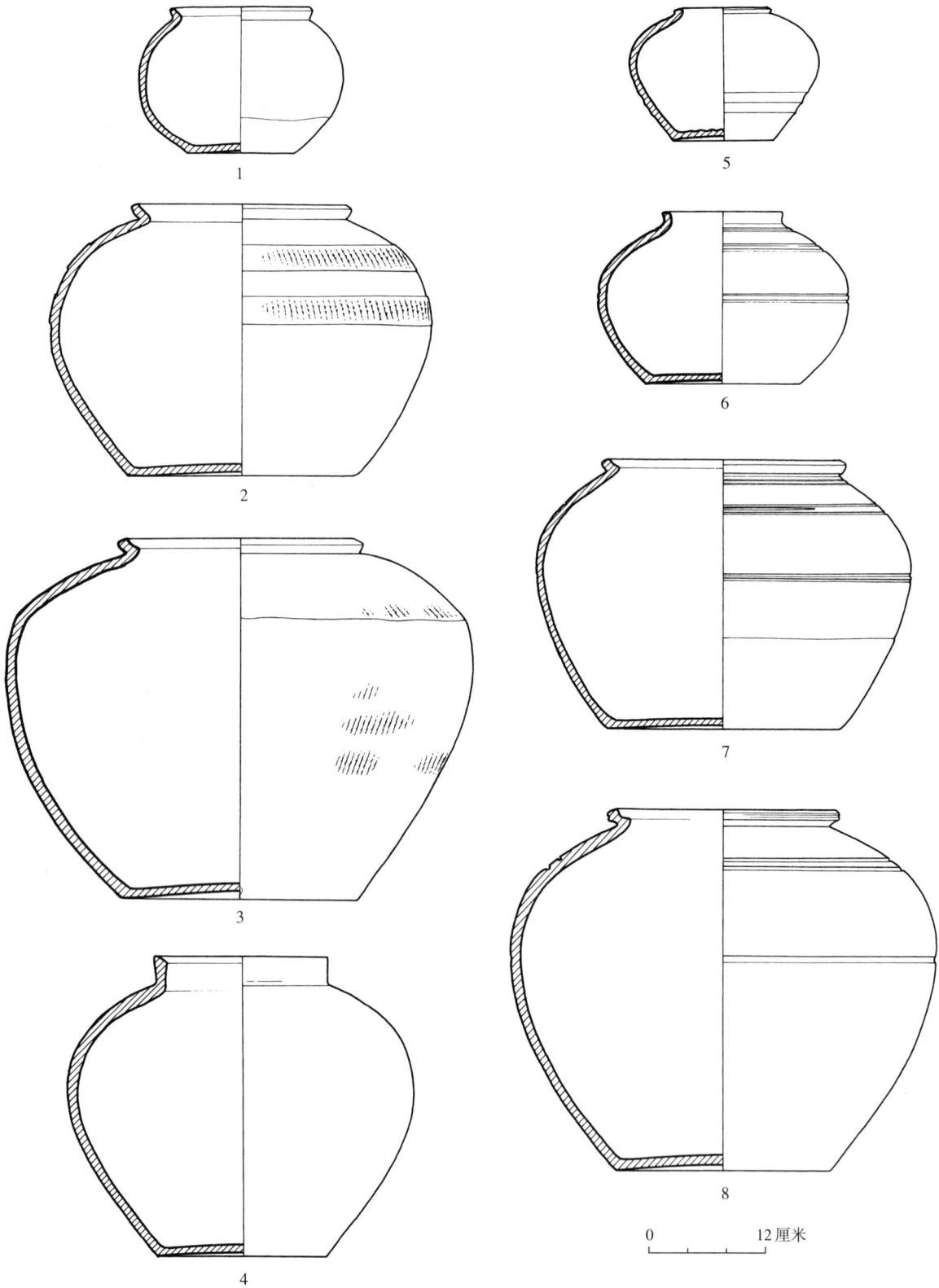

图四九〇　汉墓出土 B 型陶瓮

1、2. Ⅳ式（M140∶1、M182∶4）　3、7、8. Ⅴ式（M43∶10、M90∶6、M89∶8）

4. Ⅶ式（M69∶5）　5、6. Ⅵ式（M77∶6、M43∶14）

图版一〇二，5）。

Ⅶ式：1件。灰陶。器形稍大。微敛口，折沿，领稍高，溜肩，上腹鼓，以下弧收。标本M69：5（图四九〇，4；图版一〇二，6）。

樽 5件。红陶。近直口，近直壁，平底或微凹，三矮足。外壁饰多道凹弦纹。除个别外器表施釉。按照壁、足及盖的变化可分三式。

Ⅰ式：3件。分别为M47：17，M175：8，M178：16。壁微内斜，蹄足。或无盖，或承浅弧盘盖。标本M47：17（图四九一，1；图版一〇三，1），标本M178：16（图四九一，6；图版一〇三，2）。

Ⅱ式：1件。直壁，蹄足。上承博山盖。标本M63：16（图四九一，7；图版一〇三，3左）。

Ⅲ式：1件。壁微外弧，熊形足。无盖。标本M63：4（图四九一，2；图版一〇三，3右）。

耳杯 2件。分别为M47：19、20。红陶。椭圆形。敞口，口侧有对称双月牙形耳，略上仰，圆唇，弧腹内收，平底。素面。标本M47：19（图四九一，3；图版一〇三，4左）。

博山炉 2件。分别为M63：29，M171：24。红陶。下部为圆形托盘，托盘中央立一空心柱与子口炉身相接。上承博山盖，盖有镂孔。施釉。标本M63：29（图四九一，4；图版一〇三，5）。

器盖 7件，分别为M47：18，M175：33～38。灰、红陶。博山盖。个别器表施釉。标本M47：18（图四九一，5；图版一〇三，6）。

3. 模型明器

共307件，以泥质褐陶为主，泥质灰、红陶次之；纹饰多凹弦纹，少量为绳纹，极少量器物

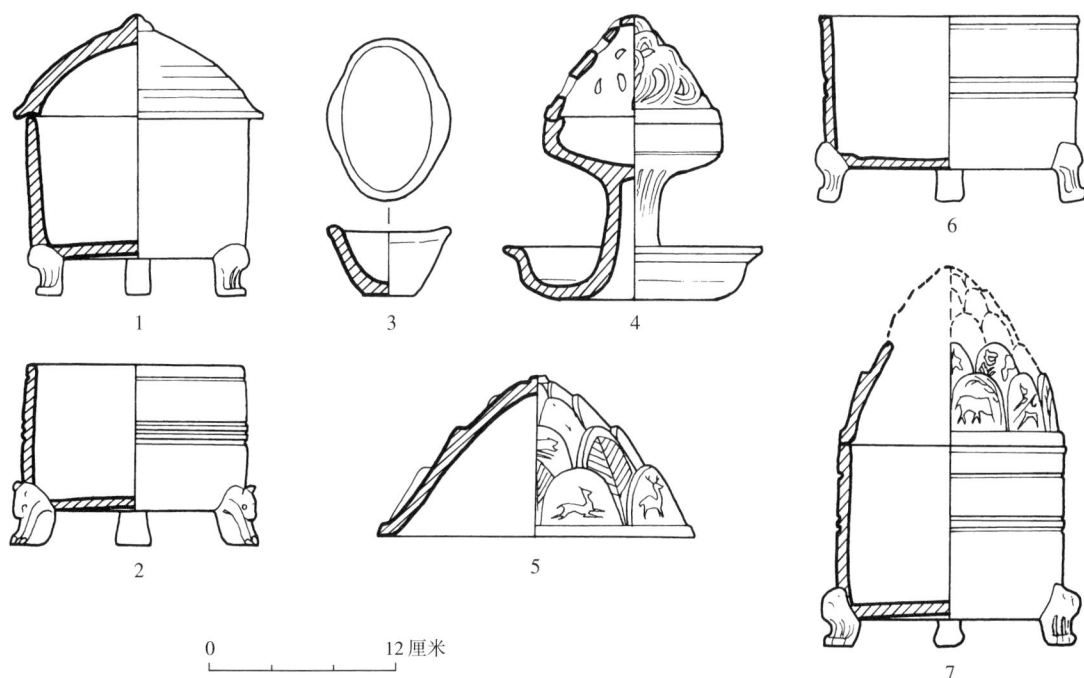

图四九一 汉墓出土陶樽、耳杯、博山炉、器盖

1、6. Ⅰ式樽（M47：17、M178：16） 2. Ⅲ式樽（M63：4） 3. 耳杯（M47：19） 4. 博山炉（M63：29）
5. 器盖（M47：18） 7. Ⅱ式樽（M63：16）

表面有红彩装饰，大多脱落，部分器表施釉；器类有灶、仓、井、汲水瓶、磨、圈、狗、鸡、鸭、鸽等。

灶 61件。可辨大致器形者60件，另1件（M147：12）仅存极少量残片。由灶体及釜、甑、锅等部分组成。灶面有火眼，前壁开灶门。釜近直口或敛口，溜肩，扁鼓腹，凸圜底，或平底，或微凹底。甑或锅敞口，翻折沿，弧腹内收，平底或微凹，甑底有箅孔。根据灶体平面形状的不同可分二型。

A型 24件，可辨形制者21件，3件（M93：15，M133：4，M175：25）仅存后段，因无法修复而难辨形制。器形都较小。灶体前方后圆，平面基本呈半椭圆形，无挡墙。灶面多双火眼，少量单火眼，双火眼者其上二釜一甑一锅，单火眼者其上一釜一锅或加一甑。一般素面。按照陶色、整体及灶体变化可分三式。

Ⅰ式：8件。分别为M2：6，M12：1，M74：3，M86：4，M90：5，M106：3，M107：1，M108：2。除个别火眼上放置器物为褐陶外，均为灰陶。整体相对较窄长。前端两角直折，除个别外，灶门都较小，下部多有槛，后段均有烟囱，多上伸，少量直接穿灶体而成。多双火眼，少量单火眼。标本M12：1（图四九二，2；图版一○四，1），标本M86：4（图四九二，5；图版一○四，2），标本M107：1（图四九二，6）。

Ⅱ式：10件。分别为M26：5，M44：11，M69：9，M77：9，M85：14、17，M91：6，M98：11，M100：2，M176：13。灶体均为灰陶，火眼上放置器物少量为红陶，余为灰陶。整体相对较宽短。少量前端两角微弧，大部分灶门较小，下部多有槛，除个别外后端中部均有烟囱，或上伸，或直接穿灶体。多双火眼，少量单火眼，个别灶面前端有联体小釜。标本M44：11（图四九二，1），标本M77：9（图四九二，3；图版一○四，3），标本M98：11（图四九二，7；图版一○四，4）。

Ⅲ式：3件。分别为M88：4，M180：4，M181：3。多灰陶，个别灶体红陶，火眼上放置器物多红陶，少量褐、灰陶。整体或相对较宽短，或稍窄长。前端两角圆弧，后段微弧，灶门或大或小，有的后端中部有上伸烟囱或烟孔，双火眼。标本M180：4（图四九二，4）。

B型 36件。灶体平面呈长方形。按照陶色、灶体和灶面上部挡火墙、火眼、烟囱及附属器物配置和纹饰、施釉的变化可分七式。

Ⅰ式：1件。红陶。灶体大，长方体规整。四面挡火墙围合成"凹"形，即仅一侧中部有缺口，上端有向外平折的檐，半椭圆形灶门大，双火眼。二釜二甑，器形较大。挡墙沿面饰对角双线三角纹。标本M53：1（图四九三，1；图版一○四，5）。

Ⅱ式：2件。分别为M132：7，M157：1。灰、褐陶。灶体较大，长方体或规整，或一端稍宽，四角圆弧。挡火墙呈曲尺形，即一侧及后段有挡火墙，无檐，长方形灶门或较大，或较小，双火眼。二釜二甑或一甑一锅，器形较大。素面。标本M132：7（图四九三，2；图版一○四，6），标本M157：1（图四九三，5）。

Ⅲ式：1件。灰陶。灶体稍变长。仅后段有挡火墙，内侧中部有一较长通穿烟囱，半椭圆形灶门较小，双火眼。二釜一甑一锅，器形较小。素面。标本M101：1（图四九三，3；图版一○五，1）。

Ⅳ式：14件。分别为M1：7，M43：13，M44：14，M73：1，M89：2，M92：6、11，M99：12，M104：5，M110：4，M133：1，M137：4，M172：5，M173：3。灰陶。整体稍宽短，前端

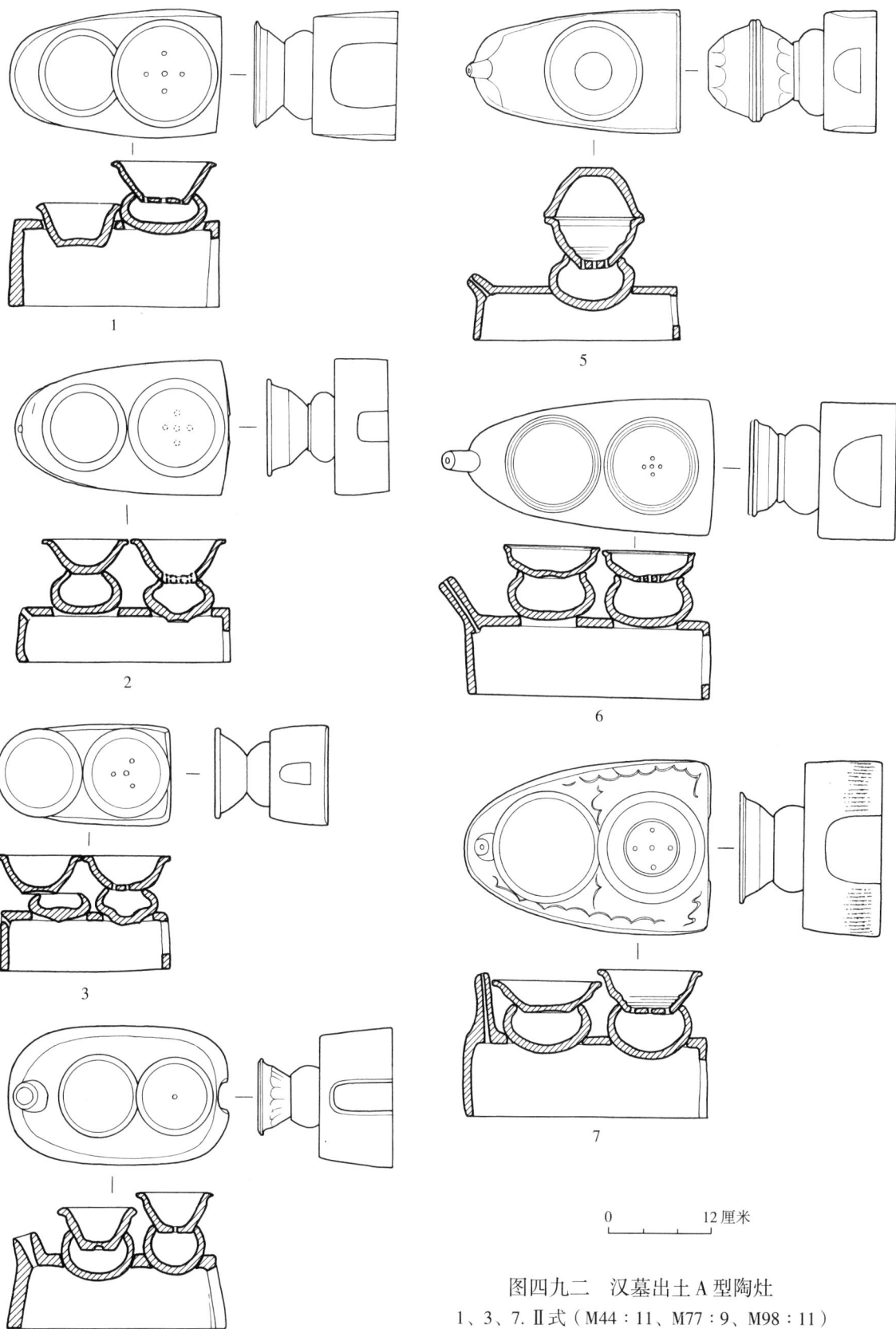

図四九二　汉墓出土 A 型陶灶
1、3、7. Ⅱ式（M44∶11、M77∶9、M98∶11）
2、5、6. Ⅰ式（M12∶1、M86∶4、M107∶1）　4. Ⅲ式（M180∶4）

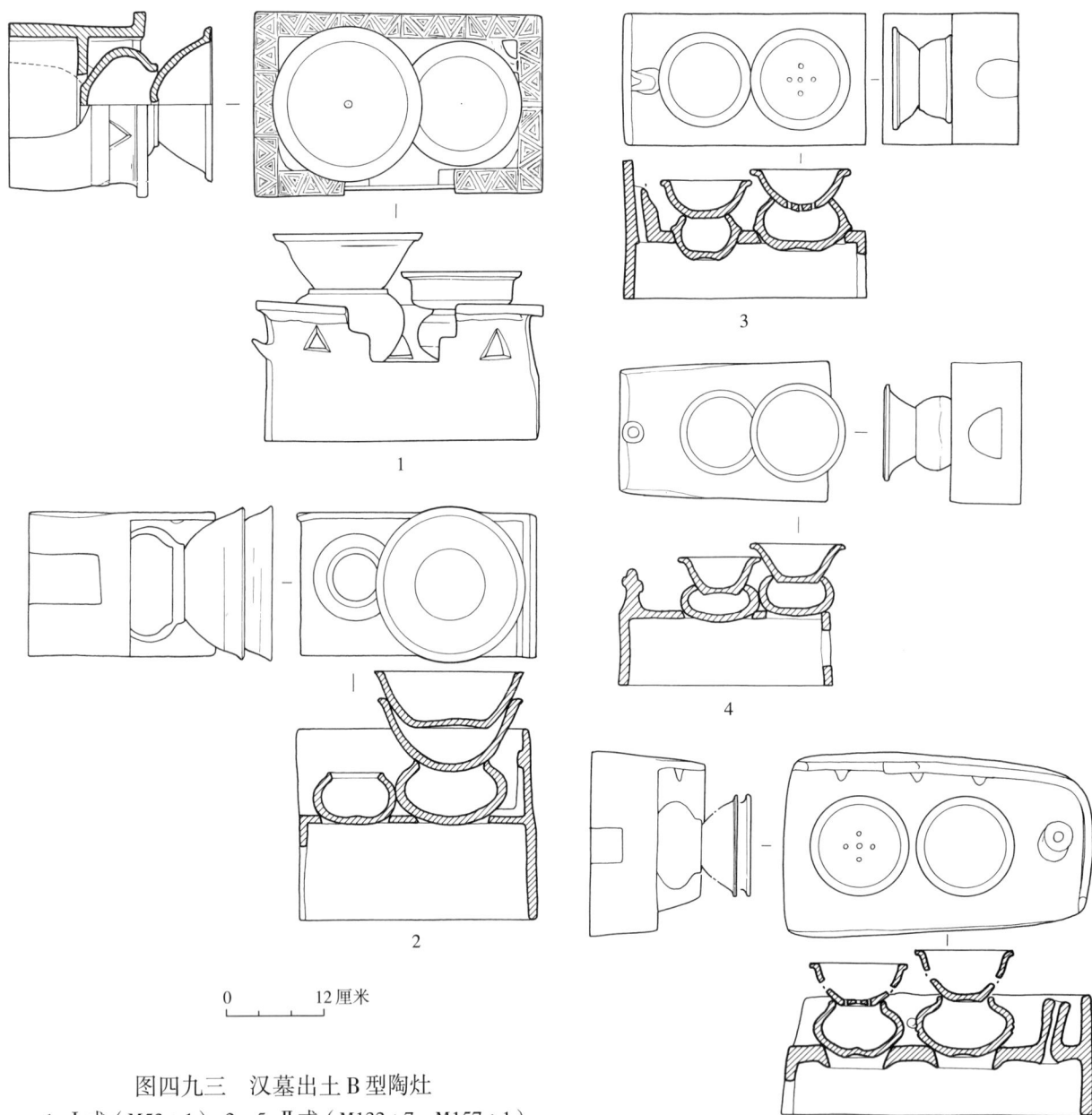

0　　　　12厘米

图四九三　汉墓出土 B 型陶灶
1. Ⅰ式（M53：1）　2、5. Ⅱ式（M132：7、M157：1）
3. Ⅲ式（M101：1）　4. Ⅳ式（M44：14）

略宽于后端，少量后端两角圆弧，除个别前后有挡火墙外，其余均无挡火墙，大多后端中部有穿通或未通的烟囱，灶门小，少量灶门下有槛，双火眼。均有二釜，釜上一般为一甑一锅，少量为二锅，个别有一甑二锅，器形均较小。素面。标本 M44：14（图四九三，4；图版一〇五，2），标本 M73：1（图四九四，1），标本 M92：6（图四九四，5），标本 M173：3（图四九四，3）。

Ⅴ式：5件。分别为 M37：8，M71：1，M99：14，M116：5，M119：2。灰陶。整体稍窄长，或稍宽，长方体规整。个别前后端有挡火墙，少量挡火墙内侧中部有烟囱，灶门小，除个别外一般灶门下有槛，前、中、后三火眼。一般有三釜，釜上或一甑一锅，或一甑二锅，器形均较小。标本 M99：14（图四九四，4；图版一〇五，3），标本 M119：2（图四九四，2）。

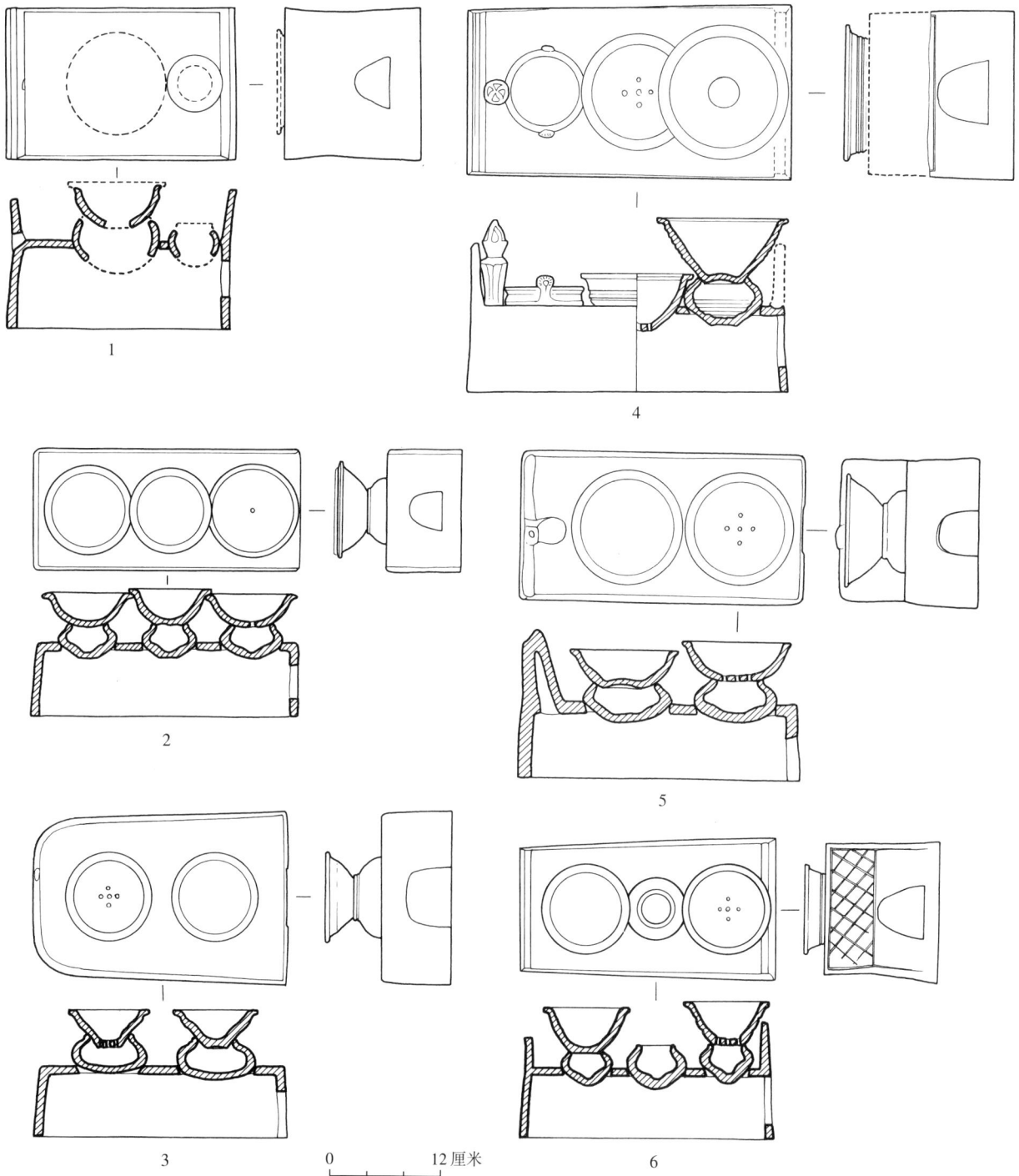

图四九四 汉墓出土 B 型陶灶

1、3、5. Ⅳ式（M73：1、M173：3、M92：6） 2、4. Ⅴ式（M119：2、M99：14） 6. Ⅵ式（M47：26）

Ⅵ式：3件。分别为 M47：26，M115：6，M171：15。大多灰陶，仅个别附属器物红陶。形制基本同Ⅴ式。前挡墙上部饰网格纹。标本 M47：26（图四九四，6），标本 M115：6（图四九五，1；图版一〇五，4）。

Ⅶ式：10件。分别为 M19：11，M46：4，M47：15，M63：11、40、42，M131：11，M168：7，M175：13，M178：6。红陶。整体稍窄长，长方体规整。前后均有挡火墙，少量后墙内侧中部有烟孔，灶门小，前、中、后三火眼，一般有三釜，釜上一甑一锅，少量附属器物不全，器形均较小。前挡墙上部饰网格纹。大多器表施釉。标本 M19：11（图四九五，3；图版一○五，5），标本 M63：40（图四九五，4），标本 M168：7（图四九五，2；图版一○五，6）。

仓　126件。可辨形制者123件，另3件（M147：5、11，M175：27）仅存碎片。基本呈筒形。敛口，圆唇，近直壁，平底或微凹。除少量素面、个别单饰绳纹外，壁间饰多道凹弦纹。根据有无仓门的不同可分二型。

A型　102件。无仓门。根据器体的高矮和口、腹径的比例可分二亚型。

Aa型　75件。器体较高，口、腹径的比例相对较小。口内敛较甚。按照陶色、整体及肩、盖和纹饰、施釉的变化可分五式。

Ⅰ式：1件。灰陶。整体瘦高。近平折肩。无盖。外壁几乎满饰绳纹。标本 M169：5（图四九六，1；图版一○六，1）。

Ⅱ式：12件。分别为 M2：3、4，M69：7，M74：6，M88：1，M93：11 ~ 13，M96：4、5，

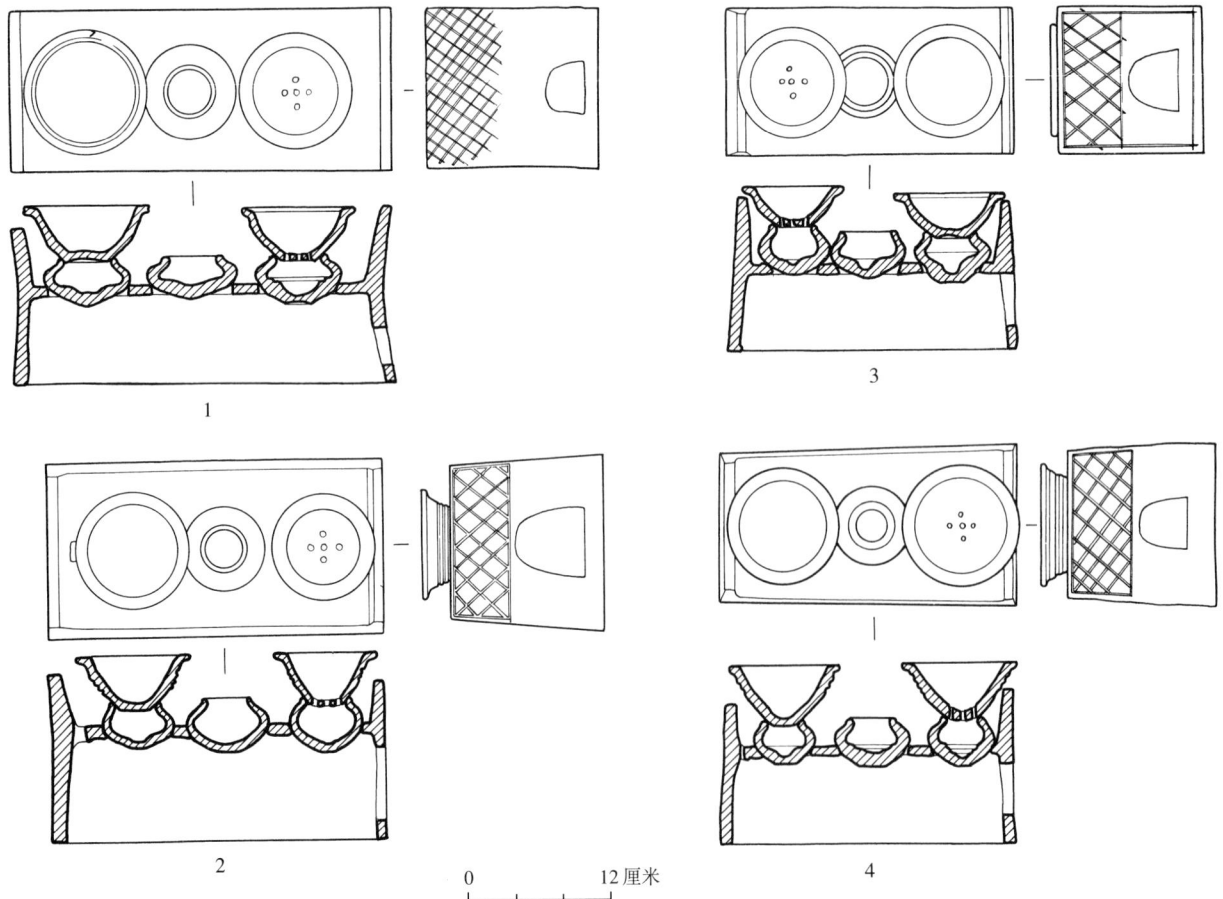

图四九五　汉墓出土 B 型陶灶

1. Ⅵ式（M115：6）　2 ~ 4. Ⅶ式（M168：7、M19：11、M63：40）

0　　　　　12厘米

M99：4，M119：6。灰、褐陶。整体较矮。斜折肩。无盖。壁部分间饰绳纹，个别素面。标本M2：3（图四九六，2；图版一〇六，3），标本M88：1（图四九六，3）。

Ⅲ式：18件。分别为M44：4、5、7、8，M85：11～13、19、20，M86：1、2，M99：5、13，M116：2，M133：7，M172：2～4。灰、褐陶。整体多稍矮，少量较高。斜折肩。一般上承圜顶浅弧盘或较深盂状盖。外壁多间饰绳纹。标本M44：4（图四九六，7），标本M86：1（图四九六，5；图版一〇六，2右），标本M172：3（图四九六，4）。

Ⅳ式：20件。分别为M37：6、10、12～14，M47：13、27，M71：3～5，M99：6，M115：11、12，M168：11、12，M171：18～20、22、23。灰、褐陶。整体相对稍矮。斜折肩。一般上承博山盖，或无盖，但因其他器物大多承博山盖而推测其本应承同类盖。个别素面，少量壁间饰绳纹。标本M37：14（图四九六，11），标本M71：5（图四九六，8；图版一〇七，2右），标本M115：11（图四九六，6）。

Ⅴ式：24件。分别为M19：5、6、9，M46：8、9，M47：8、11，M63：10、14、21～23、25、26，M131：4、5，M147：9，M175：11、12、21，M178：11～13、17。红陶。形制基本同Ⅳ式。器表部分施釉。标本M19：9（图四九六，9），M147：9（图四九六，10；图版一〇六，5）。

Ab型 27件。器体较矮胖，口、腹径的比例相对较大。按照陶色及肩、腹和盖的变化可分四式：

Ⅰ式：3件。分别为M1：2、4，M92：7。灰陶。无盖。斜折肩，直壁。标本M1：2（图四九七，1；图版一〇七，1）。

Ⅱ式：13件。分别为M44：6、10，M89：4～6、14、15，M92：9、10，M104：3、4，M110：3、5。灰、褐陶。斜折肩，多直壁，个别内斜或外扩。一般上承浅弧盘或鸟形纽尖顶状盖。少量素面。标本M44：10（图四九七，2），标本M89：15（图四九七，5），标本M92：9（图四九七，3），标本M110：3（图四九七，4；图版一〇六，4右）。

Ⅲ式：9件。分别为M26：1，M73：3、4、8，M77：2、5，M92：8，M99：10，M180：3。灰、褐陶。多斜折肩，个别溜肩，多直壁，个别内斜。一般上承博山盖。标本M73：8（图四九七，6），标本M77：5（图四九七，7；图版一〇六，6左），标本M180：3（图四九七，8）。

Ⅳ式：2件。分别为M176：2、3。红陶。斜折肩，直壁。无盖。标本M176：2（图四九七，9）。

B型 21件。灰陶。下腹近底部一侧设仓门，口内敛较甚，斜折肩。按照整体及口、腹、仓门和纹饰的变化可分三式。

Ⅰ式：8件。分别为M98：6、8、14、17、18，M106：5～7。整体相对稍矮胖，中腹微鼓，简单刻划象征性仓门，呈"口"或"日"形。少量承浅弧盘状盖。外壁饰三至六道凹弦纹或局部单加饰绳纹。标本M98：6（图四九八，1），标本M106：5（图四九八，2；图版一〇七，4中）。

Ⅱ式：11件。分别为M43：8、9、11、12、20，M90：3、4、7，M91：3、5、8。整体或稍矮胖，或较瘦高，中腹壁微鼓，方形活动仓门两侧及中部并排三个半圆形栓柱，多穿孔。大多有浅弧盘状或碗状盖。外壁间饰五至十一道凹弦纹，少量加饰绳纹。标本M43：20（图四九八，4），标本M90：4（图四九八，6；图版一〇七，3），标本M91：8（图四九八，5）。

Ⅲ式：2件。分别为M173：1、2。整体较矮胖。直壁，中部无活动仓门，仅有并排三个无孔栓柱象征仓门。外壁饰七、九道凹弦纹。标本M173：1（图四九八，3）。

图四九六　汉墓出土 Aa 型陶仓

1. I 式（M169：5）　2、3. II 式（M2：3、M88：1）　4、5、7. III 式（M172：3、M86：1、M44：4）
6、8、11. IV 式（M115：11、M71：5、M37：14）　9、10. V 式（M19：9、M147：9）

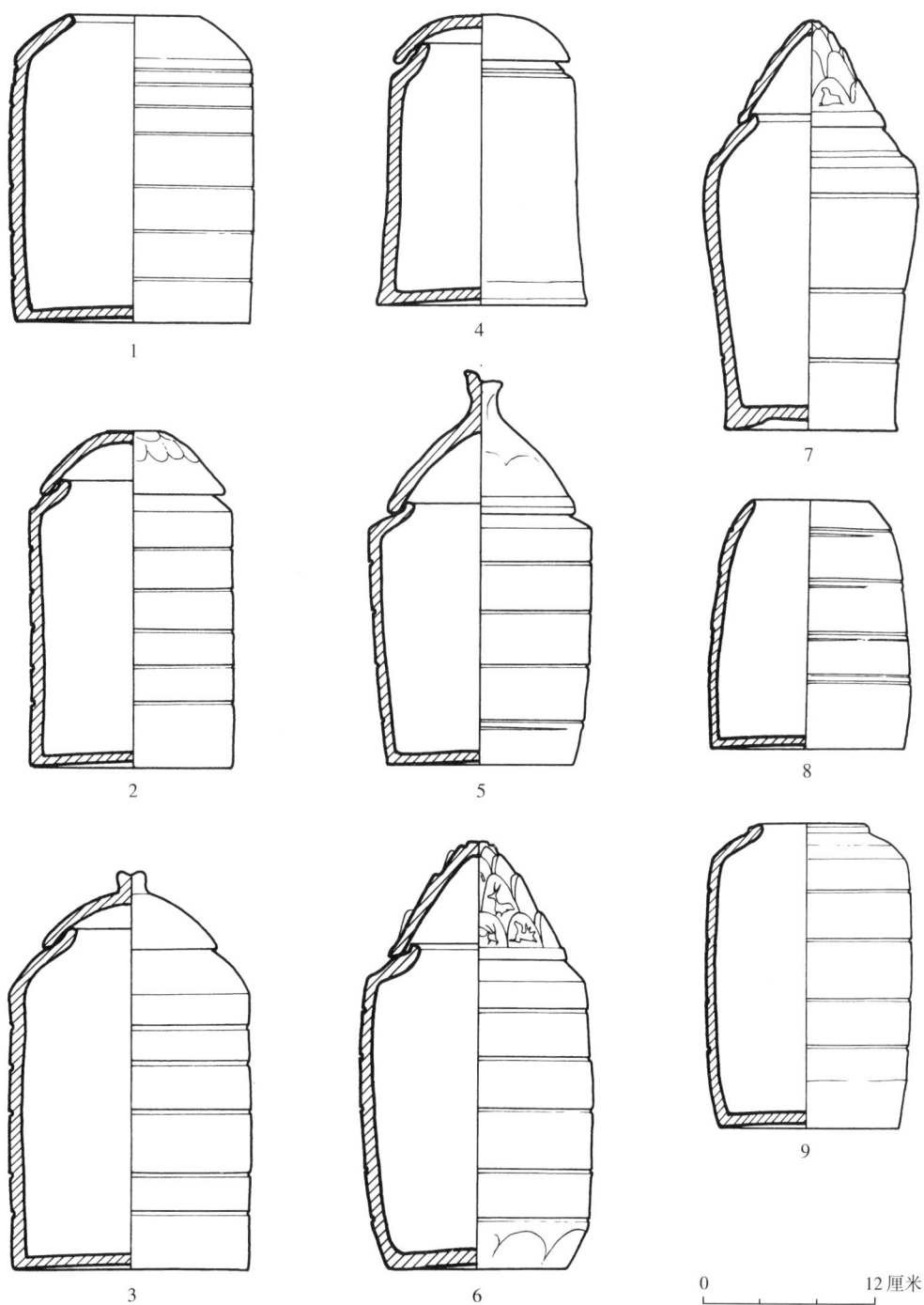

图四九七　汉墓出土 Ab 型陶仓

1. Ⅰ式（M1：2）　2~5. Ⅱ式（M44：10、M92：9、M110：3、M89：15）

6~8. Ⅲ式（M73：8、M77：5、M180：3）　9. Ⅳ式（M176：2）

井　48件。根据有无底的不同可分二型。

A 型　43件。有底，除个别平底外，均微凹底。根据有无颈的差别可分二亚型。

Aa 型　38件。可辨形制者37件，1件（M93：10）残甚。有颈。侈口，翻折沿，束颈。按照

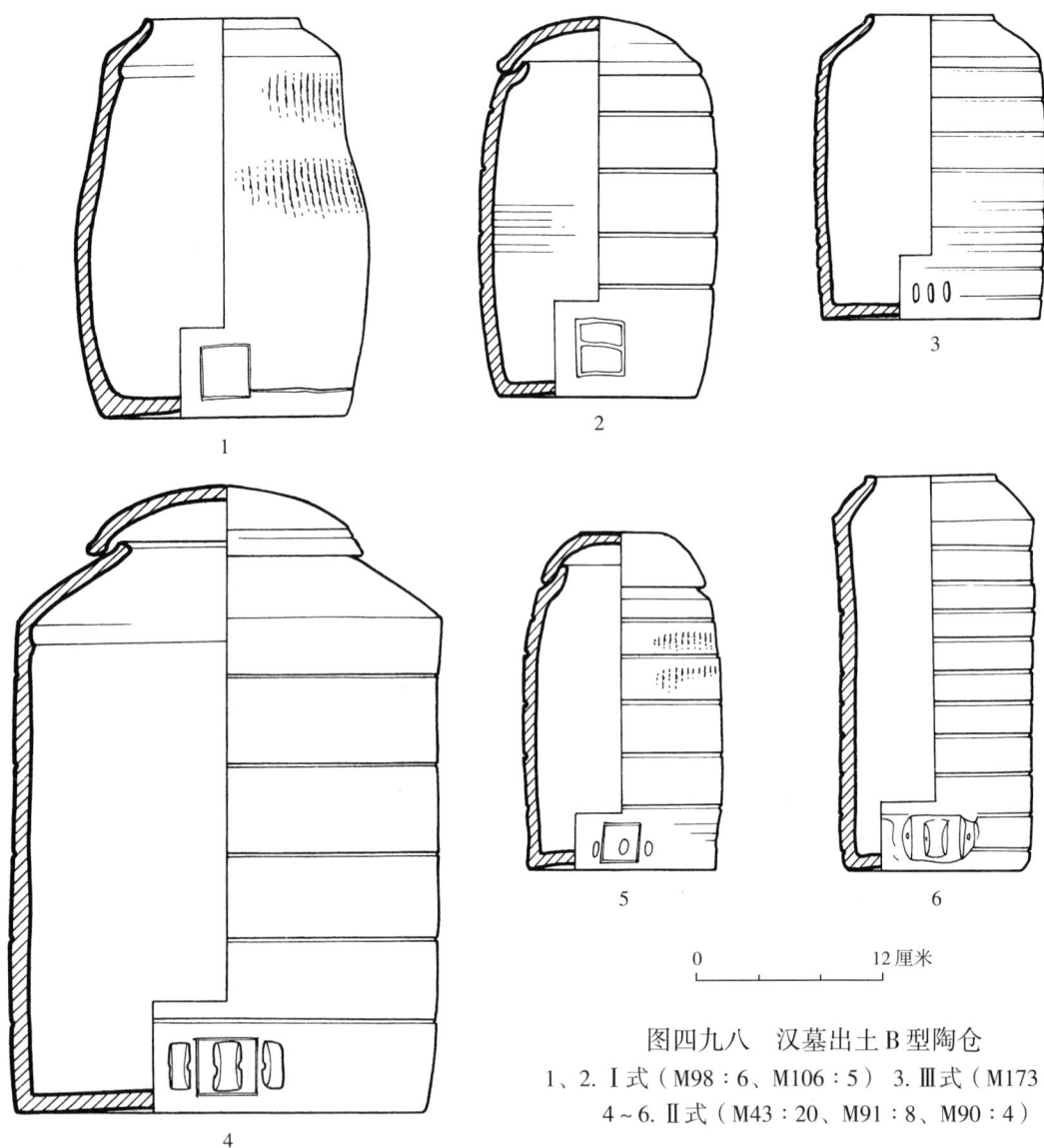

图四九八　汉墓出土 B 型陶仓
1、2. Ⅰ式（M98：6、M106：5）　3. Ⅲ式（M173：1）
4～6. Ⅱ式（M43：20、M91：8、M90：4）

陶色、整体及颈、肩、腹和纹饰、施釉的变化可分六式。

Ⅰ式：2件。分别为 M74：4，M106：4。灰陶。整体较矮小。颈极短，溜肩，上腹微鼓。素面。标本 M74：4（图四九九，1；图版一〇七，5），标本 M106：4（图四九九，2）。

Ⅱ式：1件。灰陶。整体稍矮小。短颈，微折肩，上腹微鼓。上承圆锥状盖。肩、腹各饰一道凹弦纹。标本 M137：3（图四九九，3；图版一〇七，6）。

Ⅲ式：4件。分别为 M85：4，M86：3，M99：8，M173：5。灰陶。整体或稍矮胖，或稍瘦高。颈稍长，颈壁微弧，斜折肩，微鼓腹或直壁或斜壁内收。多素面，个别壁饰多道凹弦纹。标本 M85：4（图四九九，4；图版一〇八，1左），标本 M173：5（图四九九，5）。

Ⅳ式：16件。分别为 M26：4，M37：9，M44：3，M47：9、24，M71：2，M73：5，M85：16，M89：3，M90：8，M91：4，M99：11，M115：4，M116：4，M119：3，M171：21。多灰陶，个别褐、红陶。整体多稍矮胖。颈较长，颈壁中弧，斜折肩，近直壁。少量有汲水罐。颈至腹间

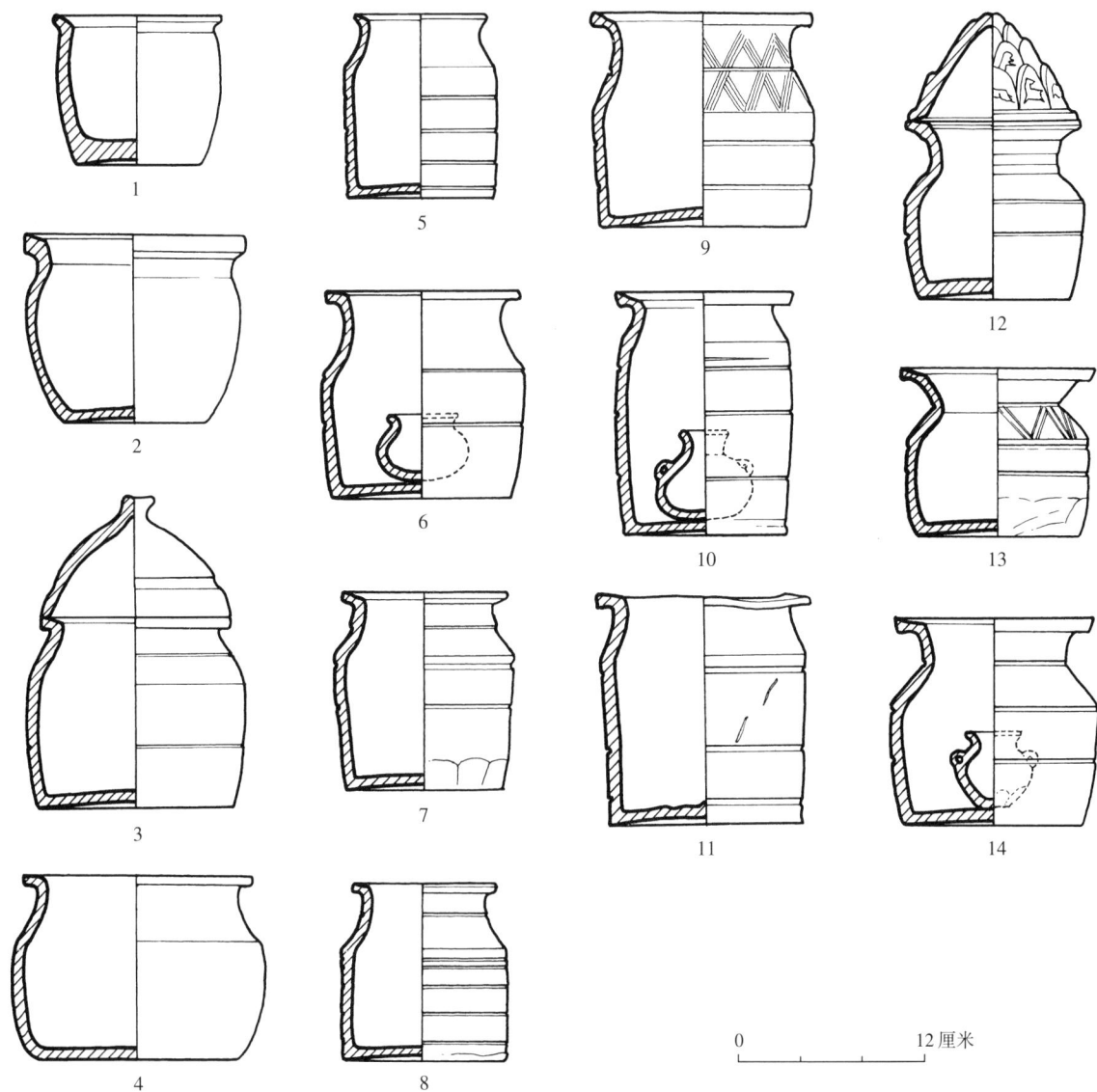

图四九九　汉墓出土 Aa 型陶井

1、2. Ⅰ式（M74∶4、M106∶4）　3. Ⅱ式（M137∶3）　4、5. Ⅲ式（M85∶4、M173∶5）　6～9. Ⅳ式（M73∶5、M85∶
　　16、M91∶4、M99∶11）　10、11. Ⅴ式（M69∶8、M77∶4）　12～14. Ⅵ式（M19∶8、M46∶5、M63∶3）

饰多道凹弦纹，个别颈部饰波折纹。标本 M73∶5（图四九九，6；图版一〇八，3），标本 M85∶
16（图四九九，7；图版一〇八，2），标本 M91∶4（图四九九，8；图版一〇八，4），标本 M99∶
11（图四九九，9）。

　　Ⅴ式：3 件。3 件。分别为 M69∶8，M77∶4，M181∶1。灰陶。整体较瘦高。束短颈，斜折
肩，直壁或中腹微鼓。有的有汲水罐。壁间饰三、四道凹弦纹。标本 M69∶8（图四九九，10；图
版一〇八，5），标本 M77∶4（图四九九，11；图版一〇八，6）。

　　Ⅵ式：11 件。分别为 M19∶8，M46∶5，M63∶3、13，M131∶8，M147∶6，M168∶6，M175∶
10、26，M176∶11，M178∶4。除个别灰陶外，均为红陶。整体较矮胖。颈稍长，中部内束较甚，斜折肩，近直壁。个别上承博山盖。颈至腹间饰多道凹弦纹，少量颈下部饰波折纹。部分器表施釉。标本 M19：8（图四九九，12），标本 M46：5（图四九九，13；图版一〇九，1），标本 M63：3（图四九九，14；图版一〇九，2左）。

Ab　5件。无颈。灰陶。按照整体及口、腹、盖的变化可分三式。

Ⅰ式：1件。整体较矮小。侈口，仰折沿，腹壁近斜收。素面。标本 M2：5（图五〇〇，2；图版一〇九，3）。

Ⅱ式：3件。分别为 M1：5，M43：16，M88：3。整体较高大。微侈口，平折沿，腹壁微斜扩。或素面，或上腹饰一道凸弦纹。标本 M1：5（图五〇〇，4；图版一〇九，4），标本 M43：16（图五〇〇，1；图版一〇九，5）。

Ⅲ式：1件。整体稍瘦矮。直口，直壁。上承博山盖。标本 M180：5（图五〇〇，3）。

B型　5件。无底。灰陶。敛口，平折沿，口小底大。按照整体和口沿、颈、腹及纹饰的变化可分四式。

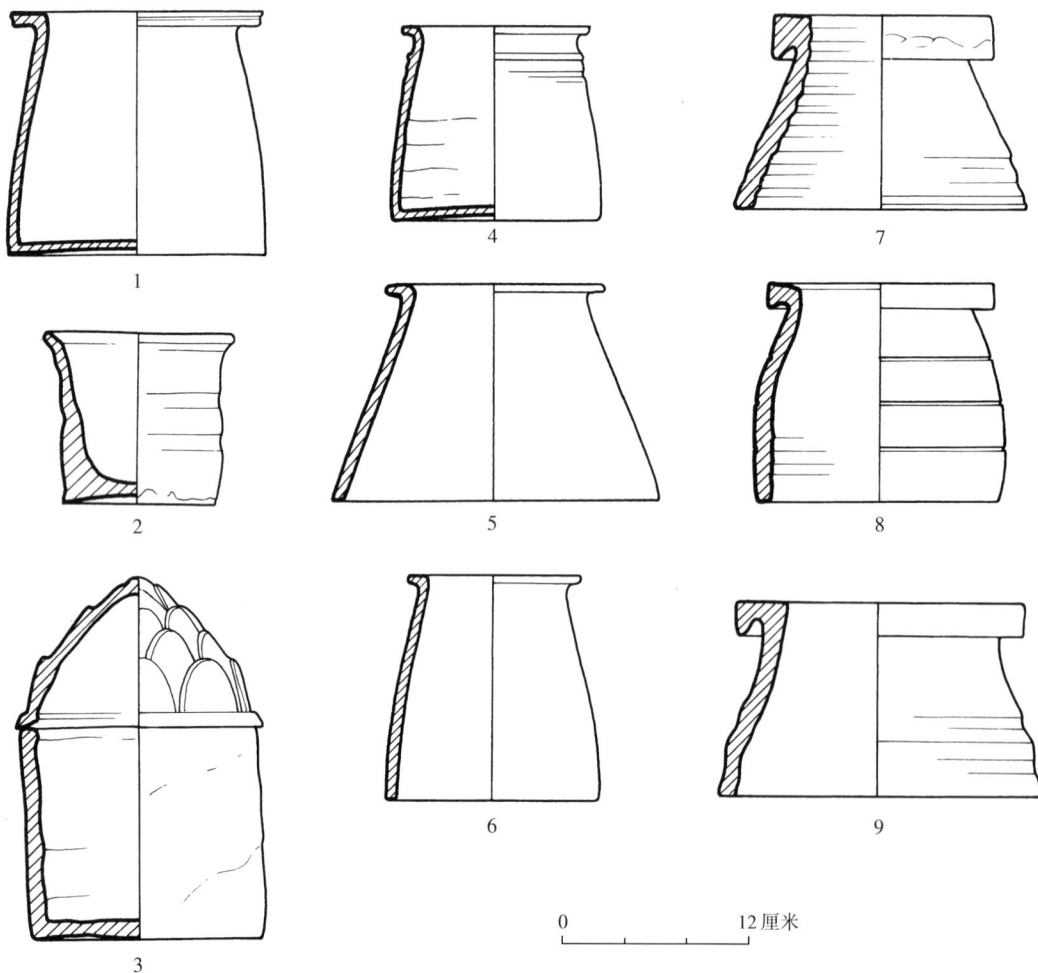

图五〇〇　汉墓出土陶井

1、4.Ab型Ⅱ式（M43：16、M1：5）　2.Ab型Ⅰ式（M2：5）　3.Ab型Ⅲ式（M180：5）　5、7.B型Ⅱ式（M98：13、M101：2）　6.B型Ⅰ式（M172：1）　8.B型Ⅲ式（M44：9）　9.B型Ⅳ式（M92：12）

Ⅰ式：1件。整体稍瘦高。口沿窄，无颈，腹壁微弧外扩。素面。标本M172：1（图五〇〇，6）。

Ⅱ式：2件。分别为M98：13，M101：2。整体较矮胖。口沿或窄或宽，无颈，腹壁斜扩相对较甚。素面，或有瓦棱状旋痕。标本M98：13（图五〇〇，5；图版一〇九，6），标本M101：2（图五〇〇，7；图版一一〇，1）。

Ⅲ式：1件。整体稍瘦高。口沿较宽，颈部不明显，溜肩，近直壁。壁间饰三道凹弦纹。标本M44：9（图五〇〇，8；图版一一〇，2）。

Ⅳ式：1件。整体矮胖。口沿宽，长颈外扩，溜肩，斜壁。外壁有瓦棱状旋痕。标本M92：12（图五〇〇，9；图版一一〇，3）。

汲水瓶 10件。灰、褐陶。小口，束颈，平底微凹。或素面，或器表有红彩，大多脱落。按照整体及口、颈、腹的变化可分三式。

Ⅰ式：2件。分别为M66：8、9。整体瘦高。近盘口，长颈，扁折腹，下腹曲收较高。标本M66：9（图五〇一，1；图版一一〇，4左）。

Ⅱ式：6件。分别为M57：5、6，M161：6、7，M192：7、8。整体稍矮。近盘口或侈口，颈稍短，扁鼓腹，下腹微曲收。标本M161：6（图五〇一，2；图版一一〇，5右），标本M192：8（图五〇一，3）。

Ⅲ式：2件。分别为M157：5、6。整体较矮。侈口，短颈，扁鼓腹，下腹弧收。标本M157：5（图五〇一，4；图版一一〇，6右）。

磨 11件。由上扇磨盖、下扇磨盘组成，盖上部中间有双槽，盖面布满摁窝，盘、盆连体，盆敞口，斜壁，有三铲、锥、柱状足。按照陶色、整体及施釉的变化可分二式。

Ⅰ式：1件。磨盖红陶，磨盘及磨盆灰陶。整体稍高。标本M77：7（图五〇一，5；图版一一一，1）。

Ⅱ式：10件。分别为M19：15，M46：7，M47：7，M63：12、39，M131：6，M147：4，M175：19、29，M176：5。红陶。整体稍矮胖。磨盖上部一侧有手柄。部分器表施釉。标本M19：15（图五〇一，6），标本M47：7（图五

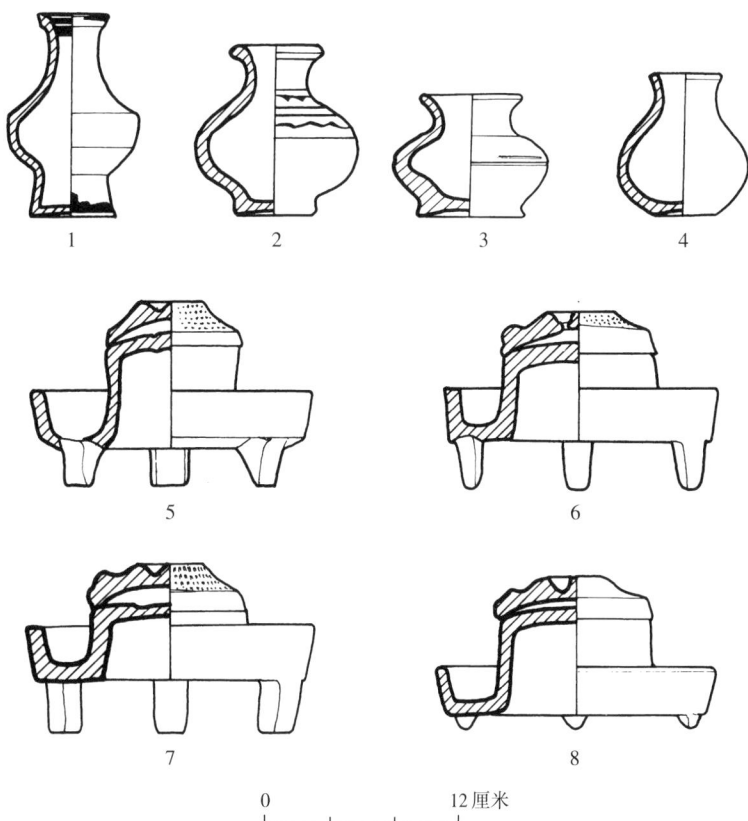

图五〇一 汉墓出土陶汲水瓶、磨
1. Ⅰ式汲水瓶（M66：9） 2、3. Ⅱ式汲水瓶（M161：6、M192：8）
4. Ⅲ式汲水瓶（M157：5） 5. Ⅰ式磨（M77：7）
6~8. Ⅱ式磨（M19：15、M47：7、M175：29）

〇一，7；图版一一一，2），标本 M175：29（图五〇一，8）。

圈　12件。分别为 M19：13，M46：6，M47：14、28，M63：17，M131：13，M147：2，M168：3，M175：20、28，M178：5，M181：2。可辨形制者9件，另3件（M147：2，M175：28，M181：2）仅残存极少部分。多红陶，少量灰、褐陶。平面基本呈方形，下部一周围墙，一侧设厕屋一座，四面坡式屋顶，前壁开门，门前设一斜坡通道。圈内一猪站立。个别有食槽。素面。标本 M19：13（图五〇二，1；图版一一一，3），M47：28（图五〇二，2）。

狗　10件。卧伏状，头侧视，短尾内卷。按照陶色的变化可分二式：

Ⅰ式：2件。分别为 M69：1，M77：8。灰陶。标本 M69：1（图五〇三，1；图版一一一，4）。

Ⅱ式：8件。分别为 M19：12，M47：12，M63：34，M131：9，M147：1，M175：23，M176：6，M178：8。红陶。少量器表施釉。标本 M147：1（图五〇三，2），标本 M178：8（图五〇三，3）。

鸡　22件（11对）。每对雌雄各一，双足分立，昂首翘尾，腹中空。按照陶色变化可分二式：

Ⅰ式：4件（2对）。分别为 M69：2、3，M77：10、11。灰陶。标本 M69：2、3（图五〇三，5、4；图版一一一，5右、左）。

Ⅱ式：18件（9对）。分别为 M19：17、18，M47：4、5，M63：28、38，M131：7、10，M168：4、5，M175：24、30、31、39，M176：7、8，M178：7、19。红陶。标本 M47：4、5（图五〇三，6、7），M63：28、38（图五〇三，8、9；图版一一一，6左、右）。

鸭　2件。分别为 M63：20、31。红陶。双足站立，尾上翘，腹中空。昂首或引项下伸作觅食状。标本 M63：20、31（图五〇三，10、11；图版一一二，1左、右）。

鸽　5件。分别为 M63：18、35～37、41。红陶。形体三大二小。双足站立，颔首，双翅贴身，尾平，或略翘，或下垂，腹中空。标本 M63：35（图五〇三，12；图版一一二，2左），标本 M63：41（图五〇三，13；图版一一二，3左）。

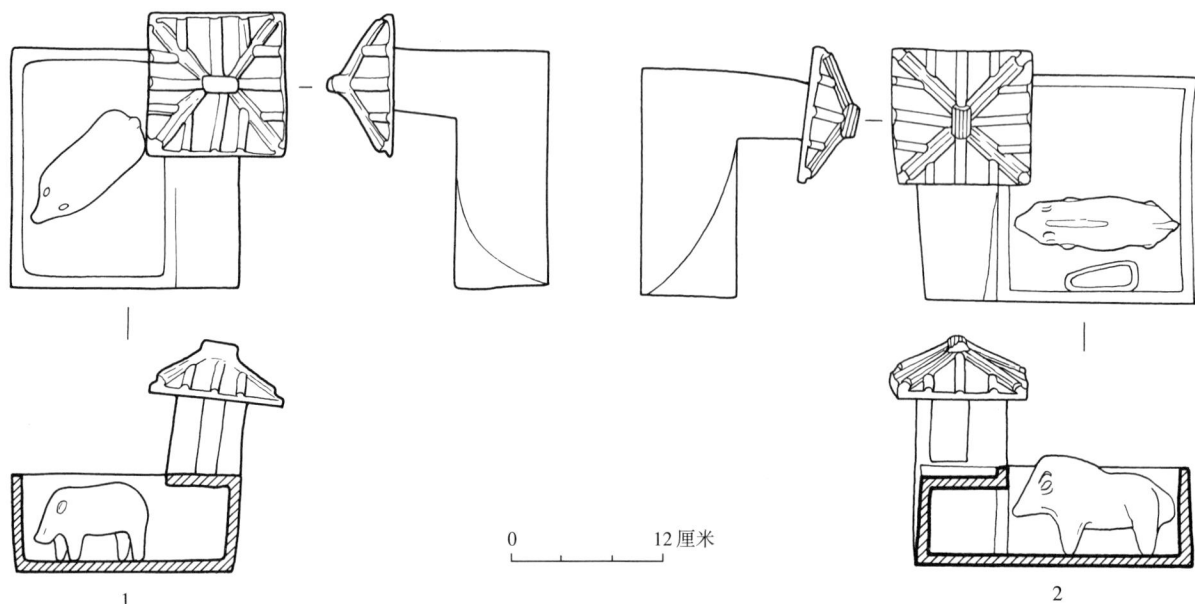

0　　　　　　12厘米

图五〇二　汉墓出土陶圈
1. M19：13　2. M47：28

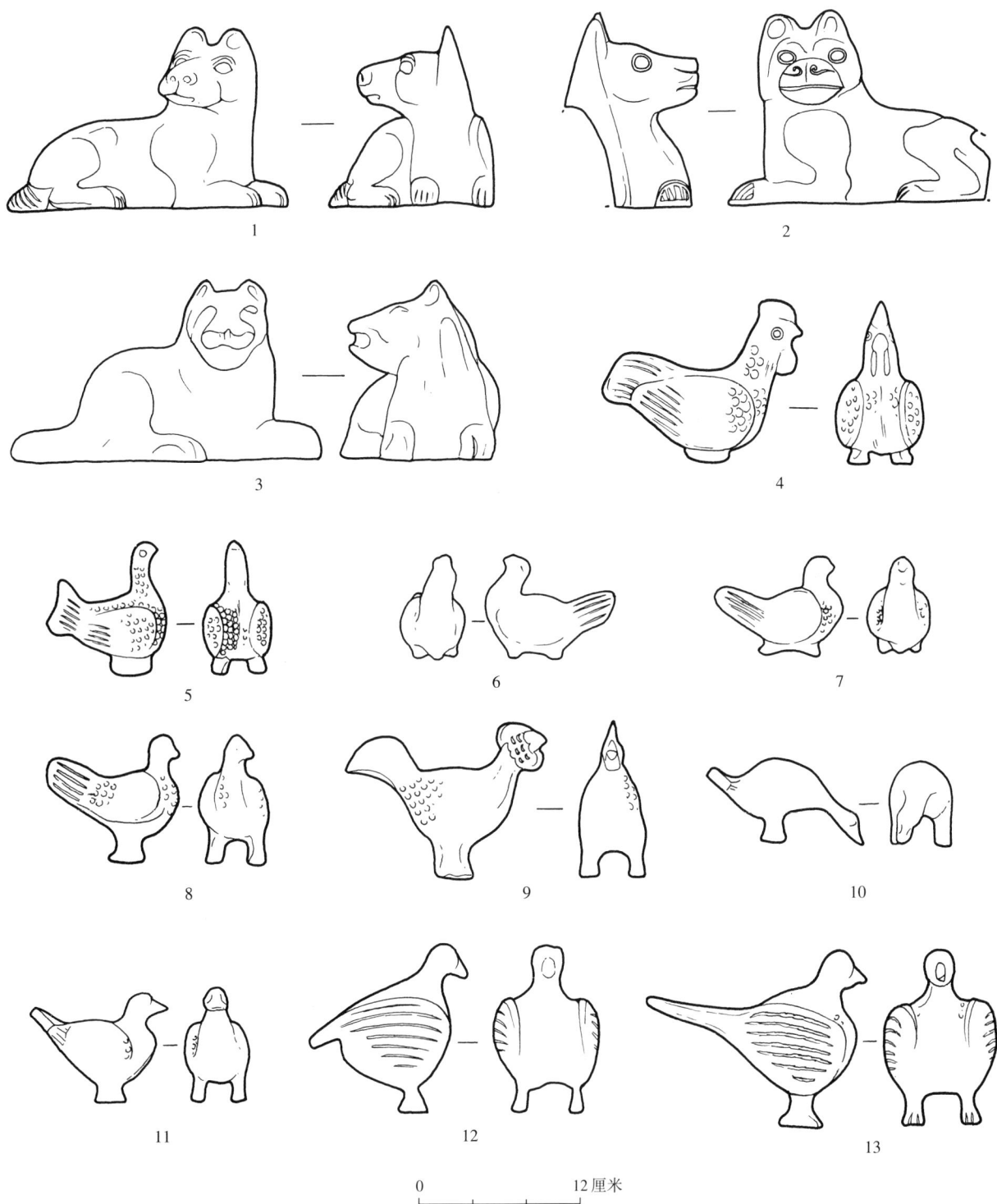

图五〇三　汉墓出土陶狗、鸡、鸭、鸽

1. Ⅰ式狗（M69∶1）　2、3. Ⅱ式狗（M147∶1、M178∶8）　4、5. Ⅰ式鸡（M69∶3、2）

6～9. Ⅱ式鸡（M47∶4、5，M63∶28、38）　10、11. 鸭（M63∶20、31）　12、13. 鸽（M63∶35、41）

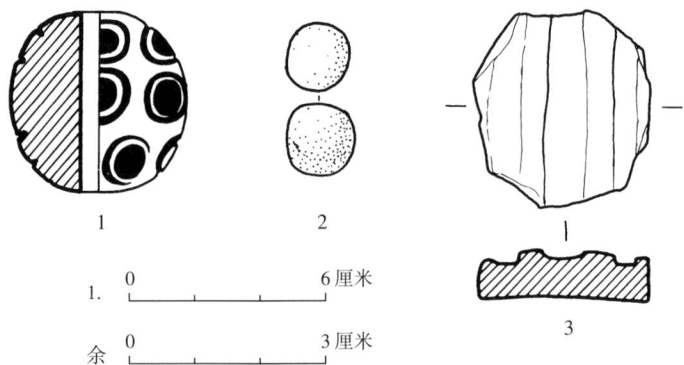

图五〇四　汉墓出土陶球、珠、饼
1.球（M50：10）　2.珠（M89：9）　3.饼（M89：13）

4. 饰品

共5件。器类仅有球、珠、饼等。

球　3件。分别为M50：10，M66：1，M124：15。褐陶。圆球体，有对穿圆孔，器表摁有圆圈纹，圆圈内外围绘红彩。标本M50：10（图五〇四，1；图版一一二，4）。

珠　1件。褐陶。圆球体，无穿孔。标本M89：9（图五〇四，2；图版一一二，5）。

饼　1件。灰陶。不规则八边形，一面中部微凹，一面间隔呈瓦垄状。标本M89：13（图五〇四，3）。

（二）硬陶器

仅1件罐，双唇口，溜肩，上腹鼓，以下弧收，浅凹底。承弧顶盂状盖。标本M74：2（图五〇五；图版一一二，6）。

（三）铜器

共428件（枚）。按性质可分为礼器、日用器、钱币等。

1. 礼器

4件。均为容器。器类有鼎、钫、勺等。

鼎　2件。分别为M120：1，M161：9。整体较矮胖。子母口，平折沿，折肩，附长方形耳，中腹微鼓，以下弧收，凸圜底近平。三较矮蹄足。承浅弧盘状盖，盖周三环纽。标本M120：1（图五〇六，1；图版一一三，1），标本M161：9（图五〇六，2；图版一一三，2）。

钫　1件。深盘口，窄折沿，微束颈较长，溜肩，肩有对称兽面铺首，鼓腹，较高圈足。承子口盝顶盖，盖周四立鸟纽。标本M161：8（图五〇六，3；图版一一三，3）。

勺　1件。体平面呈椭圆形。口外侈，翻折沿，弧腹内收，凸圜底近平。一侧有细管状柄。标本M161：14（图五〇六，4）。

2. 日用器

55件。按功能可分为容器、乐器、兵器、服饰器和杂器等。

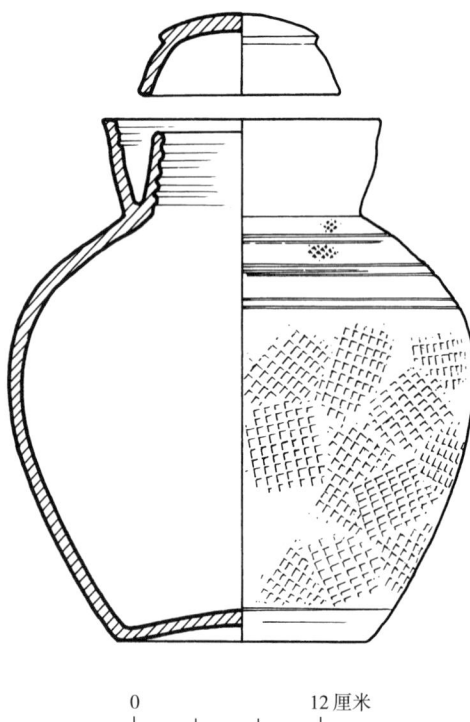

图五〇五　汉墓出土硬陶罐（M74：2）

（1）容器

18件。器类有铛、盆、蒜头壶等。

铛 13件。分别为M12：6，M17：2，M18：3，M37：2，M43：2，M46：12，M73：7，M74：5，M99：28，M139：10，M141：3，M159：5，M171：27。壁薄，残破均严重。敞口，斜折沿上昂，弧腹缓收，凸圜底。标本M171：27（图五〇七，2）。

盆 3件。分别为M139：9，M159：4，M182：2。2件可辨形制，1件（M182：2）残损严重。大敞口，宽平折沿，微弧腹斜收，大平底微凹。标本M139：9（图五〇七，1；彩版八，5）。

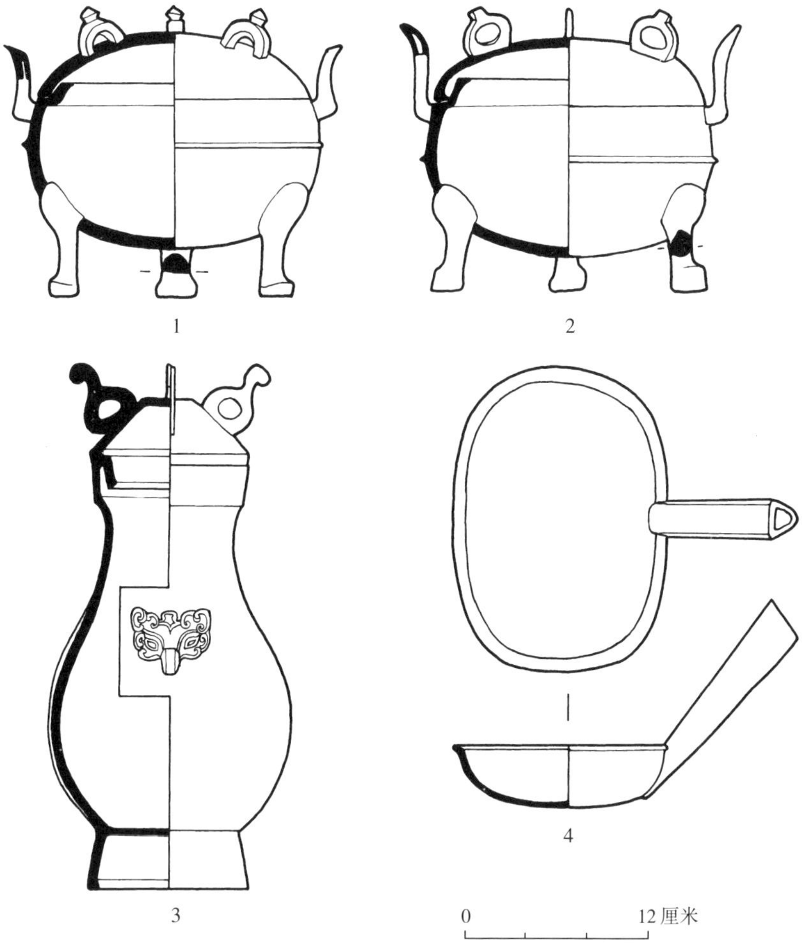

蒜头壶 2件。分别为M120：2、3。短直口，口外六蒜瓣，细长颈，下部有一箍，箍下有宽带状垫片，扁鼓腹，近平底，较高宽圈足。标本M120：2（图五〇七，3；图版一一三，4），标本M120：3（图五〇七，4）。

图五〇六 汉墓出土铜鼎、钫、勺
1、2.鼎（M120：1、M161：9） 3.钫（M161：8） 4.勺（M161：14）

（2）乐器

仅3件铃。分别为M54：9、11、12。器体小。合瓦体，上窄下宽，口中部微弧凹，顶部有一长方形方穿孔纽，腔内有一纽吊舌。标本M54：9（图五〇八，1）。

（3）兵器

2件。器类有镦、镞等。

镦 1件。细长筒形，平底，外壁中部有一箍，箍下有宽带状垫片。标本M22：3（图五〇八，3；彩版五，5）。

镞 1件。体短小。三棱形，圆铤残断。标本M152：9（图五〇八，4；彩版五，6）。

（4）服饰器

31件。器类有镜、带钩、印、泡钉等。

镜 5件，复原4件，分别为M37：3，M89：1，M92：2，M93：1，另1件（M92：16）仅存小段外缘。镜面或平或微隆。镜背宽素缘，圆形纽座，弓形纽。纽座外饰八连弧纹，其与外缘间

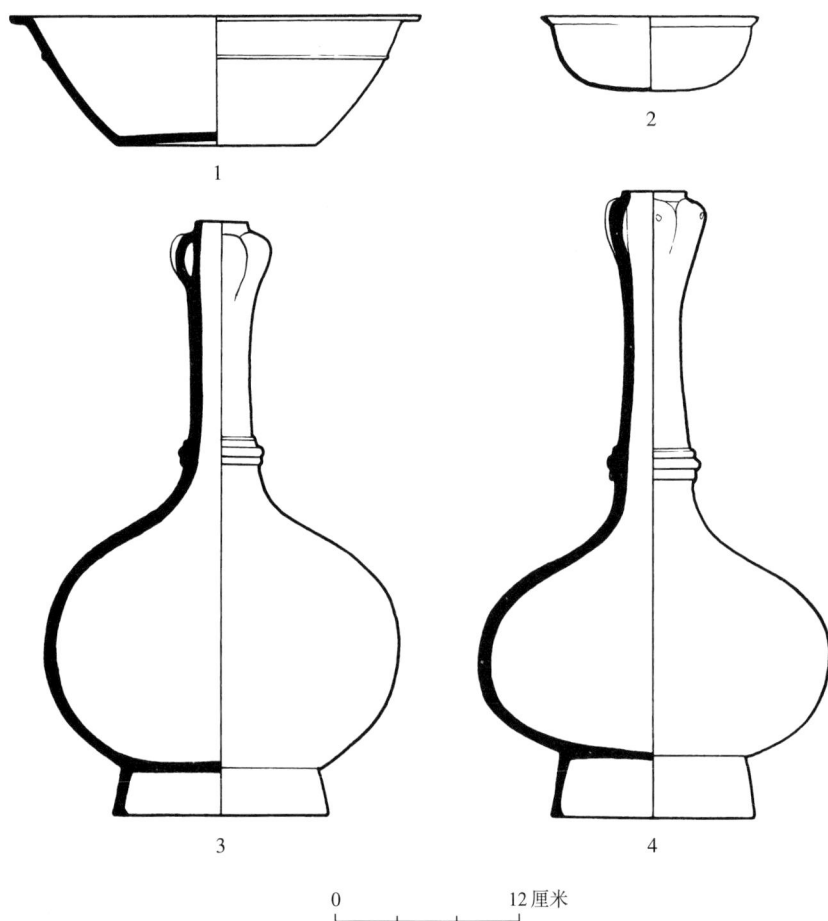

图五〇七　汉墓出土铜铞、盆、蒜头壶
1.盆（M139：9） 2.铞（M171：27） 3、4.蒜头壶（M120：2、3）

各饰一周窄短线带纹夹"见日之光天下大明"或"内清质以昭明光天象夫日月心忽□不泄"铭文带。标本M37：3（图五〇八，2；彩版六，3），标本M92：2（图五〇八，5；图版一一四，1）。

带钩　13件。钩首多残，背部近尾端有圆纽。根据整体形状的不同可分四型。

A型　6件，分别为M32：5，M54：10，M56：1，M99：18，M125：8，M139：1。整体较短、窄，近琵琶形，尾端正面微隆或尖凸。标本M54：10（图五〇九，1；图版一一四，2），标本M99：18（图五〇九，5）。

B型　5件。分别为M3：1，M85：8，M93：7，M98：1，M110：1。整体较长、窄，有的中部弯曲稍甚，近蛇形。标本M93：7（图五〇九，2；彩版八，2），标本M110：1（图五〇九，3；图版一一四，3）。

C型　1件。整体上窄下宽，钩体近兽面衔柱形。标本M22：4（图五〇九，6）。

D型　1件。钩首部残，尾部稍宽，近凹腰长方形。标本M136：8（图五〇九，4）。

印　2件。分别为M92：3，M139：15。小扁形方体，或有弓形纽。或一面铸印文，或双面铸印文。标本M92：3（图五〇九，7；彩版七，6），标本M139：15（图五〇九，8；彩版八，6）。

泡钉　11件。分别为M43：17，M93：2、3、14、16~20，M171：6、42。浅盘状帽，内部中心出方钉，器表鎏金。标本M93：14（图五〇九，9；彩版八，1下右）。

（5）杂器

仅1件构件，圆柱体，以铜片卷合，两端堵。标本M90：2（图五〇九，10）。

3. 钱币

369枚。均圆形方孔，方穿，穿左右或四周铸篆书钱文。分"半两"、"五铢"、"大泉五十"、"货泉"等四种。

"半两"　28枚。铸造较简陋，穿上无郭。穿左右篆书"半"、"两"二字。按照有无周郭及钱

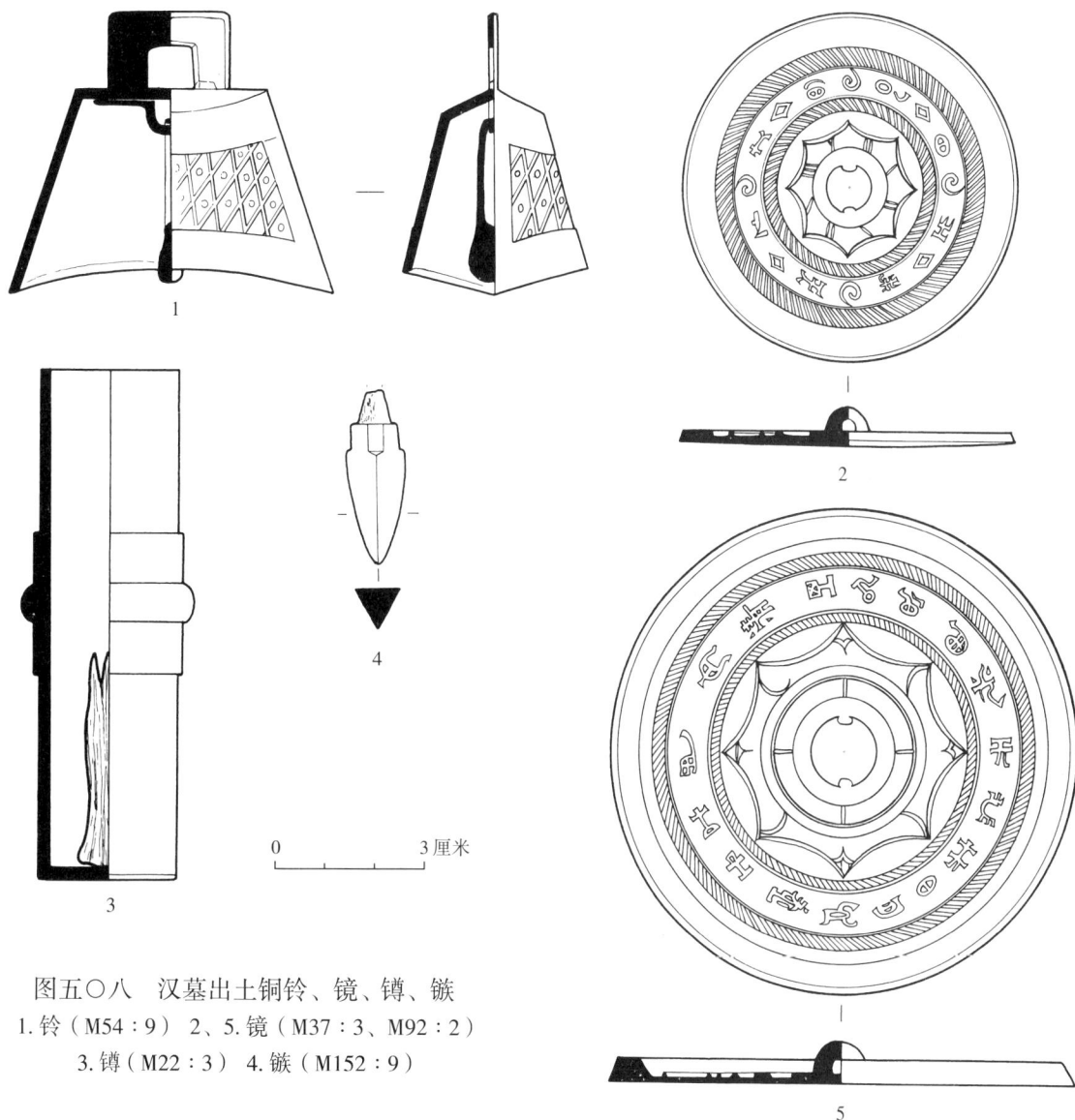

图五〇八 汉墓出土铜铃、镜、镈、镞
1.铃（M54：9） 2、5.镜（M37：3，M92：2）
3.镈（M22：3） 4.镞（M152：9）

径、钱文的变化可分三式。

Ⅰ式：2枚。分别为M32：4-2、4。无周郭，钱径相对较大。"半"字上半部撇、捺均折，下横稍长；"两"字稍宽，中间"人"出头长。标本M32：4-4（图五一〇，1）。

Ⅱ式：3枚。分别为M32：4-1、3、5。无周郭，钱径稍小。"半"字上半部呈"八"字形，下横稍短；"两"字稍宽，中间"人"出头短。标本M32：4-1（图五一〇，2）。

Ⅲ式：23枚。分别为M22：5-1～6、M152：1-1～17。有窄细周郭，钱径较小。"半"字上半部撇、捺均折，下横较长；"两"字稍窄，中间"人"出头极短，或简化成一横。标本M152：1-1（图五一〇，3），标本M152：1-2（图五一〇，4）。

"五铢" 324枚。可辨清形制者317件，另7枚（M60：2，M94：3，M98：12，M168：15，M183：5-1～3，）残碎严重仅依稀可辨钱文。双面有外郭，穿反面有郭，少量穿正面有上横郭。穿正面左右篆书"五"、"铢"二字。"朱"字上半部方折，下半部多圆折，少量方折。按照铸工、穿

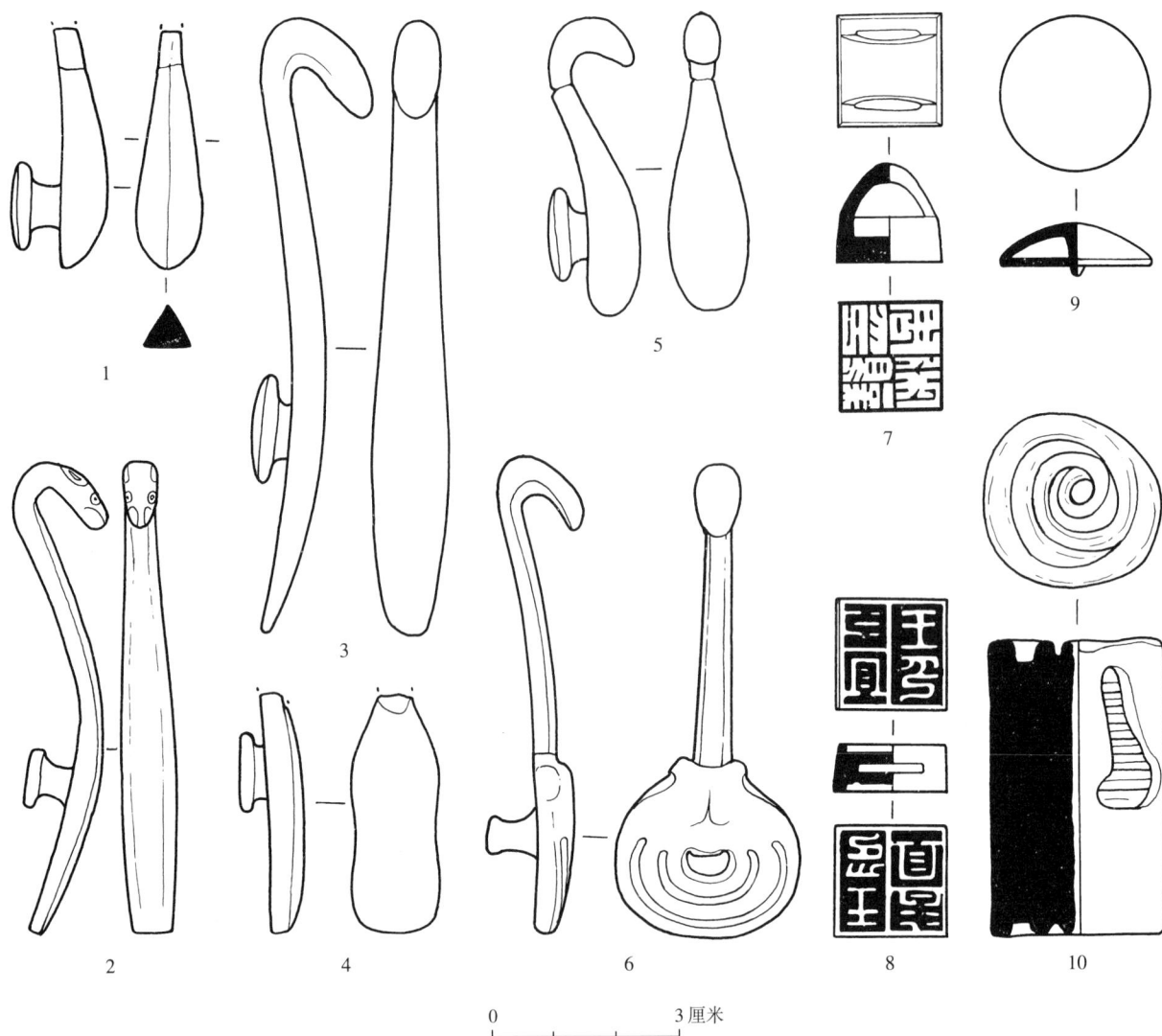

图五〇九　汉墓出土铜带钩、印、泡钉、构件

1、5. A 型带钩（M54：10、M99：18）　2、3. B 型带钩（M93：7、M110：1）　4. D 型带钩（M136：8）

6. C 型带钩（M22：4）　7、8. 印（M92：3、M139：15）　9. 泡钉（M93：14）　10. 构件（M90：2）

郭及钱文的变化可分三式。

Ⅰ式：99 枚。分别为 M2：7（1 枚），M15：1（1 枚），M43：5（53 枚），M44：13（9 枚），M71：8（2 枚），M73：11（2 枚），M84：1（1 枚），M88：7（4 枚），M93：8（2 枚），M95：3（5 枚），M115：1（11 枚），M116：1（2 枚），M131：15（1 枚），M172：9（1 枚），M175：3（1 枚），M176：1（1 枚），M182：1（2 枚）。铸工较粗糙。钱文不甚规整，笔画稍粗，"五"字交笔微曲；"铢"字不甚清晰，"金"字上部三角头较大，四点较短。标本 M43：5-1（图五一〇，5），标本 M95：3-1（图五一〇，6）。

Ⅱ式：213 枚。分别为 M1：6（4 枚），M19：16（3 枚），M37：1（13 枚），M47：2（50 枚），M63：33（8 枚），M74：8（2 枚），M85：5（25 枚），M89：10（45 枚），M93：8（10 枚），M99：

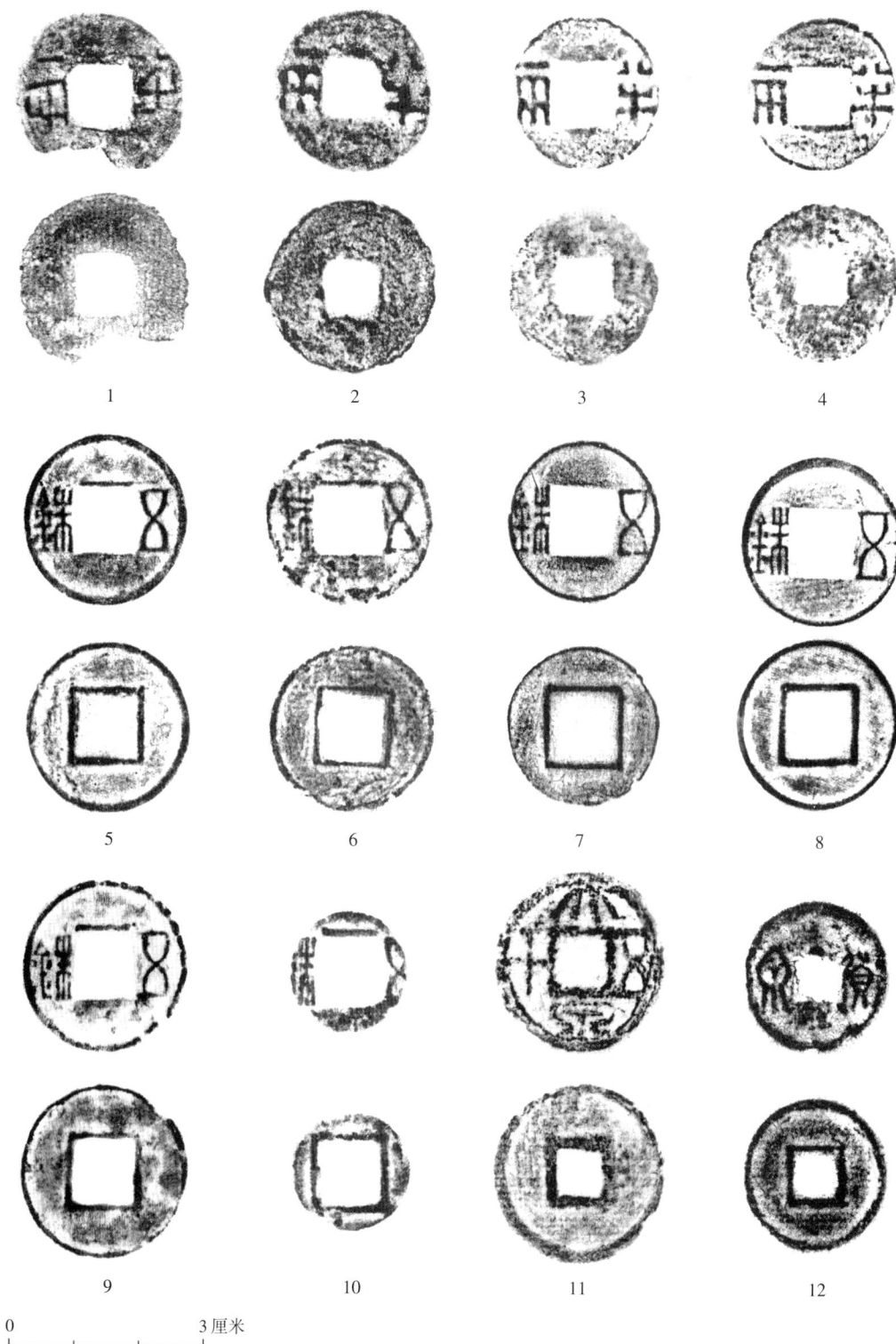

图五一〇 汉墓出土铜钱拓本

1. Ⅰ式"半两"（M32：4-4） 2. Ⅱ式"半两"（M32：4-1） 3、4. Ⅲ式"半两"（M152：1-1、1-2）

5、6. Ⅰ式"五铢"（M43：5-1、M95：3-1） 7~9. Ⅱ式"五铢"（M37：1-1、M47：2-1、M131：15-1）

10. Ⅲ式"五铢"（M147：3-1） 11. "大泉五十"（M69：4-1） 12. "货泉"（M47：6-1）

19（3枚），M116：1（4枚），M131：15（1枚），M171：7（1枚），M175：1（15枚），M176：1（10枚），M178：2（19枚）。铸工相对较精。钱文较规整，笔画稍细，"五"字交笔弯曲稍甚，部分两横出头；"金"字上部三角头多相对稍小，四点稍短。标本M37：1-1（图五一〇，7），标本M47：2-1（图五一〇，8），标本M131：15-1（图五一〇，9）。

Ⅲ式：5枚。分别为M147：3-1～5。铸工稍粗糙。剪轮，钱文较规整，笔画稍细。"五"字缺右半部，"铢"字缺左半部，"五"交笔弯曲较甚，两横未出头，"铢"字"朱"之上笔方折，下笔圆折。标本M147：3-1（图五一〇，10）。

"大泉五十" 7枚。分别为M69：4-1～5，M178：1-1、2。铸造稍粗糙。双面有外郭，穿正反面均有郭。穿四周篆书"大"、"泉""五"、"十"四字。标本M69：4-1（图五一〇，11）。

"货泉" 10枚。分别为M47：6-1～10。铸造粗糙。双面有外郭，穿背面有郭。穿正面左右篆书"货泉"二字，书写较工整。标本M47：6-1（图五一〇，12）。

（四）铁器

21件。锈蚀严重。可辨器形者20件，1件（M130：5）完全不辨器形。按性质可分为礼器、日用器两大类。

1. 礼器

4件，均为容器鼎。基本复原2件，另2件（M159：3，M182：3）无法辨清形制。子母口，折肩，近平底，附长方耳，三蹄足，足横断面呈半圆形。按照耳、腹、足的变化可分二式。

Ⅰ式：1件。耳微外撇，腹稍深，中腹微鼓，足较粗。标本M139：8（图五一一，1）。

Ⅱ式：1件。耳外撇稍甚，腹稍浅，下腹外鼓，足较细。标本M64：1（图五一一，2）。

2. 日用器

16件。按照功能可分为容器、兵器、工具、衡器等。

（1）容器

3件。器类有鍪、盆。

鍪 2件。口残，束颈，溜肩，扁鼓腹。或肩有双环耳，底残。或耳残，凸圜底。标本M136：4（图五一一，3）。标本M183：4（图五一一，7）。

盆 1件。M157：9。无法辨清具体形制。

（2）兵器

2件。器类均为剑。分别为M43：19，M175：4。残存一段。隆脊，双面刃。标本M175：4（图五一一，4）。

（3）工具

10件。器类有锸、削刀等。

锸 2件。分别M98：15，M103：2。凹口形，两侧有銎，弧刃。标本M98：15（图五一一，10）。

削刀 8件。分别为M43：3，M74：7，M85：9，M92：4，M141：4，M152：8，M155：1，M175：2。均残。体窄长，微弧，厚背薄刃，窄柄，前端有环首。标本M43：3（图五一一，5），标本M152：8（图五一一，6）。

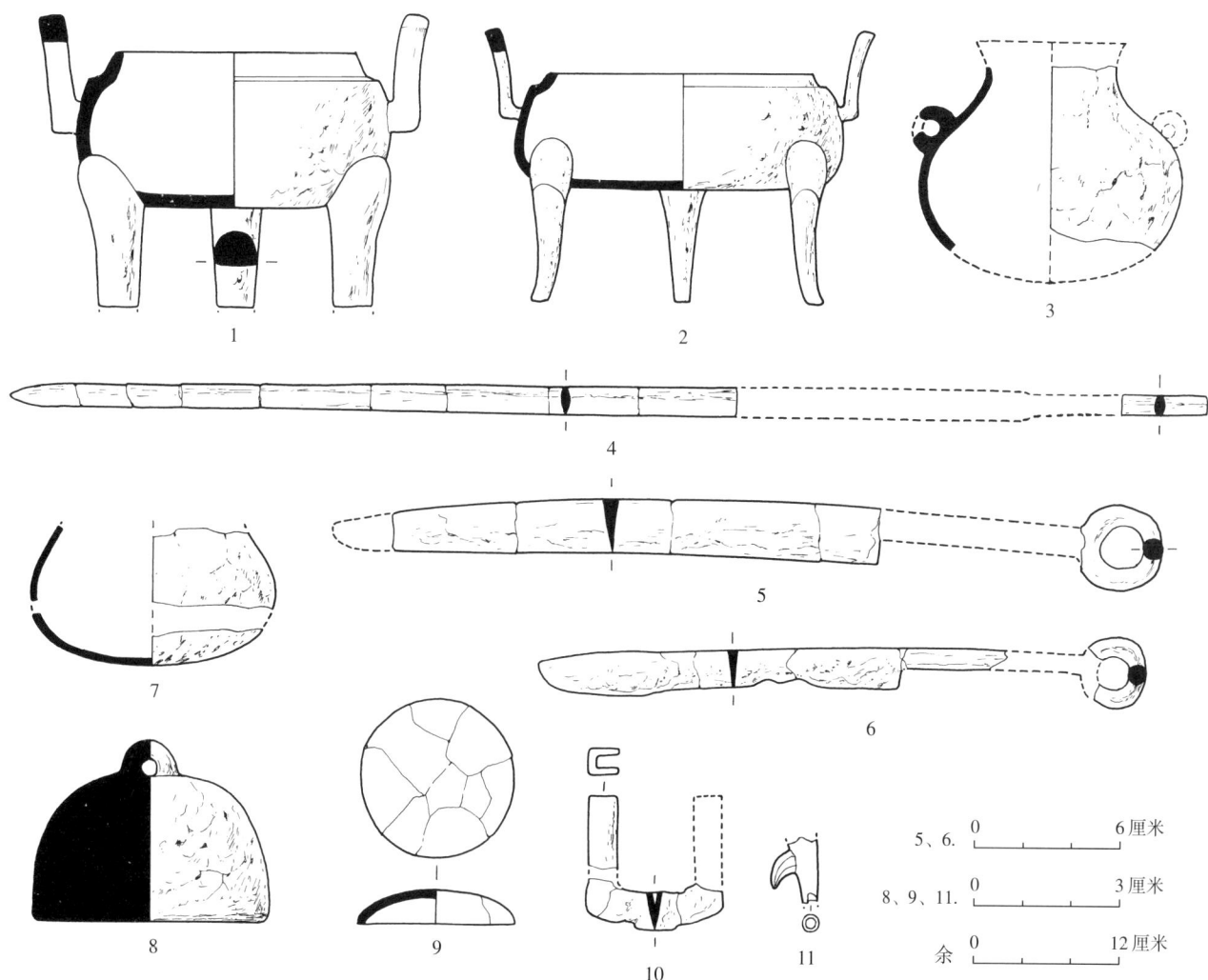

图五一一　汉墓出土铁、铅器

1. Ⅰ式铁鼎（M139∶8）　2. Ⅱ式铁鼎（M64∶1）　3、7. 铁鍪（M136∶4、M183∶4）
4. 铁剑（M175∶4）　5、6. 铁削刀（M43∶3、M152∶8）　8. 铁权（M85∶10）
9. 铅泡钉（M89∶12）　　10. 铁锸（M98∶15）　11. 铅盖弓帽（M89∶17）

（4）衡器

仅1件权，实心半球体，底平，上端有一小环纽。标本M85∶10（图五一一，8；彩版七，4）。

（五）铅器

14件（枚）。均为车马明器，器类有盖弓帽、马衔、当卢、泡等。

盖弓帽　10件。分别为M89∶17（1枚），M171∶31（9枚）。残甚。体管状，一端大一端小，一侧中部出尖钩。标本M89∶17（图五一一，11）。

马衔　1件。M171∶32，无法起取。

当卢　1件。M171∶33，无法起取。

泡钉　2件。分别为M89∶12、16。器形小、薄。浅弧盘状，弧顶。标本M89∶12（图五一一，9）。

（六）石器

32 件。按性质可分为日用器和葬仪用品。

1. 日用器

3 件。按照功能可分为工具、文具。

（1）工具

仅 1 件锛。平面近方形，中部偏上有圆形单面钻孔，单面平刃。标本 M99 : 17（图五一二，1；彩版八，3）。

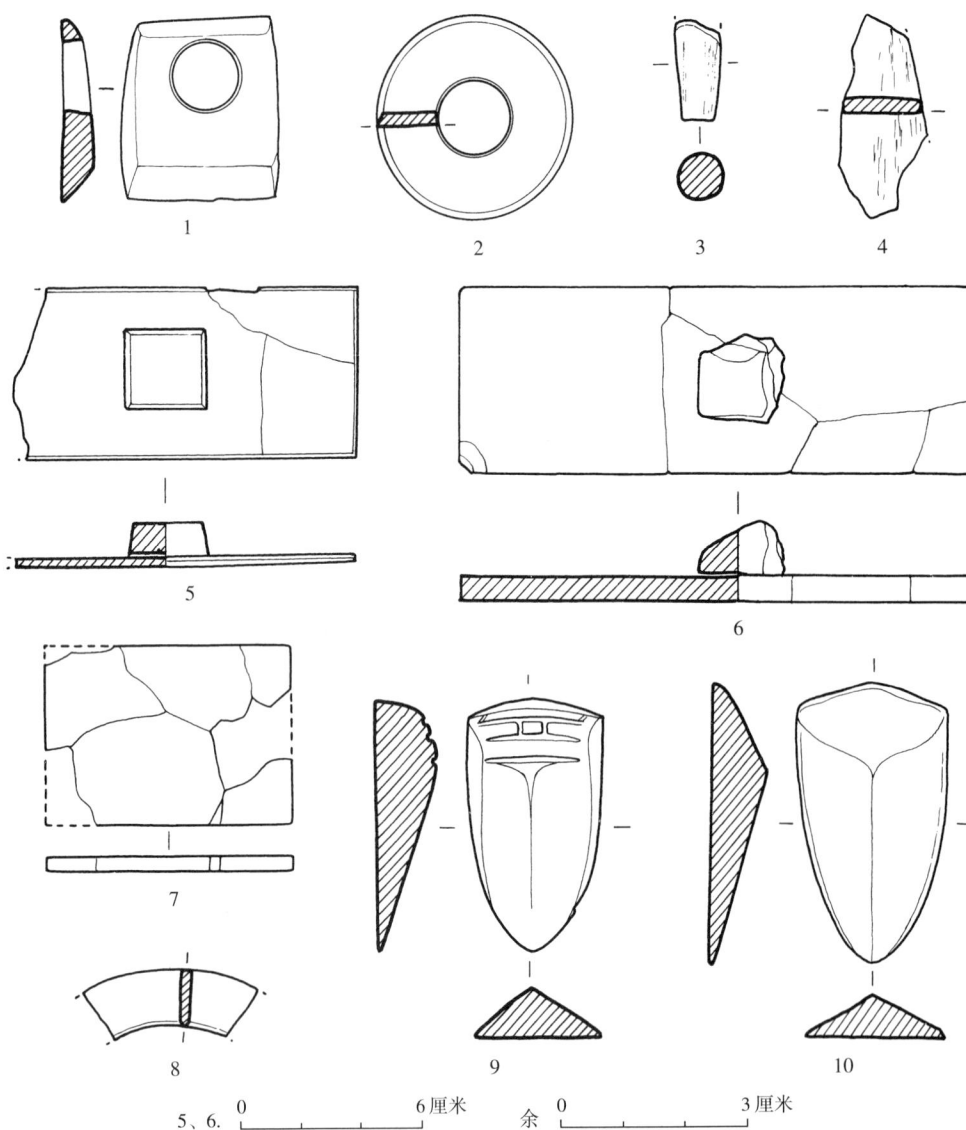

图五一二　汉墓出土石、骨器

1. 石锛（M99 : 17）　2. 石璧（M43 : 18）　3. 石塞（M12 : 10）　4. 骨器（M92 : 5）　5、6. 石砚（M90 : 1、M92 : 1）

7. 石片饰（M171 : 5）　8. 石璜（M171 : 3）　9、10. 石蝉（M12 : 7、M99 : 20）

（2）文具

2件（套）。均为砚。分别为M90：1，M92：1。由砚体和研墨石组成。砚体长方形，较薄。研墨石略呈方或四棱台体。标本M90：1（图五一二，5），标本M92：1（图五一二，6）。

2. 葬仪用品

29件。按功能可分为饰品和葬玉两类。

（1）饰品

10件。器类有璧、璜、珠、片饰等。

璧 4件。分别为M43：4、18，M99：26，M171：1。体薄。圆形，中部穿孔，内、外缘均由一侧向另一侧斜扩，即横断面呈梯形。标本M43：18（图五一二，2）。

璜 1件。残存一段。半环形，双面扁平，弧缘。标本M171：3（图五一二，8）。

珠 2件。分别为M171：4、40。残碎严重，圆球形。

片饰 3件。分别为M99：25，M171：5、41。残破成多块。长方体，双面平，平缘。标本M171：5（图五一二，7）。

（2）葬玉

19件。器类有蝉、塞等。

蝉 4件。分别为M12：7，M85：7，M99：20，M171：8。扁平体，一端薄一端厚，头部宽凸，尾部尖圆，背中部起脊，横断面呈三角形。标本M12：7（图五一二，9；彩版五，4），标本M99：20（图五一二，10；图版一一四，4）。

塞 15件。分别为M12：8～10，M44：15、17，M85：6、15，M99：21～24，M171：2、37～39。短柱状，一端略粗。标本M12：10（图五一二，3）。

（七）骨器

仅1件，薄片状，器形不明。标本M92：5（图五一二，4）。

（八）漆器

共78件，分别为M2：8，M26：6，M44：18，M47：30，M52：8、9，M54：7、8，M64：2，M73：9、10，M88：6，M89：18，M90：10，M91：7，M92：15，M105：4～7，M109：3，M116：7、8，M120：5～8，M124：14，M127：8、9，M128：8，M131：12、16～19，M132：8，M133：5、6，M136：6、7，M137：5、6，M139：2、3、12，M140：3，M141：5，M143：8、9，M144：3，M147：13，M152：6、7，M153：3，M154：5，M156：3、4，M159：6、7，M161：1、12、13，M171：26、34～36，M173：7、8，M174：7，M179：3，M180：6，M183：6、7，M184：2，M185：4，M189：4，M194：4。胎均朽尽，仅在发掘时发现漆皮，部分无法看清器类，部分可辨别为钫、盒、耳杯等日用器，均未提取。

二、随葬器物的组合及序列

145座墓葬中，除M87因被破坏，M162墓室因被盗未予发掘，M81、M187未见随葬器物外，其他141座墓葬均出随葬品，共1453件（枚）。以陶器为大宗，共878件，整个器物组合即以此为主。而陶器以外的器物中仅铜钱数量较多，达369枚，其他器物则较少，其中还包括完全腐烂仅见漆皮的78件漆器，如再抛开一些小件器物，其间参与整个器物组合的器类就更少了。

从功能划分，出土随葬器物的141座墓葬中，可判定器物组合的墓葬有140座，其中M84仅出铜钱。整个器物的组合相对简单，主要为陶器组合，并有少量铜、铁或硬陶容器参与陶器组合。

（一）陶器组合及序列

该类组合墓葬共120座，分六种情况，一是单纯仿铜礼器组合，二是单纯日用器组合，三是仿铜礼器与日用器组合，四是仿铜礼器与模型明器组合，五是日用器与模型明器组合，六是仿铜礼器、日用器、模型明器组合。

1. 仿铜礼器组合及序列

该类组合的墓葬共11座。主体组合为鼎、盒、壶，有的单加瓿，个别增加杯、勺。鼎、盒、壶各为1或2件，瓿均仅1件，杯、勺与同墓之鼎、盒、壶数量配套，各为1件。组合形式分以下三种情况：

（1）鼎、盒、壶

参与该组合的墓葬有6座，分别为M54（图二三二）、M80（图二七一）、M123（图三五〇）、M134（图三六九）、M189（图四四七）、M190（图四四九）。

（2）鼎、盒、壶、瓿

参与该组合的墓葬有4座，分别为M28（图一六四）、M58（图二三八）、M125（图三五四）、M143（图三八二）。

（3）鼎、盒、壶、杯、勺

参与该类组合的墓葬仅1座，为M27（图一六二）。

以上11座墓葬所出器物序列可根据形制变化分为三组：

第一组：AⅡ、AⅢ鼎，AⅠ、BⅡ盒，AⅢ、BⅠ壶，Ⅲ杯，Ⅱ勺。

第二组：AⅢ、AⅣ鼎，AⅡ、AⅢ盒，AⅣ壶。

第三组：AⅣ、AⅤ鼎，AⅢ、AⅣ、BⅢ、CⅠ盒，AⅣ、AⅤ壶，Ⅰ、Ⅱ瓿。

2. 日用器组合及序列

该类组合的墓葬共47座。日用器有釜、鍪、镰斗、无盖盒、盂、壶、罐、瓮八种，而以Aa型双鼻耳罐和器形较小的B型盂为最常见。除部分仅见单一的器类外，一般由二或三类器物组成，同类器物分别有1～3件，以1件居多，3件仅个别。单墓出土日用器数量都不多，一般为1～3件，仅少量墓有4件。其组合方式相对较为复杂，可分以下十四种情况：

（1）釜、盂、罐

参与该组合的墓葬仅1座，为M193（图四五五）。

（2）鍪、盂、罐

参与该组合的墓葬有5座，分别为M6（图一三二）、M29（图一六六）、M32（图一九四）、M184（图四三八）、M191（图四五一）。

（3）鍪、无盖盒、罐

参与该组合的墓葬仅1座，为M126（图三五六）。

（4）釜、罐

参与该组合的墓葬有6座，分别为M14（图一四二）、M24（图一五八）、M130（图四二三）、M155（图一七六）、M167（图一九〇）、M194（图四五七）。

（5）釜、瓮

参与该组合的墓葬仅1座，为M22（图一五六）。

（6）鍪、罐

参与该组合的墓葬有7座，分别为M9（图一三六）、M11（图一三八）、M95（图三〇二）、M144（图三八四）、M163（图一八四）、M177（图四〇九）、M179（图四一七）。

（7）鍪、瓮

参与该组合的墓葬仅1座，为M94（图三〇〇）。

（8）鐎斗、罐

参与该组合的墓葬仅1座，为M153（图一七二）。

（9）盂、罐

参与该组合的墓葬有9座，分别为M3（图一三〇）、M7（图一三四）、M31（图一九二）、M39（图二〇〇）、M45（图二一四）、M59（图二四〇）、M112（图三三六）、M122（图三四八）、M154（图一七四）。

（10）瓮、罐

参与该组合的墓葬仅1座，为M140（图三七八）。

（11）釜

参与该组合的墓葬仅1座，为M188（图四四五）。

（12）罐

参与该组合的墓葬有11座，分别为M15（图一四四）、M16（图一四六）、M60（图二四二）、M61（图二四四）、M62（图二四六）、M68（图二五九）、M103（图三一八）、M156（图一七八）、M164（图一八六）、M170（图三八六）、M186（图四四二）。

（13）壶

参与该组合的墓葬仅1座，为M129（图四二一）。

（14）壶、罐

参与该类组合的墓葬仅1座，为M121（图三四六）。

以上47座墓葬所出器物序列可根据形制变化分六组：

第一组：Aa Ⅰ釜，A Ⅰ鍪，Ⅰ无盖盒，Ba Ⅰ式盂，Aa Ⅰ罐。

第二组：Aa Ⅱ、Ba釜，A Ⅱ鍪，A Ⅱ鐎斗，Ba Ⅰ、Ba Ⅱ、Bb Ⅰ盂，Aa Ⅰ罐，B Ⅱ瓮。

第三组：Aa Ⅱ、Bb釜，A Ⅲ鍪，A、Ba Ⅰ、Ba Ⅱ、Bb Ⅰ、Bb Ⅱ、Bb Ⅲ盂，B Ⅰ壶，Aa Ⅰ、Aa Ⅱ、Aa Ⅲ罐。

第四组：Aa Ⅲ、Ab釜，A Ⅳ、A Ⅴ、A Ⅵ鍪，Ba Ⅰ、Ba Ⅲ盂，B Ⅱ壶，Aa Ⅱ、Aa Ⅲ、Aa Ⅳ、Aa Ⅴ罐，B Ⅳ瓮。

第五组：Aa Ⅱ罐。

第六组：Aa（式别不明）罐。

3. 仿铜礼器与日用器组合及序列

该类组合的墓葬共14座。仿铜礼器组合较全的主要器类为鼎、盒、壶，少量以钫代壶，不全者或少盒，或仅见壶，有的加豆、杯、勺中的一至三种器类，各为1或2件；日用器主要有釜、鍪、镶斗、盂、壶、罐、瓮七种，均各为1件，其参与单墓组合的类别多仅1件，少量为2或3件。单墓组合器物数量多者13件，少者2件。其组合方式大多不相同，可分以下十二种情况：

（1）鼎、盒、壶、盂

参与该组合的墓葬仅1座，为M185（图四四○）。

（2）鼎、盒、壶、瓮

参与该组合的墓葬有3座，分别为M52（图二二八）、M127（图三五八）、M128（图三六○）。

（3）鼎、盒、钫、釜

参与该组合的墓葬仅1座，为M51（图二二六）。

（4）鼎、盒、壶、杯、釜、壶（日用器）

参与该组合的墓葬仅1座，为M174（图三九八）。

（5）鼎、盒、壶、杯、勺、镶斗、瓮

参与该组合的墓葬仅1座，为M50（图二二三、二二四）。

（6）鼎、盒、壶（钫）、豆、杯、勺、釜

参与该组合的墓葬仅1座，为M124（图三五二）。

（7）鼎、盒、壶（钫）、豆、杯、勺、鍪

参与该组合的墓葬仅1座，为M166（图一八八）。

（8）鼎、盒、壶、豆、杯、勺、瓮

参与该组合的墓葬仅1座，为M111（图三三四）。

（9）鼎、盒、壶、豆、杯、勺、鍪、盂、壶（日用器）

参与该组合的墓葬仅1座，为M56（图二三四）。

（10）鼎、壶、鍪

参与该组合的墓葬仅1座，为M105（图三二二）。

（11）壶、鍪

参与该组合的墓葬仅1座，为M109（图三三○）。

（12）壶、鍪、镶斗、罐。

参与该组合的墓葬仅1座，为M152（图一七○）。

以上14座墓葬所出器物序列可根据形制变化分为四组：

第一组：AⅠ、AⅡ、AⅢ鼎，AⅠ、AⅡ、AⅢ、BⅠ盒，AⅠ、AⅡ、AⅢ、BⅡ壶，Ⅰ钫，AⅠ、AⅡ、BⅠ豆，Ⅰ、Ⅱ、Ⅲ杯，Ⅰ、Ⅱ勺，AaⅠ釜，AⅠ鍪，AⅠ镶斗，BaⅠ盂，AⅠ壶（日用器），BⅠ、BⅡ瓮。

第二组：AⅣ鼎，AⅢ、AⅣ、BⅡ、BⅣ盒，AⅣ、BⅢ壶，Ⅱ钫，Ⅰ杯，AaⅠ、Ba釜，AⅢ壶（日用器），AⅡ瓮。

第三组：AⅤ壶，B鍪，B镶斗，AaⅢ罐。

第四组：AⅥ、AⅦ鼎，CⅢ盒，BⅣ、CⅡ、CⅢ壶，AⅤ鋻，BbⅠ盂。

4. 仿铜礼器与模型明器组合及序列

该类组合的墓葬较少，仅6座。仿铜礼器组合较全的器类为鼎、盒、壶，不全者或少盒，或仅见壶，个别加杯，各为1或2件；模型明器或单见汲水瓶、灶，或为灶、井，或灶、仓、井齐全，一般各为1件，少量2件，个别3件。单墓组合器物数量多者8件，少者3件。其组合方式各不相同：

（1）鼎、盒、壶、灶

参与该组合的墓葬仅1座，为M132（图三六五）。

（2）鼎、盒、壶、灶、井

参与该组合的墓葬仅1座，为M101（图三一六）。

（3）鼎、壶、汲水瓶

参与该组合的墓葬仅1座，为M57（图二三六）。

（4）鼎、壶、灶

参与该组合的墓葬仅1座，为M100（图三一四）。

（5）鼎、壶、杯、汲水瓶

参与该组合的墓葬仅1座，为M66（图二五七）。

（6）壶、灶、仓、井

参与该组合的墓葬仅1座，为M71（图二六三）。

以上6座墓葬所出器物序列可根据形制变化分为四组：

第一组：AⅡ鼎，BⅢ壶，Ⅱ杯，Ⅰ汲水瓶。

第二组：AⅤ鼎，AⅣ盒，AⅤ、BⅣ壶，Ⅱ汲水瓶，BⅡ灶。

第三组：AⅥ、AⅧ鼎，CⅡ盒，AⅥ、AⅦ壶，AⅡ、BⅢ灶，BⅡ井。

第四组：AⅦ壶，BⅤ灶，AaⅣ仓，AaⅣ井。

5. 日用器与模型明器组合及序列

该类组合的墓葬不多，仅8座。日用器器类为鋻、罐、瓮，除个别有2件外，其余均为1件；模型明器中，主要器类为灶、仓、井，或三者齐全，或缺仓，个别增加圈或狗、鸡，各器类一般为1件，少量2件。单墓组合器物数量多者8件，少者4件。其组合方式多不相同，分以下六种情况：

（1）鋻、罐、灶、仓、井

参与该组合的墓葬仅1座，为M1（图一二六）。

（2）鋻、瓮、灶、仓、井

参与该组合的墓葬仅1座，为M2（图一二八）。

（3）罐、灶、仓、井

参与该组合的墓葬有3座，分别为M26（图一六○）、M88（图二八五）、M116（图三四○）。

（4）罐、灶、井

参与该组合的墓葬仅1座，为M137（图三七三）。

（5）罐、灶、井、圈

参与该组合的墓葬仅1座，为M181（图四三〇）。

（6）罐、瓮、灶、仓、井、狗、鸡

参与该组合的墓葬仅1座，为M69（图二六一）。

以上8座墓葬所出器物序列可根据形制变化分为三组：

第一组：AⅥ鍪，AaⅢ、BaⅠ罐，AⅣ瓮，AⅠ、AⅢ、BⅣ灶，AaⅡ、AbⅠ仓，AaⅡ、AbⅠ、AbⅡ井。

第二组：AaⅣ、BaⅡ罐，BⅤ灶，AaⅢ仓，AaⅣ井。

第三组：AaⅣ、BaⅡ、BaⅢ罐，BⅦ瓮，AⅡ、AⅢ灶，AaⅡ、AbⅢ仓，AaⅣ、AaⅤ井，圈，Ⅰ狗，Ⅰ鸡。

6. 仿铜礼器、日用器与模型明器组合及序列

该类组合的墓葬共34座，仿铜礼器器类以鼎为主，每墓均有，部分墓葬加壶，少量加盒或盒、壶，一般为1或2件，并有个别加勺；日用器器类较多，有釜、鍪、镳斗、锅、盂、壶、罐、瓮、樽、博山炉、耳杯等多种，其中罐的数量最多，占全部日用器数量的一半以上，单墓最多者达6件，尤以B型矮领罐居多，而其他器类最多不过10件，有的仅个别；模型明器中，大多灶、仓、井俱有，少量只有1或2件，此外还有汲水瓶、磨、圈、狗、鸡、鸭、鸽等，同墓同类器物有的出多件。单墓组合器物数量多者近30件，少者仅3件。其组合形式最为复杂，大部分墓葬的具体组合是相对唯一的，相当墓葬间大部分器类相同，仅少量甚至1种器类有别，可详细分为以下二十六种情况：

（1）鼎、盒、壶、勺、壶（日用器）、灶

参与该组合的墓葬仅1座，为M53（图二三〇）。

（2）鼎、盒、壶、镳斗、壶（日用器）、罐、汲水瓶

参与该组合的墓葬仅1座，为M192（图四五三）。

（3）鼎、盒、鍪、盂、罐、瓮、灶、仓、井

参与该组合的墓葬仅1座，为M98（图三〇六、三〇七）。

（4）鼎、壶、壶（日用器）、罐、灶、仓、井、磨、圈、狗、鸡

参与该组合的墓葬仅1座，为M19（图一五二、一五三）。

（5）鼎、壶、锅、壶（日用器）、罐、樽、耳杯、灶、仓、井、磨、圈、狗、鸡

参与该组合的墓葬仅1座，为M47（图二一九～二二一）。

（6）鼎、壶、锅、罐、樽、博山炉、灶、仓、井、磨、圈、狗、鸡、鸭、鸽

参与该组合的墓葬仅1座，为M63（图二五〇～二五二）。

（7）鼎、壶、鍪、罐、灶、仓、井

参与该组合的墓葬仅1座，为M86（图二八二）。

（8）鼎、壶、鍪、罐、仓

参与该组合的墓葬仅1座，为M169（图四二八）。

（9）鼎、壶、盂、瓮、灶

参与该组合的墓葬仅1座，为M108（图三二八）。

（10）鼎、壶、盂、罐、瓮、樽、灶、仓、井、磨、圈、狗、鸡

参与该组合的墓葬仅1座，为M175（图四〇二～四〇四）。

（11）鼎、壶、罐、灶、仓、井

参与该组合的墓葬2座，分别为M115（图三三八）、M172（图三九四）。

（12）鼎、壶、罐、灶、仓、井、磨、狗、鸡

参与该组合的墓葬仅1座，为M176（图四〇六、四〇七）。

（13）鼎、壶、罐、灶、仓、井、磨、圈、狗、鸡

参与该组合的墓葬仅1座，为M131（图三六二、三六三）。

（14）鼎、壶、罐、樽、灶、仓、井、圈、狗、鸡

参与该组合的墓葬仅1座，为M178（图四一三～四一五）。

（15）鼎、壶、瓮、灶、仓、井

参与该组合的墓葬有2座，分别为M85（图二七八、二七九）、M89（图二八七）。

（16）鼎、壶、瓮、灶、仓、井、磨、狗、鸡

参与该组合的墓葬仅1座，为M77（图二六九）。

（17）鼎、釜、罐、瓮、灶、仓、井

参与该组合的墓葬仅1座，为M93（图二九七）。

（18）鼎、铞、罐、灶、仓、井、圈、鸡

参与该组合的墓葬仅1座，为M168（图四二五、四二六）。

（19）鼎、盂、瓮、灶、仓

参与该组合的墓葬仅1座，为M104（图三二〇）。

（20）鼎、盂、瓮、灶、仓、井

参与该组合的墓葬仅1座，为M44（图二一〇、二一一）。

（21）鼎、罐、灶

参与该组合的墓葬仅1座，为M107（图三二六）。

（22）鼎、罐、灶、仓、井

参与该组合的墓葬有4座，为M106（图三二四）、M119（图三四二）、M173（图三九六）、M180（图四一九）。

（23）鼎、罐、仓

参与该组合的墓葬仅1座，为M96（图三〇四）。

（24）鼎、罐、灶、仓、井、磨、圈、狗

参与该组合的墓葬仅1座，为M147（图一六八）。

（25）鼎、瓮、灶、仓

参与该组合的墓葬有2座，为M110（图三三二）、M133（图三六七）。

（26）鼎、瓮、灶、仓、井

参与该组合的墓葬有3座，为M90（图二九〇）、M91（图二九二）、M92（图二九四）。

以上34座墓葬所出器物序列可根据形制变化分为五组：

第一组：AⅡ鼎，BⅤ盒，CⅠ壶，AⅡ镳斗，AⅡ壶（日用器），AaⅡ罐，Ⅱ汲水瓶。

第二组：AⅤ鼎，AⅣ盒，AⅤ壶，Ⅳ勺，BⅠ壶（日用器），BⅠ灶。

第三组：AⅥ、AⅦ、AⅧ、CⅡ鼎，CⅣ盒，AⅤ、AⅥ、BⅣ壶，AⅤ、AⅥ鉴，BaⅡ、Ba
Ⅲ盂，AaⅢ、AaⅣ罐，AⅢ、BⅢ、BⅤ瓮，AⅠ、AⅡ、BⅣ灶，AaⅠ、AaⅢ、AbⅡ、BⅠ
仓，AaⅣ、BⅠ、BⅡ、BⅢ井。

第四组：AⅦ、BⅠ、CⅡ、CⅢ、CⅣ鼎，AⅥ、AⅦ壶，釜（型式不明），AⅤ鉴，BaⅢ盂，
AaⅡ、AaⅢ、AaⅣ、AaⅤ、Ab、BaⅡ、Bb罐，BⅢ、BⅤ瓮，AⅠ、AⅡ、BⅣ、BⅤ、BⅥ
灶，AaⅡ、AaⅢ、AaⅣ、AbⅠ、AbⅡ、AbⅢ、BⅠ、BⅡ、BⅢ仓，AaⅠ、AaⅢ、AaⅣ、B
Ⅳ井。

第五组：AⅨ、AⅩ、BⅡ、BⅢ、CⅤ鼎，AⅦ、AⅧ、AⅨ壶，Ⅰ、Ⅱ锅，BbⅣ盂，AⅣ、
BⅢ壶（日用器），AaⅢ、AaⅤ、BaⅡ、BaⅣ罐，BⅥ瓮，Ⅰ、Ⅱ、Ⅲ樽，博山炉，耳杯，AⅡ、
AⅢ、BⅥ、BⅦ灶，AaⅣ、AaⅤ、AbⅢ、AbⅣ仓，AaⅣ、AaⅤ、AaⅥ、AbⅢ井，Ⅰ、Ⅱ磨，
圈，Ⅰ、Ⅱ狗，Ⅰ、Ⅱ鸡，鸭，鸽。

（二）陶、铜器组合及序列

该类组合的墓葬共12座，分别为陶仿铜礼器、日用器、模型明器与铜礼器组合，陶仿铜礼器、
模型明器与铜日用器组合，陶仿铜礼器、日用器、模型明器与铜日用器组合，陶日用器与铜日用
器组合，陶日用器与铜礼器、日用器组合。

1. 陶仿铜礼器、日用器、模型明器与铜礼器组合

参与该类组合的墓葬仅1座，为M161（图四三四），器物序列为陶AⅣ鼎，BⅢ盒，CⅠ壶，
Ⅲ勺，镳斗（型式不明），Ⅱ汲水瓶；铜鼎，钫，勺。陶仿铜礼器及模型明器各2件，余各1件。

2. 陶仿铜礼器、模型明器与铜日用器组合

参与该类组合的墓葬仅1座，为M73（图二六五），器物序列为陶CⅢ鼎，AⅦ壶，BⅣ灶，
AbⅢ仓，AaⅣ井；铜锅。除陶仓3件外，其余均为1件。

3. 陶仿铜礼器、日用器、模型明器与铜日用器组合及序列

参与该类组合的墓葬有6座。其铜日用器均为1件锅，但陶器的具体组合形式各不相同，仿
铜礼器均有鼎，并多有壶参与，个别加盒，每类器物1或2件；日用器多为罐，且单墓所出少者
2件，多者6件，少量为瓮，有个别釜、博山炉，各为1或2件；模型明器除个别墓葬仅见灶外，
其他灶、仓、井俱全，并以仓数量最多，其中4座墓葬各出5件，灶、井各1或2件，个别还有
磨、圈参与组合。具体情况如下。

（1）陶鼎，盒，壶，罐，博山炉，灶，仓，井；铜锅

参与该组合的墓葬仅1座，为M171（图二六三）。

（2）陶鼎，壶，盂，瓮，灶，仓，井；铜锅

参与该组合的墓葬仅1座，为M37（图一九六）。

（3）陶鼎、壶、罐、灶；铜锅

参与该组合的墓葬仅1座，为M12（图一四〇）。

（4）陶鼎，壶，罐，灶，仓，井；铜锅

参与该组合的墓葬仅1座，为M99（图三一一、三一二）。

（5）陶鼎，壶，罐，灶，仓，井，磨，圈；铜锅

参与该组合的墓葬仅1座，为M46（图二一六、二一七）。

（6）陶鼎，釜，瓮，灶，仓，井；铜铫，

参与该组合的墓葬仅1座，为M43（图二〇四、二〇五）。

以上6座墓葬器物序列可根据形制变化分三组：

第一组：陶CⅠ、CⅡ鼎，AⅥ壶，AaⅢ釜，AaⅡ罐，BⅣ、BⅤ、BⅥ瓮，AⅠ、BⅣ灶，BⅡ仓，AbⅡ井；铜铫。

第二组：陶AⅧ鼎，BⅥ盒，AⅥ、AⅦ壶，BaⅣ盂，AaⅤ、BaⅡ罐，BⅤ瓮，博山炉，BⅣ、BⅤ、BⅥ灶，AaⅡ、AaⅢ、AaⅣ、AbⅢ仓，AaⅢ、AaⅣ井；铜铫。

第三组：陶BⅢ鼎，AⅨ壶，AaⅤ、BaⅣ罐，BⅦ灶，AaⅤ仓，AaⅥ井，Ⅱ磨，圈；铜铫。

4.陶日用器与铜日用器组合

参与该类组合的墓葬有3座。其铜日用器均为1件铫，陶日用器各1或2件，或为罐，或为鋻、瓮。具体组合形式有两种：

（1）陶罐；铜铫

参与该组合的墓葬有2座，分别为M17（图一四八）、M18（图一五〇）。

（2）陶鋻，瓮；铜铫

参与该组合的墓葬仅1座，为M141（图三八〇）。

以上3座墓葬所出器物序列可据形制变化归为一组：陶AⅤ鋻，AaⅢ、AaⅣ罐，BⅣ瓮；铜铫。

5.陶日用器与铜礼器、日用器组合

参与该类组合的墓葬仅1座，为M120（图三四四），器物序列为陶BaⅠ盂；铜鼎，蒜头壶，其中铜蒜头壶2件。

（三）陶、硬陶、铜器组合

该类组合的墓葬仅1座，为M74（图二六七），器物序列为陶AⅥ鼎，AⅠ灶，AaⅡ仓，AaⅠ井；硬陶罐；铜铫。组合器物各1件。

（四）铁器组合

该类组合的墓葬仅1座，为M64（图二五五），器物仅铁礼器鼎1件，形式为Ⅱ鼎。

（五）陶、铁器组合及序列

该类组合的墓葬共3座，分别为陶仿铜礼器、日用器与铁日用器组合，陶日用器与铁日用器组合，陶仿铜礼器、日用器、模型明器与铁日用器组合。

1.陶仿铜礼器、日用器与铁日用器组合

参与该类组合的墓葬为M136（图三七一），器物序列为陶AⅤ鼎，AⅣ盒，AⅤ壶，AⅢ镳斗，AaⅢ罐；铁鋻。组合器物各1件。

2.陶日用器与铁日用器组合

参与该类组合的墓葬为M183（图四六二），器物序列为陶AⅣ鋻，AaⅢ罐，AⅡ瓮；铁鋻。

组合器物各 1 件。

3.陶仿铜礼器、日用器、模型明器与铁日用器组合

参与该类组合的墓葬为 M157（图一八〇），器物序列为陶 A Ⅵ 鼎，C Ⅱ 盒，C Ⅰ 壶，A Ⅲ 瓮，B Ⅱ 灶，Ⅲ 汲水瓶；铁盆。组合器物各 1 或 2 件。

（六）陶、铜、铁器组合及序列

该类组合的墓葬共 3 座，分别为陶仿铜礼器、日用器与铜日用器及铁礼器组合，陶日用器与铜日用器及铁礼器组合。

1.陶仿铜礼器、日用器与铜日用器及铁礼器组合

参与该类组合的墓葬仅 1 座，为 M139（图三七五、三七六），器物序列为陶 A Ⅰ 鼎，A Ⅰ 盒，壶（型式不明），Aa Ⅱ 釜，Aa Ⅰ 罐，A Ⅰ、B Ⅲ 瓮；铜铛，盆；铁 Ⅰ 鼎。除陶礼器鼎、日用器瓮各 2 件外，其余均为 1 件。

2.陶日用器与铜日用器及铁礼器组合

参与该类组合的墓葬有 2 座，除个别器物 2 件外，其余均为 1 件。具体组合形式有两种情况：

（1）陶罐；铜铛，盆；铁鼎

参与该类组合的墓葬为 M159（图一八二）。

（2）陶瓮；铜盆；铁鼎

参与该类组合的墓葬为 M182（图四六〇）。

以上 2 座墓葬所出器物序列可据形制变化归为同一组：陶 Aa Ⅲ、Aa Ⅳ 罐，B Ⅳ 瓮；铜铛，盆；铁鼎。

通过以上六大类器物组合及序列的划分，结合同类相同或相近型式的对比，我们可将其序列整体分为六组（表二）。其中已划分的组别中，第（一）大类第 1、2、3 小类的第一至六组均对应整体组别的第一至六组，第 4 小类的第一至四组对应整体组别的第二至五组，第 5 小类的第一至三组对应整体组别的第四至六组，第 6 小类的第一至五组对应整体组别的第二至六组；第（二）大类第 3 小类的第一至三组对应整体组别的第四至六组，第 4 小类的一组对应整体组别的第四组；第（六）大类第 2 小类的一组对应整体组别的第四组。其他未分组别、仅 1 座墓葬形成的器物序列分别对应为整体组别的相应组别中。

三、期别与年代

根据器物序列的纵向排比，本次发掘的 140 座具备器物序列的汉代墓葬被分为六组，其也相应的对应着汉墓考古的六个阶段。

由于部分墓葬的主体形制及典型伴生器物具有较强的时代特征，为我们对其划分期别和判定相对年代提供了重要依据，通过这些已判定相对年代的墓葬形制及出土器物序列的变化，结合器物形制与本区及其他地区已判明时代墓葬同类同型式器物的对比，我们可大致判明其他墓葬的期别及相对年代（图五一三～五二四）。

表二　汉墓出土主体器物组合序列表

组别	陶器			铜器		铁器		硬陶器	伴出铜镜、钱
	仿铜礼器	日用器	模型明器	礼器	日用器	礼器	日用器		
一	AⅠ、AⅡ、AⅢ鼎，AⅠ、AⅡ、AⅢ鍪，BⅠ、BⅡ盒，AⅠ、AⅡ、AⅢ、BⅠ、BⅡ壶，Ⅰ钫，AⅠ、AⅡ、B豆，Ⅰ、Ⅱ、Ⅲ杯，Ⅰ、Ⅱ勺	AaⅠ、AaⅡ釜，AⅠ鍪，AⅠ镳斗，无盖盒，BaⅠ盂，AⅠ壶，AaⅠ罐，AⅠ、BⅠ、BⅡ、BⅢ瓮		鼎	蒜头壶，锅，盆	Ⅰ、Ⅱ鼎			
二	AⅡ、AⅢ、AⅣ鼎，AⅡ、AⅢ、AⅣ BⅡ、BⅢ、BⅣ BⅤ盒，AⅣ、BⅢ、CⅠ壶，Ⅱ钫，Ⅰ、Ⅱ杯，Ⅲ勺	AaⅠ、AaⅡ、Ba釜，AⅡ鍪，AⅡ、AⅢ镳斗，BaⅠ、BaⅡ、BbⅠ盂，AⅡ、AⅢ壶，AaⅠ、AaⅡ罐，AⅡ、BⅡ瓮	Ⅰ、Ⅱ汲水瓶	鼎，钫，勺					Ⅰ、Ⅱ、Ⅲ"半两"
三	AⅣ、AⅤ、AⅥ鼎，AⅢ、AⅣ、BⅢ、CⅠ、CⅡ盒，AⅣ、AⅤ、BⅣCⅠ壶，Ⅰ、Ⅱ瓿，Ⅲ、Ⅳ勺	AaⅡ、Bb釜，AⅢ鍪，AⅢ、B镳斗，A、BaⅠ、BaⅡ、BbⅠ、BbⅡ、BbⅢ盂，BⅠ壶，AaⅠ、AaⅡ、AaⅢ罐，AⅢ瓮	BⅠ、BⅡ灶，Ⅱ、Ⅲ汲水瓶				鍪，盆		Ⅲ"半两"
四	AⅥ、AⅦ、AⅧCⅠ、CⅡ鼎，CⅡCⅢ、CⅣ盒，AⅤAⅥ、AⅦ、BⅣCⅡ、CⅢ壶	AaⅢ、Ab釜，AⅣ、AⅤ、AⅥ鍪，BaⅠ、BaⅡ、BaⅢ、BbⅠ盂，BⅠ壶，AaⅡ、AaⅢ、AaⅣ、AaⅤ、BaⅠ罐，AⅡ、AⅢ、AⅣ、BⅢ、BⅣ、BⅤ、BⅥ瓮	AⅠ、AⅡ、AⅢ、BⅢ、BⅣ灶，AaⅠ、AaⅡ、AaⅢ、AbⅠ、AbⅡ、BⅠ、BⅡ仓，AaⅠ、AaⅡ、AaⅣ、AbⅠ、AbⅡ、BⅠ、BⅡ、BⅢ井		锅，盆	鼎	鍪		Ⅰ、Ⅱ"五铢"
五	AⅥ、AⅦ、AⅧBⅠ、CⅡ、CⅢCⅣ鼎，BⅥ盒，AⅥ、AⅦ、BⅥ壶	釜，AⅤ鍪，BaⅢ、BaⅣ盂，AaⅡ、AaⅢAaⅣ、AaⅤ、Ab、BaⅡ、Bb罐，BⅢ、BⅤ瓮，博山炉	AⅠ、AⅡ、BⅣ、BⅤ、BⅥ灶，AaⅡ、AaⅢ、AaⅣ、AbⅠ、AbⅡ、AbⅢ、BⅠ、BⅡ、BⅢ仓，AaⅠ、AaⅢ、AaⅣ、BⅣ井			锅		罐	"日光"、"昭明"镜，Ⅰ、Ⅱ"五铢"
六	AⅨ、AⅩ、BⅡBⅢ、CⅤ鼎，AⅦ、AⅧ、AⅨ壶	Ⅰ、Ⅱ锅，BbⅣ盂，AⅣ、BⅢ壶，AaⅢ、AaⅣ、AaⅤ、BaⅡ、BaⅢ、BaⅣ罐，BⅥ、BⅦ瓮，Ⅰ、Ⅱ、Ⅲ樽，博山炉，耳杯	AⅡ、AⅢ、BⅥ、BⅦ灶，AaⅡ、AaⅣ、AaⅤ、AbⅢ、AbⅣ仓，AaⅣ、AaⅤ、AaⅥ、AbⅢ井，Ⅰ、Ⅱ磨，圈，Ⅰ、Ⅱ狗，Ⅰ、Ⅱ鸡，鸭，鸽		锅				Ⅱ、Ⅲ"五铢"，"大泉五十"，"货泉"

期别	段别	鼎			瓿
		A	B	C	
一	一	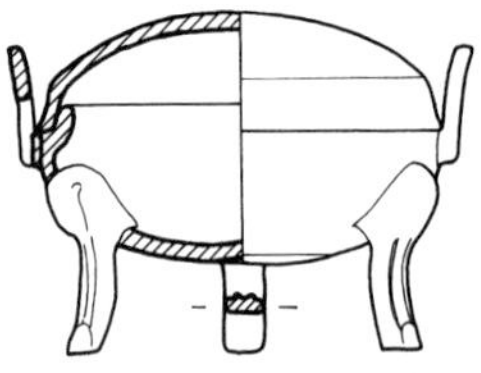 I 式（M56：10） 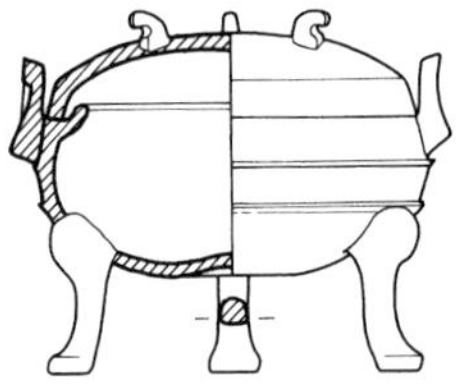 II 式（M124：3）			
	二	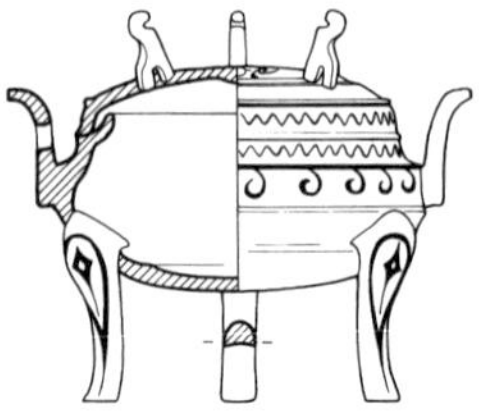 III 式（M50：2）			
二	三	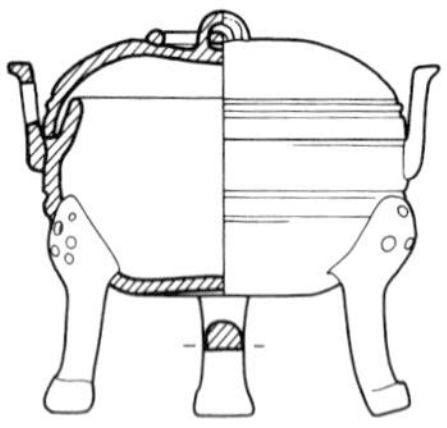 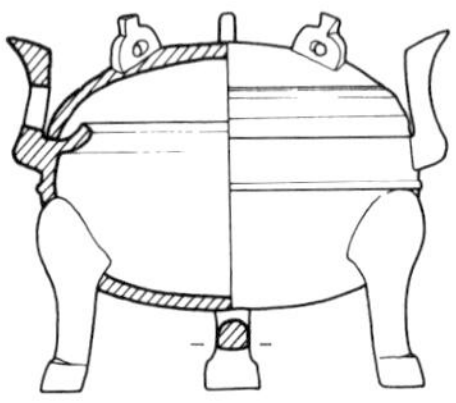 IV 式（M80：1）			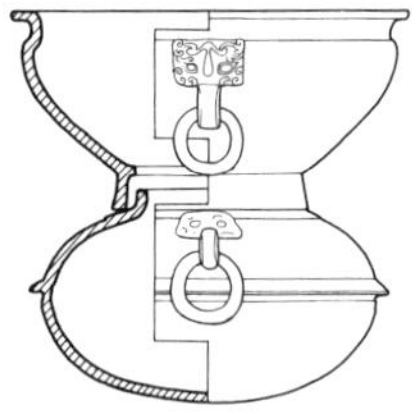 I 式（M143：7） 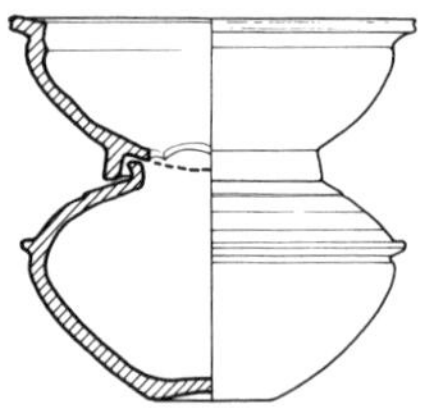 II 式（M28：3）
		V 式（M28：2）			
	四	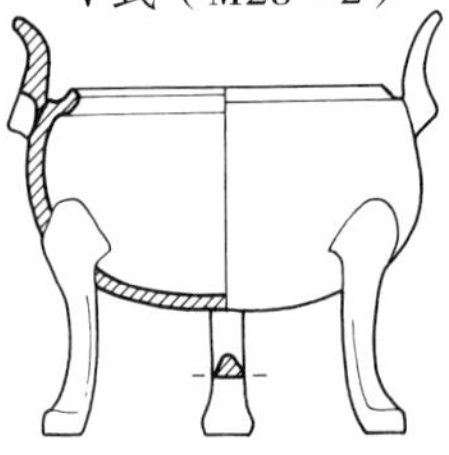 VI 式（M108：3）		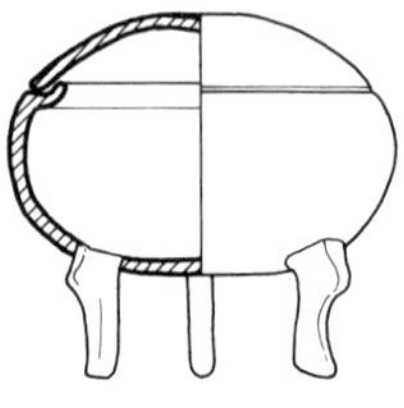 I 式（M12：2）	

图五一三　汉墓出土

期别	段别	鼎			甒
		A	B	C	
三	五	Ⅶ式（M115：2） Ⅷ式（M99：1）	Ⅰ式（M104：1）	Ⅱ式（M91：2） Ⅲ式（M93：6） Ⅳ式（M85：3）	
四	六	Ⅸ式（M19：3） Ⅹ式（M175：9）	Ⅱ式（M77：1） Ⅲ式（M46：3）	Ⅴ式（M180：1）	

仿铜陶礼器分期图

期别	段别	盒			钫
		A	B	C	
一	一	I 式（M56：11）	I 式（M111：2）		I 式（M124：1）
	二	II 式（M166：1）	II 式（M27：1）		II 式（M51：2）
		III 式（M128：5）	III 式（M161：4）		
二	三	IV 式（M53：7）	IV 式（M127：3）	I 式（M189：2）	
			V 式（M192：1）	II 式（M101：3）	
	四				

期别	段别	盒			钫
		A	B	C	
三	五		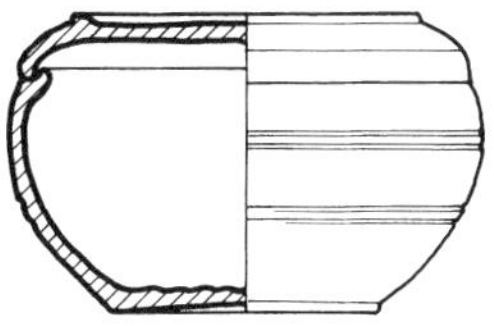 Ⅵ式（M171：17）	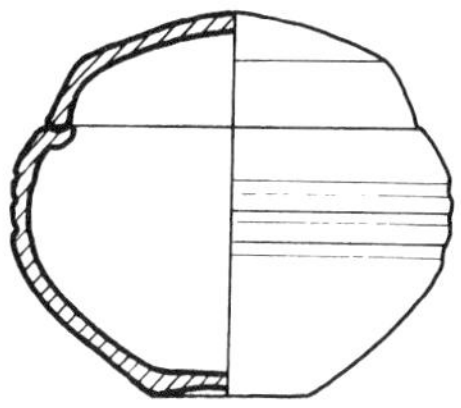 Ⅲ式（M185：2） 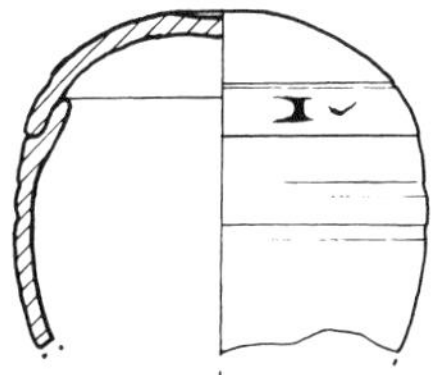 Ⅳ式（M98：7）	
四	六				

图五一四　汉墓出土仿铜陶礼器分期图

（一）墓葬主体形制的时代特征

以上140座墓葬中，竖穴土坑墓占绝大多数，达到129座，由于该种类型的墓葬始自新石器时代，并一直沿用至清代，其尽管在不同时代具有某种不同的结构特点，但作为主体的土坑墓时代特征不甚明显。除此外，尚有11座主体形制有别于土坑墓的砖木合构墓、砖土合构墓、土木合构墓、砖室墓等四种类型墓葬。另外唯一1座土木合构墓只是借助生土台搭盖平板，很可能象征椁室，这与单纯土坑墓没有实质区别。

尽管砖材墓的出现在中原地区相对较早，可到战国时期，进入西汉后数量逐步增多，但从本区发现的情况看，本区砖材墓始见于西汉晚期，且数量较少。本区比较明确的砖木合构墓在襄阳城南的付岗墓地（M32）[1]和岘山墓地中各发现1座（M5）[2]，时代约当西汉晚期至新莽时期，其后则基本不见该类型的墓葬；而砖室墓的最早出现几乎与此同时，上限约当西汉晚期，到东汉初年则有较大发展，并基本上取代土坑墓成为墓葬的主体形制，这不仅在上述墓地有少量发现，而且在襄樊彭岗[3]、毛纺厂[4]、卞营[5]及老河口柴店岗[6]等墓地有相对较多的发现，这一时期的砖室墓以单室墓为主流，有极少量的双室墓；砖土合构墓虽未明确发现，但由于其似乎为土坑墓与砖室墓的过渡形制，其时代当不出上述范围。

依此，我们可将上述10座砖木合构墓、砖土合构墓、砖室墓的时代初步确定为西汉晚期至东汉初年，其中砖木合构墓有M19、M60、M176、M181，砖土合构墓有M69，单室砖墓有M26、M61、M77、M147、M180。

同时，因未出随葬器物或仅出铜"五铢"而不在具备随葬器物组合序列的140座墓葬之内的

期别	段别	壶		
		A	B	C
一	一	I式（M56：5）	I式（M54：6）	
一	一	II式（M124：2）	II式（M111：6）	
	二	III式（M50：3）	III式（M52：5）	
二	三	IV式（M128：4）	IV式（M132：5）	I式（M192：5）

期别	段别	壶		
		A	B	C
二	四	V式（M57：2） VI式（M169：1）	IV式（M108：5）	II式（M109：2） III式（M105：2）
三	五	VII式（M71：7）		
四	六	VIII式（M19：1） IX式（M63：5）		

仿铜陶礼器分期图

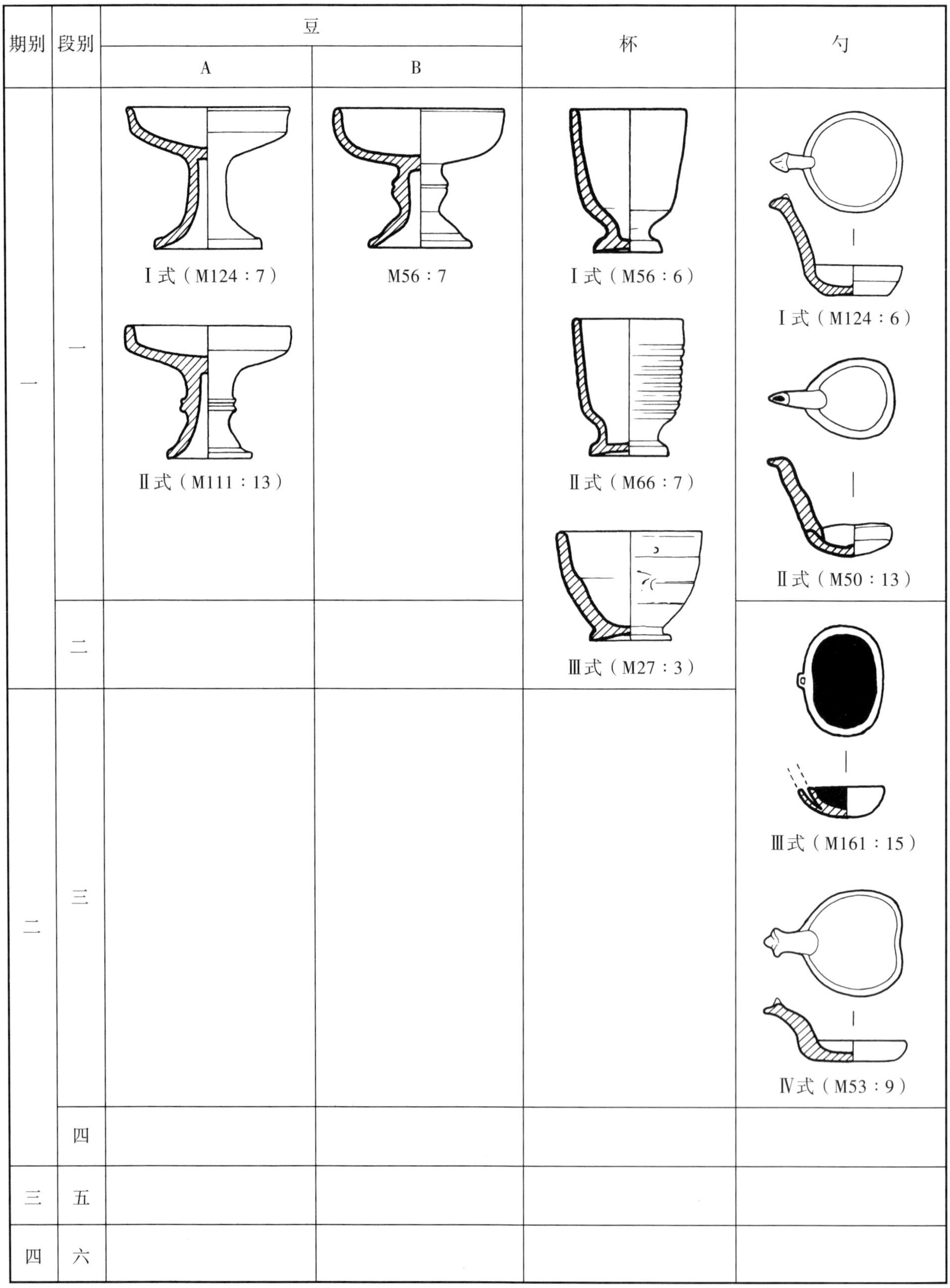

图五一六　汉墓出土陶礼器分期图

其他墓葬中，M84为砖土合构墓，M87为双室砖墓，其时代大致与此相当。

（二）典型伴生器物的时代特征

虽然本次发掘尚未出土明确纪年器物，但作为时代特征较为明确的铜钱、镜等典型伴生器物的发现也为其墓葬本身的断代提供了重要依据。

1. 铜钱

作为重要断代依据的铜钱在38座墓葬中出土，其中出土"半两"的有M22、M32、M152，出土"五铢"的有M1、M2、M15、M19、M37、M43、M44、M47、M60、M63、M71、M73、M74、M84、M85、M88、M89、M93、M94、M95、M98、M99、M115、M116、M131、M147、M168、M171、M172、M175、M176、M178、M182、M183，出土"大泉五十"的有M69、M178，出土"货泉"的有M47，这些铜钱的特征较为明显。

（1）"半两"

"半两"出土数量较少，为第二、三组器物的伴生随葬品。

M32所出Ⅰ、Ⅱ式"半两"铸造较简陋，钱径相对较大，"半"字上半部撇、捺均折或呈"八"字形，"两"字宽、窄不一，中间"人"出头长或短，其具有文帝四铢"半两"的特征。M22、M152所出Ⅲ式"半两"钱径较小，"半"字上半部撇、捺均折，下横较长，"两"字稍窄，中间"人"出头极短，或简化呈一横，具有武帝四铢"半两"的特征。

由于3墓均未出土武帝元狩五年（公元前118年）后十分流行的"五铢"，推测M22、M32、M152的时代在文帝至武帝前期。

（2）"五铢"

"五铢"是本次发掘出土数量最多的钱币，第四至六组均有发现。除M60、M94、M98、M168、M183等5座墓葬因钱币残碎严重仅依稀可辨钱文为"五铢"外，其余特征较为明显。Ⅰ式"五铢"铸工较粗糙，钱文不甚规整，笔画稍粗，"五"字交笔微曲，"铢"字不甚清晰，"金"字上部三角头较大，四点较短；Ⅱ式铸工相对较精，钱文较规整，笔画稍细，"五"字交笔弯曲稍甚，部分两横出头，"金"字上部三角头多相对稍小，四点稍短；Ⅲ式与Ⅱ式相比，仅为剪轮。按照分期比较完备、今考古界普遍采用的《洛阳烧沟汉墓》出土"五铢"形制[7]对比分析，本墓地Ⅰ式及Ⅱ、Ⅲ式"五铢"分别对应其Ⅰ、Ⅱ式"五铢"，前者铸行于西汉武帝至成帝时期，后者铸行于西汉宣帝至东汉灵帝时期。

虽然这批墓葬出土了324枚"五铢"，但均未见东汉建武十六年（公元40年）所铸、《洛阳烧沟汉墓》所列的Ⅲ型"五铢"，这可将上述墓葬的时代范围界定在西汉武帝元狩五年（公元前118年）至东汉光武帝建武十六年（公元40年）之间。其中单出Ⅰ式"五铢"的M2、M15、M43、M44、M71、M73、M84、M88、M95、M115、M172、M182等墓葬的时代可能在西汉武帝至成帝时期；同出Ⅰ、Ⅱ式"五铢"的M93、M116、M131、M175、M176及单出Ⅱ式"五铢"的M1、M19、M37、M47、M63、M74、M85、M89、M99、M171、M178及单出Ⅲ式"五铢"的M147时代约在西汉宣帝至东汉光武帝建武十六年（公元40年）之间，且M47、M178的时代还可由同出新莽钱所限定。

对所出"五铢"无法划分式别的M60、M94、M98、M168、M183而言，其时代上限不过西汉武帝时期，下限应不到新莽时期。

期别	段别	釜			
		Aa	Ab	Ba	Bb
一	一	I 式（M124：13）			
	二	II 式（M22：2）		（M51：1）	
二	三				（M155：3）
	四	III 式（M24：3）	（M188：1）		
三	五				
四	六				

铜	无盖盒	盂		
		A	Ba	Bb
	（M126：1）		Ⅰ式（M56：3）	
	（M191：1）		Ⅱ式（M45：2）	Ⅰ式（M32：1）
			Ⅲ式（M44：16）	Ⅱ式（M6：4）
			Ⅳ式（M37：15）	Ⅲ式（M39：2）
Ⅰ式（M47：10）				Ⅳ式（M175：7）
Ⅱ式（M168：8）				

陶日用器分期图

期别	段别	鍪		鐎斗	
		A	B	A	B
一	一	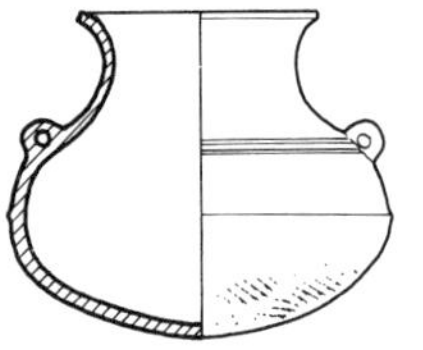 I 式（M56 : 2）		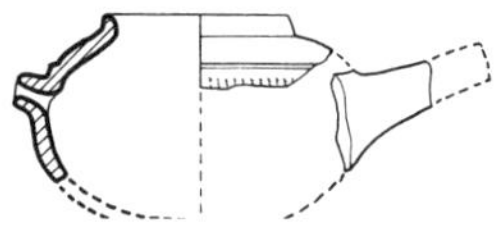 I 式（M50 : 12）	
	二	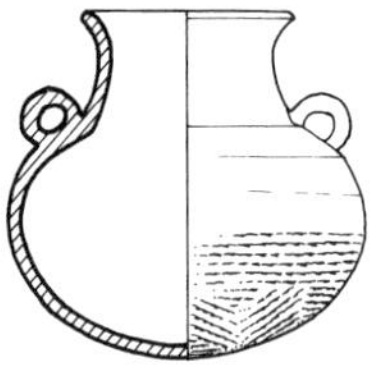 II 式（M32 : 2）		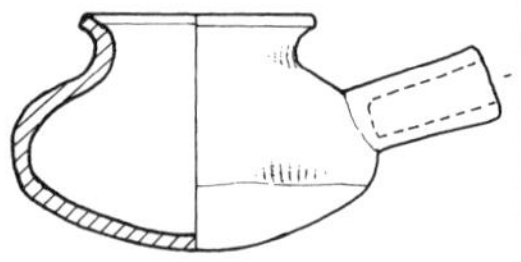 II 式（M192 : 9）	
二	三	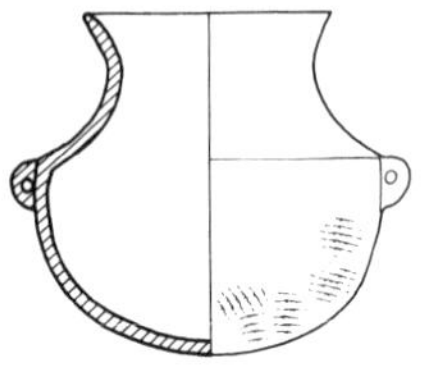 III 式（M191 : 3）	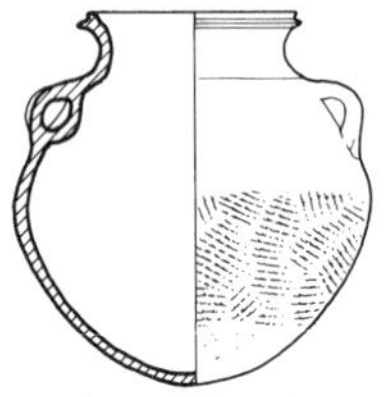 （M152 : 4）	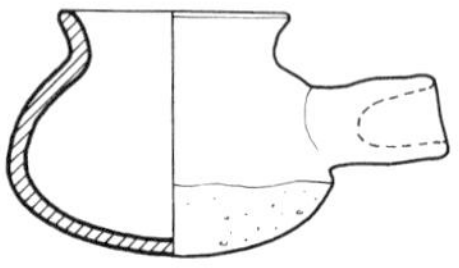 III 式（M136 : 9）	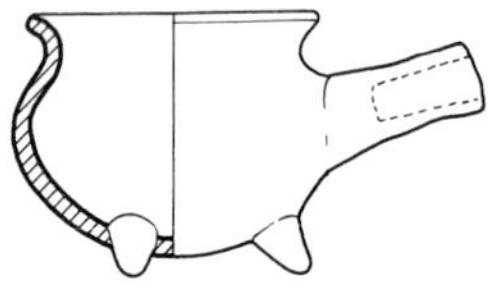 （M152 : 5）
	四	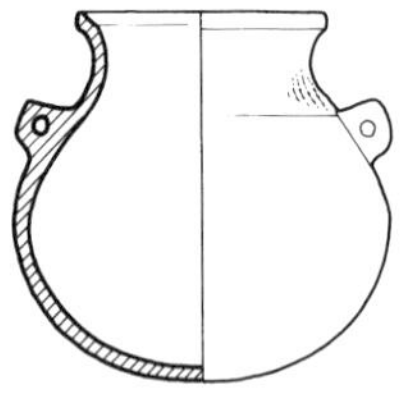 IV式（M94 : 2）			
三	五	V 式（M95 : 1）			
		VI式（M1 : 1）			
四	六				

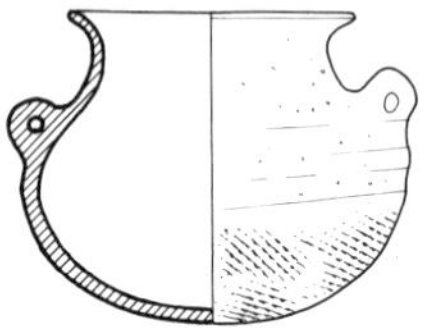

图五一八　汉墓出土陶日用器分期图

（3）"大泉五十"

"大泉五十"仅出土7枚，其主要铸行于新莽至东汉早期，出土该钱的 M69、M178 当不出此时代范围。

（4）"货泉"

"货泉"仅出土10枚，其主要铸行于新莽至东汉早期，出土该钱的 M47 的时代被确定在此时期应不成问题。

以上式别不明的"五铢"虽不能相对较细地判定时代，但其上、下限的时代应不会超过上述已定"五铢"的范围。

2. 铜镜

作为时代特征相对较明显的铜镜在本次发掘中出土5面，分别出土于 M37、M89、M92、M93。除1面仅残存一小段外缘外，其余4面保存较好，为西汉中晚期流行的"日光"或"昭明"镜，其镜背的纹饰及布局相同，只是铭文稍有差别。这两种镜在洛阳烧沟汉墓中出土较多，按其考订年代，大约在西汉昭帝至新莽时期[8]。

（三）墓葬的相对年代

存在器物组合序列的140座墓葬中，与本墓地主体形制相对特殊和有典型伴生器物的墓葬相对应，其主体器物的时代特征也较为明显，并可反证出所出器物墓葬的大致时代。除此外的其他墓葬可根据以上墓葬同类同型器物的对比来判定时代，而以上墓葬无法比较者，则主要结合本区或其他地区发掘出土的同类同型器物对比找出自身的时代特征，从而判定其时代。

1. 主体形制特殊及有典型伴生器物墓葬的相对年代

符合本条件的墓葬中，既有主体形制特殊又有典型伴生器物的时代特征较明确的墓葬有 M19、M60、M69、M147、M176 等5座，其中 M19、M69、M147、M176 对应的主体器物序列为第六组，全为陶器组合，该组在组合上与第五组最大的不同，就是模型明器增加了磨、圈、狗、鸡等，较多器物使用红陶，器表施釉现象较为普遍，这种特征及主体器物形制在关中地区流行于西汉晚期至新莽时期，如 M176 之 B Ⅲ式鼎除盖外与西汉晚期西安北郊枣园汉墓之 M14[9]、西安西北医疗设备厂汉墓[10]、西安未央公司汉墓 M6[11] 鼎身基本相同，而该鼎的博山盖在所比较汉墓地其他器物如盦上也有发现。但这4座墓葬反映的器物特征在本地的流行时间似乎稍晚，其多件器物与襄樊杜甫巷新莽至东汉早期墓[12]十分接近。综合各方面因素分析，这4座墓葬的时代当以新莽至东汉初年为宜。M60 所出"五铢"特征不明显，其主体器物陶 Aa Ⅲ式罐特征相对较早，时代约在西汉宣帝至新莽时期。

如此，则主体器物类别、陶色、形制、施釉现象等特征基本与上述4墓相同的单有特殊主体形制或典型伴生器物的 M47、M63、M77、M131、M168、M175、M178、M180、M181 的时代也大致在新莽至东汉初年的范围内。

特殊主体形制的其他2座墓葬中，M26 所出 Ba Ⅲ式罐的形制与 M19、M176 之 Ba Ⅳ式相比差别不大，同承博山盖，加上陶色为灰陶，时代可能稍早；M61 所出罐无法分式，仅可辨为 Aa 型双鼻耳罐，但整体特征似较最晚的 Aa Ⅴ式为早，最少也应相当。也就是说，二者的时代不晚于新莽时期。

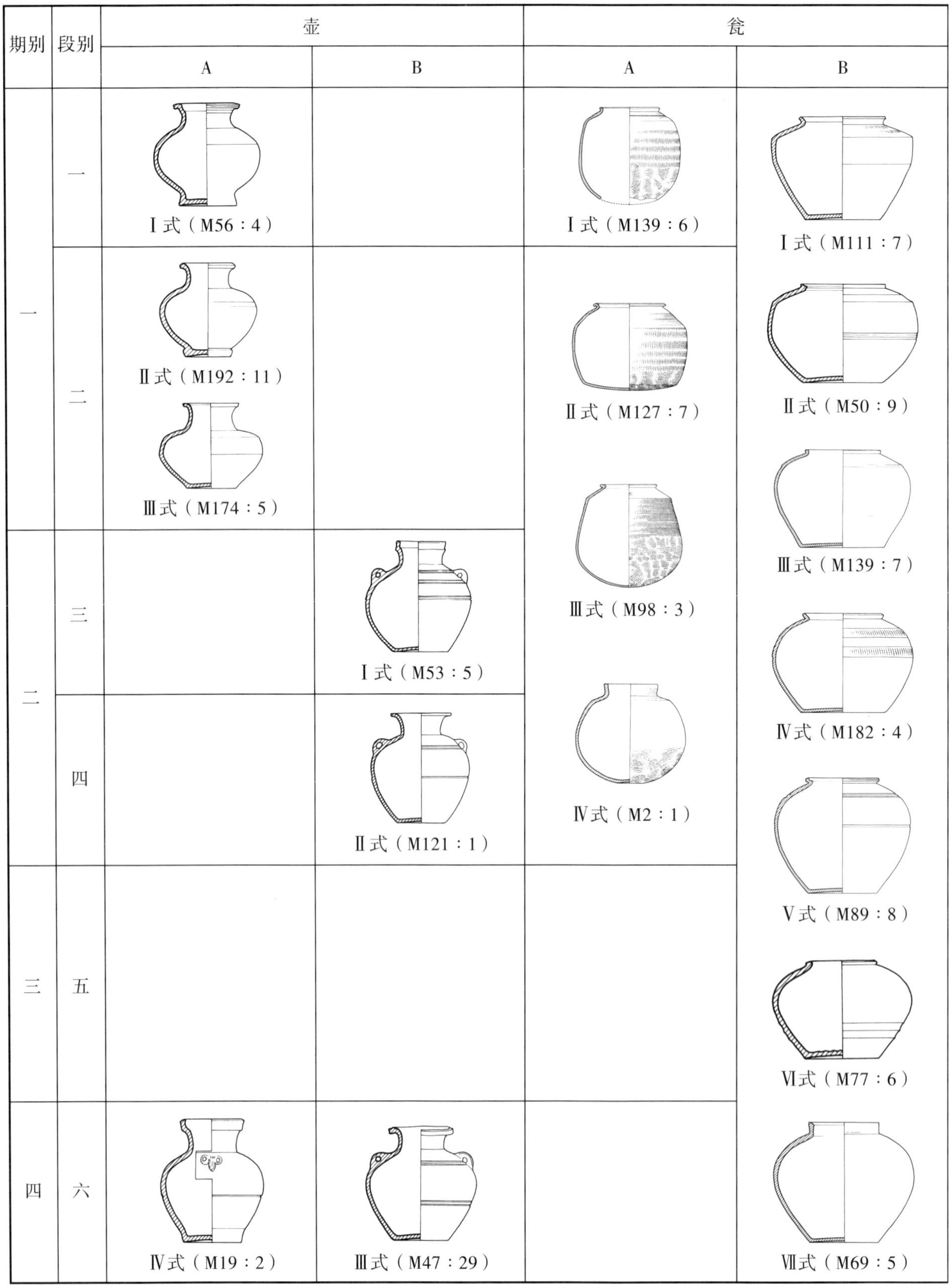

期别	段别	壶		瓮	
		A	B	A	B
一	一	I式（M56:4）		I式（M139:6）	I式（M111:7）
	二	II式（M192:11） III式（M174:5）		II式（M127:7） III式（M98:3）	II式（M50:9） III式（M139:7）
二	三		I式（M53:5）	IV式（M2:1）	IV式（M182:4）
	四		II式（M121:1）		V式（M89:8）
三	五				VI式（M77:6）
四	六	IV式（M19:2）	III式（M47:29）		VII式（M69:5）

图五一九　汉墓出土

罐			
Aa	Ab	Ba	Bb
I 式（M32：3）			
II 式（M154：4）			
III 式（M88：5）	M86：7		
IV 式（M159：2）		I 式（M88：2）	
		II 式（M99：7）	M115：7
		III 式（M26：3）	
V 式（M171：9）		IV 式（M63：30）	

陶日用器分期图

期别	段别	樽	耳杯	博山炉
一	一			
	二			
二	三			
	四			
三	五			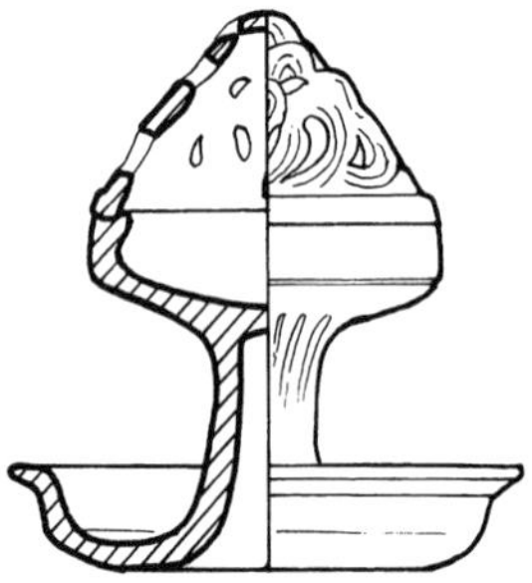 （M63：29）
四	六	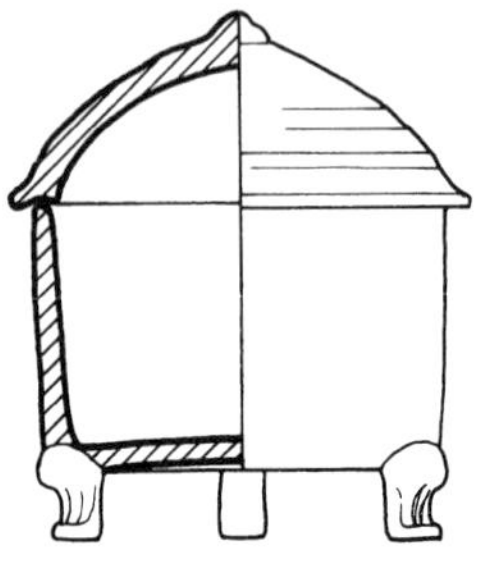 Ⅰ式（M47：17） 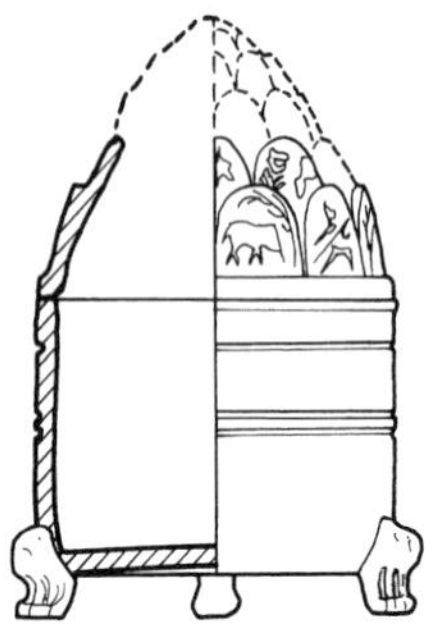 Ⅱ式（M63：16）  Ⅲ式（M63：4）	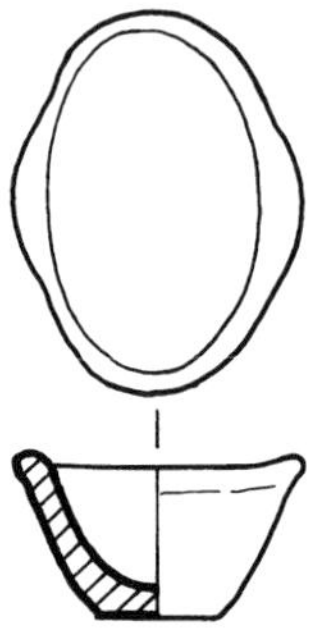 （M47：19）	

图五二〇　汉墓出土陶日用器分期图

单有典型伴生器物而主要器类、形制与以上墓葬有别的墓葬,其主要器物特征相对较为复杂,需区别分析。

出土"半两"的 M22、M32、M152 之主体器物除个别陶礼器外,均为陶日用器。M32 之 Aa Ⅰ式罐沿袭秦墓同形制罐的特点,几乎没有多大变化,与襄阳王坡 M159 之 A Ⅰ式罐[13]几乎相同,A Ⅱ式鋬上接 A Ⅰ式鋬,与襄阳王坡秦墓Ⅳ式鋬[14]相比,整体形制比较相近,只是本鋬腹扁鼓不甚,耳部略下移,下腹及底饰绳纹,应是前者逐步发展而来,而似乎稍早于襄阳王坡汉墓 M51 之 Ⅰ式鋬[15];M22 之 Aa Ⅱ式釜除无耳外,形制、纹饰近于襄阳王坡 M151 之 Ⅱ式鋬[16],B Ⅱ式瓮也与襄阳王坡 M155 之 B Ⅱ式瓮[17]相似;M152 之 A Ⅴ式壶与襄阳王坡 M72 之 B Ⅲ式壶[18]较为接近。综合所对比墓葬的特点,我们认为,出第二组器物序列的 M22、M32 及出第三组器物序列的 M152 应分别相当于西汉文帝至武帝前期和西汉武帝后期至宣帝时期。

出土Ⅰ式"五铢"的 M2、M43、M44、M71、M73、M88、M115、M172 之主体陶器组合除个别少一类器物外,一般灶、仓、井俱全,这也大致界定了其时代范围,因为这种组合形式在本地最早出现于西汉武帝后期或昭帝时期,流行于昭、宣、元、成帝时期,到新莽及以后则模型明器的类别有了较大的增加。其中 M2 之 A Ⅵ式鋬、A Ⅳ式瓮及 M43 之 Aa Ⅲ式釜都是本墓地同型器物最晚的一种型式,而鋬、釜为秦器,A 型瓮可能为楚器,它们在本地最多沿用到西汉昭宣时期,且 A Ⅳ式瓮上半部的特征较近于随州孔家坡西汉景帝后元二年(前 142 年)M8 之Ⅱ式瓮[19],而下部特征显然较其为晚;M44 与 M43 并列,墓葬形制相同,同出 C Ⅱ鼎;M88 之 Ba Ⅰ式罐有较早的时代特征,与襄樊付岗 M33 之 B Ⅲ式罐[20]基本相近;M172 之 A Ⅵ式鼎、A Ⅴ式壶分别与随州孔家坡 M14 之 A Ⅱ式鼎[21]、襄阳王坡汉墓 M67 之 B Ⅲ式壶[22]具相同形制。M71、M73 之仓盖为博山盖,而博山盖在本地的出现不早于西汉宣帝时期,他们除了陶色为灰陶外,整体特征与本墓地第六组陶仓基本没有区别,M115 之 B Ⅵ式灶在整体形制及灶前壁上部纹饰的刻画上与本墓地第六组 B Ⅶ式灶相比,也是陶色及是否施釉的差异,同时,M73 之 C Ⅲ式鼎与襄樊彭岗汉墓之Ⅲ式鼎相比,腹深,足稍高,时代特征略早[23]。可见,对应第四组器物序列的 M2、M43、M44、M88、M172 和对应第五组器物序列的 M71、M73、M115 的时代约分别为西汉昭宣、元帝至新莽以前。

同样出土Ⅰ式"五铢"的 M15、M84、M95、M182 等 4 座墓葬器物不多,并不见本地西汉武帝时期开始流行的模型明器,其时代应较出第五组器物的墓葬为早。其中 M84 不见其他器物,其时代不好确定,初步将它放在西汉昭宣时期可能无多大问题;M15 所出陶 Aa Ⅰ式罐是本时期形制特征最早者,该式罐上承秦代,考虑到其沿用时间,可大致推测其时代在西汉武帝后期;M95 所出 A Ⅴ式鋬较 M2 之 A Ⅵ式鋬早,且 Aa Ⅱ式罐与 Aa Ⅰ式罐的差别较小,其时代不应晚于西汉昭宣时期;M182 之铜盆、铁鼎时代特征不甚明显,其 B Ⅳ式瓮特征稍早于 M43 之 A Ⅴ式瓮,前者也不应晚于后者。

既出Ⅰ式"五铢"又出Ⅱ式"五铢"的 M116 和共出"日光"镜的 M93 也是灶、仓、井俱全,其 Aa Ⅳ式罐较第五组器物序列仍然流行的 Aa Ⅱ式罐为晚,其时代当以西汉元帝至新莽以前为宜。

无论是共出Ⅱ式"五铢"和"日光"镜的 M37、M89,还是单出Ⅱ式"五铢"的 M1、M74、M85、M99、M171 或单出"昭明"镜的 M92,其陶模型明器中,灶、仓、井组合齐全,M171 还出现了博山炉。按上述分析,这些墓葬的时代均应在西汉宣帝至新莽以前的范围内,结合所出器物与已基本划定时代墓葬同类器物的对比可以看出,M1 的时代略早,M171 的时代最晚,前者可

期别	段别	灶		仓	
		A	B	Aa	Ab
一	一				
	二				
二	三		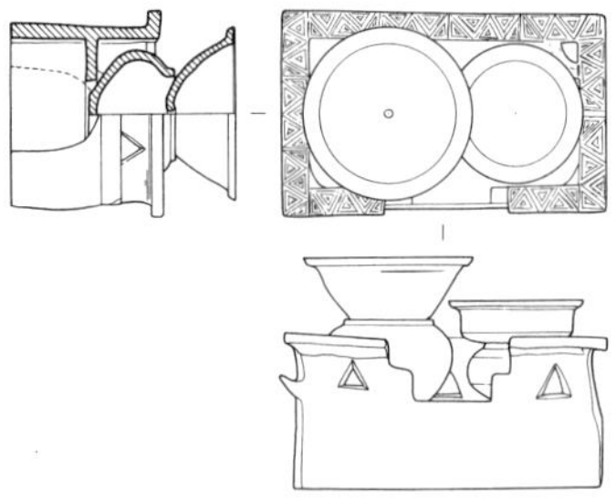 I 式（M53：1） 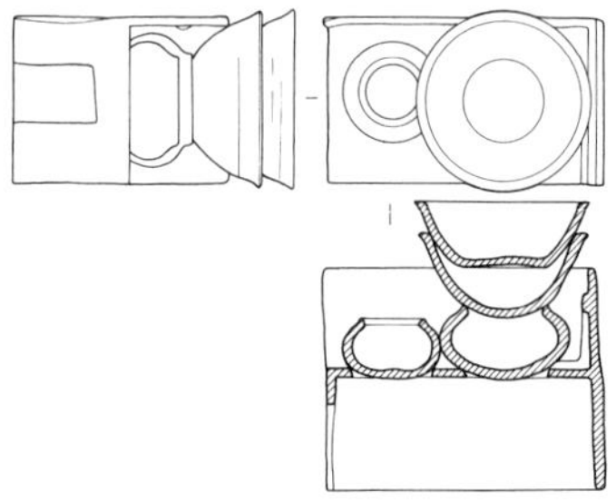 II 式（M132：7）		
	四	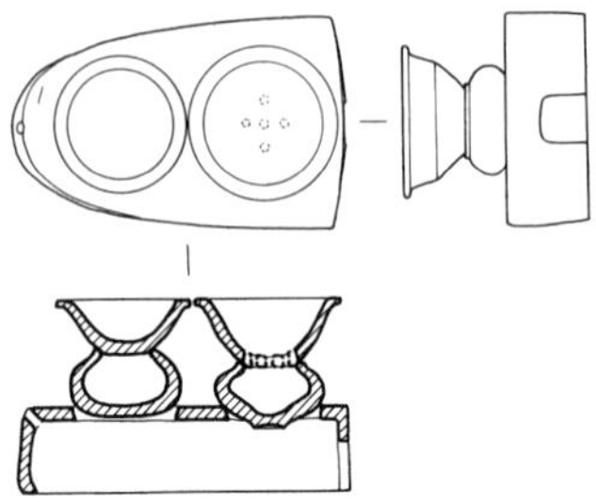 I 式（M12：1）	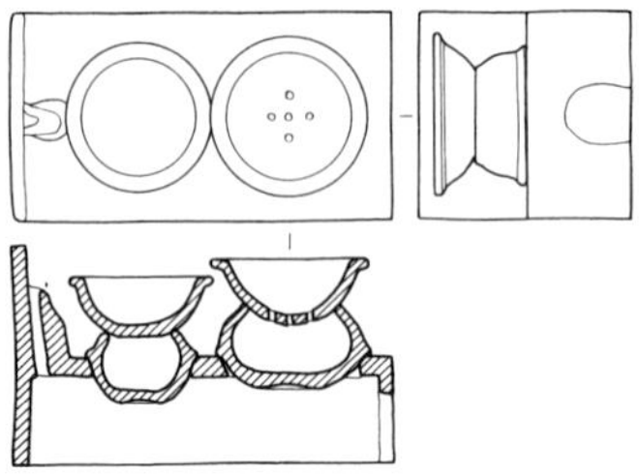 III 式（M101：1） 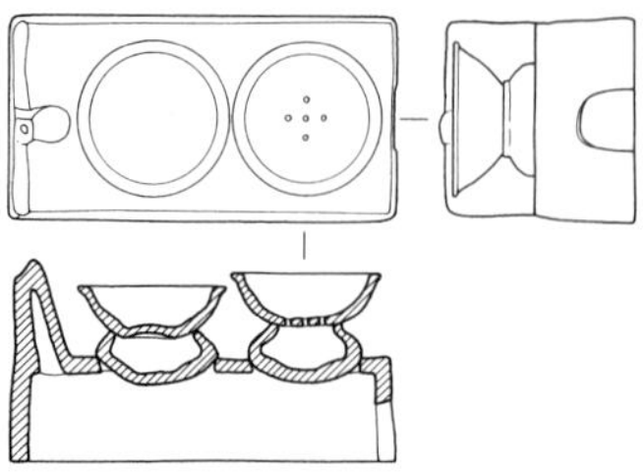 IV 式（M92：6）	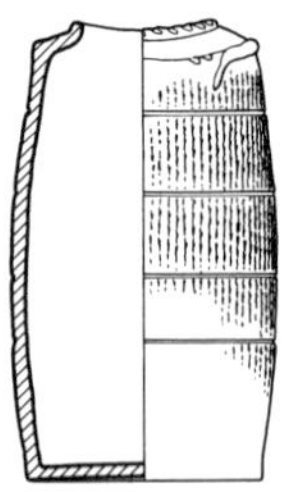 I 式（M169：5） 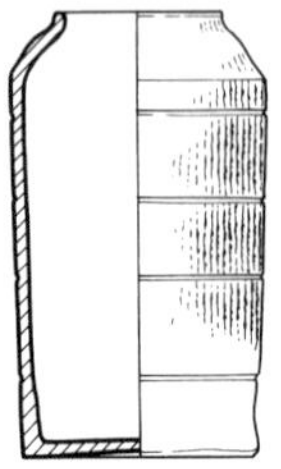 II 式（M2：3）	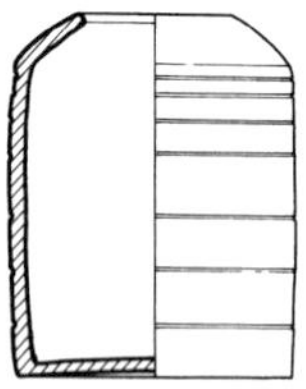 I 式（M1：2） 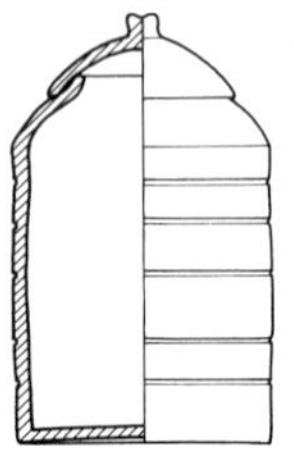 II 式（M92：9）

图五二一　汉墓出土

期别	段别	灶		仓	
		A	B	Aa	Ab
三	五	Ⅱ式（M98∶11）	Ⅴ式（M119∶2） Ⅵ式（M115∶6）	Ⅲ式（M86∶1）	Ⅲ式（M73∶8）
四	六	Ⅲ式（M180∶4）	Ⅶ式（M168∶7）	Ⅳ式（M37∶14） Ⅴ式（M147∶9）	Ⅳ式（M176∶2）

陶模型明器分期图

期别	段别	仓	井			汲水瓶
		B	Aa	Ab	B	
一	一					
	二					I式（M66：9）
	三					II式（M161：6） III式（M157：5）
二	四	I式（M98：6） II式（M91：8）	I式（M106：4） II式（M137：3） III式（M85：4）	I式（M2：5） II式（M1：5）	I式（M172：1） II式（M101：2） III式（M44：9）	

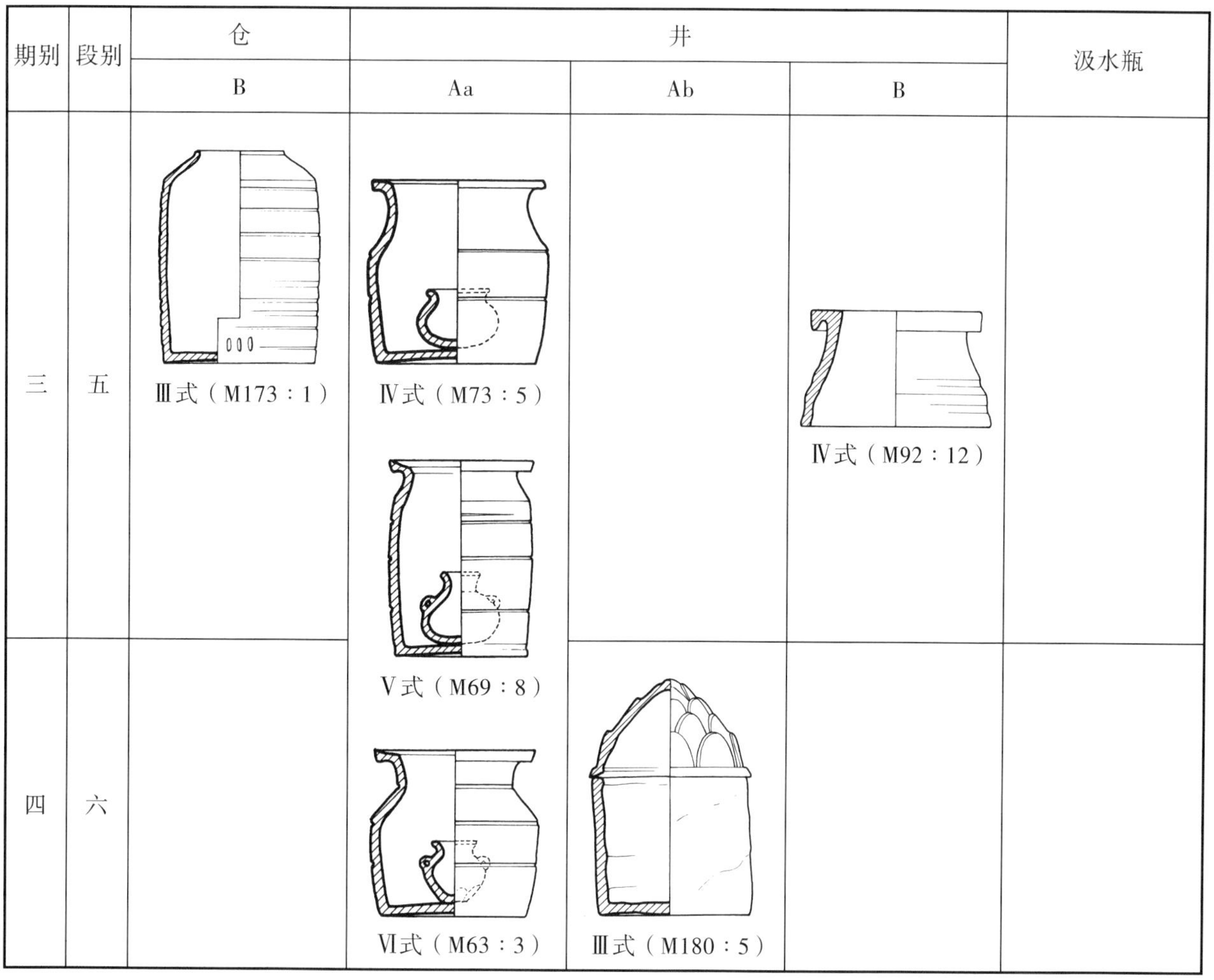

期别	段别	仓	井			汲水瓶
		B	Aa	Ab	B	
三	五	Ⅲ式（M173：1）	Ⅳ式（M73：5） Ⅴ式（M69：8）		Ⅳ式（M92：12）	
四	六		Ⅵ式（M63：3）	Ⅲ式（M180：5）		

图五二二　汉墓出土陶模型明器分期图

到西汉宣帝时期，后者约当新莽前不久，其余墓葬则在西汉元帝至新莽之间。

2. 主体形制一般且无典型伴生器物墓葬的相对年代

本部分墓葬数量较多，主要通过各组器物序列所对应墓葬间和本地或他地同时代墓葬同类型器物之间的对比，并结合可能存在关联的墓葬推测其相对年代。

（1）第一组墓葬

本组墓葬有 M27、M31、M50、M54、M56、M59、M64、M111、M120、M122、M124、M126、M130、M139、M166 等，他们既无特殊的墓葬形制，又无典型伴生器物，但其出土器物主要是特征较强的陶仿铜礼器及部分日用器，与本墓地秦墓或秦汉之际墓葬有较多共同点，且从已发掘资料看，这些器物的流行时间不晚于西汉早期。陶仿铜礼器鼎、盒、壶、（豆）、杯、勺的组合及其主要器物形制如 AⅠ、AⅡ式鼎，AⅠ至 AⅢ式盒，AⅠ至 AⅢ式壶，AⅠ、AⅡ式豆，AⅠ、AⅡ式杯，Ⅰ、Ⅱ式勺等与秦墓一脉相承且差别较小，AⅢ式鼎有楚式鼎遗风；M54 之 BⅠ、M111 之BⅡ式壶及 M124 之Ⅰ式钫、M27 之Ⅲ式杯分别近似于安徽潜山彭岭 M21 之 BⅠ、M39 之 BⅤ式壶和 M32 之Ⅰ式钫、M49 之Ⅵ式杯[24]。日用器中，AaⅠ式釜、BaⅠ式盉、AⅠ式壶、AaⅠ式

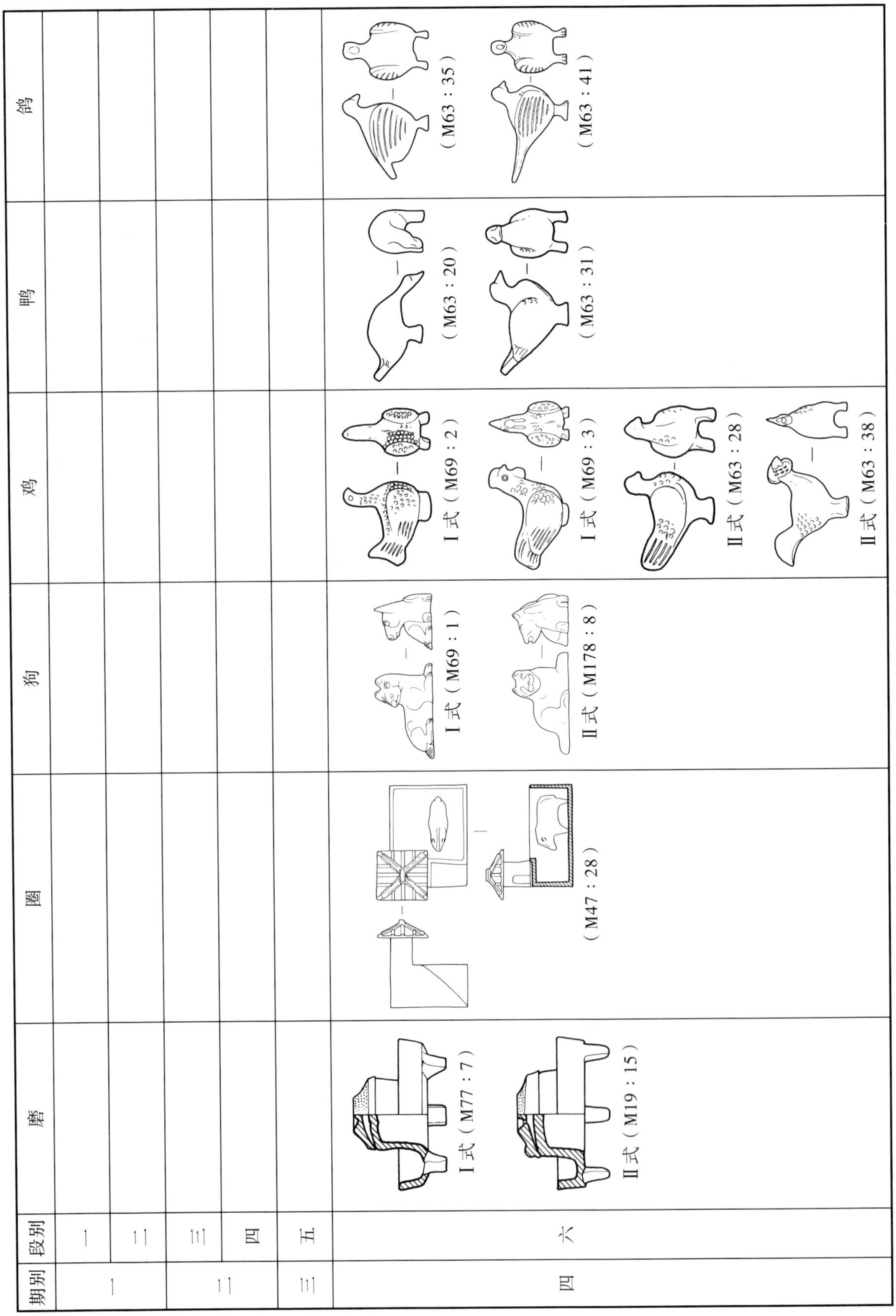

图五二三　汉墓出土陶模型明器分期图

期别	段别	鸽	鸭	鸡	狗	圈	磨
一	一						
	二						
二	三						
	四						
三	五						
四	六	（M63：35）（M63：41）	（M63：20）（M63：31）	Ⅰ式（M69：2）Ⅰ式（M69：3）Ⅱ式（M63：28）Ⅱ式（M63：38）	Ⅰ式（M69：1）Ⅱ式（M178：8）	（M47：28）	Ⅰ式（M77：7）Ⅱ式（M19：15）

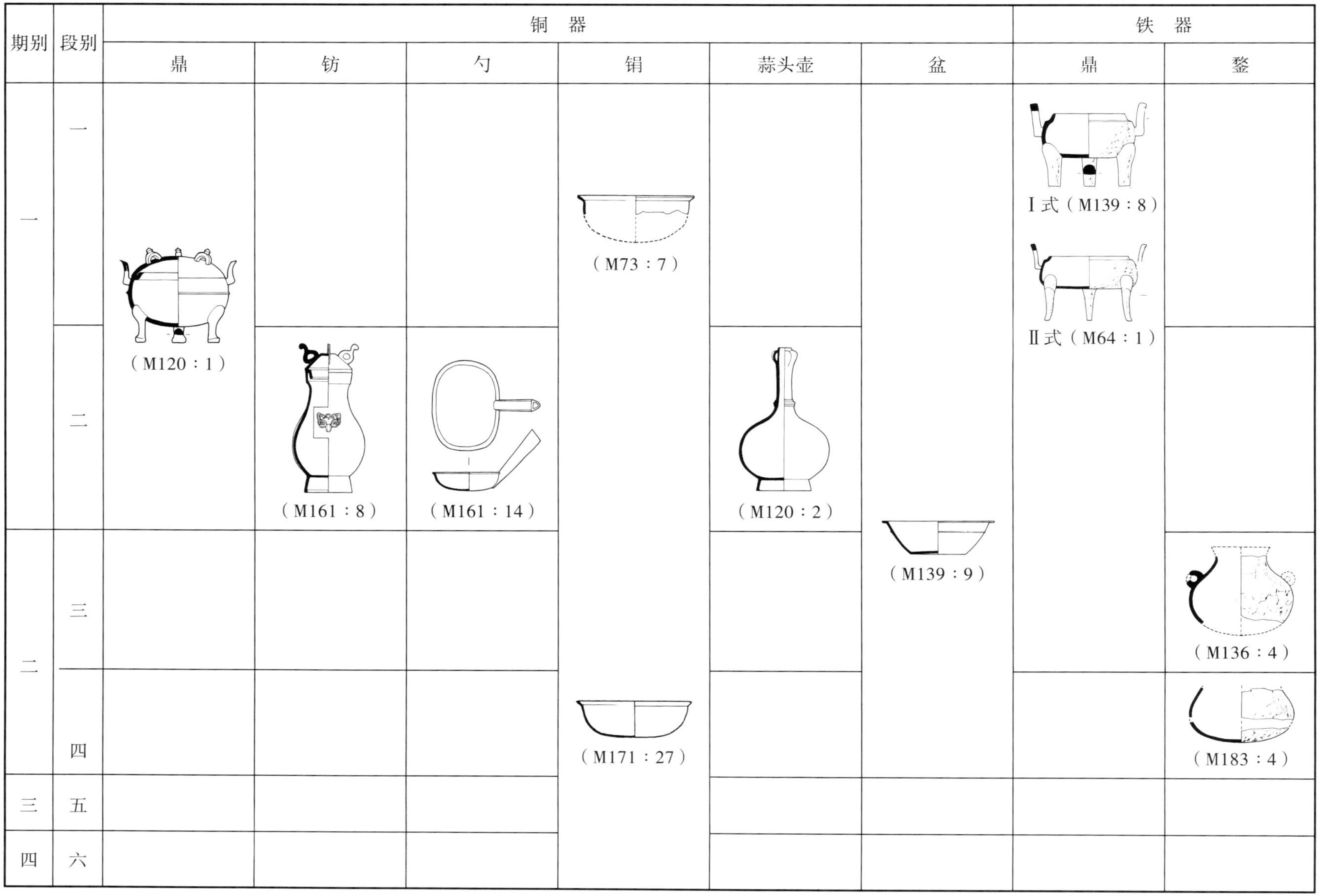

期别	段别	鼎	钫	勺	镏	蒜头壶	盆	鼎	鑒
					铜 器			铁 器	
一	一	（M120：1）	（M161：8）	（M161：14）	（M73：7）	（M120：2）		I式（M139：8）	
	二						（M139：9）	II式（M64：1）	
二	三				（M171：27）				（M136：4）
	四								（M183：4）
三	五								
四	六								

图五二四　汉墓出土铜、铁容器分期图

罐也基本承接本墓地秦墓发展而来；而 A I 式鍪、B I 式瓮及 A I 式镶斗分别与襄阳王坡秦、西汉初年墓同类器物[25]较为一致，只是稍有变化；M126之无盖盒本地不见，主要发现于关中地区秦墓中，同咸阳塔儿坡秦代无盖盒[26]相比，腹更浅，凹底较深，时代应稍晚。

至于M120所出铜鼎、蒜头壶则在各地西汉初年墓葬中出现较多，并与秦墓同类器直接相承，如云梦睡虎地 M47[27]、荆州高台 M5[28]也出土同形制的鼎、蒜头壶组合；M64仅出铁 II 式鼎，与处该组的 M139所出铁 I 鼎一样，均具有楚式鼎风格，二者时代应相差不大。

对比所列墓葬可知，本组墓葬的时代在西汉初年，少量墓葬或可上溯到秦汉之际。

（2）第二组墓葬

本组有典型伴生器物的M22、M32主体器物均为陶日用器，其中 Aa II 式釜、Aa I 式罐、B II 式瓮均在第一组中使用，A II 式鍪、Bb I 式盂新出现。与以上型式全部或部分器物相同的本组墓葬有M29、M45、M62、M112、M153、M164、M193、M194。其中M29、M193各2件器物均分别与M22、M32的同型式者一致；M45、M112新出现的 Ba II 式盂整体特征变化不大，甚至与秦墓的同形制盂相近；M153所出 A II 式镶斗与本组的M192同；M7既有 Ba II 式盂，也有 Ba I 式盂，M62、M164仅见第一至三组均存在 Aa I 式罐，考虑到流行时间，将他们放在该段可能较为合适；M194新见 Ba 型釜虽发现很少，但由于该墓与M192、M193都处二号冢的最下层封土下，直接打破生土层，时代应大体相当；

共出铜礼器及陶器组合的M161时代特征较为明确，其铜鼎、钫、勺为西汉早期典型器物，分别与襄阳王坡 M35之鼎、钫和 M157之勺[29]基本相同，其 A IV 式鼎、B III 式盒、C I 式壶分别与荆州高台西汉景帝时期 M17同类器物[30]相近，同时，该墓出 II 式汲水瓶，汲水瓶在本地也是从西汉文帝以后才开始出现的。

而以陶仿铜礼器为主的墓葬中，M66、M123、M174、M192有多件器物形制自上组沿用下来，M66还出本墓地最早的 I 式汲水瓶；M192之壶、汲水瓶与M161型式相同；同出 A IV 式鼎的M52、M80、M127、M128、M134、M174等墓葬中，其共享较多的 A IV 式壶与随州孔家坡 M16之壶[31]较为接近；陶鼎、盒无法复原的M51之 II 式钫与襄阳王坡 M51之 IV 式钫[32]几乎一致。

经综合对比分析，我们认为该组墓葬的时代应在西汉早期偏晚阶段，约当文帝铸行四铢"半两"至武帝前期。

（3）第三组墓葬

本组出典型伴生器物的墓葬为M15、M152，其中M15之 Aa I 式罐自第一组即出现并一直使用；M152所出典型伴生器物虽为武帝四铢"半两"，但其陶 A V 式壶具有相对较晚的特征，与襄阳王坡西汉中期前段 M72之 B III 式壶[33]近，此型式壶在本组中一般与陶 A V 式鼎、A IV 式盒组合使用，该种组合及形制则是武帝元狩五年（前118年）铸行"五铢"前后不久在本地十分流行的型式，这在襄阳王坡[34]、付岗[35]及枣阳果园[36]、赵家湾[37]等西汉墓葬较为集中的墓地都有强烈反映。使用这些型式器物的墓葬有M28、M53、M57、M58、M125、M132、M136、M143、M190，其间少量墓葬单出的 B I 、B II 式灶和 II 式汲水瓶也正符合本时期的特点；M189虽出上组即流行的 A IV 式鼎、壶，但同出的 C I 式盒在本地的出现相对稍晚，这有上述所对比墓地同型式器物佐证，同时，该墓与M184等其他10座墓共处二号冢下，开口于耕土层下，打破了出第二组器物的M193；而新出现的M157之 A VI 式鼎依然有西汉武帝时期特点，与随州孔家坡 M7之 B

Ⅱ式鼎[38]类似，其ＣⅠ式壶继续沿用。

其他陶日用器为主体的墓葬中，M14之AaⅡ式釜在第二组出现，而AaⅢ式罐在第四组仍在使用，鉴于其未出现像第四组与该式罐组合的多件陶模型明器，将它界定在该组应是比较合理的，类似的墓葬还有M3、M6、M16、M39、M68、M103、M154、M155、M170、M186、M191；仅出ＢⅠ式壶的M129可能与出同型式壶的M53时代相近。

主要通过Ⅰ式"五铢"的相对年代结合器物对比看，该组墓葬的时代当为西汉武帝后期。

（4）第四组墓葬

本组出典型伴生器物的7座墓葬有5座以陶日用器和灶、仓、井较全的模型明器组合为主，其间参与的仿铜礼器极少，单纯日用器组合仅1座。与这5座墓葬器物形制相对应的墓葬有M137。

结合自此时期之后本地即使是小型墓葬的组合一般也有模型明器参与的规律看，与上述所定形制相同或相近器物的单纯日用器或有时代特征不明显的铜铜甚至铁鼎、釜参与组合墓葬的时代应大体不出此期，这些墓葬包括M9、M11、M17、M18、M24、M94、M109、M121、M140、M141、M144、M156、M159、M163、M167、M177、M179、M183、M184，且M183与出典型伴生器物的M182共处一家也是佐证；至于出形制较特殊陶Ab型釜的M188，因釜为秦器，且本墓无其他随葬器物，其时代最晚也不过该期；灶、仓、井组合齐全且日用器类别较多、仿铜礼器组合不全的M98的多种器物也与本组同类同型式器物基本一致。

单从器物组合情况看，陶模型明器灶、仓、井组合不全且仿铜礼器鼎、壶或加盒俱有的墓葬显然较上述灶、仓、井齐全的墓葬为早，他们包括M12、M100、M101、M105、M108、M169、M185。其中AⅥ式鼎在第三组即开始少量出现，新出现的AⅧ式鼎有承上启下的特点，AⅥ式壶与襄樊彭岗M115之Ⅱ式壶[39]基本相同；陶仿铜礼器、日用器、模型明器各1件的M107的器物组合及形制符合本期风格。

依据主体器物组合、形制和典型伴生器物时代特征推测，本组器物具有较多的过渡风格，其墓葬的时代当以西汉昭宣时期为宜。

（5）第五组墓葬

由于本组墓葬已判定时代的墓葬较多，特点突出，通过陶器组合及形制的对比可以看出，基本以灶、仓、井等三类模型明器为主且大多组合较全的M86、M90、M91、M96、M104、M106、M110、M119、M133、M173的时代不出西汉元帝至新莽以前范围。

（6）第六组墓葬

本组墓葬不需借助墓葬特殊主体形制及典型伴生器物判定时代的墓葬仅M46，但从陶器的组合及陶系、形制、施釉状况不难发现其时代介于新莽至东汉光武帝建武十六年（公元40年）间。

3. 无随葬器物墓葬的相对年代

无随葬器物的墓葬有M81、M87、M162、M187等4座，其中M87的时代已如前述，可根据其相对特殊的主体墓葬形制推测其时代为新莽至东汉建武十六年（公元40年）之间。

其他3座墓葬可依据墓葬之间的关系大致推测其相对年代。M81与M80并列，均处墓葬分布较少的西区第三组，方向基本一致，规模基本相当，二者存在异穴合葬的可能性很大，由M80的时代推测M81的相对年代也大致在西汉文帝铸行四铢"半两"至武帝铸行"五铢"时期内；M162尚未发掘，但它与M161共处一封土堆下，几乎可以肯定二者间有密切关系，时代大体相当；M187

则与 M184、M185 共处二号冢东部，均开口于耕土层下，打破 M190 封土，三者为同一时代应基本无误。

通过以上分析，我们认为本墓地已发掘墓葬可分为四期六段：

一期一段：M27、M31、M50、M54、M56、M59、M64、M111、M120、M122、M124、M126、M130、M139、M166。即西汉早期前段，其相对年代自西汉建立至文帝前元五年（公元前 175 年）铸行四铢"半两"止；

一期二段：M7、M22、M29、M32、M45、M51、M52、M62、M66、M80、M81、M112、M123、M127、M128、M134、M153、M161、M162、M164、M174、M192～M194。即西汉早期后段，其相对年代自西汉文帝前元五年（公元前 175 年）铸行四铢"半两"至武帝元狩五年（公元前 118年）铸行"五铢"止；

二期三段：M3、M6、M14～M16、M28、M39、M53、M57、M58、M68、M103、M125、M129、M132、M136、M143、M152、M154、M155、M157、M170、M186、M189～M191。即西汉中期前段，其相对年代自武帝元狩五年（公元前 118 年）铸行"五铢"至武帝后元二年（公元前 87 年）；

二期四段：M1、M2、M9、M11、M12、M17、M18、M24、M43、M44、M84、M88、M94、M95、M98、M100、M101、M105、M107～M109、M121、M137、M140、M141、M144、M156、M159、M163、M167、M169、M172、M177、M179、M182～M185、M187、M188。即西汉中期后段，其相对年代自西汉昭帝始元元年（公元前 86 年）至宣帝黄龙元年（公元前 49 年）；

三期五段：M37、M60、M71、M73、M74、M85、M86、M89～M93、M96、M99、M104、M106、M110、M115、M116、M119、M133、M171、M173。即西汉晚期，其相对年代自西汉元帝初元元年（公元前 48 年）至孺子婴（王莽摄政）居摄三年（公元 8 年）；

四期六段：M19、M26、M46、M47、M61、M63、M69、M77、M87、M131、M147、M168、M175、M176、M178、M180、M181。即新莽时期至东汉初年，其相对年代自新莽始建国元年（公元 9 年）至东汉光武帝建武十六年（公元 40 年）止。

注　释

[1] 襄樊市文物考古研究所：《襄樊付岗墓地第二次发掘报告》，《襄樊考古文集》(1)，科学出版社，2007 年。

[2] 襄樊市博物馆：《湖北襄樊市岘山汉墓清理简报》，《考古》1996 年第 5 期。

[3] 襄樊市考古队：《襄樊彭岗汉墓群发掘简报》，《江汉考古》2000 年第 2 期。

[4] 襄樊市博物馆：《湖北襄樊市毛纺厂汉墓清理简报》，《考古》1997 年第 12 期。

[5] 襄樊市考古队：《襄樊团山卞营墓地第二次发掘》，《江汉考古》2000 年第 2 期。

[6] 老河口市博物馆：《湖北老河口市柴店岗两汉墓葬》，《考古》2001 年第 7 期。

[7] 洛阳区考古发掘队：《洛阳烧沟汉墓》，科学出版社，1959 年。

[8] 同注[7]。

[9] 韩保全、程林泉：《西安北郊枣园汉墓第二次发掘简报》，《考古与文物》1992 年第 5 期。

[10] 倪志俊：《西北医疗设备厂汉墓清理简报》，《考古与文物》1992 年第 5 期。

[11] 程林泉等：《西安市未央房地产开发公司汉墓发掘简报》，《考古与文物》1992 年第 5 期。

[12] 襄樊市博物馆：《襄樊杜甫巷东汉、唐墓》，《江汉考古》2000 年第 2 期。

［13］湖北省文物考古研究所等：《襄阳王坡东周秦汉墓》，科学出版社，2005 年。

［14］同注［13］。

［15］同注［13］。

［16］同注［13］。

［17］同注［13］。

［18］同注［13］。

［19］湖北省文物考古研究所等：《随州孔家坡汉墓简牍》，文物出版社，2006 年。

［20］同注［1］。

［21］同注［19］。

［22］同注［13］。

［23］同注［3］。

［24］安徽省文物考古研究所等：《安徽潜山彭岭战国西汉墓》，《考古学报》2006 年第 2 期。

［25］同注［13］。

［26］咸阳市文物考古研究所：《塔儿坡秦墓》，三秦出版社，1998 年。

［27］湖北省博物馆：《1978 年云梦睡虎地秦汉墓发掘报告》，《考古学报》1986 年第 4 期。

［28］湖北省荆州博物馆：《荆州高台秦汉墓》，科学出版社，2000 年。

［29］同注［13］。

［30］同注［28］。

［31］同注［19］。

［32］同注［13］。

［33］同注［13］。

［34］同注［13］。

［35］同注［1］。

［36］襄樊市考古队等：《湖北枣阳果园汉墓发掘》，《湖北考古报告集》，《江汉考古》增刊，2008 年。

［37］襄樊市文物考古研究所 2002 年发掘资料。

［38］同注［19］。

［39］同注［3］。

第五章　结　语

九里山墓地是为配合武（汉）安（康）铁路复线新发现的一处大型墓地，本次发掘的193座墓葬虽可能只是其中的一部分，但他们仍然具有代表性，使我们对该墓地有了初步认识。

一

从勘探及发掘的情况看，九里山墓地的规模较大，墓葬十分密集地分布于九里山的南坡及顶部，经初步推测，其总数可能在千座以上。

已发掘的193座墓葬朝向大多较为一致，其中以东北—西南向为主，共119座，方向集中在21°～45°或201°～218°之间；其次为南北向，共55座，方向集中在0°～20°或191°～200°之间；如果以大致方向计算，0°～45°或191°～218°间的墓葬即有174座，而其他方向的墓葬则仅有19座。

墓葬时代也相对较为集中，上迄秦昭襄王二十八年（公元前279年）秦占本区的战国晚期后段，下止东汉光武帝建武十六年（公元40年）的东汉初年，不仅其间连续发展，没有缺环，而且除墓地开始营建时期外其他各期的墓葬数量相差不太大，并与历史发展脉络相适应。在墓地起始阶段，墓葬数量最少，仅有5座，这显然与秦、楚战争后不久民生凋敝有较大关系，随着秦统治地位的巩固，秦至秦汉之际的墓葬显著增加，达43座之多；随后因西汉代秦，西汉初年的墓葬数量又明显减少，为15座，在西汉早、中期政治逐步清明、经济发展和文化繁荣的过程中，本地墓葬数量有所回升，其西汉早期后段、中期前段的墓葬分别有24、26座，到西汉繁盛时期的中期后段，墓葬数量达40座，而在西汉王朝衰落和东汉王朝兴起的"乱世"阶段，墓葬数量也大量减少，西汉晚期、新莽至东汉初年的墓葬各为23、17座。

墓葬的排列较有规律，各墓四周间距不是很大，虽然墓葬排列跟时代早晚没有直接关联，即墓葬并非按照时代成片集中分布，而是相互交错，但也仅存在极少量晚期墓葬打破早期墓葬的现象。

墓地中既有很可能是夫妻的一次同穴合葬墓，也有先、后下葬的二次同穴合葬墓，还有较多的并穴合葬墓。东区三冢则均为同冢异穴合葬墓，其中一、三号冢下的各2座墓葬应为夫妻合葬墓，二号冢下有部分打破关系的11座墓葬则可能为家族成员在相对较长时期内集中埋葬所致；西区存在部分时代相当或相近乃至有一定延续时间的三、四、六墓并列或四、五墓略呈"田"字形布局的墓葬，其墓主也很可能有血缘或姻亲关系。

以上情况表明，本墓地是一处统筹规划、集中管理、长期使用的大型公共墓地，结合其南侧有一同时代的大型中心聚落——柴店岗遗址的情况分析，九里山墓地应是与该遗址配套的公共墓地。

二

本墓地无论是从墓葬形制、葬具，还是随葬器物都可以推测出，几乎所有墓葬都没有明显的等级差别，墓地的规格不高，应是一处低等贵族、中小地主和平民的墓地。

从墓葬规模看，其墓圹尺寸差别不大，无论是秦墓，还是汉墓，墓圹开口一般在（2.1～3.4）×（1～2）米之间，最大者为3.44×2.8米，最小者为1.28×0.54米。

从墓葬结构看，秦墓均为单纯的长方形竖穴土坑墓，无一墓葬设墓道，仅1座墓葬两壁设生土台；汉墓也只有少量墓葬设单、双墓道，4座墓葬设生土台、半龛，除个别为双室砖墓外，其他均为单椁、单室墓。

从葬具看，193座秦汉墓葬中，大多数为单椁单棺，少量为单椁并棺、单棺，还有极少量为单椁，单椁本身或有棺，但因完全朽尽而不明，并棺者主要为同穴合葬所致，据此分析，表明墓主人身份的葬具重数实际仅有单椁单棺、单棺两种。《荀子·礼论》、《庄子·杂篇·天下》均载："诸侯五重，大夫三重，士再重。"《礼记·檀弓上》郑玄注："诸公三重，大夫一重，士不重。"这就是说，单椁单棺墓葬主人的身份对应为先秦时期的"士"，使用单棺者则只能是平民了。

从随葬器物分析，除6座墓葬或因破坏不明或不出随葬品或仅见铜钱外，其余墓葬随葬器物的数量差别不甚明显，并随着时代的发展而有所增多，西汉中期以前单墓随葬器物数量一般为2～5件，少者仅1件，多者也只有10余件，西汉晚期至东汉初年因多种类模型明器的逐步增加而增多，绝大多数墓葬在5～15件之间，5件以下者极少，最多者达40余件（不含铜钱）。因这种随葬器物绝对数量的增加主要体现在随时代发展而增加的品类上，它对判定墓主人身份不具有重要意义，而真正能据以确定墓主人身份的首先是礼器的组合、数量。出土随葬器物的墓葬中，以铜礼器随葬的墓葬仅有M120、M161两座，但均仅1件，并分别有2件铜蒜头壶和各1件铜钫、勺组合，另有少量墓葬出土有铁鼎，而铁鼎作为礼器的作用较铜鼎又有所削弱。其他墓葬的礼器组合全为陶器，组合全者为鼎、盒、壶，但鼎的数量最多只有2件。先秦时期对用鼎制度有较为严格的规定，墓主人地位不同，用鼎数量也有别，《春秋公羊传·桓公二年》何休注："礼祭，天子九鼎，诸侯七，卿大夫五，元士三也。"则用一鼎的墓主人较元士低，如果考虑到战国以后存在较多的"僭越"现象，使用铜一鼎者的身份很可能只相当于下士一级。那么，使用陶二鼎者的身份可能就有相当部分平民了。至于其他较多单纯使用日用陶器者的身份就基本上为平民了。到西汉晚期以后，由于大量模型明器是伴随地主庄园经济的发展而出现的，其墓主人的身份最多也是一般的地主阶层。

综合以上分析可以看出，本墓地墓主人的身份都不高。最高者应为出土铜一鼎的 M120、M161，其墓圹是汉代土坑墓中最大的 2 座，使用单椁单棺，墓主人身份最多相当于先秦时期的中士或下士，如以汉代等级划分，他们可能与凤凰山 M10 之"五大夫"[1] 相当或略低，最多处二十等爵制的第一至五级；其他墓葬墓主人身份较前二墓为低，大致如上所述，可根据规模、葬具、随葬器物的不同及发展变化，分别相当于最低等官吏或入粟买爵者、中小地主及平民。

三

该批墓葬在墓葬形制上的发展变化既丰富了本区墓葬形制的内容，也为探讨中小型墓葬的演变轨迹提供了重要资料。

本墓地 48 座秦墓均为单纯的长方形竖穴土坑墓，仅 1 座墓葬设有生土台，并不带墓道，这一点与约 50 公里以东、秦墓分布较为集中的襄阳王坡墓地[2] 和襄樊余岗墓地[3] 基本一致，所不同的只是未见比较典型的洞室墓，也无壁龛。

汉代墓葬大部分为竖穴土坑墓，西汉早期基本延续了秦墓形制，设生土台的墓葬也仅 2 座，但出现个别设置单斜坡墓道和半龛的现象；西汉中期前段仅个别墓葬单设斜坡墓道，不过，墓室与墓道间有木质隔板；西汉中期后段，除 1 座墓葬（M184）继续同时设置生土台、底龛并在生土台上平盖木板为象征性椁室外，单设斜坡墓道的墓葬所占比例明显增加，且大多数墓室与墓道间有木质隔板，同时出现了 2 座二次下葬所形成的双墓道墓葬，开本区墓葬形制变化之先河；西汉晚期出现了带一级台阶的墓葬，单设斜坡墓道的墓葬也相对较多，而二次下葬之双墓道墓葬也有 3 座，新出现了个别砖砌四壁、木板盖顶的砖木合构墓；新莽至东汉初年墓葬形制最为多样，少量单纯的竖穴土坑墓仍有残留，砖木合构墓数量增加，还有仅在墓底平铺一层地砖的砖土合构墓，砖室墓也较多地出现，以单室为主，双室也有个别，其中设斜坡墓道的墓葬比例同以前时段相比达到最高，二次下葬的双墓道墓葬仍有 3 座。

此外，本墓地还出现了一种特殊放置随葬器物的现象，包括 8 座双墓道、2 座单墓道的单椁并棺墓和 7 座单墓道、3 座无墓道的单椁单棺墓将部分随葬器物置于棺下，这有少量墓葬保留明显的垫木腐痕作为明证。这种现象始于西汉中期后段，与双墓道、单椁并棺的出现同步，并沿用到墓地结束。其中西汉中期后段、西汉晚期、新莽至东汉初年分别有 3、11、6 座。10 座单椁单棺墓之椁室都相对较大，且单棺均位于椁内一侧，推测其墓圹、椁室即为准备并棺合葬而建，后因故另一棺未能下葬，再结合 10 座单椁并棺墓均采用此种方式和西汉中期后段始较大规模墓葬之随葬器物数量、种类有较大幅度增加的趋势看，将部分随葬器物置于棺下可能是为了节约空间所致。这种现象在本地也是首次发现于九里山墓地，其原因和作用值得进一步探讨。

四

本墓地使用自公元前 279 年开始，至公元 40 年结束，前后逾 300 年，跨战国、秦、西汉、东汉等朝代，其文化因素也随着时代的发展而变化，这种变化也正好反映了汉文化承秦制、融楚俗的形成和发展过程。

如上所述，本墓地墓葬形制似乎受秦文化的影响不大，关中秦墓中常见的洞室墓没有在本墓地出现，不过与楚墓基本上在墓壁中部开龛不同，有可能源于秦墓洞室做法在墓底一端设龛的墓葬在西汉早、中期各有1座；现存可辨葬式中不见典型秦墓蜷曲较甚的屈肢葬，只在秦墓第二段和汉墓第三段各有1座稍微蜷曲的仰身或侧身屈肢葬还多少反映了来自秦文化的印迹。而楚墓常见并传承自中原姬周文化的长方形竖穴土坑木椁墓自本墓地起始阶段就普遍使用，直到整个墓地完全废弃都未消失，只是时代愈早，其所占比例愈大；仰身直肢葬式一直占据主流。

相比墓葬形制上秦文化影响程度较小的状况，随葬器物上所反映的秦文化风格则要浓厚得多：（1）最能体现秦文化的日用陶器在本墓地发现较多，使用时间较长，秦墓中的陶釜、盂、盆、壶等日用器组合和形制都是比较典型的秦式器，到西汉初年又增加了陶鍪，釜、鍪分别沿用到了汉墓第四、五段，盂、壶还伴随墓地发展的始终，而盆仅存于秦墓中；（2）西汉初年新出现并沿用到汉墓第三段的陶樵斗显然是在秦釜的基础上发展而来，少量出现于汉代的陶无盖盒整体形制虽与秦墓区别较大，但因在本地不见，也可能是受其影响所致；（3）汉代逐渐流行的陶模型明器灶、仓最早于东周时期在关中出现；（4）铜器尽管出土很少，但西汉初年的蒜头壶为典型秦式器，同时期的铜鼎、钫、勺则是秦文化融合中原文化后向本地传播的结果；（5）秦墓至汉代第四段使用的铁鍪是按照同型陶器的形制铸制而成；（6）仿铜陶礼器鼎、盒、壶（钫）的组合主要源于中原文化，这种组合形式在战国中期后开始较大规模地影响秦、楚文化，但整个襄樊地区截至目前尚未发现秦占本地前的陶鼎、盒、壶组合，这种相对单纯的组合形式很可能是随着秦人的征伐带来的。

楚文化风格在随葬器物上的体现要相对复杂一些：（1）虽然单纯的陶鼎、盒、壶（钫）组合为秦人吸收中原文化后传播而来，但本墓地主要出现于秦墓和西汉初年墓葬中鼎、盒、壶加豆、杯、勺的完整组合则不见于中原文化和典型秦文化墓葬中，反而在鄂东、湘北等战国晚期秦文化尚未统治的区域发现较多，本地则在襄樊沈岗、岘山墓地各发现2、1座战国晚期前段鼎、敦、壶、豆、杯、勺组合的墓葬[4]，往西北在丹江口莲花池墓地发现1座鼎、敦、壶、豆、杯、匜[5]的组合，这很可能是楚、秦文化中和的结果，即政治上接收秦人统治的楚遗民在文化上还顽强地保留着自己的传统，而其中的折盘豆又非楚式器，典型的楚式弧盘豆仅出土1件；（2）秦墓及西汉初年墓葬中鼎、盒、壶的部分细部特征有楚文化的残留，如瓦形、棱形鼎足和小圆足状器盖捉手、立鸟纽等；（3）西汉中期以前一直使用的A型小口折肩深腹凸圜底瓮流行于本区，但它最早见于江陵地区战国井中；（4）西汉中期前各段铁鼎变化不大，一般为平底或微凹底高半圆足，与楚式鼎十分接近。

如果说秦墓中秦、楚文化因素相对明显，并一直较为强烈地影响到西汉初年的话，西汉早期后段则开始发生变化，表现最敏感的仿铜礼器之鼎、盒、壶形体变大，鼎耳外折，鼎足有人面装饰，至西汉中期前段表现出明显不同于前期的特征，表明了融合秦、楚文化的汉文化的全面形成，其后，在日用陶器方面秦文化的影响也只是作为汉文化的吸收和传承体现出来，而模型明器的全面发展则完全是汉文化自身的发展了；铜镜及仿铜镜而来的陶镜则从西汉初年开始使用，尽管数量不多，但却是较为典型的汉文化器物了；"日光"、"昭明"镜更不必说了。

同时，我们也看到，既非典型秦文化、又非典型楚文化器物的陶双鼻耳罐在本墓地不仅数量多，而且特征相对稳定，沿用始终，这种罐从目前的发现看，在本地最早出现于春秋中期，一直使用到南北朝时期，而其他地区除鄂东外很少发现；还有 B 型矮领鼓肩平底瓮，在本地从战国晚期发展到东汉时期，他地也较罕见，它们很可能是本区一种有地方特征的器物。

五

由于九里山墓地地处汉水上游向下游的过渡地带，此次是继老河口东部区域几次中、小规模发掘外的一次大型发掘，这除使我们大致了解了本墓地的墓葬分布、形制、随葬器物及使用时代外，还为我们研究本区秦汉时期的墓葬制度、楚秦汉文化的流变，进而探讨秦、楚间政治对决进程和地方区域中心的演变、文化的区域性特点等提供了重要而翔实的资料。

注　释

［1］长江流域第二期文物考古工作人员训练班：《江陵凤凰山西汉墓发掘简报》，《文物》1974 年第 6 期。

［2］湖北省文物考古研究所等：《襄阳王坡东周秦汉墓》，科学出版社，2005 年。

［3］襄樊市博物馆：《湖北襄阳余岗战国墓发掘简报》，《考古》1992 年第 9 期；襄樊市博物馆：《襄樊余岗战国秦汉墓第二次发掘简报》，《江汉考古》2003 年第 2 期；襄樊市文物考古研究所 2004 年发掘资料。

［4］襄樊市文物考古研究所 2007 年发掘资料。

［5］北京市文物研究所：《丹江口莲花池墓群》，《湖北省南水北调工程重要考古发现Ⅰ》，文物出版社，2007 年。

附表一 秦墓登记表

墓号	位置区	位置组	形制	方向(°)	墓圹尺寸 长×宽-深（米）	结构	葬具	人骨残迹	葬式	随葬器物	备注
M4	西	一	长方形竖穴土坑木椁墓	10	口2.36×1.4 底2.2×1.25-1.6	口大底小，坑壁光滑。	单椁单棺			陶BI盂，BII盂，II罐2	
M5	西	一	长方形竖穴土坑木椁墓	8	口3×（1.6~1.65） 底2.6×1.5-2.4	口大底小，坑壁光滑。	单椁单棺			陶IV鼎2，AIII盒2，AIII壶2，II豆2，II杯2，I、II勺，AIII釜，AIII盂	
M8	西	一	长方形竖穴土坑木椁墓	210	口2.52×1.26 底2.3×1.2-1.9	口大底小，坑壁粗糙。	单椁单棺			陶AI壶（日用器），I罐；石砚	
M13	西	一	长方形竖穴土坑木椁墓	0	口2.8×1.6 底2.5×1.5-（1.4~1.6）	口大底小，坑壁光滑。	单椁单棺	牙齿		陶BI盂，BII盖2，B盆2，II、III罐	
M20	西	一	长方形竖穴土坑墓	45	口2.7×1.76 底2.56×1.58-0.63	口大底小，坑壁粗糙。	单椁单棺				被M19打破
M21	西	一	长方形竖穴土坑墓	38	口2.3×1.3 底2.3×1.3-（0.09~0.13）	口底同大，坑壁光滑。				陶BIII盂，II、III罐	
M23	西	一	长方形竖穴土坑墓	35	口2.5×1.55 底2.5×1.55-（0.12~0.24）	口底同大，坑壁粗糙。				陶BIII盂，I、II罐	
M25	西	一	长方形竖穴土坑墓	20	口2.5×1.4 底2.5×1.4-0.68	口底同大，坑壁粗糙。	单椁单棺	头、肢骨	仰身屈肢	陶AII盂，BI盖，II罐	
M30	西	二	长方形竖穴土坑墓	24	口2.48×（1.36~1.48） 底（2.3~2.36）×（1.32~1.45）-（0.8~1.1）	口大底小，坑壁光滑。	单棺	保存较好	仰身直肢	陶BI盖2，II罐2；铜II"半两"3	
M33	西	二	长方形竖穴土坑墓	15	口3.1×（1.8~1.88） 底2.95×（1.78~1.84）-2.7	口大底小，坑壁光滑。	单椁单棺	牙齿		陶IV鼎2，AII盒2，AIV壶2，III、IV豆，III杯2，I、III勺，BII、BIII盂，球	
M34	西	二	长方形竖穴土坑木椁墓	26	口（3.3~3.37）×（2.22~2.28） 底3.08×2.05-3.1	口大底小，坑壁粗糙。	单椁单棺			陶IV鼎2，AII、AIII盒，AIV壶2，III豆2，III杯2，II勺2；铜鍪	

续附表一

墓号	位置 区	位置 组	形制	方向(°)	墓圹尺寸 长×宽-深（米）	结构	葬具	人骨残迹	葬式	随葬器物	备注
M35	西	二	长方形竖穴土坑木椁墓	10	口（2.18~2.24）×（1.18~1.24）底（2.15~2.18）×（1.12~1.18）－（1.1~1.2）	口略大于底，坑壁粗糙。	单椁单棺	牙齿		陶BⅡ盂，Ⅲ罐2	
M36	西	二	长方形竖穴土坑木椁墓	45	口2.6×1.3 底2.7×1.38－（0.76~0.86）	口小底大，坑壁光滑。	单椁单棺	牙齿		陶BⅠ盂，AⅡ壶（日用器），Ⅲ罐	
M38	西	二	长方形竖穴土坑木椁墓	33	口2.64×1.6 底2.58×1.53－（0.49~0.62）	口大底小，坑壁粗糙。	单椁单棺	股骨痕		陶BⅠ盂，Ⅱ、Ⅲ罐；铜A带钩	
M40	西	二	长方形竖穴土坑木椁墓	38	口2.36×1.05 底2.16×0.93－（1.12~1.24）	口大底小，坑壁粗糙。	单椁单棺			陶BⅡ盂2，Ⅲ罐2	
M41	西	二	长方形竖穴土坑木椁墓	20	口2.35×1.2 底2.25×1.1－1.2	口大底小，坑壁粗糙。	单椁单棺			陶BⅠ盂，Ⅲ罐	
M42	西	二	长方形竖穴土坑木椁墓	40	口2.1×1.2 底1.9×1.05－（1.3~1.4）	口大底小，坑壁粗糙。	单椁单棺	牙齿		陶BⅠ盂，Ⅲ罐	
M48	西	二	长方形竖穴土坑木椁墓	28	口2.65×1.5 底2.3×1.36－（3.1~3.5）	口大底小，坑壁光滑。	单椁单棺			陶Ⅱ鼎2，B盒2，BⅡ壶2，Ⅰ豆2，Ⅰ杯2；漆器	
M49	西	二	长方形竖穴土坑木椁墓	35	口2.6×1.7 底2.52×1.62－2.16	口略大于底，坑壁光滑。	单椁单棺			陶Ⅲ鼎，AⅡ盒，AⅡ壶，Ⅱ豆2，AⅡ罐，AⅡ豆，BⅠ盂，Ⅲ罐；铜Ⅰ勺，Ⅰ"半两"	
M55	西	二	长方形竖穴土坑木椁墓	210	口2.88×1.88 底2.86×（1.82~1.88）－1.61	口略大于底，坑壁光滑。	单椁单棺	牙齿		陶Ⅳ鼎2，AⅢ盒2，AⅡ、AⅢ壶，Ⅲ豆2，Ⅲ杯2，Ⅱ勺2；铜B带钩；漆器	
M65	西	二	长方形竖穴土坑木椁墓	35	口（2.58~2.65）×（1.3~1.35）底（2.58~2.65）×（1.3~1.35）－（0.26~0.38）	口底同大，坑壁光滑。	单椁单棺	牙齿		陶AⅢ、BⅡ盂，B瓮，B钵；铁鼎；漆盒，耳杯	

续附表一

墓号	位置 区	位置 组	形制	方向(°)	墓圹尺寸 长×宽-深(米)	结构	葬具	人骨残迹	葬式	随葬器物	备注
M67	西	二	长方形竖穴土坑木椁墓	115	口2.7×(1.45~1.55) 底2.65×(1.4~1.5)-0.6	口略大于底,坑壁光滑。	单椁单棺	牙齿		陶AI釜、BI盂, II罐; 铜C带钩	
M70	西	二	长方形竖穴土坑木椁墓	18或198	口2.5×1.66 底2.47×1.66-0.85	口略大于底,坑壁粗糙。	单椁单棺			陶BII盂2, II罐2	被M69打破
M72	西	二	长方形竖穴土坑木椁墓	12	口2.5×1.4 底2.42×1.34-(0.61~0.88)	口略大于底,坑壁粗糙。	单椁单棺			陶II罐2	
M75	西	二	长方形竖穴土坑木椁墓	28	口2.46×(1.3~1.35) 底2.38×(1.25~1.3)-0.7	口略大于底,坑壁粗糙。	单椁单棺	牙齿		陶AIV釜、BI盂, III罐	
M76	西	三	长方形竖穴土坑木椁墓	28	口2.5×(1.47~1.55) 底2.33×(1.24~1.44)-0.96	口大底小,坑壁光滑。	单椁单棺	牙齿		陶BI盂、I、II罐; 漆盒、耳杯	
M78	西	三	长方形竖穴土坑木椁墓	30	口2.94×1.73 底2.94×1.65-(1.14~1.24)	口略大于底,坑壁粗糙。	单椁单棺	头骨痕、牙齿		陶IV鼎、AIII盒、AIV壶、II豆、II杯、勺、BI盂、II罐; 漆耳杯	被M77打破
M79	西	三	长方形竖穴土坑木椁墓	23	口2.43×1.5 底2.54×1.58-0.9	口小底大,坑壁光滑。	单椁单棺			陶II、III罐; 漆器	
M82	西	四	长方形竖穴土坑木椁墓	29	口2.56×(1.52~1.58) 底2.48×(1.46~1.5)-0.5	口略大于底,坑壁粗糙。	单椁单棺			陶BIII盂、B盆、I罐2	
M83	西	四	长方形竖穴土坑木椁墓	30或210	口2.5×(1.47~1.5) 底2.32×1.42-(1.37~1.46)	口大底小,坑壁光滑。	单椁单棺			陶AII釜、BII盂、III罐	
M97	西	四	长方形竖穴土坑木椁墓	32或212	口(2.4~2.5)×(1.26~1.4) 底(2.4~2.47)×(1.26~1.33)-(0.64~0.84)	口略大于底,坑壁粗糙。	单椁单棺			陶B釜、BII盂、II罐; 铁锸; 漆器	

续附表一

墓号	位置 区	位置 组	形制	方向（°）	墓圹尺寸 长×宽－深（米）	结构	葬具	人骨残迹	葬式	随葬器物	备注
M102	西	四	长方形竖穴土坑墓	27	口2.36×（1.18~1.34）底2.32×（0.66~0.74）－（0.72~0.92）	口大底小，东、西壁设生土台，坑壁粗糙。	单棺	牙齿		陶Ⅰ、Ⅱ罐	被M96打破
M113	西	四	长方形竖穴土坑墓	41	口2.32×（残1.46~1.52）底2.32×（残1.46~1.52）－（0.21~0.25）	口底同大，坑壁粗糙。	单椁单棺			陶AⅢ釜，Ⅲ罐	被M112打破
M114	西	四	长方形竖穴土坑墓	8	口2.94×2.5底2.94×2.5-2.1	口底同大，坑壁光滑。	单椁并棺	牙齿		陶Ⅴ鼎2，AⅡ盒2，AⅣ壶2，Ⅱ豆2，Ⅱ杯2，Ⅲ勺，BⅢ盂，球2；漆器3	
M117	西	四	长方形竖穴土坑墓	199	口2.98×1.98底2.86×（1.86~1.94）－（1.75~1.96）	口大底小，坑壁光滑。	单椁单棺			陶Ⅲ鼎2，AⅡ盒2，AⅢ壶2，Ⅲ豆3，Ⅲ杯2，Ⅱ勺2	
M118	西	四	长方形竖穴土坑墓	31或211	口（2.7~2.74）×（1.7~1.74）底（2.56~2.59）×（1.6~1.64）－1.27	口大底小，坑壁光滑。	单椁单棺			陶BⅠ盂，BⅡ壶；铁鍪；漆器	
M135	西	四	长方形竖穴土坑墓	10	口3.12×1.64底3.18×1.72－（3~3.2）	口略小于底，坑壁光滑，有工具遗痕。	单椁单棺			陶Ⅳ鼎2，AⅢ盒2，AⅡ壶，Ⅱ豆2，Ⅱ杯2，Ⅱ勺，勺，A瓮；漆器2	
M138	西	四	长方形竖穴土坑墓	23	口（2.76~2.9）×（1.9~1.96）底（2.76~2.85）×1.56－3.5	口大底小，坑壁光滑。	单椁单棺	牙齿、肢骨		陶Ⅲ、Ⅳ鼎，AⅡ、AⅢ盒，AⅣ壶2，Ⅱ豆2，ⅡⅢ杯2，Ⅰ勺2，BⅠ盂，球；漆耳杯2	
M142	西	四	长方形竖穴土坑墓	205	口2.66×（1.7~1.8）底（2.58~2.6）×1.62－（1.3~1.7）	口略大于底，东、南壁内收，西、北壁外扩，光滑。	单椁单棺	牙齿		陶AⅡ釜，A瓮；漆耳杯2	

续附表一

墓号	位置		形制	方向（°）	墓圹尺寸 长×宽-深（米）	结构	葬具	人骨残迹	葬式	随葬器物	备注
	区	组									
M145	西	二	长方形竖穴土坑木椁墓	15	口 2.64×（1.6~1.74）底（2.44~2.48）×（1.48~1.5）－3	口大底小，坑壁光滑。	单椁	保存较好	仰身直肢	陶 B I 壶（日用器）2，I 罐；铁鼎；漆器	
M146	西	二	长方形竖穴土坑木椁墓	20	口 2.8×1.8 底 2.6×1.4－3.64	口大底小，坑壁上部粗糙、下部光滑。	单椁	保存较好	仰身直肢	陶 I 鼎，A I 盒，A I 壶，I 豆 2；漆器	
M148	西	一	长方形竖穴土坑墓	11	口 2.6×1.6 底 2.5×1.5－（0.1~0.86）	口略大于底，坑壁粗糙。	单椁单棺	牙齿、肢骨	仰身直肢	陶 II 罐；铁釜；漆盒	
M149	西	一	长方形竖穴土坑墓	11	口（2.28~2.36）×（1.12~1.35）底（2.26~2.34）×（1.08~1.28）－0.67	口略大于底，坑壁粗糙。	单椁单棺			陶 B I 盖 2，II 罐 2；漆耳杯	
M150	西	一	长方形竖穴土坑墓	40	口 2.68×1.58 底 2.64×1.42－0.8	口大底小，坑壁粗糙。	单椁单棺			陶 B II 盖 3，B 盆，II 罐 2；石砚	
M151	西	一	长方形竖穴土坑墓	18	口（2.5~2.66）×1.66 底（2.38~2.5）×（1.42~1.5）－0.94	口大底小，坑壁粗糙。	单椁单棺	牙齿、肢骨	仰身直肢	陶 A I 盖，I，II 罐	
M158	西	一	长方形竖穴土坑墓	22	口 2.56×（1.44~1.56）底 2.48×（1.38~1.46）－（1.74~2.14）	口大底小，坑壁粗糙。	单椁单棺	头骨痕		陶 II，III 罐	
M160	西	一	长方形竖穴土坑墓	22	口 2.14×1.2 底 2.08×1.12－（0.66~0.9）	口大底小，坑壁粗糙。	单棺			陶 A IV 釜，A 盆，B 瓮；铜泡钉 3；漆器 4	被 M159 打破
M165	西	一	长方形竖穴土坑木椁墓	19 或 199	口（3.02~3.1）×（1.94~2.04）底 3.04×1.83－（3.4~3.9）	口大底小，坑壁光滑，有工具遗痕。	单椁单棺			陶 III 鼎 2，A II、A III 盒，A II 壶 2，II 豆 2，II 杯 2	被 M164 打破

注：未标明件数者均为 1 件。

附表二　汉墓登记表

墓号	区	组	形制	方向(°)	墓圹尺寸 长×宽－深(米)	结构	葬具	人骨残迹	葬式	随葬器物	分段	备注
M1	西	一	长方形竖穴土坑木椁墓	25	口 3.12 × 1.6 底 3.12 × 1.6 － 0.5	口底同大，坑壁粗糙。	单椁单棺			陶 A Ⅵ鋬，Aa Ⅲ罐，B Ⅳ灶，Ab Ⅰ仓 2，Ab Ⅱ井；铜 Ⅱ "五铢" 4	四	
M2	西	一	"凸"字形竖穴土坑木椁墓	200	口 2.82 × 1.6 底 2.74 × 1.3 － 1.6	口大底小，坑壁粗糙。南设斜坡墓道，墓室、道间有隔板。	单椁单棺	可见人骨轮廓	仰身直肢	陶 A Ⅵ鋬，A Ⅳ瓮，A Ⅰ灶，Aa Ⅱ仓，Ab Ⅰ井；铜 Ⅰ "五铢"；漆耳杯	四	
M3	西	一	长方形竖穴土坑墓	33	口 2.58 × 1.25 底 2.58 × 1.25 － (0.15～0.29)	口底同大，坑壁粗糙。	单棺			陶 Ba Ⅱ盂，Aa Ⅲ罐；铜 B 带钩	三	
M6	西		长方形竖穴土坑木椁墓	37 或 217	口 2.1 × 1.07 底 2.1 × 1.07 － 1.45	口底同大，坑壁粗糙。	单椁单棺			陶 A Ⅲ鋬，Ba Ⅰ，Bb Ⅱ盂，Aa 罐	三	
M7	西	一	长方形竖穴土坑墓	30	口 2.2 × 1 底 2.06 × 0.9 － (0.7～0.9)	口大底小，坑壁粗糙。	单棺			陶 Ba Ⅰ，Ba Ⅱ盂，Aa 罐	二	
M9	西	一	长方形竖穴土坑木椁墓	120	口 (残 0.58～1.36) × 0.92 底 (残 0.58～1.36) × 0.92 － 0.18	口底同大，坑壁粗糙。	单椁单棺			陶 A Ⅴ鋬，Aa Ⅲ罐	四	北部被现代坑打破
M11	西	一	长方形竖穴土坑木椁墓	20	口 2.35 × (1.3～1.35) 底 2.28 × (1.15～1.2) － (0.7～0.98)	口大底小，坑壁粗糙。	单椁单棺			陶 A Ⅴ鋬，Aa Ⅲ罐	四	
M12	西	一	长方形竖穴土坑木椁墓	210	口 2.64 × 1.5 底 2.56 × 1.34 － (2.4～2.8)	口大底小，坑壁粗糙。	单椁单棺	牙齿		陶 C Ⅰ鼎，A Ⅵ壶，Aa Ⅱ罐 2，A Ⅰ灶；铜镜；石蝉，塞 3	四	
M14	西	一	长方形竖穴土坑木椁墓	18	口 2.35 × (1.31～1.35) 底 2.3 × 1.15 － 1.56	口大底小，坑壁光滑。	单椁单棺			陶 Aa Ⅱ釜 2，Aa Ⅲ罐	三	
M15	西	一	长方形竖穴土坑木椁墓	30	口 2.42 × 1.44 底 2.42 × 1.5 － (0.74～0.9)	口略小于底，坑壁光滑。	单椁单棺			陶 Aa Ⅰ罐；铜 Ⅰ "五铢"	三	

续附表二

墓号	位置 区	位置 组	形制	方向(°)	墓圹尺寸 长×宽-深(米)	结构	葬具	人骨残迹	葬式	随葬器物	分段	备注
M16	西	一	长方形竖穴土坑木椁墓	208	口 2.44×1.44 底 2.4×1.4 - 0.6	口大底小，坑壁光滑。	单椁单棺	牙齿		陶 AaⅡ罐	三	
M17	西	一	长方形竖穴土坑木椁墓	25 或 205	口 2.26×1.35 底 2.26×1.35 - (0.26~0.36)	口底同大，坑壁粗糙。	单椁单棺			陶 AaⅣ罐；铜镯	四	
M18	西	一	长方形竖穴土坑木椁墓	28 或 208	口 2.28×1.28 底 2.2×1.12 - 0.56	口大底小，坑壁粗糙。	单椁单棺			陶 AaⅢ罐 2；铜镯	四	
M19	西	一	长方形竖穴土坑砖木合构墓	189	口 2.75×1.46 底 2.75×1.46 - 1.5	平砖错缝叠砌墓壁，横行对缝平铺地砖，木板盖顶，封门，南设斜坡墓道。		牙齿		陶 AⅨ鼎，AⅧ壶，AⅣ壶(日用器)，AaⅢ罐，BaⅣ罐 3，BⅦ灶，AaⅤ仓 3，AaⅥ井，Ⅱ磨，圈，Ⅱ狗，Ⅱ鸡 2；铜Ⅱ"五铢" 3	六	上部被部分破坏。打破 M20
M22	西	一	长方形竖穴土坑木椁墓	31	口 2.8×1.62 底 2.66×1.48 - (1.3~1.4)	口大底小，坑壁粗糙。	单椁单棺			陶 AaⅡ盆，BⅡ瓮；铜镈，C 带钩，Ⅲ"半两" 6	二	
M24	西	一	长方形竖穴土坑木椁墓	40	口 2.56×1.3 底 2.46×1.3 - (1.2~1.4)	口大底小，坑壁粗糙。	单椁单棺			陶 AaⅢ盆，AaⅡ，AaⅣ罐	四	
M26	西	一	"凸"字形竖穴土坑单室砖墓	215	口 2.92×1.25 底 2.92×1.25 - 0.46	条砖顺向错缝叠砌墓壁，封门墙 10，壁券后起券，残 1 层，"人"字形平铺地砖，封门墙南设外弧斜坡墓道。				陶 AaⅣ，BaⅢ罐，AⅡ灶，AbⅢ仓，AaⅣ井；漆耳杯	六	上部被破坏

续附表二

墓号	位置 区	位置 组	形制	方向(°)	墓圹尺寸 长×宽-深(米)	结构	葬具	人骨残迹	葬式	随葬器物	分段	备注
M27	西	一	长方形竖穴土坑木椁墓	30	口2.46×1.4 底2.56×1.4-2.23	口小底大，坑壁粗糙。	单椁单棺			陶AⅢ鼎，BⅡ盒，AⅢ壶，Ⅲ杯，Ⅱ勺	一	
M28	西	一	长方形竖穴土坑木椁墓	15	口2.58×1.65 底2.52×1.6-(1.66~1.75)	口大底小，坑壁光滑。	单椁单棺	牙齿、肢骨	侧身屈肢	陶AV鼎，Ⅱ瓶，AⅣ盒，AV壶	三	
M29	西	一	长方形竖穴土坑木椁墓	2	口2.16×1.2 底2.16×1.2-0.3	口底同大，坑壁粗糙。	单椁单棺	牙齿		陶AⅡ鍪，BaⅠ，BaⅡ盂，AaⅠ罐	二	
M31	西	二	长方形竖穴土坑木椁墓	20	口2.6×(1.4~1.5) 底2.52×(1.28~1.42)-(1.2~2)	口大底小，坑壁光滑。	单椁单棺	牙齿		陶BaⅠ盂，AaⅠ罐2	一	
M32	西	二	长方形竖穴土坑木椁墓	20	口2.8×1.9 底(2.6~2.7)×(1.55~1.6)-(1.96~2.8)	口大底小，坑壁光滑。	单椁单棺	牙齿		陶AⅡ鍪，BbⅠ盂，AaⅠ罐；铜A带钩，Ⅰ"半两"2，Ⅱ"半两"3	二	
M37	西	二	刀形竖穴土坑木椁墓	28	口3.28×2.2 底(2.98~3.1)×(1.9~2)-(3.2~3.3)	口大底小，坑壁粗糙。南设斜坡墓道，墓室。	单椁单棺	牙齿		陶AⅧ鼎2，AⅦ壶，BaⅣ盂，BV瓮，BV壶，AaⅣ井；铜镜，Ⅱ"五铢"13	五	
M39	西	二	长方形竖穴土坑木椁墓	35	口2.38×1.3 底2.38×1.3-(0.7~0.77)	口底同大，坑壁粗糙。底中部凹。	单椁单棺			陶BbⅢ盂，AaⅢ罐	三	
M43	西	二	"Y"形竖穴土坑木椁墓	212	口3.4×(2.65~2.7) 底3.44×(2.65~2.8)-4.2	口略小于底，坑壁光滑。南设双墓道，残存封土堆。	单椁并棺			陶CⅡ鼎，AaⅢ釜，BⅣ瓮，BⅥ瓮2，BⅣ灶，BⅡ仓5，AbⅡ井，Ⅰ"五铢"53；铜铜，泡钉，铁削刀，剑；石璧2	四	二次合葬墓

续附表二

墓号	位置区	组	形制	方向(°)	墓扩尺寸 长×宽-深(米)	结构	葬具	人骨残迹	葬式	随葬器物	分段	备注
M44	西	二	"Y"形竖穴土坑木椁墓	202	口3.24×(2.12~2.2)底3.12×(2.08~2.18)-(3.6~3.7)	口略大于底，坑壁光滑。南设双墓道。残存封土堆。	单椁并棺	东棺存头骨、牙齿		陶CⅡ鼎2、BaⅢ盏、BV瓮、AⅡ、BⅣ灶、AaⅢ仓4、AbⅡ仓2、AaⅣ、BⅢ井；铜Ⅰ"五铢"9；石塞2；漆器	四	二次合葬墓
M45	西	二	长方形竖穴土坑木椁墓	38	口2.6×(1.5~1.66)底2.48×(1.32~1.36)-(1.5~1.8)	口大底小，坑壁粗糙。	单椁单棺			陶BaⅡ盏、AaⅠ罐	二	
M46	西	二	"凸"字形竖穴土坑木椁墓	110	口3.1×1.92底2.98×1.92-1.94	口略大于底，坑壁较粗糙。西设斜坡墓道。墓室、道间有隔板。	单椁单棺	肢骨、牙齿	仰身直肢	陶BⅢ鼎、AⅨ壶、AaⅤ罐、BaⅣ罐2、BⅦ灶、AaⅤ仓2、AaⅥ井、Ⅱ磨、圈；铜钌	六	
M47	西	二	刀形竖穴土坑木椁墓	115	口3×(2.26~2.32)底2.84×(2.1~2.3)-3.5	口大于底，坑壁粗糙，西设斜坡墓道。	单椁并棺	牙齿		陶AⅩ鼎2、AⅧ壶、AⅨ壶、Ⅰ钌、BⅢ壶（日用器）、BaⅡ罐3、Ⅰ樽、耳杯2、器盖、BⅥ、BⅦ灶、AaⅣ仓2、AaⅤ仓2、AaⅣ井2、Ⅱ磨、圈2、Ⅱ狗、Ⅱ鸡2；铜Ⅱ"五铢"50、"货泉"10；漆器	六	
M50	西	二	长方形竖穴土坑木椁墓	40	口2.9×1.8底2.9×1.7-3	口宽平底，东西斜壁，南北直壁，坑壁光滑。	单椁单棺	牙齿、肢骨	仰身直肢	陶AⅢ鼎2、AⅢ盒2、AⅢ壶2、Ⅲ杯2、Ⅱ勺2、AⅠ镟斗、BⅡ瓮、球	一	
M51	西		长方形竖穴土坑木椁墓	30	口2.5×1.5底2.42×(1.3~1.34)-2.98	口大底小，坑壁光滑。	单椁单棺	牙齿		陶鼎、盒、Ⅱ钫、BaⅠ釜	二	

续附表二

墓号	位置区	位置组	形制	方向(°)	墓圹尺寸 长×宽-深(米)	结构	葬具	人骨残迹	葬式	随葬器物	分段	备注
M52	西	二	长方形竖穴土坑木椁墓	202	口2.77×(1.6~1.72) 底(2.98~3.04)×(1.72~1.8)-(2.7~2.9)	口小底大,坑壁光滑,有修整工具遗痕。	单椁单棺			陶AⅣ鼎2,BⅡ盒2,BⅢ壶2,瓮;漆耳杯2	二	
M53	西	二	长方形竖穴土坑木椁墓	202	口2.77×1.8 底(2.9~2.98)×1.72-2.5	口短,宽于底,坑壁光滑。	单椁单棺			陶AⅤ鼎2,AⅣ盒2,AⅤ壶2,Ⅳ勺,BⅠ壶(日用器),BⅠ灶	三	
M54	西	三	长方形竖穴土坑木椁墓	202	口(2.86~2.93)×(1.72~1.78) 底(2.86~2.93)×(1.72~1.78)-1.9	口底同大,坑壁粗糙。	单椁单棺			陶AⅡ鼎2,AⅠ盒2,BⅠ壶2;铜铃3,A带钩;漆盒,耳杯	一	
M56	西	三	长方形竖穴土坑木椁墓	8	口2.6×1.7 底2.5×1.48-3.4	口大底小,坑壁较粗糙。	单椁单棺	保存较好	仰身直肢	陶AⅠ鼎,AⅠ盒,AⅠ壶Ⅰ,BⅠ豆,Ⅰ杯,Ⅰ勺,AⅠ鍪,BaⅠ盂,AⅠ壶(日用器);铜A带钩	一	
M57	西	二	长方形竖穴土坑木椁墓	25	口2.87×1.76 底2.78×1.66-3.4	口大底小,坑壁光滑。	单椁单棺			陶AⅤ鼎2,AⅤ壶2,Ⅱ汲水瓶2	三	
M58	西	二	长方形竖穴土坑木椁墓	30	口3×1.6 底2.68×1.4-3.76	口大底小,坑壁光滑。	单椁单棺			陶AⅤ鼎2,Ⅰ瓶,AⅣ盒2,AⅤ壶2	三	
M59	西	三	长方形竖穴土坑木椁墓	35	口2.6×(1.15~1.3) 底2.55×(1.06~1.2)-(1.02~1.12)	口大底小,坑壁较粗糙。	单椁单棺	牙齿		陶BaⅠ盂,AaⅠ罐2	一	
M60	西	二	长方形竖穴土砖合构墓	290	口2.8×1.12 底2.8×1.12-1	条砖横向错缝平铺一层缝上错缝地砖叠砌墓室四壁16~17层,木板盖顶。	不明			陶AaⅢ罐;铜"五铢"	五	

墓号	位置 区	组	形制	方向(°)	墓圹尺寸 长×宽-深（米）	结构	葬具	人骨残迹	葬式	随葬器物	分段	备注
M61	西	二	长方形竖穴土坑单室砖墓	295	口1.08×0.5 底1.08×0.5-(0.18~0.32)	条砖顺向横缝行侧立错缝砌筑墓四壁，残一、二层，六砖横行前后平铺地砖。	不明	人骨腐痕		陶Aa罐	六	
M62	西	二	长方形竖穴土坑木椁墓	13	口2.55×(1.5~1.58) 底2.48×1.46-(1.16~1.26)	口大底小，坑壁光滑。	单椁单棺			陶Aa I 罐2	二	
M63	西	二	长方形竖穴土坑木椁墓	26或206	口(3~3.1)×2.2 底(3~3.1)×2.2-(2.5~2.6)	口底同大，坑壁粗糙，南设双墓道。墓室、墓道间有隔板。	单椁并棺			陶B III 鼎3, A IX 壶4, II 铜, Ba IV 罐5, II, III 樽，博山炉, B VII 灶3, Aa V 仓7, Aa VI 井2, II 磨2, 圈, II 狗, II 鸡2, 鸭2, 鸽5；铜II "五铢" 8	六	
M64	西	二	长方形竖穴土坑木椁墓	40	口2.6×1.45 底2.52×1.4-1.1	口大底小，坑壁光滑。	单椁单棺			铁II鼎；漆器	一	
M66	西	二	长方形竖穴土坑木椁墓	105	口3.26×2.03 底3.07×2.03-1.76	口长干底，坑壁光滑。	单椁单棺			陶A II 鼎2, B III 壶2, II 杯2, I 汲水瓶2，球	二	
M68	西	二	长方形竖穴土坑墓	28	口2.36×0.56 底2.34×0.54-0.22	口略大于底，坑壁粗糙。	单棺			陶Aa II 罐	三	
M69	西	二	长方形竖穴土坑砖土合构墓	120	口3.3×2.74 底3.3×2.74-(0.5~0.57)	口底同大，坑壁粗糙，墓底平铺地砖一层。	单棺	牙齿		陶Ba II 罐，B VII 仓，A II 灶，Aa V 井，I 狗，A II 鸡2；铜"大泉五十" 5	六	打破 M70

续附表二

墓号	位置区	位置组	形制	方向（°）	墓扩尺寸 长×宽-深（米）	结构	葬具	人骨残迹	葬式	随葬器物	分段	备注
M71	西	二	刀形竖穴土坑木椁墓	296	口2.8×（1.74~1.88） 底3.06×（1.7~2）-3.1	口小底大，坑壁光滑。西设斜坡墓道，下端有一级台阶。墓室、道间有隔板。	单椁单棺	头骨痕		陶A Ⅶ壶2，B Ⅴ灶，Aa Ⅳ仓3，铜Ⅰ"五铢"2	五	
M73	西	二	长方形竖穴土坑木椁墓	202	口3.14×1.96 底3.14×1.96-0.55	口底同大，坑壁光滑。	单椁单棺			陶C Ⅲ鼎，A Ⅶ壶，B Ⅳ灶，Ab Ⅲ仓3，Aa Ⅳ井；铜Ⅰ"五铢"2；漆耳杯2	五	
M74	西	二	长方形竖穴土坑木椁墓	200	口3.1×1.8 底3.1×1.8-0.94	口底大，坑壁光滑。	单椁单棺	头、肢骨	仰身直肢	陶A Ⅵ鼎，A Ⅰ灶，Aa Ⅱ仓，Aa Ⅰ井；硬陶罐；铜Ⅰ"五铢"2；铁削刀	五	
M77	西	三	"凸"字形竖穴土坑单室砖墓	15	口3.68×1.4 底3.68×1.4-（1.5~1.67）	砖室先平铺地砖一层，条砖顺向错缝叠砌，券顶。南设斜坡墓道。				陶B Ⅱ鼎，A Ⅶ壶，B Ⅵ瓮，A Ⅱ灶，Ab Ⅲ仓2，Aa Ⅴ井，Ⅰ磨，Ⅰ狗，Ⅰ鸡2	六	打破M78
M80	西	三	长方形竖穴土坑木椁墓	30	口（2.26~2.32）×（1.3~1.42） 底（2.38~2.44）×（1.46~1.51）-2.25	口小底大，坑壁粗糙。	单椁单棺	牙齿		陶A Ⅳ鼎，A Ⅲ盒，A Ⅳ壶	二	
M81	西	三	长方形竖穴土坑墓	35	口（1.92~1.98）×（1.12~1.18） 底1.72×0.52-1.04	口大底小，坑壁粗糙，四壁设生土台。	单棺	牙齿			二	

续附表二

墓号	位置 区	位置 组	形制	方向(°)	墓扩尺寸 长×宽-深(米)	结构	葬具	人骨残迹	葬式	随葬器物	分段	备注
M84	西	四	长方形竖穴土坑砖土合构墓	23或203	口3.1×2.2 底3.1×2.2-(0.32~0.44)	口底同大，坑壁光滑。墓底一层平铺地砖。				铜I"五铢"	四	严重扰乱
M85	西	四	刀形竖穴土坑木椁墓	204	口(3.08~3.14)×2.04 底3.12×2.02-2.1	口略大于底，坑壁光滑。南设双墓道。	单椁并棺			陶CIII、CIV鼎，AVI瓮，AII灶，AaIII仓5，AaIV井；铜B带钩，II"五铢"25；铁削刀，权；石砌，塞2	五	二次合葬墓
M86	西	四	长方形竖穴土坑木椁墓	25	口2.92×(1.62~1.67) 底(2.74~2.78)×(1.62~1.64)-(1.31~1.53)	口大底小，坑壁粗糙。	单椁单棺	牙齿		陶CIV鼎，AVI壶，AV鋬，AbI罐，AI灶，AaIII仓2，AaIII井	五	
M87	西	四	"凸"字形竖穴土坑双室砖墓	28或208	口(3.42~3.58)×(2.55~2.65) 底(3.42~3.52)×(2.55~2.65)-(0.63~0.74)	整体纵向对缝平铺地砖，中上起墙，同间残三层隔墙，纵、横分层交错叠砌，横行错缝叠砌封门墙。南设斜坡墓道。					六	严重扰乱
M88	西	四	长方形竖穴土坑砖墓	30	口2.6×1.2 底2.45×1.15-(1.8~1.9)	口大底小，坑壁粗糙。	单椁单棺	牙齿		陶AaIII、BaI罐，AIII灶，AaII仓，AbII井；铜I"五铢"4；漆器	四	
M89	西	四	刀形竖穴土坑木椁墓	212	口2.6×1.5 底2.56×1.44-(1.89~2.05)	口大底小，坑壁光滑。南设斜坡墓道。	单椁单棺	肢骨		陶CIII鼎，壶，BV瓮，AbII仓5，AaIV井，饼；铜镜，II"五铢"45；铅珠，泡钉2，盖弓帽；漆器	五	

续附表二

墓号	位置 区	位置 组	形制	方向（°）	墓圹尺寸 长×宽－深（米）	结构	葬具	人骨残迹	葬式	随葬器物	分段	备注
M90	西	四	刀形竖土坑木椁墓	210	口 2.64 ×（1.62~1.7）底 2.58 ×（1.57~1.64）－（1.73~1.83）	口大底小，坑壁光滑。南设斜坡墓道。墓室、道间有隔板。	单椁单棺	牙齿		陶 CⅡ鼎，BⅤ瓮，AⅠ灶，BⅡ仓 3，AaⅣ井；铜构件；石砚；漆器	五	
M91	西	四	刀形竖土坑木椁墓	208	口 2.86 × 1.92 底 2.86 × 1.86 －（0.92~1.2）	口略大于底，坑壁粗糙。东北、西南角各一槽。南设斜坡墓道。	单椁单棺	头、肢骨	仰身直肢	陶 CⅡ鼎，BⅤ瓮，AⅡ灶，BⅡ仓 3，AaⅣ井；漆器	五	
M92	西	四	"凸"字形竖穴土坑木椁墓	210	口 3.07 × 1.95 底 2.94 × 1.83 － 1.9	口大底小，坑壁不大光滑，南设斜坡墓道。墓室、道间有隔板。	单椁单棺	牙齿		陶 BⅠ鼎，BⅤ瓮，BⅣ灶 2，AbⅠ，AbⅢ仓，AbⅡ仓 2，BⅣ井；铜镜 2，印；铁削刀；石砚；骨器；漆器	五	
M93	西	四	长方形竖穴土坑木椁墓	202	口 2.86 × 1.64 底 2.76 × 1.56 －（1.32~1.5）	口大底小，坑壁光滑。南设斜坡墓道、墓室、道间有隔板，下部东、西壁开凹槽。	单椁单棺	牙齿		陶 CⅢ鼎，釜，AaⅣ罐，BⅢ瓮，AⅡ灶，AaⅡ仓 3，AaⅣ井；铜镜，B 带钩，泡钉 8，I"五铢"2，II"五铢"10	五	

续附表二

墓号	位置 区	位置 组	形制	方向(°)	墓圹尺寸 长×宽-深(米)	结构	葬具	人骨残迹	葬式	随葬器物	分段	备注
M94	西	四	长方形竖穴土坑木椁墓	32	口2.61×(1.5~1.56) 底2.45×1.4-1.64	口大底小，坑壁粗糙。	单椁单棺			陶AⅣ鋬，BⅣ瓮；铜"五铢"	四	
M95	西	四	长方形竖穴土坑木椁墓	208	口(2.12~2.14)×(1.39~1.42) 底2.01×1.35-(1.18~1.38)	口大底小，坑壁粗糙。	单椁单棺	牙齿		陶AⅤ鋬，AaⅡ罐；铜Ⅰ"五铢"5	四	
M96	西	四	梯形竖穴土坑木椁墓	218	口2.82×1.48 底2.8×1.44-(1.7~1.8)	口略大于底，坑壁光滑。南设斜坡墓道。	单椁单棺			陶CⅢ鼎，AaⅡ、AaⅢ罐，AaⅡ仓2	五	打破M102
M98	西	四	刀形竖穴土坑木椁墓	206	口(3.36~3.46)×(2~2.18) 底3.3×(1.94~2.08)-(2.9~3)	口大于底，坑壁粗糙。南设斜坡墓道，道间有隔板。	单椁单棺	肢骨		陶AⅧ鼎2，CⅣ盒，AⅥ鋬，BaⅡ盂，AaⅢ罐，AⅢ、BⅤ瓮，AⅡ灶，BⅠ仓5，BⅡ井；铜B带钩，"五铢"；铁锸	四	
M99	西	四	刀形竖穴土坑木椁墓	28	口3.3×(2.4~2.48) 底2.88×2.3-2.1	口大底小，坑壁粗糙。南设双斜坡墓道。	单椁并棺	头骨、牙齿、肢骨	仰身直肢	东棺：陶AⅧ鼎，AⅥ壶，Aa Ⅴ罐，BaⅡ罐2，BⅤ壶，Aa Ⅱ、AaⅢ，AaⅣ仓，AⅢ井，AⅡ灶；西棺：陶AⅧ鼎，AⅥ壶，Aa Ⅴ罐，BⅣ灶，AⅢ仓，AbⅢ仓，AaⅣ井；铜铺，A带钩，Ⅱ"五铢"3；石铺，璧，蝉，塞4，片饰	五	二次合葬墓
M100	西	四	长方形竖穴土坑木椁墓	20	口2.7×1.46 底2.54×1.38-(2.4~2.48)	口大底小，坑壁粗糙。	单椁单棺			陶AⅧ鼎，AⅥ壶，AⅡ灶	四	
M101	西	四	长方形竖穴土坑木椁墓	202	口(2.64~2.67)×1.54 底2.6×1.5-(2.83~2.9)	口大底小，坑壁较粗糙。	单椁单棺	牙齿		陶AⅥ鼎，CⅡ盒，AⅧ壶，B Ⅲ灶，BⅡ井	四	

续附表二

墓号	位置 区	位置 组	形制	方向（°）	墓圹尺寸 长×宽-深（米）	结构	葬具	人骨残迹	葬式	随葬器物	分段	备注
M103	西	四	长方形竖穴土坑木椁墓	215	口（1.94~1.98）×（0.91~0.96） 底 1.8×0.84-（1~1.08）	口大底小，坑壁较粗糙。	单椁单棺	牙齿		陶Aa II罐；铁锸	三	
M104	西	四	"凸"字形竖穴土坑木椁墓	38	口 3.12×1.98 底 3.02×1.7-（2.18~2.25）	口大底小，坑壁光滑。南设斜坡墓道。	单椁单棺	牙齿		陶B I鼎，Ba III盏，B V瓮，B IV灶，Ab II仓2	五	
M105	西	四	长方形竖穴土坑木椁墓	17	口 2.6×1.32 底（2.47~2.58）×1.26-1.92	口大底小，坑壁粗糙。	单椁单棺	头，肢骨	仰身直肢	陶A VII鼎，C III壶，A V鋬；漆耳杯2	四	
M106	西	四	刀形竖穴土坑木椁墓	30	口（2.8~2.86）×（1.9~2） 底 2.66×1.75-1.96	口大底小，坑壁光滑。北设斜坡墓道。墓室、道间有隔板。	单椁单棺	牙齿		陶C II鼎，Aa III罐，A I灶，B I仓3，Aa I井	五	
M107	西	四	长方形竖穴土坑木椁墓	205	口 2.52×1.5 底 2.49×1.45-1.7	口略大于底，坑壁较粗糙。	单椁单棺	肢骨，牙齿		陶A VII鼎，Aa IV罐，A I灶	四	
M108	西	四	刀形竖穴土坑木椁墓	206	口 2.8×1.6 底 2.8×1.6-2.85	口底同大，坑壁粗糙。南设斜坡墓道。墓室、道间有隔板。	单椁单棺			陶A VI，A VII鼎，B IV壶，Ba III盂，B III瓮，A I灶	四	
M109	西	四	长方形竖穴土坑木椁墓	212	口 2.66×1.56 底 2.46×1.36-（2.1~2.2）	口大底小，坑壁光滑。	单椁单棺			陶C II壶，A V鋬；漆器	四	

续附表二

墓号	位置区	位置组	形制	方向(°)	墓圹尺寸 长×宽-深(米)	结构	葬具	人骨残迹	葬式	随葬器物	分段	备注
M110	西	四	长方形竖穴土坑木椁墓	203	口2.7×2 底2.7×2-0.58	口底同大，坑壁粗糙。	单椁单棺			陶BI鼎，BV瓮，BIV灶，AbII仓2；铜B带钩	五	
M111	西	四	长方形竖穴土坑木椁墓	30或210	口2.67×1.56 底2.62×1.5-(1.9~2)	口略大于底，坑壁粗糙。	单椁单棺			陶AII鼎2，AI、BI盒，BII壶2，AII豆2，II杯2，II勺2，BI瓮	一	
M112	西	四	长方形竖穴土坑墓	44	口2.36×0.98 底2.28×0.88-0.64	口大底小，坑壁粗糙。	单棺			陶BaII盏，AaI罐2	二	打破M113
M115	西	四	刀形竖穴土坑木椁墓	30	口2.54×(1.69~1.76) 底2.51×1.66-(1.6~1.7)	口略大于底，坑壁较粗糙。南设斜坡墓道。墓室、道间有隔板。	单椁单棺	头、肢骨	仰身直肢	陶AVII鼎，AVII壶，BaII罐2，BbII罐4，BVI灶，AaIV仓2，AaIV井；铜I"五铢"11	五	
M116	西	四	长方形竖穴土坑木椁墓	106	口2.54×1.32 底2.54×1.32-1.14	口底同大，坑壁光滑。	单椁单棺	上肢骨		陶AaIV，BaII罐，AaIII仓，AaIV井；铜I"五铢"4，II"五铢"2	五	
M119	西	四	长方形竖穴土坑木椁墓	210	口2.86×1.8 底2.86×1.8-(0.1~0.18)	口底同大，坑壁粗糙。	单椁单棺	牙齿、盆骨、肢骨	仰身直肢	陶BI鼎，AaV，BaII仓，BV灶，AaII仓，AaIV井	五	
M120	西	四	长方形竖穴土坑木椁墓	28	口(3.38~3.44)×2.16 底(3.24~3.3)×2-2.34	口大底小，坑壁光滑。	单椁单棺	牙齿、肢骨		陶BaI盂，铜鼎，蒜头壶2；漆盒2，耳杯2	一	
M121	西	四	刀形竖穴土坑木椁墓	300	口2.6×(1.46~1.52) 底2.6×(1.46~1.52)-0.7	口底同大，坑壁较粗糙。东设斜坡墓道。	单椁单棺			陶BaII壶（日用器），AaIII罐	四	
M122	西	四	长方形竖穴土坑木椁墓	30	口2.56×1.56 底2.56×1.56-(0.58~0.76)	口底同大，坑壁较光滑。	单椁单棺			陶BaI盂，AaI罐2	一	

续附表二

墓号	位置 区	位置 组	形制	方向(°)	墓圹尺寸 长×宽-深(米)	结构	葬具	人骨残迹	葬式	随葬器物	分段	备注
M123	西	四	长方形竖穴土坑木椁墓	28	口2.45×1.38 底2.38×(1.22~1.36)-1.6	口大底小,坑壁较粗糙	单椁单棺			陶AⅢ鼎、盒、AⅣ壶	二	
M124	西	四	长方形竖穴土坑木椁墓	24	口2.86×1.68 底2.82×1.4-(1.66~1.9)	口大底小,坑壁光滑。	单椁单棺	牙齿		陶AⅡ鼎2、BⅠ盒2、AⅡ壶、Ⅰ钫、AⅠ豆2、Ⅰ杯2、Ⅰ勺2、AaⅠ釜、球、漆耳杯	一	
M125	西	四	长方形竖穴土坑木椁墓	25	口2.42×1.34 底2.42×1.34-(0.54~0.64)	口底同大,坑壁粗糙。	单椁单棺	牙齿		陶AⅤ壶2、Ⅱ瓿、AⅢ盒、BⅢ盒、AⅤ壶2;铜A带钩	三	
M126	西	四	长方形竖穴土坑木椁墓	110或290	口2.84×1.7 底2.84×1.7-0.4	口底同大,坑壁光滑。	单椁单棺			陶AⅠ鋬、无盖盒2、AaⅠ罐	一	
M127	西	四	长方形竖穴土坑木椁墓	32	口2.3×(1.8~1.9) 底2.96×(1.7~1.74)-(3.38~3.48)	口大底小,坑壁光滑,有修整工具遗痕。	单椁单棺			陶AⅣ鼎2、AⅣ、BⅣ盒、AⅣ壶2、AⅡ瓮;漆耳杯2	二	
M128	西	四	长方形竖穴土坑木椁墓	30	口2.9×1.7 底(2.8~2.86)×1.6-(2.68~2.78)	口略大于底,坑壁光滑,有修整工具遗痕。	单椁单棺			陶AⅣ鼎2、AⅢ盒2、AⅣ壶2、AⅡ瓮;漆器	二	
M129	西	五	长方形竖穴土坑木椁墓	20	口(2.7~2.76)×1.28 底(2.7~2.76)×1.28-0.3	口底同大,坑壁光滑。	单椁单棺	下肢骨		陶BⅠ壶(日用器)	三	
M130	西	五	长方形竖穴土坑木椁墓	14	口(2.7~2.74)×(1.4~1.44) 底2.68×1.38-(0.68~0.88)	口略大于底,坑壁粗糙。	单椁单棺	牙齿		陶AaⅠ釜、AaⅠ罐3;铁器	一	
M131	西	四	长方形竖穴土坑木椁墓	20或200	口3.22×2.54 底3.22×2.54-(1~1.2)	口底同大,坑壁光滑。	单椁单棺			陶BⅢ鼎、AⅧ壶、BaⅣ罐2、BⅦ灶、AⅤ仓2、AaⅥ井、Ⅱ磨、圈、Ⅱ鸡2;铜Ⅰ、Ⅱ"五铢";漆器5	六	

续附表二

墓号	位置区	位置组	形制	方向(°)	墓扩尺寸 长×宽-深(米)	结构	葬具	人骨残迹	葬式	随葬器物	分段	备注
M132	西	四	长方形竖穴土坑木椁墓	20	口2.79×1.62 底2.71×1.54-(2.6~2.8)	口略大于底，坑壁光滑，有修整工具遗痕。	单椁单棺			陶AV鼎2，AIV盒2，BIV壶2，BII灶；漆器	三	
M133	西	四	"凸"字形竖穴土坑木椁墓	22或202	口(3.08~3.16)×2.4 底(2.9~3)×2.1-(2.54~2.62)	口大底小，坑壁光滑。北设斜坡墓道。	单椁并棺			陶鼎，瓮，A、BIV灶，AaIII仓；漆器2	五	
M134	西	四	长方形竖穴土坑木椁墓	205	口2.5×1.5 底2.5×1.5-(0.4~0.6)	口底同大，坑壁光滑。	单椁单棺			陶AIV鼎，AII盒，AIV壶	二	
M136	西	四	长方形竖穴土坑木椁墓	15	口2.75×1.6 底2.75×1.6-(1.06~1.26)	口底同大，坑壁光滑。	单椁单棺			陶AV鼎，AIV盒，AV壶，AIII樵斗，AaIII罐；铜D带钩；铁釜	三	
M137	西	四	刀形竖穴土坑木椁墓	300	口2.65×1.52 底2.65×1.52-(0.85~1)	口底同大，坑壁粗糙。西设斜坡墓道。墓室、道间有隔板。	单椁单棺	牙齿		陶AaIII罐2，BIV灶，AaII井；漆器2	四	
M139	西	四	刀形竖穴土坑木椁墓	22	口(3.1~3.18)×(1.86~1.96) 底2.86×(1.7~1.76)-(2.04~2.26)	口大底小，坑壁光滑。南设斜坡墓道。墓室、道间有隔板。	单椁单棺	头、肢骨	仰身直肢	陶AI鼎2，AI盒，壶，AaII釜，AaI罐，AI，BIII瓮；铜铺，盆，A带钩，印；铁I鼎；漆盒，钫，耳杯。	一	
M140	西	四	长方形竖穴土坑木椁墓	24	口2.32×(1.12~1.16) 底2.4×1.2-(1.9~1.96)	口略小于底，南、北壁光滑，东、西壁粗糙。	单椁单棺			陶AaII罐，BIV瓮；漆器	四	

续附表二

墓号	位置区	位置组	形制	方向(°)	墓圹尺寸 长×宽-深(米)	结构	葬具	人骨残迹	葬式	随葬器物	分段	备注
M141	西	四	长方形竖穴土坑木椁墓	196	口2.7×(1.5~1.6) 底2.52×1.48-(2.22~2.32)	口大底小，西壁自上而下外扩，坑壁光滑。	单椁单棺			陶AV鍪，BIV瓮；铜锅；铁削刀；漆耳杯	四	
M143	西	四	长方形竖穴土坑木椁墓	23或203	口3.8×(2.32~2.4) 底3.68×2.2-(3.3~4.1)	口大底小，坑壁光滑，有修整工具遗痕。	单椁单棺			陶AV鼎2，I瓶，AIV盒2，AIV壶2；漆盒，耳杯	三	
M144	西	四	长方形竖穴土坑木椁墓	200	口2.8×1.7 底2.8×1.7-(1~1.64)	口底同大，坑壁光滑。	单椁单棺	头、肢骨		陶AVI鍪，AaIV罐；漆耳杯	四	
M147	西	一	长方形竖穴土坑单室砖墓	287	口4.02×(1.48~1.64) 底4.02×(1.48~1.64)-0.8	平砖错缝叠砌墓壁，券顶，平铺地砖，条砖错缝叠砌封门。				陶BIII鼎，BaII罐，Ba罐，灶，AaV仓，AaVI井，II磨，圈，II狗；铜III"五铢"5；漆器	六	被严重扰乱
M152	西	一	长方形竖穴土坑木椁墓	23	口2.36×1.2 底2.28×(1.24~1.3)-2.1	口长、窄于底，坑壁粗糙。	单椁单棺	肢骨、牙齿	仰身直肢	陶AV壶，B鋬，B镦斗，AaIII罐，铜镞，III"半两"17；铁削刀；漆器2	三	
M153	西	一	长方形竖穴土坑墓	21	口2.32×(1.16~1.2) 底2.22×0.66-1.2	口大底小，坑壁粗糙，东西壁设生土二层台，底北端出半龛。	单棺	牙齿		陶AII镦斗，AaI罐；漆耳杯	二	
M154	西	一	长方形竖穴土坑墓	15	口2×(0.98~1) 底1.98×(0.84~1.04)-1.46	口略大于底，坑壁粗糙。	单棺	牙齿		陶BaII、BbII盂，AaII罐2；漆耳杯	三	

墓号	位置 区	位置 组	形制	方向(°)	墓扩尺寸 长×宽-深（米）	结构	葬具	人骨残迹	葬式	随葬器物	分段	备注
M155	西	一	长方形竖穴土坑木椁墓	17	口 2.3 × 1.44 底 2.38 × （1.34~1.4） - 1.3	口短，宽于底，坑壁光滑。	单椁单棺	牙齿		陶 Bb 釜，Aa Ⅲ 罐 2；铁削刀	三	
M156	西	一	长方形竖穴土坑木椁墓	17	口 2.3 × （1~1.04） 底 2.2 × （1.04~1.1） - 1.4	口长，窄于底，坑壁光滑。	单椁单棺	牙齿		陶 Aa Ⅲ，Aa Ⅳ 罐；漆耳杯 2	四	
M157	西	一	长方形竖穴土坑木椁墓	16	口 3.26 × 1.85 底 3.26 × 1.85 - （3.7~3.8）	口底同大，坑壁光滑。	单椁单棺			陶 A Ⅵ 鼎 2，C Ⅱ 盒 2，C Ⅰ 壶，A Ⅲ 瓿，B Ⅱ 灶，Ⅲ 汲水瓶；铁盆 2；铁釜	三	
M159	西	一	长方形竖穴土坑木椁墓	22	口 2.5 × 1.4 底 2.35 × 1.15 - （2.52~2.64）	口大底小，坑壁上部粗糙、下部光滑。	单椁单棺			陶 Aa Ⅲ，Aa Ⅳ 罐；铜铜，盆；铁鼎，漆耳杯 2	四	打破 M160
M161	东	一	长方形竖穴土坑木椁墓	16	口 3.4 × 2 底 （3.14~3.28） × （1.72~1.78） - 4	口大底小，坑壁上部粗糙、下部光滑。	单椁单棺	头骨		陶 A Ⅵ 鼎 2，B Ⅲ 盒 2，C Ⅰ 壶 2，Ⅲ 勺 2，锥斗，钫；铜鼎，勺，漆盒，耳杯，不明器	二	二墓同一封土堆。 M162 因被盗未发掘到底。
M162	东	一	长方形竖穴土坑墓	15	口 3.48 × 2.2		不明				二	
M163	西	一	长方形竖穴土坑木椁墓	23	口 2.26 × （1.24~1.28） 底 2.24 × （1.1~1.14） - （1.86~2.28）	口大底小，坑壁粗糙。	单椁单棺	牙齿		陶 A Ⅳ 鍪，Aa Ⅱ 罐	四	
M164	西	一	长方形竖穴土坑墓	18	口 2.12 × （1.12~1.18） 底 2.08 × （1~1.1） - （0.62~0.9）	口大底小，坑壁粗糙。	单棺			陶 Aa Ⅰ 罐	二	打破 M165

续附表二

墓号	位置 区	位置 组	形制	方向(°)	墓圹尺寸 长×宽-深（米）	结构	葬具	人骨残迹	葬式	随葬器物	分段	备注
M166	西	一	长方形竖穴土坑木椁墓	22	口3.1×1.96 底3.18×(1.95~2)-(2.8~3.5)	口略小于底，坑壁光滑。	单椁单棺	牙齿		陶AⅡ鼎2，AⅡ盒2，AⅠ壶2，AⅠ豆2，Ⅰ杯2，Ⅰ勺2，鏊	一	
M167	西	一	长方形竖穴土坑木椁墓	29	口2.3×1.5 底2.3×1.5-(3.5~3.7)	口底同大，坑壁光滑。	单椁单棺			陶釜，AaⅢ罐	四	
M168	西	五	长方形竖穴土坑木椁墓	205	口2.76×(1.72~1.86) 底2.76×(1.72~1.86)-(0.5~0.6)	口底同大，坑壁光滑。	单椁单棺	肢骨、牙齿		陶BⅢ鼎，Ⅱ铜，AaⅤ罐2，BaⅣ罐3，BⅧ灶，AaⅣ仓2，AaⅥ井，圈，Ⅱ鸡2；铜"五铢"	六	
M169	西	五	刀形竖穴土坑木椁墓	191	口2.9×1.5 底2.9×1.54-1.46	口略小于底，坑壁粗糙。南设斜坡墓道。墓室、道间有隔板。	单椁单棺	牙齿		陶CⅡ鼎，AⅥ壶，AⅤ盒，AaⅢ罐，AaⅠ仓	四	
M170	西	四	刀形竖穴土坑木椁墓	17	口3.04×1.84 底3.04×1.84-1.2	口底同大，坑壁光滑。南设斜坡墓道。墓室、道间有隔板。	单椁单棺	牙齿		陶AaⅡ罐2	三	
M171	西	四	刀形竖穴土坑木椁墓	24	口3.2×(1.82~2.26) 底3.2×(1.76~2.34)-(2.08~2.5)	口略窄于底，坑壁光滑。南设双斜坡墓道。墓室、道间有隔板。	单椁并棺	牙齿、肢骨	仰身直肢	东棺：陶BⅥ盒2，AaⅤ罐，BaⅡ罐5，博山炉，BⅥ灶，AaⅣ仓5，AaⅣ井；铜泡钉2，Ⅱ"五铢"；石璧，珠2，蝉，塞4，片饰2；西棺：陶AⅧ鼎2，AⅧ壶2；铜铜：铝盖弓帽9，当卢，马衔；漆盒，耳杯3	五	二次合葬墓

续附表二

墓号	位置 区	位置 组	形制	方向(°)	墓圹尺寸 长×宽-深(米)	结构	葬具	人骨残迹	葬式	随葬器物	分段	备注
M172	西	四	刀形竖穴土坑木椁墓	15	口2.36×(1.74~1.9) 底2.36×(1.74~1.9)-(0.65~1.02)	口底同大,坑壁光滑,南设斜坡墓道。墓室、道间有隔板。	单椁单棺	头、肢骨	仰身直肢	陶AVI鼎,AV壶,AaⅢ罐,BIV灶,AaⅢ仓3,BI井;铜I"五铢"	四	
M173	西	四	长方形竖穴土坑木椁墓	114或294	口2.84×1.7 底2.94×1.82-2.06	口小底大,坑壁粗糙。	单椁单棺			陶BI鼎,Aa罐,BIV灶,BⅢ仓2,AaⅢ井;漆盒,耳杯	五	
M174	西	四	长方形竖穴土坑木椁墓	22或202	口2.76×1.8 底2.76×1.8-(0.8~0.9)	口底同大,坑壁光滑。	单椁单棺			陶AIV鼎,AIV盒,AIV壶,I杯,AaI釜,AⅢ壶(日用器);漆器	二	
M175	西	四	长方形竖穴土坑木椁墓	102	口3.06×2.26 底2.98×(2.16~2.24)-0.94	口大底小,坑壁光滑。南、北部其土分界明显。东设两条斜坡墓道。	单椁并棺	北棺存牙齿		北棺:陶AX鼎2,AIX壶3,瓮,I樽,BbIV樽,BⅧ灶,AaV仓3,AaVI井,Ⅱ磨,圈,Ⅱ狗,Ⅱ鸡2;铜Ⅱ"五铢"15;铁削刀 南棺:陶BaIV罐,器盖6,A灶,仓,AaVI井,Ⅱ磨,圈,Ⅱ鸡2;铜I"五铢";铁剑	六	二次合葬墓
M176	西	四	刀形竖穴土坑砖木合构墓	195	口3.5×2.42 底3.5×2.42-0.94	1列横向13列条砖纵向平铺地砖上,东、西墙分层叠砌,纵向交错横行条砖横叠砌,北壁叠砌缝,19或20层,木板盖顶,封门。南设斜坡墓道。	单棺	牙齿		陶BⅢ鼎,AⅧ壶,AaV罐,BaIV罐2,AaIV井,AaVI仓2,AbIV狗,Ⅱ鸡2;铜I"五铢",Ⅱ"五铢"10	六	

续附表二

墓号	位置		形制	方向（°）	墓圹尺寸 长×宽-深（米）	结构	葬具	人骨残迹	葬式	随葬器物	分段	备注
	区	组										
M177	西	四	长方形竖穴土坑木椁墓	24	口（2.3～2.4）×（1.3～1.4）底2.3×1.3 -（1.5～1.64）	口大底小，坑壁光滑。	单椁单棺	牙齿		陶A Ⅵ鉴，Aa Ⅴ罐	四	
M178	西	四	长方形竖穴土坑木椁墓	32	口3.02×2.32 底3.02×2.32 - 2.6	口底同大，坑壁光滑。南设双墓道。	单椁并棺	牙齿、肢骨		东棺：陶Aa Ⅴ罐，铜"大泉五十"2；西棺：陶B Ⅲ鼎，A Ⅸ壶，Ba Ⅳ罐2；陶B Ⅲ罐3，Ⅰ樽，B Ⅷ灶，Aa Ⅴ仓4，Aa Ⅵ井，圈，Ⅱ狗，Ⅱ鸡2；铜Ⅱ"五铢"19	六	墓口大部被破坏。二次合葬墓
M179	西	四	长方形竖穴土坑木椁墓	35	口（2.34～2.38）×1.36 底2.34×（1.24～1.33）-（2.18～2.48）	口略大于底，坑壁粗糙。	单椁单棺	牙齿		陶A Ⅴ鉴，Aa Ⅳ罐；漆耳杯	四	
M180	西	四	长方形竖穴土坑单室砖墓	300	口2.65×1.64 底2.65×1.64 - 1.3	墓室干横，直行平铺地砖上以条砖顺向错缝叠砌墓壁并封门，券顶已塌。	单棺	牙齿		陶C Ⅴ鼎，Aa Ⅴ罐，A Ⅲ灶，Ab Ⅲ仓，Ab Ⅲ井；漆器	六	
M181	西	五	长方形竖穴土坑砖木合构墓	102	口2.76×1.02 底2.76×1.02 - 1.38	条砖错缝叠砌墓壁16层，横向侧立封门砖，横、直行交错平铺地砖，木板盖顶。	单棺	牙齿		陶Aa罐，A Ⅲ灶，Aa Ⅴ井，圈	六	西南部遭到破坏

续附表二

墓号	位置 区	位置 组	形制	方向(°)	墓圹尺寸 长×宽-深（米）	结构	葬具	人骨残迹	葬式	随葬器物	分段	备注
M182	东	三	长方形竖穴土坑木椁墓	35	口2.7×1.7 底2.7×1.7-(2.66~3)	口底同大,坑壁光滑。	单椁单棺	牙齿		陶BⅣ瓮、铜盆、Ⅰ"五铢"2; 铁鼎	四	二墓同一封土堆
M183	东	三	长方形竖穴土坑木椁墓	34	口2.9×1.5 底2.9×1.66-(3.42~3.98)	口窄底宽,坑壁光滑。	单椁单棺	牙齿		陶AⅣ鋬、AaⅢ罐、AⅡ瓮; 铜"五铢"3; 铁鋬; 漆耳杯2	四	
M184	东	二	长方形竖穴土坑土木合构墓	14	口(2.14~2.17)×1.18 底2.03×0.48-(2.27~2.5)	口大底小,坑壁粗糙。东、南、西壁设生土台,上盖木板;底北端设龛。	单棺	牙齿		陶AⅣ鋬、BaⅠ、BaⅢ盂、Aa罐; 漆耳杯	四	打破M190
M185	东	二	长方形竖穴土坑木椁墓	192	口(2.58~2.66)×(1.28~1.39) 底(2.52~2.61)×(1.28~1.32)-(1.72~1.93)	口大底小,坑壁粗糙。	单椁单棺	可见人骨轮廓	仰身直肢	陶AⅥ鼎、CⅢ盒、BⅣ壶、BbⅠ盂; 漆耳杯	四	打破M190
M186	东	二	长方形竖穴土坑墓	28	口(2.28~2.32)×(1.02~1.14) 底(2.28~2.32)×(1.02~1.14)-(0.06~0.3)	口底同大,坑壁粗糙。	单棺	牙齿		陶AaⅠ、AaⅡ罐	三	
M187	东	二	长方形竖穴土坑墓	105或285	口2.38×1 底2.28×(0.92~1)-(0.4~0.92)	口略大于底,坑壁粗糙。					四	打破M190
M188	东	二	长方形竖穴土坑墓	11	口1.28×0.54 底1.28×0.54-1	口底同大,坑壁粗糙。				陶Ab釜	四	
M189	东	二	长方形竖穴土坑木椁墓	26	口2.4×1.36 底2.4×1.36-(1.26~1.77)	口底同大,坑壁粗糙。	单椁单棺	牙齿、肢骨	仰身直肢	陶AⅣ鼎、CⅠ盒、AⅣ壶; 漆盒	三	打破M193

续附表二

墓号	位置区	组	形制	方向(°)	墓圹尺寸 长×宽－深（米）	结构	葬具	人骨残迹	葬式	随葬器物	分段	备注
M190	东	二	长方形竖穴土坑木椁墓	12或192	口2.68×1.64 底2.4×1.46－(5.68~6.28)	口大底小，坑壁光滑，有修整工具遗痕	单椁单棺			陶AV鼎2，AIV盒2，AV壶2	三	
M191	东	二	长方形竖穴土坑墓	282	口2.2×0.86 底2.2×0.86－(0.66~0.96)	口底同大，坑壁光滑。	单棺	牙齿		陶AIII瓿，A盂2，BbI盖，AaI罐	三	
M192	东	二	长方形竖穴土坑木椁墓	11	口2.92×1.52 底2.74×(1.36~1.5)－4.1	口大底小，坑壁光滑，有修整工具遗痕。	单椁单棺			陶AII鼎2，BV盒2，CI壶2，AII镦斗，AII壶（日用器），AaII罐，II汲水瓶2	二	
M193	东	二	长方形竖穴土坑墓	17	口(2.2~2.3)×(1.4~1.7) 底1.95×(0.84~0.88)－(2.1~2.22)	口大底小，坑壁粗糙 北壁底部设龛	单棺	可见人骨轮廓	仰身直肢	陶AaII釜，BaI盂，AaI罐	二	被M189打破
M194	东	二	长方形竖穴土坑木椁墓	25	口2.44×1.28 底2.06×(1.06~1.14)－0.94	口大底小，坑壁粗糙。	单棺	牙齿		陶Ba釜，AaI罐2；漆耳杯	二	

注：未标明件数者均为1件。

附录 九里山墓地出土人骨鉴定报告

周　蜜

（湖北省文物考古研究所）

本报告中所鉴定的人骨标本采自湖北省老河口市仙人渡镇柴店岗村一组和九组以北的九里山上。2005～2006年间，襄樊市文物考古研究所会同老河口市博物馆对九里山墓地进行发掘。2008年秋，笔者应邀对从该墓地采集到的古代人类牙齿标本进行了观察和鉴定。

该墓地人骨标本保存情况较差，墓内人体骨骼腐蚀严重，仅能对采集送检的牙齿材料进行观察和研究。由于骨骼标本缺失，无法进行系统的人类学测量。加上缺乏可靠的性别判断依据，也无法鉴定出该墓地出土人骨的性别。因此，本文仅从对残存的牙齿进行详细的形态学观察入手，对该批人骨材料提出有关年龄及某些病理现象的鉴定意见。

本文对该批人骨标本年龄的鉴定主要依据《人体测量方法》（邵象清，1985，上海辞书出版社）和《人体测量手册》（吴汝康、吴新智、张振标，1984，科技出版社）中提出的鉴定标准。在做年龄鉴定时，我们主要通过观察牙齿的萌出、磨耗程度以及骨化点的出现和四肢长骨骨骺的愈合程度等来进行综合判断。对于仅根据牙齿的磨耗程度来判断年龄的个体，考虑到古代与现代居民饮食结构的差异，一般来说古代居民饮食相对粗糙，对牙齿的磨耗相对现代人更为严重，因此，我们通常采取从根据现代人牙齿磨耗程度制定的等级标准得出的判断结果中减去5岁的方法来推断古代居民的年龄。

本报告所鉴定的古代人骨标本个体总计11例，均已成年。现将对上述标本观察和鉴定的结果以墓葬为单位分别叙述如下。

（1）M19　该墓中保存下来的人类牙齿分别为：左、右侧下颌第一前臼齿（P_3）、第二前臼齿（P_4）、第一臼齿（M_1）和第二臼齿（M_2）。通过对两侧下颌臼齿咬合面的磨耗情况进行观察发现，两枚牙齿齿尖顶和边缘部分均略有磨耗，推测墓主年龄约为20岁。该标本牙釉质发育不全，牙齿表面多有矿化异常的白垩色横线出现。

（2）M28　从该墓中采集到的人类牙齿标本仅有下颌左、右侧第二前臼齿（M_1）及下颌第一臼齿（M_1）。通过观察可知，该个体左、右侧下颌第一臼齿齿质点均已暴露，由此推测其年龄约在25～30岁之间。该标本牙齿齿冠部分釉质发育不全，牙面呈黄褐色或黑褐黄色，推测为幼年摄氟过量所致。

（3）M35　墓内人类牙齿保存相对较多，共计12枚，但均仅存齿冠部分。标本臼齿磨耗程度均为Ⅲ级，由此判断该个体年龄约30岁。

（4）M46　在送检材料中仅见人类牙齿1枚，即上颌右侧第一臼齿（M^1）。对其进行观察发现，该牙齿咬合面齿尖已磨平，但尚未见齿质点暴露，推测该个体年龄约在20～25岁之间。

（5）M86　通过对该个体保存下来的3枚人类牙齿即下颌左侧第一臼齿（M$_1$）和下颌右侧第一臼齿（M$_2$）以及下颌右侧第一前臼齿（P$_3$）进行观察，根据臼齿咬合面磨耗程度判断，该个体年龄约20岁。由齿冠处呈现出的黄褐色斑点可知，该个体生前曾患氟斑牙。

（6）M88　在送检材料中发现可供观察的人类牙齿6枚，分别为左、右侧上颌第一臼齿（M^1），左、右侧下颌第一臼齿（M$_1$）及左、右侧下颌第二臼齿（M$_2$）。该标本牙齿颇大，齿尖顶略有磨耗，未见齿质点暴露，推测其可能属于一例年龄约20岁的个体。标本牙齿釉质发育不全，表面沉着黄褐色斑块。

（7）M90　通过对墓内采集到的5枚人类牙齿（仅存齿冠）进行观察发现，其臼齿齿尖均已磨平，齿质点刚刚暴露，由此推测该个体年龄约在25～30岁之间。该标本牙齿齿冠表面多有黄褐色及黑褐色斑块，同时有线状、点状及窝沟状缺损，凹陷内有较深的染色。由此可见，该例个体患有氟斑牙。

（8）M92　墓内采集到仅存齿冠的人类牙齿10枚。臼齿咬合面齿质点开始扩大，磨耗级别在Ⅲ～Ⅳ之间。推测该个体年龄约在30～35岁之间。

（9）M105　该墓中采集到人类牙齿齿冠4枚，分属于下颌左、右侧前臼（P）齿及臼齿（M）。通过对其磨耗程度进行观察发现，该标本臼齿咬合面均有齿质点暴露。由此推测，该标本属于一例年龄约为30岁的成年个体。

（10）M107　该墓中保存人类牙齿8枚，均仅存齿冠。观察可知，臼齿齿尖磨平，咬合面中央凹陷，未见齿质点暴露。由此判断其年龄约25岁。

（11）M119　墓内采集到人类牙齿3枚，其中上颌左、右侧第二前臼齿（P$_4$）各1枚，上颌右侧第二臼齿（M^2）1枚。该个体臼齿磨耗程度在Ⅱ～Ⅲ级之间，由此判断其年龄约为30岁。该标本牙齿釉质表面出现白垩状斑块及黄褐色斑块，推测是由于幼年饮用含氟量过高的水危害牙胚的造釉细胞，从而导致釉质发育不全所致。

后　记

　　本报告是武（汉）安（康）铁路复线考古发掘的主要成果，从发掘、整理到报告定稿，历经三个半寒暑，凝聚了全体人员的心血和汗水，是集体智慧的结晶。

　　本报告第一、三、五章由王先福执笔，第二、四章由刘江生执笔，初稿完成后由刘江生初步审核、统稿，王先福修改审定，目录由王先福编列，英文提要由王先福撰写、翻译，附录《九里山墓地出土人骨鉴定报告》由周蜜撰写。

　　报告的整理工作由刘江生主持，陶器修复由刘九红、郑秀英、李晶、邹旭红、杨凤云、龚运枝、王光琴、黄宏涛等完成，铜器修复由易泽林完成，墓葬的基础资料工作由刘江生、孙义宏完成，器物线图由符德明绘描，器物照片由杨力拍摄，器物拓本由刘九红制作，田野照片分别由杨力、刘江生、孙义宏、王先福拍摄，报告线图编排由刘江生、王先福共同完成，线图中存在的少量问题由刘江生作了修改和补充，彩版、图版由王先福编排成型后，由杨力遴选底片或数码片。

　　本报告的发掘、整理及出版经费由湖北省文物考古研究所提供，出版经费还得到国家重点文物保护专项补助经费资助，整理场地和库房由老河口市博物馆提供，湖北省文物考古研究所副所长孟华平及历史时期考古部主任冯少龙、研究馆员黄凤春对报告体例进行了审定，湖北省文物考古研究所协调部主任李文森和襄樊市考古队队长陈千万、副队长王道文等也对报告的出版给予了极大关心和支持，文物出版社编辑杨新改、李媛媛及同仁付出了辛勤劳动，在此，我们向一直关心、支持和帮助本项目的同志们表示衷心感谢。

　　由于报告整理、编撰时间相对较短，加上编者水平、认识有限，报告中肯定存在不少错漏之处，我们真诚希望读者批评指正。

编者

2008 年 12 月 29 日

Abstract

The Laohekou 老河口 city is located in the northwest region of Hubei province 湖北省, in the middle Han River 汉水 Since ancient times, this area has always been an ideal site for human habitation and an important pass for cultural communication between the north and south. During the Neolithic Age and the Zhou 周, Qin 秦 and Han 汉 Dynasties, it witnessed two times of cultural flourishing. The Qin and Han Dynasties especially were the peak time of the local material culture This is well manifested in two settlement clusters cenetered on the Chaidiangang 柴店岗 and Kangjiaying 亢家营 sites in the southeastern district of the Laohekou 老河口 city; the Jiulishan 九里山 cemetery was namely a part of the Chaidiangang-centered settlement cluster.

The Jiulishan 九里山 cemetery is perched upon the Jiulishan 九里山 mountain at Chaidiangang 柴店岗 Village to the north of Xianrendu 仙人渡 Town of Laohekou 老河口 City. More than 1000 tombs have been discovered during previous surveys. In June of 2005 and July of 2006, in the wake of the Wuhan-Ankang 武汉－安康 double-line railway project, a joint team consisting of the Xiangfan Municipal Institute of Cultural Heritage and Archaeology and Laohekou Museum carried out salvage excavations. Altogther we opened for 194 tombs at this cemetery, among which 193 are of the Qin and Han Dynasties. Basoned on the cemetery topography and tomb distribution and for the sake of convenience, we divided the excavation zone into two blocks. The eastern block contains 3 burial mounds, which house 2, 11, 2 tombs respectively; the western block was further divided into five groups, which house 47, 48, 6, 72, 5 tombs respectively.

The 193 tombs can be dated to two historical periods: 1) the late stage of the late Warring States战国 Period and the Qin Dynasty; and 2) the Han Dynasty.

48 tombs are of the the late stage of the late Warring States Period and the Qin Dynasty and they are located in the western block. Except for one tomb（M102）that is equipped with virgin soil ledges, all are simple rectangular shaft-pit tombs without ramps. Most of them are small in size, ranging from 2 to 5 square meters in dimension at mouth. The larger ones are about only 8 square meters. In terms of tomb orientation, northeast-southwest prevails over north-south. In most tombs, the single chamber and single coffin combination is the predominant one; tombs furnished with single chamber or single coffin or single chamber and double coffins are few. Most bodies were laid in an extended supine position with some exceptions of flexed supine placement. Grave goods occur in five types: pottery, bronze, iron, stone, and lacquer. Pottery wares are comprised of ritual vessels such as *ding*-tripods 鼎, boxes (round containers) 盒, pots 壶, *dou*-stemmed

bowls 豆, cups 杯, and scoops 勺, as well as utilitarian vessels such as *yu*-bowls 盂, basins 盆, *hu*-pots 壶, jars 罐, urns 瓮, and ornaments such as *qiu*-balls 球. Bronze objects are comprised of utilitarian vessels such as *mou*-jars 鍪, and garment accessories such as belt-hooks 带钩, *paoding*-buttons 泡钉, and copper coins such as *banliang* "半两". Iron artifacts are comprised of ritual vessels such as *ding*-tripods 鼎, and utilitarian ones such as *fu*-caldrons 釜, *mou*-jars 鍪, and tools such as *cha*-spade 锸. Stone goods include writing tools such as ink-stones 砚. Lacquarwares include ear-cups 耳杯 and cases 盒. Based on the typological characteristics of these artifacts, the 48 tombs can be divided into two sub-periods: 1) the late stage of late Warring states period and 2) Qin Dynasty, starting from 279 BC, when the Qin State 秦国 occupied this region through the Qin-Han transition.

145 tombs are of the Han Dynasty and they are located in both blocks. Most of them are rectangular, but there are a few of T shape, knife shape, and Y-shape. 132 tombs are shaft-pit tombs furnished with wooden chamber (and coffin); the others are built of brick and wood(4), brick and earth (2), earth and wood (1), and brick alon (6). Some tombs have one or two ramps, a few earthen ledges or niches. Tombs are generally small in size, ranging from 2.5 to 6 square meters in dimension at mouth. The largest one is merely 10 square meters. In terms of tomb orientation, the northeast-southwest one continues to dominate, but the north-south one has a considerable share. The tomb furniture generally carries on the pattern of the previous period. Except for one flexed and supine placement, all are extended and supine burials. Grave goods are made of pottery, hard pottery, bronze, iron, lead, stong, bone and lacquer. Pottery wares are major type; both ritual and utilitarian ones increase in quantity and types; model objects such as cooking stoves 灶, granaries 仓, wells 井, water-lifting bottles 汲水瓶, mills 磨, pigsties 圈, dogs 狗, hen and roster 鸡, ducks 鸭, and pigeons 鸽 join the assemblage. Of hard pottery jars 罐 are the only type. Bronze objects consist of ritual vessels such as *ding*-tripods 鼎, *fang*-pots 钫, scoops 勺, and utilitarian vessels such as garlic-headed pots 蒜头壶, *mou*-jars 鍪, basins 盆, bells 铃, and weapons such as *zun*-weapons 镈, arrowheads 镞, and garment accessories such as mirrors 镜, belt-hooks 带钩, stamps 印, *paoding*-buttons 泡钉, and copper coins such as *banliang* "半两", *wuzhu* "五铢", *daquanwushi* "大泉五十", *huoquan* "货泉", and miscellaneous ones such as architectural fittings 构件. Iron objects consist of ritual vessels such as *ding*-tripods 鼎, and utilitarian vessels such as *fu*-cauldrons 釜, *mou*-jars 鍪, basins 盆, and weapons such as swords 剑, and tools such as *cha*-spades 锸, knives 削刀. The other goods are few and poorly preserved. Based on the grave goods assemblages and typoloical analysis, the 145 tombs can be divided into 6 groups, which correspond to 4 successive periods and 6 phases: The early and late phases of the early Western Han, the early and late phases of the mid-Western Han, the late Western Han Dynasty, Xinmang 新莽 Dynasty to the initial years of the Eastern Han Dynasty.

The burial structure, grave furniture, and grave goods indicate that the Jiulishan cemetery is rather egalitarian, without significant differentiation. All the tombs are small and modest in furnishing; they must have belonged to petty aristocrats, small- and middle-tier landlords and commoners.

The history of the Jiulishan cemetery lasts over 300 years, spanning the Warring states period, and Qin, Western Han, and Eastern Han Dynasties. Over time, burial customs changed. In Qin tombs, Qin and

Chu cultural elements stand out prominently. They continued to prevail through the end of the early Western Han, when the Han culture emerged. When it came to the middle Western Han, it began to prevail and fledge, assimilating both Qin and Chu cultures. In the meantime, the two-eared pottery jars, which did not belong to either Qin or Chu culture yet persisted throughout the history of the cemetery, may have been a local cultural element.

This large-scale excavations at Jiulishan cemetery give us a glimpse into the distribution, structures, goods assemblage, and social differentiation of the cemetery. It will help us to further explore into the burial customs of the Qin and Han dynasties.

九里山墓地全貌
（南一北）

1. 第一组 M14～M17（南—北）

2. 第二组 M52～M55（南—北）

西区墓葬布局

1. 第二组部分墓葬（东北—西南）

2. 第四组 M89～M93（东北—西南）

西区墓葬布局

1. 发掘前封土堆（南—北）

2. 发掘后墓葬关系（北—南）

东区二号冢发掘前后

1. 秦墓填土铁锸（M150：01）

2. 秦墓铜鍪（M34：1）

3. 汉墓铜带钩（M3：1）

4. 汉墓石蝉（M12：7）

5. 汉墓铜镦（M22：3）

6. 汉墓铜镞（M152：9）

秦、汉墓出土铜、铁、石器

1. 铜盆（M159：4）

2. 铜盆（M159：4）内花椒腐痕

3. 铜镜（M37：3）

4. 石塞（M44：15、17）

5. 陶罐（M46：11）

6. 陶鼎（M52：1）内粟腐痕

汉墓出土铜、石、陶器及器内遗物

1. 陶鼎（M63：1）

2. 陶球（M66：1）

3. 陶壶（M71：6、7）

4. 铁权（M85：10）

5. 铜镜（M89：1）

6. 铜印（M92：3）

汉墓出土陶、铁、铜器

1. 铜泡钉（M93：2、3、14）

2. 铜带钩（M93：7）

3. 石锛（M99：17）

4. 铜蒜头壶、鼎（M120：3、1、2）

5. 铜盆（M139：9）

6. 铜印（M139：15）

汉墓出土铜、石器

M5 椁室及随葬器物（西—东）

秦墓形制

1. M5

2. M13

秦墓随葬陶器组合

秦墓随葬陶器组合

1. M4

2. M8

3. M21

秦墓随葬陶器组合

秦墓随葬陶器组合

1. M23

2. M25

3. M149

秦墓随葬陶器组合

1. M150 随葬陶器组合

2. M151 随葬陶器组合

3. 陶罐（M158∶1、2）

秦墓出土陶器

1. M165

2. M33

秦墓随葬陶器组合

1. M30

2. M35

3. M36

秦墓随葬陶器组合

图版八

1. M38

2. M40

3. M41

4. M42

秦墓随葬陶器组合

1. M48

2. M49

秦墓随葬陶器组合

1. 随葬器物分布

2. 随葬陶器组合

秦墓 M55 随葬器物分布及随葬陶器组合

1. M65

2. M67

3. M70

秦墓随葬陶器组合

1. 陶罐（M72：1、2）

2. M75 随葬陶器组合

3. M145 随葬陶器组合

秦墓出土陶器

1. M146

2. M78

秦墓随葬陶器组合

1. M76随葬陶器组合

2. 陶罐（M79：1、2）

3. M82随葬陶器组合

秦墓出土陶器

1. M83 随葬陶器组合

2. M97 随葬陶器组合

3. 陶罐（M102：1、2）

秦墓出土陶器

1. M114

2. M117

秦墓随葬陶器组合

1. M118随葬陶器组合

2. 陶豆（M135：8、9）

3. 陶罐（M113：2）

4. 陶釜（M142：2）

5. M138随葬陶器组合

秦墓出土陶器

1. Ⅰ式（M146：2）

2. Ⅱ式（M48：3）

3. Ⅲ式（M49：2）

4. Ⅲ式（M165：6）

5. Ⅳ式（M33：7）

6. Ⅳ式（M78：1）

秦墓出土陶鼎

1. A 型 I 式盒（M146：5）

2. A 型 II 式盒（M33：10）

3. A 型 II 式盒（M117：5）

4. A 型 III 式盒（M5：13）

5. I 式豆（M146：4、3）

6. III 式豆（M117：8）

秦墓出土陶盒、豆

1. Ⅰ式（M146∶1）

2. Ⅱ式（M49∶5）

3. Ⅲ式（M5∶2、3）

4. Ⅳ式（M78∶8）

秦墓出土 A 型陶壶

1. Ⅰ式杯（M48∶9、8）

2. Ⅱ式杯（M78∶7）

3. Ⅲ式杯（M117∶13、12）

4. Ⅰ式勺（M138∶7、5）

5. Ⅱ式勺（M55∶6、7）

6. Ⅲ式勺（M114∶4）

秦墓出土陶杯、勺

1. A 型 Ⅱ 式釜（M142：2）

2. A 型 Ⅲ 式釜（M113：1）

3. A 型 Ⅱ 式盂（M25：2）

4. A 型 Ⅲ 式盂（M5：12）

5. B 型 Ⅰ 式盂（M49：8）

6. B 型 Ⅱ 式盂（M4：4）

秦墓出土陶釜、盂

1. B 型 III 式陶盂（M23：1）

2. B 型陶盆（M82：4）

3. A 型 I 式陶壶（M8：2）

4. 石砚（M8：3）

秦墓出土陶、石器

1. A 型 Ⅱ 式壶（M36：2）

2. Ⅰ式罐（M8：1）

3. Ⅰ式罐（M23：3）

4. Ⅲ式罐（M36：4）

5. Ⅲ式罐（M49：6）

6. A 型瓮（M135：1）

秦墓出土陶壶、罐、瓮

1. M1

2. M2

3. M9

汉墓随葬陶器组合

1. M3随葬陶器组合

2. 陶盂（M6∶4）

3. 陶盂（M7∶1）

4. 陶罐（M15∶2）

5. 陶罐（M16∶1）

6. 陶罐（M17∶1）

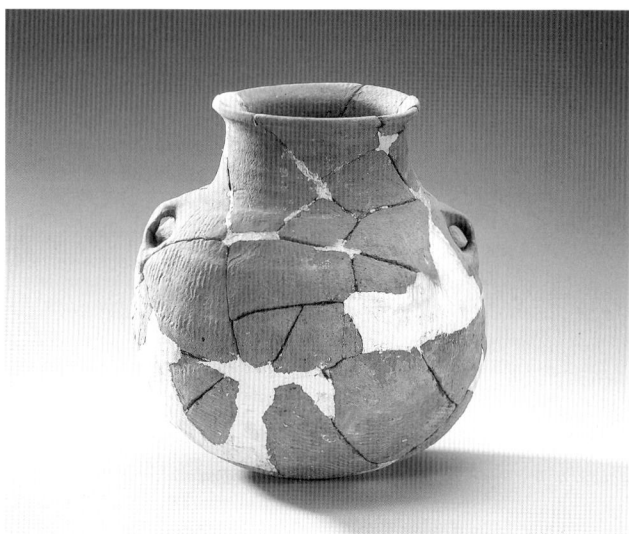

汉墓出土陶器

1. M11随葬陶器组合

2. M14随葬陶器组合

3. 陶罐（M18：1、2）

汉墓出土陶器

1. 全貌（南—北）

2. 随葬陶器组合

汉墓 M19 形制及随葬陶器组合

1. M22

2. M24

3. M29

汉墓随葬陶器组合

1. M26

2. M27

汉墓随葬陶器组合

1. M28

2. M152

汉墓随葬陶器组合

1. M153 随葬陶器组合

2. M154 随葬陶器组合

3. 陶罐（M155：2、4）

汉墓出土陶器

1. 陶罐（M156：1、2）

2. 陶罐（M159：2、1）

3. M163 随葬陶器组合

汉墓出土陶器

1. M157

2. M37

汉墓随葬陶器组合

1. M32

2. M39

汉墓随葬陶器组合

1. M43 全貌（北—南）

2. M44 全貌（北—南）

汉墓形制

1. M43

2. M44

汉墓随葬陶器组合

1. M46 墓室及随葬器物分布状况（南—北）

2. M45 随葬陶器组合

汉墓形制及随葬陶器组合

1. M46

2. M47

汉墓随葬陶器组合

1. M50

2. M53

汉墓随葬陶器组合

1. M51

2. M54

3. M58

汉墓随葬陶器组合

1. M56

2. M57

汉墓随葬陶器组合

1. 陶盒（M52：3、4）

2. M59随葬陶器组合

3. 陶罐（M60：1）

4. 陶罐（M61：1）

5. 陶罐（M62：1）

6. 陶罐（M62：2）

汉墓出土陶器

1. 全貌（南—北）

2. 随葬陶器组合

汉墓 M63 形制及随葬陶器组合

1. M63 随葬陶器组合

2. M66 随葬陶器组合

3. 陶罐（M68：1）

汉墓出土陶器

1. 墓室（西南—东北）

2. 随葬陶器组合

汉墓 M69 形制及随葬陶器组合

1. M71

2. M73

汉墓随葬陶器组合

1. 全貌（南—北）

2. 随葬陶器组合

汉墓 M77 形制及随葬陶器组合

1. M74

2. M80

汉墓随葬陶器组合

1. 全貌（北—南）

2. 随葬陶器组合

汉墓 M85 形制及随葬陶器组合

1. M88

2. M90

汉墓随葬陶器组合

1. M91

2. M92

汉墓随葬陶器组合

1. M93

2. M94

3. M95

汉墓随葬陶器组合

1. M98

2. M99

汉墓随葬陶器组合

1. M100

3. M105

3. M107

汉墓随葬陶器组合

1. M101

2. M106

汉墓随葬陶器组合

1. M111

2. M115

汉墓随葬陶器组合

1. M112

2. M121

3. M122

汉墓随葬陶器组合

1. M116

2. M119

汉墓随葬陶器组合

1. M124

2. M125

汉墓随葬陶器组合

1. M127

2. M128

汉墓随葬陶器组合

1. M131

2. M132

汉墓随葬陶器组合

1. M134

2. M136

汉墓随葬陶器组合

1. M137

2. M143

汉墓随葬陶器组合

1. 陶罐（M103：1）

2. 陶瓮（M140：1）

3. M141随葬陶器组合

4. M144随葬陶器组合

5. 陶罐（M170：1）

汉墓出土陶器

1. 仿铜礼器组合

2. 仿铜礼器、日用器及模型明器组合

汉墓 M171 随葬陶器组合

1. M172

2. M173

汉墓随葬陶器组合

1. M175（东—西）

2. M176（南—北）

汉墓形制

1. M175

2. M176

汉墓随葬陶器组合

1. 全貌（南—北）

2. 随葬陶器组合

汉墓 M178 形制及随葬陶器组合

1. M177

2. M180

3. M181

汉墓随葬陶器组合

1. 全貌（北—南）

2. 随葬陶器组合

汉墓 M130 形制及随葬陶器组合

1. M168（南—北）

2. M181（东—西）

汉墓形制

1. 全貌（北—南）

2. 随葬陶器组合

汉墓 M169 形制及随葬陶器组合

1. M168

2. M161

汉墓随葬陶器组合

1. 封土堆（东北—西南）

2. 墓葬开口状况（西—东）

东区一号冢

1. 陶鍪（M179：1）

2. 陶壶（M129：1）

3. 陶罐（M186：2）

4. 陶釜（M188：1）

5. 陶瓮（M182：4）

汉墓出土陶器

1. M161 随葬铜器组合

2. M185 随葬陶器组合

3. M189 随葬陶器组合

汉墓随葬器物组合

1. M190

2. M192

汉墓随葬陶器组合

1. M193 随葬陶器组合

2. M194 随葬陶器组合

3. 陶盂（M191：1、2）

汉墓出土陶器

1. M183 椁室（西北—东南）

2. M183 随葬陶器组合

3. 陶盂（M184：3、5）

汉墓形制及出土陶器

1. Ⅰ式（M56：10）

2. Ⅱ式（M124：3）

3. Ⅲ式（M27：2）

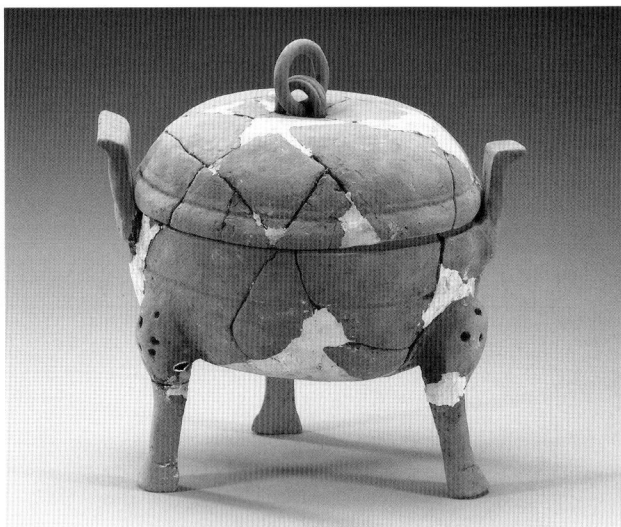

4. Ⅳ式（M80：1）

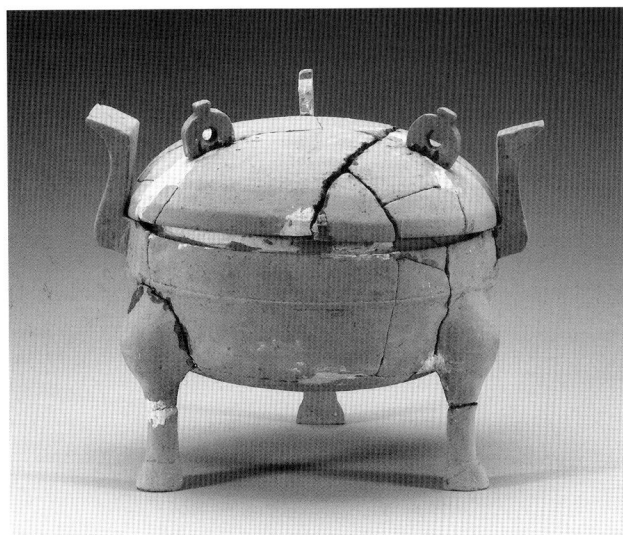

5. Ⅴ式（M28：2）

6. Ⅴ式（M53：6）

汉墓出土 A 型陶鼎

1. Ⅵ式（M74：1）

2. Ⅶ式（M115：2）

3. Ⅷ式（M37：11）

4. Ⅷ式（M99：1）

5. Ⅸ式（M19：3）

6. Ⅹ式（M47：23、21）

汉墓出土 A 型陶鼎

1. B型Ⅰ式（M104：1）

2. B型Ⅱ式（M77：1）

3. B型Ⅲ式（M46：3）

4. C型Ⅰ式（M12：2）

5. C型Ⅱ式（M43：15）

6. C型Ⅱ式（M106：2）

汉墓出土陶鼎

1. C 型 III 式鼎（M89：7）

2. C 型 III 式鼎（M93：6）

3. C 型 IV 式鼎（M86：5）

4. I 式瓿（M58：3）

5. II 式瓿（M28：3）

6. A 型 I 式盒（M56：11）

汉墓出土陶鼎、瓿、盒

1. A 型 Ⅱ 式（M166：1）

2. A 型 Ⅲ 式（M128：5）

3. A 型 Ⅳ 式（M53：7）

4. A 型 Ⅳ 式（M136：5）

5. B 型 Ⅰ 式（M124：12）

6. B 型 Ⅱ 式（M27：1）

汉墓出土陶盒

1. B 型 IV 式盒（M127：3）

2. B 型 VI 式盒（M171：17、16）

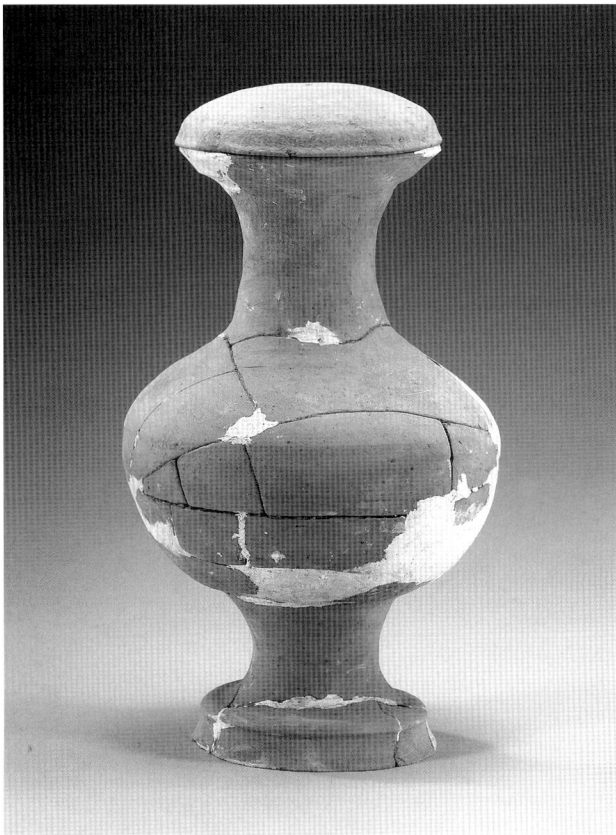

3. A 型 I 式壶（M56：5）

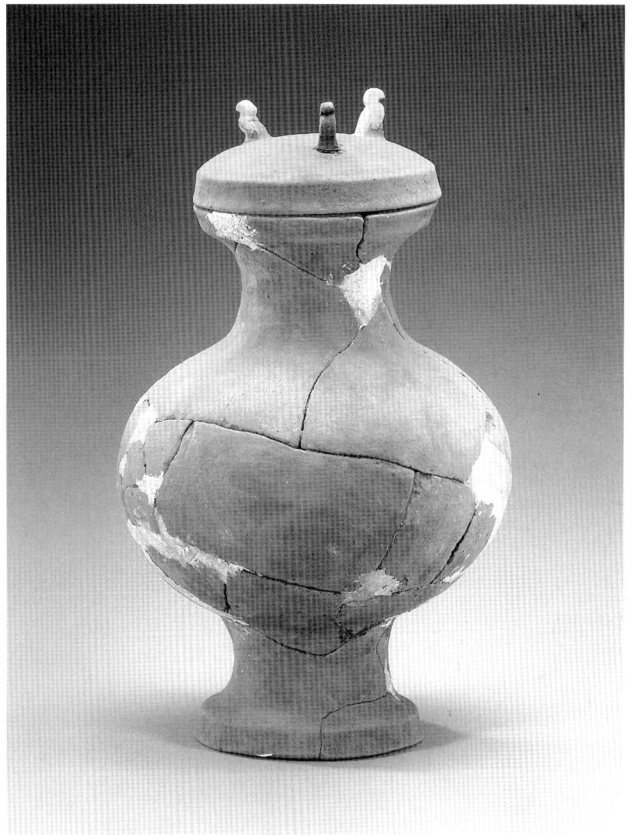

4. A 型 II 式壶（M124：2）

汉墓出土陶盒、壶

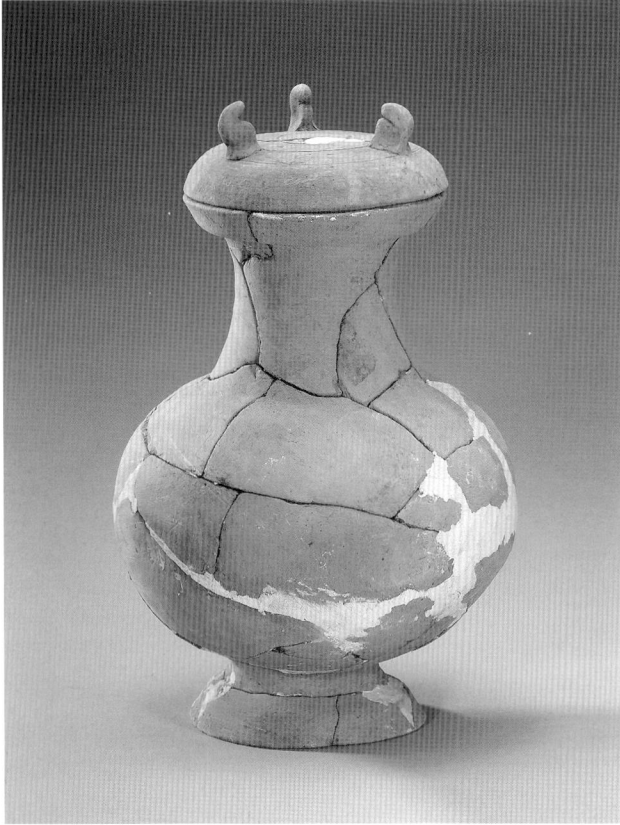

1. Ⅲ式（M27：5）

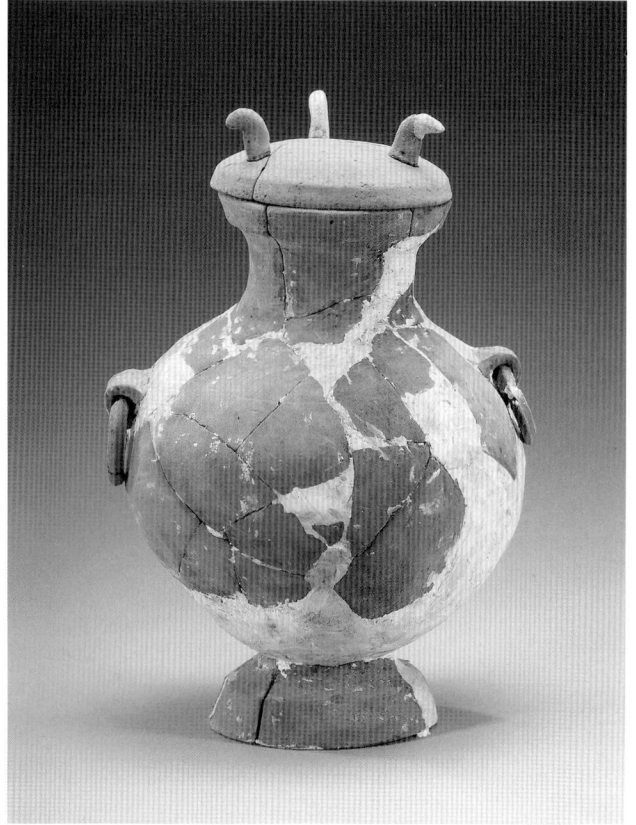

2. Ⅳ式（M134：2）

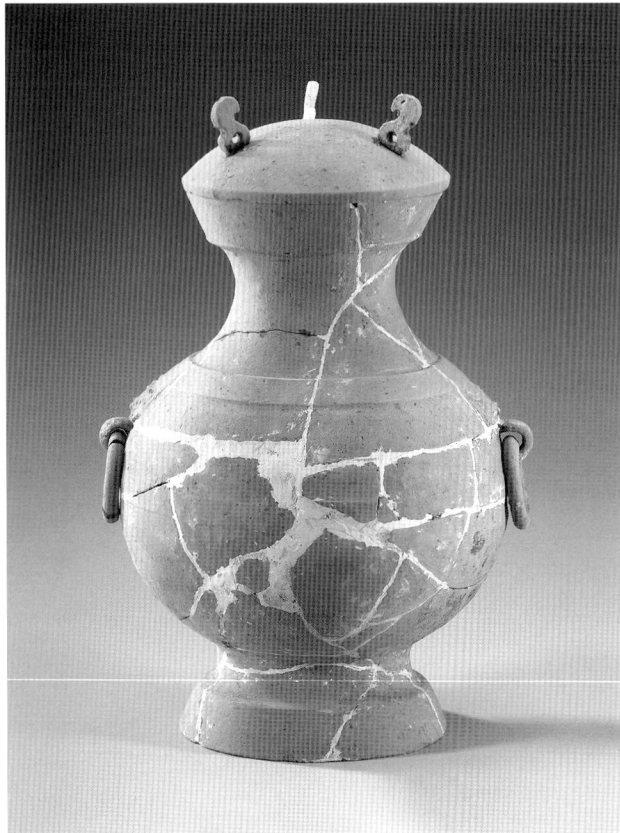

3. Ⅴ式（M28：4）

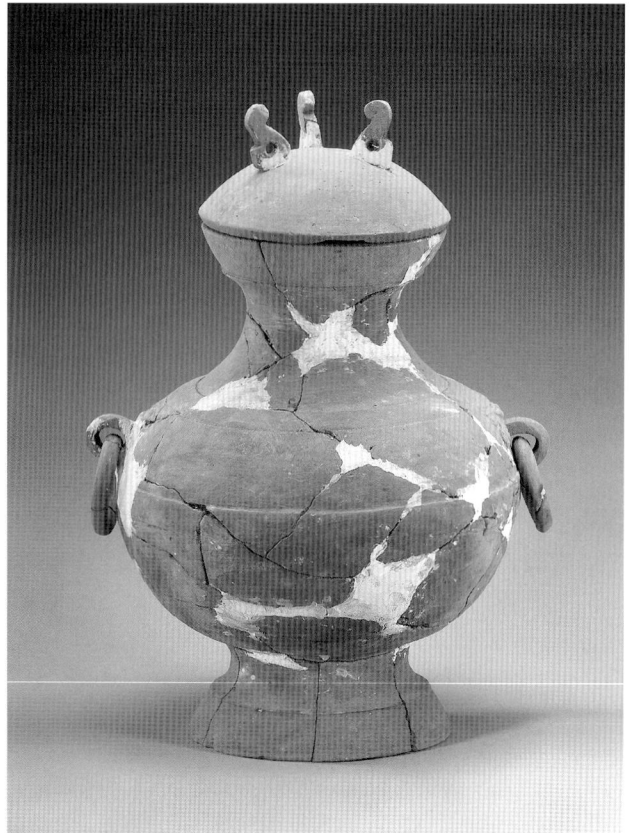

4. Ⅴ式（M57：2）

汉墓出土 A 型陶壶

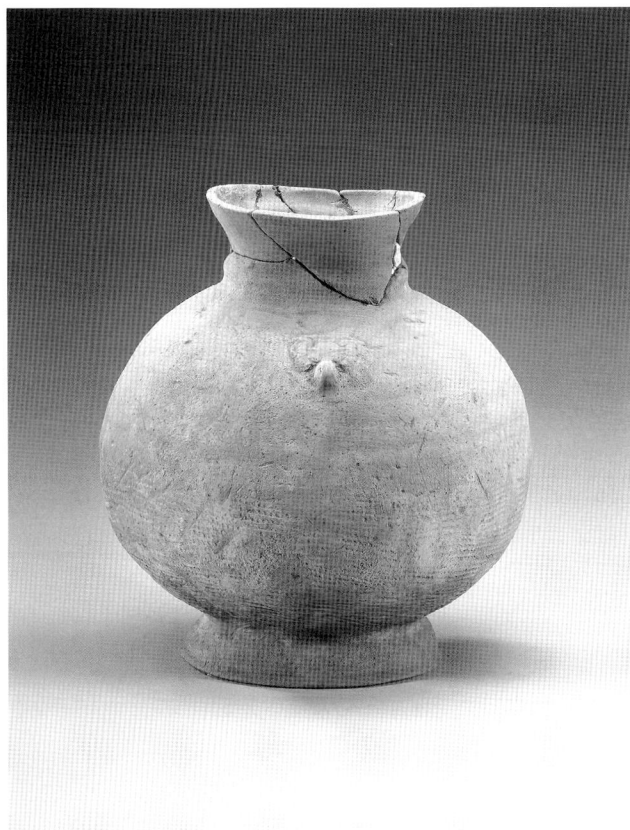

1. Ⅵ式（M100：1）

2. Ⅶ式（M77：3）

3. Ⅷ式（M19：1）

4. Ⅸ式（M178：3）

汉墓出土 A 型陶壶

1. B 型 Ⅱ 式（M111：6）

2. B 型 Ⅲ 式（M52：5）

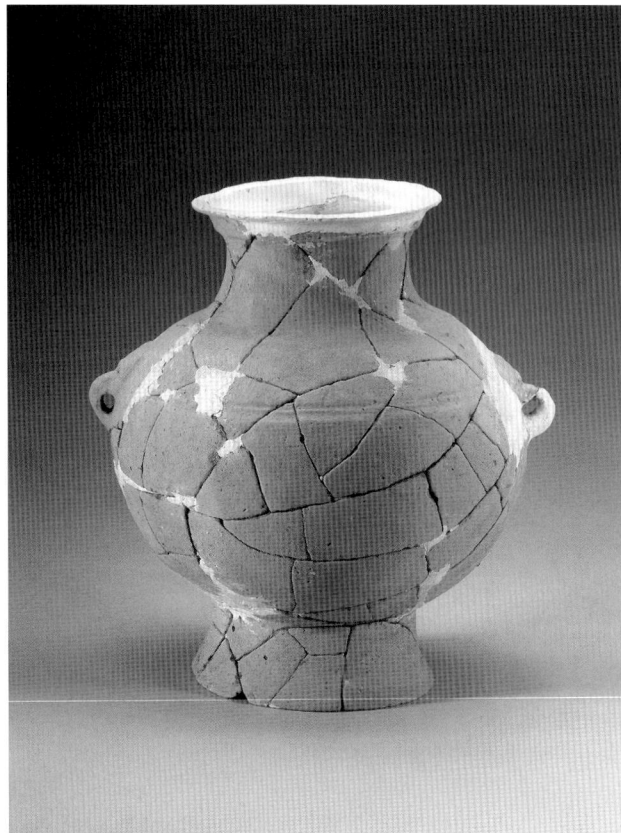

3. B 型 Ⅳ 式（M108：5）

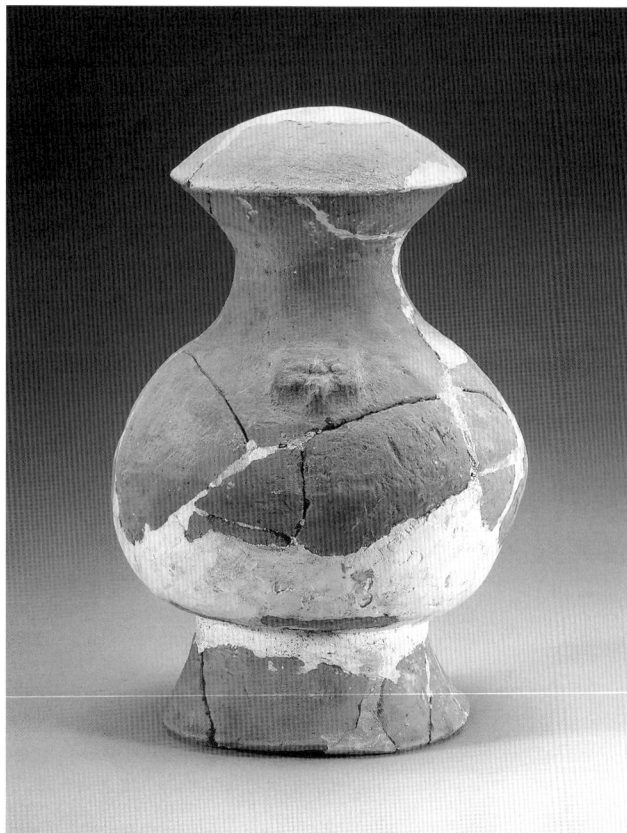

4. C 型 Ⅰ 式（M192：5）

汉墓出土陶壶

1. Ⅰ式钫（M124：1）

2. Ⅱ式钫（M51：2）

3. 左：B型Ⅰ式豆（M56：7）
   右：A型Ⅰ式豆（M56：9）

4. A型Ⅱ式豆（M111：8、13）

汉墓出土陶钫、豆

1. I式（M56：6）

2. I式（M124：9、10）

3. II式（M66：7、6）

4. II式（M111：10、11）

5. III式（M27：3）

6. III式（M50：5、6）

汉墓出土陶杯

1. Ⅰ式勺（M56：8）

2. Ⅰ式勺（M124：8、6）

3. Ⅱ式勺（M50：11、13）

4. Ⅲ式勺（M53：9）

5. Aa型Ⅰ式釜（M124：13）

6. Aa型Ⅰ式釜（M130：2）

汉墓出土陶勺、釜

1. Aa 型 Ⅱ 式釜（M14：2）

2. Aa 型 Ⅱ 式釜（M22：2）

3. Aa 型 Ⅲ 式釜（M24：3）

4. Aa 型 Ⅲ 式釜（M43：6）

5. Ba 型釜（M51：1）

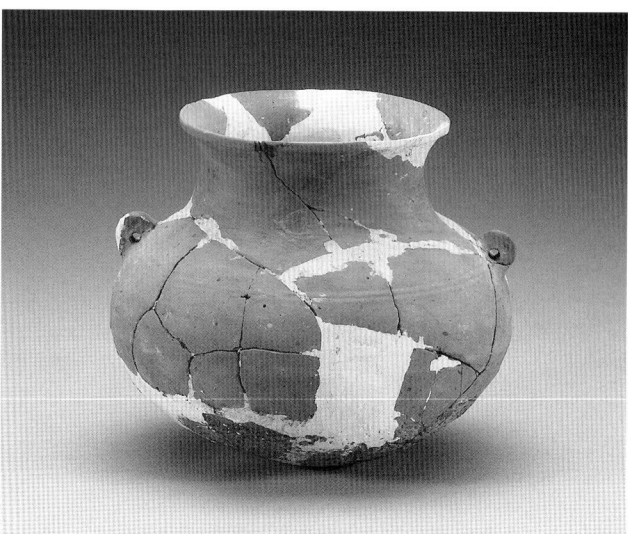

6. A 型 Ⅰ 式鍪（M56：2）

汉墓出土陶釜、鍪

1. Ⅱ式（M32：2）

2. Ⅲ式（M191：3）

3. Ⅳ式（M94：2）

4. Ⅴ式（M11：1）

5. Ⅴ式（M169：4）

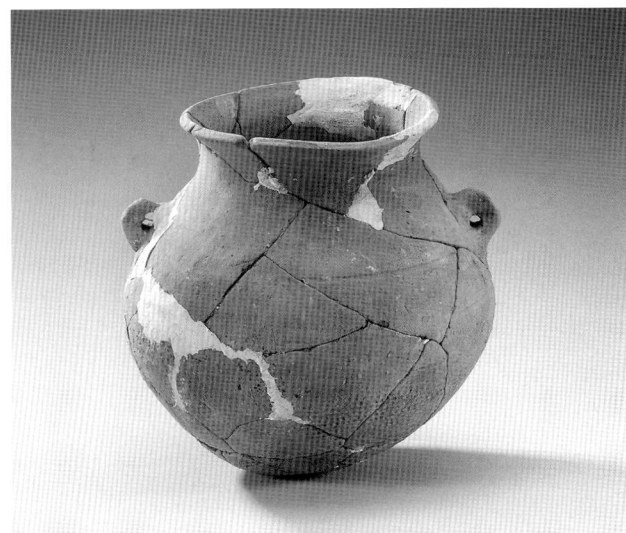

6. Ⅵ式（M1：1）

汉墓出土 A 型陶鍪

1. A 型 II 式镳斗（M192：9）

2. A 型 III 式镳斗（M136：9）

3. B 型镳斗（M152：5）

4. I 式铞（M47：10）

5. II 式铞（M168：8）

6. Ba 型 I 式盂（M7：1）

汉墓出土陶镳斗、铞、盂

1. Ba 型 I 式盂（M56：3）

2. Ba 型 II 式盂（M3：3）

3. Ba 型 IV 式盂（M37：15）

4. Bb 型 I 式盂（M32：1）

5. Bb 型 II 式盂（M6：4）

6. A 型 I 式壶（M56：4）

汉墓出土陶盂、壶（日用器）

1. A 型 II 式壶（M192：11）

2. B 型 I 式壶（M53：5）

3. B 型 I 式壶（M129：1）

4. B 型 II 式壶（M121：1）

5. B 型 III 式壶（M47：29）

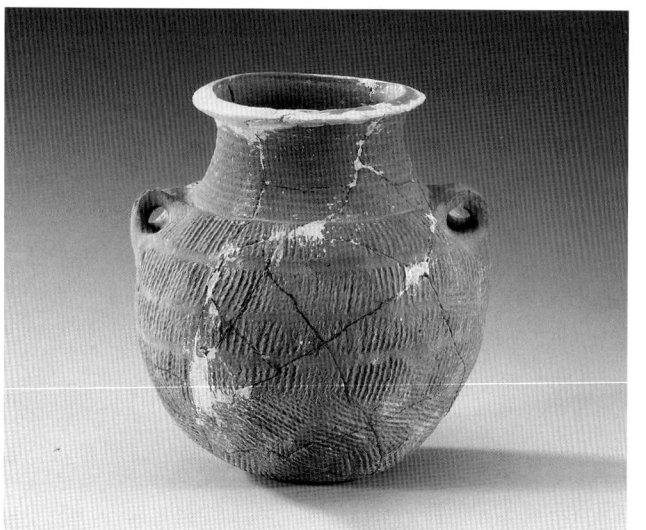

6. Aa 型 I 式罐（M29：1）

汉墓出土陶壶（日用器）、罐

1. Aa 型 I 式（M32：3）

2. Aa 型 II 式（M95：2）

3. Aa 型 III 式（M88：5）

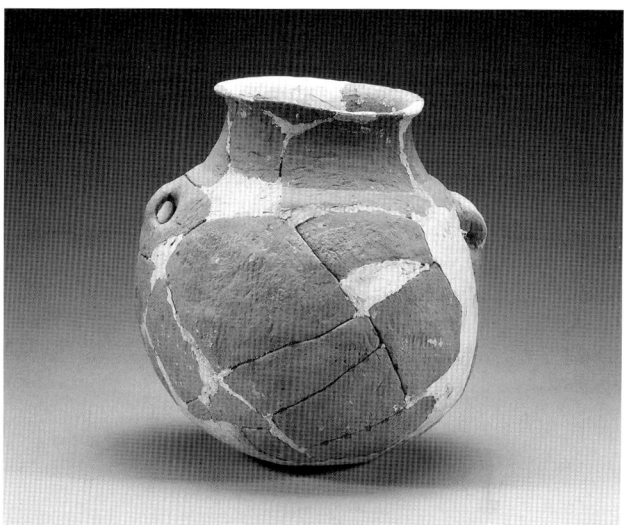

4. Aa 型 III 式（M169：2）

5. Aa 型 V 式（M171：9）

6. Ab 型（M86：7）

汉墓出土 A 型陶罐

1. Ba 型 I 式（M88：2）

2. Ba 型 II 式（M99：7、9）

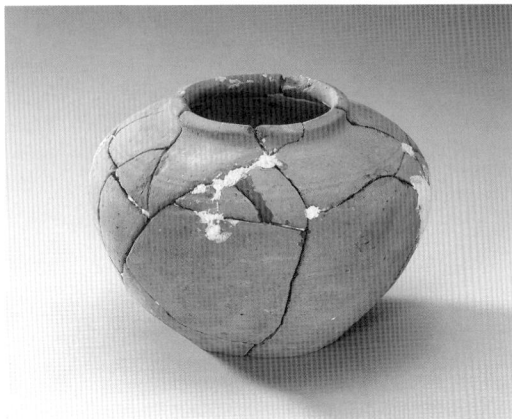

3. Ba 型 III 式（M26：3）

4. Ba 型 IV 式（M63：15、24、30、9、27）

5. Ba 型 IV 式（M168：2、1、9）

6. Bb 型（M115：8、5、9、7）

汉墓出土 B 型陶罐

1. A 型 I 式（M139：6）

2. A 型 II 式（M127：7）

3. A 型 III 式（M98：3）

4. A 型 IV 式（M2：1）

5. B 型 I 式（M111：7）

6. B 型 II 式（M22：1）

汉墓出土陶瓮

1. Ⅱ式（M50：9）

2. Ⅲ式（M139：7）

3. Ⅴ式（M43：10）

4. Ⅴ式（M90：6）

5. Ⅵ式（M77：6）

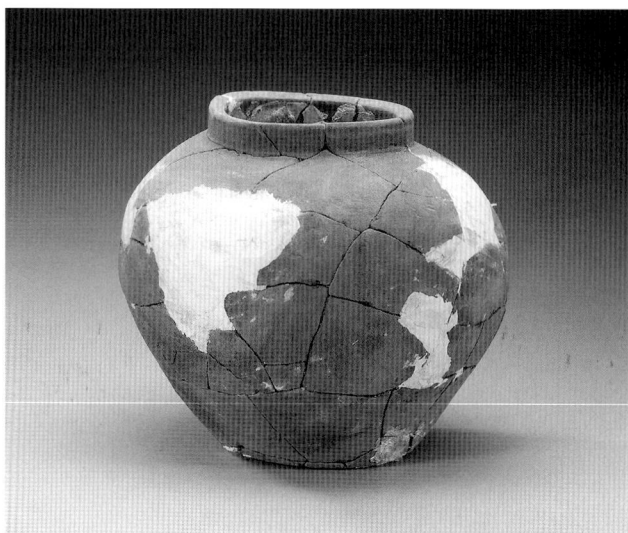

6. Ⅶ式（M69：5）

汉墓出土 B 型陶瓮

1. Ⅰ式樽（M47：17）

2. Ⅰ式樽（M178：16）

3. Ⅱ、Ⅲ式樽（M63：16、4）

4. 耳杯（M47：19、20）

5. 博山炉（M63：29）

6. 器盖（M47：18）

汉墓出土陶樽、耳杯、博山炉、器盖

1. A 型 I 式（M12：1）

2. A 型 I 式（M86：4）

3. A 型 II 式（M77：9）

4. A 型 II 式（M98：11）

5. B 型 I 式（M53：1）

6. B 型 II 式（M132：7）

汉墓出土陶灶

1. Ⅲ式（M101：1）

2. Ⅳ式（M44：14）

3. Ⅴ式（M99：14）

4. Ⅵ式（M115：6）

5. Ⅶ式（M19：11）

6. Ⅷ式（M168：7）

汉墓出土 B 型陶灶

1. Aa 型 I 式（M169：5）

2. Aa 型 III 式（M86：2、1）

3. Aa 型 II 式（M2：3）

4. Ab 型 II 式（M110：5、3）

5. Aa 型 V 式（M147：9）

6. Ab 型 III 式（M77：5、2）

汉墓出土陶仓

1. Ab 型 I 式仓（M1：2）

2. Aa 型 IV 式仓（M71：4、3、5）

3. B 型 II 式仓（M90：4）

4. B 型 I 式仓（M106：7、5、6）

5. Aa 型 I 式井（M74：4）

6. Aa 型 II 式井（M137：3）

汉墓出土陶仓、井

1. Ⅲ式（M85：4）

2. Ⅳ式（M85：16）

3. Ⅳ式（M73：5）

4. Ⅳ式（M91：4）

5. Ⅴ式（M69：8）

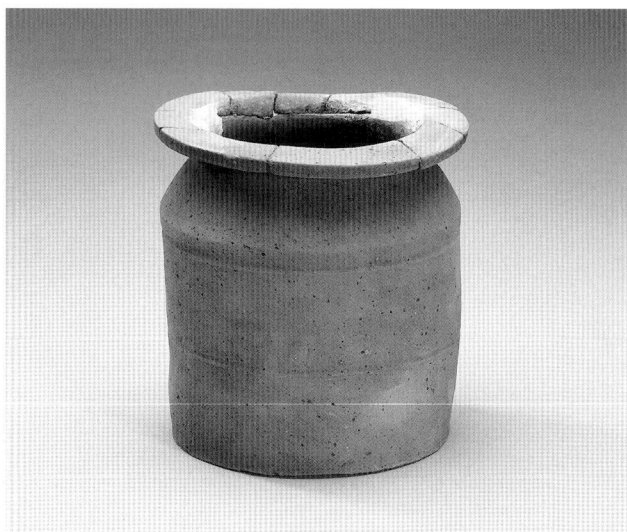

6. Ⅴ式（M77：4）

汉墓出土 Aa 型陶井

1. Aa 型 Ⅵ式（M46∶5）

2. Aa 型 Ⅵ式（M63∶3、13）

3. Ab 型 Ⅰ式（M2∶5）

4. Ab 型 Ⅱ式（M1∶5）

5. Ab 型 Ⅱ式（M43∶16）

6. B 型 Ⅱ式（M98∶13）

汉墓出土陶井

1. B 型 II 式井（M101：2）

2. B 型 III 式井（M44：9）

3. B 型 IV 式井（M92：12）

4. I 式汲水瓶（M66：9、8）

5. II 式汲水瓶（M161：7、6）

6. III 式汲水瓶（M157：6、5）

汉墓出土陶井、汲水瓶

1. Ⅰ式磨（M77：7）

2. Ⅱ式磨（M47：7）

3. 圈（M19：13）

4. Ⅰ式狗（M69：1）

5. Ⅰ式鸡（M69：3、2）

6. Ⅱ式鸡（M63：28、38）

汉墓出土陶磨、圈、狗、鸡

1. 陶鸭（M63：20、31）

2. 陶鸽（M63：35、36）

3. 陶鸽（M63：41、37、18）

4. 陶球(M50：10)

5. 陶珠（M89：9）

6. 硬陶罐（M74：2）

汉墓出土陶、硬陶器

1. 鼎（M120：1）

2. 鼎（M161：9）

3. 钫（M161：8）

4. 蒜头壶（M120：2）

汉墓出土铜鼎、钫、蒜头壶

1. 铜镜（M92：2）

2. A 型铜带钩（M54：10）

3. B 型铜带钩（M110：1）

4. 石蝉（M99：20）

汉墓出土铜、石器